中国年鉴精品工程
High Quality Project of China's Yearbook

长春年鉴

2023

总第36卷

CHANGCHUN YEARBOOK

长春市地方志编纂委员会　编

方志出版社
Publishing House of Local Records

图书在版编目（CIP）数据

长春年鉴. 2023 / 长春市地方志编纂委员会编. --北京 : 方志出版社, 2023.12
ISBN 978-7-5144-6174-9

Ⅰ. ①长… Ⅱ. ①长… Ⅲ. ①长春—2023—年鉴 Ⅳ. ①Z523.41

中国国家版本馆 CIP 数据核字(2023)第 250436 号

责任编辑：顾洁
责任校对：张玉霞
责任印制：梅中英
出 版 者：方志出版社
地　　址：北京市朝阳区潘家园东里 9 号（国家方志馆 4 层）
邮　　编：100021
网　　址：http://www.zgfzcb.cn
发　　行：方志出版社图书营销中心（010-67110500）
印　　刷：吉林省海德堡印务有限公司
开　　本：889 毫米×1194 毫米　1/16
印　　张：35.25
字　　数：1400 千字
版　　次：2023 年 12 月第 1 版
印　　次：2023 年 12 月第 1 次印刷
定　　价：328.00 元

长春市地方志编纂委员会

主　　任　王子联

副 主 任　赵　显　战国立　魏跃军　李　锐

《长春年鉴(2023)》编纂人员

主　　编　赵　显

副 主 编　战国立　魏跃军　李　锐　王玉宁

编　　辑　齐丽颖　付　莉　常菲菲　吕精一　王　梓

彩页设计　付　莉　常菲菲

英文翻译　李　青

特约编审　刘传仁　段玉才　吕元伟　钟　石　闫　明　祁　航

序

国务院办公厅2015年8月印发的《全国地方志事业发展规划纲要（2015—2020年）》（以下简称《规划纲要》）要求，到2020年要做到地方综合年鉴一年一鉴，公开出版，实现省、市、县三级综合年鉴全覆盖。《规划纲要》还要求，坚持存真求实，正确处理质量与进度的关系，将精品意识贯穿于年鉴编纂出版工作全过程。2015年12月，中国地方志指导小组办公室启动中国年鉴精品工程，将其与先期实施的中国志书精品工程视为姊妹工程，一道作为加强地方志质量建设的重要抓手。

实施中国年鉴精品工程有助于推动中华优秀传统文化传承发展。近年来，在党中央、国务院的高度重视和关心支持下，全国地方志事业迎来最好的发展时期。年鉴编纂发端于欧洲，鸦片战争后被引入我国，在我国走过了100多年的发展历史。在长期的编纂中，年鉴在内容和形式上不断发展，逐渐演变成为适合反映中国国情、具有鲜明中国特色的一种文化载体，并在改革开放后出现了快速发展的局面。2006年5月，国务院《地方志工作条例》颁布施行，明确将地方综合年鉴纳入地方志工作范畴，年鉴工作走上了有法可依的轨道。《规划纲要》出台，为从依法编鉴转变到依法治鉴指明了方向。2016年12月，中国地方志指导小组印发《全国年鉴事业发展规划（2016—2020年）》，更进一步明确了到2020年全国年鉴事业的任务书、时间表、路线图。经过多年的发展，年鉴工作已经成为地方志工作的重要组成部分，成为中华民族优秀文化传统的有机组成部分，其存史、育人、资政作用日益彰显。实施中国年鉴精品工程，是年鉴工作者紧扣时代脉搏、坚持创新发展的一项重要举措，对于坚定文化自信，传承弘扬好中华优秀传统文化意义重大。

实施中国年鉴精品工程有助于为全面建成小康社会提供更多智力支持和历史借鉴。党的十八大作出全面建成小康社会的战略部署。党的十八届五中全会提出到2020年如期实现全面建成小康社会的目标要求。完成《规划纲要》确定的目标任务是年鉴工作者的神圣使命，更是年鉴工作者以自身力量为全面建成小康社会献上的厚礼。一方面，可以更好地利用年鉴这种年度资料性文献，及时记录各地区在全面建成小康社会伟大征程中每年取得的新成绩和新经验、出现的新情况和新问题、涌现的优秀人物和典型事迹等；另一方面，可以更好地积累地情、国情资料，为推动经济社会发展和深化改革提供智力支持，为推进国家治理体系和治理能力现代化提供历史借鉴。

实施中国年鉴精品工程有助于全面推进地方志事业转型升级。地方志不是单纯修志编鉴工作，而是全体方志人“修志问道，以启未来”的一项事业，这项事业包含着巨大的时代担当与使命追求。地方志工作要在“五大建设”总体布局和“四个全面”战略布局中发挥与其自身价值、功能相匹配的作用，就要因时而谋、乘势而上、顺势而为，全面推进地方志事业转型升级。转型升级，当下最重要的目标就是完成“两全”目标，包括“年鉴全覆盖”目标；长远的目标就是基本形成地方志编修体系、理论研究和学科建设体系、质量保障体系、资源开发利用体系、工作保障体系“五位一体”的地方志事业发展综合体系，包括“五位一体”的年鉴事业发展综合体系。中国年鉴精品工程是一项探索工程，也是一项创新工程，是推进地方志事业转型升级的重要内容。通过实施中国年鉴精品工程，不仅有助于确保年鉴质量，不断编纂出版具有鲜明时代特征、年度特点和地域特色的精品年鉴，也有助于推动年鉴工作适应经济社会发展形势和时代需要，不断改革创新，与时俱进。

多年来，在中国地方志指导小组办公室的指导和全国各级地方志工作机构的共同努力下，年鉴种类数量快速增长，年鉴成果粲然可观，为实施中国年鉴精品工程奠定了坚实的基础。实施中国年鉴精品工程，就是要在全国地方志系统起到示范作用，进一步培育精品意识，打造精品年鉴，以点带面，在提高年鉴质量方面探索出一条切实可行之路，使这项探索工程和创新工程能够积累经验，发挥引领作用。

“万山磅礴，必有主峰；龙衮九章，但挈一领。”实施中国年鉴精品工程，是筑牢地方志事业特别是年鉴事业发展根基之举，其意义与价值不言而喻。但编修出年鉴精品佳作，绝非朝夕之功，需要付出长期艰辛的努力。希望通过实施中国年鉴精品工程，能够进一步推进年鉴质量建设，使年鉴真正成为传承中华民族优秀传统文化的重要载体，成为展示中国国情、地情的重要窗口，成为“为当代提供资政辅治之参考、为后世留下堪存堪鉴之记述”的资源宝库，在全面建成小康社会过程中作出更大贡献。

是为序。

中国社会科学院原副院长
原中国地方志指导小组常务副组长

编辑说明

一、《长春年鉴》由长春市地方志编纂委员会编纂，是系统记述长春市政治、经济、文化、社会、生态等方面年度发展情况的资料性文献，为各级机构了解市情、科学决策提供参考依据，同时为社会各界提供发展资讯。首卷出版于1988年，《长春年鉴（2023）》为第36卷。

二、《长春年鉴（2023）》以马克思列宁主义、毛泽东思想、邓小平理论、“三个代表”重要思想、科学发展观、习近平新时代中国特色社会主义思想为指导，坚持辩证唯物主义和历史唯物主义的立场、观点和方法，全面、系统、客观地记述2022年长春市年度发展情况，尤其是取得的新成就、新变化、新特征和新经验，重视突出城市特色、时代特征和年度特点。

三、《长春年鉴（2023）》主体部分记述时限为2022年1月1日至12月31日。

四、《长春年鉴（2023）》采用分类编辑法，主体内容采用类目、分目、条目三级结构，个别分目下设次分目。正文设特载、大事记、市情概览、中国共产党长春市委员会、长春市人民代表大会、长春市人民政府、中国人民政治协商会议长春市委员会、中共长春市纪律检查委员会 长春市监察委员会、民主党派、群众团体、法治、军事、经济管理、数字经济、汽车产业、冰雪产业、农业、工业、建筑业、商贸服务业、金融业、旅游业、房地产业、开放型经济、功能区建设、交通 水利、城市建设、乡村振兴、区域发展、生态建设、科学技术、教育、文化、卫生健康、体育、社会生活、应急管理、区县概览、人物荣誉、附录40个类目，281个分目，1880个条目。全书使用图表119个、照片307幅。

五、《长春年鉴（2023）》在保持原有框架相对稳定的前提下，为充分体现长春市主要成就、重点工作、亮点内容及新发展与新变化，对部分内容进行调整和充实。卷前设有“非凡十年看长春”图片专题彩页；正文中“科学技术”类目下增设“高校科研”分目，“开放型经济”类目下增设“参与一带一路建设”分目，“区域发展”类目下增设“国家城乡融合发展试验区”分目；将“长春新区”降为分目移至“功能区建设”类目，将“民营经济”降为“民营经济管理”分目归入“经济管理”类目，将“会展业”“物流业”降为分目归入“商贸服务业”类目。

六、《长春年鉴（2023）》中数字用法、标点符号用法分别采用国家标准《出版物上数字用法》（GB/T 15835—2011）、《标点符号用法》（GB/T 15834—2011），计量单位采用国家技术监督局1993年12月发布的《量和单位》系列国家标准。

七、《长春年鉴（2023）》的统计资料由长春市统计局提供；正文条目中数据由各供稿单位提供，部分条目中数据因统计口径等原因可能与统计资料中的数据不相符合，引用时应以统计资料为准。

八、《长春年鉴（2023）》所载内容主要由长春市各县（市）区、开发区，市直各部门，中央、省驻长春有关单位及驻长部队提供，均经各供稿部门和单位审核。

九、《长春年鉴（2023）》配备双重检索系统，书前有中、英文目录，书后有主题索引。

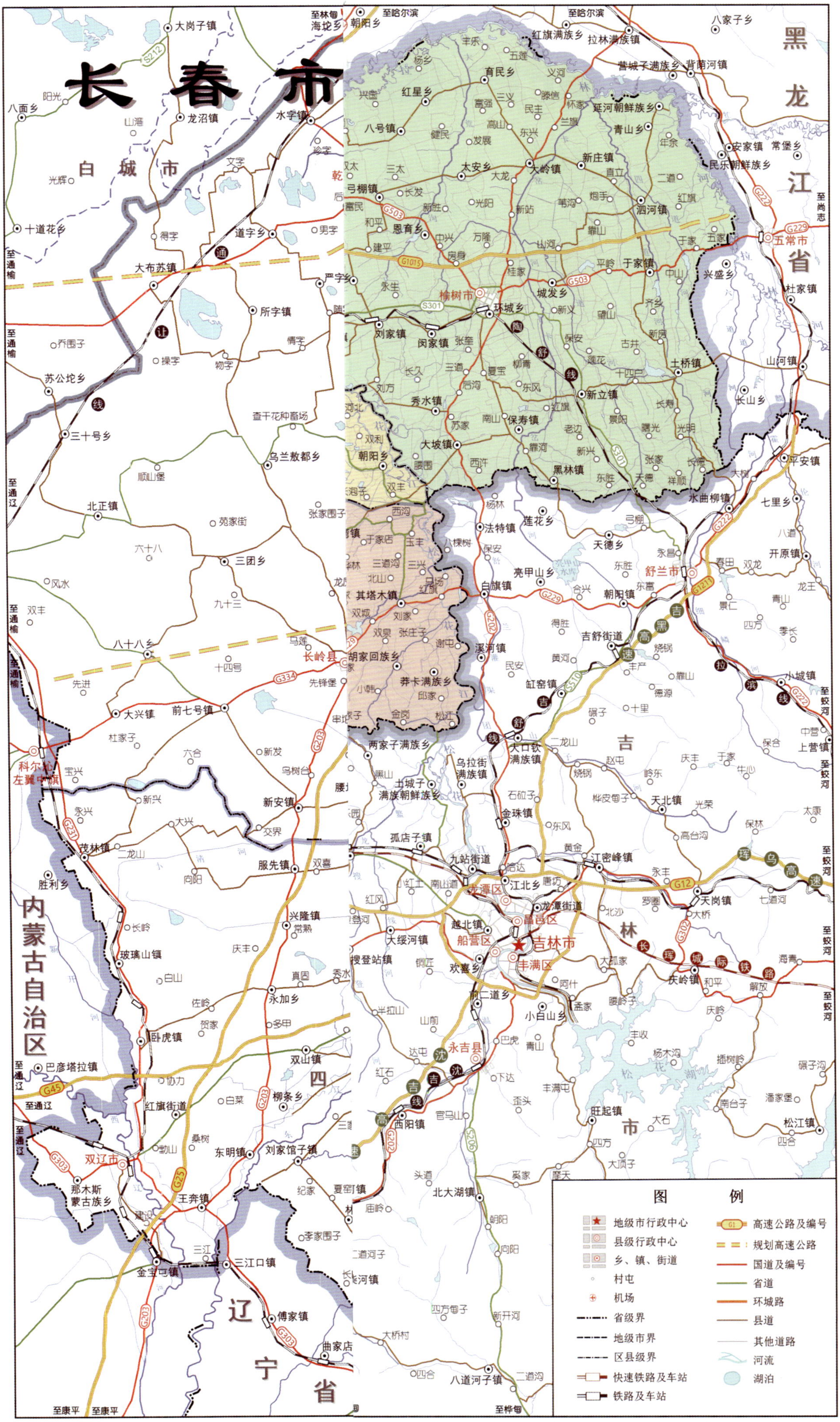

资料截至时间：2022年12月　编制单位：长春市测绘院　比例尺1：880000

非凡十年看长春

数说长春

新时代十年，长春市地区生产总值由2012年的4024.7亿元增至2022年的6744.6亿元，年均增长4.9%。人均地区生产总值从51483元增至74310元，地方财政收入从340.8亿元增至459.7亿元。粮食种植面积从2012年的134.4万公顷增至2022年的157.8万公顷，粮食产量从91.1亿公斤增至124.25亿公斤。规模以上工业利润从623.2亿元增至790.8亿元，全社会用电量从156.4亿千瓦时增至292.3亿千瓦时，全融机构本外币各项存款余额从6643.3亿元增至16851.3亿元、贷款余额从5828.3亿元增至17122.1亿元。社会消费品零售总额由2012年的1739.6亿元增至2022年的1907.8亿元，服务业增加值从1961.5亿元增至3498.3亿元。专利申请量从2012年的6165件增至2022年的22083件。

十年间，以冰雪和避暑为特色的文旅产业稳步发展，打造“这有山”“长春冰雪新天地”等一批新的消费载体，全市AAAAA级景区数量居全国副省级城市前列。城市能级持续提升，2022年全市总人口906.5万人，城镇常住人口608.7万人，城镇化率67.1%。城区、开发区、县域板块协调发展，城区综合实力不断增强，汽开区经济总量突破千亿元，长春新区达到842.9亿元；在最新东北地区县域经济十强排名中，公主岭、农安、榆树分别排第5、第6、第9名。

2012—2022年长春市地区生产总值（亿元）

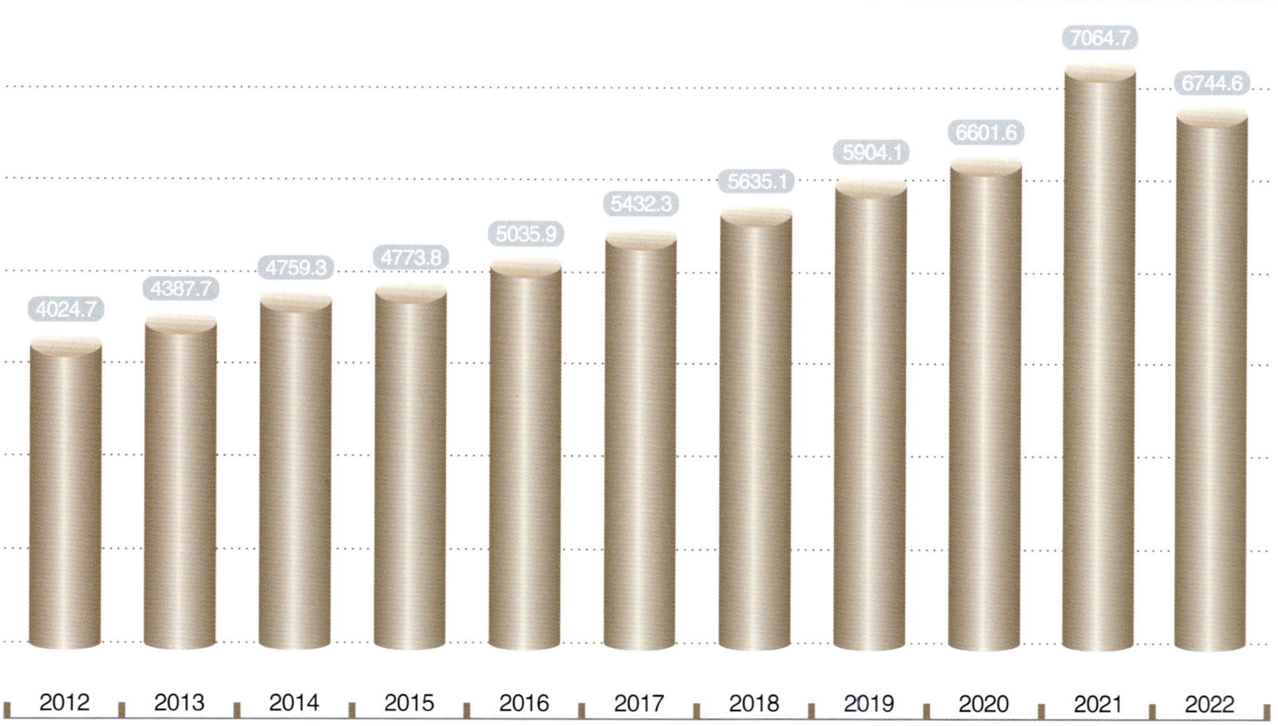

2012—2022年长春市农业总产值（亿元）

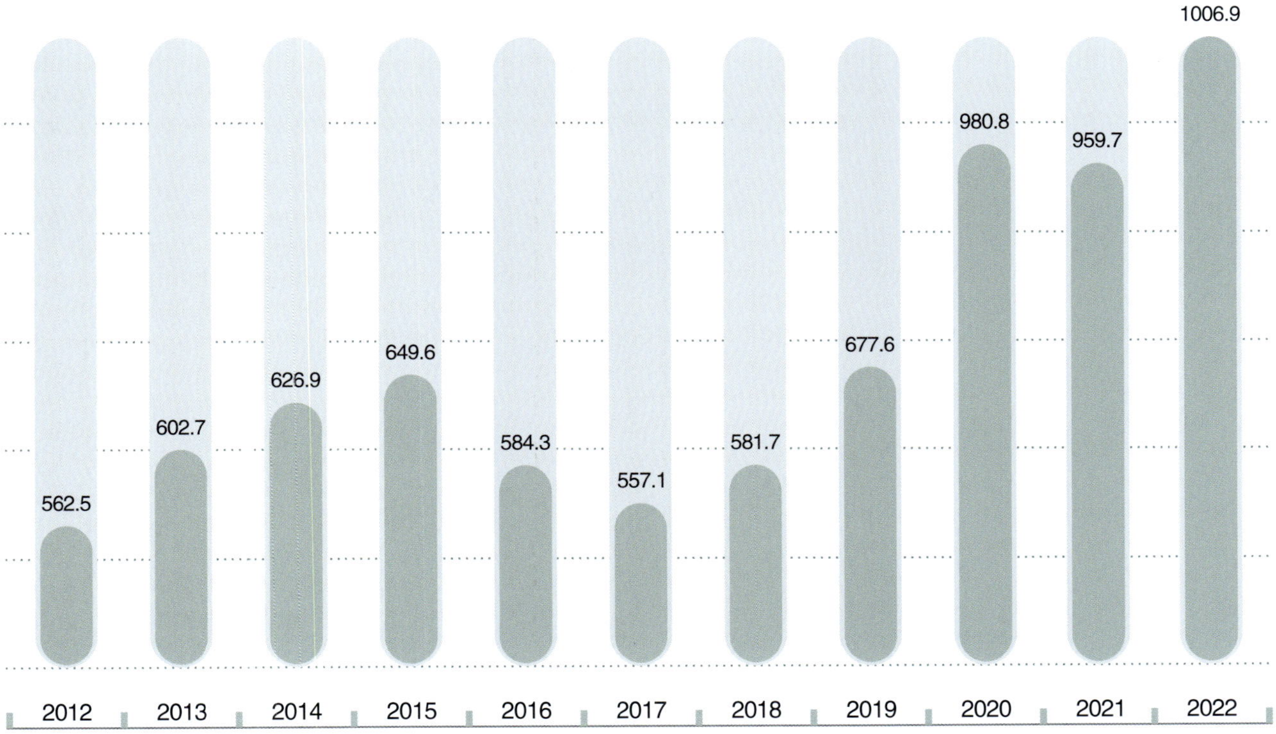

2012—2022年长春市建筑业总产值（亿元）

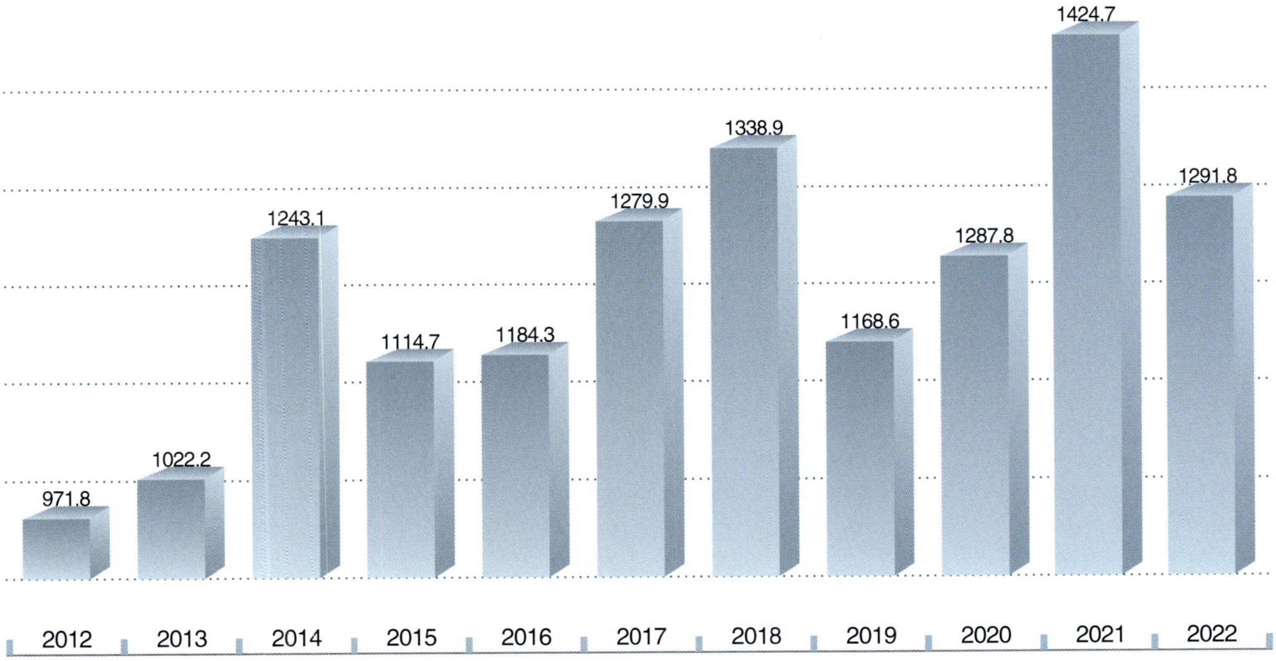

2012—2022年长春市社会消费品零售总额（亿元）

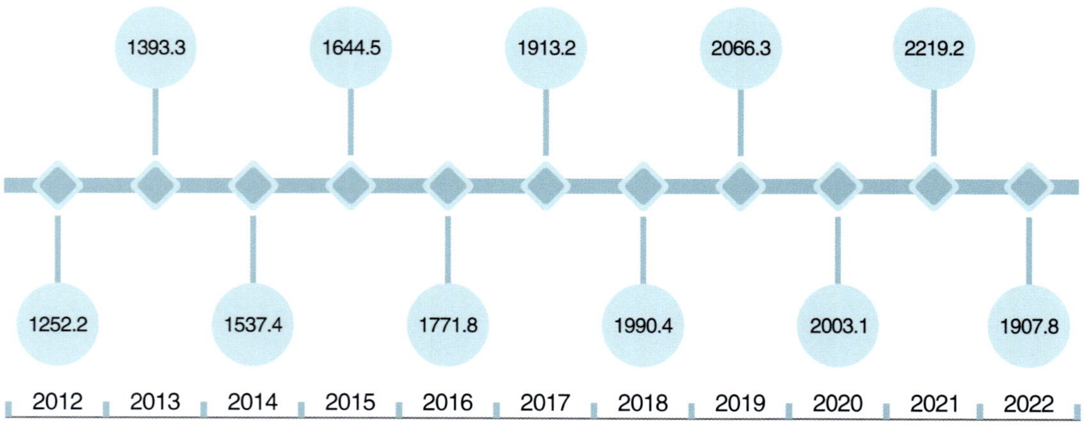

2012—2022年长春市财政收入（亿元）

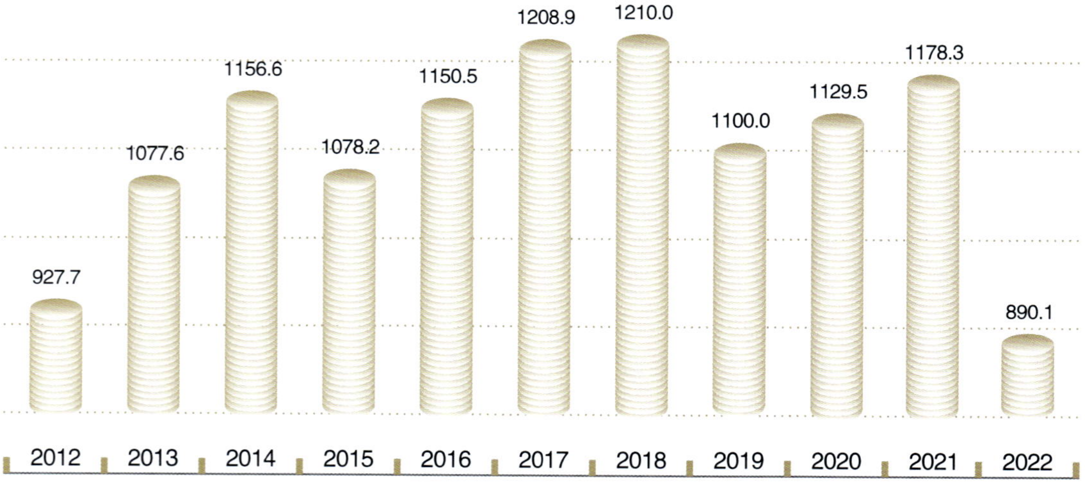

2012—2022年长春市总人口（万人）

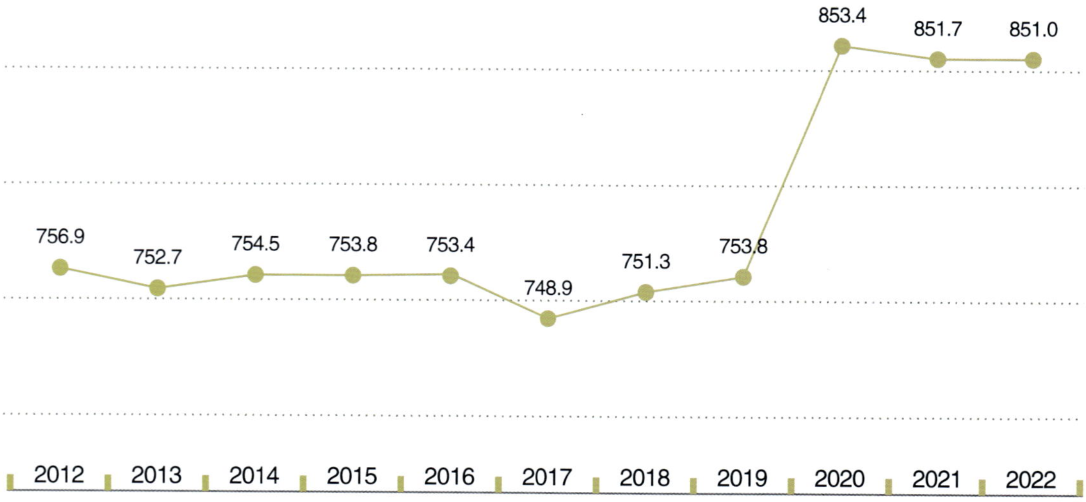

2012—2022年长春市从业人员工资总额（亿元）

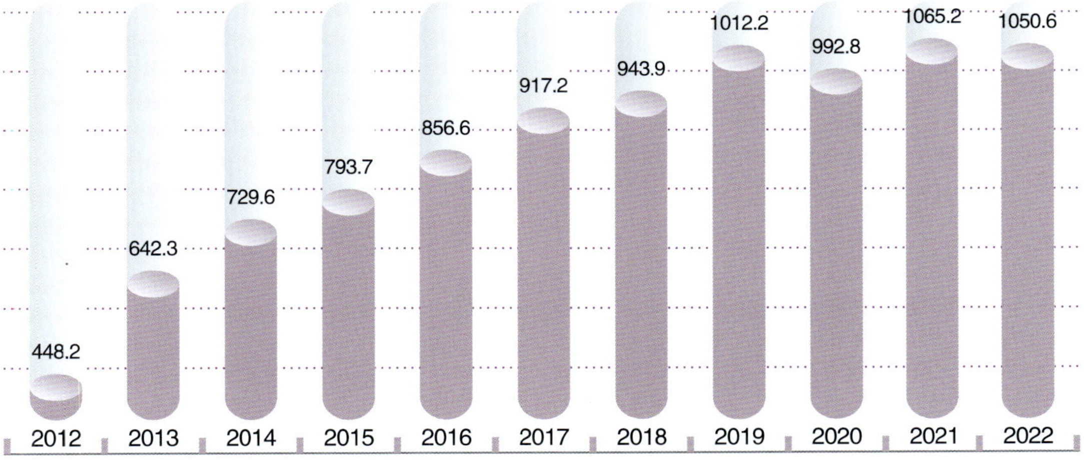

2012—2022年长春市年末储蓄存款余额（亿元）

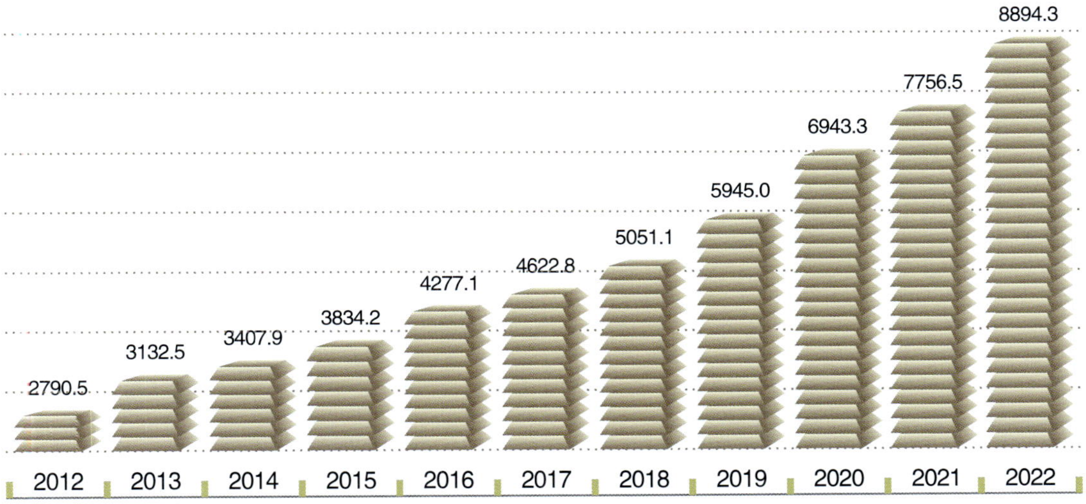

2012—2022年长春市城镇居民人均可支配收入（元）

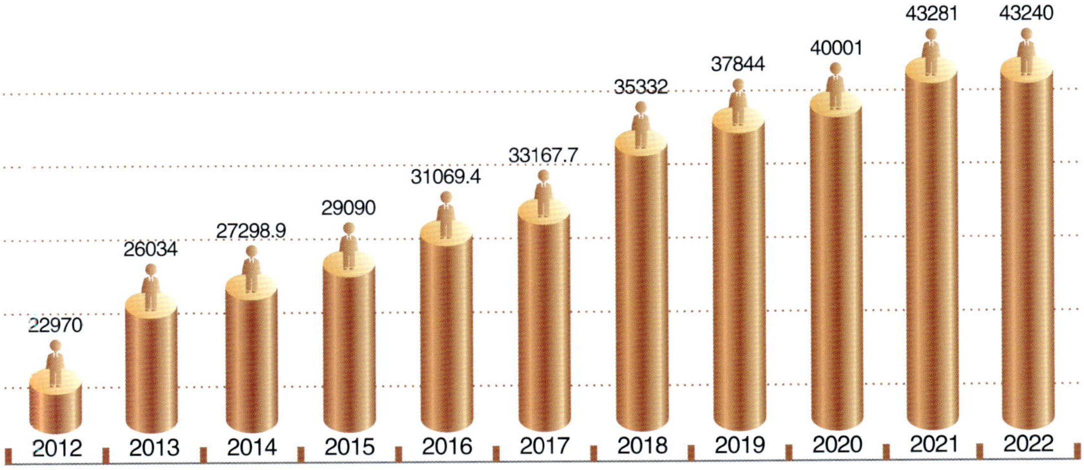

非凡十年看长春

城市印象

新时代十年，长春通过打造科技创新高地引领经济高质量发展，努力建设新型现代化城市，教育、文化、卫生、体育等社会事业不断进步，长春进入“全国十大美好生活城市”行列。

▲文化广场又名地质宫广场，背靠“地学胜地”地质宫。广场中心的“太阳鸟”主题雕塑，表现人类对太阳的赞美，对光明的追求与向往（长春日报社　供图）

▲长春电影制片厂是新中国电影事业的摇篮，入选国家工业遗产名单。中国长春电影节是中国第一个以城市命名的电影节（长春日报社　供图）

▲1907年，长春站开始客货运输。1993年12月28日，长春站第二代站房建成使用。2013年11月25日，长春站实现南北站房全面贯通，同时具备购票、乘车、进出站功能，升级改造后高架候车大厅可容纳1.5万人同时候车。2014年5月19日，长春站南广场综合交通换乘中心工程开工。2017年3月，长春站实现刷脸进站。2019年1月12日，长春站南广场综合交通换乘中心开通使用。图为长春火车站南广场

（摄于2020年9月30日 市委宣传部 供图）

新时代十年，长春市坚持以城带乡、城乡融合，全面提升规划建设管理水平，努力建设新型现代化城市。实施“多规合一、多测合一”，推进城市设计等国家级试点任务，形成“三级三类”国土空间规划体系。按照“一平、两通、三化、四有”标准对老旧小区进行精细化改造。深入推进精品街路建设，完成人民大街、吉林大路改造工程，形成城市“十字”主轴景观性道路廊道。十年间，全市道路长度从2850千米增至6117千米，道路总面积从6456.6万平方米增至10402.4万平方米，形成“一环六射”高速路、“两横三纵”快速路路网体系。

▲长春规划展览馆于2016年11月2日正式对外开放
（张　扬　摄于2021年5月）

▲卫星广场作为长春市地标性建筑之一，是长春市南大门，更是地铁站和轻轨站换乘点。2019年，广场完成整体绿化工作，雕塑“迎”重回卫星广场。2020年，长春市开展卫星广场景观提升改造工程。图为改造后卫星广场俯瞰景观　（张　扬　摄于2022年6月）

▲吉林大路快速路是长春市域市出入口的重点道路之一，其建成实现长春东部城区快速交通转换，对构建现代化综合交通体系、完善中心城区快速路系统具有重大意义。该工程于2018年6月开工建设，2019年10月实现吉林大路主线与世纪大街南段主线通车，2020年12月全部工程完工。图为2020年8月21日吉林大路与世纪大街互通立交桥C线匝道桥通车 （张 扬 摄）

▲2017年6月30日，长春地铁1号线通车试运营，长春正式迈入地铁时代。2018年8月30日，长春地铁2号线通车试运营，长春步入轨道交通网络化运营时代。同年10月30日，长春轨道交通8号线开通运营，打通长春新区北湖片区的重要交通动脉。图为2018年10月30日长春轨道交通8号线通车

（张 扬 摄）

▲长春净月国家高新技术产业开发区位于长春市区东南部，区域面积478.7平方千米，辖玉潭、新湖、新立城3个整建制镇，净月、永兴2个街道办事处和净月潭国家森林公园、新立城水库、汽车文化园。该开发区域内林水总面积243平方千米，是以发展生态环保型经济为中心，建设经济、社会与人口、环境、资源协调发展的长春东南部生态新城。2021年6月4日，净月高新区被列入2021年水系连通及水美乡村建设试点县名单。2022年1月，吉林省人民政府同意长春净月高新技术产业开发区建设吉林省农业高新技术产业示范区。2022年4月，国务院同意长春净月高新技术产业开发区建设国家自主创新示范区。图为净月高新区城市建设

（张晓黎 摄于2020年）

▲净月高新区冬景（摄于2019年2月16日　市委宣传部　供图）

▲2020年8月31日，东部快速路南延工程桥梁主线提前通车，连接中心城区与净月高新区（张　扬　摄）

非凡十年看长春

国际汽车城

新时代十年，在长春市委、市政府领导下，长春以最具优势产业集群对接国家制造业升级战略，全力支持一汽创建世界一流企业、支持建设世界一流国际汽车城，推动汽车产业向着“万亿级未来”迸发澎湃动能。2022年，长春市汽车产业集群晋升国家先进制造业集群，并成为工信部首批换电模式试点示范城市，标志长春市汽车产业集群踏上先进制造业新高地。中车长客是中国最大铁路客车和城市轨道车辆研发、制造和出口基地之一，城市轨道和动车组产品市场占有率分别位居国内第一位、第二位。2018年一汽解放、2020年中车长客获评国家制造业单项冠军示范企业。2022年12月，国内知名风险投资平台创投名堂正式发布《创投名堂“成长独角兽”榜单（2022）》，长春捷翼汽车零部件有限公司成功跻身“独角兽”企业榜单，成为继长光卫星之后长春市第二家“独角兽”企业，也是东北地区估值最高的“独角兽”企业。

▲2020年7月28日，长春国际汽车城战略发布会暨红旗创新大厦启用仪式在汽开区举行　（长春汽开区新闻中心　供图）

▲中国一汽红旗工厂是由中国一汽老工业基地改造而成的新红旗制造部厂区，设有3条生产主线。自1958年红旗品牌创立以来，红旗轿车长期被用作中国重大庆典活动检阅车，是中国民族汽车高端品牌代表之一。2022年，红旗品牌实现销量31万辆，比2021年增长3%。图为中国一汽红旗工厂厂区（杨洪伦　摄于2021年6月）

解放第一辆J7成功下线

▲2018年4月18日，中国自主研发制造的一汽解放第七代卡车产品J7在长春下线，成为新一代国产高端重型牵引车的典范

（一汽集团　供图）

十年间，中国一汽集团生产能力持续保持在国内整车生产第一方阵。红旗品牌整车销量4年增长63倍，创造中国自主高端汽车品牌生产和销售的奇迹；解放品牌中重卡连续5年、重卡连续6年保持行业第一；一汽大众销量连续3年蝉联国内乘用车行业首位。

中国一汽被誉为新中国汽车工业的摇篮，中国汽车从手工制造到机械制造，再到向智能制造迈进，一汽成长为全球知名汽车制造商，位居世界500强企业前列。到2022年底，累计产销汽车超5400万辆，实现营业收入79881亿元；近5年红旗品牌销量增长65倍，品牌价值1155亿元；连续12年解放品牌领跑行业，品牌价值1187亿元。2022年，中国一汽荣登财富世界500强第79位，一汽大众第2500万辆整车在长春下线，第600万辆解放卡车在长春下线。

▲一汽集团红旗繁荣工厂位于长春汽车产业技术开发区，2021年6月29日落成，占地面积75.5万平方米，建筑面积43.5万平方米，年标准产能24万辆，是一座现代化、智能化、绿色化标杆工厂，包含冲压、焊装、涂装、总装、电池电驱五大车间，采用机器人自动装配技术，布置14条自动生产线，被国家工信部评选为国家智能制造试点工厂，入选2022年智能制造标杆企业。图为一汽集团红旗繁荣工厂厂区

（摄于2022年6月　长春日报社　供图）

▲2020年3月30日，一汽大众第2000万辆整车下线——新迈腾GTE　　（一汽大众　供图）

▲一汽高度智能化的整车生产线　　（摄于2022年10月　长春日报编辑部　供图）

十年间，一批关键核心技术在中车长春轨道客车股份有限公司诞生，复兴号动车组整体设计以及车体、转向架、牵引、制动等核心技术实现自主研发；应用大数据、5G通信、北斗卫星定位等前沿技术的新一代智能城际动车组运营。轨道交通装备制造具备年产200列动车组、4000辆城铁车、600辆普通铁路客车的新造能力，年检修300多列动车组及1000辆普通铁路客车检修能力，成为中国最大的轨道客车研发、制造、检修和出口基地，相继开发出CRH380BG高寒动车组、“复兴号”中国标准动车组、京张高铁智能动车组、跨国互联互通时速400千米动车组等车型。其中，具有完全自主知识产权的“复兴号”动车组，极大提升中国高铁品牌形象；“京张高铁智能动车组”获2022年中国优秀工业设计奖金奖，充分体现中国高铁技术先进性和成熟性，实现在科技智能、绿色节能、奥运人文、智能运维等方面的多个“国内首次”，全球首辆时速350公里自动驾驶列车、首个搭载5G+4K超高清演播室的智能列车、首次在动车组上应用我国自主研发的北斗卫星定位技术，成为中国高端制造业的亮丽“金名片”。

▲由中车长客生产的“和谐号”高速动车组在运行中　（孙建一　摄于2021年10月）

▲2021年5月10日，中车长春轨道客车股份有限公司携自主研发的时速400千米跨国互联互通高速动车组、下一代地铁亮相在上海举办的中国自主品牌博览会　　（中车长客　供图）

▲2019年12月30日，北京至张家口高铁（含崇礼铁路）正式开通运营。中车长春轨道客车股份有限公司研制的CR400BF-C型智能动车组在世界上首次实现时速350千米有人值守自动驾驶商业运营　　（王　阳　摄）

非凡十年看长春
现代农业城

作为全国重要商品粮生产基地，长春以黄金玉米带对接国家粮食安全战略，加快建设国家农业高新技术产业示范区，加快实施黑土地保护战略，加快推动三百万头肉牛工程，以农业高质量发展引领乡村振兴。长春市粮食单产、总产和调出量一直位于全国大中城市前列。全国十大产粮县中，排前三位的榆树、农安、公主岭都在长春市，长春市连续多年被评为全国粮食生产先进市，用全国近1.4%耕地，生产全国近1.8%粮食，为保障国家粮食安全作出突出贡献。

新时代十年，长春市深入落实“藏粮于地、藏粮于技”战略，推进现代农业产业体系、生产体系、经营体系建设，发挥政策和市场拉动作用，加强黑土地保护力度，全市粮食综合生产能力达到120亿公斤阶段性水平。从“靠天吃饭”到旱涝保收、规模化经营、机械化作业，长春市研制新机具、推出新模式、探索新技术，推进粮食重大增产技术集成应用，精准实施秸秆综合利用、水肥一体化、测土配方施肥、土地轮作、统防统治，释放粮食增产潜力，走上内涵式发展道路。至2022年，长春市累计建设高标准农田65.13万公顷，占全市耕地面积35.8%；推广保护性耕作面积72.67万公顷，占全市玉米种植面积52%；应用农机化智慧云平台，全市农作物综合机械化水平达到93%；加大种业创新发展支持力度，农作物良种覆盖率100%。

2022年，长春市获评吉林长春国家农业高新技术产业示范区，启动建设长春农高区现代种业产业园，打响“黑土粮仓”科技会战，推进万亩级现代农业示范基地及千亩核心辐射示范区建设，实施东北黑土地保护利用项目。围绕“现代农业城”建设，长春市逐步将农业资源优势、生产优势和产品优势转化为质量优势、品牌优势和效益优势，走上高质量发展之路。

▲2019年榆树大豆丰收。图为大型农机有序秋收
（贾春文　摄于2019年10月16日）

▲九台区龙嘉街道红光村现代农业示范基地　（赵大林　摄于2020年7月18日）

▲2020年7月18日，九台区龙嘉街道红光村现代农业示范基地利用飞机进行播撒作业　（赵大林　摄）

▲2021年4月25日，第三届中国农业全过程无人作业试验大会在吉林长春新安合作区生态无人农场示范基地举行，农业全过程无人作业试验长春试验区正式启动　（贯春文　摄）

▲位于农安县小城子乡的长春市绿色有机农业示范园区　（赵　滨　摄于2022年10月）

十年间，长春市先后打造国省道沿线、环长春、环机场等美丽乡村示范带和九台区“乡村百里画廊”等一批经典线路，培育出“慢山里”“沆遇山居”“神鹿峰”等一批精品“美丽经济”示范点。至2022年，全市拥有省级以上休闲农业与乡村旅游示范县（区）3个，省级以上美丽休闲乡村18个，市级以上休闲农业与乡村旅游示范点112个。双阳区、九台区相继获评国家级“休闲农业与乡村旅游示范县”，农安县合隆镇陈家店村等7个村先后获评国家级美丽休闲乡村，九台区上河湾镇双顶村等36个村先后获评市级以上“一村一品”示范村镇，关东文化园等107家单位先后获评市级以上休闲农业与乡村旅游示范点。

▲2021年8月25日，长春市双阳区小石村入选第三批全国乡村旅游重点村；11月12日，小石村获评2021年中国美丽休闲乡村 （石天蛟　供图）

▲净月高新区新湖镇团山子屯　　（摄于2020年7月2日　净月高新区　供图）

▲2015年，长春国信现代农业科技发展股份有限公司被评为农业产业化国家重点龙头企业；2017年，入选国家级双创示范基地；2021年，入选全国农村创业园区（基地）目录（2021）。图为国信现代产业园　　（贾春文　摄于2017年8月1日）

非凡十年看长春
科技创新城

新时代十年，长春市发挥科教文化城优势，有机融合国家创新发展战略，全面提升科技成果转化水平，加快建设国家自主创新示范区。十年间，实施科技创新“双十工程”项目88项，总计投入科技经费9100万元，带动社会资本投入3.9亿元。通过一批“双十工程”项目的实施，攻克关键核心技术91项，开发新产品、新材料、新工艺、新装置209项，带动就业上千人，累计实现销售收入24.5亿元，利税4.2亿元。十年间，一大批分布在高端装备、战略性新兴产业、信息化等方面的重大工程惊艳亮相。“吉林一号”在轨组网卫星达到83颗，光学制造、精密加工、电子信息等相关配套企业近300家；国家级重点实验室11个，国家级工程技术研究中心5个；高新技术企业近2500户，增长率居副省级城市首位。2018年，长春市正式进入国家创新型城市行列，在《2021自然指数—科研城市》排名中长春市列全球科研城市第37位，居东北地区首位。2022年，国家农业高新技术产业示范区获批，国家自主创新示范区获批。全市专精特新企业总量增至1037户，拥有高新技术企业近2500户。长光卫星、长春捷翼汽车零部件跻身“独角兽”企业。十年间，在长12所重点高校院所产出科技成果超过1.7万项，全市累计实施市级科技计划项目1900余项，获得国家科学技术奖30余项、省级科学技术奖960余项，先后攻克关键核心技术100余项，红旗第三代高级轿车、中车长客复兴号动车组列车、“吉林一号”卫星等成为长春闪亮的科创名片。

▲长春新区是第17个国家级新区，国务院于2016年2月3日批复同意设立。长春新区是长吉图开发开放先导区的重要组成部分，规划面积499平方千米，实际管辖426平方千米，包括国家级高新区1个、省级开发区2个，下辖乡1个、街道7个、社区46个、行政村39个，常住人口约58万人。2022年，长春新区地区生产总值842.9亿元，增速高于长春市2.3个百分点。图为长春新区高科技集中区　（贾春文　摄于2020年9月12日）

▲2020年9月3日，吉林奥来德光电材料股份有限公司在科创板上市　（市科技局　供图）

▲2020年9月14日，由中国铁建集团长春铁建重工有限公司制造的ZTE6480土压平衡盾构机正式下线，成为首台“长春造”盾构机　（孙骄杨　供图）

作为中国重要的光学遥感卫星星座，“吉林一号”商业卫星是长光卫星技术有限公司在建的核心工程。2015年10月7日，由长光卫星技术有限公司自主研发的“吉林一号”一箭四星在中国酒泉卫星发射中心用长征二号丁运载火箭成功发射，拉开中国商业航天大幕。“吉林一号”从无到有、卫星重量从重到轻、制造成本从高到低、发射频次从慢到快。“吉林一号”不仅是吉林卫星产业撒向太空的一粒“种子”，更是吉林省高质量发展“无中生有”最鲜活的样本之一。长光卫星也成为东北地区首个公认的“独角兽”企业。2022年12月9日，“吉林一号”又有8颗卫星进入太空，在“吉林一号”卫星发射总数量增至83颗后，其地物分辨能力、拍摄覆盖能力及快速响应能力进一步提升，可对全球任意地点实现每天23次至25次重访。

▲2020年9月15日9时23分，在黄海海域用长征十一号海射运载火箭，采取“一箭九星”方式，成功发射“吉林一号”高分03-1组卫星

（才 扬 供图）

▲2020年1月15日，由长光卫星技术有限公司自主研发的新型高性能光学遥感卫星“红旗一号-H9”，在太原卫星发射中心用长征二号丁运载火箭发射升空

（长春日报社　供图）

非凡十年看长春
“双碳”示范城

新时代十年，长春以森林城生态环境优势对拉国家“双碳”战略，走生态优先、绿色发展之路，打好蓝天、碧水、黑土地保卫战，全面实施“控煤、控气、控尘、控车、控烧”等“五控”措施，空气质量优良天数比例从2012年的82%提高到2022年的94%，达到336天，其中媲美自然风景区标准的一级（优）天数170天。强化国省控断面、入河排污口、污水处理厂监管，深入清查各类污染源，历史性消除劣Ⅴ类水体，优良水体比例从68.8%提高到76.6%。制定并实施保卫青山、湿地行动计划，开展“绿盾”自然保护地监督检查专项行动，深入推动侵占破坏生态环境问题大排查、大整治。加快绿色低碳转型，加快推进“旗E春城”“氢动吉林”行动，建设“无废城市”，加快打造国家电投氢能产业基地、循环经济产业园等项目，获批北方地区冬季清洁取暖试点城市，入选国家首批新能源汽车换电模式应用试点城市，成为东北唯一一家纳入国家绿色金融改革创新实验区申建辅导期城市。坚持山水林田湖草沙一体化保护和系统治理，深入落实河（湖）长制、林（草）长制、田长制，加快推进“水系连通”工程，开展50万亩大规模国土绿化，全市新增公园107个、口袋公园168个，建成区绿化覆盖率由41.5%增加到43.7%。

作为松花江的二级支流，伊通河全长342.5千米，由南向北贯穿整个长春城区。伊通河长春城区段经历三轮大型治理。第一轮治理可追溯至1985年，主要是兴修防洪工程，建设防洪堤坝，作为城区段的水安全基础建设，维护主城区安全度汛，在后续建设中，完善涵闸、排涝站、水利闸坝等。第二轮治理在2005年启动风光带建设，沿河打造27个园区，丰富市民滨河休闲娱乐生活。第三轮治理于2015年立项，2016年正式启动伊通河综合治理暨百里生态长廊建设工程，是规模最大、最完善的一次综合治理。城区段囊括水生态、水安全、水景观三大治理类别113个子项目，通过建设污水处理厂、排淤疏浚、整治排污口等措施，使75个黑臭水体得到有效根治。改造伊通河河道18.82千米，工程清淤泥78.2万立方米。经过入河排口治理、新建污水干管、河流清淤疏浚、控制河流内源污染等综合治理，伊通河流域水质明显改善，环境质量显著提升。伊通河中段修建三区五岛十园景观带，配合水生态治理、水安全治理，沿河22座驿站、33千米绿道全线贯通。在伊通河改造过程中，长春市秉承“治理一条河流，改变一座城市”理念，把伊通河建设成为绿色宜居生态轴、城市安全生命线、美丽长春景观带、产业升级动力源。

▲伊通河由南向北贯穿整个长春城区，经过改造后从南溪湿地到北湖湿地沿河22座驿站、33千米绿道全线贯通，打造出一条贯穿长春的绿色宜居生态轴、美丽长春景观带 （张　扬　摄于2019年7月26日）

▲2020年，长春东南污水处理厂完成二沉池技术改造
（摄于2020年5月28日　市生态环境局　供图）

“长春蓝”背后，是一场持续十年之久、投入巨大、饱含汗水的“蓝天保卫战”。长春市委、市政府统筹推进能源结构、产业结构、交通结构和用地结构调整，加快推进大气工程建设，全面实施控煤、控气、控尘、控车、控烧等“五控”措施，大气污染防治工作成效突出，环境空气质量明显改善。

控煤——全市20万千瓦及以上燃煤火电机组全部超低排放；实现县级及以上城市建成区燃煤小锅炉“清零”，20蒸吨/时以下燃煤小锅炉全部淘汰；20蒸吨/时及以上非电燃煤锅炉完成提标改造，全部安装在线监控设施并与生态环境部门联网。

控气——加强工业企业无组织排放管控，以18个重点行业的物料储存、运输、装卸以及生产等环节为重点，对照行业无组织排放管控要点，建立排查、问题、整治清单，指导工业企业建立“一厂一策”治理方案，组织集中开展管控，实施全流程管控。534家挥发性有机物排放企业综合整治，418家加油站、储油库单位完成油气回收检测。

控尘——运用“吉林一号”高清卫星遥感监测和可视化扬尘管控平台系统，开展卫星遥感扫测辨析城市扬尘污染源，对“施工工地、拆迁工地、物料堆场、裸露地面、非正规垃圾点”等5类扬尘污染源实施全过程、全链条、全周期闭环管理和智能化精准管控。完成2325处扬尘源图斑调查核实，整治各类城市扬尘污染源534处。

控车——建设道路遥感监测车、113家机动车排放检验机构联网、重型柴油车远程在线监控、环境执法人员监督抽测的“天地车人”一体化机动车排放污染监管体系，强化机动车污染源管控，城市新增和更新的公交、环卫、邮政、出租、通勤、轻型物流配送车辆中，清洁能源和新能源汽车比例达到30%以上。

控烧——深入落实《长春市农作物秸秆禁烧和综合利用管理条例》，完善秸秆全量化处置工作体系，全面落实“全量化处置、扁平化管理”工作模式，推动完成禁烧区秸秆离田、秸秆“五化”综合利用等工作。建立长春市秸秆全量化处置管理平台，依托“吉林一号”高清卫星遥感监测技术，研发全市秸秆全量化处置管理平台系统及App终端，对全市秸秆露天焚烧污染实施“全过程、全链条、全周期”闭环管理和智能化精准管控。

▲《2013年长春环境状况公报》显示，长春城区空气质量优24天、良207天，优良比63.3%。《2021长春市生态环境质量报告》显示，长春城市环境空气质量优良天数330天，优良比90.4%，其中一级（优）天数为170天，环境空气质量全面达到国家二级标准，创有监测记录以来最好水平。2021年，长春城市环境空气质量优良天数占比突破90%，其中媲美自然风景区标准的一级（优）天数170天

（摄于2022年10月　市生态环境局　供图）

▲长春净月潭国家森林公园位于长春净月经济开发区，景区面积96.38平方千米，其中水域面积5.3平方千米，森林覆盖率超96%。净月潭因形似弯月状而得名，与台湾日月潭互为姊妹潭，是“吉林八景”之一。景区内森林含有30个树种的完整森林生态体系，被誉为“喧嚣都市中的一块净土”，有“亚洲第一大人工林海”“绿海明珠”“都市氧吧”之称，是长春市的生态绿核和城市名片。图为净月潭秋景

（贾春文　摄于2017年10月14日）

▲南溪湿地公园地处长春南部新城核心区域，于2015年建成，占地面积约310公顷，是长春市内最大的湿地生态公园之一，拥有丰富的湿地植被和动物资源，是集保护、科研、教育、旅游于一体的综合性自然保护区，也是长春市内重要的生态旅游景点。图为南溪湿地公园夏季景观（市委宣传部 供图）

▲2022年11月，长春经济技术开发区入选国家第六批生态文明建设示范区（生态工业园区）
（经开区新闻信息中心 供图）

非凡十年看长春
新兴消费城

新时代十年，长春发挥省会城市市场内需优势，对接国家“双循环”、国内统一大市场等战略，推动消费升级。发展首店经济、会展经济、夜经济等新经济、新业态，改善消费条件，创新消费场景，高质量完成国家服务业综合改革试点，商贸物流、旅游休闲、金融服务等重点行业快速发展，服务业增加值从1961.5亿元增加到3498.3亿元。长春传化公路港、东北亚国际物流港正式启用，“长满欧”“长珲欧”中欧国际货运班列开通运行，生产性物流枢纽功能不断完善。十年间，长春市地区生产总值稳步提升，年度总量突破7000亿元，城镇居民人均可支配收入由2012年21956元增长至2022年的43240元，城镇居民人均消费性支出由2012年17863元增长到2022年的27845元，社会消费品零售总额增长到2219亿元，增速在东北四市中居第一位，高品质商圈经济逐渐成形，消费配套服务品质跃升，电商经济新型消费模式显现出蓬勃动力。

2011年，长春兴隆综合保税区被批准设立，保税区利用口岸功能，集聚消费资源。2016年，长春欧亚新生活购物广场开业，致力打造时尚潮流聚集地。2018年，摩天活力城Mall开业，坐上楼顶摩天轮可以俯瞰夜幕下长春。2019年，长春这有山——集吃、喝、玩、乐、住、购于一体的综合型商业项目开业，是一座“现代山丘景区小镇”。2020年，中韩（长春）国际合作示范区揭牌，紧盯“国际高端消费核”，培育百亿级美丽经济产业。2022年，长春市全面培育建设新型消费城市，分层次建设地标性商圈商街，重庆路、桂林路等老牌商圈逐步进行新规划，配合城市更新和旧城改造，再次散发新活力。

▲2020年5月29日，长春市“将夜”2020中东主题夜市开市。图为市民在中东夜市休闲娱乐 （张 扬 摄）

▲作为长春商圈之一，桂林路夜市汇聚着各种特色餐饮美食，朝气蓬勃的年轻消费者为桂林路时尚“老街”平添青春活力。图为复市后充满烟火气息的长春桂林路美食街　　（摄于2022年7月　市商务局　供图）

▲2019年10月1日，长春新型文旅商业综合体“这有山”室内文旅小镇开业。“这有山”占地面积11848平方米，总建筑面积64107.5平方米，商业经营面积约2.2万平方米，是全国独一无二、处于城市核心区域、集吃、喝、玩、乐、住为一体的文旅商业综合体，2021年被文化和旅游部确定为首批国家级夜间文化和旅游消费集聚区　　（李　洋　摄于2022年9月）

十年间，长春会展业形成相对完备的产业体系，以平均每年近10%的速度呈现增长态势。从最初的电影节到东北亚博览会、汽博会、农博会、冰雪节、创博会、建材展、农资博览会，再到开发创办的先进装备制造业博览会、轨道交通博览会、数字经济博览会、冰雪旅游产业博览会、秸秆产业博览会、清洁能源产业博览会，会展业作为长春经济的重点产业之一，成就一批具有影响力的品牌展会，在中国会展经济版图中占有一席之地。2019年，在第十六届中国会展行业高峰论坛暨合作交流大会上，长春获评新中国成立70周年中国最具影响力会展城市。2020年，长春获评中国最具竞争力会展城市，在中国会展经济研究会发布的《中国城市会展业竞争力指数报告》中，长春在包括直辖市在内的125个城市中排名第19，连续3年领跑东北三省。

▲2021年7月10日，第十八届中国（长春）国际汽车博览会、长春国际汽车文化节暨第三届红旗嘉年华活动在长春国际会展中心开幕

（孙建一　摄）

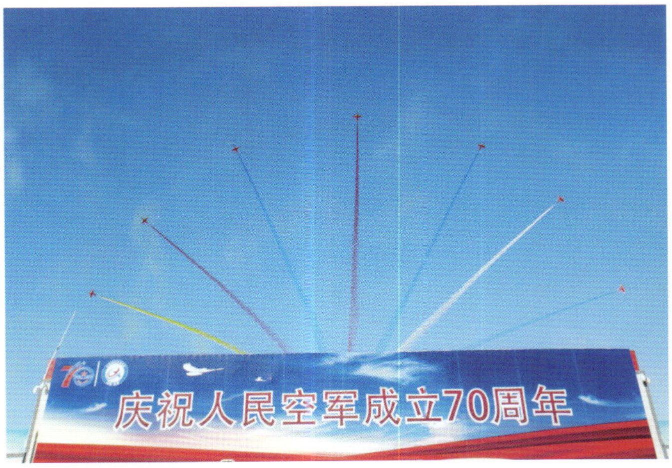

▲2019年10月17日，“庆祝人民空军成立70周年航空开放活动·长春航空展”在长春大房身机场开幕，首届航空开放活动为期5天，包括1个主题日和4个公众日，有空中展示、地面展示和配套活动三大板块。图为航空展示活动现场　　（市委宣传部　供图）

▲2019年8月23日至27日，第十二届中国—东北亚博览会在长春国际会展中心举办　　（市委宣传部　供图）

▲2020年8月14日，第十九届中国长春国际农业·食品博览（交易）会在长春农博园举办　　（《当代长春》编辑部　供图）

▲吉林省首个综保区——长春兴隆综合保税区于2011年获国务院批准设立，2014年3月正式运营。图为长春兴隆综合保税区双创总部基地
（摄于2022年8月 经开区新闻信息中心 供图）

▲2021年9月23日，中韩国际贸易产业孵化中心（中韩城市馆）投入运营。该中心总投资21亿元，占地面积21万平方米，建筑面积13.5万平方米，集产业产品集合展示中心，物联网技术支持的跨境商品线上线下交易平台，中韩商品、产业技术大数据中心、结算中心于一体
（孙建一 摄）

2015年8月31日，“长满欧”中欧国际铁路货运班列作为吉林省首条中欧班列正式开通，开启吉林省高水平推进对外开放的道路。2017年10月13日，长春国际港开通。2019年，长春国际陆港与天津港集团共同打造天津港方向双向海铁联运班列。2021年4月，吉林省第二条中欧班列“长珲欧”正式开通，使得珲春自开埠以来首次完成跨洲际国际铁路联运。作为吉林省高水平开放的重要平台和载体，以长春为枢纽的中欧班列连接“一带一路”沿线10个国家，贯通俄罗斯境内近百个铁路站点及欧洲腹地30个城市站点，成为吉林省稳外贸和保国际供应链、产业链稳定畅通的重要支撑。

▲2017年10月13日，长春国际港开通暨中欧班列（长春—汉堡）首发活动在长春新区举行 （长春国际港 供图）

非凡十年看长春
文化创意城

▲2018年9月1日，第十四届中国长春电影节开幕式在长影音乐厅举行（李 天 摄）

新时代十年，长春以丰富的影视文化资源对接国家文化产业振兴战略，重点发展影视文化、文化旅游、数字经济三个主导产业，挖掘长春文化资源底蕴，实施品牌聚能计划，打造“周游长春”“都市冰雪”“乐享长春”等文旅品牌和业态。长春市围绕全域、全季、全要素、全产业链，拓展区域文旅产业发展空间，文化事业、文旅产业繁荣发展。“永远跟党走”系列群众文化活动庆祝建党百年，中央歌剧院公共事业文化高质量发展服务中心长春工作站建立，“四季长春”全国油画名家绘长春写生活动启动，“长影周末音乐会”“爵士音乐节”提升城市文化品位。十年间，长春市旅游强势带动，消夏艺术节、长春冰雪节提质升级，长春连续获评“避暑旅游十佳城市”“冰雪旅游十强市”；城市核心消费区功能提升，获评首批国家文旅消费示范城市。2022年，旅游收入突破2200亿元，为建设千亿级文化旅游产业集群奠定坚实基础。

▲2020年6月19日，长春第四届消夏灯会在长影世纪城举行（市文广旅局 供图）

▲2021年5月28日，“助力吉林发展 助推经济腾飞”中央歌剧院走进长春慰问一汽“红旗之恋”大型音乐会在一汽红旗会堂举行 （赵 滨 摄）

新时代十年，长春市以冰雪旅游、冰雪体育、冰雪文化为载体发展冰雪产业，冰雪项目投入逐年扩大，经贸洽谈、招商引资规模逐年增加，游客接待总量、旅游总收入逐年攀升，冰雪产业升级对长春经济带动作用越发明显。经过十年发展，长春冰雪产品不断增多、品质逐年提升、配套服务更加完善。特别是2019年长春冰雪大世界建成开园，弥补长春缺少大型冰雪综合性乐园空白，其后长春世界雕塑园长春冰雪乐园、神鹿峰童话雪世界、长春汽车冰雪嘉年华等新产品陆续面世。2021—2022冰雪季，四大滑雪场、十大冰雪乐园、40处都市冰雪综合体验场所、135座冰雪雕塑、100块冰场遍布城市东南西北。长春连续多年被评为“中国冰雪旅游十强市”“中国十大冰雪旅游城市级目的地”。十年间，长春市接待冰雪游客从1367万人次增加到4038.1万人次，冰雪旅游收入从187亿元增加到853.17亿元。

▲2019年1月4日，2019长春净月潭瓦萨国际滑雪节在净月潭国家风景名胜区开幕。图为来自32个国家和地区的1000多名专业运动员和滑雪爱好者参加比赛
（吴　然　摄）

▲2020年1月4日，2020中国长春净月潭瓦萨国际滑雪节开幕式在净月潭国家风景名胜区举行，以“激情瓦萨 魅力净月”为主题，推出9项越野滑雪赛事，开展19项冰雪文化与经贸系列活动。图为来自30个国家和地区的1500名专业运动员和滑雪爱好者从总占地面积62万平方米的世界级主题雪雕园——“净月雪世界”内的瓦萨门出发 （孙建一 摄）

▲2020年12月22日，由教育部、国家冬奥组委和吉林省人民政府主办，吉林省教育厅和长春市人民政府承办的“筑梦冰雪·相约冬奥”第二届全国学校冰雪运动竞赛暨冰雪嘉年华和吉林省暨长春市“百万学子上冰雪“主题日活动在长春冰雪新天地举办，来自全国多个省市的运动员代表，长春市幼儿园、小学、初中、高中（职业）、高校师生代表近7000人参加活动 （张 扬 摄）

▲2022年，长春世界雕塑园冰雪乐园造雪10万立方米，用冰1万立方米，融合冰雪作品展、冰雪研雪、冰雪娱乐体验、冰雪灯光秀、冰雪文艺演出、冰雪特色美食等多项内容，打造出距离长春市区内最近的炫酷炫冰雪综合体。图为直径10米的地球雪雕，结合全息投影技术展示“航天、冬奥、新年”三大主题

（张　扬　摄于2022年1月17日）

▲2022年12月28日，第26届长春冰雪节开幕式在长春冰雪新天地举办　（市文广旅局　供图）

目　录

特　载

大　事　记

市情概览

自然地理

历史沿革

行政区划

人口　民族　宗教

地域文化

经济社会发展

中国共产党长春市委员会

综　述

重要会议

深化改革

组织工作

宣传工作

统一战线工作

政策研究

网信工作

机构编制工作

市直机关党建

信访工作

老干部工作

关心下一代工作

保密工作

党校（行政学院）工作

长春市人民代表大会

综　述

重要会议

人大立法

参见88页“法治·人大立法”

人事任免

人大监督

议案办理

代表工作

长春市人民政府

综　述

重要会议

政务服务

政务督查

人事管理

外事工作

中国人民政治协商会议长春市委员会

综　述

群众团体

法　　治

人大立法

政法委与综治

法治政府建设

公　安

检　察

法　院

司法行政

仲　裁

军　　事

长春警备区

经济管理

冰雪产业

农　　业

渔　业

种　业

农业机械化

农业科技

农田水利

农产品质量建设

长春国家农高区建设

工　业

综　述

轨道交通装备业

航空航天产业

商贸服务业

新兴消费城建设

商贸流通

住宿餐饮

电子商务

粮食和物资储备

烟草专卖

供销合作

邮政快递业

物流业

会展业

新兴服务业

金融业

综　述

银行业

资本市场

保险业

其他非银行金融机构

旅游业

综　述

旅游资源

旅游项目建设

房地产业

开放型经济

功能区建设

城市建设

乡村振兴

区域发展

生态建设

科学技术

教　育

文　化

体育产业

社会生活

人口家庭

劳动就业

收入消费

社会保险

社会救助

住房保障

社会福利

社区建设

社会组织管理

南关区

宽城区

二道区

绿园区

双阳区

九台区

公主岭市

榆树市

CONTENTS

SPECIAL RECORDS

CHRONICLE FOR IMPORTANT EVENTS

A GENERAL SURVEY OF CHANGCHUN

CHANGCHUN MUNICIPAL COMMITTEE OF THE CPC

CHANGCHUN MUNICIPAL PEOPLE'S CONGRESS

CHANGCHUN MUNICIPAL PEOPLE'S GOVERNMENT

CHANGCHUN COMMITTEE OF THE CHINESE PEOPLE'S POLITICAL CONSULTATIVE CONFERENCE

THE CPC CHANGCHUN MUNICIPAL COMMISSION FOR DISCIPLINE INSPECTION THE CHANGCHUN MUNICIPAL COMMISSION OF SUPERVISION

OTHER PARTIES

MASS ORGANIZATIONS

RULE OF LAW

MILITARY

ECONOMIC ADMINISTRATION

DIGITAL ECONOMY

AUTOMOBILE INDUSTRY

ICE AND SNOW INDUSTRY

AGRICULTURE

INDUSTRY

CONSTRUCTION INDUSTRY

TRADE SERVICES INDUSTRY

FINANCE

TOURISM

REAL ESTATE INDUSTRY

OPEN ECONOMY

FUNCTIONAL AREA CONSTRUCTION

TRAFFIC AND WATER CONSERVANCY

URBAN CONSTRUCTION

RURAL REVITALIZATION

REGIONAL DEVELOPMENT

ECOLOGICAL CONSTRUCTION

SCIENCE AND TECHNOLOGY

EDUCATION

CULTURE

HYGIENE & HEALTH

SPORTS

SOCIAL LIFE

EMERGENCY MANAGEMENT

A GENERAL SITUATION OF DISTRICS AND COUNTIES

CHARACTERS AND HONORS

APPENDICES

INDEXES

特 载

TEZAI

新时代十年长春经济社会发展成就综述

新时代十年，是长春克难奋进、攻坚突破、积厚成势的十年。十年来，面对复杂严峻形势和多重超预期挑战，长春坚持以习近平新时代中国特色社会主义思想为指导，坚决贯彻党中央决策部署和省委工作要求，团结带领全市广大干部群众，顶住压力、保持定力、精准发力，努力完成各项目标任务，为推动长春实现全面振兴新突破奠定坚实基础。

一是综合实力达到新规模。十年来，长春市始终坚持稳中求进工作总基调，完整、准确、全面贯彻新发展理念，积极服务和融入新发展格局，努力推动经济实现质的有效提升和量的合理增长。全市地区生产总值由2012年的4024.7亿元增加至2022年的6744.6亿元，年均增长4.9%。经济发展的质量效益不断提高，人均地区生产总值从51483元增加至74310元，地方财政收入从340.8亿元增加至459.7亿元，规模以上工业利润从623.2亿元增加至790.8亿元，全社会用电量从156.4亿千瓦时增加至292.3亿千瓦时，金融机构本外币各项存款余额从6643.3亿元增加至16851.3亿元、贷款余额从5828.3亿元增加至17122.1亿元。把重大项目作为加速高质量发展和实现振兴突破的“硬支撑”“强引擎”“动力源”，聚焦“六新产业”“四新设施”，以及国家产业政策方向、投资导向，努力推动深度谋划一批、在谈落位一批、开工建设一批、建成启动一批、投产达效一批“五个一批”，千方百计推动项目建设全面提速。近5年每年实施5000万元以上项目保持1200个以上，先后引进博世、巴斯夫、华为等一批世界500强和中国500强企业落户，总投资358亿元的奥迪一汽新能源、总投资135亿元的比亚迪动力电池等重大项目加快建设。消费升级初见成效，社会消费品零售总额由2012年的1739.6亿元增加至2022年的1907.8亿元，以冰雪和避暑为特色的文旅产业稳步发展，打造“这有山”“长春冰雪新天地”等一批新的消费载体，全市国家AAAAA级旅游景区数量居全国副省级城市前列，电影节、航空展、汽博会、农博会等品牌持续提升，长春获评新中国成立70周年中国最具影响力会展城市。城市能级持续提升，全力做大中心城市，积极推进以县城为重要载体的新型城镇化建设，2022年全市总人口906.5万人，城镇常住人口608.7万人，城镇化率67.1%。2020年公主岭市划归长春市代管，长春在全国副省级城市中面积排名第二，总面积达到24592平方千米，仅次于哈尔滨。城区、开发区、县域板块协调发展，城区综合实力不断提升，汽开区经济总量突破千亿元，长春新区达到842.9亿元，在最新东北地区县域经济十强排名中，公主岭、农安、榆树分别排第5名、第6名、第9名。

二是产业转型实现新突破。十年来，长春市坚持把发展经济的着力点放在实体经济上，努力破解工业一柱擎天、结构单一的“二人转”产业体系，着力打造多点支撑、多业并举、多元发展的现代产业体系，三次产业结构由2012年7.1∶51.4∶41.5调整为2022年8.1∶40∶51.9，实现从“二三一”到“三二一”重大转变。做优一产，大力实施“黑土粮仓”科技会战，落实保护性耕作72.67万公顷，粮食种植面积从2012年的134.4万公顷增加至2022年的157.8万公顷，粮食产量从91.1亿千克增加至124.25亿千克、创历史新高，粮食总产量、人均占有量、商品量、调出量四项指标始终位居全国大中城市前列，榆树、农安、公主岭稳居全国产粮大县前三名。做强二产，积极推动“双一流”建设，红旗新能源汽车工厂等项目相继投产，一汽2022年列世界500强第79位、较2012年提升86位，红旗品牌汽车产量从2016年不足5000辆增长至2022年的31万辆，长春市汽车产业集群晋升国家先进制造业集群。轨道交通装备制造持续壮大，已具备年产200列动车组、4000辆城铁车、600辆普通铁路客车的新造能力，年检修300多列动车组及1000辆普通铁路客车的检修能力，成为中国最大的轨道客车研发、制造、检修和出口基地。持续做精做强光电信息、生物医药、新材料等新兴产业，金赛药业跻身百亿级行列，禹衡光学、光华微电子获评国家制造业单项冠军示范企业，初步形成多业支撑制造业发展局面。做大三产，高质量完成国家服务业综合改革试点，商贸物流、旅游休闲、金融服务等重点行业快速发展，服务业增加值从1961.5亿元增加至3498.3亿元。长春传化公路港、东北亚国际物流港正式启用，生产性物流枢纽功能不断完善，公路货物运输周转量从312.5亿吨千米增加至490.1亿吨千米。

三是创新驱动集聚新优势。十年来，长春市深入实施创新驱动战略，加快把科教优势转化成为发展优势、竞争优势，努力在科技成果转化上形成一批标志性成果，在创新驱动高质量发展上取得一批突破性进展。在2022年《自然》杂志全球科研城市排名中，长春列第35名，较2018年（首次入选50强）前进7个位次。全市拥有高等院校49所、国家重点实验室11个、独立科研机构78个，国家自主创新示范区、国家农高区先后获批并启动建设。全年专利申请量从2012年的6165件增加至2022年的22083件。产学研协同创新加速推动，打造吉林大学红旗学院，组建红旗、数字经济等产学研创新联盟，先后攻克“时速400千米动车组系统”“12英寸全自动晶圆探针台”等关键核心技术。全力支持一汽实施自主创新重大科技专项，“十三五”期间累计申报专利8220件，申报增速在央企排名第一。企业创新主体作用不断提升，高新技术企业、专精特新企业规模不断扩大、实力持续增强，拥有高新技术企业近2500户，专精特新企业突破1000户，长光卫星、长春捷翼汽车零部件跻身“独角兽”企业。围绕创新型企业最亟待解决的资金问题，组建300亿元规模“长兴基金”，落位挂牌北交所吉林省服务基地，畅通银企对接渠道。获批国家知识产权强市建设示范城市，长春知识产权保护中心正式运行。强化人才支撑，颁布施行《人才发展促进条例》，成立东北首家人才服务局，打造“人才政策升级版”，加快建设长春青年城，近年来柔性引进65名国内外院士，留长高校毕业生每年超过10万人，长春人才创新港被列入国家先期布局的15个人才集聚平台之一，长春成为东北地区唯一连续5年人才净流入城市。

四是改革开放迈出新步伐。十年来，长春市坚持解放思想、更新观念、放开搞活，增强改革的坚定性、自觉性、主动性，持续优化市场化发法治化国际化营商环境，加快建设“一带一路”向北开放重要窗口和东北亚地区合作中心枢纽。重点改革成效显著，先后获批6方面30个国家级改革试点，国企改革三年行动全面收官，高新区“管委会+公司+园区”模式、双阳区“1+3+X”基层治理模式、长春智慧法务区建设等获评全国改革典型案例。国家城乡融合发展试验区建设加速推动，创建省级特色小镇20个。营商环境持续优化，深入推进政务服务“一网、一门、一次”改革和绿色审批行动，“审批不见面、办事不求人”政务服务新模式、深化商事制度改革成效获国务院通报表扬，政务服务平均审批时限压缩至7.9天，“最多跑一次”占比达98.8%。扎实推进“万人助万企”“亲清政企关系微信群”等助企服务举措，开通全省首条企业国际互联网数据专用通道，市场主体总量突破145万户，民营经济增加值占GDP比重超过50%。开放合作不断深化，长春新区、中韩（长春）国际合作示范区、兴隆综合保税区、临空经济示范区等对外合作平台相继获批并加快建设，长春对外开放合作示范区挂牌，长春陆港型国家物流枢纽获批，“长满欧”“长珲欧”“长春—汉堡”中欧班列畅达全球，汽开区获批国家进口贸易促进创新示范区，2022年全市实现货物进出口总额1107.58亿元。主动对接京津冀、长三角、粤港澳等国家战略，深化与天津、杭州对口合作，推动津长产业合作园、津长双创示范基地、吉浙产业园加快建设。落实“一主六双”高质量发展战略，加速建设长春现代化都市圈，推进长吉、长平一体化发展，与省内市州签订对口合作协议，截至年末共谋划推进项目274个、总投资3633亿元。

五是生态环境呈现新面貌。十年来，长春市牢固树立“两山”理念，坚定不移走生态优先、绿色发展之路，持续巩固天蓝、地绿、水清的生态环境。打好蓝天、碧水、黑土地保卫战，制定出台《长春市农作物秸秆露天禁烧和综合利用管理条例》《长春市饮用水水源保护条例》《长春市机动车和非道路移动机械排气污染防治管理办法》等系列法规措施，持续完善生态环境保护制度体系。全面实施“控煤、控气、控尘、控车、控烧”等“五控”措施，空气优良天数比例从2012年的82%提高到2022年的94%，达到336天、创历史新高。强化国省控断面、入河排污口、污水处理厂监管，深入清查各类污染源，历史性消除劣Ⅴ类水体，优良水体比例从68.8%提高到76.6%。落实土壤污染防治责任，强化土壤重点监管企业监管，动态更新名录，实施农用地分类管理，建立完善建设用地准入多部门联合监管机制。制定并实施保卫青山、湿地行动计划，开展“绿盾”自然保护地监督检查专项行动，深入推动侵占破坏生态环境问题大排查、大整治。加快绿色低碳转型，加快推进“旗E春城”“氢动吉林”行动，建设“无废城市”，加快打造国家电投氢能产业基地、循环经济产业园等项目，成功获批北方地区冬季清洁取暖试点城市，入选国家首批新能源汽车换电模式应用试点城市，成为东北唯一一家纳入国家绿色金融改革创新实验区申建辅导期城市。坚持山水林田湖草沙一体化保护和系统治理，深入落实河（湖）长制、林（草）长制、田长制，加快推进“水系连通”工程，开展50万亩大规模国土绿化，建成区绿化覆盖率由41.5%增加至43.7%。持续开展农村人居环境整治，改造农村厕所42.6万户，农村自来水普及率达到97.5%，5个乡镇、57个村列入国家“百县千乡万村”乡村振兴示范创建名单，乡村环境逐步净起来、绿起来、美起来。

六是民生福祉达到新水平。十年来，长春市始终坚持以人民为中心，滚动实施“建设幸福长春行动计划”，多次获评“中国最具幸福感城市”，民生事业发展由兜底线、保基本向促均衡、优服务转变。全面打赢精准脱贫攻坚战，154

个贫困村、62810名贫困人口全部脱贫，“两不愁三保障”得到根本解决。就业增收持续推动，实施“安心就业十大行动计划”等务实举措，十年来城镇累计新增就业118万人，农村劳动力累计转移就业1138万人次，城镇居民可支配收入由22970元增加至43240元，农村居民可支配收入由9064元增加至18919元。社会保障更加健全，连续18年上调企业退休人员养老金，城乡养老保险、医保实现全覆盖，城镇企业职工基本养老保险参保人数从177.8万人增加到274.5万人。到2022年末，全市城市居民56154人享受最低生活保障，农村居民100375人享受最低生活保障。全市养老服务机构由191家增加到542家，成为全国首批构建医疗、养老、居家“三位一体”保障机制的城市。教育水平不断提升，全市幼儿园毛入园率达到95%，义务教育阶段学校发展到739所、在校生67.5万人，全域提前3年通过国家义务教育均衡发展验收。公共卫生服务体系更加完善，全市卫生医疗机构由4092个增加至7862个，床位数从4.23万张增加到6.73万张，市传染病医院、疾控中心、急救中心投入使用，基层医疗卫生机构覆盖率、标准化建设达标率均为100%。提升住房保障能力，推进住房租赁试点城市建设，深化不动产登记制度改革，提前完成无籍房确权三年攻坚目标任务。文体事业稳步发展，成立中央歌剧院公共文化高质量发展服务中心长春工作站，城区“10分钟体育健身圈”覆盖率100%，净月潭瓦萨国际滑雪节、长春马拉松等品牌赛事影响力日益增强，成为全国首批足球发展重点城市，获评十大美好生活城市。

七是城市建设取得新进展。十年来，长春市坚持以城带乡、城乡融合，全面提升规划建设管理水平，努力建设新型现代化城市。实施“多规合一、多测合一”，推进城市设计等国家级试点任务，形成“三级三类”国土空间规划体系。按照“一平、两通、三化、四有”标准，对老旧小区进行精细化改造。深入推进精品街路建设，完成人民大街、吉林大路改造工程，形成城市“十字”主轴景观性道路廊道。十年间，全市道路长度从2850千米增加至6117千米，道路总面积从6456.6万平方米增加至10402.4万平方米，形成“一环六射”高速路、“两横三纵”快速路路网体系。依托哈大高铁、长吉城际高速铁路和京哈铁路、长图铁路、长白铁路、长双烟铁路等普速铁路，初步形成“十字+放射”网络格局。加速治理交通拥堵难题，着力畅通道路微循环，仅2022年就完成88个主要堵点、175处微工程改造，打通20条“断头路”“卡脖路”，建成9座立体过街设施，优化调整公交线路55条。加速推进“走遍长春”精细化管理专项行动，初步建成生活垃圾分类体系。城市智能体投入使用，25个应用场景上线运行。持续完善天然气产供储销体系建设，城镇燃气气源保障能力持续提升。形成以热电联产和区域锅炉房集中供热为主、清洁能源供热为补充的供热格局。城镇电网网架结构进一步完善和优化，供电质量和可靠性持续提高。供排水设施保障能力显著，完成第五净水厂续建工程及第三净水厂提标改造工程。

十年砥砺奋进，成绩来之不易。立足新起点、踏上新征程，长春将更加紧密地团结在以习近平同志为核心的党中央周围，在省委的坚强领导下，牢记嘱托，勇担使命，以一往无前的奋斗姿态和永不懈怠的拼搏精神，在中国式现代化进程中奋力推动长春全面振兴实现新突破！

一、汽车产业交出新答卷

2021年，中国一汽销售整车350万辆，营业收入7070亿元，自1953年建厂以来营收首次突破7000亿元大关，经济效益创“十三五”以来新高，连续19年位列中国500强最具价值品牌汽车行业榜首。

肩负着振兴民族汽车品牌、掌握关键核心技术的使命，十年来，长春市沿着高质量发展方向奋发前行，踏上创新重塑之路，开拓着“风景这边独好”的新天地，不断谱写民族汽车工业强势崛起和吉林振兴发展率先突破的新篇章。

十年来，在长春市委、市政府领导下，长春全力支持一汽创建世界一流企业、支持建设世界一流国际汽车城，推动汽车产业向着“万亿级未来”迸发澎湃动能。作为长春市“六城联动”第一城，长春国际汽车城自获批以来，各种利好于汽车产业的因素接踵汇聚于此，国际汽车城崛起可谓正当其时。

2022年2月18日，奥迪一汽新能源汽车项目在长春启动，计划总投资350亿元，建设奥迪在华首座纯电动汽车工厂，规划年产能15万辆，将带动千亿级新能源产业链落位长春。

2022年2月，一汽弗迪新能源科技有限公司动力电池项目在长春开工，由中国一汽集团、比亚迪股份有限公司共同注册成立，项目总投资135亿元，建成投产后每年可满足100万辆电动汽车配置需求，实现年产值200亿元以上。

2022年6月28日，奥迪一汽新能源汽车项目开工；7月24日，项目开工第26天，全球瞩目的新能源整车项目总装车间成功“上梁”，又一次让全球见证“中国速度”。

2022年8月，红旗品牌正式进入荷兰，并将以荷兰作为欧洲的品牌高地，全球化品牌沟通前沿，除红旗体验中心和服务网络，后续将陆续在荷兰组建红旗车主俱乐部、红旗礼宾出行车队等。

2021年4月，红旗品牌在沙特上市首日成交量达46辆；6月，红旗再次向沙特出口H9、HS5车型234辆；同年，红旗品牌在吉达、达曼、利雅得等城市陆续落地旗舰店。9月，红旗纯电动智能SUV车型E-HS9出口欧洲，仅在挪威预售期间获订单超500辆，实现在海外高端新能源汽车市场的重要突破。

中国一汽全球化布局不断加速，持续提高企业跨国经营能力和水平，不断提升“中国制造”影响力，擦亮民族汽车品牌。中国一汽海外业务覆盖欧洲、非洲、东南亚、拉美、中东等区域的78个国家和地区。

长春建设世界一流国际汽车城具有良好的产业基础，一汽集团是中国汽车工业的“长子”，中车长客是中国高端装备制造领域的“金名片”。两家企业先后创造了中国汽车和轨道客车产业的多个第一。中国一汽集团生产能力持续保持在国内整车生产第一方阵；红旗品牌整车销量4年增长63倍，创造了中国自主高端汽车品牌生产和销售的奇迹；解放品牌中重卡连续5年、重卡连续6年保持行业第一；一汽大众，销量连续3年蝉联国内乘用车行业首位。中车长客是中国最大的铁路客车和城市轨道车辆的研发、制造和出口基地之一，城市轨道和动车组产品市场占有率分别位居国内第一位、第二位。

十年间，麦格纳、李尔、伟巴斯特、光洋精机、曼胡默尔等一批跨国零部件企业落户长春汽开区，一汽富维、一汽富奥、一汽富晟、威卡威、均胜等一批自主零部件企业快速成长，动力总成工业园、轴齿工业园、日系工业园、盛世汽车产业园等一批专业汽车零部件产业园区建成，汽车零部件产业集群初步形成。

在全球汽车产业链供应链变革机遇下，长春市汽车产业加速迈向高质量发展，万亿级产业集群聚优成势，进一步提高长春市汽车零部件企业产品价值链地位，为吉林省上百个上下游产业带来蓬勃生机，为工业经济发展带来强大动能。

长春国际汽车城的建设离不开科技的支撑。十年间，长春市推动一汽集团、中车长客和吉林大学、东北师范大学、长春理工大学、长春光机所、长春应化所等“大企大校大院大所”的高效对接与合作，把全新电动化智能网联技术平台、高功率氢燃料电池发动机、轻量化技术、动力电池关键材料、无人驾驶、高速磁悬浮等关键核心技术，进一步通过技术创新、研发、转化，形成产品、投放市场，培育新的增量。在传统燃油机领域，中国一汽已自主掌控排量覆盖1.0升至6.0升的乘用车高效节能动力平台，发动机热效率达39%以上；在混合动力领域，突破超高压缩比米勒循环、低压EGR（废气再循环系统）等6项核心技术；在新能源领域，突破高功率电机、高能量密度电池、热失控预警等9项关键技术，进行固态电池、氢燃料发动机等技术研发。

作为长春市工业发展的“稳定器”和“定盘星”，国际汽车城专班聚焦“工业强市”建设目标，强化项目、平台、产业协同布局，强化科技、人才、资金关键支撑，强化要素、政策、制度优先保障，强化生产、生活、生态一体统筹，创建“世界级行走工业走廊”，加快构建多点支撑、多业并举、多元发展的产业格局。

根据《长春国际汽车城发展规划》中提出的总体目标。长春国际汽车城将实现“651”的产业发展目标。其中，“6”指的是全力支持一汽集团旗下红旗、解放、奔腾、大众、奥迪、丰越六大整车厂做大做强，“5”指的是培育壮大500户亿元级零部件企业，“1”指的是打造世界级轨道装备制造基地。国际汽车城规模以上工业总产值达到1.1万亿元以上。

二、农业丰产蓄能硕果累累

2021年，长春市粮食产量和增量均居全省首位。全市粮食产量123.65亿千克，蔬菜产量55亿千克，肉类产量10.8亿千克，禽蛋产量3.6亿千克，奶类产量0.75亿千克。

这十年，是长春农业发展的金色十年，也是农业成果收获满仓的十年。为全面贯彻落实吉林省委“一主六双”高质量发展战略，长春市委、市政府聚焦建设现代农业城，以全面推进乡村振兴为统领，坚持稳字当头、稳中求进，推动农业农村大踏步发展，带动农业大市向农业强市迈进，为实现长春振兴发展率先突破积势蓄能。

长春市地处世界上最肥沃的黑土地地带，是全国著名的产粮大市，黑土地占长春总耕地总面积的95%以上。2014年以来，长春市把保护性耕作和机械深松100个示范点建成“机艺融合”示范点，并将实用增产技术与先进农业机械组装配套集成应用。精量播种、高效植保、秸秆还田等一项项新模式引领农业生产方式转变，使长春市粮食产量再上新台阶。

这十年，长春市不断提升重要农产品安全保障水平，通过实施“黑土粮仓”科技会战，建成高标准农田65.13万公顷，粮食产量实现123.65亿千克，肉类总产量稳居副省级城市首位。

2010年11月，长春市出台《关于积极推广玉米保护性耕作的意见》，明确长远发展规划、任务目标、推进举措，将其作为保护黑土地、积极解决秸秆综合利用难题的切入点。

为加快推广保护性耕作技术，从2011年开始，长春市每年安排1000万元专项资金予以重点支持，主要用于保护性耕作机具累加补贴、示范区（点）建设及远程电子监测终端设备补贴和保护性耕作技术推广工作经费，在政策上形成强有力的拉动作用。

这十年，长春市持续强力推进，不断提升保护性耕作面积，从最初的不足1万亩，发展到超千万亩。榆树、农安、公主岭等地都跨进全省保护性耕作整县推进行列，推广面积超过适宜耕地的70%。

藏粮于地，藏粮于技。保护性耕作技术离不开农机配套，长春市免耕播种机以每年超过1000台的速度增长，保有量由2010年的不足100台增加到1万台，在全国地市级城市中，长春市牵引式玉米免耕播种机保有量位居第一。

截至2021年年末，长春市农机服务组织发展到4639个，实施全程机械化农业新型经营主体建设超过300个，实现6个粮食主产县（市）区所有乡镇全覆盖，并向村级延伸。

这十年，长春着力提升现代农业科技创新实力。吉林长春国家农业高新技术产业示范区揭牌成立，集全省科创资源建设农业科技成果实验平台和转化基地，打造现代农业创新高地、人才高地和产业高地。

这十年，长春乡村振兴呈现新格局，党委领导、系统推进、各方参与、共建共治的乡村振兴组织体系和政策体系已经确立；脱贫攻坚取得新突破，贫困村和贫困人口内生发展动力显著增强，贫困人口人均收入明显提高；农村环境实现新提升，农村环境净起来、绿起来的目标基本实现，村容村貌美起来的轮廓已经显现，美丽乡村逐渐成为市民休闲娱乐、农民宜居宜业的家园，农民群众幸福感、获得感显著增强；乡村治理发生新变化，乡村治理体系和治理能力现代化明显提升，农村基层党组织战斗堡垒作用明显增强；农业农村改革取得新成效，城乡融合发展体制机制加速完善，阻滞资源要素下乡的壁垒逐步破除。

坚持产业融合和城乡融合同步发力、脱贫攻坚和乡村振兴有效衔接、农业现代化和农村现代化一体推进，长春加快由农业大市向农业强市转变，为实现长春全面振兴、全方位振兴提供支撑。

立足长春农业实际，着眼建设农业强市目标，《现代农业城发展规划》提出，到2025年，第一产业增加值达到800亿元，粮食总产量达到135亿千克阶段性水平，畜禽总量达到4.9亿头（只），肉类总产量达到140万吨，农产品加工业产值达到1000亿元以上，农村居民人均可支配收入赶超全国平均水平。

三、“碳”路美好逐“绿”而行

6月18日，生态环境部通报2022年5月168个重点城市空气质量排名名单，长春市与上海市并列排名第19，长春市成为北方唯一入榜前20名的城市，5月份环境空气质量列北方重点城市第一位。2022年7月至8月，长春市优良天数比例达到100%。蓝天白云相映成趣成为长春市的“新常态”。

十年间，长春市统筹推进能源结构、产业结构、交通结构和用地结构调整，实施燃煤污染控制、工业污染源治理、移动源污染治理、扬尘污染治理等专项行动。至2022年，全市16台20万千瓦以上燃煤火电机组全部实现超低排放，在用20蒸吨/时及以上非电燃煤锅炉完成提标改造，污染物全面实现达标排放。

十年间，长春市新增公园107个、口袋公园168个，遍布城市大大小小的公园各具特色，绿化覆盖率达到42.17%。让森林包围城市、让绿水环绕长春，让蓝天更美丽，生态、绿色成为最鲜明的城市底色。

十年间，长春市不断创新环境治理手段，运用“吉林一号”高清卫星遥感监测和可视化扬尘管控系统，对施工工地、拆迁工地、物料堆场、裸露地面、非正规垃圾点等5类扬尘污染源实施全过程监管。依托“吉林一号”高清卫星遥感监测技术，对全市秸秆露天焚烧污染、火点管控实施全过程、全链条、全周期闭环管理和智能化管控。

2022年，长春市全面推进“双碳”示范城建设，围绕吉林省“六新产业”主攻方向、以“四新设施”建设重点谋划推进。

在空间上，以中韩（长春）国际合作示范区和长春循环经济产业开发区发挥龙头带动效应为“切入点”，以引领全市新能源、新材料和循环经济产业链集群集聚为“主轴线”，以对接全省“双基地”布局协同发展为“辐射面”。

在目标上，聚焦“生态强市”建设，统筹生产、生活、生态空间，以绿色低碳产业为引领，发展新能源、新材料及循环经济产业。到2025年，建设1个千亿级新能源产业基地，新能源、新材料和循环经济等产业产值突破1000亿元。

在任务上，通过“一创、一优、一协、五降、四提”12项措施整体推进。“一优”指优化能源结构，从供需两侧协同发力，发展新能源产业，加快构建清洁低碳、安全高效的现代能源体系；“一协”指深入打好污染防治攻坚战，从蓝天、碧水和土壤三个方面协同减污降碳；“五降”指建设绿色低碳循环经济体系，实现制造业、交通、建筑、农业和循环经济五大领域节能降碳；“四提”指提升“双碳”技术、碳汇能力、“双碳”金融服务业能力和全民绿色生活普及度。

在规划引领上，编制完成《“双碳”示范城建设研究报告》《“双碳”示范城发展规划》，纳入《长春市“六城联动”总体方案》。制定形成《“双碳”示范城实施方案》，分行业、分产业编制“碳达峰、碳中和”实施路径，研究编制《长春市风电光伏新能源发展规划》，为综合利用和招商引资奠定基础。

在工作机制上，组建组织机构，搭建领导专班、工作专班和专项工作组。领导专班由长春市委常委、长春市委政法委书记和长春市副市长担任组长，工作专班由各相关辖区和市直部门主要负责人组成。设立6个专项工作组，分别为综合协调组、能源领域组、工业领域组、城市建设组、交通领域组、农业农村组，建立“专班加小组、小组加属地”工作机制，落实“五个清单”。至2022年，“项目库”纳入项目100个，“平台群”搭建平台19个，谋划“资金池”9个，“政策包”55个，“人才谷”11个。

在政策保障上，打通要素堵点。研究出台风电、光电等用地政策的规划，支持项目落地；加强空间规划用地保障，在空间规划调整和“三区三线”划定中，优先考虑“双碳”设施用地；在建设项目施工图审查中，强化“双碳”规划建设内容的审查。

在项目落位上，引进安捷物联龙头企业落户长春，成立东北双碳技术传播中心，助力筹建吉林大学碳中和研究院；编制无废城市建设方案；与润德、长城投等公司合作，推进一批应用项目；引进国能中电秸秆粪污处置和新能源等本地消纳综合利用项目；引进中际互频公司，推动新型清洁采暖项目落地；推进建设PPE、比亚迪电池等一批零碳工厂；获批2022年北方地区冬季清洁取暖试点城市。

四、科技创新驱动城市高质量发展

至2022年年末，“吉林一号”在轨组网卫星达到83颗，光学制造、精密加工、电子信息等相关配套企业近300家；国家级重点实验室11个，国家级工程技术研究中心5个；高新技术企业数量达到2286户，增长率居副省级城市首位。十年间，创新发展的长春画卷波澜壮阔，一大批分布在高端装备、战略性新兴产业、信息化等方面的重大工程惊艳亮相。

2018年，长春市正式进入国家创新型城市行列。在《2021自然指数——科研城市》排名中，长春市列全球科研城市第37位，居东北地区首位。长春市把科技作为第一生产力，把人才作为第一资源，把创新作为第一动力，为加快推进长春全面振兴全方位振兴提供科技支撑。

布局科技创新城，《科技创新城发展规划》明确发展核心。推动长春科技、人才与国家战略、市场需求深度融合，加速形成长春新产业，加快提升长春产业核心竞争力，使科技成为长春经济社会发展的第一动力。

十年间，在长春市12所重点高校院所产出科技成果超过1.7万项，全市累计实施市级科技计划项目1900余项，获得国家科学技术奖30余项、省级科学技术奖超过960项，攻克关键核心技术100余项，红旗第三代高级轿车、中车长客复兴号动车组列车、“吉林一号”卫星等成为长春的科创名片。

十年间，长春市人才引进政策密集出台，从落户、安居、岗位开发、创业贷款、就业补贴、优化公共服务等多方面，为各类人才提供保障，吸引年轻人扎根落户，长春成为东北唯一连续5年人才净流入地区，2020年、2021年连续2

年，高校毕业生在长春市就业突破10万人次。

2021年，为增加人才公寓供给，提升人才居住品质，长春市制定《人才公寓建设行动专项方案》，围绕企业、院所、在长科研机构人才居住需求集中区域，建设2万套、100万平方米人才公寓。至2022年，长春市在运营人才公寓2900套。

十年间，长春新区集聚600余户医药企业，2021年医药产业产值223.7亿元，占省市比例分别为30%和80%，长春新区在全国生物医药园区产业竞争力排行榜中居第10位，东北地区首位；长春经开区加快光电信息产业率先实现突破，抓住长光所创新资源优势，打造“产学研用金、才政介美云”十联动的光电信息产业生态圈。

十年间，长春市通过打造科技创新高地引领经济高质量发展。2021年，长春市地区生产总值为7103亿元，比2012年4457亿元增长59.4%，年均增长5.3%；十年间，长春市城镇居民人均可支配收入年均增长7.8%，高于GDP年均增速2.5个百分点。科技带动城市不断发展，教育、卫生、文化、体育等社会事业不断进步，长春进入“全国十大美好生活城市”行列。

科技创新是发展的不竭动力，长春市坚持创新驱动，加快提升自主创新能力，全面推进知识创新、技术创新、协同创新和改革创新。

2022年，长春市全面推进科技创新城建设，到2025年全市研究与试验发展（R&D）经费支出年均增速达10%以上；高新技术企业超3000户、专精特新企业超千户；每百万人口发明专利拥有量超2000件；在长春市的院士超百人，拥有博士学位的专职科研人员超万人。以科技为核心要素，推动形成高端装备、光电信息、生物医药、农产品加工、能源、文旅等6个千亿级产业集群，并以技术创新为引领，推动汽车产业迈向万亿级台阶。

五、消费业态不断“上新”

十年间，长春市地区生产总值稳步提升，年度总量突破7000亿元，城镇居民人均可支配收入由2012年的21956元增长至2021年的43281元，城镇居民人均消费性支出由2012年的17863元增长至2021年的32336元，社会消费品零售总额增长至2219亿元，增速在东北四市中居第一位，高品质商圈经济逐渐成形，消费配套服务品质跃升，电商经济新型消费模式显现出蓬勃动力，消费业态不断升级。

2011年，长春兴隆综合保税区被批准设立，保税区利用口岸功能，集聚消费资源。2016年，长春欧亚新生活购物广场开业，致力打造时尚潮流聚集地。2018年，摩天活力城Mall开业，坐上楼顶的摩天轮可以俯瞰夜幕下的长春。2019年，长春“这有山”——集吃、喝、玩、乐、住、购于一体的综合型商业项目开业，是可在3个小时至一天时间内游玩的“现代山丘景区小镇”。2020年，中韩（长春）国际合作示范区（简称中韩示范区）揭牌，紧盯“国际高端消费核”，培育百亿级美丽经济产业。

2022年，长春市全面培育建设新型消费城市，分层次建设地标性商圈商街，重庆路、桂林路等老牌商圈逐步进行新规划，配合城市更新和旧城改造，再次散发新活力。

2022年，长春市《新兴消费城发展规划》中明确新兴消费城的发展目标。到2025年，实现消费业态模式全面创新升级，打造“三核引领、轴线联动、消费成网”的新型消费布局，网络（电商）零售总量突破600亿元，跨境电商交易额翻一番，带动全市社消零总额迈向3000亿元，服务业增加值超过5000亿元，占GDP比重超过55%，实现由“省域消费中心”向“东北亚区域消费中心”目标迈进。

围绕打造东北亚区域消费中心一个总目标，开展四大行动，即挖掘消费特色，提升城市美誉度行动；丰富消费业态，催生消费新动力行动；提升消费载体，拓展消费新平台行动；优化消费环境，营造消费新氛围行动。为推进新兴消费城建设，长春市成立了新兴消费城工作专班，统筹推进全市新兴消费城建设各项工作任务。

实行“三核引领、轴线联动、消费成网”的总体空间布局。在“点”上，以中韩示范区、兴隆综保区、临空经济示范区、北湖开发区为核心，打造“国际消费核”，统筹对外开发平台，培育跨境电商、平行进口车等新兴消费产业；以净月中东港、龙湖天街等项目和净月国家级电子商务示范基地为核心，丰富文化创意载体，打造集聚活力的“文创特色消费核”；以欧亚汇集二期等重大项目建设和欧亚卖场商圈为核心，催生新动力，打造集聚辐射力、业态融合的“都市时尚消费核”。在“线”上，构建“两区联动、一带支撑”的轴线联动消费空间布局。“国际消费区”依托国际消费核，发展美丽、康养产业，引领时尚魅力消费；“中心消费区”依托主城区，构建商圈、街区、节点三类消费集聚空间，带动多元化、时尚化、个性化消费提档升级；“一带”是沿城市东北到西南，打造一条“半环形”新型消费带，提供全域新消费供给。在“面”上，立足长春现代化都市圈建设，发挥省会市场空间、内需潜力优势及辐射全省“双通道”消费枢纽作用，开拓对外通道，深化区域联动，构筑消费成网。在产业发展上，促进传统消费“时尚化”、服务消费“品质化”、新兴消费“特色化”，进一步强链、延链、补链，促进消费结构升级，形成产业相融、创新相促、良性循环的新兴消费产业链。

六、文化创意产业再上新台阶

十年间，长春市“以进求稳”，实现品牌塑造、消费增长、产业升级、服务提升，文化创意产业发展再上新台阶。

长春是新中国汽车工业的摇篮，新中国第一辆国产汽车、第一辆轿车均在长春诞生；长春是新中国电影事业的摇篮，长春电影制片厂开启新中国电影波澜壮阔、无限辉煌的历程；长春是中国人民航空事业的摇篮，坐落在长春的空军航空大学，其前身是东北老航校，70多年来，为国家和军队建设培养大批各类人才。

2021年，长春市文旅事业产业继续企稳向好，全市接待游客超1亿人次，实现旅游收入1940亿元。围绕全域、全季、全要素、全产业链，长春市持续拓展区域文旅产业发展空间，文化事业、文旅产业繁荣发展。“永远跟党走”系列群众文化活动庆祝建党百年，中央歌剧院公共事业文化高质量发展服务中心长春工作站建立，“四季长春”全国油画名家绘长春写生活动启动，“长影周末音乐会”“爵士音乐节”提升城市文化品位。

十年间，长春市旅游强势带动，消夏艺术节、长春冰雪节提质升级，长春连续获“避暑旅游十佳城市”“冰雪旅游十强市”称号；城市核心消费区功能提升，获评首批国家文旅消费示范城市；乡村游、自驾游、研学游持续升温；政策助力、金融赋能，文旅市场快速复苏。

2022年，长春市实施“筑基、提质、品牌”三项工程，写好“引领、支撑、带动”三篇文章，高质量推进“文化创意城”建设。印发《文化创意城发展规划》，形成建设总体方案和实施方案，完善“项目库”“平台群”“资金池”“政策包”“人才谷”5张清单，厘清建设路径。

实施提质工程，打造点、线、面协同发展的文化创意产业发展格局。盯住影视文化、文化旅游和数字经济三大主导产业，锻造产业“强芯”；锁定冰雪、汽车高铁（轨道交通）、演艺娱乐和民间艺术四大特色产业，拓展产业“场域”；发展动漫游戏、创意设计和文化装备三大支撑产业，释放产业“潜能”，形成“3+4+3”文化创意产业体系。

实施品牌工程，构建“点群联动”文化创意产业生态圈。跟进长春影都建设，发展数字产业、文化旅游，推出休闲消夏、冰雪体验品牌，推动净月潭、天定山、庙香山、莲花山、神鹿峰等文化旅游项目提质升级，打造一批国家级文化产业园区、国家级旅游度假区，擦亮长春“国家文旅消费示范城”“冰雪旅游十佳城”“最佳避暑旅游城”三张城市文旅名片。

推进“一轴一带十二区”文创城核心区建设，围绕主导功能带完善“一主三带多点”科学布局，推动省域“双线”协同发展；写好“项目支撑”文章，加快推动东北亚博览城、长春机车厂历史文化街区改造、青怡坊国际旅游文创产业园、长春市影视文创孵化园等一批具有开创性和示范意义的标杆项目建设；创新“核心节点引爆、主要功能区转化、全域衍生再创”的生产模式，带动全市形成“创意—应用—衍生”文化创意创新生态业态。推进国家文化和旅游消费示范城市建设，开展文旅消费活动季活动。挖掘长春文化资源底蕴，实施品牌聚能计划，打造“周游长春”“都市冰雪”“乐享长春”等文旅品牌和业态。

加大优质文化产品和服务供给力度，组织主题性文艺创作和演出演播、展览展示活动，提高城市艺术精品传播力和影响力，活跃城市文化生活，营造良好氛围。聚焦提质增效，健全公共文化服务网络，完善《长春市公共文化服务基本保障标准》，丰富和延展城市公共服务体系。

立足“消夏避暑”“都市冰雪”两大王牌，加强区域旅游品牌和服务整合，发展大众旅游，做强“本土游”，持续优化旅游公共服务，编制《长春市全域旅游发展规划》，修编《长春市冰雪旅游发展总体规划》，出台《长春市旅游条例》。开发旅游精品线路，完善多级旅游集散服务中心体系。

挖掘长春历史文化资源，深化伊通河文明史·长春城市发展史探源研究，推进伪满皇宫、一汽早期建筑等重点文物保护项目建设。优化博物馆体系，推进乡村博物馆、社区博物馆建设，完善非物质文化遗产名录库，构建长春地域历史文化坐标体系。

优化产品服务，打造全产业链、多维度的现代文化旅游市场体系。统筹疫情防控和文旅市场开放管理工作，健全文旅市场监管机制和执法机制，加强市场环境专项整治，完善广电事业管理，优化安全保障机制，深化重点领域风险防控。

（管吉鹏　李　洋　马俊华　李思玥）

长春市“六城联动”总体方案

为深入贯彻习近平总书记视察吉林重要讲话重要指示精神，全面落实省委“一主六双”高质量发展战略，加快建设长春现代化都市圈，着力打造“三强市、三中心”，全力推进国际汽车城、现代农业城、“双碳”示范城、科技创新城、新兴消费城、文化创意城“六城联动”，制定此方案。

一、总体要求

（一）重大意义

一是贯彻习近平总书记视察吉林重要讲话重要指示精神、开创东北振兴率先突破新局面的需要。围绕贯彻落实习近平总书记提出“维护国家国防安全、粮食安全、生态安全、能源安全、产业安全”等重要指示，加快建设国际汽车城、现代农业城、“双碳”示范城。围绕贯彻落实习近平总书记提出“巩固发展长春区域创新中心地位”“冰天雪地也是金山银山”“形成多点支撑、多业并举、多元发展的产业发展新格局”等重要指示，打造科技创新城、新兴消费城、文化创意城，以此为突破口，落实“新担当、新突破、新作为”殷切嘱托，开创东北振兴率先突破新局面。

二是落实省委“一主六双”高质量发展战略、坚决扛起“一主”责任担当的需要。按照实施省委“一主六双”高质量发展战略部署，要求长春充分发挥“一主”作用。聚焦辐射和融入“六双”格局，以建设国际汽车城引领“双廊”，以建设现代农业城支撑“双带”，以建设文化创意城带动“双线”，以建设新兴消费城畅通“双通道”，以建设科技创新城和“双碳”示范城建强和链接“双基地”，以做强长春现代化都市圈促动“双协同”联动，以“六城联动”承载“六新”产业、布局“四新”设施，当好全省“排头兵、领头羊、先行者、新标杆、新高地”。

三是立足长春市城市发展阶段特征、加快推动长春现代化都市圈建设的需要。长春市人均GDP已超过1万美元、城镇化率超过65%，正处于由单核型大城市向都市圈发展阶段迈进。未来五年，长春现代化都市圈经济总量将迈向1.5万亿元、人口将迈向2000万人，成为东北振兴率先突破的最重要经济体。对于长春而言，这个阶段特别需要产业结构深刻调整、需要创新激发内生动力、需要加快高质量发展，以“六城联动”统筹生产、生活、生态三生空间协同布局，作为推动都市圈建设的主要抓手。

四是找准长春未来五年发展方向、系统擘画“战略—战术—战役”全景蓝图的需要。聚焦长春未来五年发展的需要和可能，在战略层面，落实省委“一主六双”高质量发展战略，坚持“一张蓝图绘到底”，把建设“长春现代化都市圈”作为战略引领，把“三强市、三中心”作为战略目标。在战术层面，以“四大板块”“两大基地”为依托，全力推进国际汽车城、现代农业城、“双碳”示范城、科技创新城、新兴消费城、文化创意城“六城联动”。在战役层面，重点实施“十大工程”，以“五化”工作法形成“严新细实”抓落实的实施路径和责任体系。“三个层面”相互衔接支撑、逐层递进落地，构建未来五年长春发展的总思路。

（二）指导思想

深入贯彻习近平总书记视察吉林重要讲话重要指示精神，立足新发展阶段，完整、准确、全面贯彻新发展理念，服务和融入新发展格局，全面落实省委“一主六双”高质量发展战略，加快推进长春现代化都市圈建设，围绕“三强市、三中心”目标，坚持“点、线、面”结合，“省、市、区”联动，以强化国家级新区、国家级开发区龙头带动为切入点，以引领全市“1+6”主导产业链集群集聚为主轴线，以推动全省“六双”布局协同发展为辐射面，打造“项目库”“平台群”“资金池”“政策包”“人才谷”要素支撑体系，构建多点支撑、多业并举、多元发展的产业空间新格局。

坚持龙头带动、率先发展。着眼解决经济发展“总量不大、县域不强、质量不高”等问题，突出国家级新区、国家级开发区的龙头带动作用，整合联动全市乃至全省产业链供应链创新链资源，做大优势产业、推动集群集聚、发挥政策优势，以重点区域优先发展、率先发展、快速发展，带动全市产业升级和高质量发展，辐射引领全省协调发展、共同发展。

坚持产业主导、集群集聚。着眼解决产业体系“一业独大、多点分散、集聚不够”等问题。以培育壮大“1+6”主导产业为核心，打造汽车万亿级产业和高端装备、光电信息、生物医药、农产品加工、能源、文旅等6个千亿级产业，每个“城”确定不超过3个主导产业，推动产业集群、空间集聚、项目集中，构建多点支撑、多业并举、多元发展的产业格局。

坚持要素支撑、衔接落地。着眼解决规划布局“要素制约、落地不实、体系不完善”等问题，按照“六城”建设需要，集聚全市的优质资源和要素，分领域、分行业打造一批“项目库”“平台群”“资金池”“政策包”“人才谷”，形成系统推进的有力支撑，做到优先配置资源、优先要素供给、优先政策支持。

坚持高位统筹、协同联动。着眼解决区域发展“分割壁垒、竞争内耗、低水平重复开发”等问题，对接省委“一主六双”高质量发展战略，坚持全市“一盘棋”，优化“点、线、面”协同布局，重点突出一个“联”字，统一招商、按“城”布局、全市联动，明确各县（市）区、开发区主导产业分工，推进全市各区域产业发展定位清晰、优势凸显、良性互动。

二、优化“六城联动”产业空间布局

围绕支撑“三强市、三中心”目标，构建“六城联动”的空间布局，做到“六个一”：每个“城”对应支撑一项全市性战略目标（三强市、三中心），有一个国家级新区或国家级开发区作为龙头，有不少于一个万（千）亿级产业作为主导产业（每个“城”主导产业不超过3个），有一批“项目库”“平台群”“资金池”“政策包”“人才谷”作为支撑，有一名市委常委挂帅专班推动，并兼任该区域主导产业链总链长，有一套科学合理、导向鲜明的绩效考核体系作为“指挥棒”，强化项目、平台、产业协同布局，强化科技、人才、资金关键支撑，强化要素、政策、制度优先保障，强化生产、生活、生态一体统筹，具体安排如下：

（一）国际汽车城

1.目标定位

聚焦建设“工业强市”目标，支持一汽创建世界一流企业、共同打造世界一流汽车城，加速“六个回归”，创建“世界级行走工业走廊”。到2025年，建设1个万亿级的世界级汽车产业基地，汽车制造业产值突破10000亿元，一汽集团六大整车厂产销量超过400万辆，亿元以上零部件企业超过500户。建设1个千亿级的世界级高端装备制造基地，以轨道客车为龙头的高端装备制造业产值超过1000亿元，轨道装备产值超过600亿元，轨道客车产量达到5000辆，加快由“东北工业第一强市”向“全国先进制造业中心城市”目标迈进。

2.空间布局

（1）在“点”上，围绕汽车产业和轨道交通产业，打造“一核一基地”，总面积600平方千米。“一核”，以长春国际汽车城为空间载体，以汽开区为核心辐射带动绿园经开区、朝阳经开区和高新区的部分区域、公主岭市大岭镇和范家屯镇，面积471平方公里，打造世界级汽车产业基地。“一基地”，包括绿园经开区、宽城经开区，面积129平方公里，打造世界级轨道交通装备产业基地。

（2）在“线”上，构建“两翼”空间布局，即汽车零部件和新能源发展翼（经开区、中韩示范区和北湖开发区部分区域），汽车电子和后市场服务发展翼（净月开发区、莲花山生态旅游度假区部分区域）。发挥其他各县（市）区所属开发区传统特色优势，打造二道区先进制造产业园、新材料产业园，双阳经开区汽车零部件产业园，农安经开区交通装备零部件产业园（烧锅镇）、汽车零部件产业园（合隆镇），长春循环经济产业开发区，九台经开区先进装备制造产业园，公主岭岭东工业集中区汽车零部件产业园等多个特色产业园区。

（3）在"面"上，辐射全省"双廊"中"环长春四辽吉松工业走廊"，打造长吉平精密机械加工发展带、长吉松石油化工材料发展带、长吉辽轻量化材料发展带、长吉电子信息发展带、长平专用车发展带、长松白延氢能源示范应用发展带、长梅通关键基础材料发展带、长（春）延白（山）长（长白山管委会）汽车文旅发展带等8条产业通道。

3.主导产业

（1）汽车产业。突出整车、零部件、创新研发、后市场服务4大领域，以电动化、网联化、智能化、共享化"新四化"为导向，全力支持一汽集团实施"11245"战略，提升企业核心竞争力，建设世界级汽车制造业基地。全面推进排产、产能、配套、结算、人才、创新"六个回归"，加快推动奥迪PPE、比亚迪电池、红旗丝尔科跑车等一批重大项目落位，打造区域性汽车共享服务中心，建设世界级汽车产业研发、生产和后市场服务基地

（2）高端装备制造业。全力打造"长春造"轨道客车品牌，加快高速等级中国标准动车组、谱系化中国标准地铁列车、高速磁悬浮列车等产品的研发制造，建设集高速动车组检修、城铁车检修、动力集中动车组造修、普通铁路客车检修、零部件造修于一体的世界级检修运维基地，打造具有国际竞争力的产业集群。

（二）现代农业城

1.目标定位

聚焦建设"农业强市"目标，打造国家粮食安全产业带核心区、世界级农产品加工产业基地、东北地区农业农村现代化先行区，创建全国农业农村现代化示范区。到2025年，保障国家粮食安全能力全面提升，粮食总产量达到135亿千克水平，肉牛生产达到300万头规模。建设1个千亿级的农产品加工产业基地，农产品加工业产值超过1000亿元，形成玉米、肉牛、梅花鹿等一批世界级品牌，加快由"全国农业大市"向"农业农村现代化强市"目标迈进。

2.空间布局

（1）在"点"上，以升建国家农业高新技术产业示范区为载体，依托公主岭市139.39平方公里空间范围，启动以高新科技创新创业园、智能农机装备制造园、玉米精深加工产业园、农业博览园为主体功能的9.86平方公里核心区建设，打造现代农业高质量发展带、农旅景观通廊，布局现代种业、黑土地可持续发展、智能农机、现代物流、休闲农业、城乡融合"6大示范基地"。

（2）在"线"上，重点构建"两带、八园"协调发展的产业空间布局：沿中西部产粮主产区，联动公主岭市、榆树市、农安县、德惠市，打造"长春西部粮食安全产业带"；沿东部特色农产品主产区，联动九台区、双阳区，打造"长春东部特色农业产业带"。以公主岭市、榆树市、德惠市为重点建设3个粮食化工园区，以九台区、双阳区、农安县、德惠市、中韩示范区为平台，建设5个特色食品园区，打造百万亩专用食用玉米、优质水稻生产基地。

（3）在"面"上，对接辐射全省"双带"中"中西部粮食安全产业带"，发挥长春的农业创新优势、市场优势和三产融合优势，带动全省中部地区的吉林市、四平市黑土地高产区和西部地区的松原市、白城市特色粮食产区，依托榆树市、农安县、公主岭市、梨树县、德惠市等产粮大县，联合黑龙江省、辽宁省、内蒙古自治区产粮大县，打造东北平原国家粮食安全产业带。

3.主导产业

（1）农产品加工。以"粮头食尾""农头工尾"为抓手，依托丰富优质的粮牧资源，全力打造"十大产业链"，城区、开发区重点发展农产品精深加工，县（市）区重点发展农产品深加工，乡镇重点发展农产品初加工，不断织密农产品加工网。开展农产品加工业提档升级增效行动，重点实施既有龙头企业培育工程、存量重大项目推进工程、增量谋划项目引进工程、全产业链融合提升工程、"长字号"优质品牌培育工程、农产品流通保障工程，建设成全国农产品加工业强市和中国食品名城。

（2）现代农业（种植业）。深入实施藏粮于地、藏粮于技战略，扎实推进国家粮食安全产业带建设，重点实施黑土地保护工程和现代种业科技创新工程，打牢粮食增产基础。建设一批优质专用食用粮食生产基地，提高绿色有机粮食生产能力。培育一批经营规模较大的新型农业经营主体，实现粮食生产节本增效。持续发展园艺特色产业。大力推进蔬菜保供基地建设，全力创建国省级智慧设施农业发展园区，集中打造一批园艺特色乡镇，建设一批现代特色农业示范基地，培育做强一批绿色有机农业示范园区，把园艺特色产业做成带动农民增收的支柱产业。

（3）现代畜牧业。加快推进发展1000万头生猪、300万头肉牛、30万只梅花鹿、4亿只肉鸡等优质安全畜禽养殖基地建设步伐。实施"粮变肉""秸秆变肉"工程，加快推进300万头肉牛建设项目和皓月肉牛创新中心建设，全力打造肉牛产业集群。加快建设一批10万头以上规模的生猪标准化养殖园区，提升生猪全产业链发展水平。加快推进榆树市、德惠市、九台区三个1亿只肉鸡全产业链项目建设，努力提升肉鸡产业国际化水平。加快推进双阳区30万只梅花鹿标准化养殖园区建设，加快打造国家级现代农业产业园。

（三）"双碳"示范城

1.目标定位

聚焦建设"生态强市"目标，统筹生产生活生态空间布局，构建清洁低碳安全高效能源体系，大力发展绿色产业，积极倡导绿色生活，打造"双碳"示范区、新能源研发生产应用示范基地、人与自然和谐共生的美好家园。到2025年，建设1个千亿级新能源产业基地，能源产业产值突破1000亿元，大力发展新能源开发、利用和装备制造。推动以绿色建

材、装配式建筑为重点的新材料产业达到200亿元规模。努力实现“双碳”目标上走在全国前列，全力推进减污降碳协同增效，单位GDP能源消耗、单位GDP二氧化碳排放、非化石能源消费比重等指标降幅实现目标，环境空气质量优良天数比达到90%，建成区绿化覆盖率达到42.5%，加快由“绿色宜居城”向“低碳生态城”目标迈进。

2.空间布局

（1）在“点”上，以中韩示范区和德惠市米沙子镇为核心，总面积455平方公里，构建三大产业集群，即新兴产业碳中和技术应用研发产业群，重点发展新能源、绿色建筑等领域；传统产业碳达峰升级改造产业群，重点发展节能减排、环保科技、智能制造低碳升级等领域；双碳服务配套产业群，重点发展商贸金融服务、碳资产开发、碳排放权交易市场等，布局打造一批零碳示范园区。

（2）在“线”上，构建“四带联动、多点支撑”空间布局。新能源产业降碳带，沿西部工业走廊，以中韩示范区、长春循环经济产业开发区和国际汽车城为重要节点，促进新能源产业链与汽车产业链整合。绿色生活降碳带，沿城市中央服务带，以绿色低碳、畅达高效、安全集约、创新智慧为发展理念，以永春新城为示范引领绿色低碳生活，引领城市生活方式的低碳化。林业增汇带，沿东部大黑山脉，涵盖净月区、莲花山生态旅游度假区、九台区和双阳区，加大林地保育和生态修复，构建东部生态安全屏障的同时提高区域碳汇能力。新能源开发利用带，沿公主岭市、榆树市、农安县、德惠市、九台区，大力发展风光资源开发，推动以秸秆为主的生物质能源利用，打造新能源产业增长点。

（3）在“面”上，对接辐射全省“双基地”中“西部国家级清洁能源基地”以及西部“陆上风光三峡”、东部“山水蓄能三峡”、“全域地热三峡”，谋划建设长春氢能产业创新研发、装备制造、商业应用基地，与白城市、松原市等西部城市国家级“绿氢”规模化供应基地协同发展，推动“长春—松原—白城”清洁能源走廊建设。

3.主导产业

（1）新能源产业。以中韩示范区为重点，发展新能源研发与应用、新能源动力电池、氢能“制储输用”、生物质能等产业，引入氢发电和建立大规模氢能供应系统，延伸氢能源全产业链条。大力发展风电、光伏装备制造产业。推动氢能发展、绿氢示范应用，加快规模化制氢、用氢的示范项目实施，实现绿电制氢产业+绿色交通+绿色生态的综合效益。实施“旗E春城、绿动吉林”行动，统筹推进低碳交通体系建设。

（2）新材料产业。推动复合材料、新能源材料、高端金属材料等领域发展，依托中科院应化所等科研资源，推动重大科技成果转化应用。大力发展装配式建筑，依托长春市装配式建筑产业园，建设长春市装配式建筑实训基地、长春市装配式建筑科技创新基地和长春市装配式建筑产业信息服务平台。

（3）循环经济产业。以循环经济开发区为重点，推动汽车拆解和回收利用、零部件再制造产业发展，布局生活垃圾焚烧发电、餐厨垃圾处理、再生资源回收交易、盛德热力“秸秆变绿煤”等项目。开展秸秆应用研究与开发利用，发展秸秆成型颗粒、燃料棒生产，推进生物质颗粒加工技术工艺的研发试验与应用。

（四）科技创新城

1.目标定位

聚焦建设“区域创新中心”目标，打造国内重要的创新策源地、人才集聚地、双创示范地。到2025年，建设1个千亿级的生物医药产业集群，做大做强国家生物产业基地品牌，医药产业产值突破1000亿元，生物药、疫苗等行业全国领先。建设1个千亿级的光电信息产业集群，做大做强国家光电产业基地品牌，光电信息产业产值突破1000亿元，长光卫星等“独角兽”企业形成新的集群和规模效应。大力发展专精特新“小巨人”企业，高新技术企业达到3000户以上，累计留长就业大学生超50万人，加快由“区域科教中心”向“区域创新中心”目标迈进。

2.空间布局

（1）在“点”上，以长春高新区、经开区、北湖开发区（科学城）为核心，总面积284平方公里，发挥光机所、吉林大学等科创资源优势，聚焦生物、材料、航天、农业四大科学方向，打造全国一流、特色引领的科技创新高地。

（2）在“线”上，统筹带动全市科技创新资源，构建长东北至长西南的“长春科创大走廊”，打造“三带”“五谷”的空间布局，以北湖开发区、经开区、净月开发区为核心，打造东部科技创新驱动带。以朝阳区、南关区、宽城区，特别是环南湖科技创新先导区、环吉大“双创”生态圈等为核心，形成中部科技服务集聚带。以长春国际汽车城为核心，南联北拓联动绿园经开区、朝阳经开区、宽城经开区等区域，打造西部高端智造产业创新示范带。同时，打造产业集聚的“光谷”“药谷”“车谷”“农谷”“数谷”。

（3）在“面”上，对接辐射全省“双基地”中“长春国家级创新创业基地”，促进吉林创新型省份和国家级双创基地建设，构建“一峰迁一脉，一脉带多域”的空间布局，带动全省科创发展，率先将长春国家区域创新中心打造为全省创新峰，强力牵动长吉图国家战略区域成长为全省创新脉，辐射带动通化市、白山市、四平市、白城市、松原市、辽源市、长白山开发区等地依托各类园区、联动组团发展，形成多元特色创新域。

3.主导产业

（1）医药产业。重点发展疫苗、血液制品、干细胞及基因治疗等生物药、化学原料药及制剂、中药材等产品，建设生物制药合同加工外包（CMO）基地，巩固增强疫苗、胰岛素和生长激素等生物药产品在国内的竞争优势，壮大发展便携式医疗器械、新型数字医学影像设备、口腔科用设备等新兴领域。

（2）光电信息产业。围绕打造“屏、端、网、云、智”产业链，大力发展云计算、大数据、区块链环境下的新型应用软件产业。推动光电芯片产业发展，发展工业级CMOS图像传感器，打造芯片设计、加工、封装、测试等全产业链条。促进汽车、农业、金融、装备制造等特色行业“互联网+”快速发展。

（3）航空航天产业。支持“吉林一号”完成卫星组网，提升遥感数据信息加工能力与下游应用创造能力，发展轻量化、高承载的卫星零部件及整机装备制造。依托长春航展和中国（长春）通用航空发展大会，支持物流、测绘巡检、高农林作业、应急救援等工业级无人机产品研制生产，引进和发展通用航空产业。

（五）新兴消费城

1.目标定位

聚焦建设“区域消费中心”目标，打造面向全国的高端服务消费集聚区、引领时尚的中高端消费品集散地，创建“北方美谷”。到2025年，实现消费业态模式全面创新升级，全新打造“三核引领、轴线联动、消费成网”的新型消费布局，培育“新型消费带”，网络（电商）零售总量突破600亿元，跨境电商交易额翻一番。全面建成区域性消费中心，带动全市社消零总额迈向3000亿元，服务业增加值超过5000亿元，占GDP比重超过55%，外贸进出口额突破1500亿元，加快由“省域消费中心”向“东北亚区域消费中心”目标迈进。

2.空间布局

（1）在“点”上，构建国际高端消费核心区、都市时尚消费核心区、文创特色消费核心区“三核引领”的消费格局，总面积380平方公里。“国际高端消费核”以中韩示范区为核心，培育百亿级美丽经济产业；以兴隆综保区、临空经济示范区、北湖开发区为核心，培育高端进口商品、跨境电商、平行进口车等高端消费产业。“文创特色消费核”以净月中东港、龙湖天街等项目为核心，打造购物、体育、娱乐、休闲等多业态融合的新消费集聚区；以净月国家级电子商务示范基地为核心，培育国内领先的电子商务先行区、北方电子商务高地。“都市时尚消费核”以欧亚汇集商业街区、欧亚卖场为核心，加快建设汇集二期重大综合性消费项目，打造高标准步行街，集聚人气与商业辐射力，形成最时尚、最国际化的世界级商圈。

（2）在“线”上，构建“两区联动、一带支撑”的轴线联动消费空间布局。“两区”：“国际消费区”以经开区（兴隆综保区）为核心，联动中韩示范区、临空示范区、北湖开发区打造国际消费功能格局，打造“北方美谷”；“中心消费区”以朝阳区、南关区、宽城区、二道区、绿园区等主城区为载体，打造商圈、街区、节点消费集聚空间，推进名品、名店、名街联动。“一带”：从城市东北到西南，打造一条“半环形”新型消费带，依次串联长吉冰雪运动度假消费集聚区、净月文化创意消费集聚区、南溪湿地滨水休闲消费集聚区、南部新城商业金街、欧亚汇集时尚乐活消费集聚区、汽车城展销文旅体验消费集聚区，沿城市外围形成新型消费功能空间。

（3）在“面”上，立足长春现代化都市圈建设，发挥省会市场空间、内需潜力优势及辐射带动作用，突出长春在东北亚区域中心的地理优势和辐射全省“双通道”消费枢纽作用，大力发展“流量经济”，开拓对外通道，深化区域联动，构筑消费成网，提升全球资源配置能力，将长春打造成为立足吉林、辐射东北、面向全国和东北亚的国际化消费流通新高地。

3.主导产业

（1）新型商贸。积极发展商圈经济，对重庆路、红旗街、桂林路等传统商圈进行扩容升级。加快发展新型商贸业态，实施传统商贸创新转型工程，重点发展智慧商圈和商街、智慧零售、智慧餐厅等新消费模式，大力发展首业经济、首店经济，引进京东MALL线下体验店等国际国内知名品牌企业，促进消费模式、服务模式更新迭代，提升城市消费活力和辐射力。

（2）美丽经济。依托中韩示范区、兴隆综保区等开发载体和生物医药产业优势，引进韩日医美资源，突出发展医美产品研发制造，着重发展外科美容、皮肤美容、口腔美容、中医美容等医美服务，延伸发展医疗康养、大健康等关联产业，打造国内一流的高端化、国际化医疗美容市场。到2025年，美丽经济力争达到100亿元规模。

（3）电商经济。深入开展国家电子商务示范城市建设，依托汽车及零部件、绿色食品、医药保健品等本土特色产品，大力发展专业化网络购物电商平台。发挥净月国家级电子商务示范基地等产业园区的集聚优势，培育国内领先的电子商务先行区、北方电子商务高地。以长春兴隆综保区和中韩示范区为平台，探索跨境电商产业建设新模式，提高“买全国、卖全国”“买全球、卖全球”的能力。

（六）文化创意城

1.目标定位

聚焦建设“文化创意中心”目标，打响休闲消夏、冰雪体验等品牌，打造享誉全球的影视文化高地、引领未来的数字产业基地、聚力美好生活的文化创意中心。到2025年，打造1个千亿级的文化旅游产业集群，带动全市旅游总收入达到3000亿元，文化产业增加值占全市GDP比重超过5%。建设世界级影视文化产业基地，长春国际影都营业收入达到1500亿元，加快推动“文旅创意新兴城市”向“影视文旅品牌强市”目标迈进。

2.空间布局

（1）在“点”上，以国际影都为引领，以净月区开发区、莲花山生态旅游度假区、双阳区奢岭镇为核心，总面积1051平方公里，构建“北城、南苑、中山水”的空间布局，重点打造“长影”+“万达”国际影视文化双IP。

（2）在“线”上，统筹带动全市文化创意资源，重点打造“三带”，西部河湖湿地生态和农业科技文化旅游带、北部乡村和历史文化旅游带、东部冰雪和避暑特色文化旅游带，加快建设以电影文化、汽车文化、高铁文化、航空航天文化、工业遗产文化、历史文化、雕塑文化、冰雪文化等为代表的文化地标。

（3）在“面”上，发挥长春中心城市文化旅游管理服务功能，对接辐射全省“双线”布局，与长通白延吉长避暑休闲冰雪旅游大环线、长松大白通长河湖草原湿地旅游大环线相衔接，以文化创意赋予产业新内涵，打造全省文化旅游集散中心。

3.主导产业

（1）影视文化。打造影视拍摄基地、5G数字影视产业基地、影视总部基地，构建集剧本孵化、影视融资、影视拍摄、后期制作、发行放映等为一体的数字影视全产业链，推动影视与动漫游戏、创意设计、文博艺术等产业融合发展。

（2）文化旅游。大力发展都市冰雪文化旅游和生态避暑旅游，持续推动净月潭、天定山、庙香山、莲花山世茂、神鹿峰、英俊农业公园等文化旅游项目提质升级，打造一批国家级文化产业园区、国家级旅游度假区，进一步擦亮长春“国家文化和旅游消费示范城市”“中国冰雪旅游十佳城市”“中国最佳避暑旅游城市”三张文化旅游名片。

（3）数字经济。围绕产业数字化、数字产业化、数据价值化，加快推动演艺娱乐、工艺美术、文旅会展、文化装备等领域数字化发展步伐，积极发展数字出版、数字传媒、云展览、云演播、云旅游等新产业、新业态、新模式。

三、实施举措

（一）建设“项目库”

按照“规划项目化”原则，坚持“项目为王、项目为纲”，加大项目谋划和实施力度。（1）加强项目谋划招引。围绕“六城”主导产业，加大项目谋划和招引力度，建立一批百大重点项目库，动态调整、滚动实施。（2）加强项目集群集聚。各个“城”要严格围绕主导产业谋划项目，注重产业链上下游衔接合作，形成错位竞争、优势互补的良性发展格局。（3）加强项目包保服务。坚持“资源要素跟着项目走”，开辟重大项目审批“绿色通道”，建立专属服务机制、工作调度机制、任务执行和督查机制等机制。

（二）打造“平台群”

（1）谋划一批支撑主导产业发展的专业产业园区平台。围绕新能源、新汽车、新材料、新农业、新旅游、新电商等重点产业方向，谋划布局一批产业园区平台，优化产业链分工合作，提升产业集群集聚。（2）谋划一批具有特殊政策优势和功能的对外开放平台。布局现代物流服务平台、国际金融贸易平台，全领域提升开放合作效能。（3）谋划一批促进实用型成果落地的科技创新成果转化平台。推进“产、学、研”有机结合，布局打造一批集评估咨询、鉴证鉴定、法律咨询、会计服务、设计检测于一体的科创服务平台。（4）谋划一批聚焦新业态新模式的互联网场景应用平台。强化平台能级，注入科创动能，形成集聚效应，形成“六城联动”发展的重要载体和支撑。

（三）构筑“资金池”

（1）积极争取预算内资金投入。围绕中央、省预算内资金支持方向，精准谋划包装项目，争取更多长春事项纳入国家、省预算支持。（2）加快发行各类债券（专项债、企业债、外债）。加大企业债组织申报力度，综合运用专项债、国际金融机构外债等多种融资模式，统筹政府专项债券重点用于“六城”中的产业园区、标准厂房以及相关的基础设施配套项目。（3）积极设立各类基金（创投基金、新型产业基金、引导基金）。聚焦主导产业，建立产业引导基金，撬动和支撑行业发展，大力支持创投基金发展。（4）积极支持企业上市直接融资。储备培育上市后备资源，推进企业上市融资进程。

（四）制定“政策包”

围绕推动“六城”建设，统筹各方面资源，加大政策供给。（1）研究制定产业发展政策。分别制定出台汽车产业、医药产业、光电信息产业、影视产业、建筑业等支持政策，在财政投入、投资奖励、项目补助、人才引进等多方面给予倾斜，形成差异化的政策优势，推动产业集群集聚。（2）研究制定土地保障政策。深化产业用地市场化配置改革，鼓励实行长期租赁、先租后让、租让结合、弹性年期供应、作价出资（入股）等灵活多样的土地供应方式。调整完善产业用地政策，鼓励发展工业地产。（3）研究制定外贸开放政策。放宽外商投资准入，提升贸易便利化水平。争取下放进出口汽车整车、零部件、医疗器械、化妆品等审批权限，提升对外贸易便利度。

（五）创建“人才谷”

围绕人才落地直接奖励、人才购房给予补贴、外籍人才执业资格认定、高管人才个人所得税奖励、科技人才成果转化利益分成等方面，研究探索人才政策。（1）培养高端技能人才。以本地高校院所和企业资源为依托，推动校企合作办学，建设实训基地，加大对技术工人、职业农民的培育力度。（2）强化各类高层次人才引进。引进集聚院士、海内外战略科学家、科技领军人才、企业家人才、高技能人才和高水平创新团队。（3）实施人才安居工程。优化高层次人才安居政策，完善人才公寓建设管理，多渠道加大人才安居住房供给，探索建立新型人才住房投资建设和运营管理模式。

（六）成立推进专班

围绕加强“六城联动”组织领导，成立由市委书记、市长任组长的领导小组，由市委和市政府领导牵头成立10个专班，包括6个“六城”专班和4个专项工作专班。牵头部门以产业链为主统筹资源，重点抓规划、谋产业、出政策、统要素，形成推动产业发展的合力。牵头的国家级开发区要以项目建设为重点，全力以赴抓招商、落项目、促集聚、创品牌，尽快形成“六城联动”的形象进度和实物工作量。

（市发展改革委）

大　事　记

DASHIJI

1月

1日　长春市执行《国家基本医疗保险、工伤保险和生育保险药品目录（2021年）》。74种药品新增调入，11种药品被调出，67种目录外独家药品谈判成功，平均降价61.71%。

同日　长春兴隆海关关辖区企业吉林华邦新材料科技有限公司签发RCEP原产地证书。这是《区域全面经济伙伴关系协定》（RCEP）生效后，长春关区签发的首份RCEP原产地证书。

3日　长春新区北湖科技开发区发布国有建设用地使用权挂牌出让公告，吉林省首块新型产业用地在长春新区挂牌。

4日　北京9条（段）56.11千米城市轨道交通新线开通试运营，其中轨道交通19号线一期、17号线南段等车辆均由中车长春轨道客车股份有限公司研制。

同日　由长春博立电子科技有限公司董事长张立华牵头，复旦大学、清华大学、浙江大学、博立科技等10家机构共同申报的2021年度科技创新2030——“新一代人工智能”重大项目“标准化儿童患者模型关键技术与应用”获批立项。

同日　市人大常委会党组书记、主任王志厚主持召开市人大常委会党组（扩大）会议，贯彻落实市第十四次党代会精神。他强调，市人大及其常委会要把深入学习贯彻落实市第十四次党代会精神作为当前和今后一个时期的重要任务，坚定不移地把市党代会确定的各项目标任务落实到人大工作全过程、各方面，找准着力点和突破口，勇担职责使命，凝聚发展合力，努力为振兴发展率先突破贡献人大力量。

4日至3月31日　2022中国长春净月潭瓦萨国际滑雪节在长春净月潭国家森林公园举办。滑雪节期间推出4项专业越野滑雪赛事和40余项冰雪主题系列活动。

5日　长春市将失能人员医疗照护保险制度扩围至各县（市）、双阳区和九台区，实现全市范围内制度统一。

同日　由中国旅游研究院、哈尔滨人民政府联合主办的“2022中国冰雪旅游发展论坛”举行。长春市获评“2022年冰雪旅游十佳城市”。长春冰雪新天地入选“2022年热门冰雪旅游景区（度假区）”名单。

同日　市委政法委员会召开第一次全体（扩大）会议，学习贯彻市第十四次党代会和省委“长春智慧法务区”建设工作推进会精神，研究贯彻落实措施，对近期工作进行安排部署。市委常委、市委政法委书记周贺出席会议并讲话。

6日　北京冬奥专列在京张高铁正式上线开行，由中车长客股份公司研制的新型奥运版复兴号智能动车组“瑞雪迎春”担当首发任务。

10日　吉林省第十九届运动会青少年组雪上项目比赛开战，长春市选手获35枚金牌。

13日　长春市与吉林省各市（州）、长白山管委会、梅河口市对接合作工作领导小组会议召开。省委常委、市委书记张志军强调，以“六城”辐射带动“六双”提升区域整体实力，为加快吉林全面振兴作出更大贡献。

同日　一汽大众新能源车型ID.6CROZZ获五星“驾乘品质之星”认证。

15日　2021—2022长春市冰雪短道汽车拉力赛在农安县开赛。107名车手参赛。

20日　“长兴基金”组建成立。

同日　国家紧急医学救援基地（吉林）在吉林大学中日联谊医院启用。该基地楼顶停机坪、急危重症诊疗中心同步投入使用。

20日至2月7日　第十二届吉林（长春）冬季农业博览会在长春农博园开展。设5个展区，开展活动30项。该届展会是面向市民游园观光购物、专家展示科研成果、农民学习冬季设施栽培技术的农业博览会，让更多游客在浓郁的年味中，领略北国春城的独特魅力，尽享长春现代农业发展带来的丰硕成果。

21日　工业和信息化部公布专精特新“小巨人”企业名单，长春新区的一东公司、万易科技、禹衡光学、吉大正元等16户企业上榜。

同日　市委副书记、长春市市长王子联主持召开市政府第81次常务会议，讨论并原则通过《2022年建设幸福长春行动计划》《长春国家级创新创业基地发展规划》《关于加快建立健全绿色低碳循环发展经济体系的实施方案》《服务业发展“十四五”规划》《关于全面推行田长制的实施意见》《长春市规章制定公众参与办法》《规范民办义务教育发展专项工作实施方案》，决定按程序上报或印发。

24日 2021年度中国旅游业影响力案例入围名单公布，长春市以创新“文旅+商贸”发展模式成为入围城市之一。

26日 据国家统计局最新数字，2021年榆树市粮食产量31.07亿千克，连续18年位居全国县（市）第一。

29日 中共长春市第十四届纪律检查委员会第二次全体会议在长春举行，全会传达学习十九届中央纪委六次全会、省纪委十一届七次全会精神，总结2021年全市纪检监察工作，部署2022年任务。审议通过市纪委常委会《自觉运用党的百年奋斗历史经验，推进新时代长春纪检监察工作高质量发展》工作报告。

31日至2月6日 长春市以十大冰雪乐园和四大滑雪场为核心，推出系列冰雪游乐活动，春节7天接待游客498.27万人次，实现旅游收入45.11亿元。

2月

4日 长春世界雕塑园入选全国客流热力指数最高十大景区。

8日 一汽丰田经典车型再升级，全新卡罗拉锐放上市。

16日 北京2022年冬奥会自由式滑雪男子空中技巧决赛在张家口赛区举行，长春选手齐广璞获得冠军。

17日 科技部火炬中心通报国家高新区综合评价结果，全国169个国家高新区综合排名出炉。长春新区下辖的长春高新区在2021年度综合排名第27，居东北地区第一位。

同日 “长兴基金”首只子基金——吉林中科先导投资基金落地签约。

18日 奥迪一汽新能源汽车项目在长春启动。该项目计划总投资358亿元，是奥迪在华首个专门生产纯电动车型的生产基地。

19日至21日 长春市政协十四届一次会议在吉林省宾馆举行。省委常委、市委书记张志军发表讲话，綦远方作工作报告。会议协商讨论《政府工作报告》和《关于长春市2021年国民经济和社会发展计划执行情况与2022年国民经济和社会发展计划草案的报告》《关于长春市2021年预算执行情况和2022年预算草案的报告》《长春市中级人民法院工作报告》《长春市人民检察院工作报告》，通过《政协长春市第十四届委员会第一次会议决议》。政协委员以无记名投票方式选举李龙熙为政协长春市第十四届委员会主席，孙丰月、刘春明、秦海涛、王桂敏、左毅、薛文革、梁国超为副主席，黄强为秘书长。

20日 长春市第十六届人民代表大会第一次会议举行。长春市市长王子联代表市政府向大会作政府工作报告。会议表决通过市第十六届人民代表大会第一次会议关于长春市人民政府工作报告的决议、关于长春市2021年国民经济和社会发展计划执行情况与2022年国民经济和社会发展计划的决议、关于长春市2021年预算执行情况和2022年预算的决议、关于长春市人民代表大会常务委员会工作报告的决议、关于长春市中级人民法院工作报告的决议、关于长春市人民检察院工作报告的决议。代表们以无记名投票方式选举王志厚为长春市第十六届人民代表大会常务委员会主任，选举王子联为长春市市长。徐连东、张知众、赵辉、吴相道、唐铁生当选市人大常委会副主任，武凌当选市人大常委会秘书长，马延峰、陈宇龙、杨维林、李炜姝、曹武、赵显、杨少清当选副市长，孙继光当选市监察委员会主任，任贵利当选市中级人民法院院长，李军当选市人民检察院检察长。

25日 长春国际会展中心有限公司获“全国三八红旗集体”荣誉称号。

26日 一汽弗迪新能源科技有限公司动力电池项目在长春开工。

27日 长征八号遥二运载火箭搭载着22颗商业卫星，在中国文昌航天发射场成功发射，这22颗商业卫星中有10颗由长光卫星技术股份有限公司自主研发，创造“吉林一号”单次发射卫星纪录。

同日 “双碳技术传播中心”东北中心揭牌暨“创建双碳示范城”高峰论坛在长春举行。

28日 2022年长春市春季项目集中开工暨日丰东北生产基地项目启动活动在经开区举行。当日长春市集中开工5000万元以上项目127个、总投资930亿元。

3月

4日 一汽解放向尼日利亚卡卡铁路项目交付116台工程车辆。

同日 长春轨道交通5号线首条盾构区间双线贯通。

7日 中车长客股份公司全自动驾驶车辆研发团队获长春市“五一巾帼标兵岗”荣誉称号。

13日至16日 中共中央政治局委员、国务院副总理孙春兰到吉林省长春市调研指导工作。

21日 中共长春市委追授在疫情防控中因公殉职的贺晓燕、孙勇为“长春市优秀共产党员”。

25日 长春女足以3比0战胜北京女足，卫冕全国女足锦标赛。

30日 由中车长客研制的中国首列新一代智能城际动车组在贵阳市投入运营。

4月

2日 重庆援长医疗队抵达长春市，该医疗队302名医护人员分别来自重庆市11家三甲医院。

4日 湖南省援长医疗队302名医护人员抵达长春市。来自陕西、湖北、湖南、河南、山西、北京、四川、重庆、辽宁等9个省市和部队的50余支省外医疗队支援长春。

同日 长春高新技术产业开发区和长春净月高新技术产业开发区建设长春国家自主创新示范区正式获国务院批复同意。

7日 国务院发布《关于同意长春、长春净月高新技术产业开发区建设国家自主创新示范区的批复》，同意长春、长春净月高新技术产业开发区建设国家自主创新示范区。

19日 长春市人民政府办公厅发布《关于支持市场主体纾困促进经济恢复发展的若干政策措施》通知。支持市场主体纾困，加快推动经济恢复发展。

同日 科学技术部公布2021年度国

家级科技企业孵化器名单，长春经开区浙大校友（长春）产业科技创新中心成为经开区首个国家级科技创新载体。

21日 由中车长客研制的世界领先新型复兴号高速综合检测列车上线运行，创下高铁动车组列车明线和隧道交会速度世界纪录。

24日 生态环境部发布“十四五”时期“无废城市”建设名单，长春市榜上有名。

同日 一汽大众长春生产整车制造一部焊装一车间AudiQ5L区域侧围外板班组被授予2022年“全国工人先锋号”称号。

5月

2日 通过视频签约的方式，36氪集团“东北总部基地”项目落位中韩（长春）国际合作示范区。

同日 2021年中央单位定点帮扶成效考核结果发布，中国一汽获得最高评价等级“好”，是自2017年以来中国一汽连续第5年获“好”等级

7日 长春市二道区政府与欧菲斯集团股份有限公司举行战略合作签约仪式，东北区域数字供应链运营中心项目落户二道区。

8日 中国（长春）知识产权保护中心投入运行。

15日 中国自主研制的“极目一号”Ⅲ型浮空艇从海拔4300米的科考营地顺利升空，海拔高度9032米，创造浮空艇大气科学观测世界纪录。该浮空艇的艇体材料是由中科院长春应化所自主研发的系列多层复合材料之一。

17日至18日 2022年中东国际铁路及轨道交通展览会在阿联酋首都阿布扎比市国家展览中心举行。中车长客股份公司研制的一系列新产品和新技术亮相展会。

20日 由长光卫星技术股份有限公司研制的两颗低轨通信试验卫星在中国酒泉卫星发射中心发射成功。

24日 长春市社保局落实失业保险稳岗返还政策，发放首批稳岗返还资金3.18亿元，惠及企业3.11万户。

25日 全国公安系统英雄模范立功集体表彰大会在北京召开。长春市有4个集体、5名个人受到表彰。

6月

9日 长春市对外发布2022年长春市“最美家庭”名单。市妇联命名井然等110户家庭为2022年长春市“最美家庭”。

10日 《2021年度全国文物旅游景区影响力评估报告》发布，伪满皇宫博物院列全国文物旅游景区创新发展力第七位。

15日 长春市“六城联动”领导小组会议审议通过《国际汽车城发展规划》。该规划对国际汽车城建设发展基础、总体思路、发展目标、重点任务等进行统筹布局。

17日 300台解放品牌氢燃料电池车从长春发车，陆续交付北京、上海、山西等地客户。这是一汽解放2021年新能源战略发布以来规模最大的一次发车交付。

18日 生态环境部通报2022年5月全国168个重点城市空气质量排前20位和后20位城市名单，长春市、上海市并列前第19位。长春市成为北方唯一入榜前20的城市。

18日至30日 2022长春房交会举行。参展项目成交房源947套，成交总额13.87亿元。

19日 长春市西安桥改造工程完成，全面正式通车。

20日 济南至郑州高速铁路濮阳至郑州段开通运营，中车长客研制的复兴号智能动车组担当济郑高铁濮阳至郑州段首发列车。

28日 奥迪一汽新能源汽车项目开工活动以视频方式在中国长春、德国奥迪总部、匈牙利奥迪工厂同步举行。

29日 长春市政府与国网省电力公司签署战略合作协议。

同日 长春市十六届人大常委会举行第二次会议，表决通过《长春市人才发展促进条例》。

7月

3日 2022长春消夏艺术节在长春世界雕塑园举办。推出文化展演、休闲度假、亲子研学、体育健身、线上促销5大板块、146项活动。

6日至7日 省委常委、市委书记张志军率队到国家有关部委对接工作，并开展系列经贸洽谈和招商活动，推动经济“止跌、回升、增长”，实现高质量发展。

8日 2022年长春市线上线下全民健身系列活动启动仪式在市体育馆举行。

13日 由中国一汽智能网联开发院人工智能研究所参与开发的第二代红旗L4Ro-botaxi车型以满分成绩通过北京市自动驾驶道路测试牌照考试。

15日 中韩（长春）国际合作示范区举行招商发布会暨重点项目签约仪式。示范区分别与36氪集团、中国建设银行吉林省分行、高地教育集团、中韩国际书画院等重点企业和项目签署战略合作协议。

15日至24日 长春国际汽车文化节暨第四届红旗嘉年华、第十九届中国（长春）国际汽车博览会在长春国际会展中心举行。展览面积20万平方米，155个国内国际知名品牌、128户企业参展。

16日 省委常委、市委书记张志军到吉林大学对接工作，与吉林大学党委书记姜治莹、校长张希院士等校领导座谈，推进校地全面深化战略合作，共同为市政府与吉林大学全面深化战略合作、推进“六城联动”发展合作框架协议证签。

17日 由中车长客研制的沙特麦加轻轨列车在麦加首发，并完成为期7天无间断运营任务。

18日 长春智慧法务区举行揭牌和签约活动。

19日至21日 2022中国（长春）汽车零部件跨境电商交易会举办，完成采购合同7.8亿元。

22日 长春市人才服务局揭牌运行。其职能是为人才和用人单位提供多项内容和多种形式的服务。提升长春市人才服务能级，为长春市吸引集聚人才提供坚实的政策保障。

同日 长春市政府授予大众中国总裁冯思翰“长春市荣誉市民”称号。长春市市长王子联为其颁发证书。

24日 奥迪一汽新能源汽车项目在长春开工26天，总装车间成功“上梁”，再次见证“中国速度”。

同日 中国一汽第二届先进制造技术“旗智·iM”高端论坛在一汽集团公司总部旗境创新空间举行。

27日 中共长春市委十四届三次全体会议召开。全会由市委常委会主持。省委常委、市委书记张志军讲话。市委常委王子联、赵明、孙继光、孙弘、马延峰、陈宇龙、周贺、曹力、黄宪昱、姜保忠、李洪亮、邵波、赵建青出席。出席会议的市委委员61人、候补委员13人，市纪委委员和有关方面负责同志列席会议。会议审议通过《中共长春市委十四届三次全体会议关于免去于迅来、马国成、闫旭、杨大勇市委委员的决定》。

28日 省委常委、市委书记张志军带队到延边州开展对接合作，省委常委、延边州委书记胡家福，延边州委副书记、州长洪庆参加活动。两地进行项目签约。

29日 2022长春市民读书节在市图书馆举办。

8月

3日 省委常委、市委书记张志军到东北师范大学对接工作，与东北师大党委书记杨晓慧、校长刘益春院士等校领导座谈，共同为市政府与东北师大全面深化战略合作、推进“六城联动”发展合作框架协议证签。

6日 由中车长客制造的全国首条双流制市域（郊）铁路——重庆江跳线开通运营，实现市郊与城区“一车直达”“零换乘”，填补国内技术空白。

同日 一汽解放J7牵引车成功通过欧盟整车型式认证（WVTA），成为中国第一款在欧六E阶段通过欧盟WVTA认证的重型燃油牵引车。

10日 中国在太原卫星发射中心用长征六号运载火箭成功将“吉林一号”16颗卫星发射升空。至此，经过21次发射，“吉林一号”在轨卫星数量增至70颗。

10日至11日 长春市市长王子联带队到北京开展经贸交流活动，围绕医药、光电信息、农产品加工等领域，拜会企业和科研院所，推介长春发展机遇，扩大投资合作。

11日 长影旧址博物馆入选第四批省级“中共党史教育基地”授牌仪式，在长影电影院举行。

同日 由长春吉大正元信息技术股份有限公司投资建设的正元信息安全产业园项目正式启动建设。该项目占地面积约1.3万平方米，总投资5.5亿元。

16日 一汽解放、重塑集团、轻程物联网氢燃料电池汽车交付暨战略签约仪式举行。仪式上，一汽解放向上海市嘉定区交付100辆氢燃料电池汽车。

18日 长春市成立机械制造业劳模和工匠人才创新工作室联盟。

18日至27日 第二十一届中国长春国际农业·食品博览（交易）会在长春农博园举行。该届农博会采用线上线下相结合方式进行。线下观展人数68万人次，线上观展点击量近5000万次。近1500户省内外名优特色农产品企业参展，现场交易额3.3亿元。

22日 轨道交通5号线蔚山路西站封顶。

24日 长春国家自主创新示范区建设启动。省委书记景俊海，科技部党组成员、副部长邵新宇出席启动会，并共同为长春国家自主创新示范区建设按下启动键。

同日 长春新区入选国家级知识产权强国建设试点园区。

25日 第二届中国民用无人驾驶航空发展国际论坛在长春开幕。晚上8时，2022架无人机在长春上空有序升起，无人机集群表演开幕。

26日 由长光卫星技术股份有限公司主办的首届遥感·创新大会在长春开幕。来自国家对地观测科学数据中心、中国资源卫星应用中心、天津海事局等200家单位的300余位嘉宾参加大会。

同日 长春新区“三路七桥”项目通车。长春新区货、客运新通道开启。

28日 中国量产车性能大赛2022年度专业站竞赛落幕。全新红旗H5-2.0T车型在9个单项赛中夺得5个第一，成功加冕冠军。

31日 长春市区东部快速路南延长线永顺路上桥匝道交付使用。

同日 长春企业家学院揭牌。为企业家搭建交流学习平台，助力企业家成长，推动企业高质量发展。

9月

1日 长春市城镇职工医保和大额医疗救助基金实现市级统筹，实现政策制度统一、基金统收统支、经办管理服务一体，确保全市参保职工享有同等的保障待遇、医疗资源和服务标准。

2日 “神舟十四号”航天员乘组首次出舱活动取得成功。配合航天员完成出舱首秀的问天舱机械臂由长春光机所和哈工大联合研制。

3日 长春轨道交通6号线南四环路站至前进大街南站盾构区间左线贯通。

6日 吉林省规模最大的肾病诊疗和血液透析中心在吉林大学中日联谊医院开诊，使用面积6000余平方米。

同日 在中车长春轨道客车股份有限公司被喻为“蓝色神鹰”的哥伦比亚西部有轨电车项目模型车如期下线。

9日 长春市举行庆祝第38个教师节大会，100名教师获“我身边的好教师”荣誉称号，部分优秀教师代表分享从教经验。

同日 长春亚泰足球队在首届中国青少年足球联赛（男子高中年龄段U17组）预选赛中以3战全胜的成绩获得小组第一名。

15日至30日 2022长春秋季房交会举行。净月高新区在线下展会现场设立分展区，成交房源1600套、成交总额19.27亿元。

16日 一汽解放完成国内首例重卡气动声学风洞试验。

16日至21日 吉林大学学生赛车队在2022中国大学生方程式系列赛事中再次卫冕全国总冠军，实现“三连冠”。

18日 东北沦陷史陈列馆改陈布展后重新开馆。

20日 在德国柏林国际轨道交通技术展览会上，中国中车面向全球发布智能动车组技术平台，并展出中车智能动车组多媒体交互系统，让世界各地参会者体验中国高端动车组魅力。

同日 2022人参产业高质量发展大会开幕。开幕式分别在长春市和白山市抚松县设会场。55个合作项目集中签约，计划总投资543.6亿元。

21日 长春市“就业链与产业链协同发展”示范项目入选国家“2022年公共就业服务能力提升示范项目”。

22日 净月高新区举行净月文化创意城重点项目签约活动，35个重点项目集中签约，投资总额191.7亿元。

23日 中粮榆树年产3万吨丙交酯项目开工奠基仪式在榆树市举行。

25日 由吉林大学、中科院东北地理所、省种子管理总站等单位的专家组成的专家组，对采用秸秆全覆盖条耕技术的项目区——九台兴隆德强种植业家庭农场的玉米地块进行现场测产，玉米亩产902.8公斤，对比常规旋耕起垄地块增产9.6%。

27日 抚长高速人民大街出口改移工程主体工程完工。

同日 在2022中国农民丰收节第五届中国农民电影节上，长影集团与中国农业电影电视中心签订战略合作协议，共同建设中国农业题材影视创作、发行、传播平台及阵地。

28日 长春市高新区宏禹小油饼百姓餐厅发生起火事故，事故造成17人死亡、3人受伤。

29日 德惠市秋季招商引资重点项目集中签约，签约的19个重点项目总投资近266亿元。

10月

1日 由中车长春轨道客车股份有限公司研制的中国新一代混合动力城际列车在西安亮相。

7日 首届中国青少年足球联赛（女子高中年龄段U17组）全国总决赛3—16名排位赛结束。长春大众卓越女足派出的两支梯队长春九银租赁U17队和长春大众置业U17队分获第四名和第九名成绩。

8日 吉林省文化和旅游厅公示首批省级全域旅游示范区名单，长春莲花山生态旅游度假区、长春净月高新技术产业开发区入选。

同日 国家大豆产业技术体系专家团队对国家大豆产业技术体系长春综合试验站德惠试验示范基地进行现场实收计产，测产核定亩产300.2公斤，实现大面积高产的预期目标。

10日 市政协召开十四届四次主席会议。会议审议通过政协长春市第十四届委员会常务委员会第四次会议议程，听取“构建现代产业体系，加快我市国家城乡融合发展试验区建设”专题情况汇报。审议通过《关于构建现代产业体系加快我市国家城乡融合发展试验区建设的建议案（草案）》及有关人事事项，提交市政协十四届四次常委会议审议。

13日 新建抚长高速公路出入口正式通车。

20日 长春市市长王子联主持召开市政府第13次常务会议暨长春市知识产权工作领导小组第一次会议，讨论并原则通过《长春市知识产权工作情况汇报》《长春市“十四五”时期“无废城市”建设实施方案》《长春市行政许可事项清单（2022年版）》《长春市人民政府2022年政府规章制定工作计划》《长春市加快推进RCEP经贸对接工作行动方案》《长春市开发区整合优化方案》，决定按程序上报或印发。

24日 一汽大众生产的第2500万辆整车下线。

同日 工信部委托各省（直辖市、自治区）及计划单列市，公示第七批国家级制造业单项冠军企业（产品）和第一批、第四批制造业单项冠军企业（产品）复核通过名单。吉林省获评国家制造业单项冠军示范企业2户，全部在长春新区，分别为长春禹衡光学有限公司、长春光华微电子设备工程中心有限公司。

26日 第六届吉林省农村创业创新项目创意大赛总决赛落幕，长春市推送的“供销社丰农惠民驿站”和“吉林德翔生物有机肥项目”分获平台服务类和农产品产销类一等奖。

27日 九台区红光村入选全国乡村旅游重点村。

28日 长春市图书馆开展第二十五届有奖征联活动。征联活动以“文明赓续 墨韵芬芳”为主题，以传承优秀传统文化为出发点，展现冰雪文化及地方特色。

11月

1日 2022年长春市首届人才节（企业家节）颁奖典礼举行。

同日 长春新区与北京百度网讯科技有限公司、长春百象科技发展有限公司共同签署《人工智能产业创新中心项目合作协议》。

2日 一汽解放获机械工业科学技术奖4项大奖。

3日 商务部等8部门决定设立29个国家进口贸易促进创新示范区，吉林长春汽车经济技术开发区入选。

4日 第五届中国国际进口博览会在上海开幕。长春市交易分团携565户企业参展。

同日 第五届中国职业安全健康高峰论坛暨第四届东北亚（吉林）安全与应急产业博览会在长春闭幕。现场意向成交额超11亿元。

同日 中华人民共和国教育部公布2022年上半年获批的22个本科以上中外合作办学项目名单，长春财经学院的金融工程专业本科教育项目名列其中。

7日 在第五届中国国际进口博览会上，长春赛诺迈德医学技术有限责任公司与罗氏诊断中国签署协议，九三集团长春大豆科技股份有限公司收获4.29亿美元订单。

同日 长春经济圈环线高速公路二期项目九榆分离式立交桥箱梁架设全部完成。

9日 长春农博园入选国家首批农耕文化实践营地。

10日 农业农村部办公厅公布2022年中国美丽休闲乡村名单，长春市九台区龙嘉街道红光村入选2022中国美丽休闲乡村。

11日 2022年长春市青年职业技能大赛落幕。大赛设数控车工、电工和新能源汽车检测与维修3个赛项，共有17所中高职院校和社会青年近150名选手参赛。

同日 长春市2022—2023新雪季启动暨滑雪场开板仪式在庙香山温泉滑雪度假区举行。庙香山滑雪场率先开板迎客。

同日 在2022年世界工业设计大会暨2022年中国优秀工业设计奖评选中，中车长春轨道客车股份有限公司“京张智能动车组”获金奖。

12日 “红旗杯”第三届全国机

械行业班组长管理技能大赛闭幕式暨颁奖典礼在一汽红旗会堂举行。大赛自7月30日正式开赛，到9月20日结束，有1137户企业、近5万名班组长报名参赛。赛事规模为历届最大。

14日 哥伦比亚麦德林80大道轻轨DLS项目签约。该项目是麦德林城市转型的大型基础设施项目，线路总长度13.25千米，包含17个站点。

15日 第4批200个全国乡村旅游重点村名单发布，长春市九台区龙嘉街道红光村榜上有名。

17日 长春市农安县关工委主任王满昌获评全国关心下一代“最美五老”荣誉称号。

18日 国家发展改革委发布2022年国家物流枢纽建设名单，长春陆港枢纽等25个国家物流枢纽入选。

19日至20日 中国生态文明论坛南昌年会召开。会上公布国家第6批生态文明建设示范区（生态工业园区）名单公布，长春经开区等8家单位名列其中。

20日 首届“四季长春”全国油画名家绘长春作品展在省民间工艺美术馆开展。百幅参展作品以不同形式展示长春丰富的自然、人文、历史面貌以及近年来经济社会发展成就。

21日 奥迪一汽新能源汽车有限公司举行伙伴共进暨暖封闭仪式。该项目比原计划工期提前1个月。

23日 中国共产党长春市第十四届委员会第四次全体会议召开。市委常委会主持会议。省委常委、市委书记张志军讲话。市委常委王子联、赵明、孙继光、孙弘、陈宇龙、周贺、曹力、黄宪昱、姜保忠、李洪亮、邵波、赵建青出席会议。出席会议的市委委员56人、候补委员11人。市纪委常委、市监委委员和有关方面负责同志列席会议。会议审议通过《中共长春市委关于全面贯彻党的二十大精神在中国式现代化进程中开创长春振兴发展率先突破新局面的意见》。

25日 世界科学杂志《自然》增刊《2022年自然指数——科研城市》发布，长春市在全球科研百强城市中位列第35，国内排名第14、东北地区排首位。

28日 长春新区3家基地入选国家小型微型企业创业创新示范基地。

30日 国际奥林匹克委员会在瑞士洛桑揭晓“奥林匹克金环奖”获奖名单，由中车长春轨道客车股份有限公司研制的“北京冬奥会虚拟演播室及冬奥5G列车直播”获“最佳创新/布景设计奖”银奖。

12月

5日 长春新区清泉湖文化旅游度假区等6家旅游景区晋级国家AAAA级旅游景区。

同日 长春轨道交通6号线南溪湿地站至福祉路西站区间右线贯通，至此，轨道交通6号线南福盾构区间实现双线贯通。

9日 2022中国质量协会年会在北京开幕，第二十届全国质量奖卓越项目奖及个人奖颁奖仪式在年会开幕式上举行。中国一汽“红旗系列乘用车的研发和应用项目”获第二十届全国质量奖卓越项目奖。

同日 中车长春轨道客车股份有限公司“京张智能动车组”获2022年中国优秀工业设计奖金奖。

同日 中国太原卫星发射中心在黄海海域用捷龙三号遥一运载火箭成功将眉山“天府星座”东坡08—10星、“道达星座”天罗星和天芯星、“吉林一号”高分03D47星、“吉林一号”高分03D50星、“吉林一号”平台01A01星（共8颗卫星）发射升空，卫星顺利进入预定轨道，发射任务圆满成功。至此，“吉林一号”在轨卫星升至83颗。

10日 在第五届“中国创翼”创业创新大赛全国总决赛上，长春市入围参赛的《大气光学关键参数测量系统》《吉林省耐盐碱大豆新品种创新及全产业链产品开发》等4个项目分获二、三等奖，《高强超高导热压铸镁合金》项目获得优秀奖。

14日 一汽大众、一汽解放入选国家“2022年度智能制造示范工厂”揭榜单位。

16日 长春市获评“十四五”期间首批全国足球发展重点城市。

16日至19日 2022第三届中俄冬季青少年运动会在长春市举行。该届青少年运动会设有速度滑冰、短道速滑、花样滑冰、冰壶、越野滑雪等8个项目的45个小项比赛。

20日 吉林省奥迪一汽新能源汽车产业链招商大会在长春市举行。240户企业参加，24个招商引资项目集体签约。

同日 长影集团参与出品的电影《狙击手》，参与联合摄制的电视剧《人世间》获“五个一工程”优秀作品奖。

23日 长春经济圈环线高速公路二期项目德惠至九台段饮马河特大桥箱梁架设全部完成。

28日 长春市文化广播电视和旅游局牵头组织实施2022年长春市文旅消费券项目工作，确定发放总额2000万元文旅消费券。

同日 中车长春轨道客车股份有限公司联合成都轨道集团共同研制的全球首列氢能源市域列车在成都下线。

同日 第26届长春冰雪节在长春冰雪新天地举办开幕式。该届冰雪节历时100天，围绕冰雪场馆、冰雪文化、冰雪赛事等6个板块，实现冰雪活动全域开展。

（常　颖）

市情概览

SHIQING GAILAN

自然地理

【位置面积】 长春市位于北纬43° 05′ —45° 15′ 、东经124° 18′ —127° 05′ ，居北半球中纬度北温带，地处中华人民共和国东北地区中部、京哈与珲乌2条交通线交会处，是吉林省的政治、经济、文化中心。长春市西北与松原市毗邻，西南和四平市相连，东南与吉林市相依，东北同黑龙江省哈尔滨市接壤。全市总面积24592平方千米，其中主城区位于松辽平原腹地的伊通河台地之上。

【地质地貌】 长春市大部位于松辽断陷盆地东南缘，东南部与吉林东部断块山地相连接。城区下部分布白垩系泉头组红色较粗粒碎屑岩（页岩、泥岩、细砂岩和砂页岩互层），岩层均为不透水层或含水性极微层，地层厚度超过500米，岩层致密，倾角很小（5—10度）。第四世纪沉积相当普遍，洪积层上部为黄土状物质，下部为红色黏土或砂砾层。新构造运动以来，地体微升，地表受流水切割，沟谷发育，形成微波状台地平原。二级阶地黄土状亚黏土厚15—25米，抗压强度20—25吨/平方米，地壳相对稳定，建筑地基条件较好。一级阶地（二道区）亚黏土层地基抗压强度8—11吨/平方米，但地表下2—4米深处有一淤泥层，不适于天然地基，下部是砂、砂砾层，抗压强度25—35吨/平方米，距地表6—11米以下是基岩，对大型、特大型建筑基础置于基岩上有利。

主要地貌类型为：低山丘陵。分布于市区东南部，属大黑山脉的一部分，略呈东北西南走向，海拔大部分在250米至350米，相对高度为50米至100米；东部的大顶子山海拔407米，组成的岩石有花岗岩、安山岩等变质岩系，其中以花岗岩分布面积最广，久经侵蚀，已成浑圆状；山地丘陵面积在市区内所占面积比重甚微，山地丘陵中有森林，低丘之间有些冲积平原和盆地，为农业区；伊通河出大黑山北麓，从南向北穿过市区东部，在狭口处有修筑水库的良好条件。台地平原。城区台地面积约占总面积的70%，并高出伊通河一级阶地10米至20米，地表波状起伏，土质主要由黄土状土构成，海拔在200米至230米，最高点海拔245米；浅谷谷坡漫长，市区有近80%的地面坡度在10度以下。冲积平原。主要由伊通河冲积作用形成，在河流两岸形成比较宽阔的带状平原，面积近30%，地势低平，海拔约200米；沿河两岸的低洼部分，汛期常被洪水淹没，属河漫滩部分，组成物质多为粗砂或细砂，河漫滩两侧为宽窄不等的高漫滩或一级阶地，宽度一般在4000米至5000米之间；一级阶地高出河床约3米，其组成物质上部是亚砂土、亚黏土，下部是砂砾层，冲积物厚约10米；二级阶地面积较小，河床两侧有建筑用砂；平原上的河迹洼地，因多为淤泥质黏土或亚黏土，并夹灰色砂质透镜体，大多排水不畅，土体抗压性较差，但在大部分台地平原上的沟谷系统则成为城市自然排水通道。火山锥体。台地平原西接松辽分水岭，系第四纪更新世末期沿断裂带呈地垒式隆起，并有火山活动，因此在长春西南的大屯、范家屯一带，火山，锥体突起在波状平原之上。

（李　勇）

【土地资源】 长春市地域辽阔，土地资源丰富，是世界四大黑土区之一，自然生产力高。全市8大类土地调查面积分别为：耕地1818040.70公顷，园地4083.71公顷，林地199085.46公顷，草地18082.86公顷，湿地8723.86公顷，城镇村及工矿用地273151.14公顷，交通运输用地54263.34公顷，水域及水利设施用地87839.92公顷。（以上数据来源于2021年度长春市国土变更调查成果）

【林地资源】 长春市林业用地面积20.32万公顷。其中，林地面积18.26万公顷、疏林地面积0.17万公顷、灌木林地面积0.24万公顷、未成林地面积0.91万公顷、其他林地面积0.74万公顷。

（高吉鑫）

【生物资源】 长春市野生植物种类目前发现的有6门153科795种。其中，真菌植物门19科57种，苔藓植物门27科50种，蕨类植物门8科17种，裸子植物门1科8种，被子植物83科629种。野生植物资源群落中，可供药用的有五味子、大活、党参、苍术等150多种；可供食用的有蕨菜、黄花菜、山楂、葡萄等30余种；可做饲料的有碱草、草木樨等50余种。树木有水曲柳、黄菠萝、紫椴等。

全市野生动物资源有20目37科307

种。其中，鸟类有7目8科227种，两栖类有1目4科8种，爬行类有1目4科10种，哺乳类有6目11科28种，鱼类有5目10科34种，虾类有1目2科4种，贝类有1目3科8种。

【矿产资源】 长春市矿产资源种类丰富。发现矿产63种（含亚类）。其中，查明资源储量的矿产32种，开发利用矿产20种。煤、油页岩、沸石、水泥用灰岩、铸型用砂、陶粒页岩、膨润土、珍珠岩等，保有资源量均居全省首位或前列。（李　勇）

表1　2022年长春市主要矿产资源保有资源量统计表

单位：千吨

序号	矿种名称	已探明储量
1	煤炭	549901.88
2	油页岩	31125951.74
3	水泥用灰岩	931268.61
4	沸石	109571.85
5	膨润土	38418.00
6	珍珠岩	1287.43
7	陶粒页岩	215055.40

（市规划和自然资源局）

【气候】 2022年长春市总的气候特点为：气温略高，降水偏多，日照时数略少。作物生长季（5月1日至9月30日）气候条件较好地满足农作物生长需求。年内极端天气气候事件有暴雨、大风、大雾、寒潮、冰雹、高温。

全市年平均气温6.3℃，比常年同期6℃高0.3℃，冬季（2021年12月至2022年2月）气温略高0.7℃，春季（3月至5月）气温略高0.9℃，夏季（6月至8月）气温略低0.4℃，秋季（9月至11月）气温偏高1.1℃。

全市年平均降水量739.4毫米，比常年564.1毫米多31%，为1959年有气象观测记录以来历史多雨雪的第五位。其中，冬季偏少68%、春季略多2%、夏季和秋季分别偏多43%和26%。

全市年平均日照时数2475.7小时，比常年同期2530.6小时少54.9小时。其中，冬季偏多61.6小时，春季接近常年，夏季偏少116.2小时，秋季略多5.7小时。

2022年汛期降水多强度大，部分地方出现洪涝灾害，其中11月12日雨雪过程降水量大。

2022年汛期（6月1日至8月31日）长春市气温略低，降水明显偏多。全市平均降水量519毫米，比常年同期363.2毫米多43%，居历史同期多雨的第五位。6月和7月为多雨时段，全市平均降水量分别较常年多97%和57%，8月降水较常年少14%，其中6月降水量为1959年有气象观测记录以来历史多雨雪的第一位。

九台区降水量674.8毫米，比常年多85.2%；公主岭市和双阳区降水量分别为576.3毫米和557.5毫米，比常年多58.8%和31.9%，其他地方426.1毫米至478.3毫米，比常年偏多20.3%至49.5%。

汛期降水极端性强，入汛时间早。6月4日进入降水集中期，降水过程频繁，汛期共出现12轮明显降水过程；降水总量大，极端性特征明显，7月7日九台区土们岭镇降水量201.6毫米、九台区139.7毫米，均突破当地日雨量极值。（梁衍波）

【河流】 长春市境内水系发达，河网密布，河流众多。长春市境内水系主要由松花江、辽河两大流域和西北部闭流区组成。松花江在长春市流域面积20088平方千米，占全市总面积的81.21%，其主要支流有饮马河、拉林河、伊通河、卡岔河、新凯河、沐石河、双阳河、雾开河、小南河等；东辽河在长春市流域面积2813平方千米，占全市总面积的11.39%，主要支流有小辽河、公主岭河、兴隆河、朝阳坡河、卡伦河；闭流区有一处，位于农安县西北部，由波罗泡、敖宝图泡、元宝洼泡、莫波泡、广兴店泡组成，面积1828平方千米，占全市总面积的7.41%。长春市河流主要特点为：多呈南北走向、源近流短，水量不充沛，水情变化大，洪水历时短、河床不稳定。全市境内流域面积20平方千米及以上河流有264条（含7条干流），河流密度为每1000平方千米有11条。其中，流域面积超过500平方千米河流有21条，流域面积在1000平方千米以上河流有11条。

2022年，因强降雨引发长春市境内饮马河等7条河流先后发生超警洪水，其中伊通河上游、双阳河、沐石河、小南河4条河流均发生超历史纪录洪水。饮马河靠山屯段河道从6月30日开始超警戒水位，至8月2日连续超警33天。

全市22座大中型水库先后出现超汛限运行情况。6月1日至9月30日，全市23座大中型水库总来水25.2亿立方米，总出库24.2亿立方米。石头口门水库总来水14.3亿立方米，总出库13.7亿立方米，入库最大洪峰1477立方米每秒，最大拦蓄洪水量1.15亿立方米，最大泄流500立方米每秒，削峰率66.1%；新立城水库总来水4.7亿立方米，总出库4.5亿立方米，入库最大洪峰889立方米每秒，最大泄流180立方米每秒，最大拦蓄洪水量0.4亿立方米，削峰率79.8%。（刘　星）

历史沿革

【旧石器时代】 公元前4万年至公元前2万年，“榆树人”在今榆树市周家油坊村油坊屯、大车家屯、小车家屯一带活动，是迄今为止长春地区发现的最早的原始人群。“榆树人”生活在旧石器时代晚期，具有比早期智人更为发达的大脑和较高的生产能力，已经脱离古人类的原始状态，进入新人阶段。他们逐步摆脱对天然洞穴居址的完全依赖，能够按照自己的意愿选择更宜于获取生活资料及靠近水源的地方，建造简陋的居址或房屋。已出土的人类化石证明，“榆树人”生存时期处于母系氏族社会初期，主要以采集和渔猎为生，有较高的狩猎技巧，他们在这片黑土地上留下长春境内最早的古人类活动印迹。

【新石器时代】 长春境内已发现的新石器时代遗址达16处，所处年代大约在公元前1万年至公元前7千年。其中，农安县左家山遗址是长春境内发现最早的原始聚落。这一时期，先民们的生产生活能力比旧石器时代有了大幅度提升，磨制石器取代打制石器成为主要工具。从出土的磨盘、磨棒、石斧、石铲等工具看，采集渔猎经济开始向原始农业和家畜畜牧业过渡。从出土的骨针、骨锥、陶纺轮等看，人们已经掌握原始纺织技术。人们固定居所为半地穴式房屋或泥草房，生活趋于稳定，出现了聚落。考古发掘发现，聚落内小家庭的个体独立性增强，呈现出由母系氏族社会向父系氏族社会转变的倾向，人们从事社会活动和生产活动的能力显著增强。

【夏商周时期】 夏商周时期，居住在东北地区的先民们在长期生产劳动过程中，相互交往，聚落之间不断融合发展，主要形成4个大的部族系统：一是东北南部的古商族（汉族）族系；二是东北西部的东胡族系；三是东北东部的肃慎族系；四是东北中部的濊貊族系。这一时期，长春地区原始人群活动相当广泛，已发现青铜时代遗址92处。考古发掘表明，人们不仅使用青铜器和陶器，而且石器加工、纺织业也同时得到发展，出现了专门的手工业作坊，出土了彩陶、麻布、毛织巾等物品。据《长春县志》记载，春秋战国时期，长春地区人口“约在三万人左右”。

【汉至隋唐时期】 西汉初年，濊貊族系的支系夫余族在今吉林、长春地区建立夫余国。夫余国是东北古代少数民族建立的奴隶制政权。当时，原始聚落已发展成村落，且已有城镇、村落之别。夫余国建国早期的统治中心在今吉林市，两汉时期逐渐强盛，统治中心扩展到长春地区。东晋永和二年（346年），夫余国将王城西迁至今农安县，称夫余后期王城，自此，农安成为古代长春地区的中心城市，近1500年。夫余国全盛时期疆域达到方圆1000余千米，辖民8万余户，主要以农业生产为主，从中原引进先进的历法“殷历”，体现节气。夫余国统辖长春地区700年之久，经济社会发展水平和国力在当时的东北最为强盛。

周圣历元年（698年），靺鞨族首领大祚荣建立政权。唐先天二年（713年），唐玄宗册封大祚荣为“渤海郡王”，渤海国在唐王朝的支持下，“尽得夫余、沃沮、弁韩、朝鲜、海北诸国”，政治、经济、文化、教育等全面发展，成为幅员辽阔的“海东盛国”。从高祖大祚荣到末王大諲譔，渤海国存十五世，共228年。至十世宣王大仁秀继位后，国势最盛，仿唐的府、州、县制，“开置郡邑”，设5个京、15个府、62个州、近140个县。长春地区隶属渤海国扶余府200余年。扶余府下辖扶、仙二州，扶余府和扶州的治所同在今农安县。扶余府位于渤海国西部，与契丹接壤，是渤海边境的军事重镇。

【宋代暨辽金时期】 宋代暨辽金时期，长春地区先后受辽、金两国管辖。后梁贞明二年（916年），契丹族首领耶律阿保机称帝。辽建立后，不断向外扩张，灭渤海，伐女真，尽占辽东，南进中原。辽天显元年（926年），辽太祖攻陷扶余府，改扶余府为黄龙府，长春地区属东京道黄龙府管辖。辽对游牧民族与农耕民族采取“因俗而治”的民族统治政策，对游牧民族实行部族制管理，在汉族和渤海遗民聚居区实行州、县制。黄龙府下辖5个州、3个县。

辽天庆五年（1115年），女真族完颜阿骨打称帝建立金国，攻占黄龙府。金袭辽制，在东北设3京、4路，在汉族聚居区设府、州、县，黄龙府先后改为济州、隆州，后升隆安府，隶属上京路管辖；在女真族聚居区设猛安谋克（部落和民族单位，300户为1谋克，10谋克为1猛安）。当时，长春地区有汉族居民和女真族居民，因而出现了两类行政区。辽金统辖长春地区近300年，是长春地区历史上第一次大建设、大发展时期，农安是当时东北的重镇之一。

【元明清时期】 元朝建立政权后，实行中央集权制。元在东北设辽阳行省，下辖7路。长春地区隶属辽阳行省开元路管辖，治所设在隆安府（今农安县），后改为黄龙府。

明初，长春地区属奴儿干都司管辖，中期属辽东都司管辖，后期属福余卫管辖。明管辖长春地区250多年。清代设治前，长春地区是郭尔罗斯前旗扎萨克辅国公的封地。

清建立后，为防止满族汉化，巩固东北“龙兴之地”，在盛京、吉林修筑柳条边墙。位于长春境内的柳条边墙，长85.5千米。边墙以西包括今农安、德惠、九台西部，为郭尔罗斯前旗蒙古王公游牧地；边墙以东包括今榆树、双阳和九台东部，为清王朝围场。封禁政策没有挡住移民的流入，清乾隆二十六年（1761年），蒙古王公私招民人，垦种纳租。因土地肥沃，地租相对较低，加之水陆交通方便，特别是山东、河北一带，在发生严重自然灾害时，就有大批农民来到东北，开垦荒地、建立家园。清嘉庆四年（1799年），柳条边外、郭尔罗斯前旗境内的伊通河、沐石河、饮马河流域已有民户2330多户，开垦土地1.77万公顷。清嘉庆五年（1800年），为管理移民，清政府以“借地设治”为由，设立长春厅，置理事通判，首任理事通判为蒙古镶黄旗人六雅图。长春厅衙署设在长春堡，在伊通河上游东岸修筑土城，后被称为新立城。长春厅的成立标志着长春城市的诞生。清嘉庆五年五月十七日（1800年7月8日），清政府下旨铸发“吉林长春厅理事通判之关防”，2000年，确定当日为长春建城纪念日。长春厅辖4个乡、乡下分43个甲，辖区东至沐石河，南至伊通边门，西至巴延克鲁山，北至吉家窝堡，长115千米，宽90千米，面积约7000平方千米，人口7000人，隶属吉林将军管辖。至此，长春形成了完整的地方行政区划。清嘉庆十五年（1810年），清政府增设农安乡，划归长春厅管辖。清道光五年（1825年），长春厅治所北移至宽城子（今南关区西四道街与大经路交会处北侧），解决了垦区扩大、民户增多、交通不便等问题。清同治四年（1865年），在长春厅衙署周边修筑城墙和大小城门，初建城门6座，后又增加2个内门、4个便门，形制略呈九角形，城内面积约5平方千米。清光绪八年（1882年），长春厅改理事通判为抚民通判加理事衔，由专门管理汉人事务改为“蒙民兼管”，扩大了行政权。

清光绪十五年（1889年），长春厅升长春府，首任知府为满洲正蓝旗人觉罗同勋。长春府负责管理该地户籍、诉讼及盗窃事务，成为吉林将军辖境内的一个经济、军事重镇。

清光绪三十三年（1907年），东北实行官制改革，撤销将军，建立行省，省下设道。吉林将军改为吉林行省。清光绪三十四年十二月（1908年1月），添设吉林西路兵备道，驻长春府城。清宣统元年八月（1909年9月），吉林西路兵备道改为吉林西南路分巡兵备道，巡防吉林省西南一带，兼管长春关税及商埠事宜。长春府隶属于吉林西南路分巡兵备道。

【民国时期】 中华民国成立后，政区实行省、道、县三级制。1913年3月，长春府改为长春县，置县公署。吉林西南路分巡兵备道改为吉林西南路道。1914年，吉林西南路道为吉长道。长春县隶属吉长道。长春县所辖改划成5个区、80个乡，面积2840平方千米，人口51.4万人。1928年，东三省改旗易帜。1929年，长春市政筹备处建立，负责市政建设和涉外事务。废吉长道，设交涉署，由交涉员兼任长春市政筹备处处长。交涉署隶属吉林省。长春县所辖由5个区改为10个区、3个镇、86个乡。长春县延续18年，县知事8任；市政筹备处延续12年。

【当代长春】 1931年9月18日，日本帝国主义悍然发动“九一八”事变。9月19日，长春沦陷。在日本关东军的操纵下，1932年3月，伪满洲国成立，宣布定都长春，改名为“新京”，8月，公布“新京市”为“新京特别市”。从此，长春成为日本帝国主义侵略者统治东北的政治、经济、文化中心。日本帝国主义出于殖民统治和经济掠夺需要，对“新京特别市”的区划调整十分频繁。1937年10月，将原长春县的卡伦、小合隆、大屯，双阳县的羊草沟划入“新京特别市”管辖。1943年6月，将“通阳县”的“春阳”“劝农”划入“新京特别市”管辖。至此，“新京特别市”面积扩大到938.29平方千米，行政区划调整为18个区，居民编制先后推行保甲制、町屯制、邻保制。“新京特别市”延续14年。

【解放战争时期】 解放战争时期，长春在东北具有重要的战略地位，因而成为国共两党争夺的重要城市。1945年8月15日，日本投降，伪满洲国垮台，“新京特别市”恢复了长春市的名称。19日，苏联红军进驻，实行军事管制。9月8日，周保中率抗联教导旅总部和中共东北委员会移驻长春，建立中共长春地区委员会。9月下旬，中共长春特别市委成立。11月8日，共产党领导的长春特别市政府建立，成为长春市第一个民主政权，刘居英任市长，不久撤出长春。12月22日，国民党指派赵君迈任长春市长。1946年4月14日，苏军离长回国。18日，东北民主联军攻克长春，赵君迈等被俘，党领导再次设长春市政府。5月23日，东北民主联军撤出。国民党军再度进入长春，尚传道、孙桂籍先后任长春市长。国民党统治期间，将长春所辖调整为16个区，下辖237个保、4981个甲。

【长春解放后】 1948年10月19日，长春解放。20日，东北人民解放军长春军事管制委员会成立。21日，长春特别市政府成立，隶属东北行政委员会管辖，石磊任书记、邹大鹏任市长。1949年3月11日，长春特别市政府改称长春市政府。5月9日，长春市政府改称长春市人民政府，隶属吉林省。1952年10月14日，吉林省人民政府决定，撤销长春县，将长春县的7个半区、双阳县的2个区划归长春市。1953年8月1日，长春市被列为中央直辖市，由东北行政委员会代管。1954年8月1日，长春市复改为吉林省省辖市。9月27日，吉林省人民政府从吉林市迁至长春市，长春成为吉林省省会。1955年2月22日，长春市人民政府改称长春市人民委员会，长春市下辖10个区、52个街、1个镇、43个乡。1957年3月28日，长春市将原有的4个农村区合并为1个郊区。6月1日，将长春市原有6个城区合并为4个城区。1958年11月10日，撤销公主岭专区，将所属的双阳、九台、德惠、农安、榆树5个县，划归长春市管辖，实施市管县管理体制。1966年1月10日，成立德惠专区，将长春市所属的双阳、九台、德惠、农安、榆树5个县划归德惠专区，恢复市县分治管理体制。农村乡、镇一律改称人民公社，部分街道办事处改称人民公社。1968年3月6日，长春市“革命委员

表2 清代长春建置情况一览表

时间	机构	隶属	所在地
1800年	长春厅	吉林将军	新立堡（今新立城镇）
1825年	长春厅	吉林将军	宽城子（今南关区西四道街）
1882年	长春厅	吉林将军	宽城子（今南关区西四道街）
1889 年	长春府	吉林将军	宽城子（今南关区西四道街）
1908 年	吉林西路兵备道	吉林行省	长春老城（今南关区西四道街）
	长春府	吉林西路兵备道	宽城子（今南关区西四道街）
1909 年	吉林西南路分巡兵备道	吉林省	长春头道沟南沿上（今亚泰大街669 号长春市方志馆）
	长春府	吉林西南路分巡兵备道	宽城子（今南关区西四道街）

表3 民国时期长春建置情况一览表

时间	机构	隶属	所在地
1913 年	吉林西南路道	吉林省	长春头道沟南沿上（今亚泰大街 669 号长春市方志馆）
	长春县	吉林西南路道	宽城子（今南关区西四道街）
1914 年	吉长道	吉林省	长春头道沟南沿上（今亚泰大街 669 号长春市方志馆）
	长春县	吉长道	宽城子（今南关区西四道街）

"会"成立，各区、县、街、乡成立"革命委员会"。1969年7月3日，撤销德惠专区，将双阳、九台、德惠、农安、榆树5个县再次划归长春市，恢复市管县管理体制，长春市辖4个城区，1个郊区和5个县。党的十一届三中全会以来，为适应经济体制和政治体制改革的需要，长春对城市行政区划进行多次调整。1980年6月1日，长春市"革命委员会"改称长春市人民政府。1988年8月30日，九台撤县设市，由长春市代管。1989年2月，长春市被列为国家计划单列市，相当于省一级的经济管理权限。1990年12月26日，榆树撤县设市，由长春市代管。1992年，国家计委批准长春市为沿边开放城市，享有沿海开放城市同等优惠政策。1993年7月2日，国务院决定省会市不再实行计划单列，长春市停止执行计划单列市。1994年，长春市被确定为副省级城市，7月6日，德惠撤县设市，由长春市代管。1995年8月，双阳撤县设区，为长春市市辖区。9月，撤销长春市郊区，设立绿园区。2014年10月，九台撤市设区，为长春市市辖区。2020年6月，公主岭市由长春市代管。

行政区划

【概况】 长春市是吉林省省会城市。全市有朝阳、南关、宽城、绿园、二道、双阳和九台7个区［含长春经济技术开发区、长春净月高新技术产业开发区、长春新区、长春汽车经济技术开发区、长春莲花山生态旅游度假区、中韩（长春）国际合作示范区6个开发区］；榆树市、德惠市、公主岭市和农安县3个市1个县，辖31个乡，5个少数民族乡，75个镇，107个街道。

（《长春年鉴》编辑部）

表4　2022年长春市行政区划统计表

县（市）区名称	街道数（个）	镇数（个）	乡数（个）
朝阳区	14	2	0
宽城区	12	5	1
南关区	21	3	1
二道区	9	3	1
绿园区	10	3	0
双阳区	4	3	1
九台区	15	2	2
榆树市	4	15	9
德惠市	4	10	4
公主岭市	10	18	2
农安县	4	11	10
合计	107	75	31

（市民政局）

表5　2022年长春市县（市）区乡镇行政区划一览表

单位：个

县（市）区名称	乡、镇（街道）名
朝阳区（镇2街14）	湖西街道、重庆街道、红旗街道、清和街道、永昌街道、南湖街道、桂林街道、前进街道、富锋街道、永春镇、乐山镇、硅谷街道（新区高新代管）、双德街道（新区高新代管）、飞跃街道（新区高新代管）、超越街道（新区高新代管）、前程街道（汽开代管）
宽城区（乡1镇5街12）	奋进乡（新区北湖代管）、兰家镇、兴隆山镇（经开代管）、合隆镇（农安代管）、米沙子镇（德惠代管）、万宝镇（德惠代管）、新发街道、南广街道、东广街道、站前街道、柳影街道、群英街道、凯旋街道、团山街道、兴业街道、欣园街道、北湖街道（新区北湖代管）、长德街道（中韩代管）
南关区（乡1镇3街21）	幸福乡、永兴街道（净月代管）、玉潭镇（净月代管）、新立城镇（净月代管）、新湖镇（净月代管）、新春街道、长通街道、南岭街道、永吉街道、曙光街道、全安街道、民康街道、自强街道、桃源街道、鸿城街道、明珠街道、富裕街道、净月街道（净月代管）、临河街道（经开代管）、会展街道（经开代管）、彩织街道（净月代管）、博硕街道（净月代管）、德正街道（净月代管）、福祉街道（净月代管）、德容街道（净月代管）
二道区（乡1镇3街9）	四家乡（莲花山代管）、英俊镇、泉眼镇（莲花山代管）、劝农山镇（莲花山代管）、八里堡街道、远达街道、东站街道、东盛街道、吉林街道、荣光街道、东方广场街道（经开代管）、长青街道、世纪街道（经开代管）
绿园区（镇3街10）	合心镇、西新镇、城西镇、铁西街道、普阳街道、青年路街道、春城街道、正阳街道、林园街道、同心街道、锦程街道（汽开代管）、东风街道（汽开代管）、富民街道（汽开代管）
双阳区（乡1镇3街4）	双营子回族乡、太平镇、鹿乡镇、齐家镇、平湖街道、云山街道、奢岭街道、山河街道
九台区（乡2镇2街15）	胡家回族乡、莽卡满族乡、上河湾镇、其塔木镇、九台街道、九郊街道、营城街道、西营城街道（新区空港代管）、土们岭街道、苇子沟街道、兴隆街道、波泥河街道、纪家街道、卡伦湖街道、东湖街道、龙嘉街道、沐石河街道、城子街道、兴港街道（长春新区空港代管）
榆树市（乡9镇15街4）	育民乡、红星乡、太安乡、先锋乡、青山乡、延河朝鲜族乡、恩育乡、城发乡、环城乡、八号镇、大坡镇、弓棚镇、刘家镇、五棵树镇、闵家镇、黑林镇、保寿镇、秀水镇、新立镇、土桥镇、大岭镇、新庄镇、于家镇、泗河镇、正阳街道、培英街道、华昌街道、城郊街道
德惠市（乡4镇10街4）	朝阳乡、五台乡、同太乡、边岗乡、郭家镇、天台镇、大房身镇、菜园子镇、松花江镇、布海镇、大青咀镇、朱城子镇、达家沟镇、岔路口镇、胜利街道、建设街道、惠发街道、夏家店街道
公主岭市（乡2镇18街10）	龙山满族乡、永发乡、二十家子满族镇、黑林子镇、桑树台镇、陶家屯镇、八屋镇、十屋镇、怀德镇、大岭镇、范家屯镇、朝阳坡镇、杨大城子镇、响水镇、双城堡镇、秦家屯镇、玻璃城子镇、大榆树镇、毛城子镇、双龙镇、河南街道、东三街道、岭西街道、南崴子街道、环岭街道、铁北街道、河北街道、岭东街道、刘房子街道、苇子沟街道
农安县（乡10镇11街4）	杨树林乡、万顺乡、龙王乡、黄鱼圈乡、永安乡、前岗乡、青山口乡、新农乡、小城子乡、万金塔乡、农安镇、伏龙泉镇、高家店镇、哈拉海镇、开安镇、烧锅镇、靠山镇、华家镇、巴吉垒镇、三盛玉镇、三岗镇、兴农街道、宝塔街道、和谐街道、黄龙街道

（市民政局）

【不规范地名清理】 2022年，长春市下发《关于加快推进清理整治不规范地名的通知》，对涉事朝阳区、净月开发区、汽开区、北湖科技开发区民政部门主要领导进行约谈，部署清理整治工作任务。3个区分别成立不规范地名清理整治工作领导小组，制定不规范地名清理整治实施方案，组织区相关职能部门以及街道、开发建设单位召开协调会10余次，完成首批19个不规范地名中3个更名工作。

【行政区域界线】 2022年，长春市有行政区域界线464条。其中，省级界线2条，市级界线19条，县级界线20条，乡级界线423条。界桩342棵。其中，省级界桩16棵，市级界桩148棵，县级界桩178棵。（李 硕）

表6 2022年长春市行政区域省级、市级、乡级界线、界桩数量统计表

序号	名称	省级界线数（条）	省级界桩数（棵）	市级界线数（条）	市级界桩数（棵）	乡级界线数（条）	乡级界桩数（棵）
1	朝阳区	0	0	1	11	23	0
2	南关区	0	0	1	1	39	0
3	宽城区	0	0	0	0	31	0
4	二道区	0	0	1	3	35	0
5	绿园区	0	0	0	0	25	0
6	榆树市	2	16	2	21	60	0
7	农安县	0	0	3	0	48	0
8	德惠市	0	0	1	10	37	0
9	九台区	0	0	5	20	65	0
10	双阳区	0	0	3	29	16	0
11	公主岭市	0	0	2	53	44	0
总计	—	2	16	19	148	423	0

（市民政局）

表7 2022年长春市行政区域县级界线、界桩数量一览表

序号	县级界线名称	界桩数（棵）
1	双阳区—二道区	3
2	南关区—双阳区	10
3	南关区—宽城区	0
4	南关区—朝阳区	10
5	南关区—二道区	7
6	朝阳区—绿园区	9
7	朝阳区—宽城区	0
8	二道区—九台区	10
9	二道区—宽城区	9
10	绿园区—宽城区	9
11	宽城区—九台区	8
12	宽城区—德惠市	7
13	九台区—德惠市	22
14	德惠市—榆树市	12
15	绿园区—农安县	6
16	宽城区—农安县	0

续表7

序号	县级界线名称	界桩数（棵）
17	农安县—德惠市	38
18	公主岭市—农安县	9
19	绿园区—公主岭市	3
20	公主岭市—朝阳区	6
总计	—	178

（市民政局）

【街路命名更名】 2022年，长春市命名街路115条。其中，朝阳区2条，南关区33条，宽城区27条，二道区4条，绿园区1条，经开区18条，汽开区2条，中韩示范区12条，莲花山度假区16条。 （李　硕）

人口　民族　宗教

【人口】 截至年末，长春市有3237523户，8510238人。其中，男性人口4254049人，占总人口的49.99%；女性人口4255978人，占总人口的50.01%。市区（南关区、宽城区、朝阳区、二道区、绿园区、双阳区、九台区）人口为4484651人，占总人口的52.70%；县（市）（农安县、榆树市、德惠市、公主岭市）人口4025587人，占总人口的47.30%。总人口数比2021年减少6719人，增长率为-0.79‰，增长率比2021年上升1.2‰。长春市人口占吉林省总人口的33.02%。 （张　帏）

表8　2021—2022年长春市人口增长及分布情况统计表

单位：人、‰

地区	2021年末总人口	2022年末总人口	人口增减	增长率
全市	8516957	8510238	-6719	-0.79
市辖区	4477203	4484651	7448	1.66
南关区	796725	809718	12993	16.31
宽城区	678040	684310	6270	9.25
朝阳区	771489	772176	687	0.89
二道区	572426	569742	-2684	-4.69
绿园区	644028	640633	-3395	-5.27
双阳区	357958	355602	-2356	-6.58
九台区	656537	652470	-4067	-6.19
农安县	1044639	1041541	-3098	-2.97
榆树市	1194615	1189533	-5082	-4.25
德惠市	789467	785860	-3607	-4.57
公主岭市	1011033	1008653	-2380	-2.35

（市公安局）

【民族】 2022年，长春市有54个少数民族。其中，满族、朝鲜族、回族、蒙古族、锡伯族是世居少数民族，少数民族常住人口约40万人，少数民族流动人口9.98万人。主要分布在市区。有6个民族乡（镇）（其中，公主岭市2个，二十家子满族镇、龙山满族乡；九台区2个，胡家回族乡、莽卡满族乡；双阳区1个，双营子回族乡；榆树市1个，延和朝鲜族乡），47个民族村；6个市级少数民族社团（长春市朝鲜族老年协会、长春市朝鲜族社会科学工作者协会、长春市朝鲜族妇女协会、长春市蒙古族文化促进会、长春市满族文化促进会和长春市锡伯族文化促进会）。民族特需商品定点生产企业（吉林省长春皓月清真肉业股份有限公司、吉林省长春清真肉业集团有限公司、长春老韩头清真食品有限公司），1所市级朝鲜族群众艺术馆，13所民族中小学，1所民族医院，16个少数民族传统文化体育传承基地，8个市级少数民族“非遗”项目。

【宗教】 2022年，长春市有佛教、道教、伊斯兰教、天主教、基督教等5种宗教，信教群众约35万人，全市性宗教团体6个（市佛教协会、市伊斯兰教协会、市天主教爱国会、市天主教教务委员会、市基督教三自爱国运动委员会、市基督教协会），教职人员801人，宗教活动场所550处。其中，佛教46处、道教6处、伊斯兰教25处、天主教16处、基督教457处。（金　迪）

地域文化

【长春十大文化符号】 长春市委宣传部通过“标志长春”十大文化符号视图作品征集评选活动，突出长春城市文化蕴含。经过评审，一汽红旗、长影、人民大街、净月潭、长春世界雕塑园、吉林大学、文化广场、伪满皇宫博物院、伊通河、现代诗公园入选“标志长春”十大文化符号。

长春市是新中国红色工业的起点，“一汽”在长春市诞生，第一辆“红旗”轿车也在长春市诞生，“一汽红旗”与长春市血脉相连，“红旗”所蕴含的开拓精神是一汽精神的核心，代表着国人对自有品牌的忠诚和执着，更是自立自强的民族精神之所系。

长春电影制片厂是新中国电影事业的摇篮，入选国家工业遗产名单。中国长春电影节是中国第一个以城市命名的电影节。

人民大街是一眼望穿百年的城市主干道，也是长春城市的中轴线，全长13.7千米。人民广场嵌于整条街道中段，是城市规划的中心点。

净月潭是20世纪30年代的长春第一水源地，是国家森林公园、国家级全民健身户外活动基地。作为国家AAAAA级旅游景区，被誉为“亚洲第一大人工林海”，是“都市氧吧”和“城市绿肺”。

长春世界雕塑园是位于长春市核心区的首批国家重点公园，也是集自然山水与人文景观于一体的国家AAAAA级旅游景区，曾获“新中国城市雕塑建设成就奖”中唯一的雕塑园成就奖。

吉林大学是教育部直属的全国重点综合性大学，国家“双一流”“211工程”“985工程”，重点建设学科门类齐全，重点实验室众多，在国内外享有盛誉，是吉林省、长春市的地标性高校。

文化广场又名地质宫广场，位于伪满“八大部”建筑中心区，背靠“地学胜地”地质宫。深厚的历史底蕴、浓郁的文化气息，记录城市沧桑。广场中心的“太阳鸟”主题雕塑，表现人类对太阳的赞美，对光明的追求与向往。

伪满皇宫博物院是国家AAAAA级旅游景区、全国重点文物保护单位，收藏有大量伪满宫廷文物、日本近现代文物及东北近现代文物，是长春重要的近代史教育和爱国主义教育基地。伪满皇宫曾是长春历史上最重要的建筑之一，也是中国迄今为止保存较完整的宫廷遗址之一。

伊通河是长春历史上第一大河，也是长春市的母亲河。经过改造后沿线成为“城市生态轴”和“魅力长春的景观带”，从南溪湿地到北湖湿地，伊通河与长春文化、历史深度融合，一脉相承。

现代诗公园作为“城市心灵地标”，收纳过去百年新诗经典300首，诗歌将来馆内为未来百年预置1000首手写现代诗展位，打造一个写诗、爱诗、传播诗的集聚地。

（《长春年鉴》编辑部）

【长春民俗】 东北大秧歌　流行在长春市区的秧歌，是一种舞蹈歌唱戏剧三者综合，以舞为主的民间艺术。从表演形式上可分为地秧歌、高跷秧歌、寸子秧歌以及抬杆背杆撅杆等多种表现形式。踩高跷不仅是一项特色民俗活动，更是宝贵的非物质文化遗产。高跷也叫“高跷秧歌”，流传于全国各地的民间舞蹈，因舞蹈时多双脚踩踏木跷而得名。

服饰文化民俗　长春地区少数民族的服装服饰色彩丰富，受自然崇拜和信仰的影响，人们对色彩的喜爱各不相同，另一方面，东北民俗文化又是豪放不羁的，喜欢颜色形成强烈对比的服饰。

包黏豆包　在长春地区传统农耕习俗中，每逢过年，家家户户都要包黏豆包。因为长春是华北地区农民闯关东后形成的城市，又是东北农耕文化的重要地区，利用当地农业资源，过年包黏豆包非常普遍。（《长春年鉴》编辑部）

【长春方言】 长春地区方言与东北三省方言大体相同，都是东北文化的重要组成部分，由东北各民族语言文化相互融合发展而产生。与普通话相比，在语音、词汇、语法方面都有很多不同，尤其是在语音和词汇方面，其语音高亢、抑扬顿挫、铿锵有力，词汇幽默、生动、诙谐，还略带有一点夸张，其独有的特色使之较普通话更为生动、活泼、形象、贴切，极具亲和力，语义表达更为精当、凝练。其中，一些方言词语在具体语境中使用时，其表达的含义更为深远。例如，“嘎哈”一词是东北方言初级词汇，意思是“干什么”，其含义会因运用的场合、语音、语调等不同发生变化。“急眼”是生气、发火、愤怒的意思，“不带急眼的”是不许生气的意思。“别脚儿”指交通不便，加儿化音使表达更加生动、形象，富于节奏感。“盖”表示超群的状态，也泛指胜过、胜出的意思。“疙瘩”在东北方言中表示地方，前面加代词“这”“那”“哪”，成为“这疙瘩”“那疙瘩”“哪疙瘩”；“疙瘩”也指父母的最后一个子女，“老疙瘩”有心爱、疼爱之意。“杠杠的”是形容某事某物品质或质量很好，有时候也形容人，尤指人品方面很好。“嘶嘶哈哈”为天气寒冷难耐人们吸入凉气不自觉发出的声响。“急了拐弯儿”指道路或者事物弯弯绕绕的意思。“搁”在东北话中读第三声时表示“在”的意思，比如“搁哪儿、搁这儿呢”翻译成普通话就是“在哪儿呢、在这呢”。“五脊六兽”指人百无聊赖、不知道该做什么好、闲得难受的状态。“老鼻子”当形容词指可多了、多得很，当副词指非常、很、特别。“垫吧”可以理解为吃少量东西缓解饥饿感。“带劲”其一指人或物颜值高，其二指事情办得很好。“拔凉”指凉到极点，包括物品的温度，也用来比喻灰心失望的心情。“得劲儿”是舒爽、惬意、轻松自在的意思，升级版是“老得劲儿”了，反义词是“不得劲儿”。

（《长春年鉴》编辑部）

经济社会发展

【经济建设】 2022年，长春市实现地区生产总值6744.56亿元，按可比价格计算，比2021年下降4.5%。其中，第一产业增加值551.32亿元，增长2.1%；第二产业增加值2694.97亿元，下降9.3%；第三产增加值3498.27亿元，下降1.8%。第一产业增加值占地区生产总值比重为8.1%，第二产业增加值比重为40.0%，第三产业增加值比重为51.9%。全市人均地区生产总值74310元。地方财政收入459.69亿元，下降25.5%。地方财政支出976.67亿元，增长1.1%。居民消费价格总水平增长1.9%，涨幅比2021年扩大1.4个百分点。社会消费品零售总额1907.84亿元，下降14.0%。实现农林牧渔业增加值567.91亿元，增长2.1%。粮食总产量1242.39万吨，增长0.5%。粮食种植面积157.8万公顷，增加0.9万公顷。农业机械总动力为1201.9万千瓦，增长5.4%。工业增加值2250.51亿元，下降10.1%。规模以上工业企业利润790.79亿元，下降7%。固定资产投资（不含农户）比2021年下降11.8%。其中，第一产业投资增长53.3%；第二产业投资增长0.4%；第三产业投资下降15%。房地产开发投资下降37.1%。实现货物进出口总额1107.58亿元，下降6.2%。全年实际利用外资额3.13亿美元，下降33.7%。接待国内外游客5633.13万人次，下降44.26%。旅游总收入781.4亿元人民币，下降61.8%。金融机构本外币各项存款余额16851.34亿元，比年初增加1384.09亿元。

【政治建设】 全市开展学习贯彻党的二十大精神。市委十四届四次全会召开，审议通过《中共长春市委关于全面贯彻党的二十大精神在中国式现代化进程中开创长春振兴发展率先突破新局面的意见》。落实持续开展“我为群众办实事”实践活动，滚动实施建设“幸福长春”行动计划，推进党建引领幸福小区创建活动。新增提请审议的立法项目8件，提请市人大常委会审议地方性法规草案8部。全市办理市人大议案4件、代表建议302件，市政协建议案2件、委员提案438件。推进法治政府建设，深化“八五”普法，完成立法项目2部，修改和废止市政府规章6部。认真贯彻中央八项规定及其实施细则精神。落实“赛马”、约谈机制，及时发现和纠正工作中存在的问题。全年，市纪检监察机关查处违反政治纪律案件24件，处分25人。加强市“两会”换届风气监督，严肃换届纪律，确保换届风清气正。做好党风廉政意见回复工作，审慎回复党风廉政意见1553人次，提出暂缓意见8人次、否定意见8人次。

【文化建设】 2022年，长春市有图书馆13家。其中，国家级11家（国家一级7家、国家二级4家），未定级2家。全市博物馆54家（新设立乡村博物馆1家，社区博物馆2家）。其中，国有博物馆24家（国家一级博物馆3家，国家二级博物馆1家），非国有博物馆6家，社区博物馆3家，乡村博物馆21家。文化馆13家。其中，国家级12家（国家一级9家、国家二级3家），未定级1家。乡镇（街道）综合文化站210个，村（社区）文化中心2545个。长春市艺术研究所组织创作完成话剧剧本6部，受长春市委组织部邀请创作工作汇报情景剧本1部，创作的网络电影《心若有梦任飞扬》在B站、西瓜视频等平台上映。长春市演艺集团话剧院创作完成儿童剧剧本2部，话剧1部，复排儿童剧1部，大型话剧1部。打造长影周末音乐会、新年音乐会、爵士音乐节等品牌项目，开展驻场演出21场。在长春雕塑公园举办2022长春消夏艺术节杂技专场演出。吉林消夏演出季演出杂技专场2场；组织惠民演出233场，其中，杂技专场30场，评剧专场30场，儿童剧《忧伤的塑料袋》演出30场。

【社会建设】 保障基本民生　2022年，长春市城镇新增就业10.5万人，农村劳动力转移就业100万人。新增家庭养老床位2500张。城镇职工医保实现市级统筹，医疗照护险覆盖全市。城乡特困人员基本生活标准分别比2021年提高16.9%和26%。发放残疾人补贴73.2万人次。改造老旧小区284个、棚户区5794户，筹集保障性住房1.15万套，确权未登记房屋469.6万平方米。

公共服务　新增幼儿园46所，毛入园率95%。新建义务教育学校6所。市传染病医院、疾控中心、急救中心投入使用。开展群众文化活动3300场，建设改造体育健身路径410套。举办第三届中俄冬季青少年运动会。长春市成为全国首批足球发展重点城市。

维护安全稳定　安全生产事故起数和死亡人数分别比2021年下降25.1%和26.3%。长春市获评国家食品安全示范城市。37个“保交楼”项目全部交付入住。盗抢骗案件下降66%，电信诈骗财产损失下降71%，命案和有影响案件全部告破。

【生态文明建设】 2022年，长春市有各类保护区2个。其中，国家级1个、省级1个。自然保护区总面积43034.2公顷。长春市环境空气质量优良天数336天，优良率92.1%，比2021年增加6天；重污染天气1天；6项主要污染物浓度均达到国家环境空气质量二级标准，其中细颗粒物（$PM_{2.5}$）年均值28微克/立方米，比2021年下降3微克/立方米。环境空气综合指数3.32，比2021年下降0.24，居东北三省省会城市首位。臭氧（O_3）8小时移动平均第90百分位数134微克/立方米，比2021年上升8微克/立方米，低于全国地级城市（339个）平均水平，上升趋势和幅度与全国平均水平一致。16个国考断面全部达标。6个断面水质由Ⅴ类目标提升至Ⅳ类。9个断面达到Ⅲ类以上水质，全市优良水体比例为56.25%。与2021年相比，新增1个Ⅲ类水（好水）断面。城市饮用水水源地达到Ⅲ类水质标准。

（陶艺文）

中国共产党长春市委员会

ZHONGGUO GONGCHANDANG CHANGCHUNSHI WEIYUANHUI

综 述

【党的建设】 1月13日，省委常委、市委书记张志军主持召开市委常委扩大会议暨2021年度县（市）区、开发区党（工）委书记抓基层党建工作述职评议、述责述廉评议会议。6月10日，省委常委、市委书记张志军主持召开市委常委会会议，传达学习习近平总书记重要讲话精神，研究部署加强市领导包保、推进“十大工程”强化基层党建等重点工作。6月16日，市委党的建设工作领导小组2022年第一次会议召开。6月24日，市委常委会召开会议，传达学习习近平总书记重要讲话精神，研究部署公立医院党的建设等重点工作。传达学习《关于加强新时代离退休干部党的建设工作的意见》精神及听取长春市贯彻落实意见的汇报；审议《长春市加强公立医院党的建设工作的实施意见（审议稿）》。7月18日，市委常委会召开会议，审议通过《中国共产党长春市委员会工作规则（修订稿）》《中共长春市委常委会议事规则（修订稿）》。12月27日，省委常委、市委书记张志军以视频形式主持召开市委常委会扩大会议，听取各县（市）区、开发区党（工）委书记和部分市直部门（单位）党组（党委）书记抓基层党建工作述职。

【市委对经济工作的领导】 1月13日，市委经济工作会议召开，贯彻习近平总书记视察吉林重要讲话重要指示精神，全面落实中央、省委经济工作会议部署和市第十四次党代会要求，总结2021年经济工作，分析研判当前形势，安排部署2022年经济工作。2月10日。省委常委、市委书记张志军主持召开市委理论学习中心组集体（扩大）学习会，学习贯彻习近平经济思想，把握中央和省委战略部署，提升各级领导干部抓经济工作的能力，推动经济发展。5月4日，市委、市政府以视频形式召开全市经济运行分析会，听取全市一季度经济运行情况及下步工作安排、听取全市重点项目建设情况的汇报、审议《长春市2022年市级领导包保重大项目工作方案（审议稿）》。5月16日，市委、市政府召开全市经济运行分析会。5月24日，市委、市政府以视频形式召开全市经济运行分析会，对全市稳增长工作进行再调度、再部署、再推动。7月27日，全市投资促进和重点项目推进工作领导小组会议暨经济运行分析会议召开。9月16日，全市经济运行分析会以视频形式召开。12月12日，省委常委、市委书记张志军主持召开全市经济运行调度会，统计、发改、工信、财政等部门负责人汇报工作完成情况，市领导就下步工作提出要求。

【市委对生态保护工作的领导】 6月8日，省委常委、市委书记张志军以视频形式主持召开2022年市级总河长会议。6月15日，市生态环境保护督察反馈问题整改工作领导小组暨市生态环境保护工作领导小组2022年第一次会议以视频形式召开。7月25日，省委常委、市委书记张志军主持召开长春市全面推行林长制工作视频会议。8月29日，省委常委、市委书记张志军以视频形式主持召开市生态安全工作暨生态环境保护领导小组会议，听取全市生态环境保护工作情况和下一步重点工作安排的汇报、审议《中共长春市委 长春市人民政府关于深入打好污染防治攻坚战的实施方案》。11月14日，省委常委、市委书记张志军到市生态环境局、市林业和园林局调研。

【市委对文化发展工作的领导】 2月23日，长春市宣传部长会议以视频会议形式召开。会议传达学习全国、全省宣传部长会议精神和省委、市委相关会议精神，总结工作，分析形势。5月17日，市委宣传思想工作领导小组召开会议，传达省委宣传思想工作会议精神，审议《中共长春市委宣传思想工作领导小组2022年工作要点》。7月18日，市精神文明建设指导委员会召开2022年第一次全体会议，传达学习2022年中央、省文明委全会及全国精神文明建设有关会议精神，听取2021年及2022年上半年全市精神文明建设工作完成情况及推进全国文明城市创建常态常效工作的汇报。8月18日，市委常委会召开会议，听取第十七届中国长春电影节筹备情况的汇报。10月4日，省委常委、市委书记张志军就文旅产业发展进行调研。

【市委对社会治理工作的领导】 2月1日，长春市委印发《长春市法治政府建设实施方案（2021—2025年）》，明确建设任务、细化职责分工，为全市法治政府建设提供遵循。5月4日，市委召开视频专题会，传达学习习近平总书记对湖南长沙居民自建房倒塌事故作出的重要指示精神及李克强总理的批示精神、审议《长春市贯彻落实国务院安委会〈关于进一步强化安全生产责任落实坚决防范遏制重特大事故若干措施〉的总体方案（审议稿）》。5月17日，长春市市域社会治理现代化试点城市创建工作领导小组会议召开，听取长春市市域社会治理现代化试点城市创建工作进展情况的汇报、审议《长春市市域社会治理现代化试点城市创建工作任务清单（审议稿）》《长春市市域社会治理现代化试点城市创建工作领导小组专项组组成方案（审议稿）》。5月24日，市委、市政府召开全市信访形势分析会，听取当前重点信访工作情况的汇报，对相关工作进行部署。9月21日，省委常委、市委书记张志军以视频形式主持召开市委全面依法治市委员会第四次会议暨述法评议会议，传达学习中央和省委有关会议精神，听取法治政府建设有关工作汇报，审议市委全面依法治市委员会2021年工作总结报告等文件，部分地区和市直有关部门负责人述法。9月21日，省委常委、市委书记张志军主持召开平安长春建设领导小组2022年第一次全体会议。12月23日，省委常委、市委书记张志军以视频形式主持召开全市重点工作调度会议。

7月27日，中共长春市委十四届三次全体会议召开　（殷浩量　供图）

【市委对民生改善工作的领导】　2月24日，长春市委、市政府印发《2022年建设幸福长春行动计划》，全面推动全市民生保障工作再上新台阶。4月29日，长春市委、市政府成立长春市城市更新领导小组，统筹实施城市更新工作，推动老旧小区、老旧厂区、老旧楼宇、老旧基础设施整治、改造、提升。5月4日，市委常委会召开会议，听取长春市公共卫生服务能力建设情况及无疫单位、无疫县（市）区创建工作安排的汇报。5月24日，长春市委常委会召开会议，审议通过《关于加快推进养老服务高质量发展的实施意见》。7月6日，长春市委办公厅、市政府办公厅印发《坚持“平战结合”全力服务基层开展党建引领“幸福小区”建设活动方案》。12月23日，省委常委、市委书记张志军主持召开重点工作调度会议。　（管吉鹏）

重要会议

【市委第十四届三次全体会议】　中国共产党长春市第十四届委员会第三次全体会议，于2022年7月27日举行。全会由市委常委会主持。全会听取和讨论省委常委、市委书记张志军受市委常委会委托所作的工作报告，审议通过《中共长春市委十四届三次全体会议关于免去于迅来、马国成、闫旭、杨大勇市委委员的决定》。

【市委第十四届四次全体会议】　中国共产党长春市第十四届委员会第四次全体会议，于2022年11月23日举行。全会由市委常委会主持。省委常委、市委书记张志军作讲话。全会听取和讨论张志军受市委常委会委托所作的工作报告，审议通过《中共长春市委关于全面贯彻党的二十大精神 在中国式现代化进程中开创长春振兴发展率先突破新局面的意见》。张志军就意见（讨论稿）向全会作说明。

【市委常委会会议】　2022年，长春市召开中共长春市第十四届委员会常委会会议31次，常委扩大会议7次。（殷浩量）

表9　2022年长春市委常委会会议及扩大会议一览表

时间	会议名称	主要内容
1月10日	中共长春市第十四届委员会第1次常委会	1.传达学习习近平总书记在中央政治局专题民主生活会上的重要讲话精神；2.传达学习习近平总书记关于做好“三农”工作的重要讲话精神和李克强总理部署要求；3.传达学习习近平总书记二〇二二年新年贺词；4.传达学习习近平总书记在考察2022年冬奥会、冬残奥会筹办备赛工作时的重要讲话精神；5.传达学习习近平总书记在1月6日中央政治局常委会会议上的重要讲话精神（听取人大、国务院、政协、法院、检察院工作报告、听取中央书记处工作报告）；6.传达学习习近平总书记对党史学习教育的重要指示、中央和省委党史学习教育总结会议精神及听取长春市贯彻落实意见的汇报；7.审议《市委经济工作会议方案（审议稿）》；8.讨论《张志军同志在市委经济工作会议上的讲话（讨论稿）》；9.讨论《王子联同志在市委经济工作会议上的讲话（讨论稿）》；10.审议《市委民族工作会议方案（审议稿）》；11.审议《中共长春市委 长春市人民政府关于以铸牢中华民族共同体意识为主线推进新时代党的民族工作高质量发展的贯彻实施意见（审议稿）》

续表9

时间	会议名称	主要内容
1月27日	中共长春市第十四届委员会第2次常委会	1.召开市新冠肺炎疫情防控工作领导小组第42次会议，听取近期疫情防控工作情况的汇报；2.召开全市经济运行分析会，听取一季度经济运行工作安排的汇报；3.传达学习习近平总书记在省部级主要领导干部学习贯彻党的十九届六中全会精神专题研讨班开班式上的重要讲话精神；4.传达学习1月24日中共中央政治局会议精神（审议综合情况报告）；5.传达学习习近平总书记在十九届中央纪委六次全会上的讲话精神；6.传达学习赵乐际在十九届中央纪委六次全会上所作的工作报告精神及省纪委十一届七次全会精神；7.听取市纪委监委2021年重点工作、市纪委十四届二次全会工作报告起草情况和会议筹备情况的汇报；8.传达学习景俊海在指导市委常委班子党史学习教育专题民主生活会时的讲话精神；9.传达学习省“两会”精神：传达学习省十三届人大五次会议精神及听取市人大贯彻落实意见的汇报、传达学习省政协十二届五次会议精神及听取市政协贯彻落实意见的汇报；10.听取关于筹备召开市党代表会议有关情况的汇报；11.听取关于确定省第十二次党代会代表候选人初步人选情况的汇报；12.听取关于对有关干部违纪问题处理意见的报告；13.研究有关干部事宜
2月9日	中共长春市第十四届委员会第3次常委会	1.传达学习习近平总书记在中共中央政治局第三十六次集体学习时的重要讲话精神（努力实现碳达峰碳中和目标）；2.传达学习习近平总书记在2022年世界经济论坛视频会议上的重要讲话精神；3.传达学习《中国共产党纪律检查委员会工作条例》《中华人民共和国监察法实施条例》；4.审议《长春市“六城联动”总体方案（审议稿）》；5.审议《2022年建设幸福长春行动计划（审议稿）》；6.审议《中共长春市委理论学习中心组2022年度学习计划（审议稿）》；7.传达学习中央农村工作会议、省委农村工作会议精神及听取长春市贯彻落实意见的汇报；8.传达学习中央政法工作会议、全省政法工作会议精神及听取长春市贯彻落实意见的汇报；9.传达学习全国宣传部长会议、全省宣传部长会议精神及听取长春市贯彻落实意见的汇报；10.传达学习景俊海在《关于对我省违规发放公务员绩效奖金问题进行追责问责的调查报告》上作出的批示精神
2月16日	中共长春市第十四届委员会第4次常委会	1.召开市委农村工作会议，宣读《关于表扬全市推进乡村振兴战略工作先进集体和先进个人的通报》、听取相关县（市）区表态发言（德惠市、九台区、双阳区作书面发言）；2.召开全市打击治理电信网络诈骗犯罪工作会议，通报全市电信网络诈骗违法犯罪有关情况；3.传达学习景俊海在省管主要领导干部学习贯彻党的十九届六中全会精神专题研讨班开班式上的讲话精神；4.传达学习全国、全省老干部工作“双先”表彰大会和全国、全省老干部局长会议精神及听取长春市贯彻落实意见的汇报；5.审议《长春市委常委会2022年工作要点（审议稿）》；6.审议《关于全面推行田长制的实施意见（审议稿）》；7.审议《关于支持院士创新创业助推“六城联动”的若干政策（审议稿）》《〈关于支持院士创新创业助推“六城联动”的若干政策〉的实施细则（审议稿）》；8.审议《院士创新创业引领区建设实施方案（审议稿）》；9.审议《长春市关于全面加强和改进新时代中小学校体育工作行动方案（审议稿）》；10.听取关于奥迪PPE项目有关情况的汇报；11.传达学习全国组织部长会议、全省组织部长会议精神及听取长春市贯彻落实意见的汇报；12.听取关于长春市人大、政府、政协、监委、法院、检察院换届人事安排意见的汇报；13.研究有关干部事宜
2月22日	中共长春市第十四届委员会第5次常委会	1.审议《关于整治供销合作社系统腐败问题促进改革和治理工作专题报告（审议稿）》；2.研究有关干部事宜
2月28日	中共长春市第十四届委员会第6次常委会	1.传达学习景俊海在《关于建设“长春人才创新港”的请示》上作出的批示精神；2.传达学习张恩惠在建设“长春人才创新港”、打造吸引和集聚人才平台调研座谈会上的讲话精神及听取长春市贯彻落实意见的汇报；3.审议《长春市关于国际汽车城吸引集聚培养新能源汽车产业人才的若干政策（审议稿）》；4.研究有关干部事宜
3月12日	中共长春市第十四届委员会第7次常委会	研究有关干部事宜
3月23日	中共长春市第十四届委员会第8次常委会	1.传达学习习近平总书记重要批示精神及景俊海讲话；2.宣布市纪委关于给予有关干部纪律处分的决定
3月30日	中共长春市第十四届委员会第9次常委会	宣布关于给予有关干部纪律处分的决定
4月14日	中共长春市第十四届委员会第10次常委会	1.传达学习习近平总书记在海南考察时的重要讲话精神；2.书面传达学习习近平总书记在中共中央政治局第三十七次集体学习时的重要讲话精神（中国人权发展道路）；3.书面传达学习习近平总书记在审阅中央政治局委员、书记处书记，全国人大常委会、国务院、全国政协党组成员，最高人民法院、最高人民检察院党组书记述职报告时提出的重要要求；4.书面传达学习习近平总书记在北京冬奥会、冬残奥会总结表彰大会上的重要讲话精神；5.传达学习习近平总书记在3月31日中共中央政治局常务委员会会议上的重要讲话精神（东航飞机事故）；6.传达学习习近平总书记对安全生产作出的重要指示和李克强总理的批示精神；7.传达学习全国安全生产电视电话会议精神及听取长春市贯彻落实意见的汇报
4月23日	中共长春市第十四届委员会第11次常委会	1.传达学习习近平总书记在中央全面深化改革委员会第二十四次、第二十五次会议上的重要讲话精神（审议《关于加强数字政府建设的指导意见》《关于进一步推进省以下财政体制改革工作的指导意见》《关于建立健全领导干部自然资源资产离任审计评价指标体系的意见》《“十四五”时期完善金融支持创新体系工作方案》《关于完善科技激励机制的若干意见》）；2.传达学习2月25日中共中央政治局会议精神（讨论政府工作报告，审议巡视情况相关工作报告）；3.传达学习习近平总书记在博鳌亚洲论坛2022年年会开幕式上的主旨演讲精神；4.书面传达学习习近平总书记在2022年春季学期中央党校（国家行政学院）中青年干部培训班开班式上的重要讲话精神；5.书面传达学习习近平总书记在参加首都义务植树活动时的重要讲话精神；6.传达学习《河南郑州“7·20”特大暴雨灾害调查报告》精神并听取2022年长春市防汛抗旱工作有关情况的汇报；7.听取重点人群疫情防控管理有关情况的汇报；8.审议《长春市城市更新实施办法（审议稿）》；9.研究有关干部事宜

续表9

时间	会议名称	主要内容
5月4日	中共长春市第十四届委员会第12次常委会	1.召开全市经济运行分析会，传达学习4月29日中共中央政治局会议精神（分析当前经济形势和经济工作，审议《国家“十四五”期间人才发展规划》）、听取全市一季度经济运行情况及下步工作安排、听取全市重点项目建设情况的汇报、审议《长春市2022年市级领导包保重大项目工作方案（审议稿）》；2.召开视频专题会，传达学习习近平总书记对湖南长沙居民自建房倒塌事故作出的重要指示精神及李克强总理的批示精神、审议《长春市贯彻落实国务院安委会〈关于进一步强化安全生产责任落实 坚决防范遏制重特大事故若干措施〉的总体方案（审议稿）》；3.传达学习习近平总书记在中共中央政治局第三十八次集体学习时的重要讲话精神（依法规范和引导我国资本健康）；4.传达学习习近平总书记在中央财经委员会第十一次会议上的重要讲话精神；5.传达学习习近平总书记在中国人民大学考察时的重要讲话精神；6.听取全市春耕生产情况的汇报；7.听取长春市公共卫生服务能力建设情况及无疫单位、无疫县（市）区创建工作安排的汇报；8.审议《中共长春市委十四届二次全体会议方案（审议稿）》；9.听取关于筹备召开市党代表会议有关情况的汇报；10.听取关于长春市出席吉林省第十二次党代会代表候选人预备人选建议人选情况的说明；11.听取关于划拨市管党费用于支持宽城区开展新冠疫情防控工作的汇报
5月11日	中共长春市第十四届委员会第13次常委会	研究有关干部事宜
5月17日	中共长春市第十四届委员会第14次常委会	1.召开长春市市域社会治理现代化试点城市创建工作领导小组会议，听取长春市市域社会治理现代化试点城市创建工作进展情况的汇报、审议《长春市市域社会治理现代化试点城市创建工作任务清单（审议稿）》《长春市市域社会治理现代化试点城市创建工作领导小组专项组组成方案（审议稿）》；2.召开市疫情防控领导小组会议，听取全市当前疫情防控总体情况及下步安排的汇报，听取“扑火队”近期工作情况的汇报；3.市委城乡基层治理工作委员会会议，传达省委城乡基层治理工作委员会扩大会议暨全省“基层建设年”动员部署会议精神及听取长春市贯彻落实意见的汇报，审议《构建党建引领“平战结合”基层治理体系 提高城市基层治理能力的意见（审议稿）》《构建党建引领“平战结合”基层治理体系 加强干部队伍建设的意见（审议稿）》《构建党建引领“平战结合”基层治理体系 完善专业人才工作措施的意见（审议稿）》；4.召开市委理论学习中心组集体学习会暨市委宣传思想工作意识形态工作领导小组会议，传达学习中办《关于当前意识形态领域形势的通报》主要精神，传达省委宣传思想工作会议精神及听取长春市贯彻落实意见的汇报，传达学习《关于进一步做好当前意识形态领域重点工作的意见》《关于2021年党委（党组）落实意识形态工作责任制专项督查情况的通报》主要精神及听取长春市具体贯彻落实意见的汇报，书面审议《中共长春市委宣传思想工作领导小组2022年工作要点（审议稿）》《中共长春市委意识形态工作领导小组2022年工作要点（审议稿）》；5.传达学习全国统战部长会议、全省统战部长会议精神及听取长春市贯彻落实意见的汇报；6.审议《关于严格落实过紧日子要求切实硬化预算约束的若干规定（审议稿）》；7.书面审议《中共长春市委常委成员分工（审议稿）》；8. 研究有关干部事宜
5月24日	中共长春市第十四届委员会第15次常委会	1.召开全市经济运行分析会，听取各县（市）区、开发区经济运行情况的汇报；2.召开全市信访形势分析会：传达学习《信访工作条例》及听取当前重点信访工作情况的汇报，听取市委政法委、市教育局、市人社局、市规自局、市建委、市房管局关于信访工作情况的汇报；3.召开长春市营商环境建设领导小组2022年第一次会议，审议《2022年长春市营商环境建设攻坚方案（审议稿）》；4.传达学习习近平总书记在庆祝中国国际贸易促进委员会建会70周年大会暨全球贸易投资促进峰会上的致辞精神；5.传达学习习近平总书记在金砖国家外长会晤开幕式上的致辞精神；6.审议《关于加快推进养老服务高质量发展的实施意见（审议稿）》；7.审议《天津市与长春市2022年对口合作工作要点（审议稿）》和《长春市与杭州市2022年对口合作工作要点（审议稿）》；8.听取关于长春市2022年高中考准备工作情况的汇报；9.听取全市自建房安全专项整治情况的汇报；10.听取关于长春市青年联合会第十八届委员会全体会议筹备情况的汇报；11.审议《长春市第十六届人大常委会立法规划（审议稿）》；12.审议《中共长春市委巡察工作规划（2022—2026年）（审议稿）》及听取2022年巡察工作要点有关情况的汇报
6月10日	中共长春市第十四届委员会第16次常委会	1.召开市疫情防控工作领导小组会议，听取关于长春市当前疫情防控情况及下步工作安排的汇报；2.传达学习习近平总书记在四川考察时的重要讲话精神；3.传达学习习近平总书记在中共中央政治局第三十九次集体学习时的重要讲话精神（深化中华文明探源工程）；4.传达学习中共中央政治局5月27日会议精神（审议《中国共产党政治协商工作条例》）；5.传达学习习近平总书记致2022年“六五”环境日国家主场活动的贺信精神；6.听取关于进一步加强市领导包保县（市）区、开发区工作情况的汇报；7.听取关于长春市“十大工程”施工图推进落实情况的汇报；8.审议《坚持“平战结合”全力服务基层开展党建引领“幸福小区”创建活动方案（审议稿）》；9.2022年市委网络安全和信息化委员会全体会议：传达省委网信委第五次会议精神、审议《长春市网络安全“十四五”规划（审议稿）》；10.听取关于长春市科学技术协会第九次代表大会筹备情况的汇报；11.审议《长春市优秀年轻干部“双百双千双万”工程实施方案（审议稿）》；12.审议《关于进一步明确市属高校领导人员管理体制的有关建议（审议稿）》；13.研究有关干部事宜
6月24日	中共长春市第十四届委员会第17次常委会	1.传达学习习近平总书记在中央全面深化改革委员会第二十六次会议时的重要讲话精神（构建数据基础制度和改进行政区划工作）；2.传达学习习近平总书记在中共中央政治局第四十次集体学习时的重要讲话精神（推进“三不腐”能力和水平）；3.传达学习中共中央政治局6月17日会议精神（审议《关于十九届中央第八轮巡视金融单位整改进展情况的报告》）；4.市委东北振兴战略实施工作委员会2022年第一次全体会议：审议《长春市贯彻落实〈东北全面振兴“十四五”实施方案〉任务工作方案（审议稿）》；5.传达学习《关于加强新时代离退休干部党的建设工作的意见》精神及听取长春市贯彻落实意见的汇报；6. 审议《长春市加强公立医院党的建设工作的实施意见（审议稿）》；7.研究有关干部议题

续表9

时间	会议名称	主要内容
7月18日	中共长春市第十四届委员会第18次常委会	1.召开市疫情防控领导小组会议，听取榆树市当前疫情防控工作情况的汇报；2.召开2022年长春市文明委第一次全体会议，传达学习2022年中央、省文明委全会及全国精神文明建设有关会议精神、听取2021年及2022年上半年全市精神文明建设工作完成情况及推进全国文明城市创建常态常效工作的汇报；3.召开市委农村工作领导小组2022年第一次会议，听取全市巩固拓展脱贫攻坚成果同乡村振兴有效衔接工作情况汇报，审议《长春市2022年巩固拓展脱贫攻坚成果同乡村振兴有效衔接工作要点（审议稿）》《2022年长春市乡村建设行动工作方案（审议稿）》；4.传达学习习近平总书记在新疆考察时的重要讲话精神；5.传达学习习近平总书记在庆祝香港回归祖国25周年大会暨香港特别行政区第六届政府就职典礼上的重要讲话精神；6.传达学习习近平总书记在湖北考察时的重要讲话精神；7.传达学习习近平总书记在金砖国家工商论坛开幕式、金砖国家领导人第十四次会晤、全球发展高层对话会上的重要讲话精神；8.审议《中国共产党长春市委员会工作规则（修订稿）》；9.审议《中共长春市委常委会议事规则（修订稿）》；10.审议《中共长春市委 长春市人民政府关于贯彻落实中央八项规定实施细则的实施办法（修订稿）》；11.听取各县（市）区、开发区和市直部门"十大工程"施工图、"六城联动"清单及"四个服务"清单制定情况的汇报；12.传达学习全省宗教工作会议精神及听取长春市贯彻落实情况的汇报；13.研究有关干部事宜
7月25日	中共长春市第十四届委员会第19次常委会	1.召开长春市全面推行林长制工作会议，听取长春市全面推行林长制工作进展情况的汇报、听取农安县林长制试点工作情况的汇报；2.召开全市防汛工作会议，听取九台区、农安县、德惠市防汛工作情况的汇报，听取全市农村防汛工作情况的汇报；3.召开全市进一步推进开发区相关腐败问题监督整治会议，传达学习习近平总书记重要批示精神和全省进一步推进开发区相关腐败问题监督整治会议精神、审议《长春市开发区领域突出问题专项整治工作方案（审议稿）》；4.传达学习2022年第二次全省信访工作联席会议（扩大）会议精神及听取长春市近期信访工作情况的汇报；5.审议《中共长春市委十四届三次全体会议方案（审议稿）》；6.讨论《在市委十四届三次全会第一次全体会议上的报告（讨论稿）》；7.审议《关于新时代加强和改进思想政治工作的实施方案（审议稿）》；8.听取关于免去于迅来、马国成、闫旭、杨大勇十四届市委委员情况的汇报；9.研究有关干部事宜
8月4日	中共长春市第十四届委员会第20次常委会	1.传达学习习近平总书记在省部级主要领导干部"学习习近平总书记重要讲话精神，迎接党的二十大"专题研讨班上的重要讲话精神；2.传达学习习近平总书记在中共中央政治局第四十一次集体学习时的重要讲话精神（生态环境保护）；3.传达学习习近平总书记在党外人士座谈会上的重要讲话精神；4.传达学习7月28日中共中央政治局会议精神（分析研究当前经济形势和经济工作）；5.传达学习中央统战工作会议精神及听取长春市贯彻落实意见的汇报；6.听取第二十一届长春农博会筹备情况的汇报；7.审议《关于实施新时代人才振兴工程激励人才助力"六城联动"发展的若干政策（审议稿）》；8.审议《长春市青年发展型城市建设试点实施方案（审议稿）》；9.传达学习全省反邪教工作会议精神及听取长春市贯彻落实意见的汇报；10.听取关于推荐攻坚克难、担当作为好干部相关情况的汇报；11.研究有关干部事宜
8月18日	中共长春市第十四届委员会第21次常委会	1.传达学习全省巡视工作会议暨十二届省委第一轮巡视工作动员部署会议精神及听取长春市贯彻落实意见的汇报；2.听取第十七届中国长春电影节筹备情况的汇报；3.研究有关干部事宜
8月29日	中共长春市第十四届委员会第22次常委会	1.召开市疫情防控工作领导小组会议，听取全市当前疫情防控情况及下步工作安排的汇报，听取全市当前疫情防控应急扑火工作情况的汇报；2.长春市生态安全工作暨生态环境保护领导小组2022年第二次会议：播放长春市生态环境保护工作情况视频短片，听取全市生态环境保护工作情况和下一步重点工作安排的汇报，审议《中共长春市委 长春市人民政府关于深入打好污染防治攻坚战的实施方案（审议稿）》，农安县、德惠市、市建委、市水务局书面汇报生态环境问题整改相关情况；3.传达学习习近平总书记在辽宁省考察时的重要讲话精神；4.听取全市乡村振兴战略现场推进会议筹备情况的汇报；5.研究有关干部事宜
9月7日	中共长春市第十四届委员会第23次常委会	1.传达学习习近平总书记在中央全面深化改革委员会第二十七次会议上的重要讲话精神（健全关键核心技术攻关新型举国体制 全面加强资源节约工作）2.传达学习8月30日中共中央政治局会议精神（审议党内法规）；3.研究有关干部事宜
9月30日	中共长春市第十四届委员会第24次常委会	1.传达学习9月9日中共中央政治局会议精神（讨论党的二十大报告稿）；2.传达学习习近平总书记在上海合作组织成员国元首理事会第二十二次会议上的重要讲话精神；3.传达学习习近平总书记在第五个"中国农民丰收节"到来之际的重要指示精神；4.传达学习习近平总书记在参观"奋进新时代"主题成就展时的重要讲话精神；5.审议《中共长春市委反腐败协调小组工作规则（修订稿）》；6.听取关于划拨市管党费用于慰问疫情防控一线社区工作者情况的汇报；7.研究有关干部事宜
10月25日	中共长春市第十四届委员会第25次常委会	讨论《长春市学习宣传贯彻党的二十大精神工作方案（征求意见稿）》
11月2日	中共长春市第十四届委员会第26次常委会	1.传达学习习近平总书记在二十届中共中央政治局常委同中外记者见面时的重要讲话精神；2.传达学习10月25日中共中央政治局会议精神（研究部署学习宣传贯彻党的二十大精神）；3.传达学习习近平总书记在中共中央政治局第一次集体学习时的重要讲话精神（学习贯彻党的二十大精神）；4.传达学习习近平总书记带领中共中央政治局常委赴陕西延安瞻仰延安革命纪念地时的重要讲话精神；5.传达学习习近平总书记在陕西延安和河南安阳考察时的重要讲话精神；6.听取前三季度全市主要指标完成情况及冲刺全年增长目标工作举措的汇报；7.听取前三季度全市经济运行情况及下步工作安排的汇报；8.审议《长春市第35届劳动模范表彰大会推荐评选工作方案（审议稿）》；9.听取关于市委党校和县（市）区委党校办学质量评估工作情况的汇报；10.听取关于全市攻坚克难、担当作为好干部评选工作情况的汇报；11.研究有关干部事宜

续表9

时间	会议名称	主要内容
11月18日	中共长春市第十四届委员会第27次常委会	1.传达学习习近平总书记在11月10日中共中央政治局常务委员会会议上的重要讲话精神；2.传达学习习近平总书记在二十国集团领导人第十七次峰会、第五届中国国际进口博览会开幕式、《湿地公约》第十四届缔约方大会开幕式上的重要讲话精神；3.传达学习省委十二届二次全体会议精神；4.审议《中共长春市委十四届四次全体会议方案（审议稿）》；5.讨论《在市委十四届四次全会第一次全体会议上的报告（讨论稿）》；6.讨论《中共长春市委关于全面贯彻党的二十大精神 在中国式现代化进程中开创长春振兴发展率先突破新局面的意见（讨论稿）》；7.听取关于长春市"十大工程"施工图推进落实情况的汇报；8.市委农村工作领导小组2022年第二次会议：听取关于做好巩固拓展脱贫攻坚成果同乡村振兴有效衔接考核评估工作的汇报；9.听取十四届市委第一轮巡察和基层治理专项巡察综合情况及市委第二轮巡察工作安排的汇报；10.听取市委人大工作会议筹备情况的汇报及审议《关于新时代坚持和完善人民代表大会制度加强和改进人大工作的实施意见（审议稿）》
11月23日	中共长春市第十四届委员会第28次常委会	听取市委十四届四次全体会议各组讨论情况的汇报
12月8日	中共长春市第十四届委员会第29次常委会	1.召开长春市粮食安全工作暨黑土地保护工作领导小组2022年第一次会议，听取关于全市黑土地保护利用工作进展及下一步工作安排情况的汇报；2.传达学习12月6日中共中央政治局会议精神（分析研究2023年经济工作、党风廉政和反腐败工作）；3.传达学习习近平总书记在党外人士座谈会上的重要讲话精神；4.传达学习习近平总书记对河南安阳市凯信达商贸有限公司火灾事故作出的重要指示精神；5.审议《关于加强新时代廉洁文化建设的工作方案（审议稿）》；6.长春市创建全国民族团结进步示范市工作领导小组2022年第一次会议：审议《长春市创建全国民族团结进步示范市工作实施方案（审议稿）》；7.市委宣传思想工作暨意识形态工作领导小组2022年第二次会议：审议《中共长春市委关于2022年意识形态工作情况的报告（审议稿）》；8.研究有关干部事宜
12月16日	中共长春市第十四届委员会第30次常委会	1.传达学习习近平总书记在首届中国—阿拉伯国家峰会开幕式和中国—海湾阿拉伯国家合作委员会峰会上的主旨讲话精神；2.全市疫情防控工作领导小组会议：听取全市医疗资源储备和就医保障相关工作的汇报、听取全市药品市场保障相关工作的汇报；3.全市经济运行分析会议：听取全市经济运行情况的汇报；4.听取全市城市运转要素保障相关工作的汇报；5.听取保民生、保安全相关工作的汇报：听取全市困难群众生活保障相关工作的汇报、听取全市医保相关工作的汇报、听取全市安全生产相关工作的汇报、听取全市消防安全相关工作的汇报；6.听取长春市第十六届人民代表大会第二次会议筹备情况的汇报；7.讨论《长春市人民代表大会常务委员会工作报告（讨论稿）》；8.听取政协长春市第十四届委员会第二次会议筹备情况的汇报；9.讨论《政协长春市第十四届委员会常务委员会工作报告（讨论稿）》；10.审议《长春市政协2023年协商计划（审议稿）》；11.听取关于长春市推荐全国人大代表和省人大代表、省政协委员有关情况的汇报
12月28日	中共长春市第十四届委员会第31次常委会	1.召开长春市全面推行林长制工作会议，听取全市全面建立林长制任务完成情况的汇报，书面听取朝阳区、公主岭市、市检察院、市公安局、市规自局相关工作情况的汇报，书面审议《长春市林长制激励措施实施办法（审议稿）》；2.传达学习中共中央政治局民主生活会会议精神（全面贯彻习近平新时代中国特色社会主义思想，深刻领悟"两个确立"的决定性意义等）；3.传达学习习近平总书记在中央农村工作会议上的重要讲话精神；4.传达学习习近平总书记关于《谱写新时代中国宪法实践新篇章——纪念现行宪法公布施行40周年》重要署名文章精神；5.传达学习习近平总书记在《生物多样性公约》第十五次缔约方大会第二阶段高级别会议开幕式上的致辞精神；6.传达学习习近平总书记对爱国卫生运动作出的重要指示精神；7.传达学习中央、省委经济工作会议精神；8.审议《市委经济工作会议方案（审议稿）》；9.讨论《王子联同志在市委经济工作会议上的讲话（讨论稿）》；10.讨论《张志军同志在市委经济工作会议上的讲话（讨论稿）》；11.讨论《政府工作报告（讨论稿）》；12.书面讨论《市中级人民法院工作报告（讨论稿）》《市人民检察院工作报告（讨论稿）》《关于长春市2022年预算执行情况和2023年预算草案的报告（讨论稿）》；13.听取全市政法工作情况的汇报；14.听取关于对在全市重点工作中表现突出的先进集体和个人开展及时奖励情况的汇报；15.研究有关干部事宜
1月13日	中共长春市第十四届委员会第1次常委扩大会	各县（市）区委书记、市直机关党工委书记、市国资委党委书记、市委非公有制企业和社会组织工委书记述职述责述廉
3月31日	中共长春市第十四届委员会第2次常委扩大会	传达学习习近平总书记关于疫情防控工作重要论述和关于吉林疫情防控重要指示精神，进一步研究贯彻落实具体举措
4月14日	中共长春市第十四届委员会第3次常委扩大会	1.传达学习习近平总书记在全国"两会"期间发表的重要讲话精神和孙春兰副总理参加吉林代表团审议时的讲话精神；2.书面传达十三届全国人大五次会议精神、全国政协十三届五次会议精神
5月6日	中共长春市第十四届委员会第4次常委扩大会	传达学习习近平总书记在中共中央政治局常务委员会上的重要讲话精神
6月24日	中共长春市第十四届委员会第5次常委扩大会	传达学习中国共产党吉林省第十二次代表大会精神
10月25日	中共长春市第十四届委员会第6次常委扩大会	1.传达学习《中国共产党第十九届中央委员会报告》精神；2.解读《中国共产党章程（修正案）》；3.传达学习《中国共产党第十九届中央纪律检查委员会工作报告》精神
12月27日	中共长春市第十四届委员会第7次常委扩大会	各县（市）区党委书记、市直机关党工委书记、市委教育工委书记、市国资委党委书记、长春职业技术学院党委书记逐一述职

（市委办公厅）

深化改革

【概况】 2022年全市围绕重要领域和关键环节改革的战略目标，坚持“打硬仗、啃硬骨头”工作思路，营造全市谋改革、善改革、促改革的浓厚氛围，形成一批改革重要实践成果。其中，《构建党建引领“平战结合”基层治理体系 全面提升党建引领基层治理整体水平》《绿园区细化优化干部考核工作》《农安县助企纾困推动县域经济持续稳定发展》等典型案例在国家级刊物《改革内参》上刊发。

【推进改革】 2022年组织召开市委深改委第十五次、十六次、十七次会议，传达学习省委深改委会议精神，听取长春市专项小组2021年工作总结和2022年工作安排，审议中共长春市委全面深化改革委员会《2021年工作总结报告（审议稿）》《2022年工作要点（审议稿）》《长春市关于加快建立健全绿色低碳循环发展经济体系的实施方案（审议稿）》《关于调整长春市委全面深化改革委员会组织机构及其组成人员的方案（审议稿）》《长春市贯彻落实重要民生商品价格调控机制的实施方案（审议稿）》《长春市深化体教融合促进青少年健康发展的实施意见（审议稿）》和《长春市全面加强药品监管能力建设若干措施（审议稿）》等5项议题，推进全市各项改革。落实中央和省市委要求，全面推进国防动员体制改革。

【改革督察】 按照市委深改委第十五次会议“要压紧压实责任，要加强督察考核”部署要求，制定印发《长春市2022年全面深化改革督察工作方案》，修改完善改革绩效考核细则。按照上级文件精神，督察检查“助推器”和绩效考核“指挥棒”作用，考核全覆盖，提升考核指标体系的科学性和激励性，加分项正向激励，改革向更深层次挺进、更高层次迈进。完成省委改革办对长春市本级和公主岭市、农安县开展的2021年度深改工作绩效考核，省委改革办对长春市改革工作给予肯定。

【改革指导】 落实中央和省委关于深化改革重大战略部署，结合长春实际，谋划印发《长春市全面深化改革“十四五”规划》，为推进全市“十四五”时期改革工作明确方向。承接中央和省委改革任务，编制长春市《2022年全面深化改革工作要点》，建立《2022年全面深化改革任务台账》，确定32个方面103项改革任务。其中，落实省里任务49项，自主谋划任务43项，2021年结转任务11项，为实现用改革手段助推全市中心工作确立目标。调整市委深改委组织机构，在10个专项小组基础上，增设疾病预防控制体系改革和公共卫生体系建设专项小组，注重从一线培养和选树改革典型，培育叫得响、可复制、可推广的“长春经验”。从全市80余篇典型案例、调研课题中优选10篇，编制《长春·全面深化改革“双十”汇编》，印发全市交流学习。选取“四个服务”、营商环境建设、肉牛产业发展、自主创新示范区建设、智慧法务区建设等经验，与吉林省电视台合作拍摄系列片，其中打造一流营商环境、推进“三百万头肉牛工程”、加快国家自主创新示范区建设等长春改革宣传片在吉林卫视《吉林新闻联播》栏目播出。创建“长春改革”微信公众号，依托平台发布长春改革动态、推介长春改革实践、传递国内改革经验，自9月份创建至年末，推介长春改革实践经验30余个、刊发信息百余期。开展“长春·改革巡礼”系列报道，在《长春日报》（头版）、长春正事儿刊发18期改革先进经验和典型案例。编发《长春改革》70余期，在省委改革办《吉林改革工作》信息的投稿量和采用量保持全省首位，获评全省改革先进单位。

（李雨桥）

组织工作

【概况】 截至年末，全市有基层党组织23214个。其中，机关基层党组织4093个，事业单位基层党组织3474个，企业基层党组织5837个，社会组织基层党组织1002个，其他类型党组织8808个；党委1180个，总支部2325个，支部19709个。

长春市党员总数408988名。新发展党员6963名。其中，女党员126460名，少数民族党员14670名，大专及以上学历党员228534名。工人（工勤技能人员）20637名，农牧渔民94774名，企事业单位、社会组织专业技术人员43099名，企事业单位、社会组织管理人员42189名，党政机关工作人员38716名，学生609名，其他职业人员57068名，离退休人员111896名。

【基层党组织建设】 实施城市基层党建“书记一号工程”，推行“书记项目”1200多个。推进城市基层党建联盟实体化运行，打造样板联盟90余个，推广联建项目1500多个，打造城市基层党建品牌20余个，得到中组部和省、市委有关领导调研认可。制定关于加强党建引领物业管理服务的相关指导意见，推进“红心物业”建设工作。出台9项激励担当作为措施，激发“三长”队伍活力。经开区打造“红驿舫”“红飘带”“世纪先锋”和“东方彩虹”党建模式。中韩示范区以网格化管理打通服务群众“最后一公里”，实现辖区内各类事务“一个格服务、一张网治理”。实施“头雁领航”计划，加强村书记“选育管备用”全链条管理，建立村级后备人才储备库。向131个乡镇和以农村为主的街道选派乡村振兴指导员，助力乡村振兴。组织开展“五星级”乡村党组织创建，开展软弱涣散村党组织整顿，全市109个村如期完成整顿。双阳区推进全国乡村治理试点示范区创建，深化“1+3+X”基层治理模式经验做法在中直媒体宣传推介。推进机关、学校、国企、公立医院等各领域各行业党建工作，全年发展党员6730名。创新党员教育载体，完成《红色领航》党建电视栏目升级改版，创建“春城党建”官方微信公众平台，打造融媒体（组工）宣传矩阵，在全国党员教育电视片观摩交流中获一等奖2部、三等奖3部。

开展新兴领域党建，指导朝阳区成立全省首家新业态新就业群体党建工作实体机构，成立快递、在线外卖、网约出行行业党委，建立物流、电商、网约车3个党建联盟，组建全省首个顺丰公司系统型党委。推进“两个覆盖百日攻坚”，制定加强快递、外卖行业领域发展党员工作八项措施，全年新建党组织

40个。建设200个“春城驿家”党群服务站，推出“十大暖心服务礼包”和红医暖“新”、法律援“新”等4个服务项目，开展义诊、维权等活动64场次、受益16700余人。组建新就业群体志愿服务队，引导2300余名快递小哥、外卖骑手、网约司机担任“流动网格员”，为基层治理注入力量。创建“‘新’动春城党旗红”党建品牌，打造奔跑兔、T3出行、西城直播电商等11个党建示范点。长春市组建外卖骑手党员突击队图片入选中组部迎接党的二十大胜利召开主题成就展。“朝阳25℃”党建品牌，被评为全省组工业务大比武创新工作成果二等奖。

实施“经济护航”计划，出台“1+8”体系文件，推动全市村级集体经济提质增效。开展农村集体资产清查清收，清收集体土地5.6万公顷、资金4.2亿元。推进村党支部领办创办合作社，全市领办创办合作社823个、发展项目712个，重点打造300个省级、市级示范社，带动人均增收3000余元，全市合作社分红4.27亿元。发展“围城经济”，打造双阳区乡镇劳务服务中心、朝阳区“认领一方田”等一批集体经济项目。强化“赛马”赶超，年中召开全市现场推进会议，年末设置1000万元对20个集体经济项目进行奖补。2022年，全市2096个村集体经济收入为10万元以上。九台区实施“产业富村”工程，推动党支部领办合作社78个，实现分红2207.32万元。农安县三级党组织同频共振，“党建引领肉牛产业”全县肉牛发展量50.9万头。

【干部队伍建设】 制定《关于加强市管领导班子和领导干部政治素质考察评价的实施办法》。聚焦“考准”目标，对领导班子7个方面、领导干部5个方面，分类明确12条重点考察内容。聚焦“考实”途径，明确日常分析研判7种途径、重要节点考察6个步骤，对领导班子和领导干部政治素质进行考察。聚焦“用好”导向，把政治素质考察结果融入到领导班子和领导干部年度考核。

加强领导班子运行监测，探索建立领导班子建设模型，围绕岗位职能要求、干部能力素质、岗位契合度3个方面建立评价指标体系，相关做法获全省组工业务大比武创新工作成果一等奖。

开展以“五个一”为载体的平时考核，逐个班子逐个干部建立纪实档案。做好市管干部调配，全年提请市委常委会任免县局级干部24批、466人次。全面强化选人用人监督，全年预审115批次3739人次。推进“12380”举报受理，做到即收即办，快查快核。

实施优秀年轻干部“双百双千双万”工程，构建“1+1+7”年轻干部育选管用工作体系。强化实践历练，抽调200多名年轻干部通过挂职、专班等形式在全市工作中得到锻炼。榆树市实施年轻干部“沃土壮苗”计划，推动干部发现储备与政治素质考察、重大事件一线考察、领导班子年度考核有机融合。做好公务员（选调生）招录工作，实现考试、防疫“双安全”“双胜利”，全市招录702名，面向31所国内“双一流”高校和国外知名高校招录选调生93名，面向省内外高校招录基层选调生176名。

强化“赛马”机制，全面建立县（市）区“535”业绩考核指标体系，制定《经济部门领导班子和领导干部业绩指标考核评价暂行办法（试行）》，建立市管干部疫情防控“战时档案”907份。组织开展“攻坚克难担当作为好干部”评选，评选表彰好干部163名。做好市管领导班子和领导干部年度考核工作，评出优秀班子28个，优秀干部189名。落实“三个区分开来”，执行容错纠错“两个办法”和“新十条”，联合印发《党员干部干事创业担当作为容错纠错清单（试行）》。加大基层干部关心关爱力度，推进2022年全市重点工作奖励，围绕“5+1”中心工作对表现突出的225个集体和2686名个人开展奖励，对基层一线医务人员实施特殊时期激励关爱措施。绿园区用好用活区委统筹职数，一人一档建立公务员职务职级晋升常态化实绩档案。德惠市严把公务员退休审批“时间关”“档案关”和“审核关”，相关经验做法在吉林组工信息刊发。

【干部教育培训】 制定教育培训工作方案和重点任务分解表，明确9项重点任务和25个具体班次，指导各地各部门分级分类开展全员培训。举办市管主要领导干部学习贯彻党的二十大精神专题研讨班，全市各市直部门“一把手”参加培训。利用春城夜校和高端讲堂等，邀请国内专家学者开展党的二十大精神专题培训和“每周一讲”活动，全市各层级开展党的二十大精神培训21期，培训7.2万余人次。

实施习近平新时代中国特色社会主义思想教育培训计划，举办市级培训班75期，培训28.5万人次。完成党的十九届六中全会精神轮训，举办轮训班52期，培训2.2万余人次。开展市管干部任职班等党校主体班次培训19期，培训7500余人次。举办学习贯彻省第十二次

6月14日，长春市党建引领“幸福小区”创建活动动员部署会议召开

（陈永康　供图）

党代会精神、落实“六城联动”服务长春振兴发展等专题培训班23期，培训13万余人次。完成中组部新时代基层干部试点培训213期，培训12万余人次。

构建“116干部教育保障体系”，升级“春城网院”3.0版，建立“1+11+N”培训工作体系架构。打造“五个一百”优质师资库，首批纳入师资500名，储备师资500名。推进干部教育培训实践基地建设，打造一汽“国车长子”、长客“中国速度”、长影“电影摇篮”、长光“追梦苍穹”、长拖“工业记忆”、国信“科技兴农”6个干部教育培训实践基地。

【基层治理】 推动组织向基层延伸，组建小区党支部3886个、楼栋党小组6730个，党员中心户7091家，“上连党心、下接民心、共筑同心”的组织链条得到健全。推动向基层集聚，市、区两级900多家机关企事业单位全覆盖包保街道、社区、小区，5.3万多名党员干部下沉服务。专项招聘事业编制基层治理专干，指导各地公开招录“社工岗”743人。推进公安派出所所长进街乡班子全覆盖，调整拆分超大街道、社区，新增街道、社区30余个，增强街道统筹功能。推动资金向基层投入，市、县（区）两级投入社区党组织服务群众专项经费、基层治理激励资金、“幸福小区”创建专项经费等近2亿元，建立社区慈善基金48个，募集资金200余万元。面向社区干部专项招录街道公务员、事业编，给予相应岗位待遇58人，156个党组织被评为全省“百强支部”、160名党组织书记被评为全省“百佳书记”，协调2000多万元专项经费开展社区工作者补助慰问。长春市党建引领“平急结合”基层治理经验在国家《改革内参》刊发。二道区在全市率先创新党建引领“平急结合”基层治理21项举措，打造1000平方米区级基层治理指导服务中心。

出台党建引领“幸福小区”创建“1+10+N”系列文件，明确“幸福小区”创建“八好”标准，建立8类创建主体92项职责任务清单、47项激励措施清单，在全市打造200个市级、400个区级“幸福小区”。实施小区“清网”“还绿”环境综合整治行动，开展律师服务、志愿服务、健康医疗、综合执法进小区等系列活动，小区面貌改善，惠及更多居民群众。坚持项目化办好民生实事，实施小区实事项目5228项，认领群众“微心愿”近5万个。“幸福小区”创建典型做法获评全省“十佳创新案例”。南关区“一码通办”服务经验得到省、市主要领导肯定。宽城区探索“小区夜话”“红星赛马”等特色做法，推动30多个老旧散小区实现自治自管。

【人才工作】 打造人才服务政策体系，制定《激励人才引领“六城联动”发展若干政策》等13个人才工作系列文件。制定《支持院士创新创业若干政策》及实施细则，规划建设东北面积最大院士创新创业引领区。组建大校大院大所创新成果跟踪服务专班，促进科技成果在长转化306项，比2021年增长215.4%。开展创业就业服务行动，全年留长高校毕业生10.3万人。

融入国家“3+N”人才战略布局，打造“长春人才创新港”。启动建设东北规模最大的长春青年人才城，北湖区块、前进大街区块1800套公寓投入使用。升级中国长春人力资源服务产业园，改造长春人才大市场。实施人才链服务产业链工程，成立“四个联盟”破解产业链人才难题。实施招才引智同步招商引资工程，引进重要人才团队9个，对接高端人才团队20个。实施卓越工程师选调培养专项，设立产业紧缺人才编制池。实施蓝领人才蓄能工程，启动技师学院建设。实施企业家培育服务工程，培训“双创”人才、企业家及企业管理者。实行“揭榜挂帅”机制，投入4.1亿元，确定张榜课题29个。实行柔性引才机制，建立企业“候鸟型”人才工作站，评选高层次柔性人才项目37个，引进各类专业人才218人，吸引海外留学人员342人。长春市建设吸引集聚人才平台调研课题被评为全省组工业务大比武调研成果一等奖。长春新区实施特别人才政策，以“海容荟”为撬动点，长春打造国家级人才吸引集聚平台。莲花山度假区强化高端人才吸引集聚，推动全市首个院士科研产业园正式落地。

【2022年首届“长春人才节”举办】 制定中央人才工作会议后全国首部人才立法，设立“长春人才节（企业家节）”并举办首届颁奖典礼，评选表彰科学家企业家65名、纳税大户100家、突贡专家149名。优化人才服务功能链条，县（局）级领导干部固定联系服务605名专家人才，解决困难问题200余个。公主岭市制定人才政策“黄金十条”，举办玉米产业高峰论坛，3个院士专家工作中心揭牌。汽开区推动一地三园项目建设，规划投资37亿元，打造人才公寓7430套，助力汽车产业人才回归。净月高新区建立“三级联系服务专家体系”，兑现奖补资金1100万元，优化人才服务生态。 （陈永康）

宣传工作

【概况】 2022年，制定《中共长春市委理论学习中心组2022年度学习计划》，坚持“第一议题”制度，围绕党的二十大、《习近平谈治国理政》第四卷等内容进行16次集体学习。起草《长春市学习宣传贯彻党的二十大精神工作方案》《中共长春市委关于认真学习宣传贯彻党的二十大精神的通知》《2022年全市干部理论学习安排意见》，经市委常委会讨论审议并印发全市。打造“七讲七进”宣讲品牌。强化宣传引导，营造舆论氛围，开展宣讲系列活动，推进重大主题宣传。组织500名“草根”宣讲员开展宣讲活动5000余场次。

【理论教育宣传】 制定《中共长春市委理论学习中心组2022年度学习计划》，坚持“第一议题”制度，围绕党的二十大、《习近平谈治国理政》第四卷等内容进行16次集体学习。举办市管主要领导干部专题研讨班，省委宣讲团成员、省委常委、市委书记张志军作辅导报告。市委常委班子召开党史学习教育专题民主生活会，省委书记景俊海到会指导并作点评讲话。打造“七讲七进”宣讲品牌，宣讲党的十九届六中全会精神，宣讲省第十二次党代会精神，谋划实施长春市基层理论宣讲“百千万+N”工程，组织500名“草根”宣讲员开展宣讲活动5000余场次。举办第六届基层理论宣讲“深化学党史 喜迎二十大”微视频故事大赛，全市各县（市）、区和开发区近百名基层宣讲员参赛，有34件视频作品获奖，16件作品在长春广播电视台进行展播，“学习强国”学习平台予以推介。组织特色宣讲团开展宣讲阐释，推进党的二十大精神。南关区被中宣部评为“理论宣讲先进集体”，绿园区基层宣讲员张超凡被中宣部评为“理论宣讲先进个人”。朝阳区委宣传部《“1145”工作法推进意识形态工作新提升》等42个项目被评为2022年度长春市宣传思想工作“创新奖”。

【重大主题宣传】 开展迎接、学习宣传贯彻党的二十大精神主题宣传教育，聚焦聚力谋划推进，党的二十大精神在长春落地生根。开展“奋进新征程 建功新时代”主题宣传活动，策划推出《非凡十年·精彩长春》等12块专版。组织开展“强国复兴有我”群众性主题教育活动。通过文艺演出、快闪、征文、摄影和视频征集等形式，围绕30项重点内容开展509场线上线下主题活动。在全市开展社会主义核心价值观微视频征集活动，征集作品321部。

【宣传引导监督】 利用楼体、室内外LED屏等社会宣传阵地，营造迎接党的二十大等重要会议、汽博会等重要活动、春节等重要时间节点的社会氛围。利用室内外电子显示屏转播党的二十大开幕会。中省直媒体聚焦长春市农博会、电影节等开展宣传报道，刊发各类稿件8000余（篇）。抽调骨干记者组成百人报道团，到100余个重点点位开展报道，省委常委、宣传部部长阿东给予表扬。聚焦“筑梦冰雪·相约冬奥 冰雪嘉年华”“百万学子上冰雪”等重点冰雪活动，开展体验式采访，刊播稿件2000余篇（条）。严肃宣传发布稿件“三审制”，塑造长春形象。召开疫情防控工作新闻发布会57场，回应社会关切问题180个，即时在线超1.2亿次。到长春日报社、长春广播电视台开展调研，研究市级媒体融合发展的措施、计划，制定《长春市级媒体融合发展方案》，指导推进工作。

【对外宣传】 围绕城市风光、冰雪产业、汽车制造等内容，制作、推送30集“60秒看长春”系列城市形象宣传片，浏览量1亿次以上。组织开展第五届“发现长春之美”主题摄影大赛，征集展现长春市经济发展、城市建设、文旅事业等内容的摄影作品1400余幅。开设首个推特英文官方账号，发布文化特色、冰雪资源、民俗风情等内容。协调央广网，做好党的二十大系列报道《大时代》长春市专题报道，使长春市成为吉林省内唯一纳入报道的城市。以兔年春节为契机，通过短视频、图片展、海报、彩铃等形式，开展“兔年城市家书”春节主题外宣活动。组织全国主流媒体长春行暨全国党报社长总编“发现长春之美”主题采访活动，网络报道总点击量3000万次。采取“媒体点单、政府供稿”方式，开展线上“中直涉外媒体长春行”主题宣传活动。

【新闻出版管理】 落实风险防控机制，加强对生产传播单位出版物、印刷品、文艺作品以及各种讲座、报告会和研讨会的检查审查。围绕“全面开启版权强国建设新征程”主题，运用新媒体平台，发布版权保护宣传片《教你认识版权》，点击量10余万次。“长春版权”公众号全年发布版权宣传文章77篇。强化版权执法，重拳打击各种侵权盗版行为，开展打击侵权盗版集中检查、冬奥会版权保护集中行动、青少年版权保护专项整治、“剑网2022”系列专项行动，维护著作权人合法权益，优化版权保护环境。推进“扫黄打非”进基层工作，开展“新风”“正道”集中行动和“固边”“净网”专项整治，处置有害信息，查处网络传播淫秽物品刑事犯罪案件，打击各类涉黄涉非出版传播活动。开展“护苗”专项行动，清查中小学校园周边文化市场、涉未成年人网络环境，打击非法有害少儿出版物和信息，收缴非法出版物。加强正面宣传引导，调动社会各界力量，开展“绿书签”“网络安全进课堂”等宣传活动。

【文化惠民公益活动】 以文艺表演形式宣传贯彻党的二十大精神，举办“礼赞新时代、奋进新征程”文化惠民系列演出，展示长春市文化惠民成果，为市民打造多场文化盛宴。开展“幸福长春、文化惠民”精品演出，以政府购买服务的方式，采购长影乐团、长春演艺集团、刘老根大舞台、德云社、东北风等院团演出服务，通过《长春日报》、“掌上长春”微信公众平台和网络大V面向市民和网友开展赠票活动。与省委宣传部联合举办吉林省暨长春市2022年“我们的中国梦”——文化进万家活动启动仪式。开展“我为群众办实事”“送欢乐下基层”等文化活动。全市组建文化文艺小分队30支，开展4大类35项426场次系列文化活动，组织开展第九届吉林省市民文化节长春市系列活动，举办4大类131项263场次群众文化活动，开展第九届吉林省农民文化节长春市系列活动，举办4大类62项131场次群众文化活动，受众人数近30万人次。推进全民阅读“七进”活动，免费为困难群体提供民生读本、期刊，为贫困学生、困难群众提供惠民购书卡，对全市2061个农家书屋出版物进行补充，对30个读书角图书进行更新。利用农家书屋平台，参与中宣部组织的“我爱阅读100天”读书打卡活动。（柴立栋）

统一战线工作

【概况】 2022年，全市统一战线贯彻落实全国、全省统战部长会议精神，加强党对统战工作全面领导，发挥市委统战工作领导小组作用。协助市委召开统战工作会议、统战工作领导小组会议，调整建立民族、宗教、民营经济等7个协调联动机制，构建“1+7”工作格局。研究制定并动态完善落实习近平总书记关于统战工作重要讲话精神施工图，细化158项具体任务。全年召开部长办公会21次、理论中心组学习（扩大）会11次。出台长春市落实《中国共产党统一战线工作条例》和省委实施意见的实施方案，推动中央和省委关于统一战线的决策部署在长春落地见效。

12月22日，“筑梦冰雪 相约冬奥”第三届全国学校冰雪运动竞赛暨冰雪嘉年华和吉林省暨长春市“百万学子上冰雪”主题日活动举办 （中国吉林网 供图）

【思想建设】 举办《中国共产党统一战线工作条例》等专题培训35期，培训统战成员4000余人。各民主党派开展“矢志不渝跟党走，携手奋进新时代”主题教育；指导工商联开展“民营企业心向党”系列宣传；在无党派、党外知识分子中开展“喜迎二十大 同心跟党走”主题教育；在新的社会阶层人士中开展“凝聚新力量 筑梦新时代”主题教育。以党的统战政策提出百年为契机，组织撰写《同心百年——长春统一战线大事记》《同舟印记——长春统战人物风采录》。

【提升规范三级统战工作平台】 提升规范三级统战工作平台，民建综合会员之家、朝阳区“同心驿站”、净月区“盟员之家”等55处统战活动阵地被认定为首批长春统一战线“同心空间”。推动同心文化融入城市建设规划，各县（市）区、开发区建设以“同心”为主题的文化广场和特色街区，二道区“团结广场”、农安县“同心社区”、双阳区民族团结进步模范社区等，健全全市基层统战阵地功能。

【服务中心工作】 组建由258人组成的党外高端人才库。组织统战成员就长春发展重大问题调研，召开专题议政会、政党协商会8次，提交议政调研成果540余件，其中，长春市《各民主党派市委会同心抗疫建言献策汇编》、绿园区《关于规范我省预付式消费的建议》等8项议政调研成果分别得到省市党委政府主要领导批示。实施“同心发展行动”，指导工商联开展“六会联六城”专项行动，成立6个产业联盟，帮助200余户民营企业延链补链强链；举办“云聚长春·走进新区”推介交流会、“同心发展·侨助六城”长三角企业家长春行等50余场经贸交流活动，全年推动签约项目74个，签约金额超130亿元；启动“万企兴万村”长春行动，完成村企对接280家，确定实验项目26个，投资额超53亿元。

【多党合作】 各民主党派市委会完善制度体系，建立“第一议题”、民主生活会等130项制度。引导各民主党派深化社会服务，形成“一党派一特色一品牌”生动格局。长春市《关于提升民主党派参政议政对中心工作贡献力的思考》获中央统战部专项调研奖，全市民主党派领域获国家和省级表彰18项。

【新的社会阶层人士统战工作】 开展新媒体人士网上调研，协助完成省社科基金重点项目。支持各县（市）区、开发区打造新的社会阶层人士统战工作新载体，形成德惠市“同心聚苑”、经开区“红飘带·新联汇”等一批工作品牌。统筹推进新的社会阶层人士统战工作实践创新基地建设工作，获2022年全省统战工作实践创新成果奖。

【非公有制经济领域统战工作】 搭建政策帮享等系列助企服务平台，拓宽民营企业线上对接渠道，协助融资16亿元。开通东北首家民营企业供需平台，推广星级品牌21个，促成合同额超20亿元，该项工作被评为2022年度“创新中国”工商联工作最佳案例。各县（市）区、开发区开展助企纾困工作，长春新区建立企业服务专员常态化机制，莲花山旅游度假区开展“推介企业品牌，助力企业发展”等活动，为民营企业发展注入新的动力。

【港澳台人士统战工作】 加强与香港爱国社团联系，促进港澳台人心力量凝聚。召开市委对台工作领导小组会议，帮助台企解难题、增扩产，支持公主岭市台湾工业园建设，增强台企台商在长春市发展信心。 （周玉琦）

政策研究

【概况】 2022年，长春市以习近平新时代中国特色社会主义思想为指引，贯彻习近平总书记视察吉林重要讲话精神，落实市委、市政府决策部署，完成各项目标任务。围绕事关全市中心工作和改革发展大局的重大战略性问题，调研起草指导全市经济社会发展的政策意见，撰写26篇研究报告。其中，13篇得到市委主要领导批示，多篇研究成果转化为党委、政府的决策部署。

【重点课题研究】 围绕共同富裕，调研起草《长春市共同富裕指标体系研究报告》，撰写《关于加快推进我市共同富裕进程的研究报告》。围绕现代农业城，调研撰写《乡村振兴人才问题研究》《充分发挥党的组织优势“四力”齐发全面推进乡村振兴》《长春市乡村生态振兴情况报告》《关于推进乡村文化振兴的研究建议》系列报告和《健全七大特色体系高质量推进吉林长春国家农高区建设》的建议。围绕新兴消费城，与市商务局合作起草《关于榆树市心声活商贸有限公司“三个一”发展模式的调研报告》，按照市委主要领导的意见，调研起草《关于建设“新兴消费城”加速释放长春消费潜力的调研报告》。围绕国际汽车城，调研撰写《加快推进长春市新能源起草产业发展的研究建议》《关于职能网联汽车发展及长春市实现“弯道超车”的研究报告》。

【一般课题研究】 对长春发展的重点、热点、难点问题选题立项，组织开展课题研究，形成调研成果。围绕文化创意城，调研起草《牢牢把握党建工作方向打造长春红色旅游目的地》。围绕科技创新城，调研起草《紧抓新机遇谋划新举措促进长春光电信息产业加快突破》《长春市人才吸引力现状及问题研究》。围绕开发区改革，联合市商务局调研，起草《关于深化开发区改革 促进高质量发展的研究》。与相关部门共同调研形成《关于长春国家农业高新技术产业示范区建设情况的调研报告》《关于长春智慧法务区建设情况的调研报告》等相关工作提供决策参考。

【综合文稿起草】 推进“六城联动”、重点实施“十大工程”、开展“四个服务”等重点任务。起草《市委十四届三次全会第一次全体会议报告》，起草市委十四届四次全会文件——《中共长春市委关于全面贯彻党的二十大精神在中国式现代化进程中开创长春振兴发展率先突破新局面的意见》说明。起草《关于中共长春市委履行新冠肺炎疫情防控主体责任情况的报告》，起草《长春市疫情防控工作情况报告》，起草净月区《关于建设国家自主创新示范区情况汇报》，起草《省党代会参考资料》，起草《2022年市委常委会重点工作安排建议》，制作《长春市主要经济指标》，汇总《长春市主要指标和产业情况汇总》《2022年春节期间全市相关情况》等，起草《关于做好我市居民生活物资保供的建议》，起草省委常委长春市委书记张志军在学习贯彻党的二十大精神专题研讨班开班式及面向企业负责人的宣讲提纲，长春市市长王子联关于学习宣传贯彻党的二十大精神接受媒体采访提纲，为全市学习贯彻党的二十大精神营造氛围。

在全市疫情防控指挥部综合协调工作中，与相关部门共同制定实施方案和工作方案，与17个作战单位和27个工作专班的方案合编为两个《工作手册》，促进全市经济社会秩序恢复提供重要遵循。

编制全市2022年“十大工程”施工图、“六城联动”落实清单、“四个服务”落实清单，按照“敞口化”“项目化”“一体化”原则，经过与各县（市）区、开发区和市直部门沟通，制定具体任务万余项。其中，“十大工程”任务8486项、“六城联动”任务1128项、“四个服务”任务2222项。

【决策咨询】 推动长春市人民政府与吉林大学、东北师范大学全面深化战略合作，印发《推进“六城联动”发展合作框架协议》。优选十三届全国政协常委、全国政协经济委员会副主任杨伟民，中国科学院院士刘益春和陈学思、中国工程院院士金宁一，清华大学、上海交大、同济大学、中央财经、中国林科院等一大批专家学者，长春市组建宏观经济组、工业组、农业组、生态组、科技组、商贸组、文化组和基层社会治理组“6+2”109名专家团队，构建起开放式、多层次的长春市委决策咨询体系。全年与决策咨询委员合作课题10篇，其中，与中科院长春分院院长甘建国委员合作研究课题“关于长春综合性国家科学中心建设问题研究”、与吉林财经大学孙杰光书记合作课题“把握新机遇 明确新方向高质量发展冰雪产业赋能长春“六城联动””、与吉林大学行政学院于君博教授合作课题“提升县级领导干部应急管理能力调研与思考”和与吉林大学邵学峰教授合作课题“加快“数字+”应用 巩固脱贫攻坚成果为长春全面推进乡村振兴战略注入强劲动力”等4篇获得市委、市政府主要领导批示。开展“六城联动”专题调研活动。对服务全市振兴发展，谋划实施市委决策咨询委员会“六城联动”专题调研活动，组成6个专家调研组，对国内外相关领域进行研究，形成“六城联动”建设专项决策咨询报告，提出51个方面、217条对策建议。聚焦“六城联动”主题，邀请市委、市政府有关领导、“六城联动”专班负责人、市直相关部门负责人等领导参加，由6位调研组长面对面向市委主要领导汇报咨询报告核心部分，为“六城联动”建设提供参考。

（李雨桥）

网信工作

【网络宣传】 策划“振兴发展率先突破看长春”“推进‘四个服务’走深走实”和“全媒体新故事长春计划”3个专题专栏，围绕全市中心工作开展集中宣传，中直网络媒体引用长春发布权威信息百余次。打造“长春发布”全媒体阵地，推出“小布”带你逛汽博会、农博会等系列宣传视频，结合消夏节、电影节、航空展等大型活动，在微博、抖音、快手等平台直播35次，观看人数超过200万人。2022年“长春发布”政务媒体各平台“粉丝”数量增至298万人，年增涨近50万人。在2022年度政务影响力报告中，“长春发布”列全国党政新闻发布微博前十名。推出“六城联动”建言征集活动，对4379条网友有效留言进行评选，评出“十大金点子”“十大银点子”。围绕党的二十大召开，开设专题专栏，在驻长中直网络媒体发布稿件114条，在微信、微博、头条、抖音等平台发布新媒体报道5752篇，重磅推出“e起点赞长春这十年”成就巡礼特别报道，发布81篇新媒体作品，总阅读量过亿。开通“长春市网络疫情紧急求助平台”，为12400余名群众解决求医问药、交通出行、物资保障等方面难题。

【网络生态治理】 规范属地政务网站、政务新媒体信息发布审核机制和流程，构建重点行业主管部门协调联动机制，完善责任人约谈制度、通报制度和整改反馈制度，确保整改到位。深化网络综合治理机制，管好用好长春市违法和不良信息举报平台网站，利用省举报平台开展网络违法和不良信息举报工作，以“清朗”系列行动为抓手，开展10余项专项行动。打击有害信息和违法违规行为，以公众喜闻乐见的“网言网语”在评论区、留言区发声。

8月23日，市委决策咨询委员会专家委员到企业进行“六城联动”专题调研

（李雨桥　供图）

【网络法治宣传】 围绕《中华人民共和国网络安全法》《党委（党组）网络安全责任制实施办法》施行5周年，国家网络安全宣传周等主题宣传活动，开展网络安全常态化宣传，全年发放各类法律法规、漫画折页、网络安全100个小知识、海报等资料10万余份，制作短视频3条，在央广网总网吉林频道、长春发布等平台展播，通过活动提升干部群众的网络安全意识。市网信办同长春广播电视台FM880合作，共同打造《网安长春》特色栏目。开展网络安全普法宣传进小区活动，发放“三法一条例”等法律法规小册子，向居民宣讲网络安全知识，多维联动延伸宣传触角。

【网络安全管理】 落实《长春市党委（党组）网络安全工作责任制实施细则》，坚持“谁主管谁负责、谁运营谁负责”原则，将线上扫描和现场检查相结合，在全市开展网络安全风险隐患排查，推进自检自查和问题整改，提升网络安全整体防范和保障能力，全年通报处置网络安全漏洞事件120余起，化解和消除网络安全隐患。部署网络安全相关工作，联合市公安局进行网络安全监测和保障，服务保障党的二十大召开。开展实网演练，提高网络安全应急处突水平。印发《长春市网络安全“十四五”规划》，谋划发展蓝图。

【网络文化活动】 主办“打卡时代新风尚 争做长春好网民”评选活动，评定出于天罡等10位“长春十佳好网民”、陈瑞新等20位“长春正能量好网民”，鼓励网民传播正能量、弘扬主旋律。推进网络文明建设，开展长春市“网络中国节”系列网络文化活动，弘扬中国传统文化，制作传统节日短视频、专题专栏、小程序等800余个，点击量6600万次。举办第七届长春市网友节“喜迎二十大·最美长春随手拍”活动，活动收到网友摄影作品1288张，评选出一、二、三等奖和优秀奖135个。

【国家智能社会治理综合实验基地建设】 结合长春市实验基地建设方案，征求清华大学专家组意见，申报的《东北老工业基地乡村振兴视野下粮食安全与土壤质量智能感知预警监测系统的应用研究》科研类选题，入选中央网信办2022年智能社会治理研究选题，获得三等奖。组织召开国家智能社会治理综合实验基地建设工作部署会，推进各牵头单位深入谋划，推进基地建设。（迟广威）

机构编制工作

【党政机构编制保障】 调整设置市政府驻上海办事处，为长春市对接发达地区开展招商引资、加强与杭州对口合作搭建平台。向省委编办争取政策支持，调整核定长春新区纪检监察工作委员会领导职数，规范机构设置和领导职数配备，强化纪检监察工作力量。围绕公安机关纪检监察机构设置情况开展调研，实现长春市公安机关纪检监察“全覆盖”提出合理意见。为市公安局基层分局和网安支队调剂增加副处级领导职数16名，为派出所增加科级领导职数100名。调整市委国安工作机构编制，规范市文广旅局、市林园局、市委党史研究室、市住房公积金等部门单位内部机构设置，为城市建设、基础教育、医疗卫生等重点领域提供机构编制保障。

【街道（乡镇）管理体制改革】 落实省市“基层建设年”相关要求，重点结合党建引领“平战结合”基层治理效能、“幸福小区”创建和“四个服务”等专项工作，发挥市委城乡基层治理工作委员会街道（乡镇）管理体制改革专项工作组办公室作用，推动组织、政法、民政、司法、政数等各工作专班，认真履职、分工协作。督促推动全市街道（乡镇）“四个平台一张网”建设等各项改革任务落细落实，提升街道（乡镇）服务水平。推进街道（乡镇）转变工作职能，统筹区县完成《街道（乡镇）职责清单“3+1”配套工作手册》编制工作，推动基层由管理型向服务型转变，降低行政成本、提高行政效率，从体制机制上夯实城乡基层治理根基。

【事业单位改革】 通过实地调研和线上沟通，了解试点省市改革经验，把握改革方向和动态，梳理市本级事业单位职能运行、机构设置、人员编制等情况，细化改革预案，做好改革准备工作。深化综合行政执法改革，理顺行业主管部门和综合行政执法队伍的关系，提高执法综合效能。坚持行政执法队伍锁定的事业编制，确保总量只减不增。落实国家和省有关意见要求，系统梳理长春市应急管理综合行政执法机构设置和职能配置情况，组建应急管理综合行政执法队伍，调剂配备专项编制，健全综合执法体系，增强执法监督能力。

【人才引进编制保障】 立足机构编制工作实际，优化人才引进政策和人才发展环境，调整设立“长春市人才服务局”，承担人才服务保障职能。创新事业编制管理使用方式，探索“事编企用”新机制，形成“企业提需求、编制引人才、属地做保障、三年定去留”的产业紧缺人才引进模式，研究起草《长春市产业紧缺人才编制池管理办法》《长春市产业紧缺人才编制申报使用细则》。开辟人才引进“绿色通道”，在机动编制总量内设立“人才专项编制”，实行专编专用、专项保障、动态调整。坚持以“强师”“强医”等多项人才计划，服务高校毕业生专场招聘，连续7年提前制订下年度用编计划，为部门单位招聘季前抢人才、聚人才提供编制空间。为116家专精特新企业提供222名事业编制用于专业紧缺人才引进，为市直和开发区370家事业单位审核1718名事业编制用于公开招聘，批准公务员、选调生招录及军转干部安置等各类用编计划627名。

【推进机构改革】 围绕服务“六城联动”，协调指导各开发区修改完善管理机构“三定”规定；对接“一主六双”发展战略，为拓展中韩示范区国际经贸合作功能，将长春长东北开放开发先导区（长德新区）管理办公室更名为长春对外开放合作示范区管理办公室，加挂长春长东北开放开发先导区（长德新区）管理办公室牌子。调整部分区县工作机构，就公主岭市、农安县和德惠市设立文物局，公主岭市设立国有资产监督管理委员会等事宜，提出相应审核意见，履行法定程序，优化区县机构职能体系。服务首个国家区域医疗中心创建工作，向省争取政策支持，研究成立首都医科大学附属北京安贞医院吉林医院。加强基层社区卫生服务机构建设问题，开展调查研究，在有条件的开发区设立社区卫生服务中心，推动健全基本医疗卫生服务体系。落实中央和省关于规范公参民学校改革意见要求，为东师附小净月实验学校等4所民转公学校设立事业机构，核定编制1039名，保障民转公学校改革的推进。按照市领导关于支持长春市邮政事业发展要求，研究成立市邮政业安全中心，服务保障全市邮政业安全体系建设。

【规范优化编制管理】 执行机构限额、领导职数、编制种类和总量控制等有关规定，连续15年实现机构编制总量“零增长”。规范空编使用函管理，重点加强预留编制管理，研究修订相关制度，明确预留编制标准、使用原则及程序，严格审批执行，除领导班子成员配备、政策性人员安置等8种情形，一律不得使用预留编制。收回74个事业单位1445名空余编制。重新修订《市委编办机构编制监督检查工作办法》，以制度完善推动管理规范。健全“事前—事中—事后”一体化监督检查体系，围绕“三定”规定执行、领导职数配备、内设机构设置和人员在编不在岗等内容，分期分批对涉及市场监管、农业农村、科技创新等190家部门、单位开展机构编制执行情况监督检查，检查范围比2021年增长115%。开展机关事业单位编制和人员信息公示工作，清理在编不在岗人员。开展“提质增效”专项行动，提高管理服务质效。完善机关群团赋码和事业单位登记管理规范化服务，坚持机关群团赋码随来随办、事业单位法人日常登记24小时办结，深化“一次性告知”“只跑一次”服务，做到业务“网上办”“马上办”，完成586家单位年度报告公示，办理机关群团赋码业务102家、事业单位法人日常登记业务424家。 （于　灏）

市直机关党建

【概况】 截至年末，长春市直机关有党的基层组织2344个。其中，机关、事业单位党组织2089个，国企单位党组织102个，非公企业、社会组织党组织121个，个体工商户党组织32个。

2022年，长春市直机关发展党员609名。长春市直机关党员总数34580名。其中，机关、事业单位党员18498名，国企党员1242名，非公社会组织党员1237名，个体工商户党员196名，其他党员4171名，离退休党员9236名。

【政治建设】 印发《2022年市直机关党员干部理论学习安排意见》，落实“第一议题”制度，参加理论学习中心组学习会，指导81个单位开展理论中心组学习720余次，领导干部讲党课150余次。发挥“三会一课”、民主生活会、民主评议党员等党内政治生活作用，督促基层党组织传达学习习近平总书记最新重要讲话重要指示精神；利用“学习强国”、新时代e支部、长春机关党建公众号，提供理论学习精品，做到线上线下同步学、跟进学。强化理想信念、加强党性锻炼，推动各部门开展党员过政治生日、重温入党誓词等活动，教育引导党员干部传承党的光荣传统和优良作风。举办学习论坛、青年讲堂等，邀请领导干部、专家学者讲授政治理论、解读党的二十大精神等内容。

【基层组织建设】 推动各部门及其下属单位领导班子负责的218个党支部联系点完成转化提升，确立211个有待提升的党支部联系点。开展BTX工作，确保市直机关绿灯率为100%。深化“基层党支部星级达标创建活动”，分批对市直机关星级党支部进行复检，评定五星级党支部220个、四星级党支部527个、三星级党支部878个。落实换届提醒制度，印发《长春市直机关直属党组织换届提醒督促单》，督促各级党组织按期换届。更新基层党务工作力量，考察任用党务干部30人。认定党籍42人，发展预备党员582人，对617名党员发展对象进行培训，转接组织关系6238人。规范开展党统工作，完成市直机关数据迁移，更正数据3万余处。

【群团组织建设】 建立健全基层工会、共青团、妇女组织，指导基层工会理顺组织关系，配齐配强工会干部，组织市直机关工会财会200余人参与线上培训，为所属基层工会1.8万名干部职工核定工会经费。培育和践行社会主义核心价值观，组织开展2021—2022届市级文明单位创建工作。弘扬劳模精神、工匠精神，推进“长春好人”、工会先进集体和个人、“道德模范”、“青年文明号”和“最美家庭”等评选活动，评选出300个市直机关工会先进集体、优秀个人，推荐15个集体和个人参加国家和省、市五一劳动奖章和工人先锋号评选。举办“喜迎二十大、奋进新征程”职工书画、摄影作品征集评选活动，开

5月15日，市委组织部相关人员到市邮政管理局调研　　　　（于　灏　供图）

展写春联、猜灯谜、扶贫知识竞答和棋类、游泳比赛等，2万余人次参与。为干部职工购买发放电影票18000张、健身券9000张、“电子加油卡”7500张。为困难党员职工、老党员和因公去世干部发放慰问金68.5万元，为1271名志愿者办理抗疫专项保险，向抗疫志愿者拨付专项经费332.2万元，对168名感染职工进行慰问。

【党风廉政建设】　组织市直机关纪检干部学习《中国共产党纪律检查委员会工作条例》《中华人民共和国监察法实施条例》，下发2200本《廉政教育读本》《忏悔录》和1100张教育光盘，通过警示教育引导党员干部做到忠诚、干净、担当。起草《关于加强市直机关部门机关纪委建设的意见（试行）》，明晰职责定位和工作方向，为机关纪委加强自身建设、人员配备、机制保障等提供制度支撑。重要节点发布5次廉洁提示，转发通报违反中央八项规定精神案例43起。严把案件查办最后关口，实现案件快审快结；省、市纪委跟踪督办的长期未处置线索和未办结案件全部对号销账。对353条“万人评议机关”意见建议逐条反馈，督促整改，提升机关作风。改版升级“长春市机关作风直通车”监督平台，解决平台投诉问题16个。

【党员服务基层】　市直机关单位推进“幸福小区”建设和“双报到”工作落实，16417名在职党员向居住地社区和包保社区报到，配合“三长”开展日常工作23812次，认领兼职“三长”4661人。开展“争当建功先锋、创建模范机关”活动，结合机关党建考评内容，制发争创重点任务清单，明确创建目标和评价标准，引导机关党组织、党员干部参与到长春建设大局中来，为防疫情、促发展、保安全贡献力量。以“四个服务”为重要抓手，鼓励市直机关资源下沉，推动“我为群众办实事”常态化长效化，确立“我为群众办实事”实践活动实事863项、领办“急难愁盼”事项3083条，认领群众“微心愿”14855个。　（刘　望）

信访工作

【概况】　2022年，长春市到省访2018件（批）次，比2021年下降36.0%；到市访2737件（批）次，件（批）次比2021年上升16.2%；受理群众来信2344件，比2021年下降2.2%；办理网上投诉16445件，比2021年下降53.5%。

【信访矛盾化解】　全市各级各部门把治重专项工作纳入重要议事日程，主要领导亲自包保、亲自部署、亲自推动。省委常委、市委书记张志军带头包保44件，各地主要领导包保176件，以“矛盾不全面化解不罢手”的决心与目标，取得成效。国家治理重复信访、化解信访积案专项工作交办的4502件治重案件，已全部上报化解。对于重点案件提级为县区级主要领导包保，通过细化分类、逐案解决，化解74件。对中央信访工作联席会议办公室交办督办长春市案件，市信访工作联席会议进行逐案交办、密集调度，逐案督导、全力推进，31件案件已全部化解。市委、市政府在化解信访积案上给予支持。在资金上，市、县（区）两级拿出7979.45万元，化解400件重点案件。在人员上，市委组织部从全市范围抽调16名优秀年轻干部，成立涉法涉诉、城乡建设、劳动社保和自然资源4个积案化解攻坚小组，承担80件重点案件化解工作，彻底化解37件。

【信访制度改革】　各县（市）区、开发区党政主要领导主动担起信访工作“第一责任人”的责任，把信访工作纳入重要议事日程。市领导严格落实“党政同责、一岗双责”要求和“三包”责任。党的二十大期间，市委副书记每周调度听取1次信访情况，每两周组织召开1次信访工作联席会议，研究化解隐患问题，推进化解治重案件；市委常委、市委政法委书记周贺每周至少到1个地区研究解决涉法涉诉信访问题；副市长杨维林每周利用周六时间，调度治重专项工作重点案件，逐案研究化解措施。其他市级领导，下沉到包保地区，推进信访工作、研究重点案件。各县（市）区、开发区参照市里模式建立包保制度，逐级包保、上下联动，形成“领导抓、抓领导，系统抓、抓系统，全员上、一盘棋”的良好局面。全市215个乡、镇、街全部建立信访工作联席会议，实现联席会议机制的全覆盖。落实首接首办责任，接待、规范受理群众来信、来访和网上投诉，做到“即接即办”，提高初信初访“一次性”办结率，避免初访转重访、新案转积案。2022年，信访事项及时受理率、按期答复率均为100%，参评群众满意率97.7%。全年开展3轮集中督查。

【信访宣传工作】　中共中央、国务院《信访工作条例》（简称《条例》）发布实施后，全市各级党委常委会专题学习《条例》，对学习宣传贯彻《条例》进行安排部署。各部门将《条例》纳入理论中心组学习内容，将《条例》宣传工作纳入“八五”普法内容，提高《条例》普及率和知晓度，推动《条例》普法宣传的制度化、规范化和常态化。2022年5月，开展以“贯彻信访工作新《条例》、坚持人民信访为人民”的主题宣传月活动，印发宣传单13万份、手册7.6万份、海报2.3万份、条幅500余条，制作小视频、微电影18个，在地铁沿线700余个报站屏上滚动展播宣传视频，利用100余处交通主干道LED屏循环播放宣传标语，引导群众知悉《条例》、了解《条例》、遵守《条例》。

（王毅夫）

老干部工作

【概况】　截至年末，长春市有离休干部1294人。其中，市直749人、县（市）区545人。按单位性质分，机关207人、事业532人、企业555人。按参加革命工作时间分，抗战时期47人、解放时期1247人。按现享受待遇分，享受副省（部）长级医疗待遇4人、按副省（部）长级标准报销医疗费待遇46人、厅局级42人、县处级715人、科级487人。全市有退休干部12.2万人，其中，由市委老干部局宏观管理的市直副局级以上退休干部1539人。长春市有副市级以上老领导 69人。其中，离休干部1人、退休干部 68 人；副省级9人、正厅级60人。

【理论学习】　组织离退休干部学习贯彻习近平新时代中国特色社会主义思想和中共十九届六中全会、省第十二次党代会、市第十四次党代会精神。举办中共十九届六中全会精神有奖知识竞赛，2100多名老干部参与答题。组织老干部收看5场全国离退休干部网上专题报告会，收到学习体会1470余篇。按照中央和省、市委学习宣传贯彻党的二十大精神要求，制定《全市离退休干部“银龄心向党、建功新时代”活动方案》，把握“学、说、做”3个环节，设计6项载体活动。全市有1336个离退休干部党支部、近3.8万名老干部收听收看党的二十大开幕会。在“长春老干部工作”微信公众号上开辟专栏，推送报告全文、央媒权威声音、图解会议重点、专家辅导解读相关资料35条，举办4期线上党的二十大精神知识竞答活动，参与老干部近1.8万人次。组建党的二十大精神老干部宣讲团12个，规范宣讲内容，培训老干部宣讲员93人次。发挥离退休干部党支部核心作用，统一开展“一堂党课、一次座谈讨论、一次党内关怀活动、一次志愿服务”“四个一”活动，推动学习贯彻党的二十大精神活动落地落实。

【作用发挥】　围绕迎接党的二十大和省第十二次党代会召开为主线，开展“建言二十大”“我看中国特色社会主义新时代”“我看吉林振兴这五年”专题调研活动，听取老干部的意见，老干部建言献策1574条。举办迎接党的二十大主题书画作品展12次。推进“百名老干部红色资源挖掘保护三年行动”，与市党史研究室、团市委等部门联合录制老干部访谈专题片5集，老干部讲述革命经历、传承红色基因，帮助青少年系好人生第一颗扣子。完善老干部宣讲团、老干部党支部、老干部宣讲员三级宣讲组织，进机关、进社区、进农村、进学校、进企业等宣讲388次，讲好党的故事、长春故事、家风故事。组织580名老干部采取送科技下乡、推广特色产业、建言献策、帮扶困难群众等形式，参与农业农村现代化建设，为乡村振兴助力加油。全市建立老干部志愿服务队374支，老干部志愿者14928人，开展志愿服务1280次。开展老干部“三长”（网格长、楼栋长、单元长）标兵选树工作，全市老干部“三长”有12507名担当社区巡查员、宣传员、联络员、调解员、联络员，为基层治理贡献银发力量。

【政治待遇】　开展“走基层、看变化，提建议、促发展”参观考察活动，组织25名市级老干部参观汽开区，各地各部门组织老干部参观省博物馆（科技馆）、市水文化生态园、市规划展览馆、市雕塑公园等。全市各级开展传达文件老干部680次、情况通报251次、政治学习4291次。全市挑选956名老干部骨干担任思想政治工作联络员，采取走访慰问、送学上门、谈心谈话等形式，将老干部思想政治工作抓在日常、严在经常，教育引导广大离退休干部树牢“四个意识”、坚定“四个自信”、做到“两个维护”，在思想上政治上行动上与党中央保持一致。

【生活待遇落实】　落实中央新出台的增发离休费、绩效补贴政策，结合长春市实际，研究确定增加副局级离休干部发放标准。保持39家离休干部定点医院“绿色通道”畅通运行，协调市医院、社区医院开展老干部家庭巡诊186次。开展“登门入户解难题”活动，为老干部办实事解难事451件。完善老干部“聊天室”“服务热线”等精神关怀平台436个，惠及老干部9212人。完善老干部精神关怀平台538个，帮助解决老干部精神需求问题8603人次。全市投入资金141.73万元，帮扶生活困难离休干部239人，完成老干部微心愿203个，推进“资金+实物+服务”帮扶形式。指导55个社区开展离退休干部服务新型社区建设活动，创建省级社区9个。指导各县（市）区、开发区研究制定本地“发展老年教育事业”的目标任务和推进时间表，九台区新增老年大学面积1000平方米。

【老干部党支部建设】　市委召开常委会会议，传达学习《关于加强新时代离退休干部党的建设工作的意见》精神。全市各级党委（党组）落实市委要求，推进新时代离退休干部党的建设工作。组织县（市）区党委老干部局长、市直部门老干部处长、机关事业单位和社区离退休干部党支部书记召开座谈会，开展调查研究，听取相关部门和基层意见，破解瓶颈问题，研究制定长春市具体实施意见，推动落实党中央的新部署新要求。把握“基层建设年”契机，完善离退休干部党组织设置，市直部门新组建离退休干部党支部38个。拓展“互联网+党建”平台，组织离退休干部党支部采取线上线下相结合方式开展“三会一课”、主题党日等活动。完善《市直离退休干部党组织书记考核办法（试行）》。全市建立机关事业单位离退休干部党支部544个，街道（乡镇）社区离退休干部党支部470个，临时党支部387个。

【活动阵地建设】 表彰133名年度先进离退休干部。七一建党节前，以视频会议形式组织离退休干部党员集体过“政治生日”，为老党员送上“政治生日”祝福；组织老干部600余人次收看5场全国离退休干部网络专题报告会，组织300余名老干部收听收看党的二十大开闭幕式。开展“高擎思想旗帜·凝心聚力铸魂”主题活动，邀请市委党校教授通过现场讲座和微信视频号线上直播方式解读党的二十大报告，5名老干部支部书记、支委在现场听讲座，190余名老干部通过观看直播进行学习。完成离退休干部常规费用发放离休干部定点医院调整报批、二级保健对象健康体检申报工作。疫情期间，解决老干部就医难问题53件、生活物资紧缺问题38件。开通抖音、微信视频号两个短视频平台官方账号，发布老干部口述抗日战争经历等相关短视频42条，浏览量超过5.6万人次。编辑印制并发放《霞天专刊》2期600份。制定《长春市老干部红色故事专访实录方案》，完成《长春市解放战争经历口述实录》篇章采编审改工作。配合团市委完成《长春市革命前辈访谈录》篇章采访拍摄及视频审核工作。开展“关爱青少年”志愿服务活动，为贫困学生送去米面油等生活物资和爱心慰问金。

【文体活动】 创新组织生活方式，开展领导干部讲党课3次，十九届六中全会专题组织生活会1次，谈心谈话11次，开展主题党日活动9次。推进“我为群众办实事”、党建引领“幸福小区”，与农大社区党支部联合开展“中秋国庆走访慰问送温暖”主题党日活动1次，“心系群众志愿服务”主题党日1次。走进常青藤养老服务中心，开展“八一慰问抗战老兵”主题党日活动。七一建党节、八一建军节、十一国庆节前夕走访慰问老党员老干部3次。开展“银龄心向党 瞩目二十大”活动，组织207位老干部收听收看党的二十大开幕盛况。开展“银龄述心声 共话爱党情”活动，组织各协会临时党支部和退休联合党支部开展线上活动，征集心得体会30余条。开展送学上门走访看望活动，为老党员送去二十大学习资料。开展“银龄展风采 追梦铸同心”活动，发挥活动中心思想政治教育主阵地作用，举办书画展2次、摄影展1次、网络诗会1次。春节前夕，组织各协会及全体职工录制“金虎送祝福 初心向未来”2022年网络联欢会，利用腾讯客户端、微信公众号播放2000余次；组织“翰墨飘香颂党恩”喜迎二十大胜利召开书画展，展出书法作品239幅、国画作品248幅。组织“喜迎二十大 赞美新时代”暨第六届老干部摄影作品展120幅。举办“喜庆二十大 颂歌献给党”网络诗会。省、市书画研究会联合举办“共书二十大报告金句”笔会活动。举办“艺起抗疫”系列网络书画、摄影、诗歌作品展、“巾帼心向党 建功新时代”网络书画作品展，系列活动展出书画作品30幅、摄影作品40幅、诗歌作品30篇，活动浏览量3500人次。 （王媛媛）

7月4日，市老干部局组织市级老领导参观考察一汽红旗繁荣基地（杨苗苗 供图）

关心下一代工作

【概况】 2022年，全市新建关工委组织703个，新吸纳五老3019人。净月高新区关工委组建的“青蓝联盟”吸纳10家企业和2所大学。长春新区关工委组建的“满天星联盟”吸纳15家企业。长春国际汽车城关工委组建的“红旗联盟”吸纳政府部门、医院、企事业、社区、学校等14家单位。市国资委38户国有企业全部成立关工委组织，市工商联成立关工委并相继开展多项活动。二道区关工委在10个街道分别新建1个非公企业关工委。2022年，市关工委面向各县（市）区、开发区和市直相关部门关工委，征求包括制度建设、班子建设、办公室建设、工作保障等方面的意见建议77条。

【主题活动】 2022年，市关工委在全市开展“青少年党史学习月”“游基地、学党史”活动，全市各级关工委开展学党史线上活动6518场次、线下活动3672场次，参与“五老”1.5万人，31万名青少年受教育。全市各级关工委召开各种形式的党的二十大精神学习会160余次，印发各类文件、工作信息、培训材料等110件3万余份，开展培训和宣讲活动360余次，参与“五老”1.6万人次，受教育青少年20余万人次。中国关工委主任顾秀莲在长春市关工委报送的相关材料上指出：“长春市关工委在全市青少年中开展‘老少同声颂党恩、携手喜迎二十大’主题教育实践活动。活动要求学到位、悟到位、落实到位，创新教育方式方法，聚合各方力量，广泛宣传发动，老少参与，受益者众多。使主题教育活动得到家庭、学校、社会的赞扬”。2022年，全市各级关工委及“五老”共关爱帮扶青少年21467人次，捐资380万元。

【“五老”关爱工程】 市关工委在全市关工委系统开展向身边典型全国关心下一代“最美五老”王满昌学习活动，全市各级关工委及“五老”通过召开座谈会、报告会等，组织开展集中学习和讨论，发表学习体会文章296篇。2022年，市关工委系统工作群发布信息1000余条，微信公众号发布信息近400条，“中国火炬”微信公众号登载长春市信息近300条。

【青少年法治教育】 2022年，全市各级关工委开展“关爱明天、普法先行”活动1013次，参与人数11万人。开办家长学校、课堂992个，开展活动1832次。

（邢 磊）

保密工作

【概况】 2022年，长春市国家保密局执行“第一议题”制度，深化党史学习教育和“不忘初心、牢记使命”主题教育成果，通过主题党日、交流研讨、观看专题片等。新冠疫情期间，全局党员干部做到“志愿服务挺进一线、行动支部建在一线、党员干部下沉一线”。全局党员干部收到感谢信16封，有6人被“学习强国”、人民网、《吉林日报》等媒体报道宣传32次，1人被评为长春市“攻坚克难、担当作为好干部”，1人被评为“长春向上向善好青年”，1人被评为“长春好人·最美退役军人”。

【保密工作会议】 2月16日至17日，召开某专项行动经验交流座谈会暨重点整治阶段工作调度会。17个县（市）区、开发区保密委员会专职副主任、保密办主任和市政府办公厅、市纪委、市委统战部、市公安局、市检察院、市委网信办及市市场监督管理局等10家市直机关、单位保密办主任参会。

6月2日，召开市委保密委员会全体（扩大）会议。市委保密委员会副主任、市委保密办主任、市国家保密局局长李新功报告2021年全市保密工作情况；市委保密委员会专职副主任、市委办公厅副主任徐宁传达全国保密工作会议精神；市委常委、市委秘书长、市委保密委员会主任姜保忠对全市保密工作提出要求。会议审议并通过中共长春市委保密委员会2022年工作要点。

【保密监督检查】 将党政领导干部保密责任制巡察、保密自查自评督查和七大专项领域督查3项内容结合，组织开展全市保密工作大督查。抽调县（市）区、开发区专职保密干部40余人，组成20个督查组开展工作。结合十四届市委第一轮巡察工作方案，对市住房公积金管理中心、长春日报社、长春广播电视台等21家单位通过查阅基础资料、调查问卷、实地检查等方式开展党政领导干部保密工作责任制巡察。对市发改委、市商务局、市粮食和物资储备局、市卫健委、市医保局、市政数局、市军民融合办、市教育局、市科技局、市规划和自然资源局等涉及关键基础设施和重点行业领域单位开展进驻式专项检查。对全市17个县（市）区、开发区，86家市直机关及下属单位开展保密自查自评督查。

【保密指导】 执行定密监督工作机制，督促指导机关、单位梳理完善国家秘密和工作秘密事项清单，精准管控重要涉密事项知悉范围，推进解密工作开展。采取“五化”工作法推动涉密人员保密管理，做到任务分解到位、组织保障到位、挂图作战到位、制度指导到位、跟踪到位。对全市机关、单位保密要害部门部位进行全面细致排查、梳理，对问题，提出明确整改措施。加强网络保密管理。通过互联网网站保密检查平台、微信公众号保密检查平台、非涉密政务网终端保密监管系统等监管平台对保密违法违规行为进行管理。

【宣传教育】 印发《“十四五”时期长春市保密宣传教育工作安排》，抓好党中央关于保密工作决策部署和习近平总书记重要指示批示精神学习宣传，优化保密宣传教育基础资源等六大方面、16项具体任务，为做好“十四五”时期长春市保密宣传教育工作明确目标。

开展“4·15”全民国家安全教育日保密宣传活动，组织开展“保密故事大家讲”微视频征集评选和保密宣传教育进机关进社区，开展保密公益片创意文案征集活动，征集创意文案100余部，3部微视频作品入围国家保密局评比，23人获得省“保密故事优秀讲述人和新锐讲述人”称号，近2.5万人接受教育。

建立长春市保密教育培训师资库，组织全市农村基层党组织干部、乡村振兴驻村干部线上培训。依托“保密观”App和中国保密在线网站培训系统，开展各级领导干部和涉密人员保密教育线上培训，4000人完成培训并获得证书。

开展学刊用刊订刊工作，征订《保密工作》3916份。2022年，长春市国家保密局连续第二年被评为《保密工作》杂志通联工作先进单位，在《保密工作》杂志、“保密观公众号”和《当代长春》等杂志上发表16篇理论文章和工作动态，2篇调研文章分别获得长春市优秀调研成果二等奖和优秀奖，全市保密系统3人被评为《保密工作》杂志通联工作先进个人。

【技术保障】 围绕落实《长春市“十大工程”施工图》部署，建成国家保密科技测评中心长春市测评系统实验室（长春市保密科技测评中心成立）。长春市保密科技测评中心2021年7月正式启动立项，2022年7月14日，经过国家保密局实地验收挂牌成立，在长春市国家保密局下属参公事业单位长春市保密技术服务中心加挂长春市保密科技测评中心牌子，主要工作职能是负责全市涉密信息系统测评审查和风险评估。开展吉林省第十二次党代会网络协同监管保障工作，通过互联网监管平台实时监测。

【规范保密行政执法工作】 按照《关于全面推进保密工作依法行政的意见》，完善权责清单、抽查事项清单，推进落实行政执法公示、执法全过程记录、重大执法决定法制审核等制度。细化执法权限、裁量幅度，规范行政执法行为，规范行使裁量权、避免行政执法畸轻畸重、类案不同罚现象。动态调整行政执法队伍，组织市行政执法人员培训考核，落实行政检查执法备案智能管理，做好互联网+监管、“双随机、一公开”等工作。发挥保密违法违纪案件查处委员会作用，规范涉嫌泄密案件的发现、取证、追责及执法程序，研判定性追责。完善和规范各级保密组织机构建设，强化职责落实。依法监督指导执业医师考试、公务员考试、司法考试、中高考等各类考试的保密工作。

（褚松宾）

党校（行政学院）工作

【概况】　中共长春市委党校成立于1952年8月，1997年兼办行政学院，实行“一套机构、两块牌子”的管理模式。有报告厅、特种教室、多功能教室、研讨室等大小场地51间；餐厅6间；学员宿舍楼2栋。2022年，主体班完成36期、培训学员11152人次；对外办学完成35期、培训学员4500人次；党性教育和长春历史和发展成就主题展馆接待现场教学66场、2000人次；“送教下基层”196场次，受众30775人次。全年开发新课98个专题。组织学习贯彻党的二十大精神“1+N+1”系列主题课程，近30个教学专题参加课程申报和试讲。

【干部教育培训】　2022年，中共长春市委党校（行政学院）举办各类主体培训班36期，教学形式分线上线下相结合、线上直播教学和线下教学。

表10　2022年长春市委党校（行政学院）主体培训情况一览表

类别	班次	培训时间	学制	培训人数	教学形式
中青班	习近平新时代中国特色社会主义思想中青年干部培训班暨长春市第四期培训班	11.9—2023.1.10	2个月	50人	线上线下相结合
进修班	正处级领导干部进修班（一期）	11.9—12.9	1个月	45人	
	正处级领导干部进修班（二期）	11.9—12.9		46人	
任职班	市管干部任职培训班	11.9—12.9		50人	
	2022年副处级领导职务公务员任职培训班	11.9—12.9		89人	
初任班	2021届选调生初任培训班	6.20—7.8	3周	262人	线上直播教学
	2021年长春市新录用公务员初任培训班	6.20—7.1	12天	250人	
	2022年全国新录用公务员初任培训班（吉林省长春市委党校分课堂）	11.17—11.21	5天	311人	线下教学
	2022年长春市新录用公务员（选调生）初任培训班	11.22—11.28	7天	750人	
培训班	2020届选调生进阶培训班	9.26—9.30	5天	173人	线上直播教学
	2022年长春市科级公务员“学习贯彻党的十九届六中全会和长春市第十四次党代会精神 推动长春振兴发展率先突破”专题培训班（一期）	6.6—6.10		794人	
	2022年长春市科级公务员“学习贯彻党的十九届六中全会和长春市第十四次党代会精神 推动长春振兴发展率先突破”专题培训班（二期）	6.6—6.10			
	2022年长春市科级公务员“学习贯彻党的十九届六中全会和长春市第十四次党代会精神 推动长春振兴发展率先突破”专题培训班（三期）	6.13—6.17		786人	
	2022年长春市科级公务员“学习贯彻党的十九届六中全会和长春市第十四次党代会精神 推动长春振兴发展率先突破”专题培训班（四期）	6.13—6.17			
	2022年长春市科级公务员“学习贯彻习近平新时代中国特色社会主义思想推动行政能力提升”专题培训班（一期）	7.11—7.15		654人	
	2022年长春市科级公务员“学习贯彻习近平新时代中国特色社会主义思想推动行政能力提升”专题培训班（二期）	7.11—7.15			
	2022年长春市科级公务员“学习贯彻习近平新时代中国特色社会主义思想推动行政能力提升”专题培训班（三期）	7.25—7.29	5天	586人	线上直播教学
	2022年长春市科级公务员“学习贯彻习近平新时代中国特色社会主义思想推动行政能力提升”专题培训班（四期）	7.25—7.29			
轮训班	市管干部学习贯彻党的十九届六中全会精神集中轮训班（第一期）	1.10—1.12	3天	145人	线下教学
	市管干部学习贯彻党的十九届六中全会精神集中轮训班（第二期）	5.30—6.1		432人	线上直播教学
	市管干部学习贯彻党的十九届六中全会精神集中轮训班（第三期）	6.7—6.9		335人	
	市直部门（单位）正处级领导干部学习贯彻党的十九届六中全会精神集中轮训班（第一期）	1.11—1.13	3天	513人	线下教学
	市直部门（单位）正处级领导干部学习贯彻党的十九届六中全会精神集中轮训班（第二期）	5.30—6.1		925人	线上直播教学

续表10

类别	班次	培训时间	学制	培训人数	教学形式
轮训班	市直部门（单位）正处级领导干部学习贯彻党的十九届六中全会精神集中轮训班（第三期）	6.7—6.9	3天	731人	线上直播教学
	市直部门（单位）副处级领导干部学习贯彻党的十九届六中全会精神集中轮训班（第一期）	6.14—6.16		595人	
	市直部门（单位）副处级领导干部学习贯彻党的十九届六中全会精神集中轮训班（第二期）	6.21—6.23		605人	
专题研讨班	市管主要领导干部学习贯彻党的二十大精神专题研讨班	11.19—11.23	5天	132人	线下教学
	全市政法领导干部政治轮训暨学习贯彻习近平法治思想专题培训班	8.29—8.31	3天	350人	
	长春市2022年河长制工作专题培训班	9.28上午	0.5天	219人	线上直播教学
	长春市处级党外干部培训班	9.29—9.30	2天	270人	
	长春市2022年度习近平法治思想专题培训班	10.13	1天	204人	
	2022年全市“法律明白人”示范培训班	10.14	1天	251人	
	2022年全市《中华人民共和国退役军人保障法》专题培训班	10.26下午	0.5天	92人	线上直播教学
	长春市国家城乡融合发展试验区专题班	11.2—11.3	2天	216人	
	长春市属企业优秀年轻管理人才素质能力提升培训班	11.8—11.9	2天	161人	
干部夜校	长春市示范性“大培训”干部夜校第十七期——2022年中央一号文件解读	3.2下午	0.5天	129人	

（市委党校）

【人才队伍建设】 推进人才强校战略，实施“名师培养”工程，打造一支讲政治、懂规矩、有激情、肯担当的教师队伍。完成中央党校、省委党校师资培训3期487人次，继续教育培训124人次；评选出“教学创新带头人”3人，“科研资政标兵”3人；3人获评正高级职称，1人入选长春市第八批有突出贡献专家；公开招聘专技人员5名，完成笔试及现场资格审查工作。全体教师均进入吉林省党员教育师资库，48名专职教师进入长春市干部教育培训师资库。

【资政研究】 围绕省、市党代会精神、长春现代化都市圈、“三强市、三中心”“六城联动”“十大工程”和“四个服务”等重大决策部署，参与开展资政研究，向市委领导提交《智库专报》9期，其中《挖掘利用长春红色资源 加强党性教育的对策建议》获市委常委、组织部部长邵波批示肯定，《关于打造长春市域社会治理现代化示范市的调研报告》获市委常委、政法委书记周贺批示肯定。围绕疫情防控、城市更新、人才工作、乡村建设编辑《领导参阅》4期，出版《长春市委党校学报》6期，为市领导和专业部门提供决策参考发挥党校智库作用。

【科研工作】 2022年，立项各级各类课题41项，其中，全国党校（行政学院）系统调研课题2项、省社科基金项目2项，市社科基金项目立项率为95%。课题结项23项，公开发表论文44篇，出版著作4部。参加征文活动10篇获奖；9项科研评奖获省部级奖励。与吉林日报社、长春日报社建立合作机制，围绕学习贯彻党的二十大精神、习近平总书记“7·26”讲话精神，省市党代会精神等内容，研究党的创新理论和重大决策部署，撰写发表理论文章16篇。组织教研人员参加全国党校系统国家社科基金项目申报辅导交流会和各类研讨会、高层论坛以及线上培训会、知名人士主讲的专题辅导等。2022年，市委党校8人入选省社科院（省社科联）专家库，投入科研经费41万元。

【教学培训】 2022年，长春市主体班完成36期、培训学员11152人次；对外办学完成35期、培训学员4500人次；党性教育/长春历史和发展成就主题展馆接待现场教学66场、2000人次；“送教下基层”196场次，受众30775人次。围绕党的十九届六中全会精神、党史学习教育、省市党代会精神、党的二十大精神等设置教学内容外，按照中央、省、市相关要求，将安全生产、民族宗教、保密教育、国防教育等内容纳入主体班课程体系，为干部教育培训注入全新内容。全年开发新课98个专题。组织打造学习贯彻党的二十大精神“1+N+1”系列主题课程，近30个教学专题参加课程申报和试讲。推动“党校+融媒”合作，由党校名师和教研部主任领衔，打造微党课和金句短视频，完成录制10讲，已经在长春电视台微信公众号、看见长春视频号等10个平台发布，实行全媒体矩阵化传播。围绕全市重点工作，拓展选取长拖1958、国信农业、长光卫星、长春国家农业高新技术产业示范区等现场教学基地，围绕文化创意、乡村振兴、科技创新等主题进行现场教学。

（王　斐）

长春市人民代表大会

CHANGCHUNSHI RENMIN DAIBIAO DAHUI

综　述

【人大组织推进】 2022年，贯彻执行党中央决定部署和省市委要求，制定修订修改法规15件，废止法规3件。听取审议专项工作报告19个，开展执法检查、视察调研89次。任免国家机关工作人员180人次。推进180个“代表之家”、1013个“代表联络站”标准化建设，在市委党校、吉林杨靖宇干部学院开展代表专题培训，培训代表800余人次。市委专门召开人大工作会议，制定出台中共长春市委《关于新时代坚持和完善人民代表大会制度、加强和改进人大工作的实施意见》，作出具体部署。

【人大代表构成】 2022年，长春市有全国、省、市、县（市）区、乡（镇）五级人大代表11430名。其中，全国人大代表31名，省人大代表137名，市人大代表563名，县（市）区人大代表3123名，乡（镇）人大代表7576名。长春市本级人大代表有民主党派、无党派人士代表113名，占代表总数的20.1%；解放军、武警部队代表17名，占代表总数的3.0%；归侨代表4名，占代表总数的0.7%；妇女代表166名，占代表总数的29.5%；少数民族代表48名，占代表总数的8.5%。市人代会期间，市人大代表划分12个代表团，分别为朝阳代表团62人；南关代表团61人；宽城代表团46人；绿园代表团51人；二道代表团51人；双阳代表团27人；九台代表团41人；公主岭代表团51人；榆树代表团55人；农安代表团55人；德惠代表团46人；解放军、武警代表团17人。

【履职评议】 根据长春市人大常委会工作安排，围绕宣传和贯彻执行宪法、法律法规和人大及其常委会决议、决定学习政治理论与履行职责相关知识，提高自身素质和履行职责能力情况，人民代表大会会议期间行使职权情况，闭会期间参加市人大常委会和原选举单位组织的主题实践活动、集中视察、专题调研、执法检查、代表培训、代表小组活动的情况，提出建议、批评和意见的情况，联系人民群众，反映社情民意，帮助解决群众普遍关心的热点、难点问题，500余名市人大代表通过书面报告、现场报告等方式向原选举单位进行述职，各选举单位根据代表的述职情况及日常履职表现，作出百分制量化评价。

【重大事项决定】 2022年，市十六届人大常委会举行第一次会议表决通过《长春市人民代表大会常务委员会关于批准设立“长春人才节（企业家节）”的决定》《长春市第十六届人民代表大会常务委员会关于设立代表资格审查委员会的决定》；市十六届人大常委会举行第二次会议表决通过《长春市人民代表大会常务委员会关于修改〈长春市农作物秸秆露天禁烧和综合利用管理条例〉的决定》；市十六届人大常委会举行第三次会议会议表决通过《长春市人民代表大会常务委员会关于修改和废止〈长春市人民代表大会议事规则〉等5件地方性法规的决定》《长春市人民代表大会常务委员会关于批准长春市2021年财政决算的决议》；市十六届人大常委会举行第四次会议表决通过《长春市人民代表大会常务委员会关于修改〈长春市人民代表大会常务委员会人事任免办法〉的决定》《长春市人民代表大会常务委员会关于加强知识产权司法保护工作的决定》；市十六届人大常委会举行第六次会议表决通过《长春市人民代表大会常务委员会关于〈长春市国土空间总体规划（2021—2035年）〉的决议》《长春市人民代表大会常务委员会关于批准2022年市级预算调整方案的决议》；市十六届人大常委会举行第七次会议表决通过《长春市人民代表大会常务委员会关于召开长春市第十六届人民代表大会第二次会议的决定》《长春市人民代表大会常务委员会关于修改和废止〈长春市城市房地产交易管理条例〉等5件地方性法规的决定》。

【理论学习】 把习近平新时代中国特色社会主义思想作为根本遵循和行动指南，结合学习贯彻习近平总书记关于坚持和完善人民代表大会制度的重要思想、习近平总书记视察吉林重要讲话重要指示精神、中央和省市委人大工作会议精神、省市委全会精神，学习贯彻落实党的二十大精神，用以武装头脑、指导实践、推动工作。落实“第一议题”制度，第一时间召开会议传达学习党的二十大精神，研究制定学习宣传贯彻方案，召开20次党组会议，将76项习近平总书记重要讲话重要指示批示精神列入“第一议题”；运用“总施工图”“分施工图”机制，贯彻党的二十大精神分解落实67项具体任务；班子成员带头学、带头讲，召开党组理论学习中心组集体学习会、"人民讲堂"专题讲座进行宣讲；举办代表专题培训15场次，参训代表2300余人次；人民网吉林频道、《长春日报》分别开设专栏，刊发县（市）区人大常委会主任、人大代表学习体会85篇。

【服务中心大局】 开展"发挥代表主体作用，为全市稳增长贡献人大力量"活动，市人大常委会领导带队开展调研26次，全市各级人大联动走访企业1892家，解决具体问题434个。落实市委稳增长包保工作要求，推动中铁·长春博览城、玲珑轮胎等项目加快建设。聚焦长春新区稳增长，制定7项包保工作机制，组织召开工作对接会、经济形势分析会、重点企业座谈会，推动省科技厅、省药监局与长春新区开展"厅区合作"。聚焦营造"引育用留"人才良好环境，作出设立"长春人才节（企业家节）"的决定。围绕疫情后复工复产、助企纾困等问题，常委会组成7个视察组，到11个县（市）区、4个开发区开展稳经济工作全域视察，向市委呈报7个方面25条具体建议，推动国家和省市一揽子政策落地见效。组织召开座谈会、推进会，与中科院长春分院、一汽集团一道推动产业合作、项目合作、平台合作、科技合作、人才交流，全年推动新增落位项目105个。 （闫世强）

重要会议

【市第十六届人民代表大会第一次会议】 长春市第十六届人民代表大会第一次会议于2022年2月20日至22日召开。会议听取和审议市政府、市人大常委会、市中级人民法院、市人民检察院工作报告；审查和批准长春市2021年国民经济和社会发展计划执行情况与2022年国民经济和社会发展计划草案的报告，批准2022年国民经济和社会发展计划；审查和批准长春市2021年预算执行情况和2022年预算草案的报告，批准2022年预算。会议表决通过市第十六届人民代表大会第一次会议关于长春市人民政府工作报告的决议、关于长春市2021年国民经济和社会发展计划执行情况与2022年国民经济和社会发展计划的决议、关于长春市2021年预算执行情况和2022年预算的决议、关于长春市人民代表大会常务委员会工作报告的决议、关于长春市中级人民法院工作报告的决议、关于长春市人民检察院工作报告的决议。代表们以无记名投票方式选举王志厚为长春市第十六届人民代表大会常务委员会主任；徐连东、张知众、赵辉、吴相道、唐铁生为长春市第十六届人民代表大会常务委员会副主任；武凌为长春市第十六届人民代表大会常务委员会秘书长；选举产生长春市第十六届人民代表大会常务委员会委员42名；选举王子联为长春市市长；马延峰、陈宇龙、杨维林、李炜姝、曹武、赵显、杨少清为长春市副市长；选举孙继光为长春市监察委员会主任；任贵利为长春市中级人民法院院长；李军为长春市人民检察院检察长（须报经吉林省人民检察院检察长提请吉林省人民代表大会常务委员会批准）。新当选人员进行宪法宣誓。528名市人大代表出席该次大会。大会法定列席人员、决定列席人员，十四届市政协委员列席大会。

【市人大常委会会议】 2022年，召开常委会会议8次，即长春市第十五届人大常委会第四十四次会议，长春市第十六届人大常委会第一次至第七次会议。

1月7日，市十五届人大常委会召开第四十四次会议。市人大常委会副主任徐连东、张知众、赵辉、吴相道，秘书长武凌出席会议。吴相道主持会议。副市长汪学军，市监察委员会、市中级人民法院、市人民检察院相关负责人，各县（市）区人大常委会负责人列席会议。传达学习市第十四次党代会精神。会议传达学习中国共产党长春市第十四次代表大会精神；听取并审议《长春市第十五届人民代表大会常务委员会关于接受邱志方辞去吉林省第十三届人民代表大会代表职务的决定（草案）》，听取并审议《长春市第十五届人民代表大会常务委员会关于接受赫哲辞去吉林省第十三届人民代表大会代表职务的决定（草案）》，听取并审议《关于提请补选吉林省第十三届人民代表大会代表的议案》。

5月13日，市十六届人大常委会召开第一次会议。市人大常委会主任王志厚，副主任徐连东、张知众、赵辉、吴相道、唐铁生，秘书长武凌及常委会委员45人出席会议。徐连东主持全体会议。常务副市长马延峰、副市长杨维林、市中级人民法院院长任贵利、市人民检察院检察长李军、市监察委员会副主任王冬梅列席会议。会议表决通过《长春市人大常委会2022年工作要点》《长春市人民代表大会常务委员会关于批准设立"长春人才节（企业家节）"的决定》《长春市人民代表大会常务委员会关于进一步加强自身建设的意见》

2月20日，长春市第十六届人民代表大会第一次会议开幕 （赵 滨 供图）

《长春市人民代表大会常务委员会关于进一步加强专门委员会自身建设的意见》《长春市第十六届人民代表大会常务委员会关于设立代表资格审查委员会的决定》和《长春市第十六届人民代表大会常务委员会代表资格审查委员会组成人员名单》，听取市政府关于市第十六届人民代表大会第一次会议议案办理方案的报告，表决通过新一届政府组成人员和相关人事事项。王志厚向新任命人员颁发任命书。新任命人员作表态发言并进行宪法宣誓。

6月29日，市十六届人大常委会召开第二次会议。市人大常委会主任王志厚，副主任徐连东、张知众、赵辉、吴相道、唐铁生，秘书长武凌及常委会委员39人出席会议。张知众主持全体会议。副市长杨少清，市监察委员会主任孙继光，市中级人民法院院长任贵利，市人民检察院检察长李军，各县（市）区人大常委会负责人，市委、市政府有关部门负责人，部分市人大代表列席会议。会议传达学习省第十二次党代会精神及市委关于省党代会精神的贯彻落实意见，听取长春市2021年生态环境质量状况及环境保护目标任务完成情况的报告，听取市政府关于全市退役军人服务保障工作情况的报告，全体会议表决通过《长春市人才发展促进条例》，表决通过《长春市人民代表大会常务委员会关于修改〈长春市农作物秸秆露天禁烧和综合利用管理条例〉的决定》，表决通过市第十六届人民代表大会常务委员会代表资格审查委员会关于个别代表的代表资格的报告，表决通过有关人事免职的议案。王志厚向新任命人员颁发任命书。新任命人员作表态发言并进行宪法宣誓。

8月26日，市十六届人大常委会召开第三次会议。市人大常委会主任王志厚，副主任徐连东、张知众、赵辉、吴相道、唐铁生，秘书长武凌及常委会委员40人出席会议。赵辉主持全体会议。市监察委员会主任孙继光，副市长陈宇龙，市中级人民法院院长任贵利，市人民检察院检察长李军，各县（市）区人大常委会负责人，市政府有关部门负责人，部分市人大代表列席会议。会议听取市政府关于提请审议制定《长春市旅游促进条例》的议案及说明，听取市政府关于提请审议修订《长春市无规定动物疫病区建设管理条例》的议案及说明，听取市政府关于提请审议修订《长春市机动车停车场管理条例》的议案及说明，听取市政府关于黑土地保护情况的报告，听取市政府关于2022年国民经济和社会发展计划上半年执行情况及下半年主要工作安排的报告，听取市政府关于2021年财政决算草案和2022年上半年预算执行情况的报告，听取市政府关于2021年度市本级预算执行和其他财政收支情况的审计工作报告，听取市人民代表大会财政经济委员会关于长春市2021年财政决算草案和2022年上半年预算执行情况的审查结果报告，会议表决通过《长春市人民代表大会常务委员会关于修改和废止〈长春市人民代表大会议事规则〉等5件地方性法规的决定》，表决通过《长春市人民代表大会常务委员会关于批准长春市2021年财政决算的决议》，表决通过市第十六届人民代表大会常务委员会代表资格审查委员会关于个别代表的代表资格的报告，表决通过有关人事免职的议案。王志厚向新任命人员颁发任命书。新任命人员作表态发言并进行宪法宣誓。

10月27日，市十六届人大常委会召开第四次会议。市人大常委会副主任徐连东、张知众、赵辉、吴相道，秘书长武凌及常委会委员40人出席会议。吴相道主持全体会议。副市长曹武，市监察委员会主任孙继光，市中级人民法院院长任贵利，市人民检察院检察长李军，各县（市）区人大常委会负责人，及市政府有关部门负责人列席会议。会议传达学习党的二十大精神并提出贯彻落实意见，听取市中级人民法院关于知识产权司法保护工作情况的报告，听取市政府关于2021年度金融企业国有资产管理情况的专项报告，听取市政府关于“双减”政策落实情况的报告，表决通过《长春市街道办事处工作条例》《长春市城乡社区治理促进条例》《长春市旅游促进条例》《长春市机动车停车场管理条例》和《长春市无规定动物疫病区建设管理条例》，表决通过《长春市人民代表大会常务委员会关于修改〈长春市人民代表大会常务委员会人事任免办法〉的决定》，表决通过《长春市人民代表大会常务委员会关于加强知识产权司法保护工作的决定》，表决通过市第十六届人民代表大会常务委员会代表资格审查委员会关于个别代表的代表资格的报告。会议表决通过有关人事事项，市人大常委会向新任命人员颁发任命书。新任命人员作表态发言并进行宪法宣誓。

10月31日，市十六届人大常委会召开第五次会议。市人大常委会副主任徐连东、张知众、赵辉、吴相道，唐铁生，秘书长武凌及常委会委员42人出席会议。唐铁生主持全体会议。副市长李

6月29日，长春市第十六届人民代表大会常务委员会第二次会议召开

（闫世强　供图）

炜姝，市监察委员会副主任王冬梅，市中级人民法院副院长侯海霞，市人民检察院检委会专职委员许梅列席会议。会议表决通过《长春市人大常委会关于许可对市十六届人大代表王洪岩采取刑事强制措施的决定（草案）》。

12月2日，市十六届人大常委会召开第六次会议。市人大常委会主任王志厚，副主任张知众、赵辉、唐铁生，秘书长武凌及常委会委员出席会议。唐铁生主持全体会议。副市长赵建青，市监察委员会主任孙继光，市中级人民法院副院长郭桂玲，市人民检察院常务副院长刘志民，市政府有关部门负责人列席会议。会议传达学习省委十二届二次全会、市委十四届四次全会和市委人大工作会议精神，表决通过《长春市人民代表大会常务委员会关于〈长春市国土空间总体规划（2021—2035年）〉的决议》，表决通过《长春市人民代表大会常务委员会关于批准2022年市级预算调整方案的决议》，听取市政府关于全市安全生产工作情况的报告，表决通过有关人事事项。

12月29日，市十六届人大常委会召开第七次会议。市人大常委会主任王志厚，副主任徐连东、张知众、赵辉、唐铁生及常委会委员出席会议。徐连东主持全体会议。副市长赵显，市监察委员会主任孙继光，市中级人民法院院长任贵利，市人民检察院检察长李军，市政府有关部门负责人列席会议。会议听取市政府关于2021年度市本级预算执行和其他财政收支审计查出问题整改情况的报告，听取市政府关于市第十六届人民代表大会第一次会议议案办理情况的报告，表决通过市第十六届人民代表大会常务委员会代表资格审查委员会关于个别代表的代表资格的报告，表决通过《长春市人民代表大会常务委员会关于召开长春市第十六届人民代表大会第二次会议的决定》，表决通过市第十六届人民代表大会第二次会议议程（草案）、日程（草案），表决通过市第十六届人民代表大会第二次会议主席团和秘书长名单（草案），表决通过市第十六届人民代表大会第二次会议主席团常务主席名单（草案）、副秘书长名单（草案），表决通过市第十六届人民代表大会第二次会议决定列席人员名单，表决通过《长春市人民代表大会常务委员会关于修改和废止〈长春市城市房地产交易管理条例〉等5件地方性法规的决定》，表决通过拟提请市第十六届人民代表大会第二次会议审议的长春市人民代表大会常务委员会工作报告（审议稿），表决通过有关人事任职的议案。王志厚向新任命人员颁发任命书。新任命人员作表态发言并进行宪法宣誓。

（闫世强）

人大立法

参见88页“法治·人大立法”。

人事任免

【概况】 2022年，市人大常委会任免国家机关工作人员180人次。其中，市人大2人次，市政府48人次，市监察委6人次，市法院91人次，市检察院33人次，按照全国人大、省人大有关规定，严格依法落实宪法宣誓制度。为保障和规范常委会依法行使人事任免权，按照市十六届人大常委会立法规划，依据有关上位法借鉴其他省、市先进经验和做法，在征求各方面意见和建议基础上，对《长春市人民代表大会常务委员会人事任免办法》作出修改。

【国家机关工作人员任免】 2022年，召开长春市第十六届人民代表大会常务委员会7次，决定任免国家机关工作人员180人次。

表11　2022年长春市第十六届人民代表大会常务委员会会议决定任免情况一览表

时间	会议名称	决定任免
5月13日	长春市第十六届人民代表大会常务委员会第一次会议	决定任命：赵心锐为长春市人民政府秘书长；薛春龙为长春市发展和改革委员会主任；崔国涛为长春市教育局局长；于柏生为长春市科学技术局局长；赵明瑞为长春市工业和信息化局局长；王飞为长春市民族事务委员会主任；杨维林为长春市公安局局长；周玉国为长春市民政局局长；王承伟为长春市司法局局长；张翤翔为长春市财政局局长；孟宪新为长春市人力资源和社会保障局局长；林巍为长春市规划和自然资源局局长；王伟为长春市生态环境局局长；李长城为长春市城乡建设委员会主任；林松为长春市住房保障和房屋管理局局长；王世忠为长春市城市管理局局长；周洪亮为长春市交通运输局局长；王喜成为长春市水务局局长；李林峰为长春市农业农村局局长；李铁刚为长春市畜牧业管理局局长；常忠诚为长春市商务局局长；刘铭为长春市人民政府合作交流办公室主任；曲笑为长春市文化广播电视和旅游局局长；王维学为长春市卫生健康委员会主任；姜晓东为长春市退役军人事务局局长；孙立彬为长春市应急管理局局长；李晓玲为长春市审计局局长；薛春志为长春市人民政府外事办公室主任；张意海为长春市市场监督管理局局长；赵首洋为长春市人民政府国有资产监督管理委员会主任；李晓杰为长春市体育局局长；周继峰为长春市医疗保障局局长；王文洲为长春市机关事务管理局局长；卢天恒为长春市粮食和物资储备局局长；黄德军为长春市人民防空办公室主任；刘向国为长春市金融工作办公室主任；邹娜为长春市政务服务和数字化建设管理局局长；王万成为长春市乡村振兴局局长；孙宁为长春市林业和园林局局长。任命：李忆农为长春市监察委员会副主任；卢健为长春市监察委员会副主任。免去：胡书君的长春市监察委员会副主任职务；吕晴的长春市监察委员会委员职务；李忆农的长春市监察委员会委员职务；卢健的长春市监察委员会委员职务。批准任命：张国良为公主岭市人民检察院检察长
6月29日	长春市第十六届人民代表大会常务委员会第二次会议	决定任命：秦锡春为长春市人力资源和社会保障局局长。决定免去：孟宪新担任的长春市人力资源和社会保障局局长职务。任命：谢省伦、孙振霆、阴月、孙冰雪、姜成龙、周岩、杨海蛟为长春市中级人民法院审判员；王欣为长春新区人民法院副院长、审判委员会委员、审判员；潘仲、曾范军为长春净月高新技术产业开发区人民法院副院长、审判委员会委员、审判员；金诗霖、杨海为长春净月高新技术产业开发区人民法院审判员。免去：亓晓鹏的长春市中级人民法院行政审判庭副庭长、审判员职务；吴淼的长春市中级人民法院审判员职务；李浩的长春净月高新技术产业开发区人民法院副院长、审判委员会委员、审判员职务。任命：郭飚为长春市人民检察院检察委员会委员、检察员；张颖为长春市人民检察院检察员。免去：常志新、王雅琴、李英的长春市人民检察院检察员职务；窦繁屹的长春市城郊地区人民检察院检察员职务

续表11

时间	会议名称	决定任免
8月26日	长春市第十六届人民代表大会常务委员会第三次会议	决定任命：赵建青为长春市副市长。任命：韩新建为长春市中级人民法院民事审判第二庭庭长、审判员；王丛强为长春经济技术开发区人民法院兴隆人民法庭庭长；胡玉明为长春新区人民法院副院长、审判委员会委员、审判员；齐曼丽、刘增亮为长春汽车经济技术开发区人民法院审判委员会委员；刘陆璐为长春净月高新技术产业开发区人民法院副院长、审判委员会委员、审判员；亢蕾为长春净月高新技术产业开发区人民法院审判委员会委员。免去：石泉的长春市中级人民法院民事审判第二庭庭长、审判委员会委员、审判员职务；周立新的长春市中级人民法院民事审判第三庭庭长、审判委员会委员、审判员职务
10月27日	长春市第十六届人民代表大会常务委员会第四次会议	决定任命：张海治为长春市交通运输局局长；徐伟民为长春市乡村振兴局局长；王喜东为长春市应急管理局（长春市矿山安全生产监督管理局）局长。决定免去：周洪亮担任的长春市交通运输局局长职务；王万成担任的长春市乡村振兴局局长职务；孙立彬担任的长春市应急管理局（长春市矿山安全生产监督管理局）局长职务。任命：韩新建、郑伟、谢丽、卢玉红为长春市中级人民法院审判委员会委员；曹继帅为长春市中级人民法院审判委员会委员、审判员；陶春志、刘晓丹、李玲玲、强卉、李牧哲为长春市中级人民法院审判员；王丛强为长春经济技术开发区人民法院审判委员会委员；楚兵、王爽、刘益杉、孙震、吴丹、刘瑞宝、刘楠为长春经济技术开发区人民法院审判员；邢程、李威、韩飞、韩斯、景磊、陈佳骐、赵韦程、王杨为长春新区人民法院审判员；刘闯、周柳、逄千千为长春汽车经济技术开发区人民法院审判员；马金丽、王会、李哲、臧则男、朱志成为长春净月高新技术产业开发区人民法院审判员
12月2日	长春市第十六届人民代表大会常务委员会第六次会议	任命：张春丽、于通洋、史册、张云凤、黄青、丁立伟、侣庆涛、张胜军、李成、范丽丽为长春市中级人民法院审判员。免去：肖德馗的长春市中级人民法院副院长、审判委员会委员职务；沙明昕的长春市中级人民法院审判委员会委员、审判员职务；王博、孙浩、冯曲、张海胶、李金萍的长春市中级人民法院审判员职务
12月29日	长春市第十六届人民代表大会常务委员会第七次会议	任命：吴彤宇为长春市第十六届人民代表大会民族侨务外事委员会副主任委员；逄艳为长春市第十六届人民代表大会法制委员会副主任委员。任命：李立娟、王博杰为长春市中级人民法院副院长；张纹阁为长春经济技术开发区人民法院院长、审判委员会委员、审判员；孙青山、马庆为长春市中级人民法院审判委员会委员、审判员。免去：马庆的长春经济技术开发区人民法院院长、审判委员会委员、审判员职务。任命：刘巾挥为长春市人民检察院副检察长、检察委员会委员、检察员；高跃军为长春新区人民检察院检察长；毕科明为长春汽车经济技术开发区人民检察院检察长；兰舰为长春市人民检察院检察委员会委员、检察员。免去：张颖彧的长春市人民检察院副检察长职务；邢立明的长春市人民检察院副检察长、检察委员会委员、检察员职务；刘巾挥的长春新区人民检察院检察长职务；兰舰的长春汽车经济技术开发区人民检察院检察长职务；李其林的长春市人民检察院检察委员会委员、检察员职务；林红、田慧颖、关继芳、王亭亭的长春市人民检察院检察员职务；钱积秋的长春经济技术开发区人民检察院检察委员会委员、检察员职务；石红兵的长春经济技术开发区人民检察院检察员职务；李耀民的长春汽车经济技术开发区人民检察院检察委员会委员、检察员职务；熊丽萍的长春汽车经济技术开发区人民检察院检察员职务

（市人大）

表12　2022年长春市人大常委会人事任免情况统计表

单位：人次

会议名称	市人大	市政府	市监察委	市法院	市检察院	合计
第1次常委会	—	39	6	—	1	46
第2次常委会	—	2	—	15	6	23
第3次常委会	—	1	—	19	9	29
第4次常委会	—	6	—	34	—	40
第6次常委会	—	—	—	17	—	17
第7次常委会	2	—	—	6	17	—
合计	2	48	6	91	33	180

（市人大）

【接受请辞】 长春市第十六届人民代表大会常务委员会第四次会议接受孙振海辞去长春市第十六届人民代表大会民族侨务外事委员会副主任委员职务的请求；第七次会议接受武凌辞去长春市第十六届人民代表大会常务委员会秘书长职务、栾晓虹辞去长春市第十六届人民代表大会财政经济委员会主任委员职务、曲玉业辞去长春市第十六届人民代表大会民族侨务外事委员会主任委员职务、王晓东辞去长春市第十六届人民代表大会社会建设委员会主任委员职务、王戬辞去长春市第十六届人民代表大会法制委员会副主任委员职务、陈丹琦辞去长春市第十六届人民代表大会财政经济委员会委员职务的请求，报市十六届人民代表大会第二次会议备案。

（闫世强）

人大监督

【概况】 2022年，市人大常委会坚持用好宪法法律赋予的监督权，实行正确监督、有效监督、依法监督，突出重点、精准选题，听取审议专项工作报告19个，开展执法检查、视察调研89次，确保行政权、监察权、审判权、检察权依法正确行使。

【法律监督】 2022年，对《长春市养犬管理条例》《长春市学前教育条例》《长春市国有土地上房屋征收与补偿条例》和《长春市城市房地产开发经营管理条例》分别听取执行情况报告，了解实施情况，总结存在问题，督促政府有关部门贯彻实施好法规，提出有关修订或者修改建议。

【听取和审议专项工作报告】 听取和审议长春市中级人民法院关于知识产权司法保护工作情况报告，通过长春市人民代表大会常务委员会关于加强知识产权司法保护工作的决定；审议市人民政府关于国民经济和社会发展计划上半年执行情况和下半年工作安排的报告；审议市人民政府关于2021年财政决算草案和2022年上半年预算执行情况的报告；审议市人民政府关于2021年度市本级预算执行和其他财政收支情况的审计工作报告；审议市人民代表大会财政经济委员会关于长春市本级2021年财政决算草案和2022年上半年预算执行情况的审查结果报告；审议市人民政府关于前三季度财政投资重大项目资金支出情况的报告（书面）；审议市人民政府关于2021年度金融企业国有资产管理情况的专项报告》；审议市人民政府关于2021年度国有资产管理情况的综合报告（书面）；审议市人民政府关于政府债务情况的报告；审议市人民政府关于2022年市级预算调整的议案；审议市人民政府关于2021年度审计查出问题整改情况的报告；听取审议市政府关于"秸秆变肉"暨三百万头肉牛建设工程实施情况的报告；听取审议市政府关于黑土地保护情况的报告；听取审议市政府关于全面推进乡村振兴情况的报告；听取2021年度环境状况和环境保护目标完成情况报告；听取市政府关于"双减"政策落实情况的汇报；听取《长春市人民政府关于2021年度法治政府建设情况的报告（书面）》；听取《长春市人民政府关于全市退役军人服务保障工作情况的报告》；听取《长春市人民政府关于全市安全生产工作情况的报告》。

【执法检查】 2022年，开展《吉林省优化营商环境条例》《中华人民共和国未成年人保护法》实施情况执法检查，配合省人大完成《中华人民共和国环境保护法》执法检查。

【视察活动】 围绕《长春市科技创新条例》贯彻实施，开展科技人才队伍建设情况视察，推动政府制定《科技创新城发展规划》《关于推动"专精特新"中小企业高质量发展的实施意见》。开展"2022年建设幸福长春行动计划"实施情况专项视察，推动10个方面80项民生实事落地。开展基层医疗卫生机构建设视察，推动"一村一名大学生村医计划"实施。开展全市涉生态环境领域公益诉讼检察监督工作视察。对中央环保督察反馈的劣Ⅴ类断面、黑臭水体治理等问题，开展重点流域水污染防治工作专项视察。巩固扫黑除恶专项斗争和政法系统教育整顿成果，市人大常委会首次对长春市监察机关和政法机关巩固开展全覆盖专项视察。

【专题调研】 围绕疫情对农业生产影响、高标准农田建设、种业发展情况、"千亿斤粮食"开展专题调研，推动现代农业城建设。首次采取省、市、县（市）区人大"三级联动"方式，开展"双减"政策落实情况调研。检查《长春市学前教育条例》贯彻实施情况，调研职业教育服务地方经济发展情况。围绕老年人权益保障、未成年人保护、体育健身场馆建设、城市二次供水、棚户区改造、路网建设等群众关心关注的重点领域开展调研。对"双碳示范城"建设，打造生态强市，加强生态文明建设领域监督。围绕环保督察反馈问题整改情况进行专题调研。围绕保护民营企业及企业经营管理者合法权益、"一村一警""一格一警"工作、少数民族权益保障条例执行情况开展专题调研。开展长春智慧法务区建设工作专题调研，推动建设更加优质、高效、便捷的公共法律服务平台。

议案办理

【概况】 2022年，健全常委会领导领衔督办、专委会跟踪督办制度，市委副书记专门联系议案办理情况，议案办理流程不断优化。组织召开代表议案办理工作调度会，分阶段形成工作进展情况报告，建议办结率和问题解决率提高。市十六届人大一次会议共确定《关于贯彻实施〈长春市科技创新条例〉，推进科技创新的议案》等4件议案，市人大代表提出建议、批评和意见304件，全部办结完毕，办理满意率99%以上。

【议案督办】 市十六届人大一次会议确定《关于贯彻实施〈长春市科技创新条例〉、推进科技创新的议案》《关于优化营商环境、推动经济高质量发展的议案》《关于推动我市"秸秆变肉"暨三百万头肉牛产业工程建设的议案》和《关于创新社区居家养老服务模式，推动养老事业与养老产业协调发展的议案》等4件议案，交由市政府办理，向市十六届人大二次会议作出办理结果的书面报告。

【重点议案建议办理】 代表议案：市十六届人大一次会议主席团第三次会议确定，将田大原、王宇辉、刘凡、陈太春、甘建国代表分别提出的关于科技创新方面的议案合并为1个议案，名称为《关于贯彻实施〈长春市科技创新条例〉，推进科技创新的议案》；王宇辉、李冬艳、胡汉杰、邵婷、龚文辉代表分别提出的关于优化营商环境方面的议案合并为1个议案，名称为《关于优化营商环境，推动经济高质量发展的议案》；孙武文代表提出的《关于推动我市"秸秆变肉"暨三百万头肉牛产业工程建设的议案》；王福洋代表提出的《关于创新社区居家养老服务模式，推动养老事业与养老产业协调发展的议案》4项议案作为大会议案，不列入会议日程，交由市政府办理，向市十六届人大二次会议作出办理结果的书面报告。

代表建议：长春市十六届人大一次会议期间，市人大代表提出建议、批评和意见（简称建议）304件（包括转作建议处理的议案）。其中，监察司法类21件，财经类64件，农业与农村类43件，城环类76件，教科文卫类61件，民侨类1件，社会建设类36件，其他类2件。建议在各代表团分布情况为：朝阳区49件，南关区38件，宽城区22件，二道区46件，绿园区30件，双阳区18件，九台区11件，公主岭市17件，榆树市25件，农安县25件，德惠市14件，解放军代表团9件。经市人大常委会主任会议研究决定，将《关于乡村普法的建议》《关于加强法律职业辅助人员人才培养，助力长春智慧法务区建设的建议》《关于加强“专精特新”企业培育和扶持的建议》《关于打造乡村振兴“长春样板”并实施推广的建议》《关于加强老城区改造，推进城市更新的建议》《关于加强城市二次供水管理的建议》《关于完善公共卫生服务体系助力“健康中国”战略的建议》《关于铸牢中华民族共同体意识，加强少数民族特色村建设的建议》《关于进一步丰富社区体育健身休闲场所，促进群众体育事业的建议》9件建议作为重点督办的代表建议，上述重点建议由市人大相关专门委员会负责督办。在规定时限内，各承办单位已将所有代表建议全部办理完毕并答复代表，从反馈情况看，代表对2022年的建议办理工作总体上表示满意和认可。 （闫世强）

表13　长春市十六届人大一次会议重点督办代表建议一览表

序号	重点督办代表建议	领衔代表	代表团	承办单位
1	关于乡村普法的建议	张嘉良	朝阳区	市司法局
2	关于加强法律职业辅助人员人才培养，助力长春智慧法务区建设的建议	张嘉良	朝阳区	市司法局
3	关于加强“专精特新”企业培育和扶持的建议	轩景泉	农安县	市工信局
4	关于打造乡村振兴“长春样板”并实施推广的建议	王　岩	朝阳区	市乡村振兴局双阳区政府
5	关于加强老城区改造，推进城市更新的建议	姜凤霞	南关区	市建委
6	关于加强城市二次供水管理的建议	赵首沣	南关区	市建委
7	关于完善公共卫生服务体系助力“健康中国”战略的建议	秦彦国	南关区	市卫健委
8	关于铸牢中华民族共同体意识，加强少数民族特色村建设的建议	崔源玉	南关区	市民委
9	关于进一步丰富社区体育健身休闲场所，促进群众体育事业的建议	杨紫晴	朝阳区	市体育局

（市人大）

代表工作

【代表管理】　落实中央、省委人大工作会议精神，按照“积极探索全过程人民民主长春模式”工作要求，制定代表“十带头”履职承诺、发挥代表作用若干意见、加强常委会和专门委员会自身建设意见，为加强“四个机关”建设提供制度保障。制定市人大代表列席常委会会议方案，协助各专门委员会根据职责特点组建专业代表小组，建立代表履职电子档案，组织各选举单位开展代表述职评议活动，增强代表自觉接受监督意识和履职意愿。推进“一家一站”规范化建设，长春市建立“代表之家”180个，“代表联络站”1013个。以代表团为单位建立代表工作微信群，利用信息化手段开展代表工作，实现与代表线上沟通零距离、线上服务零距离。

【代表培训】　按照常委会“提升代表素质能力，发挥代表作用”一抓五年重点工作任务安排，科学制定培训计划，在市委党校和吉林杨靖宇干部学院开展初任培训和专题培训，培训时长14天，参训代表800余人次。协助省人大常委会对130余名驻长省人大代表、190余名县（市、区）人大常委会主任和乡（镇）人大主席进行线上培训。

【代表活动】　开展“民有所呼，我有所应”主题实践活动。依托各县（市、区）代表工作机构、“代表之家”“代表联络站”等平台，以代表团为单位组织代表到基层和群众，结合群众反映的问题与诉求，提出代表建议和意见122条。组织代表围绕经济发展、科技创新、环境保护、产业升级、民生改善等“十四五”时期全市重点工作，确定调研题目23个，开展调研31次。开展“助力长春经济止跌回升增长”活动。组织代表立足本职、深入基层，做服务企业的“联络员”、政策精神的“宣讲员”、企业诉求的“传达员”、企业困难的“化解员”，各级代表走访企业1892户，帮助企业解决困难434件。协助省人大常委会统筹安排和组织开展省人大代表集中视察和专题调研活动21次，参加活动代表178人次。推进180个“代表之家”、1013个“代表联络站”标准化建设，修改《基层立法联系点工作规定》，新设立19个基层立法联系点。深化“双联系”工作，利用《代表建议快报》平台收集反映社情民意，组织代表参加《2022年建设幸福长春行动计划》实施情况专项视察，推动教育医疗、文化体育、城市供水等80项民生实事落地落实。完善代表议案、建议交办督办机制，市十六届人大一次会议确定的4件议案、304件建议全部办理。 （闫世强）

长春市人民政府

CHANGCHUNSHI RENMIN ZHENGFU

综　述

【经济发展】　2022年，全市地区生产总值6744.56亿元，按可比价格计算，比2021年下降4.5%。其中，第一产业增加值551.32亿元，增长2.1%；第二产业增加值2694.97亿元，下降9.3%；第三产业增加值3498.27亿元，下降1.8%，三次产业结构比为8.1：40.0：51.9。城镇常住居民人均可支配收入达43240元，下降0.1%。农村常住居民人均可支配收入18919元，增长2.4%。居民消费价格上涨1.9%。

推动农业丰收增产。实施“黑土粮仓”科技会战，新建高标准农田79333.33公顷，落实保护性耕作726666.66公顷，克服洪涝灾害，粮食产量248.5亿斤。肉牛145万头。长春国家农高区揭牌成立。新建棚室539公顷，长春市获评国家菜篮子市长负责制优秀城市。全年实现农林牧渔业总产值1006.9亿元。粮食总产量1272.2万吨，比2021年下降0.3%。粮食种植面积157.8万公顷，增加0.9万公顷。农业机械总动力为1201.9万千瓦，增长5.4%。新增绿色食品标识产品30个，绿色有机环境监测面积44.96万公顷。获省农村人居环境整治村级补助资金9392.5万元，改造农户卫生厕所51746户。新建续建农产品加工业项目61个，省级以上和市级龙头企业数量分别发展到178户和179户。

推动工业稳步发展。一汽在长口径完成产值3900亿元。长春市汽车产业集群晋升国家先进制造业集群。金赛、皓月跻身百亿级行列，捷翼汽车零部件成为东北估值最高独角兽企业，禹衡光学、光华微电子获评国家制造业单项冠军示范企业。生物医药、光电信息产业产值分别增长1.8%和4.3%。全年规模以上工业实现产值7953亿元。

推动服务业平稳运行。全市服务业占GDP比重达51.9%。举办春秋两季房交会，实施进城农民和人才购房补贴政策，拉动商品房销售109万平方米。长春汽博会在国内五大车展中唯一正常举办。“旗E春城”推广红旗新能源车1.2万辆。引进首店100家，开展500场促销活动，发放4亿元消费券，拉动销售额186亿元。长春市获“2022年冰雪旅游十佳城市”。全年规模以上服务业重点行业营业收入增长4.1%，社会消费品零售总额达1900亿元。接待国内外游客5633.13万人次，下降44.36%。旅游总收入781.4亿元人民币，下降61.8%。旅游外汇收入0.25亿美元，下降53.4%。年末全市金融机构本外币各项存款余额16851.34亿元，比年初增加1384.09亿元，其中人民币各项存款余额16767.78亿元，增加1379.29亿元。金融机构本外币各项贷款余额17122.05亿元，比年初增加1214.4亿元，其中人民币各项贷款余额17101.49亿元，增加1206.79亿元。

【改革创新】　国企改革三年行动全面收官，城乡融合发展试验区建设入选中国改革典型案例。政务服务平均审批时限压缩至7.9天，“最多跑一次”占比达98.8%。城市综合信用指数连续两个月位居全国第五。长春国家自创区获批。生物制品所建成东北唯一一家以企业为主体的P3实验室，“吉林一号”卫星发射增至83颗。科技成果本地转化306项、增长215%。组建300亿元长兴基金，撬动社会资本100亿元。新认定高新技术企业985户，专精特新企业达1037户。举办首届人才节，留长大学生10.3万人。长春市在全球科研城市排名跃升到第35。全年全市专利授权量22039件，比2021年增长1.8%。发明专利授权量5626件，增长11.4%。

【城市建设】　推进交通治堵，完成88个主要堵点、175处微工程改造，打通20条“断头路”“卡脖路”，建成9座立体过街设施，优化调整公交线路55条，新增路况引导屏265处，道路通行效率提高18%。西安桥改造、抚长高速人民大街出口改移完工，长双快速路、都市圈环线一期竣工。强化城市要素供给，推进百亿级电网提升工程，新建66千伏变电站8座。新改建地下管线311千米，完成燃气改造40万户，新增供热能力300蒸吨、清洁供暖面积2928万平方米，建成6000万立方米LNG应急调峰储配站。城市防洪排涝能力明显提升。整改市容问题1.1万个，拆除违建15.7万平方米。建设口袋公园100处。城市智能体25个应用场景投入运行。加快中央和省环保督察反馈问题整改，空气质量优良天数达336天，新建扩建3座污水处理厂，新凯河公主岭断面历史首次消劣，16个国考断面全部达标。建设绿水长廊108千米。长春市被确定为国家“无废城市”建设试点。全市公园绿地面积6821.72公顷，建成区绿化覆盖面积达24095.39公顷，建成区绿化覆盖率达43.7%。改善农村人居环境，新建修缮农村公路2100千米，完成国土绿化35333.33公顷，农村改厕5.2万户，创建“千村示范”精品村202个。

【民生实事】 城镇新增就业10.5万人，农村劳动力转移就业100万人，城乡居民收入增长快于经济增速。连续18年上调企业职工基本养老金。新增家庭养老床位2500张。城镇职工医保实现市级统筹，医疗照护险覆盖全市。城乡特困人员基本生活标准分别提高16.9%和26%。发放残疾人补贴73.2万人次。改造老旧小区284个、棚户区5749户，筹集保障性住房1.15万套，确权未登记房屋469.6万平方米。维护安全稳定。安全生产事故起数、死亡人数分别下降25.1%和26.3%。长春市获评国家食品安全示范城市。37个“保交楼”项目交付入住。完成党的二十大维稳安保任务，盗抢骗等案件下降66%，电信诈骗财产损失下降71%，命案和有影响案件全部告破。开展双拥创建活动。市长公开电话社会影响力得到提升。

【社会事业】 新增幼儿园46所，毛入园率达95%。新建义务教育学校6所。市传染病医院、疾控中心、急救中心投入使用。开展3300场群众文化活动，建设改造140套体育健身路径。成功举办第三届中俄冬季青少年运动会。长春市成为全国首批足球发展重点城市。全市有义务教育阶段学校739所，比2021年减少460所；毕业生15.26万人；招生14.57万人；在校生67.51万人，比2021年减少0.6万人。普通高中学校87所，比2021年增加1所；教职工1.83万人，其中专任教师1.5万人。全市普通高中毕业生5.12万人，招生5.38万人，在校学生16.33万人，比2021年增加0.3万人。中等职业学校（不含技工学校）90所，比2021年减少3所，教职工0.51万人，其中专任教师0.37万人。全市中等职业教育毕业生1.58万人，招生1.72万人，在校学生5万人。全市有卫生医疗机构7862个，比2021年下降0.8%。拥有医疗床位6.73万张，增长1.7%。卫生技术人员为8.53万人，增长0.7%。市辖区建成社区卫生服务中心101家。全市有文化（文物）事业机构295家，公共图书馆总藏量766万册，各类文化经营场所1180家。广播电视台7座，节目23套，中波发射台和转播台3座，转播台9座，广播电视人口覆盖率为100%。

重要会议

【市政府全体会议】 2022年，市政府召开2次全体会议。3月2日，市政府召开十六届一次全体会议，全面贯彻党的十九大和十九届历次全会精神、习近平总书记视察吉林重要讲话重要指示精神，认真落实市第十四次党代会部署和市“两会”精神，对全市经济社会发展各项重点工作进行安排部署。市委副书记、市长王子联出席会议并讲话。7月29日，市政府召开十六届二次全体会议，贯彻党中央“疫情要防住、经济要稳住、发展要安全”要求，落实省第十二次党代会、省政府十三届十次全体会、市委十四届三次全会精神，总结上半年工作，分析存在问题，安排部署下半年重点工作。市委副书记、市长王子联出席会议并讲话。

【市政府常务会议】 2022年，召开第十五届市政府常务会议2次；第十六届市政府常务会议17次。均在长春市召开。

表14 2022年长春市政府常务会议一览表

会次	会议时间	主持人	会议内容
十五届市政府第81次	1月21日	王子联	讨论并原则通过《2022年建设幸福长春行动计划》《长春国家级创新创业基地发展规划》《关于加快建立健全绿色低碳循环发展经济体系的实施方案》《服务业发展“十四五”规划》《关于全面推行田长制的实施意见》《长春市规章制定公众参与办法》《规范民办义务教育发展专项工作实施方案》，决定按程序上报或印发
十五届市政府第82次	2月16日	王子联	讨论并原则通过《长春市农业农村现代化“十四五”规划》《长春市交通运输发展“十四五”规划》《长春市发展保障性租赁住房的实施意见》《长春振兴产业发展创业投资引导基金管理办法》，决定按程序上报或印发
十六届市政府第1次	4月6日	王子联	深入贯彻习近平总书记关于疫情防控的重要讲话重要指示精神，认真落实省委、省政府和市委工作部署，压紧压实各方责任，以更坚决的态度、更扎实的作风、更务实的举措，统筹抓好疫情防控和民生保障工作，决战决胜长春社会面清零攻坚战
十六届市政府第2次	4月19日	王子联	研究部署全市复工复产复业及项目建设工作，讨论并原则通过《长春市支持市场主体纾困促进经济恢复发展的若干政策措施》《长春市城市更新实施办法》，决定按程序上报或印发
十六届市政府第3次	4月22日	王子联	讨论并原则通过《重点人群疫情防控管理规范》，决定按程序上报
十六届市政府第4次	5月3日	王子联	研究部署第二季度全市经济运行工作，讨论并原则通过《关于当前全市投资和项目建设情况的汇报》《关于全市招商引资工作情况的汇报》《关于有效应对疫情影响促进房地产市场平稳发展和良性循环若干措施》《长春市贯彻落实〈吉林省积极应对疫情影响促进消费回补和潜力释放若干措施〉实施方案》《长春市贯彻落实国务院安委会〈关于进一步强化安全生产责任制落实坚决防范遏制重特大事故若干措施〉的总体方案》《长春市培育壮大市场主体三年行动（2022—2024年）实施方案》，决定按程序上报或印发
十六届市政府第5次	5月14日	王子联	讨论并原则通过《关于进一步帮助中小微企业纾困解难若干政策措施》《关于积极应对疫情影响促进高校毕业生来（留）长就业创业的若干措施》《关于自建房安全专项整治工作的汇报》《关于加快推进养老服务高质量发展的实施意见》《关于加大城乡基础设施“补短板”力度提升防范应对自然灾害能力的实施方案》，决定按程序上报或印发
十六届市政府第6次	6月2日	王子联	讨论并原则通过《稳定全市经济的工作举措》《经济运行量化目标工作方案》《安全生产“十五条硬措施”解析及节日期间安全生产工作情况汇报》《长春市推进新型城镇化建设加快县域经济高质量发展三年攻坚行动方案（2022—2024年）》《长春市贯彻落实第二轮中央生态环境保护督察反馈意见整改方案》，决定按程序上报或印发

续表14

会次	会议时间	主持人	会议内容
十六届市政府第7次	6月24日	王子联	讨论并原则通过《长春市农作物秸秆露天禁烧和综合利用管理条例（修改草案）》《长春市生态环境保护"十四五"规划》《长春市新型城镇化规划》《长春市突发事件总体应急预案》，决定按程序上报或印发
十六届市政府第8次	7月1日	王子联	研究部署全市经济运行工作，讨论并原则通过《长春市"十四五"推动民族工作高质量发展行动规划》《长春市第五批非物质文化遗产代表性项目名录》《关于进一步促进房地产市场平稳发展若干措施》《长春市深化体教融合促进青少年健康发展的实施意见》《〈长春市国有土地上房屋征收与补偿条例〉实施办法》，决定按程序上报或印发
十六届市政府第9次	7月15日	王子联	讨论并原则通过《2022年会展工作情况汇报》《关于近期信访工作情况的汇报》《全市巩固拓展脱贫攻坚成果同乡村振兴有效衔接工作情况汇报》《长春市安全生产工作任务分工》，决定按程序上报或印发
十六届市政府第10次	8月23日	王子联	讨论并原则通过《长春市机动车停车场管理条例（修订草案）》《长春市推进哈长城市群发展2022年工作要点》《长春市长吉图开发开放战略实施2022年工作要点》《长春市推进"双协同"发展2022年工作要点》《长春市法治政府建设实施方案》《长春市旅游促进条例》《长春市人民政府关于2022年国民经济和社会发展计划上半年执行情况及下半年主要工作安排的报告》《长春市无规定动物疫病区建设管理条例（修订草案）》《长春市人民政府关于2021年财政决算和2022年上半年预算执行情况的报告》《长春市人民政府关于2021年度市本级预算执行和其他财政收支情况的审计工作报告》，决定按程序上报或印发
十六届市政府第11次	9月16日	王子联	讨论并原则通过《进一步稳定全市经济一揽子政策若干接续举措》《长春市创建"全国民族团结进步示范市"工作实施方案》《长春市"安心就业十大行动计划"实施方案》《长春市事业单位公开招聘工作人员暂行办法》，决定按程序上报或印发
十六届市政府第12次	10月6日	王子联	听取《全市安全生产工作汇报》《全市疫情防控工作汇报》《全市信访稳定工作汇报》《全市经济运行情况汇报》，对全市重点工作进行再调度、再部署，坚决做到"疫情要防住、经济要稳住、发展要安全"
十六届市政府第13次	10月20日	王子联	讨论并原则通过《长春市知识产权工作情况汇报》《长春市"十四五"时期"无废城市"建设实施方案》《长春市行政许可事项清单（2022年版）》《长春市人民政府2022年政府规章制定工作计划》《长春市加快推进RCEP经贸对接工作行动方案》《长春市开发区整合优化方案》，决定按程序上报或印发
十六届市政府第14次	10月27日	王子联	调度前三季度经济运行，研究部署下步工作任务，讨论并原则通过《打好四季度稳增长攻坚战全力冲刺全年目标的若干举措》，决定按程序印发
十六届市政府第15次	11月11日	王子联	讨论并原则通过《长春市检验检测行业高质量发展实施方案》《关于市政府督查工作有关情况的汇报》《长春市百万大学生留长工程实施意见》《长春市证明事项告知承诺办法》《长春市证明事项行政协助办法》《长春市支持兴隆综保区高质量发展三年行动方案》，决定按程序上报或印发
十六届市政府第16次	12月6日	王子联	研究部署全市经济运行工作，讨论并原则通过《长春市推动肉牛产业高质量发展若干措施》《长春市高标准农田建设规划（2021—2030年）》，决定按程序上报或印发
十六届市政府第17次	12月14日	王子联	讨论并原则通过《政府工作报告（讨论稿）》《长春市人民政府关于市十六届人大一次会议议案办理情况的报告》《长春市2022年国民经济和社会发展计划执行情况与2023年国民经济和社会发展计划草案的报告（送审稿）》《2021年度市本级预算执行和其他财政收支审计查出问题整改情况的报告（送审稿）》《关于长春市2022年预算执行情况和2023年预算草案的报告（送审稿）》《长春市人民政府关于提请审议修改和废止部分地方性法规的议案》，以及《长春市数字政府建设三年行动计划（2023—2025年）》《长春市重特大疾病医疗保险和救助制度实施办法》《中韩（长春）国际合作示范区发展总体规划（2022—2035年）》，决定按程序上报或印发

（市政府办公厅）

【专题会议】 "六个回归"工作专题会议。2022年1月4日，长春市召开推进"六个回归"工作专题会议，贯彻习近平总书记视察吉林重要讲话重要指示精神，落实市第十四次党代会精神。2022年1月22日，市长王子联主持召开市政府党组班子党史学习教育专题民主生活会，贯彻习近平总书记在中央政治局党史学习教育专题民主生活会上的重要讲话和视察吉林重要讲话重要指示精神，

市安委会2022年第二次全体（扩大）会议。2022年5月3日，市安委会以视频方式召开2022年第二次全体（扩大）会议，学习贯彻习近平总书记关于安全生产重要论述和重要批示指示精神，落实党中央、国务院决策部署和省委、省政府、省安委会工作要求，分析研判全市安全形势，对下步工作进行安排部署。

市政府系统第一次廉政工作视频会议。2022年5月12日，省政府系统第五次廉政工作视频会议结束后，市长王子联主持召开市政府系统第一次廉政工作视频会议，全面贯彻党中央、国务院和省委、省政府决策部署，落实国务院、省政府系统第五次廉政工作会议精神和要求，总结2021年政府系统党风廉政建设和反腐败工作，部署2022年重点任务。

全市燃气安全工作专题会议。5月17日，市长王子联主持召开专题会议，调度部署全市燃气安全工作。学习贯彻习近平总书记关于安全生产重要论述，在确保城市稳定供应的同时，全力加强燃气隐患排查和管网建设，提升燃气安全管理水平，确保城市燃气供应安全有序、广大群众生命财产安全。

全市防汛抗旱工作专题会议。5月25日，在收听收看全省防汛抗旱工作视频会议后，市政府召开专题会议，听取相关部门汇报，调度全市防汛准备工作。

全市交通综合治理工作专题会议。2022年5月24日，市长王子联主持召开专题会议，对全市交通综合治理工作进行再调度再部署。

全市工业经济调度推进会议。2022年6月24日，市政府召开全市工业经济调度推进会议，总结1—5月工业运行工作，分析研判形势，部署下一阶段全市工业经济重点工作。

全市清洁取暖示范城市建设工作领导小组第一次会议。8月1日，全市清洁取暖示范城市建设工作领导小组第一次

会议以视频形式召开，明确任务、压实责任，充分调动各方力量，全力推进清洁取暖项目建设有序实施。

全市信访工作专题会。8月1日，市政府以视频形式召开信访工作专题会，对全市信访工作进行再调度、再部署。

全市经济运行调度会议。8月19日，市长王子联主持召开全市经济运行调度会议，分析研判当前经济形势，强化“赛马”机制，安排部署下一阶段全市重点工作。

全市固定资产投资及专项债使用有关情况专题会议。9月20日，长春市以视频形式召开固定资产投资及专项债使用有关情况专题会议，对固定资产投资及专项债使用有关情况进行再调度、再部署。

全市安全生产、应急值守专题调度会。10月8日，市长王子联在全市安全生产、应急值守专题调度会上强调，贯彻习近平总书记关于安全生产的重要论述，按照省委、省政府和市委工作部署，查找薄弱环节，补齐短板漏洞，保障人民群众生命财产安全。

全市重点行业领域安全生产源头治理工作汇报会议。12月15日，市长王子联以视频形式主持召开全市重点行业领域安全生产源头治理工作汇报会议，对全市安全生产工作进行再调度、再部署。（李　昊）

政务服务

【概况】 2022年，全市各级政务（便民）服务中心受理综合业务193128件，政务服务“好差评”好评率100%。长春市政务服务中心在2022年度全省评价中排名第一。坚持锁定营商环境“进入全国第一方阵”目标，制定出台《2022年长春市营商环境建设攻坚方案》，包含12个方面的48项攻坚任务全部完成。推动信用便民、信用惠企、信用赋能，提升城市信用水平，2022年7月、8月，在国家公共信用信息中心发布的《城市信用监测月报》中，长春市连续2个月在全国36个省会及副省级以上城市综合信用指数排名第五。制定《数字政府建设三年行动计划》，强化数字政府建设。长春城市智能体安全运营项目入选中国信通院《2022安全守卫者计划优秀案例》，长春获“2022年IDC亚太区智慧城市”中国区域大奖，获评“2022中国领军智慧城市”称号。

【政务改革服务】 对照国家和省行政许可事项清单，编制公布长春市行政许可事项清单364项。向开发区新增下放行政权力事项14项。调整优化“证照分离”改革事项，落实国家和吉林省设定的事项市本级84项、县（市）区、开发区78项。

落实国家140项政务服务事项“跨省通办”事项，推进“哈长城市群”实现区域通办，2022年，全市办理跨省通办业务15万余件。全市政务服务事项承诺时限压缩至76.32%，即办件占比提升44.22%。2022年，完成新版全流程审批系统在全市210个乡镇（街道）便民服务中心以及7个城区、开发区164个试点村（社区）便民服务站的应用部署工作，基层便民服务网络建设得到加强。开展事项梳理、流程再造、系统升级等工作，将“爱心圆梦”“我心飞翔”中高考慈善助学项目纳入省新版全流程审批系统中进行经办，由全市各乡镇（街道）公共服务服务中心综合服务窗口接件，市、区两级民政部门在线审批，实现慈善助学事项“最多跑一次”。开办企业服务专区“前台综合受理、后台集成服务”工作模式，实现企业开办结果物“一窗领用”的改革目标。

【优化营商环境】 受理解决营商环境领域投诉举报问题，市本级受理省软环境投诉举报平台和文件转办、现场投诉问题53件，办结53件，办结率100%。全年受理营商环境投诉举报问题210件，办结210件，办结率100%。发挥营商环境监督员作用，组织17个县（市）区、开发区召开多层次营商环境监督员座谈会21次，听取企业意见和建议，收集企业意见115条并推动解决。建立政策梳理、上线服务、技术保障、法制服务、政策资金服务、金融服务、督查考核、宣传推广8个工作专班及“周联席会议”机制。制定印发《长春市惠企惠民政策直达工作方案》《长春市惠企惠民政策标准化审查办法》，建立政策发布机制，公开更新各级政策及解读。推动建立“省市区联动、部门协同”的营商环境建设工作机制，出台《2022年长春市考核评价实施方案》。创新运用数字化手段开展考评工作，搭建长春市“营商环境考核系统”开展线上考核，减少对基层的考核干扰。印发《长春市营商环境负面清单》，开展联合督导检查，确保营商环境建设各项任务落地落实。与域内外媒体合作，讲好“长春营商故事”，开展“新闻媒体进长春”营商环境系列宣传活动，2022年开展营商环境常态化宣传24期，形成报道500余条。

【政务服务中心建设】 完成长春市政务服务中心升级改造。医保、社保、公积金等9类专业大厅业务事项除涉密、涉敏感、涉及安全性的以及对场地有特殊要求的之外，其余1588项事项实现“应进必进”，占比95.2%，实现企业、群众办事“只进一扇门”。推进政务服务向基层延伸，重点推动全省新版全流程审批系统在村（社区）便民服务站的部署应用，研究选定南关区、宽城区等7个地区作为试点地区，梳理村（社区）便民服务站新版全流程审批系统清单38个事项。开展省级政务服务标准化试点工作，2022年9月建立政务服务中心标准化体系，梳理政务大厅16个工作岗位，制定岗位职责和工作流程，从大厅管理、大厅服务和工作制度3个方面，建立窗口无否决权、“办不成事”反映窗口、“跨省通办”窗口等工作机制29项，形成政务大厅制度汇编。

截至2022年5月12日，受理复工项目相关业务47件，为奥迪新能源PPE项目、比亚迪新能源动力电池项目、远大置业、长春金诺房地产开发有限公司新星宇·金麟府、长春市丰园老年公寓等项目单位提供业务咨询、申报指导、全程帮办等配套服务。

【政务公开】 2022年，编制汇总市本级年报并在网上解读发布，组织全市17个县区、43个政府部门、8个加挂行政机关牌子的党委机关全口径依法发布2021年政府信息公开年报。在国家第三方机构中科院项目组评估的全国49个城市报告中，对长春市2022年依法编制发布信息公开年报、图文并茂解读的做法进行表扬，在中国法治网网站上公开发布。

基层政务公开“两化”专栏在“中

国长春”市政府门户网站上线运行，主动公开相关政策文件和26个重点领域基层“两化”目录成果，发布工作动态70条，新增国家基层政务公开标准领域6个。向16个县区拓展政府信息公开法定平台，发布政府信息12369条，全市平台发布信息16.02万条。

全年，开展4个季度的检查自查和通报，开展3次问题整改，发现内容表述错误1352个，超期未更新285个，涉及17个县区和36个市直部门369个账号当日全部及时完成整改。政务新媒体全年发布信息56万余条。全年全市各级行政机关接收政府信息公开申请2410件，转结2021年办理52件，均在法定期限内予以答复。其中，予以公开及部分公开1671件，占67.9%；不予公开54件，占2.1%；无法提供514件，占20.9%；不予处理51件，占2%；其他处理138件，占5.6%。（尹秋竹）

【市长公开电话】 2022年，市长公开电话全口径受办理市民反映217万余件，总体办结率、反馈率均100%，群众满意率保持在85%以上。利用现有场地空间资源，将坐席数量由52个增加至80个，受理能力增强；采取整体并入、双号并行、设立分中心等方式，对全市25条业务热线进行优化整合，提升部门热线资源利用效率。“12345”热线总体接通率90%以上。推出《日报》《民声网情摘编》等信息报告制度，加强与网信、信访、应急等部门的信息互通共享，及时向市领导报送民情民意，辅助领导决策，各分管副市长围绕报告的问题进行签批，各责任单位主动作为推进落实，报告1563个问题，得到处置1345个，总体解决率86.2%。市长公开电话办公室集体获三等功，受理处被团市委命名为“青年文明号”，读网工作被人民网评为“全国网民留言办理工作民心汇聚单位”。（周晓虎）

【建议提案办理】 市政府承办市人大建议302件、市政协提案438件。其中，经济发展类203件、社会事业类280件、城市建设管理类117件、民生改善类49件、“三农”工作类91件。根据职责分工，交由59个政府部门和单位研究办理。市政府各部门在7月底已基本完成人大代表建议办理工作，已办结的建议提案中，问题已经解决、正在解决或列入计划逐步解决的占95.9%，所提问题因条件限制需要以后解决的占3.4%，留作参考的仅占0.7%，代表委员对答复的满意率99.9%。（李　昊）

政务督查

【重点工作目标任务督查】 2022年年初，市十六届人代会后，市政府督查室迅速对《政府工作报告》和市长在全市经济工作会议讲话中的重点工作进行细化分解，形成包含10个方面、151项具体工作任务的《2022年市政府重点工作目标责任制》，以文件形式下发各部门执行，实施跟踪督办。11月底，对全市重点工作进展情况进行全面调度，督促各相关单位落实主体责任，推动工作迅速落到实处，确保完成年度目标任务。

【重点项目实地核查】 开展疫情防控督导检查、城乡环境专项整治提升检查、备耕春耕及农民返乡情况督查、复工复产复商复市情况督查、惠企助企政策落实情况督查、全市农田排涝工作情况检查、拖欠中小企业账款情况督查、安全生产百日攻坚行动落实情况督查、全市开展国土绿化行动、全市水利重点工作进展情况专项督查以及推动“六城联动”工作督查等事项131件次，电话调度700余次，实地检查点位4100余个，发现解决问题4126个，形成报告、说明等材料101份，协调督促各相关单位明确责任、制定措施、加速推进，保证各项工作落实到位。

【农村问题整治督查】 按要求开展乡村旅游、农村供水工程、农村人居环境整治、“千村示范”创建及全省农业财政项目实施和资金拨付情况等专项督查工作，促进各项督办事项落实见效，特别是7月份，市政府督查室会同市农业农村局组成4个督查组，分别对德惠市、公主岭市、农安县、九台区、双阳区、长春新区、中韩开发区、朝阳区、绿园区、宽城区10个县（市）区、开发区农田排涝工作进行专项督查，走访24个乡镇、36个村，重点查看积水及过水农田、排涝沟渠、排涝站及泄涝区排涝现场40个点位，发现问题要求各地立即整改。（李　昊）

人事管理

【人才队伍建设】 实施《长春市人才发展促进条例》，成为中央人才工作会议后全国首部人才工作领域立法。制定《关于实施新时代人才振兴工程激励人才助力“六城联动”发展的若干政策（试行）》，构建完善的人才政策体系。出台《关于积极应对疫情影响促进高校毕业生来（留）长就业创业的若干措施》，全面服务高校毕业生就业创业。印发《长春市人才分类评价认定实施细则（试行）》及人才分类评价标准目录，推进人才分类评价科学公正服务发展。提升人才服务水平，成立东北首家人才服务局，制发“长春人才尊享卡”。强化人才政策落实，为1.66万余人次提供服务，全市为6852名企业高端人才发放奖励资金1.01亿元，为3033名高校毕业生发放安家补贴资金1.44亿元。

实施“技兴春城”专项行动、开展市级高技能人才评选活动、承办“技能中国行2022——走进吉林”技能展示交流暨吉林省第一届职业技能大赛。截至年末，长春市技能人才总量80.06万人，其中，高技能人才22.52万人，占技能劳动者总量的28.1%。全市有技工院校15所、在校生13743人，年度毕业5334人；职业技能等级认定机构16家，年度内开展职业技能等级认定523人次、认定职业15个。承办“技能中国行2022——走进吉林”技能展示交流暨吉林省第一届职业技能大赛，设置30个比赛项目，全省到长春参赛参展1334人。216名符合条件的长春市获奖选手晋升三级以上职业技能等级，被认定为高技能人才。103人通过大赛获“吉林省技术能手”称号。2022年，评选长春市技能大师工作室、长春市师徒工作间各10个，长春技术能手、长春技能大奖各10人。

【人力资源市场建设】 2022年，全市新增经营性人力资源服务机构63家，市属企业总数突破400家，从业人员超过4650人。鼓励和支持人力资源企业提速升级，长春市入统企业

53家。38家企业入驻中国长春人力资源服务产业园集聚办公，产业园获评“国家级人力资源服务出口基地”。实施“互联网+人力资源服务”行动，开展“国聘行动”“百日千万”等网络招聘专项行动，举办网络专场招聘12场，提供就业岗位5000余个。

【事业单位管理】 全市备案事业单位领导管理岗位及内设机构岗位203人，事业单位非领导管理岗位175人，事业单位工勤技能岗位120人，市直事业单位人员交流调配181人。在全市公立医院及基层卫生机构全面推行公立医院薪酬制度改革，建立健全符合医疗行业特点的公立医院薪酬制度。2022年，全市事业单位实际参加考核人数142641人，被评定为优秀人员28907人，占实际参加考核人数的20.2%（含30%核定比例）。考核合格人员106529人，占实际参加考核人数的74.6%。基本合格、不合格408人，占实际参加考核人数的0.2%。未定等次、未参加考核人员1676人，占实际参加考核人数的1.1%。推进“强师强医计划”。2022年强医计划市直签约26人。强师计划全口径签约539人（市直149人，县市区390人）。完成2022年长春市市直事业单位及基层治理专干面向社会公开招聘工作。147家市直事业单位，提供招聘岗位525个，计划招聘752人；基层治理专干提供421个岗位，计划招聘1333人。21766人参加笔试，4080人参加面试，市直招聘574人，基层治理专干招聘1272人。市本级继续教育全年培训2.65万人。

【人事考试管理】 完成国家、省、市17批次、46个专业报名工作，报名天数115天，审核180844人。组织考试13项，参试考生172354人，考试科次395428科次，缺考率29.75%，设置考点186个，标准化考场5708个，查处违纪52人。发放各类资格证书16643件，其中邮寄证书16276件，占比97.8%。

【专业技术人员管理】 全市完成信息化职称评审，通过6369人。其中，正高级170人，副高级2475人，中级3724人。落实疫情防控职称激励政策，35名一线人员提前1年参评职称，89名二、三、四批疫情一线医务人员通过绿色通道取得高级职称。向符合“县乡工作满30年，聘任中级职称满10年”政策人员倾斜，31人被认定为高级职称。向吉林省人社厅推荐民营高级经济师、机关分流、军转首评、基层硕博人员参评职称，302人通过评审。完成第二批乡村振兴人才职称申报评审工作，向吉林省人社厅推荐70名高级申报人，55人通过评审；召开初中级评委会，初级通过175人、中级通过105人。 （程红兵）

外事工作

【外事服务】 执行外交部、吉林省有关加强线上外事活动管理的要求，审批因公出访2个团组2人次、线上外事活动4个团组17人次。为10家单位34名外籍人员申请外国人来华快捷通道服务，帮助企业复产复工；支持企业“走出去”，为15家企业21人次申办APEC商务旅行卡；完成韩亚、法兰克福和俄罗斯等国际入境航班37架次13批次翻译任务；先后7次接待奥迪PPE项目团组，做好翻译、礼宾、省市领导会见报批等工作，推动项目进程；建成领事认证查验系统，实现网上查询功能，全年办理领事认证32164份。

【对外经贸合作】 3月3日，举办长春·札幌线上经贸对接会，中韩（长春）国际合作示范区、农安县哈拉海镇、吉林捷成云电子商务科技平台有限公司、长春迪莉娅食品有限公司、吉林省爱阳光新零售有限公司、吉林凯奥斯特跨境供应链有限公司等6家食品、零售、电商等领域的相关单位和企业负责人面向札幌市机构及企业就其项目及商品进行推介。6月24日，中韩（长春·庆尚南道）汽车零部件企业线上洽谈会启动，此次活动由长春市人民政府外事办公室和大韩贸易振兴公社庆尚南道支援团共同主办，大韩贸易振兴公社长春贸易馆和长春市朝阳区政府、经济技术开发区和汽车经济技术开发区共同承办，对接会中方组织一汽解放、一汽轿车、富维、富晟、福耀、邦迪和福伦等24家企业，韩方组织泰林产业和珍迎电机等8家企业，双方进行20余场线上对接。8月25日，举办2022（长春）绿色农业食品国际合作论坛，邀请全国对外友协副会长李希奎，亚美尼亚、贝宁、斯里兰卡三国驻华大使，世界500强和知名跨国企业代表，省市知名农业企业代表及专家学者130余人参加论坛，论坛期间，长春市参会企业与韩国CJ集团、美国多特瑞公司等跨国企业就农业领域合作进行探讨。9月27日，举行中白经贸项目视频对接会，省委常委、市委书记张志军，白俄罗斯驻华大使、明斯克市市长、白俄罗斯工业部副部长及中国产业海外发展协会会长参会并致辞。双方企业围绕中白经贸合作开展推介对接，兴隆综保区、长春中白科技园等分别与白俄罗斯有关工业园区、高校、企业签署5项合作协议。

【对外人文交流】 1月8日，“2022年长春—瓦伦西亚城市交流系列活动之西班牙新年文化课堂”在长春市少年宫成功举办，旨在加强两地文化交流，促进中西文明互鉴。在活动中，瓦伦西亚大学孔子学院教师用中文向来自长春市32所学校的65名同学介绍瓦伦西亚大学孔子学院、西班牙的新年文化，长春市学生参与课堂互动，展示自己的手工作品。1月22日，组织韩国在长企业家畅游冰雪新天地，20余位在长春投资发展的韩国企业家参加，活动分为冰雪体验、晚餐交流、夜赏长春冰雪新天地3个环节。3月4日，日本花道艺术交流会在长春日章学园高中举办，活动由长春市人民政府外事办公室与日本国驻沈阳总领事馆共同主办，是纪念中日邦交正常化50周年的系列活动之一，日本花道老师现场为大家带来3种不同风格的插花作品演示，对花道的历史、流派及精神内涵等进行讲解，参会的学生们进行现场插花体验。7月22日，为奥迪中国前CEO安世豪、德国大众汽车集团（中国）董事长冯思翰被评为长春市荣誉市民称号。12月14日至15日，参与组织由国家体育总局、吉林省政府主办的“第三届中俄冬季青少年运动会”，运动会由中俄两国元首亲自谋划、共同推动的重要体育赛事和重大双边外交活动，俄罗斯代表团151人参加。全年在线参加世界城地组织3次重要会议，当选2022—2025年度亚太区理事会成员城市。

（岳定龙）

中国人民政治协商会议长春市委员会

ZHONGGUO RENMIN ZHENGZHI XIESHANG HUIYI CHANGCHUNSHI WEIYUANHUI

综　述

【政协委员构成】　2022年，政协长春市第十四届委员会有委员561人，来自29个界别。其中，中共党员委员223人，非中共党员委员338人。常务委员会组成成员有106人。其中，主席1人，副主席7人，秘书长1人，常务委员97人。　（徐小娇）

【政协机构组成】　市政协机关设2个局级办事机构：办公厅、研究室；10个局级专门委员会：提案委员会、经济委员会、农业和农村委员会、人口资源环境委员会、教科卫体委员会、社会和法制委员会、民族和宗教委员会、港澳台侨和外事委员会、文化文史和学习委员会、委员工作委员会；单设机关党委。

（张海涛）

【政协机关建设】　加强政协机关建设。开展“基层建设年”活动，主席会议成员带头落实中央八项规定精神，到乡村振兴联系点和机关包保村调研，协调破解存在问题。组织机关党员、干部参与“幸福小区”创建，下沉社区“双报到”。召开加强青年干部作风建设专题座谈会，引导机关干部遵规守纪、担当作为。坚持重点工作年计划、月调度、周总结机制，推动机关高效服务。支持派驻市政协机关纪检监察组履行监督职责。　（赵　宁　李志璇）

重要会议

【全体会议】　中国人民政治协商会议长春市第十四届委员会第一次会议于2022年2月19日至21日举行。中共吉林省委常委、长春市委书记张志军等市领导出席会议，与委员共商长春经济社会发展大计。会议审议批准綦远方代表政协长春市第十三届委员会常务委员会所作的工作报告和张宝琦代表政协长春市第十三届委员会常务委员会所作的提案工作情况的报告。与会委员列席长春市第十六届人民代表大会第一次会议，听取并讨论市长王子联所作的政府工作报告，讨论市中级人民法院工作报告、市人民检察院工作报告及其他有关报告，对上述报告表示赞同。会议选举产生政协长春市第十四届委员会主席、副主席、秘书长和常务委员。市政协主席李龙熙主持闭幕会并讲话。　（翟振铭）

【常委会会议】　2022年，召开5次常委会会议。市政协十三届二十九次常委会会议2月16日召开。会议审议通过政协长春市第十四届委员会委员名单；审议通过政协长春市第十四届委员会第一次会议主席团、主席团会议主持人和秘书长建议名单，政协长春市第十四届委员会第一次会议主席团常务主席建议名单，政协长春市第十四届委员会第一次会议各次全体会议主持人建议名单，政协长春市第十四届委员会第一次会议副秘书长建议名单，政协长春市第十四届委员会第一次会议提案审查委员会人选建议名单，政协长春市第十四届委员会第一次会议分组办法（草案）和委员小组召集人建议名单，政协长春市第十四届委员会第一次会议秘书处工作机构及负责人名单（草案）。会议决定将上述有关建议名单和草案分别提请市政协十四届一次会议预备会议和主席团第一次会议审议。副主席张红星、侯治富、孙英利、张宝琦、郝肖峰，党组成员黄强及常委出席会议。

市政协十四届一次常委会会议于2月21日召开。会议审议通过政协长春市第十四届委员会副秘书长名单；审议通过政协长春市第十四届委员会常务委员会关于设置专门委员会的决定及政协长春市第十四届委员会各专门委员会主任、副主任名单。副主席孙丰月、刘春明、秦海涛、王桂敏、左毅、薛文革、梁国超，秘书长黄强及常委出席会议。

市政协十四届二次常委会会议于6月16日召开。会议传达学习全国政协十三届五次会议精神，通报市政协参与疫情防控工作情况；审议通过《长春市政协常委提交履职报告工作办法》《长春市政协委员常委参加全体会议和常委会议管理的规定》。副主席孙丰月、刘春明、秦海涛、王桂敏、左毅、薛文革、梁国超，秘书长黄强及常委出席会议。

市政协十四届三次常委会会议于7月28日召开。听取副市长李炜姝关于上半年全市经济社会运行情况及下半年工作安排通报；围绕“发展新经济，培育新消费，打造新兴消费城”协商议政；审议通过《关于发展新经济培育新消费打造新兴消费城的建议案》。主席李龙熙出席会议并讲话，副主席孙丰月、王桂敏、薛文革、梁国超，秘书长黄强及常委出席会议。

市政协十四届四次常委会会议于10月27日召开，分两个阶段召开。第一阶段专题学习贯彻党的二十大精神，邀请党的二十大代表、长春欧亚集团股份有限公司党委书记、董事长曹和平传达党的二十大精神；第二阶段围绕“构建现代产业体系，加快长春市国家城乡融合发展试验区建设”协商议政；听取市委常委、副市长赵建青关于长春市城乡融合发展试验区建设情况的通报；审议通过《关于“构建现代产业体系，加快我市国家城乡融合发展试验区建设”的建议案》；审议通过人事事项。

（翟振铭）

10月27日，召开市政协十四届四次常委会会议，专题学习贯彻党的二十大精神

（崔　潇　供图）

【主席会议】　2022年，召开5次主席会议。2月16日，召开市政协十三届三十一次主席会议，会议审议通过市政协十三届二十九次常委会会议议程；政协长春市第十四届委员会委员建议名单；政协长春市第十四届委员会第一次会议主席团、主席团会议主持人和秘书长建议名单；政协长春市第十四届委员会第一次会议主席团常务主席建议名单；政协长春市第十四届委员会第一次会议各次全体会议主持人建议名单；政协长春市第十四届委员会第一次会议副秘书长建议名单；政协长春市第十四届委员会第一次会议提案审查委员会人选建议名单；政协长春市第十四届委员会第一次会议分组办法（草案）和委员小组召集人建议名单；政协长春市第十四届委员会第一次会议秘书处工作机构及负责人名单（草案）。副主席张红星、侯治富、孙英利、张宝琦、郝肖峰，党组成员黄强出席会议，机关局级干部列席会议。

2月21日，召开市政协十四届一次主席会议，会议审议通过市政协十四届一次常委会会议议程；审议通过政协长春市第十四届委员会副秘书长建议名单；审议通过政协长春市第十四届委员会常务委员会关于设置专门委员会的决定（草案）；审议通过政协长春市第十四届委员会各专门委员会主任、副主任建议名单；审议通过政协长春市第十四届委员会关于专门委员会委员组成的建议。副主席孙丰月、刘春明、秦海涛、王桂敏、左毅、薛文革、梁国超，秘书长黄强出席会议。

6月15日，召开市政协十四届二次主席会议，会议审议通过市政协十四届二次常委会会议议程；传达学习全国政协十三届五次会议精神；审议通过《长春市政协常委提交履职报告工作办法（草案）》；审议通过《长春市政协委员常委参加全体会议和常委会议管理的规定（修订草案）》；审议通过《长春市政协委员分批次列席常委会议工作办法》。副主席孙丰月、刘春明、王桂敏、左毅、薛文革、梁国超，秘书长黄强出席会议，机关局级干部列席会议。

7月28日，召开市政协十四届三次主席会议，会议审议通过市政协十四届三次常委会会议议程；听取“发展新经济，培育新消费，打造新兴消费城”专题情况汇报；审议通过《关于发展新经济培育新消费打造新兴消费城的建议案（草案）》。副主席秦海涛、王桂敏、薛文革、梁国超，秘书长黄强出席会议，机关局级干部列席会议。

10月10日，召开市政协十四届四次主席会议。会议审议通过市政协十四届四次常委会会议议程；听取“构建现代产业体系，加快长春市国家城乡融合发展试验区建设”专题情况汇报；审议通过《构建现代产业体系加快我市国家城乡融合发展试验区建设的建议案（草案）》；审议通过人事事项。副主席刘春明、秦海涛、王桂敏、左毅、薛文革、梁国超，秘书长黄强出席会议，机关局级干部列席会议。

（翟振铭）

协商议政

【概况】　聚焦“六城联动”中心工作，举办重要协商和监督活动34次，向市委、市政府报送协商成果42件，开展重点视察调研56项，立案提案466件，编报社情民意信息36期，多项意见建议被采纳。加强协商平台建设，出台工作实施意见，加强协商阵地建设，推动委员工作（联络）站、协商议事室规范化运行，促成解决基层矛盾问题27个，达成协商共识32个。形成市政协领导下沉基层协商平台、政协委员下沉委员工作（联络）站的“双下沉”协商机制，主席会议成员带头开展协商活动12次。提高提案办理协商质量，长春世界雕塑园免费开放等提案建议得到直接落办。研究出台协商议政质量评价工作办法（试行）、年度协商计划办法等文件，以制度完善促进工作质量提升。聘任特聘专家24名，为高质量履职建言提供智力支持。

（赵　宁　李志璇）

【专题议政协商】　召开专题议政性常委会会议，省委常委、市委书记张志军在《政协专报》上作出批示。召开稳定经济增长、推进“四个服务”协商座谈会，为推动纾困政策落地、各种展会如期举办提出建议。调研并协商加强生态环境治理体系建设，为建设‘双碳’示范城提供参考。召开构建现代产业体系、加快国家城乡融合发展试验区建设专题议政性常委会会议，向市委、市政府报送建议案。就壮大肉牛养殖群体开展专题协商，所提意见建议被有关部门作为重点任务分工落实。围绕群众“急难愁盼”，召开加快智慧医疗建设、加强公共卫生应急管理协商座谈会。召开加强未成年人保护协商座谈会，助力培养全面发展的社会主义建设者和接班人。聚焦交通治堵，破解“停车难”协商成果得到市长王子联批示。践行“两山”理念，聚焦推动冰雪运动高质量发展进行专题协商。组建新一届立法协商法律顾问组，对社区治理促进条例等7部地方性法规和政府规章进行立法协商，为科学民主立法广纳群言、广聚群智。聚焦少数民族文化遗产保护与传承开展调研协商。围绕把握RCEP机遇实现长春对外经济交流合作新突破协商座谈，汇聚振兴发展更多力量。围绕加强红色文化资源保护利用、加快党史基地群建设调研协商。召开以塑造航空文化为依托、助推文化创意城建设协商座谈会，推动成立长春航空航天文化传播研究中心。

（赵　宁　李志璇）

【提案办理协商】　对养老服务等领域提案数量多的情况，主动为市民政局等承办单位搭建集中办理协商平台，推动提、办双方从工作全局共商共议，形成综合性办理意见，减轻提案办理工作负担，委员与部门达成共识。推进实地走访协商。围绕委员们关注的全市肉牛工程，分管副主席带领部分委员到市畜牧局走访，征求对政协提案工作的意见建议，调研肉牛养殖、繁育、加工情况，听取工程进展情况，就养殖污染防治、构建防疫体系、强化科技指导等进行交流，为推进肉牛工程凝聚合力。

（苏　展）

【社情民意管理】　2022年，征集社情民意信息306条，编辑报送社情民意信息36期。省委书记景俊海签批1期，市长王子联批示2期，其他市领导批示1期，市委办公厅信息处《决策参考》采用12期，市政府办公厅信息处《政务信息》采用2期，多条意见建议在具体工作中落实。市政协反映社情民意信息线上采编系统的运营，制定完成《长春市政协社情民意信息系统管理办法》和评分细则，为各信息报送单位制作账号33个，完成275条信息的分类、标注和上传工作，协调技术人员，对线上平台2大模块、4个栏目的12项功能进行修改完善。建立覆盖全面的县市区信息员联络队伍，提高县市区信息报送工作。完成2021年信息评优表彰工作。疫情期间征集各类信息稿件186件，信息线索58个，互动交流900余次，编辑报送信息成稿23篇，反映大量隐患、盲点问题，多条意见建议在疫情防控工作中落实。

（张展宇）

【视察监督】　强化提案督办视察，开展《关于有效发挥中医药资源优势推动大健康事业发展的建议》提案办理情况的督办视察；对冰雪招牌进行重点提案督办，推动“绿水青山就是金山银山”“冰天雪地也是金山银山”的理念，对《关于在北湖国家湿地公园打造民法典主题公园的建议》的办理及落实情况开展督办视察。通过提案监督，对办理结果跟踪问效。

监督对上一年度协商工作计划确定的协商议题建议落实情况开展跟踪视察，围绕市委、市政府重大决策部署的贯彻落实开展跟进性监督：组织政协委员开展跟踪视察，询问发展中遇到的困难和问题，及相关支持政策落实情况；对2021年协商议题“加强中医药传承创新，助力长春健康产业发展”开展跟踪视察，推动长春市中医药事业的发展；对2021年关于“加强知识产权保护，促进科技创新成果转化”专题调研成果落实情况进行“回头看”，促进科技创新成果转化；组织部分市政协委员和专家围绕“弘扬工匠精神，建设高素质产业工人队伍”协商议题开展跟踪视察，以推动长春市高素质产业工人队伍建设工作的发展；对2021年度市政协“深入推进民族团结进步创建工作”建议落实情况开展跟踪视察，助力长春市民族团结、社会稳定；开展“拓展对外经贸合作空间和领域，加速打造东北亚地区合作中心枢纽”跟踪视察，对长春市对外经贸合作重点企业和项目的发展情况进行专项视察，确保提案成果转化为党委政府的决策和行动，推动协商成果的转化落地。　（赵　宁　李志璇）

【专题调研】　汇集智慧、聚焦热点，为大力培育专精特新中小企业，促进长春市经济高质量发展献良策。围绕加快长春市玉米种业创新开展专题调研，形成《关于加快长春市玉米种业创新的建议》的调研报告，报送长春市政府。围绕提升长春市供热保障能力建设开展专题调研，提出可操作性和综合性的意见

9月23日，市政协委员围绕《关于擦亮长春冰雪招牌的建议》重点提案办理情况开展视察工作　（张泗国　供图）

建议，以《政协专报》形式，向市委、市政府有关领导和部门报送委员的意见建议。围绕义务教育阶段“双减”政策落实情况开展专题调研，推进“双减”政策的落实，构建良好教育生态，加快教育高质量发展。围绕公共法律服务开展专题调研，推动依法治理。围绕加强少数民族文化遗产保护与传承工作开展专题调研，召开宗教界人士在和谐社会建设中的作用专题调研座谈会。围绕把握RCEP机遇，实现长春对外经济交流合作、拓展长春特色冰雪旅游在东南亚及港澳台地区市场开展调研，建言献策。围绕加强伊通河流域古人类与古生物化石保护利用开展专题调研，同步启动文史资料《伊通河流域古人类与古生物化石研究》的编撰工作。

（赵　宁　李志璇）

【专题视察】 贯彻党的民族政策和宗教工作基本方针，开展少数民族界、宗教界委员“看发展、看变化”专题视察，引导少数民族群众和信教群众投身疫情防控和经济社会发展。视察宗教活动场所文物保护工作，引导宗教与社会主义社会相适应。（赵　宁　李志璇）

提案办理

【概况】 十四届一次会议以来，广大政协委员、政协各参加单位和各专门委员会，坚持以习近平新时代中国特色社会主义思想为指导，贯彻落实中央政协工作会议精神，聚焦全市经济社会发展中的重要问题、人民群众普遍关心的热点问题，提交提案516件。经审查，立案466件，转社情民意或工作参考46件，撤案4件。在立案提案中，建议案2件，委员提案422件，党派团体提案41件，界别提案1件。（苏　展）

【经济领域提案】 关于促进国有经济健康发展、做大做强制造业、引领经济社会数字化转型、强化金融支撑等提案推动长春经济发展提供参考。关于构建智慧农业全链条政策支撑体系、打造绿色粮食生产和精深加工基地、发展壮大农产品加工业、促进农业高校毕业生到长春创业就业等提案，为乡村振兴贡献智慧。关于建立市场化科技创新生态体系、加快建设“长春光谷”、打造“软件+智能”制造名城等提案，推动科技成果在长春落地转化。（苏　展）

【文化建设提案】 突出坚定文化自信、办好人民满意的教育、保障人民健康等主题。关于弘扬优秀传统文化、讲好新时代长春故事、加强中小学思想政治教育等提案，为坚定历史自信、文化自信凝心聚力。关于提升义务教育阶段教学质量、加强探究性学习、推进职业教育发展等提案，为建设高质量教育体系、推动学校多样化发展发挥作用。关于发挥中医药优势推动大健康事业发展、加强慢性病防治工作、完善疫情防控机制等提案，助力健全公共卫生服务体系。（苏　展）

【生态环保领域提案】 围绕提升城市管理水平、加快绿色低碳发展等建言献策。围绕合理规划交通调流、构建智慧交通体系、加强校门前交通设施建设等提案，市交管办下发8批次595项治理措施，推动交通通行环境稳中向好，交通治理工作取得成效。关于加快推进能源低碳转型、建立碳核查大数据中心、推动建筑节能技术应用等提案，为坚持生态优先、建设“双碳”示范城提供参考。（苏　展）

【政法领域提案】 围绕全面推进依法治市、增进民生福祉等提出提案。关于打造公共法律服务品牌、提升法律援助服务水平、提高司法鉴定公信力、建立社区适老法律服务站等提案，为加强民主法治建设贡献政协力量。（苏　展）

【民生领域提案】 关于长春世界雕塑园免费开放、加强对失能人员医疗照护、坚决遏制电信网络诈骗犯罪活动等提案，得到承办单位采纳，推动惠民措施落地，为百姓生活提供更多便利和保障。（苏　展）

委员工作

【委员管理】 以制度促履职。修改《长春市政协委员常委参加全体会议和常委会议管理的规定》，提高标准和时限要求、批假权限，健全约束机制，对十四届一次全体会议期间请假委员进行通报。制定《长春市政协常委提交履职报告工作办法》《关于十四届市政协委员分批次列席常委会议工作办法》。开通上线市政协委员履职平台App，形成委员履职考核评价体系，制定《长春市政协委员履职平台管理办法（试行）》，对平台运行中的管理维护、信息发布、操作规程、风险防范、权利职责等，作出具体明确的规定规范。3次调度委员下载、运用平台情况，协调软件公司做好使用培训、咨询、答疑等工作，为平台常态化运行提供支撑。

（徐小娇）

【委员培训】 组织委员参加全国政协、省政协学习培训，举办市政协委员履职能力培训班，首批专题培训新任委员206人。安排委员分批列席常委会会议形成制度，78名委员列席常委会会议。开展委员读书活动，打造城市书房，以“书香政协”助力“书香长春”建设。（徐小娇）

【委员活动】 十四届市政协委员编成20个小组。全年组织开展活动48次，活动主题涉及经济、教育、文化、医药卫生、环境治理、法治建设、乡村振兴等多个方面，开展的基层协商、送医送药、送文化文艺下乡、捐资助学、图书捐赠等活动。（徐小娇）

中共长春市纪律检查委员会
长春市监察委员会

ZHONGGONG CHANGCHUNSHI JILÜ JIANCHA WEIYUANHUI
CHANGCHUNSHI JIANCHA WEIYUANHUI

综　述

【工作成果】　2022年，市纪委监委获评2022年度全省纪检监察信息工作先进单位、2022年度长春市突出贡献奖，党风政风监督室获评全省纪检监察系统先进集体；张双山获评全国纪检监察系统先进工作者，刘洋获长春市五一劳动奖章，王晓雨、邹宝力、梁志刚被评为长春市攻坚克难担当作为好干部。

【纪检监察体制改革】　召开市委反腐败协调小组会议，制定工作规则，将成员单位由7家扩展至12家，推动市直11家监督主体和3家驻长中省直单位协作配合，协助市委构建以党内监督为主导、各类监督贯通协调的监督体系。制定《长春市纪委监委“四项监督”统筹衔接工作规程（试行）》，细化实施“1+1”“1+N”“1+X”工作机制和“4+2+Z”联动模式，促进纪律监督、监察监督、派驻监督、巡察监督统筹衔接常态化制度化。制定《关于加强市直部门（单位）机关纪委建设的意见》，推进机关纪委规范化建设。编印《纪检监察常用法规制度实用手册》，常态化开展学习宣传。编制《审查调查工作手册》，细化明确办案流程及具体要求，严格执行监督检查、审查调查措施使用规定，统一执纪执法各类文书格式，加强对措施使用合规性、合法性和必要性的前置审核，规范涉案财物监督检查，严格留置场所和“走读式”谈话管理，做到依规依纪依法、安全文明办案。制定《市纪委监委案件质量考核体系标准及评分细则》《提高纪检监察机关案件质量制度措施汇编》，提高案件质量。

【党风廉政教育宣传】　2022年，中共长春市纪律检查委员会、长春市监察委员会联合长春广播电视台，打造党风廉政电视栏目《廉洁长春》，并于6月18日正式开播。《廉洁长春》党风廉政电视栏目主要分为《风向标》《广角镜》《微课堂》《清风人》《警示钟》和《爱廉说》等六大板块。

【纪检监察干部队伍建设】　市纪委监委及时修订常委会议事工作规则，严格执行民主集中制，制定落实市纪委监委领导班子建设10项制度。领导班子成员带头领题调研，带动全系统完成调研课题52个。制定加强全市纪检监察干部队伍建设的实施方案和加强市纪委监委干部队伍建设十项举措。创新开展“三走进”（走进干部中间、走进干部心田、走进干部档案）日常考核，实施“分层分类差异化百分制”年度考核，建立疫情防控“战时档案”和政治素质考察档案，把干部考准考实。优化干部队伍结构，通过遴选、军转、招录、转任等方式引进优秀年轻干部42名。强化干部全员培训，构建选学、讲学、考学、比学培训体系，创建流动图书站暨“培训超市”，开展新进系统干部“岗前第一课”、年轻干部岗位体验互助“1+1”、导师带徒等活动，培训干部1000余人次。制定实施《关于进一步加强对纪检监察干部监督的工作方案》，强化对纪检监察干部监督，开展廉政自检，修订完善权力清单和风险隐患清单，健全监督制约和岗位风险防控制度。做好关心关爱纪检监察干部工作，制定实施《长春市纪委监委关心关爱“七必谈”“七必访”“七必报”工作方案》，开展心理健康讲座、干部家访和经常性谈心谈话，帮助解决实际问题。（李亚斌）

重要会议

【全体会议】　1月29日，中共长春市第十四届纪律检查委员会第二次全体会议在长春举行。出席全会的市纪委委员37人，列席72人。省委常委、市委书记张志军出席全会并讲话。市委常委，市人大常委会、市政府、市政协及市法院、市检察院负责人等出席会议。全会由市纪律检查委员会常务委员会主持。全会传达学习十九届中央纪委六次全会、省纪委十一届七次全会精神，总结2021年全市纪检监察工作，部署2022年任务。审议通过孙继光代表市纪委常委会所作《自觉运用党的百年奋斗历史经验，推进新时代长春纪检监察工作高质量发展》工作报告。

【专项工作会议】　2月8日，吉林省长春市组织召开全市以案为鉴、以案促改警示教育大会，教育引导全市党员干部特别是领导干部受警醒、守底线、知敬畏，让党员干部在严明纪律规矩中迅速进入工作状态。2245名党员干部参加警示教育大会，集体观看警示教育片《迷失》之后，长春市

1月30日，长春市组织召开全市以案为鉴以案促改警示教育会议

（李亚斌　供图）

纪委书记、监委主任孙继光现场通报2021年全市纪检监察机关查办案件情况，对政法系统严重违纪违法案件作剖析，增强警示教育针对性。

6月10日，全市“学生餐”微腐败等问题专项整治工作动员部署会议召开，从6月10日起至11月中旬，长春市纪委监委在全市范围内开展“学生餐”微腐败等问题专项整治工作。专项整治工作范围为全市公办大、中、小学校和教育行政、市场监管等部门，围绕学校食堂经营管理、校外配餐管理、行业主管监管责任落实等 3 个方面开展。专项整治分集中自查、监督检查、查办案件、以案促改 4 个阶段进行。（李亚斌）

监督检查

【政治监督】　围绕市管领导班子和领导干部贯彻落实党中央重大决策部署、落实省委“一主六双”高质量发展战略和市委“六城联动”“十大工程”和“四个服务”重点任务的要求，持续开展政治生态调研监督，强化日常监督，促进履职尽责、担当作为。紧盯疫情防控，加强监督检查，全市纪检监察机关开展各类检查4144次，推动解决问题11851个，为高效统筹疫情防控和经济社会发展提供纪律和作风保障。紧盯全市经济增长、安全生产、信访稳定等 5 项重点工作，加大监督检查力度，开展督导检查786次，推动整改问题2288个，协调解决难题131个，追责问责81人，市纪委监委出台纪检监察机关助推企业高质量发展12条措施，以严明纪律监督推动各项工作落到实处。紧盯落实党中央关于加强对“一把手”和领导班子监督的意见，编制工作规程、记手实册，市纪委监委领导班子成员与市县两级党政班子成员和市直部门“一把手”开展谈话监督145人次，反馈问题314个，提出建议310条，督促其严于律己、严负其责、严管所辖协助市委全面彻底肃清孙政才、苏荣和王珉流毒影响，高度警觉“七个有之”问题，全市纪检监察机关查处违反政治纪律案件24件，处分25人。加强市“两会”换届风气监督，严肃换届纪律，确保换届风清气正。做好党风廉政意见回复工作，审慎回复党风廉政意见1553人次，提出暂缓意见8人次、否定意见8人次，从严把好政治关、廉洁关。

【党风政风监督】　落实中央八项规定精神，制发《关于落实中央八项规定精神深入纠治“四风”问题的实施意见》，紧盯元旦、春节、中秋、国庆等重要节点，围绕整治“天价”月饼、蟹卡蟹券、名贵特产等突出问题，开展专项检查，发现问题86个，督促立行立改。推进违规公款吃喝、公款旅游问题专项整治，排查公职人员酒驾醉驾背后隐藏的作风问题。全市纪检监察机关查处享乐主义、奢靡之风问题94个，批评教育帮助和处理106人，其中处分101人；通报曝光典型问题33起36人。深化加重基层负担形式主义问题专项整治，推动解决重复开会、变相发文，调研走过场、超标准陪同，“指尖上的形式主义”等突出问题。制发《长春市优化营商环境负面清单》，组织开展全市优化营商环境加快项目建设情况抽查暗访，发现问题69个，跟踪督促整改。围绕疫情防控、生态环保和重大火灾事故等，严肃查处问责落实不力、作风漂浮、弄虚作假、谎报瞒报甚至失职渎职等问题，问责党员、干部312人。全市纪检监察机关查处形式主义、官僚主义问题86个，批评教育帮助和处理106人，其中处分87人；通报曝光典型问题6起12人。落实“三个区分开来”，为受到不实举报的党员、干部澄清正名41人；建立容错纠错清单，对35名干部免予处分，激励党员干部干事创业、担当作为；建立回访教育“3+2”工作机制，回访受处分处理干部1422人，引导他们放下包袱、轻装前进。督促落实“五化”闭环工作法，推动形成“严新细实”作风。

【脱贫攻坚专项监督】　开展巩固拓展脱贫攻坚成果同乡村振兴有效衔接过渡期专项监督。围绕“四个不摘”政策落实、项目资金使用等方面情况开展监督检查，发现督促整改问题105个，保证扶贫资金和资产安全发挥效益，推动党中央惠民富民政策落地见效。深化农村基层“微腐败”及涉农领域职务违法职务犯罪专项治理，立案247件，处分处理132人，维护群众利益和基层稳定。

【民生领域专项整治】　围绕供热、安全生产、学生餐等重点民生领域问题开展专项整治，立案117件，处分72人，发现并推动整改问题2366个。围绕停车收费、“双减”政策落实、救助补助资金使用、拖欠农民工工资等问题开展专项监督，发现推动解决问题258个。巩固拓展政法队伍教育整顿成果，加快推进66件未结线索和案件查办进度，处分处理23人，移送检察机关6人。彻查涉黑涉恶腐败和“保护伞”，核查问题线索26件，查结12件。

【基层监督】　学习借鉴通化、集安等地经验做法，指导双阳区、公主岭市开展基层监督试点，探索建立县、乡、村三级联动监督机制，发挥乡村廉政监督工作室（站、点）作用，推动解决基层群众难题374个。剖析典型案例，印发3起市管领导干部严重违纪违法案件通报，指导基层制作《微权力操作手册》，建立微权力负面清单，规范权力运行。

【举报受理】　建立健全群众举报快速反应机制。立足职能解决群众“急难愁盼”问题，建立群众信访举报“接诉即办”快速反应机制，加强市县联动、协同推进，形成对群众反映信访举报快接快办、快查快结、快速反馈的工作闭环。全市纪检监察机关受理相关举报2565件，办结2181件，查实247件，向实名举报人反馈405件。（李亚斌）

审查调查

【概况】　2022年，市纪委监委立案审查调查市管干部38人，重点查处邵某等一批领导干部严重违纪违法案件。全市纪检监察机关接收信访举报19560件次，处置问题线索9582件；立案2949件，处分2642人，移送检察机关100人。

【重点领域腐败整治】　推进开发区相关腐败问题监督整治，立案237件，处分215人。深化粮食购销领域腐败问题专项整治，立案53件，处分94人，挽回经济损失1.7亿元。推进反腐败国际追逃追赃，追回在逃人员3人。

【“四种形态”运用】　运用监督执纪“四种形态”（经常性开展批评和自我批评、约谈函询，“红红脸、出出汗”成为常态；党纪轻处分、组织调整要成为违纪处理的大多数；党纪重处分、重大职务调整成为少数；严重违纪涉嫌违法立案审查成为极少数），全市纪检监察机关批评教育帮助和处理10558人次，其中第一至第四种形态分别占比74.3%、21.6%、2.1%、2.0%。

【建立制度约束机制】　建立行贿行为联合惩戒机制，将295条行贿人信息录入全国行贿人信息库。做实监督促治、以案促改，推动发案单位完善制度、堵塞漏洞，监督发案领域汲取教训、条线治理，全市纪检监察机关制发纪检监察建议2338份，推动整改问题11305个，修订完善制度1338个。

【警示教育】　协助市委制定加强新时代廉洁文化建设工作方案，推动形成长春廉洁文化工作布局。召开以案为鉴、以案促改警示教育会议，全市950余名市管领导干部集体接受教育；制作并发放警示教育专题片《迷失二》，逐级组织观看，全市党员、干部受到警醒和触动。创新廉洁文化传播方式，讲好长春廉洁故事，创建廉洁文化主题公园，与中央纪委国家监委网站联合推出廉洁过节主题视频、海报等，开播《廉洁长春》电视栏目12期，分层分类开展家庭家教家风特色活动，筑牢党员、干部拒腐防变思想防线。（李亚斌）

巡察工作

【概况】　2022年，制定《中共长春市委巡察工作规划（2022—2026年）》，形成十四届市委巡察工作任务书和施工图。制定《关于进一步加强巡察整改工作的具体措施》，探索运用“一单、二函、三书”工作模式，压实被巡察党组织整改主体责任，统筹推进共性问题综合治理。制定市县党委落实巡察工作主体责任清单，推动党委知责担责、履责尽责。完成十四届市委第一轮巡察和市县基层治理专项巡察，对开发区开展“机动式”巡察，发现问题4773个，推动立行立改问题347个，移交问题线索157件。

【十四届市委第一轮巡察】　7月7日，市委巡察工作领导小组召开十四届市委第一轮巡察工作动员部署会议。会议传达中央和省委、市委巡视巡察工作有关会议精神。宣布十四届市委第一轮巡察组组长授权任职及任务分工决定，对2021年度巡察工作先进个人进行表彰。市委常委、市委巡察工作领导小组副组长邵波主持会议。市委常委、市委巡察工作领导小组组长孙继光出席会议并讲话，对全市巡察工作进行部署。巡察问题立行立改。移交一批问题线索。

【巡察整改】　完成十三届市委第十一轮巡察问题反馈，推动整改问题549个，整改率95.4%，问责143人，督促建立完善制度551项。向市委专题报告巡察情况，向市纪委监委通报巡察发现的问题和线索，向市委组织部通报选人用人、领导班子建设情况，向有关职能部门提供巡察整改工作方案、工作手册等，推动综合运用巡察成果。

【巡视巡察上下联动】　制定市委落实《关于加强巡视巡察上下联动的意见》工作方案，明确重点任务、细化方法措施，推动市县巡察上下贯通、协调联动，发挥整体优势。建立健全县（市）区巡察工作方案前置审核把关机制，加强对县（市）区巡察工作的督促指导。强化“巡纪联动”，一体部署专项巡察与专项整治，建立线索移交“绿色通道”。加强巡察监督与职能部门监督配合，探索信息共享、情况互通、专业支持等协同协作路径。（李亚斌）

民主党派

MINZHU DANGPAI

综　述

【民主党派组成】　2022年，长春市有民主党派市级地方组织6个，分别是民革、民盟、民建、民进、农工党、九三学社。截至年末，6个民主党派有成员1.42万人，85%以上成员具有大学本科及以上学历，78%成员具有中高级以上职称，各级人大代表、政协委员1000余人。33%的成员分布在高等院校。

【民主党派组织建设】　各民主党派市委会下设组织195个。其中，基层组织192个，地方组织3个（民革公主岭市委员会、民建公主岭市委员会、民进榆树市委员会）。基层组织主要分布在15个县（市）区、开发区，24个大专院校、科研院所，25个国有企、事业单位，以及23个市委会直属组织。　（周玉琦）

中国国民党革命委员会长春市委员会

【概况】　截至年末，中国国民党革命委员会长春市委员会（简称市民革）有基层组织27个。其中，基层委员会7个、直属总支1个、独立支部8个、县级地方委员会1个。市民革设立8个专门工作委员会，建成23个民革党员之家。党员人数1928人。其中，男性1155人，女性773人。副厅级实职2人，政协副职7人，正处级实职16人；大学及以上学历1587人，占总数的82.3%；中高级及以上职称1121人，占总数的58.1%。中组部“青千计划”1人，国家百千万人才工程1人，长白山学者5人，长白山领军人才1人，入选全球前2%顶尖科学家榜单1人。全市民革党员中有省人大代表3人，市人大代表8人；省政协委员6人，市政协委员38人。

2022年，在民革中央表彰中，市民革获“宣传思想工作先进集体”“参政议政工作先进集体”和“祖统工作先进集体”称号，1名机关干部获“宣传思想工作先进个人”，1名民革党员获“参政议政工作先进个人”称号。

【组织建设】　2022年，召开主委会议、常委会议、全委（扩大）会议8次。完善《基层组织年度工作量化考核办法》，对示范支部、达标支部实施分类指导和动态管理。开展失联党员、不活跃支部统计、督导工作。主委、副主委带队到10余个基层组织民革党员之家走访调研。整理编辑《基层组织工作手册》，基层组织工作制度化、规范化、程序化水平得到提高。制定新党员、骨干党员和后备干部发展规划、培训计划。对全市民革党员开展信息普查采集工作，制作《党员通讯录》。坚持主委为新党员上“入党第一课”、赠送“六个一”礼物。按照“争当建功先锋 创建模范机关”工作要求，应用“五化”工作法推进机关工作。坚持每周一机关工作例会制度，开展理论学习、工作交流。践行“互相帮助、亲如一家”的组织理念，坚持春节前夕上门慰问老党员、困难党员。

【思想建设】　印发学习通知，号召全市民革党员学习党的二十大报告，认识中共二十大的重要意义，深刻领悟“两个确立”的决定性意义，增强“四个意识”、坚定“四个自信”，切实做到“两个维护”。联合各民主党派、社会主义学院举办中共二十大精神线上培训班。制定下发《“矢志不渝跟党走、携手奋进新时代”政治交接主题教育方案》，以“中山大讲堂”为依托，利用民革党史教育基地、民革党员之家、主委讲党课、中山读书会等平台，形成主委会议、常委会议、全委会议、专委会议、基层组织会议的学习体系，新党员培训班、骨干党员培训班、基层组织负责人培训班的培训体系，全年参与党员人数1000余人次。微信工作号、网站全年推送各类报道390篇，点击阅读量50余万次。稿件被中央、省、市主流媒体刊发48篇次

【参政议政】　参加中共长春市委、市人大、市政府和市政协召开的民主协商会、情况通报会、征求意见会、专题议政会和季谈会，就党风廉政建设、疫情防控、助力复工复产和经济社会发展等全局性问题发表意见、提出建议。在市人大十六届一次会议上，民革界别人大代表围绕科技成果转化、社会治理、民生改善等方面提交议案5件。在市政协十四届一次会议上，市民革提交大会发言5件，团体提案7件，个人提案39件。1件提案被评为十三届五次会议以来优秀提案。2件团体提案得到相关部门答复及落实。

2月27日，民革长春市企业家联谊会召开一届二次理事会暨汽车零部件专委会成立大会　（王　茜　供图）

修订《关于大力推进参政议政工作的实施办法》，将参政议政工作纳入基层组织年度工作目标责任制考核。明确主委、副主委担任重点课题负责人职责。调整参政议政工作委员会班子成员，2022年，完成提案25件，11件被民革省委会采纳，6件作为省政协十三届一次会议团体提案，1件作为大会发言；6件作为市政协十四届二次会议大会发言，8件列入团体提案。编辑上报社情民意69篇。其中，省政协采用2篇，省民革采用29篇，市政协采用17篇，市委办公厅采用3篇。市民革连续5年获市政协“反映社情民意信息先进单位”称号。在市政协表彰的13篇年度优秀社情民意信息中，市民革占8篇。2篇建议得到省级主要领导批示。

【社会服务】　2022年，市民革打造“中山”系列、“博爱·牵手”品牌活动。全年开展关爱抗战老兵、牵手困难群众、慰问环卫工人、圆梦留守儿童等公益活动30余场次，受益群众2000余人。民革长春市企业家联谊会成立汽车零部件专委会，帮助会员企业优势互补、资源共享、做大做强；召开“关爱企业家，点亮健康路”健康管理推进会，与吉林大学中日联谊医院搭建绿色保障通道，为企业家提供多元化的保健服务。长春中山法律援助工作站开展普法宣传、法律援助活动，走进二道区临河街道消防站、南关区全安街道天利南社区开展普法讲座、法律帮扶；办理法律援助案件122件。整合党员企业家资源力量助力乡村振兴，联合民革长春市电子商务协会对接中国消费帮扶馆长春馆，携手FM90.0长春乡村戏曲广播，开展“消费帮扶贺新春——公益年货节”直播活动和“民革科普惠农 助力乡村振兴——农业知识讲座”，帮助农民增产增收，巩固脱贫攻坚成果。参与全市统战系统“同心助企”专项行动，助推长春引智、引技、引资，促进项目签约。　（王　茜）

中国民主同盟长春市委员会

【概况】　截至年末，中国民主同盟长春市委员会（简称市民盟）有基层组织41个。其中，基层委员会31个，直属支部10个。盟员总数3802人，盟员中担任全国政协委员1人，省人大代表5人，市人大代表9人；省政协委员8人，市政协委员36人。

市民盟获民盟中央“庆祝民盟80周年微视频宣传工作优秀集体”“群言杂志社2022年度优秀发行单位”称号，获民盟吉林省委会“2021年度民盟省委理论研究工作优秀组织”称号，1名盟员获“全国五一劳动奖章”，16名盟员获省级及省级以上表彰。

【组织建设】　2022年，发展新盟员102人，其中代表人士6人，中上层人士占比70%以上。组织召开第42期新联系人培训班，通过学习盟章、撰写提案等方式增加新盟员对组织的认同感和归属感。加强代表人士队伍建设，建立完成850余人“两高”人才数据库，做到对骨干盟员、重点盟员的实时信息更新。推荐党外高层次人才783人，代表人士35人。完成民盟省级组织换届工作，长春市18名盟员当选为民盟吉林省第十五届委员会委员。组织开展市级领导班子述职和民主评议，提升换届后领导班子和骨干盟员的综合素质，组织推荐50余人参加全省基层负责人、骨干盟员培训班。加强基层组织建设，打造“各有特色”的“盟员之家”。长春市现建有“盟员之家”23个。

【思想建设】　组织盟员学习贯彻中共二十大精神、传达学习习近平总书记重要讲话精神、落实民盟十三大、吉林民盟十一大精神等，推动习近平新时代中国特色社会主义思想走深、走心、走实。以开展“矢志不渝跟党走、携手奋进新时代”政治交接主题教育和落实“同心发展行动”为抓手，加强全市盟员的思想政治基础。发挥盟市委理论学习中心组示范引领作用，围绕学习中共二十大精神等内容开展专题学习，发表学习体会20余篇；扩大学习覆盖面，组织市民盟机关、各基层组织开展学党史盟史、统战工作条例、黄大年精神等线上线下主题学习活动20余次；提议并与长春各民主党派和社会主义学院联合举办线上学习中共二十大精神培训班，近200名盟员参与学习；组织开展“学民盟先贤 做优秀盟员”主题征文活动、主题教育书画作品征集活动；策划5期“出彩民盟人”喜迎二十大短视频展播活动；完成具有民盟特色的“百年大事记”和“人物风采录”；组建课题组落实盟省委理论研究课题，承担报送理论研究课题6项。指导各基层组织开展盟史微课堂、互动红色体验、主题座谈等特色活动。

11月20日，民盟长春市委会召开理论中心组（扩大）专题学习会

（卜千倢　供图）

【参政议政】　举办参政议政骨干线上培训班，百余名盟员参加培训。实施推动“精品”战略，通过调研，强化议政型专委会在参政议政工作中的重要作用。疫情期间，引导盟员围绕助力长春市疫情防控和经济社会发展“双胜利”提供的意见建议。带动各基层组织、专委会和盟员就教育、科技、人才、民生等课题开展专题调研12次，召开专题会议5次，收集整理涵盖文化教育、高新科技、经济发展、医疗卫生、农业农村、城乡建设等方面社情民意信息173份，形成《关于以卫星产业为引领培育国际级航天经济强市的建议》等市政协团体提案11份，个人提案25份。向盟中央、盟省委、市政协、市委统战部报送信息近300份。

【社会服务】　民盟成员发挥专业所长，做好疫情期间心理咨询、法律咨询、春耕指导、汽车救援等服务，受益群众3000余人次。组织开展“四叶草·暖冬行”主题活动，为金鼎名城小区的特殊群体、为南关区“城市美容师”送去保暖物资。在农安县烧锅镇互助村挂牌成立“民盟助力乡村振兴实践基地”，利用实践基地筹备开展“法律进乡村”等系列活动。指导各基层组织开展“四叶草”捐资助学、慰问老盟员、扶贫助残等公益活动。（卜千倢）

中国民主建国会长春市委员会

【概况】　截至年末，中国民主建国会长春市委员会（简称市民建）有地方组织1个，基层组织121个。其中，基层委员会16个，总支部13个，支部委员会和支部92个。市委会设同级监督委员会1个。会员数2170人，高级职称的392人，占会员总数的18%，中级职称的675人，占会员总数的29.9%，会员中担任各级人大代表、政协委员职务的有246人，占会员总数的10.6%。2022年发展会员88名，平均年龄37.2岁，其中研究生以上学历13人；中高级职称的26人；高等教育界6人，非公经济界16人。担任各级人大代表、政协委员的2人。

【组织建设】　全年召开4次主委会、1次常委会、1次全委会。以“加强政治建设，提升履职能力”为主题，召开领导班子2021年度民主生活会，通报2020年民主生活会整改落实和2021年民主生活会征求意见情况，领导班子做对照检查。全体班子成员查摆检视5个方面31个问题，全部整改落实到位。按照民建省委会有关文件精神和规定程序，选举产生出席民建吉林省第十次代表大会代表43名，推选民建吉林省十届委员会委员候选人11名。6月29日至30日，民建吉林省第十次代表大会胜利召开，长春市全体代表参会，履行代表职责。激励会员创先争优意识，召开十四届二次全委会，绿园区、南关区、朝阳区、一汽、吉林大学、双阳区6个基层组织获得先进基层组织，30名会员获得优秀会员称号。加强对各级组织学习贯彻中共中央有关加强参政党建设的3个文件精神的监督检查。

【思想建设】　学习贯彻中共二十大精神作为首要任务，号召各级组织和会员收听收看大会直播。制定下发《学习宣传贯彻中共二十大精神工作方案》。11月，赴吉林杨靖宇干部学院举办2022年思想政治建设暨宣传能力提升培训班，与长春市各民主党派、市社会主义学院联合举办线上培训班，学习贯彻中共二十大精神。各级组织开展学习活动19次，领导班子成员、常委、委员、骨干会员及机关干部180余人次参加学习，撰写心得体会60篇。

开展“矢志不渝跟党走、携手奋进新时代”政治交接主题教育。召开政治交接主题教育动员部署会，市委会、各级组织落实会议要求。全年开展政治交接主题教育93次。其中，市委会开展27次，各级组织开展66次。开设《政治交接主题教育》专栏，宣传市委会和各级组织召开主题教育动员部署会、理论学习、议政调研、社会服务等工作情况，展现推进政治交接主题教育的经验与成果。汇总阶段性成果，编印4期专报，报送民建吉林省委员会和市委统战部。经各级组织推荐，整理12名优秀民建会员的事迹，作为《同心百年·长春百名统战人物风采录》素材上报市委统战部。

【参政议政】　2022年初举行的长春市政协十四届一次全体会议上提交7份团体提案。其中《关于进一步做好黑土地保护工作的建议》《关于有序推行清洁供暖助力“双碳示范城”建设的建议》被选为大会发言，《关于提升产业发展水平助推巩固脱贫攻坚成果与乡村振兴有效衔接的建议》被选为大会书面发言。

履行参政议政职能，十四届委员会

6月6日，民建长春市委员会召开十四届二次全委会暨"矢志不渝跟党走、携手奋进新时代"政治交接主题教育动员部署会　（王煜茜　供图）

新增理论研究和农业两个专门委员会，全年8个专委会完成调研成果26份。其中，3份被选用为省委会团体提案，5份成果被选用为市委会团体提案，4份社情民意被民建中央采用。市委会全年形成58份调研成果，经主委会研究确定7份为市委会报送市政协十四届二次会议的团体提案。向省委会推荐16份调研成果。其中，9份被选送民建中央，5份被选为省委会团体提案。

市委会主要领导，亲自带队先后开展6次走访、专题座谈等调研活动，形成7份调研成果，分别被民建中央、民建吉林省委会采用。其中培育专精特新企业专题调研组先后3次赴10家专精特新企业开展专题调研，形成3份调研成果。

向省、市各级社情民意平台报送131份。其中，被全国政协采用1份，民建中央采用11份、吉林省政协采用7份、长春市政协采用9份。3份得省级领导签批，1份得到市级领导签批。市委会获市政协"反映社情民意先进单位"称号。

【社会服务】　南关、双阳等基层组织在传统佳节期间走访慰问老会员，二道、宽城、榆树等基层组织开展关爱社会弱势群体、扶危济困等活动，绿园、朝阳等基层组织开展服务会员企业发展等活动，得到社会各界的关注与重视。9月，联合民建吉林省委员会、吉林财经大学共同举办"奋斗有我'就'在吉林""百企千岗"校园（线上）招聘会，吸引117家企业参加，面向全市各高校应届毕业生，提供5417个就业岗位，有583名应届毕业生参加，提交简历1297份。市委会主动与市财政局、市金融办、市相关金融机构合作，领导班子成员与相关部门座谈调研，为会员企业搭建交流合作平台，与民建吉林省委员会共同举办专场对接暨企业家培训活动。3家民建会员企业与市金融机构达成合作意向9000万元，4家民建会员企业成功申请长春市财政贷款贴息补贴，涉及总贷款额7550万元。　（王煜茜）

中国民主促进会长春市委员会

【概况】　截至年末，中国民主促进会长春市委员会（简称市民进）下辖地方组织1个，基层委员会12个，25个基层支部，内设8个专门委员会。有会员2129人。其中，教育文化出版传媒等主体界别会员1516人，占71.2%；中上层会员1719人，占80.7%；大学及以上学历1664人，占78.2%。会员中有各级人大代表21人，各级政协委员134人。其中，全国政协委员1人，省人大代表4人，省政协委员11人，市人大代表6人，市政协委员21人。市委会信息化建设项目被民进中央评为优秀案例，1名机关干部被评为先进个人。

【组织建设】　2022年，发展新会员43人。规范会员管理、档案管理及会籍调转工作程序。组织举办民进长春市委会2022年度骨干会员培训班，组织召开市委会领导班子及班子成员述职评议大会，落实会内监督机制，加强会内监督工作的针对性和实效性。制定《民进长春市委会议事决策制度》《民进长春市委会领导班子民主生活会实施细则》《民进长春市委会关于建立健全述职和民主评议制度的意见》和《关于民进长

9月21日，民建长春市委员会开展专精特新专题调研　（王煜茜　供图）

春市第十三届委员会领导班子工作分工》等制度。从“专”上入手，突出行业特点，完成各专门委员会改选工作，完善市委会领导班子成员分管专委会制度，召开民进长春市第十三届委员会专门委员会成立大会。完成榆树市委会及绿园区委员会、朝阳区委员会、南关区委会、市直属委员会4个基层委员会换届工作，根据工作需要，撤并民办教育支部和长春教育学院支部。组织开展民进长春市委会2020—2021年度先进基层组织和优秀会员活动，评选出16个长春市先进基层组织，105名优秀会员。制定《机关人事档案管理制度》《会员档案管理制度》。

1月18日，市民进各基层组织开展春联送万家活动　（王　丹　供图）

【思想建设】　民进长春市委会号召组织全市各基层组织会员收听收看党的二十大开幕。下发《关于组织开展学习宣传贯彻中共二十大精神的通知》《民进长春市委会学习贯彻中共二十大精神活动方案》。市委会将学习宣传贯彻中共二十大精神与正在开展的“矢志不渝跟党走、携手奋进新时代”政治交接主题教育相结合，根据会员的不同界别和情况，分级分层开展学习宣传贯彻活动。组织全体机关干部收看中共中央举行的中央相关部门负责人介绍解读党的二十大报告新闻发布会，对二十大报告进行集体学习。组织全体常务委员集体学习二十大报告原文，各位常委结合自身工作实际，谈学习体会。各基层组织陆续开展学习中共二十大精神的线上线下培训活动，组织会员撰写心得体会。

落实《民进中央关于全面加强民进自身建设的意见》《民进中央关于加强理论研究工作的意见》精神，学习习近平新时代中国特色社会主义思想，推动全市各基层组织和广大会员参政党理论研究能力。市委会开展第十七次参政党理论征文活动，选择多篇论文推荐至省民进，其中刘丽利等7名会员撰写的理论文章分别获得一等奖、二等奖、三等奖。

全年在各级媒体刊发消息近百篇（除抗疫信息外），微信公众号刊发消息近百篇。开通长春民进微信视频号，利用视频号，在教师节期间，策划组织线上诗朗诵展播，得到各基层组织的支持并组织会员录制。19个诗朗诵作品分为3期于教师节当天上线展播。开展“政治交接·民进记忆”主题征文，收集整理民进长春市委会大事记，撰写市委会优秀代表人物事迹材料，坚定会员“只有跟着共产党走，才是在正道上行”的政治信念。

10月28日，民进长春市委会全体机关干部集体学习中共二十大精神

（王　丹　供图）

【参政议政】　民进长春市委会制定《参政议政管理办法》。围绕长春市经济发展，发挥会员界别优势和特点，向省民进、市政协、市委统战部提供《关于建立吉林省大学生创新创业联盟的建议》《关于推动建立托幼机构建议》等社情民意稿件20余篇。其中，市委统战部采用3篇，省民进采用4篇，省政协采用2篇，民进中央采用2篇。组织专家骨干成员对《关于“搭建校友孵化平台，促进高校科技成果本地转化”的建议》《推动数字经济持续健康发展》《在中小学体育课程植入中华传统体育类项目弘扬民族传统文化精神》《制约长春市肉牛产业快速发展的因素及解决途径》和《吉林省肉牛产业高质量发展的关键问题甄别及突破路径研究》等调研课题进行沟通形成10篇调研报告及建议。在

政协长春市第十四届委员会第一次会议上，民进长春市委会提交《关于如何破解家庭教育难题的政策建议》等5篇集体提案。

【社会服务】 按照市委统战部的具体部署，民进长春市委会制定同心发展行动方案，成立领导小组，部署“同心发展行动”。民进长春市委会召开文化艺术界座谈会，讨论发挥文化艺术界别会员优势、助力长春市经济社会文化发展举措。长春市民进开明书画院召开一届三次常务理事会，与会常务理事参与同心发展行动。民进长春市委会借用“民建社区行”社会服务工作品牌，结合‘幸福小区”创建活动，在南关区天利南社区开展书法艺术交流，举办“同心·开明艺术讲堂”活动。同时，在各基层组织联系的社区中开展系列文化公益讲座。2022年，长春市民进开明书画院开展“喜迎中共二十大胜利召开”线上书画作品展活动，展出书画等作品40余幅。春联万家活动中，11个基层组织及榆树市委会开展活动，送出春联2550副，福字2700个。（王　丹）

中国农工民主党长春市委员会

【概况】 中国农工民主党长春市委员会（简称市农工党）有基层组织25个。其中，基层委员会7个，总支委员会4个，支部14个。截至年末，全市农工民主党党员总数1206人，平均年龄45.6岁。其中，医药卫生界639人，占党员总数55%；政府机关、司法机关、民主党派机关88人，占党员总数7.2%；新的社会阶层人士112人，占党员总数10.1%。高级职称679人，占党员总数56.3%；中级职称382人，占党员总数31.6%。农工党党员中担任各级人大代表、政协委员80人。其中，担任省人大代表3人，省人大常委2人；担任省政协委员5人。有机关专职干部6人。

【组织建设】 2022年，市农工党发展新党员38名，平均年龄35.6岁。市农工党强化领导班子的责任意识和领导职能，贯彻执行民主集中制，重点工作集体领导。领导班子成员分工负责制度，结合各专委会换届工作的完成，重新分配领导班子成员的专委会分管工作制，班子成员参与到市农工党和基层组织开展的活动中。完善党内监督机制，强化监督委员会职能，落实好民主生活会制度，做好领导班子述职、民主评议等工作。在农工党第十七次全国代表大会上，市农工党被评为“先进集体”，3名党员被评为“先进个人”。

【思想建设】 按照农工党中央和农工党吉林省委会相关部署，市农工党开展“矢志不渝跟党走、携手奋进新时代”政治交接主题教育，制定主题教育工作方案，成立以领导班子为成员的工作组，负责指导、检查和推动主题教育的开展，配合农工党吉林省委会完成换届工作。为迎接中共二十大召开，市农工党组织党员参加农工党中央开展的“非凡十年，党员故事”征文活动。按照同心发展行动部署，组织专人参与《长春统战百年大事记》《同心百年·长春百名统战人物风采录》的撰写工作。党的二十大开幕会式，市农工党机关、各级组织和党员观看、收听习近平总书记所作的报告，通过集中座谈、线上座谈等形式交流体会感想。市农工党联合长春市社会主义学院，在线上举办为期2天半的“学习贯彻中共二十大精神，骨干党员及信息员素质提升培训班”。市农工党与市各民主党派联合举办“学习宣传贯彻中共二十大精神”培训班，各基层组织30余名骨干党员参加培训。

【参政议政】 市农工党围绕落实“一主六双”、推进“六城联动”，立足农工党界别特色，组织骨干党员开展调研工作，形成12篇调研成果。其中，市农工党机关和吉林农业大学支部承担的3篇调研课题，被农工党吉林省委会确定为招标课题。市农工党的《完善生态环境监测体系的建议》在市政协专题协商会上发言。市农工党的《完善我市生态环境资金投入体系的建议》《在社区建立托老服务机构的建议》和《远程医疗助力医联体建设的建议》3篇调研成果，作为市农工党团体提案和政协小组提案，被指定为市政协十四届二次全会的大会发言。在中共长春市委专题议政会上，市农工党提出的《关于我市应对新阶段疫情工作的几点建议》，得到市委书记张志军的现场批示。向市政协报送的《关于高度重视农村居民慢性病治理防控工作，长效保障脱贫攻坚成果的建议》，被评为“长春市政协十三届五次会议以来优秀提案”。市农工党开展社情民意征集工作，全年向农工党吉林省委会、市政协、市委统战部报送社情民意54条。其中，2条被农工党中央采用，1条被省政

8月27日，“庆祝中国农工党成立九十二周年”吉大二院联合杏林医院开展大型义诊

（宗　伟　供图）

协采用，1条以联合专报的形式得到市委书记张志军签批。市农工党与市政协教科卫体委联合开展关于“加快推进智慧医疗建设”的调研。

【社会服务】 为助力长春市恢复生产生活秩序，农工党吉大二院支部组织12名医疗专家赴范家屯杏林医院开展“下乡义诊送健康，为民服务显真情”活动，为300余名群众提供义诊服务，现场为群众普及常见病、多发病的防治及用药知识，发放健康宣传资料100余份。市农工党机关到南关区天利南社区开展“共建幸福小区”活动，为社区捐赠防疫物品，得到社区及群众的好评。

（宗　伟）

7月20日，九三学社长春市委员会组织开展健康义诊活动　（孙亚楠　供图）

九三学社长春市委员会

【概况】 截至年末，九三学社长春市委员会（简称市九三学社）有基层组织117个（含24个委员会、93个支社），有社员2993人，平均年龄55.3岁，高级职称占48.6%。其中，有中国科学院院士1人，博士生导师52人。社员中有省人大代表1人，省政协委员11人，其中常委2人。市人大代表4人。其中，副主任1人、常委1人。市政协委员37人，其中常委7人。社员人数3011人，其中在职1968人。

【组织建设】 2022年，发展新社员89人。其中，高级职称31人，中级职称50人；博士22人，硕士32人；医药卫生界16人，高等教育界21人，科学技术界30人。结合市委统战部“2022同心发展行动”，召开民主生活会，领导班子进行对照检查。召开内部监督委员会会议，总结2021年度内部监督委员会工作并对2022年工作进行部署。重新修订领导班子联系基层组织工作制度，制作《九三学社长春市委机关处室联络领导班子、常委及基层组织情况表》。建立“两高人才库”“基层组织班子成员库”“高层次人才库”。

【思想建设】 市九三学社组织全市社员通过网络观看中共二十大开幕会及解读中共二十大报告新闻发布会。组织开展中共二十大精神学习报告会，市九三学社委员、基层组织负责人及部分骨干社员70余人通过网络视频参加学习。开展“矢志不渝跟党走、携手奋进新时代”政治交接主题教育，通过各类线上线下培训、微信公众号及网站推送学习专栏、下发学习资料等形式，组织全市社员学习习近平总书记重要讲话重要指示精神以及《中国新型政党制度》《中国共产党统一战线工作条例》等。组织全体机关干部参加学习省第十二次党代会精神培训；组织全市社员参加九三学社中央开展的第11期专题政治辅导“网络课堂”。8月，组织69名骨干社员到吉林杨靖宇干部学院进行培训。开展“非凡十年”主题征文活动，征集征文17篇。

【参政议政】 2022年，完成《突出品牌特色，助力“新兴消费城”建设的建议》等调研报告7篇。结合长春市疫情防控工作提交意见建议8篇。结合长春市“六城联动”发展战略，“新兴消费城”建设，向市委统战部提交建议4篇。通过九三学社吉林省委、市人大、市政协、市委统战部等相关单位反映社情民意60余篇次。市九三学社在市委统战部专题协商座谈会上作《关于继续做好疫情防控和复工复产工作的建议》发言，得到领导批示。吉林农业大学委员会主委姜怀志在市政协专题协商会上就“培育肉牛产业技术人才”进行专题发言，得到市政协及与会各部门重视。

【社会服务】 2022年，组织长春中医药大学委员会、长春市中医院支社等基层组织开展健康服务3次，组织长春市中心医院委员会等基层组织开展科普宣教活动4次，受惠群众近3000人。组织绿园区委员会等基层组织开展助学扶贫活动，捐款捐物约合人民币5万元。通过打造长春市高层次科技人才创新创业示范基地暨九三学社长春市科技企业孵化器项目。

（孙亚楠）

群众团体

QUNZHONGTUANTI

长春市总工会

【概况】 2022年，全市有基层工会组织7800余个，职工164万人，实名制工会会员160余万人。编制长春工会首个五年发展规划，建立重点工作专班机制。8项工作受到国家和省级表彰。长春市总工会被评为吉林省文明单位。

【组织建设】 2022年，全市有建会单位3335家；220个乡镇（街）工会全部达到规范化建设标准；已建会新就业形态劳动者单位570家，实名制发展新就业形态群体会员28578人。

【文化技能竞赛】 参与"网聚职工正能量·争做中国好网民"活动，6部作品入围全国百强优秀作品投票阶段，原创作品《生命的快闪》获"声暖人心歌曲"奖，摄影作品《最美守护》获"最佳人气作品"奖；举办公益文化活动、开展电影党课、组织摄影大赛，惠及职工群众30余万人次。开展长春市首届生态农业生产建设、地铁工程建设"五比五创"等劳动和技能竞赛；建立机械制造业劳模和工匠人才创新工作室联盟；开展技能提升培训行动，培训2.3万余人；机关干部到基层发展会员近10万人，开展《中华人民共和国工会法》《长春市工运事业和工会工作"十四五"发展规划》等法规政策宣传758次、解决基层实际问题150余件。

9月23日，长春市总工会举办2022年职工技能大赛机械制造业工会钎焊工技能竞赛

（姜　昊　供图）

【职工权益保障】 开展集体协商"百日要约"行动，发出要约2275份，收到复函2059份，覆盖企业2.1万户，覆盖职工42.6万人；新业态企业发出要约394份，收到复函370份，覆盖职工1.8万人。组织已建立厂务公开民主管理制度的企事业单位，规范录入职代会等民主管理信息，已建立职代会制度的企事业单位录入率30%。开展星级职工代表大会评定推荐工作，22家单位申报长春市星级职代会。

【工会服务保障】 小微企业"双创"贴息贷款项目，贴息1100万元、撬动贷款近3亿元，惠及市场主体620余家；四季帮扶活动，投入资金2200余万元，慰问职工16.6万余人次；举办线上线下招聘会227场、提供就业服务14.7万余人次；办理工会会员服务卡4.8万张、惠及职工174万人次；职工互助保障全年惠及职工1.8万人次、发放互助保障金2400余万元。开展"工益伙伴"征集活动，招募公益伙伴314家，首批筛选100家作为合作单位。为患病或发生意外伤害的职工1.51万人次发放互助保障金1967万元，累计为22.4万人次发放互助保障金2.34亿元。建立智慧工会服务平台，利用"两网两微一端"工会新媒体宣传阵地发布推文1108篇，阅读人数133万人；App头条新闻访问量650万次、总访问量9065万次。全年向基层单位返还工会经费4亿余元，经费返还数量11万笔。小微企业工会经费全额返还近8000万元。

【先进典型树立】 经过推荐，评选出全国五一劳动奖章获得者6人、全国“工人先锋号”3个、省五一劳动奖章获得者16人、省五一劳动奖状获得者5个、省“工人先锋号”5个、市五一劳动奖章获得者149人、市五一劳动奖状获得者30个、市“工人先锋号”30个。

【工驿站建设】 新增合作伙伴400余户，2户企业入选全总第二批提升职工生活品质试点；长春市有工驿站288个，其中2022年建成71个，4个工驿站被评为“最美工会户外劳动者服务站点”，10个工驿站被评为吉林省“最美工驿站”；新建“爱心妈咪小屋”30个。

【劳动竞赛和群众技术创新活动】 开展187个工种技能大赛，参赛职工30余万人，通过技能大赛表彰市五一劳动奖章获得者21人，市五一劳动奖状获得者7个；创建“劳模和工匠人才创新工作室”176个，完成创新项目1861项，获国家专利587个，341项职工优秀技术创新成果和先进操作法受到国家和省市级表彰，创造直接经济效益2.75亿元。

（姜　昊）

共青团长春市委

【概况】 2022年，共青团长春市委发展团员15959名。全市有基层团组织28836个，比2021年增加1.90%；团干部48126人，减少0.15%；团员661213人，减少0.51%。全市有少先队员503437人，减少0.79%；少先大队616个，减少1.28%；大队辅导员616人，减少1.28%；中队辅导员12829人，减少2.38%；区总辅导员17人，增加6.25%。团市委工作被《人民日报》《中国青年报》等中央级主流媒体报道21次，多项工作被团中央、团省委作为试点。

【组织建设】 筹备共青团长春市第十七次代表大会，保持基层一线代表、委员比例，巩固共青团改革成果。完成南关区、宽城区、榆树市3个地区的全国县域共青团基层组织试点改革工作，其中南关区在团中央的改革试点评估中获得优秀。推动团的外围组织改革。完成长春市青联换届工作，推动长春青联组织建设更加科学化规范化。深化少先队改革，推动《中共长春市委关于全面加强新时代少先队工作的实施意见》落地落实。建立完善团干部密切联系青年机制，开展“我为青年做件事”，推动各级团干部深入基层，解决青少年学习生活工作的现实问题。建立完善团员发展计划，严把团员“入口关”，严控团青比；依托“智慧团建”系统，“升学衔接”率和“学社衔接”率均100%。

【青少年思想建设】 制定下发《长春共青团关于认真学习宣传贯彻党的二十大精神的通知》，组织全市青年团员学习二十大精神，学习覆盖全市29080个团支部，200万名青少年。开展线上网络知识竞赛答题活动，参与青年超过50万人次，掀起学习贯彻党的二十大精神的热潮。制定下发《共青团长春市委关于深入学习宣传贯彻习近平总书记在庆祝中国共产主义青年团成立100周年大会上重要讲话精神方案》，举办长春青年运动史展13期，市级青年示范性宣讲报告会4场，推动全团回顾百年历程，坚定听党话、跟党走的初心使命；打造“团干部+青年政治骨干”青少年宣讲“轻骑兵”队伍，组织青年政治骨干走进基层一线，把中国化时代化马克思主义转化为青少年喜闻乐见的语言体系。开展入队、入团教育1200余场，开展“成人节”活动，引领青少年走正确的人生道路。开展向上向善好青年评选活动，吸引500余万人参与，树立好青年150人；发掘抗疫青年典型，在团属媒体平台宣传青年典型的抗疫故事170条次，吸引161万余次关注，引领青年树立正确的价值观。开展长春市革命前辈访谈工作，引领青少年了解革命前辈英雄事迹，感悟斗争精神，让红色基因、革命薪火代代相传。“网上共青团”建设。全年团属微信推送图文信息475条。其中，原创199条，阅读量147万次；微博推送信息3720条，阅读量7400万次；抖音发布短视频645个，阅读量489万次。

【服务青少年工作】 长春市创建全国青年发展型城市试点建设。起草《长春市青年发展型城市建设试点申报方案》及预期成果、政策举措、实事项目和基础数据4个任务清单，将青年发展型城市建设与长春市“十四五”规划有效衔接，6月2日，长春市获批团中央试点。建设青少年事务社会工作服务中心（站）12个，开展困境青少年个案服务1272个，小组活动425节次，社区活动156场次，重点青少年群体帮扶个案65例。开展禁毒、防艾、普法宣传教育253场次，覆盖青少年群体5万余人。

【青年人才工作】 举办“启明杯”青年数字经济创新创业大赛，遴选数字化相关领域优质项目123个，推动创新链产业链人才链深度融合。举办青年职业技能大赛，按照企业需求为大赛提供命题，帮助企业高效、精准选拔技能人才。开展专题校企对接会2场，为参赛院校学生提供就业岗位近2000个，300余名参赛大学生与企业签订就业意向书。

开展“看见长春”推介会，以留长优秀毕业生为宣讲主体，面向大学生介绍长春振兴发展前景和人才政策，万余名大学生参与。开展“扬帆计划”大学生政务实践活动，面向政府机关集岗位2300余个，上岗人员1400余人，推动大学生接触社会，为社会治理现代化储备青年人才。举办中学生职业生涯规划活动，提升青年就业意识和就业能力，超过5000人参与。开设“青春团缘”团属线上婚恋交友平台，在长春市各级机关事业单位、国有企业团组织先行推动运行，注册人数700余人，推动青年安家长春。

【希望工程】 开展青少年助学兴教计划，募集资金190万元，选派20余名支教老师，支教3000余课时，教学直接覆盖近3000名学生；实施青少年健康守护计划，开展青少年自护教育实践培训70场，公益培训80场，受益人数5350.32万人。开展希望小屋建设工作，打造“希望小屋”20个。成立“佐丹力梦想基金”，募集资金300万元，用于帮助困境家庭青少年完成学业，解决生活困难。

【创建青年发展型城市建设试点动员部署会议】 5月24日，长春市创建青年发展型城市建设试点动员部署会议召开。共青团长春市委副书记徐志成主持会议，长春市委副书记赵明出席会议并讲话。会上，共青团长春市委书记张有汇报试点创建工作相关情况。会议指出，要提高政治站位，将青年发展型城市创建试点作为贯彻落实习近平总书记关于青年工作重要思想　增强城市活力，积蓄发展后劲，推进长春振兴发展率先突破的重要抓手。市青年发展型城市建设18家成员单位相关负责人参加会议。

【长春市青年联合会第十八届委员会全体会议】　8月7日至8日，长春市青年联合会第十八届委员会全体会议在吉林省宾馆召开。省委常委、长春市委书记张志军向大会致贺信，市委副书记、宣传部部长赵明发表讲话，市委常委、市委统战部部长孙弘，市委常委、市委组织部部长邵波，市人大常委会副主任赵辉，市委副秘书长、一级巡视员鲍文明等领导出席大会开幕会。团省委副书记李明代表省青联致辞，市总工会常务副主席朱琪代表人民团体致辞。会议期间，市青联委员认真学习讨论省委常委、市委书记张志军贺信和市委副书记、宣传部部长赵明讲话，审议通过关于《长春市青联第十七届常务委员会工作报告》的决议和关于《长春市青年联合会工作细则（修正案）》的决议。选举产生长春市青联新一届领导机构，团市委书记张有当选为长春市青年联合会第十八届委员会主席。

【“幸福小区”创建活动】　9月，由团市委主办，市青联、二道区长青街道、青河社区参与举办的“幸福小区”创建工作项目发布暨“青春常在橄榄城”健康志愿服务活动在金色橄榄城启动。市青联号召青年医务工作者加入志愿服务队，走进小区开展义诊。团市委开展“青心相助橄榄城”活动，通过律师等专业力量维护辖区居民合法权益；“青助夕阳红”助老志愿服务，为小区老年人提供陪伴和帮助；“青伴四点半”，招募大学生志愿者为小区内青少年提供线上课业辅导，帮助居民缓解孩子学业压力。（赵育慧）

长春市妇女联合会

【概况】　2022年，长春市有市级妇联组织1个、县（市）区妇联组织11个、开发区妇联组织6个、乡镇（街道）妇联组织213个、社区（村）妇联组织2617个、市县两级团体会员22个。长春市妇女联合会（简称市妇联）推进“长春市妇女儿童公益服务320计划”，组建“巾帼宣讲团”，被纳入《长春市学习宣传贯彻党的二十大精神工作方案》；“书香妇联·半月谈”特色学习活动，被省市委宣传部评为优秀案例；《人民日报》、“学习强国”、《中国妇女报》等主流媒体报道217篇次，《中国妇女报》头版2次刊登长春信息。入选全国妇女宣传舆论阵地建设先进榜；创办《看见她》短视频，获央广新闻特等奖、市委宣传部“强国复兴有我”——长春市社会主义核心价值观微视频大赛特别奖；妇女儿童维权窗口被评为“全国巾帼文明岗”。

【组织建设】　实施党建带妇建“美家美妇”基层社会治理提升项目，召开动员部署会和现场推进会，通过“奋斗有我 美家美妇 共建幸福小区”短视频展播活动展示典型经验和成果。建立小区妇联1965个，楼栋妇女小组5887个，非公组织、四新领域妇联62家，成立吉林省首个商圈妇联——红旗商圈妇联，新建“妇女之家”47个，特色“妇女微家”301个，执委工作室147个。组建巾帼志愿小分队3976个，开展巾帼志愿服务活动3150场，参与人数4.98万人，受益妇女儿童18.72万人次。举办基层妇女干部素质提升班，培训优秀基层妇女干部90人；举办2期“传承红色基因·赓续红色血脉”思想铸魂党性教育研修班，组织妇联系统、各界优秀女性代表210人到吉林杨靖宇干部学院培训学习。完成女企业家协会、归国女性人才协会换届工作；成立由12个协会组成的“长春市妇女儿童事业发展联盟”，启动妇女儿童公益服务“320计划”。

【妇女思想引领】　组建由党史专家、三八红旗手、“最美家庭”代表等104名各界典型组成的巾帼宣讲团，开展巾帼大宣讲活动90场。依托“长春女性”微信公众号推出“长春巾帼大学习”专栏46期，“长春巾帼聚焦四个服务”专栏23期，疫情期间开展“360亲子云课堂”公益服务43期，推送信息729篇，总阅读26.4万人次。开通“长春女性”微信视频号和快手号，形成“两微九号”新媒体矩阵，推出《“十年荣耀巾帼风采”看见她》《听她说》“微记录”视频展播专栏。在长春电视台高端人物访谈节目《我是长春人》，推出4位在经济社会发展中作出突出贡献的女性人物（集体）。线上线下同步推进

6月24日至26日，市妇联携手市妇女儿童事业发展联盟开展“稳经济 促发展 提信心 凝聚‘她力量’”公益服务及商品展销专场活动　（孙雅琪　供图）

8月24日至26日，市妇联举办“传承红色基因 赓续红色血脉”思想铸魂党性教育专题研修班
（孙雅琪　供图）

“我奋斗 家国美”巾帼故事汇活动，选送代表参加全国直播展示，全网1万余人在线观看。

【妇女创业就业】　举办首届女性人才科技论坛，邀请5位女性专家学者和企业家代表，交流分享科研成果和企业科技创新发展前景。开通长春市女性人才服务云平台，实现政策宣传、知识普及、素质提升、互助发展的全方位服务功能。制定《长春市女性社会组织培育基地建设实施方案》，注册成立“长春市女性社会组织联合会”。协调争取爱心企业家捐赠100万元设立妇女儿童发展基金，举办首届妇女儿童公益项目创投活动。开展“稳经济 促发展 提信心 凝聚她力量”妇女儿童公益服务及商品展销专场活动，销售金额1.83万元。举办2022年长春市女性职业技能竞赛，1200余名家政、草编、花艺行业从业者参赛，各赛事前10名选手被纳入全市职业技能人才库。组织城乡妇女参加2022年吉林省巧姐大赛，30个女性手工艺创业者及农产品合作社参加吉林巧姐农博会市集活动，销售额55.5万元。印发《长春市“乡村振兴巾帼行动（2022—2025年）”实施方案》，召开现场推进会。创建“干净人家”示范户3.3万户。在《长春乡村广播》开设《振兴路上——巾帼她力量》栏目，推送22个“巾帼新农人”典型。做强“长春草编”品牌，将草编协会引进红旗街万达广场入驻经营。开展城乡妇女专业技能培训118期，受益5600余人。编印涉及税收优惠、金融服务、人才引进与培养等领域的《政策汇编》。开展银企对接活动，与工商行、农行、珲春银行签订“伊人贷”“巾帼贷”协议，为女性人才创业融资30.97亿元。与律师事务所签订法律共建服务协议，为女性经营者提供“法律体检”“法律援助”等法律服务。

【家庭家教家风建设】　开展“把爱带回家 家风润万家”短视频评选活动，对100个获奖作品进行展播。打造家教家风创新实践基地10个，家风家训广场10个，家庭阅读体验基地5个，“我最喜欢的亲子阅读场所”20个，在朝阳区重庆街道新华大院小区成立全市首个“家风小广场”。实施“幸福家庭360”公益大讲堂项目，开展党史教育、心理健康、“双减”政策、家庭教育促进法等7大板块宣讲活动100场，受益近72万人次。

【妇女儿童权益维护】　规范信访窗口服务标准，畅通“12338”妇女维权热线，接待来访79人次，热线接听506次，群众反映问题全部处理完毕。出台《妇联组织常态化开展婚姻家庭纠纷预防化解定期报告制度》，开展对单亲、矛盾多、有婚恋纠纷等家庭的摸排走访，对重点人群、重点家庭建立档案。开展平安家庭创建活动，建立健全妇女儿童维权工作站2846个，市、县两级妇联专业家事调解员队伍17支，发现和成功调解婚姻家庭纠纷195件。为43名妇女儿童提供心理服务，配合公安机关调查询问涉未成年人案件2起，帮助5名符合司法救助条件的妇女儿童获救助资金25万元。开展“女职工权益保护宣传月”活动，开展法治宣传3803场，发放宣传手册、宣传单17.1万份，受益人数11.37万人次。在“长春女性”抖音上开通普法专栏，推出普法视频53期，点击量3.7万次。动员社会组织投入资金151万元，开展公益服务417场，受益妇女儿童1.18万人。

【先进典型表彰】　市委宣传部、市妇联命名井然家庭等110户为2022年长春市“最美家庭”。市委宣传部、市妇联命名王悦家庭等20户为2022年长春市“书香之家”。市纪委监委、市委组织部、市委宣传部、市妇联命名马闯家庭等20户为2022年长春市“清廉家庭”。3月，全国妇联发布《关于表彰全国三八红旗手标兵、全国三八红旗手、全国三八红旗集体和全国巾帼文明岗、全国巾帼建功标兵、全国巾帼建功先进集体的决定》。其中，长春市南关区民康街道九圣祠社区党委书记、妇联主席赵月被评为全国三八红旗手；吉林省光电精密测量与数字化装配科技创新中心被评为全国三八红旗集体。3月，全国妇联发布《关于表彰全国三八红旗手标兵、全国三八红旗手、全国三八红旗集体和全国巾帼文明岗、全国巾帼建功标兵、全国巾帼建功先进集体的决定》。其中，中国一汽集团研发总院（科技创新管理部）代理副院长兼智能网联开发院院长周时莹等5人被评为全国巾帼建功标兵；长春市巾帼司法顾问团妇女儿童维权窗口等10个集体被评为全国巾帼文明岗；长春市疾病预防控制中心等3个集体被评为全国巾帼建功先进集体。5月15日，全国妇联表彰997户全国五好家庭，揭晓997户全国最美家庭。其中，长春市徐旭家庭等4户被评为全国五好家庭，齐海霞家庭等4户被评为全国最美家庭。12月24日，中共吉林省委吉林省人民政府授予中国第一汽车集团有限公司研发总院红旗EV自主电驱产品匹配开发团队等10个集体吉林省“巾帼建功”先进集体称号，授予吉林大学超硬材料国家重点实验室主任刘冰冰等10人吉林省“巾帼建功”先进个人称号。8月，吉林省妇联、省文明办共同命名100户吉林省2022年“最美家庭”，其中长春市辛颖家庭等18户被评为吉林省2022年“最美家庭”。

（孙雅琹）

长春市科学技术协会

【概况】 2022年，长春市科学技术协会所属事业单位2个，分别是长春市科技服务中心、长春市科技进修学院。所属县（市）区科协12个，直属市级学会（协会、研究会、联合会）13个，建有院士工作站3个，专家工作站40个，企业（园区）科协37个，高校院所科协15个。

【组织建设】 7月，长春市科学技术协会召开第九次代表大会，选举产生市科协新一届领导机构，并向长春市科技工作者发布《自立自强共普长春振兴发展率先突破的科技华章》倡议书。帮助企业匹配相关专业专家及团队建立专家工作站，批复建立长春市东大鹿业有限公司、长春市绿园区全民肉牛养殖场、长春新牧科技有限公司、长春市宏大种鸡场、长春市新立城水库管理中心、长春奢爱农业科技发展有限公司等6家乡村振兴专家工作站。

【科技创新活动】 启动“大校大院大所创新成果跟踪服务”行动。协调相关部门为东北地理所减免项目城市配套资金720万元；组织专家探讨补齐东北地理所黑土地保护与利用综合平台建设资金缺口有效路径等问题。成立长春市民营企业科技创新联盟。市科协、市工商联于9月共同签署《服务民营经济高质量发展合作协议》，成立长春市民营企业科技创新联盟。联盟接洽科技创新城专班有关部门，为推动联盟成员进入专班重点清单提供指导。为企业对接高校院所资源开展服务，协调院士专家等为联盟成员提供专业咨询培训5场，中国科学院院士王家骐到长春三友汽车部件制造有限公司调研并开展技术指导。

【科普活动】 录播《科普新视界》电视节目10期；在报纸上刊登《科普广场》专栏文章40篇；长春地铁各站厅电子屏终端播放科普视频20期；利用50台科普信息化平台采取“大屏+手机”模式，推送疫情防控、养生保健等优质科普信息。利用“科普长春”微信公众账号，发布养生常识、疫情防护知识、出行指南等科普信息。发布科普知识510余条，受众超过10万人。利用科普大屏滚动播放疫情科普信息850余条；利用长春市科技工作者之家网发布信息70余条；利用微信群转发信息、政策、直播50余次，全媒体阅读超过12万人次。联合中科院长春分院和市教育局，面向全市中小学在校学生开展主题为“爱科学，向未来”的中科院第十八届公众科学日青少年主题科普活动，直播时长2.5小时，观看人数23.5万人。举办云上青少年主题科普活动。联合市教育局组织中小学生线上观看“神州十三号”载人飞船返程全过程，全市80余万名中小学生同步观看。完成中国科协流动科技馆项目宽城站巡展，组织宽城区中小学生及社会群众3000余人参观学习。

7月31日，长春市产业创新发展学术论坛举办 （王乃卉 供图）

【开展“全国科普日暨长春科普周系列”活动】 9月16日，围绕“喜迎二十大 科普向未来”活动主题，在长春市一诺眼科医院举行启动仪式。各县（市）区科协主席、副主席以及市青少年科技辅导员和部分社区、群众代表80余人参加活动。在系列活动期间，组织县（市）区科协开展“科普进社区联合行动”“科技拥军”“食品安全宣讲”“科技助力乡村振兴，博士专家走基层”等科普活动，开展活动40余场，发放各类宣传品1.8万件，活动参与人数6万余人。

【科普大集活动】 以第二十一届中国长春国际农业·食品博览（交易）会为契机，与省科协联合开展科普大集活动，组织各县（市）区农民500多人进行参观，聘请8位种植、养殖行业专家为农民现场免费进行农业技术咨询、指导服务，活动期间免费发放农业科普图书1万册。

【各类科技培训】 市畜牧局联合举办2022年长春市畜牧业养殖技术培训班。邀请专家开展畜牧业养殖技术培训，围绕肉牛、梅花鹿产业发展，畜禽无抗养殖，秸秆饲料化、畜禽粪污资源化利用等畜牧业发展的热点难点问题进行授课。各县（市）区畜牧总站相关业务骨干及养殖基地技术人员、肉牛繁殖员等600余人参加培训。与省科工中心、科技创新平台管理中心联合举办企业创新工程师创新方法培训，各企业技术、

5月23日，2023长春市科技活动周长春经开区科普进校园活动在洋浦学校启动

（王乃卉　供图）

研发人员500余人参加。联合市退役军人管理局，开展2022年长春市退役士兵无人机技能培训工作，免费对34位退役军人进行民用无人机驾驶员培训。开展长春市青少年编程技能教师线上培训5场，参与教师1000余人。

【“科技工作者日”系列活动】　在全国科技工作者日期间，开展“致敬科技工作者”“点赞科技工作者”“科技为民志愿服务月”等3个模块8项活动。其中，市委、市政府在《长春日报》等主流媒体发布《致全市广大科技工作者的慰问信》，被长春市人民政府官网、长春新闻、长春发布公众号、搜狐网、新浪微博等媒体平台转载。长春市科协被评为“吉林省2022年‘全国科技工作者日’活动优秀组织单位”。

【服务院士和高层次人才】　开展“在长院士、卓越企业家、高层次科技人才健康关爱行动”，利用长春中医药大学及其附属医院专家资源，为在长院士、卓越（优秀）企业家、高层次科技人才提供中医药健康服务。开展在长院士、科协兼职副主席节日和生日走访慰问工作，帮助在长院士协调解决科研、成果转化、生活中遇到的问题。其中，为解决在长院士提出的“就医停车难”问题，市科协协调相关部门为每名在长院士制作并发放吉大一院停车场停车证，方便在长院士就医体检。

【科技学术交流】　举办高水平学术研讨和课题研究工作。承办“双碳技术传播中心”东北中心揭牌暨“创建双碳示范城”高峰论坛。围绕“非遗”与科技、产业创新发展、玉米精深加工、建筑信息化、畜禽无抗产业等领域开展高端论坛5场，线上线下600余人参会交流。其中，长春市产业创新发展学术论坛邀请中国工程院姜会林院士，结合长春市“六城联动”发展战略，围绕长春市光电产业发展作主旨报告。与市畜牧总站共同开展“长春市畜禽种质资源现状及发展策略”专项课题研究工作。

【科技扶贫】　开展“科技之冬”系列活动，长春地区举办科技下乡活动82场，覆盖全市42个乡镇，服务农民2.3万人。活动期间，发放科普图书4万册，总投入23万元。带领农业科技工作者走进乡村，重点开展种植业、养殖业、农产品加工以及电子商务方面培训，受益群众3万余人。开展科普助农活动。组织14支科技志愿服务团下乡开展活动50余次，举办农技讲座70余场，服务农民1万余人。

【博士专家服务基层一线行】　完成专场服务活动89场。其中，组织农业、畜牧业相关专家开展备春耕等种养殖技术指导、农机使用与维护指导57场；组织知识产权、企业管理等领域专家为企业进行知识培训、技术指导及管理咨询10次；邀请专家走进社区开展健康保健讲座及义诊、天文科普讲座及观测活动18次；组织标准制定领域专家为在长部分高校院所师生开展标准制定专业知识讲解及项目应用指导1次；组织相关专家为基层医护工作者开展培训3场。

【青少年科技赛事活动】　参加第36届吉林省青少年科技创新大赛。长春地区348名学生及辅导员老师参加初赛，173名学生作品入围终评。参加第20届中国青少年机器人竞赛吉林赛区竞赛，长春代表队获9项冠军。与市教育局联合举办“长春市首届创意编程设计大赛”。长春地区122所学校4183名学生报名参加，比赛分图形化、Python和C++3项编程，最终评出各项编程赛一、二、三等奖。组织参加第10届吉林省青少年科学影像节活动。其中，长春地区选送的82项作品获省级奖，16项作品入围国赛。

（王乃卉）

长春市归国华侨联合会

【概况】　长春市归国华侨联合会（简称市侨联）是长春市委领导下由侨界群众组成的一级人民团体，有县区侨联组织8个，高校侨联组织6个，侨胞侨眷4万余人。11月，市侨联与市台联在长春国际会展中心联合举办“党的二十大精神”宣讲活动，围绕二十大作出的重要决策部署，向全市归侨侨眷传达中共二十大报告精神。

【组织建设】　2022年，与统战部共制定《长春市侨联基层组织建设年实施方案》。长春理工大学侨联、长春工业大学侨联已在市侨联指导下完成换届工作，长春财经学院新成立侨联组织，宽城区侨联成立工作机构，获批7个事业编制，二道区侨联成立工作机构，获批8个事业编制。

【基层侨联组织建设】　帮助长春新区向中国侨联申请2万元“新侨驿站”建设经费，打造长春市第一家“新侨

11月20日至21日，市侨联组织长三角地区企业家到长春考察　（王冬梅　供图）

驿站”；为全市24个“侨胞之家”拨付2022年“侨胞之家”建设经费，每家2000元；向中国侨联推荐全国侨联系统“侨胞之家”典型单位，朝阳区湖东社区“侨胞之家”被中国侨联会评为全国侨联系统“侨胞之家”典型单位。全年帮扶困难归侨侨眷131人次，发放补助款109500元。

【联络联谊】　5月，由长春市委、市政府主办的“同心发展行动”启动暨“云聚长春 走进新区”推介交流会以视频形式举行，市侨联邀请益海嘉里集团粮油食品股份有限公司党委书记涂长明、香港中华厂商会会长史立德、日中企业投资促进协会副会长刘玉劲作为侨商代表发言，同市级领导共话合作、共叙友情、共谋发展。参与省侨联云招商工作，推荐莲花山“双智、双创”智慧产业聚集地等40个项目进入国际交流合作平台进行项目推介。11月20日至21日，组织23名长三角地区企业家分别到长春新区、双阳区进行考察。

【文化交流】　12月13日，召开长春市侨联专家委员会线上成立大会，中国工程院院士、吉林农业大学学术委员会主任李玉被聘为专家委员会主任委员，中国工程院院士姜会林、长春中医药大学副校长王洪峰、吉林农业大学副校长吕文发、吉林大学第二临床医院党委书记柳克祥、人工智能学院院长常毅等6人被聘为副主任委员，8名欧洲、日本华侨华人专家被聘为海外委员。12月，举办“同心杯”乒乓球比赛。来自机关、大学、各基层侨联和侨胞之家的归侨、侨眷、侨务干部，15个代表队参加比赛。　（王冬梅）

长春市台湾同胞联谊会

【概况】　长春市台湾同胞联谊会（简称长春市台联）是居住在长春市台湾同胞（简称台胞）和去台人员亲属（简称台属）的爱国民众团体。截至年末，在长春市定居台胞、常住台胞94人，台属439人，基层组织15个。

【组织建设】　9月20日，宽城区“台联之家”，举办“同心沙龙”，市台联全体成员与台胞台属共同参观长台两岸书画作品，并进行座谈交流。9月23日，绿园区“台联之家”举办“同心讲座”，组织台胞台属学习党史、长春史。10月9日，二道区台湾同胞联谊会“台联之家”在万科社区居委会揭牌成立。

【思想建设】　9月26日至28日，长春市台联举办题为“传承红色基因，凝聚思想共识”的台胞台属骨干专题培训班。台胞台属骨干44人参加培训，培训中吉林省社会主义学院教研室主任、教授林萍作《新时代统战工作的根本指针——学习中央统战工作会议精神》专题讲座。在临江红色教育基地，学员参加“四保临江”纪念馆、陈云旧居、松陵雪村、“干饭盆狙击战”遗址、重走抗联路、伪满皇帝溥仪行宫等现场教学。11月16日，长春市台联举办“学习领会二十大会议精神宣讲报告会”“长春市台联学习二十大会议精神座谈会”，台湾省籍二十大代表、吉林省台联联络处处长蔡光洁作宣讲报告。台胞台属代表以“我爱祖国”为主题，创作题为“两岸一家亲共圆中国梦”“同根、同族、同向党”等剪纸作品。

10月9日，二道区台湾同胞联谊会“台联之家”揭牌成立　（戴木子　供图）

【参政议政】 市政协常委、市台联副会长唐泽静撰写提案《关于十四五期间加强区域幼儿园建设》被评为长春市“十四五”规划建言献策活动三等奖。

【联络联谊服务】 长春市台联开展纪念“三八”国际妇女节“同心聚力、巾帼向党”网上知识答题活动，50余名女台胞台属参加活动。开展“我为台联发展建言献策”活动，活动征集意见29条。长春市台联开展台胞台属慰问工作。市台联在“两节”期间，对21位老台胞和8位生活困难台胞发放慰问金。

（戴木子）

长春市工商业联合会

【概况】 2022年，长春市工商业联合会（简称“市工商联”）有11个县（市）区基层工商联组织，拥有工商联会员2万余户，所属商协会108个，组建异地长春商会12个。市工商联在省工商联对市州工商联2022年工作综合评价中获第一名，被评定为优秀等次。被全国工商联评为“2022年调查点工作先进基层单位”；被吉林省工商联评为“2022年民营企业调查工作先进集体”；被中共长春市委办公厅评为“2022年度全市党委系统信息工作标兵单位”。

【组织建设】 推进基层工商联和商会建设，规范组织管理，完成“长春市总商会”注册。组织县（市）区、开发区工商联、所属商协会召开商会建设现场会，推动工商联和商会工作上台阶。推荐绿园区工商联为全国“五好”标杆县级工商联并通过审批。指导大连、厦门、天津、湛江、广州、成都等地开展异地长春商会筹备注册工作。筹建全球长商联盟，与各地吉林商会、长春商会沟通联系并争取支持，通过外办、侨联对外交往资源，收集海外知名长商资源，有序推进筹建工作。加强工商联执委队伍建设，举办长商云大学第一期实训班，搭建民营经济人士“交流合作、创新发展、健康成长”平台。市委常委、市委统战部部长孙弘参加开班仪式并讲话，邀请国务院参事何茂春主讲专题报告会1次，到浙江大学研学1次，到双阳区开展经贸对接活动1次，到学员企业考察4次，民营经济人士综合素质得到有效提升。

整合商会资源优势，创新“六城联动”融入思路，实施“六会联六城”专项行动，先后组建新兴消费产业联盟、文化创意产业联盟、“双碳”经济产业联盟、汽车产业联盟、现代农业产业联盟、科技创新联盟6个产业联盟，成立6个专门工作委员会，奠定“六会联六城”组织基础。新兴消费产业联盟提交的《关于文化胡同烟火气建设的意见》被纳入市政协十四届三次常委会议上的《加快推进我市商贸服务业创新发展支撑引领经济转型升级的研究报告》。“双碳”经济产业联盟成员单位——吉林省万和光电集团有限公司赞助以“聚焦‘双碳’目标，推动智慧城市发展”为主题的第十四届北方城市照明论坛。长春市汽车产业联盟理事长——长春三友汽车零部件制造有限公司董事长白大成当选为中国工业合作协会先进制造业分会首届会长。文化创意产业联盟完成秘书处建设，设立会员服务部、品牌赋能部、项目推进部。

【参政议政】 为建立市工商联机关与县区工商联、商协会组织、非公有制经济人士联系机制，开展走进县区、走进商协会、走进会员企业和非公有制经济人士走进机关“四个走进”活动。2022年，走进县区12次，走进商协会20次，走进会员企业128次，非公经济人士走进机关81次。开展服务民营企业大调研，对全市9个城区和开发区128户企业进行调研，形成《长春市民营企业发展现状调研报告》、企业问题清单、政府办实事清单、潜力企业清单。制定《长春市民营企业复工复产疫情防控指导措施》《长春市应对新型冠状病毒疫情支持复工复产若干政策措施的建议》，市委主要领导均给予肯定性批示，政策建议被市政府出台的相关政策中予以采纳。通过深入分析各项调查数据和企业反映的诉求需求，形成《2022年长春市民营企业营商环境调查分析报告》报市委、市政府。《2021年长春市民营企业营商环境调查分析报告》被全国工商联评为“2022年工商联系统优秀调研成果”数据分析报告二等奖。

【非公有制经济促进】 组织工商联代表团到杭州，与杭州市工商联开展产品服务、对接需求等合作。邀请杭州市工商联代表团到长春市考察净月、双阳、九台等地项目建设、资源环境，就全域旅游、汽车轻量化、生物制药等开展洽谈，长杭两地基层工商联开展“对口合作友好协议签约仪式”，就进一步交流合作、投资兴业与各区党委政府开展座谈交流，促成九台区工商联与杭州市富阳区工商联签订对口合作友好协议。与天津市工商联召开对口合作视频会，促

6月16日，市委统战部、市工商联共同举办长商云大学第一期实训班开班仪式

（沙显光　供图）

7月8日，长春市民营企业供需对接平台开通暨签约大会举办 （沙显光 供图）

成长春市民企文化创意产业联盟与天津文化传媒商会签约。组织企业参加上海进博会、全球物流技术大会及全联民营企业“一带一路”峰会（线上）、2022年农博会农产品推介会等大型活动。召开长春—白山民营企业手拉手活动启动会。召开支持省级乡村振兴重点帮扶县（榆树）工作推动会，对榆树部分村屯开展对接帮扶工作。参与全市统战系统“同心发展行动”，探索建立“互联网+服务”模式，依托工商联资源优势，联合全市各级商会协会组织和知名民营企业共同打造长春市民营企业供需对接平台，帮助全市民营企业实现“产销对接”“服务对接”“渠道对接”。会上，市长王子联出席启动大会并致辞，13户民营企业代表签订合作协议，合同额超14亿元。截至年末，平台有商协会及企业81万户，推广星级品牌21个，促进民营企业间达成价值30亿元的购销合同。长春市工商联创建供需对接平台工作被全国工商联评为2022年度“创新中国”工商联工作最佳案例。

【非公有制企业服务】 强化政策服务针对性，加强政策宣传解读，举办6期服务民营企业“彩虹桥”行动政策解读线上宣讲会，邀请市发改委、市人社局、市法院、市工信局、市应急局、市司法局、市劳动仲裁院等部门有关专家解读长春市支持市场主体纾困“24条”“市人社局助力企业复工复产”“长春市中级人民法院充分发挥司法职能作用为企业纾困解读十条措施”“长春市民营经济发展概况和政策支持体系”“安全生产政策及管理措施”“新时期商会人民调解工作”“企业劳动争议预防与化解”等政策举措，890人次参加活动。

强化金融服务有效性，整合10余家银行、投资机构和商协会成立金融助企专委会，宣传金融政策措施，建立“银企对接渠道”，与9家省市银行联系合作，帮助60多户企业对接融资需求。举办9场银企对接会，170余户民营企业参加对接，帮助70余户民营企业解决信贷需求，贷款金额约6000万元。推动珲春农商银行、建设银行、工商银行等5家银行出台“及时雨”复工贷等一批助力企业复工复产金融产品。组织企业参加“市工商联助力民营企业复工复产金融服务座谈会”，对接九台农商银行，帮助解决融资瓶颈。推动“税商联动”机制建设，与市税务局加强合作，确定“1234”税商联动助企活动工作思路，搭建“税商联动”线上交流平台。通过“助企惠民生，喜迎二十大”主题党日、“税商共服务，惠企促发展”座谈会，搭建“税商联动”线上交流平台等措施，为民营企业提供税费政策精准推送和个性化服务。组织部分企业对接外国语大学、动画学院等院校，促进大学生就地就近就业，帮助民营企业引进人才。召开长春市工商联诚信体系建设工作会议，制定下发《长春市工商联关于民营企业信用体系建设重点工作分工的意见》，加强相关政策宣传力度，促进民营企业诚信经营、守法经营。

【和谐劳动关系构建】 推进和谐劳动关系建设，与市人社局、市总工会、市企联共同组织“全国和谐劳动关系创建示范企业和工业园区”评选工作，对推荐单位——长春一东离合器股份有限公司、研奥电器股份有限公司、国网吉林省电力有限公司长春供电公司、绿园经济开发区等进行实地考核。与市人社局、工会、企联共同开展长春市和谐劳动关系创建示范企业和金银铜牌协调员评选，2人分别被评为吉林省首批“金牌劳动关系协调员”和“银牌劳动关系协调员”。

【法律维权服务】 强化法律服务系统性，推进长春市民营经济领域纠纷多元化解机制建设，加强与市人社局、市司法局、市法院等部门的联系合作，成立民商事纠纷多元调处工作委员会、5家商会等民商事纠纷人民调解委员会和23家商会劳动争议调解委员会，进一步健全完善工商联和商会调解工作体系，提升矛盾纠纷多元化解工作质量。深化法律“三进”工作，将市司法局、市律协编撰的《疫情期间企业重点法律问题汇编》，传递给各基层工商联、商会和会员企业。组织会员企业120人次参加4场省工商联组织的线上复工复产专题法律讲座。建立健全涉案企业合规第三方监督评估机制，依法推动企业合规改革试点工作。与市公安局共同开展“万家民企防诈反诈”专项工作，定期开展防诈反诈宣传；与法院深入合作，签订《吉林省长春市中级人民法院 长春市工商业联合会助力优化营商环境 服务保障民营经济发展的合作协议》。

【社会公益活动】 实施指挥策划一盘棋、多方联动一件事、整体推进一张图、牵线搭桥一起干、分工合作一肩担“五个一”模式，指导部分县区工商联开展结对及帮扶工作，统筹推进“万企兴万村”行动，完成280对村企对接，温州商会向互助村捐赠多产业扶持资金

50万元。开展“万企兴万村”实验项目考核，确定市级“万企兴万村”实验项目26个，上报省级“万企兴万村”实验项目8个。做好包保村驻村工作，开展脱贫户慰问、资助村部改造、助售农副产品，推进产业振兴，邀请武汉市长春商会到农安县三合村考察对接项目，初步确定投资建设温室大棚项目。

（沙显光）

长春市文学艺术界联合会

【概况】 2022年，长春市文联下设办公室、组织联络部（2021年11月，加挂“新文艺群体联络部”牌子）、协会工作部3个部室；6个文艺家协会，即长春作家协会、长春书法家协会、长春美术家协会、长春摄影家协会、长春音乐家协会、长春戏剧家协会；2个创作室（研究室）即长春市文联创作室、长春市文联文艺理论研究室。另外，还有7个在长春市民政局登记的行管协会，即长春市舞蹈家协会、长春市硬笔书法家协会、长春市收藏家协会、长春市民间文艺家协会、长春市企业文学艺术工作者联合会、长春市中老年艺术家协会、长春市古琴协会。长春市有11个区、县级文联，即南关区文联、朝阳区文联、宽城区文联、二道区文联、绿园区文联、双阳区文联、九台区文联、农安县文联、榆树市文联、德惠市文联和公主岭市文联。长春市文联系统有文艺家、文艺爱好者人数2.5万余人。其中，国家级会员300余人，省级会员1000余人。

【专题文艺创作活动】 所属各文艺家协会开展“以艺抗疫 共克时艰”主题文艺创作，征集各类文艺作品15000余件，推出“以艺抗疫 共克时艰”长春市主题文艺作品网络展69期，展出优秀抗疫作品700余件，涵盖文学、书法、美术、摄影、音乐等不同门类。部分作品被《吉林日报》《长春日报》等省市媒体刊发刊播。中国文艺网转载报道《长春市文联：疫情防控吹响号角 志愿服务彰显担当》《凝心聚力担使命、以艺抗疫克时艰——长春市文联以文艺作品聚民心战疫情》。农安县文联推出的抗疫报告文学《以“艺”抗疫 显担当》，在吉林省委主办的刊物《新长征（党建版）》2022年第6期发表。朝阳区文联以“艺”抗疫，举办“朝阳区文艺志愿者在行动——向春天致敬空中诗会”。公主岭市文联征集到优秀诗词、书法、剪纸、摄影作品300余件，发布25期公众号，记录全市各条战线积极抗疫的动人画卷。

【文艺助推经济发展】 填写“2022年度‘十大工程’分施工图”，助力民生改善工程，举办长春市首届“强国复兴有我”书法、美术、摄影百件文艺精品征集评选活动、长春市首届临帖（碑）书法作品展览、“生态长春·绿色家园”主题摄影作品展；填写“2022年度‘六城联动’落实清单”，聚焦建设文化创意城，开展“六进”一站式文艺志愿服务活动、“我们的中国梦·文化进万家”活动；填写“2022年度‘四个服务’落实清单”，聚焦服务群众，开展“文艺家进社区”文艺志愿服务活动；聚焦全市法治阵地建设，开展“美好生活·民法典相伴”主题宣传书法创作活动，创作民法典宣传标语书法作品30余件；聚焦助力乡村振兴建设，指导驻村第一书记，帮助农安县巴吉垒镇莫波村建立家国腾达农作物种植专业合作社联合社。联合社入社社员120人，年收入100万元。

【文艺精品创作】 聚焦民生改善工程，举办长春市首届“强国复兴有我”书法、美术、摄影百件文艺精品征集评选活动；围绕“礼赞新时代、奋进新征程”主题，举办长春市首届临帖（碑）书法作品展、“生态长春·绿色家园”主题摄影作品展等有特色有影响、引导性示范性强的主题展览。推出一批思想精深、艺术精湛、制作精良、饱含正能量、与新时代同步的精品力作，展现长春蓬勃发展之势、自然生态之美、多彩人文之韵。

【推广文艺精品和文艺活动】 推荐“生态长春·绿色家园”主题摄影作品展、长春市第二届少年儿童美术作品展巡展活动报送第九届吉林省市民文化节重点活动，推荐第三届长春市十佳歌手大赛申报第九届吉林省市民文化节群众喜爱优秀文化品牌，组织申报首届吉林省文艺评论奖年度推优活动，推荐长春作协会员高宏宇、肖英奎、李凤艳3个短评类、符晓1个长评类申报，推荐长春书法家协会副主席邢军、长春美术家协会副主席刘向久参加长春电视台《坐标·文化周刊》栏目录制，组织朝阳区、农安县、九台区、德惠市、榆树市、公主岭市7个县（市）区申报首批省级新时代文明实践文艺志愿服务项目实施示范带动地。

【“生态长春·绿色家园”主题摄影作品展】 长春市文学艺术界联合会举办“生态长春·绿色家园”主题摄影作品展览。展览征集作品1275幅，甄选出150幅入展作品，其中包括30幅优秀作品。入展作品于11月16日至26日在长春美术馆正式展出。此前这些作品于6月27日至7月8日，分11批次在长春市文联公众号上展出。这些充满生态建设成果和绿色生机的摄影作品涵盖长春市绿荫掩映的城市街区、人与自然、郊野乡村、园林绿地等内容。

【长春市第二届少年儿童美术作品展】 由长春市文学艺术界联合会、长春市教育局共同主办的长春市第二届少年儿童美术作品展于2021年12月31日至2022年3月20日在长春美术馆展出。该届展览分为“红色传承”“我眼中的国风”“天空中最亮的星”3个子题，教育广大少年儿童知史爱党，知史爱国，传承红色基因，赓续红色血脉。展览收到3700余幅作品，经过专家评委会评审，最终300幅个人和团体作品入展。内容包含对党和祖国的热爱，对家乡地域风情的描绘，对日常生活的奇思妙想等等，作品精彩纷呈、童趣满满，充满孩子们天真烂漫的情感和大胆想象。

【开展国际国内文化艺术交流】 举办“西安·长春书法交流展”“第27届中韩国际书法美术作品交流展”，组织长春书法家协会、长春美术家协会、长春摄影家协会艺术家参加“符拉迪沃斯托克国际友城节”活动。通过加大与国内副省级城市和对口合作城市的文化艺术交流，使广大艺术家拓宽创作思路，提升创作水平，展示长春市良好城市形象。

【文艺志愿服务活动】 在元旦、春节等重要节日，开展“我们的中国梦——书法家送万福进万家”“文艺进万家 健康你我他”等多样化文艺志愿服务活动，丰富广大人民群众精神文化生活。1月7日，会同长春市卫健委联合开展“同心抗疫辞旧岁 翰墨飘香迎新春”送春联迎新年主题活动。市文联主席孙德伟代表书法家向长春市疾控中心、长春市卫生监督所赠送400余幅春联福字，并与参加活动的书法家现场书写200多副春联和福字，为奋战在抗疫一线的医护人员送去节日祝福。1月10日，组织长春书法家协会、长春摄影家协会艺术家走进长春市文联乡村振兴帮扶点——农安县巴吉垒镇莫波村，开展“我们的中国梦”文化进万家志愿服务活动，现场为广大村民书写春联福字300余副，拍摄“全家福”照片200余张，把新年的美好寓意和真挚祝福送到村民们手中。1月14日，组织长春书法家协会艺术家到长春出版社，在长春市职工阅读活动中心开展2022年“我们的中国梦”——书法家送万福进万家公益活动，为职工现场书写春联福字300余副，为喜迎新春、欢度新年增添喜庆祥和气氛。元旦春节期间，到市文联十二家党建联系点社区、南关区消防大队、朝阳区环境卫生管理中心、长春市中心医院，长春市春城投资发展集团有限公司总部及下属的建管中心、永昌事业部、东岭事业部，长春市第二社会福利院等多家单位，为节日期间奋战在一线的消防官兵、环卫工人、企业职工、民政服务对象、护理人员、医护人员、社区居民赠送春联福字。在全市范围内开展“送文艺 进基层”文艺志愿服务活动。3月4日，会同中共长春市委宣传部联合开展“文艺进万家、健康你我他”学雷锋文艺志愿服务主题活动。组织艺术家到长春市宽城区团山街道长山花园社区，现场参观社区服务大厅、吴亚琴工作站、党建工作室等服务场所。艺术家现场创作书画作品100余幅、摄影作品200余张，推动社区文化建设、丰富居民文化生活。7月13日，会同长春市双拥办、长春市退役军人事务局联合开展“翰墨飘香庆八一·丹青妙笔壮军魂”活动，组织艺术家到93246部队，现场创作、赠送书画作品200余幅。8月29日，会同长春市委党校共同举办“喜迎二十大”书画笔会，组织艺术家现场创作书画作品100余件。

【打造“文艺家进社区”文艺志愿服务品牌】 组织艺术家到社区开展志愿服务30余场次，惠及居民1000余人次。对朝阳区湖东社区、天宝社区，南关区平阳社区、明珠社区、文庙社区，宽城区长盛社区、庆丰社区，二道区十委社区、亚泰社区，绿园区信阳社区、银融社区等试点社区开展常态化志愿服务活动。针对社区文艺爱好者需求，在文学、书法、美术、摄影、音乐、戏曲等艺术门类方面，为社区文艺工作者和爱好者进行书法技法讲解点评、声乐发声技巧辅导、写意花鸟画创作手法、手机摄影技巧分析、现代京剧表演等培训辅导。

【文艺家协会管理】 实施每周五工作调度机制，跟进了解各协会工作进度。制作《长春市文联各直属协会理事年度考核表》，筹备召开2022年度主席团会议，开展会员重新登记工作，汇总各直属协会专委会酝酿名单情况，开展2021年度理事考核及优秀会员、优秀志愿者评选工作。开展新文艺群体组织和新文艺群体个人统计调查工作，确定新文艺群体组织2个，新文艺群体个人33人。组织各协会会员中的自由职业者开展2022年度吉林省文学艺术自由职业者职称信息化申报工作，向吉林省文联报送52位候选人。落实中国文联“文艺志愿者保险计划”，组织各协会文艺志愿者在中国文艺志愿者注册管理平台登记注册。按照《长春市文学艺术界联合会社会团体管理操作规程（试行）》对7家行管协会进行监督管理。批复关于长春硬笔书法家协会推荐吉林省硬笔书法家协会第六届领导班子候选人请示；审核批复长春硬笔书法家协会承办长春市第三届“墨香校园”书法大赛请示；审核批复长春市收藏家协会延迟换届申请。

【基层文联作品推荐】 撰写2022年中国文联组联会经验材料《加强基层文联组织建设 大力提升文联工作的贡献率》《长春市文联开展“文艺进万家 健康你我他”学雷锋文艺志愿服务主题活动工作总结》，上报中国文联。填写并报送《长春市文联关于吉林省艺术创作规划2022年度重点推动项目》，向吉林省音乐家协会推荐朝阳区永春镇、农安县巴吉垒镇、小城子镇、公主岭范家屯镇、秦家屯镇申报的乡镇主题歌曲创作活动，经过省音协审核，农安县巴吉垒镇、小城子镇创作乡歌被最终确认。

【设立城区文联】 经吉林省和长春市相关部门批准，在长春市南关区、朝阳区、宽城区、二道区、绿园区设立区级文联机构。城区文联成为有人员编制、有活动经费、有工作场所的人民团体事业单位。 （于柏秋）

长春市残疾人联合会

【概况】 2022年，长春市持证残疾人24.2万人。其中，肢体残疾13万人、听力残疾2.3万人、视力残疾2.8万人、言语残疾0.36万人、智力残疾2.3万人、精神残疾2.4万人、多重残疾1.07万人；按残疾等级分，一级2.52万人、二级8.88万人、三级6.58万人、四级6.27万人。

长春市有5个残疾人专门协会，分别为盲人协会、聋人协会、肢残人协会、智力残疾人及亲友协会和精神残疾人及亲友协会。残疾人专门协会联合爱心企业、志愿者开展走访慰问等志愿助残活动，聋人协会组织开展手语培训，盲人协会同长春市残疾人福利基金会，为102家盲人按摩机构发放5万只口罩和500瓶免洗消毒液。

长春市残联完成省民生实事和建设幸福长春行动计划任务，困难残疾人生活补贴和重度残疾人护理补贴惠及16.7万人次，托养服务4352人，“三无一靠”成年重度残疾人生活补贴874人，购买意外伤害险6.8万人，发放扶残助学金916人次。累计培训残疾人7460人次，新增残疾人就业3637人，为4.1万名残疾人提供基本康复服务，对243个村级服务场所和1006户残疾人家庭实施无障碍改造。

【康复服务】 与长春市教育局、长春市民政局、长春市人力资源和社会保障局、长春市卫生健康委员会、长春市医疗保障局共同制定印发《长春市“十四五”残疾人康复服务实施方案》，为持证残疾人和残疾儿童提供基本康复服务4.1万人。其中，辅助器具适配1.3万人、0—6岁儿童康复服务1255人、7—17岁儿童康复服务841人。肢体残疾人居家康复服务2770人；0—15岁肢体残疾儿童矫形器适配176人；适配假肢118例；盲人定向行走、低视力者视功能训练1247人。实施“基本型残疾人康复器材进乡村项目”，为271个村配置康复器材，服务491人。“爱耳日”“爱眼日”期间，开展免费听力检测、科普宣传等活动。

【教育就业】 开展就业援助月和“残疾人就业宣传年”活动，组织招聘会73场，发布招聘信息30期，171户企业参与招聘，提供岗位1986个。在第六届吉林省残疾人职业技能竞赛上，获得单项7金5银7铜，并获团体第一名。完成151名应届残疾人大学毕业生就业服务工作，录入率和服务率100%。落实残疾人创业就业扶持政策，超比例安置残疾人企业补贴6家，首次创业补贴40人，租赁摊床位补贴15人，扶持首次开办盲人按摩院2家。培育残疾人网络创业基地18个，入驻团队33个，吸纳带动残疾人168人。扶持辅助性就业机构20个，安置残疾人393人。申报省级残疾人就业创业基地2家，培育扶持农村残疾人就业帮扶基地7个。申报吉林省残疾人网络创业“红人”40人。新增残疾人就业3637人。资助大龄自闭症、智力障碍青少年接受职业教育229人。为残疾学生和困难残疾人家庭子女916人提供扶残助学金。为102名残疾人提供成年教育资助。

【社会保障】 困难残疾人生活补贴和重度残疾人护理补贴惠及16.7万人次。为874名“三无一靠”成年重度残疾人提供生活补贴。为6.8万名就业年龄段残疾人购买意外伤害保险。实施“残联助力乡村振兴 服务万村残疾人行动”，将874名残疾人纳入返贫监测范围。对243个村级服务场所和1006户残疾人家庭实施无障碍改造。坚持“智志双扶”，农村残疾人实用技术培训2857人次、产业扶持2401人。爱心企业在端午节期间为低保残疾人家庭捐赠粽子600袋。长春“聋人帮帮团”帮扶各类别残疾人202人次。

【文体活动】 “五个一”文化进家庭项目惠及462人。承办第十七届长春电影节“光明影院”公益项目单元启动仪式。举办长春市第六届残疾人冰雪运动季暨中国智协冬季特奥联谊活动、迷你滑雪比赛长春分站赛、长春市大众冰雪季冰壶比赛。建立残疾人游泳训练基地和残疾人轮滑基地。开展残疾人群众性体育活动，第十六次全国特奥日期间，组织25名智力障碍儿童参加旱地冰壶夏令营。残疾人健身周期间，采取线上方式组织150人参加2022年全国残疾人旱地冰壶比赛。组织参加2022年全国残疾人云竞赛，轮椅健身操获最佳创作奖，竞技项目获三等奖2枚、优胜奖3枚。1名人获优秀教练员奖。

【依法维权】 长春市残疾人法律援工作站接受法律咨询197人次，免费代理案件15件，调解残疾人劳动和赔偿纠纷11件。会同长春市司法局国安公证处，为符合条件的残疾人减免公证费。为747名残疾人发放机动轮椅车燃油补贴。电话咨询解答1515人次，处理市长公开电话来件371件，接待残疾人来访85人，处理上访件25件。

【宣传表彰】 在媒体发布宣传稿件110余篇、短视频223个，在长春市残联微信公众号发布信息549篇（条），宣传惠残政策、典型事迹和残联工作动态。开展2020—2021年度长春市残疾人事业好新闻评选活动，评出一等奖3个、二等奖3个、三等奖4个。

【公益助残项目实施】 长春市残疾人福利基金会争取善款58.6万元，资助267名符合条件的残疾学生和贫困残疾人家庭子女接受高中教育。“树忠助残奖学金”项目，为长春大学特教学院12名残疾大学生提供资助。募集善款3万元，用于资助包保村脱贫户、低保边缘户和残疾人家庭。 （孙连涛）

长春市红十字会

【概况】 2022年，长春市红十字会通过互联网、银行、现场等渠道接受社会捐赠（含物资）11647.47万元。其中，接收现金捐款9467.47余万元，接收捐赠物资价值2180余万元。疫情防控支出款物10730.63万元。定向捐款支出100万元；长红凉夏助学、暖冬助困等项目支出16.55万元，救助480余名贫困群众（学生）。应急救护普及人数1万余人次，持证培训966人，新投放5台AED至地铁等公共场所，新增4个城市社区博爱家园示范点建设项目，6家红十字单位或个人获中国红十字会总会荣誉表彰。

【组织建设】 6月底，完成市红十字会第五届理事会换届选举工作，选举产生长春市红十字会第五届理事会理事67名。县（市）区红十字会实现独立设置，人员编制至少3名。全市红十字会新招录公务员8名。双阳区云山街道石桥社区、朝阳区重庆街道北安社区、宽城区新发街道贵阳街社区、九台区九台街道嘉鹏社区等4个社区成功申报省红十字会城市社区博爱家园示范点建设项目。1名志愿者被推选为“全国红十字志愿服务先进典型”，3名会员被授予“全国会员之星”，长春市红十字美吉志愿服务队被评为“全国先进红十字志愿服务组织”；长春世界雕塑园被评为“全国红十字模范单位”。

【疫情防控捐赠】 3月初，长春疫情暴发后，市红十字会作为疫情防控物资保障专班成员单位，实现从应急响应、募捐指南发布、实施募捐、社会公示、款物拨付使用、督查提示全链条无缝隙管理工作流程。运用“互联网+公益”捐赠方式开展疫情防控专项募捐，截至12月31日，接收疫情捐赠资金72.6万余笔，9342.78余万元；接收捐赠物资价值2180余万元。向市疫情防控指挥部拨付捐款（含定向捐赠）5200万元，防疫物资价值1216余万元；向县（市）区、开发区，特别是重点倾斜九台区、宽城区、朝阳区、双阳区、榆树市等拨付捐款3119余万元，防疫物资价值225余万元；向高校、医院重点防疫单位等拨付捐款122余万元，防疫物资价值642余万元。

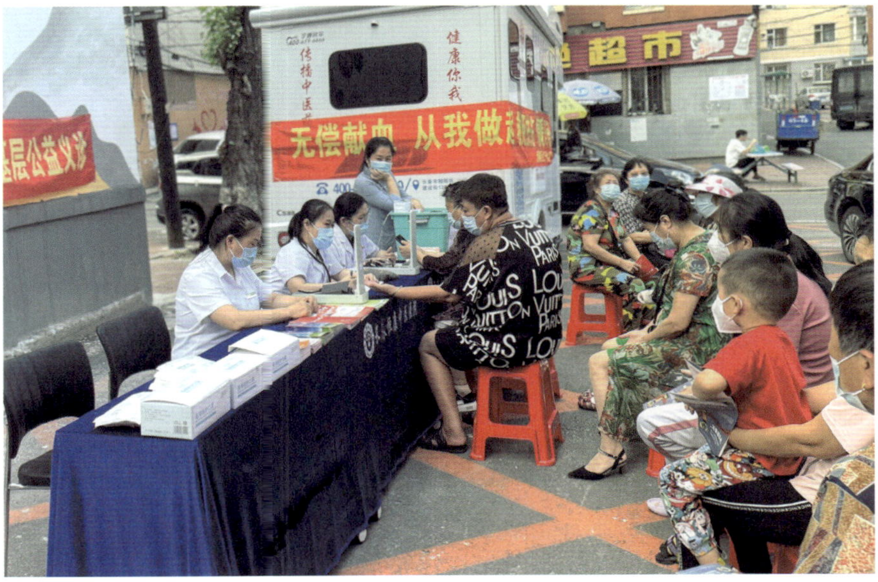

8月16日，长春朝阳区万宝社区红十字博爱家园开展义诊活动 （熊思幸 供图）

【人道救助行动】 总结疫情期间捐赠工作的经验和问题，修订、编印《募捐救助工作手册（2022版）》。36名患儿获中国红十字基金会小天使基金救助148万元。1576名困难家庭肿瘤患者得到省红十字会肿瘤救助项目救助。探索建立经常性社会化筹资机制，打造高效化、标准化、智能化的“数字红会”。截至12月31日，接收“长红”项目捐款124.69万元，其中定向捐款100万元拨付至受赠学校。春节期间，长春市红十字会开展“红十字博爱送万家”活动。争取筹措慰问款物10余万元，受益人覆盖朝阳区、南关区等5个县区190余户困难群众，包括低保户、孤寡老人、遗体捐献登记者、贫困献血者等贫困家庭。其中，“长红·暖冬助困行动”救助项目，发放60500元，惠及九台区波泥河镇、双阳区平湖街道、南关区北安社区等121户低保“空巢”等困难家庭。9月，拨付10.5万元至朝阳区、南关区、宽城区、双阳区和榆树市等地，专项用于救助贫困学生。惠及长春市希望学校、朝阳实验小学校、双阳区第一实验小学、宽城区柳影实验学校、榆树市第二实验中学等88家中小学350名贫困学生。

【备灾救灾行动】 市红十字会增加和更新价值11余万元的生活包等应急物资储备。12月，组织全市红十字系统参加中国红十字会总会“红十字应急救援信息化综合演练”活动，模拟全市暴发新冠疫情以及九台区发生洪水灾害2个场景，联合省、市、县进行各级灾害管理系统灾情上报、物资调拨以及接收、分配、发放、上报数据等工作。

【应急救护培训】 编印《应急救护手册（2022版）》。为支持基层红十字会培训普及工作，采购下拨《应急救护手册》19800册、培训套装9900个。2022年，全市红十字会应急救护普及人数1万余人次，持证培训966人。其中，救护员培训755人，初级救护员培训5人，CPR+AED培训206人。举办应急救护培训班17期，培训群众400名。走进吉林大学、103中学等学校传播红十字运动知识，普及应急救护知识，并联合吉林大学校医院、吉林大学红十字社团共同举办吉林大学第一届应急救护技能大赛。采购5台AED分别安装在长春地铁1号线、2号线5个地铁站。自2018年起，在全市投放25台AED，覆盖机场、火车站、公路客运站、体育场馆、地铁枢纽站、伪皇宫、欧亚卖场等人员密集、流动性大的大型公共场所。

【志愿服务管理】 登记注册的活动志愿者5006人，成立医疗、养老、救援、无偿献血等专业志愿服务队6支。对长春市轨道交通集团有限公司等AED配备单位的工作人员和志愿者进行心肺复苏（CPR+AED）培训，普及应急救护知识，提升一线人员和志愿者处置突发情况的应急能力。推荐长春市红十字美吉志愿服务队、张建军、刘桂敏和刘屹等优秀志愿者参加中国红十字总会、吉林省红十字会红会的“全国红十字模范单位”“全国推选宣传红十字志愿服务先进典型”“最美红十字救护员”等评选活动，获得相关荣誉表彰和宣传报道。

【“三献”捐献】 协助吉林省红十字会对配型成功的长春造血干细胞捐献登记志愿者进行高分辨采样。6月14日，“世界献血者日”在晨宇科技城献血屋开展“无偿献血 为爱成团”宣传活动，22名志愿者参与无偿献血和造血干细胞捐献宣传，献血6200毫升。印发“生命接力 大爱传递”等宣传资料，向全市发放宣传单页3万份，传播无偿献血、造血干细胞捐献、人体器官（遗体）捐献常识。 （熊思幸）

中國·長春
China Changchun

法　　治

FAZHI

人大立法

【概况】 2022年，市人大常委会完成新一届常委会立法顾问聘任工作。立法顾问参与16件法规的论证工作，提出1000余条修改意见和建议，200余条被采纳。市人大常委会完成新一届常委会基层立法联系点的设立工作，19个基层立法联系点实现全市各县（市）区全覆盖。重新制定《长春市人大常委会基层立法联系点工作规定》。编制立法计划和规划。确定立法项目15件。

【重点领域立法】 市人大常委会实施人才强市战略，制定《长春市人才发展促进条例》。为加快培育内需体系，推动文商旅体产业发展，制定《长春市旅游促进条例》；为适应发展需要，改善交通环境，修订《长春市机动车停车场管理条例》；为防治大气污染，保护生态环境，修改《长春市农作物秸秆露天禁烧和综合利用管理条例》；为促进养殖业发展，防控人畜共患传染病，维护公共卫生安全，修订《长春市无规定动物疫病区建设管理条例》。

【立法机制建设】 市人大常委会修改《长春市人民代表大会议事规则》《长春市人民代表大会常务委员会议事规则》《长春市人民代表大会常务委员会主任会议议事规则》《长春市人民代表大会专门委员会议事规则》《长春市人民代表大会常务委员会人事任免办法》。在立法工作中坚持“五化工作法”，工作图表化，绘制《长春市制定地方性法规工作流程图》和《长春市规范性文件备案审查工作流程图》。

【立法计划实施】 5月，主任会议决定对立法计划项目进行调整，新增提请审议的立法项目8件。10月，主任会议决定追加1件提请审议的立法项目。立法计划实际安排立法项目21件，其中，提请审议的项目14件，分别是制定《长春市人才工作促进条例》《长春市旅游条例》《长春市街道办事处条例》《长春市社区治理促进条例》，修订《长春市农作物秸秆露天禁烧和综合利用管理条例》《长春市无规定动物疫病区建设管理条例》《长春市机动车停车场管理条例》，修改《长春市人民代表大会议事规则》《长春市人民代表大会常务委员会议事规则》《长春市人民代表大会常务委员会主任会议议事规则》《长春市人民代表大会专门委员会议事规则》《长春市人民代表大会常务委员会人事任免办法》，废止《长春市人民代表大会常务委员会讨论决定重大事项的规定》，打包修改和废止部分地方性法规。开展调研的项目7件，分别是制定《长春市民族团结进步条例》《长春市养老服务条例》《长春市开发区条例》，修订《长春市城市公共汽电车客运管理条例》《长春市城市客运出租汽车管理条例》《长春市土地管理细则》《长春市统计管理条例》。

【立法调研开展】 常委会围绕《长春市民族团结进步条例》《长春市养老服务条例》《长春市开发区条例》《长春市城市公共汽电车客运管理条例》《长春市城市客运出租汽车管理条例》《长春市土地管理细则》《长春市统计管理条例》7个调研项目，就立法必要性、可行性，以及立法要规范和解决的主要问题进行调研，为编制2023年立法计划做准备。其中，《长春市养老服务条例》《长春市城市客运出租汽车管理条例》《长春市土地管理细则》列入2023年立法计划提请审议项目。

【地方性法规清理】 按照全国人大常委会法工委要求，常委会组织3次地方性法规清理。重点对照民法典和行政处罚法，对88部地方性法规、66部政府规章和928个行政规范性文件开展全面清理。对与《中华人民共和国民法典》《中华人民共和国行政处罚法》规定不一致的地方性法规进行清理。修改《长春市城市房地产交易管理条例》《长春市水资源管理条例》《长春市伊通河城区段管理条例》，废止《长春市土地管理细则》《长春市农村土地承包经营权流转条例》。对涉及计划生育限制性规定的地方性法规进行清理。按照全国人大常委会法工委要求，组织市政府有关部门对地方性法规、规章、规范性文件中涉及计划生育限制性规定的内容进行清理。修改和废止2件涉及清理内容的规范性文件。清理情况向全国人大常委会法工委进行报告。对涉及限制出租汽车驾驶员户籍的地方性法规进行清理。

【规范性文件审查监督】 市人大常委会全年接到市政府及相关部门报送的规范性文件11件，按照法定程序进行审查，未发现与宪法法律法规相抵触等应予撤销或者变更的情况。对《长春国际影都国民经济和社会发展第十四个五年规划》《长春市既有工业（物流仓储）用地性质、建筑物使用功能变更管理暂行办法》等112件重大行政决策和行政规范性文件、25件政府合同和政府协议、129件法律事务进行合法性审查。对县（市）区人大常委会开展听取和审议备案审查工作情况报告情况进行调研，督促县（市）区人大常委会做好听取和审议备案审查工作情况报告的工作。（闫世强）

政法委与综治

【概况】 2022年，中共长春市委政法委员会（简称市委政法委）获吉林省精神文明单位、长春市直属机关工会工作先进集体、《长安》杂志宣传通联工作先进单位等集体奖励3项。长春市法学会（简称市法学会）被评为全省社科联系统先进学会。17人获荣誉表彰。专题调研报告《社会治理平战机制转换问题研究》得到中央政法委充分肯定，获省委常委、省委政法委书记李明伟和市长王子联批示。

【平安长春建设】 市委政法委统筹组织相关部门对全市95个重大项目开展社会稳定风险评估，从源头上预防和排除不稳定风险隐患。依法严厉打击群众反映强烈的黄赌毒、食药环、盗抢骗、黑拐枪、养老诈骗、电信网络诈骗等突出违法犯罪，全市刑事案件发案比2021年下降59.5%，破案率提升3 个百分点，命案破案率始终保持100%。84起养老诈骗案件全部告破，追缴赃款7.7亿元；破获电信网络诈骗案件3234起，精准预警止付避免群众损失2.89亿元。常态化开展扫黑除恶斗争，重点行业领域整治工作得到全国扫黑办特派督导组肯定。

【开展全国市域社会治理现代化试点城市创建】 在全市打造85个示范特色项目，综治（矛调）中心实现全覆盖并实战化运行，建设标准化示范点35个。推动出台《长春市城乡社区治理促进条例》。推进市域社会治理信息平台建设，形成五级信息平台架构，绘制网格地图14702张，录入基础信息数据900余万条。

【智慧法务区建设】 长春智慧法务区揭牌运行。7月18日，长春智慧法务区举行揭牌和签约活动。省委书记景俊海出席活动并讲话。省委副书记、省长韩俊出席活动。8月1日中国长安网以“正式启动！36个政法机构、律所和企业落位，长春这个智慧法务区不简单”专题刊发。长春智慧法务区获评“中国改革2022年度地方全面深化改革典型案例”。长春破产法庭、长春互联网法庭、长春国际商事法庭、长春金融法庭、长春环境资源法庭全部投入使用，受理案件1604件、审结1099件，与长春知识产权法庭共同形成“六大专业法庭”齐聚法务区的工作布局。省市公共法律服务联合运行管理中心、长春国际仲裁院、检察机关涉案企业合规改革研究实践基地等25个政法机构入驻运行，44个智慧法务项目先后落位。

【服务振兴发展】 开展服务企业、服务群众、服务基层、服务人才“四个服务”活动，全市政法机关出台一系列政策举措强化高质量法治供给。长春市公安局细化《服务群众65条措施》《服务企业23条措施》，推动文明规范执法。长春市中级人民法院“优化法治化营商环境经验”入选全省法院改革精品案例。长春市人民检察院推动建立涉案企业合规第三方监督评估机制，帮助企业健全完善管理制度45项。长春市司法局构建智能高效公共法律服务体系，获评第二批“全国法治政府建设示范项目”。宽城区长山花园社区、二道区四合村、德惠市良种场村、净月区中海社区被评为第九批“全国民主法治示范村（社区）”。

【政法队伍教育培训】 市委政法委与中共长春市委组织部、中共长春市委党校（长春市行政学院）共同举办全市政法系统领导干部政治轮训暨学习贯彻习近平法治思想专题培训班，全市政法系统正处级以上领导干部360余人参训。建立政法系统优秀人才库，研究印发《关于建立全市政法系统优秀干部（人才）信息库的实施方案》，为全市政法事业长远发展提供人才储备。评选表彰全市政法系统先进集体80个、先进个人150名。

【法治营商环境优化】 市委政法委联合市法院、长春铁路运输中级法院、市检察院、市公安局、市司法局对2021年办理的涉企案件进行专项调研，5月21日，发布《长春政法机关2021年企业合规指导意见》《长春政法机关2021年企业合规指导清单》。

吉林省首个互联网法庭在长春设立。6月1日，吉林省首个互联网法庭——长春互联网法庭正式受理案件。2022年10月8日入驻长春智慧法务区。

东北首家破产法庭在长春设立。6月22日，东北地区首个、也是唯一一个正式成立的破产法庭——长春破产法庭正式开始受理案件。长春破产法庭的设立是长春智慧法务区建设的重要组成部分，标志着长春破产审判工作迈入新阶段。

东北首家国际商事法庭在长春设立。8月15日，东北地区首家国际商事法庭——长春国际商事法庭正式开始受理案件。（李思佳）

法治政府建设

【概况】 2022年，长春市司法局法治政府建设工作取得新进展。长春市“构建智能高效公共法律服务体系”获评全国法治政府建设示范项目。推荐宽城区、公主岭市、九台区、双阳区、绿园区等5个市区参评全省第二批法治政府建设示范单位。

【依法行政】 长春市制定《关于贯彻〈中华人民共和国行政处罚法〉的实施意见》《关于深入推动落实基层综合行政执法工作的实施意见》，指导全市各级行政执法部门依法开展执法工作。开展“行政执法力量进居民小区”活动，全年开展活动460余次。推进行政复议体制改革，完善新型行政复议工作机制。2022年办理行政复议案件875件，比2021年减少475件、减幅35.2%，纠错105件，案件纠错率12%。

【立法和合法审查】 完成《长春市人才工作促进条例》《长春市街道办事处条例》等7部地方性法规和2部政府规章的立法审查。对88部地方性法规、66部政府规章和928个行政规范性文件开展全面清理。对112件重大行政决策和行政规范性文件、25件政府合同和政府协议、129件法律事务进行合法性审查。

【行政执法监督】 制定《关于贯彻〈中华人民共和国行政处罚法〉的实施意见》《关于深入推动落实基层综合行政执法工作的实施意见》，指导全市各级行政执法部门依法开展执法工作。启动开展“行政执法力量进居民小区”活动，全年开展活动460余次。

【社会矛盾纠纷行政化解】 推进行政复议体制改革，完善新型行政复议工作机制。全年办理行政复议案件875件，比2021年减少475件、减幅35.2%，纠错105件，案件纠错率12%。推动基层人民调解组织从“有形覆盖”向“有效覆盖”转变，建成“名人调解室”“老兵调解室”等个人调解室198个。携手东北师范大学等7所院校和10家调解组织，共同打造调解人才培养工程。开展“助‘六城联动’战略、促‘万家万事’和谐”调解专项行动，开展矛盾纠纷调解12436件，调解成功11944件。反映人民调解工作成果的微电影《枫桥之歌》获第二届中国法治微电影展优秀作品奖。 （闫世强）

【辩护代理】 2月，以市委依法治市办名义，向全市90余家党政机关印发《关于进一步加强全市各级党政机关法律顾问备案工作的通知》，明确选任内部法律顾问和外聘法律顾问需备案具体范围、材料清单和备案流程。办理备案事项125个，全市提供政府法律顾问服务的律师事务所77家、律师244人，为全省615个省、市（派出机构）、区、街道（党委）政府及职能部门提供服务，为政府部门实施专业知识培训92场，列席会议650次，出具法律意见书721件，完成交办工作2835件，接受咨询3300余件，代理应诉和复议案件870余件，避免经济损失1.8亿元。做好扫黑除恶案件辩护代理工作，长春市律师接受扫黑除恶案件委托27件，代理重大敏感案件47件。依托市涉法涉诉信访法律服务中心，组织律师团队做好参与化解涉法涉诉信访案件工作，接待群众1100余人次，解答信访咨询283件，参加信访案件研讨会26次，完成案件评查13件，化解矛盾、达成息访4件。9月23日，省委常委、市委书记张志军在市信访局接待大厅调研时对值班律师参与信访工作给予充分肯定。 （陈 硕）

【营商环境建设】 编制《“六城联动”法律服务指南》，为企业提供清单式、条目式法律服务。组建法律服务团和专项法律服务组，开展“法律服务对接重点项目”活动，跟进“六城联动”重大项目建设。推行柔性执法、包容审慎执法，组织全市24个行政执法部门编制“首违不罚”事项清单206项。出台《全市司法行政系统法律服务助推企业高质量发展二十项措施》，开展“服务企业月”活动，为近800户企业提供法治体检服务，为企业减、缓、免法律服务收费530万元。推进长春智慧法务区建设，省市公共法律服务联合运管中心、长春国际仲裁院和13家律师事务所进入常态化运行。参与中车集团哥伦比亚投资、国家开发银行俄罗斯债权追偿等重大项目，办理重大项目建设工程招标投标公证100余件。全市律师代理案件3.8万件，受理民商事仲裁案件797件、标的总额22.57亿元。 （闫世强）

公　安

【概况】 2022年，长春市公安局以创建“全国最安全省会城市”、锻造“人民最满意公安队伍”为目标，在全市公安系统2.3万名民辅警的共同努力下，完成疫情保卫战、“百日行动”攻坚战和党的二十大安保工作收官之战。严厉打击违法犯罪。全年全市刑事案件发案14391起，比2021年减少21149起，下降59.51%。完成各项大型活动安保任务。冬奥会、冬残奥会、全国“两会”等重要节点和省党代会、省市“两会”等重要活动安全度过。清理整顿道路安全隐患。建立交通事故每月研判、亡人事故领导必出现场、重大事故倒查追责、国省干道分级勤务机制，最大限度把警力充实到事故多发路段，交通亡人事故下降37%。出台《服务企业23条措施》《服务群众65项举措》，推进智慧法务区建设，优化公安窗口服务，从严规范执法活动，公安窗口满意度99.9%；开展“蓝盾初心”志愿服务活动，建立“好人好事直通车”栏目，解决群众困难2082件。建立总值夜查、每日督察、曝光台通报制度，对涉警信访、“12389”投诉和执法问题一案一总结、一案一反思，涉事领导和民警全局检讨，依规依纪依法从严处理。

【刑事犯罪案件侦查】 全市刑事案件发案14391起，比2021年下降59.51%，立刑事案件14391起，下降59.5%。全市破刑事案件8898起，破案率61.8%，上升31%。侦破一系列重大有影响案件，命案现案实现100%侦破。开展命案积案攻坚行动，相继侦破宽城区“2006·9·25”武警吉林总医院家属楼一杀两人案、辽宁省瓦房店市“1999·1·27”刘某故意杀人案、公主岭市“2004·8·25”抢劫杀人案、榆树市“1996·9·24”故意杀人案、“1989·2·03”抢劫杀人案等15起命案积案（最长的积案达33年），侦破命案积案数比2021年上升25%。

【经济犯罪案件侦查】 全市经侦部门受案402起、立案341起，破获各类经济犯罪案件256起，涉案金额35.2亿元，刑拘229人，取保230人，监视居住104人，捕诉犯罪嫌疑人254名。

【电信网络诈骗案件侦查】 全市发生电诈案件3014起，比2021年下降44.7%；财损数2.04亿元，下降70.7%，超额完成市委提出的“发案数、财损数下降30%”的任务目标。莲花山分局成功侦破“1·15”电信网络诈骗案，扣押作案银行卡20余张、作案电话卡20余张、作案手机30余部，涉案资金600余万元。南关分局成功打掉电诈引流犯罪团伙，抓获犯罪嫌疑人48人，16名主要犯罪嫌疑人全部落网。

【侵财犯罪案件侦查】 破获传统“盗抢骗”案件3939起，抓获犯罪嫌疑人4416名，追赃挽损折合人民币1705.5万元，比2021年分别上升6.4%、34.7%和188.7%，实现“三提升”的工作目标，相继侦破德惠市局系列砸车盗窃案、宽城分局系列租车诈骗案等。

【涉枪涉爆违法犯罪案件侦查】 市局侦办涉枪爆刑事案件26起，比2021年上升36.8%，破获24起，采取刑事强制措施31人；收缴枪支3229支、管制刀具10510把、子弹94596发，炸药6821.2公斤、雷管342枚、黑火药2公斤、导爆索37.6米、炮弹23枚、手榴弹14枚，缉枪治爆攻坚行动全省排名第二。其中，侦破部督“2022·6·22”涉枪专案，抓获犯罪嫌疑人22名，捣毁制造枪支窝点2个，缴获枪支773支（其中火动力枪支688支，气动力枪支6支，仿真枪79支，子弹3489发），收缴3D打印模具1套。

【其他领域违法犯罪案件侦查】 市局在打击食品、药品、生态环境、知识产权领域违法犯罪领域，查办食药环和知识产权犯罪案件417起，抓获犯罪嫌疑人493人，捣毁窝点89处，打掉犯罪团伙86个，涉案金额3327万元；在打击涉林违法犯罪领域，开展“打击非法征占用林地”“打击破坏野生动物资源违法犯罪、“昆仑2022”等专项行动，严厉打击涉林领域违法犯罪，立案86起，破案83起，打处124人。

【常态化扫黑除恶】 市局召开线索核查等工作会商会议15次，解决疑难问题38个，查结黑恶线索89条（含历年线索58条），线索核查办结率、群众实名举报反馈率、查实涉嫌犯罪立案率100%；成功打掉绿园区陈某、南关区赵某某、榆树市朱某某等3个涉恶犯罪团伙，抓获团伙成员30人，破获非法拘禁、敲诈勒索、故意毁财、组织卖淫、寻衅滋事等案件16起；破获自然资源领域犯罪案件78起，打处各类违法犯罪人员179人，扣押冻结涉案资产300余万元。

6月26日，长春市公安局开展“6·26”国际禁毒日35周年主题日活动。图为工作人员现场讲解禁毒知识 （杜晓彤 供图）

【反拐综合治理】 全市公安机关立涉拐案件5起，销破案件5起，涉案被害人全部找回；梳理性侵案件218起，立案218起，破案203起，在侦13起，销案2起；打击拐卖妇女儿童犯罪信息系统积案清理工作全部完成，清理数据5582条，清理积案信息2974条。

【治安管理】 全市查处黄赌案件654起，打处违法犯罪嫌疑人2957人，停业整顿行业场所9家；在检查指导治安列管行业方面，市局启动联勤联检工作机制，组建工作专班，全年检查枪爆危险品单位317家次，宾馆旅店2238家次，物流寄递企业1350户次，特种行业1020家次，发现并整改问题隐患586处；完成烟花爆竹“禁燃”工作，排查车辆5741辆，人员7435人，劝返携运烟花爆竹车辆841辆，排查重点部位1529处，检查烟花爆竹从业单位481家次，整改安全隐患32处，收缴烟花爆竹1479箱。建立日研判机制，汇总整理全市治安警情（案件）数据形成研判报告，在市局主页“治安警情研判”栏目发布研判报告2796份。结合阶段性、季节性社会状况，总结治安警情规律特点，研判确定10个主城区、573警情重点部位，指导79处治安状况复杂的派出所增设巡控警力。

【禁毒工作】 市局制定下发《2022年全市禁毒工作要点》《党的二十大长春市禁毒安保工作方案》《2022年全市禁毒“清源断流”行动方案及考评办法》《关于提升全市公安机关毒品案件立案质量和破案率的相关规定》等规范性文件7件，破获毒品案件84起，比2021年上升6.3%。

【安全保卫】 CBA、冰雪节、汽博会、农博会、航空展、电影节等活动密集叠加，市局科学研判风险隐患，实地踏查现场271次，制定安保方案239份，踏查路线3392千米，全年出动安保警力38189人次，完成103项大型活动安保工作，参与活动216.6万人次，得到省市领导肯定批示。

【户政管理】 市局组织全市200余名警力，对未录入实有人口的数据开展核实补录工作，全年补录实有人口数据271.7万条，“三实”平台实有人口总数870.5万人，新增人口247.1万人。

【道路交通安全管理】 市局高度重视道路交通事故分析研判，完成整改部督35处、省督17处、市督240处隐患路段、交通事故866处隐患点段。加强国省干道、县乡村路巡逻管控，国省干线公路实现20千米1台警车。启用劝导站2559个，发动劝导员4.48万人次，劝导纠正交通违法事件2.9万件。全年道路交通事故四项指数比2021年分别下降29.8%、34.2%、33.1%和49.4%，特别是交通事故死亡425人，减少221人。开展安全宣传活动74次、宣讲活动55次。查处各类交通违法351.3万件，上升19.6%。对长清、饶盖等货车超载多发的公路进行专项打击，查处货车超载58006件，上升311%。每周末开展酒醉驾夜查统一行动，提升酒醉驾违法整治效果，查处酒醉驾违法9073件，上升58.9%。编号外卖骑手12399人，编号比例98.6%，将骑手交通违法行为实时推送至外卖企业，警企共建合力共管。以350条严管街路为重点，严管路上路内违法停车，对静态停车整治常抓不懈，累计查处乱停车36.4万件。

【出入境管理】 市局开展“三非”外国人治理“犁平”行动，清理辖区长期非法居留、非法务工人员底数，抓获“三非”外国人人数比2021年上升30%，侦办“三非”衍生刑事案件数提升20%，非法居留6个月以上外国人实现全面清零，羁押待遣返3个月以上人员并实现动态清零。

【基层警务管理】 市局制定《长春市公安局加强派出所工作清单列表》，列出加强派出所工作5个方面70项任务清单。全市派出所迁址新建12个，原址改造32个，派出所建设提档升级。建立领导驻所机制，重要时期机关警力下沉支援，推动所长进班子，增配副所长职数，推出双警家庭惠警爱警政策。全市固化完善全天候、立体化巡防机制。白天安排440台警车、1262名警力围绕繁华商圈、重点部位、人员密集场所武装巡逻，夜间指派352台警车、951名警力围绕公园广场、居民小区、夜间营业场所备勤，中小学、幼儿园全部建立护学岗。全年处置各类警情463856件。

（杜晓彤）

检 察

【概况】 2022年，长春市人民检察院受理监察机关移送职务犯罪153人，依法起诉105人。对司法工作人员利用职权实施的侵犯公民权利、损害司法公正的犯罪立案侦查2人。优质高效办结最高检交办的省部级职务犯罪案件，办案工作得到中央纪委国家监委、中央政法委、最高检充分肯定。1个案例被评为全国十大法律监督案例，市院第三检察部被评为首批全国检察机关重大职务犯罪案件办理团队（基地）。对涉邪教组织、妨害国（边）境管理等犯罪批捕75人、起诉86人。狠抓防止干预司法规定落实，主动记录报告有关事项1404件。调查追责国家赔偿案件3件。

【刑事检察】 发挥侦查监督与协作配合办公室作用，监督立案71件，监督撤案110件。对侦查活动违法提出书面纠正881件，采纳率98.64%。提出刑事抗诉37件，采纳率57.14%，比2021年增加22.66%。自行补充侦查1137件，上升117%。2份法律文书被评为2022年度全国检察机关刑事检察优秀释法说理法律文书。通过“派驻+巡回”方式监督刑事执行活动，纠正“减假暂”不当案件336件，监外执行和社区矫正监管活动违法348件，财产刑执行不当458件，采纳率100%。

【民事检察】 受理各类民事监督案件967件，提出抗诉3件，提出再审检察建议33件。对审判活动提出检察建议340件，采纳率100%。对执行活动提出检察建议310件，采纳率100%。办理民事支持起诉案件62件，比2021年上升195.24%。

【行政检察】 构建行政诉讼监督与行政违法行为监督“双轮驱动”，受理各类行政监督案件1042件，比2021年度上升66.45%，对审判活动提出检察建议324件，对执行活动提出检察建议393件。开展“全面深化行政检察监督，依法护航民生民利”专项活动，办理案件1066件。提出社会治理类检察建议277件，采纳率100%，运用监督纠正、制发检察建议、调查核实、释法说理等措施，化解行政争议125件。

【公益诉讼检察】 受理公益诉讼案件线索584件，立案552件，比2021年上升97.14%，提出诉前检察建议和发布公告356件，向法院提起公益诉讼16件，支持率100%。围绕“4+9”法定领域履职（“4”，即生态环境和资源保护、食品药品安全、国有财产保护、国有土地使用权出让；“9”，即英雄烈士保护领域、未成年人保护领域、军人地位和权益保障领域、安全生产领域、个人信息保护领域、反垄断领域、反电信网络诈骗领域、农产品质量安全领域、妇女权益保障领域公益诉讼）。拓展公益诉讼案件范围，立案“等”外领域案件193件。德惠市院督促履行环境保护监管职责行政公益诉讼案入选最高检指导性案例。

【扫黑除恶斗争】 2022年，起诉涉恶犯罪6人；对涉枪涉暴、“两抢一盗”（抢劫、抢夺，盗窃）等侵害公民人身财产安全犯罪批捕1780人、起诉2569人。落实少捕慎诉慎押刑事司法政策和认罪认罚从宽制度，减少社会对立面，依法不批捕3912人、不起诉2411人。

【涉电信网络诈骗案件检察】 市人民检察院起诉涉电信诈骗等网络犯罪2583人。在打击整治养老诈骗专项行动中，批捕28人、起诉30人，追赃挽损9500余万元。针对拍卖行业存在的对老年人实施合同诈骗行为，向吉林省拍卖行业协会制发检察建议，促进行业自律。坚持应救助尽救助，办理司法救助案件103件，申请发放救助金260余万元。对接市长公开电话、网络信息日报等信息平台，评估行政公益诉讼线索，立案7件并推动全部解决。防范化解金融风险，起诉金融诈骗、破坏金融管理秩序犯罪213人。

【养老诈骗整治】 市人民检察院制定出台《全市检察机关打击整治养老诈骗专项行动工作方案》。组建工作专班。办理养老诈骗案件23件，提前介入12件，批准逮捕46人，提起公诉24人。全市检察机关追赃挽损约9500万元。其中，公主岭市院在办理赵某某非法吸收公众存款罪一案中，发现公司财产与个人财产存在混同现象，及时督促公安机关对涉案财产进行查封、扣押，价值人民币8587.59万元。利用检察机关新媒体平台发布全国、全省、全市打击整治养老诈骗专项行动部署情况，制作推送

22个原创防骗识骗的宣传作品，发布信息、案例等图文或音视频作品1039个，其中市检察院制作的反诈视频“天黑请闭眼，那个你不熟悉的‘老游戏’”获6月全国新媒体月度优秀作品奖。针对老年群体乐于参加线下宣传的特点，印制宣传手册，并发动各基层院借助所属辖区检测点，同步开展防疫防诈宣传，向社会发放宣传手册9万余册。

【未成年人检察】 坚持教育、感化、挽救方针，对涉罪未成年人依法不批捕194人，不捕率65.76%；不起诉147人，不诉率55.06%。起诉侵害未成年人犯罪216人。市院第九检察部被授予省“巾帼建功”先进集体称号。

【“检察长巡田”】 制定《检察长巡田工作方案》，两级院检察长巡田33次，分管副检察长巡田42次。市检察院检察长带头办理“净月区新湖镇林家村裴家屯破坏永久基本农田”行政公益诉讼案，拆除占用3272平方米永久基本农田的违法建筑，通过磋商督促长春市规划和自然资源局、新湖镇政府协同解决复垦问题。巡田中发现公益诉讼线索65件，立案58件，发出诉前检察建议49件，提起公益诉讼8件，推动恢复耕地面积约13公顷。二道区检察院提起全省首例盗挖黑土刑事附带民事公益诉讼，被告人支付9万余元土地修复费用，并在新闻媒体公开道歉。公主岭市检察院推动哈大高铁项目修建时临时占用的10余个弃土场恢复耕地种植条件，使撂荒近10年的土地得到复垦。

【营商环境优化】 依托长春智慧法务区，打造涉案企业合规改革研究实践基地，市人民检察院与市工商联、市税务局、市司法局等10部门共建第三方监督评估机制，办理涉案企业合规案件21件，帮助健全企业管理制度45项。办理非国有公司企事业单位人员涉嫌经营类犯罪案件中，依法不批捕、不起诉、变更羁押强制措施、提出轻缓量刑建议228件。

【社会矛盾化解】 对群众信访5250件全部做到7日内程序回复、3个月内办理过程或结果答复。两级院检察长带头办理信访案件322件，化解积案19件。规范听证程序，选聘330人组建16个听证员库，编撰《听证员工作指导手册》，组织公开听证770件次。开展护航民生民利专项活动，运用检察建议、司法救助等措施，化解123件行政争议案件。

【智慧检务建设】 构建专项监督模型13个，筛查出线索2200余条。城郊院“构建假释优先适用筛查模型办理假释监督案”入选最高检《大数据赋能刑事执行检察工作典型案例》，应用该模型发现并办理监督线索7件。 （徐春格）

法 院

【概况】 2022年，长春市法院受理案件187140件、办结181412件。其中，长春市中级人民法院（简称市中院）受理案件22042件、办结19587件。法官人均结案247.49件，比吉林省平均数多68.85件，结案率在全国15个副省级城市中位列第一。市中院审判质效排名全省中院第一。全市法院有55个集体、152名干警受到中央、最高法院和省市表彰。

【刑事案件审理】 审结一审刑事案件5378件。依法严惩邪教组织、间谍窃密等犯罪案件63件。审结涉恶案件3件。审结故意杀人、抢劫、绑架等暴力犯罪案件123件，审理涉“鼎邦”“万邦”等涉众型经济犯罪案件174件，保障群众生命财产安全。依法严惩危害安全生产、制售有毒有害食品药品、高空抛物、危险驾驶等犯罪案件826件，维护生产生活秩序。开展打击整治养老诈骗专项行动，审结相关案件72件，追赃挽损1172万元，坚决守住群众养老钱。审结强奸、猥亵、拐卖妇女儿童犯罪案件217件。

【民商事案件审理】 2022年，审理教育、医疗、住房、劳动争议等案件11194件。审结涉养老服务、赡养、抚养等纠纷1137件，发布《家庭教育令》3份；选派382名干警担任中小学法治副校长，依法保护“一老一小”权益。审结涉军案件67件。开展农民工欠薪专项执行行动，到位金额1530.23万元。化解网络消费纠纷、义务教育“双减”政策衍生纠纷等案件698件。

【行政案件审理】 化解新型基建、城市更新、民生工程等领域案件105件。全年化解争议226件，行政诉讼受案比2021年下降40.13%。发布年度行政审判白皮书，发送司法建议108份；全市行政机关负责人出庭应诉率上升35.45%；行政机关败诉率下降40.15%。

【大要案审判】 市中院建成要案法庭综合体，闭环办公93天，审阅卷宗1779册，撰写审理报告14535页737万字，逐案制定提审、开庭、宣判、应急处置等17套工作方案，形成16项标准化工作模板。已宣判的大案件中云某某、孙某某、傅某某、王某某均被判处死缓并终身监禁，且均认罪服判不上诉。

【“五庭”建设】 长春市中级人民法院、长春铁路运输中级法院、长春新区人民法院用时150天打造长春互联网法庭、长春破产法庭、长春国际商事法庭、长春金融法庭、长春环境资源法庭5个专门法庭，其中破产、国际商事、金融法庭为东北地区首家，长春市成为东北地区专业法庭数量最多的城市。其中，长春破产法庭打造“智慧破产”模式，审理长春长生生物破产清算案、吉隆坡大酒店破产和解案、吉林粮食进出口有限公司重整案以及全省首例房地产企业预重整案等案件266件，吉林森工合并重整案入选全省法院服务保障企业发展十大典型案例。长春知识产权法庭审结案件3417件，“皓月”商标权侵权案入选中国法院50件典型知识产权案例。

【服务长春振兴发展】 开展“助力一汽”专项行动，审执结合同、金融案件2334件；新区法院将3000余千米外被执行人藏匿的19万余套汽车零配件执行到位。审结农村土地承包经营权流转、农副产品购销等案件951件，二道法院2起案件入选全省法院黑土地司法保护典型案例，助推现代农业城建设。审结涉新能源、新材料、节能减排等案件276件，审结环境保护民事公益诉讼案件8件；践行绿色办公理念，公主岭

12月16日，长春智慧法务区5个新设专业法庭集中挂牌　（董芷男　供图）

法院被评为“全国节约型机关”称号，助推“双碳”示范城建设。落实市人大常委会《关于加强知识产权司法保护工作的决定》，审结涉关键领域、核心技术、种源等案件128件，助推创新科技城建设。审结住房按揭、教育培训和旅游休闲等案件6060件，助推新兴消费城建设。审结涉数字出版、文旅文创、影视动漫等新兴文化业态案件198件，助推文化创意城建设。审结买卖合同、股权转让等案件9170件，法治宣讲进企业257场，市中院优化营商法治环境经验做法入选全省法院改革精品案例。

【强化人权司法保障】　对742名犯罪分子依法判处5年有期徒刑以上刑罚；对1476名被告人依法适用非监禁刑，对24名被告人依法免予刑事处罚，对13名被告人依法宣告无罪，确保惩治犯罪与保障人权相统一。推进少年法庭“三合一”模式全覆盖，审结未成年人犯罪案件128件，推行圆桌审判、轻罪记录封存，贯彻教育、感化、挽救方针。审结减刑假释案件2436件，其中调整减刑幅度504人，促进罪犯改过自新。审结国家赔偿案件135件，依法保障请求人合法权益。

【诉讼服务】　推进一站式诉讼服务建设，设置“办不成事”反映窗口，实行接诉即答、接单即办，当场登记立案率98%，全市11家法院入围全省基层法院诉讼服务质效排名榜单前十。开通一网通办、全域通办业务，网上立案30791件，跨域立案204件，线上开庭5492次。开展“为群众办实事示范法院”创建，办理实事项目237项；榆树法院打造全省首家24小时自助法院，为老百姓提供全天候、“不打烊”诉讼服务。市中院与市慈善会、市人民检察院共同建立市司法救助慈善基金，办结司法救助案件51件，发放救助资金588.44万元；为困难当事人缓减免诉讼费650余万元。

【社会治理】　开展诉源治理，坚持把非诉讼纠纷解决机制挺在前面，打造全省首家劳动争议“三方六家”调处中心；与相关部门建立22个“法院+”联动机制，调解成功率90.24%，全市法院收案数比2021年下降28.01%。开展“百姓说事、法官说法”活动，“法官进网格”2235人次，打造无讼社区、无讼村屯82个。强化领导包案、首访负责，召开信访公开听证会96场，涉诉信访化解率排名全省法院第一。落实“谁执法谁普法”责任制，开展普法活动2116场，在省级以上媒体发表稿件21458篇，“百姓与法融媒体栏目”获评全国法院文化建设特色项目。

【案件执行】　执结案件60302件，执行到位金额166.14亿元，比2021年上升21.06%，长春地区执行质效排名全省第一。执行非法集资、电信诈骗案件209件，挽回损失3.84亿元；二道法院开展腾迁行动，保障长拖文创产业园项目建设合法权益。在全省开展“夏拍”“冬拍”专项行动，拍卖成交9.02亿元，溢价率20.27%。市中院将上海某公司4544万股股票一拍变现，一次性执行到位金额2.56亿元。2022年纳入失信名单2214人，拘留152人、以拒执罪判处6人；宽城法院发出全省首份信用修复证明书，全市法院为被执行人恢复信用374人次。

【制度改革】　出台司法责任体系建设相关制度文件6项。监督“四类案件”2772件。定期组织评查案件1054件。市中院成立二审速裁庭，实行二审独任审理；全市法院简易程序适用率比2021年上升2.51%，民事案件平均办理天数提速8.1天。

【司法公开】　利用数字科技改造诉讼服务，实现全业务网上办理、全流程依法公开、全方位智能服务。疫情期间，开启“零接触”式线上工作模式，网上立案3193件、电子送达224次、网上开庭3450件、线上调解12713件。在互联网公开裁判文书100803份、流程信息100794份、直播庭审13400场次。市中院司法透明度指数连续6年位列全国前10。

（董芷男）

司法行政

【概况】　召开市委全面依法治市委员会第四次会议暨述法述评会议，制定《长春市法治政府建设实施方案（2021—2025年）》，长春市“构建智能高效公共法律服务体系”获评全国法治政府建设示范项目。落实中央法治政府督察反馈意见整改，制定整改措施106项，工作成效得到省委常委、市委书记张志军批示肯定。对8个县（市）区、开发区和7个市直部门开展法治建设实地督察。推荐宽城区、公主岭市、九台区、双阳区、绿园区等5个市区参评全省第二批法治政府建设示范单位。6月15日，人力资源和社会保障部、司法部印发《关于表彰全国司法行政系统先进集体先进工作者和劳动模范的决定》，吉林衡丰律师事务所律师刘沫含被授予“全国司法行政系统劳动模范”称号，享受省部级表彰奖励获得者待遇。

【普法宣传】　落实普法责任制，更新普法责任清单，深化“以案释法”制度。开展“宪法宣传周”“民法典宣传月”“农博会展会普法”等活动800余次。深化普法依法治理，创建省级以上“民主法治示范村（社区）”27个（国家级4个，省级23个），打造试点法治小区150余个，培养“法律明白人”8000余名。弘扬法治文化，举办法治文艺会演下基层20余次，向司法部推荐法治动漫作品13个。

【公共法律服务】　发挥平台效能。依托五级实体平台免费提供“窗口化、一站式、综合性”服务，解决基层群众公共法律服务需求10.8万件。开通“网上办”“掌上办”等服务，12348法律服务热线平台提供7×24小时服务，解答咨询42.3万余件。全市提供公证服务14.7万件，司法鉴定服务1.6万件。强化便民服务。出台《长春市公共法律服务体系建设“十四五”规划》，推出服务群众13项行动47条具体举措。开展“律师进居民小区”活动，现场法律咨询、法治宣传、政策宣讲、矛盾纠纷化解等各类活动403次，服务居民群众6万余人次。完成2022年国家统一法律职业资格考试长春考区客观题考试组织工作。开展老年人权益保障法律援助阳光行动，全市共建成老年人法律援助工作站14个。全市法律援助机构解答群众来电、来访咨询1.8万人次，组织办理法律援助案件6858件。建立全省首家红石榴法律援助工作站，为驻吉新疆籍群众提供法律咨询与援助。

【戒毒管理】　制定《长春市司法行政戒毒场所党的二十大维稳安保工作方案》和《全市司法行政系统“双百行动”暨安全隐患排查整治专项活动实施方案》，对全市戒毒场所维护安全稳定工作做出部署，督导落实各项安全管理工作制度并采取多种形式进行督导检查，消除场所存在的各项安全风险隐患。严格按照《中华人民共和国禁毒法》《戒毒条例》等规定，对戒毒人员所外就医、提前解除、延长戒毒期限等变更戒毒措施卷宗进行严格审核，杜绝出现审核不严等违法违纪现象发生。对体内有异物的戒毒人员实行24小时包夹管控，实施专案治疗。

【矛盾纠纷化解】　发挥调解中心职能作用，加强市、县专业人民调解中心、非诉讼纠纷服务中心和行政调解中心建设。9月23日，长春市多元化解纠纷工作推进会暨调解人才培养工程启动仪式在长春智慧法务区举行。启动仪式上，长春市司法局分别与共建单位签订《长春市多元化解纠纷调解人才培养工程共建协议书》，并为人才培养基地和实践基地授牌。推动基层人民调解组织建设，建成“名人调解室”“老兵调解室”等个人调解室198个。在长春市典当行业协会等领域新建11个民商事纠纷人民调解委员会。携手东北师范大学等7所院校和10家调解组织，共同打造调解人才培养工程。开展“助‘六城联动’战略、促‘万家万事’和谐”调解专项行动，矛盾纠纷调解12436件，调解成功11944件。指导参与化解社会影响较大的知识产权纠纷、校园欺凌纠纷等重大疑难纠纷160余件。反映人民调解工作成果的微电影《枫桥之歌》获第二届中国法治微电影展优秀作品奖。

【法律援助】　2022年，市法律援助中心为经济困难公民和符合法定条件的其他当事人无偿提供法律服务。困难群众法律援助应援尽援。2022年，全市法律援助机构解答群众咨询18237人次，办理法律援助案件6858件。其中，刑事5876件，民事968件，行政14件。组织律师在44个法律援助值班律师工作站值班接待3311次，解答咨询3622人次。制作法律援助法宣传动画、普法短视频，开展未成年人、老年人进军营等系列主题活动30次，发放宣传资料1.9万份。推进法律援助惠民工程。在全市开展老年人权益保障法律援助阳光行动，与老龄委、老年大学等老年人服务单位和社会组织建立老年人法律援助工作站14个，为老年人开辟绿色通道服务，全年办理老年人法律援助案件164件。加强少数民族法律援助。与新疆驻吉工作组、市民委、吉大律师事务所签订服务协议，建立全省首家红石榴法律援助工作站，为驻吉新疆籍群众提供法律咨询、普法宣传、法律援助。召开新疆籍在吉务工人员首期法律培训班，为高新区灯泡电线有限公司高新线束分厂的新疆籍实习人员进行法律培训。提升法律援助服务质效。制定《加强疫情防控后期和疫情后法律援

9月23日，长春市多元化解纠纷工作推进会暨调解人才培养工程启动仪式在长春智慧法务区举行　（刘大力　供图）

助服务的工作方案》，推行一般事项提速办、紧急事项马上办、特殊事项容缺办的便民服务措施。制定《长春市法律援助业务指南》《法律援助值班律师工作站及认罪认罚工作指南》《驻净月法院刑事辩护全覆盖工作指南》，线上开展劳动争议纠纷法律问题讲座，召开规范值班律师与认罪认罚工作会、认罪认罚工作推进会，法律援助工作更加规范完善。

【社区矫正】 在团山街道举行“6·26”国际禁毒日宣传活动暨戒毒系统社会化延伸工作启动仪式，成立全省首家社会化延伸工作站，打造司法行政戒毒工作与社区衔接帮扶工作协同发展崭新模式。依托基层党委政府和社会组织，对辖区刑满释放人员开展教育，形成帮教合力。

【办理吉林省首例海外远程视频公证】 6月14日，公证申请人吴某某与吉林省长春市国安公证处公证员通过公证处自主研发的“远程e证通”视频公证软件完成在线身份核实、在线询问、签署文件核对、线上及线下签名等公证程序。这是长春市国安公证处入选司法部参与海外远程视频公证试点公证机构以来，第一次与中国驻外使领馆合作办理海外远程视频公证，在吉林省属首次。

【长春市首家刑事辩护全覆盖工作站揭牌成立】 11月17日，长春市法律援助中心驻净月法院刑事辩护全覆盖工作站在长春净月高新技术产业开发区人民法院正式揭牌成立，这是长春市首家刑事辩护全覆盖工作站。（刘大力）

仲　裁

【概况】 2022年，长春仲裁贯彻落实中央《关于完善仲裁制度提高仲裁公信力的若干意见》和省深改委《吉林省关于完善仲裁制度提高仲裁公信力的实施意见》精神，利用仲裁制度优势服务当事人，参与长春智慧法务区建设，建成长春国际仲裁院。受理民商事仲裁案件2300件，标的总额82.57亿元。

3月27日，长春国际仲裁院开展“云庭审”　（马俊华　供图）

【仲裁制度建设】 长春仲裁委员会通过走访律师事务所，开拓案源，扩大仲裁影响力；在知识产权、旅游服务投诉等方面与行业主管部门展开合作，规范合同文本，快速办理有关案件；开拓金融领域仲裁，与农业银行展开合作，针对行业痛点、难点、堵点精准提供服务；与一汽大众展开合作，汽车销售合同约定仲裁。重新梳理送达、审限、监督等方面制度规章，组织一线办案秘书和仲裁员集体讨论、修订完善，使仲裁制度更符合办案需要。开展办案秘书和仲裁员线上业务培训，选派骨干参加司法部组织的全国业务培训，提高仲裁理论及实务水平。（刘　朔）

【劳动人事争议调解仲裁】 建立党委领导、政府主导，人社局、工会、法院、司法局、企联、工商联共同参与的劳动争议多元化预防调处机制，为当事人提供劳动争议“一站式受理、一揽子调处、全链条解决”调处大格局。127个街、镇（乡），340个社区成立基层劳动争议调解组织，每个调解组织至少配备1名专职调解员。2022年，各级调解组织通过网络调解组织处理各类劳动争议案件1324件。开展金牌调解组织选树活动。将长春市绿园区环境卫生中心劳动争议调解委员会、长春耘垦牧业有限公司等30家调解组织选树为长春市2022年金牌调解组织。长春市劳动人事争议仲裁院处理劳动人事争议案件2965件，结案2801件（含不予受理及案外调解），结案率、调解率达到人社部要求的90%和60%要求。（程红兵）

【线上庭审】 疫情期间，长春仲裁更新线上庭审系统，线上受理、线上开庭、线上制作裁决书，强化远程证据确认、线上送达等功能，提高庭审效率；加快业务拓展，线上办案范围从商品房买卖合同纠纷逐步拓展到物业、供暖、消费、知识产权等领域。

【长春国际仲裁院建成】 依托长春仲裁委员会，组建成立长春国际仲裁院，聘任涉外仲裁员，遴选办案团队，统筹宣传工作，监制宣传片拍摄。7月，长春国际仲裁院入住长春智慧法务区，具有仲裁业务咨询服务、仲裁案件受理、仲裁调解、线上线下庭审、仲裁理论研讨等功能，在多元解决纠纷机制、社会治理体系、优化营商环境、稳定社会发展方面发挥作用。进驻长春智慧法务区以后，审理139个案件，其中涉外案件23件。推动长春仲裁与国际接轨，通过办理涉外业务扩大影响，为企业走向国际市场提供专业法律服务。（刘　朔）

军　事

JUNSHI

长春警备区

【概况】 2022年，长春警备区（简称警备区）把学习贯彻习近平新时代中国特色社会主义思想和习近平强军思想作为首要政治任务，全年组织党委中心组带机关理论学习33次。深入学习贯彻党的二十大精神，集中观看大会盛况，开展辅导宣讲，组织研讨交流，掀起学习热潮。制定《改进中校以上军官学风的措施》，组织政治教员岗位练兵暨比武竞赛活动。常态化抓好党史学习教育，召开专题民主生活会和总结大会。开展“忠诚维护核心、矢志奋斗强军”主题教育，举办主题书画展，组织“七一”党日活动，重温入党誓词。跟进开展“四个不能辜负”（不能辜负时代、不能辜负组织、不能辜负事业、不能辜负家庭）教育实践活动，领导带头登台授课辅导，官兵理想信念更加坚定。全年在军地各类媒体刊发新闻稿件报道63篇，省军区以上要讯55篇。

【党管武装】 2022年，警备区协调召开2022年度市委常委议军会，组织人武部党委第一书记党管武装述职。深入推进军事斗争国防动员准备，研究部署军地联合修案和方案推演、新域新质力量编建、民兵训练基地建设、深化国防动员体制改革等重点任务。

【应急备战】 2022年，警备区接受上级战备值班抽查270余次，及时上报辖区“9·28”重大火灾事故情况。落实首长机关“军事训练周”，设立“月战例研究日”，组织军事训练考核暨文职人员比武。参加全军军事高科技知识网上竞赛，4人入围、1人获奖。联合印发《长春市“十四五”时期民兵建设计划》，挖掘新兴资源潜力，编实新域新质民兵分队，全市民兵编组精准落实，高质量完成年度训练任务。出动民兵参加国家、省、市三级防汛应急演练，支援地方抗洪抢险，转移群众93户209人，构筑子堤2.4千米，巡堤12千米，经验被军委国防动员部转发。

【国防动员】 2022年，警备区拟制《国防动员潜力统计调查实施方案》，深入企业开展专项核查，军地联合组织数据会审7轮。落实“保机动投送”任务部署，布置管控点位，标绘任务工作图，完成编组任务。协调市深化改革办公室，召开国防动员体制改革推进部署会议。会同市委组织部组织专武干部集训，联合评选优秀个人21名。首次开展规范化建设“星级达标”验收，基层武装部正规化建设水平明显提升。抓好“一年两征”工作，依托长春新闻等主要媒体发布兵役登记通告，在地铁、公交等公共场所张贴宣传海报，出台“带编入伍”政策措施，高标准完成年度兵员征集任务，大学毕业生占比61.3%。

【基层建设】 2022年，警备区推进“四个秩序”（战备秩序、训练秩序、工作秩序、生活秩序）软硬件建设，开

6月13日，长春警备区组织政治教员岗位练兵暨比武竞赛活动举行

（长春警备区　供图）

展“四严四整”（严抓政治意识、严防政治风险、严实政治担当、严格政治淬炼；整顿思想、整肃纪律、整饬作风、整治队伍）教育整训活动，巩固保密工作专项整治成果。成立综合检查组，深入基层摸排隐患问题，拉榜排名挂账销号，迎接军委国防动员部安全大检查取得较好成绩。定期开展基层建设形势分析，落实常委包保帮带机制，开展“我为群众办实事”活动。推进退休干部三年集中移交安置工作，攻坚移交18人，任务完成率129%。

【从严治党】 2022年，警备区开展党纪教育，传达文件通报，集中组织观看《铁纪强军》《基层法纪教育专题片》等警示教育片。拟制《深化基层风气整肃治理实施方案》，探索构建“军地联合+互联网”监督模式。聚焦练兵备战中心工作，加强对军事训练考核、民兵集中驻训等活动的监督监察。抓实廉洁征兵工作，开展法纪宣传和警示教育，印发监督卡、法律援助卡1.2万张，邀请人大代表、政协委员、新兵家长等500余人担任监督员。结合重要节日，发送廉洁短信，组织明察暗访，强化一严到底高压态势。

【综合保障】 2022年，警备区与市财政局、润德集团协调对接，完成训练保障基地升级改造论证工作。制定后勤重点行业领域整肃治理方案，在财务管理、军需能源、医疗卫生、物资采购等7个领域督导落实。调配发放新兵被装，完成新兵起运。加强民兵装备仓库规范化建设，完成安防设施升级改造。实现武器装备集中统管，保障年度训练军械弹药。完善军车维修社会化保障手段，开展“军车交通安全月”活动，全年无交通事故。

【双拥工作】 2022年，警备区健全双拥工作领导小组，落实军地联席、合署办公等工作机制。持续办好年度40件实事，投入300余万元扶持乡村振兴，打造帮扶品牌。率先将涉核、航天、潜艇等高危职业军人子女纳入择校优待范围，享受入学优待126人。协调驻长春部队，征用空闲营区，提供独立房间，用于改建医院收治病例。对接战区支援长春医疗队，为及时开展医疗救治提供必要服务保障。出动民兵，完成卡点管控、秩序维护、物资保供等任务，疫情防控工作取得胜利。 （吴德万）

武警长春支队

【概况】 2022年，武警长春支队深入学习宣传贯彻党的二十大精神，参加武警部队和总队网上理论轮训，常委区分专题进行宣讲辅导，开展学习体会交流研讨。落实武警部队新时代执勤安保规范化网上集训精神，抓住承担总队集训现场规范和演示任务契机，采取以点带面、逐项推广、全面普及思路推进执勤体系建设。年内，1名人员参加武警部队优秀政治教员集训比武获个人三等奖。

【思想建设】 2022年，武警长春支队贯彻军队思想政治教育文件，探索施行组教施教模式，制定落实党史学习教育常态化长效化措施，召开教育准备会，线上查课推门听课，开展素质考评。优化拓展基层政治环境，建成支队文体活动中心，推进书香军营和荣誉墙建设，开展读书系列活动，构建“特色文化+N个兴趣小组”育人模式，举办网络文艺晚会、书画摄影展览，丰富业余文化生活，在省级以上媒体刊稿29篇。1月，开展“学训词、迎盛会、谱新篇”开年教育，按照“统一部署、联动组织、统分结合、覆盖全员”教育思路，落实“情景观摩、动员部署、集中教育、总结深化”4个步骤，检视思想、强化认知、提升境界。2月16日，组织召开网赌网贷专项警示教育活动动员部署会，对活动方案的指导思想、组织领导、方法步骤和有关要求等进行安排部署，从“没有网赌能挣到的钱、没有网贷能还清的款、没有网侦查不到的事、没有置身网外的人”四个方面进行授课辅导。1月30日，举办2022年度“盛世金虎闹新春”网络春节晚会。采取录播形式，由官兵自编、自导、自演，包括舞蹈、独唱、小品等节目，营造节日气氛，激发工作热情。3月8日，组织召开2022年度思想政治教育聚焦“忠诚维护核心矢志奋斗强军”深化主题教育动员部署会。5月9日，组织召开“净网络、除积弊、防案件”专项行动动员部署会，将专项行动与深化基层风气整肃治理、涉网涉密教育整治、军队人员备案新媒体账号和夏季酒驾醉驾严打行动有机结合进行部署。5月23日，召开“聚力迎盛会 扎实保稳定”建安创安活动动员部署会，强化责任担当，严格落实奖惩措施。8月1日，举办“礼赞非凡成就 展示强军风采”主题书画摄影展，庆祝中国人民解放军建军95周年，展出美术、书法、摄影、剪纸等作品52幅。11月15日，通过视频会议系统转播方式组织

1月30日，武警长春支队举办2022年度“盛世金虎闹新春”网络春节晚会

（武警长春支队 供图）

8月1日，武警长春支队举办“礼赞非凡成就 展示强军风采”主题书画摄影展

（武警长春支队 供图）

“礼赞二十大、红心永向党”主题演讲比赛。

【军事训练】 2022年，武警长春支队持续巩固执勤工作“日检查、周讲评、月通报”机制，全年完成专项警卫6次、押解49起、押运2起、试卷命题场所看护2次和全军面向社会公开招考文职人员统一考试专项勤务。以专项任务为重点，抓实专攻精练，细化完善战备方案，规范落实“周、月、季、年”战备演练制度，将快捷式指挥“五步法”、精密式指挥“十三步法”等作为各级指挥员必修课，开展群众性比武竞赛和全员达标活动，举办军事体育运动会，年度立功指标基层一线占比91.30%。1月4日，全体官兵参加吉林总队2022年度开训动员大会，在动员结束后立即按照训练计划，投身军事训练。7月23日，针对省内降水频繁现象，为提高部队遂行任务能力，以属地发生洪涝灾害为背景，采取实地拉动检查方式，组织抢险救援任务分队拉动演练。9月27日至28日，举行2022年度军事体育运动会，来自机关、基层200余名官兵，围绕3个团体课目、5个单项课目进行比赛，激发练兵备战激情和活力。

【警卫安保】 2022年，武警长春支队完成文职人员统一考试第59考场组考任务。1月9日，根据全军面向社会公开招考文职人员统一考试任务安排，担负全军文职人员考试第59考场组考任务，依托吉林省建筑大学，设置72个考室和4个备用隔离考室，承考4000人；按照军委考务流程组织，落实电子屏蔽、视频监控、体温检测、安全检查等措施，得到中央军委巡考员认可，受到考生好评。1月22日至26日、1月21日至25日，吉林省第十三届人民代表大会第五次会议、政协吉林省第十二届委员会第五次会议分别在长春市召开。根据上级统一部署，武警长春支队担负“两会”警卫安保任务，按照“科学统筹、严密部署、树好形象、严防疫情、确保安全”具体要求，完成人大代表和政协委员临时住地警卫任务。6月19日至22日，中国共产党吉林省第十二次代表大会在长春市召开。武警长春支队担负党代表临时住地和会议现场警卫任务，全程落实防疫闭环管理要求，坚持“依法、文明、理性、平和、规范”执勤，完成专项警卫任务。6月 24日，武警长春支队会同长春市公安局召开上勤工作协调会，对接相关事宜。转监押解任务中，加强“出监、途中、收监”勤务管控，全程安全顺利，完成长春市看守所执勤任务。7月6日，武警长春支队与公安干警密切协同，完成长春市第一、第三看守所搬迁转监押解任务。11月15日至16日，中共吉林省委十二届二次全体会议在长春市松苑宾馆召开。武警长春支队出动兵力，担负会议期间松苑宾馆与会代表临时住地和会议现场警卫任务，确保代表临时住地和会议现场绝对安全。

【基层建设】 2022年，武警长春支队贯彻落实上级抓建基层计划精神，制定支队年度抓建基层规划，分3个波次审定基层按纲建队计划，健全完善“主官定点、常委包片、科室挂钩、大队分管”机制，区分不同层次单位抓好“回炉式、提领式、赶队式”精准帮建，实施“月帮带、季轮训、年考评”。专题拍摄“四有”（有灵魂、有本事、有血性、有品德）优秀个人贴红星仪式规范录像激发“双争”（争创四铁先进单位、争当四有优秀个人）热情，走访慰问老干部、生活困难党员及伤病官兵，审核发放随军家属未就业和两地分居补助、子女保教费、探亲路费和立功增资等福利。

【后装保障】 2022年，武警长春支队着眼配套衔接、上下联动、实用管用，修订完善4类11种后装保障方案，常态搞好推演、检验和更新，确保遇有情况能够保障到位。坚持每月组织1期司务长集体办公、1次驾驶员安全行车教育，分2批组织专业兵业务培训，提升岗位技能。与地方单位签订代储、随行保障协议，协调医院开通官兵就医绿色通道，服务练兵备战。开展“后勤管理年”“伙食管理规范年”活动，定期进行伙食保障调查，常态组织医疗卫生巡诊，及时安排身体健康检查，确保基层官兵满意。调整配发8类36种装备器材，投入资金为基层购置空调、洗衣机、热水器等电器设备，为官兵办理军人家属保障卡，增强官兵幸福指数。

（刘 权）

退役军人事务

【概况】 2022年，长春市退役军人事务工作立足“服务经济社会发展、服务国防和军队建设”方针，统筹疫情防控与退役军人事务工作，推动三年移交、矛盾化解、双拥创建等重点工作。70名退役军人，70名退役军人工作者，15个退役军人事务部门、单位和社会组织在各级评选表彰中获奖，其中长春退役军人创业孵化基地再次获评“2022年度国家小型微型企业创业创新示范基地”。

【接收安置】 2022年，长春市坚持“重牺牲奉献、重实绩贡献”导向，通过双向选择、公开选岗和指令分配相结合办法，转业军官全部安置到党政机关和参公单位。构建退役士兵多元化安置格局，落实“阳光安置”举措，由政府安排工作的退役士兵和退出消防员全部安排到事业单位和国有企业。为退役士兵发放自主就业经济补助金、灵活就业经济补助金和待安置期间生活补助费1700余万元。完善军队离休退休干部（简称军休干部）移交安置办法，推行“台账消号工作法”，采取“入户接收”“视频三见面”等方式，超额完成“三年移交”任务29%。落实军事政策制度改革部署，制发《长春市关于接收安置逐月领取退役金退役军人的通知》，接收首批逐月领取退役金人员30余名。

【优待抚恤】 2022年，长春市按照国家要求提高在乡复员军人、烈士遗属、因公牺牲军人遗属、病故军人遗属优待抚恤标准。办理发放优待证23.5万余人，发放量和发放率全省排名第一。随军随调家属全部安排到市、县（市）区所属机关和事业单位。为驻长部队未就业随军家属发放生活补贴200余万元，为126名军人子女落实择校，为退役士兵补缴基本养老保险。

8月1日，长春市双拥办与长春市退役军人事务局主办的“踏寻足迹 缅怀先烈 敬礼军旗”主题展览启动仪式在长春革命烈士纪念馆举行 （赵立志 供图）

【就业创业】 2022年，长春市构建“以培训促就业、以创业带就业”全链条就业创业格局，为有意向自主就业退役士兵提供免费职业技能培训。举办2022年长春市自主就业退役士兵适应性培训路演观摩会暨工作部署会。组织线上线下专场招聘活动61场次，提供优质岗位1万余个，签约退役军人就业合作企业7户，助力实现退役军人高质量就业。

建强孵化基地助力退役军人创业，长春退役军人创业孵化基地滚动孵化企业240余户，在孵企业105户，安置退役军人750余人，带动社会就业3000余人，累计创造产值4.6亿元。二道区、九台区等区级退役军人创业孵化基地陆续投入使用。推选8户退役军人创办企业参加全国展陈交流活动。

【军休工作】 2022年，长春市加强军休干部党员教育管理，完成92个军休干部党支部调整，为105名军休干部颁发“光荣在党50年”纪念章，评选表彰9个先进离退休党干部支部、328名优秀离退休党员。为18名军休干部申报护理费，组织2800名军休干部开展年度体检，落实军休干部各项待遇6亿余元。开展一流军休机构创建试点工作，推动军休服务管理高质量发展。

【服务保障】 2022年，长春市建强服务保障阵地，完成17个县（市）区退役军人服务中心（站）建设“回头看”督导工作，对全市2858个退役军人服务中心（站）地理位置开展审核，便利退役军人及时就近享受服务；选树454个示范型服务中心（站），开展退役军人服务中心（站）能力提升培训，推动服务体系建设从“有”到“优”转变。

6月9日，“荣归长春 筑梦未来”——2022年长春市退役军人及家属云招聘月启动仪式在长春退役军人创业孵化基地举行 （市退役军人事务局 供图）

8月24日，中共长春市委宣传部、长春市退役军人事务局在长春市转业军人创业孵化基地举办第二届“长春好人·最美退役军人”评选发布大会　（赵立志　供图）

开展困难帮扶，加强困难退役军人数据管理，构建分层分类帮扶机制，在春节“八一”期间投入15.7万元，慰问100余名困难退役军人；推动“情暖老兵·为退役军人排忧解难”专项行动，资助3名“见义勇为”退役军人；开发568个退役军人专项岗位、留置看护岗位、国企岗位，帮扶438人上岗。

【褒扬纪念】 2022年，长春市突出思想政治引领，建成吉林省首家退役军人思想政治教育活动基地。长春市退役军人事务局（简称市退役军人事务局）与中共长春市委宣传部联合举办第二届“长春好人·最美退役军人”评选发布活动，20名退役军人获评“最美退役军人”称号。选树先进典型参选“情系最可爱的人”等评比活动。为全市21788名参与抗疫退役军人颁发荣誉证书，宣传抗疫先进典型1382人次。

完成县级及以下烈士纪念设施提升改造，集中修缮榆树、德惠、九台、公主岭、农安、双阳6个县（市）区烈士陵园和城区长春解放纪念碑、英俊纪念广场、方华烈士纪念碑3处城区烈士纪念设施。发挥长春革命烈士陵园、刘英俊纪念馆等烈士纪念设施教育功能，全年接待社会各界参观10万余人次。高标准承办吉林省暨长春市向人民英雄敬献花篮仪式，2000余名各界代表参加仪式。

【双拥工作】 2022年，长春市召开全市双拥工作领导小组第三十五次会议，落实党委议军会议、军地联席会议等工作机制。深化医疗拥军服务，与吉林大学第一医院、第二医院、第三医院，市属10家医院，解放军964医院和武警总队医院开展拥军合作，联合推出建立绿色通道、提供健康义诊、免收门诊普通挂号费等6项优惠措施，整合军地医疗资源，服务军人军属和退役军人。推进军地难题会商，连续10年开展“情系驻长官兵·关爱革命功臣”活动，军地互办年度40件双清单任务，完成44批次4000余人次军供保障任务。推出“致敬军人·闪耀春城”等视频宣传短片，举办庆祝建军95周年主题展览，引发军地热烈反响。市退役军人事务局与一汽红旗等知名企业签订拥军协议，红旗街等拥军服务商圈相继投入实体运行。截至年末，全市有拥军社会组织30余家、群众性服务组织100多个、拥军企业1000余家、拥军商业街10余条、拥军门店3000余家。　（张馨月）

人民防空

【概况】 长春市人民防空办公室（简称市人防办）适应新时期新任务新要求，推进国防动员体制改革，提高遂行“战时防空、平时服务、应急救援”能力。完善人防指挥体系建设，提升应急保障能力，做好军事斗争人防准备，提升军地战时联合指挥及平时演训信息保障能力；加强人防工程建设管理，按照“罚办分离”原则，加大追缴拖欠结建费和督促竣工整改工作力度，严把“建设关”和“减免关”，做到“应建必建，应收必收”；立足应对未来战争准备，丰富人防应急训练、演练手段，探索有效应对突发事件及战争的良策和方法；加强人防资源开发利用，发挥人防工程经济功效，实现人防工程“以用促管”，增加战备和社会效益，服务经济社会建设发展；修订完善《长春市人防工程维护管理标准》，落实早期人防工程分类管理制度，推进早期工程和大中型工程进行分级管理，推进安全生产三年专项行动，完善制度建设。

【人防指挥体系建设】 2022年，市人防办加强防空警报系统和疏散基地建设，完成指挥所超波集群通信建设任务；完成长春市人防机动指挥联指联训中心配套信息系统建设，提升军地战时联合指挥及平时演训信息保障能力；完成超短波集群系统建设，构建覆盖各指挥场所的超短波集群通信网，解决地下及山洞指挥场所通信盲区问题；加强机动指挥所建设，根据人防履行使命任务需求完成炊事保障车采购，提升实战条件下综合保障能力；加强防空警报系统建设，完成年度警报器建设任务，提高长春主城区防空警报覆盖率、鸣响率、统控率；为主城区及信保中心采购并配发5G传输设备，提高战时指挥及平时应急的信息采集和辅助决策能力；组织人防超短波集群技术、防空警报系统管理与技术、5G图传设备使用培训，培训各县市区及信保中心技术骨干50余人次；开通市政府政务电视会议系统。全年，组织各级各类通信训练及保障活动400余次；完成数据工程建设和信息数据维护管理，做好人防数据采集、整编、分析、录入工作，完善人防数据建设、使用、管理、维护和安全机制。按照省人防办要求，组织市本级相关处室及各县（市、区）、开发区人防部门，完成人民防空数据统计核查工作5大类323项。

【人防工程建设管理】 2022年，市人防办按照《吉林省结合民用建筑修建防

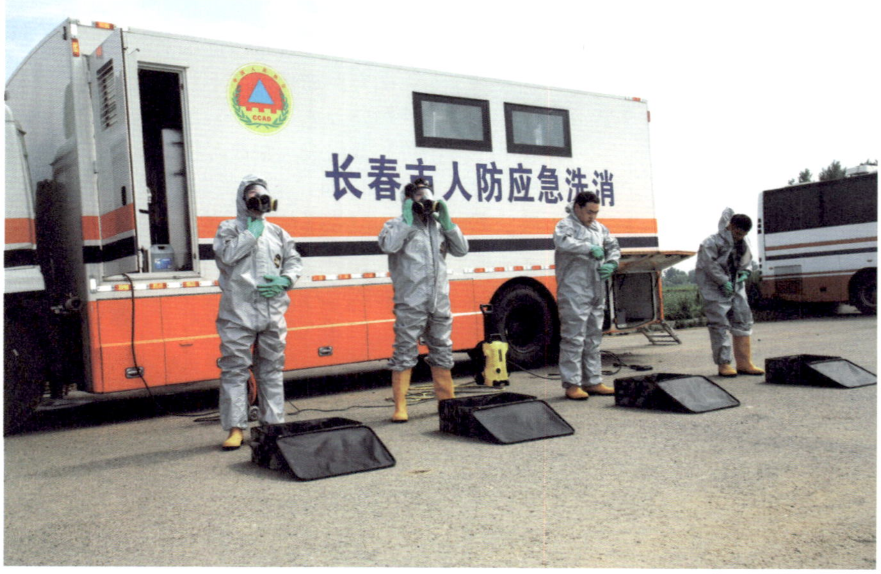

6月15日，长春市人防应急洗消专业队开展训练（孙　鹏　供图）

空地下室审批管理规定》和《长春市人防工程（结建）审批管理流程》，严把“建设关”和“减免关”，做到“应建必建，应收必收”。全年，审批多项符合长春城区人防建设项目；按照“罚办分离”原则，加大追缴陈欠结建费和督促竣工整改工作力度，全年出具人防确权认定意见141项，办结36项。按照市政府关于长春市交通综合治理总体部署，利用地下人防通道实现人民大街与重庆路行人全天24小时地下过街功能，市人防办投入资金，增设导轨式无障碍升降平台及行李坡道、更换出入口台阶面及排水沟盖板、加装保湿弹簧门，满足特殊群体过街通行需求。市人防宣教基地完成勘察单位、设计单位、房屋检测鉴定单位、文物考古勘探、文物影响评估单位招标及地勘、园区测绘、修缮建筑测绘、地下构筑物管线物探工作；完成溥仪避难所检测鉴定和文物考古勘探工作；园区总体规划方案确定，展陈方案大纲初稿编制完毕，各场馆建筑方案已稳定。警示教育博物馆（溥仪避难所）修缮方案报市文物局预审。新建空袭体验馆设计方案报市规自局预审通过。编制完成初步设计文件及概算，经市政府批示项目追加预算纳入市建委2023年建设计划，初设文件待市发改委组织评审。市人防机动指挥联指联训中心建设项目完成施工单位招标、建设及竣工验收工作。按照市政府统一部署及长春市未登记房屋确权专项整治工作领导小组1—32次联合审批会议纪要精神，按“罚办分离”原则，对涉及人防项目给予办理人防认定意见，出具人防确权认定意见4项。取得近现代战争教育观摩馆（空袭体验馆）地下部分的国有建设用地使用权证，取得国防教育展列廊规划条件图，完成水电气热通信等管线会签工作。

【人防应急训练演练】　2022年，市人防办研究探索有效应对突发事件及战争良策和方法，开展队伍实战化训练、跨区域支援演练和参加全省人防综合演练。全年，组织各类训练演练288次。参加省人防办组织的“铸盾—2022”城市人民防空联合演练，并按照省人防办组织人防指挥干部业务集训要求，修订完成人防数字化预案一个基本案、四个保障计划、三个行动计划；组织人防信息保障、防化保障、应急洗消专业队赴多区域拉动训练；制定《9·18防空警报试鸣暨居民紧急疏散演练活动方案》，在宽城区蓝田学校、鼎庆液化气站、宽城区园林局、万科建筑工地，结合预先警报、空袭警报、解除警报鸣放，采取无人机航模空袭演示、跨区域指挥调度、通联保障、消防医疗专业队伍救援等方式，开展人员就地就近紧急疏散、重要经济目标防护救援演练；按照长春警备区国防动员办公室工作部署，组织国防动员潜力普查，完成应急抢修抢建队伍、地方相关信息系统、人防重点防护城市、人防指挥所、人防疏散地域普查工作，形成《长春市人民防空办公室人防动员潜力分析报告》；完善吉林省重要经济目标防护评估毁伤系统，开展重要经济目标精准数据筛查核准工作。

【人防工程开发利用】　2022年，市人防办利用全市公共资源交易平台，推进兴隆山战备物资库、零千米战备物资库工程出租，发挥人防工程经济功效，实现人防工程“以用促管”，增加战备和社会效益；疫情期间，为人防工程承租户实行减免租金政策，为人防商场经营业户减免3个月租金230余万元。

【人防工程安全管理】　2022年，市人防办修订完善《长春市人防工程维护管理标准》，落实早期人防工程分类管理制度，推进早期工程和大中型工程进行分级管理，一类人防工程维管率100%，对处于待报废二类人防工程落实监控措施，消除潜在隐患。推进人防工程标识化安装任务落实，全年完成人防工程标识安装50万平方米；加强人防系统安全生产工作，与各县（区）及办属企事业等24家单位签订安全生产责任状，推进安全生产三年专项行动；制定《长春市人防办开展安全生产大检查工作实施方案》，落实安全生产网格化管理，开展安全生产宣传月活动；推进应对突发事件处置能力建设，制定《突发事故应急处置流程图》，更新《安全生产事故应急预案》；加强消防安全隐患排查，落实“领导+专家”安全生产督导检查工作机制，与吉林省吉泰安全技术服务有限公司签订安全技术服务合同。

（高燕军　郭芳荣）

经济管理

JINGJI GUANLI

经济宏观调控

【概况】 2022年，长春市统筹疫情防控和经济社会发展，保障经济运行在合理区间，全市地区生产总值6744.56亿元，比2021年下降4.5%。全市第一产业增加值551.32亿元，增长2.1%；第二产业增加值2694.97亿元，下降9.3%；第三产业增加值3498.27亿元，下降1.8%。规模以上工业总产值下降10.1%。固定资产投资（不含农户）下降11.8%。地方财政收入459.69亿元，下降25.5%。进出口总额1107.58亿元，下降6.2%。CPI（居民消费价格指数）上涨1.9%。全社会用电量292.32亿千瓦时，下降2.8%。

【统筹疫情防控和经济发展】 2022年，新冠疫情期间，帮助企业融资285.7亿元。全年向上争取各类政策性资金额度481.1亿元，比2021年增长24%。7月至9月，全市地区生产总值增长8.6%，高于全国4.7个百分点、全省2.6个百分点。

【经济运行监测】 2022年，长春市成立经济增长专班，落实促进经济高质量发展约谈办法。坚持日调度、周会商、月分析、季赛马等机制。落实国家、省系列稳增长政策，叠加出台支持市场主体纾困“24条”、中小微企业纾困解难“28条”、稳经济一揽子政策“46条”、一揽子接续政策“23条”、攻坚四季度稳增长“26条”等系列政策举措235项，减免缓退120万户（次）市场主体税费347亿元、补贴超过40亿元。

【年度计划编制】 2022年，形成《长春市“六城联动”总体方案》《“六城联动”产业功能网络与产业功能单元布局规划》等6个研究成果。成立“六城联动”工作领导小组办公室，审议通过“六城联动”发展规划、实施方案、工作要点。7月19日，市委、市政府办公厅印发《长春市“六城联动”区域规划》。6月至7月，召开国际汽车城、现代农业城、“双碳”示范城、科技创新城、新兴消费城等5场“六城联动”系列主题新闻发布会。编制《长春现代化都市圈发展规划（2021—2035年）》。起草《长春现代化都市圈规划分工方案》。40余个市直部门和17家作战单位，围绕“重大项目、重点任务、重要指标”等方面开展“十四五”规划实施情况年度监测评估。印发全市85个“十四五”专项规划编制。

【重大项目建设】 2022年，全市开复工建设5000万元以上项目1309个。其中，新建项目508个，占比38.9%；续建项目801个，占比61.1%。全市项目开复工率100%，提前完成年初既定目标。5月，印发《长春市2022年市级领导包保重大项目工作方案》，由34名市级领导包保100个重大项目。举行全市春季项目集中开工活动、全市生物医药项目集中开复工活动以及奥迪一汽新能源汽车项目启动仪式、比亚迪新能源动力电池项目启动仪式等活动。7月，开展全市项目建设大巡检活动，四大班子主要领导率领11个市直部门、17个作战单位党政主要负责同志，到全市20余个项目现场实地督战，召开全市投资促进和重点项目推进工作领导小组会议。春、秋两季，实施项目建设集中攻坚行动，印发《全市项目建设5月份集中攻坚行动方案》《全市投资和项目建设百日攻坚行动方案》。组织专项债券资金、政策性开发性金融工具基金项目申报，申报专项债券项目488个，实发项目144个，发行资金356.56亿元，占全省比例的50%，居东北四市首位；19个项目获政策性开发性金融工具基金48.25亿元支持，额度占全省比例的68%，居东北四市首位。组织项目申报省预算内资金，62个项目获3140万元资金支持。

【固定资产投资】 2022年，全市固定资产投资比2021年下降11.8%，连续8个月实现增速逐月回升；剔除房地产因素，项目投资比2021年增长12.6%。建立月初研判、月底预判、预警预告机制，通过挖掘工业技改投资、专项债券投资、疫情防控投资、基础设施投资，弥补投资缺口近200亿元。全市房地产投资下降37.1%，占比35%，下降14.2个百分点；工业投资增长0.2%，占比19.1%，提高2.4个百分点；基础设施投资增长44.7%，占比26.7%，提高10.4个百分点。房地产投资占比合理下降，工业投资和基础设施投资占比逐步提升。县域投资增长9%，占全市总量的25.1%，提高4.8个百分点。（张　强）

【产业结构优化】 2022年，长春市成立科技成果转化战略合作委员会，制定《进一步加快科技创新发展的若干意见》。与吉林大学、中国科学院长春光学精密机械与物理研究所等院校合作，签署深化科技创新合作协议。推动建立300亿元长兴基金和10亿元未来种子基金。一汽集团启动新能源战略规划。中车长春轨道客车股份有限公司发展全产业链，复兴号亚运智能动车组编入杭州亚运专列，拓展中车电驱等新业态，全年规模以上工业产值7953亿元。长春国家农高区揭牌成立，发展长春皓月清真肉业股份有限公司等企业，推进长春城开农业投资发展集团有限公司肉牛产业园等项目，全年农业总产值1006.9亿元。光电信息产业，布局"一谷（把长春打造成国内一流'长春光谷'优质品牌）、三地（发挥中国科学院长春光学精密机械与物理研究所、吉林大学、长春理工大学3个策源地优势）、五星（集成电路、激光及新型显示与照明、卫星应用、汽车电子、工业互联网和软件信息服务业等5个特色领域）"产业。生物医药和生命健康产业，制定《医药产业行动计划》，实施"八大工程"。绿色能源产业，建设风电乡村振兴、生物质热电联产等项目。布局航空航天及应用、氢能和新型储能、半导体、新材料、高端医疗装备和创新药、影视文创、数字经济7个新赛道产业，建设相关产业。（杨玉才）

自然资源管理

【耕地保护】 3月7日，长春市印发《关于全面推行田长制的实施意见》。8月10日，长春市田长制办公室印发《关于设立市级总田长、副总田长的通知》等7项制度，建立市县乡村4级"田长制"工作体系及分级保护、逐级负责、常态巡查等配套制度体系，市域设立3个市级、42个县级、370个乡级和4250个村级网格长。年内，长春市在全省耕地保护目标责任考核中获评优秀。

【土地管理】 2022年，长春市推行"延期缴款""缴办分离""分宗开发""开工直通车""以用促保"等扶持举措，纳入市政府房地产优惠政策"二十条""十二条"，纾困企业资金难题128亿元。修订土地征收成片开发方案，编制2022年中心城区开发方案，获批征地1760公顷，保障奥迪PPE、长双快速路、空港一期等重点项目落位。

【矿产资源管理】 2022年，在全省率先实施《长春市矿产资源"十四五"规划》《长春市地质灾害防治"十四五"规划》。完成压覆矿调查备案89宗30.35万公顷。出让矿业权5宗，成交额3.38亿元。其中，探矿权1058公顷、建筑石料1.19亿立方米。完成地热调查2.6万公顷，圈定重点区6处。

【自然资源调查监测】 2022年，长春市发布第三次全国国土调查主要数据，榆树市规划和自然资源局、南关区规划和自然资源分局获评全国先进集体。推进"林草湿"调查、"园林草"分等。建成"多规合一"信息平台，完成1：500地形图测绘4.8万公顷、1：2000地形图测绘15万公顷，获评国家地理信息产业优秀工程银奖1项、铜奖2项，填补长春市大比例尺地形图空白。

【不动产登记】 建立政企联席机制、政务监督机制、专班服务机制，优化不动产登记"议事"制度。实行"减税降费"政策，契税由5%降到3%，落实国家小微企业减免政策，企业间仓储、工业用地"过户"免收登记费。推行"在建抵押登记""商品房自留抵押登记""工业用地厂房分割登记"等助企政策，实现"居住权登记"和"一码关联"。2022年，市区有10944套房屋实现"交房即办证"。开通重点项目"绿色办事走廊"，设立涉企服务专窗，企业办事免排队、零等待。建立"转移+抵押""预告+预抵"等24项组合流程，实现"两项业务一步办理"。梳理、精简不动产登记审查材料，取消"兜底条款"，不再收取股东会决议、公司章程、成交确认书等申报材料。94%以上高频办理事项，实现1个工作日内办结。在联网银行启用电子证明，抵押登记实现无纸化、不见面、一站式办理。推广"不动产登记+互联网"掌上办、指尖办便民举措，优化不动产登记中心微信公众号功能，实现网上缴费、电子证书自助查询和下载、在线办理免费邮寄等。推行全程网办、异地代收代办、全国区域通办等措施，升级"跨省通办"为"全国通办"。升级"不动产登记信息管理平台"，"日报信息"准确率100%，在全省率先完成存量数据整合汇交。对接"政数服务平台"，整合水、电、气行业数据信息，同步实现水、电、气"并联过户"。

【自然资源统一确权登记】 2022年，全市完成吉林净月潭国家森林自然公园自然资源统一确权登记成果调查。建立"不动产登记+公证"协同机制，非涉税继承公证事项不动产转移登记窗口延伸到公证处。解决历史遗留"登记难"问题，办结未登记确权项目54个，办理324栋17931套房屋不动产登记，总面积约170公顷。实现不动产登记"一码关联"，用不动产单元代码贯通规划许可、用地审批、不动产登记全流程。

【土地资源利用】 2022年，全市公开发布存量住宅用地信息，土地市场动态监测系统信息填报率100%。编发《存量项目用地图册》，指导项目落位优先使用存量土地，提级管控新增建设用地。处置闲置土地498公顷，解决伊通河整治遗留供地问题21宗。消化"批而未供"1537公顷，占全省44%，被自然资源部列为先进典型案例。出台《临时用地管理工作指引》，保障项目临时用地27宗114公顷。

【自然资源领域科技应用】 2022年，长春市开展资源环境承载能力及国土空间开发适应性评价，综合利用系统动力学和元胞自动机模型，划定"三区三线"（城镇空间、农业空间、生态空间，城镇开发边界、永久基本农田保护红线、生态保护红线），在全国率先通过国家审查并启用。引进泽塔云技术、设备，改造升级连续运行卫星定位综合服务系统（CCCORS），开展测绘自主可控示范工程。

【自然资源督察执法】 2022年，长春

市开展例行督察、卫片执法、新增农村乱占耕地建房问题整治等20项专项行动。确认年度卫片违法图斑416个，年度销号督察局挂账问题366个。处置新增乱占耕地建房问题17个，拆除13宗，耕地总面积1公顷，全部复耕，移交市农业农村局4宗。开展例行督察、自建房整治等9项专项行动。创新推行"首违不罚"政策，将公益、工业类项目"初次违法"纳入"不予处罚事项清单"。

【国土空间总体规划】 编制《长春市国土空间总体规划（2021—2035年）》，初步构建全域"三带三板块、两轴多射线"开发保护新格局和"一山四水、一廊四城"城市空间结构。启用"三区三线"，统筹调整、划定耕地保护面积1.79万平方千米、永久基本农田保护红线1.48万平方千米，生态保护红线659.90平方千米，城镇开发边界1475.54平方千米。（李　勇）

公共资源交易

【概况】 2022年，长春市完成公共资源交易项目1732项，交易金额348.458亿元。编制《公共资源交易领域法律法规制度汇编》，涵盖工程建设、政府采购、土地和矿业权出让、国有产权四大领域重要政策法律法规95篇。重新调整长春市企业国有资产交易业务操作规则，印发《关于调整企业国有资产交易规则的通知》，明确企业增资和产权转让过程中信息披露方式、内容和时限。

【公共资源交易平台电子化建设】 依托电子化交易系统、远程解密系统，实行投标"不到场"、开标"不见面"、评标"全分离"、监督"在线上"、人员"控总量"、现场"勤消杀"等措施。4月21日、25日，完成一汽奥迪新能源EPC总承包项目；4月29日，完成长春市五大污水处理系统"一厂一策"提质增效工程开评标工作。8月1日，道路交通工程施工类项目范本上线，标志长春市工程建设全领域实现全流程电子化。

【公共资源交易领域营商环境建设】 优化评标评审专家抽取流程，实现招标人（采购人）、行管部门、二级审核单位线上审核并签章，打造全过程"至多跑一次"招标采购新模式。6月至8月，集中对长春市7个公共资源指定交易场所开展服务质量评议整改情况专题调研，督导各指定交易场所严格落实标准化建设要求。取消农安县公共资源交易场所，其余指定交易场所均整改到位。全年审核交易主体注册信息4100个。配合全省CA（招标投标领域数字证书）兼容互认工作，升级平台CA接口，指导异地CA用户重新注册完善信息，实现全省CA在长春市"一章通用"。

【公共资源交易信息发布审查】 2022年8月，升级电子保函系统。8月2日至15日，开展长春市招标采购公告公示错误信息自查自纠，排查出重要名称类、歧义类、数字单位表述类错误，以及错字、漏字、叠字等常见错误330项。10月12日至19日，开展公告公示错误信息整改行动。约谈并通报长春市发布信息存在问题招标采购单位15家、招标采购代理机构16家、信息发布二级审核单位7家。11月10日，引入错字敏感字查错系统，与公共资源交易网对接，在人工审核基础上增设信息化审核，实现公告公示信息纠错机制前置。11月，全省公共资源配置领域政府信息公开和公共资源交易领域基层政务公开三方评估，长春市考核评价为A+类（95分以上）。（尹秋竹）

国有资产监督管理

【概况】 2022年，长春市人民政府国有资产监督管理委员会（简称市国资委）监管市属企业13户。其中，功能类企业4户，包括长春市城市发展投资控股（集团）有限公司（简称长发集团）、长春城开农业投资发展集团有限公司（简称城开农投集团）、长春润德投资集团有限公司（简称润德集团）、长春市轨道交通集团有限公司（简称轨道交通集团），负责城市建设及轨道建设运行；公益类企业7户，包括长春水务（集团）有限责任公司（简称水投集团）、长春市春城投资发展集团有限公司（简称春城投资）、长春市供热（集团）有限公司（简称供热集团）、长春天然气集团有限公司（简称长天集团）、上市公司长春燃气股份有限公司（简称长春燃气）、长春公共交通（集团）有限责任公司（简称公交集团）、长春城市公共交通发展集团有限公司（简称交通发展集团），主要负责城市水气热及公共交通要素供给；竞争类企业2户，包括长春市国有资本投资运营（集团）有限公司（简称国投集团）、长春建设投资发展集团有限公司（简称建投集团），分别进行科创投孵化和房建施工。资产总额4549亿元，负债总额2877亿元，所有者权益1699亿元，全年营业收入243亿元，上缴税费18亿元。

【国资国企监管】 制定重大事项报告办法，印发监管手册，基本建成国资监管在线系统。严格投资并购、重组改制等重大经营事项决策前风险评估，实施企业负债率和负债规模双管控，规范产权交易行为。国资国企工作与法治国企建设相结合，履行法治建设第一责任人职责，严格重大事项法律审核把关决策，推行合规管控，完善制度缺失或流程缺陷。

【国有资本优化布局】 打造产业提升平台，长发集团投资79亿元建成红旗新能源工厂、年产值超400亿元，落位18亿元、合资打造创意汽车产业园，对接中金资本等头部金融机构，组建产业发展基金，推进算力中心等项目落地。打造产业培塑平台，城开农投集团畜牧产业示范园201栋牛舍全部建成，发展肉牛3.8万头，收入9804万元；国投集团组建首期1亿元专精特新基金，设立1亿元汇科天使基金，储备项目30余个。打造产业服务平台，建设人才公寓、租赁住房，落位建设5G数字产业园等"六新产业"，润德集团健全城市住房保障体系，建成气膜实验室，布局医疗康养业态；建投集团抗住地产下行强压，年施工产值31.6亿元，营业收入29亿元。

【国有企业改革】 2022年，长春市国企改革三年行动收官，纳入市本级8个方面79项改革任务全部完成，中智咨询第三方评估机构集中评价市本级、13户市属企业及9户重点子企业完成情况。构建董事会“1+5”制度体系，92户重点子企业全部实现董事会应建尽建，规范各治理主体权责边界，完成市属企业董事会换届。开展省内金融股权市场化并购，对接县区合资推进载体开发、城市更新等27个项目建设、投资额338.3亿元，整合盘活公共租赁住房资产。

【公益类国有企业生产经营】 水投集团通过查漏堵漏整治、物资采购议价等方式，压减维修成本费用约1亿元，实施供水9大工程、落位投资15.2亿元，改造二次供水自管泵站、楼内管道及水表2万余户。春城投资、供热集团储存应急燃煤77.18万吨，配置57支供热抢修队伍，办结各类投诉3000余件，协同解决民营供热企业“弃供”问题。长天集团LNG应急调峰储配站储气1384万立方米，智慧燃气4000处管网信息点提质升级。长春燃气改造老旧管网23.51千米，“阀、管、灶”升级15.1万户，冬季主城区供气平稳安全。交通发展集团统筹轨道交通、地面公交资源要素，初步完成4个交通枢纽TOD开发建设运营路演。轨道交通集团8个项目、145个工点全线建设，年运营线路里程2456万车公里，准点率99.9%。公交集团减少购车资金3.2亿元，全年节支1.3亿元。平台类企业承办空军航空展，提前交付抚长高速公路改移等工程，建设中东新路东段等一批市政项目。

【投资融资管理】 2022年，市国资委完成年度固定资产投资261亿元，占全市1/6。其中轨道交通落位122亿元，完成率116%。平台企业存量债务倒还360.7亿元，平均融资成本降低0.2个百分点，未出现违约。融资24.26亿元全部落到属地，直接投入4.9亿元，完成公主岭市恒大5个地块摘牌。（李杨兴）

民营经济管理

【概况】 2022年，长春市民营经济主营业务收入1.22万亿元，与2021年基本持平。民营经济市场主体141.5万户，占全市全部市场主体97%。其中，民营企业35.8万户，个体工商户105.7万户。吸纳就业人数占城镇新增就业人口90%。各级“专精特新”（专业化、精细化、特色化及新颖化）中小企业由485户增加至1037户，增长113%。

【民营经济发展环境】 印发《2022年民营经济振兴发展行动计划》，明确优化民营经济发展环境、壮大民营经济市场主体、支持重点产业加快发展、深化创新驱动发展战略、提升融资服务能力、强化公共服务支撑、强化民营经济工作保障7个方面、31项重点工作。4月30日，出台《长春市人民政府关于印发支持培育“专精特新”中小企业加快发展若干措施》《长春市人民政府关于推动“专精特新”中小企业高质量发展的实施意见》。从35个相关政策中梳理出128条民营政策条款，汇编成《突出发展民营经济惠企政策汇编》，推送至各县（市）、开发区工信部门和民营企业，在市工信局和长春市民营经济（双创）综合服务平台设置飘窗宣传。在2022年全国中小企业发展环境评估中长春市综合得分44.68分，排名第21。

【民营企业主体培育】 2022年，长春市民营企业营业范围覆盖国民经济绝大部分行业，全市专精特新中小企业在各行业内起到典型示范作用，以专精特新中小企业为主体，生物医药、食品、光电信息、新材料等战略性新兴产业实现高速增长。年内，全市民营企业户数比2021年增长18.49%、个体工商户户数增长10.06%。2022年，民营经济增加值占全市生产总值一半以上，民营经济实缴税金占全市全口径财政收入40%以上，占全省民营经济实缴税金46%。全市民营经济从业人员286万人，占全市就业人数75%以上。在工业和信息化部和中国工业经济联合会联合印发第七批制造业单项冠军名单中，长春禹衡光学有限公司（简称禹衡光学）和长春光华微电子设备工程中心有限公司（简称光华微电子）2户企业上榜。

【专精特新中小企业】 2022年，长春市构建专精特新中小企业“3168”梯度培育体系（到2025年，全市专精特新企业培育库企业要达到3000户以上，市级专精特新企业要达到1000户以上，省级专精特新企业要达到600户以上，国家级专精特新“小巨人”企业要达到80户以上）。出台《长春市人民政府关于推动“专精特新”中小企业高质量发展的实施意见》，启动主体培育、创新发展、强链补链、数字赋能、质量品牌、融资服务、人才引培、公共服务、创业孵化、营商环境“十大提升行动”。制定培育专精特新企业加快发展“十三条”政策措施，设立市级专精特新发展专项资金。116户专精特新企业采取“事编企用”创新模式，招聘222名企

8月10日，“金融赋能 助企发展”长春市“专精特新”企业融资专场对接活动签约仪式在东北亚金融中心举办 （周冠宇 供图）

8月31日，长春企业家学院揭牌仪式暨2022年长春市“春城名商”大讲堂开班仪式在长春市举行　　（周冠宇　供图）

业发展急需高层次人才。截至年末，全市各级专精特新企业总数增加至1037户，比2021年增长113%。其中，国家级专精特新“小巨人”企业由27户增加至39户，增长近50%；省级专精特新企业由84户增加至259户，增长208%；市级专精特新企业由374户增加至739户，增长98%。推动禹衡光学、光华微电子等2户专精特新企业升级为国家级制造业单项冠军示范企业，长春市国家级制造业单项冠军企业总数增长至4户。捷翼汽车获评东北地区估值最高独角兽企业。全市专精特新企业平均研发投入（R&D）占主营业务收入比重6.21%，是全市企业平均水平（2.26%）近3倍。年内，全市专精特新企业主营业务增长7%，超过全市生产总值增速11.5个百分点，超过全市规模以上工业增速17个百分点。全市专精特新企业拥有本科以上学历人才3.13万人，占员工总数量的40.6%，比全市企业平均水平高近20个百分点。全市80%以上专精特新企业在细分领域深耕超过5年，70%以上企业主导产品市场占有率排名全省前十，户均拥有行业标准、国家标准、国际标准1.57个。

延伸阅读>>

2022年长春市新增国家级专精特新“小巨人”企业

长春长光辰芯光电技术有限公司
长春通视光电技术有限公司
长春新产业光电技术有限公司
长春长光宇航复合材料有限公司
长春圣博玛生物材料有限公司
长春荣德光学
长春融成智能设备制造股份有限公司
吉林省百浪汽车装备技术有限公司
长春近江汽车零部件有限公司
吉林宏日新能源股份有限公司
吉林省金冠电气股份有限公司

长春博迅生物技术有限责任公司
吉林省万和光电集团有限公司

【民营经济服务】　长春市工业和信息化局联合吉林银行长春分行共同推出“专精特新贷”，全年发放全市专精特新企业信用贷款近14亿元。8月10日，市工业和信息化局会同吉林银行长春分行、长春担保集团联合举办专精特新企业融资对接活动，现场签约授信超过10亿元。组织一批成长性好、发展潜力强中小企业参加西安第十一届APEC中小企业技术交流暨展览会、南宁第18届东盟食品糖酒博览会、国家“企业管理提升行动”冰山集团现场交流会等国内国际重要展会。

【“服务企业月”活动】　5月9日，印发《2022年长春市“服务企业月”活动方案》，成立“服务企业月”领导小组，下设服务企业专班和4个工作推进组，常态化开展“1+21+N”服务企业专项行动。6月7日，印发《关于开展“四个服务”工作加快振兴发展率先突破的意见》，将服务企业纳入“四个服务”重大战略部署。全市“服务企业月”期间，市，县（市）区、开发区，街道，社区四级联动，集中开展服务企业活动2700余场；线下、线上服务市场主体55万户次。

【长春企业家学院成立】　8月31日，长春企业家学院揭牌仪式暨2022年长春市“春城名商”大讲堂开班仪式在长春市举行。长春企业家学院由市委组织部和市工信局打造，设在长春市中小企业人才创业指导中心。学院以企业家培育为核心，以满足企业和企业家发展需要为目标，整合域内外科研院所、知名高校、社会培训机构等资源，搭建企业家学习交流平台。　　（周冠宇）

财　政

【概况】　2022年，长春市一般公共预算地方级财政收入459.7亿元，比2021年下降25.5%；全市一般公共预算财政支出976.7亿元，增长1.1%。长春市地方级收入占全省（851亿元）比例54%。全年争取中央、省各类转移支付资金289亿元，增加55亿元。

【财政收支】　2022年，全市一般公共预算地方级财政收入459.7亿元，按自然口径计算，比2021年下降25.5%，超过预期0.5个百分点，高于全省0.1个百分点，剔除疫情、新组合式税费支持政策影响，可比口径增长5.7%。其中，税收收入376.8亿元，占比82%；非税收入82.8亿元。全市一般公共预算支出976.7亿元，增长1.1%。全市政府性基金预算收入189.5亿元，下降73.7%；支出697.8亿元，下降34.9%。市本级国有资本经营预算收入3.1亿元，下降44.9%；支出0.2亿元，下降47.7%，各县（市）区、开发区未编制国有资本经营预算。全市社会保险基金预算收入226.1亿元，下降3.2%；支出211亿元，增长7.4%。

按照国家统计口径，将检测、患者

救治等新冠疫情防控支出列入“三保”（保基本民生、保工资、保运转）保障范围，全年“三保”支出超过710亿元，占总支出比例超过70%，通过加强调度各县区库款，全市未发生“三保”风险。全年偿还本息368亿元。其中，偿还本金282亿元，付息及手续费86亿元，通过实时监控各县区偿债资金，全市未发生偿债风险。发放中小微企业和个体工商户房租水电补贴、创业就业补贴、消费券等补贴超过40亿元。全年减免缓退税费347亿元。发放重点、支柱企业重大项目落位、产能提升、技术改造、入规入统等各类奖补和兑现政策资金超过50亿元。利用长兴基金，全年签约19只子基金，总规模125亿元；投资长春市内项目34个，投资金额19亿元。

表15　2021—2022年长春市一般公共预算收入情况统计表

单位：万元、%

项　目	2022年	2021年	增减额	增减
收入合计	4596907	6170888	-1573981	-25.5
一、税收收入小计	3768427	5200604	-1432177	-27.5
1. 增值税	1653512	1903312	-249800	-13.1
2. 企业所得税	761372	1023075	-261703	-25.6
3. 个人所得税	219980	287748	-67768	-23.6
4. 资源税	7223	8318	-1095	-13.2
5. 城市维护建设税	350950	384604	-33654	-8.8
6. 房产税	194271	193379	892	0.5
7. 印花税	83979	128320	-44341	-34.6
8. 城镇土地使用税	97344	104632	-7288	-7.0
9. 土地增值税	119016	189638	-70622	-37.2
10. 车船税	106483	101347	5136	5.1
11. 耕地占用税	60175	155713	-95538	-61.4
12. 契税	110044	716182	-606138	-84.6
13. 烟叶税	235	267	-32	-12.0
14. 环境保护税	3328	3668	-340	-9.3
15. 其他税收收入	515	401	114	28.4
二、非税收入小计	828480	970284	-141804	-14.6
16. 专项收入	339095	369527	-30432	-8.2
17. 行政事业性收费收入	126425	242391	-115966	-47.8
18. 罚没收入	106757	88987	17770	20.0
19. 国有资本经营收入	990	806	184	22.8
20. 国有资源（资产）有偿使用收入	186964	176532	10432	5.9
21. 捐赠收入	8110	7467	643	8.6
22. 政府住房基金收入	54343	81657	-27314	-33.4
23. 其他收入	5796	2917	2879	98.7

（市财政局）

表16　2021—2022年长春市一般公共预算支出情况统计表

单位：万元、%

项目	2022年	2021年	增减额	增减
支出合计	9766704	9664851	101853	1.1
1. 一般公共服务支出	1006164	1064977	-58813	-5.5

续表16

项目	2022年	2021年	增减额	增减
2. 外交支出	—	—	—	—
3. 国防支出	17084	13536	3548	26.2
4. 公共安全支出	433443	380688	52755	13.9
5. 教育支出	1368027	1474616	-106589	-7.2
6. 科学技术支出	43039	188806	-145767	-77.2
7. 文化旅游体育与传媒支出	110655	140432	-29777	-21.2
8. 社会保障和就业支出	1385104	1214239	170865	14.1
9. 卫生健康支出	1544151	973985	570166	58.5
10. 节能环保支出	216702	289974	-73272	-25.3
11. 城乡社区支出	1000114	1114767	-114653	-10.3
12. 农林水支出	1039359	1183452	-144093	-12.2
13. 交通运输支出	336418	271903	64515	23.7
14. 资源勘探工业信息等支出	185787	320491	-134704	-42.0
15. 商业服务业等支出	106562	82380	24182	29.4
16. 金融支出	3419	5899	-2480	-42.0
17. 援助其他地区支出	—	—	—	—
18. 自然资源海洋气象等支出	67603	64245	3358	5.2
19. 住房保障支出	456451	486212	-29761	-6.1
20. 粮油物资储备支出	39608	21311	18297	85.9
21. 灾害防治及应急管理支出	69825	64699	5126	7.9
22. 债务付息及发行费用支出	319109	292321	27761	9.5
23. 其他支出	18080	15918	2162	13.6

（市财政局）

【疫情防控资金支持】 2022年，长春市出台了《关于进一步支持全市疫情防控工作财政补助政策措施的通知》，加大本级投入，争取上级补助、统筹结转结余资金等多渠道筹措资金并及时拨付下达资金，统筹用于疫情防控的检查、费用结算、医院建设等项目支出。成立疫情防控清算工作领导小组办公室，统筹推进市区议价清算工作金。拨付3000万元专项补助，用于落实疫情防控物资采购、学生和教职工餐饮、医疗、日用品等后勤保障所需资金。落实市委、市政府疫情期间继续执行长春市普惠性幼儿园经费补助政策决策。

【民生保障资金支持】 2022年，拨付民生类重大项目资金150亿元，基础设施重大项目资金103亿元，争取各类社会保障资金78.5亿元。全市社会保险基金收入226.1亿元，比2021年下降3.2%，加上滚存结余收入297.7亿元，总收入523.8亿元。全市社会保险基金支出211亿元，增长7.4%。收支相抵，结余15.1亿元。2022年，长春市安排下达各类义务教育补助资金14.97亿元，主要用于完善义务教育经费保障机制，支持全市公办义务教育学校校舍安全保障，改善乡镇寄宿制学校和乡村小规模学校办学条件，解决新建城区子女入学问题，优化义务教育学校网点布局等。安排普通高中补助资金10085万元，用于支持普通高中改善办学条件，消除“大班额”。安排职业教育发展补助资金16058万元，支持中等职业院校“双高”建设，深化产教融合、校企合作。在困难群众救助领域，安排资金6.2亿元，重点用于低保和特困人员补助、流浪乞讨人员救助和临时价格补贴。在养老服务领域，安排资金0.5亿元，重点用于民办养老机构运营补贴、高龄老年人生活津贴等。在残疾人事业发展领域，安排资金1亿元，重点用于残疾人就业创业、残疾人社会保障、残疾人康复等。在退役优抚领域，安排资金10.9亿元，主要用于退役安置资金优抚对象抚恤等。在公共卫生领域，统筹安排资金13亿元（不含疫情防控资金），主要用于医疗服务与保障能力提升、基本药物制度补助等项目。在社会保险领域，统筹安排资金64.7亿元，主要用于城乡居民基本医疗保险、城乡医疗救助和城乡居民基本养老保险补助等方面。

【生态环境保护资金支持】 2022年，长春市筹措资金76.41亿元支持生态环境保护工作。其中，市本级一般预算安排资金10.01亿元，政府性基金预算安排资金26.23亿元，争取上级补助资金15.26亿元，通过发行地方政府债券筹措资金24.91亿元。落实《长春市2022年度秸秆全域禁烧行动方案》，争取北方地区冬季清洁取暖试点城市，推进扬尘废气、清洁能源利用、工业产业污染治理等重点任务实施，下达资金16.57亿元。修订《长春市农作物秸秆露天禁烧和综合利用管理条例（修改草案）》，通过一般公共预算安排2022年度秸秆相关资金0.1亿元。配合生态、建委等部门做好中央大气项目申报工作和北方地区冬季清洁取暖试点城市申报工作，争取并拨付上级资金5.62亿元，安排本级配套资金0.02亿元。拨付上级新能源汽车购置及充电基础设施建设补助资金8.7亿元并下达至长春市对口区域，拨付本级预算资金2.13亿用于支持换电站建设和新能源动力电池产业发展，推进“旗E春城”项目。落实水环境质量巩固提升行动方案，下达市本级资金28.18亿元，债券融资24.91亿元，撬动社会资本76.59亿元。筹措资金用于保障伊通河、新凯河及饮马河流域监测项目，部门预算中安排生态系统各单位监测经费并下达本级专项资金0.03亿元用于全流域查测溯治督评工作，完成2022年水污染防治监测任务。各类水体治理项目下达资金28.14亿元。其中，城建经常性项目安排资金5.18亿元，PPP（政府和社会资本合作模式）项目安排22.96亿元。筹措资金24.91亿元用于长春市污染防治重点项目支出。其中，发行长春市五大污水处理系统“一厂一策”提质增效工程项目第一批专项债券19.41亿元，续发北郊污水处理厂三期工程项目专项债券5.5亿元。在PPP项目筹措建设上，引入社会资本76.59亿元。落实“无废城市”建设工作，下达市本级一般预算资金2.43亿元。制定《长春市农村人居环境整治提升五年行动方案》《2022年农村人居环境整治市级专项资金补助实施方案》，下达市本级一般预算资金0.65亿元，争取上级补助资金0.53亿元，开展中央基建（农村可持续发展项目）、农村垃圾治理与厕所改造、乡镇污水集中收集处理、分散式畜禽粪污处理等工作。推进水土流失综合治理和历史遗留矿山生态修复，争取并下达上级补助资金0.15亿元。推进城市生态修复，增加综合植被盖度，下达市本级一般预算资金0.68亿元。保障城区文明卫生，维系环卫保洁运行及管护，下达市本级一般预算资金0.31亿元。

【乡村振兴资金支持】 2022年，全市总预算安排农口资金3.4亿元，重点支持包括衔接推进乡村振兴、高标准农田工程化试点、重大水利项目规划、水源地保护区、第二十一届中国长春国际农业·食品博览（交易）会（简称长春农博会）等重点工作任务，兑现市级“秸秆变肉暨三百万头肉牛”政策资金，安排厕所改造等农村人居环境市级补助资金。落实耕地地力保护补贴资金5.4亿元。兑付种粮农民一次性补贴资金1.1亿元。争取农机购置与应用补贴试点资金5642万元，完成国家、吉林省对农机购置补贴实际支出情况专项核查工作。争取资金20亿元用于高标准农田建设，全市年度新增高标准农田建设面积8.8万公顷（全省36.67万公顷），打造高标准农田高质量发展典型示范工程7333.33公顷（全省1万公顷），工程化试点6666.67公顷，落实国家、省、市补助资金6亿元（全市口径）。争取资金4.25亿元开展保护性耕作，采取整乡整村整建制推进方式，推广秸秆还田与“深翻+有机肥还田”等综合技术模式，落实全年保护性耕作面积70.4万公顷，建设实施效果监测点349个（全市口径）。拨付城开农投绿色循环畜牧产业示范园、农牧加工产业示范园区基础设施建设项目专项债券资金14.8亿元，落实专项债券资金24.5亿元；协调长兴基金通过母基金及直投两方面支持肉牛产业发展。争取新建设施园艺规模园区指标500公顷，支持公主岭市恒通生态农业申报省级“菜篮子”基地项目，落实棚膜大县奖励，创建国家级果蔬区域公共品牌。落实中央、省级衔接推进乡村振兴补助资金1.01亿元、市级衔接资金5000万元、市级村集体经济发展市级补助资金1000万元，重点支持乡村产业发展，打造“产业发展”试点。争取专项资金9414万元，开展人居环境整治提升行动。推动完成202个示范村创建任务，完善农村生活垃圾收运处置体系；利用中央、省专项扶持资金（全地区3.5亿元，其中45%用于农村基础设施），推动“千村示范”乡村建设行动；落实各级各类资金1.6亿元，推动农村户用卫生厕所改造（全市5.17万户），集中打造示范带、示范镇、示范村的

6月，公主岭市恒通生态农业产业园通报省级“菜篮子”基地项目评审。图为公主岭市恒通生态农业产业园 （摄于4月28日 王煜淇 供图）

路、沟、渠、美化亮化等农村公益设施（全市口径）。落实中央、省专项资金2670万元，支持全市村级“一事一议”“美丽乡村”试点建设，主城区重点围绕城市周边，包括绿园区合心镇裴家村、长春新区古榆树村等6个村成功申报美丽乡村提档升级示范项目。完成水源地一级保护区项目（征拆、休耕）市级补助资金清算工作（收回资金2400万元），下达资金3695万元，完成石头口门水源地土地续租项目。落实资金2200万元，支持第二十一届长春农博会前期筹办工作。

【政府性债务管理】 2022年，长春市争取新增债券额度429亿元。其中，专项债券357亿元，一般债券72亿元。年内，长春市到期政府债券本息费334亿元。其中，本金258亿元、利息费76亿元。争取再融资债券256亿元，占到期政府债券本金的99%，统一为各区垫付到期利息费。印发“百日攻坚”方案。建立债券支出量化考核、重点项目督查调度、计划执行通报约谈、综合研判调整收回、债券拨付提级管控等工作机制。17家作战单位和市建委、市交通运输局等8家市直部门全部制定专项债券分月支出计划。提级管控14个无法完成支出目标项目、13亿元债券，上收市级；调整实施受阻、支出进度缓慢13个项目。截至年末，全市专项债券支出84.6%，超预期目标（80%）4.6个百分点，超省定支出目标（70%）14.6个百分点。6月，组建11个工作组，集中利用3天时间，重点围绕专项债券资金拨付使用、债券项目建设情况等2条主线，排查专项债券趴账项目127个。下发《关于进一步加强专项债券资金管理的通知》。

【政府采购管理】 2022年，印发《长春市财政局关于转发〈关于疫情防控期间执行采购便利化的通知〉的通知》，开通政府采购“绿色通道”。印发“长春市财政局关于疫情防控期间政府采购有关事项的通知”，对政府采购资金支付实行容缺办理。支付市体育馆、市农博园等8个项目采购资金，付款金额1632.3万元。

将小微企业价格扣除比例由6%—10%提高至10%—20%；大中型企业与小微企业组成联合体或者大中型企业向小微企业分包，评审优惠幅度由2%—3%提高至4%—6%。降低中小微企业参与政府采购工程门槛，将预留面向中小企业采购份额由30%以上，阶段性提高至40%以上。印发《长春市财政局关于政府采购促进企业复工复产支持经济高质量发展的通知》，将中小企业履约保证金比例从10%降至2%；原则上取消中小企业政府采购质保金；提高中小企业首付款比例，首付款支付比例不低于合同金额35%；付款期限从收到发票30日付款压缩至7个工作日；推广“政采贷”合同融资。印发《关于组织开展政府采购保证金清理工作的通知》。全市清退政府采购保证金3346万元。印发《长春市财政局关于做好2022年度政府采购脱贫地区农副产品推进乡村产业振兴的通知》，依托脱贫地区农副产品网络销售平台（“832平台”）采购人管理系统，全市预留份额2919万元。出台“违法违规行为清单”，制定《长春市政府采购内部控制制度建设规范》。采取全面自查和重点检查相结合方式，开展采购代理机构监督评价。评价工作包括企业基本情况、业绩与人员情况、管理情况、失信与处理处罚情况4个一级指标以及11个二级指标。印发《长春市财政局关于进一步规范政府采购有关流程的通知》。全年，处理政府采购投诉35起，举报1起，未引发行政复议或行政诉讼。

【政府采购全流程电子化改革】 推进全流程电子化改革，将分散采购项目纳入全流程电子化应用范围，引导社会代理机构入驻电子化平台，鼓励采用电子招投标方式降低交易成本，实现全市政府采购项目“招、投、开、评、定”等各环节全流程电子化。委托第三方培训机构开展采购人及评审专家线上业务培训，指导采购单位完善内控制度建设。首期有100余家采购单位及4800余名评审专家参加培训并结业。完善政府采购诚信体系建设，依托省市金融服务平台，建立政府采购信用信息模型，依据信用评价结果，向政府采购供应商提供差异化政府采购合同融资方案。2022年，长春市政府采购营商环境做法，被中国政府采购奖评为“优化营商环境卓越奖”。

【政府绩效监管】 2022年，长春市各预算部门对新增3000万元以上重大政策及项目，开展事前绩效评估，财政部门审核立项必要性、投入经济性、绩效目标合理性、实施方案可行性、资金筹集合规性等情况；全市89个预算部门填报储备项目库2600余个申报项目绩效指标2万余条，1766个预算项目实现预算执行与绩效运行“双监控”，预算项目自评和部门预算绩效自评全覆盖。长春市绩效考核办公室印发《关于加快推进城区开发区“三全”预算绩效管理体系建设的通知》，明确10个方面32项具体任务，制作台账，建立“月调度、季通报”机制；8月，召开城区开发区“三全”（全方位、全过程、全覆盖）体系建设工作调度推进会。长春市PPP领导小组办公室下发《关于开展PPP项目绩效管理情况梳理排查的通知》，排查整改入库PPP项目绩效管理情况，指导督促项目主管部门（实施机构）、各区财政部门和项目公司（社会资本方）依据各自职责，梳理项目绩效考核以及按效付费等情况，整改存在问题，落实按效付费机制。

【民生保障政策落实】 2022年，长春市落实国家降低社保费率政策，延续执行阶段性降低工伤保险、失业保险费率政策。落实国家缓缴养老保险、失业保险和工伤保险政策。落实失业保险稳岗返还、发放一次性留工培训补助、一次性扩岗补助等惠企政策。统筹安排就业资金4.2亿元，用于落实长春市稳就业、促就业相关政策，重点用于市直公益性岗位补贴、灵活就业人员社保补贴。全年拨付职业技能提升行动专账资金2978万元，培训12万余人次。将城乡居民医疗保险补助标准由每人每年580元提高至610元，增长5.1%。将全市基本公共卫生服务经费补助标准由每人每年70元提高至75元，增长7.1%。城乡居民基本养老保险基础养老金由每人每月163元提高至168元，增长3%。安排下达学前教育发展补助资金3.09亿元，新建、改扩建公办幼儿园，改善办园条件，支持公办民办并举，扩大普惠性学前教育资源。摸清全市32所涉改学校基本情况，尤其是9所需转公学校情况，配合出台长春市专项治理方案，争取转公学校经费3500万元。落实中等职业教育国家奖、助学金额免费政策。

【国库管理】 2022年3月，长春市上线预算管理一体化系统总账模块，补录1—3月一体化总会计账，核对月报收支、库款余额与一体化总会计账数据。完成3400余家预算单位部门决算报表审核工作。打造“阳光财政”，组织市直各预算单位和县（市）区、开发区在规定时间内进行决算批复和公开工作。定期调度各县（市）区库款余额，根据各县（市）区的库款收支余情况，结合各区库款余额和“三保”支出需求，调度各区资金。长春市在2022年度全省预算执行分析工作先进单位评比中获一等奖。开展财经秩序专项整治、“三公”［因公出国（境）费、公务用车购置及运行费、公务接待费］经费专项检查。前期完成市级各预算（部门）单位及各区（开发区）财政部门国库管理领域自查自纠工作，配合市监督检查局复查南关区和汽开区财政局。配合财政部吉林监管局抽查长春市财经秩序专项整治，提供市本级“三公”经费相关决算数据。清理存量资金。消化采购和自筹基建资金，减少和压缩存量资金规模，规范管理存量资金清理。收回各单位偿还的国债转贷资金做调入资金处理，用于补充预算稳定调节基金。

【彩票资金管理】 2022年，全市彩票公益金分成收入1.22亿元，结转彩票公益金2823万元，清算2021年度分成收入5225万元，彩票公益金全年可用财力2.03亿元。其中，福彩公益金全年可用财力1.01亿元，体彩公益金全年可用财力1.01亿元。截至年末，彩票公益金支出约7350万元。其中，福彩公益金支出4298万元，主要用于支持养老床位运营补贴和困难老人入住补贴（1464万元）、建设社区嵌入式养老服务机构（678万元）、建设养老服务综合体项目补助（551万元）等项目。体彩公益金支出3052万元，均用于支持市体育局开展群众体育项目和竞技体育比赛和训练相关项目。

【长兴基金组建成立】 2022年，长春市打造“产业生态运营平台”，集产业投资、产业谋划、产业金融于一体，组建长兴基金。全年入库1006家（人次）。其中，企业库（专精特新）513家、项目库81家、科技成果转化库81家、基金机构库162家、服务机构库49家、咨询专家库120人。完成签约子基金6只，签约子基金总数20只，总规模125亿元，长兴基金出资17亿元，撬动社会资本突破百亿元，与弘晖基金等知名机构建立合作关系。走访对接企业150户，新增投资项目14个，新增投资金额13亿元。长兴基金投资长春市项目总数35个，投资规模19亿元。其中，长光卫星、中研股份申报科创板。 （王煜淇）

2月17日，“长兴基金”项目路演会暨战略合作子基金设立签约仪式在国家技术转移东北中心举行。“长兴基金”首只子基金——吉林中科先导投资基金完成落地签约

（王煜淇 供图）

税 务

【概况】 2022年，长春市组织全口径税费收入857.4亿元，比2021年减收279.5亿元，下降24.6%；组织地方级收入370.8亿元，减收180.5亿元，下降32.7%。组织社会保险基金474.9亿元，政府性基金188.5亿元。如剔除减税降费、疫情影响等主要不可比因素，地方级收入增长2.4%，还原增值税留抵退税返还因素后，税费收入贡献市级以下地方财力89.1%。

【税费收入】 全市增值税入库239.8亿元，减收118.3亿元，比2021年下降33%，还原留抵退税两年差额120.9亿元后，增收2.6亿元，增长0.7%；企业所得税入库209.6亿元，减收79.1亿元，下降27.4%，主要受一汽大众高新技术企业认定减收50.7亿元影响；个人所得税入库56.2亿元，减收16.6亿元，下降22.9%，主要受金赛药业股权转让入库11.1亿元影响；消费税入库178.6亿元，受汽车行业拉动，增收30亿元，增长20.1%。房地产相关税种大幅减收，3个税种影响地方级收入77.2亿元。其中，契税入库11亿元，减收60.6亿元，下降84.6%；耕地占用税入库6亿元，减收9.6亿元，下降61.4%；土地增值税入库11.9亿元，减收7.1亿元，下降37.2%。常量税种相对稳定。房产税入库19.4亿元，增收0.1亿元，增长0.5%；土地使用税入库9.7亿元，减收0.7亿元，下降7%；车船税入库10.6亿元，增收0.5亿元，增长5.1%。全市开发区税费收入524亿元，比2021年减收111.6亿元，下降17.6%，比全市平均降幅低7个百分点，主要由于汽车相关重点企业主要集中在开发区。其中，经开区在重点企业（纬湃汽车电子、市烟草公司）和一次性税源（长光辰芯股权转让个人所得税2.15亿元、嘉华房地产稽查补税1.1亿元）拉动下增长2%，为全市唯一体现正增长；净月区和莲花山旅游度假区受房地产低迷影响，分别减收46.1%和48.4%。城区下滑明显。城区完成156.6亿元，减收85.4亿元，下降35.3%，比全市平均降幅高10.7个百分点。其中，朝阳区受灭籍契税退税和重点企业（长春建设集团）迁出影响，完成20.2亿元，减收37.8亿元，下降65.2%。外县整体均衡，公主岭市降幅较大。外县完成68.7亿元，减收34.4亿元，下降33.3%，比全市平均降幅高8.7个百分点。主要受房地产业行业低迷影响较大，全年完成12.6亿元，减收11.9亿元，下降48.6%。如剔除公主岭市，其他县（市、区）下降28.6%，与全市平均降幅接近。

表17　2021—2022年长春市税收收入情况统计表（分税种）

单位：万元、%

项　目	2022年	2021年	增减额	增减
全口径收入	8573641	11369019	−2795378	−24.6
中央级收入	4865271	5856224	−990953	−16.9
地方级收入	3708370	5512795	−1804425	−32.7
一、税收收入合计	8161044	10950649	−2789605	−25.5
1.国内增值税	2398159	3581329	−1183170	−33.0
2.国内消费税	1786083	1486573	299510	20.1
3.个人所得税	561846	728301	−166455	−22.9
4.企业所得税	2095529	2886841	−791312	−27.4
5.城市维护建设税	352848	385582	−32734	−8.5
6.车辆购置税	182334	278957	−96623	−34.6
7.耕地占用税	60175	155713	−95538	−61.4
8.契税	110044	716182	−606138	−84.6
9.土地增值税	119016	189638	−70622	−37.2
10.城镇土地使用税	97344	104632	−7288	−7.0
11.房产税	194271	193379	892	0.5
12.车船税	106483	101347	5136	5.1
13.印花税	83979	128319	−44340	−34.6
14.资源税	7309	8318	−1009	−12.1
15.烟叶税	235	85	150	176
16.环境保护税	3328	3667	−339	−9.2
17.其他税收	2061	1604	457	28.5
二、非税收入	412597	418370	−5773	−1.4
18.教育费附加	153860	165481	−11621	−7.0
19.地方教育附加	102613	110308	−7695	−7.0
20.水利建设基金	82081	73707	8374	11.4
21.残疾人就业保障金	47805	46553	1252	2.7
22.文化事业建设费	1919	102	1817	1777.7
23.石油特别收益金	5049	121	4928	4072.7
24.水土保持补偿费	1308	1550	−242	−15.6
25.防空地下室异地建设费	8541	18854	−10313	−54.7
26.排污权出让收入	—	—	—	—

续表17

项　目	2022年	2021年	增减额	增减
27.垃圾处理费	2460	1515	945	62.4
28.矿产资源专项收入	6325	—	6325	—
29.其他（不含工会经费、职业年金）	636	1093	-457	-41.8
附：社会保险基金	4748774	4899551	-150777	-3.1
政府性基金	1885058	219294	1665764	759.6

（市税务局）

【减税降费】 2022年，全市退减免缓206.1亿元，包括新增减降额177.8亿元，对应地方级88.4亿元。4月以来，办理1.95万户纳税人留抵退税149.2亿元，户数、金额均占全省六成以上。新组合式税费支持政策中，包括增值税留抵退税在内17项政策惠及中小微企业，全年中小微企业享受减免缓税费红利109.5亿元。研发费用加计扣除政策为市场主体创新"换挡提速"。全年有3964户纳税人享受237.7亿元加计扣除额，户数、金额分别比2021年增长17.1%、43.8%。

【大额税费减收】 2022年，在组合式税费支持政策和疫情因素之外，一汽大众、大众销售、土地契税等支柱税源企业和重点税种集中大额减收90.9亿元，对应地方级32.6亿元。其中，一汽大众2021年末新认定为高新技术企业，企业所得税率由25%降至15%，减收50.7亿元，对应地方级13.5亿元，拉低地方级收入2.4个百分点；大众奥迪品牌销售业务自2022年初迁址杭州市，减收32.1亿元，对应地方级11亿元，拉低地方级收入2个百分点；灭籍契税整改影响全口径收入8.1亿元，全部为地方级，拉低地方级收入1.5个百分点。

【依法治税】 2022年，长春市落实《东北区域税务行政处罚裁量基准》，落实落细"首违不罚"清单，全市税务行政处罚不予处罚1245户次。加强"信用+风险"动态监控，构建"事前预警+事中跟踪+事后监督""三位一体"风险防范体系。推送成品油风险任务4批次32户，查补税款405万元。加大打击骗取留抵退税力度，查补收入1.77亿元。推进打击虚开骗税违法犯罪攻坚行动，查处涉嫌虚开骗税企业153户，涉案发票金额49.7亿元。

【税费征管】 市税务局与政府相关部门建立协作联动机制，划转征收水土保持补偿费等4项非税项目。完成年度企业所得税、个人所得税汇算清缴工作。推进多税种联动管理，财产和行为税税种合并申报，建设"互联网+不动产登记"，征收环保税。在南关区税务局试点推行税务行政处罚线上办理工作，依托电子税务局和"金税三期"系统，实现纳税人"足不出户"处理税务行政处罚及关联事项，纳税人直接登录电子税务局办理税务行政处罚事项。简易程序处罚平均缩减至5分钟，普通程序处罚缩短至15分钟。累计办理线上行政处罚160件，纳税人节约办理时间850小时。围绕绿园区东风大街办税服务厅，以10千米为半径，依托铁西所、合心所、正阳所、西新所4个全职能税务所，设置网格化"微税厅"，4个"微税厅"均可办理90%以上的通办涉税业务。微税厅开设综合办税窗口，配备发票库房，设置多种类自助发票领购机；设置自助办税区，配备自助办税终端、自助免填单机等，设轮值人员开展辅导咨询，日常业务"一站式"办理。开设"微税学堂"定期开讲最新政策；开展"微税专场"，与街道办事处协调，收集纳税人热点需求，组织村民集中到达"微税厅"办理社保医保缴费业务；打造"微税驿站"，纳税人在税务所内履行完毕征管程序，在综合窗口办理各类涉税业务。组织"微税沙龙"，定期邀约10余家A级、B级、M级信用等级纳税人参加"银税沙龙"，银行部门在"微税厅"现场宣讲解读涉税信用政策及"云税贷"等金融产品。

【纳税服务】 2022年，长春市实施"智税春城"创新计划，开展"服务企业月"活动，制定"十到位"24项服务举措。创新合并申报，全国率先实现纳税申报次数由4次减少至2次。简化30项61份涉税（费）业务附报资料，对系统内167项税费业务289类可出具文书实行

8月16日，绿园区税务局开设"微税课堂"，讲解税收政策（曲婧慧　供图）

"免填服务"。全国首创合并退（抵）税等11项业务受理、办理环节，57项业务实现一站式审核、办理、出件，平均办理时间提速77.7%。优化"六税两费"减半征收退（抵）税业务办理，纳税人免申即退，平均办理时长由10个工作日缩短至13.5分钟。推广"N+M税e办"远程视频办税，183项依申请业务实现连线帮办，非接触式办理率80%以上。搭建重点税源和重大项目及专精特新企业服务平台，在全市投放自助办税终端278台，试点推广支付宝缴纳汽车购置税。

【业务办理优化】 开展2轮税收营商环境优化提升暨服务企业大调研活动，帮助企业制定解决方案50户次。推进"银税互动"，长春市中小微企业银税互动贷款余额40.25亿元，贷款户数4867户。为一汽主机厂上游供应商量身定制"账权池银税贷"融资产品，100余户中小微企业获得信贷34.98亿元。（曲婧慧）

金融监管

【银行业监管】 2022年，长春市对建设银行吉林省分行和光大银行长春分行开展现场核查，针对问题，约谈银行机构负责人，督促其及时整改。定期非现场核查和一线排查辖内150余家银行网点，评估银行外汇业务规范性，了解涉外企业办理外汇业务困难。开展随机电话暗访、实地暗访，动态掌握银行资本项目外汇政策落实情况，重点关注银行服务态度和服务水平，对出现态度恶劣，业务推诿、甩锅及答复错误等情况的银行，及时约见谈话，给予警告、风险提示，将有关情况纳入考核。

（刘宇建）

【证券期货经营机构监管】 督导证券公司落实主体责任，在网站主动公开股东名称、持股数量、持股比例、股权质押冻结等具体情况，优化股东动态跟踪管理机制。以"尾部公司"监管为重点，按照"一司一策"原则研究制定风险防范工作方案，关注2家期货公司净资本不充分的潜在风险，引导公司通过引进有实力股东、增资等方式，建立完善净资本补充机制，从源头化解存量风险。全年检查证券期货法人公司、分支机构、基金销售机构26家次，风险线索核查5家次，对机构及相关责任人员采取行政监管措施9项。

定期通报公司债券情况，依托预警机制定期排查公司债券风险。联合省金融监管局、省发改委、人民银行、长春市国资委等地方政府部门与交易所举办产业债相关政策专题培训、绿色债券研讨会等培训会，采取"一司一策"防范化解债券违约风险隐患，跟踪历史违约债券偿债进展，全年未发生公司债券违约事件。

2022年，证监部门采取行政监管措施26项，查办各类案件5件、移送刑事案件3件、审理案件7件，行政处罚主体31名。向法院移送执行案件6起，执行移送率100%，执行罚没款1641万元，执行完成率79%。（郭昱晖）

【保险业监管】 2022年，长春市重新核定保险公司业务范围，将疾病医疗类保险责任扩展至新冠肺炎，推出新冠疫苗保险产品；建立专属商业养老保险试点，规范保险公司发展第三支柱养老保险；发展城市定制型商业医疗补充保险，服务医疗体制改革和健康中国战略。监管城乡居民大病保险理赔，推进大病保险扶贫。（刘宇建）

延伸阅读>>

11月25日，人力资源社会保障部宣布在长春市等36个先行城市或地区启动实施个人养老金制度，可通过国家社会保险公共服务平台、全国人社政务服务平台、电子社保卡，"掌上12333"App等全国统一线上服务入口或商业银行等渠道建立个人养老金账户，通过商业银行开立个人养老金资金账户。账户开立后，可向资金账户缴费、购买个人养老金产品，年缴纳上限12000元，缴费即可享受税费优惠。

首批开办个人养老金业务的金融机构包括6家国有大型商业银行、12家股份制银行、5家城市商业银行、11家理财公司、14家证券公司、7家独立基金销售机构和6家保险公司等。可购买包括储蓄存款、理财产品、商业养老保险和公募基金等，具体金融产品由金融监管部门确定，并公布产品名单。

参加人达到领取基本养老金年龄，或者完全丧失劳动能力、出国（境）定居以及符合国家规定的其他情形，才能领取个人养老金。参加人死亡后，其个人养老金资金账户中的资产可以继承。

我国多层次养老保险体系主要包括"三支柱"：

第一支柱是基本养老保险，包括职工基本养老保险和城乡居民基本养老保险，属于公共养老金，由国家、单位、个人共同承担。

第二支柱是企业年金和职业年金，由单位和职工共同缴费，国家给予政策支持。

第三支柱是个人储蓄性养老保险和商业养老保险。

【地方金融组织监管】 2022年，长春市监管地方金融组织208家。其中，小额贷款公司25家、融资担保公司82家、典当行78家、融资租赁公司11家、商业保理公司7家、地方交易场所5家。全年新增融资担保业务48848笔，新增担保额度约722.6亿元，在保余额约924.3亿元，平均担保费率约1.2%；全市小贷公司26家，发放贷款2799笔16.6亿元，贷款余额11.4亿元；全市典当机构79家，典当余额6.4亿元。（杨景涛）

【金融风险防范】 2022年，长春市督促金融机构把党的领导融入公司治理，监管股东股权和关联交易。人民银行长春中心支行印发《关于统筹做好疫情防控和金融风险防范化解工作的通知》。2022年，长春市建立外汇局、经办银行、重点企业"三位一体"监测分析沟通机制，每季度确定1个行业，开展代表性企业重点调研，及时捕捉跨境投融资新情况、新问题，全年报送监测分析报告11篇，其中政府采用2篇。跟踪监测房地产、政府融资平台等行业和境外发债、内保外贷等领域的相关情况，规范外债账户管理，加强账户内资金监管，专项核查重点企业及大额外债资金使用情况。按季度开展企业内保外贷履约风险评估。

【反假货币工作】 9月，长春市启动"反假货币宣传月"活动，月发放宣传资料287.65万份，网络宣传推送量34.97万次，点击量45.94万次，电视、电台、报纸等媒体报道120篇，走进867个乡镇村屯，举办线下宣传活动4629场，宣传受众人数239.63万人。

【非法金融活动治理】 2022年，长春市常态化开展非法金融治理工作，完善"套路贷"虚假诉讼审查甄别长效机制。长春市中级人民法院审理民间借贷案件时，通过相关系统对出借人是否为疑似职业放贷人、风险等级、关联案件重要信息进行查询。对案件审理中发现高利贷、高利转贷、职业放贷等非法金融活动和涉嫌"套路贷"虚假诉讼、非法吸收公众存款等刑事犯罪活动，依法裁定驳回起诉，将线索移送有关机关调查。强化司法建议预警功能，将案件审理过程中违法违规问题整理形成多份司法建议，发送给市金融办、省证监局等部门。

【金融纠纷化解】 2022年，长春市中级人民法院落实吉林省高院《关于推进金融纠纷多元化解机制建设的意见》，与人民银行、银保监局等部门，构建信息共享、监管严密格局。以"府院联动"为牵引，形成金融执法、司法合力，建立地方金融事件信息披露机制、业务支持等沟通联络机制，加强对私募基金、小贷公司等金融市场主体监管信息通报工作，针对地方金融风险点、涉众型金融案件处置，加强协调联动，及时掌握涉众金融事件动向。

【普惠金融实施】 2022年，长春市被评为中央财政支持普惠金融发展示范区。推动银行业金融机构"一对一"帮助省内大型重点企业、重点项目寻找低成本融资渠道。指导银行运用"内保直贷""跨境融资保"等融资方式，帮助企业通过境内银行授信、担保等形式向其海外分行或离岸银行申请借款，满足企业资金需求，降低企业融资交易成本。指导国家开发银行吉林省分行为一汽进出口公司办理外汇贷款1亿美元、节约融资成本1390万元；指导兴业银行为吉林电力股份有限公司开展境外低成本融资5.4亿元港币，节约融资成本约107万元。

【打击洗钱犯罪】 2022年，长春市建立行业监管协作机制，细化证券期货业反洗钱监管要求，构建涵盖市场准入、监督检查、责任追究等各环节反洗钱监管链条。全部法人义务机构完成新指标首次自评估工作；完成对辖内179家义务机构反洗钱内控制度专项评估；全年对83家义务机构采取现场检查、风险评估、监管走访、约见谈话、监管提示等监管措施。印发《中国人民银行长春中心支行办公室关于进一步推进吉林省人民银行系统金融放贷领域整治工作的通知》。在打击虚开骗税违法犯罪、打击地下钱庄、禁毒、反恐怖融资等专项工作中，全年对外移送线索破案6起；配合公安、纪检、国安、海关等部门依法开展反洗钱行政调查22起，涉案金额20余亿元。联合公安机关开展"5·15"打击和防范经济犯罪宣传活动；推进金融放贷行业专项整治工作；开展"五进三宣讲"（"进校园""进社区""进农村""进企业""进网络"及"普法规""讲案例""解疑惑"）活动，针对"一老一小"、农民工等重点群体实施靶向宣传，在松原市、延边朝鲜族自治州等少数民族聚居地开展双语宣传。邀请公安、法院等执法部门及银保监、证监行业主管部门相关工作人员与普法宣讲员共同录制8期《反洗钱普法小课堂》，在吉林省电视台新闻栏目中播出，活动期间收视量50余万人次。

（鲁雪岩）

【违法违规行为处罚】 2022年，作出行政处罚决定书191份，处罚机构85家次，处罚责任人124人次，作出警告115家/人次，处罚金额5504.3万元。加强行政处罚执行和信息公开，强化行政处罚工作和党纪工作衔接，通过向银行保险机构及其上级机构党组织通报党员干部行处罚信息，督促当事人及时执行处罚决定。

【金融消费者权益保护】 2022年，长春市处理群众来信1859件、来访380批次557人次，妥善处理各类消费者投诉8346件。开展消费者权益保护监管综合评价，聚焦重点人群，针对疫情防控、疫情防控期间防范诈骗、抵制"食金之风"等社会问题，及时发布风险提示。

（刘宇建）

审 计

【概况】 2022年，长春市出台《县（市）区级党委审计委员会重大事项请示报告实施办法》。开展审计及审计调查92项，查出各类违规及管理不规范问题金额198.36亿元；审计期间整改金额2.84亿元；审计促进整改落实有关问题资金1.12亿元，其中督促上缴财政资金6959万元，挽回（避免）损失4433万元。向司法、纪检及有关部门移送案件线索和事项6起；中华人民共和国审计署、省审计厅、市政府等纸媒及门户网站刊发76篇次文章，报道长春市审计工作成果和亮点，被新华网、人民网等国家级媒体转载3篇次。公主岭市乡村振兴审计、经济圈环线高速公路等工程项目跟踪审计被评为吉林省审计厅优秀审计项目一等奖；长春师范高等专科学校经责审计被评为吉林省审计厅优秀电子数据审计案例二等奖。

【重大政策跟踪审计】 2022年，长春市对"一主六双"高质量发展战略政策措施落实情况开展跟踪审计，释放政策红利。开展长春市"195项目"重大政策措施落实情况跟踪审计，推动政务信息化方面重大政策落地。开展消费券促销活动资金管理使用效益情况审计调查，促进相关县（市）区落实整改未完成发放计划、部分销售额未实现入统等4类问题。

【财政审计】 2022年，长春市组织市本级预算执行和决算草案审计，重点审计九台区、宽城区、汽开区财政收支和14个市直部门预算执行情况，揭示预算编制不科学导致财政资金闲置、预算绩效管理工作推进缓慢、预算执行进度不均衡、新增债券资金未及时使用等问题，提出审计建议47条。清查梳理市本级85个部门和所属360个事业单位及20户国有企业银行账户资金、房屋土地资产情况，统筹可盘活资金资产，用于经济社会发展的重点领域和保障民生支出，以审计成果优化财政资源配置。

向市人大做市本级预算执行及其他财政收支情况审计工作报告，揭示问题369个，涉及单位105个。

【经济责任审计】 2022年，长春市对54名领导干部开展任期经济责任审计。根据单位职能及中央、省市决策部署，客观评价领导干部落实重大决策部署情况，查出领导干部应负领导责任问题金额9882万元，督促落实整改资金6797万元。

【资源环境审计】 2022年，长春市推进建设"双碳示范城"和绿色发展，开展领导干部自然资源资产离任（任中）审计、各级林业资源专项资金管理使用情况审计，重点关注自然资源资产管理、碳达峰碳中和、污染防治攻坚战等任务落实情况。

【民生资金审计】 2022年，长春市开展疫情捐赠款物、困难群众补助、就业、扶贫项目资产和农村人居环境整治等重点民生资金和项目审计。在农业农村审计领域，查出问题金额257万元，移送招标采购过程违规行为问题线索。社保审计查出问题金额1939万元，纠正管理不规范资金1383万元，追回医疗保险基金13万元。全程介入、全程参与义务教育阶段"公参民"学校专项治理工作，完成方案制定，提出清算审计工作意见。开展"保交楼、稳民生"专项借款项目原预售资金审计，保障购房者权益。参与疫情防控资金清算议价工作，审计各类资金真实合规结算。

【政府投资建设项目审计】 2022年，长春市开展市政基础设施建设项目审计、净月开发区建管中心政府投资项目审计。开展科技创新发展资金管理使用情况审计调查，揭示科技资金使用不规范、项目监管不到位等问题。

【防范化解重大风险隐患专项审计】 2022年，长春市开展全市土地出让金欠缴情况审计调查，促进收缴土地出让金本金、解除土地出让合同。开展市管12户国有企业国有资产专项审计调查，聚焦项目建设推进程序、国有资产管理、国企运营效益等，督促国企整改。

【审计整改整治】 2022年，长春市审计局与市人大常委会开展现场核查督促整改，约谈整改不力单位。审计工作报告反映359个问题，完成整改325个，整改率90.5%，促进相关部门出台完善各类制度办法10项。抽调审计业务骨干20人参加省市巡视巡察和市纪委专项整治工作。审计奥迪PPE项目，监督相关资金拨付使用。 （华伟男）

统　计

【统计数据管理】 2022年，长春市建立3类培育库，关注抢抓机遇型培育库、重点扶持困难型培育库、稳步推进稳定型培育库，结合各地区经济运行情况，指导各属地按照企业情况，动态监测企业数据，跟踪服务。先后7次梳理疫情期间保供企业及政府采购企业名单，研究入库入统方法。截至年末，全市新入库"四上"企业1048户，固定资产投资项目721个。

【规上工业企业统计】 2022年，全市规模以上工业总产值下降10.1%。从主导产业看，七大产业产值下降10.4%。其中，汽车产业产值下降13.9%，能源产业产值增长17.5%，食品产业产值下降7%，医药产业产值增长1.8%，电子产业产值增长4.3%，建材产业产值下降19.8%，装备制造业产值下降19.3%。农副食品加工业增加值比2021年下降12.1%，纺织业增加值下降11.8%，化学原料和化学制品制造业增加值增长2.2%，非金属矿物制品业增加值下降28.1%，黑色金属冶炼和压延加工业增加值下降11%，通用设备制造业增加值下降5.7%，专用设备制造业增长增加值11.7%，汽车制造业下降增加值12.9%，电气机械和器材制造业增加值下降10.7%，计算机、通信和其他电子设备制造业增加值增长16%，电力、热力生产和供应业增加值增长9.8%。全市规模以上工业企业利润790.79亿元，下降7%。从经济类型看，国有控股企业利润672.9亿元，下降3.8%；股份制企业利润86.3亿元，下降47.2%，外商及港澳台商投资企业利润484亿元，下降1.8%；私营企业利润22亿元，下降38.5%。分门类看，采矿业利润2.2亿元，增长1000%；制造业利润824.5亿元，下降6%；电力、热力、燃气及水生产和供应业亏损35.9亿元，亏损扩大35.5%。全市规模以上工业企业每百元营业收入中成本83.52元，下降0.3%；营业收入利润率9%，下降0.1%。规模以上工业企业资产负债率48.5%，下降0.9%。

【交通统计】 全市公路货物运输总量1.76亿吨，比2021年下降14.6%；货物运输周转量490.14亿吨千米，下降19%。全年旅客运输量1764.96万人，下降38.8%。旅客运输周转量12.15亿人千米，下降43.2%。全市民航货邮发运量2.49万吨，下降29.8%。货邮吞吐量6.05万吨，下降36%。民航完成旅客发送量363.06万人，下降35.8%。旅客吞吐量721.31万人，下降36.6%。

【能源统计】 2022年，全市能源消费总量1815.08万吨标准煤，比2021年下降7.3%。全社会用电量292.32亿千瓦时，下降2.8%。全市万元地区生产总值能耗下降2.8%。万元规模以上工业增加值综合能源消耗增长0.8%。

【农业统计】 2022年，全市粮食种植面积157.8万公顷，比2021年增加0.9万公顷。其中，稻谷种植面积17.22万公顷，下降0.02万公顷；玉米种植面积136万公顷，增加1.4万公顷；豆类种植面积3.1万公顷，下降0.9万公顷。油料种植面积1.01万公顷，下降0.28万公顷。全市农业机械总动力1201.9万千瓦，比2021年增长5.4%。新增绿色食品标识产品30个，绿色有机环境监测面积44.96万公顷。获省农村人居环境整治村级补助资金9392.5万元，改造农户卫生厕所5.17万户。新建续建农产品加工业项目61个，省级以上和市级龙头企业数量分别发展到178户和179户。

【农村社会经济统计】 2022年，长春市农村常住居民人均可支配收入1.89万元，增长2.4%。农村劳动力转移102.12万人次，农村享受最低生活保障居民10.04万人。

【固定资产投资统计】 2022年，全市固定资产投资（不含农户）下降

11.8%。从三次产业看，第一产业投资增长53.3%；第二产业投资增长0.4%，其中工业投资增长0.2%；第三产业投资下降15%。房地产开发投资下降37.1%，商品房销售额与销售面积分别下降46.6%、47.4%。

【人口与就业统计】 2022年，全市总人口906.54万人，比2021年减少2.18万人。其中，城镇常住人口608.68万人，占总人口比重（常住人口城镇化率）67.1%，增长0.3个百分点。全市出生人口4.17万人，出生率4.59‰，死亡人口7.69万人，死亡率8.47‰，自然增长率-3.88‰。人口性别比101.1（以女性为100）。

全市开发就业岗位16.37万个，城镇新增就业10.22万人，失业人员再就业2.10万人，就业困难人员实现就业1.51万人，农村劳动力转移102.12万人次，全市援助零就业家庭人员就业324人，实有公益性岗位人员1.32万人。

【社会科技统计】 2022年，全市专利授权量2.2万件，比2021年增长1.8%。其中，发明专利授权量5626件，增长11.4%。全年认定登记技术合同1902份，技术合同成交额44.28亿元。全市认定高新技术企业985户。

【服务业统计】 2022年，全市社会消费品零售总额1907.84亿元，比2021年下降14%。按消费类型统计，商品零售额1665.13亿元，下降13.2%；餐饮收入额242.71亿元，下降19.3%。按经营地统计，城镇消费品零售额1724.13亿元，下降14.1%；乡村消费品零售额183.71亿元，下降13.3%。全市限额以上单位商品零售额中，粮油、食品类零售额下降8.8%，饮料类零售额下降2.7%，烟酒类零售额增长12.2%，服装、鞋帽、针纺织品类零售额下降29.3%，化妆品类零售额下降32.8%，金银珠宝类零售额下降6.5%，日用品类零售额下降11.8%，家用电器和音像器材类零售额下降9.1%，中西药品类零售额增长8.6%，文化办公用品类零售额增长5.7%，家具类零售额下降17.4%，通讯器材类零售额下降11.1%，建筑及装潢材料类零售额下降52.8%，石油及制品类零售额增长13.2%，汽车类下降零售额12.8%。全市批发和零售业增加值401.31亿元，下降7.6%；交通运输、仓储和邮政业增加值309.88亿元，下降11.5%；住宿和餐饮业增加值92.29亿元，下降19.8%；金融业增加值571.43亿元，增长5%；房地产业增加值343.11亿元，下降12%；其他服务业增加值1737.76亿元，增长2.8%。

【日常统计数据监督监测体系】 2022年，制定《长春市统计质量管理体系（2022）》，包括管理办法21个，规范长春地区统计质量管理，开展专项行动。下发《长春市“促入统、稳增长”专项行动实施方案》，做到统计、部门、属地、企业4点连线。

【统计服务】 2022年，长春市开展“提清单、给钥匙”行动，针对属地存在问题，给出百余把入库入统“金钥匙”。长春市汽车产业“缺芯”限制工业经济健康发展严重问题，通过“五条举措”“三条建议”促进企业实现“自补自救”。全年编印《长春经济监测》11期，撰写《统计专报》《书记专报》《市长专报》60篇，得到市委书记、市长签批26篇次，签批内容转发各相关部门和县（区）、开发区落实。开展统计分析“大练兵、大比武”活动，运用现场培训、视频培训、部门座谈、现场指导等形式，特色开展“专业提升、双周培训”活动，全年开展培训16次，参训近万人次。

【统计监督】 2022年，长春市建立健全统计监督协同配合机制，信息沟通线索移送和结果共享等工作机制。对全市350户企业开展“双随机”执法检查，立案企业5户，其中行政处罚3户。

【统计宣传】 2022年，长春市建立普法宣传教育机制，印发各种宣传手册，多次开展统计法律法规答题，开设“一周一法条、一月一案例、一季一测试”等“三个一”专栏。9月20日，承办吉林省第十三届“中国统计开放日”活动，《长春日报》《吉林日报》等媒体平台报道此次活动。12月8日，开展“12·8”统计法颁布纪念日宣传活动。设置普法宣传台、播放宣传片、摆放宣传展板、悬挂条幅、发放宣传册等方式，展示《中华人民共和国统计法》《统计严重失信企业信用管理办法》《全国经济普查条例》和统计法律底线等法律法规知识。 （陶艺文）

【居民收支与生活状况调查】 2022年，长春市城镇居民人均可支配收入4.32万元，比2021年下降0.1%；城镇居民人均消费支出2.78万元，下降13.9%。农村常住居民人均可支配收入1.89万元，增长2.4%；农村居民生活消费支出1.34万元，增长1.2%。

9月20日，由长春市承办的吉林省第十三届中国统计开放日活动在文化广场举行 （陶艺文 供图）

表18　2022年长春市百户城镇居民家庭耐用消费品拥有量统计表（一）

品类	摩托车（辆）	家用汽车（辆）	电冰箱（台）	洗衣机（台）	沙发床（个）	彩色电视（台）	组合音响（套）	中高档乐器（件）
数量	2	49	102	100	—	104	—	9

表19　2022年长春市百户城镇居民家庭耐用消费品拥有量统计表（二）

品类	家用电脑（台）	影碟机（台）	照相机（部）	摄像机（部）	微波炉（台）	空调器（部）	淋浴器（部）	固定电话（部）	移动电话（部）
数量	78	—	22	—	—	39	92	9	244

（市调查队）

【劳动力调查】　劳动力调查以户为单位进行登记，内容分为住户信息、个人信息、工作情况和无工作情况4个模块。标准时间为每月10日零时，每月3日至9日为样本核实期，入户登记时间为每月10日至13日，14日至18日为数据审核期，18日至25日为数据整理期。

【居民消费价格指数调查】　2022年，长春市消费价格指数调查和商品零售价格指数调查网点365个，规格品样本1000余个。包括食品、衣着、家庭设备用品及服务、医疗保健、交通通信、文教娱乐、居住和其他8个类别商品价格。

【工业生产者价格指数调查】　2022年，长春市工业生产者价格调查样本企业254户，工业品出厂价格调查涉及197个基本分类，工业生产者购进价格调查涉及214个基本分类。调查企业通过联网直报平台上报数据，专业人员取得调查数据后，对调查数据进行审核、汇总，最后上报上级部门和国家统计局。

【房地产价格指数调查】　2022年，长春市对新建网签与二手存量房数据运算，计算某一新建住宅项目90平方米及以下、90—144平方米、144平方米以上3个基本分类环比指数；采用双加权计算环比指数，分别利用当月销售面积和金额作为权数计算价格指数，将2个价格指数再简单平均计算。

（王　蕾）

价格管理

【价格调控】　2022年，长春市市场价格运行在合理区间，价格总水平平稳，达到预期目标。2022年居民消费价格指数上涨1.9%。出台《长春市贯彻落实重要民生商品价格调控机制的实施方案》《长春市重要民生商品保供稳价应急调控预案》《建立政府猪肉储备调节机制做好猪肉市场保供稳价工作实施方案》。市发展改革委向市政府呈报《关于建立全市蔬菜价格联动机制相关事宜的紧急报告》《关于加强疫情防控期间民生商品价格调控及监管的简要汇报》《关于核定蔬菜价格情况的汇报》，会同市场监管部门落实价格管控措施，明确肉蛋菜米面油等生活必需品价格监管范围和标准。9月，长春市粮食库存约2.5万吨（含政府储备1.5万吨），可保障17天；食用油库存约4400吨（含政府储备1800吨），可保障32天；猪肉库存约5500吨（含政府储备1626吨），可保障11天；企业蔬菜库存约3000吨，冬季政府蔬菜储备10000吨。9月30日至10月11日，投放长春市市级储备冻猪肉，每天投放18吨，总投放245吨，确保国庆节日期间猪肉市场供应和价格平稳。4月、7月、9月发放价格临时补贴2047.85万元，惠及76.14万人次。9月，将领取失业补助金人员和低保边缘人口等2类人群纳入价格补贴联动机制保障范围，惠及超2.2万人。

【价格改革】　2022年，长春市将夏季非居民天然气价格调整至每立方米3.55元。下发《关于实施非居民天然气价格联动机制的通知》，规定“天然气购进综合价格累计达到或超过0.10元/立方米时，启动联动顺价机制”。完成对热电联产企业和供热企业调研和成本调查等前期工作，召开东北副省级城市和省内9个城市（邀请省发展改革委参加）调整供热价格衔接会议，采取“企业承担一点、价格调整一点、政府补贴一点”方式调价。由每吉焦36元调整至每吉焦39元，按2021—2022采暖期热量计算，调价额1.68亿元。

【收费管理】　2022年，长春市开展城镇供水供电供气供暖行业违规收费自纠自查，全部落实。制定普通住宅前期物业服务收费标准政府指导价。8月9日，印发《关于我市普通住宅前期物业服务收费标准实行政府指导价的通知》。长春市普通住宅前期物业服务收费标准政府指导价分5个等级，各等级基准价分别为（含电梯运行维护费）：一级，2.36元/平方米·月；二级，1.89元/平方米·月；三级，1.69元/平方米·月；四级，1.34元/平方米·月；五级，1.14元/平方米·月。具体收费标准可在各等级基准价基础上浮动。其中，一级、二级上浮最高不超过20%，三级、四级、五级上浮最高不超过10%，各等级下浮不限。无电梯普通住宅，物业服务收费标准应扣除电梯运行维护费0.2—0.3元/平方米·月。《2022年我市桥下和部分区域道路路内泊位停车收费标准实施方案》于5月14日通过市政府常务会议审议。修改《长春市机动车停车场管理条例（修订草案）》中机动车停车场价格管理形式及实行政府定价、政府指导价停车场定价管理。印发《长春市行政事业性收费和政府性基金专项清理规范实施方案》。9月至11月，市市场监督管理局协同市财政局专项检查长春市行政事业性收费情况。更新调整政府定价经营服务性收费目录清单，将新制定普通住宅前期物业服务收费标准政府指导价纳入《长春市政府定价的经营服务性收费目录清单》，在市发改委网站公布。

【价格调研】　2022年，长春市发展改革委向市委、市政府上报价格监测180

余篇。其中，市场巡视分析报告12篇，月度分析12篇，季度分析4篇，《春节前夕蔬菜供应及价格情况调查》《2022年农业生产资料价格情况调查》《年初以来生猪市场情况发展报告》等专项市场调查报告3篇。向市政府呈报《关于我市城区供热价格补贴相关事宜的汇报》，提出不调整热电联产出厂价格和终端供热价格、适当调整热电联产企业出厂价格和给予供热企业补贴等建议，市政府采纳意见。面对居民天然气门站价格上涨、放开非居民天然气购气价格，加上居民“管、灶、阀”改造费用增加，天然气成本增加，提出不调整居民天然气价格意见并报告市政府。3月8日，向省发改委报送《长春市生活垃圾处理费有关情况的调研报告》，对生活垃圾、厨余垃圾、农村垃圾处理成本和收费情况进行认真分析并提出相关建议。

【价格监测】 2022年，长春市完成国家发改委和省价格监测中心制定11个监测报告制度中22套报表，693个监测品种信息采集上报工作。重点监测粮油肉蛋菜等民生商品价格，生猪、农资等主要涉农产品价格，工业生产资料、钢材、房地产、教育等重要商品和服务价格等，监测报告周期为日报、周报、旬报、月报和季报。全年采集报送价格监测数据291792笔，根据国家价格监测报告制度执行情况通报显示，长春市监测数据上报率100%。新冠疫情期间，重点监测重要民生商品价格和疫情防护用品，调度11个县（市）区价格监测人员对辖区内商超和农贸市场巡视，关注粮油肉蛋菜及重要民生商品48个监测品种市场供应和价格动态。重点监测节日期间粮、油、肉、蛋、禽、菜价格，安排好节日值班，确保重大情况不漏报、不迟报。节日期间加班160人次，市场巡视500余人次。以市政府和市发改委官方网站为“主阵地”，依托主流新闻媒体，如本地报刊、电台、电视台和大型新闻网站等载体，全年发布价格监测信息4000余条。

【成本监审】 2022年，长春市出具成本监审报告11份，调查报告1份，审核申报成本173.93亿元，核减成本12.81亿元，核定成本161.12亿元。完成2家燃气公司2年城区管道燃气配气成本和15户供热企业3个采暖期供热成本监审工作。聘请第三方机构完成15个物业小区2年成本调查工作。完成8家学校2021年度生均教育成本（平均每名在校生所分担的教育费用）监审工作。配合省发展改革委，完成道路挖掘收费成本调查工作。根据《长春市教育局关于长春市净月实验中学等学校调整收费标准的函》，启动对9所学校调整学费及住宿费相关程序，检查核对相关手续并开展成本监审，2022年年末前完成调费工作。

【农产品成本调查】 在长春8个区13个乡镇14个村设立45个定点国家农产品成本调查户，完成对粮食、蔬菜、蛋鸡、肉鸡、奶牛、生猪、梅花鹿等7大类21个主要农副产品生产成本收益直报调查和年度调查。完成2022年粮食和蔬菜等调查户种植意向、存售粮、农资购买3个专项成本调查，完成生猪调查户规模生猪成本收益调查，完成定点养殖调查户经营价格情况的调查汇总、分析、上报工作。编辑《长春成本调查简报》12期。

【价格认定】 2022年，完成价格认定案件1045件，认定总金额17541万元。其中，刑事案件1034件，认定金额1.69亿元；纪检监察案件11件，认定金额660万元。完成部分存量案卷录入工作，利用综合业务平台，做到增量案件电子化，存量案件数字化。（张 强）

【价格监督检查】 2022年，长春市印发《关于开展明码标价监督检查工作的通知》，重点检查商超、冷饮店、蔬菜水果店、洗浴中心、理发店等经营场所在销售商品和提供服务过程中不按规定明码标价违法行为，严格规范经营者明码标价行为。出动执法人员122人，排查商超、冷饮店、蔬菜水果店等各类场所319家，其中3家经营主体销售雪糕标价不规范。设立价格监测点34个，监测5大类34个重点品种价格。围绕农贸市场、连锁商超、社区超市三级保供体系，派驻专人实时实地监管全市85家重点商超和150家农贸市场，开展提醒告诫和行政约谈，规范经营主体价格行为。市市场监管部门出动执法人员1684人次，检查便民市场25家次、农贸市场195家次、超市1163家次，发放《价格提醒告诫书》804份，对90家经营主体开展价格指导和行政约谈。成立20个督导组，开展价格执法检查，查处哄抬物价、不明码标价、价格欺诈等违法违规案件。监管部分商超豆角、土豆、大白菜等民生商品未严格执行价格干预措施私自涨价问题。立案查处涉及重点民生商品的价格违法案件27件，曝光典型案例。全时畅通“12315”消费投诉举报渠道，对市民反映的价格投诉举报做到立即受理、立即核查、两个小时内反馈。（霍馨媛）

市场监督管理

【概况】 2022年，长春市新增“个转企”企业3168户，超额32%完成任务，全年落实各项优惠政策资金4130.04万元。全市经营主体总量145.59万户，比2021年增长11.71%，总量及增速均居东北四市首位。长春市获批“国家知识产权强市建设示范城市”，长春新区、公主岭市分别获批国家级知识产权强国建设试点园区、试点县，中国（长春）知识产权保护中心启动运营。食品安全工作被省食安委评为A类。10月13日，经国务院食品安全委员会批准，长春市被命名为省内唯一“国家食品安全示范城市”。长春市政府办公厅印发《长春市关于落实打造吉林区域品牌推动高质量发展实施方案》。组织企业申报“吉质吉品”区域品牌。截至年末，33户企业纳入品牌推介联盟名单，69户企业作为下一届储备。

【商事制度改革】 2022年，长春市印发《长春市培育壮大市场主体三年（2022—2024）行动方案》。构建“1+N”政策体系、建立联席会议制度、明确各辖区政府、各成员单位主体责任、定期通报完成情况、按季度分析市场主体发展情况。制定《长春市培育壮大市场主体专项行动暨长春市小微企业、个体工商户“蔷薇行动”实施方案》，推动培育壮大市场主体三年行动工作。依托吉林省市场主体“e窗通”系统，将企业登记、刻制公章、申领发票、企业单位参保登记、员工登记、住房公积金企业缴存登记和银行开户等事项整合为1个网上环节办理，实现开办企业一个环节、一网通办、一日办结。2022年，将社保登记后续环节纳入开办企业“一网通办”全流程。推行开办企业登记指导“全城通办”。优化开办企业服务专区，推行“一窗领用”。

【“双随机、一公开”监管】 印发《关于推进一体化在线监管暨“双随机、一公开”监管工作的通知》，明确“完善一体化在线监管平台基础工作、统筹制定全市部门联合检查计划、科学实施抽查检查规范监管行为、强化抽查检查结果公示运用、做好个案处理和专项检查”等工作任务及要求。编制《长春市部门联合监管检查事项清单（2022版）》，涵盖117个领域1337个监管事项，全部纳入部门联合监管计划。

【反垄断与反不正当竞争】 2022年，长春市组织各相关单位开展公平竞争审查抽查，整改违反公平竞争审查标准文件。开展综合评估，委托第三方机构综合评估各单位公平竞争审查制度实施情况。健全协同保护机制，组建专家智库，建立高危词库。

【市场主体监管】 2022年，长春市通过各类媒体及微信平台发布年报提示等信息。微信发布年报公告宣传19次，精准覆盖宣传超120万人次，鼓励市场主体使用手机在线年报。2022年，全市企业年报率91.48%，农民专业合作社年报率75.59%、个体工商户年报率77.04%。完成疫苗生产企业、特种设备生产企业100%年报工作目标。印发《长春市市场监督管理局无证无照经营清理整治行动方案》，市无证无照经营综合治理工作联席会议由原来30个部门增至33个部门，联合修订《长春市查处无证无照经营事项及责任清单》，厘清各部门无证无照查处职责。2022年，发现无照经营市场主体472户，责令改正165户，立案查处16户，罚款17.7万元 依法依规引导其办理营业执照329户。

【网络交易监管】 开展网络交易平台主体责任专项治理行动，集中整治网络交易平台把关不严、不落实基本义务、平台治理义务和协助监管义务等问题。检查网站、网店2330个次，监测平台、网店3231个次。坚持“线上线下一体化”监管，加强重点保供企业App和小程序线上检查，清查违反法律法规和疫情防控政策规定等问题。突出监测社交平台、小程序、公众号平台、商超微信群及朋友圈，查处网络销售假冒伪劣防疫产品、哄抬物价、虚假宣传等违法行为。指导线上重点保供企业报送价格、供应量等相关信息。新冠疫情期间，线上检查供应单位1423次。监督网络交易平台和平台内经营者依法履行“亮照、亮证、亮规则”信息公示义务，指导督促平台集中清理平台内伪造、变造、冒用等情形无效证照。开展“回头看”线上检查，全市完成7家网络交易平台“点亮”工作，亮照397件、亮证397件、亮规则26件，清理虚假过期无效证照222件，完善服务协议和交易规则数量21件。推进网络餐饮服务第三方平台“线上明厨亮灶”工作，引导网络餐饮服务平台和入网餐饮提供者开通“线上明厨亮灶”。开展网络餐饮服务专项整治，强化“线上线下一体化”监管，约谈网络餐饮服务平台，压实平台审核、把关、管理等食品安全主体责任，线上排查入网餐饮服务提供者，重点整治无证、借证、假证和无网络经营许可事项上线经营等违法行为。截至年末，排查入网餐饮提供者1.25万户。开展2022网络市场监管专项行动，以网售禁限售商品、治理“三无”外卖、网络直播带货整治、网络药品等销售整治、网络“涉老涉小”产品整治、网络集中促销整治为重点，处罚各类案件15件。9月28日，开展创建全国网络市场监管与服务示范区活动，起草示范区活动实施方案和《创建申报表》。引导网络交易平台对全市平台内经营者给予阶段性服务费特殊优惠扶持政策，“种子库”“大呲花长春优选”“北菁网”等3家平台，减免、补贴253户平台内经营者62.9万元。“饿了么”平台为入网餐饮服务提供者减免、补贴480万元。美团平台向商户补贴、扶助807万元。

【商标监管】 推进商标受理窗口及其延伸服务窗口建设，延伸服务窗口覆盖各县（市）区、开发区，受理商标注册咨询2000余次，受理商标注册申请198件，全部业务566件。截至年末，全市注册商标17.51万件，比2021年增长20.6%，占全省总量的49.2%。引导市场主体提高商标培育意识和创牌理念，助力一汽奔腾通过商标注册复审，企业避免损失2000余万元。指导主体协会开展地理标志注册，指导“双阳胖头鱼”地理标志注册，全市地理标志品牌增加至16件，增长6.7%。截至年末，全系统立案查处商标行政违法案件68件，案值86万元，罚没157.6万元。商标侵权案件行刑衔接，受理公安机关移送案件3件、检察机关移送案件1件。开展违法违规代理行为专项整治，印发《关于打击商标恶意抢注 开展违法违规代理行为专项整治的通知》，线上线下发布《抵制商标恶意注册行为倡议书》。长春商标质权登记点全年受理商标质权登记12件，融资金额13.95亿元。

【经济合同管理】 制定《长春市单用途预付费消费合同范本》。开展校外培训服务、二手车买卖、冷藏冷冻食品仓库租赁合同、夜市场地租赁经营合同示范文本推广使用工作。依据《合同违法行为监督管理办法》，重点针对校外培训服务、二手车买卖领域等行业合同格式条款，加大监管检查力度，查处经营者利用格式条款“免除自身责任、加重消费者责任、排除消费者权利”等3类违法行为。重点针对经营者利用不公平合同格式条款，免除自身责任、加重消费者责任、排除消费者权利违法违规行为。全年检查走访相关企业408户，出动执法人员544人次，收集合同示范文本867份，推广五个行业合同示范文本1193份，收集二手车买卖、体育健身、旅游行业合同文本160份。

【产品质量安全监督检查】 排查全市危险化学品、危险化学品包装物及容器和车载罐体获证生产企业，检查

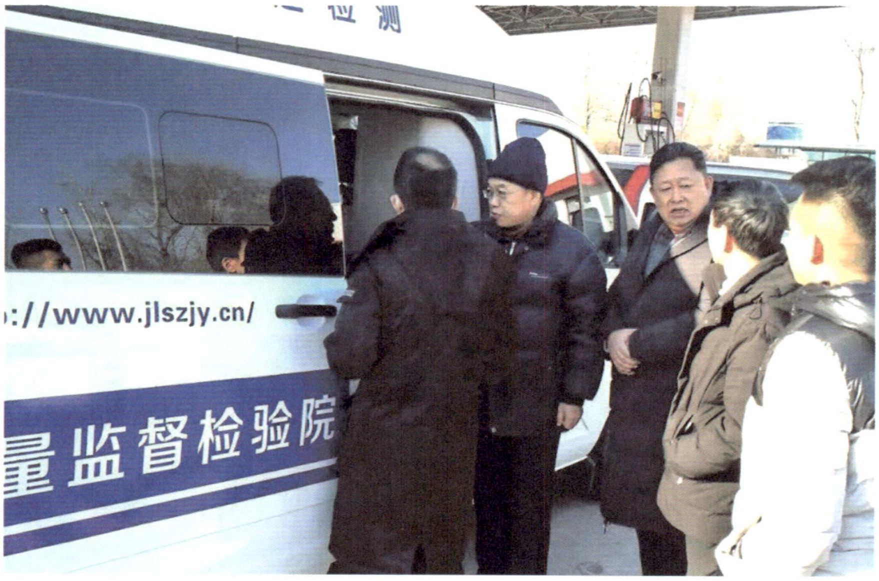

2月10日，净月市场监管分局会同吉林省产品质量监督检验院联合开展成品油质量快速检测工作 （净月市场监管分局　供图）

生产条件、原辅材料进货验收、出厂检验、产品标识包装等。督促3户停产企业注销许可证。监督抽查危险化学品获证生产企业，抽检硫黄、车用乙醇汽油调和组分油、变性燃料乙醇、工业硫酸等产品。联合当地应急管理部门检查烟花爆竹批发企业和销售摊床，2022年春节期间，各县（市）区应急管理局成立检查工作组79个，出动执法人员420余人次，检查烟花爆竹批发企业和销售摊床802家。全市市场监管系统检查燃气具生产销售单位543户次，罚没款额4.63万元。监督检查消防产品、电动自行车生产销售单位，出动执法人员401人次，检查消防产品、电动自行车生产销售主体171户。制定《2022年成品油流通市场专项治理工作方案》。开展长春市成品油快速检测工作，完成341座加油站，978

表20　2022年长春市产品质量抽查种类一览表

种类	主要产品
成品油	车用乙醇汽油
	车用柴油
	车用尿素水溶液
煤炭	—
塑料制品	可降解塑料袋
	塑料餐具
	塑料吸管
	塑料购物袋
化肥	复混肥
燃气灶具	家用燃气灶
	商用燃气燃烧器具
调压器	—
软管	—
可燃气体探测器	—
天然气	—
液化石油气	—
电线电缆	—
食品相关产品	复合膜袋
	非复合膜袋
	密胺餐具
	食品接触用纸容器
	塑料瓶盖

种类	主要产品
食品相关产品	PET瓶
	PC饮用水罐
消防产品	干粉灭火器
	水基灭火器
	消防水枪
	消火栓
	消防水带
	防火门
	感温火灾探测器
	消防应急灯具
电动自行车	—
危险化学品	浓硫酸
	变性燃料乙醇
	车用乙醇汽油调和组分油
	固体工业硫黄
烟花爆竹	—
儿童学生用品	婴幼儿及儿童服装
	儿童鞋
	儿童玩具
	奶嘴
	学生校服
	文具

种类	主要产品
电热毯	—
建材	硅藻泥
	夹芯板
	苯板
	水泥
	检查井盖
家具	木家具
	人造板
月饼过度包装	—
交通用具及相关产品	刹车片
	电线束
	制动软管
	发动机润滑油
	发动机冷却液
	机动车辆制动液
妇女老年用品	成人纸尿裤
	老人鞋
	老视成镜
	女式内衣
	湿巾
	卫生巾

（市市场监督管理局）

批次，长春市成品油快检工作100%覆盖。印发《2022年塑料污染治理专项行动工作方案》，开展塑料制品专项整治。监督抽查成品油、煤炭、塑料制品、化肥、燃气灶具、调压器、软管、可燃气体探测器、天然气、液化石油气、电线电缆、食品相关产品、消防产品、电动自行车、危险化学品、烟花爆竹、儿童学生用品、电热毯、建材、家具、月饼过度包装、交通用具及相关产品、妇女老年用品等产品质量，抽查65种产品724批次。

【标准化工作】 2022年，长春市上传对标达标平台对标方案发布稿65个，公布对标结果96个，参与企业191户。一汽大众汽车有限公司Q/FVW 0688-2021“FV6465BCBEV ID.4 CROZZ系列纯电动多用途乘用车”、长春高琦聚酰亚胺有限公司Q/CGQ03-2022“注塑用聚酰亚胺树脂及制品”和Q/CGQ 01-2022“模压用聚酰胺树脂及制品”、中机试验装备有限公司Q/ZZCSS 24-2021“电子蠕变、松弛、持久试验机”、吉林省彦之道米业销售有限公司Q/JLYZD 0001S-2022“彦之稻大米”、长春三友智造科技发展有限公司Q/SYZZ001-2021“聚双环戊二烯”6项企业标准获企业标准领“跑者称”号。

【计量监督检查】 开展“双随机、一公开”计量监督检查，检查各类市场主体2264户，处理计量违法行为53件、罚没12.59万元。新建和改造红外耳温计、水分测定仪、谷物容重器等12项社会公用计量标准，全市社会公用计量标准总数278项。协调国网长春供电公司落实《使用中电子式交流电能表更换实施规范（试行）》试点实施工作。起草《吉林省使用中电子式交流电能表更换实施方案（2022年长春试点方案）》，出台《关于建立使用中电子式交流电能表更换过程评审专家组的通知》。截至年末，计量器具强制检定27万台（件）。

【特种设备安全监管】 开展“三无”老旧住宅电梯、气瓶充装单位、燃气管道、大型游乐设施等专项隐患排查治理工作，排查系统性、区域性安全风险。年内，检查特种设备相关企业5634户次，排查整改隐患289项，立案查处违法违规行为74起。长春市安委办下发《关于解决“三无”及老旧住宅电梯安全隐患有关问题的通知》。电梯应急救援平台通过“96555”电梯应急处置服务专用号码，建立全天24小时接警救援沟通渠道，市区采集电梯数据4.65万条，数据采集率100%，完成标牌制作3.09万个，发放标牌2.81万个。截至年末，救援平台累计处置接警电话2323起，派遣电梯维保单位138次。

【食品安全监管】 2022年，确定食品安全风险A级企业484户，B级企业634户，C级企业214户，D级企业55户。开展重点企业、重点区域、重点品种食品安全风险排查，建立风险清单、措施清单和责任清单，年度内覆盖率100%。开展食用植物油、金银箔粉、肉制品、糕点等重点食品专项整治，出动执法人员1740余人次，检查食品生产单位846户次。择优帮扶40户名优特食品小作坊，在全市遴选80户小微食品生产企业实施质量管理规范建设。全年推动10户食品小作坊实现“个转企”，13户小微食品生产企业获质量管理体系认证。监管进口冷链食品，入仓进口冷链食品1.06万吨，消毒1.06万吨，印发《关于进一步规范进口食品监督管理的通知》，开展督导检查近20次，冷库摸底排查4次。以城乡接合部、农村乡镇所在地、农村村屯及位于其辖区学校及周边作为重点领域，检查农村食品经营者主体资格和进货查验记录制度落实情况，全年检查农村食品经营主体4.58万户，检查批发市场、集贸市场等各类市场570个次，检查网络食品交易第三方平台提供者47个次。印发《关于印发〈销售环节食用农产品进货查行动方案〉的通知》《关于对抽检不合格食用农产品经营者加强监督管理的通知》。督促建立《不合格食用农产品销售行为监管台账》。完成省市“两会”、第六届吉林国际冰雪产业博览会、第十七届长春电影节等重大活动食品安全保障工作。特殊食品生产经营风险隐患排查检查覆盖率100%，出动3.41万人次，检查企业9300户次，风险隐患全部整改。开展违法分装销售特殊食品行为排查工作，出动执法人员915人次，检查特殊食品经营单位774家次。农村假冒伪劣特殊食品专项整治行动，检查特殊食品经营主体2.23万户次，检查学校及校园周边特殊食品经营主体2646户次，检查批发市场、集贸市场特殊食品经营主体144户次，开展特殊食品经营者培训457人次，开展科普宣传活动453次。联合检查全市18户保健食品生产企业，出动执法人员40人次，辖区内使用提取物生产获许可保健食品企业8户，自行开展原料提取企业6户13个品种，外购提取物生产保健食品企业4户27个品

6月16日，长春市市场监管局双阳分局组织检测中心、鹿乡市场监管所联合鹿乡镇政府在鹿乡大集开展强检计量器具检查工作（霍馨媛 供图）

6月16日，2022年吉林省、长春市市场监管系统“安全生产月”活动启动仪式暨特种设备事故应急救援演练在长春市举行。图为鼎庆经贸有限责任公司液化石油气储配站一号球罐出液管线球阀断裂破损发生泄漏应急演练　（霍馨媛　供图）

种。年内，全市条线（含各县局）食品抽检开展3.63万批，完成率100%。抽检“78号线”、东北亚粮油等批发市场各类食用农产品2751批次，涵盖畜禽肉248批次、蔬菜771批次、水产品856批次、水果876批次。

【药品安全监管】　严格“一退两抗”药品销售管控，落实实名购药登记制度，监测304.6万人次。落实疫苗储运管理规定，监管全市5户疫苗配送企业、18家疾控中心。印发《关于全面加强药品监管能力建设的若干措施》，组建打击整治危害药品安全违法犯罪工作领导小组。推进重点品种药品信息化追溯体系建设，2022年扫码率92%。完成重点药品、监督抽样667批次，依法核查处置不合格样品。开展药品安全专项整治行动，打击制售假药劣药、违法制售中药饮片、网络非法销售，严查严防严控质量安全风险，出动执法人员3.3万人次，排查风险隐患177个，查办违法违规案件217起，罚没款165.34万元。落实医疗器械生产经营分类分级监督管理规定，明确各类型企业监管层级，重点监管医用口罩、防护服等产品。年内，全市检查第一类医疗器械生产企业100余户次，医疗器械经营企业和使用单位1.7万余家次，出动执法人员2万余人次，立案查处存在违法违规行为企业。开展“药品百日安全专项整治、药品风险隐患排查整治，重点排查与整治无菌和植入性医疗器械、集中带量采购中选产品、贴敷类医疗器械、可用于医疗美容医疗器械、彩色平光隐形眼镜”等高风险医疗器械。2022年，检查化妆品经营单位2428家次，检查化妆品4000余种次，收缴罚款44.76万元。开展化妆品“线上净网线下清源”风险排查专项整治行动，检查全市2户线上化妆品电子商务平台经营者、115户网络经营企业。检查全市91家化妆品经营单位和685个备案品种。

【放心消费示范创建】　利用各大经营场所LED屏宣传放心消费标语、播放公益短片。指导县（市）区创建办按照经营主体自主申报原则，推行线下无理由退货、先行赔付等诚信经营管理制度，培育创建各类放心消费示范主体459个，超额108%完成吉林省创建任务，包括示范店（企业）433家、示范商圈8个、示范行业3个、放心工厂15个。推荐28家重点培育酒店、民宿、滑雪场和生态旅游景点等消费场所示范典型。指导农安县、南关区、绿园区合心镇开展放心消费示范试点城市（城镇、城区）创建。其中，南关区、绿园区合心镇获省创建办认定命名。推进2022年省、市级放心消费示范单位创建工作，培育命名省级放心消费示范单位33家，市级放心消费示范单位84家，覆盖寄递、人力资源、房产中介、卫生健康、文化旅游等行业领域。

【行政执法案件】　2022年，长春市组织“铁拳”行动双百战役、雷霆2022、联合双打等专项行动。聚焦食品安全、民生热点、侵权假冒、知识产权等重点领域，全年立案查处各类违法违规案件1831件，罚没款3795.64万元。出台《常态化扫黑除恶治乱工

6月10日，长春市宽城区市场监督管理分局在宽城区辖区内开展药品经营单位专项抽检工作。图为工作人员在其连锁药店进行药品抽查　（霍馨媛　供图）

作方案》《行政执法案件立案程序和案件审核程序规定》。

【违法广告治理】 开展"重大活动从事违法违规商业广告宣传集中整治行动"，全年查处违法广告案件69件，收缴罚没款72.4万元。妥善处置省（市）长热线涉及广告民生问题87件。实行"每周分析、双周会商、月度报告"动态研判，妥善处置广告导向问题线索及信息5条。

【"个转企"服务】 2022年，长春市印发《长春市2022年"个转企"实施方案》。全年新增"个转企"企业3168户，超额32%完成计划目标任务，培育"个转企"企业9030户。新增户数和累计户数连续四年位居全省第一。实现入库入统"个转企"企业7户。资金支持757户"个转企"企业334.1万元，服务1030户"个转企"企业提供代账170.46万元，免费刻制2725户企业公章147.84万元，落实2364户企业税费优惠3305万元，落实320户企业养老保险费缴纳优惠171万元，免收5户企业不动产登记费0.44万元，全额返还6户企业工会经费1.2万元，全市落实各项优惠政策资金4130.04万元。申请30户"个转企"企业省服务业发展专项资金补助。制定《长春市市场监管系统开展点对点服务个体工商户实施方案》，构建市、区和监管所三级工作体系，点对点服务个体工商户发展。截至年末，"点对点"服务个体工商户3833户。

【质量基础设施"一站式"服务试点】 截至年末，7家质量基础设施"一站式"服务站挂牌启动并发挥服务效能。投入经费11万元，服务93户企业279次，减免企业费用2.9万余元，解决技术问题122个。 （霍馨媛）

知识产权保护

【概况】 2022年，长春市知识产权保护中心通过国家验收，获批首批国家级专利导航服务基地。长春市在知识产权保护满意度调查中获全省第一。办理全省首例知识产权领域严重违法失信案件，查处某烘焙店侵犯奥林匹克标志专有权案获评省厅"铁拳"行动和雷霆2022综合执法行动典型案例。建立知识产权引领产业发展工作机制，围绕汽车制造、现代化农业、先进装备制造、生物医药、新一代信息技术等优势产业实施5个导航示范项目。推动创新主体建立专利导航决策机制，实施25个研发运营专利导航，支持企业联合高校院所开展研发运营类专利导航。

【知识产权保护服务】 2022年，长春市开展快速预审工作，接收预审案件320件。其中，受理预审请求238件，预审后授权102件。进入快速审查通道发明、实用新型授权率分别为90.4%、100%。开展快速维权工作，建立10家知识产权维权援助工作站、2家知识产权维权援助示范站。接收市中法以及知识产权法庭委托，调解专利侵权纠纷案件6件，结案6件，调解成功率67%，平均调解周期15天，涉案金额30万元。设立专精特新企业快速服务通道，成立专精特新企业服务工作小组，开展"一企一策"精准服务，安排专人对接，服务创新主体需求。

【知识产权培育】 备案知识产权服务机构63家，入驻机构24家，业务涵盖知识产权运营、代理、认证、综合服务、金融、法律等方面。印发《长春市知识产权保护与运用"十四五"实施意见》。签订《长吉图知识产权保护合作备忘录》。按照长吉图一体化发展战略部署，与吉林市、延吉市知识产权局，就共同加强知识产权保护合作与交流签订三方协议。启动创建国家知识产权保护示范区，建设知识产权大数据中心，收录各类知识产权数据2.8亿条，实现专利、商标、版权、地理标志等资源之间数据融通。开展国家知识产权示范企业和优势企业培育工作，一汽奔腾、一汽解放、圣博玛、希达电子等34户企业新确定为国家知识产权优势企业，东北工业集团、迪瑞医疗2户企业新确定为国家知识产权示范企业。协调认证机构和企业对接，推动企业贯彻知识产权管理规范国家标准，有101户企业通过线上平台审查。

【官方标志保护】 2022年，长春市印发《关于建立我市层级化商标专利地理标志等知识产权执法业务指导体系的通知》。指导各派出分局、县（市）区局围绕专利、奥林匹克、特殊标志等，开展专项执法行动。全年完成非正常专利核查清理3批次2000余件。

【专利发明】 2022年，全市有效发明专利拥有量21239件，比2021年增长23.3%，保持两位数增长。

1月19日，中国（长春）知识产权保护中心试运行启动仪式举行

（霍馨媛 供图）

【专利培育转化】 2022年，长春市举办“创新杯”高价值专利培育活动，挖掘高价值专利30余件，实现直接经济效益300余万元，衍生总体经济效益超亿元。在第二十三届中国专利奖评选中，长春市获外观设计金奖2项、专利优秀奖5项，创历史最好成绩。省市联合召开高校院所开放许可专利对接活动，出台支持专利转化实施10条政策，首批开放许可专利573件。建成知识产权数字化展厅和运用服务平台，打造全市知识产权与科技创新工作对外展示窗口。2022年，专利权质押融资项目数46项，专利质押件数215件，专利质押金额9.3亿元。

【知识产权宣传】 7月15日至24日，长春市设立第十九届中国（长春）国际汽车博览会知识产权工作站。通过发放宣传册、有奖答题、入企走访等方式，提供知识产权保护宣传咨询、投诉受理、纠纷调解、侵权风险排查等服务，全程维护汽博会知识产权保护秩序。开展“展会知识产权风险及规避策略”线上培训，围绕《展会知识产权保护办法》、展会中被诉侵权的处理基本策略、参展前知识产权风险预警等内容进行讲解，有60余户企业参加此次培训。 （霍馨媛）

信用体系建设

【信用制度建设】 印发《长春市2022年社会信用体系建设重点工作安排》，转发并执行《全国公共信用信息基础目录（2021年版）》《全国失信惩戒措施基础清单（2021年版）》。发布《关于推广信用修复告知前置机制的通知》，制定《长春市中小微企业融资综合信用服务平台应用提升方案》。

【社会信用平台建设】 2022年，长春市搭建线上信用信息共享平台。该平台集信用信息数据采集、处理、管理、监控于一体，实现与省、县（区）信用信息平台和市级政务服务平台、公共资源交易平台、工程建设项目审批管理系统、“互联网+”监管平台等内部信用信息互联互通。截至年末，长春市信用信息共享平台归集数据超过45亿条，其中水、电、仓储物流、社保缴纳等9类数据近7亿条，主体平均信用记录数在全国省会和副省级城市中排名第一。

1月16日，长春市二道区智慧养老信息化平台“信易+养老”应用场景

（尹秋竹 供图）

【公共信用信息管理】 按照最新全国公共信用信息基础目录，依托长春市信用信息共享平台整合全市信用信息数据，归集行政强制、行政确认、行政裁决、行政奖励、行政监督检查5类行政管理信息，加大水、电、煤气、仓储、物流、纳税、不动产等信用信息归集力度。截至年末，平台归集信用数据42.3亿条，在国家信用信息归集数量统计中主体平均信用记录位于全国前列。

【信用监测】 2022年，长春市依托信用信息共享平台，扩大市场主体信用承诺覆盖面，告知承诺事项占法定可承诺事项100%，完善“双随机、一公开”监管模式，构建以信用为基础新型监管机制。以信用监管为基础，44个市直部门和县区506个部门参加“双随机、一公开”监管工作，形成“条块结合、市县两级同步一体化”综合监管格局。2022年7月、8月，在国家公共信用信息中心《城市信用监测月报》中，长春市连续两个月在全国36个省会及副省级以上城市综合信用指数排名第5，创历史最好名次。

【信用修复服务】 2022年，在全市范围推广信用修复告知前置机制，提供“管家式”信用修复服务，帮助失信企业依法依规完成修复，降低行政处罚影响。各监管部门下达行政处罚通知书并发放信用修复提醒告知书，说明信用修复政策、渠道及流程，帮助企业及时纠错。开通公益性在线学习，建立线上线下双渠道受理、培训等信用修复举措，信用修复市场主体2000余个，行政处罚企业474户。

【信用市场服务】 2022年，长春市“信易+养老”场景应用获国家发展改革委肯定，“党建+行业监管+信用服务”“信易+免申即享”“信易+政务服务”“信易+金融楼宇经济”“信易+报税”“信易+检车”“信易+幼教”等系列信用惠民便企创新应用取得良好效果，城市综合信用指数在全国36个省会及副省级以上城市中位居前列，进入全国第一方阵。引导企业和金融机构入驻长春市中小微企业融资综合信用服务平台，年内，平台入驻金融机构68家、入驻企业26.8万户。 （尹秋竹）

数字经济

SHUZIJINGJI

数字基础设施建设

【概况】 2022年，长春市以新能源、新汽车、新材料、新农业、新旅游、新电商“六新产业”发展和新基建、新环境、新生活、新消费“四新设施”建设为主攻方向，发展数字经济。长春市互联网基本实现全光网覆盖，启用净月数字经济产业园展示中心。工业、农业、服务业领域建设一批数字平台，推进产业融合。2022年，长春市谋划“六新产业”“四新设施”项目1046个，总投资13562亿元。其中，“六新产业”项目592个，总投资6948.88亿元。新能源方面，谋划项目36个，总投资680.56亿元；新装备方面，谋划项目275个，总投资1835.1亿元；新材料方面，谋划项目49个，总投资309.3亿元；新农业方面，谋划项目136个，总投资1107.42亿元；新旅游方面，谋划项目85个，总投资2478亿元；新电商方面，培育壮大电子商务和直播经济等新业态、新模式等，谋划项目11个，总投资538.5亿元。“四新设施”项目454个，总投资6613.12亿元。新基建方面，谋划项目149个，总投资1560.9亿元；新环境方面，谋划项目93个，总投资1350亿元；新生活方面，谋划项目47个，总投资1359.76亿元；新消费方面，谋划项目165个，总投资2342.46亿元。

（张　波）

【数字底座建设】 2022年，长春市互联网基本实现全光网覆盖，农村宽带普及率95%以上，移动第四代移动信息系统（简称4G）网络覆盖率98%，建成第五代移动信息系统（简称5G）基站超1.3万个，城区实现室外连续覆盖。提升净月数字经济产业园服务能力，启用产业园展示中心，截至年末，有45户企业入驻，包括因特睿、东数科技、四方伟业等17户头部企业。推进产业融合，工业领域建设企业云平台、启明汽车互联网平台、亚泰集团供应链平台，农业领域建设“开犁网”等电商平台、“种植眼”等农业服务平台，服务业领域建设一汽大众摩捷出行、“差旅天下”、“吉旅行”等平台。（尹秋竹）

【数字孪生CIM+协同指挥平台建设】 通过夯实数字新基建底座，规划建设“智慧管网+智慧灯杆+5G”广覆盖；率先启用CIM+协同指挥平台，提升环保、应急、森防、保供、疫情防控、智慧社区等城市治理和民生保障数字化服务水平。

【5G网络建设】 2022年，长春市新增5G基站3090个，建有5G基站13787个。其中，5G宏站1334站，低频991站。年内，中国联合网络通信有限公司长春市分公司建设室分（室内分布系统，是用于改善建筑物内移动通信环境的一种方案）开通1596套，市区5GMR（数字化现实+虚拟数字画面）良好覆盖率由90.1%提升至94.9%。中国移动长春分公司行业份额占比53%，补齐700兆县城及以上区域覆盖短板，实现行政村全覆盖、自然村热点覆盖；5G用户数、流量持续增加，5G用户驻留及分流能力分别增长10.6个百分点、23.1个百分点。5G运营龙头牵引，套包客户份额提升3.3个百分点，5G网络客户份额提升0.3个百分点，全年净增5G套包110.6万户，5G渗透率48.2%，比2021年提高21.6个百分点。中国电信长春分公司在网运行基站城区覆盖率约96.7%。

（夏莹博　刘　铮　辛思尧）

【大数据产业】 2022年，长春市建设东北大数据交易中心，搭建东北大数据交易平台。年内，平台挂载数据服务产品59个。在净月数字经济产业园明宇广场建设长春大数据深加工基地，面向全国乃至东北亚地区承揽大数据深加工业务。截至年末，组织吉林旷视科技、阿凡提科技、卡斯特科技、东软和长春联通等企业入驻园区，并与百度、北京旷视、南方测绘、抖音集团等企业进行业务对接，达成初步意见。（尹秋竹）

【网络安全服务】 推进网络空间治理，依法打击网络电信诈骗、网络赌博等网络违法犯罪，规范网络传播秩序。落实长春市网络安全“十四五”规划，建设网络安全应急指挥保障体系，政府、企业、社会组织、网民共筑网络安全防线。推进电子政务、智慧城市、数字乡村等建设，在政务服务、公共卫生、在线教育、远程医疗等领域应用网络信息技术，服务保障第二届中国新电商大会。

（《长春年鉴》编辑部）

表21　2022年长春市“六新产业”“四新设施”开工项目一览表

单位：万元

序号	项目名称	投资主体	建设规模及主要建设内容	开工时间	总投资
一、新能源项目					
1	长春市城市生活垃圾焚烧发电处理扩建项目	长春市恒建科为新能源发电有限公司	占地面积3.5万平方米，建筑面积2万平方米，厂房0.5万平方米、办公楼0.3万平方米、生产设备等	5月	90000
二、新装备项目					
2	奥迪一汽新能源汽车项目	奥迪一汽新能源汽车公司	建设高端奥迪纯电动汽车平台，填补长春市纯电动汽车空白，年产值约600亿元	5月	2093000
3	联东U谷・长春国际企业港项目	北京联东投资（集团）有限公司	项目总用地面积9.8万平方米，总建筑面积9.2万平方米。其中，一期5.5万平方米（含地下800平方米），二期3.7万平方米，全部为地上建筑。项目建设37栋建筑物。其中，36栋厂房和1栋配套设施	5月	100000
4	汽车轻量化项目	海联金汇有限公司	项目位于经开区常州街工业孵化园，主要建设汽车轻量化生产线	2月	100000
5	大众汽车零部件轻量化项目	中信戴卡集团	占地面积10万平方米，分2期建设，一期租用经开区长拖园区6293平方米厂房进行生产，产品主要为后车架，为一汽红旗配套。二期利用凯世曼原有10万平方米土地进行生产，建设汽车零部件轻量化项目，主要生产高端模块化系列产品，打造第一个铝制品汽车零部件生产基地	—	100000
6	智能装备孵化基地项目	中韩（长春）国际合作示范区长兴投资控股（集团）有限公司	占地面积17.3万平方米，建筑面积23.4万平方米，主要建设生产类标准化厂房、研发厂房、物流仓库、动力中心，综合楼、倒班宿舍、食堂等19栋建筑	3月	35433
7	达索赋能创新中心	达索析统（上海）信息技术有限公司	由长春市与达索析统（上海）信息技术有限公司在汽开区建立辐射全东北地区“长春汽开区达索赋能创新中心”，以助力装备制造、汽车制造、先进农业、科技教育、中小企业赋能及智慧城市等领域创新发展	9月	50000
8	长春市新金享冷弯型钢轨道车辆车体新材料智能项目	长春市新金享冷弯型钢有限公司	主要建设厂房、办公楼、开闭所、换热站	5月	50000
9	年产15万吨汽车零部件项目	汉华智能装备制造有限公司	购置设备	5月	45000
10	华晨宝马G18汽车前大灯及G68汽车前大灯及汽车尾灯项目	长春马瑞利汽车照明系统有限公司	利用长春马瑞利车灯经开厂区洁净房进行设备安装，新购装配站位、预测光设备、清洁设备、机器人、胶站、涂胶机、固化设备、支架安装设备、空心螺母调节设备、终测光设备、气密检测设备、激光设备、焊接设备、退火炉、4K注塑机等生产线及设备	4月	40000
11	富奥汽车底盘轻量化项目	富奥集团	建设汽车底盘轻量化项目及汽车零部件相关研发、生产等项目。生产低压铸造、高压铸造类铝合金底盘及车身结构件。占地面积7.1万平方米，一期建筑面积1.2万平方米，二期建筑面积3万平方米，总投资5亿—6亿元，其中一期投资3亿元	6月	37000
12	富晟汽车饰件有限公司年产200万辆份汽车地毯项目	长春富晟汽车饰件有限公司	占地面积10.48万平方米，新厂扩建建筑面积7.1万平方米，主要建设内容为1栋厂房，主营产品包括：汽车软内饰及复合材料外饰产品等	4月	37000
13	吉林省熔喷布及生物医学材料生产基地项目	吉林省普泰新材料技术有限公司	熔喷布产品基地、医疗卫生产品基地、汽车过滤产品基地、妇婴产品基地、农业产品基地	3月	35000
14	一汽富维海拉研发中心项目	一汽富维汽车零部件股份有限公司、一汽富维海拉车灯有限公司	占地面积1701平方米，建筑面积5103平方米。新增设备：激光雕刻、3D打印、透光率测试仪等试制试验设备32台（套），为奥迪PPE项目投产开展生产准备工作，支持一汽集团客户发展	8月	10000
15	一重・吉林车桥合作桥壳内高压成形项目	天津一重电气自动化有限公司 吉林省车桥汽车零部件有限公司	在原车桥厂区改造升级，购置生产设备，生产无缝车桥	4月	30000
16	新增汽车配套内饰产品项目	长春派格汽车塑料技术有限公司	使用厂房，采购设备及模具451台（套），其中进口设备5台，所购设备将为主机厂配套生产一汽红旗N117门板、一汽红旗C100柱护板、一汽红旗C101柱护板、一汽红旗C206门板、一汽红旗C206等	2月	30000
17	海联金汇汽车轻量化新材料产业基地项目	海联金汇新材料（长春）有限公司	项目分2期建设，一期使用3号、5号2栋厂房，二期使用剩余4栋厂房，建设4条RTM生产线、4条预浸式模压生产线、4条缠绕生产线，年产25万套商用车平式电瓶框、25万套立式电瓶框、年产65万套商用车贮气筒	2月	28000

续表21

序号	项目名称	投资主体	建设规模及主要建设内容	开工时间	总投资
18	中自催化剂智能制造项目	中自环保科技有限公司	占地面积5万平方米，建筑面积3.5万平方米，年营业收入约10亿元，年产国六柴油机后处理产品20万套，年产国六汽油机后处理100万套	6月	26000
19	2022年新增汽车门板项目	长春派格汽车塑料技术有限公司	新购置设备及模具，所购设备为主机厂配套生产大众B9L门板	6月	20000
20	长光大器高端精密光学元件项目	长光大器有限公司	租赁厂房及办公楼总建筑面积5500平方米，打造恒温恒湿加工检测间1200平方米，设立研发中心、设备生产装配中心、光学加工中心、光学检修中心等；新购置光学检测设备及相关50台（套）	1月	20000
21	博方新能源及传统汽车零部件项目	长春市博方智能科技开发有限公司	综合行政办公楼、零部件生产厂房、门卫等设施	3月	18500
22	电动压缩机年产能提升至120万台项目	法雷奥压缩机（长春）有限公司	购置排量为34CC（体积单位代码）和45CC总装线，排量45CC电动压缩机马达线，排量34CC涡旋线，排量45CC涡旋线，排量34CC和45CC逆变器线，约160台生产和检测设备	—	18500
23	盈科电力硅油风扇离合器建设项目	吉林省盈科电力有限公司	研发、厂房、办公楼等产学研基地	3月	12000
24	凯世曼铸造长春有限公司轻量化副车架项目	凯世曼铸造长春有限公司	利用原有厂房，不新增建设面积，建设集成铝合金副车架自动化生产线	2月	11000
25	云“工业数字大脑”创新基地	华准讯飞（吉林）数字产业发展有限公司	占地面积1.7万平方米，建筑面积2.8万平方米，主要建设8栋厂房，1栋办公楼，1栋公寓，购置自动化机器人等生产研发设备2套	5月	11000
26	长春一汽富维安道拓汽车金属零部件有限公司130万座椅骨架总成项目	长春一汽富维安道拓汽车金属零部件有限公司	年产130万座椅骨架项目。提供600余人就业岗位	5月	10000
27	年产100万件汽车注塑内饰产品项目	长春市德森汽车零部件有限公司	年产100万辆件汽车内饰件。建设总投资2亿元，其中固定资产投资约1.6亿元，占地面积5万平方米，建设厂房、库房、办公楼及附属设施3.6万平方米	5月	10000
28	吉林省鼎梁应急装备有限公司智能消防设备项目	吉林省鼎梁应急装备有限公司	占地面积1.7万平方米，建筑面积1.2万平方米。主要建设2栋车间、办公楼	10月	10000
29	华翔热成型轻量化改扩建项目（二期）	长春华翔汽车金属部件有限公司	占地面积6.45万平方米，主要建设1条生产线及配套切割设备、焊接设备等，生产汽车高强板热成型轻量化零部件	6月	10000
30	年产60万件（套）医护服装智能生产线建设项目	长春圣威雅特服装集团有限公司	改造原有厂房2000平方米，扩建厂房1971平方米，升级改造ERP网络管理系统。新购置智能缝纫机、热压胶机、码线机、空气净化设备等生产研发设备158台（套）	3月	10000
31	常春汽车2022年技改项目	长春市常春汽车内饰件有限公司	升级改造原有厂房，新购置设备50台（套），生产红旗汽车VW491衣帽架、CO95仪表板、B9L杂物盒、C001 AGS、C206 AGS、C255仪表板骨架、C255AGS、红旗0226包裹架等内饰件	7月	10000
32	电子控制传感器生产线技术升级改造项目	纬湃汽车电子（长春）有限公司	主要生产电子控制传感器等	7月	10000
33	吉林绿色巨农年产12万吨微生态功能性反刍料生物智能制造项目	吉林大北农农牧科技有限责任公司	占地面积约4492平方米，总建筑面积约4650平方米，主要建设主车间、门卫地磅、司机休息室、附属库房四栋建筑物。新购置微生态功能性反刍料生物智能化生产线设备2台（套）	4月	10000
34	上海通用9BQB项目	长春马瑞利汽车照明系统有限公司	利用长春马瑞利车灯经开厂区洁净房进行设备安装，新购装配站位、清洁设备、调节设备、测光设备、气密检测设备、注塑机、Coating line等生产检测设备13台（套），此项目为上海通用昂科拉车型汽车前大灯	2月	10000
35	红旗H5/H6汽车前大灯项目	长春马瑞利汽车照明系统有限公司	利用长春马瑞利车灯经开厂区洁净房进行设备安装新购装配站位、清洁设备、测光设备、机器人、胶站、涂胶机、固化设备、气密设备等生产线及检测设备18台（套）	2月	10000
36	久兴矿业土们岭街道姚家沟建筑用安山岩矿项目	吉林省久兴矿业有限公司	采矿权范围内控制资源量保有量2380.63万平方米，生产规模每年开采量200万立方米，服务年限11.6年	4月	45000

续表21

序号	项目名称	投资主体	建设规模及主要建设内容	开工时间	总投资
37	沈阳来金（长春）基地项目	沈阳来金汽车零部件股份有限公司	占地面积6.2万平方米，建筑面积3.3万平方米。主要建设厂房、研发中心办公楼及库房、附属设施（其中，厂房4栋、办公楼1栋）。为红旗、大众、长城、奥迪等整车制造商配套，具体产品涉及侧围、前机舱等汽车零部件，年产60万套。投资强度：每公顷投资4839万元。固定资产投资2.8亿元。其中，购置土地0.23亿元、厂房投资0.47亿元、设备投资2.1亿元。新增就业200人	6月	30000
38	年产25万辆份卡车卧铺总成项目	长春信华油品有限公司	总占地面积2.64万平方米，总建筑面积1.56万平方米。其中，1号综合厂房6475平方米；2号综合厂房9072平方米；其他附属设施54平方米。年产25万台（套）卡车卧铺总成。本项目不使用中（工）频炉。主要产品卡车卧铺总成，为一汽解放集团有限公司长春工厂提供配套服务。新增就业90人	6月	10000
39	年产75万辆份冲压件及焊接总成项目	吉林省大梓科技有限公司	总占地面积3.1万平方米，总建筑面积2万平方米。其中，1号综合厂房1万平方米；2号综合厂房1万平方米；其他附属设施60平方米。年产配套冲压件75万辆份。主要产品冲压件及焊接总成，一汽铸造有限公司长春工厂提供配套服务。投资强度：每公顷投资3000万元。固定资产投资9000万元，其中厂房投资500万元	6月	10000
40	25万套汽车暖风、空调项目	吉林省长阪车灯有限公司	占地面积2.19万平方米，建筑面积1.5万平方米。主要建设厂房。其中，厂房2栋，办公楼1栋，库房1栋。生产产品：商用车、汽车驻车空调及驻车加热器（一汽、二汽、重汽等商用车配套），年产25万套，年产值3.2亿元。投资强度：固定资产投资1.2亿元。其中，厂房投资3000万元，设备投资9000万元。新增就业人员120人	6月	12000
41	清洁能源供暖设备生产销售项目	吉林省金罗克环保设备有限公司	占地2万平方米，建筑面积1.6万平方米，主要建设办公楼、厂房、生产车间等	9月	1.2
42	长春高新科技创新产业园项目	长春新区创投集团	占地面积4.66万平方米，建筑面积7.1万平方米，主要建设创新技术研发和试制、销售及体验中心，新功能试验室，技能培训中心及包含员工食堂在内生活区，新产品装配工厂，内部物流和绿地等	9月	3.21
43	长春新区龙翔云计算数据中心项目	龙翔投资控股集团有限公司	占地面积3万平方米，建筑面积2.1万平方米，建设机房楼、机房辅助楼及动力楼，打造云计算及运行服务、智能制造、云计算产业拓展和科研教育四大基地。项目提供1200个机柜以及各种高端服务器、高密度低成本服务器、海量存储设备以及高性能计算设备等基础设施	8月	3.35
44	长春智能光谷产业园	长春新区发展集团有限公司	总占地面积10.74万平方米，总建筑面积31万平方米，主要建设标准厂房、技术研发中心、科技孵化中心、培训中心、展示中心及相关配套设施	8月	13.09
45	安检中心检测检验技术服务中心项目	吉林省安全生产检测检验股份有限公司	主要建设办公楼1栋，单层厂房1栋	5月	2
三、新材料项目					
46	年产10万吨EPS阻燃聚苯板建设项目	长春市好兄弟保温建材有限公司	建设厂房2栋：1栋5.4万平方米，1栋4000平方米；办公楼1栋8000平方米	5月	30000
47	吉林省浦菲尔金属制品有限责任公司高端复合铝板项目	吉林省浦菲尔金属制品有限责任公司	占地面积2.2万平方米，建筑面积1.8万平方米。主要建设厂房、办公楼、库房、研发楼	10月	28000
48	筑路材料生产项目二期	吉林省鸿岩建筑材料有限责任公司	新建建筑面积3.7万平方米，项目分为2期工程实施。其中，一期工程建筑面积1.95万平方米；二期工程建筑面积1.75万平方米	5月	16850
49	楷承建筑铁艺制造项目	吉林省楷承建筑工程有限公司	占地1.5万平方米，建设厂房、办公楼及库房等，建筑面积约1.25万平方米。引进铁艺加工设备、切割枪等53台（套），年生产铁艺围栏30万米	6月	14000
50	年产30万平方米玻璃制品项目	长春市恒晟玻璃有限公司	占地面积1.5万平方米，建设厂房1栋，办公楼1栋，建筑面积约1.1万平方米。引进玻璃加工设备65台（套），本项目不直接进行玻璃生产，购置成型玻璃进行加工，年产玻璃30万平方米	6月	12500
51	吉林省金鼎混凝土有限公司年产40万立方米商品混凝土项目	吉林省金鼎混凝土有限公司	占地面积5万平方米，建筑面积2.3万平方米，主要建设办公楼、生产线及附属房等，主要经营预拌混凝土、砂浆等相关建筑材料	5月	10000

续表21

序号	项目名称	投资主体	建设规模及主要建设内容	开工时间	总投资
四、新农业项目					
52	公主岭肉牛良种繁育综合示范产业园区项目	吉林公主岭农业农垦集团有限公司	主要建设4个功能区，分别是：良种繁育基地，该项目建设6个养殖基地，每年繁育8万头牛，育肥基地年出栏肉牛6万头，年产值48亿元。饲料加工基地，新增就业150人。肉牛屠宰加工基地，在吉林省公主岭市怀德镇规划区投资建设肉牛屠宰加工基地。液态奶加工基地，引进国外液态奶生产线及加工技术，一期建设每天加工480吨，二期建设每天加工1080吨	5月	324778
53	高新股份瑞宙生物疫苗生产基地项目（长春高新区生物医药产业园一区）	长春瑞宙生物制药有限公司	总投资23亿元，注册资本5000万元，落位长春高新区，卓越大街以东，规划二路以南，规划三路以西，高新丙十八路以北，占地面积约7.87万平方米、建筑面积约8.45万平方米。项目立足研发生产20价肺炎结合疫苗，包括20价肺炎结合疫苗生产基地建设	4月	230000
54	楚天华通医药设备有限公司医药装备项目	楚天华通医药设备有限公司	占地面积36万平方米，建筑面积25万平方米。主要建设厂房、宿舍及技术研发楼	5月	150000
55	英平医疗产业园项目	长春英平药业有限公司	主要建设英平产业园，包括公司总部、制药、医疗器械制造、医药研发、药品销售	—	100000
56	吉林省尚城药业项目	吉林省尚城药业有限公司	占地面积5万平方米，建筑面积3.67万平方米，主要建设办公楼、生产车间、库房、职工生活用房等	6月	80000
57	中医药生命健康产业园	吉林省北药药材加工有限公司	规划用地面积约为6.7公顷，主要建设综合办公总部大楼、博士后科研工作站、中草药检测中心、药食同源食品研发中心、中草药研发中心、中草药种源繁育实验中心、中草药实训中心、中草药展示中心及相关配套设施	6月	50000
58	德惠市肉鸡产业园标准厂房建设项目	德惠市国有资产经营管理有限公司	规划总用地面积43.34万平方米，规划总建筑面积11.1万平方米。其中，新建鸡舍56栋，建筑面积10.18万平方米	6月	38900
59	鼎鹤堂（长春）制药有限公司建设项目	鼎鹤堂（长春）制药有限公司	占地面积4.3万平方米，建筑面积3.4万平方米。主要建设办公楼，厂房，研发中心。主要生产中成药片剂、丸剂等	6月	25000
60	国泰（长春）研发生产运营中心	长春博泰医药生物技术有限责任公司	胶原蛋白相关产品的生产、研发中心	6月	22300
61	长春市九台区2021年高标准农田建设项目	长春市九台区农业农村局	主要建设1.07万公顷高标准农田，主要建设土壤改良工程、田间道路工程、灌溉与排水工程、农田防护与生态环境保护工程	5月	22000
62	长春中正饲料有限公司厂区建设项目	长春中正饲料有限公司	占地面积4.5万平方米，建筑面积1.7万平方米。主要建设生产车间、原料库、成品库、办公楼及其他配套附属设施	8月	20000
63	泰域生物医药研发加工基地项目	吉林森屹医药科技有限公司	主要为医疗器械、化妆品及消杀产品的研发、生产和销售，包含OEM及技术转让	2月	20000
64	年生产0.55万吨速冻食品项目	吉林省富悦食品有限公司	占地面积1.2万平方米，项目建成后每年仓储黏玉米5000吨，年可生产加工速冻玉米500万袋，添加蔬菜果汁系列面食品500吨	4月	10000
65	钻智吉芝元注射剂生产项目	长春钻智制药有限公司	包括仓库主体建设以及配套消防泵房建设。仓库占地面积0.3万平方米，建筑面积0.65万平方米，主要用于药品原辅料、中间及成品的储存。消防泵房占地面积0.04万平方米，建筑面积0.03万平方米，主要为仓库提供消防喷淋水源及动力	4月	50000
66	菲洋单克隆抗体药物产业化项目	菲洋生物科技（吉林）有限公司	占地面积3.1万平方米，建筑面积2.6万平方米。一期新建API车间和制剂车间，新增建筑面积1.1万平方米。二期预留建筑面积约1.5万平方米，建设生产车间	4月	46000
67	康宁肿瘤筛查与大分子蛋白液项目	吉林省康宁生物科技有限公司	占地面积2万平方米，建筑面积0.8万平方米。一期建设无血清纳米培养基生产线1条，二期建设肿瘤筛查生产线1条，三期建设大分子蛋白药物生产线1条	4月	38000
五、新旅游项目					
68	如意溪安全教育体验公园	长春市城市发展投资控股（集团）有限公司	占地面积16.2万平方米，规划总建筑面积0.7万平方米，建设安全教育体验公园	4月	26000
69	吉商文化产业园	公主岭市文广旅局	占地面积4.37万平方米，总建筑面积3.06万平方米。其中，地上建筑面积2.91万平方米，地下建筑面积1500平方米。主要建设：吉商文化主题体验中心1.57万平方米，吉商文化教育培训中心8100平方米，吉商文化开放交流中心5332平方米，地下设备用房1500平方米，购置公用工程设备83台（套）并配套建设附属公用工程设施等	5月	19500

续表21

序号	项目名称	投资主体	建设规模及主要建设内容	开工时间	总投资
六、新电商项目					
70	中通快递东北智能电商产业园项目	上海中通吉网络技术有限公司	占地面积20万平方米，建筑面积18万平方米，主要建设快运分拣中心、智能化快运分拣中心、电子商务楼等	5月	105000
71	中巴跨境电商产业小镇项目	长春市新鸿瑞房地产置业有限公司	占地面积2.2万平方米，建筑面积7.4万平方米，主要建设2个中心、3个平台、巴西风情文化街区	—	5
七、新基建项目					
72	现代物流产业园（一期）	龙翔集团、大连中商所、上海振华重工	总占地面积65万平方米，总建筑面积89万平方米，依托长春铁路综合货场主要建设国际木材交易加工区、冷链仓储中心、现代物流综合服务中心	4月	710000
73	电网建设和供电能力提升工程项目	长春市长发电力建设有限公司	包含66千伏电网项目13项，10千伏电网项目196项。购置10千伏中压发电车、0.4千伏融冰型两用发电车、超声波局放仪、配网红外测温仪等应急设备	5月	299000
74	移动网络建设项目	中国移动通信集团吉林有限公司	NFV/SDN云计算、“5G+”计划、网络转型升级等	5月	260000
75	联通网络建设项目	中国联合网络通信集团有限公司吉林省分公司	平台专业IPTV3.0功能升级及扩容，4G、5G覆盖，扩大UL900建设规模、区域语音覆盖等	5月	140000
76	申通公主岭市智慧物流产业园项目	申通快递有限公司	占地25.3万平方米，建筑面积约20万平方米，建设结算、分拨、电子商贸易等中心	5月	105000
77	长春国际物流经济开发区新兴建材产业园区建设项目	长春市瑞通投资有限公司	主要建设工业厂房、孵化中心、倒班宿舍、设备用房等	5月	105000
78	南部新城道路网建设工程之七	长春城投建设投资（集团）有限公司	—	5月	38000
79	南关区垃圾转运服务中心	长春市南关区环境卫生运输管理中心	总用地面积4.22万平方米，总建筑面积4.70万平方米。地上建筑面积2.52万平方米，地下建筑面积2.18万平方米	3月	31000
80	公主岭市集中供水管网及配套设施建设工程	公主岭市住房和城乡建设局	新建15条道路下给水管网。其中，涉及建设供水一次管网17.89千米，二次供水管网32.53千米，泵站设备改造14座，泵站建筑装修19处，新增一体化泵站11座；一次管网新增电磁流量计和压力变送器各17个，二次管网新增电磁流量计和压力变送器各169个，更换安装智能远传水表6.68万块。实现对75个小区、47家企事业单位、47家浴池169处自备井用户创造实施关停基础条件；建设与本项目改造相配套给排水、供配电、消防、路面恢复等辅助工程	7月	30170
81	经开区污水分流改造工程一标段	长春经济技术开发区建设工程管理中心	改造范围包括西朝阳沟流域、鲶鱼沟流域（含金源大市场）以及东排洪沟流域，涉及约4个小区，30家企事业单位	7月	30000
82	南部新城道路网建设工程之九	长春城投建设投资（集团）有限公司	新建15条城市支路	5月	28000
83	2022年德惠市农村公路建设项目	德惠市农村公路建设管理办公室	总里程267千米，养护工程路段均为长春市乡与乡之间，乡与村之间主干路。（其中，利用原PPP项目完成187千米，剩余80千米需另行筹集资金）	5月	26400
84	二道区二次供水改造项目	二道区住建局	对城区进行二次供水改造	6月	25000
85	吉林省晴天环保科技处理中心有限公司工业固体废物处置中心建设项目	吉林省晴天环保科技处理中心有限公司	占地面积6.8万平方米，建筑面积2.3万平方米。主要建设综合办公楼、危废暂存库、危废预处理车间、初期雨水池及事故水池、消防泵房及消防水箱间、污水处理间（地下含水池）、刚性填埋场及其他配套附属设施等	6月	25000
86	公主岭市城区供水管网改造及智慧水务建设工程	公主岭市住房和城乡建设局	改造科贸大街东段、铁北街、雄鹰路等8条市政道路供水管线，长度约7.7千米；改造全市243个老旧小区及单体楼给水二次网19.52万米，改造楼内管线17.4万米；老城区92座二次泵站撤并为47座智慧集成泵站，以及供电、自控、消防等配套设施建设；智慧水务建设：结合智慧水务理念建立供水管网分区计量系统、二供监控系统、DMA漏损综合管控系统、营业收费系统、智慧管网探测内外业一体化采集软件、监管部门信息系统等智慧水务平台软硬件设施建设；在净水厂、公主大街、科贸大街等44个规划点位增设流量计、压力计、超声波水表等物联网远传设施，对城区进行智慧水务建设以及配套检查井安装；更换智能远传超声水表5.41万块	6月	23100

续表21

序号	项目名称	投资主体	建设规模及主要建设内容	开工时间	总投资
87	长春洋浦220千伏变电站66千伏送出电缆线路土建工程（经开区段）	长春经济技术开发区建设工程管理中心	新建洋浦220千伏变电站66千伏送出工程，新建66千伏线路路径长度约为10.73千米（其中，新建架空线路3.49千米，铺设电缆3.49千米），新建塔基41座（永久塔基38座，临时塔基3座）；占地面积4936.75平方米	7月	20000
88	长春循环经济产业开发区污水处理厂及配套管网建设项目	德惠米沙子工业集中区管委会	建设污水处理厂1座，工程总设计规模每天4万立方米，分期建设。其中，一期工程设计处理规模每天2万立方米，二期工程增加设计处理规模每天2万立方米	6月	18800
89	南部新城道路网建设工程之十三	长春城投建设投资（集团）有限公司	总占地面积7.56万平方米，新建9条道路，分别为甲二路、乙二路、丙一百路、丙九十九路、丙四十三路、丙八十路、丙七十九路、丙五十八路和乙三路	5月	17000
90	公主岭市北部主要功能区集中供热建设项目	怀德镇人民政府	购置生物质整捆燃烧炉，配套上料、除渣、除灰等系统，新建供热管网2.83万米，阀门井28座，换热站15座	6月	15400
91	吉林省弘宇电力设备有限公司建设项目	吉林省弘宇电力设备有限公司	占地面积1.8万平方米，建筑面积1万平方米。主要建设办公楼、厂房等设施	8月	15000
92	南部新城道路网建设工程之十	长春城投建设投资（集团）有限公司	—	5月	13000
93	吉林省送变电工程有限公司英俊基地项目	吉林省送变电工程有限公司	主要建设生产车间、办公楼、库房	7月	11000
94	县道德前公路太新村至新建村（农安界）段改建工程	德惠市农村公路建设管理办公室	全长20.25千米，双向双车道三级公路标准，路基宽8.5米，路面宽7米	5月	10800
95	粮食仓储物流建设项目	中央储备粮德惠直属库有限公司	建筑面积约8394.53平方米，建设项目平房仓1栋，浅圆仓8座，并配套建设相应附属设施或设备	4月	10500
96	吉林省天宝环保科技有限公司建设项目	吉林省天宝环保科技有限公司	占地面积1.8万平方米，建筑面积1万平方米。主要建设厂房、生产车间	8月	10000
97	吉林瑞科汉斯电气股份有限公司年产5000套清洁供暖设备技术改造项目	吉林瑞科汉斯电气股份有限公司	占地面积3.8万平方米，改造2号厂房，购置安装生产设备60台（套）	6月	10000
98	吉林长春华庆66千伏输变电工程	国网吉林省有限公司长春供电公司	安装1台50兆瓦安主变压器，66千伏侧2回进线，新建66千伏输电线路3.1千米，10千伏侧13回出线	5月	10000
99	吉林长春车家66千伏输变电工程	国网吉林省有限公司长春供电公司	新建66千伏变电站、66千伏线路迁改等	5月	10000
100	乐山镇镇区提升改造项目	乐山镇	供暖、供水管线、院内绿化、亮化、硬化、排水管网、外墙保温、防水、小区道路、围墙等	5月	10000
101	长春市二道区四合路、芝仕路排水工程	长春市瑞通投资有限公司	新建污、雨水管线各1条，总长6000米	4月	10000
102	南关区老旧小区改造楼宇设施建设项目	长春市南关区住房保障和公用事业服务中心	南关区86个老旧小区楼宇立面、屋面及楼道内附属设施等项目	5月	54100
103	南关区老旧小区改造配套基础设施建设项目	长春市南关区住房保障和公用事业服务中心	南关区86个老旧小区水、电、气、热、路管网改造及绿化等项目	5月	30921
104	精细化工产业园区基础设施建设工程	吉林省龙翔产业投资运营有限公司	包括道路2.52万米，管网62.2万米，路灯4770盏，植被覆盖70.47万平方米	9月	23.94
八、新环境项目					
105	水系河湖连通工程	净月高新区农业农村和水务局	主要建设农村水系连通及水美乡村国家建设试点	6月	106900
106	长春国家农业高新技术产业示范区北部核心区基础设施项目	农业科技园区	新建道路总长度1.21万米，总铺装面积30.23万平方米（其中，车行道总面积22.96万平方米、人行道总面积3.88万平方米、非机动车道总面积3.4万平方米），中央分隔带总面积3.14万平方米，主辅分隔带面积7292.14平方米，设施带总面积3.76万平方米；新建下沉式绿化带4.49万平方米，溢流式雨水口526座；敷设雨水管线1.42万米，污水管线1.43万米；交通标线1.52万平方米；交通标志17套；路灯508盏；绿化带面积7.63万平方米，绿化面积（不包含路缘石面积）6.79万平方米；新建3孔16米预应力混凝土简支空心板梁桥2座，涵洞5座；敷设给水管线1.49万米；通信管道1.31万米	7月	78900

续表21

序号	项目名称	投资主体	建设规模及主要建设内容	开工时间	总投资
107	2022年农村道路畅通工程及小修保养项目	九台区交通运输局	新建道路283.757千米，主要修建农村公路及养护工程	9月	51000
108	2022年老旧小区改造配套基础设施建设项目	长春市南关区住房保障和公用事业服务中心	改造工程涉及长春市南关区11个街道，改造小区总建筑面积约为179万平方米。主要包括给水管线、雨水管线、污水管线，道路及硬化铺装、绿化、大门及围墙，小区照明、供电管线、监控、通信，供热管线、燃气管线，便民服务设施等	3月	22000
109	长春市九台区保障性安居工程东泰家园（二期）项目	长春市九台区住房和城乡建设局	占地面积2.1万平方米，建筑面积4.6万平方米。主要建设有8栋住宅，1栋公共建筑及其他配套附属设施	8月	16000
110	综保区海关监管区二期工程	长春兴隆综合保税区投资建设有限公司	围网工程：围网总长度7700米；监控工程：监控设备，通信光缆；土方工程：填方50.5万立方米，挖方34.2万立方米；道路及排水工程：巡关道路、跨河桥梁、卡口	3月	12000
111	2022年老旧小区改造楼宇设施建设项目	长春市南关区住房保障和公用事业服务中心	改造工程涉及长春市南关区11个街道，57个小区，改造小区总建筑面积约为179万平方米	3月	11000
112	长春循环经济产业开发区一期道路及排水工程项目	德惠米沙子工业集中区管委会	新建5条道路，道路总长3475.96米，雨水管线5700.09米，安装路灯202盏，新建桥梁1座，全长38.87米	5月	10000
113	九台区生活垃圾焚烧发电项目	长春九台区天楹环保能源有限公司	占地面积12.2万平方米，建筑面积7.2万平方米。其中，一期工程配置2条每天400吨垃圾焚烧生产线及1台15兆瓦抽凝式汽轮发电机组，二期建设1条每天400吨垃圾焚烧生产线及1台9兆瓦纯凝式汽轮发电机组。主厂房一次建成，预留二期设备安装位置	4月	49000
九、新生活项目					
114	东泰·林海云天康养城项目	吉林省泰铭养老服务有限公司	建筑面积19万平方米，主要建设康养医院、活动中心、民宿、温泉酒店、康养住宅小区	8月	150000
115	吉林省档案馆、方志馆	吉林省档案局	占地面积4.42万平方米，总建筑面积6.46万平方米，建设吉林省档案馆、方志馆及附属设施	5月	82000
116	长春市少年宫异地新建	长春城投建设投资（集团）有限公司	占地面积10.9万平方米，规划总建筑面积7.9万平方米，建设长春市少年宫	6月	65000
117	国色天莲文化产业园康养中心项目	吉林馨天莲文化产业有限公司	园区总占地面积50万平方米，涵盖养生养老、健康医疗、休闲度假、生态农业、文化教育5大板块	7月	30000
118	吉大二院迁建一期	吉林大学第二医院	占地面积10.2万平方米，总建筑面积34.37万平方米，一期建设综合性医院，二期制定规划方案	5月	213654
119	吉林国金医院	吉林省铭医集团有限公司	占地面积为10万平方米，总建筑面积约37.1万平方米，建设综合性医院、康复护理中心及老年病综合体	5月	200000
120	南关区卫生服务中心（专项债）	长春市南关区卫生健康局	占地面积1.41万平方米，建筑规模2.8万平方米，建设南关区疾病预防控制中心与南关区医院	5月	30921
十、新消费项目					
121	华润中心	华润置地（长春）有限公司	占地面积地上3.4万平方米、地下4.3万平方米，规划总建筑面积54.6万平方米。建设集高端购物中心、290米超高层写字楼、住宅等于一体城市商业综合体	1月	663000
122	钜城国际	吉林省钜城地产投资有限公司	占地面积22.6万平方米，规划总建筑面积125万平方米，建设城市商业综合体	4月	600000
123	冠城国际	吉林省源溪置业有限公司	占地面积11.9万平方米，总建筑面积65万平方米。其中，商业商务37万平方米、住宅面积12万平方米、地下面积16万平方米。建设集写字间、住宅、LOFT公寓，独栋商业、宴会酒店等于一体城市综合体	—	396000
124	上海路北地块商业综合体项目	长春城开万家房地产开发有限公司	建筑面积21万平方米；主要建设医疗综合体	5月	368500

续表21

序号	项目名称	投资主体	建设规模及主要建设内容	开工时间	总投资
125	远大购物广场	长春远大房地产置业有限公司	占地面积7.8万平方米，总建筑面积45万平方米，建设城市商业综合体	3月	330000
126	南溪·智融	长春城投房地产开发有限公司	占地面积5.6万平方米，总建筑面积23.28万平方米，建设商务办公、酒店、地下商业街、地下停车场及设备用房	2月	253000
127	金地江山风华	长春金地月盛房地产开发有限公司	占地面积10.44万平方米，总建筑面积34.98万平方米。建设商务楼和商品住宅	4月	223000
128	中国中铁吉林区域总部基地	中铁吉林北方房地产开发有限公司	占地面积3万平方米，总建筑面积21.93万平方米，分为A、B开发建设，A地块为主塔，2个塔楼主要业态为高层办公楼、商业及停车楼。B地块分为2个塔楼，主要业态为高层办公楼、商业及快捷酒店	3月	190000
129	新星宇广场	长春典约房地产开发有限责任公司	占地面积7.1万平方米，总建筑面积39.6万平方米。建设城市商业综合体	3月	181000
130	保利城和烨项目（阜育大街商业开发项目）	保利（长春）恒富房地产开发有限公司	占地面积10.5万平方米，建筑面积26万平方米。其中，住宅面积19.12万平方米；公建面积1.97万平方米；地下建筑面积4.9万平方米	4月	170000
131	中韩（长春）国际合作示范区保障性租赁住房建设项目	中韩（长春）国际合作示范区长荣城市建设投资（集团）有限公司	拟总占地面积10万平方米，总建筑面积22万平方米。建设26栋建筑。住宅楼、公共建筑、幼儿园、配套商业。道路工程：本项目新建道路4.39万平方米。排水工程：雨水管线1100米，污水管线1100米。绿化工程：新建绿化3.50万平方米	3月	162300
132	江高花园	吉林省江高房地产开发有限公司	占地面积6.51万平方米，总建筑面积19.74万平方米，建设商业楼宇及住宅	4月	158000
133	鸿泰瑞景二期	吉林省家源和润文化传媒集团有限公司	占地面积6万平方米，总建筑面积16.9万平方米，建设五星级酒店、温泉、国际公寓、商场等	4月	150000
134	瑞凯商务中心	长春瑞凯房地产开发有限公司	占地面积13.84万平方米，总建筑面积54.04万平方米。建设中式集中高端商务集群、高档住宅等	4月	150000
135	华为吉林区域总部	华为技术有限公司	占地面积3.3万平方米。华为吉林区域总部及长春研究所项目主要建设研发生产、市场服务和展厅等办公区域，员工食堂及公寓等生活服务配套相关设施	4月	100000
136	平安嘉里	长春平安嘉里置业有限公司	主要建设单体4栋，其中主要内容为AAAAA甲级商务办公写字楼、酒店、配套商业、停车楼、中庭下沉式广场和地下停车场等	8月	64000
137	国泰中心	长春市国晟房地产开发有限公司	占地面积2.76万平方米，总建筑面积7.16万平方米。主要建设12栋公建及地下车库	4月	58000
138	宽城子老城历史街区（东天街）项目	长春润德房地产开发有限公司	占用地面积1.72万平方米，总建筑面积3.29万平方米。保留修缮建筑物建筑面积0.11万平方米，新建地上建筑物建筑面积1.78万平方米，新建地下建筑物建筑面积1.39万平方米	4月	52000
139	长春市南部新城停车场（5处）项目	长春城投建设投资（集团）有限公司	分5个地块建设，建设5个立体停车场楼，总停车位987个，项目总占地面积1.92万平方米，规划总建筑面积4.28万平方米，其中地上建筑面积3.59万平方米，分为立体停车场3.06万平方米和便民商业用房5263.37平方米，地下建筑面积7001.89平方米，主要为消防水池、柴油发电机房等附属设施用房	—	34728
140	金豆怡康园	长春鸿运房地产开发有限公司	占地面积0.5万平方米，总建筑面积2.01万平方米。建设怡康园总部办公楼	4月	30000
141	中城建长春大厦	吉林中城建中大房地产开发有限公司	占地面积1.28万平方米，总建筑面积4.96万平方米。建设地上8层地下1层的商业商务综合楼宇	—	30000
142	湖畔国际	吉林省金盛房地产开发有限公司	占地面积1.7万平方米，总建筑面积为7.6万平方米，建设地上9层商业商务综合楼宇	—	30000
143	宝裕·揽境D区	吉林省利多房地产开发有限责任公司	占地面积0.67万平方米，总建筑面积2.01万平方米。建设商业建筑	4月	25000
144	钜城家居广场	吉林省钜城地产投资有限公司	占地面积3.8万平方米，总建筑面积21.9万平方米，包括配套商业、商务写字楼、配套住宅等设施	5月	134875

（市发展改革委）

数字产业化

【概况】 2022年，长春市建立净月数字经济产业园、长光航天航空信息产业园、净月国家广告创意（文化）产业示范园区、朝阳区人工智能创业园、启明软件园等数字经济产业园区。成立长春市数字经济产学研创新促进会，华为长春研究所、华为吉林联合创新中心、科大讯飞东北研究院等一批新型研发机构落位，初步形成国内龙头企业、本地企业、高校院所抱团发展态势。（尹秋竹）

【人工智能产业】 2022年，长春市推动人工智能与实体经济深度融合，以项目建设为载体，引导企业开展人工智能项目建设。征集2022年技术创新工程计划人工智能产业发展创新项目。结合“761”工程人工智能类项目建设，围绕人工智能产业化、制造业智能升级、人工智能场景应用示范、人工智能产业支撑体系建设等领域，滚动跟踪推进人工智能项目42个。其中，续建项目37个，新开工项目5个。项目总投资36亿元。

【软件服务业】 2022年，长春市有规模以上软件企业73户，比2021年增加16户。其中，年营业收入过亿元企业18户，上市企业3户，获得CMM/CMMI（软件成熟度）认证企业68户。1月至12月，全市规模以上软件和信息技术服务业营业收入71.07亿元，增长7.2%。长春市工业和信息化局从服务产业发展、促进产业集聚和引导产业转型3个方面推进软件产业发展。与重点软件企业建立即时沟通机制，及时掌握长春市软件产业发展状况、企业面临问题，研究制定产业政策。引导软件企业应用云计算、大数据、人工智能等新技术向工业领域拓展业务，促进制造业数字化转型。斯纳欧软件、启璞科技、长春必捷必信息等企业均开展转型并取得成效。

【云计算产业】 2022年，长春市推动东数科技与合作伙伴成立合资运营公司，以工业互联网和二级节点应用为切入点，打造吉林省首家具有核心技术云计算公司，推进长春市工业互联网、数字化转型发展。推动长春市智能装备产业联合会、达索系统、汽开区、长春合心凯达数字科技有限公司成立达索系统赋能长春创新中心，11月18日该中心启动，由长春合心凯达数字科技有限公司作为运营主体，总投资7500万元，总面积2500平方米。

长春算力中心启动建设，移动、华为等14个大中型数据中心建成使用，在线存储容量超过20拍字节。

（李　娜　尹秋竹）

【大数据产业发展试点示范项目】 2022年，长春市完成大数据产业发展试点示范项目申报工作。组织全市7个项目参加申报，其中吉林省智慧农业暨数字乡村建设工程一期“吉农云”全省全覆盖项目和基于工业互联网的J7整车智能工厂大数据融合创新应用2个项目被列入工信部试点示范项目。（尹秋竹）

11月18日，达索系统赋能长春创新中心在长春市启动　　（李　娜　供图）

产业数字化

【概况】 2022年，长春市开展工业互联网应用创新，推进智慧农业平台建设，融合发展数字技术与实体经济，数字贸易、新型电子商务、数字金融、智慧文旅、平台经济、网红经济等新业态、新模式运行平稳。

【工业互联网建设】 9月23日，工信部批复同意在长春市设立国家级互联网骨干节点，该节点为长春市市场主体在相关领域应用提供网络资源保障。推动东数科技开展长春市第一个国家综合型工业互联网标识解析二级节点运营、应用、推广等工作，为全市制造业企业提供产品溯源、供应链管理、产品全生命周期管理等数字化服务能力。推动新基建“761”工程工业互联网专项建设，工业互联网入库项目17个，以工业互联网和二级节点应用为切入点，打造吉林省首家具有核心技术的云计算公司，开展二级节点运营、应用、推广等工作。打造以“长春工业互联网产业园”为核心的“数字经济产业园”，完善智能制造重点项目储备库。截至年末，全市工业企业建设解放J7整车智能工厂等42家、佛吉亚旭阳汽车座椅数字化车间等87个、福耀公司自动化生产线等667条，引进和培育智能制造系统解决方案各类供应商63户。推动工业互联网龙头企业到长春市合作，促成市政府与中国信通院签订战略合作协议，推动百度集团与长春市深度合作。（李　娜）

【工控安全保障】 2022年，长春市开展工业互联网发展情况和网络安全分类分级指导工作。组织长客股份、合心机械等重点企业参加工信部工业互联网企业网络安全分类分级管理试点工作视频部署会和“筑牢工控安全基石，推动产业数字转型”工控安全宣讲活动。

（张　吉）

【智能网联汽车应用】 2022年，长春市支持中国一汽自动驾驶车辆先测先行，推动开展示范运营，准许L3级车辆（特指红旗E-HS9车型）在长春市经评估符合条件限定区域及路段开展上路试点、示范运行。旗妙出行［中国一汽旗下红旗智行科技（北京）有限公司自主研发且拥有全部知识产权的智享出行平台］承接长春一汽集团总部、松原市查干湖、北京市南海子公园等场景L4级自动驾驶出租车及小巴测试及示范运营工作，建立较为完善自动驾驶运营体系。截至年末，旗妙出行运营L4级自动驾驶车辆20辆，接单4588单，运营里程超10万千米。 （刘　馨）

【智慧农业建设】 2022年，长春市打造“三微、一站、一平台”一体化媒体宣传矩阵，采集数据40余万条，制作视频300余个、实用技术文档800余篇，收集病虫害、作物缺素图片千余张。搭建“长春市智慧农业综合服务云平台”，包含农业信息服务5个应用场景，提供农情监测等服务。实施农业物联网工程，投入物联网项目建设资金1691万元，在九台区、双阳区建立大田作物生产“四情监测”站43处、温室作物监测点100栋。在公主岭市和农安县启动实施数字种植业创新应用基地建设项目，实现对玉米生产实施全程精细化、数字化、智能化管理。开展无人作业试验示范，长春市拥有无人航空器510架，无人植保作业面积8.8万公顷，占粮食播种面积5.6%。在农安县和公主岭市开展农业生产全过程无人作业试验，系统展示93.33公顷耕地“耕、种、管、收”各环节无人化作业应用场景，实现“三节（节水节肥节药）、三省（省工省电省地）和三增（增产增收增效）”。 （魏　巍）

【两化融合工作】 2022年，组织企业申报国家、省两化融合贯标试点，指导获批试点企业开展两化融合管理体系认证，长春柏城机械有限公司、合心机械分别通过国家两化融合管理体系A级和AAA级认证。长春市有福耀集团、亚泰集团、中车长客、国网吉林电力、柏城机械等5户企业通过两化融合管理体系认证，长客股份、一汽轿车等20户企业获批国家级两化融合管理体系贯标试点，吉通机械、禹衡光学等10户企业获批省级两化融合管理体系贯标试点。 （张　吉）

1月15日，在富晟物流公主岭范家屯智慧物流园区六号库，红旗备品中心库（长春）开库，标志富晟物流为红旗备品业务专属打造“数智云舱”投入运营 （李　娜　供图）

【服务业数字化】 2022年，长春市建成富晟物流红旗备品中心库“数智云舱”，实现5G全库覆盖，是国内第一家5G企业专网全库覆盖，实时监控运营数据和智能化设备状态，实现物流互通互联。库区上线使用5G AGV搬运机器人、四向穿梭车立体库、智能装备实验室、CCR数字孪生可视平台、SCV运营驾驶舱等11项国内顶尖数智化设备技术，代替传统机械化和人工作业模式，实现大数据指导、智能化自动搬运、分拣，满足红旗全国市场60万保有量售后备品服务需求。中韩（长春）国际合作示范区，围绕“丝绸之路”搭建长容国际B2B平台、KCR跨境购平台、跨境电商产业园、数字经济产业园。打造国际汽车创新技术转化交易平台、汽车贸易跨境合作出海平台、全球顶尖汽车文化传播平台、全球汽车市场+资本对接平台，构建世界新能源汽车贸易集散地，实现“买全球、卖全球”长春国际汽车展销生态。2022年，长春市有电子商务企业2900余户，有国家级电子商务示范基地1个，国家级电商示范企业3户，省级电商示范基地10个，省级电商示范企业43户，电子商务进农村综合示范项目3个，在淘宝、天猫、京东等知名网络平台上活跃网商数量约21.9万个。 （《长春年鉴》编辑部）

通信业

【概况】 12月27日，印发《关于进一步规范新建项目规划红线内配套管网工程审批流程工作方案》，红线内光纤到户、基站及室内分布建设纳入工程基本建设程序，通信报装、验收实现闭环管理。下发《宽带接入市场专项整治行动实施方案》，排查整治排他性经营和限制竞争等行为。编制《2022年长春市乡村建设行动实施方案》《长春市民生服务战略联盟合作协议》。

【通信弱覆盖】 成立长春市通信弱覆盖推进工作专班，统一调度4户电信企业，形成长春市区及省内重要区域通信网络弱覆盖清单；推进“市内11所高校弱覆盖工作专班”，完成31个弱覆盖场景中10个建设，节省场地租金每年21.28万元；协商省公安厅反恐基地，解决反恐基地无线信号弱覆盖问题，同意“无偿提供机房、楼面建设用地和免费用电”，节省场地租金每年3.04万元。

【通信保障】 新冠疫情期间，市通

信办联系市政府、市发展改革委、市交通局及市防疫领导小组办公室等部门，分10批次发放14家通信管理部门及企业应急物资通行证2251张，发放电子通信运营商审批在岗通行证92张，调配出动通信保障人员2.92万人，保障车辆7253台，抢修通信基站、固网和宽带故障1.98万处。配合市政府办公厅、市工信局、市城管局等单位，开通南岭等5处医院及应急基站。组织电信运营企业完成“农博会、电影节、航空展、二十大”等12次重要活动应急通信保障任务，活动现场出动应急通信、发电车辆32辆，保障人员450人。6月16日至26日，通过《汽车大路新建管道的共建信息表》，市移动、联通、电信联合完成1.8千米管道建设及光缆布放，保证6月28日一汽奥迪新能源汽车（PPE）项目开工仪式向全球直播。（王　悦）

【中国联通长春分公司】　2022年，中国联合网络通信有限公司长春市分公司主营收入29.71亿元。坚持双融主线，以收入达成为目标，统筹经营调度，以5G化、千兆化、全融合化为引领，一体化过程管控，明确调度评价闭环机制。实现移动网络发展87.77万户，宽带发展21.12万户。实施“退3、优4、强5（精简3G网络，优化4G网络，建强5G网络）”策略，打造干净频率、结构精简、覆盖完善、体验优良5G/4G精品网；宽带网全光接入、全域千兆、全屋Wi-Fi、全天候服务，强化端网业服协同，提高端到端质量；政企网贯彻“覆盖广、多接入、体验优”策略，满足重要客户组网需求。完善营服体系建设，通过组织优化、干部调整、定岗定编等方式，调整存量用工结构，通过激励及考核手段激发员工活力，健全、建强营服队伍。落实“网格化+大数据+铁脚板”效能评价，强化闭环管理，规范化、常态化开展效能分析、薪酬分析，推动建立对场景赋能机制。（夏莹博）

【中国移动长春分公司】　2022年，中国移动长春分公司通信客户525.2万，行业份额占比48.96%，5G用户256万，行业份额占比44.08%。新增高价值用户占比由38%提升至48.8%，提升10.8个百分点；存量维系年离网率由16.8%降至15.6%。新增份额37.9%，净增份额57.5%。全年交付家庭宽带小区1015个，新增家庭宽带覆盖用户49.2万户，家庭宽带覆盖率96%，提升13个百分点；农村覆盖率89%，提升33个百分点。政企业务支撑交付专线平均建设时长4.8天，专线开通及时率95.1%；完成79条3A专线、7条重保专线组网合规性整治，专线红橙黄蓝故障量压降69%。企业宽带场景覆盖点位3202个，点位覆盖率34%，新增企业宽带覆盖用户13.7万户，总量30.3万户，151个金牌楼宇100%覆盖。千兆宽带用户7.1万户（全省占比52%），千兆宽带净增6.4万户，比2021年增长904%，千兆宽带占家庭宽带比重10.2%；打造16个千兆示范精品小区，完成县域以上区域千兆平台部署，千兆端口覆盖用户353.7万户，城区XGPON端口占比65%，166.5万个家庭宽带端口具备FTTR（光纤敷设到远端节点，是光纤接入基本技术方式）发展能力。智家产品、宽带电视36万户，增长38.3%；智能组网17万户，增长81%；分场景发展模式，建设数字乡村达标村301个，新增智慧社区注册小区242个，摘牌54个高价值小区，攻坚707个农村小区，拉动家庭宽带用户新增4.1万户。“政企增收占整体增收比”及“DICT（在大数据时代DT与IT、CT深度融合）收入占政企收入比”均超过50%，增长65.1%；木本收入体量逐步上升，专线收入及规模比2021年增幅近50%，均全省排名第一，收入份额提升4.1个百分点。新兴市场全年收入1.52亿元；移动云盘App活跃用户40.5万户，云游戏活跃用户净增13.6万户，咪咕视频活跃用户净增45.1万户；权益融合产品用户净增33.4万户。新增商圈终端型渠道20家，5G终端机套匹配率60%，提升24.7个百分点，登网率84%，提升7.4个百分点；新建专营型社区店167家；泛渠道拓展3867家，提升6.3个百分点，活跃渠道提升11.8个百分点，重点业务占比提升26.7个百分点；全市101个乡镇100%实现渠道覆盖，入网有销率95.6%，提升0.4个百分点，宽带有销率59.4%，提升4.1个百分点。推进网格运营3.0升级，高价值小区摘牌54个。新增汇聚机房7处，完善汇聚机房配套升级77处；新增主干管道30段，完善城区新增汇聚机房与主路连通、城市新开道路及公主岭区域连通能力；新增综合业务区光交126座，总量5389座，分纤点密度每平方千米10.2个，C-RAN（新型无线接入网构架）成环率提升33个百分点，变为79.1%，突破完成VC-OTN（高带宽政企专线业务）与SDH（同步数字体系）融合试点割接，成为全省首个O改S地市。长春移动九台分公司打造长春地区首个数字乡村茂林示范村。开展高校、商场、医院等395处高流量重点场景室分建设，改善热点场景用户体验；解决关键站址及高价值站址99个，站址开通区域覆盖率提升5.3%。（刘　铮）

【中国电信长春分公司】　2022年，中国电信长春分公司（简称长春电信分公司）实现业务收入18.96亿元，比2021年增长6.95%。公司利润提升14.2%。移动网用户市场份额20.27%，提升1.72个百分点；宽带用户市场份额31.34%，下降2.46个百分点。2022年，长春电信分公司被中国通信企业协会授予“用户满意企业”称号。依托自有营业厅搭建“爱心翼站”服务平台，定期在厅店内或联合社区及反诈中心组织防诈知识宣传讲座。提供通信网络、信息化应用、云计算、大数据、物联网、安全防护等综合性服务。新增宽带用户10.5万户，整体覆盖297.8万户，综合覆盖率86.7%，新增光端口6.34万个，光端口总数181.24万个；光端口实占率40.6%，比2021年下降3.01%。开通千兆小区1394个，千兆覆盖134.2万户，占整体覆盖45%。其中，市区覆盖率44.9%，县域覆盖率45.7%。2022年，长春电信分公司未发生“恶意扣费”“恶意限制用户更改套餐”“不明扣费”“漠视侵害群众利益”等服务事件。有效申诉量下降15%。百万用户申诉率<90人次；用户满意度测评显示，渠道服务水平、装维服务水平同业第一。长春电信分公司牵头反诈及骚扰整治，2022年“12321”平台下降87%；合成作战平台下降74%，“12321”骚扰下降20.2%。（辛思尧）

【无线电管理】　2022年，长春市开展整治“黑广播”专项行动，监测广播频段频率占用和播出内容情况，查测定位“黑广播”9个。配合相关考试主管部门，执行公务员考试、高考、司法考试等各类考试无线电安全保障任务26次54天。配合市委组织部和市人事考试中心确保考场压制设备全覆盖。业余无线电台网上预审后，到天骄大厦行政审批服务窗口审批，一次性办理无线电发射设备检测、无线电台识别码（呼号）行政许可、业余电台设置使用行政许可、无线电台执照核发等业务。实现“只跑一次，即到即办”，2022年该项业务办结101个。完成国家无线电办公室专项监测任务，上报省和国家《频谱监测工作月报》11份，监测无线电频率11000余个，月均监测时长超过220小时。查测处置有害无线电干扰17起（含“黑广播”9起、民航干扰1起、沈铁长春电务段干扰1起、长春移动及长春电信基站干扰各1起和非法中继干扰4起），其中夜间和节假日查处5次。城区建设三类固定监测站5个，监测及测向频率范围均为6千赫。城区建成以天骄大厦一类固定站为中心，外围5个三类固定站为监测覆盖优化的监测网，核心监测测向能力由原有3千赫工作范围升级至测向6千赫和监测8千赫。完成移动监测车升级改造项目，该项目由省工信厅统一招标实施，按照二类移动监测站标准将核心测向能力提升至6千赫、监测能力提升至18千赫。　（王　钊）

数字化应用

【智慧城市建设】 2022年，长春市建成市、县、乡、村四级联动数据共享交换平台，开展政务数据共享“百日攻坚”行动，打通共享75个部门2099项100亿条数据，支撑行政审批、政策直达、精准招商等600余个业务场景应用。接入视频点位4.98万路。其中，市公安局点位4.53万路，市教育局点位4434路，实现视频数据由视频专网向政务外网安全整合，解决视频资源“多头建设、重复投入、无法共享”矛盾问题。建设各类智慧应用场景25个。

“优政”领域　推进省统建一体化政务服务平台在全市部署应用；政策直达场景变“企业找政策”为“政策找企业”，实现惠企政策在线直达、智能匹配、免申即享、自动兑现，平台入驻市区两级283个政策299个政策服务事项，兑付5693次资金1.7亿元，减免32.49万户企业（个人）资金42.52亿元。

“兴业”领域　建设精准招商场景，引入外部数据资源，绘制产业图谱，挖掘产业链关联关系，锁定招商对象；建设数智云场景，构建数据服务、人工智能、云计算服务供需撮合交易平台，推动数字产业融合、增强数字服务能力、赋能企业数字化资源、构建数字服务生态。

“善治”领域　发挥大数据、人工智能在城市管理和社会治理领域应用。交通治堵场景，初步实现城市路网运行状态可视化监测、预报预警和分析研判；生态环境智慧监管场景，实现大气、水质及固体废弃物等实时监测、溯源分析、预报预警、协同监察、智慧调度等于一体智慧监管功能。

“惠民”领域　建设精准供热场景，通过物联网设备实时采集热企供热数据，监控供热质量；建设智慧泊车场景，整合全市停车资源，构建全市1个停车场。

【数字政府建设】 2022年，制定《长春市数字政府建设三年行动计划（2023–2025年）》，启动项目36个。长春市政务云平台上云系统195个，2022年新增上云系统25个。优化云资源，完成44个系统缩容，释放资源478项。电子政务外网连通全市1546个党政机关和企事业单位，2022年新增政务外网联网单位164个，实现市、区（县）、街道（乡镇）三级全覆盖，社区接入率91%。5G网络实现城区室外连续覆盖、县城部分重点区域覆盖。完成市数据共享平台迁移升级，政务服务部门覆盖率100%，共享百亿级数据资源。推进“一平台、一园区、一基地、两中心”建设，长春数智云平台上线运行，入驻企业17户、服务产品185个。45户企业入驻净月数字经济产业园。“灵动长春”App上线政策直达“掌上办”功能，完成“长春市政策服务大厅”改版，优化和新增功能18项，2022年新增政策文件130个、政策服务事项44个，兑付和减免40余亿元。新冠疫情期间，紧急开发全市疫情可视化大数据平台，快速部署物资保供智能外呼平台、商贸企业电子在岗证系统、交通运输企业电子通行证系统、药店电子在岗证等系统等10余个平台系统。

【数据共享建设】 2022年，对接和替换省建平台和市建平台数据目录、资源、授权等环节。建立议事协调机制，确定各相关部门责任处室和责任义务，完善联络人沟通机制。推动各部门依托数据共享交换平台挂载资源目录89个，数据资源2136项，完成数据集订阅申请审批3848次。新增发布40个数据接口服务指南，共享数据资源实现百亿级别。印发《长春市加快推进电子证照扩大应用领域和互通互认工作责任制》，组织市房管局、市规自局开展房屋预售许可证和不动产登记证电子证照制发和应用工作试点。年内，申报“居民身份证电子证照试点城市”“数据直达基层试点城市”2个试点城市建设。　（尹秋竹）

延伸阅读>>

《长春市数字政府建设三年行动计划（2023–2025年）》总体架构

构建“567”总体架构，统筹建设五大数字基座和六大协同平台，根据业务需求打造七大应用体系，通过中枢实现数据和应用的共通、共融、共享，力争实现线上线下相融合的整体性治理格局，推动数字政府高标准建设、高质量发展。

“5”：五大数字基座。打造“云、网、数、智、安”五位一体的数字化基础平台，建设一体化政务云平台、电子政务网络平台、数据资源管理应用平台、基础能力支撑平台和网络安全集约化管理平台。

“6”：六大协同平台。按照整体性治理理念，推进政务协同、治理协同、决策协同、办公协同、指挥协同、服务协同平台建设，提升跨层级、跨地域、跨系统、跨部门、跨业务的协同治理和服务水平。

“7”：七大应用体系。聚焦经济运行、综合监管、社会治理、公共服务、生态治理、政务运行、政务公开七大领域数字化应用，全面推进数字政府建设。

【统计大数据决策服务平台】 2022年，长春市率先在全国副省级城市建立统计大数据决策服务平台，智能分析经济运行规律和态势。建立“数据长春”App手机客户端。浙江省杭州市、新疆维吾尔自治区阿勒泰市、黑龙江省黑河市到长春市学习和交流统计大数据决策服务平台和手机App。长春市2个区作为全省电子统计台账试点单位，在企业需求调研、指标设置、软件运行环境等方面，反馈省局建设性意见和代表性建议。 （陶艺文）

【自然资源管理数字化建设】 2022年，长春市借助全市数据共享平台挂载57类数据资源，实现数据资源有效共享300余次。对接吉林省“一网通办”业务需求，开展审批系统与省政务平台有效对接和建设工作。开展智慧城市三维数字底板建设，推进城市信息模型（CIM）建设。 （李 勇）

【生态环境遥感数据应用】 2022年，长春市联合国家生态环境部信息中心+长光卫星+净月高新区平台公司，打造国家级生态环境遥感数据创新应用中心，组建生态环境遥感数据应用产业联盟，在全国范围内推广“遥感数据+信息技术”融合服务模式。

（《长春年鉴》编辑部）

【智慧广电建设】 发展“互联网+政务服务”，打造全国首批“社保进万家”信息化服务平台。8月，“社保进万家”电视端信息化服务平台增加查询个人社保缴费、养老保险发放、失业待遇等相关信息，了解“政策法规”“业务指南”“热点问题”等社保相关资讯，形成社保服务窗口、电脑端、电视端、手机端联动，搭建长春市民线上服务场景，实现市民足不出户掌握社保资讯。开展“村村通”升级“户户通”维护工作，拆除非法卫星地面接收设施9891套，完成国家广电总局境外卫星电视管理长春实地检查。规范广播电视应急宣传体系，部署播出调整109次，下发宣传工作提示39次，完成2个重保期3场重要活动总台并机转播工作。

（王 冠 韩 凯 王靖然）

【智慧康养服务】 2022年，长春市推行“三镇七街公共卫生服务资源+智慧医疗+慢病管理+居家养老”网格化、一体化创新模式，协同净月吉润医院+长春中医药大学附属医院+泰康之家，率先打造净月全场景智慧康养示范城。

（《长春年鉴》编辑部）

净月数字经济产业园区

【概况】 净月数字经济产业园采用“一园多区”模式，分为起步区、核心区、拓展区。起步区建筑面积4.2万平方米，总投资5.6亿元。建设总部基地、平台基地、数字基地、展示中心及公共服务区4个功能区，重点吸引生态龙头企业开设办事处、设立区域中心、组建分公司（子公司）。2022年，园区营业收入9.31亿元，纳税1491万元，吸纳就业1030人，获批吉林省第七批省级服务业集聚区资质。入驻实体企业34户，重点包括神州控股因特睿、京东科技、苏州布瑞克、用友科技、东数科技、4K花园、安恒信息、易启科技、天云信息等数字龙头企业和服务机构。核心区建设数字科技孵化基地、长发智慧城市产业中心、未来城数据中心。先期落位企业59户，重点包括网易数字产业中心、芯光产业园、联通（吉林）产业互联网有限公司、东软国际、华信科瑞光波导芯片及衍生产品研发生产基地等企业和园区。芯光产业园与长春理工大学合作共建，引进智能传感、光谱芯片、光通信等等技术领域企业32户。其中，国家高新技术企业6户、“小巨人”企业2户。拓展区涵盖电信、移动、吉林省大数据灾备中心等IDC（互联网）数据中心，智能制造赋能中心+长春算力中心，大陆电子、富维伟世通、英纳法、慧程汽车、通视光电等企业数字产品制造基地（汽车电子）。

【新基建项目】 净月数字科技孵化基地总建筑面积14.72万平方米，建设12栋商务建筑，部分交付使用。联通（吉林）产业互联网有限公司、华信科瑞光波导芯片及衍生产品研发生产基地场地进行装修。与中国科学院东北地理与农业生态研究所合作共建净月卫星遥感试验站升级为国家站，农田信息无线传感器全部覆盖，百亩卫星遥感监测试验农田投入使用。长发智慧城市产业中心总投资20亿元，占地面积3.7万平方米，包括智慧城市大脑、数字长春、智慧城市建设、数字基础设施投资、数字企业总部等。一期建筑面积10.8万平方米，投入使用。未来城数据中心占地面积2.4万平方米，建筑面积10.13万平方

7月，长春吉润净月医院建设项目一期工程规划许可公示，医院位于新城大街以东，飞虹路以南。占地面积10万平方米，建筑面积32.72万平方米，容积率2.35。图为效果图 （长春吉润净月医院 供图）

米，总投资13.9亿元，主体工程全部完工。提供数据基础服务，IDC技术、定制云等高端服务，大数据、人工职能、物联网等数字技术应用。国家级数据中心（T4）数据产业基地建设机柜3874台。

【算力中心建设】 长春算力中心由长发集团子公司东北亚数字科技有限公司投资建设，华为技术有限公司参与合作，占地面积5280平方米，总建筑面积2310平方米，采用集装箱装配式快速建设。一期工程投资5.828亿元，建设“一中心四平台”（算力中心，公共算力服务平台、科研人才培养服务平台、产业聚集服务平台、应用创新服务平台），是省内首个大型算力基础设施。建成同时输出超算5P和智算100P算力，应用于稀土材料应用、计算物理、自然语言大模型、智慧城市人工智能应用、高校教学算力应用等领域计算。二期建设经市政府批复同意，以东数科技公司为建设主体，同步推进可研立项、手续办理等前期工作。（冯馨蒂）

【重点项目】 芯光产业园项目　由净月高新区与长春理工大学合作开展，融合大学科教研发资源与净月优质创新资源。2022年，净月高新区为“长春芯光产业园”提供净月创业服务中心1.21万平方米过渡场地，在场地内打造特色众创空间、光电领域专业孵化器、数字科技企业加速器和公共技术服务平台等双创业态，落位求是光谱、珩辉测量、光客科技等高成长企业31户，企业营业收入1.52亿元。

网易（长春）数字产业中心项目　重点发展“数字文化”“科技文创”数字产业，打造网易生态合作企业集聚地和吉林省数字经济示范高地。项目于2022年6月落位净月高新区数字科技孵化基地4号楼、5号楼，总面积9549.55平方米，打造“一中心+三平台”，即网易（长春）数字产业中心，工业互联网产业平台、科技文创产业平台和数字创新服务平台。

12月，净月数字经济产业园落位国际级别数据中心6个，建成机柜3874台

（胡百高　供图）

布瑞克“豆业云”项目　是苏州独角兽企业布瑞克（苏州）农业互联网股份有限公司在吉林省布局农业云平台，由子公司吉林豆云产业互联网科技有限公司负责运营。“豆业云”定位于中国食品豆产业互联网平台、中国食品豆产业一站式供应链综合服务平台，致力打造集在线交易、智慧物流、供应链金融产销调度、农业信用等中国食品豆供应链一站式综合服务平台，实现大豆产业全链条供需流通数字化，提高食品豆流通效率和交易规模。布瑞克农业互联网业务涵盖农业农村大数据、农业产业互联网、农业农村数字金融等产业群组，总数据量超过10亿条，向全国400余个县域和10万余户食品企业提供智慧农业解决方案，主要客户包括中粮、中储粮、光明、广东农垦、双汇、北大荒、蒙牛、伊利等行业龙头企业。

【重点企业发展】 联通（吉林）产业互联网有限公司　2022年8月在净月数字经济产业园注册成立，是经中国联合网络通信集团有限公司批准，在全国设立8家产业互联网子公司之一，重点围绕工业互联网、智慧城市、数字政府、智慧农业、智慧民生、教育医疗、交通物流等9个领域拓展区域业务。

用友网络科技股份有限公司吉林分公司　2022年落位净月数字经济产业园，该公司是中国企业数智化服务和软件国产化自主创新领导品牌，全球领先企业云服务与软件提供商，协助政府机关、企事业单位实现ERP部署和信息化建设，市场占有率和行业覆盖率均为行业第一，生态伙伴及分销伙伴公司200余家。

易启科技（吉林省）有限公司　在国内较早从事人工智能领域机器视觉识别研发与应用，业务为“视频结构化”“工业视觉”和“数智产品”3个方向，产品及解决方案涉及商超零售、汽车整车及零部件检测、应急管理、教育、政法、农业等行业。是国家高新技术企业、吉林省科技“小巨人”企业、吉林省及长春市专精特新中小企业。有员工130余人，其中科技研发人员超60%，专利及软著50余项。易启科技通过ISO9001管理体系、CMMI三级、软件产品及软件企业“双软认证”等认证。公司融资A+轮，估值2.1亿元。易启科技（吉林省）有限公司营业收入连续3年持续增长，2022年营业收入3000.16万元。（胡百高）

汽车产业

QICHECHANYE

综 述

【汽车产业发展规模】 2022年，长春市汽车产销量分别为136.1万辆和136.2万辆，汽车工业实现产值4118亿元，占全市规模以上工业总产值的63.1%，是全市工业第一大产业，其中一汽在长口径完成产值3900亿元。长春市汽车产业集群晋升国家级先进制造业集群，成为国家先进制造业集群汽车组3个获胜集群中唯一以单个城市作为参赛主体的综合性汽车集群。捷翼汽车零部件成为东北估值最高独角兽企业。2022年，长春市汽车产业集群实现产值6142亿元。

【汽车工业复工复产】 2022年，长春市分别于3月初和11月底两次受疫情冲击，长春市工业和信息化局成立统筹疫情防控和一汽集团稳生产工作专班，出台《长春市关于统筹推进全市工业企业疫情防控和有序启动复工复产实施方案》，3月初疫情期间，解决一汽集团车辆通行、员工返厂等问题5448件。从4月10日开始，五天时间内，一汽五大主机厂及65户准时化供货企业实现全面复工复产；10天时间内，502户配套商全面复产；25天时间内一汽集团实现满产。在年初疫情应对经验基础上，长春市采取“闭环泡泡”方式，闭环保障生产，一汽五大主机厂5天时间解决生产问题。

【自主品牌建设】 《2022年中国500最具价值品牌》报告显示，中国一汽品牌价值4075.39亿元，红旗品牌价值1036.08亿元，解放品牌价值1077.82亿元。2022年，红旗品牌完成从轿车到SUV、从汽油车到电动车全面布局，产品覆盖多个细分市场，实现销量31万辆，比2021年增长3%，整车销量5年增长65倍，持续保持豪华品牌第二梯队领头羊位置。“红旗系列乘用车的研发和应用项目”凭借在品牌理念、掌握关键核心技术、过程系统管理等方面突出成绩获第二十届全国质量奖卓越项目奖。解放品牌持续保持中重卡商用车市场占有率第一，实现销量17万辆，中重卡国内市场份额提升1.9个百分点。奔腾品牌加快转型升级，2022款奔腾B70及2022款奔腾T55上市。

【重大项目建设】 2022年，长春市在资金、政策、项目方面全力保障，推动一批重大项目加快落位、加快建设、加快投产，持续积蓄发展动能。汽车整车方面，新增新能源整车产能20万辆的一汽红旗繁荣基地、新增整车产能7万辆的红旗长青基地、新增新能源整车产能6万辆的一汽奔腾NAT扩能项目、新增商用车整车5万辆的一汽解放J7智能生产基地、新增产能12万辆的一汽丰越RAV4新车型导入及扩能项目相继竣工投产；新增30万辆产能的奥迪一汽PPE新能源生产基地加速建设。汽车关键零部件方面，富赛电子产业园、玲珑轮胎、中法智能产业园等一批关键汽车零部件项目陆续开工建设。

【技术创新】 2022年，一汽集团推进创新驱动发展战略，支持构建以长春为总部“四国十地”全球化研发布局，完善红旗品牌“两部六院”研发体系，打造C+级电动化智能网联汽车平台，关键技术指标达到国内领先、世界先进水平，实现红旗、解放、奔腾三大自主品牌十大关键技术突破。

【产业生态融合发展】 2022年，长春市依托汽开区红旗、解放、轿车、大众等9个项目服务局服务汽车产业发展。整合企业、高校院所等创新资源，创立红旗产学研创新联盟、固态电池协同创新平台，建立产学研精准对接和专业服务良好模式。推动一汽与吉林大学共建“红旗学院”，为一汽发展“量身定制”打造适应产业需求的高素质人才。推动深商控股、建设银行、长发集团等发起设立600亿元红旗产业发展基金，助推汽车产业高速发展。

【中国第一汽车集团有限公司】 2022年，中国第一汽车集团有限公司（简称中国一汽）内降成本、外拓市场，在销量和收入有所下降的情形下，继续保持利润增长。全年销售整车320.4万辆，比2021年下降8.5%；营业收入5898亿元，比2021年下降16.4%；利润490亿元，比2021年增长1.6%。中国一汽红旗品牌实现销量31万辆，比2021年增长3%，站稳中国高端品牌第二阵营第一位置。解放品牌实现销量17万辆，中重卡国内市场份额提升1.9个百分点，保持行业第一。发布《创新·2030中国一汽阶旗技术发展战略》，全年研发经费投入强度超过3%，突破关键核心技术

75项，国资委重大科技专项一期任务全部通过验收并获得肯定。专利公开量、授权量位于行业第一，一批创新产品上市并获市场好评。一汽大众强化管理、降本增效，尽管销量下降但利润保持增长。一汽丰田深化改革，实现量利双增、效益攀升。资本控股公司主业支撑作用持续增强，海外出口继续保持高速增长，“旗E春城 旗动吉林”项目高效推进。国企改革三年行动计划主体任务高质量提前完成，在中央企业改革三年行动重点任务考核中获评A级，所属“双百企业”获评“优秀”。在“世界品牌大会”发布的2022年《中国500最具价值品牌》分析报告中，中国一汽2022年品牌价值为4075.39亿元，排名第九，连续19年位居汽车行业最具价值品牌榜首。在2022年《财富》世界500强排行中，以1094亿美元营业收入列榜单第79位。（张　锐）

国际汽车城建设

【规划编制】 2022年，长春市高质量编制《国际汽车城发展规划》，明确国际汽车城发展目标，到2025年，长春国际汽车城实现“651”产业发展目标，国际汽车城规模以上工业总产值达到11000亿元以上。明确国际汽车城发展路径，围绕支持一汽创建世界一流企业、共同打造世界一流汽车城，创建“世界级行走工业走廊”，实施“百千万亿”工程。明确国际汽车城空间布局，打造“一核双翼八带多园”，构建一核引领、双翼升级、八带提速、多园布局的高质量产业发展格局。

延伸阅读>>

“651”产业发展目标：

“6”指的是全力支持一汽集团旗下红旗、解放、奔腾、大众、奥迪、丰越六大整车厂做大做强，“5”指的是培育壮大500户亿元级零部件企业，“1”指的是打造世界级轨道装备制造基地。

“百千万亿”工程：

“百亿”工程指的是创建一批百亿级配套企业；“千亿”工程指的是建设千亿级的世界级轨道装备制造产业基地；“万亿”工程指的是建设世界一流、国际闻名的万亿级汽车产业基地。

“一核双翼八带多园”：

在“点”上，重点发展汽车产业和轨道交通产业，全力打造“一核”，主体为“一城一基地”。“一城”，以长春国际汽车城为空间载体（包括汽开区以及高新区、绿园西新工业集中区、朝阳经开区部分区域、公主岭市大岭镇、范家屯镇），全面打造世界级汽车整车及零部件研发、生产和后市场服务基地，构建汽车产业高质量发展示范区；“一基地”，包括绿园经开区、宽城经开区，建设世界级轨道交通全寿命周期产业基地。

在“线”上，围绕零部件配套和后市场服务等重点发展方向，打造“双翼多园”空间布局。“双翼”即汽车零部件和新能源发展翼（经开区、中韩示范区和北湖开发区部分区域），汽车电子和后市场服务发展翼（净月区、莲花山开发区部分区域）；“多园”即以上区域以外的各县（市）、区所属的多个产业园区。

在“面”上，加快释放“一主六双”战略的引领力、推动力、支撑力，辐射带动全省各市（州），全力打造长吉平精密机械加工发展带、长吉松石油化工发展带、长吉辽轻量化发展带、长吉电子信息发展带、长平专用车发展带、长松白（城）延氢能源示范应用发展带、长梅通关键基础材料发展带、长（春）延白（山）长（白山管委会）汽车文旅发展带“八线”。

【国际汽车城专班】 2022年，长春市制定《国际汽车城专班工作方案》，构建国际汽车城专班“151”组织体系，即设立1个专班办公室、5个工作推进组、全力构建国际汽车城100千米半径区域最优配套体系。严格落实专班“八抓”（抓规划落实、抓机制构建、抓项目谋划、抓精准招商、抓项目建设、抓要素保障、抓市场开拓、抓问题破解）、专班办公室“五位一体”（一体化推进综合协调、要素保障、项目推进、助企服务、科技创新）工作职责。加强专班机制“五个常态”（常态化开展周调度监测、月汇总分析、季度小结讲评、半年工作总结、全年绩效考评）。专班先后召开3次专题调度会议、6次推进会议，明确各工作推进组、各成员单位职能作用，指导各作战单位成立分专班，推进落实重点任务。

【汽车产业布局】 2022年，长春市围绕链长制工作，以建设“国际汽车城”为主线，围绕“一核双翼八带多园”产业空间布局，以城促链、以链兴城，构建产业链配套“三区”（核心区、协同区、拓展区），打造100千米最优配套半径区域。核心区包括7个区域部分，汽开区重点发展汽车整车及核心零部件，长春新区高新区、绿园经济开发区（南区）、朝阳开发区、公主岭市范家屯镇和大岭镇、宽城经开区重点发展汽车关键零部件。协同区包括4个区域部分，经济开发区、长春新区北湖开发区重点发展汽车关键零部件，中韩示范区重点发展国际合作、固态电池及高端装备制造，净月开发区重点发展汽车电子和后市场服务。拓展区包括8个区域部分。其中，二道区、双阳区、九台区、德惠市、榆树市重点发展汽车零部件配套，农安县重点发展汽车零部件配套，南关区重点发展汽车后市场服务，莲花山度假区重点发展汽车文旅。

【工作实施】 2022年，长春市制定《国际汽车城工作实施方案》，确定产值规模、生产能力、配套能力、技术创新、项目投资、智能网联、后市场服务、区域联动发展、绿色发展等“九大发展目标”，打造国际汽车城“三区”（核心区、协同区、拓展区），打造100千米最优配套半径区域，实施产能提升、新能源超越等“十项重点工程”，26项重点任务。制定《国际汽车城2022年工作要点》，聚焦“五个提速一个突破”（机制运转提速、发展目标提速、项目建设提速、助企服务提速、平台支撑提速，后市场服务突破）目标，推动完成15项重点工作任务。

【重点项目】 2022年，长春市围绕推动国际汽车城高质量发展，推进“六个回归”（产能回归、排产回归、配套回归、创新回归、结算回归、人才回归）。围绕“产能回归”和“排产回归”，开展“奋战100天、打赢三季度”专项行动，推动一汽、长客开足马力、释放产能，实现达产超产。围绕“配套回归”，148项5000万元以上项目全部开工建设，总投资358亿元奥迪PPE项目提前一个月完成主体机构封顶，总投资135亿元比亚迪动力电池项目完成暖封闭。加快建设国家新能源换电试点示范城市，落实“旗E春城”换电新能源车推广，全市建成换电站65座。围绕“创新回归”，加快推动红旗学院、红旗产学研创新联盟、固态电池协同创新中心建设，服务指导一汽旗智汽车产业创新中心和中车长客产业创新中心创建国家级制造业创新中心。一汽解放300台氢燃料电池车交付使用，商用车产业向新能源领域加速迈进。围绕“结算回归”，推动敏实集团、东软电子、库卡机器人、格林圣象轮胎、富奥威泰克汽车底盘等15个项目在长设立结算中心，推动一汽大众销售公司独立入统入库，推动中车长客同市轨道交通集团组建合资公司。

【长春市汽车产业集群入选国家先进制造业集群】 10月27日，工信部公示第三轮先进制造业集群决赛优胜者名单，长春市汽车产业集群入选国家先进制造业集群。在国家先进制造业集群竞赛中，通过吉林省和长春市共同努力，长春市汽车产业集群凭借规模实力强、创新能力强、带动能力强等优势，以专家评分第1名成绩战胜广州、宁波、合肥等强劲对手，成为汽车组3个获胜集群中唯一一个以单个城市作为参赛主体的综合性汽车集群，也是东北地区体量最大的国家级先进制造业集群。（张　锐）

9月25日，长春市在工信部组织的国家先进制造业集群竞赛决赛中完成长春市汽车产业集群工作汇报
（市工信局　供图）

技术创新

【创新研发主体】 2022年，围绕国家重大战略需求，高端汽车集成与控制全国重点实验室优化重组正式获批，国家汽车智能技术创新中心于11月通过科技部咨询论证；高质量推进央企原创技术策源地建设，依托国家级创新平台和省市重大技术专项支持，构建企业创新需求为牵引、深度融合科研院所、高校和科技企业的大协同创新体系。统筹谋划科技人才队伍建设，贯彻落实中央人才工作会议精神，制定中国一汽“擎·才”人才战略规划；聚焦企业重点区域战略布局，加快中国一汽“1+12+X”人才高地建设，持续巩固吉林长春技术创新大本营核心地位，引领企业创新发展，在北京、南京等人才高地建设12个区域创新中心和人才集聚中心，构建创新研发新格局，搭建全国重点实验室、原创技术策源地等平台，加大与重点企业、高等院校等通力合作，用好用足人才资源。

【关键技术攻关】 一汽集团聚焦“关难急卡”技术窄口，依托省市支持一汽技术专项、国资委1025专项和部委重大专项等创新平台和光机所、应化所、吉林大学、孔辉科技等科研院所、高校和创新企业等深度协同，突破自主空气悬架、重型整车超低轻量化等334项关键核心技术。多项成果突破国外垄断，耐低温动力电池、超低风阻驾驶室等85项关键技术在红旗、解放产品搭载应用。

【科技创新机制】 2022年，一汽集团优化创新协同攻关模式，推行“揭榜挂帅”、“赛马”机制、项目CEO制等。坚持以科技创新质量、绩效、贡献为核心评价导向，由科研项目“里程碑节点”考核向“技术策划、技术研发、技术产出、技术转化”全生命周期评价转变，由单一式项目管理向分级分类管控转变，突出重点确保成效，发挥科技成果评价激励“指挥棒”作用。

【专利标准建设】 一汽集团全年申请专利6487件，比2021年增长36.4%；发明专利4869件，比2021年增长78.4%，专利公开量在汽车行业排名第一，授权量在汽车行业排名第二。牵头1项ISO标准修订，牵头和参与13项国家标准、9项行业标准制修订，已发布的国家标准参与率64%，年度制修订集团企业标准1251份，深度参与高寒地区性能评价和智能网联汽车信息安全两项地区团体标准制定。在吉林省第四届专利奖评比中，获金奖2项、银奖2项、优秀奖2项。

【创意汽车研发产业园】 2022年6月，长春汽开区与一汽集团共同谋划建设长春国际汽车城创意汽车研发产业园项目，园区总占地面积29万平方米，总建筑面积19.3万平方米。用以承载一汽中车合资电驱系统、一汽新能源电池电驱、一汽红旗尊享定制中心3个项目，达产后可实现年产值超260亿元，填补全省新能源电池电驱系统空白。该项目总投资70亿元，是长春汽开区重大项目之一，法人是长春市城市发展投资控股（集团）有限公司（简称长发集团）。2022年9月，创意汽车研发产业园开工。至12月末，一汽中车项目暖封闭、一汽新能源电池电驱项目主体施工完毕。

【智能网联汽车研发】 一汽红旗聚焦高速公路、城市道路和停车场3类典型场景，率先完成智能驾驶L2级产品自动泊车、高级巡航等十多项功能投放，并伴随红旗E-HS3、HS5、ES7、H9等车型实现规模化投产。启动第一代L3级自动驾驶产品量产开发，搭载红旗E-HS9车型，至2022年完成自动驾驶部件级、系统级、整车级测试，推进道路测试。开发中的第二代L3+自动驾驶系统采用新一代中央计算+区域控制SOA架构，开发大算力域控制器和高性能传感器，并优先选择国产芯片方案，进一步拓展设计运行范围，提升系统性能和用户体验。一汽红旗加强与自动驾驶头部企业百度合作，在红旗E-HS3基础上，升级改造成阿波罗自动驾驶车型，在北京、广州、上海、浙江等多地开展示范，是业内测试示范数量最多、累计里程最长的车型，积累丰富的测试示范数据。2022年1月，红旗智能小巴在北京南海子公园启动示范运行，是中国一汽首款可量产L4级自动驾驶车辆。

2022年1月，红旗智能小巴驶入北京南海子公园并启动示范运行，是中国一汽首款可量产L4级自动驾驶车辆。图为红旗智能小巴　（一汽集团　供图）

【一汽红旗繁荣工厂入选“智能制造标杆企业”】 11月23日，工业和信息化部公布“智能制造标杆企业（第六批）”名单，中国一汽旗下红旗繁荣工厂达成4级成熟度标准要求，以年度第一名成绩入选。红旗繁荣工厂立足5G时代，引入智能中控系统，拥有冲压、焊装、涂装、总装、电池电驱五大车间，接入上百万个数据采集点，实时采集、监控设备数据，并基于人工智能算法对设备进行预测性维护，可在设备发生故障前进行提前报警。同时，海量数据汇入统一数据中台，自动生成数据API服务，可随时调取，为生产制造各个环节提供重要参考。项目申报过程中，一汽组织十大部门组建集团级申报工作组，首次以《智能制造能力成熟度模型》为标准，以中国一汽为主体，红旗繁荣工厂为实体，从人员、技术、资源、制造4大能力域20个能力子域，总结中国一汽在智能制造领域取得的亮点和成绩。智能制造标杆企业遴选旨在树立具有行业代表性和示范效应的智能制造标杆企业，推动先进经验与成功模式复制推广。

11月23日，工业和信息化部公布“智能制造标杆企业（第六批）”名单，中国一汽旗下红旗繁荣工厂以年度第一名成绩入选。图为授牌现场

（一汽集团　供图）

【一汽解放氢气直喷发动机成功点火】 6月8日，一汽解放自主创新研发国内首款重型商用车氢气缸内直喷发动机在常熟经开区企业——苏州英特模汽车科技有限公司实验室实现行业首发点火并稳定运行。重型氢气缸内直喷发动机属13L重型发动机，大幅提高热效率并解决回火问题，保证氢气发动机稳定高效运转，运转功率超500马力，同级排量动力最强，指示热效率突破55%。该发动机具有先进的气道结构和缸内结构，实现氢燃料缸内直喷，对单独气道喷射、缸内与气道联合喷射、氨氢混合的复合燃料喷射具有很好兼容性，具有技术首创、行业首发、国际领先三大特点，标志着中国氢气直喷发动机自主研发取得重大突破，引领中国商用车进入零碳燃料时代。

【首台全新红旗H5燃料电池汽车试制完成】 7月19日，中国一汽首台全新红旗H5燃料电池汽车在研发总院试制

11月8日，百度和一汽联手打造的中国首批量产L4级自动驾驶乘用车红旗EV在2022年世界互联网大会“互联网之光”博览会上展出 （吉林日报社 供图）

完成，标志着红旗“新动力”在氢燃料电池领域“零碳排放、零污染”时代下迈出坚实一步。全新红旗H5燃料电池汽车搭载动力总成部自主研发的第二代燃料电池发动机，该发动机大量采用先进的模块化、轻量化设计理念，体积比功率694瓦每升（W/L），比上一代提升40%，额定功率65千瓦，实现零下30℃快速冷启动，达到国内领先水平。

【中国首批量产L4级自动驾驶乘用车红旗EV在世界互联网大会展出】 11月8日，百度和一汽联手打造的中国首批量产L4级自动驾驶乘用车红旗EV在2022年世界互联网大会“互联网之光”博览会上展出。该车辆顶端搭载一个主激光雷达，能采集车身周围数据，其有效探测距离为240米。车辆搜集到的数据汇集到车载计算中心后对车辆行驶进行决策。自动驾驶乘用红旗车行驶过程中，能自动识别红绿灯、交通线、交通标识等，并根据实时路况稳步调整车速。2022年3月，百度Apollo发布的自动驾驶出行服务平台“萝卜快跑”正式落地乌镇，使用该款自动驾驶乘用车面向公众提供自动驾驶出行展示服务。

【“红旗系列乘用车的研发和应用项目”获第二十届全国质量奖卓越项目奖】 12月9日，中国质量协会公布“第二十届全国质量奖”获奖名单，中国一汽“红旗系列乘用车的研发和应用项目”获第二十届全国质量奖卓越项目奖。全国质量奖是中国质量界“最高奖项”，“红旗系列乘用车的研发和应用项目”凭借在品牌理念、掌握关键核心技术、过程系统管理等方面突出成绩，得到中国质量协会卓越项目奖评审组高度认可，评审专家评价红旗品牌在“畅想中国式新高尚精致主义品牌理念”“努力打造中国乘用车自主品牌标杆”“掌握关键核心技术”“从中国制造向中国创造转变”等方面亮点突出。

（孟媛媛）

整车制造

【概况】 长春市有一汽红旗、一汽解放、一汽奔腾、一汽大众、一汽丰越5家汽车整车制造企业，生产车型覆盖各级乘用车、中重型卡车和客车，生产能力持续保持在国内整车生产第一方阵。2022年，一汽集团整车产销量分别为319万辆和320.4万辆，比2021年分别下降4.6%和8.5%。长春市属口径整车产量为136.1万辆，销量为136.2万辆。

【一汽红旗】 2022年，一汽红旗成功下线LS7、H9+和全新H5、HQ9、H6等8款明星车型，成为全国首个品牌价值突破1000亿元的乘用车品牌。全年生产整车30.1万辆，实现销量31万辆，比2021年增长3%，稳居中国市场高端品牌第二阵营第一位置。“红旗”品牌价值1036.1亿元，位列乘用车品牌行业第一。全年高质量推进47款红旗整车产品、22款总成产品项目开发，其中H平台12款整车产品、L平台2款整车产品量产启动，5项技术创领首发。全新红旗H5上市即热销、红旗HQ9进军高端豪华中大型MPV细分市场。红旗产品获多项行业级荣誉。其中，全新红旗H5获评CCPC专业站综合冠军、汽车性能挑战赛智能交互冠军，国内首次挑战“100千米/小时相对速度的三车连碰”公开试验并以全优成绩顺利通过；红旗LS7获2022年中国优秀工业设计奖；红旗E-QM5通过国内首次电动车水中托底挑战。全年完成16项关键核心技术攻关任务，核心技术突破数量居汽车行业首位。启动“3310+N”技术攻关计划，实现91项关键核心技术突破，超年初计划32%，并逐步实现产品搭载，红旗L4级自动驾驶车辆开启四地示范运行，高效双电机混合动力技术搭载全新红旗H5投放市场。年度扫描魅点技术476项，开发技术样件66个，实现7项魅点技术上车搭载。全年申请专利3966件，比2021年增长97%，其中发明专利占比81%；海外申请专利205件。

【一汽解放】 全年生产整车15.1万辆，实现销售17万辆，其中中重卡销售14万辆，终端份额25.7%，持续保持行业第一。“解放”品牌价值提升至1078亿元，连续11年领跑中国商用车品牌。在国六产品方面，投放近120个品系新产品，市场占有率12.5%。推进J100、J7 2026款两大项目产品包装策划工作。推进CA6DV1发动机等总成产品换代开发。投放6.5吨新平台产品、领途2022款等轻型车产品。在新能源产品方面，打造差异化产品组合，实现销量2724辆，比2021年增长85.3%。开发新能源产品68款，产品升级不断加速。强化生态伙伴合作，氢燃料电池车辆完成订单交付232辆。试点推广整车租赁方案，完成成都100辆纯电轻卡租赁试点。在智能车产品方面，开展解放J7 L3级智能车试运营，启动自主J6V L2+/L3级产品验证。开展蓝途版车联网产品策划。全线切换车联网T-box 2.0，完成超级App地图桌面主题、数字钥匙搭载重点车型功能适配和验证。全年突破行业领先关键核心技术68项，比2021年增长20%；产出标准295件、专利1509件（其中发明专利1056件），7项“卡脖子”技术攻关项目取得重大突破。重型缸内直喷氢气发动机技术达到国际领先水平，13L极致轻量化重型牵引车达到行业最轻，超低风阻驾驶室等24项关键核心技术取得重大突破。首创轻型纯电、重型燃电前瞻车，8线制高速高功率扁线油冷电机等21项关键核心技术取得重大突破。首创无人驾驶前瞻车、双系统智能驾舱、域融合型E/E架构平台，数字钥匙等23项关键核心技术取得重大突破。

【一汽奔腾】 全年生产整车7.5万辆，比2021年增长11%；实现销量7.6万辆，比2021年增长2.2%，其中新能源车型销售2万辆，创历年新高。全年实现营业收入61.4亿元，比2021年增长2.1%。全年策划全新产品1款，在研全新产品2款。全新产品D711及B70年型、T99改型、T77改型、NAT华为电驱产品等4款年改型产品实现投产。技术创新加速突破，深化“两国四地”研发布局，奔腾-博泰车联网联合研发运营中心投入使用，三电技术、自主软件开发等多个方面取得重要成果，获评国家知识产权优势企业，获吉林省专利金奖。全年申请专利660件（其中发明专利418件），获得专利授权358件（其中授权发明44件），专利数量及质量均创历史新高；登记软件著作权11件，覆盖智能网联、新能源、EMC测试等多个新兴业务领域；发表（录用）学术论文38篇，其中核心期刊收录6篇，被中国工程学会收录3篇；完成标准制定290项，夯实技术标准体系，助力产品质量提升；完成技术成果转化1项，探索科技成果从技术价值向经济价值转变。

【一汽大众】 全年生产整车182万辆，比2021年增长7%；销量182.4万辆（含奥迪进口车）。其中，大众品牌104.1万辆，奥迪品牌63.6万辆（含进口车），捷达品牌14.7万辆。在电动车方面，大众品牌推出ID.纯享限量版车型，与ID.4 CROZZ和ID.6 CROZZ形成明星产品矩阵；奥迪品牌优先布局奥迪e-tron、奥迪Q4 e-tron等满足大众市场需求的全能电动产品，并构建起以用户为中心的电动出行服务系统。10月24日，一汽大众第2500万辆整车在长春下线，成为2020年至2022年唯一产销超500万辆乘用车企业。

【一汽丰越】 全年生产整车21.3万辆，比2021年增长1.4%。生产城市SUV RAV4荣放、RAV4荣放双擎E+及HARRIER凌放车型。2022年，策划实施焊装右侧车门搬运自动化、总装后桥刹车盘滑道与后桥门型对接自动改造、焊装顶盖生产自动化、涂完检查自动化设备导入等自动化改造项目，打破节拍及生产比例限制。其中，涂装检查自动化设备导入项目是中国丰田事业体涂装领域内用自动化设备取代人工检查的先行尝试；焊装顶盖生产自动化等13个项目申报专利并取得申请号，5个项目获得国家授权。

【全新红旗H5量产下线】 5月31日，“旗志征新程”全新红旗H5量产仪式在红旗繁荣工厂举行，吉林省委书记景俊海宣布全新红旗H5量产启动。首辆全新红旗H5完成量产下线。全新红旗H5诠释“极致梦幻、秒杀惊艳”产品创新理念，展现出前瞻造型、节能智慧、精湛工艺最新成果。（孟媛媛）

新能源汽车

【概况】 2022年，一汽集团新能源汽车产销量为18.3万辆和17.2万辆，比2021年增长60.3%和49.4%，在全国主要汽车集团中排名第八。长春市新能源汽车主要有红旗、奔腾、解放三条生产线。新能源汽车技术路线不断丰富，氢燃料汽车批量投放市场。奥迪PPE整车项目和一汽弗迪电池、一汽中车电驱等关键零部件项目持续推进，“旗E春城”工程深入开展，新能源汽车产业呈现蓄势待发状态。

【新能源汽车研发应用】 2022年，红旗品牌发布《创新·2030中国一汽阩旗技术发展战略R·Flag1785》，提出以电动化、智能网联化、造型新锐化、驾乘体验化、安全健康化、节能降耗化、精致精湛化、研究前瞻化为技术方向，打造超级电动智能整车平台架构FMEs，布局未来技术创新发展路径。一汽解放通过持续推进“15333”新能源战略落地，取得多项突破性成果。4月，一汽解放与远景动力合作完成解放J6P配套全新一代重卡电池系统的换电示范运营，其车电分离、换电运营整体解决方案匹配标准化的换电技术。6月，一汽解放自主设计研发的国内首款重型商用车缸内直喷氢气发动机成功点火并稳定运行；同月，一汽解放300辆氢燃料电池车正式交付上海、北京、山西三地。8月，一汽解放和宁德时代成立合资公司，重点布局新能源后市场运营业务，以解决客户生命周期痛点为抓手，提供“车电分离”“整车租赁及运力承接”和“二手车及电池回收服务”。

【新能源汽车生产制造】 一汽红旗建成繁荣、蔚山、长青三大工厂，全年生产整车30.3万辆，其中新能源汽车3.7万辆，推出红旗E-HS9、E-QM5等新能源智能汽车产品。一汽红旗从2022年下半年开始，除特殊用途车型外，技术创新投入全部用于新能源汽车，新增产能全部用于新能源汽车，停止传统燃油车技术和产能的新增投入。一汽解放2022年在长春整车产销量分别为5.7万辆和6.8万辆，新能源整车销售量2723辆，开发近70款新能源产品，产品升级不断加速；智能车产品方面，一汽解放联合头部物流企业开展J7超级卡车试运营，启动自主高端智能重卡产品验证等。一汽奔腾主要布局长春蔚山工厂，2022年推出的新能源网约车奔腾NAT在全国多个城市投入运营，在墨西哥、多米尼加、巴西、哥斯达黎加等拉美主要国家完成样车测试和小批量出口及产品认证。

【氢燃料电池车】 一汽集团在氢燃料电池车方面处于国内领先地位，有整体规划布局、大量研发投入，也有较为成熟车型投放市场。一汽解放2022年产销氢燃料中重卡390辆和330辆，均占全国产销10%（全国产销3626辆和3367辆），主要销往上海、北京、河北唐山等地。一汽解放在长春、青岛、佛山（在建）布局燃料电池整车生产基地，产品包括载货、自卸、牵引三个产品系列，覆盖城市物流、城建渣土、短驳倒运等多个应用场景。其中，长春主要生产18吨物流车、18吨环卫车、31吨渣土自卸车、49吨牵引车、10.5米城市公交车；青岛主要生产4.5吨物流车。一汽解放不断加强在氢燃料在商用车方面的布局，推动商用车产业在新能源方面转型升级，与国内重点研发企业开展常态化交流对接，与上海重塑、北京亿华通、广东国鸿氢能、长城旗下的上海未势能源等形成战略合作关系。一汽解放入股上海重塑，成为第四大股东，拟成立合资公司，共同研发生产氢燃料电池电堆。一汽研发总院与国家电投集团联合申报科技部“十四五”国家重点研发计划，新能源汽车重点专项“乘用车用高功率密度燃料电池电堆及发动机技术”，项目周期三年。与东风汽车、长安汽车和南京江宁区成立中汽创智科技有限公司，研发生产氢燃料电池电堆及系统。首台全新红旗H5燃料电池汽车在研发总院试制完成，红旗新能源动力在氢燃料电池领域取得重要进展。

一汽红旗繁荣工厂生产自动化水平处于行业领先地位。图为红旗新能源车型生产线（摄于2022年10月　一汽红旗　供图）

【一汽红旗繁荣工厂】　位于长春汽车产业技术开发区，占地面积75.5万平方米，建筑面积43.5万平方米，年标准产能24万辆，是一座现代化、智能化、绿色化标杆工厂，被工信部评选为国家智能制造试点工厂。繁荣工厂包含冲压、焊接、涂装、总装、电池电驱五大车间，智能化程度达到国际一线水平。其中，冲压生产线全过程自动化率71.4%，焊装生产线739台机器人实现自动化率100%，涂装生产线采用7轴机器人可达率提升15%，拥有28台机器人和95台AGV的总装生产线能够实现A级到D级全平台柔性生产，自动化与智能化水平在行业处于绝对领先地位。其中，总装车间数字孪生技术实现整车下线、数字车上线，智能网联覆盖率90%；首次采用的车间级中控系统，实现装配过程以及检测过程全数据采集，关键工序实现100%防错；10大智能工序涵盖整车前后风挡玻璃、座椅、轮胎、底盘等全自动装配工艺，机舱管路、胎压等采用AI视觉技术实现全自动检测。繁荣工厂融入“自适应生产链”领先理念，实现从A级车到C级车的全柔性不限车型生产；自主构建数字孪生工厂，采用数字化仿真技术，实现从工艺规划到调试验证全过程173个场景，100%仿真全覆盖。红旗繁荣工厂集成大量新型科技与制造技术，实现众多国内乃至全球首创。2022年12月，“智能制造标杆企业（第六批）”名单在2022年世界智能制造大会发布，中国一汽旗下一汽红旗繁荣工厂达成4级成熟度标准要求，以年度第一名（3.93分）成绩入选2022年智能制造标杆企业。

一汽红旗繁荣工厂电池电驱车间　（摄于2022年12月　一汽红旗　供图）

【奥迪一汽新能源汽车项目】　6月28日，奥迪一汽新能源汽车有限公司开工仪式在长春国际汽车城举办，并通过长春和德国因格尔施塔特两个会场向全球直播。奥迪一汽新能源汽车项目是中国一汽与德国大众集团、奥迪公司深化战略合作的重要成果，该项目位于长春汽车经济技术开发区，总投资358亿元，总占地面积246万平方米，规划年产能15万辆。项目一期占地面积154万平方米，建设冲压、焊装、涂装、总装、电池装配等主要汽车生产工艺车间和管控中心、培训中心等。该项目是奥迪在中国首个专门生产纯电动车型的生产基

6月28日，奥迪一汽新能源汽车有限公司开工仪式在长春市举行

（奥迪一汽　供图）

地，建成后首批投产的高端纯电动平台（PPE）车型是奥迪A6 e- ron和奥迪Q6 e-tron系列的三款车型。奥迪一汽新能源汽车项目实施过程中，省、市、区三级联动，组建项目专班，仅用两天即办理完成土地使用证、规划许可证、施工许可证等必要手续；用5天时间回复德方到长春调研提出的1200多个问题；汽开区以项目建设为导向，解决水、电、气、热、物流等制约项目建设的难题，助推项目高效实施。6月底到11月，奥迪一汽新能源汽车项目完成项目破土到厂区主结构封顶，实现整体暖封闭。

【一汽弗迪新能源汽车动力电池项目】 2022年1月，一汽弗迪新能源科技有限公司由中国一汽集团、比亚迪股份有限公司共同注册成立，注册资本10亿元。一汽弗迪新能源汽车动力电池项目位于腾飞大路与乙五路交会处，占地面积37.5万平方米，建筑面积约34万平方米。2月26日，一汽弗迪新能源汽车动力电池项目在长春正式开工。该项目是加快打造吉林现代新型汽车和零部件万亿级支柱产业的重要举措，总投资135亿元，总产能45亿瓦时，建设新能源动力电池生产基地、生产车间及标准化厂房，购置生产设备约3000台（套），建成投产后每年可满足60万辆电动汽车需求。至年末，该项目主体结构正式封顶，二期、三期项目同步推进。

【一汽解放300辆氢燃料电池发动机重卡交付】 6月17日，一汽解放厂区内300台解放氢燃料电池车发往上海、北京、山西等地，实现正式交付。该批氢燃料电池车包括载货、自卸、牵引三个产品系列，覆盖城市物流、城建渣土、短驳倒运等多个应用场景。与传统燃油车相比，一汽解放氢燃料电池车具备高品质、高舒适、高安全、低氢耗等多重优势，其燃料电池发动机峰值效率达到60%，电机高效区占比达到85%，应用解放自主整车热管理系统和高效制动能量回收技术，整车氢耗更低。

【吉林省奥迪一汽新能源汽车产业链招商大会在长春举行】 12月20日，吉林省奥迪一汽新能源汽车产业链招商大会在长春举行，大会吸引240家企业参加，24个招商引资项目进行集体签约，省委副书记、省长韩俊出席并致辞。

（刘　馨）

汽车零部件产业

【概况】 长春市汽车零部件企业围绕一汽集团整车产能需求提升技术水平，完善配套能力。2022年，全市有规模以上零部件企业402户，实现产值1289亿元，占汽车产业产值32%。长春市有一汽集团供应商1034户，其中一级供应商324户，占比31.3%。

【汽车零部件项目】 2022年，全市有5000万元以上项目119个，总投资1128亿元，2022年计划投资148亿元，建成后将形成产值3242亿元（技改项目部分产值重复计算，约750亿元）。其中，强链项目79个，总投资377亿元，2022年计划投资72亿元；延链项目30个，总投资201亿元，2022年计划投资27亿元；补链项目10个，总投资550亿元（含奥迪PPE、比亚迪电池），2022年计划投资49亿元。

【长春旭阳中法智能产业园】 中法智能产业园项目是吉林省推进“一主六双”“六个回归”总体战略布局、长春市“三强市、三中心”战略目标、助力长春国际汽车城建设的重要成果。2019年在法国与佛吉亚集团签订合作协议，2020年6月开工。2022年，该项目克服疫情不利影响，在省市区各级政府部门支持帮助下，抢抓工期，连续施工，到年末部分厂房封顶。

【吉林玲珑轮胎项目建设】 吉林玲珑1420万条轮胎生产项目总投资52亿元，占地面积约65万平方米，建筑面积约45万平方米，建成后可实现年产半钢子午线轮胎1200万条，全钢子午线轮胎200万条和翻新轮胎20万条，可实现产值44亿元。2021年12月14日，吉林玲珑轮胎举办全钢首胎下线仪式，2022年4月正式投产，2022年产值1.7亿元。一期产品主要为一汽解放配套，按订单量生产，日产量约2500条。二期主体施工完成85%，申领完成黄证、绿证和施工许可，二期C场区设备逐步进入。二期产能为40万条全钢子午线轮胎和600万条半钢子午线轮胎，主要产品为乘用车轮胎。

【一汽解放车桥基地建设项目】 总投资9.8亿元，达产后实现驱动桥总成32万支/年、转向桥总成16万支/年、减速器总成45万套/年。达产后可实现年销售收入76.7亿元，利润总额2.7亿元。2022年，完成厂房暖封闭，内部装修工程进行中。

【福耀集团长春有限公司铝合金饰件生产项目】 总投资3.5亿元，利用既有厂房面积2.4万平方米，新购置阳极氧化线、冲压、机加工及抛光等60台（套）设备，年产高端汽车铝合金饰件1300万件。2022年，主要开展设备购置、调试工作。

【长春捷翼成为东北估值最高“独角兽”企业】 2022年12月，国内知名风险投资平台创投名堂正式发布《创投名堂“成长独角兽”榜单（2022）》，长春捷翼汽车零部件有限公司（简称长春捷翼）以90亿元估值列“独角兽”企业榜单第59位，是153户上榜企业中唯一的汽车零部件企业，也成为榜单内东北地区估值最高的“独角兽”企业。长春捷翼是国内交通运输领域高低压线束、电能传输保护装置与智能充电领域的领军企业，其专属实验室通过CNAS17025认证，多项研发成果获得全球专利和专项领域突破。自主研发生产的汽车零部件产品达到四大类1000余种，覆盖轻量化线束、新能源充电、高压连接装置、低压电子电器网络连接系统等领域，是大众、宝马、奔驰、丰田、吉利、比亚迪等国内外知名整车企业的一级供应商，产品出口至全球78个国家和地区。

【富赛汽车获“汽车电子研发奖”特别奖励】 富赛汽车电子有限公司（简称富赛汽车）由富奥汽车零部件股份有限公司与惠州市德赛西威汽车电子股份有限公司联手一汽集团在长春成立，2021年年末投产。注册资本4亿元，总占地面积4万平方米，主要围绕智能座舱、智能驾驶、网联服务三大业务板块开展经营，是以研发、生产为一体的智能化汽车零部件公司。2022年，实现销售收入13亿元，在智能座舱领域代表全球先进水平，获长春汽开区1000万元“汽车电子研发奖”特别奖励。

【2022中国（长春）汽车零部件跨境电商交易会】 7月19日至21日，2022中国（长春）汽车零部件跨境电商交易会在长春兴隆综合保税区进出口商品交易展示中心举办。长春市326家生产企业参加交易会，展出产品457种，展出汽车零部件总件数6176件。线下展览的同时，线上进行5G直播云展、云销。通过长春直播基地，使用英、日、俄、韩四国语言面向200多个国家和地区现场直播。线上直播产品有离合器、滤清器、扶手箱、机油、汽车脚垫、刹车盘、中控台、座椅加热、仪表盘、车灯等适用多款不同车型零配件。通过线上直播销售，完成采购合同7.8亿元人民币（乌兹别克斯坦卡斯国际投资发展有限公司采购1.2亿美元；俄罗斯西伯利亚化工工业有限公司采购100万美元）；达成合作意向客户46家，分别来自美国、巴西、俄罗斯、澳大利亚、印度尼西亚、日本、韩国、英国、印度等，初步达成意向采购金额4.5亿元人民币。新能源汽车零部件参展企业80家。其中，8家参展企业之间意向成交金额约1.2亿元人民币，与跨境电商达成意向的3家［山东银光钰源轻金属精密成型有限公司、新发展（长春）汽车自控系统有限公司、一汽宏鼎汽车股份有限公司］成交金额约5000万元人民币，与长春市新能源汽车产业园达成意向落户企业4家（富奥智慧能源科技有限公司、山东银光钰源轻金属精密成型有限公司、上海易唯科电机技术有限公司、同芯积体电路材料股份有限公司）。交易期间，完成跨境电商“吉品出海”人才培养“政、行、校、企”战略合作签约，长春市贸促会与俄罗斯克拉斯诺亚尔斯克边疆区工商联友好交流协议签约，俄贸通项目落户保税区合同签约，红旗EQM5网约版新能源汽车采购合同签约，俄罗斯克拉斯诺亚尔斯克采购汽车零部件合同签约。（张　锐）

2022年6月，总投资10.6亿元一汽解放车桥基地建设暨重型换代桥技术升级项目进行厂房主体施工（市工信局　供图）

汽车进出口业务

【一汽集团汽车进出口】 2022年，一汽集团实现营业收入289亿元。产品出口3.7万辆，比2021年增长55%，其中自主整车出口3.6万辆，比2021年增长49%。

一汽红旗海外营销　在欧洲市场，一汽红旗登陆挪威初战告捷，仅用半年即交付破千辆，跻身细分市场前3名，并乘势完成荷兰、瑞典渠道开拓，实现欧洲高端市场快速突破。在中东市场，以沙特为核心带动周边，先后完成海湾六国渠道全覆盖，多市场联动发力，实现销量翻倍增长。在东南亚市场，成为越南、柬埔寨等市场豪华品牌新选择。红旗出海三年，累计实现海外17国、22个旗舰店的渠道覆盖，全年实现出口5100辆，比2021年增长88%，持续引领中国自主豪华品牌在海外市场高速增长。

一汽商用车海外营销　商用车产品出口结构持续优化，六代产品出口突破万辆；重点市场成效显著，打造南非、坦桑尼亚等6个规模化市场；基地布局快速推进，墨西哥等4个KD（散件组装）项目顺利投产；中亚、蒙古边贸出口首次突破千辆；推进央企联合出海，为中国铁建等多个海外重点项目提供工程用车，并与中机、建发等企业在哥伦比亚、尼日利亚等市场开展海外仓合作。实现出口2.2万辆，比2021年增长47%，行业出口份额进一步提升。

一汽奔腾海外营销　聚焦保供应、稳渠道、强服务，在中东市场，以沙特为中心，实现区域内市场多点联动，实现品牌传播声量持续提升；在东欧市场，把握市场机遇，快速扩展终端渠道，市场占有率提升83%。新增卡塔尔、哈萨克斯坦等9个市场，进一步拓展全球网络布局。实现出口8616辆，比2021年增长36%。

进口业务　2022年，一汽集团以"红旗护航计划"为标杆，多次克服断供危机，中标奥迪新能源PPE设备进口项目的关务和物流两个标段，实现平行车进口2341辆。实现利润比2021年增长2.5%。

零部件出口　2022年，一汽集团接连打赢以韩国大宇等8个项目为代表的"稳固基盘保卫战"和以南非联动等6个项目为代表的"重点市场攻坚战"，汽车零部件出口实现利润1648万元，比2021年增长20%。

【汽车平行进口试点】　2022年，长春市完成平行车进口业务标准符合性整改场所备案工作，打通业务流程"最后一公里"。截至年末，5家试点企业中有4家企业开展业务，进口平行车13台，进口额超1000万元，进口国家主要为美国、加拿大。

【进出口通关服务】　2022年，长春海关开展"海关关长送政策上门"行动，宣介海关助企纾困举措，了解和解决企业进出口通关环节问题；对一汽等重点企业实行关企联络员制度，实施"一企一策""一事一策"，量身打造便利化通关方案，保障企业重要零配件迅速上线投产；设立汽车零配件专门申报窗口，推广"提前申报、两步申报、分送集报、汇总征税"等措施，发挥各项惠企改革措施叠加效应。对高级认证企业，优先安排口岸检查并实施较低查验率，优先实验室检测，优化核查作业等；加大对吉林省汽车产业相关企业AEO（经认证的经营者）高级认证信用培育力度，将符合条件的6户产业链、供应链上下游企业纳入培育清单。对一汽集团实施"一保多用"政策，实现一汽集团凭一张进口关税保函即可为其成员单位在全国海关办理通关业务；对符合免予办理强制性产品认证的进口汽车零部件，试点实施"先声明后验证"；对涉及CCC认证部分进口汽车零部件产品，在检验时采信相关认证证书，原则上不再实施抽样送检。设立汽车进出口业务受理专窗，专人专岗提供政策咨询、办理通关手续等服务；开辟整车出口绿色通道，提供24小时全天候预约通关服务；发挥兴隆综合保税区政策功能优势，实行"先入区退税，后按需出口"模式，便利企业灵活安排出口计划和降低经营成本，助力吉林省优质汽车品牌"走出去"。2022年，长春关区实施便利化措施进口汽车零部件货值79.6亿元，占吉林省进口总值7.5%。

【二手车出口】　2022年，重点围绕一汽集团的车源优势，推动其滞销车、库存车、试乘试驾车、展销车等准新车出口。市商务局与税务部门共同推动二手车出口退税落地实施。实现出口二手车948辆，出口额1.3亿元，出口量比2021年增长超45倍，出口额超300倍。长春市二手车进入阿联酋、约旦等中东国家，乌兹别克斯坦、吉尔吉斯斯坦、哈萨克斯坦、蒙古等中亚国家以及俄罗斯、比利时等欧洲国家二手车市场。　（侯云龙　孟媛媛）

汽车后市场服务

【二手车交易市场】　2022年，全市有二手车交易市场80家，二手车经销企业500余家，二手车交易29.97万台。加强二手车市场管理，根据《商务部等17部门关于搞活汽车流通 扩大汽车消费若干措施的通知》等文件精神，利用商务部业务系统统一平台，将备案企业信息推送至公安机关、税务部门，对已备案汽车销售企业从自然人处购进二手车的，允许企业反向开具二手车销售统一发票并凭此办理转移登记手续，促进二手车自由流通和便利化交易，规范二手车经销企业经营秩序。加快完善长春市二手车市场和经营主体备案审核制度，帮助企业规模化、连锁化发展，消除违规经营乱象，完成初步备案二手车企业200余户。促进二手车市场消费升级，依托金达洲二手车交易市场开展"二手车淘车节"活动，通过多个平台进行推广，扩散效果较好，车辆入场425辆，成交率52%，访问量2621人次，并随直播效果逐步增长。鼓励二手车市场利用限额以上展销对汽车及相关行业进行整合发展，对拓宽经销商买车、卖车渠道有良好带动作用。

【新能源汽车和智能网联车应用】　长春市聚焦绿色城市、绿色交通、绿色出行，实施"旗E春城 绿动吉林"行动，获批国家新能源汽车换电模式应用试点示范城市，构建全国季冻区电动新能源汽车"长春模式"。2022年，推广红旗E-QM5换电车9000辆，初步建成全国第一座季冻区换电试点示范城市。全市新建并投运换电站38座，居全国第一位。长春推广车辆数占全省73%，换电站建设数量占全省75%。围绕人、车、路、管、云、用融合示范，启动运营"旗智春城"智能网联示范区，推动6大类99个智能网联基本场景、43个网联场景建设，建设国家智能网联汽车应用（北方）示范区，探索智能驾驶技术迭代升级、车路协同技术发展路径。

【汽车消费促进】　2022年，按照吉林省、长春市促消费、稳增长工作部署，全市投入资金1.4亿元，结合汽博会、消夏节活动开展三轮汽车消费促进活动，直接带动新车销售38140辆，销售额68.36亿元，拉动社零额增长3.5%，杠杆率45倍。落实"一主六双"发展战略，打破汽车购买者地域限制，允许域外消费者享受补贴政策，使消费补贴活动对周边城市消费群体形成虹吸效应，活动期间吉林、四平等域外城市消费者占比超50%。汽车促消费活动直接拉动一汽品牌汽车销售17509辆，占总销量46%，销量比2021年大幅增长。全市私人领域销售一汽红旗EQM5新能源汽车4308辆，占全省私人领域销售数量的89%。

（侯云龙）

冰雪产业

BINGXUECHANYE

综　述

【冰雪产业规模】　冰雪节期间，全市接待游客2703万人次，实现旅游收入395亿元。打造10个冰雪乐园、4个滑雪场为核心的冰雪产品37处，集中投放现代、活力和时尚文旅产品及消费场景，提升品牌内涵和发展渠道。长春冰雪新天地用冰量、用雪量再创历年新高。有庙香山、天定山、莲花山、净月潭等4大滑雪场，雪道48条，总面积超155万平方米，接待游客40余万人次，实现收入5593万元。国泰“粉上长春”冰雪文旅街区、莲花岛冰雪乐园等新品成为新的网红打卡地。元旦期间，莲花岛接待游客近8万人次，比2021年增长466%，实现营业收入658万元。开发以长春为中心节点的冰雪旅游精品线路10条，围绕全省冬捕经济推广，推出长春至通化椅山湖冬捕、四平二龙湖冰雪渔猎冬捕、白城渔猎冬捕等特色产品，推动游客双向流动，发挥长春全省旅游集散核心区功能。

【冰雪资源禀赋】　长春市冰雪资源布局呈“一核、两带、两区、四组团”空间结构形态。“一核”即都市冰雪文化核心体验地；“两带”即松花江冰雪观光与文化体验旅游带、双阳—九台冰雪运动与健身养生旅游带；“两区”即东部至南部冰雪运动与养生度假旅游区、西部至北部冰雪商贸与民俗文化体验区；“四组团”即净月潭—新立湖—奢岭组团、莲花山—庙香山—卡伦湖组团、鹿乡—双阳湖—御龙温泉组团、土门岭—八台岭—柴福林水库组团。2022年，长春市以打造“都市冰雪”品牌为核心，深耕长春“粉雪静风”自然资源和“人文都市”文化资源双优势，用好冰雪资源、兑现冰雪价值，发展冰雪旅游、冰雪体育、冰雪文化三大产业，完善冰雪休闲度假、冰雪运动竞赛、冰雪民俗史迹、冰雪研学体验等四大产品体系，冰雪旅游持续领跑全省，稳居全国第一阵营，连续获“冰雪旅游十强市”称号，冰雪经济走出长春路径。

【冰雪规划建设修编】　2022年，长春市文化广播电视和旅游局（简称市文广旅局）启动《长春市冰雪旅游发展总体规划（2013—2025）》（简称《规划》）修编工作。原《规划》期限为2013年至2025年，由原长春市旅游局、东北师范大学旅游科学研究所共同编制完成。修编后的《长春市冰雪旅游发展总体规划（2021—2035）》依据当前冰雪产业发展背景及长春市文旅产业发展实际情况，明确指导思想、发展目标、发展战略、发展模式、产品体系、空间布局、品牌营销及项目建设等内容，共16章，分别是总则、冰雪旅游发展目标与战略定位、冰雪旅游发展背景分析、冰雪旅游资源分析与评价、冰雪旅游发展竞争力与SWOT分析、冰雪旅游客源市场分析、冰雪旅游产品开发规划、冰雪旅游空间布局与旅游线路设计、县（市、区）冰雪旅游发展规划指引、冰雪旅游品牌与营销规划、冰雪旅游产业支撑体系规划、冰雪旅游环境保护与旅游安全

长春冰雪新天地　　（摄于2022年12月28日　市文广旅局　供图）

规划、冰雪旅游发展项目策划与建设规划、冰雪旅游保障体系规划、冰雪旅游发展近期行动计划及附则。

【冰雪产品建设】 2022年，长春市推动庙香山滑雪场、莲花山滑雪场、天定山滑雪场、净月潭滑雪场冰雪旅游产品开发建设。2022—2023雪季，长春市四大滑雪场雪道总数48条，增长15%；雪道总面积超155万平方米，增长12%；游客最大承载量1.7万人次，增长20%；以十大冰雪乐园为核心产品，建设冰雪游乐场所（场馆）37处。长春市获评“2022年冰雪旅游十佳城市”。长春冰雪新天地获评“2022年热门冰雪旅游景区（度假区）”。

（王　冠　韩　凯　王靖然）

庙香山滑雪场　　（摄于2022年12月　市文广旅局　供图）

冰雪服务设施

【概况】 2022年，长春市以冰雪新天地等十大冰雪乐园和庙香山滑雪场等四大滑雪场为核心，提升冰雪服务设施体量和品质，全市建设冰雪场馆（场所）37处。其中，滑雪场及滑冰滑雪场所15处，冰雪乐园22处。利用城市公园、湖泊浇筑开放冰场10块，城区、开发区建设冰雪雕塑145座。四大滑雪场雪道总数48条，雪道总面积超155万平方米。长春世界雕塑园升级产品，“太空服+地球全息投影”火爆网络。长春汽车冰雪嘉年华吸引游客众多，最高日接待游客11万人次。持续加大全市冰雪景观小品、冰雪娱乐设施及彩化亮化建设力度，完善冰雪旅游交通等配套服务，冰雪产品和活动规模、体量显著提升。

【冰雪场馆建设】 以十大冰雪乐园、四大滑雪场为核心产品，打造冰雪观赏互动园区和冰雪体验场馆，满足市民和游客赏冰嬉雪需求。高质量建设冰雪乐园项目，重点建设长春冰雪新天地、净月雪世界、八一公园冰雪乐园、国泰“粉上长春”冰雪文旅街区、莲花岛冰雪乐园、中铁·长春博览城冰雪动力王国、南湖公园冰上乐园、农博冰雪乐园、大龙山文化园冰雪主题嘉年华、双清湖冰雪大世界等十大冰雪乐园。优化升级滑雪场接待规模和服务品质，庙香山滑雪场、天定山滑雪场、莲花山滑雪场、净月潭滑雪场等四大滑雪场。鼓励冰雪娱乐设施建设，建设室外小型滑雪场、滑冰场、室内冰场、滑雪模拟机、旱雪公园等滑冰滑雪娱乐场所；鼓励支持在社区、公园、商业广场、旅游景区建设冰雪娱乐设施。

【长春冰雪新天地】 位于长春莲花山泉眼镇，占地面积156万平方米，总用冰量42万立方米，用雪量28万立方米，总投资1.2亿元，打造单体冰雪建筑108个，演艺498场次，冰雪娱乐体验22项。区域划分为8大主题区（团结统一区、冬奥记忆区、改革硕果区、莲花迎新区、大国重器区、神童探宝区、冰涛观景区、冰上乐园区）。提质升级后的冰雪产品更受游客欢迎，登上央视，还成为2022年央视元宵晚会分会场，通过电视与网络让更多人看到冰雪之美、冰雪之乐，吸引更多游客参观游览，仅春节期间就接待游客8.55万人次，比2021年增长13.18%。

（王　冠　韩　凯　王靖然）

表22　2022—2023年雪季长春冰雪节冰雪场馆（场所）一览表

序号	项目名称	建设单位	建设地址	面积（万平方米）	用雪量（立方米）	用冰量（立方米）	项目内容
滑雪场及滑冰滑雪场所							
1	长春庙香山滑雪度假区	吉林庙香山冰雪体育旅游集团有限公司	九台区波泥河街道办事处庙香山度假区	70.00	175000	—	高山雪道10条，教学道2条，趣味道1条，总长度16300米，平均宽度35米，平均坡度15°，雪板3000副，瞬时最大承载量1800人，架空索道2条，拖迁1条，魔毯5条，娱雪乐园1个，地形公园3处，单板公园1个
2	长春莲花山东联滑雪场	莲花山管委会	长春莲花山生态旅游度假区	20.00	120000	—	滑雪道11条，包括初级道3条、中级道3条、高级道5条，雪道面积21万平方米，雪道全长7600米，按国际标准设计“自由式空中技巧”场地1处，索道2条，魔毯4条，新建雪具大厅2个，运动员中心1座，可同时接待住宿300人和用餐1000人，日接待游客最高4000人次

续表22

序号	项目名称	建设单位	建设地址	面积（万平方米）	用雪量（立方米）	用冰量（立方米）	项目内容
3	长春天定山滑雪场	吉林省建设集团有限公司	长春莲花山泉眼镇	80.00	220000	—	雪道18条，雪地摩托道1条，单板追逐雪道1条，趣味雪道2条，索道2条，魔毯3条，配备雪具大厅近2万平方米，是全国第三大滑雪服务大厅，可供游客休息就餐，大厅内配备意大利雪具3500套，雪盔2000套，可同时承载5000人
4	净月潭滑雪场	净月潭旅游集团	净月潭国家森林公园	5.50	30000	—	雪道5条，包括初级道4条、中级道1条，总长度3500米，平均坡度9°—18°，雪圈100个，雪板2000副，瞬时最大承载量1000人，架空索道2条，魔毯3条
5	长春冰上训练基地速滑馆	吉林省体育局	长春市吉顺街1202号	11.10	—	—	训练场区由滑冰馆、露天速度滑冰场、练习馆组成。滑冰馆由人工制冷，可进行短道速度滑冰、花样滑冰、冰球比赛，露天速度滑冰场400米的标准滑道2条、练习滑道1条，可容纳观众3万名。练习馆为塑胶地面，可供训练使用
6	长春市滑冰馆	长春市体育局	长春市吉顺街1202号	0.45	—	—	建筑面积4500平方米，可容纳观众225人，是长春五环体育馆的配套冰上项目训练馆，设有官员室、裁判员室、运动员休息室
7	富奥冰上运动中心	富奥集团	长春市卫星路1766号	0.15	—	—	国际标准冰球场地30米×60米，可接待国际冰球、花样滑冰、速度滑冰比赛，可为参赛队伍提供室内健身器械等训练辅助项目，是集餐饮住宿为一体的冰上综合性体育场馆
8	欧悦冰上赛车国际俱乐部	长春欧悦冰雪体育发展有限公司	长春市飞跃路欧亚汇集8楼	0.40	—	—	可举办室内冰上卡丁车比赛，车20辆，赛道宽度4—8米，还可举办冰上运动会
9	欧亚卖场欧悦真冰场	欧亚卖场	长春市开运街	0.09	—	900	室内真冰场，可举办滑冰、冰球比赛
10	欧亚卖场零度室内滑雪场	欧亚卖场	长春市开运街	0.15	—	模拟雪道	可举办室内模拟场地滑雪培训
11	宽城区政府中心公园冰球场	宽城区体育局	宽城区政府中心公园	0.04	—	—	可开展冬季冰球训练、群众冰球比赛
12	长春文庙冰雪公共文化设施	长春市文庙博物馆	亚泰大街与东头道街交会处	—	—	模拟雪道	游客中心开展冰雪主题宣传，设置模拟冰雪体验机
13	全民健身中心可移动冰场	榆树市全民健身中心	榆树市体育场	0.20	—	—	冰面2000平方米
14	一中龙湖公园	农安县文旅局	农安县龙湖路	—	—	2000	冰面2000平方米
15	德彪小学室外冰场	农安县德彪小学	农安县农安镇黄龙路	—	—	1400	冰面1400平方米
冰雪乐园							
16	长春冰雪新天地	吉林省建设集团有限公司	长春莲花山泉眼镇	156.00	260000	390000	长春冰雪新天地景区占地面积156万平方米，总用冰量42万立方米，雪量28万立方米，总投资1.2亿元，打造单体冰雪建筑108个，演艺498场次，冰雪娱乐体验22项。区域划分为八大主题区（团结统一区、冬奥记忆区、改革硕果区、莲花迎新区、大国重器区、神童探宝区、冰涛观景区、冰上乐园区）
17	净月雪世界&瓦萨博物馆	净月潭旅游集团	净月潭国家森林公园	23.60	35000	3000	越野滑雪道2条，包括训练赛道1条，专业赛道1条，总长度3000米，平均宽度4米，平均坡度15°，雪板1320副，雪具大厅瞬时最大承载量550人；博物馆瞬时最大承载量85人，有迷你奥运雪雕园、VR滑雪、智能讲解、童趣游乐项目、冰上体验项目

续表22

序号	项目名称	建设单位	建设地址	面积（万平方米）	用雪量（立方米）	用冰量（立方米）	项目内容
18	八一公园冰雪乐园	长春市旭旷文化传播有限公司、长春城投文创产业发展有限公司	八一公园	28.00	8000	—	包括冰雪运动公园、车辆体验、餐饮露营三大板块，打造亲子游乐打卡地、梦幻冰雪乐园，提供冰雪飞盘、雪地保龄球、冰上热气球、冰雪大滑梯、花式滑梯、冰上碰碰球、雪地摩托、冰上自行车、冰上卡丁车等20余种冰雪娱乐项目
19	农博冰雪乐园	农博园	农博园农机展场	2.50	5000	500	包括网红大道、雪地摩托、雪堡滑梯、雪地碰碰车、冰场、雪上自行车
20	南湖公园冰上乐园	市林园局	南湖公园	—	—	—	可进行滑冰、冰球、冰上自行车、冰爬犁、雪滑梯、冰上漂移车、雪上狗拉雪橇等多种趣味项目
21	国泰“粉上长春”冰雪文旅街区	吉林省国泰商业管理有限公司	高新区国泰RIOMALL北广场	0.50	1200	—	包括冰雪星空市集、全城粉色蛋糕盛宴、城市粉色嬉冰场，白天增加冬季景观，补充网红树和灯带。冰滑梯2组、趣味滑道2组、冰上自行车50组、冰车20组、冰上滑冰鞋100双
22	莲花岛冰雪乐园	长春莲花岛影视文化有限公司	长春莲花岛影视休闲文化园	32.00	30000	1000	开展冰雪演艺、民俗体验、美食街、年货大集、超燃雪滑道、溜冰场、雪爬犁、冰上保龄球、雪雕主题展
23	中铁·长春博览城冰雪动力王国	中铁长春东北亚博览房地产开发有限公司	朝阳区永春镇中铁长春博览城	8.00	80000	30000	设置戏冰区、戏雪区、亲子动力雪区、亲子动力冰区、高山雪碟区、舞台区等，打造大型冰雪娱乐活动场地。以营地升级为主，打造游客服务中心、最美滑冰场、星空顶泡泡屋、社群活动等
24	长春天定山雪村民宿	吉林省建设集团有限公司	莲花山生态旅游度假区泉眼镇	6.80	1000	—	新建木屋别墅13所，东北民居民宿66所。民宿项目配有接待中心、商业网点、餐饮中心及会议中心，包含建筑89个，其中86个院落提供住宿功能，有大床、双床、儿童床、榻榻米、火炕等，可同时接待住宿427人。餐饮中心1400平方米，可提供餐位300余个，年接待游客5万余人
25	荣发冰雪乐园	荣发生态农业开发有限公司	宽城区兰家镇	0.50	2500	2500	雪地5000平方米，冰面500平方米
26	宽城中东港冰雪乐园	长春市中东港商业管理有限公司	宽城区中东砂之船	0.30	3000	4000	雪地2000平方米，打造冰雪森林场景、雪雕等项目，冰面1000平方米，冰滑梯50余米及冰上转转、冰雕、冰车等项目
27	雪驰山引泉水挂冰瀑	雪驰葡萄酒文化产业有限公司	二道区雪驰山垂钓园	3.00	—	900	引泉水挂冰瀑，采用霓虹真空技术，让夜晚的冰瀑折射出五彩斑斓颜色
28	北湖吾悦广场冰滑梯	长春新城吾悦商业管理有限公司	北湖吾悦广场1号门	0.02	—	120	位于吾悦广场1号门，取冰量120立方米，占地面积200平方米，开展冰陀螺、冰爬犁、彩色冰滑板等冰上项目
29	双阳区石溪河冰雕走廊	双阳区政府、双阳区文广旅局	双阳区石溪河主城区段	2.00	0	3000	沿双阳区石溪河建设冰雕10座
30	双青湖冰雪大世界	双青湖旅游度假服务有限公司	公主岭市双青湖风景区	7.80	35000	—	戏雪为主，初级雪道1条，长300米，宽10米；雪圈道2条，长500米，宽35米；滑雪板40副，雪圈310个，其他雪上冰上活动设施105件
31	东龙冰雪乐园	双阳区东龙度假村有限公司	双阳区齐家镇双顶村	2.00	1000	300	雪道4个，平均宽度5米，坡度30°；雪圈数量200个，瞬时最大承载量500人，摩托6台等，另有网红秋千、星空馆等打卡项目
32	景阳冰雪乐园	长春市双阳区景阳山庄	双阳区土门村	5.00	2000	0	雪道5个，平均宽度3—5米，雪圈数量420个
33	大龙山文化园冰雪主题嘉年华	吉林省广善龙山旅游景区服务有限公司	公主岭仙山村大龙山文化园	10.00	30000	10000	设置冰滑梯、雪滑梯、初级雪道，长200米，宽150米，坡度35°，雪板150套，雪圈300个，娱乐项目有冰上卡丁车、雪地摩托、冰壶、雪地转转、雪地挖掘机、冰雪悠波球、雪地坦克、雪上滑车、电动碰碰车、冰宫寻宝、冰面漂移车。冬季研学基地——甄选奇花异草“物华天宝”识别教育

续表22

序号	项目名称	建设单位	建设地址	面积（万平方米）	用雪量（立方米）	用冰量（立方米）	项目内容
34	富越滑雪场	富越农业观光有限公司	榆树市环城乡福安村	5.00	2000	—	初级道1条、中级道2条，总长度500米，平均宽度40米，雪板500副，雪圈150套，瞬时承载量1000人，魔毯2条，娱乐项目有雪地转转、雪地摩托、漂移车、四驱摩托、冰上碰碰车、坦克车、雪地自行车、冰上自行车、挖掘机、亲子冰上自行车、撞撞球、香蕉船、爬犁
35	农安县冰雪嘉年华	吉林畦源有限责任公司	农安县南环滨水公园	—	—	5000	举办雪地拔河、冰上展演、陀螺、冰车、雪地足球展演等
36	吉地打卡——蓝冰森林	吉林环球国旅	净月潭国家森林公园	0.10	—	200	延续2021年蓝冰场景，打造专属于长春的航空冰雪热点和长春冰雪热点网红地标吉地蓝冰
37	玉皇庙冬捕	榆树市玉皇庙水库管理局	榆树市玉皇庙水库	10.00	—	—	观赏冬季捕鱼、头鱼拍卖等

（市文广旅局）

冰雪旅游

【概况】 市文广旅局发掘长春市冰雪旅游资源，依托长春冰雪节，发挥长春文旅官方新媒体矩阵宣传平台作用，加强与新闻媒体合作，打造长春市特色冰雪旅游品牌，助力长春文化创意城建设。“长春”作为热门冰雪旅游目的地搜索热度持续上涨，节假日期间引流属性效果明显。春节期间，全市接待游客538.08万人次，实现旅游收入52.09亿元，分别增长22.72%和27.28%，占全省46.6%和49.08%。据同程旅行大数据，1月至2月，长春市旅游订单总量比2021年上涨65%，环比增长114.8%；酒店住宿比2021年增长40.57%，景区门票比2021年增长84.29%，外省游客占比近50%，机票预订比2021年增长37%，长春成为热门航线。投放文旅冰雪消费券2000万元，联动景区、雪场、民宿、商贸实现“吃住行游购娱”全要素体验，春节假期核销文旅消费券276.1万元，带动交易金额333.6万元，直接拉动消费1419.56万元。

【冰雪宣传推介】 1月1日至31日，市文广旅局在“铁路12306”App发布2021—2022雪季长春冰雪节文字介绍及长春冰雪新天地、这有山等文旅企业图片，宣传推介长春冰雪节。11月21日至24日，市文广旅局到厦门、长沙、杭州、澳门等主要客源地，召开“都市冰雪，冬趣长春”2022—2023雪季长春冰雪旅游产品推介会，并拍摄长春冰雪新天地宣传推介视频，用于携程集团“2023旅游振兴A计划”发布会展示。2022年至2023年雪季冰雪节期间，市文广旅局以“都市冰雪·幸福长春”为主题，采取传统媒体与新媒体结合方式，融媒体多元互动，开展一系列冰雪宣传推介工作，增强市民游客对长春冰雪关注度、参与度，提升长春“都市冰雪”品牌影响力和知名度。与长春广播电视台合作，拍摄制作2022版冰雪旅游宣传片。12月26日，市文广旅局联合市体育局、市商务局召开第26届冰雪节新闻发布会，在长春主流媒体、门户网站、新媒体30余家预热冰雪节宣传，报道各项筹备工作进展情况、活动产品特色亮点、文体商贸惠民举措等。利用长春龙嘉机场出发层LED显示屏、北京四惠公交枢纽灯箱等媒体发布长春冰雪节广告。12月28日，组织人民网、中国吉林网、新浪、凤凰网等10家平台联合对开幕式进行网络直播，浏览量342.3万次。搜狐吉林融媒体中心、《香港商报》等媒体调动全国资源，面向海内外市场多渠道扩大长春冰雪旅游品牌影响力。省内媒体平台运用图文、视频、专访等形式持续播报冰雪节新闻动态、冰雪线路产品和文旅促消费情况，抖音平台发起“下一站长春见”专属话题及抖音话题挑战赛。12月29日晚，中央广播电视总台《新闻联播》报道长春冰雪节开幕式，向海内外观众展示长春市冰雪活动和冰雪产品，《人民日报》、人民网等主流媒体客户端、新媒体平台进行宣传引领，《香港商报》《吉林日报》等刊发专版，展现长春市冰雪图景。2022—2023雪季，长春文旅抖音平台发布长春冰雪系列短视频33条，话题上线72小时，用户浏览时长超270万分钟，长春文旅抖音“粉丝”上涨2.9万个，获赞量超9万个，话题播放量超1亿次。

【冰雪旅游线路】 全年开发以长春为中心节点的冰雪旅游精品线路10条。其中，打造长春都市冰雪经典线路5条，开发赏冰嬉雪、研学科教、拾光之旅、潮流打卡、年俗冬捕等线路，延展长春市优质单核冰雪产品引流属性，做长做深“吃住行游购娱”全要素体验；打造省内“一主六双”冰雪精品线路5条，落实“一主六双”高质量发展战略，依托长春全省旅游集散核心区功能，开发以长春为中心节点的旅游线路，做精“双线”，推进“双协同”，重点打造长春—松原、长春—吉林、长春—长白山—白山、长春—延边、长春—通化等线路，发挥长春辐射作用，刺激文旅消费。

延伸阅读>>

“一主六双”高质量发展战略

吉林省委十一届九次全会提出，全面实施“一主六双”高质量发展战略，即突出发挥长春辐射主导作用“一主”，构筑环长春四辽吉松工业走廊和长辽梅通白延医药健康产业走廊“双廊”、构建大图们江开发开放经济带和中西部粮食安全产业带“双带”、做精长通白延吉长避暑休闲冰雪旅游大环线和长松大白通长河湖草原湿地旅游大环线“双线”、畅通白松长通至辽宁大通道和长吉珲大通道“人字形”“双通道”、打造长春国家级创新创业基地和西部国家级清洁能源基地“双基地”、推动长春吉林一体化协同发展和长春四平一体化协同发展“双协同”，促进高质量发展。

表23　2022—2023年雪季长春冰雪路线和省内冰雪环线一览表

序号	分类	线路名称	线路内容
1	长春都市冰雪精品线路	赏冰嬉雪之旅（一日游）	天定山滑雪场/莲花山滑雪场/庙香山滑雪场/净月潭滑雪场→长春冰雪新天地→天定山民宿
2		研学科教之旅（两日游）	第一日：长光卫星技术有限公司→伪满皇宫博物院→孔子文化园→慢山里研学营地； 第二日：省博物院、省科技馆、省光学科技馆→省自然博物馆→东北民族民俗博物馆
3		《人世间》拾光之旅（一日游）	水文化生态园→伪满皇宫博物院→文化广场（吉林大学地质博物馆）→新民大街→南湖公园→长影旧址博物馆（54路有轨电车）
4		都市冰雪潮流打卡地	这有山、湖畔IN99酒吧街、摩天活力城、国泰・Rio Mall、桂林路、重庆路步行街、欧亚卖场、欧亚汇集
5		乡村年俗冬捕体验地	榆树市玉皇庙冬捕、九台马鞍山村如美乡村、农安县辽金时代、公主岭大龙山文化园冰雪主题嘉年华、双阳区东龙冰雪乐园
6	“一主六双”精品冰雪线路		长春市→查干湖冬捕→全鱼宴→渔猎文化博物馆/王爷府/成吉思汗召→长春市
7			长春市→吉林雾凇岛→乌拉满族火锅→神农温泉→长春市
8			长春市→露水河国际狩猎场→长白山北景区→长白山火山温泉→长白山国际度假区滑雪场/长白山鲁能胜地滑雪场→讷殷古城→长春市
9			长春市→延吉铛铛车→中国朝鲜族民俗园→恐龙王国→长春市
10			长春市→临江松岭雪村→通化万峰滑雪场→梅河口知北村→长春市

（市文广旅局）

【长春冰雪节】 第26届长春冰雪节于2022年11月11日至2023年2月18日举办，主题是“都市冰雪 幸福长春”，由长春市人民政府主办，长春市文化广播电视和旅游局、长春市体育局、长春市教育局、长春市商务局承办，成立长春冰雪节组委会和执委会，成员包括各县（市）区政府、开发区管委会、市直相关部门及相关单位，冰雪节办公室设在市文广旅局。举办“冰雪消费季”系列促销，开展“跨年迎新消费节”、“1・8”消费节、“金兔送吉祥 实惠过大年”等活动，打造“长春十大冰雪喜乐地”，欧亚卖场、欧亚汇集、这有山、吾悦广场等地推出冰雪消费活动10余项，这有山文旅消费街区春节接待量突破20万人次。文旅、体育、教育、商务、林园等市直部门和县市区17个作战单位实现联动，举办演艺赛事、互动体验、讲座培训、展览展播等冰雪文化活动130余项，实现“周周有活动、月月有精彩”。举办迎新春系列活动400余场，包括冰雪嘉年华、新春音乐会、冰雪摄影展、秧歌大赛、博物馆里迎新年等，以及中俄青少年冬季运动会、瓦萨国际滑雪节越野滑雪系列赛、全国空中技巧锦标赛、全国冰雪汽车拉力赛、吉林省大众高山滑雪挑战赛等高品质赛事活动，拓宽冰雪体验渠道，让百姓共享冰雪“盛宴”。联动中、省、市直主要媒体和新媒体平台，以全媒体发力点燃城市冰雪热度，“长春冰雪”连续登载国家主流媒体，央视《新闻联播》播报冰雪节开幕式盛况，《人民日报》头版报道天定山旅游度假小镇情况。

（王　冠　韩　凯　王靖然）

表24　第26届长春冰雪节重点活动一览表

序号	活动名称	内容	时间	地点	主办、承办单位
1	第三届中俄青少年冬季运动会	中俄运动会滑雪比赛项目	2022.12.14—20	长春市	主办：长春市政府 承办：市体育局
2	第26届长春冰雪节开幕式	开幕式仪式及巡园活动	2022.12.28	长春冰雪新天地	主办：长春市政府 承办：市委宣传部、市文广旅局、市体育局、市教育局、市商务局、莲花山管委会
3	“健康吉林・乐动冰雪”吉林省暨长春市全民健身系列活动启动仪式	全国大众冰雪季启动仪式	2022.12.24	庙香山温泉滑雪度假区	主办：国家体育总局冬季运动管理中心、吉林省体育局 承办：市体育局、九台区政府

续表24

序号	活动名称	内容	时间	地点	主办、承办单位
4	中国长春净月潭瓦萨国际滑雪节	开幕式、颁奖仪式、比赛，设50千米、25千米和2.5千米，竞赛组别为大众组、大学生高水平组和大学生阳光组	2023.1.4	净月潭国家森林公园	主办：长春市政府 承办：市体育局、市文旅局、净月区管委会
5	第十三届吉林（长春）冬季农博会	展会规模20万平方米，安排“展示展销、文娱活动、线上农博”三大板块、30项内容	2023.1.12—28	长春农业博览园	主办：长春市政府 承办：净月高新技术产业开发区管理委员会、长春农业博览园
6	长春冰雪短道汽车拉力	短道汽车拉力赛	2023.1.18—19	长春市南湖公园	主办：长春市人民政府 承办：市体育局
7	2023年吉林省大众高山滑雪挑战赛	滑雪比赛	2023.1	庙香山温泉滑雪度假区	主办：吉林省体育局 承办：九台区文广旅局
8	长春市2022—2023新雪季启动暨滑雪场开板仪式	启动仪式、特色主题方阵滑雪表演	2022.11.11	庙香山温泉滑雪度假区	主办：市文广旅局、市体育局、九台区政府 承办：九台区文广旅局、庙香山温泉滑雪度假区
9	吉林省第一届职工冰雪运动会	运动会设置比赛项目19个，包括竞赛类7项、展演类1项、趣味类11项	2023.1—2	南溪湿地公园	承办：市体育局
10	长春十大冰雪喜乐地旅游品牌发布会	评选第26届长春冰雪节最受市民游客喜爱的冬季游乐场所	2023.1	长春世界雕塑园	主办：市委宣传部、市文广旅局
11	“幸福说”我和长春冰雪的故事	活动现场邀请嘉宾进行PPT+展演、视频+推介、真人情景剧+内心独白、音乐剧、创新吉剧、民谣说唱等形式，讲述长春冰雪故事	2023.1	长春市图书馆	主办：市文广旅局
12	长春冰雪节摄影大赛暨“韵动冰雪梦启长春”摄影展	以摄影为艺术载体体现长春冰雪独特魅力	2022.12—2023.2	长春市图书馆	主办：市文广旅局 承办：市摄影家协会
13	全国空中技巧锦标赛	全国性专业赛事	2023.1	长春莲花山滑雪场	主办：市体育局 承办：长春莲花山滑雪场
14	宽城区全民上冰雪活动	冰上龙舟、雪地拔河、雪地足球、冰壶等，雪地徒步大赛，“元宵节”秧歌赛	2022.12—2023.2	宽城区政府中心公园	主办：宽城区文旅局、体育总会
15	二道区冰雪节	滑冰场、雪地摩托、狗拉爬犁	2022.11—2023.3	二道区英俊镇	主办：二道区文化和旅游局
16	双阳区冰雪节开幕式	冰雪节系列活动	2022.12	双阳区冰上运动基地	主办：双阳区政府
17	公主岭市全民上冰雪系列活动暨第八届双青湖冰雪节	初级滑雪、雪圈、雪地秧歌、雪地拔河、冬钓	2022.12	公主岭市双青湖旅游度假风景区	主办：公主岭市政府
18	榆树市全民上冰雪启动仪式	冰雪系列活动	2023.1	榆树市富越滑雪场	主办：榆树市政府
19	德惠市冰雪节	全民上冰雪活动	2022.12—2023.2	德惠市二十五中	主办：德惠市文广旅局、德惠市教育局
20	农安县百万群众上冰雪活动	冰车比赛、雪地拔河、雪地健康跑	2023.1	农安县一中	主办：农安县文旅局

（市文广旅局）

冰雪运动

【概况】 2022年，长春市开展系列冰雪活动，举（承）办冰雪体育赛事，组织各级各类冰雪群众体育系列活动，打造以大众滑雪、大众速滑、冰球等群众喜闻乐见的冬季项目活动为支撑的活动体系。建设完善冰雪设施，提供冰雪运动基本保障。长春市行政区域内有达到国际、国内比赛标准的冰雪体育场馆10家（冰上场馆6家、滑雪场4家），每年浇筑冰场110余个，为竞技体育人才培养、群众冰雪活动开展以及实现3亿人参与冰雪运动提供场地保障，推动长春冰雪运动发展。

【冰雪体育赛事】 年内，申办和承办国际、国家级冰雪体育赛事，举办冰雪

青少年市民在净月潭滑雪场体验冰雪运动

（摄于2022年10月　市文广旅局　供图）

赛事活动18项，以高水平冰雪赛事和群众性冰雪体育活动带动、扩大冰雪赛事旅游参与人数。重点举办第三届中俄青少年冬季运动会、中国长春净月潭瓦萨国际滑雪节越野滑雪系列赛、全国空中技巧锦标赛、全国冰雪汽车拉力赛、吉林省第一届职工冰雪运动会、吉林省大众高山滑雪挑战赛、长春冰雪短道汽车拉力赛等高水平冰雪赛事，引导培育冰雪运动商业表演项目，打造冰雪赛事旅游目的地。举办“健康吉林·乐动冰雪”吉林省暨长春市全民健身系列活动启动仪式、冰雪汽车场地赛、大众全民健身速滑表演赛、冰雪运动会、冰雪马拉松、滑冰冬令营等群众性冰雪赛事活动，推广冰雪项目、储备冰雪运动人才，提高冰雪赛事娱乐性和参与度，产生良好社会效应。

【冰雪体验活动】 2022年，长春市组织各级各类冰雪群众体育系列活动，打造以大众滑雪、大众速滑、冰球等群众喜闻乐见的冬季项目活动为支撑的活动体系，推进冰雪公共服务均等化，推出冰雪体验活动34项，打造沉浸式、交互式快乐冰雪季。巩固“3.46亿人上冰雪”成果。以2022年中国长春净月潭瓦萨国际滑雪节为契机，挖掘冰雪资源，开展滑雪比赛等系列冰雪活动。陆续推出4项专业越野滑雪赛事和40多项冰雪主题系列活动，涵盖冰雪赛事、冰雪体验、冰雪文化、冰雪旅游、冰雪消费等内容。开发以运动科普、越野滑雪、观赏体验为主，体育赛事与群众运动相结合的系列冰雪产品，提升规模和品质。除专业赛事外，还举办大学生越野滑雪培训、瓦萨越野荣誉滑行活动、瓦萨儿童滑雪娱乐活动等多项冰雪活动，特别是在净月潭正门打造“滑梯休闲区”，占地20.63万平方米，以赏冰嬉雪、大型滑梯、小型娱乐为主，面向儿童群体，大型主雪滑梯、冰滑梯、太空卡通滑梯、儿童趣味城堡等给孩子们带来冰雪体验乐趣。2021—2022长春冰雪短道汽车拉力赛暨冰雪汽车嘉年华设置青少年冰雪卡丁车体验区、大众漂移体验区、汽车文化展示区、冰雪露营区，面向市民免费开放。推进青少年冰雪运动发展，举办冰雪人才培训等活动，动员市民参与雪地健康跑、雪地足球、冰上龙舟、冰雪秋歌、冰爬犁等冰雪体验项目；发掘利用自然水域拓展冰场，延展冰雪资源，全年浇筑冰场110余个，实现广泛、便捷参与冰雪运动体验；开展滑雪模拟机、旱地冰壶、VR滑雪体验等各类仿真、数字冰雪体验活动，打破滑冰、滑雪运动的场地限制和气候限制，提升冰雪运动参与度。

表25　第26届长春冰雪节冰雪赛事活动一览表

序号	活动名称	内容	时间	地点	主办、承办单位
1	中国长春净月潭瓦萨国际滑雪节	举办开幕式、颁奖仪式，比赛设50千米、25千米和2.5千米，竞赛组别包括大众组、大学生高水平组和大学生阳光组	2023年1月4日	长春净月潭国家森林公园	主办：长春市政府 承办：市体育局、市文旅局、净月区管委会
2	大学生越野滑雪培训	在长高校大学生在净月潭越野滑雪场进行越野滑雪培训课	2022年12月至2023年1月	净月潭国家级风景名胜区越野滑雪场	主办：吉林省教育厅 协办：净月潭国家森林公园
3	长春冰雪短道汽车拉力	短道汽车拉力赛	2022年12月	长春市南湖公园	主办：长春市政府 承办：市体育局
4	第三届中俄青少年冬季运会	冬季冰雪赛事	2022年12月14日至20日	长春市	主办：长春市政府 承办：市体育局
5	2023年吉林省大众高山滑雪挑战赛	滑雪比赛	2023年1月	庙香山滑雪场	主办：吉林省体育局 承办：九台区文广旅局

续表25

序号	活动名称	内容	时间	地点	主办、承办单位
6	全国空中技巧锦标赛	全国性专业赛事	2023年1月	长春莲花山滑雪场	主办：市体育局 承办：莲花山滑雪场
7	吉林省第一届职工冰雪运动会	运动会设置比赛项目19个，竞赛类7项、展演类1项、趣味类11项	2023年1月至2月	南溪湿地公园	承办：长春市体育局
8	大众全民健身速滑表演赛	速滑追逐赛500米、1000米、3000米速滑集体滑行表演赛	2023年1月	劳动公园	主办：二道区文化和旅游局 承办：二道区速滑轮滑协会
9	冰雪半程马拉松	半程马拉松比赛	2022年12月	榆树	主办：榆树市文广旅局、长跑协会
10	长春新区冰上卡丁车比赛	机关干部冰上卡丁车比赛	2022年12月10日	欧亚汇集欧悦冰场	主办：新区商务文旅局、新区党群办公室（工会）
11	长春新区“迎新年”雪地健康跑	雪地健康跑	2022年12月25日	奥体中心	主办：新区商务文旅局
12	长春新区雪地拔河比赛	雪地拔河	2022年12月27日	北湖公园	主办：新区商务文旅局
13	北湖公园冰车比赛	冰车比赛	2023年1月18日	北湖公园	主办：新区商务文旅局、新区党群办
14	大学生越野锦标赛	滑雪越野竞赛	2023年1月	天定山滑雪场	主办：长春天定山滑雪场管理有限公司
15	冰雪人才培训（大众滑雪教练培训）	聚焦冰雪人才培训、资格认证等服务	2022年12月至2023年3月	长春莲花山滑雪场	主办：吉林省体院、吉林大学体育学院 承办：长春莲花山滑雪场
16	欧悦冰上卡丁车系列比赛	吉林省工会会员赛、抖音传媒公司体验赛、广联达科技公司冰上卡丁车赛、宝马浦东4S店卡丁车赛等	2022年11月至12月	欧亚汇集欧悦冰场	主办：欧悦赛车俱乐部
17	天茂湖冰雪短道汽车拉力赛	汽车冰雪拉力赛	2023年1月15日	天茂湖公园	主办：标驰赛车俱乐部
18	龙岂杯青少年乒乓球比赛	乒乓球团体赛	2022年11月至12月	居然世界里购物中心	主办：龙岂乒乓球俱乐部

（市文广旅局）

表26　第26届长春冰雪节冰雪体验活动一览表

序号	活动名称	内容	时间	地点	主办、承办单位
1	“健康吉林·乐动冰雪”吉林省暨长春市全民健身系列活动启动仪式	全民健身系列活动启动仪式	2022年12月24日	庙香山温泉滑雪度假区	主办：国家体育总局冬管中心、吉林省体育局 承办：市体育局、九台区政府
2	长春市2022—2023新雪季启动暨滑雪场开板仪式	启动仪式、特色主题方阵滑雪表演	2022年11月11日	庙香山温泉滑雪度假区	主办：市文广旅局、市体育局、九台区政府 承办：九台区文广旅局
3	宽城区全民上冰雪活动	冰上龙舟、雪地拔河、雪地足球、冰壶、雪地徒步大赛等	2022年12月至2023年2月	政府中心公园	宽城区文旅局、体育总会
4	二道区冰雪节	滑冰场、雪地摩托、狗拉爬犁	2022年11月至2023年3月	二道区英俊镇胡家村偏脸屯南山1号院	二道区文化和旅游局、吉林省雪驰葡萄酒文化产业有限公司
5	公主岭市全民上冰雪系列活动暨第八届双青湖冰雪节	初级滑雪、雪圈、雪地秧歌、雪地拔河、冬钓	2023年1月12日至3月2日	公主岭市双青湖旅游度假风景区	主办：公主岭市人民政府 承办：公主岭市文广旅局、公主岭市教育局、刘房子街道、双青湖风景区
6	滑冰冬令营	速度滑冰培训	2022年12月	榆树市文体中心	榆树市文广旅局、全民健身中心
7	榆树市全民上冰雪启动式	冰雪系列活动	2023年1月	榆树市富越滑雪场	榆树市文广旅局、富越滑雪场

续表26

序号	活动名称	内容	时间	地点	主办、承办单位
8	德惠市冰上展示分区赛	速度滑冰展示	2023年1月至2月	德惠市冰上基地校	德惠市文广旅局
9	农安县百万学子上冰雪活动	冰雪展演、雪地足球、速度滑冰等	2022年12月	德彪小学	农安县教育局、农安县文旅局
10	农安县百万群众上冰雪活动	冰车比赛、雪地拔河、雪地健康跑	2023年1月	农安县一中冰雪乐园	农安县文旅局体育科
11	农安县冰雪嘉年华	雪地拔河、冰上展演、陀螺、冰车、雪地足球	2023年1月	农安县南部滨水公园冰雪乐园	农安县文旅局、畦源公司
12	太平池冰上娱乐活动	狗拉爬犁、冰上展演、雪地拔河、陀螺、冰车	2023年1月	合隆镇太平池水库	农安文旅局、太平池水库管理中心
13	莲花岛冰雪年俗文化节	冰雪主题乐园（雪地摩托、超燃雪滑道、溜冰场、雪爬犁、冰上保龄球、雪雕主题展）互动演艺、年货大街、民俗体验、美食市集、“非遗”展示	2022年12月15日至2023年2月1日	长春莲花岛影视休闲文化园	长春莲花岛影视文化有限公司
14	冰雪年俗文化传承活动、民俗风情演绎、冰雪运动体验	冰雪主题活动	2022年12月	这有山	长春这有山文旅商业发展有限公司
15	荣发冰雪节	雪爬犁、冰车等项目	2022年12月25日	长春市宽城区装备大路	吉林省荣发生态农业开发有限公司
16	中东港仓鼠集市·一切皆可艺术展	传承艺术展、环保旧物改造艺术展、冰滑梯、冰上乐园及冰雪森林等项目	2022年11月19日至2023年1月15日	宽城区北人民大街与万兴路交会处	长春市中东港商业管理有限公司
17	占林“桃花节”	桃花、南果、锦鲤、小动物观赏	2023年1月	宽城区兰家镇占林农业基地	吉林省占林绿色农业科技有限公司
18	冬日室内露营	室内露营，体验南果北种树熟口感，科普作物生长规律	2023年1月	宽城区兰家镇占林农业基地	吉林省占林绿色农业科技有限公司
19	“凯旋”冰雪乐“友谊”幸福里	制作冰雕	2022年12月	宽城区凯旋街道友谊花园	凯旋街道办事处
20	花海+儿童冰雪乐园	赏百花、体验植物染拓、品尝农家铁锅炖	冬季	皓月大路9799号	春莲集团
21	小庙雪地系列活动	举办雪地演唱会、直播（网红、歌手）、抢票活动、现场抽奖送年货、乐队表演、烟花秀、汉服滑雪、猜灯谜、看花灯以及趣味雪地游戏、雪地露营、Cosplay滑雪、民乐表演	2022年12月至2023年3月	庙香山温泉滑雪度假区	庙香山温泉滑雪度假区
22	国防小勇士冬季适应性训练营	冰雪伪装、冬季防冻伤战地救护、雪地真人CS大战、雪地军用识图用图、雪地野外生存训练	冬季	皓月大路9799号	春莲集团、中国青少年国防体育发展联盟吉林省工作部
23	冰雪嘉年华活动	百万学子上冰雪	2022年12月至2023年2月	长春冰雪新天地园区	长春冰雪新天地旅游开发管理有限责任公司
24	圣诞主题演出	圣诞演出	2022年12月24日至25日	长春冰雪新天地园区	长春冰雪新天地旅游开发管理有限责任公司
25	天定山滑雪场开板仪式	开板仪式、滑雪表演、演艺互动	2022年11月19日	天定山滑雪场	长春天定山滑雪场管理有限公司
26	取冰节	开窖取冰仪式	2022年11月	长春冰雪新天地园区	长春冰雪新天地旅游开发管理有限责任公司
27	冰雪音乐节	舞台演出、冰雪巡游、烟花表演	雪季每周末	长春冰雪新天地园区	长春冰雪新天地旅游开发管理有限责任公司
28	冰雪跨年	跨年演出、冰雪巡游、烟花表演	2022年12月31日	长春冰雪新天地园区	长春冰雪新天地旅游开发管理有限责任公司
29	除夕喜乐会	舞台演出、欢乐过大年系列活动、烟花表演	2023年1月21日	长春冰雪新天地园区	长春冰雪新天地旅游开发管理有限责任公司

续表26

序号	活动名称	内容	时间	地点	主办、承办单位
30	冬捕	开冰、冬捕仪式	2022年12月	天定山民宿	天定山民宿
31	欢乐过大年	民宿过大年、喜乐会滑雪迎新年	2023年1月14日至30日	天定山旅游度假小镇	天定山旅游度假小镇
32	元宵喜乐会	挂灯笼、猜灯谜、冰雪演艺、烟花表演	2022年2月5日	长春冰雪新天地园区	长春冰雪新天地旅游开发管理有限责任公司
33	公主岭大龙山文化园冰雪主题嘉年华	冰雪节庆活动	2022年12月至2023年2月	公主岭大龙山文化园	吉林省广善龙山旅游景区服务有限公司
34	八一公园冰雪乐园汽车拉力赛	卡丁车、全地形车体验、专业改装拉力赛车、越野赛车体验赛	2023年1月至2月	八一公园	长春市旭航文化传播有限公司、长春城投文创产业发展有限公司

（市文广旅局）

【学生冰雪运动】 2022年，长春市体育局与市教育局联合举办青少年冰雪体育活动，推动“冰雪进校园”活动落地实施，鼓励基层浇冰场，在各网点校开展轮滑、旱雪等，吸引各项目适龄学生参与冰雪运动。与莲花山滑雪场、多家体育俱乐部共同推进“滑雪运动推广战略合作”，为青少年提供越野滑雪、高山滑雪、速度滑冰、冰球等冰雪项目培训，在青少年中推广普及冰雪项目，促进青少年健康发展，培养冰雪运动兴趣和爱好，营造参与冰雪运动氛围。

【大众冰雪季】 12月24日，第九届全国大众冰雪季启动仪式吉林省分会场暨2022年“健康吉林 乐动冰雪”吉林省全民健身系列活动启动仪式在长春市九台区庙香山举行。全国大众冰雪季是由国家体育总局主办，面向社会以普及推广冰雪运动为主旨的大型活动，致力于将冰雪体育和奥运精神传递到民众之中。长春市作为第九届全国大众冰雪季启动仪式的主办城市，承担吉林省分会场活动，有大众高山滑雪比赛，和雪上竞技活动，还有雪地足球、雪地风筝、雪上滑冰等大众冰雪项目。体现“乐动冰雪”活动氛围，激励带动更多人参与冰雪运动，促进冰雪产业发展，培育壮大冰雪经济，让长春冰雪经济迸发“热效应”。

（侯　旭　王　冠　韩　凯　王靖然）

冰雪文化

【概况】 冰雪节期间，长春市“周周有活动、月月有精彩”。长春新区、汽开区、二道区、宽城区、双阳区、公主岭市、农安县、榆树市等地推出冰雪嘉年华、全民上冰雪等活动，形成完整的冰雪“版图覆盖”。全市四大滑雪场、小型滑雪乐园、室内冰雪场馆开展冬令营、群众滑雪比赛、冰雪运动普及等培训活动20余场，培训青少年超过3万人次。通过举办新春音乐会、摄影展、我和长春冰雪的故事、冰雪喜乐地品牌发布会、传统节假日系列民俗活动、冬捕节、温泉节、秧歌大赛、读书节、博物馆里迎新年等冰雪文化活动，提高冰雪节群众参与面，丰富市民群众精神文化生活。

【冰雪文化产品】 第26届长春冰雪节以“都市冰雪幸福长春”为主题，以十大冰雪乐园、四大冰雪温泉和四大雪场为核心产品，建设冰雪游乐场所（场馆）40处；举办演艺赛事、互动体验、讲座培训、展览展播等冰雪文化活动130余项。冰雪节期间，全市接待游客2703万人次，实现旅游收入395亿元，抵住“需求收缩、供给冲击、预期减弱”三重压力，成为促消费、稳增长、提士气、促升级的加速器，实现一季度“开门红”，为加快推动文旅经济整体好转奠定坚实基础。

【冰雪文化活动】 市文广旅局深耕冰雪文化底蕴，整合冰雪资源，延伸冰雪产业链条，挖掘历史、生活、娱乐等领域新亮点，开展演艺赛事、互动体验、讲座培训、展览展播等4大类69项300余场活动，厚植冰雪文化情怀，提升冰雪文化吸引力。举办以“迎冬奥·庆新春”为主题的系列群众文化活动，包括慰问演出、“千家万福”公益拍、“家风墨宝进万家”、年俗展、长春新春秧歌秀、交响乐、管乐、室内乐专场音乐会等。市群艺馆组织近百人的民俗秧歌、高跷、舞龙、舞狮团队，在长春冰雪新天地参与2022年央视元宵晚会录制。12月10日，作为冰雪节的预热活动，组织“荣美春城”吉林省书画院艺术家作品年展。举办第26届长春冰雪节开幕式、2023长春爵士音乐节、“冰雪之约 遇见非遗”“非遗”推广交流活动、“幸福说”我和长春冰雪的故事、长春十大冰雪喜乐地品牌发布会等重点活动。线上线下相结合，广泛开展国学大讲堂、博物馆里迎新年、全民阅读、线上诗会、名师讲堂、冰雪知识竞赛等群众文化活动，丰富城市文化生活；在春节、元宵节等节点开展与冰雪元素相结合的民俗特色文化活动，营造城市节日文化氛围；推出新春文艺演出、下基层慰问演出等文化惠民演出活动，提高冰雪节群众参与面，丰富市民群众精神文化生活。

（王　冠　韩　凯　王靖然）

表27　第26届长春冰雪节冰雪文化活动一览表

序号	活动名称	时间	项	场次	地点	责任单位
演艺赛事类18项46场						
1	第26届长春冰雪节开幕式	2022年12月28日	1	1	长春冰雪新天地	主办：长春市人民政府 承办：市委宣传部、市文广旅局、市体育局、市教育局、市商务局、莲花山管委会

续表27

序号	活动名称	时间	项	场次	地点	责任单位
2	长春十大冰雪喜乐地旅游品牌发布会	2022年1月	1	1	长春世界雕塑园	主办：中共长春市委宣传部、市文广旅局
3	"幸福说"我和长春冰雪的故事	2022年12月	1	1	长春世界雕塑园	主办：市文广旅局
4	"青春跃然 舞动冰雪"长春市首届青少年街舞大赛	2022年12月至2023年1月	1	1	线上短视频	主办：共青团长春市委、市文广旅局
5	大学生都市冰雪推荐官	2022年12月至2023年1月	1	1	线上短视频	主办：共青团长春市委、市文广旅局
6	2022下基层慰问演出	2022年8月20日至12月30日	1	3	社区、乡镇、敬老院	主办：市文广旅局 承办：市群众艺术馆、长春市演艺集团
7	南关区文艺赛事巡演	2022年11月至12月	1	6	南关区文化馆3楼剧场	主办：南关区委宣传部、南关区文旅局 承办：南关区文化馆
8	双阳区冰雪节开幕式	2022年12月	1	1	双阳区冰上运动基地	主办：双阳区政府
9	"冰雪融情，冬趣长春"冰雪运动知识竞速赛	2022年12月	1	1	少儿图书馆微信平台	主办：市少年儿童图书馆
10	"冰雪世界，童话王国"冰雪节儿童绘画大赛	2022年12月	1	1	少儿图书馆微信平台、网站、长少图App	主办：市少年儿童图书馆
11	2023年长春市朝鲜族掷柶比赛	2023年2月5日	1	1	长春市朝鲜族群众艺术馆	主办：市朝鲜族群众艺术馆
12	送文化下乡系列活动	2022年12月	1	1	各乡镇（街道）	主办：德惠市文广旅局、德惠市文化馆
13	文艺轻骑兵惠民演出	2022年12月	1	1	农安	主办：农安县委宣传部、农安县文旅局 承办：农安县文化馆
14	长春新区迎新年全民健身项目展示	2022年12月	8	8	吾悦广场、栖乐荟、欧亚汇集	主办：新区体育总会
15	长春新区"迎新年"社区广场舞比赛	2022年12月30日	1	1	吾悦广场	主办：新区商务文旅局
16	长春新区红红火火过大年系列演出活动	2023年1月10日至19日	10	10	吾悦广场、栖乐荟、欧亚汇集	主办：新区商务文旅局
17	长春新区冰雪秧歌秀&元宵节秧歌赛	2023年1月至2月	1	1	吾悦广场	主办：新区商务文旅局
18	长春新区全民健身大拜年活动	2023年1月	7	7	吾悦广场、栖乐荟	主办：新区商务文旅局
互动体验类20项34场						
1	2023年元宵佳节灯谜会	2023年2月5日	1	1	市图书馆	主办：市图书馆
2	"新春启阅有佳礼"送祝福活动	2023年1月22日	1	1	市图书馆	主办：市图书馆
3	数字资源线上推荐活动	2022年12月至2023年2月	1	5	长图资讯微信公众平台	主办：市图书馆
4	"我与U书到家"征文活动	2022年12月12日至30日	1	1	市图书馆微信公众平台、U书到家平台	主办：市图书馆
5	"闹春图"线上元宵节系列活动	2023年2月1日至5日	1	2	线上+线下	主办：市图书馆
6	"妙手调羹能适口 欢欢喜喜过大年"美食图书推荐	2022年12月12日至28日	1	1	市图书馆第二中文图书借阅库	主办：市图书馆
7	绘阅故事	2022年12月至2023年2月	1	8	长图小树苗微信公众平台	主办：市图书馆
8	图书推荐活动	2023年1月至2月	1	1	长图小树苗微信公众平台	主办：市图书馆
9	青少年正月十五线上灯谜会	2023年2月5日	1	1	市图书馆青少部	主办：市图书馆
10	数字化体验活动	2023年1月至2月	1	3	市朝鲜族群众艺术馆	市朝鲜族群众艺术馆
11	博物馆寒假社会实践	2023年1月至2月	1	1	长春博物馆	主办：长春博物馆

续表27

序号	活动名称	时间	项	场次	地点	责任单位
12	将博物馆的记忆带回家	冬季	1	1	伪满皇宫博物院	主办：伪满皇宫博物院
13	“天地英雄气 千秋尚凛然——寻史为证社会实践”	冬季	1	1	伪满皇宫博物院	主办：伪满皇宫博物院
14	博物馆里迎新年	2023年1月	1	1	伪满皇宫博物院	主办：伪满皇宫博物院
15	冰雪节送春联活动	2023年1月	1	1	二道区	主办：二道区文化和旅游局 承办：二道区书法协会
16	冰雪文化体验季	冰雪节期间	1	1	德云社剧场	主办：二道区文化和旅游局 承办：德云社
17	德惠市冰雪节	2022年12月至2023年2月	1	1	德惠市二十五中	主办：德惠市文广旅局、德惠市教育局
18	冰雪节“送春联”活动	2023年1月	1	1	农安县文化活动中心	主办：农安县文旅局 承办：农安县文图馆
19	元宵节“灯谜竞猜”活动	2023年2月	1	1	农安县文化活动中心	主办：农安县文旅局 承办：农安县文图馆
20	冰雪嘉年华知识竞答	2022年12月	1	1	图书馆公众平台	主办：绿园区图书馆
讲座培训类11项111场						
1	名师讲坛系列线上讲座	2022年12月至2023年2月	1	10	市图书馆各线上平台	主办：市图书馆
2	冰雪主题线上诗会	2023年1月	1	1	长图公益课堂微信群	主办：市图书馆
3	长春市寒假少儿培训	2023年1月至2月	1	30	市朝鲜族群众艺术馆	主办：市朝鲜族群众艺术馆
4	国学大讲堂公益讲座	每周六上午	1	16	市文庙博物馆公众号	主办：市文庙博物馆
5	线上小课堂	每周一、三、五	1	48	市文庙博物馆抖音平台	主办：市文庙博物馆
6	腊八节公益文化活动	2022年12月30日	1	1	长春市文庙博物馆及公众号	主办：市文庙博物馆
7	元旦公益文化活动	2023年1月1日	1	1	长春市文庙博物馆及公众号	主办：市文庙博物馆
8	小年公益文化活动	2023年1月14日	1	1	长春市文庙博物馆及公众号	主办：市文庙博物馆
9	春节公益文化活动	2023年1月22日	1	1	长春市文庙博物馆及公众号	主办：市文庙博物馆
10	元宵节公益文化活动	2023年2月5日	1	1	长春市文庙博物馆及公众号	主办：市文庙博物馆
11	“小小讲解员”招募活动	2023年1月至2月	1	1	长春博物馆	主办：长春博物馆
展览展播类17项57场						
1	长春冰雪节摄影大赛暨“韵动冰雪梦启长春”摄影展	2022年12月至2023年2月	1	1	市图书馆	主办：市文广旅局 承办：吉林省、长春市摄影家协会
2	文心铸魂 绘美长春——长春市美术家作品展	2023年1月至2月	1	1	市图书馆	主办：市图书馆
3	第二十五届有奖征联暨“癸卯迎春楹联展”活动	2022年11月至2023年2月5日	1	1	市图书馆	主办：市图书馆
4	“玩冰嬉雪 畅享速度与激情”冰雪运动项目宣传展	2022年12月12日至2023年2月28日	1	1	市图书馆中文期刊借阅区	主办：市图书馆
5	“衍纸创意 冰雪之约”手工衍纸画作品展	2022年12月12日至2023年2月28日	1	1	市图书馆老年读者阅览室	主办：市图书馆
6	我们的节日——“指尖灵动·纸艺飞扬”贺新春剪纸展	2022年12月12日至2023年2月28日	1	1	市图书馆休闲生活文献借阅区	主办：市图书馆
7	“燃情运动·活力绽放”体育类图书推荐	2022年12月12日至2023年2月28日	1	1	市图书馆第一中文图书借阅库	主办：市图书馆
8	舌尖上的年味儿——中国春节传统美食主题展	2023年1月	1	1	市图书馆二楼展厅	主办：市图书馆

续表27

序号	活动名称	时间	项	场次	地点	责任单位
9	“逐梦冰雪 畅享运动”冰雪文化书刊展阅	2022年12月12日至2023年2月28日	1	1	市图书馆中文图书阅览区台港澳外文文献查阅区	主办：市图书馆
10	“欢天喜地大东北，洋洋洒洒踏雪行”旅游、美食及生活类期刊展阅	2022年12月12日至2023年2月28日	1	1	市图书馆期刊查阅咨询区	主办：市图书馆
11	冰雪奇缘系列无障碍电影展映	2022年12月	1	10	少儿图书馆微信平台	主办：市少年儿童图书馆
12	油画作品展	2022年12月12日至31日	1	20	市群众艺术馆一楼展厅	主办：市群众艺术馆
13	千家万福公益拍	2023年1月至2月	1	13	艺术馆大厅及展厅	主办：长春市群众艺术馆
14	长春博物馆线上展览	冬季	1	1	长春博物馆微官网	长春博物馆
15	《2021年度全国十大考古新发现科普课程》	2022年11月	1	1	长春博物馆抖音账号	长春博物馆
16	东北沦陷史陈列馆《艰苦卓绝十四年——东北人民抗战史实陈列》展览	冬季	1	1	伪满皇宫博物院东北沦陷史陈列馆	伪满皇宫博物院
17	线上书展	2022年11月至12月	1	1	绿园区图书馆公众平台	绿园区图书馆

（市文广旅局）

冰雪装备

【概况】 长春市冰雪装备在冰刀冰鞋个性化定制方面技术领先，但整体上冰雪装备产业基础薄弱，仍处于产业培育发展阶段。长春冰雪装备产业存在规模过小、产品单一、研发资金投入不足、资源整合度不够等问题，导致长春市冰雪装备制造产业创新能力弱、竞争力不足、市场占有率低。冰雪装备产业链存在断链、缺链，缺少索道、造雪机、压雪机、浇冰机等大型装备支撑，与国内外企业差距相对较大。

【冰雪装备研发】 2022年，长春市发挥本地企业科技研发实力。长春一汽集团联合中国科技航天集团采用三项航天核心技术，相继突破冰雪运动碳纤维器材结构外形一体化设计、专用材料体系与成型制造、个性化辅具等关键技术，打通航天航空领域尖端材料与制造技术应用于冰雪运动器材之路，研制出国产双人雪车、四人雪车，助力北京冬奥会，完成冰雪运动器材自主设计、制造和应用，实现国产雪车研发制造“零”的突破，彰显长春冰雪体育装备制造的科技实力。

【冰雪装备成果转化】 长春涉及冰雪装备制造的重点企业有长春百凝盾体育用品器材有限公司、吉林省天火科技控股有限公司、吉林省金仑科技有限公司、中盈志合吉林科技股份有限公司、长春博立电子科技有限公司、中国一汽。主要产品有冰刀（鞋）、防切割服、滑雪板等冰雪运动器材、雪地摩托、全地形车、宽温镍氢高能新能源电池、滑雪模拟器、滑冰综合训练系统等。

【红旗国产雪车在“奋进新时代”主题成就展展出】 2022年10月，由中国一汽与中国航天科技集团共同研制的红旗国产雪车入选“奋进新时代”主题成就展，成为吉林展区最受瞩目的展品之一。在国产雪车研发任务中，中国一汽负责总体方案、造型设计，尤其是车架、转向、制动等系统和冰刀等核心零部件研发，攻克碳纤维壳体、底盘、制动、转向等系统和整车设计与制造关键技术，突破焊接耐久性分析、紧固件选型、结构强度优化、碳纤维优化、CAE

10月，中国一汽集团与中国航天科技集团共同研制的红旗国产双人雪车入选“奋进新时代”主题成就展（市工信局 供图）

（计算机辅助工程）分析工况设定等难题。2021年9月，中国首款自主高端红旗国产雪车正式交付国家体育总局冬季运动管理中心。诞生于吉林的国产雪车为国家雪车队、中国雪车运动员带来低风阻、高可靠、易操控的国产雪车，结束中国雪车装备长期依赖国外品牌的历史。（周　阳）

冰雪商贸

【概况】　2022年，长春市搭建冰雪经济交流平台，举办商贸会展活动9项，重点办好第十二届吉林（长春）冬季农博会、长春冰雪节商超促销、新春年货大集等展会活动，充分利用展会平台，深度整合冰雪资源，做好项目包装推介，开展城市冰雪资源推介和冰雪项目招商活动。发挥全省消费集聚地优势，开展冰雪消费季、文旅消费惠民季、冰雪体育消费季活动。深化国家文旅消费示范城市建设，发挥财政资金撬动作用，投放冰雪文旅消费券2000万元，叠加省、市两级消费促进措施，开展冰雪商贸促销活动，建设文旅特色消费街区、冬季文旅消费好去处，开发冰雪文创产品和特色商品，评选长春冰雪喜乐地，打造冬季消费热点。

【第十二届吉林（长春）冬季农博会】　1月20日至2月7日，第十二届吉林（长春）冬季农博会在长春农博园举办。展会以“品牌、绿色、健康、祥和”为主题，突出绿色农业、冰雪旅游与年俗文化相结合，以“发展绿色农业、打造健康品牌、驱动产品交易、弘扬年俗文化”为理念，集农业品牌展示、现代农业观光、新春年货采购、节庆文化活动功能于一体，三大板块、近30项内容分为五大展区，展示面积20万平方米。其中，设施农业展区集中展示高产作物品种、先进栽培技术和高新设施设备；渔业展馆设在6万平方米连栋智能温室内，展示各类淡水海水养殖鱼、观赏鱼、水母及趣味海洋动物；科研农业成果展区首次展示省科技大市场相关产业科技成果，推动吉林农业成果对外转化落地应用；精品年货区采用线上线下相结合的形式展销上千种绿色优质农产品、食品、工艺品、轻工产品等特产年货，满足群众过年购物需求。展会首次设置功能农业展区，引进吉林大学功能农业成果，通过生物营养强化或其他生物技术手段，开展富钙蔬菜规模化种植。长春农博园在线推出“云上冬博会”新春年货购物节活动。依托“10+365”一站式网上展会交易服务平台，在农博云商城板块创建特惠商品销售专区，为在线展销的名优农产品设置农博秒杀区和线下自提专区，每日定时进行特惠农产品秒杀活动，展会现场设置展位推介线上商品，助推交易引流，打造常态化营销新模式。农业科普教育活动，吸引中小学生在寒假期间参观学习，丰富课余文化生活，为中小学生提供丰富多彩的农业研学活动平台。长春市文理高中研学实践基地落户长春农博园、长春市公安局治安支队携手吉林省孤儿学校师生走进长春冬季农博会等研学公益活动在农博园里开展。冬季农博会还与净月瓦萨冰雪节互动，把冰雪文化与农业文化有机结合，打造极具北方冬季特色的综合性农业展会品牌。

1月20日，第十二届吉林（长春）冬季农业博览会在长春农博园开幕。图为市民在冬季农博会上观赏选购鲜花（赵　滨　供图）

【冰雪商贸促销活动】　2022—2023雪季，长春全市投放冰雪文旅消费券2000万元，叠加省、市两级消费促进措施，开展冰雪商贸促销活动，按照“补活动、引客源、撬市场、促消费”总要求，实现精准投放，带动组合消费。第26届长春冰雪节期间，长春市商务局启动“冰雪消费季”系列促销活动，以“乐享冰雪 惠享生活”为主题，重点围绕元旦、“1·8”消费节、春节三个重要时点，举办“跨年迎新消费节”、“1·8”消费节、“金兔送吉祥 实惠过大年”三个主题消费节庆活动。开展商超促销，组织全市大型商贸企业开展100场以上主题商业活动，各大商场、超市、商业综合体推出节日促销活动，扩大节庆消费规模。举办新春年货大集，采取“线上+线下”等形式，商品覆盖年节礼盒、各地特产、家装家饰、日用商品、特色美食等。在元旦、“1·8”消费节、春节等重要时点，发放政府消费券，激活春节期间消费市场，最大限度释放消费潜力。开展年俗节庆活动，与美团等大型平台开展“年夜饭”预定促销等活动，组织各类消费场所举办写春联、猜灯谜等民俗活动。长春市将冰雪经济与夜经济、商圈经济有机链接，丰富红旗街、“这有山”、欧亚、桂林胡同等业态载体，挖掘夜购、夜游、夜赏、夜宴产品，开发文化体验、民俗参与、民宿精选、都市休闲购物等综合消费场景，实现冰雪市场供需两旺。以冰雪为载体，长春市融合多种业态，形成冰与雪交相辉映、动与静相互结合、昼与夜各具特色、吃住行游购娱协同并进的规模化、品质化、体系化冰雪产业体系和链条。

（王　冠　韩　凯　王靖然）

农　　业

NONGYE

综　述

【现代农业城建设】　2022年，长春市农业经受住疫情影响和经济下行双重压力，推进现代农业城建设，全年粮食总产量124.24亿千克，新建高标准农田7.93万公顷，落实保护性耕作面积72.67万公顷。农产品加工业企稳回升，规模以上企业发展到258户。新型农业经营主体质量提升，县级以上示范合作社发展到2106个、示范家庭农场2214个。农村人居环境不断改善，创建美丽乡村示范镇30个、示范带13条，评选“干净人家”3.3万户。在国家“菜篮子”市长负责制考核中，长春市入选全国8个优秀城市之一。

2022年，长春市编制现代农业城发展规划，开展玉米全产业链高质量发展、黑土地保护、高标准农田示范等30项重大工程。拉长产业链，加快发展农产品精深加工。落实吉林省“千万头肉牛”工程发展目标，长春市启动300万头肉牛产业暨“秸秆变肉”工程，皓月集团沃金黑牛养殖示范基地带动20多万农户通过养牛致富增收，年出栏肉牛100万头。中粮生化能源（公主岭）有限公司成为雀巢、联合利华、蒙牛等知名企业的长期供应商。年内，吉林长春国家农业高新技术产业示范区（简称长春农高区）正式获得国务院批复设立，省政府专题下发支持意见。至2022年年末，长春农高区建设规划、基础设施、科技创新、项目建设都迈出实质性步伐，科创中心、鸿翔种业硅谷园等全面启动建设，中化先正达、隆平高科等一批国际化大企业相继进驻落位。公主岭市列入国家级农业现代化示范区创建单位，九台区水稻现代农业产业园晋升为省级现代农业产业园。建设智慧农业服务体系，发挥中农阳光、鸿蒙、北京中科等数字化平台作用，推动大数据、物联网、云计算等新一代信息技术与现代农业深度融合，公主岭、农安启动实施数字种植业创新应用基地建设项目，无人植保作业面积8.8万公顷。在全省率先实现农业现代化考评中，长春市、榆树市综合排名均居全省首位，六县域全部进入前八。

【“黑土粮仓”科技会战】　2022年，长春市深化与中科院东北地理所战略合作，落实技术研发、试验示范、农机装备开发、技术推广“四大技术体系”，示范粮豆轮作、秸秆覆盖度遥感反演等19项关键技术。申报黑土地保护与利用国家重点实验室，以中科院东北地理所为主要依托单位，联合吉林、黑龙江、辽宁等涉农高校院所共17家单位，组建学术委员会，确定黑土地退化阻控、健康培育、区域资源优化与生态屏障的三个主要研究方向及相应团队建设。黑土地保护与利用国家重点实验室被纳入中科院首批13个国家重点实验室建设重组序列。合作推进农安县万亩级现代农业示范基地建设，现阶段实施8000亩核心展示区；开展各县（市、区）千亩辐射示范区建设，已落实7个；抓好“百千万”引领示范行动落实，选定6个科技示范基地、21个示范镇、18个示范社会化服务组织、239个示范样板村、1968个示范新型经营主体，重点推广示范玉米秸秆条带还田保护性耕作、玉米秸秆全量还田地力保育等技术模式，扩大黑土地保护成效。

【高标准农田建设】　2022年，长春市争取到建设指标8.8万公顷，总投资20.16亿元，39个农田建设项目在全省率先完成初步设计评审和计划批复。2020年、2021年跨年建设任务加速推进，工程建设基本完成，陆续开展竣工验收。围绕吉林省“千亿斤粮食”产能提升，按照“政府主导、示范引领、企业实施、市场运作”的模式，依托示范区建设在省内率先启动10万亩高标准农田建设工程化试点，亩均投资3500元以上，加速集中连片、全域推进，实现高标准农田建设提档升级。开展农田沟渠排查整治，完成治理6796千米。强化农田建设信息化管理，已建成67.48万公顷高标准农田全部上图入库，实现精准监管。各县（市）区制定高标准农田建后管护制度文件，压实县乡村和使用主体责任，确保长期发挥效益。

【特色农业基地建设】　至2022年末，全市创建特色农业基地16个，落实市级财政扶持资金1600万元，撬动社会投资12430.7万元。

【农业综合执法】　2022年，长春市依法履行和强化农资市场监管职责，维护农资市场秩序，保证全市农业生产安全和农产品质量安全。召开全市农资监管工作会议，出台《长春市2022年农资市场监管工作方案》，开展农资巡查检查和暗查暗访，查处生产经营套牌侵权、未审先推、非法转基因种子以及无证生产经营等假劣农资违法行为，全年出动执法人员372人次，出动执法车辆101次，检查农资生产经营场所342个次。开展“中国渔政亮剑2022”系列联合专项执法行动，配合吉林省渔业管理部门开展禁渔期首日专项联合执法行动、东辽河流域联合执法行动、松花江流域联合执法行动和规范水生野生动物保护及经营利用执法行动，检查经营场所20个，经营业户80家；出动执法人员34人次，执法车辆12台次，执法船3艘，发放宣传资料400余份。推进“治违禁 控药残 促提升”三年行动，重点加强对农药残留监管。集中开展农机安全生产专项整治行动，整治农业机械无牌无证、反光标识粘贴不到位、农机驾驶员无证驾驶和操作不规范等行为，查处拖拉机运输机组违法载人、“三超一疲劳”等违法违规行为。

【农业招商引资】 长春市制定农业产业招商引资工作方案，编制农业产业重点招商项目手册。召开招商引资推介会，签约12个项目，签约资金60亿元。联合举办2022（长春）绿色农业食品国际合作研讨会。截至年末，全市签约项目33个，其中落地14个，协议投资额235.59亿元。

【农业保险】 2022年，聚焦建设长春现代农业城目标，引导加大对黑土地保护、种业安全、粮食安全、农业开发、农村基础设施建设等重点领域保险支持，推动金融服务下沉。截至年末，长春市保险机构提供农业保险保障289.8亿元，农业保险累计赔付6.61亿元。

（周玉莹 关晓东 王 璐）

表28 2022年长春市农林牧渔业总产值统计表（现价）

单位：万元

指标名称	全市	市辖区			榆树市	农安县	德惠市
		合计	双阳区	九台区			
农林牧渔业总产值	10068578	1661483	396557	1033706	2284653	2656366	1628474
一、农业产值	4212795	848328	186492	522739	905099	954820	622277
（一）谷物及其他作物	3083398	564168	161364	326777	786020	702231	397407
1.谷物	2942639	544095	157713	310931	749379	646833	384029
2.薯类	64025	12911	1561	10967	14835	17141	8657
3.油料	20488	26	—	13	115	19345	212
4.豆类	44104	6696	1730	4786	19977	9636	3797
5.麻类	—	—	—	—	—	—	—
6.烟草	11332	80	—	80	1392	9150	711
7.糖料	323	—	—	—	323	—	—
8.其他农作物	486	360	360	—	—	126	—
（二）蔬菜园艺作物	925111	247747	22527	176999	108106	189834	171734
（三）水果 坚果 饮料作物	204286	36413	2602	18963	10972	62754	53135
（四）中草药材	—	—	—	—	—	—	—
二、林业产值	40274	5758	2937	2121	8932	10209	8805
（一）林木的培育和种植	11478	1693	420	876	232	2399	4097
（二）竹木采运	26840	2109	681	1126	8701	7809	4709
（三）林产品的采集	1956	1956	1836	120	—	—	—
三、牧业产值	5444281	724818	185544	471750	1294152	1607554	929195
（一）牲畜饲养	1857057	252936	48112	189067	521794	561420	189755
1.牛的饲养	1706310	221352	40838	169577	509713	491630	182428
2.羊的饲养	110090	4731	704	2591	7578	65191	5390
3.其他牲畜饲养	14111	9632	6570	443	—	1743	400
4.奶产品	23882	17222	—	16456	4440	974	818

续表28

指标名称	全市	合计	市辖区		榆树市	农安县	德惠市
			双阳区	九台区			
5.毛绒产品	2665	—	—	—	63	1883	720
6.其他牲畜副产品	—	—	—	—	—	—	—
（二）猪的饲养	2021946	222243	52183	146160	417051	595420	307356
（三）家禽饲养	1506646	199107	41280	131653	355172	443690	432050
（四）其他畜牧业	58631	50532	43968	4871	136	7023	34
四、渔业产值	81237	24370	8816	13840	14545	21133	15872
五、农林牧渔专业及辅助性活动产值	289991	58209	12768	23255	61925	62650	52325

注：表中市辖区“合计”项为7个市辖区总数。（市统计局）

种植业

【概况】 长春地处世界三大黄金玉米带之一，耕地主要为肥沃的黑土、黑钙土和草甸土等土壤类型，盛产品质优良的玉米、水稻、大豆等农作物。长春是全国著名的粮食大市，国家重点商品粮生产基地，素有“中国粮仓”之称，被誉为“黑土地之乡”。2022年，全市粮食总产量124.24亿千克。全市粮食作物播种面积163.87万公顷，超过任务指标2.71万公顷，比2021年增加6.91万公顷。从种植结构上看，玉米、水稻和大豆是长春三大主要农作物。玉米、水稻两大高产作物种植面积分别为135.95万公顷和17.22万公顷，大豆种植面积3.04万公顷。榆树市、农安县、公主岭市稳居全国产粮大县前三名。全市粮食总产量、人均占有量、粮食商品量位居全国前列。

表29　2022年长春市农作物总播种面积统计表

单位：公顷

指标名称	全市	合计	市辖区		榆树市	农安县	德惠市	公主岭市
			双阳区	九台区				
粮食作物	1577971.90	311225.30	85572.80	177186.00	373319.60	371433.20	215260.10	306733.70
一、谷物	1536217.50	303826.00	83879.40	171664.10	357465.90	361984.20	210640.80	302300.60
1. 稻谷	172221.50	37259.90	13815.10	19896.50	64063.90	12117.70	48054.70	10725.30
2. 小麦	59.90	0.00	0.00	0.00	0.00	54.10	0.00	5.80
3. 玉米	1359564.00	265630.00	70053.00	151087.00	293366.00	348451.00	161321.00	290796.00
4. 谷子	532.60	3.00	1.00	2.00	1.00	495.30	0.00	33.30
5. 高粱	3648.90	933.10	10.30	678.60	35.00	686.30	1265.10	729.40
6. 其他谷物	190.60	0.00	0.00	0.00	0.00	179.80	0.00	10.80
荞麦	0.00	0.00	0.00	0.00	0.00	0.00	0.00	0.00
二、豆类	31203.90	4917.30	1300.40	3505.40	13759.30	6505.10	3187.40	2834.80
其中，大豆	30416.40	4690.60	1300.40	3278.70	13731.40	5974.50	3187.40	2832.50
绿豆	164.60	0.00	0.00	0.00	3.20	161.40	0.00	0.00
红小豆	300.90	226.70	0.00	226.70	11.20	63.00	0.00	0.00
三、薯类（鲜薯）	10550.50	2482.00	393.00	2016.50	2094.40	2943.90	1431.90	1598.30
其中，1. 马铃薯	9943.30	2480.20	393.00	2014.70	2094.40	2350.70	1431.90	1586.10
2. 甘薯	607.20	1.80	0.00	1.80	0.00	593.20	0.00	12.20
经济作物	72239.81	15357.16	2799.35	9025.43	5029.92	29566.21	9829.52	12457.00
一、油料	10099.53	22.80	—	5.00	45.40	9614.00	91.00	326.33
花　生	7218.73	5.00	—	5.00	45.40	6825.00	17.00	326.33
油菜籽	—	—	—	—	—	—	—	—

续表29

指标名称	全市	合计	市辖区		榆树市	农安县	德惠市	公主岭市
			双阳区	九台区				
芝 麻	—	—	—	—	—	—	—	—
葵花子	2863.00	—	—	—	—	2789.00	74.00	—
二、棉花	—	—	—	—	—	—	—	—
三、生麻	—	—	—	—	—	—	—	—
四、甜菜	31.80	—	—	—	31.80	—	—	—
五、烟叶（未加工烟草）	1006.00	11.00	—	11.00	114.00	811.00	70.00	—
其中，烤烟（未去梗烤烟叶）	184.00	—	—	—	114.00	—	70.00	—
六、中草药材	170.56	156.56	85.10	55.00	1.00	—	13.00	—
七、蔬菜和食用菌	50234.81	14384.88	2330.99	8652.48	4525.10	12074.72	8749.11	10501.00
1.叶菜类	5059.64	3814.35	77.35	1841.73	107.23	539.60	364.92	233.53
其中，芹菜	1013.35	631.46	29.04	541.84	28.90	64.47	211.32	77.20
油菜	671.23	555.90	9.40	457.30	28.70	43.85	19.72	23.07
菠菜	1250.85	906.21	36.71	642.38	44.20	97.82	124.68	77.93
2. 白菜类	13701.91	3417.08	519.13	2594.52	592.40	3934.85	3183.84	2573.73
其中，大白菜	13695.86	3412.03	519.13	2593.52	592.40	3934.85	3182.84	2573.73
3. 甘蓝类	408.65	8.82	0.50	0.65	43.70	264.00	61.00	31.13
其中，卷心菜（结球甘蓝）	408.45	8.62	0.30	0.65	43.70	264.00	61.00	31.13
4. 根茎类	1863.40	628.31	159.27	423.81	135.98	587.23	388.68	123.20
其中，白萝卜	1265.51	489.03	117.67	336.36	91.00	318.00	272.29	95.20
胡萝卜	451.12	135.68	41.00	87.45	44.68	147.10	95.65	28.00
生姜	0.15	—	—	—	0.15	—	—	—
5. 瓜菜类	5064.77	1841.51	403.75	1223.48	567.74	153.37	1378.15	1124.00
其中，黄瓜	4666.66	1544.76	403.75	934.48	507.44	146.37	1355.41	1112.67
南瓜	113.30	67.73	0.00	66.20	6.50	6.00	22.73	10.33
冬瓜	225.33	223.33	—	222.80	—	1.00	—	1.00
6. 豆类（菜用）	3612.48	600.30	13.27	365.90	1060.62	36.00	552.76	1362.80
其中，豇豆	398.71	64.80	0.00	51.00	288.00	12.00	3.51	30.40
四季豆	3176.70	534.83	13.27	314.90	772.62	24.00	512.85	1332.40
7. 茄果类	9762.92	2803.31	1007.65	1438.79	1575.19	1062.73	2162.09	2159.60
其中，茄子	3063.39	1108.80	367.39	621.90	226.71	181.51	772.90	773.47
辣椒	2350.26	628.82	142.37	388.25	130.73	548.17	622.20	420.33
西红柿	4348.90	1065.32	497.89	428.64	1217.75	333.05	766.98	965.80
8. 葱蒜类	10642.91	1217.40	117.07	763.60	442.24	5496.93	657.67	2828.67
其中，大葱	4512.15	881.72	80.53	470.65	318.48	879.23	394.19	2038.53
蒜头	2556.46	305.42	36.53	267.85	89.76	1383.10	204.32	573.87
9. 水生蔬菜	—	—	—	—	—	—	—	—
10. 其他蔬菜	118.13	53.80	33.00	—	—	—	—	64.33

续表29

指标名称	全市	合计	市辖区		榆树市	农安县	德惠市	公主岭市
			双阳区	九台区				
11. 食用菌	—	—	—	—	—	—	—	—
八、瓜果类	10310.44	535.26	136.60	301.95	312.62	6926.49	906.41	1629.67
其中，西瓜	4599.60	8.93	0.00	8.20	77.32	3224.27	235.68	1053.40
香瓜	5517.87	428.22	91.60	284.90	233.34	3632.50	669.28	554.53
草莓	172.97	78.71	45.00	8.85	1.96	69.12	1.45	21.73
九、其他农作物	386.67	246.67	246.67	—	—	140.00	—	—
其中，青饲料	386.67	246.67	246.67	—	—	140.00	—	—
十、特种农作物	—	—	—	—	—	—	—	—
花卉种植面积	348.45	304.10	—	270.27	—	16.33	8.00	20.01
补充资料：青贮玉米播种面积	386.67	246.67	246.67	—	—	140.00	—	—

注：表中市辖区“合计”项为7个市辖区总数。　　（市统计局）

表30　2022年长春市农作物总产量统计表

单位：吨

指标名称	全市	合计	市辖区		榆树市	农安县	德惠市	公主岭市
			双阳区	九台区				
粮食作物	12423860.99	2285000.00	654500.00	1311500.00	3109860.99	2808500.00	1550000.00	2670500.00
一、谷物	12271853.13	2258198.86	649634.54	1290326.90	3057384.24	2771766.94	1533235.95	2651267.14
1. 稻谷	1445601.26	296424.53	103571.56	167551.37	576703.12	101069.03	374991.84	96412.73
2. 小麦	254.58	0.00	0.00	0.00	0.00	228.37	0.00	26.20
3. 玉米	10797489.71	1955391.59	545989.41	1117960.10	2480398.93	2662616.50	1149364.82	2549717.87
4. 谷子	2345.53	13.45	4.88	8.58	3.61	2190.76	0.00	137.70
5. 高粱	25556.14	6369.28	68.69	4806.85	278.57	5094.42	8879.30	4934.57
6. 其他谷物	605.91	0.00	0.00	0.00	0.00	567.86	0.00	38.05
荞麦	0.00	0.00	0.00	0.00	0.00	0.00	0.00	0.00
二、豆类	77564.85	11785.11	3050.27	8417.57	35226.61	16805.99	6697.51	7049.63
其中，大豆	75914.40	11374.71	3050.27	8007.18	35174.31	15624.97	6697.51	7042.90
绿豆	300.91	0.00	0.00	0.00	6.94	293.97	0.00	0.00
红小豆	545.56	410.39	0.00	410.39	23.24	111.92	0.00	0.00
三、薯类（鲜薯）	372215.06	75080.16	9075.95	63777.64	86250.72	99635.35	50332.67	60916.17
其中，1. 马铃薯	354600.69	75021.59	9075.95	63719.07	86250.72	82436.55	50332.67	60559.16
2. 甘薯	17614.37	58.57	0.00	58.57	0.00	17198.79	0.00	357.01
经济作物	—	—	—	—	—	—	—	—
一、油料	30977.79	37.89	—	20.00	180.40	29223.00	303.50	1233.00
花 生	22700.90	20.00	—	20.00	180.40	21191.00	76.50	1233.00
油菜籽	—	—	—	—	—	—	—	—
芝 麻	—	—	—	—	—	—	—	—
葵花子	8259.00	—	—	—	—	8032.00	227.00	—
二、棉花	—	—	—	—	—	—	—	—

续表30

指标名称	全市	合计	市辖区		榆树市	农安县	德惠市	公主岭市
			双阳区	九台区				
三、生麻	—	—	—	—	—	—	—	—
四、甜菜	2151.00	—	—	—	2151.00	—	—	—
五、烟叶（未加工烟草）	3823.50	27.00	—	27.00	469.50	3087.00	240.00	—
其中，烤烟（未去梗烤烟叶）	709.50	—	—	—	469.50	—	240.00	—
六、中草药材	—	—	—	—	—	—	—	—
其中，人参	—	—	—	—	—	—	—	—
枸杞	—	—	—	—	—	—	—	—
七、蔬菜和食用菌	1939918.66	504387.17	44788.00	362926.22	232144.89	399352.50	365376.10	438658.00
1 .叶菜类	137550.35	105194.82	1013.60	48302.62	3478.95	8116.90	11744.68	9015.00
其中，芹菜	32624.02	16653.40	235.70	15124.40	1233.30	1757.80	7929.52	5050.00
油菜	16460.83	14674.97	31.10	12370.77	519.20	296.90	279.76	690.00
菠菜	29194.35	20568.65	729.30	13397.45	1544.00	798.50	3306.20	2977.00
2. 白菜类	787233.86	180648.60	13750.30	156145.00	25925.72	245309.50	173108.94	162241.10
其中，大白菜	787123.36	180541.10	13750.30	156135.00	25925.72	245309.50	173105.94	162241.10
3. 甘蓝类	22543.00	165.00	3.00	31.00	1610.00	15840.00	2389.00	2539.00
其中，卷心菜（结球甘蓝）	22541.80	163.80	1.80	31.00	1610.00	15840.00	2389.00	2539.00
4. 根茎类	78687.70	19272.00	3318.00	14606.20	6077.00	22893.00	24215.60	6230.10
其中，白萝卜	59603.60	16219.20	2792.80	12342.10	4125.00	13708.00	20063.20	5488.20
胡萝卜	13648.50	2985.60	516.00	2264.10	1952.00	4582.00	3387.00	741.90
生姜	—	—	—	—	—	—	—	—
5. 瓜菜类	203098.30	69580.65	10354.50	50569.55	27762.09	6511.10	43910.76	55333.70
其中，黄瓜	188895.46	57579.70	10354.50	38628.10	27270.20	6146.10	43223.76	54675.70
南瓜	3406.75	1666.25	0.00	1645.25	102.50	325.00	687.00	626.00
冬瓜	10381.70	10309.70	0.00	10296.20	0.00	40.00	0.00	32.00
6. 豆类（菜用）	99518.43	12985.20	166.10	9873.80	39181.25	1100.00	12525.48	33726.50
其中，豇豆	11805.30	1983.80	0.00	1533.80	8492.00	240.00	100.50	989.00
四季豆	86721.73	10996.40	166.10	8340.00	30689.25	860.00	11438.58	32737.50
7. 茄果类	370504.79	81154.00	13378.00	61023.70	105480.75	40445.50	72462.74	70961.80
其中，茄子	115023.55	37515.00	5566.00	29898.80	10295.05	6663.00	26098.80	34451.70
辣椒	61747.24	14076.50	2588.00	9688.20	4359.30	11477.00	17047.94	14786.50
西红柿	193732.53	29561.03	5224.00	21436.70	90826.40	22305.50	29316.00	21723.60
8. 葱蒜类	233865.95	31234.55	2033.50	21946.00	22548.90	57591.50	24950.20	97540.80
其中，大葱	165227.95	25468.85	1616.00	16673.80	19909.30	19547.00	17601.80	82701.00
蒜头	48335.70	5257.70	417.50	4832.20	2539.60	23057.50	5179.10	12301.80
9. 水生蔬菜	—	—	—	—	—	—	—	—
10. 其他蔬菜	1581.00	660.00	265.00	—	—	—	—	921.00
11. 食用菌	5335.28	3492.35	506.00	428.35	80.23	1545.00	68.70	149.00

续表30

指标名称	全市	合计	市辖区		榆树市	农安县	德惠市	公主岭市
			双阳区	九台区				
1. 干 品	515.30	512.10	502.00	10.10	2.20	0.00	0.00	1.00
其中，香菇	515.20	512.00	502.00	10.00	2.20	0.00	0.00	1.00
黑木耳	0.10	0.10	—	0.10	0.00	0.00	0.00	0.00
2. 鲜 品	4819.98	2980.25	4.00	418.25	78.03	1545.00	68.70	148.00
其中，蘑菇	4809.98	2980.25	4.00	418.25	78.03	1545.00	68.70	138.00
八、瓜果类	310468.10	11906.71	1033.50	8758.85	10383.65	181642.00	30747.74	75788.00
其中，西瓜	222404.30	307.00	0.00	284.00	2237.50	150816.00	10291.80	58752.00
香瓜	84807.80	9961.41	789.00	8269.95	8132.45	29518.50	20442.44	16753.00
草莓	2551.00	933.30	244.50	204.90	13.70	1307.50	13.50	283.00
九、其他农作物	—	—	—	—	—	—	—	—
其中，青饲料	—	—	—	—	—	—	—	—

注：1. 表中市辖区“合计”项为7个市辖区总数；
2. 薯类是鲜薯，折粮 1/5 计入粮食产量。

（市统计局）

【玉米种植】　2022年，长春市玉米播种面积135.96万公顷，比2021年增加1.4万公顷；总产量1079.75万吨，比2021年增加11.53万吨。主要产区集中在农安县、榆树市、公主岭市、德惠市、九台区、双阳区等县（市）区。

【水稻种植】　2022年，长春市水稻播种面积17.22万公顷，比2021年减少6557公顷；总产量144.56万吨，比2021年减少4.16万吨。主要产区集中在榆树市、德惠市、九台区、双阳区、农安县、公主岭市等县（市）区。

【大豆种植】　2022年，长春市大豆播种面积3.04万公顷，比2021年增加9934公顷；总产量7.59万吨，比2021年增加2.15万吨。主要产区集中在农安县、九台区、德惠市、公主岭市、榆树市、双阳区等县（市）区。

【薯类种植】　2022年，长春市薯类播种面积1.06万公顷，比2021年减少4511公顷；总产量37.22万吨，比2021年减少12.86万吨。主要产区集中在农安县、榆树市、九台区、公主岭市、德惠市、双阳区等县（市）区。

【高粱种植】　2022年，长春市高粱播种面积3648.9公顷，比2021年减少1007公顷；总产量2.56万吨，比2021年减少0.61万吨。主要产区集中在德惠市、公主岭市、农安县、九台区等县（市）区。

【谷子种植】　2022年，长春市谷子播种面积532.6公顷，比2021年减少87公顷；总产量2345.5吨，比2021年增加78吨。主要产区集中在农安县和公主岭市。

【小麦种植】　2022年，长春市小麦播种面积59.9公顷，比2021年减少67公顷；总产量254.6吨，比2021年减少198.3吨。主要产区在农安县。

【杂粮种植】　2022年，长春市杂粮杂豆播种面积978公顷，比2021年减少2805公顷；总产量0.2万吨，比2021年减少840吨。

【农作物保护】　2022年，长春市持续推广绿色生产技术，开垦减量控害精准施药技术示范，突出东辽河、饮马河等重点水域，通过推广高效植保机械、更换高效精量喷头、集成应用农作物病虫害绿色防控技术、推进农作物病虫害统防统治等技术手段，提升科学防治农作物病虫害水平。构建病虫监测预警体系，全市新建14个太阳能智能昆虫性诱监测点，利用原有8个高空测报灯、17个虫情测报灯监测点，开展草地贪夜蛾等重大害虫监测工作。按照《长春市2022年化学农药减量控害实施方案》要求，重点推广理化诱控（使用性引诱剂、杀虫灯、诱虫板、食物引诱剂等）、生物防治（人工释放赤眼蜂）、生态调控（水田灌水灭蛹、稻田养鸭养蟹）等绿色防控技术。6月，长春市降雨较常年偏多，有利于二化螟化蛹羽化和产卵，全市二化螟发生程度中等偏重，设置田间诱捕器诱杀成虫，推广应用2000公顷，挽回产量808.2吨，平均每千克水稻按2.77元计算，挽回产值223.81万元。长春市主城区和开发区推广玉米螟生物防治53.33万公顷，全市完成水稻二化螟生物防治3.52万公顷、二化螟性信息素诱控1.93万公顷。

【农业植物防疫】　2022年，长春市推进外来入侵物种普查与农业植物疫情监测，结合化学农药减量与绿色防控技术开展植物疫情防控。

苹果蠹蛾绿色防控　结合全市苹果蠹蛾分布情况，组织公主岭市、双阳区两地，通过在田间释放高浓度苹果蠹蛾性信息素（迷向丝），使其交配推迟或不能交配，导致有效卵大幅减少，从而达到苹果蠹蛾绿色防控。2022年，下发苹果蠹蛾性迷向诱芯90根，防控苹果蠹蛾面积400公顷。

稻水象甲防控　稻水象甲在全市分

布较广，5月上中旬开始转移，1周为成虫迁入高峰，成虫由田边逐渐向田中扩散为害。以水稻苗床用药项目为依托在稻苗移栽前通过苗床用药的方式开展稻水象甲防控工作，全年通过苗床用药稻水象甲防治面积250公顷，稻水象甲防治效果超95%，有效控制稻水象甲发生范围和为害程度。

产地检疫　按照产地检疫规程实施产地检疫，从源头降低疫情随种子种苗传播风险。建立产地检疫档案，实现全程可追溯。经2次产地检疫田间调查，完成所有申报产地检疫合格证作物田间调查，未发现应检检疫性有害生物，全部合格，产地检疫合格证全部签发，行政相对人满意度100%。

调运检疫　执行调运检疫规程，遵循审核把关与指导服务并重，坚持谁签证、谁把关、谁负责原则，以产地检疫检验和室内检疫结果为签证依据，坚持先申请后受理、先检疫后签证工作程序，落实植物检疫证书签发制度。

【2022长春市“中国农民丰收节”】　9月23日，长春市人民政府在长春新区临空经济示范区西营城街道举办2022长春市“中国农民丰收节”，主题为“庆丰收、迎盛会”。丰收节包含水稻开镰仪式、丰收节开幕式、特色农产品展、乡村振兴图片展、非物质文化展、农产品网红直播、普法宣传活动、文艺演出八部分。丰收节开幕式上，公布长春市十大领军型龙头企业、农产品区域公用品牌和名优农产品品牌评选结果，吴中兴、刘臣、邹存耀、尹维新、刘帅、于长福、吕战军、周立国、田静、马兴龙10位农民被评为2022长春市“十佳”农民。

（朱孔亮　周玉莹　魏　巍）

园艺业

【概况】　长春市园艺特产业主要包括蔬菜、水果、两瓜（西瓜、甜瓜）、花卉苗木、食用菌等五大主导产业及其他特色经济作物。2022年，全市园艺特产业播种面积13.68万公顷，产量687.3万吨，产值312.5亿元，比2021年增长5.2%。在国家对36个大中城市“菜篮子”市长负责制考核中，长春市获评国家“菜篮子”市长负责制优秀城市。

【蔬菜产业】　2022年，全市蔬菜播种面积7.7万公顷，总产量505.4万吨，总产值142.4亿元，比2021年增长9.5%。蔬菜生产规模和产量占全省1/3以上，常年居全省首位。榆树八号镇北沟村、五棵树镇进步村年蔬菜生产能力均在5万吨以上，通过“北菜南运”大批量走向南方市场，当地农民人均收入3万元以上，公主岭市怀德香葱、农安县“三辣”（大蒜、辣椒、珠葱）、双阳区有机蔬菜形成产业发展优势。

【花卉苗木产业】　2022年，全市花卉苗木面积4266.66公顷，产值28.5亿元，比2021年增长1.2%。形成九台波泥河、卡伦等北方苗木集散地。拥有兰家、四间、盛发、一汽、大岭5个君子兰规模园区，20多个生产基地，成为国内君子兰良种繁育基地和商品生产基地。绿园区、公主岭市大岭镇君子兰，通过电商批量走向全国市场，在全国形成一定影响力。德惠市程雪家庭农场32栋大棚，年产玫瑰花1000万枝，占全省玫瑰花供给量一半。

【食用菌产业】　2022年，全市食用菌总规模1.6亿袋，年产量6.2万吨，产值3.1亿元，比2021年增长3.3%。品种主要为香菇、平菇、杏鲍菇、金针菇、双孢菇、滑子蘑等十余种。宽城区兰家镇平菇、双阳区齐家镇和太平镇香菇、公主岭市秦家屯滑子蘑，形成区域性发展态势。长春高榕生物技术有限公司规模最大、工厂化水平最高，年生产金针菇5万吨，是长春金针菇市场最大来源厂商，企业效益良好。

【水果产业】　2022年，全市水果生产主要以鲜食葡萄为主，龙丰果、苹果梨、金红苹果、李子、杏、杂梨、海棠等保持一定生产面积。“南果北种”技术逐渐成熟，香蕉、木瓜、火龙果等热带水果在陈家店、坤盛园、恒通农业、占林农业等多个现代农业园区成功引进、种植，经济效益可观。双阳区奢爱农场每年繁育草莓种苗1.2亿株，构建草莓种苗研发培育、生产、冻干果蔬加工全产业链体系，带动500余人就近就业。全年水果种植面积9066.66公顷，总产量19万吨，产值12.3亿元，比2021年增长18%。

【棚室建设】　2022年，全市设施园艺播种面积2.25万公顷，产量165.2万吨，产值73亿元，规模和效益均占全省1/3以上。全市建设标准棚室14.1万栋，棚室面积1.66万公顷，设施园艺经营主体7.47万个，带动从业人员40多万人。2022年，全市新增设施园艺面积539公

9月23日，2022长春市“中国农民丰收节”在长春新区临空经济示范区西营城街道举办

（吉林日报社　供图）

顷，居全省首位。榆树市新建棚室面积126.53公顷，在全省48个县（市、区）中位列第一，连续2年获500万元省棚膜经济大县奖励。

【规模园区建设】 2022年，全市有30亩以上省级规模园区221个（占全省43%），其中100亩以上规模园区66个。25个重点园区获评省级“菜篮子”产品保障基地（全省100个），国信、奢爱、恒通、占林等4户企业入选省果蔬产业集群“头部”企业（全省10个），园艺设施和产业发展水平保持全省领先。

【园艺特色乡镇】 2022年，全市有设施蔬菜特色乡镇17个（榆树市八号、五棵树、弓棚，农安县华家、开安、合隆，德惠市菜园子，九台区卡伦、东湖、土门岭，双阳区奢岭、平湖、双营，宽城区兰家，莲花山度假区劝农，公主岭市怀德、永发）；露地蔬菜特色乡镇5个（农安县烧锅、哈拉海，德惠市布海、升阳，公主岭市怀德）；花卉苗木特色乡镇4个（九台区波泥河、双阳区双营、朝阳区永春、公主岭市范家屯）；食用菌特色乡镇3个（榆树土桥、秀水，双阳区齐家）；瓜果特色乡镇7个（榆树市红星，农安县万金塔、新农，九台区上河湾，双阳区太平、齐家、奢岭）；特色经济作物乡镇4个（农安县杨树林、三盛玉，九台区纪家，公主岭市怀德）。

【特色农产品培育】 2022年，长春市依托产业优势，巩固番茄、黄瓜、茄子、“三辣”、油豆、甜瓜、草莓等传统产业；壮大君子兰、食用菌、龙凤果、金红苹果、大樱桃等特色产业；扶持南菜北种、南果北引、山野菜进棚等新兴产业，破解高效经济作物种植和栽培瓶颈，夯植提质增效和品牌创建产业基础。扶大扶强国信社稷尚品、奢爱良蔬、宏发尚谷源、春江堰等绿色有机农产品品牌。加强新“二品一标”（绿色食品、有机农产品和农产品地理标志）基地建设，打造区域公用品牌6个、名优农产品品牌30个，组织开展域内外推介活动，提高“长字号”优质特色农产品市场影响力。

（项　微）

畜牧业

【概况】 2022年，全市畜牧工作以建设三万头肉牛产业工程为主线，推进畜牧业清洁生产，保障畜牧产业安全，推动畜牧业经济增长，畜牧业各项经济指标总体上稳中有升。截至年末，全市猪、牛、羊分别发展到1102.7万头、148.6万头和144.6万只，比2021年分别增长4.8%、11.8%和6.6%；家禽发展到3.26亿只，比2021年减少1.3%。全市肉类总产量115.5万吨，比2021年增长7.1%；蛋类总产量28.8万吨，比2021年减少20.6%；奶类总产量6.9万吨，比2021年减少2.5%。全市畜牧养殖业产值544.4亿元，比2021年增长2.1%。长春市肉类总产量和肉类人均占有量在全国15个副省级城市中排在前列，畜牧经济总量占全市农业经济总量一半以上。

2022年，长春市畜牧业综合行政执法支队王嘉华获“2022年吉林省动物检疫职业技能竞赛”个人第一名，被授予“吉林省技术能手”称号；长春市代表队获“2022年吉林省动物检疫职业技能竞赛”第二名。王嘉华获“2022年全国动物检疫职业技能竞赛”个人第三十一名。长春市畜牧总站组织人员参加省级家畜繁殖员技能竞赛，分别获个人第一名、第二名和第五名，市畜牧总站获团体第一名。2022年吉林省动物疫病防治技能竞赛中，德惠市动物疫病预防控制中心代表长春市参赛，获团体冠军和个人前两名，并获“吉林省技术能手”和“全省行业标兵”称号。

【肉牛养殖】 2022年，全市肉牛产业绝对增量、大项目建设和融资贷款三项重点指标均列全省第一名。全市肉牛产业发展在全省具有绝对优势。全市肉牛发展到148.6万头，占全省（652.6万头）近1/4，列全省各市州第一名。全省有34个肉牛养殖大县，长春占6个，比重列全省各市州第一名。规模以上养殖场445户，占全省1/3左右，列全省各市州第一名。其中，千头以上牛场15户，万头以上牛场2户（皓月、城开）。饲养量超万头养殖大镇43个，占全省23.2%。其中，饲养量超2万头养殖大镇14个，饲养量超5万头养殖大镇4个，榆树市五棵树镇、农安县巴吉垒镇2个特色小镇初具规模；饲养量超千头养殖大村251个，占全省22.2%，其中饲养量超2000头养殖大村136个。农安县、公主岭市2个10万头规模养殖基地开工建设并实现引牛入栏。北京赛升药业、杭州认养一头牛等国内知名企业落户长春。

【生猪养殖】 2022年，长春市生猪发展到1102.7万头，比2021年增

9月2日，长春市在2022年吉林省动物疫病防治和动物检验职业技能竞赛中获团体一等奖

（市畜牧局　供图）

城开农投集团肉牛养殖场　（摄于2022年8月　市畜牧局　供图）

长4.8%。生猪存栏424万头，比2021年增长3%；生猪出栏678.7万头，比2021年增长6%。猪肉产量56.2万吨，比2021年增长7.6%。长春市是生猪养殖大市，通过“强龙头、建基地、树品牌”，强化生猪供应保障能力，推动生猪产业高质量安全稳定发展。结合长春市生猪生产资源情况，确定农安县、公主岭市为核心发展区，榆树市、德惠市为优势互补区，九台区、双阳区为潜力增长区，在生猪规模养殖、屠宰加工及冷链储备三个领域实施全产业链集中区域发展。推进标准化示范创建工作，支持创建国家级标准化养殖示范场。鼓励标准化规模猪场和种猪场建设，支持多种新型农业主体合作模式发展。依托长春市地方猪种和培育品种资源优势，打造“吉神黑猪”等特色生猪品种品牌，发挥原产地优势，推动区域特色畜牧业发展，引导企业、大户等生产经营主体打造“无抗肉”等公共品牌。

【肉羊养殖】　2022年，全市肉羊生产运行平稳，肉羊发展到144.6万只，比2021年增长6.6%。羊存栏70.3万只，比2021年增长8.8%；羊出栏74.3万只，比2021年增长4.5%。羊肉产量0.9万吨，比2021年增长6.9%。长春市合理优化肉羊产业布局，结合肉羊生产资源情况，确定优势互补区和潜力增长区，全产业链集中区域发展。提升屠宰加工能力，优化屠宰行业布局，引导屠宰加工向养殖集中区域转移，实现养殖屠宰匹配、产销顺畅衔接。强化质量安全发展，加强动物卫生监督，升级完善信息化监管平台，打造从养殖到屠宰动物卫生全链条可追溯监管模式。

【家禽养殖】　2022年，全市家禽养殖发展到3.26亿只，比2021年下降1.3%。禽存栏6804.4万只，比2021年下降12.3%；禽出栏2.58亿只，比2021年增长2.1%。禽肉产量47.2万吨，比2021年增长6.3%。长春市肉鸡产业发展总体布局是以德惠市、榆树市和农安县为核心，以大项目建设为载体，建设标准化养殖基地、扩大屠宰加工能力，强化龙头企业引领，提升产业链整体水平。在肉鸡产业发展上重点推进正榆、德翔、德大等亿只全产业链建设项目。推广龙头企业全产业链和“龙头企业+农户”“公司+农户”模式，打造肉鸡产业园、肉鸡产业带或肉鸡集聚区，开展肉鸡养殖标准化示范创建活动。强化精深加工，提升品牌推广营销水平，实施“全链条、全利用”产品开发战略，围绕延链扩链强链补链原则，开发肉鸡产品、休闲食品和预制菜食品，满足市场多样化需求。开展食品标准进企业专项行动，做大做强“德大”“正大”等品牌。

【畜禽标准化建设】　2022年，长春市推进畜牧业生产方式尽快由粗放型向集约型转变。开展养殖方式创新和技术推广，重点开展“无抗”（无抗生素残留）养殖技术及商业模式试点和探索，取得较好效果。做好农牧结合、种养平衡，依托资源环境承载能力，引导畜禽养殖向资源更丰富、环境容量大的区域转移，优化畜牧业产业结构、产品结构和经济结构。加快推进现代畜牧业建设，鼓励发展标准化、规模化养殖场（小区）建设，支持企业采取自建和联建相结合的方式，发展带户养殖。通过建设现代化畜禽养殖标准化养殖基地，开展标准化示范场创建活动，提高粪污

皓月集团沃鑫黑牛养殖场　（摄于2022年8月　市畜牧局　供图）

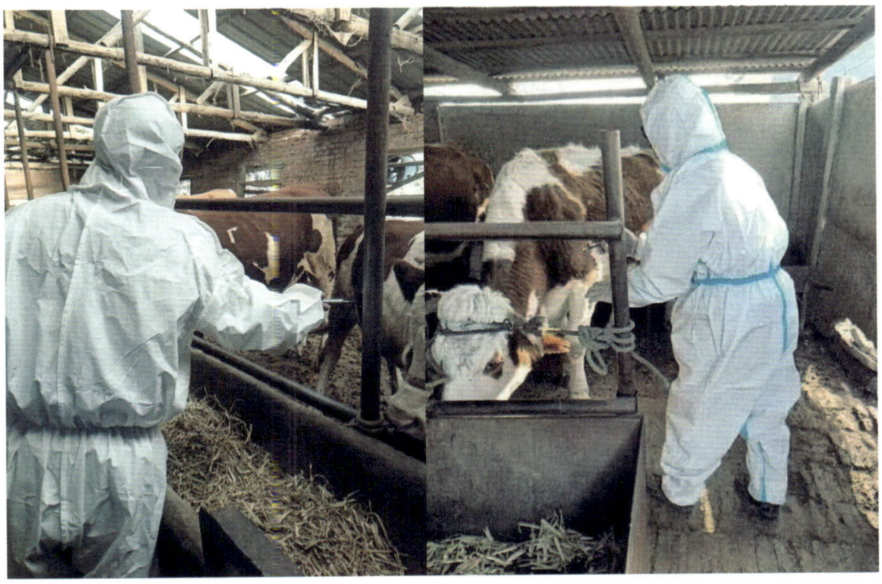

长春市农安县开展秋季动物免疫工作　（摄于2022年9月　市畜牧局　供图）

资源化利用、病死畜禽无害化处理等方面综合治理水平。

【动物疫病防控】　2022年，全市高致病性禽流感免疫鸡5555.66万只、免疫鸭308.36万只、免疫鹅354.05万只，其他禽类20.67万只，免疫率100%；牲畜口蹄疫免疫猪938.39万头，免疫牛186.92万头，免疫羊123.01万只，免疫鹿35.14万头，免疫率100%；小反刍兽疫免疫羊114.65万只；布病（布鲁氏菌病）免疫羊91.66万只、免疫牛109.51万头，免疫鹿9.84万只　猪瘟免疫猪951.9万头，免疫率100%；鸡新城疫免疫鸡5195.3万只，免疫率100%。组织对牲畜口蹄疫、高致病性禽流感、小反刍兽疫、猪瘟、鸡新城疫等重大疫病免疫效果检测和高致病性禽流感、小反刍兽疫、布病等疫病病原学监测，完成9963项次检测实验。群体合格率远超国家规定70%标准。组织对各县（市）区、开发区防疫档案材料、规模养殖场、兽医实验室、应急物资储备库、屠宰企业、动物无害化处理场等进行量化评比。克服新冠疫情防控影响，开展数字化防疫攻坚战，推进防检监一体化建设，全年未发生区域性重大动物疫情。

【畜禽养殖废弃物综合利用】　2022年，长春市坚持疏堵结合、防治并举原则，按照“重点管、全面治、适当禁、加快转”基本思路，加快推进畜禽养殖废弃物资源化利用，建设“结构高效型、环境友好型、质量安全型、服务社会型”现代畜牧产业。整合利用涉农项目资金，加大财政投入力度。各县市区整合黑土地保护、高标准农田建设等项目资金，2018年以来累计投入超过5亿元，用于持续提升粪污综合利用基础设施建设水平，重点支持就近就地消纳利用畜禽粪肥，实现源头减量、过程控制、末端利用。发挥政府服务职能，加快推进规模以下畜禽粪污收储运用体系建设。截至年末，全市专业化畜禽粪污处理机构年粪污处理能力为511万吨，比2021年增加80万吨。村屯粪污收集点数量1838处，当年新建508处，总容积106万立方米，比2021年增加26万立方米。粪污收集点配套车辆455台（套），比2021年增加55台（套）。推广畜禽粪污资源化利用适用技术模式，推动种养结合农牧循环发展。制定印发《全市畜禽粪污资源化利用技术推广培训工作方案》，组织市县两级畜牧兽医技术推广单位开展技术推广培训班20多个班次，集中推广秸秆粪污堆沤发酵，膜覆盖腐熟发酵、简易堆沤发酵制作农家肥等实用技术模式，推进种养结合循环经济建设。指导超过土地承载能力的区域和规模养殖场，逐步调减养殖总量。推动实施“秸秆变肉”暨三百万头肉牛产业建设工程，引导发展肉牛为主的草食畜牧业，加快“两废”（农业生产过程中产生的农药包装废弃物和废旧地膜、农膜）资源实现农牧循环利用。推广无抗养殖、发酵床养殖等生态化养殖技术，从源头上减少污染排放。

【秸秆饲料化利用】　2022年，长春市秸秆饲料化利用总量447.98万吨，秸秆饲料化利用率42.35%。引导秸秆饲料生产加工企业在肉牛养殖大镇、大村建立收贮加工基地，逐步打造捡拾、清运、储存、转化于一体的秸秆饲料化服务体系，优化产业布局。推广“粮改饲”“茎穗兼收”等新技术新模式。鼓励支持规模秸秆饲料生产加工企业做大

秸秆饲料化企业加工生产秸秆饲料　（摄于2022年10月　市畜牧局　供图）

做强，完善秸秆饲料化利用产业体系。应用全混合日粮饲喂技术，支持饲料企业在肉牛养殖集中区域设立日粮配送中心，推进饲料标准化、规模化、体系化进程。开展技术指导和培训，各县（市）区组织技术人员到规模养殖场（户）开展技术指导服务；市、县两级均举办培训班，聘请专家讲解青（黄）贮秸秆饲料收储制作技术培训。

【畜牧业项目建设】 2022年，推动肉牛、生猪、肉鸡、梅花鹿、饲料、产业集群（产业链）87个开工项目（新建项目32个、续建项目50个）建设，包括66个肉牛项目、3个生猪项目、2个肉鸡项目、13个梅花鹿项目、3个饲料项目，总投资额153.42亿元。加紧建设农安县、公主岭市2个10万头肉牛养殖基地，榆树市、德惠市、九台区3个万头养殖基地开工建设，在建千头牛场21个，占全省总量的29.5%。

【畜牧业技术推广】 地方标准制定 围绕肉牛产业发展需求，立足科技创新，制定《玉米秸秆膨化微贮技术规程》《肉牛家庭牧场建设规范》《肉牛繁育服务站点建设规范》《玉米秸秆菌酶协同发酵饲料生产技术规程》4个省地方标准及《肉用犊牛饲养育肥技术规范》1个市地方标准。《吉林省肉牛基础母牛养殖现状调查及对策研究》课题被纳入省科协科技创新智库，课题已结项，并取得科技成果。

生态养殖示范与推广项目实施 印发《长春市2022年生态养殖示范与推广项目实施方案》，在长春市辖区内遴选10家生态养殖基地，应用益生菌、发酵床等生态养殖技术，达到无抗和环保要求。出栏生猪3000头，出栏肉牛450头，蛋鸡持续存栏6万只，达到预期效果。

长春市畜禽粪污资源化利用技术推广示范基地创建 印发《长春市畜禽粪污资源化利用技术推广示范基地创建方案》，创建畜禽粪污资源化利用技术推广示范基地，为畜禽粪污资源化利用技术推广搭建示范平台，推动实用技术推广。通过申报审核，确定吉林伯宇现代农业产业有限责任公司为示范基地，签署基地创建合作协议，召开资源化利用技术推广现场会，推动全市畜禽粪污资源化利用。

畜牧业综合养殖技术培训 5月至8月，以线上线下多种形式，召开5期畜牧业综合养殖技术培训班。邀请专家针对肉牛养殖技术、畜禽无抗养殖技术、畜禽粪污资源化利用、秸秆饲料化利用等开展实用技术培训，培训720余人次。《吉林日报》、今日头条等媒体多次报道。

【畜产品质量安全监管】 2022年，通过源头监测、标准提升、过程监管、专项行动、宣传培训等措施，全市畜产品合格率达到98%，全年未发生畜产品质量安全事件。

畜产品质量安全风险监测 重点监测肉牛饲喂瘦肉精、鸡蛋兽药残留等问题，抽样范围涵盖主城区和六县（市）区养殖及屠宰企业。市本级抽取2910批次，县（市）区抽取1690批次，抽取肉牛尿液2312批次，猪肉、猪肝、牛肉、羊肉、鸡蛋等2288批次。配合国家和吉林省完成兽药饲料、生鲜乳、畜禽及新产品监测219批次，监测结果全部合格。

专项整治行动 开展畜禽屠宰企业专项整治，排查企业81家次，下达整改通知书8份，停业整改企业2家；开展排查违法添加“金银箔粉”专项行动，抽查企业51家次，未发现违法行为；开展涉牧农资打假及畜禽屠宰企业专项整治行动。全市检查企业121家次，聘请专家查出隐患140项，全部整改完成。取缔私屠滥宰点5个，依法处理屠宰企业违规操作行为3例。

【饲料生产监管】 开展饲料稳产保供工作。采取常态化监管和定期专项整治相结合，加强日常监管和“双随机、一公开”监督检查相结合，开展饲料产品质量安全监督检查，确保饲料质安全量。加大饲料监督抽查力度，开展质量安全风险监测。全市抽检饲料产品212批次，从检验结果看，没有发现添加使用违禁添加物的现象，但存在产品质量不合格、粗蛋白质含量不达标等问题，移交执法支队立案查处，做好产品溯源和流向调查工作。强化饲料产业集群和产业链建设，引导企业主动调整产品结构，优化资源配置，延伸饲料产业链条，向饲料原料生产、畜牧水产养殖、畜禽屠宰、食品加工等领域延伸发展。2022年，全市饲料产量448万吨，产值约225亿元。

【兽药生产监管】 2022年，全市有兽药生产企业14家（分布在长春市城区11家，榆树市1家，农安县2家）。其中，吉林省五星动物保健品厂为国有企业，处于改制中；吉林特研生物技术有限公司为国有控股农业部属企业；其他为民营企业。从事兽药生产人员近800人。2022年，全市兽药产值约3.5亿元。产

公主岭肉牛产业园区建设项目 （摄于2022年8月 市畜牧局 供图）

品类型为生物制药、化学制药、中药、消毒药四种类型。产值亿元左右企业1家，产值4000万元左右企业3家，由于新版GMP改造和拆迁等原因停产企业4家；还有1家企业未正式生产。市畜牧局会同各区畜牧兽医主管部门联合排查，强化兽药市场监管，规范兽药生产、经营和使用活动；增强兽药生产经营企业诚信自律意识、质量责任意识、守法经营意识和安全生产经营意识，完善兽药监管机制。

【畜牧业安全生产】 2022年，开展全市畜牧行业安全检查，消除事故隐患，全年未发生重特大安全生产事故，安全生产分级管控和隐患排查治理双重预防机制逐步确立。印发《长春市2022年畜牧行业安全生产工作意见》，部署全市畜牧行业标准化创建、隐患排查、安全体检、专项整治、应急管理工作。养殖、饲料、屠宰、兽医、病死动物无害化处理场五大行业规模企业完成标准化创建自评，其中10户企业获三级标准化证书。实行隐患排查闭环管理，结合专项整治和安全体检，采取“干部+专家”方式，对各县市区、开发区畜牧企业进行全覆盖安全生产检查，检查畜牧企业1204家，查出安全隐患1215处，全部整改完毕。完成市畜牧局主办、公主岭市农业农村局承办的火灾应急演练任务，督导各县（市）区、开发区完成17项应急演练任务。基本实现市、县、乡、街道四级安全生产防范工作体系。

【畜牧业综合行政执法】 2022年，对查实的42件违法行为进行查处，涉及私屠滥宰、兽药生产经营、动物诊疗、饲料生产经营、经营未经检疫宠物等涉牧各个环节，罚没款56万余元。没收非法财物折合人民币4万余元。以保障畜牧业高质量发展和畜产品质量安全为主线，完成疫情防控与畜禽产品质量安全双重叠加任务，打好畜禽私屠滥宰、农资打假、肉牛冷冻精液市场治理三大攻坚战。开展打击私屠滥宰“百日行动”，针对重点区域、场所和黑名单上的40余处高风险区域开展巡查，打掉私屠滥宰黑窝点12处。全年立案查处案件42件。在摸索总结兽药饲料案件查处经验基础上，打击生产经营假劣兽药、无证经营兽药、经营不合格饲料等违法行为。探索查处故意以所谓“非药品”“动保产品”“水质改良剂”“底质改良剂”“微生态制剂”等名义生产、经营和使用假兽药，逃避兽药监管的违法行为。印发《关于开展全市肉牛冻精液市场集中整治专项行动的通知》，在全市范围内开展为期3个月专项整治行动，服务全市“秸秆变肉”暨三百万头肉牛产业建设工程，助力乡村振兴。

【网络畜牧经济违法行为查处】 2022年，长春市重点打击淘宝、京东、天猫、拼多多、抖音、快手等网络畜牧经济违法行为。查处拼多多平台网店无证经营兽药案，查处快手平台私屠滥宰禽案件。全年接到投诉举报案件367件，案件回复率100%，满意率98%。受理的投诉问题主要集中在私屠滥宰、宠物购买退换货纠纷、宠物医疗纠纷等方面。

【长春市扶持肉牛产业优惠政策实施】2022年，长春市在支持肉牛产业发展首个政策实施周期投入资金3500多万元，支持29个项目。重新制定《长春市推动肉牛产业高质量发展若干措施》，对肉牛产业进行全产业链精准扶持。金融机构扩大信贷投放，全市肉牛贷款余额116.5亿元，占全省47.9%。申报专项债券项目6个，拟申报专项债68.59亿元，发行专项债38.04亿元，占全省51%。国家和吉林省对长春市资金支持力度日益加大，2022年中央农业生产发展资金（畜牧部分）下达给长春的金额占全省45.6%，列全省第一名。省级乡村振兴专项资金（畜牧部分）下拨给长春市肉牛建设工程、畜牧产业发展和畜禽疫病防控的专项资金占全省38.1%，列全省第一名。长春市8个肉牛产业重点项目获得农业农村部特色产业集群项目资金1.27亿元，占吉林省中部肉牛产业集群项目国家支持资金总额的85%。

【长春市肉牛屠宰加工全国领先】 2022年，长春市实际屠宰肉牛39.78万头，占全省85%以上。全市规模以上加工企业主要产品产能均占全省98%以上。拥有国家级龙头企业2家。皓月集团是中国驰名商标企业、吉林省名牌产品和全国最大的肉牛产品生产加工和出口基地，牛肉分割标准为国家标准，牛肉加工能力居亚洲第一，牛肉产品出口量连续多年占全国50%的份额，年产值120亿元以上，是全省首批通过“吉致吉品（牛肉）”认证的肉牛屠宰加工企业之一。

【中小散养殖场（户）“服务月”活动】 2月至3月，长春市组织全市畜牧系统开展中小散养殖场（户）〔包括由中小散养殖场（户）成立的专业合

8月24日，长春市双阳区冠宇屠宰场开展消防、逃生应急演练和现场培训

（市畜牧局　供图）

作社、家庭牧场等新型经营主体〕“服务月”活动。采取线上培训、集中培训和现场指导等方式，为中小散养殖场（户）“送政策、送技术、送资金”，通过宣传各项强牧惠牧政策、推广“良种、良料、良法”等实用型技术和强化政策资金拨付进度，提高中小散养殖场（户）政策知晓率、技术使用率和资金利用率，保护和调动中小散养殖场（户）积极性，增强中小散养殖场（户）生产经营能力和可持续发展能力。

【2022年长春市畜禽无抗产业高峰论坛】 8月31日，2022年长春市畜禽无抗产业高峰论坛在长春市召开。活动由长春市科学技术协会和吉林省畜牧兽医学会联合会主办，长春市畜禽无抗产业协会承办。吉林省畜牧兽医科学研究院、吉林省农业科学院、长春科技学院和长春市畜牧总站有关专家针对无抗养殖现状、背景、种源选择、环境控制、不同畜种的技术要点等进行研讨。长春市在全国率先开展无抗养殖试点示范，取得系列成绩，通过论坛让更多企业参与其中。（佟 宇）

10月24日，2022年吉林省暨长春市水生野生动物保护科普宣传月活动在长春中泰海洋世界举办

（市农业农村局 供图）

渔 业

【概况】 长春市渔业生态环境优良，区域资源特色鲜明，水产增养殖面积约4.20万公顷，增养殖方式主要有池塘、湖泊、水库、稻田等，养殖品种由传统的草、鲢、鳙、鲤、鲫发展到豫选黄河鲤、黄颡鱼、鳜、大银鱼、团头鲂、河蟹、泥鳅、翘嘴红鲌、南美白对虾等名特优新品种，名特优新品种产量不断增加，并逐步形成地方区域特色。2022年，水产品总产量4.23万吨，产值约7.55亿元。

【稻渔综合种养】 2022年，长春市稻渔综合种养实施面积8840公顷，经营主体40余家，蟹田米注册商标20余个，亩均综合增效1000元以上，带动农民就业约3000人，总综合收入1.42亿元，形成集蟹苗培育、苗种越冬、成蟹养殖、商品蟹育肥、跟踪服务、疫病防控、体系培训于一体的产业化发展格局。8月29日，省委书记景俊海到公主岭稻渔科技小院调研。9月9日，省长韩俊在德惠市岔路口镇稻渔综合种养示范区调研秋收准备工作。年内，举办2022年吉林省稻渔综合种养现场推进会，展示长春市稻渔产业发展成果。

5月16日，市农业农村局、市公安局、市伊通河管理中心等联合对伊通河城区段开展违法捕捞行为执法专项行动

（市农业农村局 供图）

【专项执法行动】 按照“中国渔政亮剑2022”系列专项执法行动工作部署，市农业农村局、市公安局食品药品和生态环境犯罪侦查支队、市伊通河管理中心、市伊通河派出所和市农业综合行政执法支队联合对伊通河城区段开展违法捕捞行为执法专项行动。联合检查组采取现场执法、沿河巡逻、销毁违禁网具和张贴吉林省农业农村厅通告等形式，宣传吉林省2022年禁渔规定，打击破坏渔业资源违法行为。制止非法违规捕捞行为110余人次，清理地笼（绝户网）14条140余米，挂子60余条2000余米，发放禁渔通告45份，非法捕捞网具及附属工具全部销毁。

【渔业资源养护】 2022年，全市增殖

6月6日，2022年长春市水生生物增殖放流活动在长春市新立城水库举行

（市农业农村局　供图）

放流约1000万尾，利用水生野生保护动物救护资金10万元，救助重点保护水生野生动物17只。

【渔业生产安全指导】　5月17日，印发《长春市渔业船舶安全风险防控工作实施方案》，加强长春市渔业船舶安全风险防控和渔船渔港安全源头监管。全年开展渔业水域安全应急演练8次，参演人数200余人，举办渔业安全培训7次，参加人员700余人次，发放宣传资料5000余份，检查船只700余艘次，发放救生衣700余件，渔民互助保险参保率100%。全年无重大渔业安全生产事故。

【渔业监管服务】　7月13日，印发《2022年长春市水产投入品规范使用专项整治行动方案》，通过加强宣传、依法审批、专项整治等方式提高从业者守法意识，推广应用"长春市渔业信息数字化平台"App、水产养殖用投入品监管、产地水产品检验检测、规范养殖三项记录、重要渔业水域生态环境监测、重点养殖区疫病测报、国家级水产健康养殖和生态养殖示范区创建和水产养殖种质资源普查等工作措施，保障长春市渔业绿色发展。2022年，创建国家级水产健康养殖示范场30家，国家级水产健康养殖示范区1家。　（王　海）

种　业

【农作物种业】　2022年，长春市年用种量在3.9万吨左右。全市有种子生产企业105家。其中，省级以上发证种子企业75家，育繁推一体化种子企业2家。有种子经营门店1560余家。全市有种质资源库2个，有包括科研院所和高校在内的育种单位82家，其中吉农高新种业在全国有一定知名度。市农科院先后育出农作物新品种64个。其中，玉米24个、大豆31个、水稻9个，成为长春农业领域重要科研育种平台。全市拥有已通过吉林省及国家审定具有自主知识产权的农作物品种936个（国审128个）。全市有种子管理机构（农业综合行政执法队）7个，市级1个、县（市）区级6个，负责全市农作物种子品种管理、生产管理、质量管理、市场管理。

（朱孔亮）

【林业良种培育】　2022年，长春市有保障性培育造林苗木苗圃2座，均为省级。其中，农安县国有林总场哈拉海管护站，育苗面积33.3公顷，年产优质造林苗木300万株，培育主要品种为杨树小乘黑和银中杨；九台区国有林总场上河湾管护站，育苗面积23.3公顷，年产优质造林苗木200万株，培育主要品种为樟子松播种苗、移床苗和落叶松播种苗、移床苗。　（高吉鑫）

【畜禽良种培育】　第三次畜禽遗传资源普查　在完成第三次全国畜禽遗传资源普查工作基础上，配合农业农村部和吉林省农业农村厅完成长春市8个畜禽品种性能测定，对照畜禽遗传资源普查数据核查整改清单和回溯调查畜禽品种清单，采取多种形式，完成全市111条数据核实确认与核查整改工作任务。

长春市"吉牧牛"品种培育　与吉林农业大学、长春新牧科技有限公司

12月28日，长春市农业农村局到新立城水库管理中心检查冬捕安全生产工作。图为在冬捕现场作安全生产指导

（市农业农村局　供图）

联合开展西门塔尔牛本土化选育，培育“吉牧牛”处于申请立项过程中。全省有5个国家级种公牛站，4个国家级核心育种场，长春各占1个。新牧公司作为国家级肉牛核心育种场和种公牛站，2022年正式入选国家畜禽种业阵型企业，存栏优质种用后备母牛693头，优质种公牛109头，形成年提供优质肉牛冷冻精液200多万剂生产能力，西门塔尔本土化培育项目立项启动，性控冻精生产扩建项目即将投产。长春市西门塔尔优质肉牛种群改良代次和生产性能全国领先，肉牛良种覆盖率超过98%。皓月集团培育的高端肉牛品种——沃金黑牛申请新品种审定。成恩牧业安格斯种牛场创建国家级核心育种场项目通过吉林省、长春市评审，基本创建达到国家级核心育种场标准，原种安格斯牛种群规模超过800头。（佟　宇）

【渔业良种培育】　2022年，长春市有省级水产良种场6家，苗种培育面积约73.33公顷，年产水产苗种约890吨，主要品种为鲢、鳙、鲤、鲫、草等。河蟹苗种生产企业4家，苗种培育面积106.66公顷，年产河蟹苗种约42吨。（王　海）

【种业监管服务】　2022年，在种子市场启动前，对种子企业生产、外调、库存种子全部进行监督抽检，发现问题及时督促整改，确保企业出库种子达到国家或企业质量要求标准，杜绝问题种子流入市场；在市场启动后，对市场上销售的每个品种及同一品种不同厂家生产的种子全部进行扦样，进行净度、水分、芽率检测，对重点市场、重点企业、重点品种进行真实性及转基因成分检测，对疑似侵权套牌的玉米品种送北京玉米种子检测中心进行DNA真实性检测，对检测出问题的种子追根溯源。

（周玉莹）

【公主岭百万亩玉米种子繁育基地建设】　作为玉米、水稻等种子的重要研发基地，公主岭市有持证种子生产企业55家，年生产经营种子接近8000万千克，占全省用种量1/3以上。长春市以公主岭种子产业为基础，以吉林长春国家农高区为核心，整合产业链上游资源，重点建设国内高水平百万亩玉米种子繁育基地，加快推进中国农科院、先正达、隆平高科等一批科研院所和种子企业落地，联合承接研发项目，建立种子研发中心、科研实验站等育种基地，打造集育种、制种、加工及销售于一体的“国际种业硅谷”，推动种业科研成果转化。位于吉林长春国家农高区现代种业产业园的鸿翔种业，配备4条国际领先果穗烘干线、2座全数控种子加工厂，年可加工种子5000万千克以上。截至年末，鸿翔种业拥有自主知识产权的玉米品种69个，高质量玉米种子走向全国大市场。（周玉莹）

农业机械化

【概况】　2022年，全市农机总动力1201.95万千瓦，拖拉机保有量28.51万台，拖拉机配套机具57.06万部，经省农业农村厅统一组织建设的新型经营主体超过300个，实现6个粮食主产县（市）区所有乡镇全覆盖，并向村级延伸。至2022年年末，长春市有农机服务组织4605个，农机专业合作社3407个，推广保护性耕作面积72.67万公顷，全市综合农业机械化水平为94.7%，基本实现全市整建制主要农作物生产全程机械化目标。

【农机购置补贴】　2022年，长春市依据《吉林省农业农村厅 吉林省财政厅关于印发〈2021—2023年农机购置补贴实施方案〉的通知》，完成2021年新购置农机具补贴申请2.13万份，受益户数1.72万户，补贴机具数量2.15万台，总补贴金额 3.93亿元 。其中，九台区申请 2285 份，受益1851 户，机具 2335 台 ，总补贴 4977.37 万元；双阳区申请1143 份，受益905 户，机具1174 台， 总补贴1593.97万元；公主岭市申请 3550 份，受益2795 户，机具3553 台， 总补贴 8219.12 万元；德惠市申请3708 份，受益3013 户，机具3760 台，总补贴 6035.55 万元 ；榆树市申请7138 份，受益6094 户，机具7164 台，总补贴11967.2 万元 ；农安县申请3275 份，受益2396 户，机具3275 台，总补贴6058.68 万元。

【农机服务组织】　2022年，长春市有农机服务组织4605个（九台区528个、双阳区151个、榆树市1920个、公主岭市461个、德惠市760个、农安县720个）。其中，农机专业合作社3407个，拥有农机原值100万元（含100万元）以上合作社1051个；农机户34.27万个（九台区3.06万个、双阳区2.37万个、榆树市8.92万个、公主岭市4.32万个、德惠市6.9万个、农安县8.64万个）；乡村农机从业人员39.52万人（九台区3.65万人、双阳区2.93万人、榆树市13.26万人、公主岭市3.22万人、德惠市7.2万人、农安县8.64万人），其中持证（包括驾驶、无人机等操作、维修、服务等方面证书）人员17.37万人，农机服务收入30.92亿元。

【农机新机具推广】　免耕播种机推广　免耕播种机是指在秸秆残茬覆盖的地块，可一次作业完成秸秆清理、破茬、开沟施肥、精量播种和苗带镇压等工序的播种机械。该机采用后置挂接方式与配套动力机械进行连接，根据作业幅宽可分为2行、3行、4行、5行、6行、7行、8行以及12行等规格。2022年，长春市有玉米免耕播种机超过16757台。其中，2行机型1.33万台，多行机型3504台。

条带耕作机推广　条带耕作机由普通复式整地机研发改制而成，2019年秋季推出市场，是一种适合于保护性耕作宽窄行模式的少耕新型机具。一次作业可完成深松、适度覆土、旋耕碎土、镇压合墒等工序，作业后地表形成洁净平整的播种带。该机采用后置挂接方式与配套动力机械进行连接，根据作业幅宽可分为2行、4行、6行等规格。至2022年，长春市有条带耕作机3626台。其中，2行机型3215台，多行机型411台。

苗期深松施肥机推广　深松施肥机在常规深松机型的基础上加装施肥部件改制而成。通过加装破茬和镇压部件，一次作业可完成秸秆切断、施肥、深松、镇压合墒等工序。该类机具与配套动力机械普遍采用后置式挂接；作业幅宽可以分为2行、6行等规格。至2022年，长春市有玉米苗期深松施肥机超过6658台。其中，2行机型6428台，6行机型230台。（杨友彪）

农业科技

【概况】 2022年，长春市实施“科教兴农”“藏粮于技”战略，提升和发展农业科技创新能力，形成以公益性农业服务体系为主，多形式农业科技创新格局，加快农业成果转化步伐，促进农业农村经济发展、农业增产增效、农民增收。开展长春市先进农业技术推广奖工作，组织实施长春市2022年玉米高产竞赛，推介发布28项先进农业实用技术。全年培育高素质农民5225人，培训农业科技农民16.7万余人。

【先进技术推广】 依托长春市先进农业技术推广奖项目，开展新技术、新模式、新品种推广应用，组织农业科研推广部门加大成果转化应用，印发《长春市农业农村局关于发布全市2022年农业主推实用技术的通知》，筛选出适合本地推广的先进农业技术28项，作为2022年长春市农业主推实用技术，向农民推介发布。开展长春市玉米高产竞赛活动，主攻玉米单产水平，通过提高单产达到增加全市粮食总产量的目标。集成高产稳产、节本增效等先进技术，推进高产优质多抗品种更新换代，采取“农技推广单位+农机合作社+家庭农场”参赛模式，应用宽窄行、一穴双株、一穴多株等种植技术。经测产，玉米高产竞赛单产17425千克/公顷。全市重点推广玉米秸秆保护性耕作还田技术，全年推广面积72.67万公顷。水稻稻瘟病统防统治、测土配方施肥、赤眼蜂防螟等农业技术推广实现全覆盖，玉米保护性耕作、病虫害统防统治、航化作业、水稻钵育机插、侧深施肥、蔬菜全程绿色高产高效生产等技术得到重点推广。

【保护性耕作技术推广】 根据《吉林省2022年保护性耕作实施方案》，按照“稳步扩面、质量为先”原则，吉林省保护性耕作面积203.33万公顷，长春市保护性耕作面积70.4万公顷，长春市实际推广保护性耕作面积72.67万公顷，占全省推广面积的33%，占全市适宜耕地面积的70%。

【农机推广队伍】 2022年，长春市整体推进农技推广体系改革与建设，明确、细化推广机构公益性职能。市、县（区）、乡（镇）三级农业技术推广机构健全，农民科技种田素质逐年提高，新品种、新技术普及率明显增加。推行以农技人员包村联户制度为主要模式的工作责任制度，逐步形成农技人员抓示范主体、示范主体带动辐射户的农业技术推广工作新机制。组织农技人员组建服务团队，对农业科技示范主体进行技术指导、政策咨询、信息推送等综合性服务；各乡镇农技人员开展技术包村服务平均50天以上，示范推广农业技术30多项，农业主推技术到位率95%，农技推广人员应用“中国农技推广”App开展在线服务使用率占基层农技人员编制总数85%以上。利用电视、农技推广网发布技术信息、建议2万多条，深入村屯、田间地头给农民面对面答疑解惑。利用科技下乡、防灾减灾等活动下发技术手册等4.5万余册。 （凌 海）

农田水利

【概况】 2022年，长春市围绕乡村振兴、粮食安全、黑土地保护，推进农田水利设施建设、大中型灌区项目、水土流失治理、农村供水保障工作。全年实施涝区工程4项，谋划11个大中型灌区项目，新增灌溉面积4260公顷，改善灌溉面积3.27万公顷，治理水土流失33.93平方千米。

【农田水利设施】 2022年，推进涝区工程建设，实施涝区工程4项，分别为双阳区双饮涝区、公主岭市大岭涝区、卡伦涝区以及榆树市黑保涝区，批复总投资9228.37万元，新建、改建和拆除重建排涝站7座，治理排水沟120.84千米，改善易涝面积5.56万公顷。

【灌区项目建设】 2022年，围绕助力粮食安全，加强补齐大中型灌区短板，谋划11个大中型灌区项目，新增灌溉面积4260公顷，改善灌溉面积3.27万公顷；实施公主岭市秦家屯灌区续建配套与节水改造工程，总投资1.02亿元，完成投资7400万元，完成渠道护砌29条，总长38.08千米，改建新建建筑物395座，改善水田灌溉面积5033公顷。

【水土流失治理】 2022年，长春市投资1978万元，实施德惠市大朝阳沟小流域、九台区舍岭小流域、公主岭市双龙大青山小流域以及长春新区盘道岭村小流域4项小流域综合治理工程，批复概算投资1978.7万元，治理86条侵蚀沟，治理水土流失面积33.93平方千米。

【农村供水保障】 制定《2022年长春市农村供水保障工作方案》，绘制“施工图”“流程图”“作战图”，梳理14项重点任务、27项工作措施，细化责任落实到人，推进农村供水保障工作。2022年，全市投入5786万元，建设农村

建设中的长春市双阳区双饮涝区治理工程（摄于2022年11月 市水务局 供图）

供水工程145处，新增农村供水人口18万人，落实中央和省级农村供水工程维修养护资金2645万元，农村自来水普及率超97.5%，比2021年95.1%提高2.4个百分点。（刘　星）

农产品质量建设

【概况】　2022年，长春市开展农产品质量安全专项整治，完善检测体系，加大监管力度，提高长春市蔬菜、水果和水产品质量，在国家、省、市例行检测中农产品质量安全监测合格率98.8%以上。按照“属地管理，分级负责”原则，与各县（市）区签订责任书，建立市、县、乡、村四级网格化监管体系。建立长春市食用农产品生产主体监管名录，生产主体470余家，较好实现对区域内规模食用农产品精准监管。长春市农产品质量安全与检测中心、市水产品质量安全检测中心以及榆树、农安、德惠、九台、双阳和公主岭6个县（市）区全部具备省级“双认证”资质，能够承担其辖区内农产品检测工作。开展“千人1批次”定量检测。指导农产品生产企业、农民专业合作社、家庭农场等食用农产品生产主体在上市时开具食用农产品承诺达标合格证。全市使用终端开具与证后监管一体化系统的农产品生产主体437家，逐步实现规模以上适用合格证农产品生产企业，使用终端开具与证后监管一体化系统全覆盖。

【“二品一标”建设】　2022年，长春市新认证绿色食品30个。推动食用农产品承诺达标合格证实施，开具农产品合格证6.98万张，附带合格证上市农产品1114.91吨。

【品牌产品认定推广】　开展2022长春市农产品区域公用品牌和名优农产品品牌认定活动。经企业申报、县（市）区推荐、专家评审、网上公示等程序，认定公主岭香葱长春市区域公用品牌等6个品牌为2022年长春市农产品区域公用品牌；“华正”冷鲜肉等30个农产品品牌为2022长春名优农产品品牌。

延伸阅读>>

2022长春农产品区域公用品牌

公主岭香葱长春市区域公用品牌
农安县华家香瓜长春市区域公用品牌
德惠布海瓜菜长春市区域公用品牌
九台波泥河苗木长春市区域公用品牌
双阳龙丰果长春市区域公用品牌

2022长春名优农产品品牌

“华正”——吉林华正农牧业开发股份有限公司冷鲜肉

“齐小双”——吉林省齐小双调味品有限公司花生碎、花生酱

“红石砬”——长春市圣泉春实业有限责任公司小米

“凡豆”——吉林省烧锅豆制品有限公司豆制品

“松江盛宴”——长春市龙田米业有限公司青花香稻（米）

“满江红”——吉林省满江红农产品发展有限工司生态大米

“水善漂香”——德惠市岔路口镇长义家庭农场鸭稻香米

“红伊菇娘”——吉林省健道农产品开发有限公司红冰菇娘酒

“乾蕴”——榆树市坤泰农产品有限公司大米

“粒常飘香”——长春市民兴农牧专业合作社联社大米

“饮马河一品香”——长春吉隆粮业有限责任公司大米

“英俊”——吉林省英俊食品有限公司速冻豆角、速冻黏玉米

“五官地”——吉林省九鼎农业发展有限公司皇粮御米

“兄弟牛人”——吉林省伯宇现代农业产业有限责任公司牛肉

“田野泉”——田野泉酿造有限公司大豆酱

“鹿典”——吉林省鹿业生物制品有限公司系列鹿产品

“金荷东北购”——长春金荷药业有限公司系列产品

“老贝河”——长春铭旺食品有限公司大米

“鹿归春”——长春市鹿乡华泰生物科技有限公司系列产品

“鹿小健”——吉林省鹿小健鹿业研发有限公司系列产品

“参仕”——吉林省参仕鹿业科技股份有限公司鹿鞭人参酒、鹿茸血酒系列产品

“健鹿美”——吉林省长生鹿业有限公司化妆品

“茂熙”——吉林省茂熙农业科技有限公司藜麦

“阿满”——吉林省阿满食品有限公司系列产品

“迪莉娅”——长春迪莉娅食品有限公司西点系列产品

“北康”——北康酿造食品有限公司桂花香醋

“辣小鸭”——辣小鸭食品有限公司系列麻辣休闲食品

“岭丰源”——公主岭市吉农养殖专业合作社鸡蛋

“岭上有礼”——公主岭国家农业科技园区九正生物医药科技有限公司代用茶及方便食品系列产品

【农产品质量安全监测】　2022年，全市完成实验室定量抽检样品7268个，秋菜上市前速测筛查样品3200个，配合国家和省开展例行监测、专项监测和监督抽查18次，抽检样品871个。持续开展“千人1批次”定量检测，加大对全市生产蔬菜、水果、食用菌和水产品抽检力度，结合日常监管和例行监测、专项监测、监督抽查，加强重点品种、重点区域、重点时段监测工作。

【农产品质量安全专项整治】　2022年，全市出动执法人员2318人次，出动执法车辆872台次，检查农药生产经营场所和农产品生产经营主体1859家次。按照国家和吉林省要求，持续开展“治违禁 控药残 促提升”三年行动。加强对“五颗菜”（豇豆、韭菜、芹菜、菜豆、辣椒）、“五条鱼”（大口黑鲈、乌鳢、鳊鱼、大黄鱼、草鱼）等重点品种治理，开展农（兽）药经营使用监管，加强禁限用农药和常规药物管理，在全市范围内实行限制使用农药定点经营和实名购买制度，规范管理农（兽）药市场。加强对农产品生产主体督导检查，督促生产者严格执行农药安全间隔期。

【长春品牌农业展】　2022年，借助长春农博会、杭州农博会和中国农交会

等平台，组织企业举办品牌农业展，开展“长字号”名优农产品宣传推介，以会展经济提升长春市品牌产品市场占有率。长春大米被评为“皇粮贡米”“中国十大好吃米饭”。长春农博会期间，15户企业参加省名优特农产品展，40多户企业参加“百户企业走进吉林活动”等活动。“中国农交会”期间，50余家采购商有合作意向，合同金额800多万元。（王圣添　魏　巍）

建设中的吉林长春国家农业高新技术产业示范区

（摄于2022年11月　长春农高区　供图）

长春国家农高区建设

【概况】　吉林长春国家农业高新技术产业示范区（简称长春农高区）是由吉林公主岭国家农业科技园区升级建设而来的国家农业高新技术产业示范区。2022年4月，经国务院批复，纳入国家农业高新技术产业示范区范畴管理并享受相关政策。5月31日，吉林长春国家农业高新技术产业示范区在公主岭市成立并举行揭牌仪式。12月24日，吉林省人民政府发布支持长春国家农高区发展若干意见。

吉林长春国家农业高新技术产业示范区总面积139.39平方千米，东至范家屯镇西界，南至吉林省吉源农业发展集团有限公司，西至岭东工业集中区，北至陶家屯镇马家店村南界。规划建设用地面积3.07平方千米，分两个区块。区块一规划面积1.55平方千米，东至102国道，南至京哈铁路，西至规划腾飞大路延长线，北至规划甲一路。区块二规划面积1.52平方千米，东至102国道，南至七道街，西至规划甲四路，北至京哈铁路。

2022年，吉林长春国家农业高新技术产业示范区实现产值201.9亿元，比2021年增长22%；研发投入占总产值1.7%，比2021年增长12%；全口径财政收入1.08亿元；高新技术企业19户，其中农业高新技术企业5户；高新技术产品产值占总产值的29.3%，其中农业高新技术产品产值占高新技术产品产值51%，农业科技进步贡献率66%。

【吉林长春国家农业高新技术产业示范区获批】　长春地处黄金玉米带，以玉米为主题申建国家农高区，把区位优势、资源优势、产业优势、科技优势、政策优势结合起来，对深入实施创新驱动发展战略，促进农村一二三产融合，带动城乡融合发展，推动乡村振兴，引领农业农村现代化，保障国家粮食安全具有重大意义。自2019年第二批国家农高区认定工作启动以来，在长春市申建工作专班带领下，长春市科技局、市发改委、市规自局、市环保局、市财政局、市农业农村局、市水利局、公主岭等部门和地区通力协作，围绕申报、答辩、实地考察等关键环节，聚焦水资源论证、环境评价、控详规报批、支持政策出台等任务目标，推进长春市申建工作。2021年4月，通过国家七部委联合考察组实地考察。2022年4月28日，《国务院关于同意建设吉林长春国家农业高新技术产业示范区的批复》正式发布，同意将吉林公主岭国家农业科技园区建设为吉林长春国家农业高新技术产业示范区，纳入国家农业高新技术产业示范区范畴管理并享受相关政策。

【吉林长春国家农业高新技术产业示范区揭牌成立】　5月31日，吉林长春国家农业高新技术产业示范区在公主岭市成立并举行揭牌仪式。长春农高区以“松嫩平原绿色循环农业”为主题，以玉米为主导产业，建设粮食生产高效提质先导区、黑土地可持续发展典范区、玉米全产业链发展集聚区、东北特色乡村振兴样板区。长春农高区空间布局总体设计是“一核一带六基地”。“一核”即核心区，位于公主岭市区，面积9.86平方千米，规划建设现代农业博览园、农业高新技术创新创业、智能农机研发制造、玉米精深加工产业“四大板块”；“一带”即现代农业高质量发展带；“六基地”即现代种业示范基地、黑土地可持续发展示范基地、智能农机示范基地、现代物流示范基地、休闲农业示范基地、城乡融合示范基地，总面积139.39平方千米。长春农高区计划建设重点项目12个，总投资117.72亿元。科创中心、国家现代种业产业园、鸿翔种业硅谷园等7个项目已开工建设，鸿翔种业加工厂和种业交易中心年内建成投产，总投资57.78亿元的肉牛良种繁育融合示范产业园项目完成一期基础施工。

公主岭市是“中国玉米之乡”，是农业大县，是全国重要的商品粮基地，是全国粮食调出大县和生猪调出大县，是吉林省率先实现农业现代化的市县之一。粮食总产量每年保持在30亿千克以上，总产量位居全国前列，单产位列全国之首，是东北四省区春玉米种子销售集散地，玉米种子销售量占全省用种量35%以上，主要农作物综合机械化水平达到95%以上，为保障国家粮食安全作出吉林贡献。（曲　莉　马福辉）

中國·長春
China Changchun

工　　业

GONGYE

综　述

【工业主要指标】　2022年，全市规模以上工业（年主营业务收入2000万元以上工业企业）总产值7953.1亿元，比2021年下降10.1%；增加值比2021年下降10.1%。规模以上工业中，按类型划分：轻工业完成产值930.8亿元，比2021年下降4.6%；重工业完成产值7022.3亿元，比2021年下降10.7%。按所有制划分：国有工业完成产值589.6亿元，比2021年下降12.8%；集体工业完成产值0.4亿元，比2021年下降27.8%；股份制工业完成产值3141.7亿元，比2021年下降15.4%；外资工业完成产值4218.6亿元，比2021年下降5.1%；其他工业完成产值2.7亿元，比2021年下降33.7%。按隶属关系划分：中央工业完成产值4867.1亿元，比2021年下降11.5%；地方工业完成产值3086亿元，比2021年下降7.7%。

表31　2022年长春市主要工业产品产量统计表

产品	单位	产量
汽车	万辆	215.50
轿车	万辆	117.80
公路客车	辆	—
载货汽车	万辆	5.60
铁路客车	辆	156.00
发动机	万千瓦	4425.10
变压器	万千伏安	1046.50
发电量	亿千瓦时	270.50
水泥	万吨	476.60
钢材	万吨	53.70
啤酒	万千升	1.20
白酒	万千升	0.00
中成药	吨	9548.00
饲料	万吨	268.90
精炼食用植物油	万吨	23.30
软饮料	万吨	106.40
鲜、冷藏肉	万吨	—
服装	万件	409.00

（市统计局）

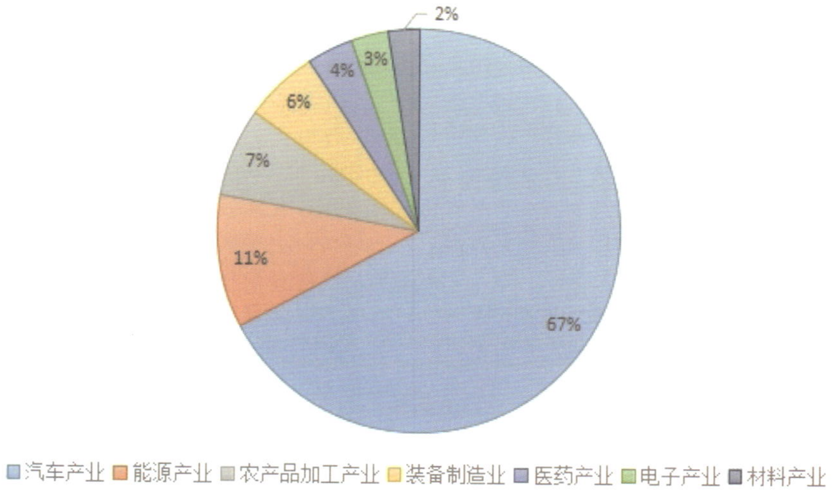

图1　2022年长春市七大产业产值比例示意图

【重点产业经济运行】　2022年，长春市汽车、食品、装备制造业、材料、能源、医药和光电信息等7个重点产业合计完成产值7717.8亿元，比2021年下降10.4%。其中，汽车工业完成产值5189亿元，比2021年下降13.9%；能源工业完成产值818.9亿元，比2021年增长17.5%；农产品加工业完成产值544.7亿元，比2021年下降7%；装备制造业完成产值452.4亿元，比2021年下降19.3%；医药产业完成产值286.5亿元，比2021年增长1.8%；电子产业完成产值235.9亿元，比2021年增长4.3%；材料工业完成产值190.5亿元，比2021年下降19.8%。

【百亿企业经济运行】　2022年，全市有规模以上工业企业1328户。其中，实现增长企业511户，下降企业817户。百亿元以上企业中：一汽大众完成产值

1月14日，由中车长客股份公司和长春轨道集团有限公司联合发起的“打造央地合作典范 助力吉林振兴发展”系列签约暨合资公司成立仪式在长春举行。图为长春中车长客轨道装备服务有限责任公司成立仪式（王佳祥　供图）

2999.6亿元，比2021年下降4%；一汽红旗完成产值549.4亿元，比2021年下降13.9%；一汽解放完成产值189.3亿元，比2021年下降69.5%；省电力完成产值539亿元，比2021年增长23.3%；长客股份完成产值211.2亿元，比2021年下降25.4%；皓月集团完成产值120.6亿元，比2021年增长25.4%；金赛药业完成产值103.2亿元，比2021年增长14.3%；富维安道拓完成产值100亿元，比2021年下降5.9%。

【工业投资】　2022年，全市工业投资比2021年增长0.2%，高于全社会固定资产投资12个百分点。全市技术改造投资比2021年增速为-14.5%，占工业投资比重24.5%；制造业投资增速为-12.4%，占工业投资比重76.4%。七大产业“三升四降”，能源、材料、装备制造投资比2021年分别增长37.2%、12.7%、8.2%，汽车、食品、医药、光电信息产业投资增速分别降低12.4%、31.1%、33.8%、17.8%。

【技术创新】　健全技术创新体系，持续建设企业技术中心，用好企业技术中心逐级晋升机制，鼓励企业增强技术创新能力。2022年，新认定市级企业技术中心48个，新晋省级企业技术中心18个、国家级企业技术中心2个。全市有市级以上企业技术中心312个，比2021年增长18%。聚焦产业创新环境培育，新认定市级产业技术公共服务平台2个，全市有市级产业技术公共服务平台52个，推动提升产业技术公共服务能力。优化创新资源配置，落实企业研发准备金备案工作制度，组织38户企业申请研发准备金备案，鼓励企业增加技术创新研发投入。抓好技术创新项目推介，编制《2022年长春市技术创新工程计划项目》，征集推广新产品规模化、产学研协同创新、企业技术创新能力提升、关键共性技术攻关4大类110个技术创新项目，引导创新要素向重点企业集聚。推进产学研协同创新，完善高校院所技术供给和企业需求“两张清单”，征集企业技术需求和人才需求，向全市工业企业发布在长重点高校院所各类科技成果216项，促进科技成果本地转化。支持院士在长创新创业，联合市发改委制定《〈关于支持院士创新创业助推“六城联动”的若干政策〉的实施细则》，加大政策和资金支持力度，把科研优势转化为产业优势、经济优势。

【重点项目】　2022年，全市390个5000万元以上重点工业项目全部实现开工建设，全市工业项目建设势头强劲，奥迪一汽新能源、比亚迪动力电池、卓谊生物医药产业园、金赛国际医药产业园、长春光电信息产业园三期等重点工业项目加快建设，为全市工业转型升级和高质量发展提供有力支撑。

全市重点推进汽车产业项目107项。奥迪一汽新能源汽车、比亚迪动力电池、旭阳中法智能产业园、一汽解放车桥基地、一汽大众EA211发动机改造等一批强链、补链、延链、固链型项目开工建设，推动汽车产业向万亿级产业集群挺进。随着优势医药企业迎来黄金发展时期，长春市加快建设医药产业项目60项，项目数量仅次于汽车产业，包括瑞宙生物医药产业园、卓谊生物医药产业园等重点项目加快建设，产品包括肺炎球菌结合疫苗、流感疫苗等多个高价值品种，全部达产产值超过670亿元。全市推进装备制造产业项目58项。其中，轨道客车方面，重点项目是长客搬迁及运维基地建设项目；配套体系建设上，金越交通生产基地、新金享冷弯型钢轨道车辆车体新材料等一批项目同步开工建设；智能制造装备方面，东卓智能制造生态产业基地、长春森酉机器人智能制造装备研发生产基地、楚天华通北方生产基地等项目加快建设。

全市推进新材料产业项目50项，主要为新型建筑材、非金属矿物质材料、复合材料等重点方向，包括吉林省东方雨虹防水材料生产基地、吉林省交通材料产业园、吉林长玉特陶产业园、中研二期项目等重点项目。全市重点推进农产品加工产业项目46项，主要发展方向有禽畜肉类精深加工、谷物精加工、玉米精深加工和特色消费品加工四类，包括农安县肉牛产业融合发展示范园区、吉林德翔食材深加工、农安县伏龙泉镇特色农业产业园、长春桃李面包烘焙食品生产基地等重点项目。

【产业结构调整】　2022年，长春市工业七大产业结构调整呈现“五升二降”态势。汽车产业占比从72.2%降至67.2%，比2021年下降5%；装备制造业占比从6.4%降至5.9%，下降0.5%；医药产业占比从3.2%升至3.7%，增长0.5%；光电产业占比从1%升至3%，增长2%；农产品加工产业从6.8%升至7.1%，增长0.3%；能源产业占比从8.1%升至10.6%，增长2.5%；材料产业占比从2.2%升至2.5%，增长0.3%。

延伸阅读>>

长春市实施“13715”行动 推动工业和信息化转型升级

2022年，长春市实施“13715”行动，推动工业和信息化转型升级，为建设“工业强市”和“国际汽车城”提供强力支撑。

“1”即建设长春“六城联动”第一城“国际汽车城”，围绕“651”产业目标，实施“百千万亿”工程，打造“一核双翼八线多园”产业空间布局，重点发展汽车整车、汽车零部件、汽车后市场服务和轨道交通装备四大主导产业方向，构建世界级行走工业走廊，打造全国先进制造业中心城市。

“3”即深化“三部一家”职能定位，把工信局建设成市委、市政府制定工业企业、中小企业和民营经济政策参谋部，决策落实推进部和企业家服务部，让全市工信系统成为“企业家之家”。

“7”即推动工业七大产业提质增效，启动“双轮提速”“双翼齐飞”行动，推动全市工业转型升级和高质量发展。强化汽车、轨道客车“双轮”支撑，围绕生物医药和光电信息两大重点战略性新兴产业“双翼”，全力打造“长春药谷”和“长春光谷”。推动农产品加工、新材料和能源产业提升规模、强化创新、延长链条，实现高速、平稳、健康发展，全力夯实工业经济“基本盘”。

“15”即聚焦“服务企业”，建设“长春亲清政企关系”服务、专精特新培育、产业链链长制服务、企业上台阶服务、民营经济和中小企业发展、中小企业上市培育、资金助力产业发展、企业创新发展、绿色制造体系、先进制造业集群培育、对上争取政策资金、重点展会、制造业单项冠军培育、国家新能源汽车换电模式示范、工业互联网发展15个服务企业发展平台。

【发展环境建设】 2022年，长春市工业和信息化局（简称市工信局）贯彻“疫情需防住、经济要稳住、发展要安全”要求，实施“13715”专项行动。制定《2022年长春市“服务企业月”活动方案》，推动成立全市“服务企业月”活动领导小组，下设服务企业工作专班和4个工作推进组，筹划“帮企防疫纾困解难，助企复产达产超产”主题“1+21+N”系列服务企业活动。

运用数智化助企手段，坚持线上、线下联动，坚持政府、企业携手，坚持部门、县区协同，线上利用“长春亲清政企关系”“1+9+17”“三位一体”微信服务群，解决群内1331户规模以上工业企业、1.03万户各类企业发展。线下开展“万人助万企”，落实市级领导包保龙头企业、总调度室包保片区、市直部门包保重点企业、属地包保全覆盖包保助企机制，常态化开展“1+21+N”服务企业专项行动，“一对一”“点对点”“面对面”解决企业特别是民营企业和中小微企业审批、用工、资金、要素等方面发展难题。

形成《突出发展民营经济惠企政策摘编》《长春市“服务企业月”活动助企纾困政策文件汇编》，通过“万人助万企”微信工作群、“长春亲清政企关系”微信服务群、数字服务平台以及“四维度”包保、“点对点”发放等方式，线上线下立体推送至全市1328户规模以上工业企业、1.03万户加入微信服务群企业和134万户市场主体，帮助企业了解政策、吃透政策、享受政策，打通惠企政策落实“最后一公里”。

全市“服务企业月”期间，市，县（市）区、开发区，街道，社区四级联动，常态化落实“1+21+N”服务企业专项行动，开展服务企业活动2700余场，线下、线上服务市场主体55万户次。

【产业链链长制建设】 构建产业链链长制“1311”工作体系，确定产业链链长履行“七抓”责任，即抓发展规划贯彻落实，抓“链主”企业稳定运行，抓项目谋划招商，抓重大项目建设、投产和达效，抓重大问题破解，抓政策举措制定落实，抓创新成果转化。产业链链长制办公室履行综合协调、组织实施、督导考核、工作总结“四位一体”责任，制定出台汽车、高端装备制造、生物医药、光电信息产业链链长制实施方案，梳理各产业链“断点、堵点”。对接中国国际工程咨询有限公司，保障各产业链咨询服务工作，确保在项目谋划、政策配套、平台对接、市场培育、招商引资等方面实现新突破。

【项目建设集中攻坚行动】 配备重点工业项目秘书135名，解决全市390个5000万元以上重点工业项目建设中各类困难问题，推动总投资358亿元的奥迪PPE新能源整车工厂、总投资135亿元的比亚迪动力电池项目等一批重大项目建设投产，推进红旗尊享定制中心、中车长客高铁运维基地、金赛国际医药产业园、百克生物制药研发基地等重点项目投产达效。实施“奋战200天打好打赢奥迪PPE配套项目优选落位攻坚战”行动，打造30千米奥迪PPE最优配套半径、50千米奥迪PPE最安全配套半径。

【惠企资金服务】 配合相关部门落实企业享受减税降费、阶段性减免社会保险费、新增贷款贴息等政策红利，阶段性缓缴养老、失业、工伤保险费，加速失业保险稳岗返还，惠及企业3.4万户，惠企资金总额6.5亿元。推动1.9万户企业享受留抵退税资金137.9亿元。承接国家、省惠企纾困政策，配合相关部门制定出台支持市场主体纾困“24条”、促进消费回补“29条”、帮助中小微企业纾困解难“28”条、稳定经济大盘“46条”等系列惠企纾困政策，面向各市场主体直接政策红利超过300亿元，面向民营经济、中小微企业超过200亿元；兑现政策总额114.7亿元，受益市场主体超过100万户次。发挥长兴基金作用，建立“长兴基金企业库”，入库企业超过100户，向长兴基金管理部门推荐意向项目22个。（孙嘉良）

表32 2022年长春市规模以上工业企业主要经济指标统计表（大行业）

单位：万元

指标名称	企业单位数（个）	产成品	资产总计	流动资产合计	应收账款	存货	所有者权益合计	主营业务收入	营业成本
总计	1298	2909036	118584143	64438531	18840629	9973448	56354804	71542151	72284026

续表32

指标名称	企业单位数（个）	产成品	资产总计	流动资产合计	应收账款	存货	所有者权益合计	主营业务收入	营业成本
煤炭开采和洗选业	3	6023	115628	13785	220	7418	2943	98042	88482
石油和天然气开采业	1	12	592286	12223	2278	3077	246626	226938	120656
黑色金属矿采选业	—	—	—	—	—	—	—	—	—
有色金属矿采选业	—	—	—	—	—	—	—	—	—
非金属矿采选业	1	251	12898	979		827	1463	5677	3687
开采辅助活动	1	3650	262518	31932	2556	3339	187009	23880	21238
其他采矿业	—	—	—	—	—	—	—	—	—
农副食品加工业	143	166681	3624484	2646029	456534	777642	1262923	5100543	4918613
食品制造业	28	11394	948055	580446	95796	51392	144480	379287	292466
酒、饮料和精制茶制造业	9	21118	321977	213882	47359	84184	81693	312891	267723
烟草制品业	—	—	—	—	—	—	—	—	—
纺织业	3	360	104454	66371	8833	26046	-5898	16171	14612
纺织服装、服饰业	5	8953	131792	105648	12500	16555	86075	53549	40786
皮革、毛皮、羽毛（绒）及其制品业	2	1424	16385	11560	3439	4652	3887	26001	23129
木材加工及木、竹、藤、棕、草制品业	9	7180	361657	152857	9667	28471	139550	82299	69666
家具制作业	3	634	32330	10971	2563	497	7247	7364	6169
造纸及纸制品业	11	2812	82564	49635	13115	21385	27437	99909	93999
印刷业和记录媒介的复制	10	5895	124629	59659	21805	10636	37482	78628	66448
文教、工美、体育和娱乐用品制造业	1	—	1133	958	206	114	683	3369	3051
石油加工、炼焦及核燃料加工业	11	6659	214005	116327	-18230	38048	29944	382947	423620
化学原料及化学制品制造业	39	92616	901947	753980	195804	189505	315641	1180723	1091085
医药制造业	54	77029	4401143	2438493	574145	398060	2914628	2101752	574648
化学纤维制造业	4	4879	97076	22675	7225	7232	57443	23031	18614
橡胶和塑料制品业	40	40086	875124	403989	149210	103404	372319	410114	356873
非金属矿物制品业	118	62122	2565138	1828351	769128	186418	750112	1104730	1008051
黑色金属冶炼及压延加工业	12	55201	403160	330098	63759	183917	167281	994426	966870
有色金属冶炼及压延加工业	10	3415	46706	32311	10285	11001	14019	70538	83499
金属制品业	52	25909	719248	483042	190913	135767	109896	542983	506626
通用设备制造业	45	58552	863896	631192	205505	238446	237264	459116	357138
专用设备制造业	54	55631	1406782	1153589	345139	434399	371269	732146	612738
汽车制造业	395	2009193	76384211	41870822	12078635	5755249	40073230	43376828	47827245
铁路、船舶、航空航天和其他运输设备制造业	40	46373	7227602	5382567	2040204	602264	2903617	2960346	2490662

续表32

指标名称	企业单位数（个）	产成品	资产总计	流动资产合计	应收账款	存货	所有者权益合计	主营业务收入	营业成本
电气机械及器材制造业	34	35016	809252	560196	258662	103985	461071	556316	451202
计算机、通信及其他电子设备制造业	26	64637	1929311	1305942	459158	252950	1276596	1665952	1209578
仪器仪表制造业	20	13183	348609	193604	58040	51249	234409	137869	90599
其他制造业	2	821	13689	9928	1701	5390	8581	18179	14324
废弃资源综合利用业	7	1433	100908	69508	14610	13240	32668	155148	160502
金属制品、机械和设备修理业	3	4438	26298	25312	9490	8887	12693	18697	13357
电力、热力的生产和供应业	61	10155	10781474	2343561	666588	160654	3108509	7610789	7538765
燃气生产和供应业	13	4558	1095607	267944	53066	53915	387236	402609	363219
水的生产和供应业	8	747	640168	258167	30723	3235	292781	122364	94089

（市统计局）

轨道交通装备业

【概况】 2022年，全市轨道交通装备业完成产值278.3亿元，占长春市高端装备制造业产值的61.5%。中车长春轨道客车股份有限公司（简称中车长客）作为长春市装备制造业的龙头骨干企业完成产值211.2亿元，占轨道交通装备业产值的75.9%。

【科技创新】 中车长客基于市场需求和产品线规划完善产品平台。京张智能动车组助力2022年北京冬奥会顺利举办，并获国际奥委会颁发的“奥林匹克金环奖”及中国优秀工业设计奖金奖；世界领先高速综合检测试验列车通过先期试验，创造单列时速435千米、相对交会时速870千米世界纪录，为CR450动车组研发提供支撑；中车长客联合成都轨道集团共同研制的全球首列时速160千米氢能源全自动市域列车在成都下线；广州2号线、兰州2号线地铁实现中国标准地铁80A落地示范应用，实现轴承、芯片等国产化自主攻关部件的装车考核；中车长客自主研制的全国首条双流制市域轨道车辆在重庆江跳线上线运行；中车长客研制的沙特麦加轻轨列车在麦加首发，完成为期7天无间断运营任务；哥伦比亚波哥大地铁1号线模型车与哥伦比亚西部有轨电车项目模型车在长春下线，波哥大地铁是国际上车辆长度、承载能力、乘坐舒适度等综合性能指标最高的低地板有轨电车；中车长客研制的世界领先新型复兴号高速综合检测车上线，纳入国家“十四五”规划的“CR450科技创新工程”。推进磁浮技术研究和产品开发，完成新一代常导高速磁浮车辆升级改造和试验，开展高速超导电动磁浮工程化样车设计和氢能源储能式小型磁浮开发改造；借助重庆市大足区旅游线项目，开展中低运量单轨车辆系统性解决方案研究。

在网络控制技术方面，突破TSN技术，建立车厢内部设备无线网络；在结构轻量化方面，初步掌握碳纤维复合材料设计方法，完成CR450车体及转向架构架等关键部件结构轻量化优化，实现构架减重30%，车体减重8%；在本构安全方面，开发基于城铁车高比吸能非金属防爬系统，初步掌握基于FKM评估方法的剩余寿命评估技术；在仿真分析方面，开发完成多域协同快速仿真分析系统，完成CR450动车组、波哥大地铁等23个项目182项仿真分析任务，自主完成率96%。在国际标准制定上实现零的突破，获取UIC国际标准《国际联运餐车特殊舒适条件、结构特性及卫生规则》主持编制资格，主持及参与编制完成国家标准2项、行业标准5项、中车标准53项。

【工艺布局和技术体系】 搭建结构化

6月14日，中国中车电气安全专家工作站揭牌仪式在中车长客举行

（王佳祥　供图）

数据驱动的生产作业模式，应用前沿信息技术，形成设备智能化改造、IOT平台搭建等平台自主实施能力，完成首条数字化产线建设与应用；加强先进制造工艺研究和应用，完成钛合金构架实物试制，形成钛合金构架全工序制造技术掌控能力，为CR450项目构架减重提供保障；数字化虚拟仿真技术在生产工艺规划上得到广泛应用，并通过国家制造业数字化仿真指导级（L3）评价；推进化工产品国产化开发，全年完成18项胶黏剂、10项涂料产品的选型工艺试验及服务工作，单列成本分别压降20%、30%。

【数字化运营】 数字化平台建设和优化　搭建完成以PDM、SAP、MOM、SMART等为核心的一体化平台，推进IT与业务融合。在技术领域，完成结构化工艺项目实施，实现工艺文件结构化、标准化、数字化，为建设智能工厂、数字车间提供重要支撑。在制造领域，持续推进MOM、APS、EWM等系统优化和推广应用，推进大制造系统业务贯通和数据贯通，实现转向架制造中心MOM上线率90%，节拍订单兑现率接近100%。完善数字化产线平台，转向架总成数字化产线实现常态化运营。在运营领域，完成商旅平台建设，全年节省差旅费用496万元，节省50%审核工作；完成电子签平台实施，实现从合同创建、审批到签署、归档无纸化操作；完成人员资质管理数字化，对作业工序和岗位资质进行管理，实现上岗资质数字化管控。在服务领域，完成SMART平台建设，为客户在产品后服务阶段提供系统解决方案并逐步推广。

流程数据打通　持续优化数据治理体系，完成工装、工具、仓储资源、设备、供应商、客户、项目7个主数据IT落地工作，统一数据源，提升数据质量。5月11日，中车长客通过“两化”融合管理体系最高等级（AAA级）认证，成为吉林省首家、中车首批获得该等级认证的企业。11月23日，中车长客举行产品集成开发体系建设项目开工会。

【市场营销】 铁路市场方面，全年获取新造动车组订单总量46列。复兴号高速动车组市场占有率为37.54%，突破原有30%市场限制。获取杭州亚运会动车组订单，继服务冬奥会后再次服务大型国际赛事。检修业务获得订单总量151列。与西安局、智沪公司、沈阳工业公司等开展部件检修合作，在路局部件检修业务方面实现突破。获取上海机场联络线项目，对长三角及全国市域C型车市场开拓具有示范和引领作用；在厦门市场中标4号线、6号线项目，厦门市场占有率由50.74%提升到59.91%；中标的厦门1号线、2号线、3号线整车架修项目是首次获得非中车长客股份公司制造车辆的架修项目，实现城铁检修业务新突破。海外市场方面，中标哥伦比亚麦德林80大道轻轨项目，在香港实现中车长客股份公司首个自主研发的PHM系统中标，实施沙特麦加地铁大修项目，为搭建“境外自主检修业务模式”奠定基础。

1月6日，北京冬奥专列在京张高铁正式上线开行，中车长客研制的“瑞雪迎春”新型奥运版复兴号智能动车组担当首发任务　（中车长客　供图）

推进“产品+”“系统+”业务实施，锚定长春、重庆、成都等11个“产品+”项目和6个“系统+”项目。中车长客与长春市政府签署合作协议，搭建“系统+”业务模型，为后续市场业务拓展提供支撑。取得机电工程施工总承包二级资质，通过机电、工艺设备与车辆捆绑招标，使“产品+”业务在成都、厦门、重庆落地。探索开展新能源业务，协调省市获得松原风电50万千瓦指标。中车长客与国网吉林公司合作开展厂区屋顶光伏项目开发工作，拓展对外研发服务业务，实现对外研发服务52项。

【“瑞雪迎春”京张高铁智能动车组服务北京冬奥会】 1月6日，中车长客为北京冬奥盛会量身研制的“瑞雪迎春”复兴号智能动车组在京张高铁上线运行。该列车在世界首次实现时速350千米自动驾驶，打造首个5G超高清赛事直播间，实现超高清信号长时间稳定传输。赛事期间，中车长客制定详细运营保障方案，派出超过300人的技术、保障和添乘团队，实现赛事期间“零故障”运行，收到北京冬奥组委、中国铁路北京局集团有限公司以及中央广播电视总台感谢信。京张高铁智能动车组获国际奥委会颁发“奥林匹克金环奖”以及中国优秀工业设计奖金奖，设计团队被共青团中央授予“全国向上向善好青年群体”称号。

【中国首列新一代智能城际动车组投入运营】 3月30日，中车长客为贵阳市量身定制的中国首列新一代智能城际动车组投入运营，列车拥有智能服务、智能监控、智能运维等智能化功能，首次在城际动车组中应用大数据、5G通信、北斗卫星定位、健康管理系统（PHM）等前沿技术。

【双流制市域轨道列车在江跳线投入运营】 8月6日，中国首条双流制市域（郊）铁路——江跳线开通运营，线路采用由中车长客自主研制的双流制市域

8月6日，中国首条双流制市域（郊）铁路——江跳线正式开通运营

（中车长客　供图）

轨道车辆，运用国内首创双流自动切换技术，填补国内轨道交通技术空白。为市郊与城区“一车直达”“零换乘”提供全新运营模式。

【全球首列氢能源全自动市域列车在成都正式下线】　12月28日，全球首列时速160千米氢能源全自动市域列车在成都中车长客下线。列车内置“氢能动力”系统，通过采用氢燃料电池和超级电容相结合能源供应方式，实现600千米超长续航，具有绿色环保、零碳排放等特征。

【中车长客中标国内首个市域C型列车项目】　8月初，中车长客中标中国首个市域C型列车项目——上海轨道交通机场联络线工程车辆采购项目。上海机场联络线作为上海“十四五”期间重要建设项目，是国家发改委首批指定的示范线之一。为该项目研制的中国首列C型市域列车对于长三角乃至全国市域铁路项目具有重要示范意义。

【世界领先新型复兴号高速综合检测列车上线运行】　2022年4月，由中国国家铁路集团有限公司组织、中车长春轨道客车股份有限公司实施研制的世界领先新型复兴号高速综合检测列车，作为高速动车组新技术验证平台参与CR450动车组研制先期试验。4月12日，在郑州至重庆高速铁路巴东至万州段实现隧道内单列时速403千米、相对交会时速806千米；4月21日，在济南至郑州高铁濮阳至郑州段实现明线上单列时速435千米、相对交会时速870千米，创造高铁动车组列车明线和隧道交会速度世界纪录。

【中车长客为用户提供系统解决方案】　6月21日，中车长客中标香港地铁车辆性能及健康监测（PHM）系统开发项目。该项目是中车长客第一个市场化PHM服务项目，完全采用自主研发技术，是中车长客以优质轨道车辆服务香港沙中线、南港岛线等地铁线路后，再次以列车软件开发的新模式重回香港市场。11月11日，哥伦比亚麦德林80大道轻轨DLS项目合同签约。项目首次采用中车高度数字化、智能化的地板轻轨系统，实现系统全寿命周期运行效率最优。该项目是中车长客在境外第一个“产品+”“系统+”DLS项目。

【中车长春轨道客车股份有限公司】　厂区占地面积453万平方米，建筑面积138万平方米；固定资产原值121亿元、净值43亿元。2022年，该公司取得机电工程施工总承包二级资质，通过机电、信号系统、工艺设备与车辆捆绑招标，使“产品+”业务在成都、厦门、重庆落地。探索开展新能源业务，获得松原50万千瓦风电指标，提升EPC总包业务能力、集成设计能力、数字化能力。全年实现销售收入260亿元，保持经营稳定发展。全年实现无死亡、零重伤管控目标，轻伤率0.087‰，远低于内控指标。面对年内两次突发疫情，构建起全员全覆盖的疫情防控体系，打赢疫情防控阻击战和复工复产攻坚战。中车长客获评全国健康企业建设优秀案例，成为首家获“长春市健康企业”称号的公司。中车长客获国家“两化”融合管理体系AAA级（领域级）评定证书，是国内“两

12月28日，全球首列时速160千米氢能源全自动市域列车在成都中车长客正式下线

（中车长客　供图）

4月，由中车长客自主研发、世界领先的新型复兴号高速综合检测列车上线运行　（中车长客　供图）

化”融合认证最高等级，成为吉林省首家获评该等级的企业，也是中国中车旗下第一批次获得该等级认证的企业。

2022年，该公司工程研究中心高级工程师李雪飞被评为“吉林省三八红旗手”，质量保证部一级操作师王丽萍被评为中国中车“高铁工匠”，工程研究中心高级工程师曹先伟被评为“中国中车巾帼标兵”。全自动驾驶车辆研发团队获评“长春市五一巾帼标兵岗”，系列化中国标准地铁列车研制及试验项目团队获评“中国中车巾帼标兵岗”，系列化中国标准地铁列车研制及试验项目团队、长春车辆公司城轨检修分公司城轨车辆智慧维护平台开发项目团队、转向架制造中心机加车间天车班获评“中国中车先进女职工集体”，客车制造中心女职工委员会、工程研究中心女职工委员会获评“中国中车先进女职工组织”。全自动驾驶车辆研发团队获评长春市“五一巾帼标兵岗”。胡俊祥、何岩被中共吉林省委、吉林省人民政府授予“吉林工匠”称号。该公司142名优秀青年和23个青年群体被共青团中央授予2022年“全国向上向善好青年”称号。在2022年长春市首届人才节（企业家节）颁奖典礼上，中车长客股份公司获长春市2021年度行业百强纳税大户奖项，该公司党委书记、董事长王锋获评长春市卓越贡献企业家。

（寇德宝　周　阳）

航空航天产业

【概况】 长春市依托长光卫星，优先发展卫星制造、遥感信息服务、航空航天材料、精密制造技术及装备等四个重点领域。在商业遥感卫星产业链和航空展会培育等方面取得阶段性成效，呈现出快速发展态势。2022年，长光卫星产值11.56亿元，初步形成以“吉林一号”卫星为牵引，以长光辰芯、长光宇航、进取空间、奥普光电等配套企业组成的航天装备产业生态。长光博翔基于全球首创的无人机气动构型布局、数据融合算法、自适应控制等核心技术，生产的双飞翼垂直起降固定翼无人机续航长、成本低、速度快、尺寸小，在工业级市场得到全面推广应用。8月26日至30日，2022年度空军航空开放活动暨长春航空展在空军长春机场举行。

【航天装备】 航天装备是长春市重点培育的新兴战略产业，长光卫星公司在商业遥感卫星领域具备领先优势。截至年末，“吉林一号”卫星星座拥有83颗在轨遥感卫星，涵盖视频、高分、宽幅、红外、多光谱等多种光学遥感卫星，是全球最大的亚米级商业遥感卫星星座。“吉林一号”卫星星座可对全球任意地点实现每天28—30次重访，为国土安全、地理测绘、土地规划、农林生产等各领域提供高质量遥感信息和产品服务，对数字中国建设具有重要意义。以“吉林一号”卫星为牵引，长春市范围内逐步推动形成以长光卫星为龙头，长光辰芯、长光宇航、进取空间、长春奥普光电等市内配套企业组成的航天信息产业上游生态。

【无人机产业】 长春市无人机总体研发能力较强，吉林大学、长春光机所、长春蓝天焦点科技有限公司、吉林省羽麦科技公司等无人机单位可提

8月25日，2022中国民用无人驾驶航空发展国际论坛在长春举办。图为论坛开幕式现场　（中国民航局　供图）

供垂直起降固定翼无人机、单兵手抛式无人机、共轴反桨无人直升机、固定翼无人机、旋翼无人机、工业无人机等多种类型无人机产品，应用于遥感测绘、航拍航测、城市规划、农业植保、护林防火、管线巡检、区域侦察、应急救援等领域。中韩示范区无人机制造产业园建设项目总投资9.57亿元，占地面积39万平方米，总建筑面积16.8万平方米。该项目分两期建设，于2021年10月开工，建设期为3年。至2022年底，无人机产业园主要完成场内临时道路施工、通水、通电、临建办公区、生活区建设工作以及场内4区表土清理；B1—B8等8栋钢结构厂房基础施工，其中土方开挖完成80%、独立基础施工完成75%、土方回填完成25%。

8月25日晚，2022架无人机编队在长春友谊公园上演无人机集群灯光秀

（高巨创新　供图）

【长光卫星】　长光卫星技术股份有限公司（简称长光卫星）成立于2014年12月1日，是中国第一家商业遥感卫星公司。该公司靠自主研发和持续创新，在高性能、低成本的卫星研制、星座运管及任务规划、遥感影像的快速生产、遥感数据智能解译等领域持续取得技术突破，形成星载一体化整星设计制造技术、先进光电成像技术、超大规模星座智能运管技术、海量遥感大数据智能解译技术、遥感影像自动化生产技术等系列核心技术。2022年，长光卫星研制技术在第三代卫星技术基础上，创新提出"载荷平台深度融合"技术理念，推进以"吉林一号"高分05星、06星为代表的第四代卫星研制；全年完成6次发射，将52颗"吉林一号"卫星送入轨道；发布"共生地球"App，生态开放商城全面上线，持续丰富遥感服务产品；推动遥感与全行业结合，挖掘"吉林一号"数据潜在价值，举办首届"遥感·创新大会"，开展"吉林一号"遥感开发者培训班。在通信卫星研制方面，与54所联合研制的2颗低轨通信试验卫星成功发射，实现长时间稳定通信，得到中国星网集团肯定。该公司卫星研制技术进步飞速，实现三次技术飞跃，第四代卫星技术在研制中，形成批量化制造和高效运营能力，保证"吉林一号"卫星星座快速组网和全方位卫星遥感信息服务。2022年，长光卫星实现产值11.56亿元。

【长光博翔】　长春长光博翔无人机有限公司（简称长光博翔）成立于2021年9月，位于长春市北湖科技开发区国家级科技企业孵化器，是由中国科学院长春光学精密机械与物理研究所（简称长春光机所）、研究团队及自然人等股东合资组建的科技创新型企业，主要开展特种无人机研发、生产和销售业务，在大载重长航时垂直起降固定翼和多矢量共轴多旋翼无人机领域成果卓著，具备完善的创新体系，拥有多项核心技术自主知识产权。长光博翔在多矢量共轴多旋翼无人机和垂直起降固定翼无人机研发及应用方面成果卓著，用于军、民、工多个领域，具备完善的无人机科技创新体系，拥有多项核心技术和自主知识产权，攻克诸多关键技术，突破无人机自主飞行多项性能极限，能够快速提供无人机及周边产品服务最具竞争力的定制解决方案。2022年，长光博翔"矢量多旋翼无人机"项目入选2022年全国大众创业万众创新活动周主题展示项目，并于 9月15日在2022年全国大众创业万众创新活动周安徽省合肥市主会场展出。

【空军航空开放活动暨长春航空展】　8月26日至30日，以"追梦空天，制胜未来"为主题的2022年空军航空开放活动暨长春航空展在长春大房身机场举行。全国各地航空航天企业、专家学者、观众近50万人次观展。该届空军航空开放活动暨长春航空展分为空中展示、地面展示和配套活动三大板块。地面展示设置吉林航空馆、航空工业馆、通用航空馆、航天科普馆、空军主题馆、沉浸式体验馆等6个室内展馆以及空军装备展区、通航飞机展区等室外展区，展览展示总面积14万平方米。航展中，空军八一飞行表演队和空军航空大学"红鹰"飞行表演队、"天之翼"飞行表演队作飞行表演，歼-20、运-20完成多个超高难度动作，八一跳伞队和"蓝鹰"跳伞队进行跳伞表演。新一代空中加油机运油-20首次向社会公众展示。歼-16、轰-6k、空警-500、无攻-2和红-22地空导弹等新型装备成体系集中展示，展现出空军"奋斗强军·奋飞十年"的建设发展成就。航空展上，吉林主题馆约5000平方米，吉林大学移动平台探测技术研究中心、中科院长春光机所、长光卫星技术股份有限公司等展出新技术和新展品。长春市与珠海航展有限公司、中航文化有限公司等18家企业签订合作协议；中韩（长春）国际合作示范区、净月高新区、绿园区、九台区和榆树市与哈瓦国际航空技术（深圳）有限公司等9家企业及行业协会签订政企合作协议，形成一批意向性合作项目。8月25日、26日晚，作为"2022空军航空开放活动·长春航空展"亮点之一，2022架无人机编队在长春友谊公园上演无人机集群灯光秀，展示国际汽

9月15日，长光博翔“矢量多旋翼无人机”项目在2022年全国大众创业万众创新活动周安徽省合肥市主会场展出　（长光集团　供图）

车城、现代农业城、“双碳”示范城、科技创新城、新兴消费城、文化创意城等主题画面。

【2022长春国际无人机产业博览会在长春举办】　8月25日，2022长春国际无人机产业博览会在长春市政府开幕。该博览会由长春市政府、中国航空运输协会主办，长春市无人机行业协会、中国航空运输协会通用航空分会承办。176家无人机企业参展，汇聚国内无人机最新发展成果，交流无人机研发及应用技术，促进无人机市场开发与合作。

【2022中国民用无人驾驶航空发展国际论坛在长春举办】　8月25日，以“创新实践 引领无人驾驶航空发展”为主题的2022中国民用无人驾驶航空发展国际论坛在长春举办。该论坛由中国民用航空局主办，长春市政府和中国航空运输协会承办。来自JARUS等国际组织的各国专家，中央空管办、工信部等相关部委的特邀嘉宾，各省、市、自治区的无人机制造企业、运营企业、科研院所、社会团体、媒体代表等近300人参加论坛。

【长光博翔矢量多旋翼无人机项目入选全国双创周展示项目】　1月，国家发展和改革委员会发布《关于征集2022年全国大众创业万众创新活动周主题展示项目的通知》。长春光机所双创示范基地作为全省具备推荐条件的7家国家级双创示范基地之一，推荐长光博翔“矢量多旋翼无人机”项目，经申报、推荐、初审、复审等环节的严格评选，长光博翔“矢量多旋翼无人机”项目入选，成为吉林省3个入选项目之一。

（周　阳）

生物医药产业

【概况】　2022年，全市65家规模以上医药企业实现产值286.5亿元。金赛药业成为全省首家产值突破百亿元大关的医药企业，涌现出长春生物所、百克生物、迪瑞医疗、圣博玛等一批国内细分领域龙头企业，初步形成以生物药为主导、化学药、中药和医疗器械齐头并进、多点突破的发展局面。

【产业链建设】　2022年，制定《全市生物医药产业链链长制实施方案》。详细梳理长春市生物医药产业链。其中，一级链4条，二级链13条，三级链41条。明确产业链产业布局、空间布局、目标任务、保障举措，聚焦产业链的强链补链延链，做大做强生物药板块，补化学药、中药板块短板，挖掘医疗器械板块潜力，构建“一核引领、四极驱动、多点协同”的生物医药产业空间布局。年内，实施总投资23亿元的金赛药业产业园项目、总投资15亿元的楚天华通医药设备有限公司医药装备项目，推进百克生物疫苗研发生产基地和疫苗产业园等一批疫苗和基因工程药物重点项目。在中药化药领域，吴太医药产业园二期、北药集团中药制剂生产基地等项目进展迅速；在医疗器械领域，圣博玛生物医用材料、吉林熔喷布及生物医学材料生产基地等项目填补长春市乃至吉林省在相关细分领域的空白。长春高新集团瑞宙生物疫苗生产基地项目落位长春高新生物医药产业园，正常生产年份产值50亿元以上。长春新区高标准打造规划面积18.4平方千米“长春药谷”。长春北湖科技园、亚泰国际医药健康产业园、九台中古（长春）生物技术产业国际合作区、中韩医疗器械产业园加快建设，产业集聚区加速形成，聚力打造千亿级生物医药产业集群。

【产品研发】　全市生物医药企业在研创新品种品类丰富，新型水痘疫苗、重组亚单位带状疱疹疫苗等一批创新品种进行临床研发，金妥利珠单抗注射液、天然全人源抗狂犬病毒单克隆抗体注射液、长效促卵泡激素等一批创新品种进行临床试验。短效促卵泡激素、地诺单抗、儿童阿奇霉素等一批创新品种即将获批上市。2022年，金赛药业新药研发投入13亿元，占销售收入13%。在研产品106个。其中，进入临床37个，进入Ⅲ期临床8个，报产1个。在研产品涉及儿童生长发育、女性健康、老年病、肿瘤、神经等十多个领域。百科生物研发出带状疱疹减毒活疫苗。

【金赛药业国际医药产业园项目】　占地面积10.6万平方米，建筑面积约23.8万平方米，总投资23.4亿元，建设年限为2021年至2024年，主要建设特殊制剂生产基地、抗体生产基地、生长激素生产基地。建成后主要生产经营以生长激素为核心产品，同时兼容抗体及特殊制剂产品的生产基地功能。截至年末，项目一期主体建筑完成封顶，进行主体墙面、地面施工和水电气施工。作为国内生产规模和盈利能力领先的基因工程制药企业，金赛药业通过国际医药产业园项目建设，可实现重组人生长激素、重组人促卵激素等6个品种扩能。

【百克生物疫苗产业园项目】 总投资19.75亿元，建设年限为2021年至2025年，主要建设3栋生产车间和1栋研发大厦，总建筑面积10.33万平方米，分二期建设。一期新建B、C、D栋疫苗生产车间，二期新建A栋研发大厦。至2022年年末，BCD座主体建设基本完成，水暖工程、电器工程全部完成。

【圣博玛超高性能医疗器械产业化项目】 总投资6.9亿元，建设年限为2022年至2027年，占地面积6.8万平方米，总建筑面积10.26万平方米。主要生产可吸收心血管支架、人工韧带、人工半月板、可吸收手术缝合线等。至2022年年末，项目一期工程完成主体封顶。

【楚天华通医药设备有限公司医药装备项目】 2022年，楚天华通医药设备有限公司年产5000台（套）医药装备北方生产基地项目在九台经济开发区的中古医药产业园实施。截至年末，楚天华通医药装备智能制造产业园一期项目完成主体工程建设，厂房实现供暖，进行平整地面等收尾工作。楚天华通医药设备有限公司是亚洲规模较大的制药用水系统、配液系统、不锈钢压力容器研发制造基地，是国家级高新技术企业、吉林省企业技术中心、省级专精特新企业。智能制造医药产业园项目占地面积36万平方米，计划总投资15亿元，在5年内分三期完成建设任务，将建成楚天华通研发中心大楼、智能车间、员工公寓等现代化智能配套公用工程。项目建成后，作为年产5000台（套）医药装备的智能制造基地，年产值50亿元至100亿元。

【金赛药业】 长春金赛药业有限责任公司（简称金赛药业）是国家基因工程新药孵化基地，中国基因工程药物质量管理示范中心，员工总数6600人，主营产品是重组人生长激素、重组人促卵泡激素、重组人粒细胞凝胶。主导产品人生长激素技术水平领先国际，生产规模居亚洲之首。金赛生长激素系列产品获国家科技进步二等奖，成为国内生物制药行业第四个该奖项获得者。2022年，销售收入102亿元，比2021年增长24%；利润42.17亿元，比2021年增长14.47%；税收14.92亿元，比2021年增长22.09%。全年实现产值103亿元。金赛药业与北京新源长青生物科技有限公司等多家制药企业签订股权并购或投资合作协议，在神经、肿瘤、生殖等科室快速研发新产品。金赛药业拓展儿童生长发育非药产品，扩充覆盖营养、益生菌、骨龄仪等器械及诊断试剂产品管线布局。非药NIAN研项目20余个，2022年末完成5个非药产品上市。国家出台集采政策后，金赛药业调整营销策略，持续加大研发投入，加快产能扩充步伐，应对药品集采以量换价新常态，加快新厂房建设步伐。7月1日，金赛生长激素大楼新车间投产，产能由3700万支增加到7500万支。金赛国际医药产业园项目总投资23亿元，占地10万平方米，项目总投入14亿元，完成大部分机电工程及部分设备安装。

至2022年年末，金赛药业投资5800万元，加快数字化建设步伐，打通设计、生产、物流、销售、服务等关键环节，构建数字化协同平台，带动上下游企业和合作伙伴数字化改造，实现协同设计、个性化定制、柔性化生产、远程服务，产生较好经济效益。在第43次全国医药行业质量管理小组成果发表交流会上，长春金赛药业参评的14项QC成果中5项获一等奖、9项获优秀奖、2项获最佳发表奖、2项获质量信得过班组奖。

4月14日，总投资15亿元的楚天华通医药设备有限公司生产医药装备及建设北方生产基地项目开工建设 （市工信局 供图）

【百克生物】 长春百克生物科技股份公司（简称百克生物）是一家致力于传染病防治的创新生物医药企业，主要从事人用疫苗产品研发、生产与销售业务，通过多年发展，逐步围绕核心产品建立起完整的运营体系。该企业自主知识产权产品水痘减毒活疫苗于2008年上市销售，是国内首个去除动物源明胶的水痘疫苗，也是全球首个有效期长达36个月的水痘疫苗，产品市场占有率多年全国第一。该企业生产的新型疫苗——鼻喷流感减毒活疫苗（2020年上市）是与世界卫生组织合作、纳入世界卫生组织（WHO）全球流行性流感行动计划、国内独家的新型流感减毒活疫苗，通过鼻腔喷雾给药，易于大规模免疫，对中国流感防控有重要意义。2022年，生产流感疫苗192万人份。该企业研发带状疱疹减毒活疫苗，成为全球唯一适用40岁以上人群的带状疱疹疫苗产品。该企业全年实现产值15.7亿元，比2021年下降22%。

【长春生物制品研究所】 长春生物制品研究所有限责任公司（简称长春生物制品研究所）是集研发、生产、教育、销售为一体的高科技企业，中国医药集团有限公司旗下中国生物技术股份有限公司的二级子公司。该公司本部占地面积约17.97万平方米，员工1200余人。长春生物制品研究所产品主要涵盖疫苗、

10月28日，在第43次全国医药行业质量管理（QC）小组成果发表交流会上，长春金赛药业5项QC成果获一等奖　　（金赛药业　供图）

重组蛋白药物和诊断试剂三个板块，疫苗类产品包括流感病毒裂解疫苗、冻干人用狂犬病疫苗、水痘减毒活疫苗、冻干甲型肝炎减毒活疫苗、双价肾综合征出血热灭活疫苗、森林脑炎灭活疫苗等；重组蛋白药物主要包括干扰素系列产品、白细胞介素-2等；诊断试剂主要包括子公司上海捷诺生产的新冠肺炎核酸检测试剂盒、宫颈癌DNA甲基化检测试剂盒、多重呼吸道病原体核酸检测试剂盒等。其中，新冠肺炎核酸检测试剂盒是全国第一批获得生产注册证的产品，宫颈癌DNA甲基化检测试剂盒（宫安丽）是全国第一个获得生产注册证的产品。全部产品均为具有自主知识产权的高科技生物制品。2022年，长春生物制品研究所建成东北唯一一家以企业为主体的P3实验室，其公司本部实现产值30.7亿元。　　（齐　妍）

光电信息产业

【概况】　截至年末，全市光电信息产业规模以上企业有127户。其中，电子信息制造业规模以上企业87户，全年完成产值235.9亿元，比2021年增长4.3%；汽车电子制造业规模以上企业40户，全年完成产值360.1亿元，比2021年下降2%。

2022年，长春市推动长光卫星等龙头企业开展关键核心技术攻关，全市R&D（科学研究与试验发展）经费支出增速超过10%。总投资近40亿元的中韩（长春）国际合作示范区光电子信息产业园项目和总投资18亿元的光电信息产业园二、三期加速推进，长春市通过深化与中科院长春光机所在产业链上下游项目培育，衍生出独角兽企业长光卫星和行业“小巨人”企业光华微电子、长光宇航。同时，培育细分市场头部企业，永利激光、融成制造、光华科技、永固科技、惠邦科技等是其中代表。随着中科院长春光机所一批优质成果转化项目的产业化，长光宇航、长光智欧、长光辰谱等优秀企业补齐长春光电信息产业链核心环节短板。2022年，长春市依托区域创新中心建设，发挥光电子技术领先优势，围绕电子信息、汽车电子两大领域，聚焦“光电+汽车”“光电+装备”“光电+医疗”“光电+农业”四个方向，推进高新片区、经开片区、北湖片区集聚发展。

【重点企业发展】　长春市有奥普光电、奥来德、金冠电气、丽明科技、瑞科汉斯5户上市和新三板挂牌企业；禹衡光学、希达电子、科英激光、光华微电子、海谱润斯、中机实验等13户国家级专精特新“小巨人”企业；瑞科汉斯、永利激光、通视光电、荣德光学、长光辰英等30余户省级专精特新企业。行业内企业拥有国家级企业技术中心4户，省级企业技术中心15户。2022年，长春禹衡光学有限公司和长春光华微电子设备工程中心有限公司入选国家第七批制造业单项冠军企业名单。

以永利激光、希达电子、奥来德、长光辰芯、长光华大、光华微电子、长光辰英、长光圆辰等为代表的光电信息高科技企业，拥有全国乃至世界领先的技术和一些拳头产品，具有很强的比较优势，在国内外均具有较高知名度。永利激光是国内生产规模最大、产品型号最全的二氧化碳激光器生产企业，具备年生产20万支生产能力；希达电子首创开发的小间距“LED集成三合一”产品全球市场占有率第一；吉林奥来德光电材料股份有限公司是OLED产业链上游环节中有机发光材料与蒸发源设备的研发、制造的领军企业；长光辰芯8K超高清图像传感芯片及系统应用项目获国家“核高基”重大专项，成为吉林省第一个民营“核高基”项目；长光华大的高通量基因测序仪是全球通量最高的基因测序仪，已交付国家基因库使用，打破中国高通量基因测序设备受制约局面；光华微电子的晶圆探针台是国内首台商用12英寸全自动晶圆探针台；长光辰英的单细胞分选仪实现中国首台单细胞分选设备产业化；长光圆辰建成国内唯一一条CMOS背照式生产加工线，解决中国背照式工艺“卡脖子”问题。

【激光领域发展】　2022年，长春市发挥激光技术优势，按照“芯片+激光器+整机设备”全产业链进行布局。依托长光时空在激光芯片设计、生产、封测上的优势，推进相关器件实现自主可控；华信科瑞与吉林大学集成光电子国家重点实验室合作，生产的产品在激光通信领域广泛应用；永利激光是全球最大的二氧化碳激光器制造商，新研发的3000瓦光纤激光器产品占据国内20%市场份额。在长春新区，激光器的研发和生产带动上游激光材料和材料加工设备行业的发展，也拉动下游激光切割、焊接、测距、打标、医疗设备等一系列激光器件和设备生产企业的发展，促进激光在工业加工、医疗、显示等方面的应用，逐步形成完善的激光制造产业链。

【成像领域发展】　2022年，长春市形成“元器件+仪器+设备”产业链条。依托长光智欧在光学系统设计、超高精度光学元件加工及检测创新技术能力，突破中国在生物科技、集成电路制造检测等领域急需的高速、高精度光学在线检测技术；依托长光辰谱在高光谱成像领域的技术优势，推动高光谱滤光片、多光谱滤光片、光谱仪等产品在航天、医疗、食品等行业的应用；依托杨天光电、巨程智造等企业的光学冷加工技术优势，引进中游光学镜头和光电分析检测仪器类企业，形成全系列光电分析仪器设备研发能力，培育和发展下游大型应用型生产企业。

【半导体领域发展】 2022年，长春新区重点依托中科院长春光机所、长春应化所在LED、OLED领域的研发优势和希达电子、奥莱德、海普润斯的产业优势，整合光电显示产业技术，重点发展LED照明产品、发光显示产品及平板显示模组产业链；依托光华微电子在被动元件及微电子专用生产设备领域的领先优势，重点突破半导体晶圆检测领域晶圆探针测试台的产业化；依托永固科技、吉林大学、中科院长春应化所共建的电子封装材料协同创新研发转化中心，推动高端芯片封装材料国际化、高端化、规模化发展。

【融合发展】 2022年，长春市围绕光电信息产业与汽车产业融合发展，组织光机所对接一汽富维、一汽研发总院、一汽富奥、捷翼汽车、富赛汽车等6次重点对接活动，收到汽车企业需求29个，对接项目26个。其中，禹衡光学光电编码器和旋转变压器、希达电子汽车显示和照明、长光辰芯驾驶员监控系统2个项目进展较快，探索进入一汽供应链路径。

【长春智能光谷建设】 “长春光谷”园分为“一园、两区、多心”，以光电子、新材料、航空航天产业为核心，分东西两个园区建设。2022年，项目实体工程全面开工建设。

长春智能光谷核心区落户北湖，核心区规划面积4平方千米。规划区域内有两个重点光电产业园项目：长春智能光谷产业园，项目位于长春新区北湖科技开发区，总投资13.1亿元，占地面积10.74万平方米，建筑面积21.91万平方米；长光卫星产业园二期，项目总投资15亿元，占地面积8万平方米，建筑面积13.4万平方米，主要建设卫星指控中心、数据处理中心、数据存储中心、光学加工中心等，用于提升卫星制造和遥感数据研发水平。

【长春智能光谷产业园】 位于长春新区北湖科技开发区，由16栋建筑组成，包含23层办公及创新中心、17层高级公寓、大量标准厂房及工业中心。定位于打造围绕光学、化学材料、汽车产业发展的技术研发、科技成果转移转化、规模化生产的产业园区。长春智能光谷产业园也被称为“长智光谷”，作为“两谷一基地”的重要组成部分，该产业园项目主要针对光学、化学材料、汽车产业、软件开发、动漫、智能制造等前沿研究，并借助吉林大学、长春应化所、长春光机所、长光卫星等研究及创新平台，利用土地资源、人才资源、自然资源等要素，吸引各地的人才、资本、科技、金融等要素，打造技术研发、科技成果转移转化、规模化生产的产业园区，建成后将引进100户高新技术企业，实现产值100亿元，间接撬动千亿元产值。园区通过推进优质服务形成以“光电子”为主导产业的上中下游集聚完整产业链。长光博翔无人机公司、长光禹衡光学、西安大医集团、吉林大学仿生学院、中科应化科技公司、中科稀土、安旨科技、中科康的、中科雅安等成长型企业均入驻其中。

【中韩示范区光电子信息产业园区项目】 中韩（长春）国际合作示范区光电子信息产业园区项目是由中铁建设集团华北公司中标的大体量工建项目，是吉林省重点投资项目，总建筑面积32万平方米，共23栋单体建筑。园区分为三大板块，主要业态有研发生产区、综合服务区、员工宿舍、动力站、废水站、化学品库、危化品库、变电站等。总投资39.91亿元。项目于2020年10月开工，2022年6月园区主体实现封顶。

【经开区光电信息产业园】 重点依托长春光机所，建设2.3平方千米“光电特色产业街”，作为“光电小镇”核心区域。总占地面积13万平方米，总投资68.94亿元。项目分三期，一期已建成运营，长光辰芯、长光华大、长光大器、长光辰英、中科稀土等17户光电企业入驻并具备生产能力，二期、三期均在建设中。

【长春光智园】 是吉林省首个以“政府引导、统一规划、市场化运作”的特色产业园，是国家双创示范基地产业双创示范点。2022年，该园区引进企业36家，已投产企业27家，拥有北湖区域全部7家国家级和省级专特精新中小企

6月18日，总投资39.91亿元的中韩示范区光电子信息产业园区项目主体实现封顶
（市工信局　供图）

业、22家高新技术企业、23家省市“小巨人”企业。该园区有细分行业龙头企业18家，汇聚28个高、精、尖端科技成果，产业聚焦高端装备制造、激光、光电成像和信息技术等多个领域，产值保持年均30%增长。

【富赛汽车电子工业园项目】　由富赛汽车电子有限公司独立建设，主要建设研发大楼、生产车间及配套。总占地面积4万平方米，总投资11.3亿元。项目分两期，一期于2021年10月投产，二期已开工，至2022年末仍在建设中。

【禹衡光学和光华微电子获评国家制造业单项冠军示范企业】　2022年10月，在工业和信息化部和中国工业经济联合会联合印发第七批制造业单项冠军名单中，长春禹衡光学有限公司和长春光华微电子设备工程中心有限公司2户企业上榜。国家制造业单项冠军被誉为制造业“皇冠上的明珠”，是制造业优质企业的典型代表。长春禹衡光学有限公司（简称禹衡光学）专注于光栅传感器研制，主导产品光栅编码器年生产能力150万台。禹衡光学解决影响高端位移传感器行业发展的重大关键技术难题，其主导产品光栅编码器广泛应用于自动化领域，在高端数控机床、重大装备、精密测量仪器等领域实现自主可控、国产化替代。长春光华微电子设备工程中心有限公司（简称光华微电子）定位于微电子设备研发、生产及销售，在半导体晶圆检测、高端封装等领域开发“全自动商用晶圆探针台”等产品。

（周　磊）

农产品加工业

【概况】　2022年，全市农产品加工业完成产值544.7亿元。其中，农副食品加工业完成产值475.3亿元；食品制造业完成产值39.6亿元；酒、饮料和精制茶制造业完成产值29.8亿元。长春市规模以上农产品加工（食品生产）企业186户。其中，外县129户、开发区33户、城区24户，分别占规模以上农产品加工企业数量的69.4%、17.7%、12.9%。长春市有“皓月”“德大”“大成”“鼎丰真”“天景”“阿满”等中国驰名商标，“榆树钱酒”“长春大米”“饮马河大米”“双阳梅花鹿”等国家地理标志，“农安哈拉海三辣”“德惠小町”“九台贡米”“奢岭草莓”等区域公共品牌。

【产业发展】　2022年，长春市食品产业领域有百亿元以上企业1户（皓月集团），占全市百亿元以上工业企业户数的12.5%；50亿元至百亿元企业1户（九三大豆科技），占全市50亿元至百亿元工业企业户数的20%；10亿元至50亿元企业8户（中粮公主岭、中粮榆树、德大、正大、禹泽、吉林生物、耘垦牧业、达利食品），占全市10亿元至50亿元工业企业户数的10.8%；亿元至10亿元企业64户，占全市亿元至10亿元工业企业户数的16%。有工业上市公司24户，农产品加工上市公司4户，包括大成生化、大成糖业、泉阳泉、朱老六占长春市工业企业上市公司数量的16.7%；新三板公司2户，包括派诺生物和仟客莱科技。从龙头企业情况看，拥有357户产业化龙头企业。其中，国家级龙头企业21户、省级龙头企业157户、市级龙头企业179户；一产企业93户、二产企业181户、三产企业113户。食品工业企业占全市龙头企业的50.7%。从专精特新企业数量看，拥有国家级企业1户、省级企业23户、市级企业47户。

【重大项目建设】　2022年，全市建设中农产品加工业重点项目27个。其中，新建项目9个，续建项目18个。项目总投资额115.4亿元。

长春市绿色循环畜牧产业示范园项目，由长春城开农投畜牧发展有限公司投资建设，计划投资36亿元，占地面积约624万平方米，建筑面积84.79万平方米，项目建设分养殖区、饲料加工区、粪污综合处理区、净水厂污水厂区、种植区、服务管理区6个功能区。

中韩（长春）国际合作示范区健康食品产业园项目，由长荣城市建设投资（集团）有限公司投资建设，计划投资14.1亿元，占地面积28.5万平方米，建筑面积27.5万平方米。主要建设试验工厂、孵化工厂，创新（研发）中心、检测认证中心、综合服务中心和食品展示中心等。

长春国家农高区食品产业园项目，由公主岭市岭东工业集中区管理委员会投资建设，计划投资12.5亿元，总占地面积26.57万平方米，总建筑面积23.71平方米，建设标准化厂房及供配电、给排水、供热等基础设施。

长春农安经开区食品园标准化厂房建设项目，由长春农安经济开发区管理委员会投资建设，计划投资12.4亿元，建筑面积16.8万平方米，设休闲及功能性食品区、烘焙食品区、干调区、冷链物流区等4个区域。主要建设26栋生产车间、1栋双区孵化大厦、1栋倒班宿舍楼。

年产5.5万吨面包系列烘焙食品生产基地项目，由长春桃李面包有限公司投资建设，计划投资8亿元，主要建设厂房、办公楼等。主要生产夹心面包、吐司面包、夹心蛋糕、吉士排面包等糕点。

【皓月集团】　吉林省长春皓月清真肉业股份有限公司（简称皓月集团）是以肉牛屠宰深加工为主导产业的民营股份制企业，是首批国家级农业产业化重点龙头企业，也是吉林省农产品加工业重点支柱企业。有员工5500人，总资产90亿元。先后组建皓德公司、牡丹江皓月公司、大庆皓月公司、中原皓月公司。年产能屠宰肉牛100万头、熟食制品10万吨、饲料加工60万吨、生化制品1200吨、皮革加工50万标张。在做精、做强、做大肉牛屠宰加工主业的同时，发挥国家政策优势、吉林地域资源优势和清真特色优势，确定建设循环经济的发展模式，形成畜牧养殖业、饲料加工业、食品加工业、生化制品业、制革业、有机肥加工业等六大主导产业。在2022年初长春市疫情严重期间，皓月吉林中心工厂通过科学管理模式保供投产，两次封闭式生产运营管理68天，千名员工无一例疫情，市场不涨价，以团购价直供院校和社区，保障吉林省和长春市“菜篮子”平稳供应。全年皓月吉林中心工厂实现进出口贸易额22.5亿元，比2021年增长275%；实现产值120.6亿元，比2021年增长20%以上。2022年1月，吉林省长春皓月清真肉业股份有限公司获吉林省质量奖。4月，熟食车间酱卤班被中华全国总工会公示为2022年全国工人先锋号。12月，获吉林省人力资源和社会保障厅、吉林省总工会联合颁发“五一劳动奖状”。

【九三集团】 九三集团长春大豆科技股份有限公司（简称九三集团）是九三粮油工业集团有限公司的国有控股子公司，有7条铁路专用线、1台公铁两用车，铁路站台面积5200平方米。有日加工5000吨大豆生产线和日加工1000吨植物油生产线各1条，年加工大豆能力150万吨，年加工植物油能力30万吨，年可销售食用油28万吨，豆粕120万吨。2022年，完成产值57.7亿元。

【中粮（公主岭）公司】 中粮生化能源（公主岭）有限公司是中粮集团投资兴建的大型玉米深加工企业，以玉米为主要原料，年加工净化玉米70万吨以上。建有产能45万吨淀粉生产装置1套，产能22万吨果葡糖浆生产装置2套，产能5万吨麦芽糊精及6.3万吨液糖生产装置1套；计划产能1万吨蜡质玉米变性淀粉和中水回收生产装置1套；配套建有3台75吨循环流化床锅炉，发电量为3万千瓦的自备电站1座；日处理污水8200吨的污水处理厂1座和1条全长1450米的铁路运输专用线。2022年，完成产值22.8亿元。（孙 斌 周冠宇）

新材料产业

【概况】 材料产业是长春市工业七大板块之一，经过多年发展，长春市形成以玉米为主要原料生产的聚乳酸、异山梨醇为代表的生物基新材料产业；以汽车涂料、润滑油、刹车剂为代表的石化化工新材料产业；以聚醚醚酮为代表的高性能塑料产业；以水泥及制品、绿色建材为代表的新型建筑材料产业；以石墨烯、玄武岩纤维为代表的高性能纤维产业；以硅藻土为代表的非金属矿物质材料产业。2022年，受到疫情等因素影响，全市新材料产业产值190.5亿元，比2021年下降19.8%。

【产业发展】 全市有重点材料企业125户。在新材料领域，中研高分子研发和生产聚醚醚酮（PEEK）以及其他高性能聚合物，产品性能均达到国际先进水平，部分指标超过国际同类产品，打破国外企业垄断局面。全市有材料产业专业园区8个。其中，3个建成投产，5个有序推进。

亚泰建材产业园位于长春国际物流经济开发区内，由亚泰集团长春建材有限公司投资建设，总占地面积27.5万平方米，项目总投资13.5亿元，主要生产市政桥梁预制构件和商砼预拌混凝土。年产市政桥梁预制构件10万立方米、商品混凝土80万立方米，2022年产值3.5亿元。

长春生物基材料产业创新基地位于长春长东北生物化工产业园区内，占地面积19.9万平方米，主要产品聚乳酸塑料袋、连卷袋、刀叉勺等成为吉林省“禁塑令”后塑料制品市场的主流产品，基地内中粮生物材料为规模以上工业企业，2022年产值6200万元。

装配式建筑产业园位于中韩经济示范区，由吉林省中润钢结构科技有限公司投资建设，占地22.5万平方米，主要产品包括钢板梁、钢箱梁、厂房、场馆、轻钢别墅、智能化立体停车场等。2020年10月投产，2022年产值2.7亿元。

【项目建设】 2022年，全市建设中材料产业亿元以上项目37个。其中，九台区吉林省东方雨虹防水材料有限公司生产基地和区域总部建设项目总投资18亿元，项目建成达产后年产值30亿元；九台区长春城市设施建设集团股份公司生产新型路面材料项目总投资5亿元，项目建成达产后年产值5亿元；德惠市长春市好兄弟保温建材有限公司年产10万吨EPS阻燃聚苯板建设项目总投资3亿元，项目建成达产后年产值3000万元；朝阳区中科院长春应化所仿生橡胶及弹性体复合材料研发平台项目总投资3亿元。吉林省交通实业发展有限公司交通材料产业园项目、吉林长玉特陶新材料技术有限公司特种陶瓷产业园项目、长春市瑞通投资有限公司新材料产业园区项目、长春兴瑞汽车零部件有限公司复合材料项目等重点项目有序推进。

【产品研发】 至2022年，吉林大学超硬材料、纳米材料、聚醚醚酮等材料研发技术达到国际领先水平。长春理工大学在光电功能晶体材料、稀土发光材料、高温超导陶瓷材料、光学材料加工技术等方面，承担国家重大科研项目40余项。长春工业大学建立以碳纤维为重点领域的材料试验室和微观检测分析实验室，研制出国内第一代宇航级T300碳纤维达到国内领先水平。中科院长春光机所光学镀膜材料技术达到国际先进水平。中科院长春应化所创造高分子热缩材料等440多项重大科技成果，拥有国内和国际专利1400多项、授权700多项。长春工业大学建立以碳纤维为重点领域的材料试验室和微观检测分析实验室，与中国石油吉林石化公司合作研制出国内第一代宇航级T300碳纤维，T300碳纤维及原丝关键制备技术达到国内领先水平；长春圣博玛突破医用聚乳酸类高分子材料规模化制备技术难题，开发取向结晶自增强加工技术、相转化与粒子粒滤相结合制备技术、高孔隙率膜材和型材制备技术等，多项技术处于国际领先水平；兰舍硅藻新材料生产的硅藻泥系列产品技术水平处于国内领先水平，市场占有率高达60%以上，年产销量均居国内首位；中粮生化是全国是吉林省唯一的玉米深加工国家级工程研究中心，其生产的生物质材料聚乳酸技术水平处于全国同行业领先地位。

【长春圣博玛生物材料有限公司】 是从事生物医用材料和医疗器械研发、生产和销售的高新技术企业。占地面积约1万平方米，建筑面积0.7万平方米。该公司突破医用聚乳酸类高分子材料规模化制备技术难题，开发取向结晶自增强加工技术、相转化与粒子粒滤相结合制备技术、高孔隙率膜材和型材制备技术等，主要产品包括医用聚乳酸类系列高分子材料和医疗器械产品，核心产品启动FDA注册。作为课题承担单位主持“十四五”国家重点研发计划项目、“十三五”国家重点研发计划项目、国家“863”计划项目、重大国际合作等政府科技攻关项目40余项。2022年，实现销售额4.17亿元，产值11.53亿元，比2022年增长306%。（李春光）

能源产业

【概况】 2022年，长春市城市LNG应急调峰储配站项目建成，电网建设和供电能力提升“百亿”工程建设有序推进，吉林玲珑轮胎有限公司30兆瓦分布式光伏项目、三峡新能源农安风力发电项目、九台等地风电乡村振兴项目陆续实施，推动全市能源绿色低碳转型和高质量发展。年内，国内首个“可再生能源+PEM制氢+加氢”一体化创新示范项目在中韩（长春）国际合作示范区建成试运行，该项目是国家电投集团重点示范项目，采用国家电投自主知识产权PEM制氢设备，将氢能制储用一体化，实现水变氢再变水的绿色零碳循环。

【煤炭行业】 全市有煤矿矿井10座（九台区3座，双阳区6座，长春新区1座），经省核定年生产能力为625万吨，其中7个矿井停产，产能为290万吨/年。双阳4座矿井（春谊煤矿、二道南山矿、双金煤矿和市双鑫煤矿）在开展30万吨/年以下煤矿升级改造工作；3个生产矿井，分别为新区龙嘉堡煤矿、九台宇光营城煤矿、双阳长岭煤矿，产能335万吨/年。2022年，长春市煤矿企业年煤炭产量128万吨，煤炭消费总量约2700万吨原煤，自给率只有5%，自给程度较低，大部分煤炭需从外埠（如内蒙古霍林河、乌拉盖）通过货运列车运输供应，一小部分通过珲春口岸进口俄煤。

【天然气行业】 2022年，城区（不含九台区、双阳区）管道天然气供应总量8.18亿立方米，气源分别来自中石油天然气销售吉林分公司和中石化东北油气分公司；城区有管道燃气企业2户，即长春燃气股份有限公司和长春天然气集团有限公司。

【电力行业】 长春市电厂及电站装机容量663.4万千瓦。电源结构主要以火电为主，有8个大型燃煤火电站，装机容量576.6万千瓦。2022年，全市用电量292.3亿千瓦时，下降2.75%。其中，工业用电量133亿千瓦时，下降9.74%。第三产业用电量87亿千瓦时，增长0.05%。2022年12月，全市用电量30.8亿千瓦时，增长0.01%。其中，工业用电量15.2亿千瓦时，下降16%；第三产业用电量8.2亿千瓦时，增长12.6%。城乡居民生活用电量58.2亿千瓦时，增长11.05%。

表33　2022年长春市煤矿基本情况一览表

序号	矿井名称	矿井状态	生产能力（万吨）	瓦斯等级
1	长春市双阳区长岭煤炭有限责任公司长岭煤矿	生产	15	低
2	长春羊草煤业股份有限公司羊草沟煤矿一矿	停产	70	低
3	长春羊草煤业股份有限公司羊草沟煤矿二矿	停产	80	低
4	龙家堡矿业有限责任公司	生产	200	高
5	吉林省宇光营城矿业有限公司	生产	120	煤与二氧化碳突出
6	吉林省华安矿业有限公司	停产	35	低
7	吉林省春谊煤矿	停产（改扩中）	30	低
8	长春市双鑫煤业有限公司	停产（改扩中）	15	高
9	长春市双阳区长岭煤炭有限责任公司二道南山井	停产（改扩中）	30	低
10	吉林省双金煤矿有限公司（原双阳区双鑫煤矿）	停产（改扩中）	30	低

（市发改委）

表34　2022年长春市供气基本情况一览表

管道燃气企业	主要气种	最高日供气量（万立方米）	供气人口（万人）	天然气门站（集输站）	设计接气能力（万立方米/日）	气源
长春燃气股份有限公司	天然气	298.00	424.24	米沙子门站	1096	中石油（省内长岭气田）沈哈线（省外气源）
				大刘屯门站	274	中石化（省内气源）
长春市天然气有限责任公司	天然气	216.00	261.00	洋浦输气站	180	中石油（省内长岭气田）沈哈线（省外气源）
				一汽输气站	360	中石化（省内长岭气田）沈哈线（省外气源）
公主岭港华燃气有限公司	天然气	9.87	34.08	朝阳坡、秦家屯接收站	50	中石油（省内长岭气田）沈哈线（省外气源）
公主岭市鑫源燃气有限责任公司	天然气	5.40	3.20	十家子村、东河村6屯102线道北（调压站）	8	东北石油局八屋至吉林管线（从泡子沿引进）
				郜家村（调压站）	6	长春燃气（从大岭镇引进）
公主岭长燃天然气有限公司	天然气	3.20	0.67	城西输气站	50	中石化（省内气源）
合计	—	532.47	723.19	—	2024	—

（市发改委）

表35　2021年长春市电厂基本情况统计表

类别	单位名称	装机容量（千瓦）	2022年发电量（万千瓦时）
火电站（8个）装机总量576.6万千瓦	国电吉林龙华热电股份有限公司长春热电一厂	700000.00	326161.00
	大唐长春第二热电有限责任公司	1320000.00	295736.00
	大唐长春第三热电厂	860000.00	274318.00
	华能吉林发电有限公司长春热电厂	700000.00	338097.78
	国电投吉林电力股份有限公司长春东南热电厂	700000.00	290433.22
	华能吉林发电有限公司九台电厂	1340000.00	497920.30
	吉林省宇光能源有限责任公司长春高新热电分公司	86000.00	26559.92
	公主岭市隆盛热电有限公司（背压机供暖期）	60000.00	17647.51
自备电站（7个）装机总量15.3万千瓦	长春汽车厂动力厂	91000.00	11431.68
	吉林亚泰水泥	21000.00	4213.44
	吉林亚泰水泥新厂	9000.00	1919.70
	中粮生化能源（榆树）电厂	6000.00	2181.13
	新凌蘑菇沟沼气电站	8000.00	3698.52
	公主岭黄龙公司	12000.00	0.00
	中瑞利民沼气电站	6000.00	0.00
生物质电厂（6个）22.5万千瓦	华能农安生物电厂	65000.00	32575.21
	国能德惠生物质电厂	30000.00	22203.30
	长春成泰热力公司双阳生物质电厂	30000.00	11858.55
	国能公主岭生物发电有限公司	30000.00	22223.80
	公主岭新盛生物电厂	30000.00	781.86
	哈电德惠生物质电厂	40000.00	4866.80
垃圾电站（5个）10.3万千瓦	长春生活垃圾综合处理电厂	46000.00	23837.84
	榆树市生活垃圾焚烧发电厂	12000.00	7173.20
	德惠生活垃圾焚烧发电厂	7500.00	4024.37
	恒建科为垃圾电站	31500.00	25402.19
	公主岭德联红旗环保电站	6000.00	3659.32
光伏电站（9个）12.5万千瓦	农安流源三岗光伏电站	20000.00	3164.81
	农安合大哈拉海光伏电站一期	15000.00	2146.46
	农安合大哈拉海光伏电站二期	15000.00	2507.33
	神州光伏电站	15000.00	2673.12
	丰德光伏电站	10000.00	1364.82
	宏达光伏电站	10000.00	1372.85
	华家光伏电站	15000.00	2561.52
	龙发光伏电站	15000.00	2545.39
	华家光伏电站二期	10000.00	1762.89
分布式光伏12.3万千瓦	长春地区城网分布式光伏项目	12938.87	1756.09
	长春地区农网分布式光伏项目	109711.86	12628.50

续表35

类别	单位名称	装机容量（千瓦）	2022年发电量（万千瓦时）
风电 13.9万千瓦0.00139	农安永安风电场	99000.00	26686.52
	万顺风电场	40000.00	13547.71
合计	—	6633650.73	2323642.65

（市发改委）

表36　2022年长春市全社会用电情况分类统计表

分类	用电量（万千瓦时）	占比（%）
第一产业	6.78	2.32
第二产业	140.20	47.96
其中，工业	133.10	45.54
第三产业	87.11	29.80
城乡居民	58.20	19.91
合计	292.30	100.00

（市发改委）

【新能源产业】　光伏发电　长春市全区域光资源均属于资源很丰富区，年总辐射量5040兆焦耳/平方米—6300兆焦耳/平方米。截至年末，累计建成各类光伏发电项目装机容量24.8万千瓦，年发电量3.1亿千瓦时。

风电　吉林省对风电项目实施总量管理。吉林省地处中高纬度地区，属于温带大陆性季风气候区，全年主要受西风带控制，风能资源较大丰富且品质较高。截至年末，长春市建成农安永安、万顺2座风电场，总装机容量13.9万千瓦，年发电量4亿千瓦时。

【长春市城市LNG应急调峰储配站项目】　位于德惠市万宝镇前进村，由长春天然气集团有限公司主导建设，占地面积约21万平方米，包括建设2座5万立方米双金属全容储罐、50万立方米液化系统、350万立方米气化系统以及相关的配套附属设施，最大储气能力6000万立方米，可满足长春市及周边地区全口径用气20天，保障民用气60天。与燃煤采暖相比，相当于每年节约7.28万吨标准煤消耗，减少二氧化碳排放19万吨。施工期间，2座LNG储罐基础打桩一次成桩率99%，储罐焊接一次探伤合格率超过99%，场站工艺管道一次探伤合格率98%以上，现场“零疫情”“零感染”“零事故”。该项目在工艺设计上，首次整合集输+液化+CNG+气化+外输的全流程设计，在最大限度发挥LNG储备调峰功能的同时，增加天然气充装功能，适应当地调峰市场和物流交通需要。在三维配管上，推行以AVEVA PDMS为集成平台的全专业三维协同设计，打破传统流水线作业模式，实现全过程交互式设计，实现数字化设计全覆盖，保障设计质量，有效减少现场错漏碰缺问题。9月30日，长春市城市LNG应急调峰储配站项目正式进入带负荷调试阶段。经过两个半月反复调试，完成储罐预冷、试储、装卸车带料调试等工作，储罐试储天然气1432万立方米，装卸天然气464万立方米。12月，长春市城市LNG应急调峰储配站项目正式建成。

12月，长春市城市LNG应急调峰储配站项目正式建成

（长春天然气公司　供图）

【国内首个可再生能源+PEM制氢+加氢一体化站建成试运行】　11月，国内首个“可再生能源+PEM制氢+加氢”一体化创新示范项目在中韩（长春）国际合作示范区建成试运行，该项目采用国家电投自主知识产权PEM制氢设备，将氢能制储用一体化，实现水变氢再变水的绿色零碳循环。该项目是国家电投集团重点示范项目，是国内首个PEM制氢加氢一体化项目，利用屋顶分布式光伏、可再生能源，用PEM电解水装置进行制氢，制氢后就地储存或加氢，解决氢长距离运输的难题。该项目铺设屋顶光伏发电系统18.56兆瓦，制氢规模每小时600标准立方米。部分发电量用于制氢，剩余发电量供应所在园区其他企业用电。　　（张　强）

中國·長春 China Changchun

建筑业

JIANZHUYE

综　述

【建筑业规模】　2022年，全市有建筑业企业2820户。其中，总承包企业1604户，包含特级企业7户、一级企业75户、二级企业365户、三级企业1157户；专业承包企业1216户，包含一级企业104户、二级企业635户、三级企业233户、不分等级244户。全市建筑业企业完成产值1291.8亿元。其中，新增入库入统建筑业企业102户，新增产值19.2亿元。新签合同额1344.4亿元。

【建筑企业培育】　2022年，长春市培育大型企业向全施工产业链拓展，形成全过程、一体化综合服务能力；指导1157户三级总承包企业实施“压缩房建、扶持专业”转型举措；鼓励477户三级、不分等级专业承包企业专注细分专业市场，承接大型企业专业分包业务。引导建筑企业“走出去”发展，提倡和鼓励央企与本地企业签署战略合作构架协议，带动本地龙头骨干企业“走出去”发展。2022年，完成省外产值300.4亿元。

【建筑行业转型升级】　2022年，长春市城乡建设委员会（简称市建委）建设长春智慧工地监管平台，制定智慧工地平台建设标准、共享数据交换标准。全年接入工程项目76个，视频监控设备499路，监管时长2312小时，发现隐患问题522个。对照省、市专精特新中小企业认定标准，坚持“积极推荐、自愿申请”原则，建立建筑业专精特新梯度培育库。2022年，通过对在库企业的分类指导和跟踪分析，培育专精特新企业14户，在库企业26户。

【建筑市场管理】　2022年，印发《房建市政工程承发包违法行为专项整治方案》《轨道交通项目综合检查

表37　2022年长春市建筑业企业生产情况统计表

指标名称	单位	合计	国有企业	私营企业	港澳台
一、施工企业单位数（有工作量）	个	1506	98	1406	2
二、建筑业总产值	千元	129182022	39710366	89003589	468067
建筑工程	千元	110113890	36143325	73505691	464874
安装工程	千元	13256983	2727230	10529753	0
三、全年竣工产值	千元	48377428	6359552	42014683	3193
四、施工房屋面积	平方米	48551081	7082277	41468804	0
新开工	平方米	10709280	1674662	9028618	0
五、竣工房屋面积	平方米	10393733	1337328	9056405	0
住宅	平方米	6873946	634483	6239463	0
六、年末自有机械设备台数	台	16626	5979	10639	8
七、年末自有机械 设备净值	千元	28045421	550172	27494376	873
八、年末自有机械 设备总功率	千瓦	648943	270299	378594	50
九、计算建筑业劳动 生产率平均人数	人	196377	38712	157579	86

（市统计局）

工作方案》《建筑施工领域百日攻坚综合执法检查方案》《关于进一步加强监理单位履职尽责管理的通知》。对长春市12个地铁项目（55个工区）进行全覆盖检查，抽查房建市政在建项目126个。每月督导和调度各县（市）区、开发区整治行动落实和违法行为查处情况。全市立案查处无资质施工1起，违法发包1起，违法分包行为3起，未按规定派驻监理机构10起，项目经理、总监理工程师不履职42起。

【建筑行业信用管理】 2022年，长春市开展市场主体及从业人员信用等级评价工作，对建筑业企业、监理企业开展信用等级评价，加强企业市场经营活动监督管理，依法对守信行为予以激励，对失信行为予以制约，创造良性竞争环境。2022年，评定建筑业企业2871户。其中，优良企业360户，合格企业2012户，不合格企业499户。评定监理企业141户。其中，A级38户、B级65户、C级34户、D级4户。对信用评价优秀企业在审批、各种费用上予以政策支持，对信用评价不合格企业按照相关规定予以限制。2022年，长春市建委向市政数局推送行政许可1233条，行政处罚89条。加强信用信息修复，在市建委网站公布信用修复指南，给企业下发行政处罚决定书时，同步下发信用修复提醒告知书，方便企业在后续对失信行为进行修复。建立健全信用承诺制度，在行政审批、公正执法、严肃执纪等方面，依托部门门户网站向社会作出承诺，并将承诺书上传至吉林省长春市政数局系统中。

【重点建筑企业发展】 对60户重点企业实行"点对点、穿透式"包保，帮助解决企业实际问题。全年解决企业资质升级、增项等各类问题400余件。2022年，中国水利水电第一工程局有限公司、中庆建设有限责任公司分别完成产值80.7亿元、80.27亿元。（张九高）

勘察设计

【施工图审查质量管理】 全年办理施工图审查备案351项。其中，房屋建筑工程办理施工图审查备案164项，建筑面积约698.81万平方米；市政基础设施工程办理施工图审查备案9项；旧城改造项目5个；装饰装修项目173项。

【老旧小区改造方案评审】 朝阳区上报2022年老旧小区改造方案，该方案包含13个小区，250栋居民楼，总建筑面积约140.39万平方米。市建委相关部门克服疫情影响，组织召开朝阳区老旧小区改造方案评审会并出具专家评审意见，设计单位按专家意见修改后，再次组织专家对修改后设计文件是否达标进行审核确认。

【勘察设计人员业务培训】 2022年，组织召开4次设计业务视频培训会，1300余人次参加培训，邀请建筑、结构、水暖、电气等专家线上为设计从业人员讲授建设工程抗震管理条例、装配式建筑评价标准、建筑设计防火规范、建筑给水排水设计标准、民用建筑电气设计标准、绿色建筑设计标准等标准规范和常见问题解决方法；指导市勘察设计协会配合开展绿色建筑、建筑节能等方面线上培训，拓展勘察设计从业人员思维视野，提升长春市勘察设计水平。

【勘察设计单位信用评价】 根据《关于开展2021年吉林省勘察设计单位信用评价的通知》，组织长春市勘察设计单位上报2021年信用评价资料，安排专人对所报材料进行逐项审核，计算各勘察设计单位初评得分，确定初评信用等级。至年末，314家勘察设计企业基本完成信用评价初评，评价结果上报省住建厅。（张九高）

建筑工程管理

【概况】 2022年，印发《房建市政工程承发包违法行为专项整治方案》《轨道交通项目综合检查工作方案》《建筑施工领域百日攻坚综合执法检查方案》《关于进一步加强监理单位履职尽责管理的通知》。对长春市12个地铁项目（55个工区）进行全覆盖检查，抽查房建市政在建项目126个。每月督导和调度各县（市）区、开发区整治行动落实和违法行为查处情况。全市立案查处无资质施工1起，违法发包1起，违法分包行为为3起，未按规定派驻监理机构10起，项目经理、总监理工程师不履职42起。

【建筑工程项目建设】 2022年，长春市系统谋划生态环境治理、重大交通基础设施、城市更新、要素保障能力提升方面重点工程。主要包括：伊通河收尾工程，芳草街污水处理厂、南湖污水处理厂、伊通河南南段、北北段及部分水利工程；五个污水厂服务片区综合整治项目，以污水处理厂为核心制定系统化治理方案（一厂一策），包括污水厂提标扩能、小区、企事业单位雨污分流改造、市政排水管网改造及清淤等70项工程；轨道、快速路"双快"系统建设，轨道交通5号、6号、7号、9号线等11项工程建设，启动世纪大街快速路工程，完善快速路体系，缓解世纪广场周边交通压力；公路工程，都市圈一小时环线项目包括九台至双阳段、农安至九台段、双阳至伊通段；交通治堵工程，开展交通拥堵综合治理，明确工程、政策、公交、管理及科技治堵等五大方面26项任务；公园及大块绿地建设，重点实施新建和园、同心湖公园、咏春公园等5个公园，打造一批精品绿地和口袋公园；居民二次供水设施改造工程，两年时间改造完成942座泵站，2022年改造、新建、扩建泵站200座，铺设供水管线300千米，改造楼内管网及水表15万户；第六净水厂工程，完成厂区土建工程40%，配水管道23千米，城西加压泵站土建工程47%，厂区输变电工程30%；永春新城配套工程，启动23条配套路网、热源厂及永春污水处理厂建设。对全市房屋、市政项目开复工情况开展日调度，建立在建项目台账。通过实名制管理系统，每月对项目管理人员在岗率进行考核，确保施工现场不发生安全生产事故。

【建筑工程招投标】 2022年，全市（含外县及开发区）招标1281个工程标段，中标金额788.9亿元。推行电子化招标，提高交易效率。推进省公共资源交易一体化平台应用，实现发布招标公告公示、下载招标文件、异议澄清补正、提交投标文件、开标、评标、公示、评标报告等全部线上进行，逐步实

表38　2022年长春市城建重点工程一览表

总序号	各类项目序号	项目名称	项目建设位置	项目实施阶段	项目建设内容及规模	项目主管部门	实施主体
一、生态环境综合治理工程							
（一）污水厂及伊通河收尾工程							
1	（1）	长春市北郊污水厂三期工程	长春市	续建	建设35万吨/日污水处理厂1座，出水指标参照北京地标B	市建委	长春水务集团城市排水有限责任公司
2	（2）	伊通河综合治理收尾工程	长春市	续建	伊通河南南段的防洪、清淤，芳草街污水处理厂、南部污水处理厂扩建，排水管网改造及修复、吉林大路东盛大街下游排水工程、东排洪沟污水干管工程、智慧水务等	伊通河综合治理领导小组办公室	伊通河各工程指挥部
3	（3）	新立城污水处理厂新建工程	位于新立城水库大坝北侧，滨河路东侧，新城丙十二路南侧	新建	新建处理规模2.5万立方米/日，出水标准达到北京地标B	净月区	长春市生态环境局净月分局
4	（4）	东南污水处理厂三期扩建	东南污水处理厂东部预留地	新建	扩建规模15万吨/日	市建委	长春城投建设投资（集团）有限公司
（二）新凯河流域水污染治理							
1.新凯河干流上游水污染防治工程							
5	（1）	富锋污水处理厂主干线管网检测修复	富锋污水厂	新建	富锋污水主干线管网排查、修复、清淘，长度14.8千米	市建委	长春水务投资发展集团有限公司
6	（2）	十四干朝阳经济开发区管网检测修复及清淘工程	朝阳经济开发区	新建	十四干朝阳经济开发区管网检测修复及清淘工程，长度17千米	朝阳经开区	朝阳经开区
2.新凯河干流中游水污染防治工程							
7	（3）	公主岭市环长经济发展带水务一体化项目（大岭工业园区污水处理厂新建工程）	公主岭市大岭镇	续建	新建工业园区污水处理厂，规模为近期1000立方米/日，出水执行北京地标B	公主岭市	公主岭市
8	（4）	新凯河生态补水工程	长春市汽开区	续建	新建补水管线长度10千米，管径DN1500，起点西部污水处理厂，终点东风大街	汽开区	汽开区
9	（5）	公主岭市范家屯镇硅谷大街（范伊路—新凯河）雨污分流改造工程市政管网雨污分流改造工程	公主岭市范家屯镇	续建	硅谷大街雨污分流改造项目平洋社区—新凯河西侧污水主线，污水管线总长5.041千米，含污水提升泵站一座。其中平洋社区—东胜路DN600—1000污水管线，长度3.618千米，东胜路—新凯河DN1000污水管线，长度1.423千米	公主岭市	公主岭市
10	（6）	新凯河东岸污水主干线建设工程	长春市汽开区	续建	新建污水管线长度16.5千米，管径DN800—2000，起点102国道，终点富民大街	汽开区	汽开区
3.永春河流域水污染防治工程							
11	（7）	永春河汽车公园段清淤工程	长春市汽开区	新建	永春河汽车公园（兴顺路至新红旗大街）河道清淤工程，长度6.8千米	汽开区	汽开区

续表38

总序号	各类项目序号	项目名称	项目建设位置	项目实施阶段	项目建设内容及规模	项目主管部门	实施主体
二、交通基础设施建设							
（一）轨道交通建设工程							
12	（1）	轨道交通2号线西延工程	长春市	续建	全长4.36千米，设车站3座，均为地下站，换乘站1座	市建委	轨道交通集团
13	（2）	轨道交通3号线东延工程	长春市	续建	线路全长5.377千米，设车站4座，均为地下站，其中换乘站2座	市建委	轨道交通集团
14	（3）	地铁2号线东延工程（6站6区间）	长春市	续建	线路全长10.61千米，设车站6座，停车场1座，全部为地下站	市建委	轨道交通集团
15	（4）	轨道交通4号线南延工程	长春市	续建	线路全长4.49千米，设车站5座，均为高架站	市建委	轨道交通集团
16	（5）	轨道交通5号线工程	长春市	续建	线路全长19.657千米，全为地下线，设车站18座，换乘站8座，车辆段1座	市建委	轨道交通集团
17	（6）	轨道交通6号线工程	长春市	续建	线路全长29.57千米，全部为地下线，设车站22座，换乘站8座，车辆段1座，停车场1座	市建委	轨道交通集团
18	（7）	轨道交通7号线工程	长春市	续建	线路全长23.16千米，设车站19座，车辆段1座，全为地下站	市建委	轨道交通集团
19	（8）	轨道交通空港线（轨道交通9号线）一期工程	长春市	续建	长春市城市轨道交通空港线一期工程从赵家岗东站至九台南站，包括莲花山车辆段、西营城停车站，其中空港线与2号线东延伸的换乘站赵家岗东站在空港线施工时同期完成。控制中心选址位于南四环控制中心，研究范围不包括控制中心的土建工程。该次工程线路总长度30.294千米，其中一期工程总长度28.195千米二期工程同步代建长度2.099千米，设车站8座；线路西端设莲花山车辆段1座，占地约24.46公顷，与2号线莲花山停车场共址组成莲花山车辆基地，车辆基地总占地面积约63.52公顷，基地中预留线网B2型车厂修用地约21.31公顷。线路东端设西营城停车场1座，占地约11.46公顷	市建委	轨道交通集团
20	（9）	轨道交通3号线南延工程	长春市	新建	3号线南延工程正线全长2.761千米，设置车站2座，平均站间距1346.399米。其中，毛家沟是地面站，长春五十九中站是高架站。地下段长度811米，高架和地面段长度1950米	市建委	轨道交通集团
21	（10）	轨道交通1号线南延工程	长春市	新建	1号线南延工程自义和村北至永春南站，线路长8千米，设站6座，投资55.2亿元	市建委	轨道交通集团
（二）公路及公共交通建设							
22	（1）	长春经济圈环线高速公路农安至伊通段建设项目至九台至双阳段PPP项目（都市圈一小时环线一期）	九台、双阳、永吉	续建	项目主线全长79.53千米，大桥3087米/12座，中桥1173米/19座，小桥325米/13座，涵洞168道，通道57处，天桥18座，互通立交5座，分离立交10座，管理分公司1处，管理处养护工区2处，服务区2处，匝道收费站4处。互通连接线18.434千米。其中，岔路河连接线6.736千米，双阳连接线11.698千米	市交通运输局	长春中交投资建设有限公司
23	（2）	长春经济圈环线高速公路农安至九台、双阳至伊通段（都市圈一小时环线二期）	长春市朝阳区、农安县、九台区、双阳区、伊通县，德惠市	续建	全长124.841千米。其中，农安至九台段长93.191千米，双阳至伊通段长31.65千米。全线设置特大桥2924米/2座，大桥1200米/4座，中桥1501米/22座，小桥63米/3座，涵洞88道；互通立交14处（含续建2处），分离立交16处，天桥51处，通道56处；管理处2处，养护工区2处，服务区3处，停车区2处，收费站8处。设置3条连接线，1条辅道	市交通运输局	长春市高等级公路建设管理中心
24	（3）	国道珲阿公路绕越石头口门水源保护区长春段工程	双阳区、莲花山区	续建	路线全长18.94千米，全线设大桥407米/1座，中桥113米/2座，小桥137米/6座，通道桥20米/1座，涵洞14道，平面交叉20处。采用双向四车道，一级公路标准，设计速度100千米/时	市交通运输局	长春交通建设投资（集团）有限公司

续表38

总序号	各类项目序号	项目名称	项目建设位置	项目实施阶段	项目建设内容及规模	项目主管部门	实施主体
25	（4）	长春至双阳公路	长春至双阳公路是连接长春市主城区与双阳区的一条重要公路，起点位于净月高新技术产业开发区小南屯以北，与新城大街平面交叉，终点位于双阳区长双烟铁路通道桥处，与双阳大街相接	续建	该项目起点位于净月区小南屯北侧约700米，终点位于双阳区双阳大街与长双烟铁路通道桥西侧，主线长33.8千米，其中净月段16.1千米、双阳段17.7千米，设计速度100千米/时。主线采用双向6车道一级公路标准，设计速度100千米/小时，路基宽度：起点至奢岭连接线交叉路口段为41米、奢岭连接线交叉路口至终点为34.5米。奢岭连接线、鹿乡至双营子连接线采用双向四车道一级公路标准，设计速度80千米/小时，路基宽度25.5米（其中，鹿乡镇内段维持现有宽度18米路面）。项目主线共设置大中桥10座，总长1077米；小桥11座，总长235米；涵洞50道，养护管理站2处。奢岭连接线设涵洞10道。鹿乡至双营子连接线设小桥2座，总长42米，涵洞21道	市交通运输局	长春市长双公路建设管理中心
26	（5）	农村公路	榆树、德惠、农安、九台、双阳、公主岭、绿园、朝阳、长春新区	新建	新改建农村公路（含通屯硬化路）625千米，大中修农村公路1280千米	各县市区交通主管部门	各县市区交通主管部门
27	（6）	长春至榆树高速公路建设项目	长春新区、经开区、中韩合作示范区、九台区、德惠市、榆树市	新建	主线全长140.209千米，共设特大桥11562米/3座，大桥5099米/17座，中桥2317米/34座，小桥246米/8座，涵洞199道，互通立交12座（其中枢纽互通3座、接地互通9座），分离立交20处，天桥49座，通道39道，匝道收费站9处，服务区3处，停车区2处，管理分中心1处，管理处2处，养护工区3处	市交通运输局	长春市高等级公路建设管理中心
28	（7）	长春市绕城二环线一级公路	长春市区、农安县、公主岭市、德惠市、九台区、双阳区	新建	建设连接龙嘉、东湖、新安、奢岭、陶家屯、大岭、开安、米沙子一级公路，全长约240千米	市交通运输局	长春市高等级公路建设管理中心
（三）交通治堵							
1.快速路系统完善							
29	（1）	吉林大路快速路工程	位于长春市二道区、长春经济技术开发区，东至长吉互通节点立交，西接东盛大街立交匝道，南至自由大路节点，北起规划荣光路节点	续建	世纪大街北段：1.桥梁：桩基1354根，承台275座，墩柱275个，现浇梁63联；2.景观工程：火烧板铺装19550.63平方米；绿化工程：3.乔木栽植9300株；4.绿篱栽植24316平；5.景观照明：路灯226套；6.道路：人行道12237.11平方米；7.非机动车道10135.59平方米；8.沥青混凝土路面103261.58平方米；9.边界石23732.44米	市建委	长春城投建设投资（集团）有限公司
30	（2）	东部快速路南延长线工程	和美路以北约500米—天普路	续建	道路起点和美路以北约500米，终点天普路，长5.66千米，红线宽度63—98.5米。包含道路工程、排水工程、桥梁工程及附属工程。其中新建道路5740米，宽63—98.5米；新建主线桥梁5406.46米，宽25米；新建匝道桥梁4303米，标准横断面宽9米；新建雨水11103.62米；新建污水6593.64米	市建委	长春城投建设投资（集团）有限公司
31	（3）	世纪大街快速路工程（自由大路—生态广场立交）	自由大路—生态广场立交	新建	全长9.2千米，红线宽度66—82米。主线高架桥，双向6车道，辅路双向8车道	市建委	长春城投建设投资（集团）有限公司
32	（4）	“两横三纵”匝道完善工程（第二批）	城区内	新建	X3省出入境检验检疫局西侧辅道：省出入境检验检疫局西侧辅道长280米长、8米宽及6米宽慢行系统 T1完善道路长度约470米，辅道宽12.25米，人行道3.5米，内直径500毫米排水管线480米 X4前进大街东侧辅道：起点南湖广场，终点湖光路，长170米，宽8米，慢行系统宽6米 D7标：桩基41根，承台墩柱23座，箱梁9联，防撞墙1507米，桥面铺装12290平方米，沥青面层1723.58立方米，伸缩缝231.51米，桥梁涂装42422平方米	市建委	长春城投建设投资（集团）有限公司

续表38

总序号	各类项目序号	项目名称	项目建设位置	项目实施阶段	项目建设内容及规模	项目主管部门	实施主体
2.骨架道路、桥梁建设							
33	（1）	西安桥翻建	西安桥	续建	道路长度350米，红线宽度45米，拆除现有桥梁1座；新建1—60米钢拱桥1座，桥梁全长63.2米，桥梁宽度49.2米；新建4座防护涵及其他附属配套工程	市建委	长春城投建设投资（集团）有限公司
34	（2）	北人民大街	二西街—台北大街	续建	新建D1000污水管线231米，新建D1500雨水管线46米，D1800雨水管线185米	市建委	市政府投资建设项目管理中心
35	（3）	临河街南延	天工路—天青路	续建	天工路至天青路，道路2000米，雨水860米，靠边王支沟桥梁上部，综合管廊附属设施，路灯、绿化、智能交通、标线标牌	市建委	市政府投资建设项目管理中心
36	（4）	人民大街下穿隧道工程	南四环路—丙五十路	新建	项目建设内容包含道路、排水、交通、绿化和照明等工程。道路长度1510.847米	市建委	长春润德投资集团有限公司
37	（5）	北湖大桥维修加固工程	小城子路—和安街	新建	全长2.8千米，主线双向8车道。桥梁沿线自西向东依次上跨长春北站、伊通河，下穿翔北街，上跨北湖、湖畔街	市建委	长春市高新技术开发区建设发展中心
3.微循环道路建设完善							
38	（1）	九台路	铁北二路—台北大街	续建	道路长度490米，红线宽度40米	市建委	长春城投建设投资（集团）有限公司
39	（2）	北十条改造	长新街—小南街	续建	道路长度2890.174米，红线宽度28米	市建委	市政府投资建设项目管理中心
40	（3）	东新路东段工程	东环城路—新开西街	续建	道路全长1937米，红线宽40米，雨水3200米，污水2300米，东新路跨新开河桥梁1座，长110米，宽40米，标线标牌	市建委	长春城开农业投资发展集团有限公司
41	（4）	新开西街	丙三路—乾安路	续建	道路全长352米，红线宽20米，雨水367米，污水340米，路灯、绿化、标线标牌	市建委	长春城开农业投资发展集团有限公司
42	（5）	丙三路	新开西街—新开大街	续建	道路全长340米，红线宽20米，雨水360米，污水310米，路灯、绿化、标线标牌	市建委	长春城开农业投资发展集团有限公司
43	（6）	新开西街	同康路—丙三路	续建	道路全长340米，红线宽20米，雨水359米，污水357米，路灯、绿化、标线标牌	市建委	长春城开农业投资发展集团有限公司
44	（7）	丙三路	"东环城路—新开西街 新开大街—丙四街"	续建	道路全长861米；红线宽20米，雨水880米，污水877米，路灯、绿化、标线标牌	市建委	长春城开农业投资发展集团有限公司
45	（8）	同康路（乙二路）	新开西街—丙四街	续建	道路总长度710米，红线宽36米，双向4车道，雨水1100米，污水800米，路灯、绿化、标线标牌	市建委	长春城开农业投资发展集团有限公司
4.交通堵点微措施治理							
46	（1）	常发堵点交通治理	长春市区	新建	对南四环—人民大街、前进大街—蔚山路等常发堵点进行治理	市建委	长春市市政设施维护管理中心
47	（2）	长春市交通综合治理两年计划及重点区域交通改善实施方案（2022—2023）	长春市	新建	重点围绕政策治堵、工程治堵、公交治堵、管理治堵、科技治堵5大策略，制定2022年、2023年行动方案	市建委	—
48	（3）	长春市公交优先发展两年行动计划实施方案（2022—2023）	长春市	新建	针对公交快线工程、公交线网优化、公交场站配建指引等方面，制定2022年、2023年总体行动方案	市交通运输局	—

续表38

总序号	各类项目序号	项目名称	项目建设位置	项目实施阶段	项目建设内容及规模	项目主管部门	实施主体
49	（4）	绿色出行激励政策及米aaS专业技术服务	长春市	新建	推行绿色出行激励政策及米aaS专业技术服务，汇聚全市轨道、公共交通、共享单车三种实时数据。利用高德地图App进行定制化开发，制定长春市绿色出行激励政策，政策包含用户积累的碳积分与优惠券之间的转换公式	市建委	—
50	（5）	全市信号灯路口联网联控（包含信号机升级、平台建设、快速路匝道控制）	长春市	新建	更换未联网信号灯控设施，升级交通管理平台。建设25处上匝道控制系统	市交警支队	—
51	（6）	全市信号配时年度专业技术服务	长春市	新建	完成全市1122个路口的台账；完成1122个路口配时精细化设计，单节点方案不少于8套，以及节假日、大型活动专项配时预案；完成不少于25个拥堵路段的绿波提升专项	市交警支队	—
52	（7）	全市交通诱导屏建设	长春市	新建	在全市主要商圈、医院、学校周边及进出城高速口等位置安装65处诱导屏	市交警支队	—
（四）停车设施及立体过街设施建设							
1.停车场建设							
53	（1）	新政务中心综合交通枢纽项目	东至信访中心，北至蔚山路，西至华新街，南至政兴路	新建	在新政务中心北侧建设“公交+停车+办公+服务”现代化交通服务综合体，改善市政府周边区域停车难问题、公共交通接驳换乘问题，提升便民服务环境，规划用地面积45412.10平方米	市建委	长春城投智慧城建科技有限公司
2.立体过街设施完善							
54	（2）	飞跃东路人行天桥	硅谷大街和飞跃东路交叉口西行186米处	新建	主桥全长81米，宽5—9米，梯道长75.39米，采用人行钢栏杆，天桥主梁和梯道均采用钢框架罩棚	市建委	长春城投建设投资（集团）有限公司
55	（3）	长春市立体过街设施建设	长春市	新建	建设吉大一院人行过街通道、工农大路建设街天桥金都小镇天桥、南关区实验学校天桥、东北师大繁荣学校天桥、东北师大东安学校天桥、吉大附中人行过街地道、长春市十一高人行过街地道共8项，以及建设东部公交快速通道示范工程项目	市建委	长春润德投资集团有限公司
（五）区域连通工程							
56	（1）	育民路建设工程	丙十三路—桩号3+980	续建	丙十三路—桩号3+980（涉及大屯站机场专用线），长42米，道路红线宽度40米	市建委	长春城投建设投资（集团）有限公司
57	（2）	东南湖大路工程（洋浦大街—雾开河大街）	洋浦大街—雾开河大街；长吉南线—金茂街	新建	道路长度10045.15米，新建排水管线长度为26487.28米；道路长度717.35米，道路红线宽度40—70米	市建委	长春城投建设投资（集团）有限公司
58	（3）	新开大街工程	新开大桥—区界	新建	工程全长983.22米，城市次干路，规划红线宽度37.8—52米，主线双向6车道，辅道双向2车道；新建提升泵站1个	市建委	长春城投建设投资（集团）有限公司
59	（4）	小城子街—甲二街拓宽改造工程之一（宽城区段）	龙湖大路—甲二街、小城子街—既有桥（宽城区）	新建	道路长度2027.1米，城市主干路，红线宽40—50米，双向6—8车道；1座4孔16米预应力混凝土矮T梁桥	市建委	长春城投建设投资（集团）有限公司
（六）园区及产业配套工程							
1.长客集团配套							
60	（1）	建业大街延长线	物华路—北四环路	续建	道路起点物华路，终点北四环路。全长3940米，双向6车道，道路红线宽40米。道路沿线节点下穿长客试车线、绕城高速公路，上跨兰家河，与北四环路近期平交。路灯、绿化、智能交通、标线标牌	市建委	长春城开农业投资发展集团有限公司

续表38

总序号	各类项目序号	项目名称	项目建设位置	项目实施阶段	项目建设内容及规模	项目主管部门	实施主体
2.东部物流产业配套							
61	（2）	河东路延长线	洋浦大街—东翔大街	续建	道路全长3833.043米，总宽度40米，段落内包含1座跨高速桥梁556米、1座下穿铁路框构桥78米	市建委	长春润德投资集团有限公司
3.园区基础设施配套							
62	（3）	抚长高速公路人民大街出口改移工程	起点自然村北侧，与现抚长高速顺接，终点长春南四环路南侧，与规划亚泰大街延长线顺接	续建	全线长12.623千米，占地169公顷，项目采用设计速度120千米/时的双向8车道高速公路标准，路基宽度42米	市建委	长春润德投资集团有限公司
63	（4）	永春快速路	前进大街—东滨河路，不含抚长立交	新建	城市快速路，长度约为4730.80米，路幅宽度为58—95米，以及3座跨河桥	市建委	长春润德投资集团有限公司
三、城市品质提升							
（一）充电站建设							
64	（1）	第一批换电站建设项目	市区	新建	计划建设8座换电站，进一步完善长春市充换电基础设施网络	市建委	长春市长发电力建设有限公司
（二）住房保障项目							
65	（1）	棚户区改造	全市各城区	新建	通过货币或房屋安置被征收居民5000套	市住房保障和房屋管理局	各城区、开发区政府、长春城投建设投资（集团）有限公司、长春市城市发展投资控股（集团）有限公司
66	（2）	续建公租房1500套	经济技术开发区乙五街以东、丙二十街以南、规划二类居住用地以西、丙二十九路以东	续建	续建1500套公租房，占地50266平方米	市住房保障和房屋管理局	长春润德租赁住房管理有限公司
（三）历史文化街区修缮							
67	（1）	长春市人民大街北段、南广场、商埠地历史文化街区城市更新项目	人民大街街区、商埠地街区、南广场街区	续建	建设内容包括搬迁安置工程、历史文化街区修缮改造工程、历史文化街区配套基础设施提升工程、文化创新产业载体及配套建设工程四部分	市建委	长春市长发置业有限公司
（四）老旧小区改造							
68	（1）	朝阳区2021年旧城改造项目	朝阳区	续建	长春市朝阳区红旗、桂林、湖西、南湖、前进、清和、永昌、重庆、红旗、湖西、南湖、清和、湖西、南湖、清和、前进、南湖、清和、桂林、前进、南湖、清和街道42个片区，分为25个片区，包装2本可研。项目改造内容：防水、外立面、楼道粉刷、台阶、屋檐、楼梯扶手、出户管线、污水管线、地沟清淘、污水井、楼内外电线捆扎、楼道灯、道路翻建、综合管沟、栏杆附属油饰、架空线落地、散水、屋檐、单元门等。规范建筑外体空调、太阳能热水器等悬挂物、绿化用地、清理杂物，疏通消防车道、配套休闲设施，规范文化宣传设施。空地规划施建，停车场，自助洗车，智慧路灯，电子围栏等配套设施	朝阳区住建局	朝阳区住建局

续表38

总序号	各类项目序号	项目名称	项目建设位置	项目实施阶段	项目建设内容及规模	项目主管部门	实施主体
69	（2）	南关区2021年老旧小区改造工程	南关区	续建	长春市南关区曙光、自强、民康、南岭、长通、桃源、新春、明珠、全安、永吉、鸿城街道的86个小区，包装2本可研。改造内容：1.道路及硬化铺装、绿化及景观小品、大门及围墙；给水管线、雨水管线、污水管线；小区照明、供电管线、监控、通信；供热管线；供气管线；便民服务设施及环卫设施、体育休闲设施等。 2.建筑外立面美化、建筑外立面修缮、建筑屋面防水、外墙保温、楼梯扶手维修粉刷、楼道管网更换、台阶踏步维修、楼道灯更换、楼道窗维修、门更换、安装门禁、消防设施改造、雨水管更换、加装电梯、充电桩、施划停泊位、新增各类标识、广告牌、公共服务设施用房改造、智慧社区、零星工程等工程	长春市南关区住房和城乡建设局	长春市南关区住房保障和公用事业服务中心
70	（3）	宽城区2021年老旧小区改造项目	宽城区	续建	长春市宽城区天华小区、华新小区、奋进小区、干休所宿舍、工商银行宿舍、邮局宿舍等16个小区，包装2本可研。改造规模：1.排水管道疏浚，局部更换，道路罩面或翻建，方砖及边石整修；2.庭院灯新建，晾衣杆、健身器材新建，设置休闲座椅；3.增设园林景观设施、便民设施、宣传栏、垃圾桶等、绿化补植；4.楼道粉刷、声控灯、台阶、踏步、散水、雨篷、楼梯扶手维修、楼道门维修更换； 5.其他公共建筑粉刷；6.增设无障碍设施；7.施划停车位；8.广告收益；9.收费停车场；10.充电桩；11.快递驿站；12.自动贩卖机；13.公共盈利建筑；14.外墙保温；15.楼顶防水；16.增加自来水、燃气管道、供热管线改造	宽城区住建局	宽城区住建局
71	（4）	二道区2021年城镇老旧小区改造项目	二道区	续建	长春市二道区水泥厂宿舍、中意地板宿舍、英俊乡宿舍、新华小区、吉盛小区 一期、二期、三期等25个小区，包装3本可研。改造内容：主要对列入国家老旧小区改造计划的25个小区的住宅内外部维修改造，包括各类室外综合管线梳理改造，道路绿化景观等基础设施，并对该区域室外景观智能进行环境治理及改造提升	二道区住建局	长春市瑞通投资有限公司
72	（5）	绿园区2021年城镇老旧小区改造项目	绿园区	续建	长春市绿园区家园小区B10栋、五十B街区、五十街区22栋、51街区26—30栋、省检小区、高法小区、盈家瑞景7个小区进行综合改造，包装9本可研。项目改造内容主要包括小区建筑改造、道路提升改造及美化绿化、雨污排水管网改造、小区景观及亮化提升、架空管线落地、新增便民服务设施等	同心街道 林园街道 普阳街道	"同心街道 林园街道 普阳街道"
73	（6）	汽开区2021年老旧小区改造工程	汽开区	续建	汽开区锦程街道锦程社区同欣花园，具体改造小区内道路、排水、方砖、建筑散水等设施，楼道粉刷、扶手修复、绿化补植及其他设施改造等	汽开区建设局	汽开区建设局
74	（7）	净月区新园小区老旧小区改造工程	净月区	续建	净月区新园小区，包装1本可研。具体内容：小区内污水、雨水管网、道路、绿化	净月区建设发展局	净月区建设发展局
75	（8）	经开区2021年老旧小区改造工程	经开区	续建	经开区东方广场街道新开河社区新开河小区，包装1本可研。具体内容：提升改造工程道路方砖、房屋综合整治（防水、立面、楼道）、地下管线改造、架空管线落地（电力及通信）。绿化、停车场、单元门。社区服务中心、幼儿园、养老院	长春经济技术开发区建设发展局	长春经济技术开发区建设工程管理中心
76	（9）	长春市九台区2021年老旧小区改造建设项目	九台区	续建	九台区利民小区、林业小区、同心小区、工商路小区、台谊家属楼、乐园小区6个小区，包装6本可研。具体内容：楼房外立面改造，建筑屋面防水，楼道内楼梯栏杆扶手翻新、声控灯更换，单元门禁更换，小区内道路、停车位、人行道及其他附属设施改造，小区内供水、排水、供电、供暖、有线电视及燃气等管道更换工程	长春市九台区住房和城乡建设局	长春市九台区住房和城乡建设局

续表38

总序号	各类项目序号	项目名称	项目建设位置	项目实施阶段	项目建设内容及规模	项目主管部门	实施主体
77	（10）	长春市双阳区2021年老旧小区改造工程	双阳区	续建	双阳区广电小区、供电家属楼、153中学家属楼小区，包装2本可研。具体规模：1.排水管道疏浚，局部更换，道路罩面或翻建，方砖及边石整修；2.庭院灯新建，健身器材新建，设置休闲座椅。3.增设园林景观设施、便民设施、宣传栏、垃圾桶等、绿化补植；4.楼道粉刷、楼道门维修更换；5.施划停车位	长春市双阳区住房和城乡建设局	长春市双阳区住房和城乡建设局
78	（11）	长春市农安县2021年老旧小区改造工程	农安县	续建	人大住宅楼、防疫站住宅楼等35个小区，包装2本可研。具体规模：建筑屋面、外墙、楼梯等公共部位维修，供水、排水、供电、弱电、道路、供热、消防、生活垃圾分类、移动通信等基础设施、光纤入户、架空线规整（入地），环境及配套设施改造建筑、小区内建筑节能改造，拆除违建，整治小区及周边绿化、照明灯环境，改造小区周边适老设施、无障碍设施、停车位、电动自行车及汽车充电桩、物业用房等配套设施。提升公共服务设施配套建设及其智慧化改造	农安县住房和城乡建设局	农安县物业管理办公室
79	（12）	长春市德惠市2021年老旧小区改造工程	德惠市	续建	东光明街（六小委）、和平小区内六栋楼、新风街（德惠路—东风路）、两侧老旧小区共计3个片区，包装2本可研。具体规模：楼道粉刷、楼梯扶手、单元门、楼道线槽、楼道单元灯、雨搭维修、楼道楼梯维修、单元楼梯、人行道方砖、沥青道路、卫生箱、雨水管线、污水出户，生活垃圾分类，供电，小区绿化	德惠市城乡建设局	德惠市城乡建设局
80	（13）	长春市榆树市2021年老旧小区改造工程	榆树市	续建	福利印刷厂、环保局家属楼、三角大厦、信用联社前后楼、工会家属楼、老人民银行家属楼、财政局劳服、财政局家属楼、影院小区29栋（老高水果商店楼）、城北供电家属楼共计10个小区，包装2本可研。具体规模：拆除违法建筑、小区绿化、小区照明、体育健身设施、公共活动场地、无障碍设施、停车位、电动自行车充电设施、雨污水管线、供热管线、燃气管线、屋面防水、外立面粉刷、楼梯间大白扶手、楼宇门及电缆落地	榆树市住房和城乡建设局	榆树市保障性住房管理中心
81	（14）	公主岭市2021年城市老旧小区改造建设项目	公主岭市	续建	HB—027市委南小区、HB—029邮政小区1、HB—030公安分局小区、HB—032国税、南崴子小区、HB—034岭西市场北小区、HB—036财政社保小区、HB—037电缆厂小区、HB—039播种机小区1、HB—040播种机小区2、HB—045国税、交警、苇子沟楼、HB—048老板公寓小区、HB—052吉泰楼、TB—031兔肉小区、HN—025政府北小区、HN—025政府北小区共计15个小区，包装2本可研。具体规模：排水、路面、安防、照明等基础配套设施及楼顶防水、单元内维修等完善改造	公主岭市住房和城乡建设局	公主岭市住房和城乡建设局
82	（15）	朝阳区2022年城镇老旧小区改造项目	朝阳区	新建	同光路西片区、西康路西片区、湖光片区、自由大路片区、北安小区、光明小区、惠民片区、开运（抚松、集安）片区、富锦片区、铁路片区、长飞及湖滨片区、宇光片区、南湖名家等13个片区，包装2本可研。改造内容：1.排水管道疏浚，局部更换，道路罩面或翻建，方砖及边石整修；2.庭院灯新建，健身器材新建，设置休闲座椅；3.增设园林景观设施、便民设施、宣传栏、垃圾桶等、绿化补植；4.楼道粉刷、声控灯、台阶、踏步、散水、雨篷、楼梯扶手维修、楼道门维修更换；5.其他公共建筑粉刷；6.增设无障碍设施；7.施划停车位；8.收费停车场；9.充电桩；10.公共盈利建筑；11.外墙保温；12.楼顶防水；13.自来水、燃气管道、供热管线改造	朝阳区住建局	朝阳区住建局

续表38

总序号	各类项目序号	项目名称	项目建设位置	项目实施阶段	项目建设内容及规模	项目主管部门	实施主体
83	（16）	南关区2022年城镇老旧小区改造项目	南关区	新建	长春市南关区曙光、自强、民康、南岭、长通、桃源、新春、明珠、全安、永吉、鸿城街道的57个小区，包装2本可研。改造内容：1.建筑外立面修缮、建筑屋面防水；维修楼梯扶手、散水、楼道窗；更换楼道管网、楼道灯、门、雨水管；安装门禁、电梯、充电桩以及外墙保温、新增各类标识、公共服务设施用房改造等工程。2.更换供水管线、雨水管线、污水管线；道路及硬化铺装、绿化、大门及围墙修缮；完善小区照明、供电、监控、通信、供热、燃气及便民服务设施等工程	长春市南关区住房和城乡建设局	长春市南关区住房保障和公用事业服务中心
84	（17）	宽城区2022年城镇老旧小区改造项目	宽城区	新建	文教楼小区、试验机、面粉厂、热力楼、华泰小区、二化宿舍、天光小区、机车小区74栋、机车82栋、全家福宿舍、铁路二区、中环一号楼、中环9号楼、中岳小区、希望家园等15个区，包装2本可研。改造内容：1.排水管道疏浚，局部更换，道路罩面或翻建，方砖及边石整修；2.庭院灯新建，健身器材新建，设置休闲座椅；3.增设园林景观设施、便民设施、宣传栏、垃圾桶等、绿化补植；4.楼道粉刷、声控灯、台阶、踏步、散水、雨篷、楼梯扶手维修、楼道门维修更换；5.其他公共建筑粉刷；6.增设无障碍设施；7.施划停车位；8.收费停车场；9.充电桩；10.公共盈利建筑；11.外墙保温；12.楼顶防水；13.自来水、燃气管道、供热管线改造	宽城区住建局	宽城区住建局
85	（18）	二道区2022年城镇老旧小区改造项目	二道区	新建	东煤二物、洗衣机检察院宿舍、万通A区、区政府小二楼、洗衣机宿舍、区政府72户、六中宿舍、农机校宿舍、教委小区、金融宿舍、工行印刷厂宿舍、烟厂宿舍、转向机、三建宿舍、乡企宿舍、热电一区、热电三区、安隆小区、消防小区、规划局宿舍、转向机宿舍、煤炭宿舍等21个小区，包装3本可研。改造内容：项目改造建筑面积42.42万平方米，改造区域21个小区、89栋住宅的内外部维修改造，各类室外综合管线梳理改造，道路绿化景观等基础设施，并对该区域室外景观进行环境治理及改造提升	二道区住建局	长春市瑞通投资有限公司
86	（19）	绿园区2022年城镇老旧小区改造项目	绿园区	新建	娜奇美五期、奔驰花园小区等2个小区，包装2本可研。改造内容：1.排水管道疏浚，局部更换，道路罩面或翻建，方砖及边石整修；2.庭院灯新建，健身器材新建，设置休闲座椅；3.增设园林景观设施、便民设施、宣传栏、垃圾桶等、绿化补植；4.楼道粉刷、声控灯、台阶、踏步、散水、雨篷、楼梯扶手维修、楼道门维修更换；5.其他公共建筑粉刷；6.增设无障碍设施；7.施划停车位；8.收费停车场；9.充电桩；10.公共盈利建筑；11.外墙保温；12.楼顶防水；13.自来水、燃气管道、供热管线改造	绿园区住建局	绿园区住建局
87	（20）	长春新区2022年城镇老旧小区改造项目	长春新区	新建	教师楼小区、长大西校区、工大家属楼、团校家属楼、林园小区1—21栋、林园小区AB栋、工大家属楼、警官公寓、林园小区22—26栋等6个小区，包装2本可研。改造内容：1.排水管道疏浚，局部更换，道路罩面或翻建，方砖及边石整修；2.庭院灯新建，健身器材新建，设置休闲座椅；3.增设园林景观设施、便民设施、宣传栏、垃圾桶等、绿化补植；4.楼道粉刷、声控灯、台阶、踏步、散水、雨篷、楼梯扶手维修、楼道门维修更换；5.其他公共建筑粉刷；6.增设无障碍设施；7.施划停车位；8.收费停车场；9.充电桩；10.公共盈利建筑；11.外墙保温；12.楼顶防水；13.自来水、燃气管道、供热管线改造	长春高新区建设管理局	长春市朝阳区双德街道办事处

续表38

总序号	各类项目序号	项目名称	项目建设位置	项目实施阶段	项目建设内容及规模	项目主管部门	实施主体
88	（21）	净月区2022年城镇老旧小区改造项目	净月区	新建	农大老区、新嘉坡城小区等2个小区，包装2本可研。改造内容：1.排水管道疏浚，局部更换，道路罩面或翻建，方砖及边石整修；2.庭院灯新建，健身器材新建，设置休闲座椅；3.增设园林景观设施、便民设施、宣传栏、垃圾桶等、绿化补植；4.楼道粉刷、声控灯、台阶、踏步、散水、雨篷、楼梯扶手维修、楼道门维修更换；5.其他公共建筑粉刷；6.增设无障碍设施；7.施划停车位；8.收费停车场；9.充电桩；10.公共盈利建筑；11.外墙保温；12.楼顶防水；13.自来水、燃气管道、供热管线改造	净月区建设发展局	净月区建设发展局
89	（22）	经开区2022年城镇老旧小区改造项目	经开区	新建	种子小区、水利宿舍、客车花园小区等3个小区，包装2本可研。改造内容：1.排水管道疏浚，局部更换，道路罩面或翻建，方砖及边石整修；2.庭院灯新建，健身器材新建，设置休闲座椅；3.增设园林景观设施、便民设施、宣传栏、垃圾桶等、绿化补植；4.楼道粉刷、声控灯、台阶、踏步、散水、雨篷、楼梯扶手维修、楼道门维修更换；5.其他公共建筑粉刷；6.增设无障碍设施；7.施划停车位；8.收费停车场；9.充电桩；10.公共盈利建筑；11.外墙保温；12.楼顶防水；13.自来水、燃气管道、供热管线改造	长春经济技术开发区建设发展局	长春经济技术开发区建设工程管理中心
90	（23）	九台区2022年城镇老旧小区改造项目	九台区	新建	东裕小区、新华小区、民乐小区、光明小区、城西小区、城北小区、站前小区、宏声路小区、合新小区、军民小区等10个小区，包装2本可研。改造内容：1.排水管道疏浚，局部更换，道路罩面或翻建，方砖及边石整修；2.庭院灯新建，健身器材新建，设置休闲座椅；3.增设园林景观设施、便民设施、宣传栏、垃圾桶等、绿化补植；4.楼道粉刷、声控灯、台阶、踏步、散水、雨篷、楼梯扶手维修、楼道门维修更换；5.其他公共建筑粉刷；6.增设无障碍设施；7.施划停车位；8.收费停车场；9.充电桩；10.公共盈利建筑；11.外墙保温；12.楼顶防水；13.自来水、燃气管道、供热管线改造	九台区住建局	九台区住建局
91	（24）	双阳区2022年城镇老旧小区改造项目	双阳区	新建	交通轻化家属楼、果品纪委楼、老工行家属楼、老农行1号楼、云山家属楼、石油小区1、2号楼、油厂小区、一中小区、教育家属楼、劳动局楼等10个小区，包装2本可研。改造内容：1.排水管道疏浚，局部更换，道路罩面或翻建，方砖及边石整修；2.庭院灯新建，健身器材新建，设置休闲座椅；3.增设园林景观设施、便民设施、宣传栏、垃圾桶等、绿化补植；4.楼道粉刷、声控灯、台阶、踏步、散水、雨篷、楼梯扶手维修、楼道门维修更换；5.其他公共建筑粉刷；6.增设无障碍设施；7.施划停车位；8.收费停车场；9.充电桩；10.公共盈利建筑；11.外墙保温；12.楼顶防水；13.自来水、燃气管道、供热管线改造	双阳区住建局	双阳区住建局
92	（25）	农安县2022年城镇老旧小区改造项目	农安县	新建	房产经营公司综合楼5栋、黄龙剧团住宅楼、房产经营公司3号综合楼、师范住宅楼1号楼、房产经营公司综合楼89栋、商业局综合楼、农行信用社家属楼、农行住宅楼等66个小区，包装2本可研。改造内容：1.排水管道疏浚，局部更换，道路罩面或翻建，方砖及边石整修；2.庭院灯新建，健身器材新建，设置休闲座椅；3.增设园林景观设施、便民设施、宣传栏、垃圾桶等、绿化补植；4.楼道粉刷、声控灯、台阶、踏步、散水、雨篷、楼梯扶手维修、楼道门维修更换；5.其他公共建筑粉刷；6.增设无障碍设施；7.施划停车位；8.收费停车场；9.充电桩；10.公共盈利建筑；11.外墙保温；12.楼顶防水；13.自来水、燃气管道、供热管线改造	农安县住建局	农安县物业管理办公室

续表38

总序号	各类项目序号	项目名称	项目建设位置	项目实施阶段	项目建设内容及规模	项目主管部门	实施主体
93	（26）	德惠市2022年城镇老旧小区改造项目	德惠市	新建	昌盛小区、东风小区、银河小区、振兴小区、新华小区、惠新小区、柏惠小区、盐业小区、柏松小区、华信小区、惠民小区、房产小区等12个小区，包装2本可研。改造内容：1.排水管道疏浚，局部更换，道路罩面或翻建，方砖及边石整修；2.庭院灯新建，健身器材新建，设置休闲座椅；3.增设园林景观设施、便民设施、宣传栏、垃圾桶等、绿化补植；4.楼道粉刷、声控灯、台阶、踏步、散水、雨篷、楼梯扶手维修、楼道门维修更换；5.其他公共建筑粉刷；6.增设无障碍设施；7.施划停车位；8.外墙保温；9.自来水、供热管线改造	德惠市住建局	德惠市住建局
94	（27）	榆树市2022年城镇老旧小区改造项目	榆树市	新建	交通运政楼、民政局楼（种榆路）、教育局家属楼、医药一店楼、自行车配件厂楼、包装印刷厂楼、柴油机招待所楼、热拌厂家属楼、建筑公司楼、城南建筑公司等32个小区，包装2本可研。改造内容：1.排水管道疏浚，局部更换，道路罩面或翻建，方砖及边石整修；2.庭院灯新建，健身器材新建，设置休闲座椅；3.增设园林景观设施、便民设施、宣传栏、垃圾桶等、绿化补植；4.楼道粉刷、声控灯、台阶、踏步、散水、雨篷、楼梯扶手维修、楼道门维修更换；5.其他公共建筑粉刷；6.增设无障碍设施；7.施划停车位；8.收费停车场；9.充电桩；10.公共盈利建筑；11.外墙保温破损维修；12.楼顶防水；13.自来水、燃气管道、供热管线改造；14.增设消防器材箱	榆树市住建局	榆树市保障性住房管理中心
95	（28）	公主岭市2022年老旧小区基础、完善改造建设项目	公主岭市	新建	HB—015公路段小区、HB—016公路段小区、HB—017公路段小区、HB—018农贸小区、HB—041工商局住宅、LX—003开发区小区、LX—004新华小区、LX—006国税检察小区、HN—001东五马路东小区、HN—002良安小区等35个小区，包装2本可研。具体规模：排水、供热、路面、安防、照明等基础配套设施及楼顶防水、单元内维修等完善改造	公主岭市住房和城乡建设局	公主岭市住房和城乡建设局
（五）城市环境打造							
96	（1）	长春市城市生活垃圾焚烧发电处理项目扩建项目	德惠市米沙子镇南王村西侧	新建	项目日处理能力1500吨，配置2条750吨/天垃圾焚烧生产线，配置汽轮发电机组容量为40米瓦	市城市管理局	长春市恒建科达新能源发电有限公司
（六）市政设施维护							
97	（1）	老旧管网改造工程	长春市	续建	为恢复管道使用功能，计划对4.5千米老旧管网进行翻建改造，保证市政管网安全稳定运行	市建委	长春市市政设施维护管理中心
98	（2）	南湖汇水区01子汇水区排水管网改造工程	长春市	续建	新建内直径2200毫米雨水管线933.36米	市建委	长春市市政设施维护管理中心
99	（3）	旧改项目市政排水管网配套改造工程	长春市	续建	实施安乐路主管线周边雨污分流改造工程	市建委	长春市市政设施维护管理中心
100	（4）	道路大中修	长春市	新建	荣光路、乐群街、丙五十四路、民康路周边路网、长鲍路进行中修改造	市建委	长春市市政设施维护管理中心
101	（5）	快速路及独立桥增设声屏障	长春市	新建	为市民营造良好的居住环境，依据环保督察要求及现场实际情况，对快速路、小南立交桥及小南框构桥等噪声超标点位增设声屏障	市建委	长春市市政设施维护管理中心

续表38

总序号	各类项目序号	项目名称	项目建设位置	项目实施阶段	项目建设内容及规模	项目主管部门	实施主体
102	（6）	闸门井改造工程	长春市	新建	1.改造流量监测闸门井7座；2.改造截流井7座，分别为北人民大街（北十条）、君子兰公园（北十条）、十里堡泵站、师大暗渠（动植物公园）、动植物公园污水厂、东新开河污水厂、绿园明沟截流井；3.安装闸门7座：主要包括自由大路与伊通河交汇闸门安装，河东路与伊通河交汇闸门安装，东荣大路与伊通河交汇闸门安装，吉林街东侧200米伊通河东岸1#井闸门安装，吉林街东侧600米伊通河东岸2#井闸门安装，荣光路南侧伊通河西岸闸门安装，惠工路延长线闸门安装；4. 安装吐口防倒灌设施36个	市建委	长春市市政设施维护管理中心
103	（7）	二道区东环城路与四通路交会、新开西街与宜良路、东丰路裕民路与河堤路雨水管线改造工程	长春市	新建	1.四通路翻建D800排水管线长度2.2千米；2.新开西街新建D600雨水管线330米，D500污水管线330米；3.东丰路、裕民路与河堤路交会处新建D800雨水管线60米	市建委	长春市市政设施维护管理中心
104	（8）	宽城区小南街与天朗路雨水系统改造工程	长春市	新建	新建雨水临时提升泵站1座和导排设施500米	市建委	长春市市政设施维护管理中心
105	（9）	世纪广场积水点改造工程	长春市	新建	新建D800雨水管线60米	市建委	长春市市政设施维护管理中心
106	（10）	阻水管线排迁工程	长春市	新建	自来水管线排迁共8处，主要包括东新路、四通路、永安桥、湖光路与桦甸街交会、辉南街东二胡同与南湖大路交会、南湖大路（木棉花宾馆门前）、桦甸街（南湖大路南300米）（垃圾站）、南四环与亚太大街（此排迁点位由建管中心实施，计划投资1600万元）	市建委	长春市市政设施维护管理中心
107	（11）	四通路立交桥维修加固	长春市	新建	对四通路立交桥进行维修加固	市建委	长春市市政设施维护管理中心
108	（12）	南湖大路航空大学门前积水隐患位置治理工程	长春市	新建	裂管D400管线300米	市建委	长春市市政设施维护管理中心
109	（13）	新民大街老干部活动中心门前积水隐患位置治理工程	长春市	新建	新建D1500管线50米，新建检查井1座，翻建检查井2座	市建委	长春市市政设施维护管理中心
110	（14）	四环路下穿临河街、临河街下穿绕城高速等下穿桥横截沟改造工程	长春市	新建	四环路下穿横截沟改造124米；临河街下穿横截沟改造100米	市建委	长春市市政设施维护管理中心
111	（15）	长春站站前广场雨水管线改造工程	长春市	新建	新建雨水管线接至长白路，解决站前广场积水问题，缓解城市内涝	市建委	长春市市政设施维护管理中心
112	（16）	锦水路周边区域提升改造工程	长春市	新建	道路罩面1.5万平方米，翻建立缘石1056米，施划停车位389个，翻建污雨水管线约1200米，新建路灯40盏，新建吊顶140平方米，新建大理石外立面320平方米，新建护栏88米，翻建台阶13处，新建线缆沟700米，新建景观凉亭1座	市建委	长春市市政设施维护管理中心

续表38

总序号	各类项目序号	项目名称	项目建设位置	项目实施阶段	项目建设内容及规模	项目主管部门	实施主体
113	（17）	洋浦大街道路中修工程	长春市	新建	方砖翻建11832平方米，边石翻建2769米，雨水管线翻建	市建委	长春市市政设施维护管理中心
114	（18）	街路牌新建工程	长春市	新建	按照政府下达的街路命名批复文件及对现存街路进行查漏补缺，拟安装街路牌80套	市建委	长春市市政设施维护管理中心
四、城市要素保障能力提升							
（一）供水能力提升							
115	（1）	长春市第六净水厂工程	长春市朝阳区永春镇邢家窝堡村、新立城水库的西北角，现第三净水厂取水泵房西南侧；城西加压泵站位于汽开区富民大路与大众街交会处	续建	主要包括净水厂工程、配水管网工程、城西加压泵站以及配套管网等。具体规模：1.净水厂工程：总占地28.925公顷，近期建设规模为25万立方米/日，其中部分建（构）筑物兼顾远期发展土建规模按50万立方米/日一次性建设。2.配水管网工程：主要是建设永春镇、新立城镇、玉潭镇等服务区域内的配水管网，配水管网总长度41.35千米.3.城西加压泵站：设计供水规模15万立方米/日，配套建设长18.01千米配水管网，实现本工程与第一、第三水厂联合调度	市建委	长春水务集团自来水有限公司
116	（2）	长春装备制造产业开发区市政供水设施配套工程	长春市宽城区和绿园区，北凯旋路（丙八十六路—北四环路）、北四环路（北凯旋路—建业大街）、建业大街（物华路—北四环路），全部为地下工程	续建	铺设DN1000管线5.86千米，铺设DN800管线6.14千米	市建委	长春水务集团自来水有限公司
117	（3）	长春市老旧市政供水管网改造工程	长春市城区内，主要覆盖朝阳区、南关区、宽城区、二道区、绿园区、高新区、经开区、汽开区、净月区、长春新区及石头口门	续建	对长春市老旧市政供水管网进行改造，改造11个城区给水管线总长106720.36米，包括管道附属设施及构筑物等。改造内容：石头口门水库原水输水管线2000米；高新区配水管线16891.5米；南关区配水管线4487.7米；宽城区配水管线11948米；绿园区配水管线5542.7米，二道区配水管线8951.3米，朝阳区配水管线32435.66米，汽开区配水管线6168.5米，经开区配水管线930米；长春新区配水管线4665米；净月区配水管线1.27万米	市建委	长春水务集团自来水有限公司
118	（4）	长春市居民二次供水设施改造工程	长春市区	新建	新建及改扩建泵站542座，铺设二次供水管线1450千米，改造楼内管网及水表79.6万户，以及其他附属设施	市建委	各城区开发区
（二）供电能力提升							
119	（1）	长春市电网建设和供电能力提升工程（国网实施）	长春市城区及县级地区	续建	包含66千伏项目9项、10千伏项目188项，加强电网供电能力，完善电网结构，扩大业扩配套服务范围等	市建委	国网吉林省电力有限公司长春供电公司
120	（2）	长春市电网建设和供电能力提升工程（长发实施）	长春市城区及县级地区	续建	包含66千伏项目8项、10千伏项目201项，加强电网供电能力，完善电网结构，扩大业扩配套服务范围等	市建委	长春市长发电力建设有限公司
（三）燃气能力提升							
121	（1）	长春市城市LNG应急调峰储配站项目	德惠市万宝镇前进村	续建	10万立方米水容积的LNG储罐，储气能力6000万立方米；液化系统规模100万立方米/日（一期建设50万立方米/日）；气化系统规模350万立方米/日，全年最大气化量1.6亿立方米	市建委	长春元盛能源实业发展有限公司

续表38

总序号	各类项目序号	项目名称	项目建设位置	项目实施阶段	项目建设内容及规模	项目主管部门	实施主体
122	（2）	长春空港经济开发区市政天然气管网配套工程（一期）项目	长春市空港开发区	续建	新建长春空港经济开发区天然气管道40.9千米	长春新区	长春贞达市政工程有限公司
123	（3）	长春市既有居民管道天然气用户户内“阀管灶”改造项目	长春市中心城区（含开发区）	续建	对主城区（含开发区）内196万户既有管道天然气用户户内“阀管”（加装自闭阀和不锈钢波纹连接软管）进行更新改造	市建委	长春燃气股份有限公司、长春天然气集团有限公司
（四）供热能力提升							
124	（1）	吉林嘉润热源六厂建设项目	北四环南，北凯旋路与青年路之间	新建	总供热能力348兆瓦，3台116兆瓦（165吨）热水锅炉及配套设施。本年度完成土地收购，场地平整，办理项目初设及前期手续	宽城区住建局	吉林嘉润热力集团有限公司
125	（2）	长春市供热（集团）有限公司长春高新热源厂建设工程项目	长春高新技术产业开发区震宇街与星火路交会	续建	占地24297.45平方米，建筑面积18162.68平方米，在旧锅炉房原址建设一座2台168兆瓦（240吨）高温循环硫化床热水锅炉和配套工程及附属、辅助设施	长春新区建委	长春市供热（集团）有限公司
（五）综合管廊建设							
126	（1）	长春市河东路综合管廊工程	东翔大路—东三环路	续建	6.5千米管廊本体及附属，管廊为双舱，宽度6.1米	市建委	长春润德投资集团有限公司

（市建委）

现招标投标流程电子化、信息化运行，全年实施电子化开标、评标850个项目标段，降低招标单位、投标单位、招标代理单位的人力、物力、财力成本。建立“一对一”服务联络机制，为项目建设单位提供政策咨询、疑难解答等服务，协助项目建设单位完善招标方案，招标文件、提高招投标效率和质量，避免招标文件中出现违法违规条款。针对轨道交通工程、污水处理系统“一厂一策”提质增效工程等市政基础设施建设重点工程项目，建立“绿色通道”，破解手续办理难点问题，确保民生实事项目优先受理、快速办理，加快项目推进速度。

【建筑工程质量管理】 质量管控新举措　在全市在建工程中推行举牌验收制度，强化各方项目负责人在基础、主体等重要分部工程验收环节的履职；规范工程影像留置制度，细化具体留置部位及要求，增强施工质量管理可追溯性及各方质量负责人责任意识，提高重要隐蔽工程施工质量，减少工程质量常见问题发生；在房屋建筑主体结构工程和基础检测中开展第三方验证性抽检，复核检测结果，确保涉及结构安全检测数据准确性，打击虚假检测报告；在市政重点工程中推行检验批首件验收制，加强工程质量事前控制，强化施工过程中首件施工质量监督检查，发现问题及时整改，严把首件验收关，避免造成工程质量缺陷和隐患。在市政重点工程中实行监理单位平行检测，要求监理单位在重要工序施工阶段必须实测实量，进行平行检测，留存检测记录，保障工程质量。2022年，长春市有108个项目获评市级施工标准化管理示范工地称号，86个项目获评省级施工标准化管理示范工地，14个项目获评长白山杯省优质工程。长春市轨道交通双丰站作为全国首座地铁装配式试验站，受到住建部肯定，作为全省优秀示范在全省建设工作会议上交流经验。

日常质量监督　为克服疫情影响，保障工程质量，以常规监督检查与“双随机”检查、视频检查相结合方式强化质量监管，查处质量违法行为。全年监督房建工程215个标段，1431个单体，1253.8万平方米；市政基础设施工程239个标段，332个单体，包括19座桥梁、62条道路、2座净水厂、4座污水处理厂、11个一厂一策项目、29个二次供水改造项目等；轨道交通工程八条线路同时施工，共计51个标段，144个单体。通过规范监督方案、限定工程最低抽查次数等方式，克服疫情影响，保障工程抽查频次。全年开展日常工程质量监督检查1548次，抽测632次，下达质量问题整改通知单1473份。

专项检查　在全市开展预拌混凝土质量专项检查，对具有生产资质的61家预拌混凝土企业内部试验室质量行为进行检查，对预拌混凝土原材料进行现场抽样检测。抽检原材料269组，下达质量整改通知单61份。对存在问题较多的10家企业分别采取限期整改、取消资质登记，记入质量行为不良记录等处理。打击弄虚作假等违法违规行为，开展全市建设工程质量检测行业专项整治行动，对全市具有资质的76家建设工程质量检测机构人员资质、设备校准、数据上传以及检测报告真实性进行检查，聘请第三方检测机构对主体结构和桩基础检测数据进行现场复核35次，下达整改通知单67份，执法建议书4份，对3家检测机构法定代表人进行约谈警告，建议省住建厅取消1家检测机构检测资质。全年组织对在建轨道交通工程进行综合检查46次，对轨道交通工程主体结构、防水工程的施工质量开展专项检查，抽查33个工区，下达33份工程质量整改通知单，对4家单位进行通报批评。配合城建重点工程（北湖大桥）、“保交楼”“保供暖”专班工作及疫情防控、安全生产、消防安全、复工复产等包保、督导、检查服务工作，每项工作都由班子领导带队，设专人负责，派出30余位工作人员参加检查600余次，包括195个在建项目、18个保交楼项目、8家供热企业。

【建筑工程安全管理】 2022年，印发《长春市建筑工地施工安全大检查专项实施方案》《关于切实做好汛期建筑施工安全生产工作的通知》《关于开展建筑施工预防高处坠落专项治理行动的通知》等文件，建立行政处罚文书、执法记录仪、市直管工程行政执法文书、执法建议书使用管理规定等工作机制。2022年，市区两级施工安全监督机构对942个在建项目下发执法文书2058份，排查安全生产问题隐患9577条，全部整改完毕。接报新建、改建、扩建房屋市政工程生产安全事故起数2起，死亡2人，事故起数、死亡人数与2021年同期相比，分别下降71.4%、77.8%。对双阳区住建局实施约谈、督办，对发生事故项目进行隐患排查，对事故企业启动安全生产条件动态监管，并报请省住建厅暂扣安全生产许可证。按照相关法律法规，对11家建筑企业安全生产条件重新进行评价。

开展轨道工程安全交叉互检、轨道安全生产包保等专项检查，“专人值守”北湖大桥项目、下沉包保恒大、融创等保交楼重点项目，检查项目501次，下发执法文书118份，发现、整改安全问题隐患1964条。从勘察设计、招标投标、引入专家高校技术支持等八个方面研究编制《关于加强城市轨道交通工程风险管控的若干措施》。

加强从业人员、起重机械管理，全年考核安全管理人员7500余人，考核特种作业人员3700余人，办理特种作业人员变更延续注销5100余人次，安全管理人员变更延续注销2300余人次，办理备案登记、使用登记759个。

开展安全生产学习交流项目云观摩、吉林省2022年“安全生产月”启动仪式暨应急演练线上观摩会、宣传咨询日等活动，2.1万余人学习观摩，扩大安全生产宣传效果，强化应急处置能力。

参与省、市标准化考评工作，在市标准化考评培训会上作专题辅导。开展新安全生产法、重大事故隐患、危大工程、继续教育培训，培训9.4万余人。举办安全生产线上知识竞赛，2000余人参加竞赛，提高职业技能水平。

【智慧工地管理】 市建委牵头编纂的《吉林省智慧工地建设标准》（DB22/T5127）颁布实施，标准明确38项建设内容，为使用单位提供“菜单式”功能选择。组织编纂全国首例《智慧工地平台信息共享交换数据标准》通过立项会议，实现各平台兼容运行、互联互通。创新工作方法，利用应答、确认、整改三个指标，建立起基础层为项目参建单位，中间用监管平台联动，顶层为市、区主管部门的“工字形”监管体系，实现对项目建设全过程监管。2022年，接入平台试点项目75个，视频监控设备493路，实现视频监控、环境监测、AI智能识别等38项基础项、提升项功能，平台识别、筛选、区分、推送、应答、整改各类问题626条。（张九高）

建筑科技应用

【概况】 2022年，长春市推进BIM（建筑信息模型）技术使用，到企业调研摸底BIM使用情况，组织专家座谈研究BIM技术使用的可行性，要求2022年实施的市政府投资市政路桥项目带头同步开展BIM设计，推进长春市BIM技术应用尝试工作。借助市勘察设计协会力量，尝试研究破解BIM技术应用中存在BIM设计取费标准、可研费中不包含BIM设计费等制约BIM技术推广应用难题。开展可再生能源建筑示范项目建设，按照省住建厅要求，参与2022年可再生能源建筑应用示范市、县申报工作，申报成功，长春市获得可再生能源建筑示范市省级补助资金500万元。全年办理施工图审查备案457项。其中，房屋建筑工程办理施工图审查备案188项，建筑面积约778.27万平方米；市政基础设施工程办理施工图审查备案12项；旧城改造项目6个；装饰装修项目251项。

【装配式建筑生产】 全市装配式建筑产业链相关市场主体88户。受长春市房地产行业景气指数不断下滑、新冠疫情影响，生产企业销售量、销售额不同程度受到冲击。2022年，全市装配式建筑生产企业销售量66.59万立方米/吨，比2021年下降5%；销售额22.79亿元，比2021年下降6%。其中，装配式钢结构预制生产企业7家，全年销售量19.25万吨，比2021年上升8.5%；销售额13.67亿元，比2021年上升7.6%。全市市政预制构件生产企业4家，全年销售量40.9万立方米，比2021年上升30.8%；销售额7.4亿元，比2021年上升24.1%。全市混凝土预制构件（PC房建）生产企业10家，全年销售量5.92万立方米，比2021年下降71%；销售额1.5亿元，比2021年下降71.6%。2022年，全市新建建筑面积1006万平方米，其中新建装配式建筑面积253.4万平方米，占新建建筑面积比例25.2%，完成国家新建装配式建筑占新建建筑面积24%工作目标。

【装配式建筑应用】 2022年，长春市实施装配式建筑面积253.4万平方米，采用装配式建造技术节省标准煤2193吨、降低资源能耗2%，减少二氧化碳排放13006吨、人均减排1.73千克、降低人均排放指标0.07%。年内，制定《长春市装配式建筑产业链链长制工作制度》，明确推进装配式建筑全产业链条发展。通过政策招引部分项目，围绕既有15项政策文件涵盖的扶持举措，引导产业发展和招商引资工作。引入互频电暖项目，计划投资2000万元，助力长春市“双碳”示范城建设。通过资源整合实现产业链融合发展，指导市装配式建筑协会和市绿色建材协会“合二为一”，整合200余家会员单位资源，在建链、延链、补链工作上实现优势互补，弥补双方上中下游产业链不足，形成行业集聚、产业互补、内生动力增强的优势格局。

【绿色建筑标准实施】 按照《长春市绿色建筑创建行动实施方案》，市建委推动执行绿色建筑有关标准，推广绿色建筑相关政策。城镇新建民用建筑项目设计阶段全面强制执行《绿色建筑设计标准》，政府投资或以政府投资为主的公共建筑、2万平方米及以上社会投资单体公共建筑，全部按照一星级及以上绿色建筑设计标准进行设计。2022年，长春市城镇新建绿色建筑面积651.82万平方米，城镇绿色建筑占新建建筑比重为83.8%，高于《吉林省建筑节能与绿色建筑发展“十四五”规划实施方案》中2022年度75%的目标。

【建筑节能管理】 2022年，长春市执行《民用建筑节能条例》和《民用建筑节能管理规定》要求，对全市新建建筑项目在设计阶段全面执行相关设计标准，新建建筑设计阶段执行建筑节能设计标准达到100%。推进既有建筑节能改造，结合长春市老旧小区改造等活动推进既有建筑的节能改造工作，将节能改造要求及相关规范标准编写进《长春市城镇老旧小区改造技术导则》。在老旧小区改造方案中，要求“因地制宜”结合周边环境进行节能改造内容设计，全年完成既有居住建筑节能改造36.48万平方米。

【新型墙体材料管理】 2022年，以“双随机、一公开”执法检查为重点，对长春市主城区“禁实限黏”推广情况开展专项检查，所检查项目均符合要求。对市属各县（市）、双阳区、九台区“禁实限黏”推广情况开展专项督查，通报督查结果进。遵照省、市财政部门统一部署要求，做好新型墙体材料专项基金返还工作。全年受理新材基金返退项目11项，经现场查验，全部使用新型墙体材料，返还资金约1198万元。 （张九高）

建筑行业监管

【概况】 2022年，长春市定期调度各地在建项目实名制管理落实情况，对各地在建项目落实实名制管理情况进行排名，通报至属地政府、开发区管委会，督导各地住建部门综合利用责令整改、约谈、停工处罚等手段，强化实名制管理工作落实。全年下达整改通知757份，约谈企业24户，处罚未落实实名制管理行为29起。

【复工复产用工服务】 2022年，面对新冠疫情影响、建筑材料短缺、企业复工意愿不强、施工人员短缺以及房地产形势影响，长春市推进房建市政项目复工复产，印发《支持建筑企业纾困促进经济恢复发展政策措施》，建立审批“绿色通道”，实行招投标、施工图审查、施工许可审批网上办理，承诺审批。简化开复工手续，由审批制改为备案制，实行备案即复工。建立开复工包保机制，鼓励项目复工复产，加强对项目属地主管部门的督导，严禁层层加码，对开复工率未达到全市平均值的地区每周进行通报。发放通行证1700余个，有力支持工人返场，工地复工。到8月底，开复工率达到99.6%。加强开复工项目用工情况监测，做好用工供需对接，印发《关于做好房建市政在建项目用工保障工作的通知》《长春市稳就业专班建筑业工作组任务推进工作方案》，每周调度全市项目用工数量、缺工数量、缺工岗位、存在问题、问题解决等情况，全面掌握全市项目用工情况。全市项目用工数量12.89万人，开发岗位1625个，解决用工缺口1189个。联合人社局共同对劳务合同、实名制、银行代发农民工工资和农民工工资保证金等情况开展检查，规范长春市建筑领域劳务用工情况。会同人社、公安等部门，通过日常监管查处、受理投诉及上级转办的住建领域农民工欠薪案件16起，为892名农民工清欠工资3263.65万元，保障农民工合法权益。

【建筑工程招投标监管】 2022年，长春市对607个依法必须招标项目标段的招标文件进行抽查、检查。落实“双随机、一公开”要求，对10家招标代理机构进行全面检查。开展全市招标代理机构自信用评价工作，229家代理机构参加信用评价。其中，63家获评A级，125家获评B级，41家获评C级。

【建筑施工许可证核发】 2022年，长春市施工许可审批全程网办，帮助企业即申即办。把原施工许可前的质量监督、安全监督、执法监察环节全部推行承诺制办理，并与施工许可合并，取消全部纸质材料，全流程线上审批，出具电子证照，即申即办，全程零跑动。提供远程电话一对一指导服务，为企业申报答疑解惑。年内，全市办理建筑施工许可证898个。

【施工现场标准化管理】 2022年，印发《长春市建筑施工标准化考评方案》及考评表。按照企业自主申请、区级考评推荐、市级复核考评、择优推荐上报省级建设施工标准化等工作程序，参与申报施工标准化企业计124个项目，推荐省级参评标准化项目92个，108个项目获评市级标准化项目。

【外埠入长春建筑业企业管理】 2022年，长春市实施“请进来”战略，激发和挖掘企业进入长春市的动力和潜能，对于外省建筑业企业入长春注册的法人单位，给予行业发展优惠激励，全年，吸引2户央企子公司在长春市注册。

（张九高）

商贸服务业

SHANGMAOFUWUYE

新兴消费城建设

【概况】 2022年，长春市通过打造消费资源集聚地，培育引进消费新业态，营造浓厚商业氛围，加快培育消费增长新动力。按照“六城联动”工作部署，依托“六城联动”总体方案，市商务局牵头启动新兴消费城建设工作，成立全市新兴消费城工作专班，编制《新兴消费城发展规划》，规划“三核引领、轴线联动、消费成网”新型消费空间布局。推动100个重点项目建设进度，希尔顿酒店、钜城家居广场、中巴跨境电商产业小镇等13个项目投入运营，海容酒店、华润中心等57个在建项目进展顺利，中韩示范区国际医美产业园、经开区新型消费示范中心等30个项目深度谋划。

【主题促销活动】 2022年，长春市组织开展“1·8”消费节、“6·18”全城嗨购节、消夏购物节、“9·8”消费节等大型主题促销活动500余场，商家让利总额超过10亿元。全年发放政府消费券逾4亿元，拉动消费186亿元，带动全市消费市场回暖。

【首店首发经济】 2022年，全市引进100家首店。其中，全国首店5家，东三省首店8家，吉林省首店68家，长春市首店16家。

【消费资源集聚地】 一批特色商业街区成为网红消费街区和亮丽风景线。桂林路胡同和德惠住邦城市广场步行街获评省级示范步行街。重庆路、红旗街、桂林路等传统商圈改造提升，消费辐射作用增强。长春市获批成为全国“一刻钟便民生活圈”试点城市。

【消费新业态培育】 2022年，长春市发展夜间经济，开展“点亮夜经济 重燃烟火气”系列主题活动。培育壮大电商市场主体，入驻国内知名网络平台网商21.9万个。加快发展跨境电商，中巴跨境电商小镇、敦煌跨境电商双创产业园投入运营。加强对全市会展活动的统筹谋划，提升会展经济发展质量。

【文旅市场融合发展】 2022年，长春市打造黄金周精品游、周边游、自驾游路线，举办第26届长春冰雪节。推动长春国际影都数字影视基地、长春市影视文创孵化园区、吉林数字动漫影视产业园等重点项目建设。开展长春市文化旅游特色消费示范街区评选活动，打造天定山somewhere、浅山星空、慢山里等一批“精致露营”项目，国泰拾乐街·中巴风情小镇、长春电影嘉年华、这有山等特色文旅消费街区成为网红打卡地，神鹿峰成为吉林省消夏度假新名片，栖乐荟入选第二批国家夜间文旅消费集聚区。 （市商务局）

商贸流通

【概况】 2022年，全市社会消费品零售总额1907.84亿元，比2021年下降14.0%。其中，限额以上零售额925.82亿元，下降7.4%。1月至2月，全市限额以上零售额增速18.4%，位列东北四市第一，高于全国9.3个百分点。5月至10月，市场销售逐步好转，连续6个月保持增长。11月至12月，防控政策调整后，零售额比2021年下降6.8%和21.0%。

表39 2022年长春市社会消费品零售总额统计表

指标	绝对值（万元）	增速（%）
社会消费品零售总额	19078392.2	-14.0
一、按销售单位所在地分	—	—
1. 城镇	17241256.2	-14.1
2. 乡村	1837136.0	-13.3
二、按消费形态分	—	—

续表39

指标	绝对值（万元）	增速（%）
1．餐饮收入	2427118.0	-19.3
2．商品零售	16651274.2	-13.2
3．限额以上	9258190.5	-7.4
4．限额以下	9820201.7	-19.5

注：限额以上增速按可比口径计算。（市商务局）

表40　2022年长春市各县（市）区、开发区零售额统计表

地区	绝对值（万元）	占全市比重（%）	增速（%）
全　市	19078392.2	—	-14.0
城　区	10267476.4	53.82	-14.1
南关区	1272878.1	6.67	-18.2
宽城区	1390378.9	7.29	-18.6
朝阳区	5332360.9	27.95	-13.5
二道区	1408345.3	7.38	-4.6
绿园区	863513.2	4.53	-17.2
开发区	5930316.1	31.08	-14.2
经开区	1684999.2	8.83	-14.7
净月区	858503.5	4.50	-14.1
长春新区	1400656.5	7.34	-15.1
汽开区	1618381.3	8.48	-15.5
莲花山度假区	8159.0	0.04	-14.0
中韩示范区	359616.6	1.88	0.1
县　域	2880599.7	15.10	-13.6
双阳区	259981.8	1.36	-14.6
九台区	563923.6	2.96	-13.7
农安县	306548.8	1.61	-13.0
榆树市	546142.5	2.86	-14.3
德惠市	538752.5	2.82	-12.8
公主岭市	665250.5	3.49	-13.4

（市商务局）

表41　2022年长春市限额以上商品零售类值统计表

指标名称	绝对值（万元）	占限额以上零售额比重（%）	增速（%）
合 计	9017778.1	97.40	-7.3
1.粮油、食品类	570242.0	6.16	-8.8
2.饮料类	134142.4	1.45	-2.7
3.烟酒类	218445.3	2.36	12.2
4.服装、鞋帽、针纺织品类	507073.1	5.48	-29.3

续表41

指标名称	绝对值（万元）	占限额以上零售额比重（%）	增速（%）
5.化妆品类	80641.6	0.87	-32.8
6.金银珠宝类	122686.5	1.33	-6.5
7.体育、娱乐用品类	41718.3	0.45	-25.8
8.家用电器和音像器材类	295589.1	3.19	-9.1
9.中西药品类	888059.9	9.59	8.6
10.家具类	7936.6	0.09	-17.4
11.通信器材类	205312.1	2.22	-11.1
12.石油及制品类	1906548.6	20.59	13.2
13.汽车类	3486666.5	37.66	-12.8

注：限额以上社会消费品零售额为9258190.5万元，与限额以上商品零售额差额部分为餐饮收入。（市商务局）

【商贸交易活动】 2022年，全市组织商贸企业开展400余场大型促销活动，商家总让利超过10亿元。开展长春外卖消费节、“6·18”全城嗨购节、汽车消费补贴、消夏购物节、家电嗨购节、点亮夜经济、“9·8”消费节等主题活动。全市各城区、开发区和县域组织2000余户中小企业开展夜经济、外卖节、消夏节等活动，如“乐购朝阳 幸运抽奖”活动、南关区夜经济主题夜市活动、“惠享消费 乐购宽城”、二道区“夜经济”网红主题夜市等系列促销活动等。全年发放7轮次商业消费券，投入1.95亿元，实际核销1.71亿元，直接拉动消费超过70亿元，杠杆率超过40倍。汽车消费券发放3轮，总额1.4亿元，拉动汽车销售3.81万台，销售额68.37亿元，在汽车补贴活动的刺激带动作用下，5月社零额增速转正，6月、7月、8月实现两位数增长。家电、商超消费券发放总额4500万元，总计核销2877.57万元，拉动消费1.5亿元。普惠型消费券发放总额1000万元，核销范围覆盖长春市线下约10万户符合资质的小微商户，核销704.07万元，拉动各类商贸经营主体销售额5037万元。全市各级各部门发放消费券总额超过4亿元，拉动消费超过186亿元。全市新增入库企业198户。其中，月度入库60户，年度入库138户。

【商品交易市场】 全市有重点商品交易市场13户，其中省级商品市场优化升级专项行动试点企业2户，分别为北方市场和东北宾馆酒店用品城。

【成品油市场监管】 开展成品油专项整治工作。商务局联合公安、应急等8部门，对全市加油站（点）购销台账、油品来源、相关证照和验收文件等进行检查，对不按正规渠道购销成品油的经营企业，依法查处；对扰乱市场秩序的黑加油站点和移动加油装置，会同相关部门扣押油品及设备，涉嫌非法经营的，移送公安机关。通过专项治理工作，查处成品油运输车辆违法行为2994起。查处成品油案件68起，采取强制措施141人，取缔63个黑加油点，扣留91台车，涉案金额2.9亿元。

【盐业监管】 开展盐业法规宣传。发放《食盐专营相关政策十六问》和《食盐专营办法》的小册子、画报，向群众宣传盐业法规。开展地方病防治宣传。在“5·15”防治碘缺乏病日，开展无碘盐宣传，组织市盐业公司走进街道、社区，向公众介绍科学补碘防治碘缺乏病的重要性。科学设置无碘盐销售网点，满足特殊人群对无碘盐的需求。依托欧亚超市和吉林大药房在长春城区设置560家未加碘食盐销售网点，向特殊人群提供无碘盐。

【商圈商街改造提升】 长春桂林路胡同美食步行街和德惠住邦城市广场中央步行街被评为“省级示范步行街”。全市有国家级、省级、长春市文旅示范类特色街区，特色仿古类街区、历史文化旅游类街区、餐饮美食集合地类街区、商业休闲购物类步行街区等特色街区19条。其中，建成17条，在建设中2条。以春城剧场等“三点”、文化街等“七路”及国贸中心门前广场等“四广场”为重点，推进重庆路商圈改造。提升改造红旗商圈，引进红旗青年荟购物中心。提升改造桂林商圈，在桂林商圈打造东北首个四面呈现裸眼3D视觉效果的网红打卡地。

【首店经济】 2022年，招引落位品牌首店100家，包括中国（内地）首店5家，东三省首店11家，吉林省首店68家，长春市首店16家。品牌首店主要聚集在卓展、欧亚系、万达系、活力城系大型商场和商业综合体。其中，餐饮类品牌首店28个、服饰鞋帽类27个、娱乐体验类22个、汽车体验及服务类9个、创新零售类7个、美妆个护类3个、酒店类2个、珠宝类1个、家电类1个。2022年汽博会期间举办首发首秀首展活动12场。

【夜经济】 围绕“夜食”“夜购”“夜游”“夜宿”“夜娱”“夜秀”“夜演”“夜读”“夜赛”9大主题，培育30个特色街区，点亮30个商业网点，打造30个烟火夜市，在线发布“盘点长春TOP10消费打卡地——夜市篇”。（侯云龙）

住宿餐饮

【概况】 截至年末，全市限额以上住宿企业102户，限额以上餐饮企业106户。5月，长春美团外卖与长春市饭店餐饮烹饪协会联合推出专项补贴活动，美团外卖在长春市主城区投放1000万元消费券补贴；11月，长春市商务局发放“暖冬美食节”餐饮消费券379万元。（侯云龙）

【住宿业发展】 指导住宿行业在做好疫情防范工作基础上，落实有关国家税费减免政策，在商贸服务业发展专项资金划出专门额度用于全市住宿业发展，有效缓解企业困难。落实有关国家住宿业监管法规，开展行业检查，督促住宿行业科学采取疫情防控举措，严格落实企业安全生产主体责任，加强安全生产服务保障。2022年，全市住宿行业增加值22.29亿元，比2021年下降19.8%。

【餐饮业发展】 2022年，优化企业发展营商环境，加大行业支持力度，落实国家有关税费减免政策，在商贸服务业发展专项资金划出专门额度用于全市餐饮业发展，缓解企业困难。5月至6月，在全市开展以“暖心春城 助力复工”为主题的“长春外卖消费节”，美团配送在长春符合开工条件的区域内推行“内循环”式配送，有1万余家餐饮企业参与，推动全市餐饮行业“无接触配送”服务，促进长春餐饮行业复苏。

【餐饮业监管】 截至年末，长春餐饮服务单位4.26万家。其中，A级店686家，B级店3.48万家。全市餐饮服务单位“明厨亮灶”改造3.31万家，占比77.7%，全市学校食堂“明厨亮灶”覆盖率100%。印发食品经营监管信息公示板，引导消费者“寻找笑脸就餐”。开展餐饮服务食品安全专项整治。推进“明厨亮灶”改造工程。“明厨亮灶”改造工程被纳入2022年建设幸福长春行动计划，完成重点区域、重点单位“明厨亮灶”改造任务。市市场监督管理局同网络餐饮服务第三方平台共同推进入网餐饮服务提供者“线上明厨亮灶”改造。疫情期间全过程、全流程、全链条线上、线下一体化监管集体用餐配送单位，保障供餐1440.12万份。落实吉林省“四小”（小食杂店、小餐饮店、食品小作坊、食品摊贩）条例。启动“小餐饮店”登记工作，扩大食品监管覆盖面。（霍馨媛）

电子商务

【概况】 2022年，全市网络交易额2545.2亿元，占吉林省45.87%；网络零售额322.34亿元。拥有国家级电子商务示范企业3户，净月国家电子商务基地1个，省级电子商务示范企业43户，省级电商镇4个，省级电商村20个。长春市网商数量21.7万家。

【电商企业合作】 推动电子商务与餐饮、商贸综合体等各类企业合作，推进区域人货场流量聚合，鼓励各类实体店铺、供应链企业与知名电商平台、专业服务机构合作。其中，长春宏广比尔森自助烤肉，大象自助餐厅等分列全省在线餐饮优势网商TOP10前三位，吉林热门景点TOP10中长春市景区占6席，吉林省热门酒店TOP10中长春市酒店占9席。

【电商园区建设】 建设京东（吉林）数字经济产业园，园区通过搭建1个运营主体、2套基础设施、3套运营体系、落地N个板块模式，发挥在城市产业升级和经济转型中的主体作用，促进净月区特色产业向数字化、网格化、智能化转型，加快“数字产业化、产业数字化进程”。园区吸引80余户企业入园，培育韩筱香、慧祥等网销品牌。园区围绕企业数字化转型，组织线上线下沙龙，培训企业及主播人才，孵化30名新就业主播，并与对口公司签订直播工作合约。

【社区电商发展】 推动以双佳科技集团“正云·社区商业信息服务平台”为代表的社区电商“长春模式”。建设社区平台300余个，其中朝阳区51个社区实现平台全覆盖，在全省及辽宁、天津等各地有近400个社区落地运行。平台及其移动端“佳邻社区”App，线上商家数量近1600家，商品零售数量超过1.3万件，订单量12万笔，访问量超5亿次。

【净月国家电子商务示范基地建设】 净月国家电子商务示范基地作为2012年国家首批电子商务示范基地，确定“立足优势产业、差异特色发展”的发展思路，实施示范企业引领、关键要素整合和扶持政策驱动三大工程。基地由吉林君友现代服务业产业园管理有限公司投资建设并负责运营管理。基地入驻电子商务企业300余户，电商从业人员总数1.4万人。全年电商交易总额403亿元。（侯云龙）

粮食和物资储备

【概况】 2022年，长春市粮食和物资储备局（简称市粮储局）统筹推进粮食安全各项工作，全市粮食安全保障能力显著提升。在2021年度粮食安全责任制考核中，长春市被评定为优秀等次，作为全省综合成绩突出的5个地区之一受到通报表扬。牢牢守住粮食收购底线，巩固“地趴粮”整治措施，2022年底，经省粮储局考核认定，长春市“地趴粮”问题比较严重的农安县和公主岭市，“地趴粮”比2021年分别减少83.81%和85.3%。长春市突发疫情，市粮储局连续50余天，紧急采购并调拨大量应急防疫物资。向17个县（市）区、88家市直单位、56个援长医疗队、22个站点发放防疫物资，助力疫情防控。

【粮食企业发展】 实施“优质粮食工程”，长春市9户企业纳入2022年度吉林省“优质粮食工程”项目计划，总投资额7777万元，其中省财政补助资金3111万元。引导中储粮扩建仓容，协调中储粮吉林分公司推动中储粮系统2022年在长春市投入资金8.37亿元，增加仓容71.22万吨。其中，新建平房仓2栋，浅圆仓42座。推进国家战略应急物资东北基地（六三五处）置换项目，该项目《国家粮食和物资储备局吉林局六三五处铁路专用线新建工程可行性研究》获中国铁路沈阳局集团有限公司批准。推动中粮生化年产3万吨丙交酯加工项目在榆树市落地，总投资5.8亿元。

【粮食收购储存】 制定《全市秋粮收购市场检查工作方案》，组织各县（市）区粮储局开展检查435次，出动人员1436人次，查处各类违法行为。

【粮食品牌创建】 组织粮食企业参加福建洽谈会、农博会、鲜食玉米产业大会等活动，宣传长春粮食，推介粮食企业。引导10余个长春大米及鲜食玉米骨干企业入驻电商平台。开展津长、长杭对口合作，推动对口企业在粮食代收储代加工和品牌建设等方面合作，在浙江省参加推介会、展销会20余场次。推动长春大连产销合作，与中国华粮物流集团北良有限公司签署《玉米中转合作框架协议》，加强两地粮食企业和专业港口之间的互利合作。

【物资储备】 2022年中秋、国庆期间向市场投放政府储备肉216吨。确定长春市植悦生态农业科技有限公司和长春国欧仓储物流贸易有限公司为蔬菜承储企业，完成冬春蔬菜储备。按照应急计划，采购棉被、棉褥、棉帐篷等各类防疫物资，完成2022年度防汛救灾物资采购任务。疫情期间向各作战单位调拨救灾物资14万余件，汛期6次向各县（市）区调拨防汛物资11万余件。

【行业监管】 组织各县（市）区粮储局以及农发行对企业开展库贷挂钩检查。向企业派遣驻库监管员，对定向粮加工使用情况实施24小时监管。2022年开展粮食市场执法检查435户次，出动1436人次。开展安全生产大检查，成立4个检查组，分别对城区及各县（市）区粮食企业安全生产工作进行排查。开展消防安全专项整治，组织全市粮储部门开展专项检查，派出检查人员110人次，检查企业247户。

【粮油稳价保供】 修订《长春市应急储备成品粮油管理办法》《长春市粮食应急预案》《长春市应急储备成品粮油仓储管理办法》等规章制度。建立成品粮油储备企业项目库，实行成品粮油储备企业动态调整机制。推动承储企业监管智能化和信息化建设，食用油储备企业全部安装远程视频监控系统。3月和5月，组织6户粮油储备企业援助上海市、郑州市1100吨大米。

4月9日，长春市粮食和物资储备局连夜装卸防疫物资 （范恩泽 供图）

【粮食安全省长责任制】 按照省考核办《关于认真开展2021年度全省粮食安全省长责任制考核工作的通知》要求，落实粮食安全省长责任制省对市、市对县的考核任务。在省对市考核中，长春市被评定为优秀等次，并作为全省综合成绩突出的5个地区之一受到表扬。在市对县的考核中，6个县（市）区均达到优秀等次。

【“地趴粮”专项整治】 成立解决“地趴粮”工作领导小组。农安县以补贴形式推动农户建设钢结构储粮装具，公主岭市建设集中立体储粮点，引导农户就地取材，实现粮食离墙离地通风储存。长春市粮食和物资储备局成立2个检查组，检查33个乡镇298个村，下发整改通知和情况通报17份，对发现的问题跟踪督促整改。农安县和公主岭市“地趴粮”分别减少83.81%和85.3%，其他县（市）区基本消除“地趴粮”。

【粮油质量监测】 在元旦、春节、端午节、中秋节、国庆节等节日对全市成品粮油质量进行抽检，抽检样品1049批次，抽检范围覆盖全市15个行政区域。有1批次小麦粉样品不合格（脂肪酸值超标），抽检结果通过长春电视台、《长春日报》、长春政事、长春发布等媒体向社会公布。对新收获的稻谷、玉米、大豆、花生等粮食进行重金属含量、真菌毒素和农药残留等项目检验监测，防止超标粮食流入口粮市场。

【非医疗系统防疫物资保供】 3月，长春市粮食和物资储备局临时承担全市非医疗系统防疫物资的储备任务，市粮储局在物资中心设立指挥部，成立保供工作领导小组，抽调局机关及直属单位43名干部，租赁新库房，并将原有3处库房中的物资集并到1处，提升物资调拨效率。疫情期间向长春市所有县（市）区、援长医疗队、31个市直部（单位）调拨物资2330余万件，调拨棉帐篷、折叠床等救灾物资16万件。保障各单位防疫物资1300余万件。

（范恩泽）

烟草专卖

【概况】 长春市烟草专卖局（公司）下辖9个区局（营销部），6个县级局（分公司），柳河烟叶生产管理部以及卷烟物流配送中心和金叶烟草有限责任公司。全市系统有在册在岗职工1018人，服务全区33052户零售商户。

【卷烟经营】 全年实现卷烟销量比2021年增长0.32%，税利增长6.68%，上缴税金增长11.30%。卷烟经营实现“三个突破”，卷烟销售收入首次突破百亿元大关，增长11.46%；单箱销售收入首次突破3万元，增长11.11%；全年销售长白山牌香烟11.8万箱，长白山一类烟销量首次突破1万箱大关，带动品牌单箱值增长2463元。全年收购烤烟

3.38万担，实现烟叶税利4558.83万元，上等烟比例提高12.4个百分点。探索实行物流配送弹性与固定线路相结合的送货模式，高峰时间的“混访”送货矛盾突出问题得到有效缓解，单箱物流成本220.29元/箱，单箱管理成本34.08元/箱，人工费用比例59.84%，三项指标均位于全省前列。拓展终端覆盖范围，成立“握手加”自有流通品牌，通过数字化转型升级，为终端平台提质赋能，实现卷烟经营向非烟经营延伸、线下经营向线上引流延伸、商品经营向资源经营延伸，“握手加”品牌被省局指定为唯一覆盖吉林全域的自有流通品牌。

【烟草专卖监管】 全年办理涉烟案件348起，其中公安部督办网络案件2起，破获案值5万元以上案件91起，比2021年增长24.66%；全年查获卷烟2088.48万支，增长3.47%，批捕判刑65人。其中，“10·21”网络案件捣毁销售假烟窝点3处，斩断假烟贩卖上线10条（包括境外上线2条），涉案金额1385.25万元，判刑36人（实刑16人，缓刑20人），创省内网络案件追刑新高。全年真烟外流数量下降36.73%，流销下降36.07%，依法依规开展电子烟监管，全年核发电子烟许可证232户。

（张天鸽）

供销合作

【概况】 2022年，长春市供销合作社联合社（简称市供销社）系统含1个地（市）级供销社、6个县级供销社、151个基层社、512个农民专业合作社（联合社）及1104个农村综合服务社。市供销社本级管理1户供销集团有限责任公司、2户全资企业、7户控股企业、21户参股企业，主要分布在农业生产资料、再生资源、干鲜果品、日用消费品、农副产品、商品批发（集贸）市场等经营领域。按照中华全国供销合作总社开放办社全口径内部统计模式统计数据显示，截至年末，全系统销售总额220.4亿元，比2021年增长1.06%；购进总额191.63亿元；售给农民的农业生产资料销售额40.29亿元，增长4.80%；消费品零售额26.52亿元，增长34.75%；社有企业营业收入22.18亿元，增长6.5%；利润总额1.54亿元，增长8.96%。

【供销合作项目建设】 推进长春循环经济产业园项目。市供销社与央企中国电力建设集团有限公司（简称中国电建）联合建设长春循环经济产业园项目。项目选址德惠市米沙子镇循环经济产业开发区内，按照统一规划、分期实施的原则，计划按3期进行建设，每期占地约1平方千米。长春市供销社依托长春市再生资源回收利用协会开展“定点、定时、定车”源头回收及废旧家电“互联网+上门回收”两种新模式，长春市在册流动回收点位429个。

【农村社会化服务】 长春地区土地托管面积7.19万公顷（其中土地全托管面积5.14万公顷），土地流转面积6.01万公顷；农业生产社会化服务规模19.22万公顷次（其中统防统治5.56万公顷次、配方施肥5.73万公顷次、农机作业服务7.93万公顷次）。农安县社新建和完善5个庄稼医院，全县庄稼医院30家，完成土地托管及土地流转面积1.4万公顷（其中农村土地经营权流转1333.33公顷）。2022年，长春地区化肥调入60.6万吨，其中氮肥12.12万吨、磷肥7.62万吨、钾肥4.08万吨、复合肥36.29万吨、生物有机肥0.5吨；销售60.17万吨；库存0.43万吨。5月5日，CCTV-2财经频道围绕备春耕生产，播报德惠市社服务基层合作社备春耕农资保供。榆树市社组建完成李合、保寿、大坡、五棵树4家乡镇农资配送中心。

【农村电商服务】 通过京东、天猫、吉林农商网、腾讯公众平台等网络平台，将地区农产品、土特产、生产资料等销往各地。全市有农村电商服务站432个。其中，德惠市380个、双阳区30个、公主岭市22个。11月5日，德惠市社举办首期电商专业技能培训班，60人参加培训。

【丰农惠民驿站建设】 截至年末，供销社丰农惠民驿站在长春市开办基层社区服务站51家、合作自提点1832个，对接农民合作社470余家，实现助农增收500余万元。丰农惠民驿站作为长春市重点保供企业在57天内为170万人提供生活物资保障，总订单474.5万单，销售物资1.9万吨，销售产品种类860种，配送车次1.89万次。市供销社与市粮储局签订冬春蔬菜储备合作框架协议，丰农惠民驿站作为具体承办单位，承担冬春蔬菜储备任务，保障市场供应和价格基本稳定。引领农业产业化龙头企业、农民专业合作社、家庭农场、农产品生产基地等农业生产经营主体培育发展供销特色农产品品牌，构建“供销三品”协同发展，培育供销社自主农产品品牌4个，供销珍品品牌1个，供销金牌农产品品牌11个。

（侯东辰）

邮政快递业

【概况】 2022年，全市邮政行业业务总量完成49.57亿元，邮政行业业务收入完成57.54亿元，邮政行业寄递业务量完成50193.64万件，其中快递业务量完成32223.86万件。全市邮政信筒箱351处。增设长春市福源街邮政支局，邮政普遍服务场所239处（自办营业场所227处，代办营业场所12处）。其中，市城区局所72处（含幸福乡、玉潭镇、城西镇3处网点），县（市）区城区局所25处。每个农村乡镇都设有邮政普遍服务营业场所。239处网点全部为电子化网点，含储蓄的综合网点170处，单独邮政网点69处。网点平均服务半径4千米，平均服务人口4.6万人，城市平均服务半径1.4千米，平均服务人口7.2万人，农村平均服务半径6.7千米，平均服务人口1.9万人。全市有纪特邮票销售网点13个，其中设置在县及县以下的网点（含预订和零售）6个。全市有已备案的各类快递营业网点许可企业234个，分支机构353个，末端网点3659个，备案智能快件箱1559组。

长春市邮政管理局被评为市政府政务信息标兵单位、市委政务信息标兵单位，国务院（省政府）“互联网+督查”工作先进单位，“总理信箱”网民留言办理工作表现突出单位。长春市邮政管理局多名工作人员被表彰奖励。1名快递员获省五一劳动奖章、“中国好人”等称号。

【邮政监督管理】 印发《长春市邮政管理局关于加快推进全市现代快递物流

服务网络体系建设的实施意见》。邮政快递业“两进一出”、快递物流园区建设和提升邮政快递服务质量等行业发展重点内容纳入地方总体规划及物流发展、交通强市、农业农村现代化等6部专项规划。落实“放管服”要求。成立法治建设领导小组，研究年度法治政府建设工作计划。落实一体化在线监管，抽取并完成40家检查。开展乡镇网点、巡视专用邮政信箱、投递高校通知书等监督检查，检查普服营业场所59处，乡镇投递处理场所29处，检查建制村投递情况23处，机要通信网点21次，非现场视频检查170次，下发整改7份。严格落实机要通信“两个规范”，连续36年万无一失。开展生肖票等邮票检查18次。组织监督员走访用户615人次，网点293处次。强化邮政市场监管。出动执法人员914人次，检查企业414户次，发现问题794个，查处快递企业违法行为24起，下达责令改正通知书29份、行政处罚决定书19份。

【行业绿色发展】 实施“9917”工程（推动快递包装减量化、标准化和循环化，到年末实现采购使用符合标准的包装材料比例90%，规范包装操作比例90%，可循环快递箱达到6万个，回收复用瓦楞纸箱560万个），开展“邮来已久、绿动未来，限塑减塑、绿色寄递”主题宣传活动。全行业使用符合标准的包装材料比例96.57%，规范包装操作比例97.68%，可循环快递箱13.93万个，回收复用瓦楞纸箱718.9万个。

【行业安全监管】 开展“安全生产月”“白山松水安全行”“大走访大排查大治理百日攻坚”行动、专项整治三年行动“巩固提升”等专项行动，印发安全类通知70份，召开禁毒、安检机操作等安全生产培训2次，开展安全生产类检查和联合检查136次，出动检查人员301人次。推进全市省级、县级分拨中心安检机配备与使用。各寄递企业分拣机传送带缝隙封堵3422处，处理场地设置人车分流护栏和标线45处，传送带底部传动轴、轮加装履带机防护网9631个，操作平台和缓台加装护栏425处，制作禁限寄物品指导目录及快件安检操作流程图105块，企业自制并悬挂安全制度图集2394块。在邮政、快递网点建立扫黄打非工作联络站点，查堵疑似非法出版物3件。“绿盾”工程（一期）接入9家品牌，561个摄像头，158个监控点位，对企业日常生产进行信息化监管。

【邮政快递业疫情防控】 建立健全24小时值班值守制度，有效处置榆树圆通及长春邮区中心局涉疫问题。抓好疫情防控和保通保畅工作。下发疫情防控类文件50份，开展检查337次。在保通保畅方面，协调相关部门为13个品牌企业，出动应急保供车辆2336台次，保供人员9819人次，运输医疗物资146.76万件，转运保供蔬菜16万包，分拣运输蔬菜5933吨，运输生活物资16.58万件，全行业有256名志愿者服务一线。

【“两进一出”工程】 在全市建设服务站点1924个，其中邮快合作网点1485个。制定《2022年长春市“快递进村”工程推进方案》，“快递进村”工程纳入建设幸福长春行动计划，通过“邮快合作”“快快合作”“交快合作”等渠道推进，多次组织顺丰、京东等企业开展座谈会研究“邮快合作”模式，全市1980个行政村中建设服务站点2090个，其中邮政企业建设“中邮驿站”邮快合作网点1485个，快递进村服务实现100%覆盖。为670个村级站点建立台账，发放牌匾670个，配备货架417套。推进“交邮合作”“客货邮”融合发展。通过邮政渠道销售的本地农特产品5249万元。其中，邮政自有品牌大米“一颗农心万亩田”项目销售额4464万元。通过与快递共享中邮驿站平台，农村网点投递112万件。加强顺丰、京东等直营企业服务监督，确保快件直投到户。推进快递服务汽车零配件制造业，邮政、快递企业服务制造业项目业务量108.1万件，业务收入2759.42万元，直接服务产值2.52亿元。

【邮政普遍服务】 2022年，增设邮政普遍服务场所2处，代办局所转自办11处，全市邮政普遍服务场所比2021年增加1处达到239处，邮政普遍服务局所备案信息变更97次，就近迁址1次，保持全市邮政普遍服务能力总体不降低。2022年邮政寄递服务业务量完成17969.78万件。其中，函件381.58万件，包裹5.84万件，订销报纸报刊16276.72万件，汇兑0.99万件。疫情期间，长春市邮政分公司组建物资保供小组，发挥邮政物资保供优势，为宽城区政府提供物资投递。

【邮政行业人才培养】 举办第三届长春市邮政行业职业技能大赛，有7户

7月14日，长春市邮政管理局联合市公安局组织召开2022年邮政行业安检机操作培训 （翟 月 供图）

企业，1800人次参赛。108人通过省专业技术资格评审委员会终审，其中获初级专业技术资格102人、获中高级职称6人。市快递协会和市快递行业工会联合会开展快递从业青年服务月、春节慰问、帮扶困难职工等活动，发放慰问品1500余份，慰问金10.5万元，为长春市快递行业工会联合会争取各项经费11万元。推动市快递行业协会与行业工会联合会签订行业集体合同，做好快递员权益保障工作。对接人社等部门，实现全市基层快递网点从业人员工伤保险"应保尽保"。开展"第三届长春市最美快递员评选"活动。联合市快协开展线上"公益法律课堂活动"，加强全市从业人员心理疏导和人文关怀。

【关心关爱快递小哥】 开展"暖蜂行动"，调动市快递协会和市快递行业工会联合会开展"快递从业青年服务月"、春节慰问、帮扶困难职工等活动，发放慰问品500余份，慰问金10.5万元，为长春市快递行业工会联合会争取专项经费10万元。建立长春市快递员固定联系队伍工作群，下发调查问卷，督促企业落实《快递企业末端派费核算指引》，保障快递员合理收入，收到反馈问卷300余份。推动市快递行业协会与行业工会联合会签订《长春市快递行业集体合同》，做好快递员权益保障工作。对接人社局等部门，推进基层网点优先缴纳工伤保险工作，有4342人完成五险缴纳，3406人完成优先工伤保险缴纳工作。开展"第三届长春市最美快递员评选"活动。联合市快协开展线上"公益法律课堂活动"，通过工作群向企业转发省委组织部邀请有关心理学专家录制的《疫情下一线防控人员心理建设十大技巧》《战"疫"下的自我管理与心理建设》等微课、短视频。树立先进典型，有1名快递员获全市五一劳动奖章、"中国好人"等称号。

（刘翠翠）

11月11日，长春市邮政管理局联合长春市快递行业协会组织开展心系业务员暖心"双十一"慰问活动。图为慰问圆通分拨中心 （翟 月 供图）

物流业

【概况】 2022年，长春市实现社会物流总额18104.4亿元，比2021年下降6.0%；社会物流总费用982.9亿元，下降4.9%；社会物流总收入822.2亿元，下降5.0%。物流相关行业收入583.8亿元，下降5.1%；完成货物运输量2.18亿吨，下降1.9%。货物运输周转量700.1亿吨千米，下降11.9%。

【物流通道建设】 加强内联外畅，融入国家"双循环"新发展格局。中欧班列方面，"长满欧""长珲欧""长春—汉堡"等3条中欧班列，成为中欧班列东线重要节点和东北地区对外开放平台窗口。2022年，长春市中欧班列承运货物10340标准箱，承运货物9.3万吨，货值约22.8亿元人民币，其中吉林省货占比45.5%。海铁联运方面，常态化往返于营口、大连、天津等环渤海港口，与中欧班列形成陆海互补。长春至天津、辽宁方向海铁吞吐量54893标准箱，比2021年增长44%。空陆联运方面，发展卡车航班，联通北京、上海、郑州等国内主流枢纽机场，打造便利、快捷的空陆联程国际通道。通道建设中与大连港、天津港、首都机场、浦东机场、满洲里、珲春等多个类型国家物流枢纽间形成联动与协同作业。卡车航班承运220吨，贸易额2.8亿元。

【长春陆港型国家物流枢纽建设】 11月，长春陆港型国家物流枢纽入选2022年国家物流枢纽建设名单，成为东北地区第一个获批的陆港型国家物流枢纽，长春市成为东北地区唯一的"双枢纽城市"。印发《长春陆港型国家物流枢纽推进实施方案（2023—2025）》《建立落实长春国家物流枢纽建设推进"十项机制"》，为枢纽顺利推进奠定基础。借助长春陆港型国家物流枢纽建设契机，枢纽运营企业发挥国际港口代码和保税口岸功能优势，探索新发展模式，在东北地区率先完成海铁联运"一单制""仓单直达、提单直签"实现货物运抵铁路口岸即完成货权转移，吉林、黑龙江众多腹地进出口企业资金周转效率明显提高，供应链成本显著降低。

【冷链物流基地建设】 依托中韩冷链物流产业园项目申报国家骨干冷链物流基地，该项目2022年获中央资金2200万元，建成5栋智慧冷库、4栋农产品加工分拣配送中心、1栋物流服务中心，承担长春市冬春蔬菜储备任务7000吨，占全市总储备量70%。

【区港联动运营】 长春兴隆综合保税区发挥区位优势，在全国承载中欧班列的内陆铁路口岸中率先实现铁路口岸与综合保税区的"一体化"建设运营，高效开展保税仓储、保税分拨、保税加工业务，"区港联动"实现"1+1>2"效用。 （张 强）

会展业

【概况】 2022年，长春市举办规模以上会展活动7项，展览面积118.3万平方米，展会交易额88.53亿元。全市展馆展览面积130万平方米，其中室内展览面积40万平方米。长春国际会展中心能够提供室内展览面积10万平方米，可设置国际标准展位5000个，2个会议中心建筑面积2.4万平方米，设大小会议场所6处。长春农博园室内外展览面积72万平方米，其中室内面积10万平方米。全市有4所院校开设会展相关专业，分别为长春市吉林艺术学院、长春职业技术学院、吉林省经济干部管理学院和长春大学设有会展经济与管理专业，每年培养、培训会展专业人才千余人。

【组织企业参展】 组织6户金融科技、服务类企业参加第15届深圳国际金融博览会，成交金额120万元。组织外贸企业参加FHC上海环球食品展、南京电商产业博览会、西安西部天然展3个国际展会。组织百克生物、吉林农嫂等企业参加中国—东北亚、中国—中西非国际展览会等线上活动，组织外展活动效果良好。

【产地证服务】 受疫情影响，上半年签发量大幅下降，采取电子化办公、企业自主线上打印等措施，开展产地证“当日办”服务，坚持“不过夜”原则，为企业办证提供支持，实现去负转正。到年末签发货物原产地证明书2090份，比2021年增长约15%，产地证出口金额超3亿美元，增长100%。

【长春国际商会业务开拓】 加大国际商会建设步伐，成立新能源汽车产业专业委员会、林下经济专业委员会。组织中韩示范区北药园招商对接会、“吉品出海”国际贸易平台研讨会、长春—俄罗斯克拉斯诺亚尔斯克贸易线上对接会等多项经贸活动。推动58花椒车服东北区域运营中心、俄贸通数据平台2个项目落户兴隆综合保税区。

【外资企业服务专班】 开展服务外资企业专班工作。长春市登记注册外资企业953户，对全部企业开展“五个一”联系，即发一个短信，打一通电话，发一封致信，设立一个热线，建设一个网上平台。

（伊方亮）

【第十九届中国（长春）国际汽车博览会】 7月15日至24日，由中国贸易促进委员会批准，中国汽车工业协会、中国汽车流通协会、长春市贸促会共同主办的第十九届中国（长春）国际汽车博览会在长春国际会展中心举行。该届汽博会是2022年国内第一个开展的大型展会，6400万元政府补贴助推汽车消费。展会以“打造国际一流车展，促进国际汽车城建设”为目标，主会场设在长春国际会展中心，3个分会场分设在兴隆保税区、慢山里和莲花山。展览面积20万平方米，国内主流厂商、国际知名车企128户参展，参展品牌155个，展出车辆1330台；展会期间举办17款国内首发及18款新车型展示发布活动。观展人数61.8万人次。其中，主会场入场人数20.2万人次，分会场参观人数41.6万人次，汽博会云展厅观众12万余人次。发布1.3万余条信息，线上点击观看量近2.1亿次。展会期间销售车辆30705台，成交额63.33亿元，其中一汽集团销售车辆7762台，成交额14.47亿元。新华网全程直播汽博会花车巡游，仅线上观看人数一次就达119万人次。创新举办汽车零部件跨境电商交易会，长春市参展企业326户，展出汽车零部件总件数6176件，签约采购合同7.8亿元人民币，意向引进4户企业入驻吉林省新能源汽车产业园。

【第二十一届中国长春国际农业·食品博览（交易）会】 8月18日至27日，由农业农村部、吉林省政府、长春市政府主办，长春市政府、吉林省农业农村厅、吉林省供销社、吉林农业大学承办，净月高新区管委会协办的第二十一届中国长春国际农业·食品博览（交易）会在长春农业博览园举行。农博会以“发展数字农业、引领产业发展、增强交易功能、助力乡村振兴”为主题。展会有近1500户吉林省及国内其他地区名优特色农产品企业参展，现场交易额3.3亿元。10天线下观展人数68万人次，线上观展点击量近5000万次。展会期间举办百户企业进吉林、供销特色金牌农产品产销对接会等5场大型推介洽谈活动，达成22个项目，签约金额175.65亿元。

【第十七届中国长春电影节】 8月23日至28日，由中央广播电视总台、吉林省政府主办，长春市政府承办的第十七届中国长春电影节在长春市举办。该届电影节以“新时代、新摇篮、新力量、新坐标”为主题，举办

7月15日至24日，第19届中国（长春）国际汽车博览会在长春国际会展中心举行。图为7月15日展会现场

（单译纬　供图）

开闭幕式、电影评奖、电影展映、电影论坛、致敬“摇篮”、群众文化6个单元主体活动。将30年电影节宝贵元素融入到各大板块中，用光影视角全景再现新时代中国长春电影节历史变迁，重温历届电影节辉煌。电影节期间央视报道69篇，开幕式中央视频直播观看量超252万人次。

【2022长春航空展】 8月26日至30日，2022年空军航空开放活动暨长春航空展在大房身机场举办。展会展览面积14万平方米，有124户高科技龙头企业、180架民用航空器（含无人机）参展。约50万人次观展。全网与长春航空展相关信息超过12万条，相关话题总阅读量超3.9亿条。中央电视台综合频道等5个频道、《新闻联播》等16个栏目报道时长超过500分钟，凤凰卫视4个频道进行报道，全球收看人数约3亿人次。27户企业在第二届中国民用无人驾驶航空发展国际论坛集中签约，签约金额33.66亿元。

【2022东北（长春）第二十六届建筑装饰及材料博览会】 8月5日至7日，由长春维达展览公司主办的“2022东北（长春）第二十六届建筑装饰及材料博览会”在长春国际会展中心举行。此展会是东北三省及内蒙古地区最大规模的建筑装饰材料类展会。展会面积4万平方米，参展企业500余户，行业领军企业122户，标准展位数1566个，参展企业成交额9.35亿元。展会吸引来自全国各地的5万余名观众观展，2.4万余名专业观众参与，来自省内外的近40家媒体对展会进行报道。

【第五届中国职业安全健康高峰论坛暨第四届东北亚（吉林）安全与应急产业博览会】 该展会于11月2日至4日在长春国际会展中心举行。峰会论坛暨安全与应急产业博览会是由长春市人民政府、中国职业安全健康协会、中国安全产业协会、中国医学救援协会、吉林省商务厅、吉林省卫生健康委员会、中国国际贸易促进会吉林省分会和吉林省红十字会共同主办的国家级展会。展会展览面积5万平方米，参展企业300余户。展出各项技术、装备、产品和安全应急系统解决方案1800余项。吸引23个省（市）194个城市和地区的403个采购团、3.7余名专业观众参展。展会现场成交及意向成交金额11.3亿元人民币。同期举办“中国职业安全健康高峰论坛”。 （单译纬）

新兴服务业

【家政服务】 家政服务企业经过20余年发展，家政公司由最初的十几家发展到千余家。家政服务企业服务质量大大提高。长春市的家政服务业由最初的保姆服务发展到钟点工、保洁服务、月嫂服务、老人照料病老护理服务、育婴、早教、病护、小儿推拿、产后康复、月子餐、催乳、保健按摩、居家设施维修养护、学龄儿童的家教服务、文化艺术服务，以至到搬家服务等等。服务能力覆盖家庭服务业的各个领域。与高校联手造就家政服务业精英，吉林农业大学是全国首家开设家政系高等学府，每年有大批毕业生分配到全国各地。许多企业争相预订毕业生。长春市许多家政企业摸索出自己的管理模式和经营方式。吉林省天使育婴服务有限公司在长春市率先实行“员工式管理”模式，即对公司服务员实行“一订三统一”（签订劳动合同、统一发放工资、统一投诉处理、统一守则规范）。长春市康士泰家政服务有限公司实行保险行业模式，改变原来市场上单一的中介模式运营方式，为员工提供可靠保障，也使雇主安全放心。 （侯云龙）

8月26日，2022年空军航空开放活动暨长春航空展在长春大房身机场举办。图为空军八一飞行表演队飞行员向观众致意 （新华社 供图）

【律师服务】 2022年，全市有律师事务所280家，执业律师3334人。其中，专兼职律师2990人、公职律师300人、公司律师18人、法律援助律师26人；办理案件3.8万件，收费8.1亿元。基层法律服务所157家，基层法律服务工作者278人。吉林衡丰律师事务所律师援藏律师刘沬含被司法部授予“全国司法行政系统劳动模范”称号。办理律师事务所、律师行政许可事项申请审查1400余件，办理基层法律服务所、基层法律工作者行政许可事项申请审查40余件。开展律师行业突出问题专项治理“回头看”活动，完成调研走访和线索梳理工作。对4名律师、1家律师事务所给予行政处罚，指导县（市）区司法局办理律师投诉案件20余件。 （陈 硕）

【公证服务】 2月19日，长春市公证协会第三次会员大会在长春市司法局召开，市司法局副局长王云飞出席会议并讲话，市律师协会副会长兼秘书长王立明、市司法鉴定人协会会长李泳涛及全市公证员等100余人参加会议。5月5日，司法部办公厅发布《关于推进海外远程视频公证试点工作的通知》，决定扩大海外远程视频公证试点，并确定94

家公证机构与驻外使领馆共同开展海外远程视频公证试点，长春市国安公证处入选司法部海外远程视频公证试点公证机构名单。（陈　硕）

【检验检测服务】　开展2022年检验检测机构专项整治行动，检查检验检测机构253家。监督检查电线电缆、消防产品、儿童用品、电动汽车、货车38户CCC（中国强制性产品认证）生产企业，“双随机”抽查其他类别CCC获证组织20户。组织各辖区出动执法检查人员1200余人次，排查检查电动自行车、家用燃气具经营主体600余户次。（霍馨媛）

【养老服务】　2022年，长春市开展“智慧助老”行动，创立“银龄健康讲堂”课程品牌，遴选“银龄健康教育（社区/养老）实践基地”，组建长春市健康科普专家库，在电视、手机、电脑、社区开通“银龄健康讲堂”等方式，推进“智慧助老”行动，落实《长春市老年人就医便利服务工作实施方案》，解决老年人运用智能技术困难问题，落实老年人医疗服务优待政策。全年完成65岁及以上老年人城乡社区规范健康管理服务52724人。（徐道君　徐　达）

【科技服务业】　2022年，市科技局召开专题会议向全市各县（市）、区、开发区科技管理部门部署推动建立科技服务业企业入统样本库、科技服务业企业升规入统培育库和规模以下企业大数据库、建立健全管理服务和保障机制等相关工作任务，合力推动科技服务业发展。至年末，全市拥有国家级技术转移示范机构10个，国家级创新创业服务平台25家、技术转移人才培养基地1家，专业化技术转移人才1020人，入统入规科技服务企业179户。2022年，规模以上科学研究和技术服务业营业收入增速超过58%，工资总额增速超过1.7%。（曲　莉）

【人力资源服务】　2022年，全市新增经营性人力资源服务机构63家，市属企业总数突破400户，从业人员超过4650人。鼓励和支持人力资源企业提速升级，长春市入统企业53户。38户企业入驻中国长春人力资源服务产业园集聚办公，产业园获评“国家级人力资源服务出口基地”。实施“互联网+人力资源服务”行动，开展“国聘行动”“百日千万”等网络招聘专项行动，举办网络专场招聘12场，提供就业岗位5000余个。（程红兵）

【托育服务】　成立“长春市托育服务工作领导小组”，建立联席会议制度。在全市范围内开展基层医疗机构与托育机构签约服务，构建家庭、社区、机构“三位一体”“医育结合、保教结合”的长春托育服务模式，形成覆盖城乡的“医育结合”婴幼儿照护服务体系，备案的47家托育机构全部完成“医育签约”。对全市托育（幼）机构开展摸底调查，全市有托育（幼）机构735家，做到底数清、方向明，为实现“十四五”规划的千人口拥有4.5个托位数的目标，奠定良好工作基础。（徐道君）

【会计管理】　做好2021年长春市行政事业单位内部控制报告编报的布置和编报工作。市财政局印发《长春市财政局关于开展2021年度行政事业单位内部控制报告编报工作的通知》，对2021年度行政事业单位内部控制报告编报工作进行布置。市财政局组织专人，对各区、市直各行政事业单位所编报的内控报告内容进行逐项审核。对2060户单位进行审核汇总，并按时上报省财政厅，得到上级部门充分肯定。印发《长春市财政局关于转发〈关于开展2022年代理记账行业管理有关工作的通知〉的通知》，要求各区财政局严格按照省财政厅的要求做好备案审核、事中事后监管、信息公开等工作，汇总形成长春市代理记账行业分析总结报告，上报省财政厅。市财政局联合市国资委印发《长春市财政局 长春市国资委关于做好企业2021年年报工作的通知》。确保辖区内有关企业执行国家统一的会计制度、准则，统计汇总辖区有关企业2021年年报工作中的有关疑难问题、建议等，及时向市各有关部门报告。要求各有关企业、有关单位会计人员研学新会计准则，严格执行国家统一的会计制度、准则，确保本单位会计信息质量。

【资产评估】　2022年，长春市有财政部门备案的资产评估机构84家，执业会员489人，资产评估行业全年收入1.75亿元。配合市内各级公、检、法、国有资产管理等部门的相关工作，在涉诉讼、侦查、案件调查、案件审理过程中，提供资产评估专业政策方面的支持，维护资产评估机构和资产评估师的合法权益。落实《“十四五”时期吉林省资产评估行业发展规划（2021—2025年）》，按《中国资产评估协会资产评估业务报备管理办法》，对资产评估报告实行专有二维码报备管理。省财政厅、省资产评估协会开展资产评估行业2022年度监督检查，检查长春市资产评估机构31家，抽取资产评估报告59份。经专家组评审，形成监督检查意见，对存在问题的14家资产评估机构给予警告处分及出具关注函、警示函、责令改正等处理意见。开展资产评估行业专项整治，对在资产评估行业专项整治工作中筛查出长春市未在资产评估机构执业的58名资产评估师进行清理。2022年，长春市考区资产评估师职业资格考试报名人数1293人，报考总科次2987科次，平均出考率48.1%。（王云峰）

金融业

JINRONGYE

综 述

【金融业发展规模】 2022年，面对疫情严峻考验和经济下行压力，长春市金融业保持稳中向好发展势头。全年金融业增加值571.4亿元，比2021年增长5%；金融业增加值占全市生产总值比例8.5%，比2021年高出0.7个百分点。截至年末，长春地区有各类银行业机构及网点1372个、保险公司及分支机构464家，银行保险从业人员9万余人；有证券期货法人机构4家，证券期货分支机构99家。

【存款余额】 截至年末，长春市本外币各项存款余额16851.34亿元，比2021年增长9.0%，较年初新增1384.09亿元，比2021年多增147.44亿元。其中，住户存款余额8894.28亿元，比2021年增长14.7%，较年初新增1137.82亿元；非金融企业存款余额4789.59亿元，比2021年增长1.0%，较年初增加46.11亿元；非银行业金融机构存款余额465.85亿元，比2021年增长28.3%，较年初新增101.88亿元。长春市人民币各项存款余额16767.78亿元，比2021年增长9.0%。

【贷款余额】 截至年末，长春市本外币各项贷款余额17122.05亿元，比2021年增长7.6%，较年初新增1214.40亿元，比2021年少增157.90亿元。分结构看，全市企（事）业单位贷款余额12077.96亿元，比2021年增长10.0%，较年初增加1095.35亿元；住户贷款余额5033.36亿元，比2021年增长2.6%，较年初增加128.03亿元。分行业看，12月末，全市制造业贷款余额928.43亿元，比2021年增长11.5%，较年初新增95.23亿元；交通运输、仓储和邮政业贷款余额2569.25亿元，比2021年增长5.7%，较年初新增137.47亿元；租赁和商务服务业贷款余额1913.31亿元，比2021年增长8.9%，较年初新增156.26亿元。分企业规模看，12月末，大、中、小微型企业贷款余额分别为3657亿元、3935亿元、3347亿元，分别比2021年增长7.5%、7.5%和12.0%。长春市人民币各项贷款余额17101.49亿元，比2021年增长7.6%。

【金融服务】 深化中小微企业金融服务，建立健全小微企业金融服务敢贷愿贷能贷会贷长效机制，加大专精特新中小企业金融支持力度，组织开展政银企对接活动。2022年末，长春市普惠小微贷款比2021年增长18.7%，高于全市各项贷款增速11.1个百分点；全市省级以上专精特新中小企业贷款余额50.1亿元；全年开展政银企对接活动25场，达成融资金额78亿元。出台金融支持乡村振兴的实施意见，制定金融支持肉牛产业10条措施，引导银行机构加大对重点乡村产业和涉农主体的信贷投入。2022年末，全市涉农贷款余额2011亿元，比2021年增长11.1%；肉牛产业贷款增速达43.5%。推进跨境人民币业务便利化，开展“跨境人民币政策直达 服务直通重点企业”专项行动和系列宣传活动。2022年，全市办理跨境人民币结算

表42 2022年长春市金融机构信贷收入情况统计表

单位：亿元

来源项目名称	金额	来源项目名称	金额
一、各项存款	16767.78	（二）境外存款	9.72
（一）境内存款	16758.06	二、金融债券	88.74
1. 住户存款	8839.33	三、卖出回购资产	15.92
（1）活期存款	2286.99	四、借款及非银行业金融机构拆入	—
（2）定期及其他存款	6552.34	五、联行往来（净）	1892.58
2. 非金融企业存款	4762.72	六、应付及暂收款	526.29
（1）活期存款	1895.45	七、各项准备	638.92
（2）定期及其他存款	2867.27	八、所有者权益	1040.79
3. 广义政府存款	2690.61	其中，实收资本	408.89
（1）财政性存款	386.75	九、其他	–1113.75
（2）机关团体存款	2303.86	资金来源总计	19857.28
4. 非银行业金融机构存款	465.41		

（市统计局）

表43　2022年长春市金融机构信贷支出情况统计表

单位：亿元

运用项目名称	金额	运用项目名称	金额
一、各项贷款	17101.49	3.非银行业金融机构贷款	9.50
（一）境内贷款	17100.81	（二）境外贷款	0.68
1.住户贷款	5033.15	二、债券投资	1456.03
（1）短期贷款	795.87	三、股权及其他投资	810.42
消费贷款	357.15	四、买入返售资产	49.03
经营贷款	438.72	五、存放非银行业金融机构款项	43.99
（2）中长期贷款	4237.28	六、联行往来（净）	—
消费贷款	3830.55	其中，境内存放二级准备金	168.90
经营贷款	406.73	七、金银占款	—
2.非金融企业及机关团体贷款	12058.16	八、外汇买卖	—
（1）短期贷款	3657.61	九、应收及预付款	260.89
（2）中长期贷款	7407.58	十、投资性房地产	0.19
（3）票据融资	817.11	十一、固定资产	135.24
（4）融资租赁	167.48	资金运用总计	19857.28
（5）各项垫款	8.38		

（市统计局）

业务370.6亿元，其中对俄跨境人民币业务是2021年同期的9.3倍。

2022年，长春市金融工作办公室（简称市金融办）做好稳增长、防风险等各项工作，开展金融服务“百日专项行动”，以市政府办公厅名义印发《长春市金融服务“百日专项行动”方案》，以“线上+线下”相结合方式，举办汽车、医药、粮食、商贸、文旅、房地产等领域专场对接活动。全市金融工作部门举办线上线下各类融资对接活动上百场，投放信贷285.7亿元。市金融办牵头制定《长春市金融促进经济恢复和消费回补实施细则》《长春市金融保障专班工作方案》《长春市金融办落实“四个服务”助企纾困工作方案》，参与长春市稳增长政策制定，提出一系列金融举措和保障措施，助力经济恢复和平稳增长。牵头成立长春市金融保障工作专班，开展下沉督查调研，掌握各地经济稳增长工作落实情况及金融保障工作最新进展。2022年5月末，市金融办组织各县市区、开发区和85家重点金融机构紧急开通204部金融服务热线，为企业和个人提供银行、保险、担保、上市和债券等五大类金融业务咨询与对接，点对点解决企业和个人金融需求。组织驻长春金融机构梳理支持稳增长方面政策、产品及解读，编制金融服务手册，通过长春亲清政企关系群和各行业二级群实现金融政策直达1万余户企业。市金融办组织金融机构本着“应贷则贷”“能贷尽贷”“宜宽则宽”原则，为保供企业提供信贷支持，分批向银行机构推送535户重点保供企业名单，累计授信475.8亿元；协调为医疗、卫生防疫物资生产企业提供贷款47亿元，为医院建设发放贷款37亿元，向重点民生领域发放贷款97亿元。

6月16日，长春市金融服务“百日专项行动”启动仪式在东北亚国际金融中心举办　（市金融办　供图）

【发展规划编制】　2022年，市金融办与吉林大学开展合作，邀请吉林大学经济学院、管理学院教授、博士后、博士生参与《长春市“十四五”金融产业专项发展规划》课题研究，内容包括长春市金融产业发展环境与趋势、发展基础与现状、产业定位与目标、发展方向与策略，以及政府支持体系建设等。根据国家金融改革开放的有关要求以及《长春市国民经济和社会发展第十四个五年规划纲要》等文件精神，编制《长春市金融业发展第十四个五年规划纲要》。

【服务征信主体】　2022年，市金融办通过制定政策措施，协调48家银行机构对疫情期间重点企业、重点项目、小微企业和居民到期贷款予以延期、展期或续贷，做到“能缓则缓”“应延尽延”，完善信用保护和修复机制，保障疫情期间全市信用体系不受冲击。全年为19192笔贷款办理延期还本付息业务，延收本息115.8亿元，涉及贷款本金441.4亿元；为5522笔贷款办理续贷或展期业务，涉及贷款本金343亿元。

【企业上市推进】　2022年，市金融办会同吉林证监局和重点证券机构组成工作组，深入市内重点拟上市企业和

8月18日，市金融办联合市商务局举办长春市金融服务"百日专项行动"金融支持商贸领域专题融资对接会　　（市金融办　供图）

后备库重点企业开展走访调研，协调解决企业上市存在的困难；组建证券机构库和投资机构库，为企业上市提供全链条、全过程服务。充实后备资源，挖掘优质企业入库，压实各开发区责任目标，形成企业上市服务合力，库内企业由80户增至223户。兑现奖补政策，按照《长春市推进企业上市挂牌行动计划（2021—2025）》等有关政策，协调市财政局，为11户企业发放上市奖补资金1825万元。

【金融支持实体经济发展】 2022年，人民银行长春中心支行出台金融支持经济高质量发展的指导意见、"金融助力备春耕稳增长30条"等系列政策举措，引导银行机构加大对实体经济信贷支持力度。强化货币政策工具支持撬动作用，向人民银行总行申请再贷款阶段性优惠政策，全年向长春地区投放支农、支小再贷款401.6亿元，比2021年增加140.1亿元。指导银行机构运用科技创新再贷款、碳减排支持工具、交通物流专项再贷款、设备更新改造专项再贷款等专项工具，为市场主体提供优惠利率贷款，推动银行机构运用政策性、开发性金融工具为基础设施项目建设提供基金和配套融资。落实好房地产金融政策，推动5家银行与辖区内多家房地产企业签订战略合作协议。提供意向授信额度155亿元。组织银行机构对接辖区房地产开发项目，为符合条件项目提供授信支持。2022年，长春市房地产开发贷款比2021年增长9.3%，提高2.9个百分点，增速高于全省平均水平1.7个百分点。长春市助力肉牛项目融资对接，调度县区根据需求做好对接，对接项目343个，达成意向融资3020万元。截至年末，全市涉牛贷款余额119.2亿元，占全省涉牛贷款余额48.1%，协助5家银行机构申报省级金融业发展专项资金肉牛信贷奖补。

【省级地方征信平台助企纾难解困】 2022年，省级地方征信平台——吉林省小微企业融资申报系统（简称吉企银通平台）向长春地区金融机构提供查询服务2604笔，助力金融机构发放贷款1039笔，金额58.23亿元。其中，信用贷款407笔，金额9.09亿元，首贷33笔，金额2.51亿元。

【防范非法集资宣传活动】 2022年，市金融办组织各县（市）区、开发区及相关成员单位开展以打击整治养老诈骗为主题的防范非法集资宣传教育专项活动，开展现场宣传活动近百场，悬挂各类条幅500余条，发放各类宣传品、折页6万余份。组织市城市管理局在全市户外42个电子大屏宣传平台投放宣传图片和视频。利用《长春新闻》《城市速递》《长春电视问政》等电视、广播等栏目和微信、微博、抖音、快手等19个新媒体端口，发布宣传海报和视频。截至年末，发布宣传内容129条，网络平台点击量近15万次。　　（杨景涛　鲁雪岩）

银行业

【概况】 2022年，长春市有各类银行业机构及网点1372个，从业人员4.14万人。有大型商业银行一级分行6家，政策性银行及国家开发银行一级

7月14日，长春市金融办联合市国资委、吉林证监局共同举办长春市政府金融服务"百日专项行动"国有企业债券融资专题培训会　　（市金融办　供图）

6月15日，长春市金融办组织17个县（市）区、开发区和20余个市直部门开展以“守住钱袋子 护好幸福家”为主题的2022年防范非法集资宣传月活动

（市金融办　供图）

分行3家，股份制商业银行一级分行10家，城市商业银行法人机构1家，农村中小金融机构法人33家，非银行金融机构法人5家，资产管理公司一级分公司4家，外资金融机构2家，民营银行1家。截至年末，全市银行业机构资产总额2.66万亿元，比2021年上升8.66%；各项贷款余额1.76万亿元，比2021年增长8.32%；各项存款余额1.69万亿元，比2021年增长9.28%；银行业机构实现净利润106.2亿元。

【疫情防控金融保障】 2022年，长春市保障基本金融服务畅通，合理加大对疫情防控金融支持力度，做到应贷尽贷快贷。2022年疫情期间，吉林银保监局督导长春地区银行机构主动对接各类企业客户4.1万户，投放贷款6583亿元。银行机构为从事医疗卫生防疫等企事业单位发放贷款164亿元，向“米袋子”、“菜篮子”、“肉盘子”、水热电气、保供稳价等重点民生领域发放贷款248亿元。

【金融支持小微企业】 2022年，聚焦落实市委、市政府支持民营小微企业发展、稳定扩大就业决策部署，支持民营和小微企业发展，推动落实金融惠企纾困政策，持续加大对小微企业首贷、续贷、信用贷款投放力度，做好小微企业金融服务评价、强化督导考核、推进银企对接等各项工作，采取多种方式主动减轻企业财务负担。截至年末，长春市小微企业贷款余额4368.55亿元，比2021年增长10.59%（快于各项贷款增速3.01个百分点），小微企业信用贷款余额765.04亿元，比2021年增长44%；多措并举降低长春市小微企业融资成本，普惠型小微企业贷款平均利率6.46%，比2021年下降0.24个百分点，综合融资成本下降1.05个百分点。

【“三农”金融服务】 2022年，立足长春作为全国产粮大市实际，引导加大对黑土地保护、种业安全、粮食安全、农业开发、农村基础设施建设等重点领域融资支持，推动金融服务下沉，保持基础金融全覆盖，提升“三农”金融服务的广度、深度和精准度。督导主要涉农机构克服疫情影响，做好信贷需求对接，加大粮食收储和备春耕贷款投放力度，确保农民手中有钱种粮、不误农时。开展畜禽活体抵押贷款试点，推动扩大涉农贷款抵质押物范围，支持“秸秆变肉”“千万头肉牛建设”等重点工程。截至年末，长春市活体抵押贷款余额22.87亿元，涉牛产业贷款余额119.06亿元。

【金融支持大中型企业】 2022年，长春市支持一汽创建世界一流企业，支持中车长客等装备制造业企业向高级化、智能化、信息化发展。围绕“芯、光、星、车、网”，加大对科研和科技创新领域的信贷支持力度，推进知识产权质押融资、科技保险、首台（套）保险保障，支持高新技术企业、专精特新

2022年，国家开发银行吉林省分行支持长春新区产业配套、长春市伊通河综合治理、长春轨道交通项目建设等省市重大项目建设，新增人民币贷款208.73亿元。图为国家开发银行吉林省分行支持的长春新区产业配套项目

（国家开发银行吉林省分行　供图）

7月，国家开发银行吉林省分行向国家级专精特新“小巨人”企业长光卫星技术公司授信4亿元并完成首笔发放。图为国家开发银行吉林省分行支持的“吉林一号”星座2022—2023年高分卫星（一期）项目　　（国家开发银行吉林省分行　供图）

企业、科技型企业发展，更好服务推进科技成果转化和关键核心技术攻关。围绕实现冰雪经济跃升目标，推动冰雪旅游、会展服务、文化产业巩固提升。截至年末，长春市中长期贷款余额11845亿元，比2021年增长7.7%；长春市大中型企业中长期贷款余额5338亿元，比2021年增长9.37%；制造业贷款余额1383亿元，比2021年增长25.15%；为一汽集团提供表内外融资余额1876亿元，累计促销集团车辆46.83万辆，占集团汽车销售总量15%。

【民生金融保障】　2022年，长春市加大脱贫人口小额信贷、创业担保贷款支持保障力度，为重点群体创业就业提供帮扶。印发《吉林省银行业保险业落实加强新市民金融服务的主要措施》，督导精准定位新市民群体，研发专属金融产品，有效匹配新市民创业、安居、子女教育、养老健康等方面的金融需求，提升新市民金融服务获得感、幸福感、安全感。（刘宇建）

【国家开发银行吉林省分行】　2022年，国家开发银行吉林省分行支持长春市伊通河综合治理、长春轨道交通项目建设、长春新区产业配套等省市重大项目建设，实现人民币贷款新增208.73亿元，居历史高位，新增规模在系统内占比1.97%。坚持“24小时无休”和“5+2”工作制，投放基础设施基金40.93亿元，推动保交楼专项贷款发放支付，助力补短板、稳民生。全年发放制造业贷款23.8亿元，制定《2022—2025年支持制造业高质量发展四年行动工作方案》。其中，向一汽集团进出口有限公司发放稳外贸专项贷款1亿美元，向国家级专精特新“小巨人”企业长光卫星技术公司授信4亿元并完成首笔发放，为中车长客、华道生物、一汽模具等13家制造业企业提供流动性资金支持31亿元。服务“双碳”战略，为长春生活垃圾焚烧项目、净月新立城水库PPP项目授信19亿元，助力保障地区固废垃圾无害化处理能力和居民饮水安全。开展高标农田统筹建设研究，支持九台旱改水项目，助力保障粮食安全。向一汽进出口公司发放稳外贸专项贷款，是首次向一汽集团发放外币贷款。制定差异化筹组方案，完成吉润医院、新立城水库、新区产业配套项目银团组建。（张　泽）

【中国农业发展银行吉林省分行营业部】　2022年，中国农业发展银行吉林省分行推进农发基础设施基金投放，率先对长春市二道区2022年城镇老旧小区改造项目投放全省首笔基金4006万元。对长春市“双碳”产业园区等6家客户投放基金20.24亿元，占全省农发行系统64%。坚持投贷存同步推进，政企银“三位一体”，支持6个重点项目开工建设，拉动投资上百亿元。服务区域重大战略部署落地实施，支持水、电、路、气、热、信息网等基础生活设施补短板和提质增效。对中韩示范区、长春皓月、双阳冠科种植专业合作社等7户企业审批绿色信贷贷款25亿元，投放3.46亿元。（杜越佳）

【中国工商银行长春分行】　中国工商

12月10日，中国工商银行长春分行举办2022—2023年度旺季营销启动会　　（中国工商银行长春分行　供图）

银行长春分行作为工商银行总行在长春地区的分支机构，全辖机构总数138个，包括23家一级支行，115家二级支行。截至年末，该行全部存款余额1996亿元，各项贷款余额1647亿元，拨备后利润29亿元，净利润21亿元，分别比2021年末增长11%、10%、11%和4%，向全市近700万户个人客户和5万户对公客户提供金融产品和服务。

2022年，该行率先投放省内首笔设备更新改造贷款和城市更新项目贷款，首家为“保交楼”项目提供配套融资；投放1亿元国家级专精特新中长期贷款，实现科创类贷款单笔投放历史突破；制造业、民营、涉农、战略新兴、数字供应链等社会责任类贷款均超额完成全年计划。长春疫情防控阶段，用时1天发放3亿元贷款，支援长春市医院建设，成为吉林省首家为长春市医院建设投放信贷资金支持的金融机构。围绕防疫工程项目、城市公共交通、高速公路、电力供应、医药销售、重点制造企业等领域，累计提供融资支持超90亿元，针对重点保供企业发放“抗疫贷”6200万元。年内，开展金融社保卡、供暖直联缴费、银校通、高速公路扫码支付、党费云平台等民生项目，为全市人民提供便捷的金融服务。疫情期间为个人客户办理信用卡、房贷延期还本付息，助力百姓纾困解难。贯彻“保交楼”工作要求，择优支持重点区域、优质房企融资需求，做好保障性住房和租赁住房融资支持，“保交楼”贷款余额保持同业首位。紧跟长春市发展变迁，合理做好网点布局优化调整，网点数量遍布各区，服务触角延伸全市。（王　锟）

【中国农业银行长春分行】 中国农业银行长春分行下辖17家一级支行。其中，城区支行12个，县域支行5个。网点180个。其中，城区网点100个，县域网点80个。截至年末，该行各项存款余额1002.9亿元，各项贷款余额851.3亿元。全年，投放实体贷款301.9亿元。其中，支持“国际汽车城”建设，投放贷款63.8亿元，发放供应链贷款2.8亿元；支持“双碳示范城”建设，为长春地铁、轨道交通新增贷款7.9亿元；支持“科技创新城”建设，制造业贷款净增3.3亿元，战略新兴产业贷款净增5.8亿元，专精特新小巨人企业新增贷款3.7亿元；支持“新兴消费城”建设，全年个人贷款净增4.1亿元；支持“文化创意城”方面，投放贷款10.3亿元。服务乡村振兴战略，加大信贷投入力度，县域涉农贷款净增10.6亿元，乡村产业贷款净增7亿元，粮食安全贷款净增3.3亿元，惠农e贷净增3.5亿元。其中，“千亿斤粮食”工程贷款净增3.3亿元，“千万头肉牛”工程贷款净增5.1亿元。巩固脱贫攻坚成果，精准扶贫贷款余额27.7亿元。加大支持民营及小微企业力度，民营企业贷款净增6亿元，银保监口径普惠贷款净增5.9亿元。制定相关措施，加大对疫情相关企业、备耕春耕、稳产保等重点领域支持力度，通过实施名单制管理、简化业务流程、降低准入门槛、建立绿色通道、实施减费让利、提高办贷效率等举措，满足疫情物质生产和经济社会发展需，投放重点领域贷款70亿元。支持社会民生，全年为176户小微企业办理续贷展期4.1亿元；为农户办理展期、宽限期2878笔、金额2.6亿元；为法人企业办理展期6户、金额4.1亿元。开展帮扶活动，疫情期间为74家单位援助防疫物资659万元，开展志愿服务6365人次。全年创建77家环卫驿站，为环卫工人提供休息空间。

（曹　宁）

【中国银行吉林省分行】 2022年，中国银行吉林省分行响应长春市“六城联动”战略，针对核心产业、重点项目、普惠金融等方面提供金融服务，助力区域内实体经济发展。截至年末，中国银行长春地区人民币各项贷款时点余额895.08亿元，较年初新增81.03亿元，增幅9.95%，超全省贷款平均增速4.03个百分点。

助力长春市重点基础设施建设 加大长春市重点产业、重点基础设施建设项目信贷投放力度。交通基础设施建设方面，为长春地铁、轨交核定190亿元信用总量，累计投放107.61亿元，授信余额排名四大行第一；城市重大基础设施建设方面，为长发集团、润德集团、新发集团等重点城市基础设施建设主体核定近120亿元信用总量，累计投放60.23亿元，支持伊通河改造、润德租赁房以及新区产业配套等长春市重点项目。

助力长春市乡村振兴 2022年，中国银行长春地区普惠型小微企业信贷余额27.67亿元，比年初新增6.78亿元，增速32.46%。长春地区普惠线上贷款余额9.63亿元，比年初净增1.18亿元，线上业务新增占比17.4%。

助力长春市支柱产业发展 围绕“国际汽车城”建设目标，提高对汽车产业和装备制造业贷款支持，扩大对整车制造、汽车零部件、新能源汽车、轨道交通装备等信贷支持。重点支持一汽集团绿色转型升级，为一汽集团整体核定480亿元信用总量，为一汽集团及所属企业提供资金支持合计82.46亿元，为一汽产品销售个人提供资金支持9.35亿元。加大对汽车产业链、供应链企业金融支持力度，为长春市117户零部件企业和经销商提供55.5亿元授信支持。

助力长春市肉牛经济发展 围绕长春市“现代农业城”建设，重点支持“秸秆变肉”暨千万头肉牛建设工程，对皓月集团、城开肉牛等农业产业化领军型龙头企业提供信贷支持，余额突破10亿元。开展肉牛“个人经营贷款 吉畜贷”入选吉林支牧十大典型案例。

助力科技创新城建设 以科技金融服务助力产学研发展，支持国家战略新兴产业成长，中国银行长春地区战略新兴产业贷款余额新增60.45亿元。

助力企业“走出去”和“引进来” 2022年，实现长春地区国际贸易结算量43.29亿美元，占四大行市场份额35.15%。实现长春地区跨境人民币业务量104.93亿元，同业市场份额28.31%，连续2年实现同业第一位。2022年，为长春地区5家外商投资企业办理境内直接投资新设、增资及股权转让登记，累计吸引外资金额约人民币0.43亿元，利用专业服务为外商投资企业提供配套金融服务，解决企业后顾之忧。

（李才智）

【中国建设银行吉林省分行】 2022年，中国建设银行吉林省分行全辖机构总数337个，其中长春地区包含直属支行18个，机构总数132个。截至年末，中国建设银行长春地区存款余额2170亿元，各项贷款余额1685亿元，分别比2021年末增长8.6%、15.5%，向全市近415.59万户个人客户和5.16万户对公客户提供金融产品和服务。年内，提供抗疫稳产专项支持，合理延长受疫情影响贷款期限7297笔，贷款延期金额132.68亿元，减轻企业财务负担。助力专精特新企业发展，成立科技支行，对接省内科创企业需求，全年支持省级以上专精特新中小企业71户，贷款余额36.03亿元。推动重点产业升级，围绕汽车、轨道客车、医药、化工、农产品加工等优势领域，加大制造业贷款投放，制造业贷款余额365.9亿元，新增82.37亿元。实施乡村振兴战略部署，创新“新农担保贷”“惠e农”等乡村振兴专属产品，构建乡村金融生态圈，围绕核心涉农企业打造养殖和粮食产业链建行服务模式。（王　悦）

【交通银行吉林省分行】　2022年，交通银行吉林省分行在长春市内设有机构网点32个，在长春地区资产规模总额714.30亿元，比2021年增长17.22%。各项存款余额640.54亿元，比2021年增长14.19%；各项贷款余额561.25亿元，比2021年增长5.29%。全年在长春地区投放人民币贷款403.64亿元。其中，战略新兴产业贷款26.48亿元，比2021年增长192.29%；制造业贷款47.84亿元，比2021年增长61.87%，其中制造业中长期贷款8.22亿元，比2021年增长57.62%；普惠小微贷款38.26亿元，比2021年增长23.40%；民营企业贷款114.45亿元，比2021年增长5.49%。投放交通物流、设备更新改造、科技创新、碳减排支持工具等人行再贷款27.31亿元。加强对小微企业信贷支持，在长春地区普惠型涉农贷款比年初增长62.97%。长春市内普惠小微客户数2398户，比年初增长218户，增幅10%。聚焦保民生、促消费等重点领域，推进教育、医疗、消费等金融场景建设，实现一汽红旗汽车消费贷和卡分期业务落地。发展贸易金融，做优汽车产业链金融服务，迭代优化智慧汽车系统，成功上线智慧汽车经销商秒放秒承功能，提升一汽汽车产业链上下游企业融资效率和客户体验。（郭　钰）

【中国邮政储蓄银行长春市分行】
截至年末，邮储银行长春地区总资产、总负债规模均突破1000亿元。其中，总资产1012亿元，比2021年增长82.43亿元，增幅8.86%；总负债1009.29亿元，比2021年增长79.92亿元，增幅8.57%。各项存款余额613.63亿元，比2021年增长44.95亿元，增幅7.90%；各项贷款余额652.2亿元，比2021年增长48.51亿元，增幅8.04%。完成收入11.24亿元，比2021年增长1.12亿元，增幅11.09%。2022年，邮储银行长春市分行党委获评“中国邮政集团有限公司第二批党建工作示范单位”，所辖公主岭市支行获评中国金融工会“全国金融先锋号”、人民广场支行获评长春市总工会“长春市模范集体”。

助力乡村振兴　通过“数字转型+整村授信+批量开发”模式，在长春地区建成信用村1891个（覆盖91%以上的行政村），评定信用户5.26万户，线上信用户贷款结余2.22亿元。聚焦吉林省“千亿斤粮食”工程、“千万头肉牛”建设等工作为重点，服务乡村振兴。涉农贷款结余13.34亿元，净增5.86亿元，完成计划391%，实现持续增长监管目标。年内，投放个人经营性贷款42.69亿元，净增4.36亿元，贷款余额33.89亿元。

助力小微企业发展　2022年，普惠型小微企业贷款余额38.11亿元，比年初增长4.45亿元，户数比年初净增741户。加大科技企业和专精特新企业支持力度，为4户科技企业放款823万元。针对小微企业和个体工商户，全年减免各类费用60.73万元；通过财政专项补贴资金、就业局贴息等形式，帮助企业降低资金成本，客户获得贷款贴息金额234.64万元。

绿色银行建设　支持公共交通运输等项目建设，全年投放公司贷款73.65亿元。强化授信政策引领，严把准入环节，持续推进绿色信贷投放工作，实现绿色信贷余额43.04亿元，比年初增加6.99亿元，增幅19.34%。（林丰梅）

【吉林银行长春分行】　截至年末，吉林银行长春分行资产规模2319.65亿元，其中各项贷款余额1714.09亿元，比2021年增长250.92亿元，增速17.15%。负债规模2309.54亿元，其中各项存款余额2136.49亿元，比2021年增长249.64亿元，增速13.23%。不良贷款18.10亿元，比2021年增加3.73亿元。不良贷款率1.06%，比2021年上升0.07个百分点。逾期贷款22.60亿元，比2021年增加4.55亿元。逾期贷款率1.32%，比2021年上升0.09个百分点。日均逾期贷款率4.85%，比2021年上升2.62个百分点。营业净收入36.10亿元，比2021年增盈2.56亿元。拨备前利润23.73亿元，比

6月16日，邮储银行长春市分行承办长春市金融服务“百日专项行动”启动仪式（冯　杉　供图）

2021年增盈2.12亿元。净利润14.26亿元，比2021年增盈1.91亿元。中间业务收入（考核口径）6.03亿元，比2021年增盈1.67亿元。

2022年，吉林银行长春分行支持重大项目建设，全年发放贷款256户、金额695.77亿元；支持重点产业，发放专精特新贷款91户、金额13.05亿元，医药行业贷款14.02亿元，肉牛产业贷款19.31亿元；发展绿色金融，重点跟踪吉电股份、省地方水电、奥迪PPE等绿色项目，全年发放绿色金融贷款42.12亿元；发展普惠金融，承担“六稳”“六保”任务，投放“支小再贷款”96.06亿元，为1121户受疫情影响小微企业办理延本缓息业务，合计授信金额96.85亿元。履行地方银行社会责任，为抗疫相关企业提供资金支持23.41亿元。发放保供热、保燃气、保粮食、保交通、保交楼贷款82.19亿元。支持“十四五”规划城市基础设施建设，为润德集团、公交集团新增授信57.84亿元。加强风险防控，全年实现不良资产清收16.32亿元、不良资产利息清收0.66亿元，处置抵债资产3.05亿元，均超额完成全年计划。常态化开展以案促改工作，审核、发布、修订和废止各类制度31项，落实整改总行检查发现问题334个。加强违规高发环节风险排查，全年开展各类检查86次，警示教育覆盖面100%。

（耿继飞）

【中国民生银行长春分行】 2022年，中国民生银行长春分行存款日均规模比2021年增长11.5%，为近6年峰值；贷款日均规模稳中有升，比2021年增加2.3亿元。年内，中标中国一汽金融产品超市项目，入围一汽红旗上游供应商融资业务合作银行。一汽集团成员单位及产业链企业存贷款规模均超百亿元；小微贷款规模突破百亿元，普惠小微贷款余额在规模及增量上居区域股份制银行首位，完成监管普惠小微信贷计划，连续3年获评“吉林省创业担保贷款突出贡献单位”。围绕域内百姓日常生活场景，打造覆盖“衣食住行游娱购”全场景生态，获评“吉林省最佳服务银行”“吉林省最具影响力金融机构”。（于启冬）

【中信银行长春分行】 2022年，中信银行长春分行全口径对公存款比2021年增长15.55亿元，对公核心比2021年增长49.72亿元，完成率276%；全口径个人存款比2021年增长14.54亿元，完成率121%；零售管资比2021年增长29.8亿元，完成率125%；零售考核连续2年获组内A类分行；国际业务外管评级为A；全年无风险、无案件发生。年内，中信银行长春分行绿色信贷、战略新兴、民企贷款增量明显，普惠金融、普惠个贷、涉农个贷超额完成考核。其中，个人经营贷超额完成总行增量指标，完成率300%，普惠个贷余额增量完成率631%，普惠个贷涉农完成率203%，涉农个贷余额增量完成率107%。（何　峰）

【九台农商银行】 吉林九台农村商业银行股份有限公司（简称九台农商银行）是中国银监会批准设立的东北地区首家农商银行，下辖长春、通化、松原3家分行，90家支行、1家营业部、78家分理处、3家储蓄所，计175个经营网点；控股34家村镇银行和吉林九银金融租赁股份有限公司。至2022年年末，合并口径资产总额2670.01亿元，比2021年增长14%；吸收存款总额2273.45亿元，比2021年增长17.7%；发放贷款及垫款总额1720.29亿元，比2021年增长9.7%。实现年度利润16.72亿元，比2021年增长29.6%。2022年7月，英国《银行家》杂志公布“2022年全球银行1000强”榜单，九台农商银行列第480位，名次比2021年提升20位。2022年9月，连续第7年入选中国银行业协会发布的“中国银行业100强榜单”。

（李双龙）

资本市场

【概况】 2022年，长春市有证券期货法人机构4家。其中，证券公司2家（东北证券、恒泰长财证券），期货公司2家（天富期货、东方汇金期货）。证券期货分支机构99家。其中，证券分支机构90家，期货分支机构9家。长春市有A股上市公司29家，包括主板21家，创业板5家，科创板2家，北交所1家；新三板挂牌公司28家，包括创新层9家、基础层19家。有拟上市公司16家，在审公司4家，辅导备案6家。

截至年末，长春市通过资本市场融资248.29亿元，比2021年增长51.5%。包括5家上市公司定向增发融资33.15亿元，比2021年增长6.25%；2家新三板挂牌公司增发融资0.34亿元，比2021年下降85.89%；发行18只公司债券融资214.8亿元，比2021年增长106.78%。

【上市公司监管】 2022年，长春市贯彻落实《关于进一步提高上市公司质量的意见》任务要求，多措并举，督促上市公司夯实治理根基、提高治理水平。长春上市公司治理问题整改率100%。加强日常监管，审核上市公司临时公告，对上市公司开展现场检查，下发监管关注函件，对违规行为采取出具警示函或责令改正的监管措施，对信披违规行为进行立案调查处理。2022年，以全面实行股票发行注册制为契机，配合落实“吉翔计划”，传达最新上市审核动向，宣传企业上市挂牌政策，联合地方政府部门共同挖掘后备资源，加大上市培育力度，鼓励长春市符合条件的企业坚定上市信心，借力资本市场实现快速发展。

【投资者权益保护】 2022年，开展“红心迎七一 献礼二十大”主题投资者保护教育活动。邀请投资者和投教基地进行座谈，组织投资者走进上市公司及上市公司走进投教基地，组织投资者云游中国证券博物馆网上展馆，联合相关交易所举办专场活动，用优质服务增强投资者获得感。开展投资者保护教育，全年组织开展“3·15”投资者保护主题教育、“5·15”投资者保护宣传日、防范非法证券期货宣传月等主题投教活动13项，组织举办投资者教育知识座谈讲座、线上直播，进社区、进高校，防非知识展览、知识竞赛等各类活动，将证券期货基础法规、业务政策送到投资者身边，提升投资者法律意识和风险防范能力。加强与教育部门、各级学校沟通联系，优化协作机制，引导中小学学生树立正确的金钱观、消费观、理财观。开展证券期货纠纷多元化解工作，发挥投资者权益救济机制作用。

【资本市场服务】 2022年，以股票发行全面注册制改革为契机，宣传企业上市挂牌政策，联合相关部门共同挖掘后备资源，加大上市培育力度，鼓励符合条件企业借力资本市场实现快速发展。年内，推动1家企业上市，新迁入1家上市公司，7家企业在审。促进私募股权投资基金服务直接融资，推动投融资对接，发挥私募基金促进企业直接融资作用，鼓励私募股权基金投向相关企业，培育壮大市场主体。发挥期货市场服务功能，助力实体经济纾困解难。“保险+期货”项目保障生猪、大豆、饲料及玉米现货，帮助种植、养殖农户规避风险；“企业风险管理计划”场外期权项目为生猪养殖合作社提供风险管理服务。

【东北证券】 2022年，实现营业收入50.77亿元，比2021年下降32.10%；实现归母净利润2.31亿元，比2021年下降85.78%。基本每股收益0.10元，比2021年下降85.51%；加权平均净资产收益率1.28%，比2021年下降8.09个百分点。2022 年拟10派1.00元（含税），分派红利总额占合并报表中归属于上市公司普通股股东净利润比率为101.34%。

【恒泰长财证券】 2022年，实现收入及其他收益27.25亿元，与2021年同期39.25亿元相比，减少28.74%。净利润亏损15.02亿元，由盈转亏。分业务来看，经纪业务收入17.21亿元，比2021年下降18.04%；投行业务收入1.8亿元，比2021年下降49.27%；资管业务收入5.29亿元，比2021年下降27.40%；自营业务收入2.56亿元，比2021年下降56.23%。手续费及佣金收入16.49亿元，比2021年下降26.11%。

【天富期货】 2022年，天富期货公司实现营业收入1.52亿元，上年同期为1.11亿元，比2021年增加0.41亿元，增长36.99%。在2021年扭亏为盈基础上，2022年实现净利润502万元，比

表44 2022年长春市证券经营机构一览表

序号	机构性质	机构名称
1	法人机构	东北证券股份有限公司
2		恒泰长财证券有限责任公司
3	驻长分公司	安信证券股份有限公司吉林分公司
4		广发证券股份有限公司长春分公司
5		国开证券股份有限公司吉林省分公司
6		国泰君安证券股份有限公司吉林分公司
7		国信证券股份有限公司吉林分公司
8		海通证券股份有限公司吉林分公司
9		恒泰证券股份有限公司长春分公司
10		华福证券有限责任公司吉林分公司
11		华林证券股份有限公司吉林分公司
12		江海证券有限公司吉林分公司
13		九州证券股份有限公司吉林分公司
14		开源证券股份有限公司吉林分公司
15		联储证券有限责任公司吉林分公司
16		平安证券股份有限公司吉林分公司
17		申万宏源证券有限公司吉林分公司
18		世纪证券有限责任公司吉林分公司
19		西南证券股份有限公司吉林分公司
20		兴业证券股份有限公司吉林分公司
21		中国银河证券股份有限公司吉林分公司
22		中天国富证券有限公司吉林分公司
23		中信建投证券股份有限公司吉林分公司
24		中信证券股份有限公司吉林省分公司
25		中邮证券有限责任公司吉林分公司

（吉林证监局）

表45 2022年长春市期货经营机构一览表

序号	机构性质	机构名称
1	法人机构	天富期货有限公司
2		东方汇金期货有限公司
3	分支机构	渤海期货股份有限公司长春营业部
4		光大期货有限公司长春营业部
5		国泰君安期货有限公司吉林分公司
6		华融融达期货股份有限公司长春营业部
7		银河期货有限公司长春营业部
8		永安期货股份有限公司吉林分公司
9		华安期货有限责任公司长春营业部
10		东方汇金期货有限公司吉林省分公司
11		西南期货有限公司长春营业部

（吉林证监局）

表46　2022年长春市上市公司一览表

证券代码	证券名称	上市地点	注册地址	首发上市日
000030.SZ	富奥股份	深圳证券交易所	吉林省长春汽车经济技术开发区东风南街777号	1993年9月29日
000546.SZ	金圆股份	深圳证券交易所	吉林省长春市净月开发区中信城枫丹白露一期3栋906室	1993年12月15日
000661.SZ	长春高新	深圳证券交易所	长春市高新区海容酒店及海茵广场写字楼B座2708室	1996年12月18日
000686.SZ	东北证券	深圳证券交易所	吉林省长春市生态大街6666号	1997年2月27日
000800.SZ	一汽解放	深圳证券交易所	吉林省长春市汽车开发区东风大街2259号	1997年6月18日
000875.SZ	吉电股份	深圳证券交易所	吉林省长春市人民大街9699号	2002年9月26日
002232.SZ	启明信息	深圳证券交易所	长春净月高新技术产业开发区百合街1009号	2008年5月9日
002338.SZ	奥普光电	深圳证券交易所	吉林省长春市经济技术开发区营口路588号	2010年1月15日
003029.SZ	吉大正元	深圳证券交易所	长春市前进大街2266号	2020年12月24日
200030.SZ	富奥B	深圳证券交易所	吉林省长春汽车经济技术开发区东风南街777号	1993年9月29日
300396.SZ	迪瑞医疗	深圳证券交易所	长春高新开发区云河街95号	2014年9月10日
300510.SZ	金冠股份	深圳证券交易所	吉林省长春市双阳经济开发区延寿路4号	2016年5月6日
300597.SZ	吉大通信	深圳证券交易所	长春市朝阳区南湖学府经典小区第9幢701室	2017年1月23日
300923.SZ	研奥股份	深圳证券交易所	长春市绿园经济开发区中研路1999号	2020年12月24日
300985.SZ	致远新能	深圳证券交易所	吉林省长春市朝阳经济开发区育民路888号	2021年4月29日
600110.SH	诺德股份	上海证券交易所	吉林省长春市高新北区航空街1666号	1997年10月7日
600148.SH	长春一东	上海证券交易所	长春市高新技术产业开发区朝阳区超然街2555号	1998年5月20日
600189.SH	泉阳泉	上海证券交易所	长春市硅谷大街4000号	1998年10月7日
600215.SH	派斯林	上海证券交易所	长春市经济开发区南沙大街2888号	1999年9月9日
600333.SH	长春燃气	上海证券交易所	长春市朝阳区延安大街421号	2000年12月11日
600697.SH	欧亚集团	上海证券交易所	长春市朝阳区工农大路1128号	1993年12月6日
600742.SH	一汽富维	上海证券交易所	吉林省长春市汽车产业开发区东风南街1399号	1996年8月26日
600881.SH	亚泰集团	上海证券交易所	吉林省长春市吉林大路1801号	1995年11月15日
601279.SH	英利汽车	上海证券交易所	长春市高新区卓越大街2379号	2021年4月15日
601518.SH	吉林高速	上海证券交易所	吉林省长春市经济技术开发区浦东路4488号	2010年3月19日
601929.SH	吉视传媒	上海证券交易所	长春市净月开发区和美路999号吉视传媒信息枢纽中心	2012年2月23日
603559.SH	ST通脉	上海证券交易所	吉林省长春市南湖大路6399号	2016年12月2日
688276.SH	百克生物	上海证券交易所	吉林省长春市高新开发区火炬路1260号	2021年6月25日
688378.SH	奥来德	上海证券交易所	吉林省长春市高新开发区硅谷新城生产力大厦A座19层	2020年9月3日
831726.BJ	朱老六	北京证券交易所	吉林省长春市九台区卡伦经济开发区	2021年5月27日

（吉林证监局）

2021年增长301万元，增幅149.34%。全年计提期货风险准备金701万元，无风险事故、未动用风险准备金。全年成交量1046.01万手，比2021年1200.98万手下降12.9%。成交额6732.09亿元，比2021年成交额9123.53亿元下降26.21%。

【东方汇金期货】　2022年，东方汇金期货公司有10家分公司，全年营业收入9231.420万元，比2021年下降41.13%；净利润51.93万元，比2021年下降96.73%；成交量1036.73万手，比2021年下降14.26%。年内，发行第一只资管产品，参加第十六届全国期货（期权）实盘交易大赛，获优秀客户服务奖。

（郭昱晖）

保险业

【概况】　2022年，长春市有保险公司及分支机构464家，保险从业人员

5.25万人。其中，保险公司总公司2家（安华农险、鑫安汽车保险）、省级分公司38家（人身险20家、财险18家）；保险专业中介法人机构34家、省级分支机构111家。截至年末，长春市保险业实现原保险保费收入306.04亿元，比2021年下降2.64%。其中，财产险公司保费收入108.23亿元，比2021年下降0.90%；人身险公司保费收入197.81亿元，比2021年下降3.57%。长春市保险业赔付支出104.59亿元，比2021年下降16.23%。其中，财产险公司赔款支出66.92亿元，比2021年下降12.65%；人身险公司赔付支出37.67亿元，比2021年下降21.91%。长春市保险业承担风险总额41.24万亿元，比2021年增长16.22%。其中，财产险公司保险金额33.22万亿元，比2021年增长15.67%；人身险公司期末有效保险金额8.02万亿元，比2021年增长18.59%。长春市保险公司总资产940.10亿元，比2021年增长11.50%，比年初增加96.99亿元。

【疫情防控支持】 合理加大疫情防控金融支持力度，做到应赔尽赔快赔。2022年疫情期间，吉林银保监局督导长春地区保险机构办理保险理赔34万笔、理赔金额16亿元。保险机构将意外、疾病等保险责任扩展，提供保险保障1954亿元、惠及105万人次。

【民生保障支持】 加大扶贫产业保险支持保障力度，引导保险公司将疾病医疗类保险责任主动扩展，助力防疫工作；做好城乡居民大病保险理赔，推进大病保险扶贫，减少“因病致贫、因病返贫”；深化养老金融改革，推动专属商业养老保险试点，规范发展第三支柱养老保险。推动商业医疗补充保险发展，推动城市定制型商业医疗补充保险稳健发展，服务医疗体制改革和健康中国战略。

（刘宇建）

表47　2022 年长春市保险业务情况统计表

指标名称	保险费收入（千元）	赔付支出（千元）	赔付率（%）
总计	30604231	10459597	34.2
一、财产险合计	9099928	6003127	66.0
企财险	478381	343022	71.7
家财险	10542	18842	178.7
机动车险	5453803	3185279	58.4
工程保险	67800	42724	63.0
责任险	642800	276120	43.0
信用保险	55848	38721	69.3
保证保险	591632	1044969	176.6
船舶保险	306	122	39.9
货运险	177473	193474	109.0
特殊风险保险	11139	818	7.3
农业保险	1387540	747595	53.9
其他	132665	111439	84.0
二、人身险合计	21504303	4456470	20.7
人寿保险	14318988	2158924	15.1
意外伤害险	611850	157834	25.8
健康险	6573466	2139712	32.6

（市统计局）

【中国人寿长春分公司】 2022年，中国人寿长春分公司克服新冠疫情影响和行业发展面临转型压力，业务发展整体稳健，全年实现总保费收入22亿元，其中首年期交保费收入近3.34亿元。全年理赔3.31万件，理赔金额1.63亿元。推广乡村振兴普惠保险业务，通过扩大健康险在农村地区覆盖范围，实现乡村振兴业务保费收入329.63万元，提供超过38.66亿元保险保障。 （姚惠文）

【中国人保财险长春市分公司】 2022年，中国人民财产保险股份有限公司长春市分公司（简称中国人保财险长春市分公司）保费收入24.5亿元，支付赔款13.8亿元。年内，中国人保财险长春市分公司助力服务健康养老，为全市586.9万人提供大病医疗保障，支付赔款2.86亿元；助力服务乡村振兴，立足“三农”发展，开发乡村振兴产品，全年农业保险保障户数11.91万户，提供风险保障金额47.87亿元；与吉林省医保局合作推动“吉康保”惠民保产品，全年服务33万人，风险保障7392万元，赔款保障1272万元；助力服务社会治理和智慧交通，配合省政府和省交警总队开展车辆集中整治工作，全年保障人数8.62万人。全年线上化处理案件2.49万笔，缴税及代缴税收1.72亿元。 （付　尧）

【平安人寿吉林分公司】 2022年，平安人寿长春地区个险实现总保费收入49.5亿元，比2021年下降8.0%。其中，个险新单保费6.2亿元，比2021年下降35.6%；个险续期保费43.4亿元，比2021年下降2.1%。全年长春地区理赔5.56亿元，比2021年下降16.0%。其中，人寿保险理赔金额0.81亿元，比2021年增长2.5%；健康保险理赔4.70亿元，比2021年下降18.1%；意外伤害保险理赔0.05亿元，比2021年下降44.4%。疫情期间，上线智慧客服项目，小微企业主在个人手机上通过自助或视频连线客服柜员方式办理99%保全业务（含保单贷款），提升小微企业主办理保全业务时效。基于移动互联科技推出“安e赔”线上理赔服务，简化理赔流程，提升理赔服务时效。

（尹　帅）

【平安产险长春中支】 2022年，中国平安财产保险股份有限公司吉林分公司长春中心支公司（简称“平安产险长春中支”）全年保费收入25.43亿元，比2021年增长3.55%，市场份额比2021年提升1.24%。为社会提供风险保障81470.48亿元，累计赔款19.26亿元。年内，平安产险长春中支为长春市交通、能源、水利等多个基础设施相关企业提供定制化保险服务，保险种类涵盖“财产一切险、公众责任险、工程一切险保险服务、校方责任险服务、雇主责任险保险服务、财产综合险”等多个险种。启动道路交通事故社会救助基金，救助基金保障交通事故受害人合法权益，推动社会救助事业高质量发展。（彭 飞）

【大地产险长春中支】 中国大地财产保险股份有限公司长春市中心支公司（简称大地产险长春中支）设朝阳、高新、自由、绿园、榆树、农安、德惠、双阳、九台、公主岭10个四级分支机构。2022年，完成保费收入5.31亿元，市场排名第6。年内，强化渠道化经营，稳定车险基本盘，利用“流量+板块”进非车险业务发展，参与服务乡村振兴、林木保险、居民长护险、居民补充医疗保险等重大项目，通过大非车队伍建设为重大项目提供保障。开展特色理赔服务，在微信小程序或“大地超A”App中，使用“自主赔”功能，开展关爱礼赔探视服务等，开发线上理赔平台，利用智能语音等技术，完成线上化、一站式理赔。

（大地产险长春中支）

【安华农业保险长春中支】 2022年，安华农业保险长春中心支公司（简称安华农业保险长春中支）实现保费收入5.67亿元，达成率99.25%。其中，车险保费1.55亿元，财险保费0.5亿元，种植险保费1.76亿元，养殖险保费1.86亿元，林险保费16.44万元，总利润1亿元，综合赔付率52.58%，综合费用率24.15%，综合成本率76.73%。全年清理应收保费1.32亿元。在国家支持开展完全成本保险背景下，安华农业保险长春中支推动肉牛险种市场开发，与城开、皓月、新兆等肉牛养殖企业达成合作，肉牛险种比2021年增长711万元。面对长春地区严重内涝灾情，做好农险理赔工作。采取无人机加人工方式，准确核定绝收面积，无人机飞行超过1000架次。在理赔过程中，按照实际灾情确定合理赔付标准，确保受灾农户满意，使理赔工作平稳落地。推动农商互保业务，投标银贷业务，新增2家银行渠道，签约保费116万元。中标入围中韩合作示范区工程险、安责险项目，出单保费实现368万元。全年财险盈利1418万元。（董文娜）

7月18日，安华农业保险长春中支为承保的中韩示范区长德街道捐赠24台水泵

（李长生 供图）

其他非银行金融机构

【概况】 2022年，通过推动地方金融组织优胜劣汰、减量增质，长春市纳入监管地方金融组织208家。其中，小额贷款公司25家，融资担保公司82家，典当行78家，融资租赁公司11家，商业保理公司7家，地方交易场所5家。截至年末，全市82家融资担保公司全年新增融资担保业务4.88万笔，新增担保额度722.6亿元，在保余额924.3亿元，平均担保费率1.2%；全市小贷公司26家，发放贷款2799笔，计16.6亿元，贷款余额11.4亿元；全市典当机构79家，典当余额6.4亿元。

【典当行】 2022年，长春市有典当行78家，从业人员数393人，注册资本金11亿元，业务开展3363笔，典当余额6.4亿元。

【融资担保公司】 2022年，长春市有融资担保公司及分公司82家。其中，国有独资28家，国有控股2家，国有参股7家，民营45家。累计注册资本金约251.3亿元，开展业务48848笔，新增融资担保额度722.6亿元，在保余额924.3亿元，在保企业9.03万户。经过两批次认定，列入政府性融资担保机构名单13家。

【商业保理公司】 2022年，长春市有7家商业保理公司纳入监管名单，注册资本总额为5.8亿元，资产总额5.9亿元，年末应收保理融资款本金3.1亿元。

【小额贷款公司】 2022年，长春市有小额贷款公司25家，支持小微企业贷款2685笔，放贷16.1亿元，小微企业贷款余额10.1亿元，分别占全市发放贷款总数、发放贷款总额、贷款余额总额的95.9%、96.7%和89.2%。

【融资租赁公司】 2022年，长春市有11家融资租赁公司纳入监管名单。其中，法人机构6家，分公司5家。注册资本总额10.7亿元。全年开展融资租赁业务19笔，交易合同总额3.7亿元。

（杨景涛）

旅游业

LÜ YOU YE

综　述

【旅游业发展情况】　据文化和旅游部数据中心测算，2022年全市接待游客5633.13万人次，实现旅游收入781.4亿元，分别恢复至2021年同期的70%和67%。其中，国内旅游收入779.7亿元，下降61.8%；旅游外汇收入0.25亿美元，下降53.4%。长春市避暑、冰雪旅游稳居全国第一阵营。年内，召开文旅行业助企纾困政策说明会，制定纾困实施细则19个，为100余家旅行社企业暂退旅游服务质保金1400余万元，引导全市文旅行业止损、减负、复苏。2022年，长春市旅行社营业收入1.22亿元，比2021年下降47%。长春市获评“2022年冰雪旅游十佳城市”。长春净月潭旅游发展集团有限公司、长春文化国际旅行社有限公司、吉林省环球国际旅行社有限公司、伪满皇宫博物院、长春市文庙博物馆、吉林省酒文化博物馆评为省级文明旅游示范单位。在2022携程集团全球合作伙伴峰会上，长春市获“年度超级目的地”“新晋美食目的地”2个奖项，市文广旅局获“年度创新突破奖”。

【旅游发展规划】　6月28日，印发《长春市人民政府办公厅关于印发长春市旅游发展“十四五”规划的通知》，全市按照“一个核心”“两大品牌”“四大主题”“六大举措”“十大度假区”架构发展旅游业。7月19日，《文化创意城发展规划》作为《长春市“六城联动”区域规划》内容的一部分，经市委、市政府印发实施。

延伸阅读>>

长春市“十四五”旅游发展战略路径

全市旅游业按照“一个核心”“两大品牌”“四大主题”“六大举措”“十大度假区”架构发展。

1.“一个核心”

长春都市旅游核心区。以长春市中心城区为核心，以长春市作为全省旅游集散中心、交通枢纽中心、消费交易中心、商务会议中心、区域创新中心、文旅创意中心的“六大中心”定位支撑起“一个核心”，发挥中心城区的旅游集散、文化宣传、餐饮购物、商务休闲等城市旅游功能。提升旅游产品质量与旅游要素发展水平，提高旅游接待能力，完善城市旅游体系，打造高质量旅游发展环境。大力发展全时全域旅游，以都市旅游辐射带动乡村旅游发展，联动全省旅游资源，建设国内一流旅游城市，打造立足吉林省、辐射全东北、面向东北亚的旅游集散枢纽和综合服务中心。

2.“两大品牌”

围绕冰雪、避暑两大品牌，依托全市旅游度假区以及森林、山地、水域（湿地）等自然生态资源和城市休闲空间，大力开发文化创意、科技创新型冰雪艺术、冰雪游乐、冰雪彩灯、冰雪激光等冰雪观光体验产品，大力拓展乡村休闲、森林避暑、嬉水乐园、户外运动等避暑观光体验产品。进一步构建以冰雪旅游、冰雪运动、冰雪文化、冰雪装备为核心的“4+X”冰雪产业链和以文化观光、休闲消夏、康体养生、生态体验为特色的“4+X”避暑产业链。通过推进城市雕塑、冰雪景观、灯饰亮化和色彩美化、绿化工程，构建独具魅力的城市冬夏景观廊道，打造世界级冰雪旅游目的地和避暑旅游胜地。

3.“四大主题”

主题一：以汽车文化为引领的工业主题。立足长春国际汽车城建设，以一汽集团为龙头，以红旗绿色智能小镇为重点，推进红旗博物馆、汽车主题公园和东风大街街区改造等代表工程，促进汽车文化与历史文化融合互补，塑造独特汽车文化，利用新能源智能汽车服务构建汽车文化新场景，开发独具文化烙印的文创产品，创新打造以汽车为基础、以轨道交通为优势、以旅游为载体、以文化为内核、以体验为特征，支持可持续发展的工业旅游新模式。

主题二：以电影文化为引领的影视主题。在长春国际影都核心区内，发挥长春电影文化品牌优势，提升长春IP影响力。通过重点打造生态大街影视产业轴，依托优质生态本底资源，引领田园风情和创新美学相融合，高标准建设六大基地，突出发展影视文旅项目，聚焦影视拍摄和数字影视，提升影视后期制作水平，树立“全球影视后期制作中心”的国际品牌，打造涵盖影视全产业链的影视文化高地、数字产业高地、生态旅游高地，形成影视文旅产业生态圈，扩大旅游新供给，建设长春国际文旅创意城。

主题三：以高新技术为引领的创新主题。以区域性创新中心建设为重点，依托高校与科研院所、研发中心等平台，推进“产、学、研”有机结合，打造先进装备制造、新型材料、生物科技、农业科技主导产业旅游链，形成高新产业旅游链群。以航空航天产业生态圈为核心，以长光卫星、“吉林一号”等高新技术为引领，支持航空航天企业与旅游企业协同合作，发展科教与创新文化相融合的旅游业态，形成现代智慧风范与文化底蕴交相辉映的区域创新服务中心。

主题四：以区域合作为引领的开放主题。通过中韩（长春）国际合作示范区，打造中韩全方位宽领域开放合作平台，依托长春东北亚国际博览中心，推进中、韩、日、俄、朝文化与旅游互融互通的发展模式。扩大东北亚区域文化认同的宣传力度，举办中韩旅游年等具有影响力的旅游交流活动，拓展旅游外交工作，加强区域内地方政府、旅游协会、企业等多层次旅游合作，设计开发跨地区多元旅游产品，建设涵盖高端商业、特色商街、奥特莱斯、免税购物、餐饮娱乐的高端消费体验中心，大力发展商务会展、临空金融服务等现代服务业，形成以区域合作为引领的全方位文化旅游新格局。

4.“六大举措”

对接“一主六双”高质量发展战略，发挥长春“一主”核心主导作用，以“双线”为引领，利用“六大举措”赋能打造高质量的生态经济发展体系：一是聚焦“双线”为旅游经济发展蓄势，做精长通白延吉长避暑休闲冰雪旅游大环线、长松大白通长河湖草原湿地旅游大环线，在“双线”沿途发挥辐射带动作用，开辟旅游专线和旅游直通车，组建文旅“双线”市（州）联盟；二是依托长吉一体化、长平一体化“双协同”，打造连片市场一体化协同发展规划，构建旅游发展共同体；三是以“双廊”建设为载体壮大工业旅游、医药健康旅游发展范围与势力；四是以“双通道”为战略支点谋划边境旅游发展新思路，建立与沿边港口城市旅游合作新机制；五是融入构建“双带”联通东北亚并发展面向东北亚的国际文化旅游，将长春建设成区域重要客源中转站；六是深入“双基地”前沿阵地建设，催化文创产业与研学旅游结合发展，带动形成具有长春符号的创新文旅IP。通过产业空间布局与区域协同发展并举发力，利用“六大举措”与旅游产业共建共融、共谋共促，提高长春旅游发展前瞻性。

5.“十大度假区”

重点培育和打造净月生态旅游度假区、莲花山生态旅游度假区、庙香山生态旅游度假区、关东文化旅游度假区、神鹿峰旅游度假区、国信南山温泉旅游度假区、马鞍山乡村旅游度假区、北湖湿地旅游度假区、乐山休闲旅游度假区、双青湖旅游度假区等特色鲜明、功能完备、多业融合、竞争力强的十大特色旅游度假区。

（节选自《长春市旅游发展“十四五”规划》）

【旅游政策扶持】 2022年，长春市鼓励旅行社企业开拓国内和本地旅游市场，制定《长春市应对疫情进一步支持旅行社恢复发展实施方案》，奖补长春市对招徕旅游者有突出贡献的旅行社16家227万元，调度长春市文旅中小微企业2022年前三季度贷款情况，推荐上报市财政局争取贷款贴息支持，文旅企业符合要求的贷款贴息到账16.98万元。5月7日，印发《长春市文化广播电视和旅游局关于开展2022年“服务企业月”活动的通知》《长春市文化广播电视和旅游局关于指导帮助企业用足用好纾困政策措施的通知》，形成服务企业具体举措21条，组织各旅游企业通过网上通知、网上申请、网上审核、信函邮寄等形式开展质保金退返工作。全年审核完成65家非出境旅行社质保金退返，金额324.5万元；协助省文旅厅完成42家出境旅行社质量保证金退返初审，金额1159万元，指导各旅行社完成退取信息在国家旅游监管服务平台备案。旅游企业质保金取款业务中采取非主要材料实行容缺办理，减少旅游企业跑动次数和办理时间。

【旅游节庆活动】 2021—2022年雪季举办第25届长春冰雪节，开展主题活动180余项，接待游客4038.10万人次，实现旅游收入853.17亿元；2022—2023雪季举办第26届长春冰雪节，以十大冰雪乐园和四大滑雪场为核心，打造都市冰雪精品线路10条，策划冰雪活动百余项。消夏避暑季举办2022长春消夏艺术节，开展5大板块146项活动，全市接待游客2796.22万人次，实现旅游总收入337.09亿元。

【旅游主题宣传推介】 2022年，依托长春市冰雪和避暑两个资源优势和品牌节庆活动，完善“文旅+互联网”宣传推广模式。健全长春文旅新媒体传播矩阵，在原有9大新媒体平台基础上，开通“长春文旅”视频号，加强与头部平台宣传合作，实现媒体平台联动，打造宣传合力，以图文海报、网络直播、视频制作、专栏专刊、深入报道等形式宣传长春市特色文旅品牌，助力长春文化创意城建设。长春冰雪登录央视新闻直播间、央视影音、CCTV官网等央视媒体平台，第25届长春冰雪节直播及短视频宣传观看量超1700万次。2022消夏季发起的抖音“下一站长春见”话题挑战赛播放量超5800万次。“长春文旅”抖音官方账号获赞量126.9万次，“粉丝”数21.1万个，单条视频最高播放量超百万次。加快实施品牌聚能计划，启动“微度假 去长春”主题营销活动，优化“微度假”“周边游”新品宣传，助力企业宣传。

【全域旅游发展】 市文广旅局组织编制《长春市全域旅游发展规划（2020—2035年）》，推进长春市全域旅游发展。落实《关于加快推进吉林省加快全域旅游发展的实施方案》关于全域旅游示范区的有关要求，据吉林省文化和旅游厅《国家全域旅游示范区验收、认定和管理实施办法（试行）》《国家全域旅游示范区验收标准（试行）》《国家全域旅游示范区验收标准（试行）》要求，开展首批全域旅游示范区申报和验收认定工作，长春净月高新技术产业开发区、长春莲花山生态旅游度假区获评吉林省首批省级全域旅游示范区。

【文旅区域合作】 发挥长春龙头带动作用，加强“双线”联动，深化与长白山、松原等地对接合作。发展“本省游”，推动长春与省内文旅共同促进经济发展。参加2022中国国际旅游交易会、东盟博览会旅游展会，集中到澳门、厦门、杭州、长沙、大连、沈阳等地开展推介活动，提升城市吸引力。市文广旅局组织长春市旅游商品企业单位参加吉林省旅游商品大赛，小白智能科技（长春）股份有限公司参选的白小点互动服务机器人获金奖；爱未来·桂琳路文创冰淇淋等5个旅游商品获银奖和铜奖。

【文旅消费助企惠民活动】 2022年，市文广旅局联合中国银联股份有限公司吉林分公司在全市文旅行业开展长春市百城百区文化和旅游消费助企惠民活动，于5月31日印发《关于开展长春市“百城百区”文化和旅游消费助企惠民行动的通知》，涉及“红火计划”等活动4项，签约银联红火商家计划647户，产生交易1.94万笔，交易金额311.28万元，云闪付补贴金额1.08万元。文化和旅游消费惠民活动参与商户89户，核销金额2407元；发放冰雪旅行券，刷卡享5折优惠，中国银联出资100万元，参与活动旅行社9家，产生交易8528笔，优惠券核销金额75.58万元，交易金额157.93万元。12月28日至31日，开展2022年冰雪消费券踏雪赏冰惠享春城活动，通过“云闪付”App发放金额1500万元，消费券发放金额23.09万元，交易笔数1700笔。

（王 冠 韩 凯 王靖然）

旅游资源

【概况】 2022年，长春市有国家A级以上旅游景区38家。其中，国家AAAAA级旅游景区4家，国家AAAA级旅游景区18家，国家AAA级旅游景区9家，国家AA级旅游景区6家，国家A级旅游景区1家。年内，清泉湖文化与旅游度假区被评定为国家AAAA级旅游景区，神鹿峰旅游度假区被评定为国家AAA级旅游景区。

表48 2022年长春市A级以上旅游景区一览表

序号	等级	企业名称	地址
1	AAAAA	长春伪满皇宫博物院	宽城区光复北路5号
2		长春净月潭国家森林公园	净月区净月大街5840号
3		长影世纪城	净月区净月大街与永顺路交会处
4		长春世界雕塑公园	南关区人民大街9518号
5	AAAA	长春市动植物公园	南关区自由大路2121号
6		御龙温泉	双阳区龙双公路3.8千米处
7		长春庙香山度假区	九台区波泥河镇
8		关东文化园	绿园区城西镇跃进村
9		长春北湖国家湿地公园	新区龙湖大路与环湖路交会处
10		长春市孔子文化园	南关区东天街239号
11		长春农业博览园	净月区净月大街4775号
12		长影旧址博物馆	朝阳区红旗街1118号
13		天怡温泉度假山庄	净月区新湖镇红田村东盛屯
14		东北师范大学东北民族民俗博物馆	经开区卫星路98号
15		吉林省酒文化博物馆	南关区亚泰大街9699号
16		长春凯撒森林温泉旅游度假区	净月区净月大街6366号
17		辽金时代文化园	农安县前岗乡新开村
18		莲花岛影视休闲文化园	朝阳区永春镇柳家村
19		长春市榆树钱酒文化庄园	榆树市榆陶公路9号
20		长春天定山旅游度假小镇	莲花山度假区泉眼镇
21		国信南山温泉旅游景区	双阳区长清公路16号
22		长春清泉湖文化与旅游度假区	新区奋进乡兴业农场
23	AAA	长春天下一家生态养生村	莲花山度假区劝农山镇东风村
24		农安辽塔游园景区	农安县农安镇

续表48

序号	等级	企业名称	地址
25	AAA	吉林剑鹏马城	农安县华家镇战家村
26		八台岭古驿村落	九台区沐石河镇桦树村
27		吉林省金穗山庄	九台区土们岭镇
28		吉林省缘山湖农业园	双阳区鹿乡镇石灰村11社
29		常安驿站度假山庄	净月区玉潭镇友好村
30		吉林省民间工艺美术馆景区	净月区福祉大路66号
31		神鹿峰旅游度假区	双阳区山河街道
32	AA	土桥镇小乡旅游区	榆树市土桥镇皮信村
33		吉海休闲度假村	榆树市刘家镇
34		湛江寺	榆树市五棵树镇
35		延和乡民俗馆	榆树市延和朝鲜族乡
36		明月山庄	榆树市东门村历家内
37		二十家子旅游度假区	公主岭市二十家子镇
38	A	龙福缘休闲旅游度假村	九台区龙家镇草城村三社

（市文广旅局）

【伪满皇宫博物院】 国家AAAAA级旅游景区，位于吉林省长春市宽城区光复北路5号，前身是民国时期管理吉林、黑龙江两省盐务的吉黑榷运局官署，总占地面积25.05万平方米，建筑面积13.7万平方米。伪满皇宫博物院有缉熙楼、勤民楼、同德殿等伪满宫廷原状陈列50个，大型基本陈列2个，专题展览3个，举办临时展览33个，中国国内巡展17个，出国展览11个；收藏大批伪满宫廷文物、日本近现代文物、东北近现代文物、民俗文物，以及近现代有代表性的书画、雕刻、“非遗”传承人作品等艺术精品。6月2日，被吉林省文化和旅游厅评定为“省级文明旅游示范单位”。12月，入选国家AAAAA级景区品牌影响力100强榜单。2022年，接待游客31.21万人次，比2021年减少73%；旅游收入985.3万元，比2021年减少900%。

【净月潭国家森林公园】 国家AAAAA级旅游景区，位于吉林省长春市东南部，距长春市中心人民广场18千米，占地面积96.38平方千米，水域面积5.3平方千米，森林覆盖率超96%，被誉为“喧嚣都市中的一块净土”。净月潭因筑坝蓄水呈弯月状而得名，因山清水秀而闻名，与台湾日月潭互为姊妹潭，有“亚洲第一大人工林海”“绿海明珠”“都市氧吧”的美誉，是长春市生态绿核和城市名片。公园内有净月滑雪场、净月雪世界游船码头、索滑道等游乐设施。2022年，接待游客84.79万人次，比2021年增长61.84%；旅游收入4670.11万元，比2021年增长137.91%。

【长春世界雕塑园】 国家AAAAA级旅游景区、首批国家重点公园，位于吉林省长春市南关区，北起明珠路、南至南环城路、西起人民大街、东至亚泰大街，占地面积92公顷，其中水域面积11.8公顷；园内荟萃来自216个国家及地区的404位雕塑家的454件（组）雕塑艺术作品，是一座融汇当代雕塑艺术、展示世界雕塑艺术流派的主题公园；集自然山水与人文景观相融的一座现代城市雕塑园；是长春世界雕塑大会、长春国际雕塑作品邀请展的举办地，曾获“新中国城市雕塑建设成就奖”雕塑园成就奖。2022

莲花山度假区 （摄于2022年8月 莲花山度假区 供图）

年，接待游客75.37万人次，比2021年减少18.35%；旅游收入524.39万元，比2021年减少71%。

【长春莲花山生态旅游度假区】 长春莲花山生态旅游度假区（简称莲花山度假区）是由长春市委、市政府直管的省级开发区，位于长春东部，规划控制面积417平方千米，实际管辖面积362平方千米。2022年，莲花山度假区主导发展影视文旅、生命健康、数字产业、IT产业、高端制造等产业，其中冰雪旅游产业是度假区的重点产业，建成冰雪新天地、天定山滑雪场、莲花山滑雪场等冰雪产业项目。改建旅游集散中心2个、游客服务中心7个、新建旅游驿站8个、在建游客服务中心1个，建设旅游厕所90个，其中AA级旅游厕所30个，A级旅游厕所22个，实现主要景区、主要街路和森林登山步道全覆盖。围绕各类别受众，打造8大露营地，其中浅山星空营地成为全市热点。创建成功省级全域旅游示范区，启动自行车道（全长200千米）、森林步道（全长157千米）、郊野公园、驿站和自行车公园等全域文旅项目。建成笼式足球场2个，在建休闲运动主题公园3座，其中14万平方米银湖公园落成。培育运营世茂宽厚里数智古风商街，组织各类引流活动19场。莲华耘宇田园度假村等3家公司被评为省级休闲农业和乡村旅游示范点，俏天池主题驿站被评为“市级休闲农业和乡村旅游示范点”；四家乡光辉村被评为“长春市市级一村一品示范村”。全年接待游客100万人次，旅游收入9000余万元。2021—2022冰雪季，举办第25届长春冰雪节启动仪式暨长春冰雪新天地开园仪式、第十六届中国长春电影节群众文化活动启动仪式、“2022迎冬奥环球跨年冰雪盛典”活动、“冰雪吉林e起嗨”网络主题活动、“抖IN CITY长春站”长春正当红跨年音乐会等活动。参与录制2022央视元宵晚会、中国国际频道纪录片“我的汉字故事”、浙江卫视“冰雪正当燃”综艺。举办第二届莲花山雪地足球锦标赛等活动。 （王　冠　张育健）

表49　2022年消夏艺术节、“十一”黄金周旅游线路一览表

线路名称		旅游线路
《人世间》拾光之旅		净月潭国家级风景名胜区（剧中山水湖景）→水文化生态园（剧中周家）→伪满皇宫博物院（剧中曲老太太家）→文化广场（吉林大学地质博物馆）（剧中火车站）→长影旧址博物馆（剧中电影院）
都市优享之游		长春世界雕塑园→这有山→长春莲花岛影视休闲文化园→凯撒温泉/天怡温泉
“微度假”莲花山线		莲秀峰森林公园→莲花山巴图鲁乐园→天定山旅游度假小镇
“微度假”双阳线		中国双阳鹿文化博物馆→神鹿峰旅游度假区→国信南山温泉
“微度假”农安线		陈家店村→剑鹏国际马城旅游度假区→农安辽塔公园→辽金时代文化园
“微度假”九台线		庙香山温泉滑雪度假区→碧水庄园度假村→马鞍山村
文化研学之旅（两日）	第一日	长春博物馆→水文化生态园→省博物院、省科技馆、省光学科技馆→漫山里研学营地
	第二日	净月潭国家级风景名胜区→省自然博物馆→东北民族民俗博物馆→孔子文化园
省内东部畅享之旅		长春→梅河口市（东北不夜城、海龙湖公园）→白山市（长白山国度假区、长白山西景区）→长白山保护开发区（长白山北景区、讷殷古城）→敦化市（六鼎山文化旅游区）→吉林市（松花湖名胜风景区、万科松花湖国际度假区）→长春
省内西部悦享之旅		长春→松原（查干湖景区）→白城（向海国家级自然保护景区、嫩江湾国家湿地公园）→四平市（叶赫那拉古城、四平战役纪念馆）→辽源市（中国农民画馆、魁星楼）长春
亲子研学之旅		吉林省自然博物馆→吉林省东北虎园→吉林省科技馆、长春中国光学科学技术馆、吉林省博物院
城市文化之旅		长春世界雕塑园→长春博物馆→长春市城乡规划展览馆→东北民族民俗博物馆
红色印记之旅		东北沦陷史陈列馆→长春南大营旧址陈列馆→长影旧址博物馆
潮流打卡之旅		这有山、湖畔IN99酒吧街、长春电影嘉年华、国泰·Rio Mall、桂林路、长春莲花岛影视休闲文化园
露营之旅		浅山星空露营地、神鹿峰旅游度假区山间帐篷营地、净月潭幸福里轻奢露营地、长春世界雕塑园星链城市森林艺术营地、天怡近山露营森林公园、somewhere·有个地方 天定山露营地、慢山里营地综合体
周边线	九台区	红光村→马鞍山村
	农安县	陈家店农业观光园→辽金时代文化园→剑鹏国际马城温泉旅游度假区
	公主岭市	坤圣园国家级生态农业产业园→双青湖旅游度假风景区→大龙山文化园→玫瑰山旅游度假风景区
	双阳区	神鹿峰旅游度假区→盛世图腾马文化园→国信南山温泉旅游景区
	莲花山生态旅游度假区	莲花山巴图鲁乐园→莲秀峰森林公园→俏天池度假营地→天定山旅游度假小镇
	长春新区、经开区	长春北湖国家湿地公园→清泉湖文化旅游度假区→长春际华园赛车场

（市文广旅局）

表50　2022年“微度假·趣长春”长春夏季微度假资源产品一览表

主题	推荐地点
创意都市：创享美好，文化长春	长拖1958、长春水文化生态园、长春市图书馆、i未来文创生活馆、钟书阁
文博之旅：一次跨越时空的对话	伪满皇宫博物院、长春博物馆、长春世界雕塑园艺术馆、长春市文庙博物馆、长影旧址博物馆、长春农业博览园、东北师范大学东北民族民俗博物馆、长春规划馆
田园美宿：绿树荫浓夏日长，楼台倒影入池塘	如美乡村民宿（九台区）、剑鹏国际马城霍比特民宿（农安县）、小石村民宿（双阳区）、慢山里民宿（净月区）、俏天池度假营地（莲花山度假区）、天定山民宿（莲花山度假区）、玫瑰山旅游度假风景区民宿（公主岭市）
亲水乐园：接天莲叶无穷碧，映日荷花别样红	南湖公园、南溪湿地公园、国信南山温泉酒店、关东文化园
放肆野趣：竹深树密虫鸣处，时有微凉不是风	南溪湿地公园、南湖公园、北湖国家湿地公园、净月潭国家级风景名胜区、天茂湖公园、天怡温泉
夜游长春：仲夏苦夜短，开轩纳微凉	南湖大桥音乐喷泉、净月潭水舞灯光秀、这有山、长春水文化生态园
时尚节拍：潮流都市，乐享生活	这有山、欧亚新生活、摩天活力城、净月奥特莱斯、中东新天地购物公园、欧亚卖场、touch12街

（市文广旅局）

表51　2022年长春微度假线路一览表

线路名称	度假线路
都市创享	长春世界雕塑园→长春水文化生态园→长影旧址博物馆→这有山
文娱时光	长春市文庙博物馆→长拖1958—长春市图书馆→桂林路→南湖大桥音乐喷泉
南城之约	长春博物馆→长春城市规划馆→南溪湿地公园→莲花岛影视文化园
清新北城	伪满皇宫博物院→吾悦广场（北湖店）→北湖湿地公园→清泉湖旅游度假区
汽车之都	汽车厂一号门→东风大街→长春国际汽车公园→欧亚卖场
清爽净月	净月潭国家级风景名胜区→净月奥特莱斯→慢山里国家级研学营地—天怡温泉
欣怡莲花山	莲秀峰森林公园→俏天池度假营地→巴图鲁乐园→天定山民宿
亲亲鹿乡	神鹿峰国家旅游度假区→小石村民宿→国信南山温泉
乡情九台	八台岭古驿村落→红光村稻田公园→马鞍山美丽乡村→如美乡村民宿
大美黄龙	陈家店采摘→剑鹏国际马城→农安辽塔公园→辽金时代文化园
秀美公主岭	坤圣园国家级生态农业产业园→双青湖旅游度假风景区→二龙湖景区→玫瑰山旅游度假风景区民宿
魅力绿园	三利马术俱乐部→春莲花卉产业园→裴家现代都市观光园→关东文化园

（市文广旅局）

旅游项目建设

【概况】　2022年，长春市推进旅游入库项目100个。其中，实施项目73个，投资1748.531亿元，累计完成投资666.01亿元，全年新增投资123.17亿元；谋划项目27个，投资381.8亿元。年内，继续建设长春国际影都数字影视基地、长春市影视文创孵化园区、吉林数字动漫影视产业园、山丘文化产业园、天定山旅游度假小镇、长拖地块旧城区改造等重点项目，支撑文化创意城建设。

【重点文旅项目】　2022年，全市有重点文旅项目12个，项目总体规划占地面积20.71平方千米，计划投资302.68亿元，年内完成投资91.68亿元。2022年，文旅项目产业门类分为影视数字和文化旅游两大类别，重点项目7个，位于文化创意城核心区（净月、莲花山、双阳），引领长吉一体化和城乡融合发展。其中，建设规模50亿元以上项目2个（天定山旅游度假小镇项目、长春国际影都数字影视基地项目），计划投资168.81亿元，完成投资27.68亿元；30亿元以上项目2个（庙香山温泉滑雪度假区项目、青怡坊国际旅游文创产业园项目），计划投资63亿元，完成投资18.99亿元；10亿元以上项目3个（马鞍山田园综合体项目、山丘文化产业园项目、北京大街西历史文化街区项目），计划投资44.2亿元，完成投资19.4亿元。

【文旅项目融资】　7月8日，市文广旅局联合市金融办举办金融机构支持文旅项目（企业）专题融资对接会，助力企业解决融资需求，实现企业研发创新、科技攻关、成果转化、品牌建设突破，推动经济社会发展。建设银行、兴业银行、民生银行、九台农商银行等相关业务负责人宣讲文旅项目优惠政策和金融产品，13家文旅企业介绍各自文旅项目情况，银企双方进行交流对接，吉林中庆山河商业管理有限公司获得文旅设备采购贷款贴息2000万元。

7月8日，长春市举办金融机构支持文旅项目（企业）专题融资对接会
（市文广旅局 供图）

【吉林动漫游戏原创产业园项目】 作为吉林省最大“影视、动漫、游戏与高科技”融合发展的专业文创产业园区，该项目于2009年建成并投入使用，总投资约5亿元。园区建有国际动漫游戏博物馆、动漫游、设计类公共服务平台、影视后期公共服务平台、大学生创意产业创新创业孵化平台。截至年末，该产业园累计孵化企业、工作室300余家（个），有1家公司在“新三板”上市。2022年，产业园区内企业——吉林吉动天博影视制作股份有限公司、吉林吉动禹硕影视传媒股份有限公司共同打造的3D动画电影系列《青蛙王国》第一部、第二部在全球播映，第三部《极限运动》在全国上映，累计票房破千万元，是吉林省2022年票房最高电影。

【天定山旅游度假小镇】 位于长春莲花山生态旅游度假区，规划占地面积600万平方米，计划总投资89亿元，分为长春冰雪新世界、天定山滑雪场、天定山生态田园综合体、天定山民宿四大板块。2022年12月28日，长春市重点打造的世界级冰雪主题乐园——长春冰雪新天地正式开园。园区占地面积156万平方米，建设冰雪景观108座，总用冰量42万立方米，用雪量28万立方米，其中冰雪游乐空间60余万平方米，新规划“大团结大统一、改革硕果、大国重器、玉兔贺春、神童探宝、莲花迎新春、冰上大乐园、冰涛大观园”八大区域，有22个游玩项目，60余条各式滑梯。长春天定山滑雪场距长春市区仅15千米，总面积80万平方米，投资20亿元，有雪道18条，雪地摩托道1条，单板追逐雪道1条，趣味雪道2条，索道2条，配备雪具大厅近2万平方米，是全国第三大滑雪服务大厅。天定山民宿是长春首个乡村旅游民宿示范项目，由莲花山管委会在投资2000余万元妥善安置空心村原住民基础上，按照“自愿、自助、共建、共享”模式打造，泉眼村依托闲置村集体宅基地资产，与吉林省建设集团采取租赁方式合作运营，实现村集体闲置资产与旅游度假产品深度融合。

【长春拖拉机厂工业遗址改造】 位于长春市二道区福安街附近，由中庆建设集团承建，整体占地面积42万平方米，依托长春拖拉机厂5座老厂房和1座门楼，打造文创园。截至年末，2号、3号厂房主体完工，3号厂房正式对外营业。3号厂房是以文化体验为主线内容，定位为生活体验中心，引进国内外11家知名品牌，其中包含6家东北首店。占地面积2万平方米的室外公园全天24小时免费开放，成为周边居民闲暇休闲场所。长拖1958文创园是长春首个创生复合型中央生活区，在保留拖拉机厂原有样貌和形态基础上改造而成。改造后的文创园以餐饮、文化为主线内容，引进书店、影院、咖啡厅、酒吧、新零售、时尚餐饮等，打造长春东部新的文旅地标。

【莲花山度假区旅游项目建设】 2022年，莲花山度假区开复工5000万元以上项目48个、总投资561亿元，开复工率100%。全年完成投资38亿元，比2021年下降27.9%；新建项目11个，续建项目37个；亿元以上项目37个，10亿元以上项目13个，20亿元以上项目9个，50亿元以上项目5个。莲花山滑雪场升级改造工程当年建设当年投运，冰雪新天地全新升级，森林小憩、郊野公园受到群众喜爱，浅山星空露营地获全国优质露营地金冠奖和“全省十佳最美露营地”，俏天池主题驿站被评为市级休闲农业和乡村旅游示范点，创建省级全域旅游示范区，启动自行车道、森林步道、休闲运动主题公园建设，完成26个乡村文化小广场体育健身路径更新改造，宽厚里古风商街成为网红打卡地。完成郊野步道、赵家郊野公园、谷家森林探险公园等二级驿站道路修整工程，开展蒋家河慢行步道及浅山花海建设。全年新增造林绿化262.52公顷，超额完成大规模国土绿化总任务17.25公顷。

（王冠 韩凯 张育健）

旅游业态

【概况】 2022年，长春市推出“周末游”“近郊游”“乡村游”“省内游”等旅游精品线路20余条，实现全省“双线”城市和市内重点景区全覆盖。高品质短途周边游市场升温，三季度国家AAAA级以上旅游景区接待游客和营业收入环比二季度增长395.37%、224.86%，马鞍山田园综合体、神鹿峰度假区成为吉林省消夏新名片，日接待游客近万人次。一汽工业文化旅游基地入选国家工业旅游示范基地，莲花山区、净月区获评首批省级全域旅游示范区，17家单位和20个研学旅行课程被确定为省首批研学旅行基地和省研学旅行精品课程。聚焦星级饭店、旅行社企业、旅游院校等领域，开展职业技能人才培养，举办长春研学旅行指导师大赛，组织参加省导游服务技能大赛、省导游电商直播大赛、省红色故事讲解员大赛、省星级旅游饭店从业人员职业技能大赛等赛事，成绩全省领先。

【冰雪旅游】 参见第156页“冰雪产业·冰雪旅游”。

【乡村旅游】 2022年，长春市全国乡村旅游重点村增至6家，省级乡村旅游重点村增至18家，A级乡村旅游经营单位数量增至76家。年内，九台区土门岭街道获评省级乡村旅游重点镇，公主岭市新发村、九台区前岗子村获评省级乡村旅游重点村，净月高新技术产业开发区友好村获评省级乡村旅游精品村。吉林陈家店旅游服务有限公司等3家企业获评AAAA级乡村旅游经营单位，晟裕农业科技发展有限公司等13家企业获评AAA级乡村旅游经营单位，九台区红光村等4个村获评市级乡村旅游精品村。春节假日期间，长春莲花岛影视休闲文化园、关东文化园、国信南山温泉度假区、天定山民宿、慢山里营地、辽金时代文化园等乡村旅游经营单位组织游客挂灯笼、贴窗花、贴对联、放鞭炮，开展杀年猪、祭灶王、包饺子、吃年夜饭等特色年俗活动，以及堆雪人、拉爬犁、抽冰猴等趣味冰雪活动。辽金时代文化园、奢爱农业游客接待比2021年分别增长300%、200%；白天赏雪玩雪，晚上住民宿、泡温泉、驱寒气，享受康养快乐新年，成为春节假期文旅消费新潮流，国信南山温泉度假区接待游客1万人次，比2021年增长100%。

【红色旅游】 长春十大红色旅游景点包括长春电影制片厂、东北沦陷史陈列馆、二道沟邮局通讯站、吉林省博物院、长春革命烈士陵园、其塔木烈士陵园、长春解放纪念碑等，其中东北沦陷史陈列馆、长春电影制片厂入选全国红色旅游经典景区名录。2022年，长春市关工委联合团市委、市教育局、市少工委启动长春市“青少年党史学习月”暨“游基地、学党史”活动。长春市近千名青少年和“五老”一起线上“云游”红色基地，追忆峥嵘岁月，追寻先辈足迹，感受红色文化，在党史学习中启迪智慧、振奋精神、凝聚力量。年内，省文化和旅游厅、省乡村振兴局联合下发《关于开展创建红色旅游示范村工作的通知》，在“千村示范”创建中开展红色旅游示范村打造工作，推进“红色+乡村”融合发展。经过单位申报、地区推荐、评审评定等环节，长春市九台区土门岭街道马鞍山村入选2022年吉林省红色旅游示范村。

【研学游】 2022年，长春市组织申报吉林省首批研学旅游基地及研学旅游精品课程工作，推荐50家单位、40个基地和34个精品课程报送省文旅厅，其中23个基地、19个精品课程入围省首批研学旅游基地及研学旅游精品课程初选名单。6月12日，市文广旅局以“知行合一·发现长春”为主题开展长春研学旅行指导师大赛，包含初赛、复赛、决赛前培训、决赛暨颁奖仪式等环节，吸引在长旅行社、旅游景区、文博单位、研学场所、研学公司导游及讲解人员、大中专文旅相关院校师生等参赛，10名入围决赛选手被授予“优秀研学旅行指导师”称号。8月24日，启动研学旅行基地标准制定工作。

【城市休闲游】 2022年，长春市在“五一”“消夏艺术节”“十一”“冰雪节”等重要旅游节点推出以南溪湿地公园、北湖湿地公园、净月潭国家级风景名胜区、神鹿峰旅游度假区等景区为重点的城市休闲游线路。各步行街、商业街等文旅消费街区打造沉浸式文化消费新场景，通过文化、潮玩、时尚等特色活动吸引游客。

【民俗旅游】 2022年，巴蜀映巷举办川渝特色文化庙会，活动现场有杂技变脸、舞狮巡游、民俗表演、年画春联等活动；第十二届吉林（长春）冬季农博会暨新春大集，市民逛年货大集、观花赏木、玩雪嬉戏、采摘购物；长春莲花岛影视休闲文化园上演大型沉浸式实景探案互动戏剧《长春囍事》；这有山文旅消费街区推出系列民俗、实景演出、乐队表演等活动，春节期间接待人数及营业收入比2021年均超过300%。东北师范大学东北民族民俗博物馆于2014年6月29日开馆并免费开放，位于吉林省长春市南关区净月旅游经济开发区卫星路98号，占地面积3.1万平方米，建筑面积2.2万平方米，展厅面积1.3万平方米，是社会科学类民族民俗专题博物馆，馆内藏品通过民间征集和捐献方式取得。截至年末，藏品数量4.5万件/套。全年接待游客1.91万人次，比2021年减少15.17%。

【消夏避暑游】 2022长春消夏艺术节于6月1日至9月8日举办，历时100天。该届消夏艺术节策划文化展演、休闲度假、亲子研学、体育健身、线上及促销五大板块146项活动。其中，开幕式及

7月3日，2022长春消夏艺术节消夏夜市活动在长春世界雕塑园举办。图为市民在消夏夜市选购文创产品

（市文广旅局 供图）

主体活动9项、文化展演活动59项，休闲度假活动27项，亲子研学活动16项，体育健身活动16项，线上及促销活动19项。通过举办系列活动，促进长春市消夏避暑旅游全域发展。2022年12月，经过综合评定吉林省文化和旅游厅，确定长春市新区清泉湖文化与旅游度假区为国家AAAA级旅游景区。清泉湖文化与旅游度假区是集生态观光、避暑休闲、康养度假于一体的综合性度假区，水域面积50万平方米，依林傍水，自然成湖，自然资源丰富，生态环境优美，空气负氧离子含量高，是城市近郊的天然氧吧。

【工业旅游】 2022年，吉林省中国一汽工业文化旅游基地（中国第一汽车集团有限公司）获评国家工业旅游示范基地。吉林省文化和旅游厅组织专家根据《国家工业旅游示范基地规范与评价》和《吉林省工业旅游基地管理办法（试行）》，按程序开展综合评定，于12月1日完成公示，确定长春市二道区长拖1958文创园为吉林省工业旅游基地。

【文旅特色消费街区】 2022年，长春市栖乐荟综合体被认定为第二批国家级夜间文化和旅游消费集聚区，国泰拾乐街·中巴风情小镇被认定为市级文化旅游特色消费示范街区。

长春市栖乐荟综合体　2017年开业，经营面积5.8万平方米，有文旅商户93家，包括群众文化图书馆、东北首家黑匣子草台戏剧馆、泰友社、万达影城、海伦斯酒馆、奈美良智艺术展、电玩帝国、i未来生活馆、古尘陶瓷工作室、关东泥人张、胡裴雕塑工作室、瓶行酒馆、茶伴功、夜商业街等。栖乐荟购物中心文旅业态有艺术剧院、艺术展览馆、文创培训交流中心、艺术工作室、夜间演出、互动体验及文化娱乐等，2022年被认定为第二批国家级夜间文化和旅游消费集聚区，是以文化艺术为基调的高品位艺术主题商业街区。

国泰Rio Mall　该项目投资超5亿元人民币，建筑面积7.4万平方米，搭建南美跨境电商供应链B2B平台，是中国东北区域第一个与南美开展跨境电商、跨境文旅和会展的综合性平台，长春市第一个最具规模的OTO体验中心和第一个南美风情商业街区。8月30日，该项目中的国泰拾乐街·中巴风情小镇被认定为长春市文化旅游特色消费示范街区。

【文旅消费好去处评选】 2022年，市文广旅局主办“夜动春城（第三季）——点亮长春之夜”长春夜间百佳文旅消费好去处评选活动。报名商家2778家，投票1413万张，评选平台访问量1738万人次。经过报名、网络评选、专家评审、媒体公示等环节，“GO休闲”“GO美味”“GO好玩”“GO烟火”“GO人文”五大门类100家单位获奖。

【优质特色农产品进景区活动】 7月15日，市文广旅局开展优质特色农产品进景区活动，通过建立企业和农产品信息目录及数据库，推动优质特色农产品进入景区内购体系、线上线下销售体系、营销体系、活动体系、宣传体系等，搭建统一供给渠道平台，举办各种形式对接活动，提升农产品优质化、特色化、品牌化水平，提炼文化IP符号，推进“文旅农”多业态深度融合，实现优质农产品向旅游商品转化。全市组织10大类近200多款优质特色农产品进入37家A级景区和62家A级乡村旅游经营单位，销售金额4722.96万元，增添文旅消费市场新活力、新动能，助力全市乡村振兴发展。

【一汽工业文化旅游基地获评国家工业旅游示范基地】 11月2日，文化和旅游部官网发布关于推出北京市751园区等53个国家工业旅游示范基地的公示。吉林省中国一汽工业文化旅游基地入围，成为吉林省唯一入围单位。吉林省中国一汽工业文化旅游基地是了解新中国汽车发展历史、体验现代化汽车生产过程、感受汽车文化新兴工业的旅游地，该基地有中国一汽红旗文化展馆、长春国际汽车公园、一汽历史文化街区、红旗创新大厦等景点景观。其中，中国一汽红旗文化展馆，陈列“红旗”品牌自创始以来各个阶段所生产的代表车型以及大量珍贵的史料文件，浓缩展示中国汽车工业和中国一汽集团发展历程；红旗创新大厦通过全景、沉浸、交互、体验等方式，呈现红旗新品牌内涵，是长春汽车文化新地标；长春国际汽车公园占地面积105万平方米，由“世界汽车文化街、中国汽车文化街与汽车名人街”三街，“汽车影院区、体育休闲区、酒店服务区、博物馆区、文化休闲东、西区”六区，“迎宾大道、林荫大道、中央轴线”三轴线组成，充满汽车文化元素；一汽历史文化街区彰显工业风，一座座老厂房、老建筑折射出新中国汽车工业发展史，见证汽车人奋斗历程。

（王　冠　韩　凯　王靖然）

8月5日，“夜动春城（第三季）——点亮长春之夜”长春夜间百佳文旅消费好去处评选活动颁奖仪式在长春市商旅综合体“这有山”举办（市文广旅局　供图）

长春消夏艺术节

【概况】 6月1日至9月8日，长春市人民政府、吉林省文化和旅游厅共同，举办2022长春消夏艺术节，以“乐享清爽夏日 品味都市生活”为主题，推出文化展演、休闲度假、亲子研学、体育健身、线上及促销等五大板块、系列消夏活动146项。其中，开幕式及主体活动9项、文化展演活动59项，休闲度假活动27项，亲子研学活动16项，体育健身活动16项，线上及促销活动19项。开幕式主会场设在长春世界雕塑园，分会场设在长春新区。核心活动包括消夏音乐会、花车巡游、消夏夜市和消夏露营活动；其他主体活动包括第五届中国油画展、长春市群众舞蹈大赛及精品展演、第八届中国双阳梅花鹿节、净月文化创意嘉年华、“汽车嘉年华，一起嗨一夏”等。消夏节期间，全市接待游客2796.22万人次，恢复2021年同期的72.15%；实现旅游收入337.09亿元，恢复2021年同期的40.01%。

【花车巡游活动】 2022年，长春市设计制作“喜迎二十大”“六城联动”“汽车之都”“电影之都”“冰雪之都”“消夏之都”“书香之都”“时尚之都”“乡村振兴”等10辆主题花车，在消夏节开幕式、七夕节、冰雪节等时段开展巡游活动，结束后静态展示。

【“繁盛烟火 嗨爽新区”主题文旅活动】 6月30日，消夏艺术节开幕式分会场“繁盛烟火 嗨爽新区”主题文旅活动在北湖国家湿地公园举办启动仪式，该主题活动时长覆盖整个夏季，推出北湖柳堤消夏节、欧亚汇集潮夜大夜市、栖乐荟后荟有栖市集、北湖吾悦广场城市印巷消夏夜市等消夏夜市，举办医药健康行业人才马拉松赛、广场舞大赛、羽毛球大赛、象棋比赛、拔河比赛等竞技比赛和文体活动。

【汽车嘉年华“一起嗨一夏”主题活动】 7月15日至8月14日，汽开区汽车嘉年华“一起嗨一夏”主题活动在西湖公园开展，包括灯光花海体验、水上激光表演、主题幻光长廊、汽车文化展示、户外儿童乐园、家庭露营活动、西湖汽车电影、商街美食市集等。

【净月文化创意嘉年华】 6月至9月，举办净月文化创意嘉年华，在慢山里营地综合体、净月潭国家森林公园、雲琅艺术中心三地同时打造，包括吉林省首届乡村旅游节、吉林省首届露营生活节、伟峰仲夏夜、长春电影嘉年华、净月潭森林音乐会、长春禧都音乐节等重大活动，是集影视、音乐、露营、运动为一体的文化创意体验活动。

【“时代之光——第五届中国油画展”优秀作品巡展】 6月15日，在长春水文化生态园举办“时代之光——第五届中国油画展”优秀作品巡展，该展由中国美术家协会、长春市文化广播电视和旅游局、重庆市文化和旅游发展委员会共同主办，中国美术家协会油画艺术委员会、吉林省油画学会承办。第五届中国油画展收到投稿作品3909件，遴选出142件优秀作品参加巡展。参展作品紧贴时代脉搏、立足现实生活，以艺术形式展现时代变迁，描绘时代新貌。该展为全国性公益画展，展期1个月，观展人数3000余人。

【2022长春市群众舞蹈大赛及精品展演】 长春消夏艺术节期间，市文广旅局组织2022长春市群众舞蹈大赛及精品展演，由朝阳区、南关区、宽城区、莲花山区、榆树市等地区及长春市群众艺术馆、朝鲜族群众艺术馆、长春市图书馆、少儿图书馆等单位共同举办“迎接党的二十大胜利召开”系列文化展演活动，收集来自各地区舞蹈视频作品10件，200余人参加表演。

【休闲度假活动】 2022年，长春市还举办净月机车文化节及后备箱酒会、雕塑公园艺术露营生活节、天怡OFFWEEK露营节、天定山消夏露营季、公主岭玫瑰山星空帐篷狂欢节、农安县梦回辽金文旅消夏节、土门岭街道马鞍山村系列度假活动、莲花岛电音露营节、关东文化园水上乐园系列活动、中泰海洋世界消夏节等休闲度假活动。举办城市创意运动会之夏季亲子跑、少儿图书馆红色宣讲活动、长春博物馆招募小小讲解员活动、朝鲜族少儿歌唱比赛、2022暑期科技与艺术夏令营活动、天定山泡泡派对、慢山里营地六大主题夏令营、超模新时代儿童模特才艺大赛、青少年DS自然探索赛等亲子研学活动。举办吉林省滑翔伞首届“体彩杯”定点比赛、长春新区健身比赛系列活动、中韩示范区健身比赛系列活动、莲花山生态徒步节等体育健身活动。借助电商直播平台，推广长春本土优秀文旅产品，助推夜间消费。长影旧址博物馆、关东文化园和巴图鲁乐园等文旅企业推出高考生免费等夏季打折促销活动，旺盛人气，带动暑假经济。各县

7月3日，2022长春消夏艺术节开幕式在长春世界雕塑园举办。图为“大地情深”中央歌剧院走进长春大型消夏音乐会现场 （市文广旅局 供图）

（市）区策划开展长春新区消夏节活动、长春汽车消夏嘉年华、净月文化创意嘉年华、第八届中国双阳梅花鹿节、九台区消夏艺术节系列活动、双阳区消夏艺术节、朝阳区消夏艺术节、净月潭森林音乐节、露营节、马文化旅游节等活动。（王冠 韩凯 王靖然）

旅游营销

【概况】 长春市在端午节、"五一"小长假、乡村旅游节、"十一"黄金周等重要时间节点，推出相关旅游精品线路30余条，推介长春市周末游、近郊游、乡村游等产品及线路。组织相关文旅部门、文旅企业参加2022中国国际旅游交易会、东盟旅游博览会等专业展会。协助杭州、嘉兴、绍兴、湖州、衢州、黄山及宣城七城市文化旅游主管部门在长春召开文化旅游推介会，协助长白山管委会、内蒙古克什克腾旗等地到长春召开文旅产品推介会。

【春秋两季旅游市场开拓】 2022年，长春市推出亲水乐园、城市氧吧、田园美宿、夜游长春、放肆野趣等长春"微度假"系列旅游产品，在车程1个小时范围内并以都市为中心的城市公园、知名景点、特色民宿、研学营地、消费街区、时下当红的露营地点、网红地等，构建"一小时都市休闲旅游圈"产品集合，将长春市优质文旅消费资源和产品提供给市民和周边消费群体，通过专题页、视频、音频、图文、网络直播等方式在各大网站、新媒体平台开展长春"微度假""周边游"系列宣传。在中秋节、"十一"黄金周等重要时间节点，结合传统文化特色，以"长春文旅"官方新媒体矩阵为主阵地、多种渠道并举的方式，调动主流媒体、网站、新媒体平台力量，通过各种宣传手段全面报道长春市景区景点、文旅企事业单位的开放情况，包装宣传多条系列精品旅游线路，引导市民和游客进行短途行、乡村游、周边游等文旅消费，满足市民出游需求。

【夏季旅游形象宣传】 2022长春消夏艺术节期间，长春市发动中央和省、市直媒体资源，以广播电视专栏、报纸专版和新媒体文图、海报、视频、直播等形式宣传推广长春市夏日旅游。市文广旅局与长春广播电视台合作，拍摄制作2022版长春夏季旅游宣传片。组织召开新闻发布会，对消夏艺术节总体情况和特色亮点进行介绍，预热消夏节庆活动；组织长春电视台融媒体对开幕式和专题文艺演出进行网络直播，通过长春文旅短视频平台和搜狐、新浪、凤凰、人民网、中国吉林网等新媒体平台同步直播；与抖音平台合作，打造"下一站长春见"专属话题，邀请网友参与长春消夏话题讨论和视频创作，持续提升到长春避暑热度；邀请央视吉林站、新华社等主流媒体现场采访，面向全国传播长春文旅形象，宣传"时代之光"第五届中国油画展、长春新区消夏节和花车巡游等重点活动；举办"夜动春城（第三季）——点亮长春之夜"长春夜间百佳文旅消费好去处评选活动，长春广播电视台FM88.0和FM99.6曝光量4000万次，夜动春城网络电台、全媒体宣推曝光率3080万次。

【国内交流推介】 市文广旅局组织相关文旅部门、文旅企业参加2022中国国际旅游交易会、东盟旅游博览会等专业展会，提升长春市文旅产品知名度和影响力，促进企业交流合作。协助杭州、嘉兴、绍兴、湖州、衢州、黄山及宣城七城市文化旅游主管部门在长春召开"2022杭州都市圈文化旅游推介会"，促进长春与杭州都市圈七城市文旅企业间的交流与合作。协助长白山管委会、内蒙古克什克腾旗等地区在长春召开文旅产品推介会。11月21日至24日，市文广旅局组织相关部门、企业到厦门、长沙、杭州、澳门召开"都市冰雪 冬趣长春"2022—2023雪季长春冰雪旅游产品推介会。

【文旅消费市场】 2022年，长春市推进国家首批文旅消费示范城市建设，筹措发放文旅消费券，开展"百城百区"文旅消费助企惠民活动，引导扩大文旅消费。打造天定山somewhere、浅山星空、慢山里等一批"精致露营"项目，长拖1958、长春电影嘉年华、国泰中巴风情小镇等文旅新品投入运营，栖乐荟综合体入选国家夜间文旅消费集聚区，新业态产品市场表现良好。加强"长春礼物"品牌建设，布局首家线下旗舰店。举办"夜动春城"长春夜间百佳文旅消费好去处评选活动，营造夜经济消费氛围，加大文旅促消费力度，增强文旅市场消费活力。开展农特产品进景区，200余款农产品进入37家国家A级旅游景区和62家A级乡村旅游经营单位，销售额3145.8万元，占全省销售额62.9%。49家单位获评全省文旅行业"放心消费示范单位"。

9月26日，在"长春礼物"品牌发布会活动上，长春市首家"长春礼物"概念店落位朝阳区正式揭牌
（市文广旅局 供图）

9月26日，在“长春礼物”品牌发布会活动上，玛斯探索吉林一号卫星1：40创意摆件入选“长春礼物”（张 扬 供图）

【“长春礼物”品牌活动】 6月至9月，市文广旅局举办“长春礼物”征集大赛，评选系列体现长春地域特点、春城风貌特征、民族文化内涵的新商品，成为长春市匠心培育的城市文创系列产品经典IP，得到社会和行业关注，参选企业100余家，参与互动“粉丝”100万人次以上。9月26日，举行“长春礼物”品牌发布会活动，首家“长春礼物”概念店落位朝阳区，“红旗系列检阅车模”“玛斯探索吉林一号卫星创意摆件”“东鳌长寿礼盒”等20个获奖商品被认定为“长春礼物”，“成语砚”等20个商品被认定为“长春礼物”候选入围商品。

（王 冠 韩 凯 王靖然）

旅游管理

【概况】 2022年，推动《长春市旅游促进条例》立法，建立健全公平竞争内部审查制度，完成权责清单动态调整。开展“八五”普法宣传工作，创新矛盾化解机制，推进旅游纠纷仲裁中心试点。推进审批制度改革，规范梳理政务服务事项，在新冠疫情防控整体大背景下，优化审批流程，将78个事项时限压缩75%，全年办理审批业务1391件。推进标准化建设，启动长春市研学旅行基地基本要求与评价地方标准制定工作。全年开展打击侵权假冒专项工作、打击整治养老诈骗专项行动、网络市场监管专项行动等12次，办理旅游案件4起，移交养老诈骗案件2件，普法宣传出动执法人员1052人次，检查文旅场所410家，发放宣传材料近1700张。推进安全生产专项整治三年行动，加强系统行业设施、项目、活动安全监管，深化文广旅行业消防安全标准化建设，开展安全生产大排查、大整治、大演练，召开安全生产部署会议16次，开展专项检查行动20余个，排查场所4000余家次，起底安全隐患600余项，整改率100%。加强安全生产警示提示工作，全年发布、转发各类安全提示、预警提示550余次。

【旅游行政审批】 2022年，结合新冠疫情防控，通过网上办理、电话预约等方式开展审批工作，确保各项窗口业务不中断。全年办理旅行社业务97件，导游业务1565件，领队备案业务6件，质保金业务144件。指导各县（市）区、开发区认领和对标统一行政许可事项清单，推进政务服务“绿色审批行动”。

【旅行社管理】 2022年，长春市有旅行社232家（含公主岭）。其中，出境组团旅行社65家，非出境组团旅行社167家，分社47家，服务网点440家。督促旅行社加强交通安全文明宣传教育、严格执行旅游包车“五不租”制度，及时准确填报“全国文化和旅游监管服务平台”数据，落实文化和旅游部等三部门联合印发的《关于进一步规范旅游客运安全带使用保障游客出行安全有关工作的通知》要求，做好旅游客运安全带管理和使用工作。督促旅行社定期开展应急演练，增强导游应急处置、沟通协调和风险防控能力，重点就旅游安全、文明旅游引导等方面强化出境旅游领队培训。规范旅行社经营活动，防范旅行社领域系统性经营风险。重点打击“不合理低价游”、导游强迫或变相强迫购物、未经许可经营的旅行社业务等行为，持续开展旅游市场秩序整治行动。

【导游员管理】 2022年，全市有导游人员1.08万人，备案领队619人。年内，举办长春研学旅行指导师大赛，以“知行合一·发现长春”为主题，吸引旅行社、旅游景区、文博单位、研学场所、研学公司导游和讲解人员，以及大中专文旅相关院校师生参赛，从长春市历史文化、民族民俗、影视文化、冰雪文化、雕塑艺术、工业研学、航天航空、乡村振兴、红色文化、饮食文化等十大主题展开比赛，授予入围决赛的10名选手“优秀研学旅行指导师”称号。长春市文庙博物馆张诗航获一等奖、最佳风采奖和最佳课程设计奖，长影世纪城张广南获二等奖，吉林省青年商务国际旅行社闫振获三等奖。全年组织长春市旅游协会开展2022年“金牌导游”培训项目系列公益讲座9期，邀请来自全国的21位金牌导游员为全市酒店、景区、旅行社、高校等2300余人开展线上培训。

【星级饭店管理】 长春市有星级饭店12家，包括五星级2家、四星级6家、三星级4家。其中，朝阳区五星级1家、四星级2家、三星级2家；绿园区五星级1家；经开区四星级1家、三星级1家；南关区、汽开区、新区四星级各1家；榆树市三星级1家。年内，对照《旅游饭店星级的划分与评定》（GB/T14308—2010）标准，开展星级饭店评定和复核工作，加强指导检查、督促整改，提升星级饭店服务的标准化水平。开展从业人员服务技能竞赛吉林省选拔赛长春地区赛

表52　2022年长春市星级饭店运营数据统计表

序号	名称	星级	客房数（个）	营业收入（万元）	出租率（%）	实际出租（间天数）	可供出租（间天数）
1	长春市香格里拉大酒店	五	457	8681.93	43.73	72935.49	166805
2	长春开元名都酒店	五	328	2966.12	50.33	60256.07	119720
3	长春花园酒店	四	260	1100.00	43.91	41674.54	94900
4	长春名人酒店	四	170	1716.91	88.95	55194.54	62050
5	国盛大酒店	四	211	2374.00	56.77	43723.34	77015
6	吉林省新民宾馆	四	139	679.80	33.67	17080.78	50735
7	长春君怡酒店有限公司	四	213	572.25	54.78	42591.04	77745
8	长春国际会展中心大饭店	四	231	2804.19	63.00	53118.45	84315
9	长春国贸饭店	四	194	370.00	28.30	20039.23	70810
10	吉林省百汇宾馆	三	82	495.00	33.17	9926.78	29930
11	吉林省金融大厦	三	118	303.08	37.86	16307.74	43070
12	榆树市和悦酒店	三	127	251.00	30.75	9989.14	32485
总计	—	—	2530	22314.28	48.69	442837.14	909580

（市文广旅局）

前培训，加大星级饭店行业人才培养力度，强化星级饭店从业人员服务意识和质量意识。督促星级饭店坚持问题导向，解决好经营过程中存在的消防、食品、卫生等安全问题。开展全市星级饭店塑料污染治理工作，印发《2023年旅游住宿业塑料污染治理联合专项行动工作方案》，将塑料污染治理工作纳入星级饭店复核检查和日常管理工作中，星级饭店不得主动提供一次性塑料制品。

【旅游行业组织管理】 2022年，长春市乡村文旅协会会员由70家扩充至176家。7月25日至9月6日，市文广旅局指导市旅游协会、长春国际会展中心大饭店，开展长春市文旅行业单位及旅游院校参加省导游服务技能大赛、省导游电商直播大赛、省红色故事讲解员大赛、省研学旅行指导师大赛、全国星级饭店从业人员服务技能竞赛吉林省选拔赛等系列赛事。赛前聘请行业专家、院校教师为参赛选手进行培训、辅导、答疑。长春市选手在省导游服务技能大赛、省导游电商直播大赛、省研学旅行指导师大赛均获一等奖，市文广旅局获全国星级饭店从业人员服务技能大赛吉林省选拔赛“优秀组织奖”。9月20日，长春市作为对口城市受邀参加杭州市文化广电旅游局举办的2022年全市景区讲解员素质提升活动，长春世界雕塑园、长春文化国旅等单位59人获培训结业证书。

【职业技能培训】 2022年，市文广旅局依托长春市高校、职业院校、民办培训机构开展导游员、旅游咨询员、公共游览场所服务员、休闲农业服务员等职业技能培训，助推旅游行业恢复发展，培训机构5家，学员1000余人。

【旅游市场监管】 2022年，市文广旅局指导和监督长春市旅游行业各单位和企业做好新冠疫情防控、复工复产、安全生产督导检查工作。专项整治未经许可经营的旅行社业务及“不合理低价游”等违法违规行为，首次将通过保险、养老、食品、保健品、日用品及户外、研学、旅拍等名义组织，以老年人作为主要目标群体、以市场营销为目的的旅游活动纳入执法范围，确保应管尽管。全年出动执法人员395人次，检查旅游企业144家次，查处案件3个，相关线索、证据移交公安部门。

养老旅游诈骗整治　制作文旅行业打击整治养老诈骗宣传片，在微信、微博等新媒体发布，通过“掌上长春”等渠道向社会公布文旅行业打击整治养老诈骗专项行动线索举报方式。全市文广旅系统各单位出动执法人员464人次，检查旅游企业230家次，检查中发现涉养老诈骗线索1条；通过公开举报电话、举报邮箱收集线索2条；通过“12345”市长公开电话、群众来信来访、上级交办、部门移交等途径收集线索12条。经市文化综合行政执法支队对线索开展调查、取证后，停业整顿2家企业并罚款，涉养老诈骗违法犯罪企业4家线索资料移交公安部门。

私设“景点”专项整治　9月至11月，开展私设“景点”专项整治工作，完成摸底排查和建立台账工作，根据排查摸底结果，依法依规开展整改，规范长春市旅游市场秩序，保护生态环境，维护游客权益。

【旅游安全生产】 2022年，市文广旅局召开旅游行业安全相关会议16次，研判文旅行业安全风险隐患，研究部署安全生产、消防安全工作。调整市文广旅局安全生产（消防）工作领导小组人员，印发《长春市文化广播电视和旅游局安全生产（消防）工作领导小组成员工作职责》，编制安全生产工作职责清单，推动落实安全生产责任制。加强安全生产警示提示，在各重要节点向各地行业管理部门和文广旅行业经营单位印发安全提示函3份；转发省市安委办警示通报和提示函22份，汲取相关行业事故教训，对行业安全生产工作提出具体要求；转发文旅部、市应急局安全生产宣传提示28个。强化预警预报工作，及时转发和发布冰雹、雷电、大风、强降雨、城市内涝及雨情信息、气象专报等各类预警预报和气象信息500余次，督促旅行社、旅游景区等文旅经营单位提前采取防范措施。印发各类应急预案，为旅游行业突发事件应急处置提供依据。

【放心消费示范单位复核申报】 7月至8月，针对全市文旅行业内具有领先和示范效应的上网服务场所、文化娱乐场所、营业性演出场所、艺术品经营单位、国家A级旅游景区、等级民宿、旅行社、星级旅游饭店等单位，开展全省文旅行业放心消费示范单位复核和2022年度全省文旅行业放心消费示范单位申报工作。通过县、市级文旅部门初审与复审，省级文旅部门核定并公示，长春市49家单位被评为2022年吉林省文旅行业“放心消费示范单位”，36家单位通过吉林省文旅行业“放心消费示范单位”复核。

（王　冠　韩　凯　王靖然）

旅游公共服务

【概况】 2022年，长春市补齐路网场站、景区周边设施短板，持续推进旅游厕所建设，加快“上云用数赋智”步伐，加强高速服务区旅游宣传栏建设，打造服务区点位10个，国家A级旅游景区道路客运覆盖率、重点滑雪场道路客运覆盖率100%。

【旅游公共基础设施】 2022年，长春市推进“上云用数赋智”，加快智慧文旅建设，深化智慧景区建设，推动实现“一部手机游长春”，适应文旅市场需求，打造多级旅游集散服务中心体系，推进旅游厕所、旅游标识牌建设，完善旅游公共服务设施建设。联合交通运输部门对全市所有A级旅游景区和滑雪场的具体地理位置和道路通行条件进行摸排和调研，研究制定具体的通车方案，开通定制班线和季节性班线，加强旅游景区和城市商圈、机场、高铁站等城市主要交通枢纽的有机衔接。截至年末，全市38个A级旅游景区，道路客运覆盖35个，覆盖率94.6%；5个滑雪场，道路客运覆盖5个，覆盖率100%。

【旅游咨询服务】 2022年，在冰雪节、消夏艺术节以及黄金周、小长假期间，开展旅游咨询进景区、进社区活动。现场通过悬挂横幅、设立展板、现场讲解、发放宣传资料等形式开展旅游咨询服务，工作人员向市民发放长春市旅游地图、文明旅游等宣传材料，讲解文旅资源、精品旅游线路，普及外出游玩时的疫情防控知识，引导游客和周边群众外出时做好个人防护，保证旅游安全。全年发放旅游宣传品3000余份，旅游纪念品1000余份，现场提供咨询服务千余人次。发挥市文广旅局政务网站“发布、服务、凝聚、带动”四大功能，提升信息服务水平，发布中心工作和热点、难点问题各类信息，发挥服务作用。2022年，网站独立用户访问总量6.26万次，网站访问量45.82万次，信息发布720条。其中，概况类信息更新18条，政务动态信息更新643条，信息公开目录信息更新59条，专栏专题维护11个，新开设专栏1个，解读信息发布14条，回应公众关注热点2次，发布服务事项目录。办事服务方面，注册用户3500万个，政务服务事项107项，可全程在线办理政务服务事项20项，办件7件。互动交流方面，市文广旅局网站使用统一平台，留言办理29条，平均办理时间为1天，整体调查5期，收到意见78条。

【旅游集散中心管理】 市文广旅局联合市交通运输局开展2022年城市旅游集散中心等级评定和2019年城市旅游集散中心等级复核工作。双阳区客运公司公路客运站旅游集散中心、吉旅大数据产业发展有限公司龙嘉机场集散中心完成二级城市集散中心评定。长春文化旅游集散服务有限公司、长春旅游集散中心、长春凯旋路公路客运旅游集散中心、长春高速公路客运站游客服务中心、长春北站游客服务中心、长春西站游客服务中心完成等级复核。

【旅游厕所建设】 8月9日，文旅部在全国范围内开展“2022全国旅游厕所建设与管理优秀案例”征集展示活动。12月28日，九台区长春庙香山温泉滑雪度假区旅游厕所建设管理案例被评为“2022全国旅游厕所建设与管理优秀案例”。截至年末，全市有旅游厕所500余座，全市国家AAAAA级景区“第三卫生间”实现全覆盖。

【旅游安全保障】 2022年，市文广旅局加强与相关部门协调联动，形成行业安全保障合力。在元旦、春节、端午节、中秋节等重要时间节点，提前调度预估各级旅游景区客流情况，向市消防救援指挥中心报送数据，为消防部门前置备勤提供依据。为2022长春消夏艺术节等大型文旅活动提供保障，协调公安、应急、消防救援、卫健等部门现场踏查开幕式现场——雕塑公园，组织开展施工前安全培训，活动当晚协调相关部门配备应急救援车辆和人员。在春节前后、复工复业后、端午节、国庆节前后等重要时间节点和旅游活动旺季，开展有针对性安全隐患集中治理，突出旅游景区、旅游道路交通等重点环节和部位，先后成立20余个检查组，开展督导检查。（王　冠　韩　凯　王靖然）

房地产业

FANGDICHANYE

房地产开发

【概况】 2022年，全市房地产开发项目430个，完成土地出让9块，累计完成开发投资520.22亿元，比2021年下降47.4%。施工面积1073.6万平方米，比2021年下降57.25%。新开工面积529.75万平方米，比2021年下降67.23%。结转面积543.85万平方米，比2021年下降39.23%。竣工面积405.54万平方米，比2021年下降45.18%。

【房地产开发企业】 2022年，长春市有营业执照存续的房地产开发企业1414家。其中，一级资质8家（亚泰、力旺、新星宇、万龙、信运、天茂、远创、房地集团），办理完二级资质续期的447家。

【土地出让】 2022年，长春市推行“延期缴款”“缴办分离”“分宗开发”“开工直通车”“以用促保”等扶持举措，纳入市政府房地产优惠政策“二十条”“十二条”，纾困企业资金难题128亿元。全年完成土地出让9块。

【企业资质管理】 全年办理全市房地产开发企业资质业务370件。其中，办理新设立房地产开发企业资质17件，资质变更75件，资质续期268件，资质注销10件。

【核发“两书”】 2022年，全市核发《住宅质量保证书》《住宅使用说明书》（简称“两书”）文本43127套，涉及项目69个，踏查现场83次。

【企业信用评价】 组织全市房地产开发企业更新资料，及时调整排名赋分信息。截至年末，对818家企业信用情况作出评分。其中，AA级以上企业450家，A级以上企业311家。根据长春市未登记房屋确权专项整治工作领导小组办公室《联合审批会审议列入诚信黑名单企业明细表》，将系统中168家企业列入黑名单。

【预售资金监管】 2022年，长春市全年新开设商品房预售资金监管账户185个，涉及2.5万套商品房，预售总金额288亿元，解除监管账户296个。截至年末，累计开设监管账户1373个。其中，解除监管账户631个，在监管账户742个；监管账户余额48亿元。涉及17万套商品房，预售总金额2070亿元。 （程 游）

表53 2022年长春市房地产开发投资完成情况统计表

单位：万元

指标名称	总计	其中，地方	其中，地市县属
计划总投资	70556825	6271770	62253058
自开始建设累计完成投资	42267889	3296671	37840235
本年完成投资	6619590	535388	5887614
国有经济控股	1493460	157893	1138979
内资企业	6511201	535388	5779225
国有企业	162224	51527	—
有限责任公司	3727013	438429	3202693
国有独资公司	291108	46400	244708
其他有限责任公司	3435905	392029	2957985
股份有限公司	35374	—	35374

续表53

指标名称	总计	其中，地方	其中，地市县属
私营企业	2586590	45432	2541158
私营独资企业	14124	—	14124
私营有限责任公司	2571866	45432	2526434
私营股份有限公司	600	—	600
港澳台商投资企业	95805	—	95805
与港澳台商合资合作经营企业	14321	—	14321
港澳台商独资经营企业	81484	—	81484
外商投资企业	12584	—	12584
中外合资经营企业	11000	—	11000
外资企业	1584	—	1584
按构成分：建筑工程	4192867	394747	3663317
安装工程	257514	13676	236383
设备工器具购置	94990	8009	85373
其他费用	2074219	118956	1902541
其中，旧建筑物购置费	3263	13	3250
土地购置费	1899115	115195	1738096
住宅投资	5080352	387734	4570313
其中，90 平方米以下住房	2163453	139630	2021141
其中，144 平方米以上住房	541261	23685	517400
别墅、高档公寓	—	—	—
办公楼	245948	32289	213659
商业营业用房	496245	25879	468751
其他	797045	89486	634891

（市统计局）

表54 2022年长春市房地产面积综合情况统计表

指标名称	单位	合计	住宅	办公楼	商业营业用房	其他房屋
房屋施工面积	平方米	72018618	47554074	5295790	8779300	10389454
其中，本年新开工面积	平方米	4026835	3102260	125881	213100	585594
房屋竣工面积	平方米	4236096	2615293	153251	852176	615376
其中，不可销售面积	平方米	492903	168421	40396	83984	200102
出租房屋面积	平方米	—	—	—	—	—
商品房销售面积	平方米	5407715	4703054	137550	244969	322142
其中，现房销售面积	平方米	1114266	887641	61572	104476	60577
其中，期房销售面积	平方米	4293449	3815413	75978	140493	261565
商品房屋销售额	万元	4626242	4137993	146296	249099	92854
其中，现房销售额	万元	789943	599481	62545	106593	21324
其中，期房销售额	万元	3836299	3538512	83751	142506	71530
待售面积	平方米	6400288	3745998	537049	1340676	776565
其中，待售 1—3 年面积	平方米	2608698	1689263	169944	387999	361492
其中，待售 3 年以上面积	平方米	2046142	896154	123312	715434	311242

（市统计局）

房地产经营

【概况】 2022年，市区房屋成交9.09万套，成交面积917.7万平方米，比2021年下降33.2%；成交金额526.3亿元，比2021年下降35.7%。其中，住房成交8.12万套，成交面积786.5万平方米，比2021年下降34%；成交金额431.7亿元，比2021年下降37.2%。

【已登记发证房屋总量】 截至年末，长春市辖区（简称市区）已登记发证房屋建筑面积27324.877万平方米，比2021年增长9.51%。国有房产2641.5万平方米，占市区房屋总量9.67%。其中，直管房产134.27万平方米，占国有房屋总量5.08%；拨用产55.17万平方米，占国有房屋总量2.09%；全民自管房产2184.46万平方米，占国有房屋总量82.70%；军产240.38万平方米，占国有房屋总量9.10%。国有企业27.2万平方米，占国有房屋总量1.03%。集体房产226.62万平方米，占市区房屋总量0.83%。私有房产18087.61万平方米，占市区房屋总量66.19%。股份制企业房产1409.9万平方米，占市区房屋总量5.16%%。港澳台房产203.51万平方米，占市区房屋总量0.74%。涉外房产75.38万平方米，占市区房屋总量0.28%。其他房屋4677.78万平方米，占市区房屋总量17.12%。联营企业房产2.53万平方米，占市区房屋总量0.009%。

【已登记发证住宅总量】 截至年末，长春市区已登记发证住宅建筑面积18118.49万平方米，比2021年增长9.26%。国有住宅1102.20万平方米，占市区住宅总量6.08%。其中，直管住宅109.52万平方米，占国有住宅总量9.94%；拨用产住宅12.99万平方米，占国有住宅总量1.18%；全民自管产住宅885.76万平方米，占国有住宅总量80.36%；军产住宅92.35万平方米，占国有住宅总量8.38%。国有企业1.56万平方米，占国有住宅总量0.14%。集体住宅45.66万平方米，占市区住宅总量0.25%。私有住宅15941.66万平方米，占市区住宅总量87.99%。股份制企业住宅168.02万平方米，占市区住宅总量0.93%。港澳台住宅27万平方米，占市区住宅总量0.15%。涉外住宅6.17万平方米，占市区住宅总量0.03%。其他住宅827.25万平方米，占市区住宅总量4.57%。联营企业房产0.195万平方米，占市区住宅总量0.001%。

【住宅成套率】 截至年末，市区实有成套住宅面积18093.64万平方米，比2021年增长9.27%。其中，私有成套住宅15926.41万平方米，比2021年增长5.91%。住宅成套户数187.51万户，住宅成套率99.94%。

【商品房供应】 2022年，全市商品房上市面积298万平方米，比2021年下降

房屋类别	国有房产	集体住宅	私有住宅	股份制企业住宅	港澳台住宅	涉外住宅	其他住宅	联营企业房产	合计
单位：万平方米	2641.5	226.62	18087.61	1409.9	203.51	75.38	4677.78	2.53	27324.877

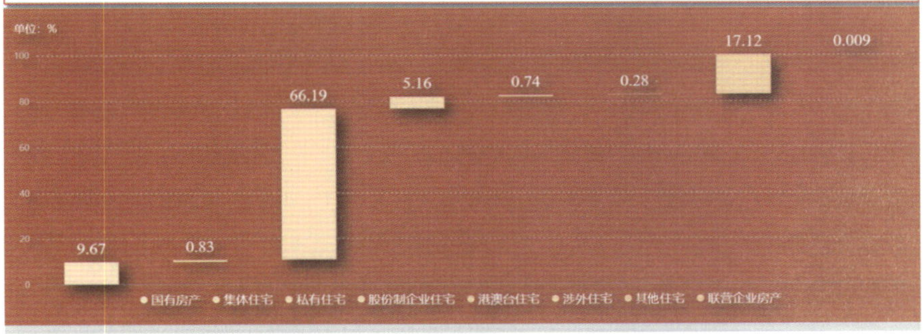

图2 2022年长春市辖区已登记发证房屋情况示意图

房屋类别	直管房产	拨用产	全民自管房产	军产	国有企业	总计
单位：万平方米	134.27	55.17	2184.46	240.38	27.2	2641.5

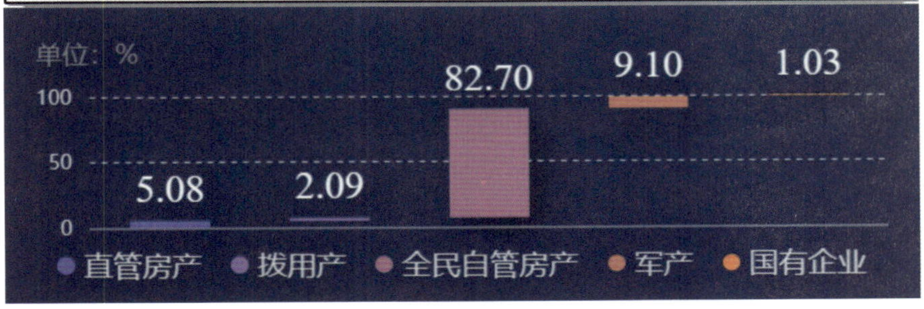

图3 2022年长春市国有房产已登记发证房屋总量示意图

房屋类别	国有房产	集体住宅	私有住宅	股份制企业住宅	港澳台住宅	涉外住宅	其他住宅	联营企业房产	合计
单位：万平方米	1102.20	45.66	15941.66	168.02	27	6.17	827.25	0.195	18118.49

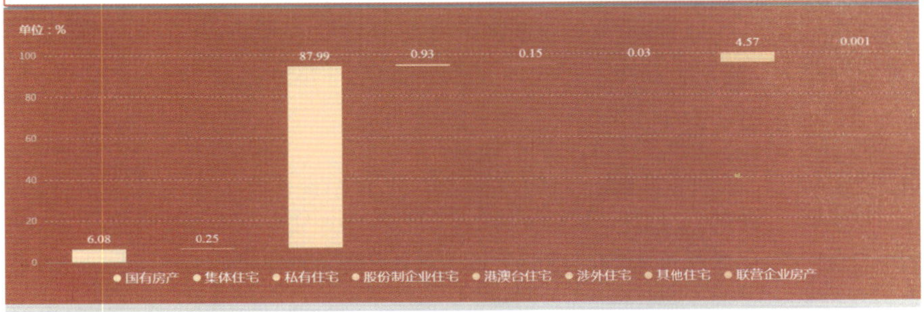

图4 2022年长春市辖区已登记发证住宅情况示意图

表55　2022年长春市房地产价格指数统计表

月份	新建商品住宅		二手住宅	
	环比（%）	同比（%）	环比（%）	同比（%）
1	100.2	100.9	99.4	99.2
2	99.7	100.8	99.4	99.0
3	100.0	100.9	100.0	99.2
4	100.0	100.6	100.0	99.4
5	99.8	100.1	98.4	97.4
6	99.3	99.3	99.2	96.3
7	99.7	99.8	99.4	95.5
8	100.2	98.7	99.7	94.9
9	99.3	99.7	99.7	94.5
10	99.3	96.9	99.5	94.1
11	99.2	96.5	99.5	94.0
12	98.9	95.7	99.2	93.6

（市调查队）

70.5%，其中住房上市面积240.3万平方米，比2021年下降70.9%。

【商品房库存】　截至年末，市区商品房库存面积1857.9万平方米，比2021年下降14.2%，其中商品住房库存面积1109万平方米，比2021年下降17%。

【商品房销售】　2022年，市区商品房销售5.04万套，销售面积551.1万平方米，比2021年下降33.9%；销售金额468.6亿元，比2021年下降34.1%。其中，住房销售4.25万套，销售面积459.6万平方米，比2021年下降34.1%；销售金额386.5亿元，比2021年下降35.5%。

【二手房交易】　2022年，市区二手房交易4.05万套，交易面积366.6万平方米，比2021年下降32.3%。其中，住房交易3.87万套，交易面积326.9万平方米，比2021年下降33.8%。

【房地产抵押】　2022年，市区房地产抵押23.16万件。抵押面积6022.5万平方米，比2021年增长39.25%；抵押金额2481.77亿元，比2021年下降6.34%。其中，现房抵押面积占总量89.2%；购房贷款抵押面积占总量4.75%。在建工程抵押面积占总量6.05%。

【房地产经纪】　2022年，长春市区新增备案房地产经纪机构30个，房地产经纪人30人。备案续期75家，变更2家。按照“双随机、一公开”原则，开展中介机构专项排查行动。召开专题会议，对中介机构进行普法宣传。筹备组建房地产中介协会。

【住房租赁试点】　2022年，如期完成住房租赁试点工作。对标对表考核指标，新筹集奖补房源9418套，培育住房租赁企业2家，拨付中央财政专项奖补资金3批次、2.48亿元。印发《关于加强住房租赁企业监管的意见》，实施租赁合同网签备案和住房租赁资金监管。三年累计筹集租赁房源12.19万套，其中新建改建项目146个6.51万套；盘活项目9个0.49万套，转化社会个人闲置住房5.19万套；培育专业化、机构化住房租赁企业15家；搭建住房租赁监管服务平台。

【公有住房出售】　采取“一事一议”、专题研究、专人指导等措施，跟踪督办各类历史遗留房改难题，完成省机关事务管理局拨用房产、北安小区等公有住房房改工作，配合做好市政重点项目征收范围内房屋的面积确认、共有产权界定等工作。规范简化公有住房售后资金使用程序，提高资金使用效率。全年出售公有住房7697户、44.2万平方米，办理职工补贴资金258万元。

【住房消费促进】　重点支持人才和农民购房，为购买符合条件商品住房的人才和农民发放购房补贴。举办2届房交会，采取政府补贴、企业让利形式，释放购房需求，拉动住房消费。

（程　游）

房地产市场监管

【概况】　2022年，长春市坚持“房住不炒”定位，落实房地产长效机制，因城施策科学调控房地产市场，遏制房地产市场下行趋势，保持房地产市场平稳健康发展。印发《长春市人民政府办公厅关于印发持续整治规范房地产市场秩序工作方案的通知》，围绕房地产开发、房屋买卖、住房租赁、物业服务等行业领域问题，明确四大类、21项重点整治内容，与市市场监管局等部门持续开展房地产市场秩序整治工作，规范房地产市场秩序。

【房地产市场政策制定】　2022年，长

春市出台“长20条”“长12条”“长6条”房地产新政，提出降首付降利率、调整在建工程抵押条件、提前释放预售监管资金等38条措施，促进长春市房地产市场加速复苏。

【保交楼工作】 2022年，长春市成立市、区工作专班，采取“日调度、周汇报”方式，穿透式管理房地产开发项目，并通过专项借款、金融机构贷款、退地返税等多种方式帮助企业筹集续建资金，确保项目按期交付。

【违规案件查处】 全年查处房地产违规案件4个，行政处罚相关企业，处罚金9.1万元。其中，代理销售不符合销售条件的商品房2件，罚款4万元；在未解除商品房买卖合同前，将作为合同标的物的商品房再行销售给他人1件，罚款2.1万元；不符合销售条件收取预订款性质费用1件，罚款3万元。

【自建房专项整治】 2022年，长春市住房保障和房屋管理局（简称市房管局）牵头开展全市自建房安全专项整治，成立工作专班，邀请专家指导，定期调度督导，完善治理措施，建立实施“三阶段、三程序、三措施”整治模式，采取地毯式、拉网式排查，整治各类房屋安全隐患，完成7月底“百日行动”目标任务。全年组织实施2轮专项整治“回头看”行动，采取市级督导检查、区级交叉互检、行业部门自查等方式，巩固整治成效。截至年末，排查既有房屋147.2万栋，鉴定C级危房633栋、D级危房1790栋，拆除加固C、D级危房175栋，其余全部落实管控措施。通过国务院安委办检查、国家自建房第七督导评估组评估和住建部经营性自建房排查整治核验，得到检查组肯定。

【未登记房屋确权整治】 2022年，长春市召开领导小组联审会议3次，审议通过未登记项目42个469.6万平方米。开展确权整治“回头看”工作，落实专人调度、联合约谈机制，约谈督办确权推进缓慢、群众上访激烈项目开发企业负责人28次，移送公安和税务部门查处督办项目8个，推动221万平方米上会房屋完成确权登记。国庆期间，完成法官公寓、龙华热电等7个市级领导包保项目确权办理、窗口发证等工作。

【城镇房屋调查】 2022年，长春市编制全市自然灾害风险普查城镇房屋调查工作方案，组织专家团队培训指导基层普查人员，推动工作落实。截至年末，完成全市城镇房屋调查抽检核验和成果汇交，通过国家第三方机构核验。

【房屋交易营商环境优化】 2022年，长春市创新开展房屋“带押过户”转移登记新业务，实现原房屋抵押注销和新抵押设立“无缝衔接”。阶段性开通购房补贴申领业务24小时不间断服务。优化房屋交易、缴税、不动产登记业务流程，96%以上窗口服务事项实现“只跑一次”，全部涉企业务实现“一窗受理、一窗办结”“立等可取”。开通老人、孕妇等特殊群体“远程视频”服务，联合国安公证处建立非涉税房屋“继承公证+房屋转移”一站式服务，缩短服务半径。启用新版商品房买卖合同，实现购房网签备案全程网上办理。完成房产测绘成果审核模式改革，变“实质审核”为“要件审查”，申请要件和办理时限压减率超60%。全年受理房屋交易业务32.9万件，审核房产测绘审查1936.6万平方米，通过各种途径办理档案查询153.3万件。 （程　游）

物业管理

【概况】 2022年，长春市有运营物业项目的物业企业851家，物业从业人员54674人。截至年末，物业达标项目605个。其中，国家级示范项目31个，省级示范项目229个，市级示范项目345个。

【公共维修资金管理】 2022年，归集物业维修资金5.27亿元，拨付使用项目330件，使用金额2410.59万元，比2021年下降62.49%。历年累计归集174.60亿元，累计使用项目拨付4266件，使用金额3.48亿元。

【物业专项治理】 2022年，长春市修订《长春市物业管理条例》，联合出台《关于加强党建引领物业管理服务提升小区治理水平的指导意见》《关于我市普通住宅前期物业服务收费标准实行政府指导价的通知》等文件。召开全市物业管理工作会议，成立全市物业服务行业协会和物业行业党委，建设物业矛盾纠纷治理体系。深化老旧小区物业管理，推动光机八区、东方新嘉园等47个社区代管小区升级为专业化物业管理和业主自治。截至年末，全市累计打造“红心物业”小区92个，企业和社区“交叉任职”党组织120个。

【物业监管】 2022年，长春市建立物业管理区域信息电子化平台，重新划分细化管理单元，开展住宅小区电子落图工作。落实物业服务企业信用管理，抓实街道评价打分关键环节，处理企业失信行为3522条。组织物业服务企业在小区张贴公示板，公布属地城管、消防等部门服务电话，畅通问题反映渠道。改进物业维修资金管理工作，加大对属地物业主管部门指导督促力度，简化申请要件，压缩审批时限。全年归集物业专项维修资金4.95亿元，拨付使用金额近2200万元。

【物业小区消防安全管理】 2022年，长春市开展物业小区安全隐患排查整治行动，强化督导检查，压实物业服务企业安全生产职责。开展培训演练59次，排查整改隐患622项，约谈问责相关企业16次19人。 （程　游）

开放型经济

KAIFANGXING JINGJI

参与“一带一路”建设

【概况】 2022年，长春市注册参加第五届中国国际进口博览会企业565户、专业观众1340名，占全省40%。皓月、九三集团、欧亚集团、赛诺迈德、吉林利德等12户企业实现签约，签约金额67.3亿元，比2021年增长42%，占全省比重98%。全市新备案设立境外企业5户，中方协议投资总额1271.6万美元，主要投向俄罗斯、马来西亚等国家，涉及制造业、国际贸易等行业；全市对外承包工程完成营业额4256.64万美元，新签合同额116880万美元；全市外派劳务人员实际收入总额19320.39万美元，新派人数3932人。期末在外1.3万人，主要从事制造业、服务业、建筑业等。华峰能源、北药集团、泽尔木进出口等企业对外矿业、农业、林业投资项目恢复运营。推动迪瑞医疗、希达电子、鸿达科技、高新集团等企业开展境外投资合作。

【开放平台建设】 长春新区设计保税物流中心（B型），推进冷链物流园以及长春龙嘉机场三期建设，完善药品进口口岸功能。引进中国物流股份有限公司，打造“通道+枢纽+网络”现代物流运行体系。建设中俄、中日、中白等国际合作园区，中俄科技园建立8个国际联合实验室，成为省内唯一“国家级国际引智示范基地”；中日智能制造产业园与日本北白川、NTT、TDIPS等公司在设备制造、部件加工、机器视觉等领域开展合作；中白科技园入驻企业36户。中韩（长春）国际合作示范区完成招商引资100.5亿元，新引进项目48个，总投资120亿元；储备在谈项目190个，谋划包装项目99个。迈格纳磁科技产业园、阿里中韩跨境电商、英利汽车、普华永道等一批重大项目签约落位。全年开复工项目61个。2022年，发行专项债项目21个，获得专项债资金28.5亿元。制定《宽领域深层次拓展对韩合作方案》。举办“韩国在长企业家畅游冰雪新天地活动”；开展“中韩建交30周年”系列活动；与商务部、国家发展改革委联合举办“示范区投资洽谈会”“中韩合作交流会”等；与日本银行界代表召开线上经贸合作交流会；接待亚美尼亚、贝宁、斯里兰卡等国家驻华使节、韩国希杰等跨国企业代表考察调研，开展务实合作。5月31日，长春国家级农业高新技术产业示范区（简称长春农高区）在公主岭市揭牌。2022年，长春农高区产值201.9亿元，全口径财政收入1.1亿元，研发投入占GDP比重1.7%，设立院士（专家）工作站、博士科研工作站12个，高新技术企业19户，其中农业高新技术企业12户。高新技术产品产值占总产值29.3%，其中农业高新技术产品产值占高新技术产品产值51%，农业科技进步贡献率66%。长春国家自主创新示范区是第22个国家自主创新示范区，8月24日启动建设。

【对外开放通道建设】 2月18日，中国民用航空局出具《民航局关于报送长春机场三期扩建工程预可行性研究报告意见的函》，同意建设长春机场三期扩建工程。长春机场三期扩建工程按照满足年旅客吞吐量3800万人次、货邮吞吐量27万吨、飞机起降27.6万架次设计，主要包括机场工程、空管工程和供油工程，总投资256.2亿元。建设珲阿公路石头口门水源保护区长春段项目，石头口门绕越线项目全长18.9千米，概算投资8.1亿元，累计投资6.8亿元，全年完成投资3亿元。建设长春都市圈环线高速公路二期农安至九台、双阳至伊通段项目，是“长吉图开发开放先导区”融入“一带一路”内部通道设施。项目全长124.8千米，概算投资124.6亿元。全年投资28.2亿元。建设延长高速公路烟筒山至长春高速公路项目，全线92.5千米，长春域内50.7千米，全线概算投资76.1亿元，长春域内概算投资70.1亿元。长春市域内征地599公顷，交地548公顷。全年投资27.7亿元，超出计划13.6%。长春都市圈环线高速公路伊通至公主岭至农安段项目取得可研批复、初步设计批复和施工图设计批复，交通运输部出具都市圈环线西环资金安排意见，开启征拆工作。

【中欧班列运行】 2022年，长春市中欧班列承运货物1.03万标准箱，比2021年下降24.9%；承运货物9.3万吨，下降21.4%；货值约22.8亿元，下降42.4%。吉林省货物占比45.5%。中欧班列（长春—汉堡）承运货物1994标准箱，下降18.14%；承运货物1.8万吨，增长8.6%（进口0标准箱，出口1994标准箱），货重1.8万吨；货值约3.8亿元，下降

1月3日，2022年首趟中欧班列（长满欧），载有100标准箱“新年礼物”从长春国际陆港驶往德国纽伦堡　　（陈婷婷　供图）

13.31%。吉林省货物占比23.53%。中欧班列（长满欧）承运货物7160标准箱，下降26.2%；承运货物6.52万吨，下降27.5%（进口260标准箱，货重0.2万吨；出口6900标准箱；货重6.32万吨）；货值约16.45亿元，下降47.6%。吉林省货物占比51%。中欧班列（长珲欧）承运货物1186标准箱，下降26.9%；承运货物0.97万吨，下降17.1%（进口44标准箱，货重0.03万吨；出口1142标准箱，货重0.94万吨）；货值约2.52亿元，下降32.5%。吉林省货物占比49%。　　（张　强）

中韩（长春）国际合作示范区

【概况】　中韩（长春）国际合作示范区（简称中韩示范区）于2022年6月29日揭牌成立，加挂“长春对外开放合作示范区”牌子。中韩示范区是吉林省政府派出机构，享有省级经济管理权限，是全国唯一一个国务院批复设立立足中韩两国，面向东北亚及更大范围国际合作示范区。中韩示范区规划总面积210平方千米，规划自贸区面积30平方千米，建设用地面积54平方千米，确立“一谷、两翼、多组团”空间格局。重点打造大健康、高端装备制造、光电信息3大产业集群，加快发展现代服务业，构建“3+1”现代产业体系，聚焦氢谷、磁谷、美谷产业链，建设高端装备制造产业园、医药健康产业园、光电信息产业园、数字经济产业园、现代服务产业园，打造“三谷”引领、“五园”驱动产业发展格局。

【基础设施建设】　建设完成区内28条道路，形成“三横四纵”主路网，通车长度88千米。完成园林绿化面积258万平方米，铺设双线供水管路69千米，雨水管线长度114千米，污水管线长度120千米。建有枢纽级500千伏变电站1座、220千伏一次变电站1座、66千伏二次变电站3座，输电线路铺设56千米。铺设通信管网97千米，燃气中低压管线65千米，集中供热一次管网21千米。完成“三区三线”划定工作，启动春明湖及干雾海河绿水长廊建设。

【项目建设】　全年开复工项目61个，新引进各类项目78个，储备在谈项目190个，谋划包装项目99个。推动迈格枘永磁科技产业园、安波福汽车线束、阿里跨境电商服务中心、英利汽车、普华永道等一批重大项目签约落位。韩国三星悦思意中央厨房预制菜、福库家电、大松贸易平台、奥斯得利奶酪产业园、大象速冻食品、马来西亚国际贸易前置仓、意大利奥特莱斯等一批外资项目取得进展。全年通过国家发展改革委审核专项债项目31个，发行12个，发行资金28.5亿元。

【营商环境优化】　中韩示范区帮助企业开拓市场，联系一汽集团、中车长客等重点企业，帮助韩国TMS光学胶、国电投PEM制氢装备等项目主体开拓市场。引入阿里跨境电商服务平台，帮助企业拓展韩日跨境电商渠道；联合上海合作组织秘书处组建多功能经贸平台，帮助企业开拓“一带一路”国家市场；与普华永道、天津渤海交易所合作，为企业开拓欧美市场奠定基础。169个市场主体入驻长春“信易贷”专区，注册率位列全市榜首，信用状况监测指标在17个县（市）区排名第4、开发区排名第2。推出“信用+承诺制”审批模式，开辟守信企业“绿色通道”，政务服务评价全省排名第4、开发区排名第1。中韩示范区为跨境电商产业发展提供先行先试新政策，与省出入境管理局建立对接机制，开通签证绿色通道，在人员入境前一天提供入境人员信息即可办理落地签证。与省出入境管理局及吉林省外国专家管理局建立长期联络合作机制，外籍人员工作和居留许可“一窗通办”。中韩示范区作为试点，区内企业申办不含行政区划企业名称，由中韩示范区市场监管分局直接核准，无须报国家市场监管总局审批。落位中韩示范区项目，凡是购地项目按固定资产投资4%—7%给予补助；轻资产入驻厂房类项目，厂房租金给予“免三两减半”（外商投资企业可享受自取得第1笔生产经营收入所属纳税年度起3年免征、2年减半征收企业所得税的待遇）政策；对发展状况良好、税收贡献突出项目，尤其是具有引领带动作用产业项目，通过产业发展专项基金方式给予支持。

【科技创新】　有省级双创示范基地和创业孵化基地7户，专精特新“小巨人”企业12户。其中，国家级1户、省级3户、市级8户。通过申请新能源指标、争取绿电园区消纳基地等途径，助推长春绿动氢能产业基地、秸秆综合利用产业园、迈格钠零碳磁谷项目等新能源产业项目建设。建成全省首

吉电股份中韩示范区制氢加氢一体化示范项目，通过PEM电解水制出氢气，经过装置检测及纯化后先通入缓冲罐，经一、二级压缩机升压后存入储氢瓶组，分成3组阶梯储存。图为长春市唯一氢源母站——中韩示范区制氢加氢一体化站

（摄于10月24日　许梦宜　供图）

座制氢加氢站，成为全省“氢动吉林”试点示范地区。

【国际合作】　制定《宽领域深层次拓展对韩合作工作方案》，成立工作专班，明确合作路径和具体措施。举办“韩国在长企业家畅游冰雪新天地”“中韩建交30周年”系列活动，与商务部联合举办“中韩示范区投资洽谈会”，与日本银行界代表举行线上经贸合作交流会；接待亚美尼亚、贝宁、斯里兰卡等国家驻华使节考察调研等活动。

【民生服务】　全年开发就业岗位375个，城镇新增就业171人，零就业家庭实现动态清零。成立社工站建设工作领导小组，足额发放低保对象、特困人员等各项补贴393万元。编制黑土地保护总体规划和指导意见。农村人居环境整治垃圾处理体系覆盖率100%。完善教育医疗等社会事业。投资693万元建设第一所公办幼儿园，实现幼小衔接。社区卫生服务中心开展儿童预防接种600余剂次，完成家庭医生签约1.6万余人。开展“城市管理进小区”活动，加强市容市貌综合治理，中韩示范区被评为全市市容环境卫生先进单位。

（许梦宜）

长吉图开发开放先导区

【概况】　“长吉图”地处东北区域地理几何中心，西接蒙古东部，东连俄罗斯西伯利亚远东腹地，聚集俄罗斯自然资源、日本和韩国资金和技术。长吉图包括吉林省长春市、吉林市部分区域和延边朝鲜族自治州，是中国图们江区域核心地区。2022年，长吉图地区生产总值9101.32亿元，年均增长6.2%；进出口总额1455.33亿元。

【平台建设】　4月19日，国务院批复同意建设长春农高区。5月31日，长春农高区在公主岭市成立并举行揭牌仪式。长春农高区空间布局“一核一带六基地”。“一核”即核心区，位于公主岭市区，面积9.86平方千米，依据产业基础，规划建设现代农业博览园、农业高新技术创新创业、智能农机研发制造、玉米精深加工产业“四大板块”；“一带”即现代农业高质量发展带；“六基地”即现代种业示范基地、黑土地可持续发展示范基地、智能农机示范基地、现代物流示范基地、休闲农业示范基地、城乡融合示范基地，总面积139.39平方千米。长春农高区规划建设重点项目12个，总投资117.72亿元。4月7日，国务院批复同意在长春高新技术产业开发区和长春净月高新技术产业开发区建设长春国家自主创新示范区，是继北京中关村、武汉东湖、上海张江等之后，国务院批复的第22个国家自主创新示范区。以企业为主体、“政产学研用金介”协同创新为纽带、科技创新服务平台为支撑、新经济创新发展为特色、科技金融为助力科技创新体系，打造东北振兴科技创新之城。印发《长春市国家城乡融合发展试验区建设2022年工作要点》及配套文件，细化形成108条任务，推出第一批由市直部门结对推进10个试验（示范）点，推动土地、金融、科技体制改革破题，打造国家城乡融合发展示范区。召开长春市国家城乡融合发展试验区建设2022年第一次联席会议，印发《长春市推进国家城乡融合发展试验区农村产权抵押融资工作度实施意见》。

【开放通道】　中欧班列　2022年，中欧班列（长满欧）承运货物7160标准箱，比2021年下降26.2%；承运货物6.52万吨，下降27.5%（进口260标准箱，货重0.2万吨；出口6900标准箱，货重6.32万吨）；货值约16.45亿元，下降47.6%。在吉林省占比51%。2022年，中欧班列（长珲欧）承运货物1186标准箱，下降26.9%；承运货物0.97万吨，下降17.1%（进口44标准箱，货重0.03万吨；出口1142标准箱，货重0.94万吨）；货值约2.52亿元，下降32.5%。在吉林省占比49%。

长春生产服务型国家物流枢纽　核心项目长春智慧物流园总投资5亿元，占地面积约65.5万平方米，建筑面积5000平方米，配套8.2千米商品车专用通道。项目服务涵盖大众，红旗，奔腾品牌整车下线接车倒运、仓储、发运等物流业务。长春智慧物流园项目完成60万平方米智能化整车仓储基地建设，智慧网络一期部分投入使用。

长春陆港型国家物流枢纽　依托综保区国际陆港和新区东北亚物流园申报陆港型国家物流枢纽，2022年11月18日获批。

【重点项目】　实施“现代种业科技创新工程”，公主岭现代农业产业园列为

长春城开农投绿色循环肉牛产业示范园区　　（摄于7月5日　张　强　供图）

国家级现代农业产业园创建单位。启动“黑土粮仓”科技会战，实施“秸秆变肉”暨三百万头肉牛工程，长春城开农投绿色循环肉牛产业示范园项目。依托芯片保供专班开展点对点“抢芯”，支持一汽最大限度增加排产，开展“旗E春城”行动。一汽比亚迪合资动力电池项目、奥迪一汽新能源汽车项目开工建设。落实全省服务业高质量发展“二十个工程”，实施服务业攻坚“十大行动”，组建物流枢纽联盟。

（张　强）

招商引资

【概况】　2022年，长春市到位资金项目520个，到位资金1745.08亿元，比2021年增长10.68%。到位资金总量始终保持全省第一。

【招商引资专班】　调整长春市招商引资工作领导小组成员名单，成立市委书记、市长双组长领导小组。建立产业招商小组，召开专题部署会，引导各作战单位围绕主导产业做好项目谋划招引。获长春市“经济增长”及时奖励集体嘉奖1个、个人三等功2人、个人嘉奖4人。开展5期产业链招商专题系列培训，指导讲解产业链现状、断链风险、补缺方向及招商重点等情况。以“城市邀请函”形式，制作长春市全新招商宣传手册，实现“小折页大展示”。2022年，全市新签约和新落位项目中，符合“六城联动”发展战略项目投资额占比超过90%。

【项目谋划督导】　2022年，长春市洽谈项目656个，投资6341.6亿元，推动签约115个、落位77个。实施重大项目领导包保制度，印发市级领导包保“百大项目”清单及实施方案，“百大项目”重点项目签约37个、落位28个。实施招商“赛马”机制，围绕各作战单位内资到位、项目签约落位、活动开展等情况，每月排名，每季度通报。通过省市两级项目管理平台，调度各作战单位招商引资项目情况近30次，洽谈、签约、落位项目总体数量大幅增长，社会资本投资67.36%以上。

【项目签约落位】　2022年，全市签约项目301个，投资1915.58亿元；落位项目626个，投资2918.34亿元。线上线下相结合，全年开展线上招商活动70余次，“走出去、请进来”招商活动307次，线下集中签约活动16次。在吉商大会、新电商大会、人参高质量发展大会等省市重点活动中签约项目24个、金额211.3亿元，其中新电商大会上签约项目总数全省第一。

【环渤海区域合作】　2022年，长春市到北京市开展招商活动2次、举办会见活动3场，实地考察一汽奥迪、正大、国家电子投资集团公司、京东、北京维信诺、南天数金、北京同仁堂、中星微电子、中科方德、中粮等企业，与思爱普、中国能建、盘古智库及振兴吉林战略联盟、北京吉林企业商会等主要负责人会见洽谈。组织招商引资重点项目线上视频对接会3场，重点推动南天信息数字经济总部、36氪集团东北总部基地、吉粤装备产业园等项目完成线上签约；屏对屏帮助泰康、中融、东方雨虹等企业解决项目堵点问题；协调联东、安捷物联与相关县市区对接洽谈，推动项目落位。参加“长春市航空展”“第六届丝博会”“丝绸之路经济带国际合作论坛”等活动。

【长三角区域驻点招商】　2022年，长春市到上海市、浙江省杭州市、江苏省南京市等地开展招商活动3次，实地考察恒润、积成能源、筑新科技等企业。34名年轻干部分4组到长三角区域开展驻点招商工作，全年对接企业350余户，对接各类商协会、校友会、科研机构、政府部门74个。开展到长春市考察对接活动7次，接待作战单位到长三角地区走访调研6次。全年达成初步投资意向项目33个。其中，央企国企意向项目4个，上市公司意向项目6个，中国民营500强企业意向项目3个；推动长春新区药谷、北京盈纳通在长春市设立子公司2个项目签约，上海能源科技分布式光伏、贞言健康世纪经济生态链产业园、慧程汽车仿真与数智技术产业园工业软件3个项目落位。建立“长春联络员”微信公众号，讲好长春故事，反映招商动态，发布信息130余篇。

【珠三角区域合作】　2022年，长春市到广东省深圳市招商活动2次，实地考察奥泰医疗、力方科技、成都纵横、华润、海王、北科生物等企业。组织吉商联合会企业家合作考察团座谈活动和市领导会见广东产融团组活动。与中国电力国际发展有限公司、吉林省同芯积体电路材料股份有限公司签署长春能源结构调整和绿色转型战略合作框架协议，加快第三代半导体产业园等项目合作；签约公主岭市肉牛良种繁育融合示范园区项目。参加泛珠三角区域第二十二届厦门国际投资贸易洽谈会、第三十届广州博览会、第十九届中国—东盟博会、第二十届中国国际高新技术成果交易会等重要展会，对接优质企业。

【省内对接合作】 2022年，长春市带领企业到松原市开展项目对接，推动好活科技“乡村振兴数字经济产业园”、布瑞克“乡村振兴中心新农服务综合体”和“农业大数据+互联网+金融”等项目，与扶余市、乾安县达成初步合作意向。邀请松原市招商部门共同带领南安商会、安溪商会，到福建省厦门市、泉州市、南安市、安溪县对接福建生命之友、厦门铂联科技、九牧集团、泉州芯谷南安分园区、英良集团等11户企业，宣传推介两市招商政策和投资环境，洽谈合作事宜。帮助松原市与长春市异地商会和福建企业建立联络渠道，实现资源共享。

【县（市）区、开发区招商】 新冠疫情期间，推动各作战单位开展云洽谈、云签约活动70余次，洽谈项目164个，签约项目36个。5月，到作战单位走访调研招商引资工作，召开座谈交流会，差异化指导服务各作战单位开展招商工作，开展“走出去、请进来”招商活动286次，对接企业275户，洽谈项目290个。

【联络服务商会】 2022年，长春市推动以商招商、商会招商、协会招商，组织有关商会和部分企业到省内各市州开展招商对接合作工作，促成30余个意向洽谈；协助完成1家新成立商会注册登记、28家商会年检。新冠疫情期间，向外埠驻长商会党组织及会员企业发出《中共长春市外埠驻长商会行业委员会疫情防控倡议书》，组织30余家商会、1000余户会员企业，捐款捐物7000余万元。

【对外招商】 实地考察日本罗森便利店上海总部，邀请三菱商事与罗森便利店考察团、澳门企业家代表团到长春市交流调研，推动北京今政资讯在长春市建立东北区域结算中心，韩国福库物流仓储基地项目选址落位、香港敏华项目摘地、德国克诺尔首期投资5000万元轨道检修项目完成签约、慕贝尔拟投资建设焊接厂房项目报德国总部审批、与远景集团就零碳产业园项目及“双碳”示范城项目签署战略合作框架协议。与大韩贸易投资振兴公社长春贸易馆联合举办“中韩未来汽车线上说明会”，线上推介长春市重点汽车企业；参加“2022年中国中医药健康（澳门）品牌展览会”“2022海外侨胞感知吉林云推介”等活动。

【出台奥迪PPE发展配套政策】 出台《长春市关于鼓励奥迪PPE平台供应商来长发展的若干政策措施》，填补市级层面汽车产业政策不足，推动奥迪PPE供应商在长春布局，打造汽车产业配套高地。 （刘育禾）

对外贸易

【概况】 2022年，全市货物进出口贸易额1107.6亿元，比2021年下降6.2%。其中，出口贸易额208.5亿元，增长25.6%。7月，出口增速连续7个月保持两位数增长，在15城市中位列第1；进口完成899.1亿元，下降11.4%，降幅比年初收窄15.3个百分点。

【货物进出口】 从贸易伙伴看，进口贸易额排前三位国家分别为：德国253.78亿元、墨西哥71.84亿元、葡萄牙55.72亿元；出口贸易额排前三位国家分别为：俄罗斯联邦19.92亿元、德国17.35亿元、日本15.41亿元。

从进出口主要品种看，进口贸易额排前三位品种分别为：汽车零配件240.35亿元、汽车（包含底盘）155.69亿元、计算机与通信技术102.36亿元；出口贸易额排前三位品种分别为：汽车（包含底盘）61.54亿元、汽车零配件21.54亿元、计量检测分析自控仪器及器具13.60亿元。

表56 2022年长春市进出口贸易额前十位国家（地区）统计表

单位：万元

位次	进出口国家（地区）	进口金额	位次	出口国家（地区）	出口金额
1	德国	2537812	1	俄罗斯联邦	199243
2	墨西哥	718444	2	德国	173462
3	葡萄牙	557224	3	日本	154120
4	斯洛伐克	544700	4	美国	113545
5	日本	541432	5	印度	103492
6	巴西	465626	6	墨西哥	99282
7	捷克	380967	7	韩国	87846
8	匈牙利	355072	8	新加坡	84101
9	俄罗斯联邦	317369	9	坦桑尼亚	71968
10	美国	309004	10	沙特阿拉伯	67255

（市商务局）

表57 2022年长春市进出口贸易额前十位商品统计表

单位：万元

位次	商品名称	进口金额	位次	商品名称	出口金额
1	汽车零配件	2403493	1	汽车（包含底盘）	615430

续表57

位次	商品名称	进口金额	位次	商品名称	出口金额
2	汽车（包含底盘）	1556946	2	汽车零配件	215436
3	计算机与通信技术	1023582	3	计量检测分析自控仪器及器皿	136037
4	电工器材	687071	4	纯电动乘用车	106045
5	电子技术	675231	5	通用机械设备	96719
6	计量检测分析自控仪器及器皿	506859	6	电子技术	90891
7	电子元件	479025	7	抗菌素（制剂除外）	84789
8	粮食	334676	8	胶合板及类似多层板	74794
9	计算机集成制造技术	293293	9	电工器材	72675
10	光电技术	202257	10	柠檬酸	54811

（市商务局）

【服务贸易】　2022年，全市服务贸易总额158.3亿元，比2021年增长2.2%，全省占比约65%。推进服务贸易创新发展试点工作，完成《长春市全面深化服务贸易创新发展试点实施方案》68项任务，完成率88%；9项在试点期内落实。打造专业类特色服务出口基地，“中国长春人力资源服务产业园”获批全国12个人力资源服务出口基地之一，是东北地区唯一申请并获批基地。中车长客、一汽进出口、长光卫星、国际陆港、益田硅谷新城等10家单位获批吉林省特色服务贸易基地，占全省基地总数近60%。

【服务外包】　2022年，全市服务外包离岸业务执行总额12501万美元，比2021年增长5.7%。承接RCEP（《区域全面经济伙伴关系协定》）国家服务外包执行总额增长19.41%。从业务类型来看，ITO（信息技术外包）、BPO（业务流程外包）、KPO（知识流程外包）离岸业务执行额分别为5935万美元、712万美元和5854万美元，占比分别为47.5%、5.7%、46.8%；从承接离岸业务国别来看，离岸业务执行额度排前三位分别为美国、澳大利亚、日本；从业务领域来看，主要涉及软件研发服务、工业设计服务、人力资源管理服务、呼叫中心服务、金融服务、售后维修维护服务等。

【对外经贸管理】　2022年，长春市成立对外经贸保稳提质工作组，起草《长春市加快推进RCEP经贸对接工作行动方案》并经市政府常务会审议通过后实施。协同长春海关开展RCEP专题培训，全市有10余户企业享受RCEP目的国关税优惠。开展外贸交流对接活动，搭建对外贸易渠道，全年开展第一百三十一届中国进出口商品交易会（简称广交会）、第一百三十二届广交会、第二届郑州食品博览会、第七届中国—亚欧博览会4项外贸对接活动，120余户企业参加产品展示和企业推介，订单规模超过3.5亿元。以全市规模较大的前26户外贸企业为重点，建立全市665户外贸企业运行监测机制和属地联系机制，扩大外贸企业调研服务覆盖面。制定《外经贸存量资金分配方案》，重点对近两年中央和省级外经贸专项资金非定向结余存量部分，依据国家和省有关政策提出分配方向和分配方法。（侯云龙）

对外经济技术合作

【对外投资】　2022年，全市新备案设立境外企业6户，中方协议投资总额1276万美元，主要投向美国、俄罗斯、马来西亚等国家和地区，涉及制造业、国际贸易等行业。

【对外劳务合作】　2022年，全市外派劳务人员实际收入总额21887万美元，比2021年增长4.2%；新派人数4476人，下降7.7%，主要派往新加坡、日本、韩国等国家；期末在外1.35万人，主要从事制造业、服务业、建筑业等。

【对外经济技术合作项目】　2022年，华峰能源、北药集团、泽尔木进出口等企业对外矿业、农业、林业投资项目逐步恢复正常运营，迪瑞医疗、希达电子、鸿达科技、高新集团等企业到境外开展投资合作，转化吸收先进技术，引导富余产能打入国际市场。

（侯云龙）

经贸促进

【概况】　2022年，长春市登记注册外资企业953户，组建服务外资企业专班，开展“五个一”联系，即发一个短信，打一通电话，发一封致信，设立一个热线，建设一个网上平台。组织6户金融科技、服务类企业参加第十五届深圳国际金融博览会，成交金额120万元。组织外贸企业参加第二十五届FHC上海环球食品展、2022中国（南京）国际产业博览会、第二届中国西部天然提取物健康原料及创新原料展暨中国西部天然健康产品及技术展览会3个国际展会。组织百克生物、吉林农嫂等企业参加中国—东北亚、中国—中西非国际展览会等线上活动。

【2022中国（长春）国际汽车零部件跨境电商交易会】　7月19日至21日，在长春兴隆综合保税区进出口商品交易展示中心举办汽车零部件跨境电商交易会。通过线上直播，达成合作意向客户38户，达成意向销售额500万美元。线下由长春市贸促会、长春兴隆综保区完成项目签约5个，包括“跨境电商‘吉品出海’人才培养‘政、行、校、企’战略合作项目”“长春市贸促会与俄罗斯克拉斯诺亚尔斯克边疆区工商联友好交流协议签约项目”“落户综保区的俄贸通项目”“红旗EQM5网约版新能源汽车采购项目”“俄罗斯克拉斯诺亚尔斯克采购汽车零部件项目”。长春市参展企业

326户，展出汽车零部件总件数6176件，签约采购合同7.8亿元，意向引进4户企业入驻吉林省新能源汽车产业园。参展商和采购商全部进入“跨境电商交易体系”，实现全天候实时面向全球汽配市场销售产品。

【重要经贸活动】 2022年，长春市重点支持第四届东北亚（吉林）安全与应急产业博览会，派员进驻式开展服务，指导开展招商招展、邀请嘉宾、安保防疫和媒体宣传工作。展会于11月2日开幕，4日闭幕，布展面积3万平方米；参展企业中，央企、国企、上市企业超过60%，特装率80%，展出各项技术、装备、产品和安全应急系统解决方案超过1800余项。配合省政府筹备世界寒地冰雪经济大会，设立统筹协调、经贸活动、新闻宣传、氛围营造、疫情防控和安全保障6个工作组。

【出口认证】 2022年，长春市推行电子化办公、企业自主线上打印等措施，开展产地证“当日办”服务，坚持“不过夜”原则，不间断为企业办证提供支持，实现去负转正。全年签发货物原产地证明书2090份，比2021年增长约15%，产地证出口金额超3亿美元，增长100%。

【国际商会业务】 成立新能源汽车产业专业委员会、林下经济专业委员会。组织中韩示范区北药园招商对接会、“吉品出海”国际贸易平台研讨会、长春—俄罗斯克拉斯诺亚尔斯克贸易线上对接会等多项经贸活动。推动58花椒车服东北区域运营中心、俄贸通数据平台2个项目落户兴隆综合保税区。

（伊方亮）

长春海关

【概况】 2022年，长春海关货物贸易进出口总值1107.58亿元，比2021年下降6.2%。深化“证照分离”改革，实施优化审批服务改革，获证主体纳入“双随机、一公开”监管。制定促进外贸保稳提质十六条措施，细化助企纾困降成本措施任务分工方案。施行“月调度”“问题清零”“实践案例”等工作机制，汇总问题162项，解决156项。推广应用“两步申报”“提前申报”改革。开展报关单删改单、滞报金专项执法检查，排查风险，提升报关单质量与降低差错率。强化超期未结关报关单数据监控，开展历史未结关报关单数据清理“回头看”。排查在禁限管控方面规避海关监管等业务改革伴生重大风险，完善进出口货物禁限管理许可证件事后核查机制。

【规范执法】 2022年，推动电子查询平台建设，录入制度性文件1554件。开展关区法治建设专题调研，清理规范性文件，废止7部、修改2部、保留6部规范性文件。完成海关总署规章《进出境集装箱检验检疫管理办法》立法后评估，提出废止评估意见。推进严格规范公正文明执法，建立覆盖全领域、全岗位工作手册，梳理业务执行类岗位职责事项380项。落实行政执法“三项制度”，实行行政许可事项清单化管理。化解行政争议及民事法律事务工作，践行“枫桥经验”，审理行政复议案件2起。开展知识产权海关保护工作，开展“龙腾行动2022”和“蓝网行动2022”，查获侵权物品13批次25件。

【风险管理】 2022年，针对重点领域、重点商品等方面开展专项风险分析。围绕固废清零政策，严防“洋垃圾”进境；推进离岛免税“套代购”走私专项工作；针对涉恐涉暴、政治性有害信息载体、毒品等重大风险开展专项行动；开展打击进出口危险品伪瞒报专项整治行动。

【关区税收征管】 2022年，开展重点税源企业和商品分析，研判预测关区税收形势，支持汽车等重点企业克服疫情影响加快复工达产。推广多元化税款担保，实现“一保多用、循环使用”，降低企业通关合规成本，为重点税源企业提供“一企一策”属地纳税服务，稳定纳税预期。推动总署行邮征税便利化改革项目在长春海关试点，进境邮件税款信息联网系统运行平稳。推动RCEP落地见效，摸底辖区主要出口产品和出口国家，畅通RCEP“专家+专岗”咨询通道，拓宽享惠覆盖面；梳理辖区重点商品在RCEP成员国适用协定税率清单，指导企业用足用好关税减让红利；推广原产地证“智能审核+自助打印”智能审签模式，优化签证流程。

【卫生检疫】 2022年，建立监督检查制度，形成联防联控、监测预警、风险评估、会商调度、培训演练等5个机制，各口岸隶属海关更新完善“一口岸一方案一预案”。落实各项口岸检疫监管措施，优化检疫流程，从严就高做好个人安全防护，确保规定动作100%落实到位。2022年，检疫查验出入境人员7.58万人次，检出传染病228人次，上升153.3%。

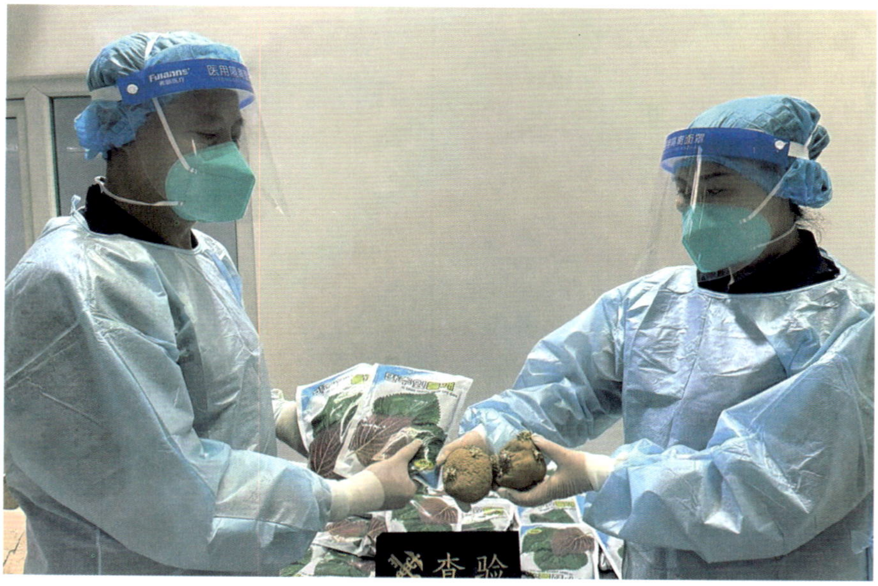

6月20日，长春海关所属延吉海关关员查获违规寄递进境植物种子

（陈艺元　供图）

【动植物检疫】 2022年，开展外来入侵物种普查、“国门绿盾2022”行动和跨境电商寄递“异宠”综合治理，截获禁止进境物（植物类）12批次。联合辽宁省大连市、黑龙江省哈尔滨市等4个直属海关形成东北“异宠”联防联控机制。启用“进境种苗检验检疫管理系统”，实现与口岸海关信息联动，支持吉林省4户企业进口玉米、蔬菜种子等种质资源进行试种。制定《长春海关进境种苗附条件提离工作协作机制》，加快进境种苗通关，助力解决种质资源“卡脖子”难题。与大连海关等4个直属海关联合印发《进境粮食跨关区附条件提离监管工作实施方案》细化附条件提离工作，明确各环节责任，及时处置潜在风险和问题。

【进出口食品安全监管】 2022年，规范开展进口冷链食品检测和预防性消毒监督工作，抽检货物样品8.76万个，消毒货物48.78万件，检出8个进口冷链食品外包装阳性样本。对关区大宗贸易食品进口的面粉、酒类、肉类、水产品和出口的蔬菜、花生、中药材、松子（仁）、杂粮杂豆、人参等10类产品优先制定作业指引。

【商品检验】 2022年，构建“加强版”危险品安全监管体系。建立进出口危险品“1品种1企业1档案1手册”机制，检出23批不合格情况。检出进口旧机电不合格21批、进口婴童用品不合格12批、进口汽车不合格3批、进口医疗器械不合格3批。落实进口整车检验“第三方检验结果采信”、进口汽车零部件“先声明后验证”和采信CCC认证证书等便利化措施。建立进口液化气关企联系协调机制和全天候预约查验机制，实现口岸环节“零等待、零滞留、零积压”；基于质量安全风险评估优化进口煤炭实验室检测流程，提升检测速度1倍以上，实现进口煤炭“随检随放”。

【业务监管】 2022年，完善联系机制、通报机制、巡查机制和“吹哨人”预警机制等4个工作机制，动态更新问题隐患清单、制度措施清单和“底数清单”3项清单。推动优化国际客运航班检疫监管流程，应用“非接触式验核”模式，时间压缩25%，高风险岗位人员节省70%。完成口岸积压冷链食品清理工作，开展口岸监管涉恐突发事件应急处置演练6次。开展新版边民互市贸易2.0系统对接及功能测试。完善智慧监管建设，提升联网集中审像中心审像能力，实行审像人员“典型图像登记表”制度，开展智能审图图像初标工作。支持珲春东北亚国际商品城获批市场采购贸易试点，11月21日珲春完成首票试单测试。支持延吉市获批国家跨境电商综合试验区，享有出口商品“清单核放、汇总统计、简化申报”通关便利化措施。

12月15日，长春海关所属珲春海关关员在珲春铁路口岸对出口氯化钙进行现场施封锁核销工作 （沙景龙 供图）

【企业管理和稽查】 2022年，培育高级认证企业3户，全市有高级认证企业22户。压缩出口食品生产企业备案办理时限至3个工作日；落实“取消对种植场土壤和用水检测报告”要求，节省企业检测费用，减少委托检测时间。推进企业管理和稽查司加工贸易残次品改革试点工作，建立“一对一”关企联络员机制，定期跟踪试点企业生产进度，核批3户试点企业自行销毁处置残次品申请11次。推进海关企业信用管理制度改革，约谈一年内出现违法情形的高级认证企业4户。开展信用等级动态调整6户，信用修复63户，认定双失联企业45户，将双失联企业通报风控部门及吉林省市场监管厅开展联合监管。开展汽车零部件生产企业特许权使用费专项、运保费专项、进口板材行业专项、松子仁分选加工行业等稽查专项行动。办结稽查作业32起，查发率100%，稽查追补税1.69亿元。引导企业开展主动披露11起，主动披露补税271万元。

【查缉走私】 2022年，开展“国门利剑2022”联合行动和“蓝天”“护卫”“净边”“国门勇士”等专项打击，落实海关全员打私，推动多警种合成打私，深化反走私综合治理。2022年，刑事立案30起、案值2.48亿元、涉税0.59亿元；行政立案60起、案值1.01亿元、涉税771.17万元。侦办走私雪茄烟进境案1起，被公安部列为特级挂牌督办案件。

【海关数字化建设】 2022年，建设“智慧海关”，完成智能审图信息化平台，H2010、HB2012、H4A等本地系统稳定运行；完成边民互市贸易管理系统试运行、新版数据抽取分发子系统部署和数据迁移、客户端安全认证组件和认证服务器升级等技术保障。2022年，长春海关技术机构通过CNAS（中国合格评定国家认可委员会）评审，完成CMA（检验检测机构资质认定标志）扩项，新增检测项目57个，标准方法23个。

（王 雷）

中國·長春
China Changchun

功能区建设

GONGNENGQU JIANSHE

长春新区

产业转型升级先行区建设

【概况】 长春新区位于长吉图开发开放先导区核心腹地和东北地区地理中心，是哈（哈尔滨市）大（大连市）经济带和中蒙俄经济走廊重要节点。规划面积约499平方千米，实际管辖426平方千米，包括长春高新技术产业开发区（国家级高新区）、长春临空经济示范区（国家级临空经济示范区）、长春北湖科技开发区（省级开发区），下辖乡1个、街道7个、社区46个、行政村39个，常住人口约58万人。长春新区交通运输网络完备，有京（北京市）哈铁路、哈大高速铁路、长（长春市）珲（珲春市）城际铁路及京哈、珲乌（乌兰浩特市）等国家高速公路和多条国道，开通长春市至欧洲中欧班列（长春市—满洲里市—德国汉堡市），有国家干线机场长春龙嘉国际机场，与东北其他地区、京津（天津市）冀（河北省）及东北亚周边国家人员货物往来便利。2022年，长春新区地区生产总值842.9亿元，增速高于长春市2.3个百分点；规模以上工业产值834.7亿元，综合排名全市第一，总量占全市10.5%；固定资产投资124.7亿元，产业投资占比近60%；财政收入总量居长春市开发区组首位。

【医药健康产业】 集聚长春高新技术产业（集团）股份有限公司、长春金赛药业有限责任公司、长春百克生物科技股份公司及迪瑞医疗科技股份有限公司等医药企业210户。其中，规模以上企业28户、高新技术企业79户、专精特新企业45户。规模以上医药企业产值236亿元，占全区工业产值30.2%，总量占全市医药健康产业80%、占全省近30.7%。在2022年科技部发布“全国生物医药园区产业综合力排行榜”中位列全国第16，位居全国生物医药产业园区第一方阵。4月，规划建设18.4平方千米“长春药谷”核心区，包括生物疫苗、基因工程、现代中药、化学药物及高端医疗器械生产研发类企业。

【光电信息产业】 集聚长春希达电子技术有限公司、吉林省永利激光科技有限公司及长春吉大正元信息技术股份有限公司等企业360余户，其中规模以上工业企业23户。拥有光电子产业园区和平台载体8个，自主知识产权专利300余项，汇聚28个行业高、精、尖科技成果，主要产品包括LED显示屏、通信设备及器材、激光器、光学镜头及光电编码器等。2022年，光电信息业产值近40亿元，比2021年增长4.3%。长春光华微电子设备工程中心有限公司、长春禹衡光学有限公司被评为国家制造业单项冠军示范企业；长光卫星技术股份有限公司是国内唯一卫星研制、运营管理、信息服务全产业链高新技术企业，“吉林一号”卫星在轨89颗，建成中国最大商业遥感卫星星座。

【新材料产业】 集聚新能源新材

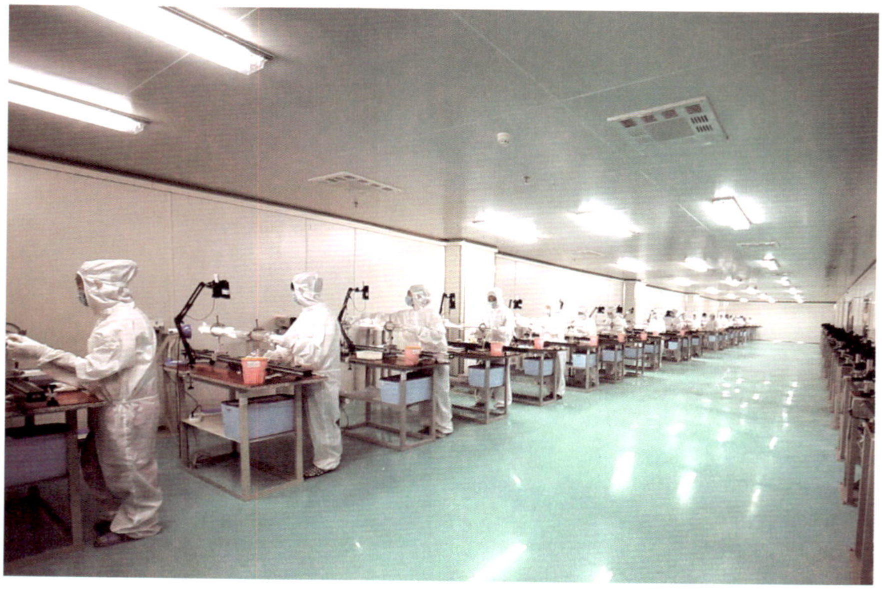

吉林省永利激光科技有限公司生产车间　　（摄于8月5日　韩方宇　供图）

料企业104户，其中规模以上企业20户。主要产品包括生物质材料、航空复合材料、化学药品原料药制造及医药中间体等，产值近50亿元。精细化工新材料产业示范园是长春市唯一通过认定新建化工园区，是吉林省“十四五”推动石化产业高质量发展重点工程，园区总投资约175亿元，规划面积3.7平方千米。

【先进装备制造产业】 集聚一汽奔腾轿车有限公司、吉林省天合汽车零部件有限公司、长春一东离合器股份有限公司、长春大正博凯汽车设备有限公司等重点企业130余户，其中规模以上企业68户，形成以汽车整车与零部件、新能源汽车、机电装备及汽车电子为代表产业集群。长春一汽富维东阳汽车塑料零部件有限公司、大众一汽平台零部件有限公司、天纳克富晟（长春）汽车零部件有限公司及博世电动工具（中国）有限公司等世界知名零部件制造企业在长春新区设有合资公司。2022年，先进装备制造产业产值490亿元。 （张　健）

创新资源要素集聚区建设

【概况】 长春新区培育生物医药、光电信息、新材料、先进装备制造4大主导产业，重点实施“壮药、强光、聚材”产业发展行动，打造长春药谷、长春光谷、新材料基地“两谷一基地”。全区“四上企业”（规模以上工业企业、资质等级建筑业企业、限额以上批零住餐企业及国家重点服务业企业）发展到613户，规模以上工业企业发展到193户，在建和运营各类特色产业园区45个。

【综合性园区】 长春北湖科技园，总投资20亿元，占地面积66万平方米，入园企业191户；长春高新越达科技产业园，总投资15亿元，占地面积66万平方米，入园企业7户；长春中白科技园，总投资1.8亿元，占地面积3万平方米，入园企业31户。吉林省大学生创新企业孵化基地，总投资10.27亿元，占地面积3.06万平方米；长春新区北湖科技开发区创新产业园区，总投资16.5亿元，占地面积23.5万平方米；长春科创企业孵化基地，总投资13.38亿元，占地面积5.29万平方米；长春新区空港经济开发区创投产业园（西区）项目，总投资7.58亿元，占地面积23万平方米；长春军民融合产业园，总投资1.53亿元，占地面积0.72万平方米；长春循环经济产业园，总投资1.55亿元，占地面积3.85万平方米；长春新区北湖科技开发区创新产业园区（二期）项目，总投资13.6亿元，占地面积24.92万平方米；长春新区吉浙电子商务产业园，总投资47.9亿元，占地面积5.41万平方米。

【医药健康产业园区】 修正服务外包产业园，总投资3亿元，占地面积0.4万平方米，入园企业32户；吉林省摆渡中医药健康产业园，总投资1.2亿元，占地面积1.2万平方米，入园企业45户；长春高新区生物医药产业园一区（瑞宙）项目，总投资11.23亿元；长春高新区生物医药产业园二区一期（凯美斯）项目，总投资8.38亿元；长春高新区生物医药大健康产业园（一期）总投资4.2亿元，占地面积3.61万平方米；长春创投高新产业园，总投资1.25亿元，占地面积1.5万平方米。

【IT产业园区】 吉林省国家汽车电子高新技术产业化基地，总投资0.77亿元，占地面积12.3万平方米，入园企业23户；吉林省璀璨产业园，总投资3.68亿元，占地面积9.18万平方米，入园企业17户；吉林省光电子产业孵化器，总投资2.95亿元，占地面积11.5万平方米，入园企业55户；航天信息产业园，总投资63.5亿元，占地面积17.2万平方米；长春新区北湖科技开发区云计算产业园，总投资8亿元，占地面积3万平方米；长春智能光谷产业园，总投资13.9亿元，占地面积10.73万平方米。

【航空航天及智能制造产业园区】 长春新区北湖科技开发区现代物流产业园区（一期）项目，总投资71亿元，占地面积75.88万平方米；长春新区龙翔智能制造提升园区项目，总投资10.9亿元，占地面积15.3万平方米；长春新区航天航空产业园，总投资63.5亿元，占地面积17.2万平方米；长春市吉浙新经济园，总投资15.2亿元，占地面积34.8万平方米；长春空港智能制造产业园，总投资10.9亿元，占地面积15.3万平方米。

长春北湖科技园是国家级科技企业孵化器，包括A区电子信息创新园、B区生物医药创新园、C区智能制造创新园、D区国际合作创新园。图为长春北湖科技园A区
（摄于7月2日　张　健　供图）

【新材料产业园区】 长春应用化学研究所先进材料孵化与产业化基地，总投资3.87亿元，占地面积12.6万平方米，入园企业9户；长春新型建筑材料产业

园，总投资2.5亿元，占地面积13.3万平方米，入园企业2户；长春新区北湖科技开发区特陶产业园（一期），总投资6.08亿元，占地面积5万平方米；长春北湖精细化工新材料产业示范园，总投资178亿元，占地面积97.35万平方千米；长春新区北湖科技开发区生物环保产业园，总投资6.78亿元，占地面积15万平方米。

【文化创意产业园区】 吉林动漫游戏原创产业园，总投资5亿元，占地面积6.4万平方米，入园企业26户；吉林省东北亚文化创意科技园，总投资8.2亿元，占地面积6.1万平方米，入园企业62户；长春空港文化创意产业园，总投资7.17亿元，占地面积5.7万平方米。

8月15日，上交所资本市场服务周吉林行活动在长春新区启动（张　健　供图）

【科技发展】 联合大学大所，打造“环吉大双创生态圈”“环北湖科创生态圈”，布局全国重点实验室，吉林省科技创新研究院落位，企业转化高校院所科技成果110项。复制推广摆渡创新工场孵化模式，各类孵化载体发展到58家，其中国家级15家；发放创新券2.38亿元，受益企业1200余户；引进知识产权服务机构54家，长春新区获批知识产权强国建设试点园区，获国家区域双创示范督查激励。高新技术企业发展到798户，占省1/4、市1/3；专精特新企业发展到322户，全年新增144户，增长80.9%；国家级专精特新“小巨人”企业23户，占全省38.3%、全市57.5%；长春捷翼汽车零部件有限公司成为东北估值最高“独角兽”企业。

【金融服务】 强化企业上市挂牌服务，推动长春中科应化特种材料股份有限公司等3户企业完成股权分置改革并进入吉林股权交易所交易板挂牌。中机试验装备股份有限公司进入“新三板”创新层。全区上市企业11户，占全市30%，占全省22%。依托上海证券交易所资本市场服务吉林省基地，举办“上交所资本市场服务周吉林行”系列活动，开展拟上市企业培训、投资者面对面、上市公司实地监管、债券业务研讨及监管协作等资本市场专题培训，储备长春圣博玛生物材料有限公司等拟上市后备企业近30户。长新基金完成组建子基金9只，总规模26.32亿元。开展金融集市活动6场，28家金融机构线上、线下对接企业155户。

【企业服务】 创新建立“企业服务专员”机制，全区处级干部对接服务重点企业1005户，成为存量企业“客户经理”、增量项目“项目经理”，构建“服务专员围着企业转、行政资源围着专员转”新型服务模式，帮助企业解决问题近1000件。信用修复创新做法在全国推广，在全省率先实现公共资源交易全程电子化。

【人才服务】 建设长春人才创新港，制定核心区专项政策，兑现人才资金5400余万元，引育各类人才7000余人，入选国家重大人才工程7人，入选吉林省第8批拔尖创新人才20人，启动实施院士项目5个。（张　健）

体制机制改革试验区建设

【扶持政策】 制定长春新区政策直达工作方案，出台优化营商环境“新60条”、稳经济保增长助力市场主体发展36条。直达平台“汽车消费补贴”“创新平台贷款贴息补助”等60条政策服务事项实现线上办理，全年兑现区级政策资金1亿元，惠及企业500余户。

【综合经济管理体制改革】 长春新区将省市下放36项规划和自然资源、房屋征收等权力全部上划集中行使，实现土地资源统一规划、统一管理、统一出让；建立统筹财政预算、政府采购、财务管理等财政管理机制，纳入金融服务职能；创新设立商务文旅局，统筹商务和文化旅游职能；重组发展改革局、工信局。

【招商引资管理体制改革】 建立资源整合、市场引领、专业服务招商工作机制，在政府端组建投资促进局，下设医药健康、光电信息、先进装备制造、精细化工新材料及高端服务业5个产业办公室，对应5个产业链条，围绕延链、补链及强链形成链长制；在市场端组建招商集团，下设专业化公司，由国资公司出资建设产业园区作为项目落位承接载体。

【国资国企模式改革】 探索建立“主业突出、分类监管、专业运营”国企国资管理机制。按照产业资本运营、产业园区建设运营、基础设施建设运营、城市运行服务、社会事业建设运营及招商引资6个功能板块，重组长春超达投资集团有限公司、长春新区发展集团有限公司、龙翔投资控股集团有限公司、长春新区公用事业集团有限公司、长春新区康达投资发展集团有限公司、长春新区招商集团有限公司6大集团。通过“合并整合一批、股权转让一批、清算注销一批”，将国企管理层级从五级压缩至三级，建立“管委会—企业一级集团—所属二级公司”三级“扁平化”管理架构。推动国企从投融资平台向市场化方向转型。改革后，长春新区国有企业由五级101户减少到三级50户。

【“放管服”改革】 打造“市场化、法治化、国际化”营商环境，推行新型产业用地（M0）、“标准地+承诺制”、先证简（减）图、“跨省通办”“一件事一次办”等多项改革，建立政策直达平台，与青岛西海岸新区实现“异地代收代办”政务服务事项245项，纳入清单管理行政许可事项228项，服务事项实现线上办理60条。

【智慧法务区建设】 7月18日，长春智慧法务区揭牌，毕马威会计师事务所、安永会计师事务所及金杜律师事务所等44个智慧法务项目落位，“五庭”（互联网法庭、破产法庭、国际商事法庭、金融法庭、环境资源法庭）挂牌运行，以法务区为依托优化营商环境做法入选全国改革典型案例。（张　健）

对外开放合作先导区建设

【对外合作】 长春中俄科技园孵化企业总数115户；长春中白科技园落位企业36户，成为全国“百家特色载体”；长春中日智能制造产业园入驻企业27户，打造国家软件服务外包产业基地。推进吉浙合作大厦建设，浙江省投资3户上市企业、3户独角兽企业签约入驻；与松原市、四平市、通化市、辽源市、延边朝鲜族自治州及梅河口市6个市州双向互建产业项目30个；吉林省药品监督管理局药械审评审批窗口、检验检测平台等项目落位。

【口岸建设】 启动长春临空示范区产业规划编制工作，完善药品口岸功能和保税物流中心（B型）规划设计；引进中国物流集团有限公司、中国外运股份有限公司，打造“通道+枢纽+网络”现代物流运行体系，国际陆港获批陆港型国家物流枢纽，中欧班列承运货物2000标准箱，货值4亿元。

【招商引资】 长春新区建设“两谷一基地”产业集群。在北湖科技开发区建设“药谷”核心区，引进中关村医疗器械产业园、华润医疗产业园、珍宝岛“一心两园四平台”等项目。聚焦光电信息产业建设“光谷”，重点打造长春智能光谷、奥来德OLED半导体显示产业园、长春理工大学航空航天产业研究院等一批特色园区矩阵。启动长春北湖精细化工新材料产业示范园，总投资178亿元，建设“新材料基地”，引进落位中国科学院长春应用化学研究所3个国家级重点实验室及氢能产业研究院、生物可降解材料等重大平台项目。实施“光电信息38条”“生物医药17条”专项产业扶持政策，联合金融机构设立光电产业基金，推动长春超达投资集团有限公司设立产业引导基金，“两谷一基地”81个项目签约落位。落位百度AI创新中心，引进元宇宙数字文旅、悦榕庄等高端服务业项目。全年引进落位重点项目105个，总投资485.4亿元，产业项目占比90%以上，引进内外资总量在全市开发区中位列第一。

【项目建设】 新建续建5000万元以上项目151个，当年投产达效项目55个，长春创投高新产业园入驻率60%；长春一汽富维东阳汽车塑料零部件有限公司二期、长春长光宇航复合材料有限公司二期等项目竣工投产；上海宝冶集团有限公司、中化环境控股有限公司等央企东北总部注册运营。上海瑞宙生物科技有限公司疫苗生产基地、联东U谷产业园等开工建设；长春圣博玛生物材料有限公司超高性能医疗器械、飞凡生物制药（长春）有限公司疫苗国际合作项目等项目主体封闭；开工建设长春百克生物科技股份有限公司疫苗生产等技改扩能项目52个；长玉特陶产业园建成投产。发行专项债项目26个，总投资396.2亿元，发行资金152.7亿元，专项债项目包装数量、向上争取和发行额度居全市首位。（张　健）

产城融合发展示范区建设

【基础设施建设】 聘请中国建筑西北设计研究院有限公司、中国城市规划设计研究院、华东建筑设计研究院等城市设计单位，打造生产、生活、生态三生融合示范城。“三路七桥”（“三路”即兴福大路、中科大街及北远达大街；“七桥”即兴福大路上关键节点的桥梁工程）通车，推进北湖大桥维修工程，长春临空经济示范区16条道路开工，“两谷一基地”基础设施拉开框架。新建扩建义务教育学校9所，3所“国企办园”全市试点项目投入使用。全年改造老旧小区6个，受益居民2578户。

【生态环境建设】 实施长春北湖国家湿地公园环境提升工程，湖畔街贯

长春中白科技园　　（摄于7月26日　张　健　供图）

通，盛北小街变“红枫大道”，新晋长春网红打卡地。推进饮马河、龙泽湖等生态治理工程，永春河水体治理雨污分流改造工程全部完成，涉及居民小区及企事业单位31个。验收入河排口94个、入河排污单位排污口6家。完成南部污水处理厂、西部污水处理厂管线检测工作，清淤管线138千米，紫外光固化修复14.6千米，胀环修复740环，点位修复102处。开展第一轮中央督察和省级督察反馈问题、交办信访案件“回头看”，第一轮中央和吉林省督察反馈问题63项，全部整改销号；第一轮督察交办生态环境信访案件319件，全部办结销号。印发长春新区第二轮中央和吉林省督察反馈问题整改方案，整改任务33项，完成整改并销号备案7项，基本完成整改15项，序时整改11项。第二轮中央督察交办信访案件144件，办结117件，阶段性办结12件。

【城市管理】 推进“城市管理进小区”和“幸福小区创建”工作，安装“城市管理进小区”公示牌189个小区、7096家商户。清理“毁绿种菜”地块411处，释放绿地面积约14.2万平方米；排查占绿停车点位45处，设立禁停警示牌24处。排查餐饮商户1088家，处理餐饮油烟案件166件。开展“占压燃气和天然气管道”治理，整改问题642处。开展市容专项治理行动，清理违规占道1.03万处，规范牌匾1100余处，处理违规渣土运输21件，清理非法广告2.24万条、条幅390条。全年清运生活垃圾15.3万吨，建筑垃圾8700吨，城市管理考核连续4年全市排名第一。开展农村人居环境整治工作，清运农村生活垃圾2.86万吨，清理畜禽粪污等农业生产废弃物3.78万吨、村内淤泥2.06万吨。开展农村户厕问题“回头看”，发现问题厕所3165个，完成整改1709个。

【民生服务】 2022年，长春新区实施《幸福新区行动计划》，完成民生实事60项。发放社会救助金1523万元，脱贫人口人均可支配收入高出全省平均水平41.7%。实施“万名高校毕业生进新区专项行动计划”，城镇新增就业5459人，引进高校毕业生6000余人。“两节”期间慰问困难群众6993户（人），发放资金364.76万元。申报社区长者食堂项目2个，完善“居家—社区—机构”养老服务体系建设。养老服务实现全覆盖，发放各项补贴资金309万元。开展“福彩圆梦·孤儿助学”工程，发放助学金8万元。开展拥军活动，慰问优抚对象、驻区部队及区外共建单位，投入资金123.17万元，惠及1465人次。完成优待证申领发放工作，服务对象建档立卡8225人，发放优待证5930张，发放优抚对象抚恤金及生活补助金600余万元。 （张　健）

开发区建设

综　述

【概况】 2022年，全市拥有各级各类开发区21个。其中，国家级开发区5个，长春高新技术产业开发区（简称高新区）、长春经济技术开发区（简称经开区）、长春汽车经济技术开发区（简称汽开区）、长春净月高新技术产业开发区（简称净月高新区）、长春兴隆综合保税区（简称综保区），省级开发区16个。区域总人口280余万人。2022年，汽开区、高新区在2022年国家级经开区、高新区考评中，排名进入全国第一方阵，全国通报表扬。汽开区在商务部对全国217家国家级经开区综合发展水平考核评价中，排名第27，跃升65位，进入全国第一方阵（前30名）。高新区在科技部对全国157家国家级高新区综合评价中，排名第27，提升6位。在全省2022年开发区考核排名中，长春市包揽国家级开发区考核前4名；长春有10个经济开发区入围省级开区综合加工类前20名；在全省文化旅游类开发区综合考评中，长春莲花山生态旅游度假区排名第1。年内，获批吉林长春国家农业高新技术产业示范区、国家进口贸易促进创新示范区平台。

【产业发展】 *汽车及零部件千亿级产业集群* 以长春汽开区为承载区，一汽集团为依托，辐射带动高新区、长春绿园经济开发区（简称绿园经开区）、长春朝阳经济开发区、长春宽城经济开发区（简称宽城经开区）、吉林公主岭经济开发区、长春大岭经济开发区等开发区，推动汽车全产业链布局和集聚，建立上下游核心研发体系，增强汽车后市场服务。

高端装备制造百亿级产业集群 以绿园经开区和宽城经开区为承载区，北车集团为依托，辐射带动净月高新区、长春九台经济开发区（简称九台经开区）、长春农安经济开发区（简称农安经开区）、长春北湖科技开发区等开发区，推动轨道交通全产业链发展，打造“长春造”轨道客车品牌。

生物医药百亿级产业集群 以新区为承载区，长春国家生物医药产业基地为依托，辐射带动经开区、长春双阳经济开发区（简称双阳经开区）、九台经开区、长春榆树经济开发区（简称榆树经开区）等开发区，打造长春“药谷”。

农产品加工百亿级产业集群 以长春农高区为承载区，皓月产业园、经开区协同，辐射带动吉林德惠经济开发区、榆树经开区、双阳经开区、九台经开区、农安经开区等开发区，统筹区域特色，完善农产品及食品产业链。

新能源、新材料百亿级产业集群 以中韩示范区和汽开区为承载区，国电投氢能产业基地和新能整车制造为依托，辐射带动九台经开区、长春二道经济开发区、农安经开区、绿园经开区等开发区，优化产业布局，构建新能源、新材料产业链。

光电信息产业集群 以经开区和长春新区为承载区，长光所科技优势为依托，协同净月高新区，辐射对接长春国家级创新创业基地，打造长春“光谷”。

影视文旅和数字经济产业集群 以净月高新区、长春莲花山生态旅游度假区为承载区，协同双阳经开区等开发区，构建影视文旅、数字经济全产业链。

【招商引资】 2022年，长春市通过“请进来”客商，“走出去”招商，开展招商引资活动。汽开区新增洽谈、签约、落位项目108个。奥迪PPE、比亚迪新能源动力电池、汽车创意产业园区等重大项目开工。经开区全年签约项目99个，重点储备项目82个，总投资763亿元。净月高新区签约项目29个，签约投资总额47.75亿元。

【科技创新】 2022年，新增专精特新企业153户。其中，国家级12户，省级145户。汽开区为一汽解放、一汽铸造等23户企业落实吉林省企业R&D投入补贴372.5万元。为一汽模具、吉林省百浪等7户企业落实吉林省科技创新专项资金230万元。南部新城打造“智慧科创中心”，建设华为吉林区域总部。净月高新区新获批国家级众创空间1家，省级众创空间6家，全区孵化载体38家，国家级孵化载体9家，省级孵化载体11家，总孵化面积34.5万平方米，在孵企业800余户。

【区域合作】 长春市各开发区推动对口合作产业园建设，对接城市就产业转移、项目合作、招商引资、平台搭建、人才交流等内容。汽开区与天津经济技术开发区、天津市宁河区和杭州钱塘新区签订对口合作框架协议，协议涉及产业协作合作、管理体制改革等方面。经开区与杭州钱塘新区对接长春万丰智能工程有限公司智能机器人装备制造产业园项目、东光友成汽车模具及相关塑料件建设项目、浙大校友（长春）产业科技创新中心等浙江项目建设。宽城区政府与汽开区管委会签订战略合作框架协议，派出人员到汽开区驻点招商。洽谈进发集团、上海氢通、华智专精特新产业园、油滴汽车再生制造等汽车产业项目。

【营商环境】 长春市深化“放管服”改革，实现“一网通办、就近能办、异地可办”。推进人才引进、科技创新、政府投融资、国企平台等重点领域改革。汽开区在吉林省开发区综合发展水平考核中营商环境建设排名第二。高新区制定《长春高新区重点企业（项目）服务专员工作实施方案》。汽开区深化“1+18+N”工作模式，建立万人助万企服务机制。宽城区研究轨道客车产业链，制作《轨道客车产业招商索引》，引进青岛四方、德国克诺尔、山东郎进等31户轨道客车装备制造企业。 （侯云龙）

长春高新技术产业开发区

【概况】 长春高新技术产业开发区于1988年5月经吉林省人民政府批准建立，1991年3月经国务院批准成为首批国家高新技术产业开发区，是吉林省第一个开发区和第一个国家级开发区。辖区面积55平方千米，辖街道办事处4个、村7个、社区26个、村民事务管理办公室2个，常住人口总数36.1万人，登记人口43.2万人。2022年，高新区规模以上工业产值782.12亿元，比2021年下降0.84%，占长春市9.8%，增速高于全市9.26个百分点；固定资产投资48.87亿元，呈现触底回升态势；限额以上社会消费品零售额109.1亿元，占全市11.8%；规模以上服务业营业收入52.57亿元。地方级财政收入6.04亿元，其中税务部门组织收入5.9亿元。2022年，高新区有其他产业类规模以上工业企业37户，行业类别包括传统制造业、仪器和装备制造、特种材料、水电气热生产及供应等，全年产值47.92亿元，下降6.28%。

【园区建设】 开展“腾笼换鸟”，推进韩酒局子屯、小三家子村土地征收，石油管线迁移等问题。完成41个合流小区、企事业单位分流改造等环保督察“一厂一策”整改任务，超任务数32%，启动芳草公园、永春公园等项目建设，香湾公园建成并对市民开放，龙栖湖体育公园承办长春汽车短道系列赛，吸引市民游览观赛。投资4.3亿元，开展33项城市建设工程。开展市容环境整治、违法建设、垃圾广告、占道经营等专项治理。举办“星空露营篝火夜市”“潮夜夜市”和“后荟有栖艺术市集”等系列消夏活动，栖乐荟获评国家级夜间文化旅游消费集聚区，中巴跨境电商小镇获评“长春市文化旅游特色消费示范街区”。

表58 2022年高新区国民经济和社会发展主要指标完成情况统计表

指标名称	单位	总量	比2021年增减（%）
地区生产总值	亿元	789.80	-1.00
规模以上工业总产值	亿元	782.10	-0.84
全口径财政收入	万元	2919307.00	-6.16
地方级财政收入	万元	60445.00	-31.45
固定资产投资额	亿元	48.87	-59.10
社会消费品零售总额	万元	1091001.40	-10.90
实际引进内资	亿元	55.74	-33.66
实际使用外资	万美元	880.50	-70.75
科学技术支出	亿元	138.20	5.00
医疗卫生支出	万元	3299.00	-16.76
绿化覆盖率	—	45%	0

（长春市高新区）

【项目建设】 2022年，实施项目130个，总投资836.5亿元，全年投资47.68亿元，占地面积669万平方米，建筑面积1055.7万平方米。其中，新建项目77个，续建项目53个。新建项目中，重点新开工项目26个，推动年内落位项目14个；技术改造项目20个；注册类项目17个。

嘉润越达科技产业园高科技孵化大厦项目，是高新越达科技产业园三期工程，项目总投资6.7亿元。高科技孵化大厦1号楼主体施工完毕，高科技孵化大厦2号楼投入使用，入驻企业约11户。长春检验检测认证产业园核心区，计划总投资18亿元。规划建设16栋，34.6万平方米开工建设，全年实际投资4.9亿元。正元信息安全产业园项目，依托长春吉大正元信息技术股份有限公司，围绕信息安全产业链布局建设。项目总投资5.3亿元，于2022年7月30日开工，完成投资约5000万元。长春高新科技创新产业园项目由长春创投建设有限公司建设，项目总投资3.18亿元，8月总包单位进场施工，2022年投资金额2.17亿元。吉林省大学生创新企业孵化基地项目，由长春新区发展集团有限公司投资，总投资11.04亿元，主营业务为大学生提供创业孵化服务，联合各高校双创组织、商企协、企业商家，搭建覆盖吉林省、服务于各高校以及企业的创新创业服务平台。富维东阳长春基地扩建项目，由长春一汽富维东阳汽车塑料零部件有限公司投资建设，总投资5.4亿元，主要建设创新技术研发和试制、销售及体验中心、新功能试验室、技能培训中心及包含员工食堂在内生活区，新产品装配工厂，内部物流和绿地等。

【科技创新项目】 高新区聚集高等院校11所、各类科研院所43个、汇聚省级以上重点实验室56家、省级以上科技创新中心31家、院士工作站3家、院士专家工作站5家，市级以上新型研发机构11家、省级以上资质检验检测机构25家、技术转移机构省级以上16家、国家级3家；国家高新技术企业总数589户；科创孵化载体38个，孵化面积80万平方米，在孵企业957户。编制《长春高新区打造环吉大双创生态圈大力促进科技成果转移转化工作实施方案》，推进“530工程”，遴选出重大科技成果转化项目、重大科技攻关项目，重大创新平台，科技领军型企业和创新型复合型科技企业家各30个。有28项科研机构科技成果在企业实现转化，组织78户企业参与首届中国长春“自创杯”创新创业大赛。2022年，组织企业申报国家级人才项目10项，吉林省技术转移示范机构6家，吉林省新型研发机构9家。完成科技部“百城百园”项目验收12项；通过财政部和科技部对高新区科技资源型特色载体考核验收，获特色载体专项资金1000万元。完成国家、省、市、区各类科技项目资金兑现拨付3450万元。2022年，高新区国家高新技术企业认定200户，总户数589户，比2021年增加5%，当年认定高新技术企业数量以及高新技术企业总户数位列全省第一。

【招商引资】 2022年，高新区完成内资指标55.74亿元，外资880.5万美元。重点在谈项目27个，总投资198.36亿元。开展“请进来，走出去”活动30余次，5月10日，组织招商项目线上洽谈会，邀请深圳市怡亚通供应链股份有限公司、同仁科技发展有限公司等四家企业进行视频通话，对项目进展及安排展开洽谈；5月20日，在长春新区建设国家区域创新中心项目集中“云签约”活动中，长春钜鸿智能高精度显示模组及显示屏项目签约。2022年，新引进项目10个。其中，购地类项目1个，圣博玛超高性能医疗器械产业化项目；注册租赁类项目9个，分别为中国平安财产保险有限公司高新支公司项目、欧亚集团商业连锁经营有限公司高新公司项目、中交一公局东北工程有限公司项目、东方电气股份有限公司北方公司项目、长春华祥智能实弹对抗训练系统项目、长春禾美共享办公项目、吉林迈尔医疗租赁项目、北联显示厂房租赁项目及吉林正恒检验检测租赁项目。

【汽车整车零部件产业】 2022年，高新区规模以上汽车及零部件企业69户，产值480.49亿元，比2021年下降2.78%，占规模以上工业总产值61.4%。其中，整车（一汽奔腾轿车有限公司）产值69.96亿元，增长20.52%；汽车零部件企业产值410.32亿元，下降5.9%，占规模以上工业总产值52.5%。

【生物医药健康产业】 引进圣博玛超高性能医疗器械产业化项目等生物医药项目4个，占产业项目1/3，医药产业产值233.67亿元，比2021年增长4.06%，占全市比重81%。长春圣博玛生物材料有限公司产值增长306%、迪瑞医疗科技股份有限公司产值增长44.3%，产值突破10亿元，长春百克生物科技股份公司带状疱疹疫苗获批上市。生物医药产值占主导产业产值比连续3年上升，由2020年20.8%提升至29.9%。

【光电信息产业】 2022年，高新区光电信息产业产值20.59亿元，比2021年增长6.17%。光显示器件方面，主要产品30余种，有具有中小尺寸特点的LED显示器件、导光板背光源等系列产品；光电子材料与器件方面，主要产品100余种。光电仪器仪表方面，主要产品100余种，有光学仪器、电化学仪器等系列产品。

【吉林省东北亚文化创意科技园】 吉林省东北亚文化创意科技园，成立于2010年7月，占地面积15万平方米，建筑面积18万平方米。园区获“国家级文化产业试验园区”“国家级科技企业孵化器”等国家级奖项4项；获省市各级各类奖项30余项。集聚企业700余户，孵化和引进新三板上市企业6户，省内知名企业及行业龙头企业30余户，提供就业岗位2万余人次。

【吉林省青年荟创业孵化基地】 吉林省青年荟创业孵化基地于2015年11月18日授牌为“吉林省创业孵化基地”。在孵企业25户，基地坚持“集成创新、产业孵化”指导理念，打造“一站式”创业服务平台。2022年，与吉林卫道律师事务所共同搭建长春市双创中心企业法律服务平台及吉林省青年荟创业孵化基地服务工作站，为企业提供“一站式”法律服务。入驻企业税收近7000万元，带动就业近2000人。

【吉林动漫游戏原创产业园】 吉林动漫游戏原创产业园，规划建筑面积6.4万平方米，总投资5亿元，是吉林省最大的以“影视、动漫、游戏与高科技”融合发展的专业文创产业园区。产业园孵化企业、工作室总数300余户（间），孵化40余户毕业企业。2022年，在孵企业20余户、各类工作室100余间，解决就业岗位5000余个。

【长春国家汽车电子高新技术产业化基地】 长春国家汽车电子高新技术产业化基地，由吉林省国家汽车电子高新技术产业化基地有限公司负责建设与运营。园区拥有12万平方米土地、6万平方米标准厂房（含3000平方米众创空间）。主营业务为企业孵化、园区运营、产业投资3个板块，是国家级科技企业孵化器、吉林省众创空间、长春新区加速器、长春高新区汽车电子产业园。

【长春检验检测认证产业园】 长春检验检测认证产业园核心区集设计研发孵化、标准研修、检验检测认证和产业集聚为一体，计划总投资18亿元，规划建设16栋，总建筑面积约43万平方米，开工建设34.6万平方米，全年实际投资额4.9亿元。

【长春高新越达科技产业园】 长春高新越达科技产业园隶属于长春嘉润科技集团有限公司，截至年末，建设用于孵化面积11.6万平方米，园区综合服务面积7800平方米，招商入驻企业29户，利用面积2.1万平方米，入驻企业产值8420万元，新创造就业岗位820余个。

【摆渡创新产业园】 摆渡创新工场成立于2014年，拥有5个国家级认定，孵化创业企业200余户。2022年，摆渡举办活动29场，线上活动点击量140万余人次，线下活动参与人数690人次，邀请到包括投资机构高管、天使投资人等各行业领域专家60余人。吉林省摆渡中医药健康产业园，集聚“北药绿色种植+健康产品研发+天使投资+创业生态”于一身，是中医药健康产业专业孵化园区。2022年，认定为吉林省农业领域专精特新中小企业和2022年度农业产业化省级重点龙头企业。入驻企业45户。其中，高新技术企业4户，长春市专精特新中小企业2户。以北菁道地药材交易网络体为依托，融合药材交易网、行情网、物流网3网平台，连接省内外万余家药企、药商、药农，打造东北道地中药材电子商务体。截至年末，平台用户295户，店铺146家，商品621个，订单1026个，交易额6914.92万元。

吉林省摆渡中医药健康产业园　　（王长宇　供图）

【捷翼科技】 2022年末，长春捷翼汽车零部件公司更名为长春捷翼汽车科技股份有限公司，简称捷翼科技，以90亿元估值位列“独角兽”企业榜单第59，是153户上榜企业中唯一汽车零部件企业，成为榜单内东北地区估值最高“独角兽”企业。捷翼科技成立于2010年5月28日，具有核心技术数十项，核心研发人员数百人，是国内交通运输领域高低压线束，电能传输保护装置与智能充电领域领军企业，是国家高新技术企业、国家福利企业、国家专精特新“小巨人”企业、吉林省优秀民营企业、吉林省科技“小巨人”企业、长春高新技术50强企业、长春新区年度高新技术20强企业，2020年被评为长春市非公经济突出贡献民营企业与企业家。是大众集团、丰田全球、宝马全球、吉利、比亚迪、宇通等整车企业的一级供应商，产品出口至全球87个国家及地区。

（王长宇）

长春经济技术开发区

【概况】 长春经济技术开发区是1993年经国务院批准的国家级经济技术开发区，位于长春市向东北拓展的工业主轴线，辖4街1镇（临河街道、会展街道、东方广场街道、世纪街道、兴隆山镇），管辖面积112平方千米，常住人口42.9万人。区内有“四上”企业620户，其中规模以上工业企业144户（占全市11%）。世界500强兴办企业45户。长春市百强企业26户，居全市榜首。长春兴隆综合保税区于2011年获得国家批准，2014年3月封关运营，是吉林省第一个综合保税区，与长春经开区实行“一支队伍、两块牌子”运管模式，2个国家级平台“实体经济”“开放经济”资源共享、品牌叠加。在全省120家开发区综合考核排名中，长春经开区位居第1。在全国217家国家级经济技术开发区综合发展水平排名中位居第28。2022年，地区生产总值767.2亿元，增速在开发区组排名第二；规模以上工业总产值765.9亿元，超过长春市平均增速6.3个百分点；固定资产投资增长10.3%，在开发区组排名第一；服务业核算行业营收增长11.1%，在开发区组排名第三。

表59　2022年长春经济技术开发区经济社会发展主要指标统计表

指标名称	单位	总量	比2021年增减（%）
地区生产总值	亿元	767.20	-1.90
第一产业增加值	亿元	0.15	-12.00
第二产业增加值	亿元	309.40	-0.80
工业增加值	亿元	259.50	-4.30
第三产业增加值	亿元	457.60	-2.70
规模以上工业总产值	亿元	765.90	-3.80
规模以上工业企业户数	户	144.00	—
建筑业总产值	亿元	201.20	19.95
农业总产值	亿元	0.33	-7.40
固定资产投资额	亿元	113.30	10.27
全口径社会消费品零售总额	亿元	165.80	-14.70
服务业核算行业营业收入	亿元	59.80	11.10

（长春市经开区）

【园区道路建设】　2022年，经开区基础设施建设总投资44583.45万元。其中，道路工程投资2888万元，南区道路建设长度1658米，面积19962平方米；北区道路建设长度412米，新建车行道4004.61平方米。排水工程投资1055万元，南区新建雨污水管线2.94千米；北区新建设污水管线185米，雨水管线201米。给水工程投资1184万元，南区新建给水管线3300米；北区新建给水管线1080米。热力工程投资2794万元，南区新建换热站1座、管线2200米；北区新建管线7000米。电力工程投资1721万元，南区完成电力排迁工程3项，正式电新建项目工程3项；北区完成临时电工程1项，电力排迁工程1项。电信工程投资370万元，完成通信光缆排迁工程3项2000米。路灯工程投资76.1万元，南区新建路灯34盏；北区新建路灯25盏。绿化工程投资150万元，栽植乔木758株，新建绿篱1537平方米。市政维修工程投资1399.7万元，南区维修道路2.34万平方米；北区维修道路4.03万平方米。燃气工程投资450万元，南区新建燃气管线200米；北区新建燃气管线1000米。房建类工程投资32495.65万元，包括博远初中部建设项目、博远幼儿园建设项目、洋浦幼儿园建设项目、兴隆山中心幼儿园建设项目、南区回迁楼二期项目，老旧小区改造等项目。

【项目建设】　2022年，经开区建设5000万元以上项目88个，总投资408.55亿元，固定资产投资113.31亿元，比2021年增长10.27%。其中，工业项目投资73.2亿元，占比64.6%；服务业项目投资14.19亿元，占比12.52%；基础设施及社会事业项目投资3.58亿元，占比3.16%。推进重点项目建设，光电信息产业园一期项目竣工投入使用，入驻长光华大、长光辰芯、长光辰英等18家光机所项目及5个院士科研成果转化项目。

【产业园区建设】　形成以光电信息、医疗器械等新兴产业为引领、汽车零部件为支撑的产业发展格局，打造“光谷”“美谷”。未来光电智造城总投资120亿元，一期工程竣工。总投资14亿元的国家半导体激光创新中心投入运行。总投资50亿元，建设全省首个医疗器械产业创新示范园，入园企业30余户。发展壮大汽车零部件产业，呈现“一高一全两集中”（一高即产业占比高，产值峰值657亿元，全区占比70%以上，全市占比40%。一全即品类齐全，产业链条相对完整，产品几乎涵盖所有模块单元。两集中即大企业集中和500强企业集中）。2022年，全区亿元以上零部件企业41户，500强企业投资16个。富维安道拓连续6年产值突破百亿元，并与派格、邦迪、一汽丰田等26户企业入选“长春企业100强”。

【科技创新成果】　经开区有国家高新技术企业270户，科技“小巨人”企业199户，新增数量分别是前24年总和的5倍和8.5倍。珩辉光电、联塑实业等23户企业进入省级专精特新企业候选大名单。科创广场、综保区双创大厦等创新载体加快建设，成功孵化中科稀土、酷恩科技等科创项目近百个。引入王立军、姜会林等5个院士高端人才项目，进入产业化阶段。浙大校友（长春）产业科技创新中心获批国家级科创中心，实现建区以来零的突破。长光所青年双创基地投入使用，投资1.2亿元。

【招商推介活动】　以世界500强、国内500强、行业龙头为主攻目标，建立全员招商工作机制，创新实施平台招商、商会招商、以商招商、联合招商和以会招商，修订《关于鼓励招商引资促进项目建设的若干政策》。举办“长三角”“珠三角”招商推介会及医疗器械座谈会等系列招商推介活动，国内近200户企业参会，推动102个重点项目

实现签约，2022年实际利用内资107亿元，增长17.44%。（刘璐铭）

长春汽车经济技术开发区

【概况】 长春汽车经济技术开发区于2005年9月挂牌成立，2010年12月晋升为国家级经济技术开发区，是全国唯一一个以汽车命名的国家级开发区。辖街道办事处6个，社区31个、行政村9个，辖区面积110平方千米，常住人口31.8万人。2020年2月，省政府正式批复《长春国际汽车城建设规划》，以汽开区为核心全面打造世界级汽车整车及零部件研发、生产和后市场服务基地，汽车产业高质量发展示范区。

【园区环境建设】 区内城市道路总长度193.41千米，城市道路总面积421万平方米。实施建成区东风大街、锦程大街、创业大街3条示范街路，改造长青路、越野路、杨柳大街等19条规范街路。新增排水管网50千米，排水管网总长435千米，新敷设燃气管线50千米，新建改造10千伏线路100千米（含一汽“三供一业”改造）。新建改造供水外网160千米（含一汽“三供一业”改造），改造水表及楼内用户5.2万户，改造二次供水泵站9座。实施学校工程建设，完成青少年活动中心轮滑场地、九年一贯制东风学校、西湖实验学校和实验学校体育馆工程。实施建成区居民住宅外墙保温工程337.4万平方米。启动41个老旧小区改造工程，改造面积249万平方米，改造户数36912户，改造楼栋数551栋。实施丰越周边、居住岛区域、轴齿中心区域、和谐大街、富民大街、前程路、汽车大路等道路绿化工程。

【汽车创新研发】 汽开区具备汽车创新研发、零部件配套、人才供给等保障体系，由一汽集团、中国机械工业第九设计院、吉林大学汽车学院等构成国内汽车研发教育机构最密集地区。搭建吉林省工业技术研究院、达索长春创新中心、思爱普中国等一批具备公共技术服务平台，有10万人以上的成熟汽车产业工人队伍、近千位从事汽车行业的企业家和管理者、长春汽车行业协会等20余家汽车商会协会，机械工业第九设计院、汽车高专等多家科研院所及教育研发机构。有国家级汽车企业技术中心和汽车零部件检测中心各1个，省级科技企业孵化器2个，省级企业技术中心21个，省级以上省级创业孵化基地10个，专业公共技术服务平台10个，高新技术企业56户。一汽集团企业技术中心，在全国汽车技术中心领域排名第一。

【招商引资】 探索“请进来”精准招商、“走出去”定向招商、办商会平台招商、一套班子专项招商、六个回归以商招商、市州对接合作抱团招商“六种招商模式”，形成推动工业转型、科技创新、招商引资、服务业发展等系列政策体系。以汽车整车、关键零部件、新能源汽车动力电池为主攻方向，紧盯世界、中国500强汽车及零部件企业和珠三角、长三角等地产业转移线索项目，利用上海国际车展等合作交流机遇，实施项目集中对接，进行精准、定向招商。2022年，汽开区签约项目20个，总投资约286亿元，落位项目25个。

【汽车新能源产业园】 汽开区形成从整车及零部件研发制造，到汽车销售、改装、物流、金融等后市场服务的产业链条，被授予国家汽车零部件出口基地、国家汽车电子产业基地、国家新型工业化产业示范基地、国家进口贸易促进创新示范区等称号。一汽红旗、解放、轿车、大众、丰越、奥迪一汽新能源6家主机厂7个汽车品牌坐落区内，形成“中、重、轿”三大系列多个车型产品格局，实现年整车产量超200万辆，汽车制造业产值超4000亿元。拥有三富、比亚迪、麦格纳等400余户零部件企业，凯达新能源产业园、动力总成工业园、轴齿工业园等专业汽车零部件产业园区，高力北方汽贸城、华港二手车交易市场和国家级机动车交易中心等后市场服务平台，形成整车带动、配套跟进、协同发展态势，具备实施汽车产业集群“上台阶”工程基础。（陈宜琳）

长春净月高新技术产业开发区

【概况】 2022年，净月高新区地区生产总值432.6亿元，比2021年增加3.6亿元，增长速度高于全市2.8个百分点，位居开发区首位。固定资产投资总量211.9亿元，位居全市第一。限额以上社会消费品零售总额增速和规模以上工业增速均列四大开发区首位；建筑业完成151.6亿元，比2021年增长21.8%。全年减税降费31.8亿元，落实补贴880.81万元，市场主体新增14533户，总数59521户，增长24%。新增纳税人2166户，纳税户数23699户，增长10%。承

1月4日，第二十届瓦萨国际越野滑雪节在长春净月潭国家级风景名胜区开幕（胡书利 供图）

办第二届中国新电商大会、第二十一届农博会、第十三届冬季农博会，打造电影嘉年华等文旅消费新场景，举办城市牧民节、禧都音乐节、净月潭森林音乐节、首届中国长春剧本娱乐节等活动。全年开复工5000万元以上项目118个；申请专项债券51.5亿元、政策性金融性专项基金21.2亿元，额度均位于全市首位。

【园区建设】 2022年，净月高新区完成新“三区三线”划定工作，城镇开发边界117.6平方千米，是原有城镇建设用地1.9倍。推进新一轮《国土空间规划》等3个规划编制工作，全年征收土地354公顷，土地收储223公顷，供地面积520公顷。新城大街快速路、临河街等21项道路工程竣工。打通“断头路”7条，优化公交线路8条、新增3条，完善域内“微循环”路网。新建、改造燃气、供热等地下管网8.5千米，新建雨污分流管线55千米，维护街路144条。综合改造新园小区、新嘉坡城、农大老区3个老旧小区。完成城区绿化养护520万平方米，生态大街、南环城路、福祉大路等重点街路彩化8万平方米。拆除违法建筑312处，城乡环卫一体化实现全覆盖，机械化清扫率100%。

【“文化创意城”项目签约】 2022年，净月高新区开展“走出去”招商活动28场，“请进来”招商邀请337次，举办“文化创意城”重点项目集中签约仪式，巴斯夫、网易、联通、东数、慧程等企业落户，全年协议投资额343.55亿元。区基金公司与“长兴基金”签署全面战略合作协议，子基金群总规模26亿元。

【数字产业发展】 2022年，净月高新区围绕现代农业、数字农业发展第一产业，科茂种业、奇峰种业承担多项国家和省级育种试验和示范工作；新牧科技肉牛种源规模和质量位居全国第一梯队，完善“吉牛云”大数据平台；小禾农业、慢山里特色小镇建设，以休闲观光农业和研学体验农业助力乡村振兴。

聚焦汽车电子和智能制造产业发展第二产业，中庆、科世得润等企业实现逆势而上；大陆集团亚洲研发中心投入运营、实现全链条开发；通视光电、易启科技、旭阳佛吉亚毯业等7户企业获国家或省级专精特新企业称号。数字赋能第三产业，长影万达影视产业双“IP”格局初步搭建；启动净月潭国家AAAAA级景区提升工程；伪满皇宫博物馆数智创新实验室入选全国文物旅游景区创新发展力TOP10位列第七，净月高新区被认定为首批省级全域旅游示范区。长发算力中心落位，数字经济产业园、芯光产业园吸引京东、安恒信息等37户企业入驻。

延伸阅读>>

“博物馆数智创新实验室”前身为2020年成立的“智慧博物馆联合实验室”，该实验室是由伪满皇宫博物院、吉林大学考古学院、中科院上海高等研究院、中国知网、武汉大势智慧科技有限公司、吉林省中为科技有限公司6家单位联合发起成立。2022年7月，增补吉林省博协数字专委会、宏瑞文博集团股份有限公司为实验室新成员，并根据研究、发展需要，将“智慧博物馆联合实验室”更名为“博物馆数智创新实验室”，是国内首个跨机构、跨行业、跨专业横向交流的文博行业协同创新平台。

【企业人才培育】 2022年，净月高新区聘请长城战略咨询公司编制净月自创区“2035规划”和“实施方案”。实施新物种培育计划，全区新认定高新技术企业227户，当年新认定数量突破200户大关，高新技术企业总数476户，比2021年增长46%。新增专精特新企业45户，实现翻倍增长。全年联系服务院士、人才300余人次，培育“国家创新领军人才”魏健等一批优秀人才。

【民生保障】 2022年，净月高新区“幸福净月”60项重点民生实事全部完成，开发就业岗位8400个，城镇新增就业7000余人，发放补贴资金2000余万元，惠及困难群众、重度残疾者3253人。建设育泽小学等3所学校，开工建设慧泽学校等2个新建项目，落户长春外国语实验学校，东师中信、省二远洋2所民办学校转公。3个社区嵌入式小微养老机构试点项目获批，构建“15分钟养老服务圈”。吉润净月医院重新启动，PCR实验室建成投入使用。

（潘娜娜）

长春兴隆综合保税区

【概况】 2022年，兴隆综合保税区一线进出口额73.6亿元，比2021年增长319%，领先珲春综合保税区、哈尔滨综合保税区。总量在东北内陆综保区中位列第二，12月数据在全国168个海关特殊监管区域中增速排名第14。获批联合国“口岸国际代码”、陆港型国家物流枢纽、多式联运示范工程。建成铁路、整车、肉类等开放口岸，国际陆港、国际贸易、跨境电商等综合服务平台，中欧班列、海铁联运、跨境包机等对外通道，在东北地区率先开展海铁联运“一单制”业务，中欧班列年运量超1万标准箱，铁路口岸年吞吐量超15万标准箱。进出口展示交易中心年客流量突破百万人次。

【园区建设】 2022年，兴隆综合保税区二期围网工程建设经海关总署进行土地面积确认，12月23日海关总署函复长春海关，认定长春兴隆综合保税区（二期）验收合格。全年到访客流量总数突破100万人次，全年日均客流量超3000人，商户全年销售额10060.5万元，比2021年增长216%。

【项目建设】 全年新签约及落位项目78个，实际利用域外内资20.15亿元，新开工项目13个。

【综合业务】 开展跨境电商业务企业13户，进口4161票，货值115.79万元。开展平行车进口业务，兴隆综合保税区进口5台平行车，货值360万元。（刘璐铭）

长春临空经济示范区

【概况】 长春临空经济示范区（简称临空经济示范区）是全国第15个、东北地区第1个临空经济示范区。东与九台区波泥河镇及九郊街道接壤，西至龙双公路，南邻大黑山脉和石头口门水库，北至长吉北线。规划面积363平方千米，实际管辖面积248平方千米，辖街道2个、社区3个、村24个，总人口4.36万人。2022年，临空经济示范区全口径财政收入3277万元，比2021年下降11.6%。地方级财政收入1562万元，增长11%。固定资产投资完成21.2亿元，增长5%；规模以上工业产值6.8亿元，下降15%；规模以上建筑业产值23亿元，下降20%；实际利用内资32.4亿元，下降42%；实际利用外资300万美元，下降72%。临空经济示范区内长春龙嘉国际机场是东北地区唯一、全国第2个规划实现与高铁、地铁立体换乘大型国际机场，珲（珲春市）乌（乌兰浩特市）高铁、高速公路横贯东西，区内设高铁车站2座，轨道交通9号线设车站5座，高速公路设出口3个。临空经济示范区是吉林省中部城镇群重要山水节点，拥有“一河”（松花江第二支流饮马河）、“二湖”（龙泽湖、长春市水源保护地石头口门水库）、“四山”（仙名山、庙香山、杏花山及官马山）。

【园区规划】 2022年，编制各类规划条件（城乡规划主管部门依据控制性详细规划，对建设用地以及建设工程提出的引导和控制依据规划进行建设的规定性和指导性意见）37项，核发各类规划许可23项，办理《建设项目用地预审及选址意见书》4项、规划条件1项、《建设用地规划许可证》6项、《建设工程规划许可证》11项，核发房屋建设类《定位验线合格通知书》1项。召开2022年第一次规委会，调整长春空港经济开发区KG-GD1-KD4规划1单元控规4单元控规。配合推进长春新区新型产业用地（M0）改革试点项目长春空港翔悦创新产业园建设，创新开展规划审批工作先行先试。

【园区建设】 完成丁香路、金沙路、启航街4座桥梁安装工程。推进龙泽大街、世港大街、丹霞大桥、凤凰路、敬亭山路、渭河街、慧城大路东延段、新港大街高速口8条道路建设，新增通车里程6千米。打造绿化景观工程，金港大街新建绿化面积20万平方米、园路1.1万平方米，栽植乔木、灌木1.47万株；完成慧城大路、龙泽大街等6条道路绿化养护管理。建设水系景观工程，龙泽湖项目土方开挖155万立方米，完成引水闸、暗渠、雷诺护垫、亲水平台等主体结构及部分灌溉、海绵工程。房建工程完成长春空港文化创意产业园项目主体结构建设，装饰装修结构完成70%，园区配套工程基本完成，完成投资5.07亿元。完善临空经济示范区药品进口口岸功能，对接国药集团药业股份有限公司、长春金赛药业有限责任公司等省内外大型药品批发及生物制药企业，宣传空港口岸功能，谋划药品进口分仓需求。委托中国中元大兴保税区设计团队开展临空经济示范区综保区及保税物流中心（B型）规划设计。完成保税物流中心（B型）项目选址、建设规模及功能定位等工作。配合开展吉林自贸区申报工作。

【项目管理】 重点推动产业项目20个，总投资364.95亿元。制定《长春临空经济示范区2022年招商引资实施方案》，服务中军天信（北京）投资有限公司国际品牌文化旅游、吉林体育学院空港新校区等重大建设项目，协调解决影响项目开工建设、签约落位等实际问题。营商环境建设单项指标在全省72个省级开发区中排名第一。全年签署框架协议项目1个，即中军天信（北京）投资有限公司国际品牌文化旅游项目，总投资187亿元。开工项目2个，分别为吉林体育学院空港新校区和长春市天达电子有限公司无线覆盖产品项目。摘地项目5个，分别为吉林省金尔迅国际空运物流有限公司航空物流项目、吉林省朗通国际空运物流有限公司冷链项目、吉林省吉变集团有限公司非晶合金变压设备项目、九源农业发展集团有限公司农业设施项目、中军天信（北京）投资有限公司国际文旅项目。储备项目8个，分别为九圣源中医药研究院（北京）有限公司膳食食品生产基地项目、金石机器人常州股份有限公司桁架机器人研产基地项目、华億·长洲湾颐康养综合体项目（一期）、中国邮政国际快件监管中心项目、高端运动装备制造项目、中国南方航空股份有限公司航空货站项目、浙江长龙航空有限公司长春基地公司项目、长春东北输送链条制造有限公司项目。

【招商引资】 2022年，临空经济示范区开展“请进来、走出去”招商活动13次，对接企业30余户。洽谈高效农业示范区等重点项目8个，引进项目3个，引进内资32.42亿元。洽谈推动产业项目20个，总投资364.95亿元。全年新增入统入库企业1户。通过自行招商、参与长春新区及省市等会事招商，开展“请进来”招商活动9次，对接企业21户，与晟茂物流产业集团有限公司等洽谈项目8个；到浙江省、成都市、深圳市等

长春空港文化创意产业园 （摄于7月5日 王上语 供图）

长春临空经济示范区创投产业园　（摄于7月5日　王上语　供图）

地开展“走出去”招商引资4次，分别与浙江金成控股集团有限公司、中青城投控股集团有限公司、华侨城集团有限公司等10余户企业、商会开展洽谈，实地考察金成大理慢谷世界健康小镇、中国四川天府乐高乐园等产业项目10个。

【航空运输业】　医药物流　以“网络优势+产业反哺”模式，结合腹地医药企业贸易运输需求，研发机构药品研发需求，打造医药航空运输竞争力。重点获取符合相关标准药品专业认证，申请各类药品口岸资质，引进京东、顺丰及中集冷云等仓储物流运营商，培育国药集团一致药业股份有限公司、上药控股有限公司等全国性医药供应链企业，申请建设省级医药集采物流中心。

跨境电商　引入跨境电商龙头企业，建设东北物流中心仓，吸引支付、信用等企业，促进全产业链形成；增加航线资源、运力资源，增强空港物流基础设施，开通跨境电商服务通道；构建引流营销平台，搭建跨境交易平台，完善供应链服务平台；建设跨境电商产业园、物流仓储中心、贸易服务中心及保税监管中心。

生鲜物流　招引全供应链企业，打通“产—仓—运—服”全链条环节；引入较强货代公司，组织货源货品，匹配销售市场，开展对飞（飞机从A机场起飞到达B机场后飞到C机场。飞机停下，下次从C机场按照驻地始发机场出发）业务；建设高标准冷链库、预制菜生产中心、食品检测中心及食品标准制定中心等项目。

供应链物流　建设专业化仓储物流配送中心，服务生产企业供应链，满足电子商务出入境、分拨配送需求，主要包括大企业供应链和大电商分拨。对接国内外知名航空维修运营商，引入第三方MRO（维修、维护、运行），发展机体维修（A/C检）、部分附件深度维修、起落架维修；扩大客舱、航电设备、结构改装等飞机加改装业务规模，扩大飞机客改货业务规模；面向ARJ21、C919国产大飞机用户，与中国商用飞机有限责任公司建立合作关系，建立国产民机用户支援中心。

【生物医药产业】　生物医药板块　发展中成药、生物药、化学药3个方面。中成药方面包括中药材有效成分提取分离与深度开发；复方中药新药、天然药物研发；菌物药物二次开发；强化保健食品精深产品开发与产业化。生物药方面包括巩固疫苗、胰岛素和生长素等生物药产品基础，推动概念性疫苗研发和临床试验；发展医美特色生物药品研制，如玻尿酸、肉毒素、水光针、溶脂针等产品。化学药方面注重源头创新药研发和仿制药研发。

高值医疗器械板块　突出体外诊断、高值耗材、医疗设备3个方向。体外诊断方面巩固诊断试剂、血糖仪等优势，发展便携式医疗器械、体外诊断仪器；加强体外诊断设备、检测试剂、信息化管理软件和数据分析系统整合创新。高值耗材方面发展骨科、心血管、眼科等介入类耗材制造；发展医美产业植入类假体制造。医疗设备方面发展新型数字医学影像设备、口腔科用设备等；培育光学医疗设备、微创手术器械、医疗机器人、保健设备等新兴产品。

【现代服务业】　主要发展航旅服务、临空文旅、医疗康养“三大产业”。航旅服务业加强商业物业配套支撑，打造城市消费新空间。临空文旅业构建“1+2+3+X”临空文化旅游产业体系。其中，“1”为1大特色，即临空会展，包括专业会议和主题展览，目标人群为商务人士和行业人群；“2”为2大IP，即国际主题乐园游，包括乐高主题乐园和孩之宝多IP度假区，目标人群为亲子游爱好者；“3”为3大雪场，即冰雪旅游，包括庙香山滑雪场，天定山滑雪场和莲花山滑雪场；“X”为X点布局，即乡村旅游。医疗康养业发展方向包括高端医疗、康复疗养和研讨培训。

【科技创新】　2022年，临空经济示范区有高新技术企业2户、“小巨人”企业1户、省级企业技术中心1户，储备科技型企业20户左右。建设长春空港文化创意产业园及长春临空经济示范区创投产业园（西区）2个孵化平台，协助中国建筑第三工程局有限公司申报知识产权10余项，推进长春海伯尔生物技术有限责任公司B型流感嗜血杆菌结合疫苗产业化项目改建工程。

【文化旅游】　举办“2022年长春新区迎冬奥+庆新春 冰雪秧歌秀”等大型文体活动3场，参演人数1000余人，受众群体约1万人次。加强公共文体事业建设，发放图书2083种2465册，争取文体队伍建设扶持资金1.2万元；完成辖区35套健身路径、21副篮球架安全隐患排查；报送“扫黄打非”工作简报4篇。承接长春新区下放文旅审批事项15项。

（张　健）

交通　水利

JIAOTONG SHUILI

铁　路

【概况】　2022年，中国铁路沈阳局集团有限公司在长春经济吸引区内以运输汽车、铁路客车、粮食、煤炭、石油、医药、焦炭、化肥农药、建材等为主要货运服务项目，以日常旅客、出境、国内旅游、会展、节日旅游旅客运输为主要客运服务项目。

【货物运输】　2022年，长春货运中心下设16个货运营业室、65个货运营业站、266条企业专用线（专用铁路），营业里程1399.5千米。全中心有货物线112条、专用线255条、专用铁道11条、货场53个、货物仓库42座、货场雨棚18个、货运营业厅35座、货物站台43座，生产运输设备184台。2022年，长春地区铁路货物发送量714.3万吨。其中，粮食236.3万吨、煤炭60.1万吨、石油5.6万吨、化肥农药6.9万吨，其他品类405.4万吨（其中，钢铁12.5万吨、工机111万吨、集装箱货物265.6万吨、其他品类16.3万吨）。

【旅客运输】　2022年，长春地区主要负责开行担当长春至北京朝阳、上海虹桥、长沙南、珲春（延吉西）、长白山、丹东、佳木斯、牡丹江、齐齐哈尔南等方向高铁动车；长春至广州、西安、昆明、南宁、厦门北、青岛北、宁波、上海、南通、齐齐哈尔、呼和浩特、大连、阿尔山、白城、乌兰浩特、通化、榆树等方向普速旅客列车119对。其中，动车组列车73对（直通18对、管内55对），普速列车46对（直通24对、管内19对、路用列车3对）。2022年新开行长春西—杭州西G2622/3 G2624/1次1对列车。全年长春地区旅客发送量4118.8万人，其中春运611.7万人，开行临客列车1107列；客运收入10.06亿元。

【轨道精调】　2022年，长春市轨道精调，同步完成绝缘缓冲垫板更换和锚固螺栓涂油工作，完成280千米。轨道精调区段平均动态TQI（轨道质量指数）由3.7降至2.1，全线TQI由最高3.78降至2.85，TQI指数降幅25%，精调段最好TQI单元1.53。完成长珲城际轨距单项精调236千米，精调段轨距平均动态TQI由0.63降至0.25，单项指数降幅60%。

【隐患整治】　完成长珲城际、长西联络线缺砟地段补充道砟1.34万立方米。对长春西、四平东、铁岭西站宽枕板枕头缺砟问题，组织专修队、综合车间进行集中会战，补充石砟120立方米。结合大机捣固整治道床外观不良地段350千米。卡控数据分析、起拨道量、道床状态、静态质量验收等关键环节，完成长珲城际及沈佳高速大机捣固作业320千米，长珲城际全线平均TQI由3.89降至3.58，机捣段平均TQI由4.57降至2.89。针对隧道安全评估、无损检测发现问题，集中人员配合整治长珲城际线91座隧道隐患，全年完成缺陷整治问题

1月17日至2月25日，长春站春运期间运送旅客日均4.5万人次。图为长春站站台内旅客乘车　　（丁　莉　供图）

8408件，其中A级病害956件；完成重点病害套衬施工13座43处，嵌补施工22座44处，钢拱架施工1座1处，完成90.223千米声屏障等轨旁设备隐患排查、6处长大隧道应急救援设备设施和12处隧道消防设备、54座上跨桥、557处限高防护架等安防设施检查整治，完成对管内5座钢梁桥关键设备设施和节点技术检测维护标准制定、检修工作。修订《长春高铁基础设施段轨道作业车管理细则》等规章，组织8次专项整治活动，规范轨道车管理；完成轨道作业车年修29台；开展10次司机相关培训。

【环境监测】 完善长吉段16千米中继站、49千米中继站、66千米中继站、桦皮厂西中继站等4个中继站环境监测功能，纳入动环监测管理系统，实现实时监测；优化修制修程，加密转方试验，由每年一次调整为每季度一次，查看监测曲线变化趋势，全年通过试验发现问题12件，更换不良电容24个；规范异常信息报送流程，全年发现处理各类异常报警信息1.85万件。其中，一、二级报警信息9772件，三级报警信息8741件，全年未发生由信置不当引发设备故障。

【问题检修】 全年徒步巡检发现问题931件，电力、变电专业巡检及检修发现问题875件，处理缺陷661件；接触网单项设备周期检修隔离开关1505台，分段绝缘器296台，线岔852台，地感器664台，避雷器1239台，兑现率100%；兑现电力变电固定设备检修，电力受电线路检修24条，10千伏配电所检修23座，变电所亭检修81座；长吉接触网整治工程，完成149个天窗，动态精调276.3条公里，吊弦更换3.48万根，接触线更换及调整4个锚段。整治长春动车所支柱基础下沉，完成移设存车场16根落锚支柱和加固4根软横跨倾斜支柱；优先整治严重隐患，完成PW线（保护线）断股整治137处、吊弦更换175根、定位线夹歪斜磨损302处，砍伐影响线路树木9464棵。

【车辆维修】 2022年，长春车辆段主要承担客车段修（A2、A3修），空调客车和发电车中修等任务。全段配属客车2028辆。其中，硬座车653辆、硬卧车947辆、软座车44辆、软卧车152辆、行李车76辆、发电车54辆、餐车100辆、公务车1辆、试验车1辆、路用车102辆、动力集中动车组108辆。2022年，完成客车厂修172辆，客车段修529辆，完成年度计划100%；完成发电车中修5辆，完成年度计划100%；A1修1424辆，临修839辆，客列检修1.62万列23.96万辆，库列检入库列车检查5985列7.86万辆。

【供电维修管理】 2022年，长春供电段主要负责京哈、平齐、长白、长图、四梅、陶舒（委管）、长双烟（委管）、松团（委管）、长辽（委管）、辽开10条线路64个站1111运营千米线路生产、生活供电维修管理任务。全年完成接触网检查（二级修）工作任务750.76条公里，全部采用接触网作业车方式兑现。牵引变电远动专业主要完成15座牵引变电所亭、45座独立网开站检修试验任务，完成哈大线27.5千伏断路器大修、哈大线27.5千伏负荷开关大修、哈大线27.5千伏互感器大修、扶余牵引变电所场地、电缆沟及盖板大修和哈大线接触网开关控制电缆大修5项大修任务。1C检测发现检测1598件，整改366件；2C检测采集2C数据完成3.13千米检测任务；3C检测转储3C缺陷数据38次；4C检测完成2373千米；完成分析9.75万根支柱，发现4C缺陷3649件（一级15件、二级3041件、非标593件）。开展专项分析5次，主要针对定位器线夹、定位器U形卡钉、矩形定位器、吊弦线夹等开展专项分析。完成年度电力设备检修任务，各项检修计划兑现率100%，年度电力设备平均合格率99.9%。全面修电力线路检修719千米，变配电装置2952台（座面）；重点修电力线路检修1384.1千米，变配电装置6746台（座面）。完成电力开关远动调试1895台。其中，普速1520台、高铁375台。完成电力变配电所预防性试验7座。其中，普速3座、高铁4座。开展电力设备专项整治，其中开展水害设备整治5处；处理侵限树木3.16万棵，增补电缆标桩标牌184处，喷涂电缆走向标359处，粘贴反光膜367处，安装防撞墩10处；更换电杆26基，扶正倾斜电杆399基，紧固调整拉线589条，更换拉线14条，新设拉线102条，整治电杆埋深不足问题51处，拆除废弃灯塔9座，废弃电杆44基；清理鸟巢21处，安装驱鸟器5套；更换缺陷高压电缆6000米，更换环网柜12面；扶正紧固绝缘子430支，更换绝缘子255支，更换隔离开关7组，更换避雷器38支，更换横担46套，调整扶正横担72套，调整导线驰度22处，安装驱雷针3套；变压器补油11台，根据负荷及状态情况更换变压器20台。2022年，汛期前结合年度设备检修和专项整治，完成更换裂纹严重电杆26

3月1日，中国铁路沈阳局集团有限公司长春工务段开启春季设备检修工作

（沈阳局集团公司　供图）

基，扶正倾斜电杆399基，紧固调整拉线589条，新设拉线102条，修建附属设施（护坡、石笼等）30处。

【电务设备维护】　2022年，电务设备信号、通信、车载专业综合合格率分别为99.61%、99.89%、100%。信号专业转辙机检修6836台、信号机检修6580架、轨道电路检修6978区段、转辙机密封整治2344台、驼峰减速器大修16台、更换驼峰ZK4型电容转辙机45台、UPS（不间断电源）充放电试验及各项报警功能试验137个站。通信专业优化传输环网20处、补栽光缆标桩444个、警示牌208个，标准化机房达标整治15个，检查测试地线4313条、蓄电池824组、防雷模块9005个、动环功能试验375个机房、光缆备用纤芯测试106个区段、AR（增强现实）数据网路由器主控板主备切换试验105个站、G网（全球移动通信系统）基站环主备通道切换试验60个、OLT（光线路终端）主控板、电源板主备倒换试验25个站。车载专业站场数据动态维护25个站、更换机车显示器电缆41台、电源模块30个、速度传感器72个、送受话器101个、轨道车速度传感器12台、显示器高压板106台，机车车顶天线及馈线整治140台、机车标准车整治38台、轨道车标准车整治54台、货列尾车载设备安装108台。

【线路桥涵养护】　2022年，铁路线路桥涵养护完成站线无缝化3.68千米；完成线路机捣661.53千米；道岔机捣335组；线路大型机械打磨459.56千米；道岔大型机械打磨258组；完成道床整治线路清筛2千米、道岔清筛39组；完成维修更换新长轨7.2千米；完成大屯站4道、长春南站4道、长春北站Ⅰ场10道及11道等股道增配1126根；更换失效轨枕1403根、更换木岔枕559根；更换沃皮站6道、长春北站Ⅳ场驼峰弹条扣件11.3万套。完成京哈线、长图线道岔大修33组，新轨大修38.078千米，换枕大修16.88千米2.76万根，清筛大修53.854千米。综合维修桥梁5座122.48米，综合维修涵渠4座97.7米。整治人行道托架加固及步行板更换2座，涵渠维修9座，桥梁钢结构涂装4座，桥梁钻探挖验18座，涵标拔出与粘贴446处，管内上跨桥应急指示标牌粘贴全部完成、水文检算桥梁10座，整修石笼64立方米，更换分开式K形扣件1240套。

（王智勇　李英奇）

公　路

【概况】　2022年，长春市公路总里程2.82万千米。其中，高速公路7条，运营里程655千米，包括国家高速6条616千米，省高速1条39千米；普通干线公路1592.5千米；农村公路2.60万千米。通村率100%、通屯率96.7%。

【公路建设】　2022年，长春市围绕“两环九射”高速公路网建设，推动项目9个，域内在建高速里程624千米。九台至双阳高速投资13.5亿元，于12月20日建成通车，实现九台区和双阳区高速公路无缝连接；长春至双阳公路投资5.1亿元，主线具备通车条件；农安至九台、双阳至伊通高速投资28亿元；国道珲阿公路绕越石头口门水源保护区项目投资3亿元，主线具备通车条件。长榆高速取得可研批复，绕城二环线公路完成方案研究。烟长高速、长太高速超额完成年度施工任务，经济圈环线西环段启动征拆，国道珲阿公路、省道舒陶公路实施养护工程。

【公路养护】　2022年，完成国道珲阿公路、省道舒陶公路2个养护工程，投资1.9亿元，里程41.9千米。普通公路养护投资27.4亿元。其中，农村公路养护大中修1482千米，投资12.5亿元；通自然村（组）硬化路建设483.5千米，投资3.7亿元；联网路和建制村通双车道等139.5千米，投资4.5亿元；危险桥梁改造143座，投资3.6亿元；安防工程投资0.7亿元；普通公路国省干线养护工程投资1.9亿元；普通公路国省干线日常养护等投资0.5亿元。九台区、公主岭市被评为“四好农村路”全国示范县。

【公路管理】　2022年，开展公路安全防护精细化管理和路政巡查执法，完成“坡改平”26处，整改隐患路口45处。推进“平安工地”建设，紧盯深基坑、桥梁重点部位作业安全，强化工地、宿舍等用火、用电安全，打击转包、违法分包、盲目赶工期抢进度和施工现场“三违”、特种作业人员无证上岗等不安全行为，开展检查80次，查改隐患50项。建立农村公路“路长制”管理体系，以总路长为农村公路养护管理第一责任人，统筹规划农村公路的建设、管理、养护、运营及路域环境整治；县、乡及村级公路路长或区域路长直接负责，路线路长具体推进，遇到问题逐级上报，跟踪落实。城乡接合部、乡镇村屯过境路段垃圾清理到位，无死角，清理

长春高速公路客运站　（摄于10月20日　檀文超　供图）

公路用地内非公路标志牌、非法堆放物，路面整洁、排水畅通，附属设施齐全、完好。

【公路运输】 市区有公路客运站点3个，其中一级站3个。有公路客运线路137条。其中，跨省线路17条，跨市线路90条，跨县线路30条。全市有客运企业165户。其中，班线客运企业11户，旅游客运企业84户，个体客运户70户。市区有客运企业82户。其中，班线客运企业5户、旅游客运企业77户。全市有营运客车3583台。其中，班线客运车辆1737台、旅游客运车辆1846台。市区有营运客车2405台。其中，班线客运车辆436台、旅游客运车辆1969台。全市有普通道路货物运输企业3591户，营业状态3204户。其中，市区2314户、外县区890户。有个体经营者4.98万户，在营业状态4.98万户。其中，市区1.64万户、双阳区等6个外县（市、区）3.34万户。全市有营运车辆12.49万辆。其中，市区5.37万辆、双阳区等6个外县（市、区）7.12万辆。全市有危险货物运输企业123户。其中，市区91户、双阳区等6个外县（市、区）32户。全市有危险货物运输车辆3882台（挂车1155台）。其中，市区3193台（挂车990台）、双阳区等6个外县（市、区）689台（挂车165台）。全市完成公路客运量0.18亿人次，旅客周转量12.15亿人千米；公路货运量1.76亿吨、货物周转量490.14亿吨千米；中心城市客运量5.42亿人；全年公路运输总周转量494.1亿吨千米。 （檀文超）

民用航空

【概况】 长春龙嘉国际机场（简称长春机场）民航站坪分5个部分，即1号机坪（T1站坪）、2号机坪（T2站坪）、A1号机坪、A2号机坪和除冰机坪，机位58个，其中廊桥机位（101—109号、210—232号）32个。长春机场是中国南方航空股份有限公司基地机场。2022年，运营航司28家，执行航线144条，通航城市66座，航点69个。保障运输航班6.16万架次、旅客吞吐量721.31万人次、货邮吞吐量6.05万吨。长春机场航班量和旅客吞吐量恢复率排名全国千万级机场第1，旅客吞吐量排名全国机场第26。

【平安民航建设】 2022年，长春机场首推高质量安全生态建设，全年未发生责任原因事故、征候和人为原因不安全事件，未突破首都机场集团和民航东北地区管理局安全指标，在东北地区四大机场安全考核中保持领先。安全专项整治三年行动收官，在民航东北地区管理局“平安民航”建设考核中，长春机场连续五年获同层级第一名。开展防范化解重大风险专项整治，安全隐患全部关闭实现清零。印发《高质量安全生态建设指导意见》，明确体系图谱、责任清单、防范能力、智慧平台、文化品牌“五位一体”安全生态战略路径，分解和推进70项具体工作。

【四型机场建设】 2022年，长春市推动建设四型机场（平安机场、绿色机场、智慧机场、人文机场）。长春机场三期扩建工程T3A航站楼建筑及航站区规划设计方案通过吉林省委、省政府审定。长春机场文体活动中心、轮值宿舍2项工程通过竣工验收，移交启用。长春机场取得能源管理体系新版认证证书。打造“一场一景”主题景观，长春机场推出《吉林·印“相”》地域风光展。

【旅客出行保障】 长春机场航空器平均滑出时间10.97分钟，实现滑行时间缩短1分钟目标。长春机场航班放行正常率97.16%，比2021年提高5.54%，列东北地区四大机场首位。长春机场年度ACI（国际机场协会）旅客满意度得分4.96分，再次获国际机场协会ACI（Airports Council International）“客户之声”奖。长春机场保障中国商飞C919客机18架次试飞任务。长春机场开通长京、长沪精品快线，加密韩国首尔航班。开通长春机场至德惠市省内巴士线路，推出“君心安”安检服务产品，设立“易安检”专用通道。举办延边航空旅游推介会，制发《JLA航旅天地》50期，扩大“航旅嘉年华”品牌影响力，组织“6·26嗨飞节”线上活动。春运期间，长春机场保障运输航班1.29万架次，运送旅客166.21万人次，比2021年分别增长11.94%、21.91%。单日航班、旅客保障高峰出现在1月27日，长春机场保障航班363架次、运送旅客5.4万人次，2项指标均创长春机场历史最高值。春运期间，长春机场日均航班量324架次、日均旅客吞吐量4.16万人次。长春机场增加北京市、上海市、广州市、深圳市以及杭州市、海口市、温州市、南昌市、昆明市、三亚市、呼和浩特市等重点城市航班331架次。国航、东航、南航、川航等航司调配空客330、波音787等宽体机型，运行宽体机客运航班380架次，机

长春龙嘉国际机场T3A航站楼效果图 （杨振宇 供图）

场停场运力46架。长春机场航班放行正常率96.17%，始发航班离港正常率96.56%。（杨振宇）

【南航吉林分公司】 2022年，中国南方航空股份有限公司吉林分公司（简称南航吉林分公司）执管空客A320系列飞机23架。其中，空客A321飞机6架，空客A320飞机17架。有员工1950人。其中，空客机型飞行教员、机长150人，副驾驶163人。乘务员463人，空警、安全员117人。实际运营10个月，计划外多加油航班占比0.01%，比2021年下降0.04%。出港航班正常率97.57%，提高5.08%。南航吉林分公司连续保证30年飞行安全和28年空防安全。全年旅客投诉率1.43‱，旅客满意度4.81分。（王　赫）

长春市净月潭水库　（摄于10月20日　刘　星　供图）

水　利

【概况】 2022年，长春市抓好重点水利工程谋划工作，做好水利工程招标投标管理、工程建设管理、运行管理、水政监察和水利行业监管工作，指导各地水行政主管部门、水库管理单位切实做好水库、水闸、堤防等水利工程运行管理，确定各类工程安全稳定运行。

【重点项目谋划推进】 2022年，编制“十四五”水利安全保障规划、水系连通专项规划、绿水长廊建设规划；新谋划水利工程项目89项，总投资约46.3亿元，指导各地完成可研初设及实施方案编制27项，完成市级初设批复12项，推进水利工程42项，开工25项，投资9.8亿元。

【工程招投标管理】 2022年，全市招标水利工程项目42项，实现电子招标，9月试行吉林省公共资源一体化平台，12月全部应用省一体化平台进行开标、评标。执行水利部相关文件及省水利厅《水利工程建设施工招标评标标准和方法（试行）》，管理招标代理机构，缩短水利工程开标时间。

【工程建设管理】 2022年，定期调度全市在建水利工程建设进度，完成沐石河长春市九台区重点段治理工程（三期）等9项水利工程招标备案工作，完成朝阳区三家子水库除险加固等9项工程竣工验收，办理长春市净月潭水库迎水坡水位变动区修复工程等4项工程开工备案，制定2022年水利工程稽查工作计划。

【水政监察】 2022年，长春市立案处罚22件，召开重大案件集体讨论会7次，全部案件均符合程序要求；落实普法责任，开展水土保持宣传进校园、民法典宣传月、“宪法日、宪法周”等普法宣传活动。

【运行管理】 2022年，完成全市小型水库维修养护工作（其中，中央资金86万，省级资金65万），推进分散管理水库落实专业化政府购买服务，实现专业化管护“全覆盖”；推进全市49座小型水库安全运行管理标准化达标建设，完成5座小（1）型水库降等和报废、1座中型水闸安全鉴定审批、1座小型水库安全鉴定工作；调整2022年度水库大坝安全责任人、防汛“三个责任人”（小型水库安全管理的政府责任人、主管部门责任人、管理单位责任人和小型水库防汛的行政责任人、技术责任人、巡查责任人）；完成堤防水闸基础信息数据库、全国水库运行管理信息系统、吉林省水利厅工程运行管理系统动态管理和数据更新。

【水利行业监管】 2022年，指定专人跟踪处理群众投诉20起；采取“四不两直”方式开展明察暗访，发现并反馈整改问题18个。全年进行现场监督检查413次，书面检查57次，其他专项检查8次，检查项目364个，查处违法违规项目157个，下达整改通知单152份，组织约谈5次。全市出动执法人员2262人次，出动执法车辆827台次。强化工程建设监管，在招投标备案、开工备案、竣工验收、质量管理等方面，履行水行政主管部门监管责任，督促各县（市）区水行政主管部门监管责任落实。建立“清四乱”（清理乱占、乱采、乱堆、乱建等河湖管理保护问题）和碍洪问题台账，发现并整改问题43项，清理非法占用河道岸线0.26千米、非法采砂点17个，拆除违法建筑5478.89平方米。（刘　星）

城市建设

CHENGSHI JIANSHE

城市规划

【概况】 编制《长春市国土空间总体规划（2022—2035年）》。"三区三线"率先通过国家审查并启用。编制《长春市现代化都市圈发展规划》《长春市"六城联动"总体方案》及6个专项规划，编制《长春市自然资源"十四五"规划》《长春历史文化名城保护规划（2021—2035年）》等122项重点规划。全年完成规划编制及研究任务3109项，获评全国优秀城市规划设计奖5项、获评全省优秀城市设计奖22项。

【专项规划】 编制《长春市"六城联动"总体方案》，围绕打造国际汽车城、现代农业城、"双碳"示范城、科技创新城、新兴消费城、文化创意城，编制6个专项规划。编制《长春市自然资源"十四五"规划》等122项重点规划。

【城市设计及历史名城保护】 推进重点地段城市设计编制工作，完成《长春PPE项目周边及沿线提升整治方案》《长春自由大路提升整治工作方案》。编制《长春历史文化名城保护规划（2021—2035年）》。挂牌9处历史文化街区、139处历史建筑，南广场北京大街西地块、宽城子东天街地块项目主体完工，长春拖拉机厂工业遗址改造项目5栋主厂房修缮完工。 （李 勇）

1月，长春拖拉机厂工业遗址改造项目，2号、3号厂房主体完工，3号厂房对外营业。图为"长拖1958"北门 （吕 阔 供图）

城市更新

【重点工程建设】 开展大干150天攻坚行动，抚长高速人民大街出口改移提前一年通车，西安桥改造、新城大街快速路通车。世纪大街快速路、东南湖大路延长线、人民大街下穿隧道等重大工程开工建设。长春龙嘉机场三期推进前期，轨道交通在建8条线网，建设66座车站、64个区间。发挥征收专班统筹协调督导作用，推动100项重大项目征收工作。完成征收住宅2071户、工业企业120户，轻轨3号线南延工程、抚长高速工程等8个重大项目完成征收。《〈长春市国有土地上房屋征收与补偿条例〉实施办法》8月1日施行。阳光征收平台建设进入招投标阶段，为征收成本预估、补偿结果监控等提供数据支持。以城市建设发展"十四五"规划为核心，完成"1+10"规划体系编制。

【城建资金难题化解】 争取各类国家资金、包装专项债，解决项目建设资金127.92亿元。其中，国家资金49.17亿元、地方债78.75亿元。获得燃气管网改造中央预算内资金8.4亿元，申请国开基金8.9亿元。组织专业团队，包装"一厂一策"提质增效、"双碳"产业园等12个项目，获得专项债额度78.75亿元。

（张九高）

【环境品质提升】 聚焦重点时段、重点区域、重点行业，制定年度执法计划，实施医疗废物、医疗废水及重点风险源、冬春大气、春季化冰期、督察整改重点任务、夏季攻势、建设项目及排污许可证监管、自然生态、危险废物、核与辐射安全、秋冬会战等10个专项执法行动，针对生态环境治理突出问题，以“双随机、一公开”监管为基本手段，采取交叉执法、“四不两直”、“专家+执法”等形式，强化大数据分析、非现场监管等创新执法方式。（赵欣颖）

【口袋公园建设】 全市建设口袋公园106处。“童梦园”以儿童公园为主题，“柳园”以休闲娱乐为主题，“蕴园”以保护名木古树为主题等。各类主题口袋公园遍布城市主要街路和重要节点。（高吉鑫）

表60 2022年长春市口袋公园一览表

序号	名称	属性	位置
1	童梦园	市直	前进大街锦湖大路交会处西北侧
2	柳园	市直	前进大街锦湖大路交会处西南侧
3	逸乐园	市直	前进大街金宇南路交会处东北侧
4	逸馨园	市直	前进大街金宇大路交会处东北侧
5	逸畅园	市直	前进大街华惠路交会处东北侧
6	逸悠园	市直	前进大街华惠路交会处西北侧
7	春晖园	市直	景阳大路春城大街东北角
8	蕴园	市直	吴淞路与人民大街交会处东北角
9	莘园	市直	迎宾路十九中南侧
10	逸景园	市直	迎宾路与西四环交会处东北角
11	雅居园	市直	迎宾路北航新村小区东侧
12	松香园	市直	长春市第十九中学对面
13	逸林园	市直	迎宾路北航新村小区西侧
14	万福园	市直	景阳大路万福街交会处 万福街东侧
15	景秀园	市直	景阳大路洛阳街交会处 明翰国际门前
16	景逸园	市直	景阳大路洛阳街交会处 洛阳街东侧
17	景畅园	市直	景阳大路康泰街交会处 康泰街东侧
18	惜春园	南关区	西圈3栋北侧
19	谊春园	南关区	32栋楼前
20	法制广场	南关区	43栋楼前
21	天乐休闲广场	南关区	58栋与50栋中间
22	春晓园	南关区	104栋
23	春满园	南关区	105、106栋中间
24	春草园	南关区	1号楼、108栋中间
25	春熙园	南关区	208栋与209栋中间
26	春常园	南关区	205栋与206栋中间
27	春朝园	南关区	欧亚南侧与213栋中间
28	塘影	南关区	7栋
29	雨塘	南关区	11—12栋广场
30	塘东	南关区	28—30栋广场
31	乐塘	南关区	35—36栋广场
32	和家园	南关区	4—5栋之间

续表60

序号	名称	属性	位置
33	事兴园	南关区	5—6栋之间
34	百花园	南关区	全安二期小区1栋南面
35	松苑	南关区	松竹梅社区对面
36	梅苑	南关区	松竹梅胡同与新立街交会处
37	和园	南关区	四五小区15栋和18栋之间
38	善园	南关区	（18、19栋）康宁街与福民街
39	达顺休闲小广场	南关区	爱国路
40	倚水小花园	南关区	家苑路
41	园东和苑小花园	南关区	14—15栋楼前
42	西双河小花园	南关区	3—5栋之间
43	翰墨书院	南关区	小政府楼和树勋8栋之间
44	解民园	南关区	民康路与民康南胡同交会处解民小区2栋与解民小区13栋中间
45	东康花园	南关区	东康小区1—8栋小花园
46	健康花园	南关区	91号楼下
47	三角广场	南关区	全安批发大经路口
48	全安园	南关区	全安二期小区3栋东侧
49	幸福园	南关区	中环17B区中央空地
50	艾家园	南关区	全安二期1栋2栋之间
51	无声沙龙	南关区	城开小区北侧
52	春晖园	南关区	甲栋与乙栋之间
53	田家大院文化广场	南关区	田家大院胡同
54	尚德园	南关区	5—6栋之间
55	正德园	南关区	6—7栋之间
56	党群园	南关区	6—13栋之间
57	和谐园	南关区	8—9栋之间
58	中一园	南关区	2—3栋之间
59	中一园	南关区	2—3栋之间
60	昌达园	南关区	4—5栋之间
61	亚泰园	宽城区	亚泰大街与小南街交会处
62	新铭园	宽城区	铭台路与新台路交会处
63	永福园	宽城区	国土局南侧
64	西环园	绿园区	西环城路与皓月大路交会处绿地东北角
65	阳光园	绿园区	西环城路与皓月大路交会处绿地东北角
66	节气园	绿园区	西环城路四季青村委会门前
67	童趣园	绿园区	西环城路幼儿园门前
68	静谧园	绿园区	西环城路万盛理想国东南门前绿地
69	隆化园	绿园区	西环城路与隆化路交会处
70	书院园	绿园区	西环城路气象局门前

续表60

序号	名称	属性	位置
71	香郡园	绿园区	香郡路南侧绿地
72	绥中园	绿园区	绥中路与西环城路交会处西侧绿地
73	宁静园	绿园区	宁静小学西北门对面绿地
74	昌盛园	绿园区	一汽实业绿化中心绿园苗圃西北门东北角绿地
75	理想园	绿园区	西环城路与隆化路交会处西北角
76	气象园	绿园区	西环城路气象局东南门绿地
77	青林园	绿园区	青林路绿地
78	皓月园	绿园区	西环城路与皓月大路交会处绿地东南角
79	互动空间——探索宝石游园	净月高新区	南环城路与彩织街交会处
80	马上健康游园	净月高新区	南环城路与彩霞街交会处
81	天青路保利和光尘樾园	净月高新区	保利和光尘樾门前
82	樱花街伟峰东域下沉广场	净月高新区	樱花街西侧，伟峰东域内街
83	天富路春水街园	净月高新区	生态大街至春水街两侧
84	天富路生态东街园	净月高新区	春水街至生态东街段两侧
85	天富路新城大街园	净月高新区	夏花街至新城大街段两侧
86	春水街游园	净月高新区	春水街与天富北路交会处
87	华润万象府广场	净月高新区	南四环与欣和街交会处
88	环球广场	净月高新区	生态大街与和美路交会处
89	净月大街游园	净月高新区	净月大街凯撒温泉酒店门前
90	净月公园门前广场	净月高新区	净月潭国家森林公园正门
91	聚业大街中海岳麓山段游园	净月高新区	聚业大街中海阅麓山
92	伟峰东域商业广场	净月高新区	樱花东街与永顺路交会处
93	宜盛街游园	净月高新区	宜盛街（和槟路至和悦路）
94	银杏路游园	净月高新区	银杏路（生态大街至春水街）
95	樱花东街游园	净月高新区	樱花东街与天泽大路交会处
96	恒丰国际园	净月高新区	福祉大路恒丰国际
97	身份大厦园	净月高新区	福祉大路身份大厦
98	华荣泰园	净月高新区	生态大街华荣泰小区
99	宜盛街园	净月高新区	南四环宜盛街保利香槟
100	和美路园	净月高新区	和美路中懋天地
101	樱花东街园	净月高新区	樱花东街永顺路交会处
102	柳莺路园	净月高新区	柳莺西路聚业大街
103	和悦路园	净月高新区	生态大街和悦路
104	伟峰咨询中心园	净月高新区	南四环生态广场言几又书店
105	和悦路南侧园	净月高新区	和悦路九台农商银行
106	天青路园	净月高新区	天青路保利和光尘樾

（市林业和园林局）

【地下管网改造】 组织供水、燃气、供热、排水、电力、通信、路灯、公安监控、交通信号等地下管线单位在市政道路挖掘审批“零跑动”服务系统上申报新建、改造需求建设计划1634项，建设长度3611.34千米。开展2022年度地下管线建设工程会签服务工作。通过市政道路挖掘审批“零跑动”服务系统，组织各行业管理部门、各管线单位开展“网络工程会签”，组织101项工程会签。推动水气热要素保障能力提升与行业监管工作，完成248.5千米老旧管网新建和改造任务。

【市政设施提升】 提升市政设施维护精细化水平，结合“走遍长春”“伤痕修复”“创建文明城市”等活动，日常通过小修维护，动态消除道路病害，规划投资1.2亿元，（市管路7000万元，5城区5000万元），完成维护道路697条，完成投资11669万元，修复沥青路面327845平方米，人行步道145879平方米，边界石20380米，井具4398座。解决锦水路周边排水不畅、雨天积水、污水溢流、行人及车辆通行不便利等问题，完成投资1052万元，完成沥青路面15041平方米，排水管线1528米，方砖483米，边界石1091米。完成市政设施检测线1310.31千米，通过对数据采集、数据分析，经过现场逐一复测并钻孔验证，发现病害110处，经后续追踪复测全部闭环处理。完成排查检测线约864.56千米。完成76条主干路第一车道常规检测，完成计划大中修18条道路检测评价。重点整治牌面破（污）损、立杆歪斜、牌头歪扭、指向错误、字迹不清等问题，普查街路牌3085套，处理问题街路牌338套。

【老旧小区改造】 2022年，编制《长春市城镇老旧小区改造“十四五”规划》，规划改造老旧小区535个。2022年，实施改造老旧小区284个1273栋7.8万户，完成投资5.3亿元。通过组织各县（市）区、开发区争取中央资金，发行专项债、一般债，减轻地方财政老旧小区改造资金压力。2022年，申请中央预算内资金及财政奖补资金5.49亿元，占年度项目总体资金需求26.1%。政府以园林养护服务、道路维修服务、物业费、停车费、广告费等作为收入来源，吸引有能力国企单位参与老旧小区改造。通过加装电梯奖补方式，吸引82.4万元社会资本参与老旧小区改造。采取政府购买服务形式，聘请双甲级监理机构，全过程监理巡查全市旧改项目，督促各县（市）区、开发区相关主管部门落实城镇老旧小区改造日常监管工作职责。印发《长春市既有住宅加装电梯的指导意见（试行）》《既有住宅加装电梯指导手册》，简化加装电梯专项审批流程，2022年加装电梯23部。 （张九高）

石头口门水库位于吉林省饮马河中游，水库坝址在长春市九台区西营城子乡石头口门村西南500米处 （摄于8月10日 张九高 供图）

【棚户区改造】 2022年，印发《2022年棚户区改造工作实施方案》《长春市已批棚户区内自建房屋安全专项整治工作方案》，明确2022年棚改工作任务和棚户区内自建房屋排查整治目标。全市改造棚户区6494套，超额29.88%完成年计划5000套任务，投资约40亿元，超额33.33%完成年计划30亿元任务。获得棚改专项债券约10.3亿元，发放伊通河棚户区、夹馅棚户区专项贷款约5.21亿元。全市有棚户区220块，占地面积约7255公顷，剩余未改造居民约5.57万户。根据实施阶段，将220个地块分为加快建设、推进征拆、收回开发权、撤销计划和专题研究等5个类别，提出明确工作建议和完成时限。抽调专人组成专班，排查出疑似危房3272户，经专家论证后有1935户排除安全隐患，全市有疑似危险房屋约1337户465栋。其中，鉴定1237户384栋，全部为C/D级危房。迁出1245户385栋（鉴定中迁出360栋1213户；其余采取临时排危措施）；有94户81栋待鉴定楼栋分别为朝阳区1栋5户；南关区7栋1户；宽城区无；二道区无；绿园区7栋8户；汽开区16栋30户；新区无；净月区无；双阳区50栋50户）。召开汽开区西后屯地块现场会暨棚户区和危房改造动员会、市征收专班领导小组第二次调度会（棚改项目征收专题会）。配合市征收办重点督办58个棚改项目。3个逾期未安置项目全部开工建设；4个空置项目解决345户，重点督办绿园区西环城路东地块45户空置问题。伊通河棚户区、夹馅棚户区2个政府购买服务合同建设期延长至2022年12月31日。滨河东区回迁房区域完成征拆，受房地产市场环境影响，无人摘地建设，1149户回迁房存在逾期未安置风险。 （程 游）

【市政道路改造】 实施道路大中修工程，一路一策，制定优化设计方案，分批次分区域实施。规划投资2101万元，实际投资1609万元，完成沥青路面3.83万平方米，排水管线133米，自行车道900平方米，井具311座，方砖1.67万平

方米，边界石1.06万米。　（张九高）

市政基础设施建设

【城市供水】　2022年，长春市城区有净水厂5座，日供水能力123万吨。平均日供水量101.6万吨，年供水总量3.71亿吨。供水管网覆盖面积约422平方千米。城区主要水源地为石头口门水库和新立城水库，石头口门水库供水量占80%，新立城水库供水量占20%。9月，第六净水厂开工，分2期建设，一、二期日处理量均为25万吨。长春地区有供水企业7户。其中，长春市本级1户，双阳区等6个外县（市）区6户。长春市出现水源不足时，分别启用东部引松和中部引松工程补充水源。长春市城区（开发区）实行市区两级管理体制；德惠市、农安县、榆树市、公主岭市4县（市）自行管理；双阳区、九台区参照外4县（市）自行管理，长春市负责行业指导。

【供水管网改造】　5月10日，第六净水厂厂区工程复工，针对企业供水管网建设涉及绿地和林木移植问题，协调相关部门解决供水管网占用市政绿地和公园树木问题。截至年末，完成厂区土建工程总量60%，完成城西加压泵站土建工程56%，年度投资5.02亿元，总投资8.17亿元。水投集团排查全市城区市政供水管网，按照供水管网改造计划，更新改造老旧市政供水管网，2022年改造老旧市政供水管网15.8千米。更新改造自管居民二次供水设施，2022年实施二次供水泵站改造80项，完成管线施工65千米，楼内管道及水表改造完成2万户，完成投资1.5亿元，累计完成投资3.75亿元。投资49.9亿元，改造913个社会管理居民二次供水设施，由水投集团包装申请专项债，其中申请地方专项债46亿元，改造工程由各城区、开发区具体实施，2022年申请地方专项债2亿元，拨付工程预付款1.51亿元，三类费用0.49亿元。

【供水安全督查】　下发《长春市供水行业安全生产大检查实施方案》，督促各城区、开发区落实辖区内供水行业安全生产督查检查职责，检查各城区、开发区落实情况，指导检查各类台账建立不规范等情况，在“两节”和二十大召开前开展供水行业安全生产督促检查，组织供水企业开展反恐怖应急演练、消防演练。重点普查长春市城市管网覆盖范围内市政供水设施净水厂5座、取水泵站3座、加压泵站13座，供水管线1599条1776千米。3月，初步录入普查数据，9月26日全部完成，合格率100%。组织各城区、开发区排查全市重点保障单位及居民二次供水泵站地下室及低洼地，对470处社会管理居民二次供水泵站制定风险清单，督促泵站管理单位做好防汛物资准备及排水设施检查维修工作。

【污水处理】　抓好中央环保督察整改黑臭水体治理任务，全部纳入五大污水处理系统‘一厂一策’提质增效工作统筹推进，完成68项年度治理工程。新凯河流域治理年度实施41项工程，完成31项；3月，公主岭市断面水质达到国家考核标准。针对后三家子沟和南溪湿地君子湖、抚松明沟和永春河、绿园明沟和翟家明沟3个水体组团拟定28项治理工程，分2年完成。2022年，规划实施整治工程22项，完成21项。印发文件指导相关县（市）区、开发区及相关单位梳理排查所辖区域内污水收集处理设施运行情况，形成《长春地区城市污水处理厂问题清单》《长春市建制镇生活污水处理设施排查报告》，整治方案均制订完成。编制《长春市城镇污水处理厂污泥处理处置专项规划（2021—2035年）》，形成《长春地区城市（县城）污水处理厂污泥处理处置自查报告》，起草《长春市城镇生活污水处理厂污泥处理处置管理办法》。针对净月高新区中海净月华庭商业街一饭店沼气闪爆事件，组织11个县（市）区、6个开发区开展摸底排查，消除沼气安全隐患。全市排查商业区、住宅区、学校、医院、企事业单位、市政道路7.05万余处，排查检查井35.7万余座。发现499座存在超标情况，均完成整改，形成工作报告上报市政府。下发《关于排水管网排查清掏专项工作方案》，形成年度常态化清淘管理机制。

【城市排水】　8月，完成长春市省级以上工业集聚区及非省级以上工业集聚区，涉生产废水排放工业企业排查评估工作。经排查，有企业231户。其中，225户企业经评估为可接纳企业，6户企业整改后可接纳，11月底前全部整改完毕。工业企业依法依规需办理排水许可证全部完成。　（张九高）

【城市供电】　2022年，长春市拥有合心、龙嘉、金城3座500千伏变电

长春市北郊污水处理厂污水处理规模每天39万立方米，出水满足一级B标准，其中每天10万立方米出水通过深度处理后进行中水回用

（摄于4月17日　张　强　供图）

站，变电容量580.1万千伏安。拥有220千伏变电站25座，变电容量936万千伏安。其中，市区16座220千伏变电站形成双环网结构，农安县、德惠市等9座220千伏变电站支撑县域供电，分别与吉林市、四平市、松原市电网相连。拥有公用66千伏变电站263座，变电容量1043.28万千伏安。其中，市区93座66千伏变电站，县域170座。实施长春电网提升行动计划，推进电网“百亿”级工程项目建设，截至年末，完成电网投资49.1亿元。其中，政府方面电网改造和提升工程项目完成投资5.5亿元，国网供电公司累计完成投资43.6亿元。响应福耀玻璃、奥迪PPE、红旗新能源等省、市重点项目用电需求，投运洋浦、腾飞、方正、天普、轴齿扩建等工程，保障红旗新能源工厂、一汽研发总院、奥迪PPE等重点项目落位。完成“旗E春城”一期、二期、三期79座换电站电源建设，打造国家新能源汽车换电模式试点城市。全年重大保电193次、涉保用户1794户。实施频繁停电治理1号工程，实现带电作业常态化、电缆运维属地化、保护整治专业化，10千伏故障次数、线路条数压降50%、39%。组建“96810”楼道灯快修中心、“春城e哥”服务队，完成区域内16.7万盏楼道灯改造、更换任务。联合农安县政府、城投集团建设全省首个“双绿示范区”。首次与市公安局签署警企共建协议，在重大政治保电、特殊时期维稳、外破事件防范等方面与各级公安干警协同合作。

（张　强　安靖波）

【燃气供应】 2022年，长春市天然气管道长度6577.45千米。其中，长燃公司管道长度3657.75千米，长天集团管道长度2919.7千米。液化石油气企业18户，其中营业中液化石油气场站15座。加气站58家，其中母站3座。2022年，长春市天然气年供气量7.97亿立方米，比2021年增长4.46%。其中，汽车用户年供气量0.86亿立方米，下降29.32%；液化石油气年供气量2.89万吨，下降31.63%。主城区年最高日供气量452万立方米，全市（全口径）年最高日供气量487万立方米。5月，2户管道燃气经营企业与中石化、中石油等上游气源供应企业完成全年及下一供暖季天然气合同签订（合同期限是2022年4月1日至2023年3月31日），合同总量8.714亿立方米。其中，长燃公司签订4.899亿立方米，长天集团签订3.815亿立方米。监测测算日常燃气供求情况，实行管道燃气供应日调度、液化石油气和车用燃气供求月调度制度，冬季采暖期对车用燃气进行周调度。推进长春市LNG应急调峰储配站项目、空港经济开发区市政天然气管网配套工程、北湖科技开发区绕城高速以内天然气市政配套工程、长春国际物流经济开发区市政燃气管网配套工程、老旧燃气管网改造等工程项目、长春国际汽车城天然气市政配套工程项目、长春东部市政天然气管道铺设工程项目（莲花山分项工程）等重点燃气基础设施建设项目完成年度计划，2022年新建燃气管网84千米。

【城市供热】 2022年，长春市形成城区以热电联产和大型集中区域锅炉房为主、其他清洁能源为辅，乡镇以小型集中热源点为主，农村以家庭分散式供热为主的供热格局。长春市城区（开发区）实行市区两级管理体制；德惠市、农安县、榆树市、公主岭市4个县（市）自行管理；双阳区、九台区参照外四县（市）自行管理，长春市负责行业指导。截至2022—2023年采暖期，长春地区在网总面积4.24亿平方米，开栓总面积3.3亿平方米。有供热企业107户。其中，长春市本级63户，外县（市）区44户。2022—2023采暖期，长春地区锅炉用煤储备总量541.5万吨，其中长春市本级储煤量388.5万吨。耗煤量369.8万吨。

【供热保障】 建设供热集团高新锅炉房扩建、兴隆综合保税区生物质热源厂一期等2项热源项目，新增供热能力300蒸吨。新建、改造供热管网172.4千米。编制《长春市城镇供热“十四五”规划》。建立风险隐患排查机制，调查供热企业资金和储煤情况，提前发现风险隐患，对于城镇供热企业提前制定应急保障方案。组织各地成立县（市）区、乡镇、村三级驻企专班，建立市、区联络机制，指导乡镇供热保障工作。启动市建委25人驻企工作专班，落实动态监管机制。10月15日，全市供热系统全部完成维修养护、管网注水工作；20日，长春市本级开栓供热。建立全市煤炭保障专班，分管副市长带队到内蒙古自治区兴安盟突泉县牤牛海庆业煤矿帮助企业寻找煤源，达成以煤矿代储和长春市现地储备形式储存供热煤炭，储备热媒401万吨。搭建供需交流平台，28户供热企业与供应方建立合作机制。建立煤炭储备日调度机制，监测督促企业按照开栓前储煤率不低

一汽红旗新能源汽车工厂生产线　　（摄于7月9日　一汽集团　供图）

于60%标准完成煤炭储备工作。针对热电厂、供热经营企业成本增加等困难实际，长春市调整热电厂出厂价格由现行36元/吉焦调整到39元/吉焦。市财政补贴区域燃煤锅炉供热企业约1.3亿元。对困难企业进行点对点帮扶，协调金融机构提供宇光热力、同鑫热力近7亿元贷款。

【智慧供热管理平台信息系统】 拓展长春市智慧供热管理平台信息系统覆盖面，改进功能，实时监控9个电厂25条热电厂支线、73座锅炉房、2200个换热站、7.4万个固定测温点。推进末端固定测温点布控，逐步实现从热源到供热末端全网数据监测。指导属地街道、社区提前为老旧小区加装门帘、挡风条等，减少热能损失。督促供热企业开展入户服务，保证供热区域内所有小区服务公示板全覆盖；提前做好入户检查，完善用户档案；开通多渠道缴费方式。各供热企业免费清洗3万余户家庭地热，减免2.68万户养老机构、幼儿园、低保户、残疾人等供热费1.66亿元。开展“三长”入户服务，将群众上访变为干部下访，主动帮助居民解决问题；通过智慧供热智能监管平台，监测企业动态运行情况，督促供热企业根据气温情况提升供热参数。督促供热企业加强客服和维修队伍建设，简化居民投诉处理流程，缩短投诉办理时间。

【清洁取暖】 2022年，长春市入选国家第五批北方地区冬季清洁能源项目，获得3年21亿元中央财政资金支持。市、区分级成立清洁取暖领导小组、工作专班，编制《长春市冬季清洁取暖项目实施方案（2022—2024）》，制订 2022年度工作方案、项目管理办法、资金管理办法；组建“长春市清洁取暖专家库”，入库专家57名；组建清洁取暖农村地区试点项目建设单位名录库，入选单位140家。2022年，长春市完成冬季清洁取暖面积2734.9万平方米。其中，热源清洁化2660.1万平方米，建筑能效提升74.8万平方米。年度规划投资64.3亿元，实际到位资金33.4亿元。中央补助资金10.8亿元拨付至县（市）区。

智慧路灯集智慧照明、广播宣传、环境监测等功能于一体。图为长春市友谊公园西门停车场智慧路灯　（摄于8月14日　长春市城市照明管理中心　供图）

【道路桥梁】 2022年，完成170座桥梁及快速路系统高架桥整治任务，结构检测49座桥梁，常规检测110座桥梁及快速路系统高架桥，根据桥梁检测报告结论及日常巡查发现病害问题对桥梁设施进行日常维护，建立城市桥梁管理信息系统，建立健全桥梁维护信息档案一桥一档，桥梁日常维护总投资5000万元，实际投资4997.44万元。南四环路跨伊通河桥维修加固工程，主要进行吊杆更换、支座维修、铣刨罩面等，于10月12日24点通车。四通路立交桥维修加固工程，加固维修中央防撞墙。在快速路、小南立交桥及小南框构桥等噪声超标点位增设声屏障。

【路灯照明】 2022年，长春市设置监控台点3042个、配合24小时人工巡查和报修公开电话等渠道，以“定期维护、零星维护和定点维护”等工作方式，管理维护5个主城区自维区域8.17万套10.89万盏功能照明设施。处理故障3658件，维护更换光源、镇流器等各类电气元件1.5万个。全市安装路灯供电台点（含伊通河景观亮化）漏电保护装置979处；对5299处路灯杆、45处电缆井安装新型防漏电设备。开展主城区主次干路照明提升改造，照明改造西南湖大路、长春大街、青林路等27条主城区主次干路，使道路平均照度提升至45—55勒克斯。照明提升改造设计朝阳区、南关区所辖157条街路，通过采用LED高效节能光源优化照明环境，使支路照度提升至20勒克斯以上。推进智慧照明，在6户企业免费支持下，开展友谊公园智慧路灯试点工作，安装6套智慧路灯，主要包括智能照明、LED媒体屏（公益宣传）、充电桩、监控安防、智慧停车、无线充电、广播音响、Wi-Fi、环境监测、一键报警预留、5G微基站预留等应用。编制《长春市城市照明发展“十四五”规划》，提出“十四五”期间全市城市照明行业战略意图、发展目标、重要指标、主要任务及保障措施。截至年末，长春市5城区道路照明灯10.92万盏；主城区道路照明灯22.14万盏；全市道路照明灯26.19万盏。　（张九高）

【垃圾处理】 2022年，全市840所中小学校全部实施生活垃圾分类，全市基本实现生活垃圾分类设施、分类宣传和长效管理机制全覆盖，垃圾分类知晓率98%，参与率75%以上，回收利用率37%。播放《垃圾分类进行时》13期，制作短视频33期，开展入户宣传62万次，开展主题宣传698次，学校、家庭、社区互动58次。推进污泥焚烧处置项目建设，日处理1200吨污泥干化焚烧项目实现试运行。建成年处理100万吨建筑垃圾处理生产线。　（朱　峰　张九高）

【防汛设施】 2022年汛期，完成城区5836千米排水管网清淘疏通和51座排水泵站、23座调蓄池、21座污水厂、32个闸门等排水设施设备检修保养，打通河道排水阻点6处。整治积水隐患点23处，完成海绵城市项目审查115项4.8平方千米，建设地表行泄通道92条，建成伊通河沿线吐口防倒灌设施46个。落实运输车辆804辆、抢险设备1819台、强排设备1039台和防汛物资，组建防汛队伍28支1万余人。（张九高）

【城市智能体建设】 2022年，长春市城市智能体基本搭建完成数字底座1个、核心中枢系统4个、基础能力平台7个和支撑体系框架4个，构建政务云平台，打通全市统一电子政务外网，建成算力算法枢纽，具备支撑部门场景开发应用、赋能“数字长春”建设发展基本能力。（尹秋竹）

【首个城市生命线共同体】 8月15日，吉林省首个“城市生命线共同体”启动。由长春市城乡建设委员会牵头，国网长春供电公司发起，长春市水投集团、长春燃气、长春天然气、长热集团、市供热集团、长春联通、长春电信、长春移动、吉视传媒长春分公司、长春铁塔公司11户企业参与构建，签署《构建城市生命线共同体合作框架协议》。（安靖波）

城市公共交通

【概况】 2022年，长春市城区有公交线路254条，公交线路总长度5568.3千米。市区有公交专用道224.52千米，公共汽电车日均客运量80万人次。公交集团运营车辆2665辆，比2021年减少53辆，经营线路145条，线网长度2491千米，年运营里程1.02亿千米，客运量1.84亿人次，占全市公交客运量70%，全市机动化出行分担率19.5%。运营收入3.83亿元，车辆完好率99.7%，工作车率90%以上，服务合格率98%，卫生合格率98%，事故间隔里程550万千米以上。2月，公交集团东盛公司259路驾驶员王亚忠自主研发“车载空气消毒机”，获国家知识产权局授予的国家实用新型专利证书。3月，公交集团西昌汽车公司G119路“聂永军”路队被中共中央宣传部授予“全国学雷锋示范点”称号。4月29日，公交集团南通公司13路星级驾驶员王京被中华全国总工会授予2022年“全国五一劳动奖章”。8月19日，公交集团南通公司G13路获“新能源公交高品质线路”。公交集团西昌公司刘真宝获2022年“长春市五一劳动奖章”。轨道交通集团经营5条轨道交通线路，运营车辆147辆，全长106.73千米。其中，地铁1号线18.14千米，地铁2号线24.86千米，轻轨3号线34.1千米，轻轨4号线16.33千米，快轨8号线13.3千米。日均客运量35万人次。2022年，长春市轨道交通实现上下车无障碍渡板全覆盖，各车站保证每侧站台至少配有1套渡板，满足乘坐轮椅乘客出行需求。地铁7个车站新增AED（自动体外除颤仪）设备，并培训相关车站站务人员AED设备使用方法，提高车站现场急救能力。票种有10项，分别为普通单程票、纪念单程票、乘车码、银联闪付、本机构卡、外机构卡、敬老卡、爱心卡、福利票、员工票。（檀文超　杨腊梅　杨　帆）

8月15日，吉林省首个“城市生命线共同体”在长春市启动建设

（安靖波　供图）

【公交线网建设】 1月8日，长春至范家屯T383路公交车开通，T383路公交线路往返于范家屯兴华南路与卫星广场，配车14台，全长26千米，单程运行时间约60分钟，日运营112车次，全程一票制，票价4元。新增和调整公交线路55条，延长50条与轨道衔接线路末班车时间，新增更新新能源公交车350辆，主城区公交线网密度3.9，比2021年提升8%。推进城乡客运一体化建设，新增客运班线公交化改造线路135条，新开通定制客运线路40条，辖区A级以上景区和滑雪场客运全覆盖，双阳区成为城乡客运一体化全国示范县。公交集团利用公交智能化运营平台，通过客流仿真与道路数据系统综合分析乘客出行、投入运力及线路排班特征，开展低效率线路筛查，制定差异化运营策略，助力公交、轨道一体化建设。开通高新6号线，填补线网空白，缓解线网内密外疏问题，优化T247路、T101路、T335路、G109路等30条公交线路，针对市民实际出行需求，T247路线路延长至力旺荣禧并增设际华园、云水华庭站；T101路线路延长至莲花印象南区并增设民丰大街站，实现T101路在东方广场与地铁接驳、在民丰路与77路接驳；T335路增设吉林大路站，实现T335路与地铁2号线接驳；G109路终点站由长春北站调整至太阳城。线路调整优化线网布局，定期维护站点站牌，将公交、轨道接驳率提升至40%。（檀文超　杨腊梅）

【公共交通信息化建设】 建成“道

8月8日，长春市公交集团智能化运营平台开通　　（杨腊梅　供图）

路运输行业信息监控指挥调度中心”和“两客一危”（从事旅游的包车、三类以上班线客车和运输危险化学品、烟花爆竹、民用爆炸物品的道路专用车辆）动态监管平台，实现出租汽车、公交车信息化服务监管平台数据并联，运用大数据筛查高频次车辆信息，对疑似车辆行驶路径轨迹实时动态追踪。建设“驾驶员计时培训平台”，安装智能闸机，运用科技手段破解道路运输从业考试人工操作难题。5月，投资6700万元建设智能公交系统，8月8日进入试运行阶段，硬件设备安装智能调度终端2570台、安装主动安全设备1807台、安装客流采集器2104台。智能化运营平台建设集团指挥中心1个；分公司指挥中心9个、数据中心建设1个、驾驶员岗前监测设备33套、公交专用道占道抓拍安装105套；完成公交集团内部局域网以及智慧场站施工铺设，建立集团及分公司互联网专线42条。智慧公交系统与145条公交线路运营有机融合。12月，推出“长春公交”出行App，有公交到站查询、公交换乘查询、车内舒适度查询、候车关注、到站提醒、智能客服、公交新闻等模块。对内推出管理人员“数据通”App、OA手机端，驾驶员“长春司机助手”App，调度员“长春GPS监控”App，机务人员“充电管家”App。利用智能公交手机App，实现公交可视化；与银联、支付宝、云闪付等商家开展乘车优惠活动，降低市民出行成本。规范职工卡乘车和安排专门人员稽查冒刷、盗刷老年卡行为。

【场站管理】　长春市有公交场站79个，占地59.4万平方米，公交车辆入场率81.3%。每月至少1次采取“四不两直”方式随机抽查公交场站、站务设施等安全隐患问题，制定督办单，建立安全隐患整治台账，发现问题14个，全部整改到位。1月，完成长春北湖科技开发区场站和腾飞大路场站工程建设，通过竣工验收并交付使用，取得地上及地下不动产权证。新建安庆路、北四条2个场站，通过竣工验收并交付使用。10月，开展公交场站安全生产检查专项行动，采取“干部+专家”方式，检查2户公交企业和13个公交场站，发现问题通报给所有公交企业，跟踪督导直至解决销号。公交集团下发2022年更新改造工程项目（土建）计划48项，安排实施7个项目：东盛公司259路场站电增容工程，南部枢纽站雨污水管道合流工程，长春站前公交环岛维修工程，东盛公司东环城路1路场站地面更新，达成场站公司1路自来水泵房翻建，电车公司电车线路站台部分轨道更换，西昌公司232路安庆路场站铺设沥青路面。

（檀文超　杨腊梅）

【出租汽车行业服务】　市区有巡游出租汽车企业52户，营运车辆1.54万台，其中个体经营车辆2428台，万人拥有率31.41台。市区有网约车平台公司103家，根据平台公司提供数据，全市网约车注册量约0.9795万台，日均活跃车辆约0.8326万台，日呼叫单量约40.06万单，日完成单量约10.53万单。

（檀文超）

【轨道交通】　2022年，长春市轨道交通客运量1.14亿人次，比2021年下降5.12%，轨道交通运量占全市公共交通总量28%，增长10%。全年收入6.23亿元，减亏0.87亿元，投资122.1亿元；融资189.9亿元，取得存量债务融资再安排贷款授信467亿元，存量债务重组385.45亿元，获得AAA级信用评级，完

表61　2022年长春市轨道交通各线路列车配属情况一览表

线路	车型及编组形式	配属数量
1号线	4动2拖，6编组，B2型地铁车辆	22列
2号线	4动2拖，6编组，B2型地铁车辆	29列
3号线	4动2拖，2编组（6模块），70%低地板C型轻轨车辆	58列
4号线	4动2拖，2编组（6模块），70%低地板C型轻轨车辆	21列
8号线	4动2拖，2编组（6模块），70%低地板C型轻轨车辆	17列

（市轨道交通集团）

成隐性债务化解，全年未发生重大安全生产责任事故。2022年，全年路网客运量1.14亿人次。其中，1号线客运量3887.25万人次，2号线客运量3797.42万人次，3号线客运量2043.76万人次，4号线客运量1263万人次，8号线客运量401.55万人次。截至年末，长春市轨道交通线网运营5条线路配属运营列车147列，其中轻轨车辆96列，均为70%低地板C型轻轨车辆，地铁车辆51列，均为B2型地铁车辆。全网有9座换乘站，分别为北环城路站、长春站北站、长春站站、解放大路站、卫星广场站、解放桥站、吉林大路站、伪满皇宫站、职业学院站。

2号线东延工程全年产值6.44亿元，完成年度计划71%，开工13.53亿元，完成暂定合同额34.1%。全线6座车站开工建设，车站主体开工率100%。4座封顶。全线6个区间开工建设，区间开工率100%，2个区间双线贯通。4号线南延线全年产值5.42亿元，超额3.22%完成计划，开工8.64亿元，完成暂定合同额65.43%。2022年，实现动车调试目标。5号线一期工程全年产值13.5亿元，超额31.1%完成年度计划，开工29.13亿元，完成暂定合同额31.1%。全线18座车站，开工15座，车站主体开工83.3%。7座车站主体封顶，7座车站主体全面开工，1座车站施工围护结构。20个区间14个开工，区间开工率70%，4个区间双线贯通，1个区间单线贯通，3台盾构机作业。6号线一期工程全年产值27.2亿元，超额15%完成年度计划，开工75.8亿元，完成暂定合同额64.2%。全线22座车站除长春西站外（代建完成）主体结构全部封顶；25个区间全部开工，20条区间双线贯通，2条区间单线贯通。7号线一期工程全年产值19.57亿元，完成年度计划94.24%，开工49.36亿元，完成暂定合同额45.5%。全线19座车站全部开工建设，车站主体开工率100%。11座车站主体封顶。21个区间18个开工，区间开工率85.7%，16台盾构机下井作业。3号线南延工程全年产值0.14亿元，完成年度计划5.78%，开工0.14亿元，完成暂定合同额2.39%。全线2座车站开工建设2座，车站主体开工率100%。3个区间3个开工，区间开工率100%。空港线一期工程全年产值4.22亿元，完成年度计划45.09%，完成暂定合同额5.49%。全线8座车站（1座2号线代建，3座既有站）。其中，2座车站局部开工，车站开工率50%；11个区间6个局部开工，区间开工率54.5%。4台盾构机作业。

（檀文超　杨　帆）

【公交特色便民服务】　8月18日至27日，第二十一届中国长春国际农业·食品博览会展会期间，公交集团提供2条园区摆渡车，配车13台，配备应急车辆20台，车隔平均3—5分钟，运行3790车次，运行里程6510.6千米。实现公交、轨道有效衔接，做到服务零投诉、零事故。8月26日至30日，2022年空军开放活动暨长春航空展在长春大房身机场举行，增加机场方向64路、14路、314路线路车辆，加密车隔，增设24台航展摆渡直通车，安排专职人员，维持站台秩序，引导乘客乘车。9月13日，在轻轨4号线天工路站至长春职工技术学院站区段，开通“免费接驳车”，保障轻轨4号线施工期间换乘人员出行需求，接驳车途经天工路站、宜盛街站、南环城路站、世荣路站和职业技术学院站，5个站点。各站点设有“接驳车临时停靠”字样标识牌。

公交集团在新冠疫情期间，派出119台公交车支援一汽进行点对点服务保障，接送一汽职工达2.36余万人次；派出抗疫保障车辆106台，驾驶员330名；派出急救车1.64万余台次；开通“医护通勤专线”9条，出车4137台次，运送约3.9万人次；派出4辆公交车为欧亚卖场超市员工开辟“绿色专线”，接送欧亚超市职工3200余人次；派出58台公交车，开通“物资运送专线”。（杨腊梅）

【交通治堵】　2022年，市交管委办公室制定八大策略，系统治理交通拥堵，下达交通综合治理任务8批次595个。打通“断头路”“卡脖路”20条；建成立体过街设施9处；绕城高速实行点对点免费通行，分流市内车辆；主城区336所学校全部纳入“一校一策”综合治理；发放2万余张“学生畅行卡”，免费乘坐轨道交通；制定“一院一策”交通综合改善方案，提高吉大一、二、三院周边交通运行效率；治理交通运行不畅节点2批88处。设置交通严管街路350条，完成20条主干路信号配时优化，实现1305处交通信号路口联网联控和远程管理；新建200块诱导信息显示屏和65处交通诱导屏；MaaS（出行即服务）系统启动实施，制定绿色出行激励政策。

（张九高）

【公共交通营运监管】　全年查处非法营运、违规营运案件1745起，查处违法超限运输车辆2946台，卸载货物13.29万吨，立整立改客车违规行为1478次，查

8月26日至30日，增加航空展机场方向公交车。图为64路公交车

（杨腊梅　供图）

处网约车平台违规派单等案件651起，各项成果均排在全省首位。

【执法监管】 执行省、市、县纵向联合执法和部门间横向联合执法工作机制，与松原市、吉林市等地协作，打击跨区域非法营运；强化路警联合治超协同机制，推动路警超限整治合署办公；对接公安交警、市场监管等部门，针对出租汽车、网约车、客货运输、机动车维修开展联合执法，实现执法资源紧密融合，联合执法常态化模式基本形成。

【法治建设】 制定年度法制工作要点，动态调整行业法律法规汇编，修订完善重大行政决策程序，健全完善法律顾问和公职律师制度，严格执行重大行政决策程序和规范性文件合法性审查；强化“双随机、一公开”工作，制定全系统监管事项清单，完善检查对象名录库、检查人员名录库、抽查事项清单等，开展“双随机”抽查计划13个。完成《长春市城市客运出租汽车管理条例》《长春市城市公共汽电车客运管理条例》修订草案；印发《长春市网络预约出租汽车经营服务管理实施细则》；制定全系统年度信用体系建设方案，向国家信用信息公示系统报送行政许可信息3194条，行政处罚信息1464条，组织受行政处罚企业开展信用修复234户。

【公共交通安全整治】 以“两客一危”营运车辆为重点，健全道路运输安全网格化监管体系，抓好800千米以上省际客运班线、醇基燃料运输、燃气运输等专项领域安全治理，开展检查245次、整改隐患121处；以城市公交、轨道交通为重点，做好公交、轨道、出租车领域行业监管，健全客运企业全员安全生产责任制，加强从业人员和运营车辆管理，开展检查40次，整改隐患10处；以车站、场站为重点，抓好自建房安全整治，排查行业房屋100户，发现隐患3处，全部整改完毕，排查工地35处，发现隐患30处，全部整改完毕。（檀文超）

【首条公交快速示范线运营】 7月30日，开通长春市首条快速公交线77路，采取全路段公交专用道，运营速度提升55%，沿线公交客流总量提升16%，相当于日均减少1.6万台小汽车出行；该线路运行速度比普通公交快25%，单日客运量1.7万人次，乘客人数比同向公交线路高72%，最高峰客流量突破2万人次，每日释放道路空间约2341平方米。（杨腊梅）

7月30日，长春市首条公交快速示范线77路迎来首日运营　（杨腊梅　供图）

园林绿化

【概况】 2022年，长春市落实“走遍长春”城市专项行动，实地巡查街路、绿地，发现园林绿化问题进行督促整改。重点巡查街路架杆撤除维护、杨树飞絮治理、行道树修剪等问题。全年修剪乔木170万余株，灌木344万余株，绿篱修剪2512万余平方米，草坪修剪8808万余平方米，病虫害防治246万余处。撤除架杆4.08万处。

【公园建设】 启动咏春、同心湖、香湾、百草、君兰等公园建设。咏春公园建设规模30.21公顷，建设内容为水体工程、园路铺装、绿化种植、景观照明以及其他附属设施；同心湖公园建设规模41公顷，其中水面面积21公顷，建设内容为新建管理房、园区道路、栈道、栽植乔灌木等；百草园建设规模15.91公顷，以观赏草为主体的专类园区，内含三味书屋休闲区、多功能儿童活动区、多肉园区等特色景区。截至年末，全市有公园186个。南湖公园与市体育局合作在公园原跑马场位置，改造建设全民健身运动场地，于9月1日对外免费开放。场地总面积约5300平方米，包括跑道1条、笼式足球场1个、标准篮球场2个、羽毛球场2个、儿童沙坑1处等。长春公园设立服务驿站，利用有房屋，向环卫工人、交通警察提供取暖、乘凉、休息、热饭及饮水等服务。

【公园活动管理】 长春公园以地形、植物品种资源为依托，新增珍珠湖“丝路花语”滨水景观带、微景花园和“热带雨林”景点，将花卉文化融入景观建设中，提升郁金香园、芍药园、野花园、百合广场、百草园景观效果。5月，做好1.2万余平方米、80余万株郁金香花开期间疫情防控和秩序管理。6月，50余个品种6万余株芍药开花；在3号门中心广场两侧花池栽植大花海棠、千日红、鼠尾草、孔雀草等花卉；7月，在南门打造“花仙子”景观、郁金香园奶牛牧场西侧“田园风光梦”景观，西门“同心筑家园”景观成为网红打卡地。长春市动植物公园开展动物科普互动活动，通过近距离互动，使游客了解野生动物身体结构、采食方式和生活环境，传递野生动物科普教育知识与保护教育理念。由公园自编自导自演节目和动物明星园内巡游，是全市公园范围内首场文旅节目。

【公园动物管理】 2022年，长春市繁殖成活东北虎、麋鹿等国家一级保护动物11只，国家二级保护野生动物19只，其他珍稀野生动物200余只。市动植物公园开展动物行为训练、丰容（在圈养条件下，丰富野生动物生活情趣，满足动物生理心理需求，促进动物展示更多自然行为而采取的一系列措施的总称），举办动物行为训练竞赛。部分经过行为训练动物和饲养员一起，参加公园花车巡游活动，受到游客欢迎。

【街路绿化】 2022年，全市新建绿化工程7项，续建提升工程16项，总投资9385.72万元。新建提升街路44条（新建3条，提升41条），绿地45宗（新建绿地16宗，提升绿地29宗）。栽植乔木1.76万株，灌木1.57万株，绿篱1.43万平方米，栽植花卉94.34万平方米，草坪74.1万平方米。

【植树造林】 2022年，长春市造林5230公顷，是年初计划1.7倍。其中，农田防护林网修复完善工程2474公顷，迹地更新造林694公顷，职工工资田还林1297公顷，封山育林67公顷，生态经济林490公顷，防沙治沙122公顷。公、铁路两侧绿化25千米，绿化面积42公顷；河道绿化29千米，绿化面积44公顷。完成历年不合格地块补植补造3597公顷，冰雪灾害恢复补植1138公顷。

【园林植物检疫】 2022年，长春市开展苗木生产及经营单位实施登记备案，全市苗木生产经营企业（个人）396户，种苗产地检疫率100%。加强检疫监管松材线虫病疫木及其制品，开展林业植物检疫执法专项行动，调查登记辖区内“松木制品”加工、经营及使用单位297家，落实松木及其制品调入复检告知制度，统一印发《松木及其制品检疫监管及复检告知书》，落实检疫复检工作。开展全市美国白蛾监测和调查，在城区布控1940个监测点位，诱捕到成虫931头，结合人工观察网幕防控美国白蛾成虫和幼虫。

【园林病虫害防治】 2022年，长春市巡查街路绿地1136.58千米，开展食叶类害虫、蛀干类害虫、刺吸类害虫、地下类害虫等病虫害防治，防治街路509条，实施防治4.09万街次，包括乔木610.43万株、灌木1665.65万平方米、草坪758.5万平方米，全年无重大园林病虫灾害和疫情发生。开展全市松材线虫病普查工作2次，普查寄主植物35.08万株，检测松材线虫样本658个，未发现松材线虫病。做好“以螨治螨”生物防治技术试验、示范工作。

【古树名木保护】 2022年，长春市有古树名木1472棵，古树群9处，完成1472棵古树名木认定、编号、建档和挂牌。其中，100—300年树龄古树127棵，300—500年树龄古树10棵，后备资源12.24万棵。 （高吉鑫）

表62 2022年长春市古树名木一览表

序号	树 种	生长情况	树 龄（年）	树 高（米）	围 度（厘米）	平均冠幅（米）	保护等级	位 置
1	垂柳	旺盛	110	16.5	343.0	14.8	三级	朝阳区天宝街533号
2	垂柳	旺盛	115	18.9	280.0	13.9	三级	朝阳区西民主大街429号
3	核桃楸	旺盛	110	18.3	221.0	14.0	三级	朝阳区西民主大街429号
4	黑松	旺盛	128	18.3	181.0	14.8	三级	朝阳区新民主大街126号
5	山里红	旺盛	120—150	9.9	200.0	12.0	三级	朝阳区南湖公园二号门景观广场
6	桃叶卫矛（丝棉木）	旺盛	120—130	9.3	170.0	9.6	三级	朝阳区南湖公园办公室前三角广场
7	黑松	旺盛	约100	18.4	195.0	15.0	三级	朝阳区南湖公园办公室前三角广场
8	红豆杉	旺盛	100—120	8.8	74.0	6.6	三级	朝阳区南湖公园
9	五角枫	旺盛	122	18.0	120.0	16.0	三级	宽城区松苑宾馆1号楼西北侧
10	垂柳	旺盛	147	25.0	160.0	16.0	三级	宽城区松苑宾馆正门东侧
11	黑松	旺盛	117	20.0	90.0	6.0	三级	宽城区松苑宾馆1号楼北侧
12	黑松	旺盛	107	18.0	95.0	6.0	三级	宽城区松苑宾馆1号楼东北侧
13	垂柳	旺盛	127	25.0	120.0	8.0	三级	宽城区松苑宾馆荷花池东侧
14	垂柳	旺盛	157	16.0	120.0	7.0	三级	宽城区松苑宾馆二栋正门左侧
15	榆树	旺盛	160	13.0	200.0	15.0	三级	宽城区兰家镇合隆村谢家店
16	银杏	旺盛	40	10.0	27.0	7.0	名木	宽城区铁北二路与凯旋路
17	榆树	正常	117	16.1	105.0	15.9	三级	宽城区胜利公园

续表62

序号	树 种	生长情况	树 龄（年）	树 高（米）	围 度（厘米）	平均冠幅（米）	保护等级	位 置
18	榆树	正常	106	13.1	100.0	9.3	三级	宽城区胜利公园
19	榆树	正常	100	15.1	94.0	13.9	三级	宽城区胜利公园
20	垂柳	正常	120	20.9	102.0	12.2	三级	宽城区胜利公园
21	垂柳	旺盛	100	13.0	107.0	12.5	三级	南关区儿童公园正门平桥北
22	垂柳	一般	100	16.5	112.0	12.8	三级	南关区儿童公园正门平桥南
23	杏树	濒危	160	10.0	236.0	10.0	三级	南关区长通路清真寺
24	山梨	旺盛	103	15.0	70.0	15.0	三级	南关区水文化生态园内
25	山荆子	旺盛	135	13.0	67.0	17.0	三级	南关区水文化生态园内
26	垂柳	旺盛	135	13.7	105.0	17.3	三级	南关区西五小学
27	柳树	旺盛	106	14.5	127.0	17.3	三级	南关区吉大二院
28	柳树	旺盛	130	18.0	150.0	19.5	三级	南关区伊通河东岸繁荣桥东南角
29	柳树	旺盛	约150	16.7	385.0	17.5	三级	绿园区吉粮康郡小区北门
30	水曲柳	旺盛	100	23.5	285.0	15.5	三级	绿园区市绿化处院内
31	暴马丁香（南）	旺盛	约90	9.1	90.0	7.3	三级	绿园区市绿化处院内
32	暴马丁香（北）	旺盛	约91	11.3	90.0	9.8	三级	绿园区市绿化处院内
33	加拿大杨	旺盛	约92	31.5	315.0	17.3	三级	绿园区市绿化处院内
34	加拿大杨	旺盛	约93	30.6	340.0	19.8	三级	绿园区市绿化处院内
35	垂柳	旺盛	约100	17.3	390.0	14.9	三级	绿园区绿园小学操场北侧西起1
36	垂柳	旺盛	约101	16.7	335.0	16.7	三级	绿园区绿园小学操场北侧西起2
37	垂柳	旺盛	约102	15.7	340.0	13.7	三级	绿园区绿园小学操场北侧西起3
38	垂柳	旺盛	约103	14.6	355.0	14.1	三级	绿园区绿园操场北侧西起4
39	垂柳	旺盛	约104	15.7	375.0	14.7	三级	绿园区绿园小学操场北侧西起5
40	桑树	旺盛	约120	14.4	312.0	14.0	三级	绿园区长春公园
41	榆树	旺盛	275	13.1	159.0	15.7	三级	净月区新湖镇柳树村东后柳屯
42	榆树	一般	255	19.0	122.0	18.4	三级	净月区新湖镇榆树村胜利屯
43	蒙古栎	一般	195	12.0	83.0	15.0	三级	净月区玉潭镇丁25路
44	榆树	较好	大于200	12.7	123.0	13.5	三级	经济开发区东方广场街道三道林子村二社
45	榆树	衰弱	300	16.9	168.8	22.5	二级	空港区兴港办事处临河村
46	柳树	一般	100	18.0	130.0	12.0	三级	空港区龙家堡镇临河村小学
47	榆树	正常	140	19.3	129.0	24.4	三级	高新区硅谷街道村富强社区汉森香榭里小区
48	柳树	正常	110	24.7	121.0	20.0	三级	北湖开发区奋进乡一间堡村
49	桑树	旺盛	110	10.3	183.0	16.5	三级	汽车经济技术开发区四联大街219号实验小学
50	榆树	一般	120	17.6	381.0	16.8	三级	汽车经济技术开发区一汽一中
51	梨树	正常	120	12.0	66.0	7.0	三级	二道区泉眼镇新地村艾家西
52	榆树	正常	190	23.0	130.2	22.2	三级	二道区泉眼镇新立村姜家
53	柳树	正常	110	11.0	86.0	4.0	三级	二道区泉眼镇新立村前甸子老村部院里

续表62

序号	树 种	生长情况	树 龄（年）	树 高（米）	围 度（厘米）	平均冠幅（米）	保护等级	位 置
54	柳树	正常	110	20.0	110.0	9.0	三级	二道区泉眼镇新立村前甸子老村部北
55	柳树	正常	110	18.0	90.0	7.0	三级	二道区泉眼镇新立村前甸子老村部北
56	垂柳	正常	210	21.0	115.0	14.0	三级	二道区泉眼镇新立村前甸子
57	柳树	正常	210	21.0	110.0	9.0	三级	二道区泉眼镇新立村前甸子
58	榆树	正常	110	16.0	80.0	9.0	三级	二道区泉眼镇新立村邵大屯
59	榆树	正常	110	17.0	80.0	17.0	三级	二道区泉眼镇新立村邵大屯
60	榆树	正常	190	20.0	130.0	24.0	三级	二道区四家乡杂木村四社
61	梨树	正常	130	18.0	55.0	10.0	三级	二道区泉眼流沙村古家西山
62	柳树	旺盛	120	12.0	420.0	13.0	三级	德惠市米沙子天吉小学
63	榆树	一般	105	10.0	180.0	12.0	三级	德惠市米沙子晨光村东
64	榆树	旺盛	110	13.5	88.0	13.0	三级	榆树市红星乡谢家屯
65	榆树	旺盛	310	13.0	100.0	20.0	二级	榆树市太安乡光阳村
66	榆树	旺盛	380	19.5	150.0	19.0	二级	榆树市五棵树爱国村
67	榆树	旺盛	300	15.0	560.0	14.0	二级	榆树市青山乡杨木村4组村部东坡
68	榆树	旺盛	120	20.9	120.0	3.0	三级	榆树市城郊街道
69	榆树	旺盛	162	17.3	82.0	14.0	三级	榆树市环城乡夏宝村
70	榆树	旺盛	300	16.0	180.0	16.0	二级	榆树市环城乡万龙村
71	榆树	旺盛	180	18.0	100.0	14.0	三级	榆树市秀水镇长久村蒋家屯南
72	榆树	旺盛	130	14.0	90.0	15.0	三级	榆树市秀水镇长久村蒋家屯北
73	榆树	旺盛	110	17.0	80.0	16.0	三级	榆树市秀水镇长久村蒋家屯东
74	榆树	旺盛	220	20.0	110.0	32.0	三级	榆树市秀水镇富岭村杜岭屯
75	榆树	旺盛	110	16.0	68.0	15.0	三级	公主岭市大岭镇建设村小防身屯
76	榆树	衰弱	240	23.5	533.0	19.8	三级	农安县农安镇小桥子村东开源屯
77	榆树	正常	270	15.6	558.0	25.0	三级	农安县万顺乡光辉村梁家泡屯
78	榆树	濒危	300	17.5	628.0	15.0	二级	农安县伏龙泉镇伏山村
79	柳树	正常	260	20.5	518.0	16.0	三级	农安县伏龙泉镇兴隆村龙泉山庄
80	柳树	正常	260	20.0	500.0	16.0	三级	农安县伏龙泉镇兴隆村龙泉山庄
81	柳树	正常	100	18.0	251.0	15.0	三级	农安县伏龙泉镇兴隆村龙泉山庄
82	柳树	正常	100	17.0	220.0	15.0	三级	农安县伏龙泉镇兴隆村龙泉山庄
83	柳树	正常	150	17.0	314.0	15.0	三级	农安县伏龙泉镇兴隆村龙泉山庄
84	杨树	衰弱	160	21.9	628.0	17.0	三级	农安县开安镇柳树洼村学校道南
85	榆树	衰弱	230	18.4	471.0	17.0	三级	农安县开安镇库金堆村一社屯东地里
86	榆树	衰弱	270	18.2	502.0	16.0	三级	农安县巴吉垒镇六马架村东六马架
87	榆树	衰弱	260	21.0	342.0	15.0	三级	农安县小城子乡花园村韩家粉坊屯后
88	榆树	衰弱	250	16.0	408.0	20.0	三级	农安县小城子乡花园村下沟屯后
89	榆树	衰弱	300	21.0	477.0	14.0	二级	农安县高家店镇高家店村原村委会门前

续表62

序号	树 种	生长情况	树 龄 （年）	树 高 （米）	围 度 （厘米）	平均冠幅 （米）	保护等级	位 置
90	榆树	衰弱	270	15.0	549.0	27.0	三级	农安县哈拉海镇三道沟村孙敖屯后
91	榆树	衰弱	270	19.3	527.0	17.5	三级	农安县哈拉海镇程家坨子村6社
92	榆树	衰弱	180	17.0	410.0	18.0	三级	农安县伏龙泉房山沟村小茂源堡
93	榆树	衰弱	210	15.6	408.0	15.0	三级	农安县合隆镇烧锅岭村西开源屯东（G12路边）
94	榆树	衰弱	150	18.0	315.0	17.0	三级	烧锅镇东兴村马守忠屯南
95	榆树	旺盛	300	12.0	143.0	40.0	一级	德惠市松花江镇孙坨子村孙坨子屯
96	榆树	一般	317	10.9	127.0	18.7	二级	九台区莽卡乡政府院内
97	赤松	一般	130	20.0	80.0	15.0	三级	九台区土们岭街道民主村4社
98	柳树	旺盛	110	18.0	23.0	9.0	三级	九台区其塔木镇山前槐村4社
99	榆树	旺盛	110	15.0	102.0	9.0	三级	九台区城子街镇碱场村1社
100	榆树	一般	110	25.0	130.0	21.0	三级	九台区内溪桥公园
101	柳树	一般	130	18.0	110.0	14.0	三级	九台区内溪桥公园
102	榆树	一般	260	20.0	150.0	10.0	三级	九台区上河湾镇大窝堡村8社
103	柳树	一般	110	15.0	150.0	11.0	三级	九台区波泥河镇平安堡村3社
104	榆树	一般	228	20.0	150.0	30.0	三级	九台区纪家街道鸡鸣山村10社
105	榆树	旺盛	110	17.0	90.0	10.0	三级	九台区老卡伦政府院内
106	榆树	一般	110	17.0	110.0	8.0	三级	九台区老卡伦政府门口
107	榆树	一般	110	12.0	100.0	7.0	三级	九台区卡伦街道红星村1社
108	榆树	旺盛	267	16.0	122.0	16.0	三级	九台区苇子沟街道庙沟村1社
109	榆树	一般	170	14.0	108.0	18.0	三级	九台区苇子沟街道东兴村1社
110	榆树	一般	110	13.0	86.0	13.0	三级	九台区苇子沟街道月明楼古墓群
111	榆树	一般	110	12.0	70.0	13.0	三级	九台区苇子沟街道月明楼古墓群
112	榆树	一般	110	14.0	82.0	14.0	三级	九台区苇子沟街道月明楼古墓群
113	柳树	一般	150	18.0	112.0	19.0	三级	九台区内五商店南头
114	榆树	一般	200	22.0	140.0	24.0	三级	九台区沐石河街道桦树村5社
115	榆树	一般	120	11.0	1.2	12.0	三级	九台区沐石河街道政府院内
116	榆树	一般	110	11.0	102.0	10.0	三级	九台区沐石河街道政府院内
117	榆树	一般	111	12.0	100.0	15.0	三级	九台区沐石河街道政府院内
118	榆树	一般	106	25.0	130.0	11.0	三级	九台区龙嘉街道挖铜村7社
119	柳树	一般	120	13.0	130.0	8.0	三级	九台区莽卡乡舍岭村8社
120	榆树	一般	220	8.5	100.0	14.0	三级	九台区胡家乡锣鼓村2社
121	榆树	一般	220	18.0	85.0	15.0	三级	九台区胡家乡蜂蜜村2社
122	榆树	旺盛	447	34.2	142.0	33.4	二级	双阳区太平镇长山村永安屯
123	杜松	旺盛	188	13.8	177.0	7.0	三级	双阳区太平镇太平村柏树屯
124	红松	旺盛	158	20.0	140.0	10.0	三级	双阳区齐家镇永安村松树下屯
125	榆树	旺盛	425	22.0	255.0	28.0	二级	公主岭市廿家子镇街道

续表62

序号	树 种	生长情况	树 龄（年）	树 高（米）	围 度（厘米）	平均冠幅（米）	保护等级	位 置
126	榆树	一般	155	16.0	111.0	17.0	三级	公主岭市廿家子镇全结村
127	榆树	一般	155	14.0	127.0	14.0	三级	公主岭市廿家子镇街道
128	旱柳	旺盛	135	17.0	175.0	21.0	三级	公主岭市陶家屯镇石柱沟村老学校
129	旱柳	旺盛	140	18.0	161.0	20.0	三级	公主岭市朝阳坡镇大房身村王慧芝家门前
130	旱柳	一般	115	10.0	76.0	12.0	三级	公主岭市朝阳坡镇李家店村李显义家门前
131	榆树	一般	141	15.0	90.0	18.5	三级	公主岭市永发乡西兴村王爱民家门前
132	榆树	旺盛	457	14.0	191.0	15.0	三级	公主岭市秦家屯镇四家子村韩德宝家门前
133	旱柳	旺盛	115	14.0	120.0	17.0	三级	公主岭市桑树台镇榛材岗村金马岗屯吴和家西
134	榆树	一般	125	17.0	90.0	16.0	三级	公主岭市桑树台镇榛材岗村金马岗屯李文春院里
135	榆树	旺盛	111	16.0	90.0	10.0	三级	公主岭市毛城子镇街道
136	榆树	旺盛	111	16.0	100.0	10.5	三级	公主岭市毛城子镇街道
137	榆树	一般	111	13.0	70.0	13.0	三级	公主岭市毛城子镇烈士陵园内
138	榆树	一般	111	13.0	70.0	11.0	三级	公主岭市毛城子镇烈士陵园内
139	榆树	一般	111	15.0	80.0	12.0	三级	公主岭市毛城子镇烈士陵园内
140	榆树	一般	111	10.0	70.0	11.0	三级	公主岭市毛城子镇烈士陵园内
141	榆树	一般	111	21.0	70.0	11.0	三级	公主岭市毛城子镇烈士陵园内
142	榆树	一般	111	18.0	70.0	13.0	三级	公主岭市毛城子镇烈士陵园内
143	榆树	一般	111	16.0	70.0	12.7	三级	公主岭市毛城子镇烈士陵园内
144	榆树	一般	415	15.0	160.0	18.0	二级	公主岭市毛城子镇小河沿子村八间平房后
145	榆树	一般	115	16.0	80.0	11.0	三级	公主岭市毛城子镇后山村苏家屯苏力家院内
146	榆树	一般	111	13.0	111.0	13.0	二级	公主岭市玻璃城子镇玻璃城子村后张家屯唐清水家门前
147	榆树	一般	390	17.0	115.0	18.0	二级	公主岭市玻璃城子镇玻璃城子村后张家屯唐清水家门前
148	榆树	旺盛	110	14.6	140.0	15.0	二级	公主岭市环岭街道火炬村吉林云飞医药有限公司院内

（市林业和园林局）

表63　2022年长春市古树群一览表

序号	树 种	科	属	数 量（株）	位 置	平均树龄（年）	平均树高（米）	平均围度（厘米）	平均冠幅（米）
1	梨	蔷薇	梨	37	德惠市朱城子镇杨柳村东北沟屯	约210	11.6	266	11.3
2	梨	蔷薇	梨	99	德惠市朱城子镇刘糖坊村西四棵树屯	约150	10.6	166	7.9
3	梨	蔷薇	梨	210	德惠市朱城子镇塘坊子村4社邱家障子屯	约100	10.4	141	9.1
4	梨	蔷薇	梨	190	德惠市朱城子镇于家店村6社单家屯	约130	9.8	151	8.9
5	梨	蔷薇	梨	72	德惠市米沙子镇刘糖坊村西四棵树屯	约170	10.5	195	8.9
6	梨	蔷薇	梨	100	长春新区长德分区（原德惠市）米沙子镇兴顺村刘家屯	约90	9.3	130	9.7
7	梨	蔷薇	梨	135	德惠市米沙子镇南王家村南王家果园	约110	10.6	144	9.2
8	梨	蔷薇	梨	482	泉眼镇流沙村	130	18	172.7	—

（市林业和园林局）

城市管理

【概况】 2022年，长春市发布《城市管理信息》230期，组织新闻集中采访79次，各级媒体刊发稿件1000余篇。《人民日报》刊发《长春环卫：城市美容，风雪无阻》专题报道；新华社采写通讯《长春环卫：坚守虎年第一班》；中央电视台《新闻联播》播报长春城市管理系统疫情防控工作。市城市管理局与长春广播电视台联合推出“城市管理热线”，节目播出263期。

【市容环境管理】 全年拆除各类违规户外广告1805处、清理各类不规范牌匾6323块，清理公益广告1365处、窗体字1.3万处、条幅楼幔8602条，拆除不合格围挡广告2717米，改造提升围挡广告1075米。全年清理占道经营8.3万处，露天烧烤6374处，占道洗车331处，各类堆放物2.1万处。全年清理非法小广告35.1万处，停机违规通信号码8458处，行政处罚113人次、罚款金额16.2万元。全市投放共享单车3.6万台，施划停车区域有1万余个，整体运营秩序平稳。

【绿化管理】 推进“拆围透绿”（拆除围墙，让围墙里面绿色透出来，是基于中国生态文明建设绿色共享理念一项具体措施）行动，全年拆除14条街路29家临街单位围墙1.6万米，增绿扩绿4.8万平方米。清理“毁绿种菜”问题2613处，还绿复绿81.6万平方米，清理绿地垃圾739车。

【城市精细化管理】 2022年，市城管局牵头，城建系统7个部门，排查全市74个街道（乡镇）城市管理问题。“走遍长春”专项行动全年排查上报问题1.12万件，整改完成1.1万件。开展城乡环境秩序“百日攻坚”行动。统筹协调19个市直部门具体实施，清理垃圾杂物8.25万吨，清洗快速路挡墙和交通护栏250万米，清理占道堆放物1.2万余处，加固或拆除存在安全隐患广告牌匾6400个，清理非法小广告18.7万处。对各县（市）区、开发区城市管理工作每月进行考核排名和情况通报，提出各城区城市管理存在问题和下步整改建议和意见。

10月21日，长春市建成多功能环卫综合服务站19个。图为长春高新区茂祥五位一体环卫服务站，具备公厕、转运站、环卫工人休息室、环卫工具存放、环卫设备充电等五项功能，是长春市建设面积较大功能较全的环卫设施 （朱 峰 供图）

【环境卫生管理】 全年降雪13场，降雪量23毫米，全市1700余台（套）清雪机械设备、1.6万余名环卫工人快速清雪。实施主要街路常态化洗路作业，利用降雨天气对全市街路进行雨中除尘清扫37次，出动各类洗扫设备1.5万余台次，出动保洁员22万余人次。环卫设备设施管理，维修维护移动式公厕199座、垃圾转运站237个。

【户外市场管理】 2022年，长春市按照“取缔一批、规范一批、提升一批”原则，改造提升全市便民市场，一场一策，规范管理，杜绝外溢。全市有38个户外便民市场4600余户商户，提供1.5万余个就业岗位。

【数字城管建设】 2022年，长春市启动城市运行管理服务平台建设工作，实现城市管理“一网统管”。数字城管系统接入公安高清视频、快速路视频监控、站前地区视频监控2.8万个，整合共享公网地图、长春气象信息系统。配备4G车载视频监控设备104台；录入市容环卫部件信息1.06万条、车辆信息3841台。全市11个城区、开发区二级平台全部建设完成，以各街道（乡镇）和环卫专业队为主三级平台建设率100%，构建市、区、街三级数字化城市管理网络。

【行政处罚】 2022年，全市拆除违法建设15.7万平方米，占压燃气管线违法建设1209处全部整改完毕。立案查处建筑垃圾违规堆放243起，罚款金额137.8万元。开展城市窗口区域管理，联合公安、交通、运管、民政等部门，集中整治喊客拉客、违规营运、流浪乞讨等突出问题。

【安全生产检查】 2022年，长春市定期召开专题会议，研究部署安全生产工作。制定全系统安全生产预案，包括牌匾广告设施安全、环卫基础设施安全、极端天气清雪保障、生活垃圾末端处理等预案，定期组织演练。定期邀请专业人员对全系统进行安全培训。利用全市LED大屏幕面向社会开展节日安全宣传、燃气安全宣传、安全生产宣传月、防火宣传等安全宣传教育。全年开展各类安全生产专项行动7次，成立检查组487个，派出检查人员2176人次，排查安全隐患359个，整改完成359个，开展安全生产培训103场，参加安全生产培训2万余人次。拆除占压燃气管线违法建设1207处，拆除遮挡窗户广告牌匾3313块。 （朱 峰）

乡村振兴

XIANGCUNZHENXING

综　述

【乡村振兴成效】 2022年，全市按照“九有六无”（“九有”指有特色产业、有村集体收入项目、有顺畅排水、有垃圾处理设施、有清洁环境、有整洁院落、有干净居室、有绿化美化亮化、有长效机制；“六无”指无卫生乱象、无路面破损、无不安全住房、无私搭乱建、无不良习俗、无规模性致贫返贫现象）标准，创建示范村202个。全市有脱贫人口2.9万户5.9万人，易返贫致贫户1990户4221人，其中消除风险总户数1704户3536人，其他均落实帮扶措施。全市村集体收入平均41.3万元，农村人均可支配收入1.85万元。实施农村人居环境全域提升行动，农村地区自来水普及率超95%，建制村通硬化路率100%，垃圾收运处置体系主城区周边实现全覆盖。截至年末，累计打造宜居宜业示范村225个，创建省级美丽乡村156个。2022年，长春市加速实现种植业、畜牧业和农产品加工业三大主导产业设施化、园区化、融合化、绿色化、数字化，从产业兴旺视角推动农业发展、农村振兴、农业富裕，推进乡村振兴。全市农产品加工业规模以上企业发展到258户，全年产值632.7亿元。

【乡村振兴责任落实】 2022年，长春市建立健全乡村振兴工作机制，压紧压实“五级书记抓乡村振兴”主体责任，形成市委、市政府主要领导担任“双组长”的市委农村工作领导小组统筹抓总，分管领导担任专项推进组长直接抓，其他市级领导和相关部门分头抓的领导体制和工作推进机制。印发《长春市2022年巩固拓展脱贫攻坚成果同乡村振兴有效衔接工作要点》，明确部门责任分工，并将重点任务纳入部门年度绩效考核。及时调整14位市领导乡村振兴联系点，35位市级领导采取蹲点调研、座谈交流、检查指导等方式，推动政策落地、责任落实。出台《2022年度市直部门（单位）乡村振兴包保帮扶成效考评细则》《长春市驻村干部管理办法（试行）》。配齐配强驻村干部，加强业务指导、能力培训，提升驻村干部政策业务水平。市乡村振兴局联合组织、审计、纪检等部门共同制定《关于进一步明确乡村振兴包保单位帮扶资金投入事宜的通知》。市委专门抽调15名工作人员，组建市乡村振兴调研指导组3个，分别由局级领导任组长，分片负责，对各地主体责任和监管责任、抓党建促乡村振兴重点任务落实等情况开展全方位督导调研。

【乡村组织建设】 长春市向帮扶村选派驻村干部1547名，创新开展“第一书记代言”系列活动，代言产品销售额突破2.1亿元；开展五星级乡村党组织创建，向131个乡镇和以农村为主的街道选派乡村振兴指导员；创新实施“经济护航”计划，制定“1+8”文件，落实“123456”工作举措，推动村集体经济提质增效；健全完善村党组织体系，

6月27日，2022年第一书记代言系列助农直播活动启动仪式在长春举行

（马　也　黄　丹　供图）

深化“1+3+X”基层治理模式，设立综合网格1.7万余个，延伸党组织治理触角；创设“兴农大讲堂”线上培训载体，培训村干部、农村党员、致富带头人等2万余人次；全市608个村党组织结成291对联建党组织，推动实现共建共治；实施“头雁领航”计划，打造过硬农村基层干部队伍。长春市推进集体资产清查清收、村党支部领办合作社。全市领办创办合作社611个、发展项目450个，重点打造300个省级、市级示范社，吸纳入社群众10万余人，带动人均增收3000余元。

【乡村建设行动】 2022年，长春市出台《2022年长春市乡村建设行动实施方案》，构建“1+15”方案体系，突出“一引领三提升一创建”，使有条件、有需求村庄全覆盖。推动人居环境整治提升，开展全市问题厕所排查整改工作，全年新增改厕51746户，开展村庄清洁行动和干净人家创建。推动重点基础设施建设提升，新建农村“四好公路”（建设好、管好、护好、运营好）625千米，完成农村公路养护大中修1280千米，实现全市自然村通硬化路率96.9%以上；新建绿化美化村屯123个，改善提升244个。推动基本公共服务提升，持续开展乡村义务教育、卫生服务、医疗保障、养老服务、社会救助、公共文化等6项提升行动。完成202个示范村创建，坚持以区域城镇为中心，辐射周边乡村，以点串线、连线成片打造引领示范带、示范片区，在“九有六无”标准基础上，落实“五个全覆盖”（垃圾治理、污水处理、户厕改造、公共浴室和日间照料中心全覆盖）和“示范村创建+”要求，体现地方特色。

（马云春　李　璐）

脱贫攻坚成果巩固

【防止返贫帮扶政策】 印发《长春市2022年防止返贫动态监测和帮扶集中排查工作方案》《2022年长春市乡村建设行动工作方案》《关于省2021年度巩固脱贫攻坚成果后评估反馈问题整改工作方案》《长春市巩固拓展脱贫攻坚成果同乡村振兴有效衔接“大提升”专项行动方案》，统筹各相关行业部门发挥各自功能，形成政策组合拳。协调市教育、医保、卫健、水务、建委、民政、残联等行业部门分别出台年度工作方案等政策性文件。

【脱贫人口增收】 通过发布用工需求、引导就地就近就业、加大临时疫情防控公益岗位开发力度，多措并举促就业。截至年末，全市脱贫人口务工就业总数1.01万人，超额完成年度考核指标，其中各类公益性岗位2146人，比年初增长近一倍。全市创建扶贫车间38个，吸纳贫困劳动力282人。强化衔接资金项目管理，开展全市扶贫项目资产管理“回头看”。全市到位各级衔接资金4.55亿元，资金安排率100%，支出达到中央和省里序时进度要求。计划实施214个项目，开工214个，开工率100%。开展小额信贷工作，全市新增小额贷款总量3532.56万元。

【困难群体保障】 开展专项摸排提升行动，扫除漏点盲区，确保标准不降、力度不减。义务教育方面，春季资助脱贫户家庭学生3854人，发放资金133.86万元，实现控辍保学“动态清零”。春季“雨露计划”（国务院扶贫办组织开展以贫困劳动力培训转移为主要内容的助学行动，补助对象主要是农村建档立卡贫困户家庭子女接受中等、高等职业教育的孩子）发放补助资金170.7万元，资助脱贫家庭学生1138人。基本医疗方面，救助脱贫人口6.4万人次，支出资金1304万元；大病救治率、慢病签约率均为100%，重点监测对象患病核实救治患者2011人。住房保障方面，全部完成628户低收入人群危房改造任务（其中C级177户、D级451户）。安全饮水方面，完成新增17万农村供水人口的供水保障工程建设，全市农村自来水普及率97.5%以上。综合保障方面，纳入低保和特困人员总数24191人，其中脱贫不稳定、边缘易致贫和突发严重困难户1828名，做到“应纳尽纳”。

【防止返贫动态监测】 2022年，长春市发挥四级联动、部门局际沟通、县级专班推进等机制作用，突出“四抓”：抓“全覆盖”集中排查，重点关注八类重点人群和特殊群体，确保“应纳尽纳”；抓常态化排查，组织乡村干部登门入户，随时将存在返贫致贫风险的农户纳入监测范围；抓经常性筛查，指导行业部门经常深入基层筛查农户“三保障”和饮水安全情况，及时将农户预警信息反馈有关部门核实监测；抓精准帮扶，因户因人精准施策，做到“一户一策”“一人一策”。截至年末，长春易返贫致贫户1990户4221人，其中消除风险总户数1704户3536人，其他均落实帮扶措施。

（马云春）

农村改革

【农村改革任务推进】 确定2022年农业农村改革专项小组台账任务8项，配合其他专项小组开展改革任务15项。出台《长春市种业振兴行动实施方案》，出台并落实《现代农业城发展规划》，出台《长春市农村人居环境整治提升五年行动方案（2021—2025年）》，落实《关于加快农产品加工业和食品产业发展的意见》，落实《关于推进农村“三变”改革、进一步加强农村集体“三资”管理的实施意见》（“三变”指资源变资产、资金变股金、农民变股东，“三资”指资金、资产、资源）。推进国家城乡融合发展试验区建设任务28项，其中配合17项，结对开展试验点1个。

【农村宅基地制度改革】 2022年，九台区作为农村宅基地改革试点，开展宅基地基础信息调查工作，完善审批管理方式，制定《长春市九台区农村宅基地审批管理暂行办法》，宅基地审批由乡镇街实施，乡村规划许可权限下放乡镇街。修订完善宅基地改革制度和相关配套文件6个。完善宅基地特定资格权认定办法和资格权人认定办法。

【农村产权流转】 2022年，长春市农村产权流转交易挂牌2752宗，挂牌金额1.68亿元，成交1539宗，成交金额8621万元。流转成交溢价率9.39%，采购节支率7.16%。交易成交额是2021年3倍以上，增加5848万元。全市基本完成土地承包经营权入股，组建长春市农村产权交易监督管理委员会。长春市农村土地流转比例占承包地面积50%以上，主要以农户自发为主，流转用途主要用于粮食生产。

【农村金融综合改革】 2022年，市金融办联合6家单位出台《长春市推进国家城乡融合发展试验区农村产权抵押融资工作的实施意见》，推动农村土地经营权、林（草）权、农村集体经营性建设用地使用权、大中型农机具等抵押融资。（吴文欣 王志良 杨景涛）

产业发展

【龙头企业认定】 2022年，市农业农村局开展2022年长春市农业产业化领军型龙头企业认定工作。经企业申报、县（市）区推荐、专家评审、网上公示等程序，产生评审结果。依据评审结果，市政府同意认定吉林省阿满食品有限公司等10户企业为2022年长春市农业产业化领军型龙头企业，榆树市洪博米业有限公司等26户企业为2022年农业产业化市级重点龙头企业。吉林省烧锅豆制品有限公司等16户企业获评省级龙头企业。截至年末，长春市拥有市级以上农业产业化重点龙头企业357户。其中，国家级21户，省级157户，市级179户。

延伸阅读>>

2022年长春市农业产业化领军型龙头企业

吉林省阿满食品有限公司
吉林康大食品有限公司
长春市佳龙农牧食品发展有限公司
吉林省田野泉酿造有限公司
长春博瑞科技股份有限公司
辣小鸭食品有限公司
德惠市山河米业有限公司
长春奢爱农业科技发展有限公司
吉林省恒通生态农业科技开发有限公司
榆树市榆乡豆制品有限公司

2022年吉林省农业产业化龙头企业

吉林省烧锅豆制品有限公司
长春晟华农业科技发展集团有限公司
吉林省福康绿色农业有限公司
榆树市佰兴米业有限公司
吉林九翔农业发展有限公司
长春市南街村宏源食品有限公司
长春耘垦牧业有限公司
吉林省钓标农业科技有限公司
德惠市永兴禽类养殖屠宰有限公司
长春地利农副产品有限公司
吉林邓大食品有限公司
吉林省华玺农业科技有限公司
吉林省摆渡中医药健康产业园有限公司
吉林省面对面食品科技有限公司
吉林省智成农业科技有限公司
吉林中鹿生物科技股份有限公司

2022年，长春市利用智慧农业、数字乡村、云平台助力农业生产、农民生活、乡村治理、农产品电商、乡村旅游等农村特色产业。图为净月·全省数智农业底座
（赵 滨 供图）

【园区和项目建设】 2022年，长春市有农业产业链在建项目88个，其中农产品加工产业链在建项目61个。建设长春城开农投集团乡村振兴绿色循环肉牛产业示范园、佐丹力年产8000万盒素食全餐产品、桃李年产5.5万吨面包系列烘焙食品生产基地等项目。

【现代农业产业园】 2022年，长春市创建市级现代农业产业园13个，省级现代农业产业园1个。公主岭市农业现代化示范区列为国家级农业现代化示范区。公主岭市和榆树市被列为国家级农业现代化示范区。全市有国家级现代农业产业园2个，省级现代农业产业园10个，市级现代农业产业园27个。

【家庭农场】 2022年，长春市家庭农场发展到2.09万个，其中县级以上示范家庭农场2214个。全市实施家庭农场培育计划，做好市县三级示范家庭农场监测及创建工作，重点推进公主岭市、榆树市、九台区、双阳区家庭农场示范县创建工作。

【农民专业合作社】 2022年，全市农民专业合作社发展到2.39万个，其中县级以上示范合作社2106个。全市实施农民合作社质量提升行动，做好省市县三级示范农民合作社监测及创建工作，推进农安县农民合作社质量提升整县推进试点工作。

【农业产业化联合体】 2022年，长春市有市级以上农业产业化联合体95个。其中，省级41个，市级54个。吉林省烧锅豆制品农业产业化联合体、榆树市汇鑫农业产业化联合体、榆树市宏洋农业产业化联合体、长春市九台区九翔农业产业化联合体、长春市九台区宏昇米业农业产业化联合体、长春市晟华农业产业化联合体、吉林坤禾农业产业化联合体等7户联合体被认定为2022年长春市市级农业产业化联合体。榆树市榆乡农业产业化联合体等6个联合体获评省级农业产业化联合体。

【休闲农业】 编制《长春市现代都市农业发展规划（2016—2025

年）》，确定依托本地资源生态、田园景观、民俗文化、地理优势，建设一批休闲观光基地，长春市拥有全国休闲农业与乡村旅游示范县2个（双阳区、九台区）、省级休闲农业与乡村旅游示范县2个（农安县、莲花山）、全国最美休闲乡村9个、省级美丽休闲乡村14个。拥有市级以上休闲农业与乡村旅游示范点（星级企业）138个。其中，国家星级休闲农业与乡村旅游示范企业17户，省级星级休闲农业与乡村旅游示范企业58户，市级休闲农业与乡村旅游示范点63个。2022年，新认定吉林省合十农业科技发展有限公司、长春市九台区饮马河畔钱港花海乡村旅游有限公司、吉林省源卉发玫瑰科技研发有限公司、吉林省恒通生态农业科技开发有限公司、公主岭市兴隆泉特色农业有限公司、吉林省坤圣园生态农业科技有限责任公司、长春现代农业示范中心有限责任公司、长春莲秀峰商务中心管理有限公司主题驿站分公司、德惠市好日子休闲度假有限公司、榆树市正义府农业开发有限公司、吉林省雪驰葡萄酒产业开发有限公司11家单位为长春市休闲农业与乡村旅游示范点，长春合悦听湖农园休闲旅游有限公司等8家单位晋升省级休闲农业与乡村旅游星级企业。

【“一村一品”发展】 2022年，长春市有市级以上“一村一品”示范村镇66个。其中，国家级18个，省级31个，市级17个。新认定榆树市泗河镇桦树村（水稻）等4个“2022年市级一村一品”，公主岭市南崴子街道南崴子村（水稻）等2个国家级“一村一品”，长春市九台区龙嘉街道红光村等3个省级“一村一品”。

【美丽休闲乡村】 2022年，长春市有省级以上美丽休闲乡村23个。其中，国家级9个，省级14个。年内，九台区龙嘉街道红光村获评国家级美丽休闲乡村，绿园区西新镇裴家村和莲花山区泉眼镇泉眼村获评省级美丽休闲乡村。

【农村“双创”工作】 长春市推选23名选手参加“第六届吉林省农村创业

表64 2022年新认定市级以上“一村一品”示范村镇一览表

级别	示范村镇名称	代表产品
国家级	公主岭市南崴子街道南崴子村	水稻
	双阳区齐家镇李家村	黄菇茑
省级	双阳区山河街道办事处隆兴村	水稻
	榆树市保寿镇保寿村	水稻
	九台区龙嘉街道红光村	水稻
市级	榆树市泗河镇桦树村	水稻
	榆树市青山乡日升村	水稻
	双阳区齐家镇	水稻
	九台区沐石河街道于家村	鲜食玉米

（市农业农村局）

表65 2022年长春市省级以上美丽休闲乡村一览表

类别	名称	认定年份
中国美丽休闲乡村	农安县合隆镇陈家店村	2014
	榆树市土桥镇皮信村	2015
	九台区波泥河街道平安堡村	2016
	德惠市布海镇十三家子村	2017
	双阳区平湖街道办事处黑鱼村	2018
	双阳区太平镇肚带河村	2019
	九台区土门岭镇马鞍山村	2020
	双阳区太平镇小石村	2021
	九台区龙嘉街道红光村	2022
吉林省美丽休闲乡村	九台区波泥河镇大顶子村	2017
	净月开发区玉潭镇友好村	
	双阳区平湖街道办事处黑鱼村	2018
	榆树市保寿镇红旗村	
	公主岭市二十家子满族镇二十家子村	
	公主岭市龙山满族乡土门岭村	
	九台区土门岭镇马鞍山村	2020
	净月开发区新湖镇新兴村	
	德惠市朱城子镇良种场村	
	双阳区太平镇小石村	
	公主岭市二十家子满族镇南山村	
	榆树市秀水镇治江村	2021
	绿园区西新镇裴家村	2022
	莲花山生态旅游度假区泉眼镇泉眼村	

（市农业农村局）

创新项目创意大赛”，11个项目获奖。其中，一等奖2个、二等奖3个、三等奖3个、优胜奖3个。奢爱农业公司李承鹏、长发农业公司魏健2名选手获评“大国农匠”，长春农博园等17家单位获评“全省第二批普通高中学生综合素质评价社会实践基地”。

【农村电商】 2022年，长春市组织农安县、榆树市、公主岭市推进国家电子商务进农村综合示范项目建设，完成3个县域电商公共服务中心、18个乡镇电商公共服务中心及365个农村电商服务站建设。

【农村产业融合发展】 2022年，长春市认定领军型龙头企业10户，新认定市级农业产业化联合体7家。2022年，长春市龙头企业357户。其中，国家级21户，省级157户，市级179户。县域包含绿园区、农安县、德惠市、公主岭市在内的吉林中部肉牛产业集群入选2022年国家优势特色产业集群建设名单。发展新产业新业态，8户企业晋升为省级休闲农业与乡村旅游星级企业。长春市九台区龙嘉街道红光村（水稻）等3个村晋升为省级“一村一品”示范村镇；公主岭市南崴子街道南崴子村（稻米）、双阳区齐家镇李家村（黄菇娘）晋升为国家级“一村一品”示范村镇。

【双阳区鹿乡镇梅花鹿产业】 长春市双阳区鹿乡镇作为“中国梅花鹿第一乡”，围绕梅花鹿产业推进三产深度融合。截至年末，总人口5万余人的鹿乡镇梅花鹿养殖数量超15万只，90%居民从事梅花鹿养殖及相关产业，鹿业总产值37亿元。

【九台区红光村入选全国乡村旅游重点村】 10月27日，文化和旅游部发布《关于第四批全国乡村旅游重点村名单和第二批全国乡村旅游重点镇（乡）名单的公示》，长春市九台区龙嘉街道红光村入选。红光村位于九台区龙嘉街道东北部、饮马河西岸，是典型的朝鲜族聚居村。红光村围绕“三产融合”发展，整合农户原有宅基地、园田地以及农村路网等资源集约，以“大田园、大旅游、大体验”为开发主线，融合稻米产业、稻米文化、科研示范、民俗文化、旅游观光、餐饮服务等功能，规划建设以稻米全产业链为主题的红光稻米文化农业公园。红光村稻田画配合稻田风光、村史馆和稻米产业展览馆，形成观光农业新路径，成为市民游客乡村秋游的热门打卡地，有50余家旅行社把该村纳入旅游行程。红光村全年接待游客3万人次，旅游综合收入70万元。

截至年末，长春市有6个村成为全国乡村旅游重点村，分别为长春市九台区龙嘉街道红光村净月高新技术产业开发区玉潭镇友好村、莲花山生态旅游度假区泉眼镇泉眼村、九台区土们岭街道马鞍山村、农安县华家镇战家村、双阳区太平镇小石村。

（王璐 魏巍 王志良）

10月27日，长春市九台区龙嘉街道红光村入选第四批全国乡村旅游重点村。图为红光村“稻田公园”

（张扬 供图）

乡村建设

【农村人居环境整治】 2022年，长春市召开重点工作视频推进会议、改厕工作会议和“干净人家”调度研讨会，部署推动工作。印发《长春市2022年村庄清洁行动春季战役实施方案》《长春市“农村人居环境集中整治月”行动方案》《长春市2023年农村人居环境整治攻坚行动计划》《长春市开展“干净人家”创建活动工作方案（2022—2025年）》。全年重点开展5轮全市范围暗访，检查56个乡镇160余个村屯，下发整改通知单46份，反馈问题765个。创建农村人居环境整治示范镇30个、示范带13条。全年创建示范镇项目76个，投入资金63894万元，创建示范带项目56个，投入资金42411万元。

【村庄清洁行动】 4月20日，印发《长春市2022年村庄清洁行动春季战役实施方案》，以整治影响农村人居环境的突出问题为重点，结合农村疫情常态化防控，部署开展村庄清洁行动春季战役。6月30日，印发《长春市“农村人居环境集中整治月”行动方案》（市委农办）。7月，开展“农村人居环境集中整治月”行动，包括整治垃圾污物、畜禽粪污、残垣断壁、坑塘沟渠等在内等9项重点任务。全年村庄清洁行动发动农民群众投工投劳34.9万人次，雇用保洁人员1.53万人，清理农村生活垃圾60.65万吨，清理畜禽养殖粪污等农业生产废弃物55.1万吨，拆除残垣断壁1003个。

【农户卫生厕所改造】 协调市财政局，争取下拨配套资金每户1000元。印发《关于进一步做好长春市2022年农村户用卫生厕所建设工作的通知》，下发《长春市2022年度农村厕所改造工作推进情况周通报》6期，督导各地按时序完成改厕工作。2022年，长春市完成改厕任务数5.18万户，全省农村“厕所革命”项目“赛马”机制市（州）综合排名第二，综合得分9.92分。

【农村生活垃圾治理】 截至年末，长春市建成生活垃圾转运站184座，配备垃圾桶37万个、垃圾箱1.47万个、环卫车辆8413台。主城区周边农村生活垃圾收运、处置体系基本建立，村屯覆盖率100%；6个县（市）区实现生活垃圾收运体系覆盖率99%。公主岭市、德惠市、双阳区、朝阳区、宽城区、二道区、长春新区、中韩示范区、莲花山度假区等9家作战单位实行生活垃圾治理整体服务外包。榆树市、农安县、德惠市和九台区等4个县（市）区探索实行适当收取农户费用制度。长春市农村每年用于生活垃圾治理费用超过5亿元。

【美丽庭院“干净人家”创建】 市农业农村局与乡市村振兴局、市精神文明办、市妇联联合印发《长春市开展“干净人家”创建活动工作方案（2022—2025年）》。县（市）区、乡镇（街道）、村三级联动，通过宣传发动、培训推动、示范带动、帮扶促动等形式，开展“干净人家”创建工作。全年创建“干净人家”3.31万户，挂牌表彰“美丽庭院、干净人家”创建示范户。

（李　璐）

乡村文化

【概况】 2022年，长春市制定乡村公共文化服务体系建设计划，落实巩固拓展脱贫攻坚成果同乡村振兴有效衔接“大提升”行动。推进乡村文化建设，开展基层群众文化队伍文艺骨干培训，举办群众文化活动1452场。发展乡村旅游，九台区土门岭街道获评省级乡村旅游重点镇，公主岭市新发村、九台区前岗子村获评省级乡村旅游重点村，13家获评省AAA级乡村旅游经营单位，4个村获评市级乡村旅游精品村。

【乡村文化活动】 2022年，长春市实施“送演出下基层”项目，组织全市各类文艺院团为乡镇村屯、街道社区、学校、敬老院等送去文艺演出200场，将话剧、评剧、杂技、二人转、黄龙戏、戏曲等优质文艺节目送至贫困村。在全市范围内开展农民文化节、农民丰收节、农民歌手大赛、农民书画大赛、农民摄影大赛、农民诗歌散文大赛等活动。开展民间文化艺术之乡评选工作，双阳区依托花棒秧歌被命名为2021—2023年度“中国民间文化艺术之乡”，是吉林省唯一入选地区。双阳区人民政府（花棒秧歌）、朝阳区人民政府（古筝艺术）、二道区远达街道办事处（草雕编织）被评为吉林省民间文化艺术之乡。双阳区太平镇人民政府、九台区其塔木镇人民政府、九台区营城街道办事处、榆树市人民政府、二道区远达街道办事处被评为长春市民间文化艺术之乡。

【乡村文化平台建设】 长春市建设乡镇（街道）综合文化站210个，农村文化小广场1500余个，村（社区）综合文化服务中心2500余个。开展长春市贫困村文体骨干培训，为全市146个贫困村培训能够组织活动、动作示范、操作设备、使用器材的文艺骨干150余次，实现全民艺术普及近人均1次。摸底排查和抽样检查长春市2500个乡村文化综合服务中心，服务对接新建文化馆，将培训力量向农村倾斜，开展各类群众文化活动。

【基层公共文化设施运行】 2022年，将“基层公共文化设施运行管理”列入“文化创意城”指标考核体系，在阵地、服务、队伍、制度等方面，行业指导县（市）区基层公共文化设施运行，“基层公共文化设施运行管理”列入2021年度地区绩效管理考评指标体系加分项，市政府成立绩效考核工作领导小组，制定下发考核工作方案，下设考核小组4个，集中利用3天时间考核17个县（市）区、开发区，形成考评结果。6月6日至9日，采取听取汇报、现场调研、座谈等方式，集中检查指导10个区19家文图馆（站）防疫安全、复工复业、抗洪防汛、线上活动等工作。

【乡村特色文化活动】 2022年，市文广旅局实施“吉林印记”项目，利用乡村有公共文化空间，挖掘提炼当地特色文化资源，通过展品征集等方式建设乡村博物馆1处，完成2021年建设的3个乡村博物馆验收工作。开展非物质文化遗产传承保护工作，推动各地梳理本地传统表演、传统技艺、民俗等“非遗”项目，全年组织“非遗”演出进乡村3场，展览5场，培训50课时，为榆树市秀水镇双庙村、九台区土门岭镇马鞍山村选派文化志愿者，指导其开展乡村公共文化服务工作。从各县（市）区、开发区推荐和选拔出优秀秧歌队伍13支、舞者近700名参与2022长春市冰雪秧歌秀活动。11月24日，市文广旅局联合市教育局、市农业农村局、市规自局、市乡村振兴局印发《关于印发〈长春市关

1月29日，兴隆山秧歌队在长春世界雕塑园表演　　（市文广旅局　供图）

于推动文化产业赋能乡村振兴工作方案〉的通知》，主要包括创意设计赋能、演出产业赋能、音乐产业赋能、美术产业赋能、手工艺赋能、数字文化赋能、其他文化产业赋能、文旅融合赋能8方面重点工作。

（王　冠　韩　凯　王靖然）

乡村治理

【农村基层组织建设】　坚持党建引领，健全完善村党组织体系，设立综合网格1.7万余个。围绕“两整一清”（整治镇村环境、整治安全隐患、深化违建清零）推进农村扫黑除恶，整顿软弱涣散村党组织370个，提升村党支部战斗力和组织力。至2022年年末，长春市有行政村2096个，村党组织书记兼任村主任的村2013个，村民委员会人数9160人（其中党员人数7581人），从高校毕业生中选拔村党组织书记95人。

【农村基层群众自治】　推广运用“三张清单”（权力清单、责任清单、负面清单），提升为民服务能力，保障农民各项权益，减轻村级组织负担，提高乡村治理效能。提升乡村公共服务水平，如期完成全年20%村级综合服务设施建设提升目标。全市有村务监督组织的村2097个，年内财务公开5614次；有村规民约的村2007个，年内召开村民会议1.34万次，其他自发性群众社会组织293个。

【农村法治建设】　全市实行一村一辅警的村2003个，建立法律顾问、法律服务工作室的村1416个，年内开展农村法治宣传教育4696次。

【文明村镇建设】　实施创建文明村镇行动计划，创新新时代文明实践中心等平台载体，健全自治、法治、德治相结合的乡村治理体系。全市建立红白喜事简办制度的村1351个，农村文明家庭4.86万户，农村道德模范1.35万人，有乡村特色文化产业的村136个。

【双阳区乡村治理试点】　2022年，双阳区作为全国乡村治理试点地区，运行“1+3+X”体系，全区134个行政村1286个自然屯组建屯（组）党支部893个、屯（组）委会1254个，屯（组）委会成员6000人，创新积分制、清单制、数字化等措施。　（马云春　王志良）

人才培育

【高素质农民培育】　开展2021—2022年度冬春科技培训，全市培训农民16.76万人。其中，新型经营主体带头人3387人，其他类型新型职业农民1.13万人，一般农民14.81万人，农技人员和其他农业从业者4774人。疫情防控期间，采取网上、微视频、朋友圈、微信群、广播电视讲座等方式开展农业科技培训。长春市220余名高、中级专业技术人员参与录制2022年农业主推28项实用技术和40个主要农作物品种及备春耕生产等先进农业技术视频72个，指导农民开展备耕备产工作。聘请农业农村局系统专家，编写《长春市2022年农业主推28项实用技术要点》，印发给全市农业技术人员、新型农业经营主体和农户。2022年，全市培育高素质农民5225人。

【乡村教师培训】　通过远程同步、远程异步相结合的方式完成送课下乡订单45节示范课内容。覆盖榆树市、德惠市、双阳区、公主岭市4个地区的小、初2个学段14个学科，培训乡村教师6000余人次。

【乡村医生培育】　开展在岗乡村医生学历教育招生工作，招收符合条件的在岗乡村医生进入医学院校接受医学学历教育。2022年，培养乡村医生学历教育申报21人。其中，本科16人，专科5人。

【长春乡村振兴人才学院】　2021年9月27日成立，是在长春市委组织部指导、市教育局领导下，依托国家示范性高等职业院校、国家“双高计划”建设单位长春职业技术学院，筹建起来的乡村干部人才教育培训基地。以村组干部、乡村振兴实用人才为培训主体，开展习近平新时代中国特色社会主义思想、农村党建业务、乡村振兴战略、现代农业生产技术技能、涉农政策法规、乡村治理、集体经济及村务管理等教育培训。拥有农业科技示范基地5万平方米；园林园艺生产实训基地5万平方米，其中日光温室、智能温室面积3万平方米；现代牧业专业实训基地3万平方米，建筑物面积8000平方米；动植物标本馆及综合类专业类实训室、实验室56个。至2022年年末，建设党建类、信息技术类、农技类、电商类、创业类、管理类等31门理论课、实践课、体验课、在线课；形成线上线下混合式教学、理实一体化教学、体验式教学、案例教学、观摩考察、互动访谈、领题研讨等教学模式；选聘省内外行业专家、企业家、学者和基层党员干部、先进典型模范等兼职教师126名，建立校内外专兼结合培训专家团队；与长春市、吉林省乃至全国乡村振兴典型村、示范村开展战略合作，共建乡村振兴实践教学基地39个。

（凌　海　顾苑佳　徐道君）

区域发展

QUYUFAZHAN

国家城乡融合发展试验区

【概况】 国家城乡融合发展试验区包括九台区、双阳区、长春新区、中韩示范区、净月高新区（含莲花山片区），面积5852.41平方千米，批准在11个方面先行先试，试验期限到2025年。其中，重点试验建立进城落户农民依法自愿有偿转让退出农村权益制度、建立农村集体经营性建设用地入市制度、完善农村产权抵押担保权能、搭建城乡产业协同发展平台、健全农民持续增收体制机制5个方面。结合其他6项试验任务和自身发展需要，自主确定试验建立科技成果入乡转化机制、建立城乡基础设施一体化发展体制机制2个方面，形成“5+2”试验任务体系。成立长春市国家城乡融合发展试验区建设领导小组，由市委书记、市长任双组长，出台实施方案和年度工作要点，建立联席会议制度，实地踏查、定期调度、学习培训、考核评价等机制，构建“面上改革+点上突破+链式推进”工作体系，“点线面”结合，“集成式”推进国家城乡融合发展试验区建设，与江西省鹰潭市作为首批试验地区，入选《中国改革年鉴》“中国改革地方全面深化改革典型案例”。

【集体经营性建设用地入市制度】 以九台区为重点，“模块式”推进集体经营性建设用地入市。新修编村庄规划109个，实现辖区村庄全覆盖。重点区域村庄规划未批复，允许先行编制用地规划。市本级出台7个文件，九台区出台18个配套文件，采取招拍挂、协议出让和租赁等方式推进土地入市，出现“废弃砖窑建新厂”“翻新改造兴农旅”“地头建上冷藏库”等典型案例。探索以村民委员会为入市主体，采取民主议事“七步工作法”程序确认，简化征收、储备等一系列程序，土地取得成本相比征地减少35%，土地取得时间缩短2个月以上。探索推行“试点+融资”“试点+人居”“试点+脱贫”等模式，带动集体、村民、企业和政府多方共赢。九台区、双阳区实施入市地块238宗，总成交价款1.6亿元，入市净收益1.1亿元。

【进城落户农民依法自愿有偿转让退出农村权益制度】 修订宅基地制度改革配套文件5个、新制定暂行办法2个，完成农村宅基地基础信息摸底调查工作，审批存量宅基地1117宗，发放《宅基地及房屋租赁使用权证书》33本。探索建立土地改革与进城落户农民自愿有偿转让退出农村权益联动机制。制定统一宅基地自愿有偿退出程序，探索采取多元化安置补偿方式，在九台区其塔木镇等乡镇，实施闲置宅基地自愿有偿退出816户，腾退复耕耕地153公顷。净月高新区玉潭镇通过政府借资、村集体运作，采取“宅基地退出+承包地流转”模式，引导农民退出宅基地24公顷，市场化流转230公顷耕地，吸引伟峰日式温泉酒店等产业项目落位。

【农村产权抵押担保职能完善】 印发《推进试验区农村产权抵押融资工作的实施意见》，扩大农村产权融资范围、完善权属抵押登记服务体系和产权价值评估模式，建设抵押登记信息系统，构建涉农产权全链条式服务模式。运行长春市农业融资担保有限公司、专业化金融服务平台，开展信用农户、信用村评定工作，开发“土地增减挂”等产品。到2022年末，农担公司涉农授信额度超过4亿元，提供涉农担保贷款1.15亿元。分别发放农村土地承包经营权、住房财产权、农村集体经营性建设用地使用权和林权抵押贷款2.74亿元、5700万元、1.085亿元和13.5亿元。

【城乡产业协同发展平台建设】 依托试验区内国家级、省级开发区（工业集中区），构建“管委会+公司+园区”“一区多园”等新型管理模式，推出“标准地+承诺制”供地模式，建设标准厂房700余万平方米。重点培育省级特色产业小镇3个、县域副中心镇2个、特色小城镇13个，带动梅花鹿、苗木花卉、研学教育等产业集聚发展。在试验区内创建鹿业现代农业产业园、果蔬现代农业产业园等省级现代农业产业园3个，市级现代农业产业园8个，农业产业园区11个，产值240亿元。

【创业体制创新】 开展农民工职业技能培训和就业“春风行动”“暮春行动”，在双阳区奢岭镇爱国村投资9亿元建设长春现代职业技术学校，双阳区晋升为国家级农村“双创”典型县，长春奢爱农业创新创业园区被评为国家农村创新创业园区。启用全省统一农村产权交易网站和交易系统，农村产权流转交易挂牌数量2976宗，挂牌金额1.81亿元。试验区内市级以上农业产业化联合体发展到38家，龙头企业发展到124户，“一村一品”村镇发展到29个，农民专业合作社示范社发展到282个，示范家庭农场发展到121个，九台区绿野家源家庭农场被评为全国第一批家庭农场典型，双阳区奢岭街道被评为国家级“一村一品”示范乡镇。试验区新增设施园艺面积417.47公顷，建成2公顷以上省级规模园区6个，9个重点园区获评省级“菜篮子”产品保障基地。新建冷链冷藏保鲜设施315个，九台区建设全国农产品产地冷藏保鲜设施试点。

【科技成果入乡转化】 建设双阳区省级农业科技园区、净月高新区农业高新技术产业示范区，培育形成国信生物质循环农业、鹿业全产业链融合发展、奢岭草莓产学研一体化等农业新技术新模式。搭建全国农业科技成果转移服务中心（国家种业科技成果产权交易中心）长春分中心。依托长春农博园开展农业科技示范推广，展示示范国内外农业新品种110余类6700余个、农业新技术新模式130余项及各类农业先进设施设备。施行《长春市科技创新条例》。建设长春市特色农业产业科学家工作站、长春市梅花鹿产业科学家工作站，组建科技特派员产业扶贫专家队伍，选派200余名科技特派员下乡。

【城乡基础设施一体化】 编制《长春市国土空间总体规划（2021—2035年）》等市县（区）国土空间总体规划，编制《长春市村庄规划编制技术指引》《长春国家城乡融合发展试验片区村庄规划指引》，完成长春市村庄分类布局和友好村城乡融合型村庄规划试点，城乡一体化规划体系框架初步建立。推进基础设施由中心城区向试验区延伸，统筹实施长春至双阳快速路、长春经济圈高速公路等一批重大基础设施项目。提升中小城市、小城镇和乡村基础设施建管水平，以区域板块或乡镇组团为主要单位，分布式推进道路、供水、供热、污水处理、垃圾处理、公园绿地等基础设施建设，试验区内“四好农村路”7000千米，试验区内7个重点镇和重点流域常住人口1万人以上建制镇建设污水处理设施。 （张　强）

“双协同”发展

【概况】 编制《长春市“双协同”发展规划》《长春市推进“双协同”发展规划实施方案》。印发《长春市推进“双协同”发展2022年工作要点》。8月2日、6日长春市长王子联分别带领市发改委、市工信局、市科技局等部门负责人到吉林市、四平市开展实地对接合作，研究重点项目和重要事项。9月，市发展改革委和市（州）对接合作专班到吉林市、四平市对接协同发展和产业合作事宜。长春市、吉林市两市互派挂职干部7人，长春市、四平市互派挂职干部3人。

草莓产业是双阳区奢岭街道支柱产业。图为奢岭街道奢爱农业大棚

（摄于3月12日　张　强　供图）

【产业协同】 长春市与四平市在汽车产业方面合作，吉林华凯比克希年产5万套商用车线束项目、年产100万套汽车塑料配件项目在四平市、长春市共建产业园落位，投产运营。一汽解放与四平市签订《一汽解放四平专用车委托改装合作基地战略合作框架协议》，全年完成委改量2056台。高尔夫食品加工中心项目落位四平市并投产。与吉林市推动艾仕得高性能涂料项目搬迁至吉林，完成土建工程，项目主体开始施工，设备和管道安装调试进入收尾阶段。中化国际ABS改性项目产品样件通过一汽集团测试。配合吉林市推动吉林国兴复合材料有限公司与吉林大学汽车学院合作研发并进行成果转化。吉林市推进实施8英寸功率器件芯片、华为荣耀15亿只先进功率器件半导体封装基地等重点项目，定制生产ICBT芯片、汽车级肖特基二极管等产品，满足一汽集团芯片需求。

【道路互通】 长春都市圈环线高速公路九台至双阳段主线主体建设完成，国道珲阿公路绕越石头口门水源保护区长春段2022年完成投资3亿元。长春都市圈环线高速公路农安至九台、双阳至伊通段2022年完成投资28.2亿元。配合省里推进长春都市圈环线高速公路伊通至公主岭至农安段前期工作，取得可研批复、初步设计批复和施工图设计批复，交通运输部出具都市圈环线西环资金安排意见。2022年“四好农村路”新改建农村公路投资21.1亿元。新改建农村公路（含通屯硬化路）625千米，养护大中修1480千米。编制完成长春龙嘉国际机场三期扩建工程预可研报告。2月18日，机场三期预可研取得《民航局关于报送长春机场三期扩建工程预可行性研究报告意见的函》，获得行业批复。

【生态共治】 重点推动“秸秆还田”“秸秆变肉”，推进秸秆“五化”利用。2022年，全市完成保护性耕作任

6月17日至19日，长春市开展2022“微度假 趣长春”夏季文旅采风踏线活动

（王　冠　供图）

务72.67万公顷，超额完成任务指标。“秸秆变肉”暨300万头肉牛建设工程和秸秆饲料化利用取得突破进展，全市肉牛发展到145万头，比2021年增长9.1%。落实《长吉两市生态环境局突发环境事件应急联动机制协议》，开展长春市南阳实践流域突发水污染事件应急联动演练，签署建立应急联动工作机制。针对新立城、石头口门水库水源地保护，建立日常管护保清洁，督导巡察保长效等工作机制，签订《水源地保护责任状》，制定《水源地保护巡查制度》《垃圾和水上漂浮物打捞制度》。落实河（湖）长制，加强河长巡查、考核工作，推进河（湖）治理工程建设。实施“三北防护林”等重点工程和天然林保护建设。落实林长制和网格化管理体系，造林2454公顷。其中，人工造林54.8公顷，退化林修复442公顷，采伐迹地更新1164公顷，公路两侧绿化295千米，铁路两侧绿化1千米，城市绿化改善提升189公顷。出台《长春市关于落实〈天然林保护修复制度方案〉的实施意见》，停止天然林商业性采伐，严格天然林征占管理，统筹推进天然林保护和“三北防护林”管理工作，统一划分天然林与公益林管护责任区，落实管护责任，实现管护全覆盖，保护天然林4.78万公顷。

【民生共享】　长春市、四平市共同制定《长春、四平幼小衔接联合攻坚行动实施方案》；组织两地幼儿园和小学团队学习《小学入学适应教育指导要点》《幼儿园入学准备教育指导要点》。长春市创建“三阶四维”课程体系，四平市通过线上学习观摩长春市一年级任课教师教学方式，线上线下同步联研，推出幼小衔接课堂示范研讨活动、幼小衔接工作现场会、深化推进现场会3次。发挥长春市师大附中、十一高中、九台一中3所新课程新教材实施国家级示范校辐射带动作用，对四平市3所高中点对点对接。长春市完善长春吉林传染病联防联控工作机制，推动两地信息互通。通过疾控系统和公安系统互相推送密接次密接人员和风险期内人员信息，在最短时间内排查潜在风险人员，将疫情扩散风险降到最低。在消夏艺术节、长春冰雪节开幕式期间，邀请吉林市、四平市2市文旅部门及骨干文旅企业负责人到长春市出席开幕式活动，搭建文旅企业合作平台。举办2022年“微度假趣长春”夏季文旅采风踏线活动，邀请吉林市、四平市等城市文广旅局、旅游协会以及骨干旅行社和媒体记者30余人，举办推介会重点推介城市“微度假”休闲文旅产品，组织采风踏线文旅景区，促进周边城市市民休闲观光、旅游度假。重新布展东北沦陷史陈列馆，与四平战役纪念馆等红色文化资源协同打造红色旅游线路。1月8日，开通四平方向特色公交线路T383路。线路全长26千米，上、下行均设车站20座，运营于南关区、高新区、公主岭市范家屯镇。

（张　强）

市州合作

【概况】　2022年，长春市新增合作项目105个，总量274个，总投资3633.47亿元。其中，取得实质性进展项目149个，投资290.28亿元。1月13日、7月25日分别召开市（州）对接合作工作领导小组会议。长春市到8个市（州）和长

1月8日，长春公交特色线路T383开通运营　（张　强　供图）

9月8日，2022年第二届吉林“9·8”消费节启动仪式在长春欧亚卖场举行
（张　强　供图）

白山保护开发区、梅河口市开展实地对接，走访项目和企业39户，围绕产业合作、平台合作、科技合作、人才交流等方面开展全方位对接。抽调32名优秀干部到市（州）挂职交流，组建工作专班。接收各市（州）25名干部到长春市挂职。

【对接活动】　市委组织部、市文广旅局到旅游“双线”10个城市（地区）实地对接，开展“长来长往 吉游吉行”“春来长春—鲜到延边”等主题活动，打造避暑、冰雪双品牌，建设长春市与延边朝鲜族自治州、吉林市、梅河口市、通化市等地文旅一体化。市农业农村局联动四平市、松原市、白山市、白城市、吉林市等地推动鸿翔种业、昊缘中草药、德翔牧业等项目落位。市商务局联合各市（州）开展“9·8”消费节等联动促销活动，联合吉林市、延边朝鲜族自治州等地举办“新经济直播月”活动，联合白山市、通化市等地建设网红产品全供应链。市规划和自然资源局协助延吉市完成东西主轴线路提升改造设计项目，协助辽源市完成《辽源市发展战略规划》。市交通局推进长春“1小时都市圈”环线高速公路双阳至伊通段项目建设。市工信局组织汽车零部件企业到辽源市、梅河口市、四平市开展对接合作。

【合作成果】　在吉林市、四平市、辽源市、松原市、白城市、梅河口市等地推动四平专用车委改基地、华凯比克希商用车线束、万通汽车零部件、富维安道拓汽车座椅蒙皮等46个汽车产业项目落地。在通化市、白山市、松原市、延边朝鲜族自治州等地推动皓月集团松原肉牛全产业链项目、白山市红色农业集团靖宇种植基地、柳河县标准化人参种植基地、长岭县农产品加工集中区等54个农产品加工项目合作。在吉林市、白山市、长白山保护开发区等地推动长春市与吉林市以红色研学、乡村田园、果蔬采摘、温泉康养为主题的旅游项目、长春市文广旅局与白山市文广旅局、长白山管委会旅游文体局签订战略合作协议等25个项目落地。

共建重大交通项目35个。铁路方面，长春—辽源—通化高速纳入国家铁路运输“十四五”规划，长春—白城快速铁路项目基本完成，敦化—长白山高铁全线开通；公路方面，长春都市圈西环线、沿图们江鸭绿江边境大通道项目获批，长太高速、长双烟高速、长双快速路等项目有序推进；航空方面，长春龙嘉机场三期项目预可研获中国民航局行业批准。

重点推动吉林大学与梅河口市生物制药研发合作、延边大学与长光卫星校企合作、吉林农业大学与通化云岭野山参合作等26个项目。重点在四平市、辽源市、通化市、白山市、延边朝鲜族自治州等地推动通化万通药业、敦化金派格药业、金域医学检验延吉医学中心实验室、长春惠生医药与梅河口四环医药研发合作等27个医药健康产业项目。推动“长春—松原—白城”清洁能源走廊建设，推进长白氢能走廊综合利用项目、锂离子电池负极材料一体化及配套项目、制氢加氢一体化示范项目。重点推动中新食品区双创产业园、白城长春共建产业园、中韩示范区、兴隆综保区、净月长白山教育高质量发展共同体等44个重点平台项目。　（张　强）

对口合作

【概况】　2022年，长春市与天津市对口合作项目26个，总投资43.53亿元。长春市与杭州市对口合作项目37个，总投资241.99亿元。

【与天津合作项目】　推动津长产业合作园和津长双创示范基地等平台和重点项目建设。渤海银行长春分行等12个项目完工，总投资15.58亿元；长春铠源再生资源利用有限公司一般固废综合利用、新型环保砖生产项目在建，总投资1亿元。长春至天津海铁联运班列常态化运行，中车长春轨道客车股份有限公司参与天津轨道交通建设，长光卫星技术股份有限公司与天津企业开展卫星发射等高端合作。

【与杭州合作项目】　复兴号智能型高速动车编入杭州第十九届亚运会亚运专列。韵达吉林快递电商总部基地等8个项目投入运营，总投资27.92亿元；裕新科技（长春）工业机器人与智能装备产业园等16个项目在建，总投资178.94亿元；阿里产业园等5个项目在洽谈推进。依托长春新区规划建设“吉浙新经济园区”、依托公主岭市建设“吉浙（公主岭）产业园”、依托净月高新区建设“吉浙服务业合作发展示范区”，“长春净月吉浙合作发展示范园区”“吉浙（公主岭）产业园”，列入吉林省吉浙合作“一市一平台”产业发展规划。　（张　强）

生态建设

SHENGTAIJIANSHE

综　述

【生态环保政策落实】 落实《关于省以下环保机构监测监察执法垂直管理制度改革试点工作的指导意见》《长春市生态环境机构监测监察执法垂直管理制度改革实施方案》，做好德惠市、农安县、榆树市和公主岭市生态环境分局上划工作，初步核定上划基数并做好年度预算项目经费安排。遵照《长春市生态环境违法行为有奖举报实施细则》，利用群防群治机制，鼓励公众参与，提供涉及环境违法行为线索。除部门预算安排经常性支出外，下达专项经费0.03亿元。（王煜淇）

【生态环境保护规划】 长春市实施《长春市生态环境保护“十四五”规划》及《长春市“十四五”重点流域水生态环境保护规划》《长春市环境空气质量达标规划》《长春市大气污染防治“十四五”规划》《长春市自然生态保护“十四五”规划》《长春市“十四五”土壤、地下水和农村生态环境保护规划》《长春市应对气候变化“十四五”规划》《长春市危险废物污染防治和核与辐射安全“十四五”专项规划》7个配套专项规划，对照《吉林省生态环境保护“十四五”规划》《长春市生态环境保护“十四五”规划》，细化分解年度任务指标，制定《〈长春市生态环境保护“十四五”规划〉2022年度主要目标任务清单》，按计划推进规划目标任务落实，年度任务全部完成。

【生态环境宣传教育】 建设新媒体宣传矩阵，召开专题新闻发布会2次，新闻通气会32次；发动报纸、电视、广播、网站、微信、微博等媒体，开展“国际生物多样性日”“六五环境日”“吉林生态日”等宣传活动，《中国环境报》《吉林日报》分别刊发报道2篇；线上开放环保设施，向公众开放85次。（赵欣颖）

【国土空间生态修复】 2022年，编制《长春市国土空间生态修复规划（2021—2035年）》《长春市国土空间生态修复实施意见》。全年治理并验收废弃矿山图斑62个63.29公顷。实施土地综合整治，九台区、双阳区“补改结合”项目提质改造耕地面积1500公顷，建设农安县新增耕地整治项目6个、九台区旱改水土地整治项目3个。（李　勇）

生态环境质量

【空气质量】 2022年，长春市环境空气质量优良天数336天，优良率92.1%，比2021年增加6天；重污染天气1天，与2021年持平；6项主要污染物浓度均达到国家环境空气质量二级标准，其中细颗粒物（$PM_{2.5}$）年均值28微克/立方米，比2021年下降3微克/立方米。环境空气综合指数3.32，比2021年下降0.24，位于东北三省省会城市首位。臭氧（O_3）8小时移动平均第90百分位数134微克/立方米，比2021年上升8微克/立方米，低于全国地级城市（339个）平均水平，

5月10日，长春市环境空气质量创有监测以来最好水平　　（李春晖　供图）

上升趋势和幅度与全国平均水平一致。

【声环境质量】 长春市昼间城市区域环境噪声等效声级平均值53.7分贝，比2021年下降1.2分贝，整体水平等级二级（较好）；昼间道路交通噪声平均等效声级69.5分贝，比2021年减少0.2分贝，道路平均车流量3113辆/时，比2021年减少16辆/时，道路交通噪声强度等级二级（较好），与2021年持平。

【地表水环境质量】 16个国考断面全部达标。全省“十四五”期间唯一劣Ⅴ类断面（新凯河公主岭市断面）历史首次消劣，长春市提前三年完成“十四五”目标任务。6个断面（沐石河大桥、十三家子大桥、杨家崴子、靠山大桥、靠山南楼、龙家亮子断面）水质由Ⅴ类目标提升至Ⅳ类。9个断面达到Ⅲ类以上水质，全市优良水体比例56.25%。与2021年相比，新增刘珍屯断面为Ⅲ类水（好水）断面。城市饮用水水源地达到Ⅲ类水质标准。

【土壤环境质量】 农用地土壤环境质量状况良好，建设用地土壤风险得到基本管控，全市未发生因耕地土壤污染导致农产品质量超标情况，无疑似污染地块再开发利用不当造成不良社会影响。年度受污染耕地安全利用率100%，保障重点建设用地安全。

【辐射环境质量】 2022年，长春市辐射环境质量监测自动站空气吸收剂量率67.8—114.5纳戈瑞，空气吸收剂量率均在天然本底涨落范围内。强化核技术利用监管，开展辐射安全风险隐患排查整治，核技术利用单位持证率保持100%，废旧放射源安全送贮率保持100%。 （赵欣颖）

黑土地保护

【概况】 2022年，长春市召开粮食安全工作暨黑土地保护工作领导小组会议，研究部署黑土地保护重点工作。落实《长春市关于全面加强黑土地保护的实施意见》，优化任务分解表，定期调度25家成员单位、17个县（市、区）。编制《长春市黑土地保护总体规划（2021—2025）》《长春市高标准农田建设规划（2021—2030）》，确定黑土地保护和高标准农田建设分区布局，合理安排相关措施实施计划。开展“吉林省黑土地保护日”系列宣传活动，开设“黑土地保护大讲堂”，人民网、《长春日报》等主流媒体开展宣传报道。配合央视《新闻联播》做好市领导采访，向全国介绍长春市贯彻落实黑土地保护利用重要举措和工作成果。组织专家开展黑土地保护、高标准农田建设等技术指导50余次。

农安县万亩级现代农业示范基地 （摄于7月19日 关晓东 供图）

【黑土地资源分布】 全市黑土区耕地面积173.18万公顷，占全省黑土耕地面积26.48%，全域基本为黑土所覆盖，是优质玉米、水稻等粮食作物主产区。长春市黑土区土壤类型包含8种，分别为黑土、草甸土、黑钙土、新积土、白浆土、水稻土、暗棕壤、棕壤。

【黑土地保护性耕作】 2022年，吉林省下达长春市保护性耕作任务70.4万公顷，占全省203.33万公顷保护性耕作任务35%。市农业农村局成立领导小组，调度检查各县（市）区落实保护性耕作面积、机具准备和应用推广情况，进行指导检查和绩效考核。县（市）区制定实施方案，实行自查验收。全市利用春耕整地前农闲时间，开办保护性耕作技术培训班110次，培训人数超过2.5万人次；春播期间投入作业服务组织4000余个，出动免耕播种机械、归行机械、苗期深松施肥机等近1.5万台（套），推广保护性耕作72.67万公顷，超额完成省里70.4万公顷保护性耕作任务。

【万亩级黑土地保护利用核心示范基地】 2022年，长春市联合中科院东北地理所、吉林省农科院、吉林农业大学等科研单位，聚焦研究黑土地保护问题，启动“黑土粮仓”科技会战。重点打造农安县万亩级现代农业示范基地，开展长春市城区及6个县（市、区）千亩核心辐射示范区建设，在黑土地保护与利用关键核心技术上开展联合科研攻关。截至年末，建成千亩示范区17个，重点集成应用保护性耕作、增施有机肥、深松深耕3项技术。 （关晓东）

伊通河保护

【概况】 2022年，伊通河靠山大桥国考断面，1—8月水质达到Ⅳ类水标准。伊通河主河道防洪标准达到200年一遇，其他水系干流达到50年一遇标准。全流域新增景观节点及健身场所100余处，新增绿地1350公顷；新增公园17座。与驻伊通河城区段单位签订安全生产责任书，实现伊通河城区段全年无火灾和安全事故。

【水体水质监测】 3月，完成对伊通

伊通河夜景　　（摄于7月28日　刘　星　供图）

河4处重点区域和部分吐口清淤工作，改善伊通河城区段水环境质量。每天排查沿线吐口排污及污水管线溢流情况，督促相关单位做好水体运维，通过信函形式向市河长办及各相关单位反映实际问题8次。进入丰水期后，每月对河道内9个主要断面、20个湖塘开展水质监测工作。全年水质检测均达标，吸引大批水鸟在伊通河城区段栖息。

【伊通河工程建设管理】 2022年，长春市升级伊通河综合治理工程给排水图纸，解决现场低洼内涝问题；绘制现状便民服务设施改造水电外网图纸27处，补充完善整体水电外网，会同相关单位现场确认供电、供水点位181处，签订供电（水）协议54份。配合长春城投建设投资（集团）有限公司完善一、二期补充初步设计。优化工程方案，签订设计、施工、监理补充合同11份。推进东荣桥至四化闸景观提升工程施工进度；启动园林维护车库（福山路北部垃圾转运站）项目后续建设；推动伊通河中心城区防洪改造工程东荣排涝站、经开2号站补充正式电接入运行；启动兴华拦河闸、自由拦河闸、小板桥橡胶坝、东天街排涝站剩余工序施工，完善水安全工程各子项目完工收尾。2022年，完成工程验收3项，工程结算3项。

【伊通河绿化养护】 2022年，长春市精细管护伊通河沿线及园区树木、绿篱、草坪修剪、松土施肥、浇水，全线开展园林植物病虫害防治，整治及清理豚草等常态化工作。开展秋季树木涂白和入冬前防冻等工作。

【伊通河环境卫生保洁】 开展苗木精细化修剪，清理灌木丛、绿篱中杂物。全年清理枯枝落叶5340立方米、建筑垃圾139立方米、生活垃圾2412立方米、水面漂浮物及干草880立方米。

【伊通河执法监督管理】 全年提供各种救助行为20余起，说服教育制止和清理烧纸、露天烧烤、非法捕鱼、禁钓区钓鱼等行为7200余次。拆除赛德桥东北角民族广场内金士百广告钟（塔）及废旧电线杆128根、废旧电缆线5800余米、废旧通信光缆1800余米。　（国　徽）

水资源保护

【水资源管理】 2022年，长春市完成河（湖）连通生态补水雾开河、干雾海河、东新开河方案审查，督促编制单位按照专家意见进行修改达到批复要求。印发《关于做好2022年度重点河湖生态流量保障工作的通知》，指导各县（市）区完成河（湖）生态流量保障目标，完成《伊通河、饮马河2022年度生态补水方案》批复，新立城水库、石头口门水库向伊通河、饮马河补水1.41亿立方米。完成对县（市）区、长春新区、中韩示范区2021年度实行最严格水资源管理制度考核工作。推进取用水管理专项整治行动，完成取水口核查登记，摸清取水口及取用水管理现状，依法规范取用水行为。印发《长春市2022年水资源节约、保护和管理工作要点》，推广区域水资源论证评估工作，批复《长春净月开发区水资源论证评估报告》《长春市绿园区小型农村供水工程、农业灌溉工程水资源论证区域评估报告》，推进取水许可审批改革工作，简化审批程序。

【河（湖）长制】 市县乡村四级河（湖）长全年巡河巡湖12万余次。完善“河（湖）长+河（湖）警长+检察长+法院院长”协作机制，开展河（湖）长制“七进”宣传活动，河（湖）长制培训首次进入党校课堂，倡导社会公众参与爱河护河工作，参与志愿者服务组织31个，志愿服务队员1.7万余名。推进“清四乱”常态化规范化，开展春季清河行动，河（湖）环境明察暗访，出动3.9万人次，清理各类垃圾2万余处，排查解决问题228个，实现河（湖）问题“动态清零”，贯通河（湖）监管“最后一公里”。实施伊通河流域五大污水处理系统“一厂一策”提质增效系统化整治工程，启动新一轮新凯河流域水污染治理项目，治理东辽河、饮马河、沐石河、卡岔河等重点河流水污染，新凯河公主岭市国考断面首次消劣，16个国控断面全部达到考核标准。

【河（湖）管理】 规范河（湖）管理范围内建设项目管理，维护防洪安全、河势稳定，维护河（湖）空间完整、功能完善、生态安全；严格涉河工程用河行为审查31项，办结26项。建设水系连通和生态补水工程，设计连通全市9条河流、2座水库，永春河、富裕河补水工程实现通水运行，完成雾开河、干雾海河和东新开河生态补水工程管线建设，编制石头口门水库一级保护区入库河流湿地可行性研究报告，编制河道提升改造工程项目可研并下发至各地。开展河湖生态放流，石头口门水库、新立城水库全年补水下游饮马河、伊通河1.42亿立方米，八一水库向新凯河生态放流620万立方米。

10月22日，长春市建成吉林省首个河长制主题公园　　（刘　星　供图）

【万里绿水长廊建设】 2022年，完成《长春市万里绿水长廊建设总体规划（2021—2035年）》，全市绿水长廊项目建设完成投资29.66亿元，建成绿水长廊450千米。

【节水型社会建设】 2022年，制定《长春市“十四五”时期建立健全节水制度政策实施方案》，明确阶段目标和主要任务，全市域、全行业、多层级开展载体建设。双阳区、九台区完成节水型社会创建工作，申报资料通过松辽委、省水利厅审查并公示，全市县域节水型社会达标建设全部完成。市水务局联合市工信局、市建委开展2022年度省级节水型企业申报和评估工作，经审核，长春市有13户企业符合申报条件。经市水务局、市建委、市机关事务管理局综合评审，214家单位被命名为第二批（2021年度）长春市节水型单位。印发《长春市水利行业节水单位建设实施方案》。2022年，创建水利节水型单位6家，符合申报条件水利行业机关单位均通过审核验收，被命名为水利行业节水型单位。市水务局联合市机关事务管理局、市教育局开展创建节水型高校8家，4所省级高校通过省水利厅验收。11月，完成吉林省节水型先进单位和先进个人拟表彰对象考核工作，长春市地区有15家单位、28名个人通过此次考核。

【节水达标创建】 全市11个县级行政区全部完成节水型社会达标创建工作；协调省水利厅争取水利发展资金226万元，用于鼓励节水载体试点单位做好节水项目改造和农业取水口计量设施建设补助；开展新一轮节水公共机构核实和认定工作，评选节水型公共机构214个；开展《地下水管理条例》《公民节约用水规范》宣传，组织节水宣传进社区、进机关等主题活动。

【水土保持监管】 召开水土保持联席会议2次，通报水土保持工作情况，建立长春市水土保持联席会议成员单位协调调度机制，针对水土保持目标责任制考核提出相关要求。2022年，通过遥感图斑核查、书面自查及现场监督检查，实现对所有在建项目监督检查全覆盖。

【饮水安全保障】 3月15日起，开展石头口门水库、新立城水源地化冰期污染源排查整治行动，通过与垃圾处理厂多方联系，处置水源地收集垃圾；10月1日至11月15日，开展新立城和石头口门水源保护区秋季污染隐患专项巡查整治行动，全域巡查水源保护区，发现问题及时整改，保证城市供水安全。石头口门和新立城水库强化日常巡查，实行网格化管理。

【首个河长制主题公园】 长春市九台区依托绿水长廊建设项目——小南河综合治理工程，建设吉林省首个河长制主题公园——新立湖河长制主题公园。主题公园位于九台区曙光大街入城口小南河新立湖生态恢复区，占地10万平方米。栽植乔木7605棵、灌木1232棵，完成绿化面积8.22万平方米。种植水生植物4623平方米，铺设园路广场透水铺装1.24万平方米。在河道内实施气盾闸主体工程，岸边建设亲水平台4个、廊架2处及木栈桥、景亭、蝴蝶雕塑、雨水花园、下沉式绿地、公共卫生间等项目。

（刘　星）

森林资源保护

【概况】 全市林业用地面积20.32万公顷。其中，有林地面积18.26万公顷、疏林地面积0.17万公顷、灌木林地面积0.24万公顷、未成林地面积0.91万公顷、其他林地面积0.74万公顷。全市有湿地面积0.9606万公顷。其中，灌丛沼泽面积0.004万公顷、内陆滩涂面积0.7559万公顷、沼泽草地面积0.0871万公顷、沼泽地面积0.1172万公顷。全市草地面积2.0592万公顷。其中，天然牧草地面积0.098万公顷、其他草地面积2.0494万公顷。优化整合后全市有自然保护地6个。

【林长制推进】 推进林长制工作，全市设立市级林长17名，县级林长219名，乡级林长1034名，村级林长2281名，设立林长信息公示宣传牌2153块，设立巡护员8805名、配置一林一警1345名，签发总林长令14份，林长制主体改革工作完成。

【森林资源保护监测督导】 2022年，印发《关于开展2022年长春市森林、草原、湿地调查监测工作的通知》《关于推进2022年长春市森林、草原、湿地调查监测工作的指导意见》，成立市级工作专班，完成国家平台更新图斑总数1.1万个，核查国家森林督查疑似图斑5200余个。印发《关于开展排查破坏自然保护地及毁林毁湿毁草问题的通知》，督导各地对本辖区范围内自然保护地和毁林毁湿毁草问题开展排查。引导各地多元化发展林业产业，新申报森林康养基地1家、森林人家1户。

2月15日，长春市城区各绿化养护管理单位防控美国白蛾。图为美国白蛾幼虫期监测
（市园林植物保护站　供图）

【林业有害生物防治】 全市常发性林业有害生物发生以食叶害虫种类危害和松树寄主受害为主。全年林业有害生物实施调查监测面积62.64万公顷，实施监测面积62.64万公顷，监测覆盖率99.99%。林业有害生物发生面积3513.33公顷，按照防治作业计划，全部采用绿色无公害药剂防治，推广赤眼蜂生物防治1126.67公顷，落实防治作业面积3146.67公顷，防治率89.55%，其中无公害防治占比97.52%，超额完成省林草局无公害防治率89%。制定《长春市松材线虫病疫情防控“十四五”攻坚行动防控实施方案》，跟进国家“松材线虫病精细化管理平台”及省“枯死变色立木核查”系统，全年处置枯黄、枯死松树7265株，开展松材线虫病春、秋季普查，全市调查松林4.78万公顷，调查监测覆盖率100%，取样松树3412株，未发现松材线虫。全市布设防控美国白蛾监测点2366个，开展越冬代成虫监测工作2次，监测诱捕美国白蛾成虫853头，同步开展幼虫调查及除治，实施化学防治面积1040公顷，释放啮小蜂3.82万茧，实施生物防治面积380公顷。联合基层社区举办“绿色家园你我共享·松材线虫大家共防”主题宣传活动，联合文化广场举办《吉林省林业有害生物防治条例》施行一周年宣传活动，发放《吉林省林业有害生物防治条例》。

【国有林场建设】 2022年，长春地区国有林总场8个，分别为榆树市国有林总场，农安县国有林总场，德惠市国有林总场，九台区国有林总场，双阳区国有林总场，莲花山国有林保护中心，净月高新技术产业开发区国有林总场，公主岭市国有林总场。2022年，榆树市国有林总场总资产3509万元，人工造林面积20.07公顷，营业总收入403万元。农安县国有林总场总资产776.5万元，人工造林面积102.8公顷，营业总收入791万元。德惠市国有林总场总资产5869万元，人工造林面积79.67公顷。九台区国有林总场总资产7927万元。双阳区国有林总场总资产9104万元，人工造林面积9公顷，营业总收入72万元。莲花山国有林保护中心1486万元。净月高新技术产业开发区国有林总场总资产194.35亿元，营业收入100万元。公主岭市国有林总场总资产7327万元，人工造林1486.67公顷，营业总收入542万元。

【基层林业场站管理】 全市有县（市）区林业站12个、林业站管理人员129人；乡镇林业机构110个，在岗396人。动态跟踪指导县乡级林业站，探索研究乡镇机构改革后乡镇林业岗位规范、管理机制、管理模式和集体林管护队伍建设，更新林业站本底调查系统数据。掌握林业工作站本底关键数据变化情况，调查核实年度本底数据、动态变化和部分数据对比分析。

【林业科研】 推进《优良观赏椴树种质资源及繁育技术研究》《美国红枫引种繁育及高效栽培技术研究》《长白山观赏和药用蕨类植物引种繁殖及高效栽培技术研究》等在研项目研究工作。《优良彩色树抗逆性研究》项目获“吉林省长白山林业科学技术奖”二等奖和“长白山林业科技创新奖”二等奖。开展科技厅、科技局项目申报工作，其中《国外椴树资源收集、评价及培育关键技术研究》《城市森林植物多样性与碳汇功能提升机制研究》2个项目在科技厅立项。提出《国外耐寒栎属植物引种筛选及繁育栽培技术研究》《抗寒月季新品种筛选及繁育技术研究》《多种林型下复合经营技术研究》《丁香属植物引种选育技术研究》等8个储备项目，开展前期研究工作。结合在研项目和储备项目开展苗木调研、资源调查、引种收集等工作，引进收集欧洲小叶椴、欧洲大叶椴等木本植物15种1.8万株、种子50千克，三叉耳蕨、猪牙花等草本植物4种小苗2000余株。设计开展抗逆性实验、叶色调控实验、扦插繁殖试验、组培繁殖试验、播种繁殖试验、孢子繁殖实验、杂交育种试验、碳汇评估调查等。开展“林业碳汇科普宣传”等科普活动，定期做好“东北植物科普园”“长春林业科技”微信公众号维护等工作。

（高吉鑫）

【净月潭国家森林公园】 2022年春季，受新冠疫情冲击，净月潭国家森林公园春季造林工作于7月27日开始，8月1日结束。5个林班、11个小班完成林冠下及林间小空地造林5.35公顷，栽植东北珍贵造林树种红松、落叶松营养杯苗1.34万株，造林地块平均成活率90%。编制《净月林场过密近熟林经营方案》，9月实施森林打草抚育作业99.3公顷，全年完成森林抚育采伐设计208.6公顷，采伐株数5655株，立木蓄积652.2立方米。净月潭国家森林公园在春秋两季防火期实施领导带班、联防联护、值班备勤、夜间巡护和瞭望塔

净月潭国家森林公园　　（摄于9月1日　胡百高　供图）

“零”汇报制度，全年挂设防火宣传条幅160余条、设置防火宣传标识35处，排查输电线路3000米、变压器50余处、涉林经营单位18个。开展林区殡葬问题专项整治，组织平坟1054个，全年清理林区易燃蒿草近200公顷，实现全年无较大森林火灾。

9月15日至10月末，净月潭国家森林公园调查公园内松材线虫病寄主林分6779公顷，调查枯黄枯死树木2631株，检测样本2631份，未发现松材线虫。11月，开展森林病虫害防治宣传活动，发放宣传彩页1000张，宣传手提袋1000余个，在公园路口设置大幅宣传展板2块，宣传森林病虫害防治重要性。全年调查病虫害2.5万余公顷次，监测覆盖率98%以上；释放赤眼蜂9万卡，释放周氏啮小蜂1亿只，防治面积7650余公顷次；完成产地检疫苗木10余万株。集中开展打击破坏森林资源专项行动，收回河沿桥南荒弃林地约4000平方米。常态化管理净莲大街，安装防护栏9处，挖防护沟400余米。配合征收部门完成轻轨三号线南延和东南湖大路延长等重大项目用地踏查和边界指认等工作，占用林地面积9.9公顷。其中，永久占地3.85公顷，临时占用林地面积6.05公顷。　（胡百高）

自然保护地保护

【概况】　2022年，长春市优化整合后有自然保护地6个，分别为榆树市1个，吉林榆树花园山省级森林自然公园；农安县2个，吉林波罗湖国家级自然保护区、吉林农安太平池国家湿地自然公园；九台区1个，吉林九台湿地省级自然保护区；双阳区1个，吉林吊水壶国家森林公园；城区1个，八大部——净月潭风景名胜区。印发《关于开展排查破坏自然保护地及毁林毁湿毁草问题的通知》，督导各地排查本辖区范围内自然保护地和毁林毁湿毁草问题。

【湿地保护】　全市湿地类型分为4类，湿地总面积9609.19公顷。其中，灌丛沼泽面积3.82公顷，内陆滩涂面积7558.9公顷，沼泽草地面积871.27公顷，沼泽地面积1172.2公顷。按区域分，分别为榆树市660.35公顷，农安县3864.1公顷，德惠市1507.84公顷，九台区1191.24公顷，双阳区508.85公顷，公主岭市789.67公顷，城区、开发区1084.14公顷。

【生物多样性保护】　2022年，长春市野生植物种类有6门153科795种。其中，真菌植物门19科57种，苔藓植物门27科50种，蕨类植物门8科17种，裸子植物门1科8种，被子植物83科629种。野生植物资源群落中，可供药用有五味子、大活、党参、苍术等150余种；可供食用有蕨菜、黄花菜、山楂、葡萄等30余种；可做饲料有碱草、草木樨等50余种。长春市野生动物资源有20目37科307种。其中，鸟类有7目8科227种，两栖类有1目4科8种，爬行类有1目4科10种，哺乳类有6目11科28种，鱼类有5目10科34种，虾类有1目2科4种，贝类有1目3科8种。以“守护蓝天精灵 共享美好家园”为主题开展“爱鸟周”宣传，开展“清风行动”和“网监行动”，出动检查人员1000余人次，检查各类场所100余处，出动执法车辆80台次，救助丹顶鹤、红隼、白鹭、猫头鹰、狍子等野生动物450余只。　（高吉鑫）

长春北湖国家湿地公园　　（摄于8月15日　贺盈智　供图）

【绿盾自然保护区监督检查专项行动】拆除波罗湖国家级自然保护区2处原废弃粮库院内钢结构存粮点。拆除2021年度整改点位抽查3处。

（赵欣颖）

【长春北湖国家湿地公园】 长春北湖国家湿地公园位于长春市中心城区东北部，坐落在长春新区北湖科技开发区，紧邻伊通河，占地面积11.97平方千米。其中，湿地面积7.37平方千米，水域面积4.6平方千米，具有湿地保护与利用、科普教育、湿地研究、生态观光及休闲娱乐等功能，是东北地区最大国家级城市生态湿地公园。分内湖区和外河区两部分。内湖区是原伊通河泄洪区、经清淤布景修筑路桥改造为湿地公园，湿地公园完成绿化面积315万平方米，柳堤上有柳树51个品种739株，包括旱柳、白皮柳、金丝垂柳、金枝柳、垂柳、龙须柳、馒头柳、三蕊柳、蒙古柳、松江柳、河柳、筐柳、大黄柳、朝鲜柳、美国纤维柳等。栽植乔木186个品种6.97万株；栽植灌木144个品种1.53万株。外河区包括橡胶拦河坝工程和开河建岛工程 。

（张 健）

【莲花山生态旅游度假区环境保护】莲花山度假区山林水田一体，绿化率34%，林地125平方千米，多为天然次生林；毗邻石头口门水库，区内大小河流近81条，温泉、冷泉储量丰富。2022年，持续开展大气污染防治、水污染防治、土壤污染防治工程，实现“全程监测、达标排放、在管可控”目标。改善辖区断面水质，26排污口全部实现规范化管理，废气达标排放，重金属污染企业风险可控，土壤污染状况调查基本覆盖。划定国土空间规划“三区三线”，编制全域26个村庄规划初稿，推进美丽乡村建设，获评“省级农业休闲示范县”，泉眼镇泉眼村获评“吉林美丽休闲乡村”，四家乡光辉村获评“长春市市级一村一品示范村”。天定河获评“吉林省美丽河湖”；天定山获评“省级水利风景区”；蒋家河绿水长廊项目作为长春市唯一入选区域，获评全省十佳。

（张育健）

节能减排

【概况】 构建“专班加小组”“小组加属地”工作机制和“五个常态”调度推进机制，推动“双碳”示范城创建。制定《长春市农药包装废弃物回收处置实施方案》，依法查处不履行农药包装废弃物回收处理责任与义务行为。编制《长春市交通运输碳达峰工作方案》，推进长春市交通运输行业绿色低碳发展。确定6月13日至19日为长春市节能宣传周，6月15日为全市低碳日。全市节能宣传周活动主题是“绿色低碳，节能先行”。全市低碳日活动主题是“落实‘双碳’行动，共建美丽家园”。开展“线上+线下”宣传活动，宣传低碳发展理念，普及应对气候变化知识。

（《长春年鉴》编辑部）

【“双碳”示范城创建】 印发《“双碳”示范城发展规划》《“双碳”示范城实施方案》《2022年工作要点》；编制《减污降碳协同增效实施方案》；组织中国能建、安捷物联等机构，编制《低碳排放示范区创建与评价指南》；举办银企对接会，6个“双碳”项目获银行授信超10亿元。2022年，项目库纳入127个项目，总投资2655亿元，开工落位89个，开工率70.07%，建成投产项目13个；制定扶持政策29项；打造技术服务平台19个；构筑引导资金池8个；制定人才引进安居政策7个。

（赵欣颖）

【农药包装废弃物回收处置】 2022年，全市回收农药包装废弃物323.6吨，处理263.3吨，投入资金968万元；全市建立农药包装废弃物回收站（点）2678个。其中，农药经营门店设置回收站（点）1205个，各行政村设置回收站（点）1367个，乡镇集中回收点等其他回收站（点）106个。下发《长市农药包装废弃物回收处置实施方案》，明确属地管理，部门职责；在全市建立“户（使用者）上交、村（经营者）回收、乡镇（街）集中（存储）、县（市）区处置”回收处置体系；利用广播电视、悬挂标语、发放宣传单、流动广播等形式，结合秋冬季农民科技培训、科普大集等活动进行宣传引导；督促指导农药生产者、经营者、使用者履行农药包装废弃物回收处理义务。

（任 源）

【工业节能减排】 2022年，一汽红旗繁荣工厂从再生能源使用、环保工艺应用及污染末端治理等环节入手，实现厂区内全生命周期节能降碳。整个厂房屋顶采用光伏发电技术，每年可节约电费100余万元。工厂压缩机热能转化率85%，供应全厂淋浴用水，借助雨水收集系统每年可节省用水上万吨。繁荣工厂运用干式漆雾过滤装置，将空气中杂质过滤到每立方米0.1毫克以下，再次送入空调系统循环利用，以使能耗降低50%。配备沸石转轮+RTO焚烧处理装置，厂内VOC（挥发性有机化合物）去除率99%，热能回收利用率95%。应用集成光伏发电和梯次电池技术，每年节约标准煤9.4万吨，减排二氧化碳23.7万吨、二氧化硫864吨。中车长客成立“双碳”组织机构，初步建立碳排放核算系统，承担2项中车减碳重大科技专项项目，完成中车年度减排绩效指标。“复兴号京张高铁智能动车组节能降碳系统工程”作为中车内唯一案例入选国家发改委节能减碳示范工程。

（孟媛媛 寇德莹）

【建筑节能】 2022年，长春市执行《民用建筑节能条例》《民用建筑节能管理规定》要求，对全市新建建筑项目在设计阶段执行相关设计标准，新建建筑设计阶段执行建筑节能设计标准100%。结合长春市老旧小区改造等活动推进既有建筑节能改造，将节能改造要求及相关规范标准编写进《长春市城镇老旧小区改造技术导则》，完成既有居住建筑节能改造36.48万平方米。

（程 游）

【交通节能减排】 2022年，长春市推广新能源车辆在城市公交、出租车等公共出行领域应用，采取政银企对接、开辟绿色审批通道等措施，完成5000台红旗新能源出租车推广应用任务。编制《长春市交通运输碳达峰工作方案》，推进长春市交通运输行业绿色低碳发展，助推全市碳达峰、碳中和。推广“绿色交通+共享交通/定制公交”等多元低碳出行模式。加大“共享单车”与轨道交通、公共交通、步行接驳力度，覆盖“最后一公里”出行盲区。落实汽车排放检测与维护（I/M）制度，落实柴油货车限行禁行规定，打击柴油货车违法违规行为；加强交通运输建设项目噪音防治，执行新修订《噪声污染防治法》，实施噪声污染防治行动。

（檀文超）

【公共机构节能减排】 2022年，长春市机关事务管理局与市水务局、市城乡建设委员会等部门组成联合考核组，对全市11家县（市）区政府、6家开发区管委会开展公共机构节水型单位建设和节约型机关创建阶段性验收。查验创建材料310份，实地抽查单位42家。审核评价全市17个县（市）区、市直机关公共机构节约能源资源工作，提取重点内容收录在长春市公共机构能源资源工作汇编中，按规定时间上报省管局。申请并获得省级节水改造资金76万元，制定《公共机构节水补助资金使用方案》，通过公开征集评审，确定补助富锦路小学、宽城区第二实验小学、同兴小学、西新镇民丰小学、劝农山镇中心小学、北湖明达学校等节水型单位节水改造工程；对集中办公区开展水平衡测试及能源审计，各项测试工作于11月末前完成，开展南关办公区生活用水水箱更换。核定建立名录库2460家。分级汇总上报年度公共机构能源资源消耗统计情况，并按时上报省管局。联合市水务局向省水利厅报送《提高用水效率 争创节水型单位 吉林省长春市大力开展公共机构节水型单位建设》并刊登在节水中国网站。 （司丹阳）

污染防治

【大气污染防治】 2022年，长春市实施燃煤、挥发性有机物、柴油货车、扬尘和重污染天气应对“五大攻坚战”。制定实施燃煤锅炉淘汰治理改造三年方案，实施清洁取暖试点城市建设。2022年，全市关停、淘汰或去功能化燃煤锅炉30台（986蒸吨），推动实施清洁取暖项目69个，20蒸吨以上非电燃煤锅炉全部达标排放；开展挥发性有机物专项整治行动，排查640家、随机抽查166家，督促整改34个问题；加强移动源动态监管，运用黑烟车遥感监测系统，抽测机动车1600.87万台次，开展路检及入户抽测，检测机动车及非道路移动机械3375台次，推进全市非道路移动机械编码登记及排放管理，落实排放检验与强制维修制度（I/M制度）；加强秸秆禁烧管控，修订《长春市农作物秸秆露天禁烧和综合利用管理条例》《长春市秸秆禁烧责任追究办法（试行）》；运用长光卫星遥感扫测城市扬尘污染源，现场核查治理扬尘源523个，重点督办整改问题点位120个；加强重污染天气应对管理体系建设，组织27户应急减排企业开展绩效分级评估，完成应急减排清单更新调整。

【水污染防治】 开展“保饮水”“增好水”“消差水”3项工作，开展全流域“查、测、溯”治理工作。推进《新凯河公主岭市国考断面及流域专项治理达标实施方案（2022—2023年）》，制定《新凯河流域水环境污染防治责任倒查工作机制》，将新凯河流域治理成效纳入对各地政府年终绩效考核；加强污水处理厂监管，流域内14家污水处理厂全部执行超低排放标准；每月对全流域157个国、省、市控断面及主要干支流进行水质监测，对新凯河等重点流域加密至每月2次；开展“千吨万人”水源地，农村集中式饮用水水源地环境问题隐患排查整治；指导县（市）区生态环境部门做好县域城市黑臭水体监测工作，经排查，全市无县域城市黑臭水体；开展县级以上地下饮用水水源地达标攻坚行动；开展入河排污口排查整治，全市1141个排污口均完成整治。

【土壤污染防治】 动态更新土壤污染重点监管单位名录至130家，履行自行监测、隐患排查、储罐排查等土壤污染防治责任，督促完善应急预案，强化落实拆除活动备案。严格建设用地准入管理，排查更新疑似污染地块4个，纳入全国污染地块土壤环境管理系统管理。落实建设用地土壤污染状况调查及评审，加强用途拟变更为“一住两公”地块管理，建立完善全市重点建设用地安全利用台账。推进地下水污染防控，制定全市地下水饮用水水源和重点污染源“双源清单”，完成全市地下水污染防治分区划分，11个国考点位所涉6个县（市）区均完成风险排查报告。

【农业面源污染治理】 完成全域2056个行政村黑臭水体排查，完善农村黑臭水体清单制31处，完成治理22处；年度治理农村生活污水82个行政村，总治理588个行政村，治理率28.6%，超额完成省考核要求；排查全市4033家规模畜禽养殖场，33个粪污处置中心，574个散养密集村；6个畜牧大县完成畜禽养殖污染防治规划编制。

【固体废物污染防治】 印发《长春市“十四五”时期“无废城市”建设实施方案》，成立工作专班。编制《长春市“十四五”危险废物污染防治和辐射安全专项规划》，开展危险废物（医疗废物）规范化管理评估和专项治理行动，发现问题273个，全部跟踪督办完成整改。建立医疗废物“平战结合”转换机制，医疗废物、涉疫生活垃圾安全处置率100%。

【污染防治项目入库】 推进项目谋划和入库，入中央项目库14个，获中央专项资金5122万元，资金支出2478.9万元，年度专项资金执行率48.4%。开展专项资金监督检查，按规定实施预算绩效管理。 （赵欣颖）

【农药化肥减量】 制定《长春市2022年化学农药减量控害实施方案》，突出东辽河、饮马河等重点水域，推广绿色生产技术和减量控害精准施药技术示范、高效植保机械、更换高效精量喷头、集成应用农作物病虫害绿色防控技术、农作物病虫害统防统治。开展玉米螟生物防治53.24万公顷、水稻二化螟生物防治3.52万公顷、水稻二化螟性信息素诱控技术示范1.95万公顷，实施水稻稻瘟病飞防作业面积9.35万公顷。制定《长春市2022年化肥绿色增效实施方案》，开展化肥减量宣传和技术普及工作，重点在玉米作物上推广以测土配方为核心的化肥减量技术。在榆树市、农安县、公主岭市、德惠市、九台区和双阳区6个县区完成4200个测土配方施肥指导；建立6个化肥减量示范区，示范面积3826.66公顷；加大测土配方技术普及力度，发放测土配方技术资料和土肥管家技术资料。 （任　源）

【一般工业固体废弃物处置】 2022年，长春市推进使用固体废物管理信息系统，组织全市一般工业固体废物、危险废物、医疗废物、城镇污水处理污泥产生单位和危险废物经营单位在"吉林省危险废物全过程智能监管平台"中依法申报危险废物、固体废物产生、收集、贮存、转移、处置、利用信息，实现全过程信息化管理。开展涉废专项检查和"清废"专项执法行动，打击非法倾倒工业固体废物污染环境犯罪行为，对工业固体废物违法行为"零容忍"。工业企业一般工业固体废弃物包括边角料及不合格产品、废包装材料等，全部集中收集暂存在一般工业固体废弃仓库，仓库建设应满足《一般工业固体废物贮存、处置场污染控制标准》（GB18599—2020）要求，定期外卖给废品回收单位回收利用。

（《长春年鉴》编辑部）

生态环境监管

【概况】 2022年，长春市运用大数据、人工智能等现代化信息技术，构建"一平台、三中心、一张网"智慧环保平台，涵盖实时监测、溯源分析、预报预警、协同监察、智慧调度、应急指挥。推进生态环境综合行政执法改革，建成涵盖市区两级700余人专业执法队伍，开展执法大练兵。健全核与辐射安全隐患排查整改长效机制，做好应急准备和演练。

【环境行政许可发放】 全年发放环境行政许可1520件。其中，审批环境影响评价文件102个（报告书39个、报告表63个）；审批入河排污口设置18个；核发排污许可246家，变更505家，延续222家，注销199家；核发危险废物经营许可证3件，延续6件；核发废弃电器电子产品处理资格许可2件；核发辐射安全许可110件，延续32件，变更16件，注销10件；审批放射性同位素转让49件。

【生态环境监测】 疫情期间，加密监测县级以上饮用水水源地。开展重点排污单位执法监测及数据公开。编制2022年重点排污单位名录，完成2022年全市排污单位自行监测信息公开。开展全市噪声监测点位优化与调整，完成农业面源污染监测点位选取。参加第三届吉林省生态环境监测专业技术人员大比武活动。以"双随机"形式对7家社会化生态环境监测机构开展监督检查。

【生态环境保护督察】 实行"两级包案"机制，制定《长春市贯彻落实第二轮中央生态环境保护督察反馈意见整改方案》。第一轮中督、省督反馈208项问题，整改完成203项，销号率97.6%；交办8710件群众信访举报案件，办结8696件，销号率99.8%。第二轮中央环保督察反馈34项整改任务，按序时完成23项年度任务，交办2150件信访案件，办结2058件，办结率95.7%。

【辐射安全监管】 开展辐射安全风险隐患排查整治，坚持排查工作"线上与线下"相结合。"线上"依托国家核技术利用辐射安全监管系统，对全市核技术利用单位开展系统数据核查；"线下"现场检查全市医疗机构、工业探伤、辐照等行业核技术利用单位，重点检查非密封放射性物质工作场所及放射性药品管理，夜查移动式X射线探伤野外使用活动。市综合行政执法支队及各分局执法人员分别与辐射监测技术人员组成检查组，针对放射源暂存场所、核医学科放射性药物注射（服药）窗口等敏感点位，同步开展辐射监测，精准提供执法依据。边排查边普法，增强核技术利用单位主体责任意识和辐射管理人员知法、守法意识。出动200余人次，专项检查放射源单位12个、放射性药物使用单位16家、固定式Ⅱ类射线装置使用单位20家及移动式X射线装置异地探伤作业单位7家，针对发现问题纳入整改清单跟踪整改。核技术利用单位持证率保持100%，废弃放射源安全送储率保持100%。开展涉镉等重金属重点行业企业排查整治。

【重点污染企业监管】 开展医疗废物废水及重点风险源、冬春季大气、春季化冰期、督察整改、夏季攻势、建设项目及排污许可、自然生态、危险废物、核与辐射安全、秋冬会战等10大专项执法行动，通过"双随机"、"四不两直"、交叉执法等方式督导企业落实生态环境保护主体责任。推进排污许可一证式管理，强化污染源自动监控监督管理，推进无人机、远程视频等非现场监管手段应用，开展第三方辅助执法。开展打击危险废物环境违法犯罪和重点排污单位自动监测数据弄虚作假专项行动。全年行政处罚312家，处罚金额1512.79万元，五类案件27起。其中，查封扣押15起，限产停产3起，移送拘留5起，涉污染犯罪4起。办理首例涉碳排放监管违法案件，查处长春新区和宽城区危废桶非法收集处置案件等一批大案要案。

【生态环境执法】 制订执法大练兵活动方案和年度执法计划；开展春季清河、秸秆禁烧、夏季攻势、秋冬会战等专项执法行动；推行行政执法"三项制度"（行政执法公示制度，行政执法全过程记录制度，重大执法决定法制审核制度），落实监管执法"正面清单"制度，开展"送法入企"，深化司法衔接，推进非现场执法，探索第三方辅助执法，综合运用"双随机"、交叉执法、专案查办、"四不两直"等执法方式，提升生态环境监管执法效能。2022年，下达行政处罚312起，处罚金额1512.79万元，五类案件27起。

（赵欣颖）

科学技术

KEXUEJISHU

科技创新

【概况】 2022年，《长春市科技创新条例》实施；长春国家农业高新技术产业示范区、长春国家自主创新示范区先后获批并启动建设；全市新增省级以上创新平台16个；新认定高新技术企业985户，总数2497户，通过评价入库的科技型中小企业总数创历史新高；一汽自主创新重大科技专项初见成效，半导体激光技术创新中心芯片领域研发成果达到国际先进水平，“吉林一号”卫星在轨运行72颗，全年获省科学技术奖211项，占全省总数77%。长春市在全球科研城市排名跃升至第35位。

【科技创新城建设】 市科技局印发长春科技创新城建设规划和实施方案以及年度建设工作要点，明确责任部门和62项重点建设任务、11项年度重点工作，统筹抓好“项目库”“平台群”“资金池”“政策包”“人才谷”等“五张清单”，完成101个重大项目入库，搭建平台群55个，谋划资金池35个，制定政策包32项，创建人才谷38个。全年入库项目落位开工87项，竣工11项，完成验收10项，进入投产阶段项目6个。按照打造1个万亿级6个千亿级产业体系要求，突出以科技创新助力重点产业创新发展。2022年1月至8月，全市生物医药产业产值194亿元，比2021年增长5.9%；电子信息制造业产值145亿元，增速高于全市工业增速10.7个百分点；汽车电子制造业产值224.2亿元，增速高于全市工业4个百分点。举办首届中国长春光电产业高峰论坛，推动光电产业对外交流合作。

2022年，长春市科技创新工作首次系统构建“大科技”工作格局，建立完善大校大院大所创新成果跟踪服务机制，市长、校（院、所）长、董事长“三长”联动机制，驻长高校院所协调机制，科技创新地区绩效考核机制，汇聚创新合力；首次建立长春市自然科学基金（省地联合专项），围绕主导产业发展和企业重大需求开展基础研究；首次采取“揭榜挂帅”方式实施一汽自主创新重大科技专项，集聚全国56家创新主体1600余名科研人员开展重大技术攻关，推行科技攻关“揭榜挂帅”模式，聚焦企业自身不能破解的技术难题，面向全国张榜征集；首次举办“自创杯”创新创业大赛，实行“以赛代评”，活跃创新创业氛围；首次上线运行长春市“科创一网通”云平台，打造云上科技局、云上科技大市场、云上科创生态圈；首次推行下沉式、清单式工作模式，创新主体摸情况、盯需求、搭平台、搞对接，通过政府的有效组织促进科技、产业、金融相结合。

【长春国家自主创新示范区建设】 4月7日，国务院批复同意长春、长春净月高新技术产业开发区建设长春国家自主创新示范区（简称自创区）。市科技局第一时间组建工作专班，推动成立由省、市政府主要领导担任组长的建设领

8月24日，长春国家自主创新示范区建设启动仪式举行。图为启动仪式现场

（邹乃硕　供图）

导小组，通过抓规划、出政策、定目标、抓落实，统筹推进自创区建设。8月24日，长春国家自主创新示范区建设正式启动，省委书记景俊海和科技部副部长邵新宇共同为长春国家自主创新示范区揭牌，科技部在长春市组织召开国家自创区建设工作推进会议。长春市锚定国务院批复的"吉林全面振兴全方位振兴创新引擎区、体制机制改革先行区、东北亚开放创新枢纽区、创新创业生态样板区、数字吉林建设引领区"发展定位，组织编制自创区空间规划、产业规划和建设实施方案，对科技创新要素指标进行细化升级，明确"R&D投入占GDP比重达到全国自创区平均水平以上，高新技术企业、专精特新企业、科技型中小企业实现倍增，数字经济核心产业增加值占GDP比重10%，本科及以上从业人员占比50%"等阶段性建设目标。统筹落实2022年度16项重点发展建设任务，推动省、市两级制定40条支持自创区建设发展的专项政策措施。长春高新区出台实施细则，净月高新区以专项债支持科创谷建设。举办首届长春"自创杯"创新创业大赛，激发创新主体热情。2022年，"科创一网通"云平台投入试运行，驻长高校院所科技成果本地转化306项，全年新增高新技术企业超过600户，科技型中小企业入库1386户，专精特新企业1037户，新增省级科技企业孵化器9个。

【《长春市科技创新条例》实施】 2月1日，《长春市科技创新条例》实施。该条例于2021年12月27日由长春市第十五届人民代表大会常务委员会第四十三次会议通过，于2022年1月14日经吉林省第十三届人民代表大会常务委员会第三十二次会议批准。市科技局把落实条例作为深化科技体制机制改革推进科技创新高质量发展的重要契机，利用各类平台载体开展条例宣传解读，牵头拟定任务分解，逐项明确具体措施，推进条例高标准落实，完成设立长春创新发展联合基金、建立创新成果跟踪服务机制等10项重点任务。

【市级科技创新计划项目】 2022年，长春市优化科技创新项目组织方式，结合"科创一网通"云平台建设，开发升级项目申报功能，推动管理方式一体化转变，打造"一网申报、一网推荐、一网审核、一网评审"的"云上科技"新模式，为创新主体提供更大便利。调整项目内容设置，在征集企业技术需求基础上，将2022年度长春市科技发展计划项目设置重点集中在一汽自主创新重大科技专项、市院科技创新合作专项、长春市自然科学基金（省地联合专项）、"自创杯"创新创业大赛、高新技术企业认定后补助、创新发展战略研究等方面，让有限资金实现最大效能。2022年，长春市科技成果获吉林省科学技术奖支持211项，占全省获奖总数77%。

【高新技术产业】 2022年，长春市认定高新技术企业985户，有效期内高新技术企业2497家，比2021年增长9.23%。全年新增注册科技型中小企业689户，总数达2963家，参评高新技术企业778家。长春市入库科技型中小企业1378户，占全省76%，比2021年增长33%。

长春市支持一汽集团发展新能源汽车产业，加快新车型市场投放步伐，红旗E-QM5、红旗E-QM5 Plus、奥迪Q4 e-tron、大众ID系列、奔腾NAT等一批重量级新能源车型集中上市；一汽解放300台氢燃料电池车成功交付，商用车产业向新能源领域加速迈进。奥迪PPE新能源汽车项目、比亚迪新能源动力电池项目年底前实现暖封闭。

高端装备制造产业完成产值452.4亿元。推动中车长客开拓国内外市场，按计划实现贵阳城际动车组项目首批6列车交付，自主研制的全国首条双流制市域轨道车辆成功运行，沙特麦加轻轨列车完成首发，哥伦比亚波哥大地铁1号线模型车下线。梳理高端装备制造产业链条，跟踪51个在建项目加快建设，谋划产业项目20个。推动中车时代电气与一汽股权合作，开展中车时代电气轨道客车牵引系统和新能源汽车电驱项目。总投资3.5亿元的吉林中科欣雨除雪及环卫设备生产项目签约，中韩（长春）国际合作示范区无人机制造产业园加快建设。

全市65家规模以上医药企业实现工业总产值286.5亿元，建设金赛药业产业园、百克生物疫苗生产基地、亚泰医药产业园配套设施及高新技术研发等一批重大医药产业化项目；中韩（长春）国际合作示范区医疗器械产业园、经开区吉林省医疗器械产业园项目进展顺利，启动圣博玛超高性能医疗器械项目。

光电信息产业全年完成产值235.9亿元，聚焦"光电+汽车""光电+装备""光电+医疗""光电+农业"四个方向，发挥长春光机所及所属企业科研和成果转化优势，推动重点项目建设。经开区光电信息产业园一期投入使用，长光辰芯、长光华大、长光大器、长光辰英等14户企业入驻。长光卫星两次成功发射，特别是2022年8月10日在中国太原卫星发射中心成功发射16颗"吉林一号"卫星，创下单次发射"吉林一号"卫星最多纪录。"吉林一号"在轨运行卫星83颗，建成中国最大的光学遥感卫星星座。

全市新材料产业产值190.5亿元。加大力度支持吉林中研高分子材料股份有限公司研发生产聚醚醚酮（PEEK）以及其他高性能聚合物，打破国外企业垄断局面。支持长春圣博玛开展医用高分子材料的合成与加工。兰舍硅藻新材料生产的硅藻泥系列产品占有率超60%。推动长春北湖精细化工新材料产业示范园、吉林鹏霖新型建材科技产业园等产业园区建设；推进长春新区特陶产业园区、吉林华阳玄武岩纤维复合材料等重点项目建设，形成龙头企业带动、产业链联动、上下游企业聚集的优势特色产业集群。

【科技创新投融资】 2022年，长春市发挥财政资金引导作用，实施科技企业贷款贴息后补助超过1.18亿元、科技成果转化贷款7090万元，科技贷款风险补偿担保贷款3.82亿元，2022年审核推荐156户科技企业申报财政纾困贴息贷款总额11.77亿元、贴息375万元。社会资本参与科技创新投资积极性提升，科技金融中心备案企业超过2800户，累计提供投融资服务超过260亿元，2022年办理投融资业务11.15亿元，为科技企业解决融资难题。科技与基金合作实现良好开局，与长兴基金合作的科技成果转化重点项目完成立项；引导长春市科技成果转化投资联盟建设，意向加盟机构

28家，注册资本超过30亿元，管理资金244亿元；市科技局被评为国家创业风险投资调查优秀单位。

【科技企业培育】 2022年，长春市通过实施专项培训、强化绩效考核、落实后补助政策等举措，培育高新技术企业和科技型中小企业。2022年，全市新认定高新技术企业985户，总数2497户，超额完成"新认定高新技术企业600户"年度任务目标。通过评价入库科技型中小企业1390户，比2021年增长34%，占全省76.2%，实现历史性突破。全市科技型上市企业66户，占总数84%。2022年，长春市培育科技型中小企业工作与评价服务工作合并开展。中小企业参评积极性持续提升，新增注册企业689户，总数2963户，参评企业1413户（含高新技术企业778户）。

【科技经费投入】 2022年，全市科学技术预算支出43039万元，市本级科学技术完成预算支出18989万元。其中，科学技术管理事务1369万元、应用研究107万元、技术研究与开发14267万元、科技条件与服务334万元、社会科学912万元、科学技术普及736万元、科技重大项目90万元、其他科学技术支出1174万元。

11月10日，首届中国·长春"自创杯"创新创业大赛·决赛颁奖仪式。图为一等奖颁奖现场 （市科技局 供图）

【中国一汽自主创新重大科技专项项目】 2月28日，吉林省、长春市支持中国一汽自主创新（关键核心技术研发）重大科技专项项目启动会在一汽NBD总部召开。吉林省科技厅、长春市科技局联合设立"一汽自主创新（关键核心技术研发）重大科技专项"，省、市政府分别投入科技资金1亿元，带动企业自筹2.1亿元，总额4.1亿元，支持一汽自主创新，确定9大项目29个课题，包括清华大学等32家创新主体的813名科研人员联合攻关，突破产业"瓶颈"带动汽车产业发展。11月14日，2022年度一汽自主创新（关键核心技术研发）重大科技专项确定支持的12个项目30个课题面向全国张榜。揭榜单位确定后，省市科技创新专项资金以及一汽集团和相关企业将给予4.14亿元资金支持。

2月28日，吉林省、长春市支持中国一汽自主创新（关键核心技术研发）重大科技专项项目启动。图为颁发重大科技专项项目任务书 （市科技局 供图）

【长春光机所青年"双创"基地启动】 8月5日，长春光机所举行"以光聚智 科技赋吉"长春光机所青年双创基地启动仪式。吉林省委副书记、省长韩俊，长春光机所所长贾平，以及来自吉林省、长春市、经开区有关部门和单位主要负责人，高校代表，科研院所代表，专精特新企业代表，金融投资机构代表及创客代表等70余人出席启动仪式。

【首届"遥感·创新大会"开幕】 8月26日，由长光卫星技术股份有限公司主办的首届"遥感·创新大会"在长春开幕。大会以"创新发展 合作共赢"为主题，邀请全国专家学者、行业精英，共同探讨和分享卫星领域前沿研究成果，加强遥感学术交流合作，促进遥感理论和技术创新，推动航天产业更好更快发展。来自国家对地观测科学数据中心、中国资源卫星应用中心、天津海事局等200家单位的300余位专家学者、行业精英参加大会。

【国内首例重卡实车气动声学风洞试验】 9月16日，一汽解放利用航空工业气动院（哈尔滨）FL—10风洞成功完成国内首例重卡实车气动声学风洞试验。该次试验历时13天，覆盖多款车型，标志着中国商用车行业气动噪声测试取得重大突破，填补国内重卡气动声学风洞试验空白。

【首届中国·长春“自创杯”创新创业大赛】 9月至11月，长春市科学技术局、长春新区管委会、长春净月高新区管委会联合举办以“自主创新，激情创业”为主题的首届中国·长春“自创杯”创新创业大赛，102家企业参加竞赛，32家企业获大赛奖项。该赛事是贯彻《吉林省人民政府关于支持长春国家自主创新示范区建设的若干意见》、推动长春自创区建设的重要举措，旨在发现、吸引、举荐、培养创新创业人才，促进科技成果转化，搭建科技创新创业平台，引导获奖企业融入长春市创新驱动发展战略全局，让更多科技成果落地转化，加快推进科技创新城建设。参赛的102户企业参评项目全部围绕生物医药及医疗器械、智能装备制造、航天航空、光电信息、新材料、现代服务业、生命健康、影视文化旅游、数字经济、现代农业等产业。中油智科（吉林）技术装备有限公司的油水井井筒机械除垢技术、吉林省东驰新能源有限公司的长寿命固态锂电池产业化项目分别获得成长企业组和初创企业组一等奖。

（曲　莉　王本轩）

科创平台

【概况】 2022年，长春市有市级以上科技企业孵化器（众创空间）122家，其中国家级孵化器17家；国家级众创空间20家，按区域划分：长春新区41家、净月开发区28家、经开区9家、汽开区5家、中韩区1家、朝阳区18家、绿园区3家、宽城区4家、南关区10家、二道区2家、九台区1家。专业型孵化器（众创空间）21家，综合型科技企业孵化器（众创空间）101家。

长春市推动科技创新平台载体建设与发展。涌现出摆渡创新工场、吉林省光电子产业孵化器、富晟汽车部件双创平台、北湖科技园等一批典型，在带动就业、培育科技型中小企业和高新技术企业及促进经济增长方面发挥辐射带动作用，孵化金赛药业、百克生物、吉大正元、博立电子、长光卫星、大正博凯、吉达自动化、迈达医疗、日辰光电、登泰克材料、博坤生物等一大批科技企业。

【政策引导扶持】 2022年，长春市委、市政府相继出台《中共长春市委、长春市人民政府关于大力推进科技创新的实施意见》《长春市人民政府办公厅关于发展众创空间推进大众创新创业的实施意见》《长春市科技企业孵化器和众创空间认定管理办法》《长春市科技创新条例》等政策文件，注重加强政策引导和扶持力度，促进科技创新平台载体建设与发展。

【重大科技研发平台建设】 2022年，全市新增省级以上创新平台16个，省级新型研发机构25家。制定平台建设实施方案，统筹实施重大平台落地、传统平台更新、新型平台建设、成果转化平台优化、创新要素融汇五大行动，建好用好国家重点实验室，推动“黑土地保护与利用”国家重点实验室纳入中科院国家重点实验室建设重组序列，与“湿地与生态”国家重点实验室均提交中科院申报系统。有序推进吉林大学“综合极端条件实验装置”等一批前瞻性、引领性重大基础设施项目建设工作。国家半导体激光技术创新中心高温和高垂直腔面两款芯片研发成果达到国际先进水平，国家汽车智能技术创新中心建设方案上报科技部，高质量完成超算中心建设调研论证工作。

【专业化科技企业孵化器建设】 2022年，长春市召开“摆渡创新工场典型经验推广现场会”，推广“摆渡”双创经验模式。开展2022年度市级科技企业孵化器（众创空间）认定工作，对23家省级主体进行考核评价推荐，全市新增省级及以上科技企业孵化器4家、省级及以上众创空间10家，国家级科技企业孵化器占全省71%、众创空间占全省83%。

【产学研融合平台】 2022年，长春市围绕产业需求开展技术研发，面向全市高新技术企业征集建立企业技术需求。通过举办企业技术需求对接会，为技术专家与企业提供一对一交流平台，全年组织技术需求发布会3场，促成中车长客、永利激光、小白智能与光机所，中车长客、中科金盛与应化所，合心机械、艾希技术与长春工业大学等洽谈合作。

【科技成果转化服务平台建设】 10月，长春市“科创一网通”云服务平台启动试运行，打造全市科技服务和科技成果转化的重点公共服务平台，围绕“聚合、服务、共享、交易、转化”五大功能，集成果展示、信息发布、技术交易、项目管理、资源整合、政策查询、数据统计等功能于一体。

（曲　莉）

科技人才

【高端科技创新人才】 2022年，长春市制定《2022年院士长春创新创业项目申报指南》，起草《长春市大科学家创新创业服务实施方案》《大科学家创新创业服务若干政策》，加大支持力度，提升对高端科技创新人才（团队）吸引力，截至年末有在长院士24人，院士工作站9个。通过省级专家评审，向科技部推荐领军人才6人、青年拔尖人才4人。

【高校毕业生留长】 2022年，实施“长春市百万大学生留长工程”，出台《关于积极应对疫情影响促进高校毕业生来（留）长就业创业的若干措施》，建立长效工作体系，形成党政校企联动的工作格局，全市开发高校毕业生岗位11.2万个，实现高校毕业生留长8.16万人，其中应届高校毕业生5.3万人。全年留长高校毕业生10.3万人。

【涉外引才引智】 2022年，长春市以“高精尖缺”为导向，以保障现实有效需求为重点，标准化、规范化推进涉外引才引智工作，全年办理来华工作许可400个，审发外国高端人才确认函44件，超过前两年总和，获批科技部外国高端人才项目2个，获2022年度中国政府友谊奖1人，有10名外籍专家获评“长春友谊奖”。专班服务奥迪一汽新能源汽车项目，为该项目审发外国高端人才确认函41件，100%为A类高端专家，该项目成为长春市唯一全A类聘用高端专家单位。（曲 莉）

科技成果转化

【概况】 2022年，长春市首次建立科技成果供需清单，常态化组织供需对接，全年收入科技成果项目和科技需求分别超过1000项，组织对接105场，驻长春市高校院所科技成果本地转化306项，比2021年增长2.15倍；首次开展科技成果成熟度、先进度、创新度评价，建立“长兴·科创”对接机制，入库项目80项，完成4个科技成果转化项目投资4500万元；首次组建科技成果转化投资联盟，28家投资机构参加，管理资金超过240亿元，助力企业找投资、投资找项目；建立科技成果评价机制，评出三大类九个等级，对一类科技成果重点支持。

【科技成果转化对接】 2022年，长春市建设科技成果供需双选对接平台，梳理高校院所科技成果清单，征集吉林大学、长春光机所等高校院所拟转化科技成果1282项；全年举办企业进高校、科技成果发布会、项目路演会等各类活动105场。发挥长兴基金助推作用，组织“长兴·科创”项目路演及投资对接会40场，入库项目81项，实地考察项目30项，重点项目全部立项并开展尽职调查。全年推动驻长重点高校院所科技成果本地转化306项，占转化项目总数63.5%，合同金额占总金额55%。

【转化对接服务活动】 5月20日，市科技局召开康宁杰瑞（吉林）生物科技有限公司和专家对接精准服务视频会议，邀请中科院长春应化所、吉林大学、东北师范大学、吉林农业大学等与企业需求相关领域专家为企业提供技术指导。5月23日，长春市科技局召开长春市科技领域碳达峰碳中和工作线上调研座谈会，吉林大学、东北师范大学、长春工程学院、长春工业大学“双碳”工作领域专家参加座谈。5月26日，市科技局在长春科技大市场召开长春“科创一网通”云平台建设工作推进会。6月1日，长春市科技局主办，长春科技大市场承办的“2022年长春市第一期科技成果专家评价会”在长春科技大市场召开。6月7日，市科技局组织市国投集团、市股权投资基金、上海优势资本、吉晟资产等国有及民营投资机构与吉林省东驰新能源科技有限公司洽谈对接，推动聚合物固态锂电池科技成果转化。6月8日，举办由长春市科技局主办、长春科技大市场承办、中科院长春光机所协办的“2022年首场企业技术需求对接会”。6月9日至10日，长春市科技局联合东北师范大学、长春工业大学在长春科技大市场举办2场驻长高校院所科技成果发布会，2所高校发布“聚合物固态锂电池的研究与开发”等8项科技成果，与会企业与成果科研人员完成对接。6月15日，举办长春市科技局主办、长春工业大学协办、长春科技大市场承办的2022年第二场企业技术需求对接会，合心机械等10户企业介绍企业在生产研发过程中遇到的技术难题，长春工业大学10余位技术专家针对企业提出的技术需求进行一对一对接交流。6月24日，长春市科技局联合长春市股权投资基金管理有限公司举办首场“长兴·科创”项目路演暨投资对接会，东北师范大学、长春理工大学、吉林农业大学、中科院长春应化所和东北地理与农业生态研究所等5家单位介绍“人参糖系列产品研发”“全光纤脉冲激光器”等6个项目情况，吉林省中科创业投资管理有限公司、吉林省沣昀投资咨询有限公司等7家投资机构现场进行交流对接。6月28日，举办由长春市科技局主办、中科院长春应化所协办、长春科技大市场承办的“2022年第三场企业技术需求对接会”，中车长客等8家企业分别介绍企业在生产研发过程中遇到的材料轻量化等11项技术难题，中科院长春应化所20余位技术专家针对企业提出的技术需求进行一对一对接交流。7月7日，市科技局在长春工业大学举办长春工业大学与华为技术有限公司专场对接会。

【“吉林一号”MF01A星出征仪式在航天信息产业园举行】 3月7日，长光卫星技术有限公司在航天信息产业园举行

表66　2022年长春市国家级技术转移示范机构一览表

序号	单位名称	认定时间
1	吉林大学工业技术研究总院	2014年9月
2	中国科学院长春光机所精密仪器与装备研发中心	2014年9月
3	中国科学院长春技术转移中心	2014年9月
4	中国科学院长春应用化学研究所技术转移转化中心	2012年10月
5	长春技术产权交易中心	2012年10月
6	吉林省科技开发交流中心	2011年6月
7	长春市科技信息研究所	2008年8月
8	长春中俄科技园	2011年6月
9	吉林省创新医药公共服务平台有限公司	2015年1月
10	长春工业大学技术转移中心	2015年1月

（市科技局）

2月27日，10颗“吉林一号”卫星在文昌航天发射场发射升空

（长光卫星技术股份有限公司　供图）

“吉林一号”MF01A星出征仪式。该星是由长光卫星根据立方星设计理念自主研发的柔性卫星平台，能根据不同载荷的集成需求，进行灵活单机变换，定位于20公斤级的多功能业务化卫星平台，支持载荷长期三轴对地工作，可适配遥感、通信、导航等多种载荷。

【10颗“吉林一号”卫星在文昌航天发射场发射】　2月27日，中国在文昌航天发射场用长征八号遥二运载火箭将22颗商业卫星发射升空，创造中国单次发射卫星数量最多纪录，其中10颗卫星由长光卫星技术股份有限公司自主研发。该次发射是“吉林一号”卫星工程的第17次发射，卫星入轨后会与“吉林一号”星座组网，为自然生态、农林牧业、智慧城市等服务。　（曲　莉）

高校科研

【吉林大学科研】　2022年，吉林大学全年自然科学到账经费16.87亿元。合同经费超千万元项目（课题）21项，国防科研经费连续4年突破亿元。“汽车底盘集成与仿生”全国重点实验室获批建设，院士于吉红牵头的“分子筛催化材料的分子工程学”基础科学中心项目获批，“知识驱动人机智能”教育部工程研究中心等5个部委平台获批。全年获批科技部项目21项，合同金额3.5亿元；获批国家自然科学基金委项目350项，合同金额3.07亿元。材料科学与工程学院连建设教授研究团队与国内外研究团队合作，对超高强纳米金属的应变硬化提出一种新的机制，相关成果在国际顶级刊物*Nature*发表。“航空重力梯度仪研制”项目通过专家结题评审，标志中国成为继美国之后世界上第二个掌握航空重力梯度仪核心技术的国家；可回收式冰下湖热融探测器工程样机，累计钻进深度超过500米，使中国冰下湖探测技术迈入国际一流行列。于院士吉红与香港城市大学教授王钻开与法国巴黎文理研究大学教授David Quéré合作，在*Nature*报道一种结构热装甲，将极端高温环境下高效液体冷却由不可能转化为可能，彻底解决困扰科研界和工业界266年的莱顿弗罗斯特效应带来的热学难题。布局建设学科交叉青年创新等15个团队。4人获批国家杰出青年基金项目，5人获批国家优秀青年基金项目，5人入选“万人计划”领军人才。物理学院教授刘寒雨获评中国物理学会高压物理专业委员会第三届“高压科学卓越青年学者”。黄大年纪念馆入选首批科学家精神教育基地。启动吉林大学哲学社会科学高质量发展行动计划，召开哲学社会科学工作会议，成立吉林大学社会科学研究院。哲学社会科学到账经费9678.32万元。获立国家社科基金重大项目4项，国家社科基金年度和青年项目44项。发表权威期刊论文25篇，其中孙正聿、李海平、张福贵、方毅、刘柏等5位学者标志性成果分别在《中国社会科学》（中英文）刊发；4部书稿获立国家社科基金后期资助项目；2部书稿入选《国家哲学社会科学成果文库》；孙正聿著作《掌握“看家本领”》入选第十六届精神文明建设“五个一工程”；3项成果获第八届“钱端升法学研究成果奖”；222份研究报告被相关部门采纳应用，比2021年度增长10%；45份研究报告得到省部级以上领导肯定

8月28日，吉林大学东北与东北亚研究院成立大会举行　（市教育局　供图）

性批示，比2021年度增长22%，其中15份报告得到国家领导人批示。《人口学刊》入选“2022中国最具国际影响力学术期刊”，《情报科学》入选“2022中国国际影响力优秀学术期刊”，《史学集刊》刊发文章入选中国历史研究院评选的年度中国历史十佳论文。成立“吉林大学东北与东北亚研究院”国家高端智库。边疆考古研究中心在教育部新一轮人文社会科学重点研究基地测评结果为优秀，多项数据指标名列第一。生物考古实验室制定首部国家烈士遗骸搜寻、发掘行业标准。首次发布《中国冰雪经济发展指数报告》，首次提出具有中国特色的冰雪经济理论“冰雪经济飞机理论”。理论思维讲习班成效凸显，2位学员为2022年度国家社科基金重大项目首席专家。

【东北师范大学科研】　2022年，东北师范大学文科科研持续高水平发展，全年获立国家社科基金、教育部人文社科和全国教育规划项目70余项。其中，国家社科基金重大项目3项、重大专项2项，教育部重大课题攻关项目2项，国家社科基金（教育学）排名全国第三；2篇研究报告分别得到党和国家领导人、吉林省委书记批示；学者入选首批中国历史研究院“学者工作室”，全国仅5人。理科科研取得进一步突破，全年获批科研经费比2021年度增长8.1%，其中国家重点研发计划项目经费比2021年增长171%；国家自然科学基金继续保持较高资助率，直接经费4183万元，其中面上项目资助率高于全国平均水平10个百分点，青年项目资助率两倍于全国平均值；国家高层次人才项目取得突破性进展，其中获批“杰青”项目2项、“优青”项目1项，年度获批数量为历史最高值；获得教育部高等学校科学研究优秀成果奖等各类科技奖励11项；获批教育部工程研究中心1所；知识产权转让经费1000万元。

【长春工业大学科研】　2022年，长春工业大学获国家自然科学基金资助12项，其中面上项目8项、青年基金3项、天元基金1项，获得国家社科基金4项，教育部项目1项，中国科协项目1项，发表高水平学术论文400余篇；主持承担国家重大科技专项1项，国家重点研发计划项目1项，国家自然科学基金区域创新发展联合基金项目2项；作为吉林省打造“中国碳纤维产业高地”依托单位，牵头组建吉林省高校碳纤维（化工新材料）产业学院协作体，新增省级科研平台6个，作为第二参加单位新增平台1个；《关东学刊》入选中国社科院AMI综合评价核心期刊（扩展版）；深化产学研协同合作，成果转化56项，服务企业270余户，新增产值近百亿元；获得吉林省科技进步二等奖2项，吉林省自然科学奖二等奖2项，科技进步三等奖2项，自然科学奖三等奖2项；学校国家技术转移示范中心在全省考核中获评优秀等级。

【长春大学科研】　2022年，长春大学获授权专利38件，与企事业单位签订服务合同72件，到账金额665.85万元，创历史新高；2022年申请的“残障人士智能康复及无障碍”教育部重点实验室完成立项公示，在跨学科交叉应用基础研究和工程化方面跃上新台阶；获批教育厅立项建设校企联合技术创新实验室2个；两刊杂志在学术影响的重要指标“影响因子”“基金论文比”“总被引频次”“他引率”稳中有升。

【长春师范大学科研】　2022年，长春师范大学科研立项数量稳步增长，全年获批各级各类科研项目248项，其中国家级项目10项，科研经费总量比2021年增长2100万余元。全年发表学术论文1000余篇，其中CSSCI、SCI、EI等高级别论文190余篇，获得授权专利25件，资助出版学术专著15部，获省级政府奖4项。推动科研平台建设，成立科技创新研究院，获批吉林省科技发展战略研究中心1个，获批吉林省校企联合技术创新实验室3个，入选吉林省科技创新中心1个。推动科研成果转化，积极与企业对接，成功转让与授权“软枣猕猴桃优良品种的繁育推广及熊蜂增产技术的应用”项目。

【吉林工程技术师范学院科研】　2022年，吉林工程技术师范学院获立各级各类省级以上项目213项，科研活动经费6000余万元；发表论文216篇，其中被SCI、EI、CSSCI等收录期刊论文111篇，核心期刊论文24篇；获授权专利65件，其中发明专利31件；获登记软件著作权30件；出版学术专著4部；获吉林省科学技术进步奖1项；在域内外转化科技成果24项，实现历史性突破。新增1个省级重点实验室、3个省级校企联合技术创新实验室（立项培育）；获得吉林省第一批国家专利局快速预审资质。

【长春科技学院科研】　2022年，长春科技学院修订《科研奖励管理办法》，制定《博士科研启动基金管理办法》。全年立项吉林省科技发展计划项目2项、吉林省教育科学规划项目2项、吉林省教育厅科研项目5项、省级学会项目35项。申报吉林省工信厅、教育厅校企联合技术创新实验室2个，吉林省高等教育研究基地3个，评估验收吉林省高等教育研究基地1个，协助筹建乡村振兴研究院。“高科技鹿产品研发技术创新实验室”获批2022年度吉林省校企联合技术创新实验室。全年发表学术论文86篇，出版著作4部，获批专利15项。申报吉林省和长春市社科优秀成果奖、第四届吉林省专利奖等25项，获第五届吉林省标准创新贡献奖一等奖1项，吉林省优秀高教科研成果奖10项。教授李金荣研究撰写的《关于组建吉林省航空公司加快服务和融入新发展格局的建议》得到吉林省省长韩俊和副省长吴靖平批示，并责成省发展改革委牵头落实。

（顾苑佳）

中国科学院长春分院

【概况】　中国科学院长春分院是中国科学院的派出机构，于1978年5月恢复成立。中国科学院在吉林省院属单位有长春分院机关、长春光学精密机械与物理研究所、长春应用化学研究所、东北地理与农业生态研究所及国家天文台长春人造卫星观测站。中科院长春分院负责中国科学院的技术与成果在吉林省区域内转移转化工作，为与吉林省合作的中科院研究所提供合作信息、争取有效资源，为项目合作提供持续保障服务。2022年，省院双方共同推动科技创新与科技成果转移转化，联合召开各类科技成果展会、对接会和洽谈会近30次。组织接待地方政府、企业到苏州医工所、沈阳金属所、武汉病毒所等院属研究机构考察、调研和项目洽谈近90次，全年带动吉林省企业新增销售收入超90亿元，利税超10亿元。2022年，中科院长春分院系统获吉林省自然科学奖一等奖3项、二等奖4项、三等奖1项；吉林省科技进步奖一等奖3项、二等奖2项；吉林省科学技术一等奖1项、三等奖1项。

【人才发展】 2022年，中科院长春分院系统有科技人员3258人。实有中国科学院院士9人，发展中国家科学院院士3人。设有博士点23个，硕士点29个，实有国家级突出贡献专家4人，吉林省突出贡献专家66人，国家杰出青年科学基金获得者30人，国务院政府特殊津贴79人，博士后流动站8个，实有在学研究生2733人。吉林省高级专家22人，吉林省拔尖创新人才98人。2022年，中科院长春分院系统2人入选WRLJ计划，1人入选QR计划，5人入选基金委优青项目，3人入选海外优青项目，引进B类BR候选者10人，20人当选中科院青促会会员，2人被评为青促会优秀会员，11人获“中科院区域发展青年学者”项目支持。

【长春光机所科研成果】 2022年，长春光学精密机械与物理研究所（简称长春光机所）研发宽禁带半导体点缺陷的单体光电特性表征仪器系统实现单体点缺陷拉曼光谱成像分辨率优于0.4纳米，达到国际最好水平；在国内首次研制完成200—250纳米深紫外发光二极管，可应用于短距保密通信、疫情防控等重大需求；高温工作单模VCSEL功率4.1兆瓦，超过国际水平2倍，为国际报道最高功率纪录，满足原子钟、量子陀螺仪等量子精密测量仪器需求。针对第二次青藏高原科考需求，研发小型化、低功耗温室气体廓线分析仪，达到国际领先水平。5月，该仪器搭载在浮空艇上实现9032米作业高度青藏高原珠峰区域甲烷/二氧化碳廓线高精度、高分辨率观测，为青藏高原科学考察研究提供关键技术支撑。11月，长春光机所研制完成的全球首套深海原位生物基因测序仪进行1800米功能性海上试验，对自带生物样品进行测序和分析。水稻种子活力无损检测分选设备样机分选后种子发芽率较分选前提高15%以上，12月3日通过验收。以中国工程院院士、华南农业大学教授罗锡文为组长的专家组评价认为：“该成果填补光学无损检测与分选水稻种子活力研究的空白，居国际领先水平。与哈工大联合研制“问天舱机械臂”突破七自由度控制、高精度定位等关键技术，在辅助出舱、自主转移、组合机械臂协同等在轨应用中表现优异，配合“神十四”航天员完成出舱首秀。研制国内首台空间莱曼阿尔法太阳望远镜10月9日随“夸父一号”卫星顺利入轨，获取中国首幅莱曼阿尔法波段全日面图像和空间360纳米波段全日面图像，标志中国空间莱曼阿尔法和360纳米波段全日面观测零的突破，使得中国该波段太阳观测具有自主数据来源。

【长春应化所科研成果】 2022年，长春应用化学研究所（简称长春应化所）突破仿生橡胶合成及工程化、数字轮胎工业软件、部件材料多尺度疲劳预测、航空轮胎精准制造和可靠性评价策略等5项关键技术，仿生橡胶千吨级装置实现开车，实现仿生橡胶航空轮胎全流程技术链条贯通。突破大面积、高强度超薄电解质单电池高一致性批量化制造技术，提出基于多重分子间作用力驱动的稀土生物材料构筑策略，开发电化学界面示踪技术和普适性的电化学/荧光双模生物传感新方法，实现复杂电极反应下纳米级空间追踪。5月15日，中国自主研制“极目一号”Ⅲ型浮空艇从海拔4300米科考营地升空，海拔高度9032米，创造浮空艇大气科学观测世界纪录，中国第二次青藏高原综合科学考察研究“巅峰使命”珠峰科考获得又一成果。《新闻联播》《人民日报》《光明日报》等媒体报道，《人民日报》报道称“本次系留浮空艇的艇体材料，是一种由我国自主研发的轻质低密度高强抗辐射复合织物材料，在珠峰地区严苛的环境条件下应用尚属首次，具有重大的科学研究和工程应用意义”。该浮空艇艇体材料是中科院长春应化所自主研发系列多层复合材料之一，具有轻量化、高强度、耐候性和耐损伤性好等特点。中科院长春应化所自1998年开始囊体材料方面研究工作，先后支撑中国多型浮空器任务，具备材料研发、性能检测和批产供货保障能力。

【东北地理所科研成果】 2022年，东北地理与农业生态研究所（简称东北地理所）夯实传统育种技术，突破分子育种技术“瓶颈”，“东生”系列大豆新品种培育与推广成效显著。培育出“东生”大豆新品种31个，“东生7”大豆品种被遴选为农业农村部2022年粮油生产主导品种，耐盐碱大豆新品种“东生118”被列为吉林省主导品种，支撑国家大豆扩种计划。

【长春人卫站科研成果】 2022年，国家天文台长春人造卫星观测站（简称长春人卫站）60厘米激光测距系统持续为国内外科研团体提供激光测距数据服务，为卫星精密定轨、地球动力学研究、特定空间目标预报、预警等领域作出贡献。全年观测数据总量19413圈，3.8亿个有效观测数据点，夜间观测数据15287圈，白天观测数据4126圈，激光测距服务组织数据中心公布的全年观测数据统计排名中，长春人卫站总观测数据量居世界第二位，高轨卫星观测数据量居世界第一位。（项　尚）

科技交流合作

【中俄科技交流合作】 2022年，市科技局协调中俄科技园对接国际平台，参加或举办国际会议和项目对接会。6月22日，长春中俄科技园联合俄罗斯科学院西伯利亚分院煤炭化学与化学材料学研究所、俄罗斯科学院西伯利亚分院催化研究所和俄罗斯特罗伊茨克纳米技术中心开展“中俄新材料领域项目对接会”。

【中白科技交流合作】 依托中白科技园推进国际科技合作，吸引优质创新资源和项目积聚，中白精准医疗器械研发中心项目完成场地规划并签署样机采购合同，确定C/C复合材料测试与研发中心项目合作模式，解旋生命科技干细胞项目进入研发阶段。4月21日，白俄罗斯—中国创新之桥论坛在白俄罗斯明斯克市、上海市、长春市三地同步举行。

7月10日，白俄罗斯驻华大使尤里·先科率团参访中白科技园，尤里·先科一行在园区主要负责人陪同下参观园区建筑和独具白俄罗斯特色的景观环境，在国际合作成果展厅，详细听取园区建设发展情况和中白技术交流、合资合作企业入园发展情况。9月22日，第二届中国—白俄罗斯创新论坛暨长春中白科技园管理委员会工作会议在长春召开，中白双方围绕新能源、新材料、先进设备制造等领域进行推介和交流。

（曲　莉）

【“科学玫瑰”活动】 2022年3月8日，长春光机所联合iCANX科学平台、美国光学学会（Optica）、IEEE光子学协会、Light学术出版中心以及北京大学世界课堂共同筹划组织“科学玫瑰魅力绽放”活动。该活动采用网络直播、学术报告与主题讨论相结合形式，设上下两个半场，总参与人数5.6万人。“科学玫瑰”活动是2015年由长春光机所为响应联合国“国际光年”而发起的面向全球女性科研工作者的重要学术交流活动，2022年是“科学玫瑰”活动的第五届，邀请12位来自世界六大洲的优秀科研界女性参与，布宜诺斯艾利斯大学教授Sandra Martinez、南加州大学助理教授Mengjie Yu、加利福尼亚理工州立大学讲师Isinsu Baylam、得克萨斯大学奥斯汀分校教授Xiuling Li、麦考瑞大学教授Judith Dawes等专家作学术交流报告。

【中俄空间光学研讨会】 7月22日，长春光机所与俄罗斯科学院天文所联合举办中俄空间光学研讨会，会议聚焦世界空间天文台紫外项目进展、真空紫外和软X射线光学技术、在轨组装空间望远镜、太阳辐射计量研究等议题。中俄空间光学研讨会8个报告。俄方报告主要介绍世界空间天文台紫外项目进展和光学设计方案、CSS光谱仪、国际月球科研站（ILRS）月基紫外光学望远镜设计理念等。长春光机所介绍长春光机所在VUV、软X射线光学、在轨组装空间望远镜的最新进展、风云三号太阳辐射监测仪工作进展和空间多光谱与高光谱光机设计研究工作。

7月22日，第二届黑土地保护利用国际论坛暨第八届梨树黑土地论坛在长春开幕

（邹乃硕　供图）

【第五届东北亚资源、环境和可持续发展国际会议】 8月23日至26日，由俄罗斯科学院索恰瓦地理所、中科院东北地理所等单位共同主办的第五届东北亚资源、环境和可持续发展国际会议在伊尔库斯克召开。会议得到俄罗斯、蒙古和中国学者关注，150余位报告人采用线上和线下相结合方式分享最新研究成果。会议延续东北亚例会传统，落实2018年签署的促进黑龙江（阿穆尔河）流域自然资源科学管理与生态环境有效保护的《长春宣言》。

【第二届黑土地保护利用国际论坛在长春举办】 7月22日至23日，吉林省人民政府、农业农村部、中国科学院与中国农业大学在长春共同举办主题为“健康土壤与粮食安全”的第二届黑土地保护利用国际论坛暨第八届梨树黑土地论坛。省委书记景俊海出席开幕式并讲话，省委副书记、省长韩俊主持开幕式。12个国家和国际组织驻华代表，280余名来自世界主要黑土地国家代表、国际土壤学界知名专家线上线下参会，围绕黑土地与粮食安全、黑土地多功能性与可持续发展、保护性耕作等议题展开研讨，发布黑土地保护利用国际论坛长春倡议。

【中国化学会第七届全国生物物理化学大会在长春举办】 2022年8月18—21日，由中国化学会生物物理化学专业委员会和中国科学院长春应用化学研究所共同主办，电分析化学国家重点实验室和化学生物学实验室承办的第七届全国生物物理化学大会在长春市召开，近300位专家学者参会。会议旨在促进国内生物物理化学领域研究人员之间的交流与合作，为国内生物物理化学领域同行提供学术交流的平台。（项　尚）

教　育

JIAOYU

综　述

【教育事业发展规模】 2022年，长春市有各级各类学校2087所（含幼儿园），教师11.7万人，学生198.4万人。其中，独立设置幼儿园1110所，在园幼儿14.34万人，专任教师1.37万人；小学413所，在校生44.53万人，专任教师3.63万人；初中326所，在校生22.7万人，专任教师2.23万人；普通高中87所，在校生16.3万人，专任教师1.83万人；中等职业学校90所，在校生5万人，专任教师0.38万人；特殊教育学校11所，在校生1347人，专任教师343人；在长普通高校43所，在校生95万人，专任教师2.85万人。其中，市属高校6所，在校生5万人，专任教师1991人（包括市属高职高专学校4所，在校生4万人，专任教师1740人）。校外培训机构946所。其中，高中学科类校外培训机构233所，非学科类校外培训机构716所。

【中小学素质教育】 2022年，长春市开展“大疫情 大课堂”“开学第一课”等系列德育主题活动，制发推进幼小初高一体化德育体系建设相关文件；完成2022年全国中学生田径锦标赛和冠军赛两项国家级赛事承办任务，开展学生冰雪体育课活动，印发《关于全面加强和改进新时代中小学校体育工作行动方案》；召开全市义务教育学校课后服务质量提升工作部署会，印发课后服务提质升级相关文件，打造“五育”并举、动静相宜、社团丰富的课后服务育人体系。

【教育规划】 2022年6月，印发长春市教育事业发展“十四五”规划。以城市定位谋划教育发展，构建具有长春特色的高质量教育体系，突出幼有善教、学有优教、技有职教的民生幸福指数，为教育强市提供支撑。2022年，启动建设城区新增义务教育网点布局学校6所，项目建成后新增公办优质学位近1万个，统筹解决城区中小学资源配置不足问题。

【教育督导】 2022年，长春市持续推进督导体制机制改革，指导各县区参照国家、省市做法，在人财物等关键要素上着力，在体制机制上突破，长春市督导改革创新案例入选《吉林省深化新时代教育督导体制机制改革成果汇编》。开展“督政十条”综合督导评估，促进县级政府履行教育职责，督导结果纳入市政府对县级政府绩效考核体系，并给予一定分值权重，发挥督导“利剑”作用，督政工作经验全年四次在全省督导工作会上进行分享交流。创新开展线上教学“云”督导，制发督导通报，为线上教育教学提供保障，“云”督导工作经验被教育部“中国教育督导”公众号专题报道。开展“双减”（减轻义务教育阶段学生作业负担和校外培训负担）督导，将“双减”督导纳入督政项目，市、县两级责任督学362人实地督导学校数量1128所，责任督学出具整改通知书及问题清单392套，完成整改问题119个，“双减”督导工作取得实效。

【依法治教】 2022年，长春市以宪法教育为重点，下发“学宪法讲宪法”系列活动通知，组织全市70万中小学生参加教育部普法网“宪法小卫士”网上学习、“宪法晨读”活动、“学宪法讲宪法”演讲比赛、“宪法在我身边”主题征文等系列活动，引导青少年从小做宪法的忠实崇尚者、自觉运用者、坚定捍卫者。吉林省第七届学生“学宪法讲宪法”演讲比赛中，长春市张曦月等7名学生获奖，刘泳等7名教师获评优秀指导教师；吉林省“宪法就在我身边”主题征文比赛中，倪禹彤等23名学生获奖，孙亚翡等21名教师获评优秀指导教师。

【教师队伍建设】 2022年，全市各类教育学校在校教职工16.25万人。其中，普通高校4.36万人，成人高校0.14万人，中等职业学校0.51万人，普通高中1.83万人，普通初中3.42万人，小学3.28万人，幼儿园2.66万人，特殊教育学校530人，工读学校42人。全市各类教育学校专任教师11.69万人。其中，普通高校专任教师2.77万人，成人高校830人，中等职业学校3800人，普通高中1.18万人，初中2.23万人，小学3.63万人，幼儿园1.37万人，特殊教育学校430人，工读学校33人。

12月4日起，开展2022年长春市中小学幼儿园教师继续教育全员远程培训。9月9日，长春市教育局召开“长春市教育系统庆祝第38个教师节大会”，表彰全市教育系统100名“我身边的好教师”。以落实“义务教育教师工资不低于当地公务员”政策为核心，统筹考虑高中、中职、学前教育，推动市、区财政安排解决教师绩效工资资金，督导

9月9日，长春市教育局召开长春市教育系统庆祝第38个教师节大会。图为表彰优秀教师 （市教育局 供图）

各县（市）区及时足额规范发放教师奖励性补贴，惠及3.55万名教职工。落实好乡村教师生活补助、特级教师津贴等各类政策，保障长春市教师工资福利待遇。 （顾苑佳）

【平安校园建设】 2022年，长春市教育全系统未发生责任事故和恶性案件，“平安校园”创建知晓率100%，达标率96%。制发《长春市中小学（幼儿园）安全管理工作规程》《长春市中小学（幼儿园）安全检查指导手册》《学校安全隐患自查督查整改记录》，使“平安校园”创建更加规范化、常态化。完善系统安全管理人员配置，各县市区、各级各类学校都建立专职安全管理干部队伍；学校均配备专职保安员；开展各种业务培训，提高队伍人员素质。 （顾苑佳）

学前教育

【概况】 2022年，全市有幼儿园1110所，比2021年增加46所。其中，公办幼儿园270所，民办幼儿园840所（含普惠性幼儿园342所）。在园幼儿14.34万名，比2021年增加0.1万人。其中，公办园在园幼儿4.06万名，公办园在园幼儿占比28.3%；民办园在园幼儿10.28万名，其中普惠性民办幼儿园在园幼儿5.5万名，普惠性幼儿园覆盖率66.7%。

【学前教育普及普惠】 2022年，长春市指导各县（市）区根据制定学前教育普及普惠提升方案和“十四五”期间学前教育普及普惠扩增资源计划，全市计划改扩建22所公办幼儿园，提供学位8660个。支持普惠性幼儿园可持续发展，全年拨付市级补助资金1.33亿元。开展城镇小区配套园治理“回头看”，对在未来三年陆续建成并移交的73所小区配套园建立台账，明确要求新增小区配套幼儿园必须办成公办幼儿园。

【幼儿园保教质量评估】 2022年，开展长春市幼儿园定类评估工作，全年评估认定幼儿园55所。其中，市级示范幼儿园44个，一类幼儿园11个。开展长春市幼儿园发展与提升项目，与东北师范大学教育部幼儿园园长培训中心合作开展幼儿园发展与提升项目，遴选项目园16个。开展幼儿园保教质量提升项目。委托东北师范大学开展2022年幼儿园保教质量评估工作，遴选项目园24个，为出台长春市学前教育保教质量评估体系提供遵循。

【幼小衔接试点】 2022年，长春市在6个县（市）区、61所幼儿园和35所小学开展一年试点工作。上半年疫情期间，组织6个试点县区的12个试点园用6周时间开展线上观摩展示活动。4月10日，《中国教育报》头版以《长春：线上幼小衔接缓解入学焦虑》为题进行报道。 （顾苑佳）

义务教育

【概况】 2022年，长春市有义务教育阶段学校739所，在校生67.51万人，在校教职工6.7万人，专任教师5.86万人。全市以优质均衡为目标、以改革创新为动力，推动区域、大学区、学校、教师、学生“五个主体”联动发展，在义务教育大学区管理模式改革基础上，构建区域（学校）发展共同体，推进由规模向效益、由条件向内涵、由“有学上”向“上好学”的“三大转变”，实现由基本均衡向优质均衡、由区域均衡向市域均衡迈进，逐步构建起学生全面个性发展、学校自主特色发展、区域优质均衡发展的高质量发展新格局。

【招生工作】 2022年，长春市印发《2022年义务教育招生入学工作实施方案》，优化网上信息登记制度，确保“公民同招”政策有效落实。组织县区开展招生风险专项排查工作，健全完善招生风险信息台账，保障招生工作平稳进行。科学完善学位预警制度，明确预警起止时间节点，动态发布解除预警公告，做好预警期间购房落户适龄儿童少年入学安置工作。做好招生政策宣传和解读，开展“百姓家门口的好学校”宣传活动，通过融媒体平台和官方微信公众号，宣传学校近120所。开展“六大专题”宣传活动，通过“一图读懂”“一问一答”等方式宣传解读社会关心的热点难点问题，做到招生政策应知尽知、家喻户晓。做好随迁子女、留守儿童等群体入学安置工作，简化审核流程，加强民生保障。

【大学区管理】 2022年，在原有97个大学区基础上，新增23家合作体，推动新建学校大学区管理100%全纳入。培植和发展大学区优质学校研训文化，构建学区一体教研和一体培训，以抓中心教研活动、课题研究指导、教师新秀培养、师德师风建设、党建领航交流等为各区各校搭建互通互惠平台。以市、区、校三级教研队伍为载体，推动学科带头人、骨干教师、教学能手等在大学区内开展教育教学交流活动，带动学区各校教师教研水平和能力的整体提高。以学区长或龙头学校为引领，开展信息化共享活动，建立课堂实例、优秀教案、学科试题等优质资源库，为教学实效、考试评价、学情分析提供大数据支撑。邀请省市教育专家为大学区教师进行专题培训，打造教师专业化提升平台，逐步建立起“以问题设计为主体、自主学习为基础、探究合作为核心”的大学区教学新范式。

【教育教学改革】 2022年，长春市深化学业质量评价体系研究，开展基于素养导向的试题命制与教学诊断指导序列活动12次。制定《基于新课标下小学学科教学基本要求》，发挥名师团队作用，开展“每日帮扶讲堂”答疑辅导活动，组织全市各区域大备课组开展集体备课600余次，指导教师5万余人。围绕“减负提质，赋能增效”主题，开展线上教学问题解决策略研讨、线上教学设计优质课例研讨，近十万人线上观摩学习，满足村镇教师多样化需求。开展长春市首届基础教育教学成果奖评选活动，618项成果参加评选。其中，21项获省级教育教学成果奖，8项成果参加国家级评选。

【“双减”落实推进】 2022年，长春市推动全市中小学作业公示、批改记录、学生问询等“6项制度”建立100%，将作业管理纳入区域义务教育学校办学质量评价范畴，各项指标达标率实现100%，统筹监管作业设计、审核、汇总、发布、检查、批改、评比全环节，确保制度机制建设和质量评价范围两个全覆盖。加大学科组教研力度，激发基于“双减”（减轻义务教育阶段学生作业负担和校外培训负担）背景下教学改革创新活力，开展“双减”背景下大单元作业和考试命题评选活动，向全市推送优质作业设计方案、课堂练习命题设计等7900余件。开展“集优赋能减负提质”作业设计与管理线上交流10余场次，受益教师10万余人。召开2022年长春市“双减”背景下作业设计典型成果研讨会，推进“调结构 提质量”作业改革深层次实践。

【城乡共同体建设】 2022年，长春市优化南关区与农安县、朝阳区（新区）与公主岭市、汽开区与榆树市、宽城区与莲花山生态旅游度假区等地“城乡结对”策略，搭建城乡信息化交流平台，实现特色课程资源共建。组织开展受援校“订单式”学科培训活动，建立“城乡支援服务站”，同步构建城乡教师梯队成长体系，实现优质教师资源共享。探索“城乡结对”教学质量评价改革新途径，建立城乡支援、受援双方相统一的考核评估机制和质量评价标准，通过落实“规范办学行为”和“教育质量提升”两大指标体系，实现教育教学质量共进。

普通高中教育

【概况】 2022年，长春市有普通高中学校87所，在校生16.33万人，在校教职工1.83万人，专任教师1.18万人。长春市普通高中借助集群化发展机制优势，加强对口帮扶，完善联盟计划，实施普通高中联盟发展示范共同体创建项目，组织各联盟体开展形式多样的协作交流活动，发挥优秀联盟体辐射引领和示范带动作用，形成在全市推广应用优秀成果的集群化发展效应，推动全市普通高中整体性、均衡化、高质量发展。

表67 2022年长春市城区高中录取分数线一览表

类别	分数线
提前批次中高职贯通培养学校	210分
第一批次城区普通高中	683分
第二批次城区普通高中	596分
第三批次城区普通高中	576分

表68 2022年吉林省高考本科录取最低分数线一览表

录取批次	普通高等学校	
	理工类	文史类
重点本科（第一批）	488分	511分
普通本科（第二批）	327分	364分
体育类	287分	308分
艺术类	245分	273分

【高中联盟发展】 制定《长春市普通高中联盟发展提升计划》，推进普通高中联盟发展从“10+1”升级为“10+N”模式，推动6个外县区普通高中加入城区高中联盟，实现联盟发展100%全覆盖。组织龙头学校开发专项训练题和优秀模拟试卷，加强区际、校际间复习备考资源共享共用。开发公益课程平台、数字化学校资源平台、数字课程操作平台等优质资源媒介，向各高中免费推送，通过强化域内资源开发利用，实现优质教育资源的辐射推广与合成再造，进而推动共同体内成员学校办学质量整体提升。

【县域高中质量提升】 印发《长春市县域普通高中发展提升计划》，落实省级高师院校对县中开展定向托管帮扶工作，按照“抱团前进、合作共赢”原则，做好农安三盛玉高中与吉林省教育学院，德惠八中、榆树弓棚高中与长春师范大学对口共建，吸纳公主岭一中等17所县级中学加入城区普通高中“10+N”联盟发展框架，完善与保障联盟发展运行的项目管理、议事决策、责任落实、整体评价等制度。

【普通高中“双新”改革】 依托中国教科院高考综合改革项目小组，结合实际制定长春市高考综合改革实施方案，落实普通高中新课程新教材实施国家级示范区工作，推进新课程新教材实施与新高考改革全面对接。召开“长春市普通高中线上教学工作研讨会”，印发《长春市普通高中线上教学工作阶段总结》电子文集，总结高中学校亮点与经验，为学校提升教学质量提供参考借鉴。 （顾苑佳）

职业教育

【概况】 全市驻长春市职业院校62所。其中，中等职业学校48所，在校生约5.04万人、教师3587人；高等职业院校14所，在校生10.55万人、教师4376人。全市职业院校“双师型”教师占专业教师比例的60%以上，高级专业技术职务专任教师占比达到27.32%，硕士研究生及以上学历专任教师占比19.34%，合作企业教师实践基地数224个。近五年中职、高职毕业生就业率分别保持在96%和93%以上，本地就业率超过75%，为长春市产业发展输送技术技能人才近15万人，成为支撑技能社会建设的中坚力量。立项建设名班主任工作室8个，技能导师工作室10个，市级以上教师教学创新团队36个。建立全国首个中国职教博物馆，打造职教理论研究、职教文化开发与传播高地和教师研修基地。

【职业院校学科建设】 开设17个专业大类109个专业473个专业点，覆盖长春市现代新型汽车、轨道客车等先进制造业领域，光电信息、生物医药、新材料等战略性新兴产业领域。近五年累计为全市各行各业培养输送15万名高素质劳动者和技术技能人才，在长春市国民经济各产业领域，一线新增从业人员70%以上来自职业学校毕业生，推动先进技术和设备转化为现实生产力，为长春产业链、供应链保持强大韧性、行稳致远提供基础性保障和有生力量。创新设计校企双方合作路径，9所学校新建15个产业学院，在80个专业开展现代学徒制试点，建设24个示范性实训基地，职教集团发展到12个，100户企业成为省级产教融合型企业，基本形成校企共建格局。

【职业院校招生】 2022年，长春市职业院校招生19614人，毕业生13588人，毕业生就业率91.8%。其中，长春市中职学校计划招生数27851人，市区内21850人（公办11110人、民办10740人），6个县区职教中心（7所学校，含农安县特殊教育学校）6001人。推动落实长春市职业院校，包括技工院校招生工作全部统一纳入长春市教育局招生平台，完成2022年招生计划统筹、招生宣传平台统一、招生录取平台统一等各项工作，印制《2022年长春市高级中等学校招生指南》。持续做好中职学校招生政策宣传工作，扩大宣传渠道，丰富宣传形式，宣传中考招生相关政策、家庭经济困难学生免费政策和家庭经济困难学生资助政策等。

【职业院校教学管理】 出台《关于深入推进中高职贯通人才培养的指导意见》，明确贯通人才培养规格。制定《长春市中等职业学校专业设置管理细则》，提高专业设置与区域产业结构的匹配度。贯彻落实教育部等八部门下发的《职业学校学生实习管理规定》，规范实习管理。培育15个市级校企合作“双师型”教师企业实践基地、30个市级以上教师教学创新团队。建立校、市、省和国家级大赛逐级遴选机制，2022年，全市有5名班主任入围国家级赛事，包揽全省全部参赛名额，3名选手入围现场决赛。全市职业院校学生获国赛金牌2枚、银牌8枚、铜牌34枚。启动市、省两级教学成果奖培育项目，推荐54个作品参加省教学成果奖，获得特等奖4个、一等奖4个、二等奖14个、三等奖15个，获奖总数占全省近1/5。 （顾苑佳）

8月4日，长春健康职业学院承办吉林省第一届职业技能大赛医疗临床辅助服务员项目省直、长春市选拔赛开幕式 （市教育局 供图）

特殊教育

【普特融合教育】 2022年，在普通学校随班就读学生占全部残疾学生的45.7%，确保普通学校对随班就读学生的残疾类型、残疾程度包容性逐步增强，以随班就读为主体的“1+X”教育安置格局基本形成，普特融合教育成效明显。

【特殊教育学校招生】 制定《长春市“十四五”特殊教育发展提升行动计划》，实现全市特殊教育学校（含机构）招生类别实现7类残疾学生全覆盖，充分满足残疾儿童少年入学需求，适龄残疾儿童入学得到有效保障。

【特殊教育教学研究】 指导县区成立特殊教育专家委员会，发挥专家对行业领域的指导作用，加强专兼职教研员团队建设，开展特殊教育教学研究，落实“一生一案”，实行差异化教学，推动学校教育教学质量稳步提升。

【特教资源中心建设】 成立长春市特殊教育资源中心，为随班就读学生提供康复设施及场地，在建成的12个区级特教资源中心基础上，配备充足专职人员，并分批次建设48个资源教室，配备专、兼职教师91人，为全市特殊教育事业发展提供资源保障。 （顾苑佳）

民办教育

【概况】 2022年，长春市有民办幼儿园840所，民办小学9所，民办初中14所（初级中学6所、九年一贯制学校8所），民办高中25所（完全中学7所、高级中学9所、十二年一贯制学校9所），民办中等职业学校47所。2022年是民办教育规范、改革与发展的重要年份，按照国家省市要求，长春市重点开展规范民办义务教育学校规范治理和“公参民”学校改革。面对民办义务教育学校积累的成果、问题和矛盾，长春市以县（市）区为主体开展专项治理，对标国家、省“双限”目标，结合长春民办教育实际出台市级政策方案，逐步理顺“公参民”学校体制机制、压减民办义务教育学校在校生规模。

【“公参民”学校改革】　成立由市委、市政府分管领导任双组长的专项工作领导小组，印发《长春市规范民办义务教育发展专项工作实施方案》和《长春市规范公办学校举办或者参与举办民办义务教育学校工作方案》。2022年，有7所民办学校转为公办，提供新生公办学位6278个。全市民办义务教育在校生从10.46万人下降至5.97万人，在校生规模占比从15.35%降至8.7%，下降6.65个百分点，完成国家规定县域控制在15%以内目标任务。

【民办教育学校规范治理】　开展全市民办义务教育学校办学条件核查工作，压减民办义务教育学校招生计划4090人。开展2021年度长春市民办学校年检工作，安排布置各县（市）区教育行政部门对各级各类民办学校组织开展年审年检。经过年度检查，完成市直属7所民办高中、24所民办中等职业学校年检工作，下达责令改正通知书17份。指导各县（市）区完成2021年度民办学校年检工作。（顾苑佳）

高等教育

【概况】　长春市有高等院校43所。其中，教育部直属全国综合性重点大学2所，省属普通本科院校13所、普通专科院校5所、警察学院1所、司法专科院校1所，市属普通专科院校4所，民办本科院校7所、民办独立学院4所、民办专科院校6所。有国家级重点学科44个，省级重点学科262个；国家级重点实验室15个，省部（委）级重点实验室323个；享受国家级政府特殊津贴700人，享受省级政府特殊津贴2068人，享受市级政府特殊津贴55人；硕士学位授权点361个，博士学位授权点112个，博士后流动站85个。全市高校有专任教师30093人。其中，教员1067人，助教3291人，讲师9864人，副教授10177人，教授5694人；有中国科学院院士10人，中国工程院院士5人；国家级突出贡献的专家学者12人，省级突出贡献的专家学者489人，市级突出贡献专家学者104人。2022年，全市在校学生60.2万人。其中，专科生14.9万人，本科生37.2万人，硕士生6.6万人，博士生1.5万人。全年全市普通高校招收学生18.9万人，毕业生人数16.7万人。

【教学改革】　吉林大学发扬“厚基础、重实践、严要求”本科教学传统，深化本科教育教学改革，构建一流人才培养体系。增设“马克思主义理论”“生物医学科学”2个本科专业，撤销制药工程本科专业。41个专业入选国家第三批一流本科专业建设“双万计划”。国家级一流本科专业建设点88个，省级一流本科专业建设点22个。制定加快推进新医科、新农科建设方案。3个专业虚拟教研室被认定为教育部首批虚拟教研室建设试点。完成“学在吉大”“质量吉大”及吉林大学版腾讯会议融合建设，实现一套方案满足所有教学场景和教学质量督导需求。教学作息模式由“443”调整为“553”，教学资源利用率大幅提高。

长春中医药大学深化新时代教育评价改革，出台《关于深化新时代教育评价改革的实施意见》，制定措施文件18个，推动教育评价改革工作落地见效，获评吉林省深化新时代教育评价改革试点高校，9个教育评价改革试点项目获批立项。持续深化课程思政教学改革，开展“教风学风促进年”活动。卓越中医药人才培养改革持续推进，现代产业学院和人才定制班改革取得新进展，金赛定制班入选吉林省紧缺人才培养定制班首批培育项目。

吉林外国语大学落实《吉林外国语大学课程思政建设实施方案》《吉林外国语大学一流本科课程建设实施方案》等系列文件，改进和优化课程教学内容、教学模式、教学实践和教学组织方式。立项建设校级一流课程32门，完成4门慕课制作并上线运行；开展特色课程建设，立项“校企共建课程”12门。修订《吉林外国语大学教材建设与选用管理办法》，立项建设《经贸西班牙语实务》等10部校级重点教材和《英语短篇小说选读》等3部特色教材。在吉林省首批普通本科高校省级重点教材立项建设中，《全新英语应用文写作（第3版）》获批修订教材立项。

长春师范大学有国家级一流本科专业11个、省级一流本科专业13个，成立教师教育研究院，推动教师教育科学研究和实践创新，与属地教育行政部门建立战略合作关系，服务地方基础教育改革发展。对标吉林省“一主六双”产业空间布局需要，探索“转型发展”“现代产业学院”等新型人才培养模式。推进“协同育人”新路径，加强与中小学教师学习交流，深化师范生人才培养。与中国社科院中国边疆研究所、中国科学院东北地理与农业生态研究所、吉林省教育学院开展研究生联合培养，推进人才培养改革。

吉林工程技术师范学院打造一流本科教育，遵循“OBE”（成果导向教育）教学理念，培养职教教师和应用型人才。食品科学与工程专业获批国家级一流专业建设点，汽车服务工程等6个专业获批省级一流专业建设点。自动化等6个专业通过教育部师范类专业二级认证考查。坚持深化产教融合，为全省“六新产业”（新能源、新装备、新材料、新农业、新旅游、新电商）建设服务。与地方联合成立吉林省高校智能制造现代产业学院协作体，出任秘书长单位；与企业开展协同攻关，推进“吉林省职教教师教育联盟”“吉林省地方本科高校转型发展联盟”和9个现代产业学院建设，智能制造产业学院获评吉林省第二批省级示范性现代产业学院；装备制造大类机械设计制造类“双师型”教师培训基地入选教育部国家级职业教育制造类“双师型”教师培训基地。

【教学成果】　东北师范大学新增12个国家级一流本科专业建设点，累计拥有46个国家级一流本科专业建设点，占当年招生专业总数的82%，在部属师范大学中并列第一。完成全部20个师范类专业认证，率先实现100%认证率，保持全国领先。8项成果获吉林省教学成果奖特等奖，11项成果被推荐到教育部参评国家级教学成果奖。

吉林农业大学获批“科技小院”26

表69　2022年驻长春高校情况统计表

单位：人

序号	学校名称	现职校级领导数					在校学生数					招生数					毕业生数					专任教师数					
		平均年龄	男	女	党员	其他	计	专科	本科	硕士	博士	计	专科	本科	硕士	博士	计	专科	本科	硕士	博士	计	教员	助教	讲师	副教授	教授
1	吉林大学	54	12	0	12	0	72852	4	41688	21809	9351	20415	0	10136	8006	2273	18493	10	9934	7053	1496	5960	0	14	1072	2491	2383
2	东北师范大学	54.5	10	0	10	0	32421	0	14999	14631	2791	8847	0	3860	4367	620	8429	0	3558	4213	658	1581	0	18	383	641	539
3	长春理工大学	55	6	3	9	0	24026	0	17492	5800	734	7171	0	4959	2030	182	5494	0	4118	1280	96	1456	9	64	536	552	295
4	吉林农业大学	54	7	2	9	0	22288	0	17618	4159	511	6985	0	5128	1716	141	5879	0	4001	1743	135	1140	0	33	416	455	236
5	长春工业大学	53	7	2	8	1	23745	2229	17573	3738	205	7238	370	5468	1340	60	6346	1148	4252	922	24	1181	0	44	527	389	221
6	长春中医药大学	52	7	2	8	1	14403	929	10353	2719	402	3712	0	2577	964	171	2947	402	1912	556	77	467	0	10	168	185	104
7	吉林财经大学	53	7	2	9	0	13984	0	11650	2334	0	3879	0	2974	905	0	7658	3829	3063	766	0	654	0	31	280	267	76
8	吉林建筑大学	53	8	1	8	1	17226	0	15282	1944	0	4682	0	3981	701	0	4140	0	3691	449	0	770	0	13	313	310	134
9	吉林外国语大学	57	4	3	6	1	13301	0	11934	1367	0	4126	0	3512	614	0	3189	0	2776	413	0	648	3	90	219	242	94
10	长春大学	55	7	1	7	1	19448	1519	16795	1134	0	5706	545	4681	480	0	4691	367	4074	250	0	809	0	27	356	304	122
11	长春师范大学	52	9	1	10	0	24012	2205	20201	1562	44	6985	346	6003	627	9	5929	721	4794	405	9	1097	32	50	494	361	160
12	长春工程学院	53	8	1	7	2	16929	1414	15010	505	0	4636	66	4372	198	0	4270	595	3590	85	0	998	0	58	417	373	150
13	吉林工程技术师范学院	53	6	1	7	0	14792	1807	12985	0	0	5251	704	4547	0	0	3746	847	2899	0	0	784	0	85	329	278	92
14	吉林艺术学院	52	5	2	6	1	9046	0	7771	1275	0	2394	0	1960	434	0	2252	0	1914	338	0	550	0	107	219	155	69
15	吉林体育学院	53	6	2	8	0	9517	2165	6580	772	0	2663	782	1625	256	0	2427	669	1598	160	0	263	0	55	128	66	14
16	吉林工商学院	53	7	2	9		15776	3649	12127	—	—	4831	1294	3537	—	—	4023	1162	2861	—	—	609	—	73	224	223	89
17	吉林警察学院	52	7	1	8	0	8079	1308	6771	0	0	2705	495	2210	0	0	1991	374	1617	0	0	306	21	13	133	96	43
18	吉林动画学院	53	5	2	4	3	12701	0	12701	0	0	3358	0	3358	0	0	3111	0	3111	0	0	704	67	329	207	96	5
19	长春建筑学院	52	6	3	8	1	15299	0	15299	0	0	4181	0	4181	0	0	3706	0	3706	0	0	664	28	177	231	182	46
20	长春科技学院	51	6	3	8	1	16263	3743	12520	0	0	5201	1347	3854	0	0	4176	1308	2868	0	0	731	2	137	259	250	83
21	长春光华学院	54	5	2	7	0	12620	688	11932	0	0	3274	300	2974	0	0	3032	179	2853	0	0	647	75	83	202	210	77

续表69

序号	学校名称	现职校级领导数					在校学生数					招生数					毕业生数					专任教师数					
		平均年龄	男	女	党员	其他	计	专科	本科	硕士	博士	计	专科	本科	硕士	博士	计	专科	本科	硕士	博士	计	教员	助教	讲师	副教授	教授
22	长春财经学院	56	9	1	10	0	12170	0	12170	0	0	3308	0	3308	0	0	2962	0	2962	0	0	540	0	117	182	179	62
23	吉林建筑科技学院	58	7	2	8	1	12908	483	12425	0	0	3388	320	3068	0	0	2928	0	2928	0	0	454	3	109	171	134	37
24	长春人文学院	56	3	2	5	0	13041	0	13041	0	0	3561	0	3561	0	0	2880	0	2880	0	0	571	5	126	181	182	77
25	长春电子科技学院	47	7	1	6	0	11369	0	11369	0	0	3014	0	3014	0	0	2647	0	2647	0	0	632	214	94	167	125	32
26	长春工业大学人文信息学院	56	7	3	10	0	10330	0	10330	0	0	2794	0	2794	0	0	2541	0	2541	0	0	536	154	42	129	154	57
27	长春大学旅游学院	55	3	3	5	1	9775	328	9447	0	0	2812	146	2666	0	0	2400	89	2311	0	0	309	0	120	131	55	3
28	吉林省教育学院	53	6	1	7	0	698	575	123	0	0	33	7	26	0	0	6260	3087	3173	0	0	260	0	22	83	105	50
29	长春金融高等专科学校	53	5	2	7	0	10171	10171	0	0	0	4162	4162	0	0	0	2975	2975	0	0	0	274	0	66	103	70	35
30	吉林交通职业技术学院	52	7	0	7	0	9850	9850	0	0	0	3868	3868	0	0	0	3768	3768	0	0	0	263	0	53	92	77	41
31	吉林司法警官职业学院	51	5	2	7	0	6251	6251	0	0	0	2109	2109	0	0	0	1914	1914	0	0	0	181	7	41	69	46	18
32	长春医学高等专科学校	53	5	3	7	1	11803	11803	0	0	0	5867	5867	0	0	0	3310	3310	0	0	0	328	0	52	139	97	40
33	长春汽车工业高等专科学校	54	7	2	9	0	9718	9718	0	0	0	3606	3606	0	0	0	0	0	0	0	0	486	0	129	199	122	36
34	长春职业技术学院	52	5	4	9	0	12148	12148	0	0	0	5511	5511	0	0	0	3246	3246	0	0	0	735	0	107	305	272	51
35	吉林省经济管理干部学院	54	5	1	6	0	5012	5012	0	0	0	1777	1777	0	0	0	2157	2157	0	0	0	319	0	72	114	101	32
36	长春师范高等专科学校	52	6	2	2		6862	6862	0	0	0	2899	2899	—	—	—	1342	1342	0	0	0	220		61	80	60	19
37	吉林水利电力职业学院	52	6	0	6	0	9525	9525	0	0	0	2772	2772	0	0	0	2902	2902	0	0	0	169	35	44	46	32	12
38	长春信息技术职业学院	50	4	2	5	1	7426	7426	0	0	0	2643	2643	0	0	0	3165	3165	0	0	0	329	49	137	77	57	9
39	长春东方职业学院	56	4	2	3	1	7232	7232	0	0	0	2443	2443	0	0	0	2153	2153	0	0	0	333	101	130	17	55	30
40	吉林科技职业技术学院	50	8	2	9	1	10466	10466	0	0	0	3270	3270	0	0	0	3601	3601	0	0	0	551	24	63	352	95	17
41	吉林俄语专修学院	44	2	1	2	1	207	207	0	0	0	126	126	0	0	0	82	82	0	0	0	12	0	1	10	1	0
42	吉林城市职业技术学院	49	5	0	4	0	7585	7585	0	0	0	1953	1953	0	0	0	2401	2401	0	0	0	430	238	134	48	7	3
43	长春健康职业学院	51	2	2	4	0	3088	3088	0	0	0	1452	1452	0	0	0	696	696	0	0	0	142	0	60	56	25	1
	合计	—	263	74	306	20	596363	140390	378186	63749	14038	181608	51180	104334	22638	3456	162259	48499	92632	18633	2495	30093	1067	3291	9864	10177	5694

表70　2022年驻长春高校教学、科研队伍情况统计表

单位：人、个

序号	学校名称	享受政府特殊津贴			突出贡献专家学者			硕士学位授权点	硕士生指导教师	博士学位授权点	博士生指导教师	博士后流动站	院士数		重点学科		重点实验室	
		国家级	省级	市级	国家级	省级	市级						科学院	工程院	国家级	省级	国家级	省部委级
1	吉林大学	547	1707	1	0	73	20	95	6395	60	2161	44	8	3	23	55	5	35
2	东北师范大学	40	85	2	1	85	10	58	1377	24	690	22	1	0	5	34	1	66
3	长春理工大学	15	35	7	3	35	11	20	833	9	288	7	0	1	1	25	1	25
4	吉林农业大学	15	41	14	5	41	14	33	1551	10	167	9	0	1	3	13	0	28
5	长春工业大学	6	29	5	2	29	6	34	654	5	127	1	0	0	0	14	3	49
6	长春中医药大学	40	64	4	1	64	9	11	730	3	155	2	1	0	0	24	2	11
7	吉林财经大学	3	6	2	0	11	6	23	269	0	25	0	0	0	0	8	0	5
8	吉林建筑大学	2	10	6	0	10	6	19	407	0	19	0	0	0	0	6	0	35
9	吉林外国语大学	6	8	2	0	10	2	9	225	0	24	0	0	0	0	2	0	0
10	长春大学	3	0	0	0	12	1	22	498	0	11	0	0	0	0	8	2	17
11	长春师范大学	1	0	1	0	17	6	22	602	1	23	0	0	0	0	8	1	10
12	长春工程学院	0	7	0	0	13	3	1	118	0	0	0	0	0	0	6	0	3
13	吉林工程技术师范学院	4	9	0	0	14	3	2	197	0	0	0	0	0	0	6	0	8
14	吉林艺术学院	1	14	4	0	14	4	8	303	0	5	0	0	0	0	5	0	0
15	吉林体育学院	1	4	1	0	4	1	4	61	0	0	0	0	0	0	1	0	6
16	吉林工商学院	3	11	1	0	11	0	0	29	0	2	0	0	0	0	1	0	0
17	吉林警察学院	0	7	0	0	7	0	0	30	0	0	0	0	0	0	2	0	2
18	吉林动画学院	1	1	0	0	2	0	0	8	0	0	0	0	0	0	1	0	3
19	长春建筑学院	2	1	0	0	1	0	0	28	0	0	0	0	0	0	1	0	2
20	长春科技学院	0	0	0	0	0	0	0	17	0	2	0	0	0	0	1	0	8
21	长春光华学院	0	1	0	0	1	0	0	34	0	5	0	0	0	0	0	0	3

续表70

序号	学校名称	享受政府特殊津贴			突出贡献专家学者			硕士学位授权点	硕士生指导教师	博士学位授权点	博士生指导教师	博士后流动站	院士数		重点学科		重点实验室	
		国家级	省级	市级	国家级	省级	市级						科学院	工程院	国家级	省级	国家级	省部委级
22	长春财经学院	1	3	0	0	3	0	0	62	0	6	0	0	0	0	1	0	0
23	吉林建筑科技学院	2	3	0	0	4	0	0	8	0	0	0	0	0	0	0	0	0
24	长春人文学院	0	1	0	0	1	0	0	0	0	0	0	0	0	0	1	0	3
25	长春电子科技学院	1	1	0	0	1	0	0	53	0	0	0	0	0	0	0	0	1
26	长春工业大学人文信息学院	0	2	0	0	2	0	0	16	0	0	0	0	0	0	0	0	1
27	长春大学旅游学院	0	0	0	0	0	0	0	2	0	0	0	0	0	0	0	0	0
28	吉林省教育学院	1	6	1	0	10	0	0	0	0	0	0	0	0	0	0	0	0
29	长春金融高等专科学校	0	0	0	0	2	0	0	0	0	0	0	0	0	0	7	0	0
30	吉林交通职业技术学院	0	6	0	0	6	0	0	0	0	0	0	0	0	2	12	0	0
31	吉林司法警官职业学院	0	0	0	0	0	0	0	0	0	0	0	0	0	0	0	0	0
32	长春医学高等专科学校	0	0	0	0	0	1	0	0	0	0	0	0	0	0	0	0	0
33	长春汽车工业高等专科学校	4	1	3	0	0	0	0	0	0	0	0	0	0	5	8	0	0
34	长春职业技术学院	1	4	1	0	4	1	0	0	0	0	0	0	0	5	12	0	2
35	吉林省经济管理干部学院	0	0	0	0	0	0	0	0	0	0	0	0	0	0	0	0	0
36	长春师范高等专科学校	0	0	0	0	1	0	0	0	0	0	0	0	0	0	0	0	0
37	吉林水利电力职业学院	0	1	0	0	1	0	0	0	0	0	0	0	0	0	0	0	0
38	长春信息技术职业学院	0	0	0	0	0	0	0	0	0	0	0	0	0	0	0	0	0
39	长春东方职业学院	0	0	0	0	0	0	0	0	0	0	0	0	0	0	0	0	0
40	吉林科技职业技术学院	0	0	0	0	0	0	0	0	0	0	0	0	0	0	0	0	0
41	吉林俄语专修学院	0	0	0	0	0	0	0	0	0	0	0	0	0	0	0	0	0
42	吉林城市职业技术学院	0	0	0	0	0	0	0	0	0	0	0	0	0	0	0	0	0
43	长春健康职业学院	0	0	0	0	0	0	0	0	0	0	0	0	0	0	0	0	0
	合 计	700	2068	55	12	489	104	361	14507	112	3710	85	10	5	44	262	15	323

8月18日，东北师范大学化学双一流学科建设暨多酸与网格材料化学发展咨询会议举行 （市教育局　供图）

个，数量居全国第六位。《农林高校“双元融通 四维一体”协同育人模式创新与实践》项目获吉林省高等教育教学成果特等奖。在高校教师教学创新大赛中，2人获国赛奖励，11人获省赛奖励。补选学科带头人、专业硕士学位授权类别（领域）负责人14名。在第五轮学科评估中实现整体提升，有3个学科进入B档。农业科学、植物与动物科学ESI前1%位次持续攀升。植物保护、食品科学与工程2个学科入选吉林省世界一流学科培育计划。自主增设2个目录外二级学科，调整1个专业学位授权类别。新增省级一流本科专业建设点12个，申报新专业4个。截至年末，有国家级一流本科专业15个、省级一流本科专业21个，软科、校友会中国大学排名稳步提升。参茸道地药材现代产业学院获批首批国家级现代产业学院，全国入选50个，吉林省仅2个。食品科学与工程专业正式通过教育部工程教育专业认证。

长春理工大学20个一级学科学位点、2个专业学位点参加教育部第五轮学科评估，被评为A类学科1个、B类学科4个、C类学科9个，在吉林省属高校中获评C类以上学科数量最多。其中，“光学工程”学科获评A等，稳居全国同类学科前列，是省属高校中唯一进入全国A类的学科。同时入选教育部“优势学科领域建设”学科，是吉林省属高校唯一的入选学科。3个学科被确定为吉林省世界一流学科培育学科，数量居吉林省属高校首位。

吉林财经大学获评2022年省级优秀教学成果7项，2项被推荐参评国家级教学成果奖，实现学校国家级教学成果奖推荐数量的突破。新增6个国家级、5个省级一流本科专业建设点；获评省级一流本科课程1门。3个基层教学组织入选吉林省普通本科高校优秀基层教学组织A类示范引领类基层教学组织名单。获批省教育厅省级创新创业教育实践基地，获批省级创业活动项目立项1项，新增金融科技现代产业学院。突破性获得省级研究生教学成果奖二等奖1项。

长春工程学院举办“精彩一课”教学公开赛以及教师教学创新大赛，开展“课程思政”教学案例征集活动。获2022年省级教学成果奖一等奖1项、二等奖3项、三等奖5项；获批省级人才培养定制班1个；获批省级优秀基层教学组织1个；获批吉林省本科高校耕读教育校外实践基地1个。承办“建行杯”第八届吉林省“互联网+”大学生创新创业大赛，国赛获奖总数及省赛金奖总数均位列全省第一。

吉林体育学院获四项教学成果奖，其中高等教育一、二、三等奖各1项，职业教育三等奖1项。冰雪产业学院入选第二批省级示范性现代产业学院建设项目。

吉林工商学院于2022年9月获“建行杯”第八届吉林省中国国际“互联网+”大学生创新创业大赛金奖6项、银奖11项、铜奖6项。12月，财政学专业团队获批吉林省普通本科高校优秀基层教学组织。张炳辉教授团队申报的《构建“思创融合、产赛教协同、课证融通”新型职业人才培养体系的探索与实践》成果首获吉林省职业教育教学成果一等奖，并被推荐申报国家级教学成果奖。徐文教授团队申报的《突破学科定势 打造课程超市 构建能力导向的应用型人才培养教学体系》获吉林省高等教育教学成果二等奖。

吉林警察学院交通管理工程专业获批国家级一流本科专业建设点，财务管理专业获批省级一流本科专业建设点。建成6门“在线开放课程”，5门虚拟仿真实验课程被确立为省级一流本科课程。刑事科学技术专业团队获评吉林省高校优秀基层教学组织。在第九届吉林省高等教育教学成果奖中，获一等奖1项、二等奖2项、三等奖1项。

吉林财经学院获省教学成果奖二等奖1项、三等奖3项，双创基地获批全国创业孵化示范基地、国家级众创空间。“AI+智慧学习”人工智能学院获教育部批准立项，数智内控人才定制班获批首批省级紧缺人才培养定制班培育项目，数字财务产业学院和华为信息与网络技术学院获批省级示范性现代产业学院建设项目，有10个现代产业学院在省教育厅备案，加入4个省级现代产业学院协作体。省级以上优质课程52门次；教师获省级教学成果奖9项，省级教育科研优秀成果奖291项。获中国国际“互联网+”大学生创新创业大赛国赛铜奖3项、省赛金奖7项；高教社杯全国大学生数学建模竞赛首次获全国一等奖。

【学生工作】 长春理工大学制定《关于新时代加强和改进思想政治工作的若干措施》，持续加强学风建设，开展“喜迎二十大·青春心向党”主题教育、防疫教育、心理健康教育等活动，成立“建设与传承”学风涵养工作室。吉林省网络思政工作中心在全国率先开展“全国大学生自主学习系统‘青梨派’平台”试点建设；创新运用吉林特色红色影视资源开展主题教育，受到教育部领导肯定和好评。召开团代会、学代会，举办2期大学生骨干培训班，开展“学习筑梦”主题教育实践活动，获第六届中国青年志愿服务项目大赛银奖和吉林省赛区金奖，“筑梦支教”志愿服务活动入选全国学雷锋志愿服务“四个100”最佳志愿服务项目，2个团支部入选全国高校“活力团支部”。

吉林农业大学录取新生8000余人，比2021年增长约140%，连续4年实现增长。本科招生计划5020人，比2021年增加769人，录取率100%，获评2022年度吉林省最受高中生关注本科高校。硕士报考人数增长10%，加大博士招生综合素质考核分值比例，招收各类来华留学生309人。学历教育招生数量连续4年持续上升。2022届毕业生年终毕业去向落实率80.04%，留省就业率实现达标。

吉林外国语大学加入中国高等教育学会辅导员工作研究分会，当选全国民办高校学生工作者联席会常务理事单位。学生在国家、省级各类赛事活动中获奖473人次。学校志愿服务团队获中宣部全国学雷锋志愿服务“四个100”先进典型“最佳志愿服务组织”，入选2022年“七彩假期”全国志愿服务示范团队、吉林省大学生马克思主义自学组织联盟社会实践活动国家级重点团队。6项供需对接就业育人项目获教育部审批，2名学生获评全国大学生就业创业典型人物。1名学生被评为“全国百佳心理委员”。校友赵德志被共青团中央评为2022年“全国向上向善好青年”。

吉林工程技术师范学院深化“三全育人（全员育人、全程育人、全方位育人）”综合改革，开展“青马工程”、大学生“学习筑梦”行动、“五爱教育”工程，以社会主义核心价值观为引领的“三位一体 五爱融合”思政育人模式探索与实践，获评全国高校思想政治工作优秀工作案例。实施体育、美育、劳动教育质量提升计划，10个社团获评“吉林省优秀学生美育社团”。师生获各级各类省级以上竞赛奖励271项。

【交流合作】 长春理工大学圣光机大学联合学院获准设立并完成招生，中俄两校在“本硕博”3个层次5个专业开展联合培养。首次获批教育部对日交流项目，与日本高校联合举办纪念中日邦交正常化50周年“中日青少年友好交流计划”系列活动。举办教育部2022国际产学研用合作会议、3M-Nano国际学术会议等各类国际学术会议9场。

吉林农业大学与澳门大学、澳门科技大学开展实时性项目交流。获批吉林省外国专家局引智项目和国家留学基金委项目各1项。中非农业发展与减贫示范村在赞比亚揭牌，中非现代农业技术交流示范和培训联合中心在安图启动。完成亚洲、非洲、意大利238名学员汉语桥线上团组研习营学习。

吉林财经大学加入中国—中东欧国家高校联合会，获批国家留学基金委“促进与俄乌白国际合作培养项目”，与美国天普大学、日本广岛大学、日本帝京平成大学签署友好合作协议，以创始成员身份参加中国—俄罗斯经济类大学联盟第十届年会和年度中澳合作办学校长年会。与吉林大学、白城市政府、辽源市政府签署战略合作协议，与长春智慧法务区共建“一论坛、三博物馆、四中心一基地”，和中软国际教育科技集团、华为技术有限公司共建现代数字产业学院，与吉林省税务局共同成立“政校合作交流工作站”。加强对校友工作领导，学校首个海外校友会在日本成立。

吉林外国语大学与长白山股份有限公司合作申报的《“产教融合 四链协同”国际冰雪现代产业学院建设的探索与实践》入选中国高等教育学会“校企合作双百计划”典型案例，牵头成立吉林省高校冰雪现代产业学院协作体，“长白山冰雪旅游人才定制班”入选吉林省紧缺人才培养定制班首批省级培育项目。新增合作院校9所，新增海外实习基地1家。

长春师范大学与俄罗斯克麦罗沃国立文化学院合作举办国际科学实践研讨会，承办吉林省法语活动月、第九届中法环境月等活动。推进与俄罗斯奥伦堡国立大学、希腊约阿尼纳大学等学校合作。有序开展孔子学院及国际中文教育工作，完成“汉语桥”线上团组项目。

长春工程学院与辽源市人民政府和吉林省森林消防总队签署战略合作协议，并与白城市、白城市洮北区等地方政府及校友企业明确战略合作协议签署事项。与柬埔寨专业大学、新加坡特许科技学院、泰国格乐大学、马来西亚理科大学等东盟国家高校建立友好合作关系。

长春科技学院与马来西亚UCSI大学合作，建立“硕博联合培养”实验班，为本科在校生开通“本—硕—博”保送通道。分别与韩国南首尔大学、马来西亚世纪大学对接专升本项目，与马来西亚UCSI大学、泰国格乐大学、釜山外国语大学共同开展教师博士项目。

7月1日，吉林外国语大学与中国银行吉林省分行举办金融产业学院、金融研究中心揭牌仪式（市教育局　供图）

【毕业生就业】 吉林大学出台《吉林大学校院领导常态化访企拓岗促就业具体工作任务清单》，开发就业岗位1万余个，建立和稳定就业基地506个。完成线下校园宣讲会174场、中型推介会5场，提供有效岗位18.8万余个；发布招聘快讯8266条，提供岗位145万余个。加强就业课程体系建设，《大学生职业发展指导》慕课向2.05万名本科生开课，《大学生就业指导》微课向行业资深HR及校友发放邀课函，第二届《大学生就业指导》微课大赛有41人参加。5人入选教育部第五届"闪亮的日子——青春该有的模样"大学生就业创业人物事迹表彰和宣传名单。

东北师范大学毕业生人数7795人，就业去向落实率89.38%，中央电视台《新闻联播》栏目第17次报道学校就业工作。作为唯一高校代表，在国务院组织召开的全国普通高等学校毕业生就业创业工作电视电话会议上作经验交流发言，相关经验被纳入《国务院就业工作简报》。

长春科技学院举办各类网络招聘会17场，推送发布招聘信息5000余条，联系企业4000余家，提供岗位30余万个。2022届毕业生初次毕业去向落实率90.31%，就业率名列全省第一，留省就业率38.89%，获高校就业工作最佳创新奖。全年创业园孵化企业40家，建立实习实训实践基地21个。

长春财经学院开展线上线下就业推介活动65场，邀请企业400余家，提供职位1.5万余个，落实就业基地32家。2022届毕业生整体毕业去向落实率83.93%，留省率53.66%，受到省委、省政府通报表扬。获批吉林省人社厅第一批就业创业服务站。

长春电子科技学院为毕业生提供就业岗位 10万余个。2022届毕业生毕业去向落实率 93.01%，比2021年提高10%，毕业生留省率 38.84%。获批教育部大学生创新创业就业服务基地。

长春大学旅游学院毕业去向落实率87.04%，留省就业率35.68%，获评中国教育在线·就业桥"2022年度高校就业工作最佳创新奖"。

【人才队伍建设】 吉林大学完善"一主五辅"一流人才引育体系，推进准聘长聘制度改革，新增计算机科学与技术学院、白求恩第一临床医学院2家试点单位。"匡亚明/唐敖庆学者"人才岗位校内增选157人，校外引进37人，引进人才学历结构、学缘结构不断优化，引才质量大幅提高。年内，引进和依托学校申报并入选的国家级人才（全职）38人。国家级人才总数436人次，其中全职360人次。首次召开人才政策新闻发布会，首次采用"元宇宙"形式召开全球人才招聘会，延揽海内外优秀青年人才。"励新优秀青年教师培养计划"选拔重点培养教师100人、精英培养教师55人，"金种子"计划试点单位范围扩大至电子科学与工程学院、物理学院、考古学院、数学学院等4家教学单位，"鼎新学者"支持计划年度吸纳79名国内外优秀青年学者。教师获国家级奖项13项，首次在全国高校教师教学创新大赛中获一等奖。孙正聿获评2022年"全国教书育人楷模"，于吉红获"全国五一劳动奖章"和"全国三八红旗手"称号，张然、陈芳芳获评第十七届中国青年女科学家，肖冠军当选英国皇家化学会会士。长春中医药大学实施人才攀登战略，教授南征获评第四届国医大师，赵文海获评第二届全国名中医，王檀获评第二届全国名中医和全国五一劳动奖章。14人获评省突出贡献专家，18人获评省拔尖人才，13人获评省名中医，4人入选全国中医临床优秀人才项目，2人入选省创新创业人才资助项目，获批吉林省第三批人才创新型培养基地。吉林外国语大学新增一级教授等各类人才16人次。获高等学校（本科）外语课程思政优秀教学案例全国一等奖、全国高校外语教学大赛（吉林赛区）总决赛特等奖、吉林省本科高校智慧课堂教学创新大赛一等奖。吉林工商学院修订《吉林工商学院高层次人才引进工作实施办法》，提高人才引进待遇，发布4批招聘公告，招聘46人；评聘正高级专业技术职务6人，副高级专业技术职务30人。吉林交通职业技术学院实施高层次人才引进培育计划，修订高层次人才引进管理办法，落实人才政策各项待遇，引进博士1人、高精尖人才1人。制定《教职工攻读博士学位及从事博士后研究管理办法（试行）》，年度内5名教师在职攻读博士。吉林水利电力职业学院以"人才新政3.0版"为契机，全年新进硕士14人，聘请高层次专业技术管理人才1人，发布博士招聘公告，2名博士进入面试，1名博士办理调转手续。长春金融高等专科学校出台《高层次（学历）人才引进与管理办法》，干部选拔任用配套制度文件3个，优化人才引进方式，推进优秀年轻干部"314151"选育工程，建立优秀年轻干部储备库。长春

1月4日，吉林财经大学与中软国际教育科技集团、华为技术有限公司共建现代数字产业学院签约与揭牌仪式举行 （市教育局 供图）

9月6日，吉林大学教授孙正聿获评2022年“全国教书育人楷模”

（市教育局　供图）

职业技术学院加大博士等高层次人才引进力度，出台《教职工在职攻读博士研究生管理办法（试行）》及《博士引进与管理办法（试行）》等制度。持续引进17名博士。至2022年年末，有博士28人，教授等正高级83人，副教授等副高级365人。　（顾苑佳）

终身教育

【概况】　2022年，长春市以终身学习为理念，开展社区教育、老年教育和继续教育。搭建社区教育四级办学体系，全市覆盖率75%；全年接受社区教育各类培训的社区成员占辖区内全体成员20%以上；组织9万余名市民参加满意度问卷调查，社区教育满意度96.8%。全年参加长春开放大学继续教育培训人员近2000人。通过鼓励各高校、职业院校申报吉林省高校“老年课堂”试点单位，开展老年教育教学活动，推动长春市老年教育发展。

【社区教育】　将“社区教育专项”列入市政府十项教育督政。通过5个一级指标，14个三级指标，实行目标管理，把社区教育工作纳入县市区教育督导评估范围，形成定期检查、评估督导机制。认定长春市示范校社区教育院校20家，长春市社区教育“百艺雅集工作室”10个。开展第四批社区教育四级体系认定工作，有社区教育院校1260所，在全市覆盖率75%；组织全市2279名社区教育工作者线上培训；依托社区教育四级办学体系，组织青少年课外教育、智慧助老等社区教育培训。以长春全民学习网为平台，每月围绕“喜迎二十大 建功新时代”主题设定社区教育活动，全年市民应用3057万人次。

【老年教育】　组织长春职业技术学院、长春师范高等专科学校等10所学校申报吉林省高校“老年课堂”试点单位。长春市包括长春开放大学、长春医学高等专科学校等12个“老年课堂”试点单位开展老年教育。依托长春开放大学开发具有长春特色的老年教育数字化精品课程8门，开设声乐、舞蹈、电子琴等课程22门，服务老年学习者。连续12年组织“长春全民学习公益大讲堂”进社区活动，送讲座124场，满足老年人群对线下学习需求。讲座进行视频录制，制作成视频资源，上传至长春全民学习网，供老年朋友点击学习。落实教育部“智慧助老”优质工作案例、教育培训项目及课程资源推介工作，2个“智慧助老”优质工作案例、2项“智慧助老”优质教育培训项目、5门“智慧助老”优质课程资源入选。

【继续教育】　持续优化继续教育网络平台，开展各类继续教育培训，与中共长春市委机关信息化服务中心、长春市住房公积金管理中心等30余家企事业单位开展培训合作，参加长春开放大学继续教育培训人员近2000人。

【老干部大学】　疫情期间，全校11名在职教师、62名外请教师开展线上教学，惠及355个教学班和1万余名学员。教师通过微信群语音、多平台直播、录制短视频和电视定点推送等方式免费进行线上教学。美术系利用微信公众号发布5期《白山黑水松涛吼 勠力抗疫迎曙光》抗疫专题美篇，收录学员作品190幅；书法系举办《急令飞雪化春水 笔底激荡涌春潮》抗疫主题作品网展，展出作品百余幅；综合系举办线上摄影展、原创诗歌作品展、空中主题诗会等活动；舞蹈系组织教师和学员共同创编舞蹈《山河无恙在我胸》在微信平台播出；器乐系创作抗疫歌曲，表达战疫信心；体育系师生以文字书写抗疫风采；声乐系开展“同心战疫情，颂歌献给党”云合唱活动，演唱歌曲《领航》。组织3000余学员党员居家收听收看党的二十大开幕会；通过“长春老年大学”微信公众号“党建微课”栏目推送党的二十大报告等专题党课，引导全校学员党员学习领会报告内涵和精神实质；面向各班学员临时党支部书记开展畅谈学习党的二十大精神“老同志有话说”活动，收到150份心得体会。10月29日起老年大学远程教育《国画》课程正式登录长春广播电视台文旅体育频道《夕阳正红》栏目，每周末将连续播出国画、书法、老年积极心理与保健、古典舞和琵琶等专业课程。信息技术部的国家级远程教育研究成果获国家级三等奖。

（顾苑佳　王媛媛）

中國·長春
China Changchun

文　化

WENHUA

文化创意城建设

【概况】　长春市文化广播电视和旅游局（简称市文广旅局）牵头落实文化创意城专班有关工作，制定《文化创意城发展规划》《长春市文化创意城总体方案》，锁定8大重点任务，集聚落位一批重大项目、创新载体、政策平台，为打造千亿级文旅产业集群奠定基础。制定“长春市重点项目招商地图”，开展企业融资对接会，与吉林银行签署意向性融资协议200亿元，推动长兴基金受理项目8个、资金规模25.5亿元。发挥专项债对文旅产业支撑作用，7个项目投资103.8亿元、申请专项债22.8亿元。

【规划编制】　7月19日，市委、市政府正式印发《长春市“六城联动”区域规划》，其中《文化创意城发展规划》作为内容的一部分，对文化创意城建设发展基础、总体思路、空间布局、主导产业、重点任务等进行统筹布局和精心策划，推动文化创意城建设取得新成效。

【发展目标】　坚持全球视野和战略眼光，突出城市特色，树立品牌意识，坚持共建共享，传承和发扬长春“汽车文化、电影文化、历史文化、冰雪文化、森林文化、东北民俗文化、雕塑文化、高铁（轨道交通）文化”八大特色文化，打造长春特色文化品牌，建设“农、工、旅”加“展、会、节、赛、演”融合发展的世界“车城影都”、东北亚民俗娱乐体验中心、中国冰雪文化创意中心、中国数字文旅示范区、东北旅游集散中心，建成东北亚区域文化创意中心城市。至2025年，文化产业发展水平处于区域领先地位，打造千亿级的文化旅游产业集群1个，带动全市旅游收入3000亿元，文化产业增加值占全市GDP比重超过5%。

【发展举措】　印发《文化创意城专班工作方案》，成立文化创意城专班，建立专班工作机制，指导各（县）市区、开发区制定专班工作方案，形成《文化创意城专班工作方案汇编》。组织召开全市文化创意城专班工作会议，对文化创意城整体工作具体部署，形成《全市文化创意城专班工作会议纪要》。印发《关于调度文化创意城专班工作会议精神贯彻落实相关情况的通知》，形成《文化创意城专班工作落实情况汇编》。拟制《长春市文化旅游产业链工作实施方案》，成立长春市文化旅游产业链链长专班，加强对文化旅游产业链工作的统筹协调和督促落实。

【制度体系支撑】　制定《长春市文化创意城总体方案》和《长春市文化创意城研究报告》。编制《文化创意城发展规划》，以市委、市政府名义印发实施。印发《文化创意城建设实施方案及2022年工作任务要点》，制定《文化创意城建设政务信息报送工作机制》，成立信息工作领导小组，出台政务信息工作考核评比暂行办法。编制《文化创意城建设发展若干政策》（征求意见稿），制定《2022年度地区绩效管理考评细则（文化创意城）》，建立完善文化创意城监督考评激励机制。

【文化事业发展】　举办第十七届中国长春电影节开闭幕式、电影评奖、电影展映、电影论坛、致敬“摇篮”、群众文化六大单元主体活动，得到社会各界赞誉，省委书记景俊海签批表扬。开展2022“大地情深”中央歌剧院走进长春系列文化活动，举办音乐会3场。组织百人民俗秧歌、高跷、舞龙、舞狮团队，在长春冰雪新天地参与2022年央视元宵晚会录制。举办“现代诗公园2022年度新诗”入驻及诗人采风活动。做好《现代诗公园》电台节目内容更新和推广，开设《名家诗篇》《吉林诗作》和《诗歌访谈》等6个专辑，邀请优秀朗诵者演绎现代诗公园线下更新的名家诗篇。举办2022长春读书节，引进第五届中国油画展长春巡展，启动“四季长春”全国油画名家绘长春写生活动。

【文化产业建设】　制定《文化创意城发展规划》《长春市文化创意城总体方案》，推动文化创意城建设，高质量完成4项分工任务。制定《长春市“十四五”文化发展规划》（审议稿），待市深改会审议通过后印发。协助省、市政协文史委筹办“彭祖述百砚展”。打造浅山星空、慢山里等项目。以国际影都建设为契机，推进资源和要素集聚，加快电影朝专业化产业化方向发展。申请文化产业补助资金，有2个项目获2022年度省级文化发展专项补助，推荐7个项目申报2023年度省级文化发展专项资金。推进产业园区建设，吉林省广告产业园、长拖1958文创园入选吉林省第五届文化产业重点园区。对全市

7月3日，“大地情深”中央歌剧院走进长春大型消夏音乐会在长春世界雕塑公园举行　　（市文广旅局　供图）

29家国有文化企业进行调研摸底，建立档案，实行规范管理。落实助企纾困政策，推动长春出版传媒集团减免房屋租金。深化长春市国有文艺院团改革。

【重大项目布局】　以“加快产业集聚、完善服务配套、加快衍生辐射”的思路，夯实“五张清单”，推进入库项目100个，其中实施项目73个，完成投资666.01亿元，全年新增投资123.17亿元。省政府确定“庙香山温泉滑雪度假区”等12个文旅项目作为市政府主要领导包保推进的省级重点文旅项目。全市文化产业园区（基地）35个，其中国家级9个，孵化企业1200余家，继东北亚文创科技园获评首批国家级文化产业示范园区后，吉广传媒产业园入选第二批创建对象。

【文旅项目建设】　2022年，长春市投入运营重点文旅项目36个，全市开工文化创意城项目73个，完成投资542.5亿元。国际影都20个影棚封顶，净月数字经济产业园一期建成，引进网易（长春）数字产业中心、“元宇宙”创新创业中心等数字类项目10个。提高入库项目投融资效果，联合市金融办通过银企现场对接方式，推荐22个企业和融资项目、融资需求44亿元。长春文旅云招商平台完成项目推介268篇，包括文旅重点招商项目推介、涉旅政策解读、域外文旅项目经典案例解析等，阅读量7余万人次，“粉丝”近4万人。绘制完成“长春市重点项目招商地图”电子版，申报长兴基金·文化创意基金项目备选库项目11个，文化创意基金需求金额32.8亿元。征集上报符合数字剧场、音乐厅、歌舞剧院等文化旅游场所、文化旅游智慧化平台、数字化工程等建设所需设备购置项目，完成吉林中庆山河商业管理有限公司文旅设备采购贷款贴息项目2000万元，待审核项目3个，储备项目3个。

【文旅专项债项目投资】　全市申请社会事业文旅方面专项债项目投资103.81亿元，申请发行专项债22.76亿元。其中，长春新区北湖文旅产业融合提升一期工程建设项目投资46.76亿元，专项债需求8.18亿元；长春新区北湖文旅产业融合提升二期工程建设项目投资36.96亿元，专项债需求8亿元；长春新区富强文体公园基础设施提升项目投资4.35亿元，专项债需求0.7亿元；长春市动物园搬迁一期建设项目投资5.27亿元，专项债需求0.9亿元，续建建设项目投资2.82亿元，专项债需求2.25亿元；公主岭中东铁路工业文化遗产保护项目投资2.25亿元，专项债需求0.78亿元；农安县太平中华文旅园区基础设施建设项目投资5.4亿元，专项债需求1.95亿元。

【金融保障措施】　以长春文旅云招商平台、文化创意城100个项目库为基数，制定文化创意城项目招商地图，逐个项目进行对接、谋划、跟进、推介，推动早产达效。举办金融机构支持文旅项目专题融资对接活动，与相关金融机构签署意向性融资协议200亿元。编制《长春文化创意基金设立方案》，建立项目报送长效机制，推动长兴基金受理项目11个、资金规模32.8亿元。发挥专项债对文旅产业支撑作用，7个项目申请专项债22.8亿元。

【品牌影响力宣传】　利用长春文旅、长春文旅云招商等新媒体、自媒体及传统媒体等多种方式加大对文化创意城的宣传力度，在全市范围营造良好建设氛围。加强“长春礼物”品牌建设，布局首家线下概念店。栖乐荟综合体被评定为第二批国家级夜间文旅消费集聚区，长春市红旗街旅游休闲街区、长春市桂林胡同旅游休闲街区、长春市巴蜀映巷旅游休闲街区被评定为省级旅游休闲街区，国信南山酒店、凯撒森林温泉被评定为省级中医药健康旅游试点基地，国泰拾乐街·中巴风情小镇被评定为长春市文化旅游特色消费示范街区。印发《文化创意城信息专报》5期，通报2022年度政务信息先进单位、先进组织者和先进个人。长春净月潭旅游发展有限公司等49家单位获评2022年吉林省文旅行业“放心消费示范单位”。“中国一汽工业文化旅游基地”入选国家工业旅游示范基地，净月区管委会、莲花山管委会被认定为首批省级全域旅游示范区。

【文创旅游活动】　举办2022长春国际油画邀请展、政产学研合作签约暨揭牌仪式、2022长春消夏艺术节、“长春礼物”征集大赛、“夜动春城（第三季）——点亮长春之夜”长春夜间百佳文旅消费好去处评选、第17届中国长春电影节、“长春礼物”品牌发布会等系列活动。开发精品线路，推出微度假、周末游、近郊游等旅游精品线路20余条，以周边游、省内游为核心，开发轻度假、泛休闲业态，打造乡村游、休闲娱乐游、文化体验游精品，提升文旅消费拉动力。

（王　冠　韩　凯　王靖然）

公共文化

综 述

7月29日，“品阅美好时光 共建书香长春”2022长春市民读书节系列活动之换书大集 （市文广旅局 供图）

【概况】 2022年，完成公共文化服务体系示范区复核。全年开展6大主题866项3376场群众文化活动。深化与中央歌剧院“央地合作”新模式，实践成果获省级典型并报评国家优秀实践案例。推动公共服务向基层延伸，完成电子阅报屏更新252个，实现社区便捷化图书阅读服务全覆盖，完成“幸福长春”行动计划任务，扶持群众文艺团体34支，开展群众艺术普及培训50万人次，举办市民读书节、新春文化大集等品牌文化活动。市朝鲜族群众艺术馆舞蹈作品《盛世刀芳》、市群众艺术馆驻馆合唱团入围国家群众文艺最高奖第十九届群星奖舞蹈类、群众合唱类决赛。长春市少儿图书馆获吉林省首届青少年科普作品年度征集活动最佳组织奖、“我最喜爱的童书”阅读推广活动“阅读推广贡献单位奖”，获评吉林省图书馆学会第二届优秀学术成果评奖活动“优秀组织单位”，获“图书馆报2022年度影响力绘本馆征集活动”年度影响力绘本馆称号，“全国少年儿童阅读年”系列活动——少年儿童手工绘制明信片风采展获通报表扬。

【图书馆】 长春市有图书馆13家。其中，国家级11家（国家一级7家、国家二级4家），未定级2家。总藏书量7663981册（件）。2022年，长春市图书馆投入经费5460万元，其中文献购置费1408万元。全年订购中外文图书7.8万种，16.8万册；中外文报刊4993种。采购数字资源57种。至2022年年末，长春市图书馆总藏量439.3万册（件）。其中，普通文献372.3万册，电子图书67万册；数字资源本地存储总量198TB。外借各类普通文献37万册次，电子资源下载455.54万册次，数字资源访问总量3058.54万次。全年举办各类型读者活动867场次，参与人数16.6万人次。完善城市阅读书网实体网点建设，新建示范分馆2家，阅书房1家，为各分馆配送图书9万册，联动分馆开展线上线下活动97项。汽车流动图书馆借还1.6万余册。7月至11月，市文广旅局开展主题为“品阅美好时光 共建书香长春”2022长春市民读书节，包括“阅迎二十大”“阅美奇妙夜”“阅见好时光”“阅读向未来”四大板块，阅读活动142项，以及开幕式、迎接中共二十大召开系列活动、图书馆奇妙夜、荐书大赛等大型阅读推广活动。在长春市图书馆“领读者”及阅读推广基地、书香家庭、阅书房、社区示范分馆及部分高校、中小学、书店等地开展“市民荐书活动”，推出“红色印记”少图研学文化之旅、“让我读给你听”系列公益活动。长春市少儿图书馆全年读者新增办证量1022个、借还6.4万余册次、借还1.3万余人次，开展读者活动270场次、培训430课时，业务培训92次，微信公众号平台发布推文1004条，阅读次数5.1万次，处理用户留言79条，“长少图”App上传信息615条，少图网站每月新书推荐15册，全年12期，上传信息415条。2022年，完成通借通还分馆2家、建立阅读基地3家，配送图书5700册；对长春市开发区136家社区书屋每家配送图书60册，共8160册。

表71 2022年长春市图书馆一览表

序号	场馆名称	地 址
1	长春市图书馆	朝阳区同志街1956号
2	长春市少年儿童图书馆	南关区东三马路703号
3	宽城区图书馆	宽城区东一条街649号
4	朝阳区图书馆	朝阳区育民路1699号
5	九台区图书馆	九台区新华大街2806号
6	南关区图书馆	南关区金色世界湾小区29＃—30＃楼
7	二道区图书馆	二道区吉盛小区3—19栋
8	双阳区图书馆	双阳区学院大街359号

续表71

序号	场馆名称	地 址
9	农安县图书馆	宝塔街与兴隆路交会处
10	绿园区图书馆	绿园区皓月大路1170号
11	榆树市图书馆	榆树市向阳路301号
12	德惠市图书馆	德惠市松柏路777号
13	公主岭市图书馆	公主岭市岭东街道国文医院内

（市文广旅局）

【博物馆】 2022年，全市有博物馆53家（新设立乡村博物馆1家，社区博物馆2家）。其中，国有博物馆23家（国家一级博物馆3家，国家二级博物馆1家），非国有博物馆6家，社区博物馆3家，乡村博物馆21家。藏品数量63.7万件（套），基本陈列66个，举办临时展览60个，参观人数50万余人，开展社教活动254次。全市博物馆取得各级各类资金1296.7万元。其中，免费开放资金565万元，可移动文物保护资金628万元，非国有博物馆奖补资金88.7万元，乡村博物馆建设资金10万元，社区博物馆建设资金5万元。2022年是长春市文博工作的课题研究年，市文广旅局组织伪满皇宫博物院、长春博物馆、长春市文庙博物馆、吉林大学、东北师范大学、长拖1958等20余家单位撰写论文39篇，形成《长春市文博工作课题研究成果集》。委托东北师范大学历史文化学院编制《长春市社区博物馆建设规划（2021—2025）》。长拖1958社区博物馆和鼎丰真社区博物馆建设被列入2022年全市年度幸福长春民生计划，建成并免费对外开放，优化长春市博物馆发展布局，构建省、市、县、乡镇、社区五级博物馆体系，推动公共文化服务体系建设的“最后一公里”。结合新冠疫情防控，长春市博物馆联盟推出系列线上线下宣教活动及展览百余项，各博物馆开展“博物馆里过大年——火红中国年”、“博物馆的力量”、“5·18”国际博物馆日、“六一”国际儿童节、庆祝中国共产党成立101周年、端午节、中秋节等文化惠民活动。伪满皇宫博物院入选全国文物旅游景区创新榜TOP10。成立“博物馆数智创新实验室”并获评吉林省文明标兵，省自然博物馆获评全国首批科普教育基地，长影旧址博物馆入选吉林省中共党史教育基地，文庙博物馆获第九届文博会优秀展示奖，酒文化博物馆获评全国和谐劳动关系创建示范企业，文庙博物馆馆长王洪源获评全国文物系统先进工作者。

表72 2022年长春市博物馆一览表

序号	等级	企业名称	地 址	备注
1	国家一级	吉林省博物院（东北抗日联军纪念馆）	净月区永顺路1666号	省直
2		吉林省自然博物馆	净月区净月大街2556号	—
3		伪满皇宫博物院	南关区光复北路5号	—
4	国家二级	东北师范大学东北民族民俗博物馆	经开区卫星路1号世纪广场南	—
5	无	吉林省典籍博物馆	南关区人民大街10055号	省直
6		吉林省东北二人转博物馆	经开区浦东路22号吉林文化大厦	省直
7		长春博物馆	南关区华弘街111号	市直
8		长春市文庙博物馆	南关区东天街239号	市直
9		东北沦陷史陈列馆	南关区光复北路5号	—
10		长春市双阳区博物馆	双阳区东双阳大街	—
11		德惠市博物馆	德惠市爱民街43号	—
12		榆树市博物馆（吉林农业博物馆）	榆树市三盛路文体活动中心	—
13		榆树市小乡博物馆	榆树市土桥镇皮信村	—
14		农安县博物馆	农安县农安镇宝塔街与兴隆路交会处	—
15		长春市方志馆（长春道台衙门博物馆）	南关区亚泰大街669号	—
16		吉林大学地质博物馆	朝阳区西民主大街938号	—
17		吉林省中医药博物馆	净月区博硕路1035号	—
18		长春大学萨满文化博物馆	经开区卫星路6543号	—

续表72

序号	等级	企业名称	地 址	备注
19	无	东北亚金融博物馆	南关区人民大街7696号	—
20		职业教育博物馆	宽城区凯旋路3050号	—
21		吉林国际动漫博物馆	高新区硅谷大街2888号	—
22		吉林省民间工艺美术馆	净月区福祉大路66号	—
23		吉林省酒文化博物馆	南关区亚泰大街9699号	—
24		长春仁德北方古代文明博物馆	净月开发区博硕路499号	—
25		吉林省宝凤艺术博物馆	双阳区甲一路延伸处	—
26		关云德满族民俗博物馆	九台区其塔木镇刘家村七社	—
27		公主岭市博物馆	公主岭市文体中心	—
28		吉林大学考古与艺术博物馆	朝阳区前进大街2699号	—
29		长影旧址博物馆	朝阳区红旗街1118号	—
30	社区	长春南大营旧址陈列馆	南关区亚泰大街7499号	—
31		长拖1958社区博物馆	二道区东新路与福安街交会处	—
32		鼎丰真社区博物馆	南关区大马路690号	—
33	乡村	老少沟村博物馆	德惠市老少沟村	—
34		红石村博物馆	九台区胡家回族乡红石村	—
35		徐家窑博物馆	榆树市大坡镇大坡村	—
36		于凤至故居博物馆	公主岭市南崴子街道大泉眼村	—
37		鞠家店村博物馆	公主岭市毛城子镇鞠家店村	—
38		回族文化博物馆	双阳区双营子回族乡大营子村	—
39		南城子古城博物馆	双阳区太平镇长山村	—
40		延和乡博物馆	榆树市延和朝鲜族乡	—
41		辽金时代农业博物馆	农安县前岗乡新开村	—
42		西王家村博物馆	农安县小城子乡西王家村	—
43		草编博物馆	长春市净月镇逯家湾村逯瓦房屯	—
44		奢岭农耕文化博物馆	双阳区奢岭街道	—
45		将军岭遗址博物馆	长春市双阳区太平镇将军村	—
46		万宝山事件遗址博物馆	德惠市米沙子镇黄家村	—
47		半拉山村博物馆	德惠市朝阳乡半拉山村	—
48		同心村李家屯解放长春第一前线指挥所	长春莲花山生态旅游度假区劝农山镇同心村李家屯	—
49		永发乡民俗博物馆	公主岭市永发乡新发村	—
50		双阳蜜蜂文化博物馆	双阳区双营子回族乡鲁家村	—
51		长春国信农耕文化博物馆	双阳区奢岭街道办事处前城村	—
52		九台马鞍山村史博物馆	九台区马鞍山村	—
53		东北抗日联军第一路军展览馆	朝阳区永春镇柳家村	—

（市文广旅局）

【文化馆】 长春市有文化馆13家。其中，国家级12家（国家一级9家、国家二级3家），未定级1家。乡镇（街道）综合文化站210个，村（社区）文化中心2545个。2022年，市文广旅局完成公益培训、惠民演出、展览赛事、阵地服务、活动指导、“非遗”传承等工作，公益培训近30万人次，开展公益活动141场，举办主题展览8项，扶持艺术团34个，拍摄上传声乐、器乐、舞蹈、朗诵、瑜伽、“非遗”等8个门类线上公益教学课程，时长约700分钟，播放量18399次。

表73 2022年长春市文化馆一览表

序号	场馆名称	地 址
1	长春市群众艺术馆	南关区谊民路966号
2	长春市朝鲜族群众艺术馆	亚泰大街3909号
3	宽城区文化馆	长春市宽城区九台北路699号
4	朝阳区文化馆	朝阳区西朝阳区路382号
5	九台区文化馆	九台区新华大街2836号
6	南关区文化馆	亚泰大街3909号
7	二道区文化馆	二道区吉盛小区2—11栋
8	双阳区文化馆	鹿城大街2322号
9	农安县文化馆	宝塔街与兴隆路交会处
10	绿园区文化馆	绿园区皓月大路1170号
11	榆树市文化馆	榆树市三盛路与新民大街交会处
12	德惠市文化馆	德惠市德东新区新惠街与德福路交会处
13	公主岭市文化馆	吉林省长春市公主岭市高铁路（公主岭南站北侧）

（市文广旅局）

【公共文化服务】 全年梳理国家公共文化服务体系示范区绩效评价指标15个，收集17个区和13个文图博馆基础数据3510条，完成国家公共文化服务云系统填报和创新发展成果评审工作。成立长春市群众文艺团体扶持工作机构，研究制定《长春市群众文艺团体扶持管理办法》，开展社会组织年检16家，从县市区推荐申报59家团体中遴选扶持34家，完成资金拨付。长春市群众艺术馆举办展览8项，基层骨干公益培训130余人；开设少数民族公益培训课程20余门，培训47360人次；群众公益培训开设6大门类26个专业，培训30万人次，内容除声乐、器乐、舞蹈等常规性课程外，新增京剧、快板、剪纸等弘扬优秀传统文化的相关课程；邀请相关专家开设心理、居家、养生等实用性强的“百姓课堂”系列讲座活动，发布线上课程近20期；开展线上百姓健康舞培训3期，培训2万余人；举办线上文化活动99项523场，参与人数近58万人次。

【群众文化活动】 6月3日，开展“我们的节日——粽情端午”端午节主题活动，采取线上方式对5个章节进行吟诵、舞蹈、歌唱等艺术形式展示，并结合传统技艺、文化礼仪进行讲解演示。6月30日至7月5日，举办2022长春消夏艺术节文艺演出9场，包括中央歌剧院专场、长影专场、长春原创音乐联盟专场等专业院团的文艺演出4场，群众团体演出5场。举办第十七届中国长春电影节系列群众文化活动4大类156项234场，包括“光影岁月 三十而熠”电影文化嘉年华、经典电影主题歌曲大家唱比赛等。长春市朝鲜族群众艺术馆举办“传唱童谣 纯净童年”2022年长春市朝鲜族少儿歌曲比赛、红色电影展播活动、长春市朝鲜族大合唱比赛视频展播、朝鲜族长寿老人祝寿庆典等活动。

【2022年“大地情深”中央歌剧院走进长春系列文化活动】 6月30日至7月3日，中央歌剧院院长刘云志、副院长么红携近百名艺术家，开展2022“大地

9月8日，长春市群众艺术馆驻馆合唱团入围第十三届中国艺术节暨第十九届群星奖群众合唱类决赛 （市文广旅局 供图）

7月3日，中央歌剧院院长、小提琴演奏家刘云志（中）在“大地情深”中央歌剧院走进长春系列文化活动中演奏《流浪者之歌》（市文广旅局 供图）

情深”中央歌剧院走进长春系列文化活动，长春消夏艺术节期间专场演出3场音乐会，让市民群众享受到高质量的精神文化生活。中央歌剧院还带来160课时订单式培训。

（王 冠 韩 凯 王靖然）

长春市图书馆

【概况】 2022年，长春市图书馆经费投入5460万元，其中文献购置费1408万元。全年订购中外文图书7.8万种，16.8万册。订购中外文报刊4993种。采购数字资源57种。长春市图书馆总藏量439.3万册（件）。其中，普通文献372.3万册，电子图书67万册；数字资源本地存储总量198TB。外借各类普通文献37万册次，电子资源下载455.54万册次，数字资源访问总量4000余万次。编辑《立法信息快讯》24期，面向人大、市政府等单位提供课题咨询30项，全国网上联合参考咨询解答课题3万余条。编印内部资料《品读》6期。接待读者45万人次。媒体报道2379次，自媒体发文4197条，阅读量1316.5万人次，长图微信公众号积累“粉丝”14.2万人。举办各类型读者活动867场次，参与人数16.6万人次。完善城市阅读书网实体网点建设，新建示范分馆2家，阅书房1家，为各分馆配送图书9万册，联动分馆开展线上线下活动97项。汽车流动图书馆借还1.6万余册。

【“长春记忆”项目建设】 2022年，长春市启动“文心筑魂 水墨长春”长春美术家精品展览，邀约74位美术领域名人，采集其美术作品、个人履历等资料，完善具有地方特色的记忆资源体系，打造《长春市图书馆藏文学作品插画展》《戏剧春秋 艺苑菁华》两个数字展厅，完成“长春记忆”项目系列首档音频节目——《戏剧春秋 艺苑菁华》，在喜马拉雅平台上线，整理出版《长春市图书馆藏文学作品插画展作品集》书籍。

【数字阅读服务】 2022年，长春市图书馆采购数字资源57种，数字资源本地存储总量198TB，提供包含电子书刊、有声资源、视频资源、学术论文、学习课程、少儿资源以及经济、法律、历史、艺术等类型的数字服务专题资源，整合数字资源产品，结合不同应用场景实现定制化服务。积累留存数字资源镜像，扩大入藏数量，充实馆藏体系，丰富馆藏镜像种类，实现超星、维普、云图等多平台馆外登录，增强平台资源建设，提升公众数字阅读体验。全年电子资源下载455.54万册次，数字资源访问总量4000余万次。

【区域信息中心建设】 2022年，长春市图书馆以区域一体化发展为背景，建立立法文献查阅区，涵盖不同产业白皮书、行业发展报告2000余本，与中国知网数据公司达成战略合作，提供平台专业数据信息采集技术和区域学术资源。

【城市书网建设】 2022年，长春市新建朝阳区“两新”党群服务中心分馆、文理高中分馆2家示范分馆，新建南湖公园阅书房1家。为各分馆配送图书9万余册，流动图书车服务网点16个，借还文献1.6万余册。中心馆和分

7月，长春市图书馆组织数字阅读体验活动，现场为读者讲解海量数字资源获取方式（市文广旅局 供图）

7月29日，“品阅美好时光 共建书香长春”2022长春市民读书节开幕

（市文广旅局　供图）

馆围绕大型系列阅读推广活动和各项惠民举措，在长春冰雪阅读季与市民读书节期间联合开展特别策划、文化展览、培训讲座、艺术欣赏、数字阅读、竞赛评比、文献推介等多种形式的阅读推广活动97场。

【融媒体中心项目】　2022年，长春市图书馆通过“2个空间+3个虚拟中心+2张服务网络”构架，将品牌服务和特色活动通过直播、录播、演播等形式供给至读者及基层文化服务机构，全年录制活动20场，推动优质公共文化资源向基层延伸。

【2022长春市民读书节】　7月至11月，举办以“品阅美好时光 共建书香长春”为主题的2022长春市民读书节。由长春市文化广播电视和旅游局主办，长春市图书馆、长春市少年儿童图书馆、各县（市）区文化和旅游局承办，各县（市）区图书馆协办，面向全体市民，组织全市各级公共图书馆、阅书房、社区示范分馆、学校、书店等，举办“阅迎二十大”“阅美奇妙夜”“阅见好时光”“阅读向未来”四大板块142项阅读活动，公益性讲座、培训、展览、数字阅读、体验、竞赛等，参与者5万余人次。

7月29日，2022长春市民读书节开幕式在市图书馆举办。8月13日，“阅美奇妙夜”系列活动在市图书馆举行，开展图书置换、现场讲书与荐书、小型音乐会、阅读体验等综合性活动，盘活旧书资源，增加互动体验性；“阅见好时光”板块围绕长春记忆、传统节日及文化，针对未成年人、残障人士和老年人等特殊读者群体，开展专题活动；“阅读向未来”板块围绕荐读、数字阅读，联动社会力量，以新媒体平台、数字资源等为支撑，集中开展线上活动。在长春市图书馆“领读者”及阅读推广基地、书香家庭、阅书房、社区示范分馆及部分高校、中小学、书店等地同时举办荐书大赛，并发布“2022年长春市民荐读书目”，包括5大领域20种优秀图书。举办“种阅读 助成长”爱贝阅读礼包发放仪式，对接汽开解放公司企业家庭开展“爱贝阅读计划”品牌活动，与兴业银行长春分行联合开展“走进银行，争做小小银行家”社会实践活动，面向孤独症青少年举办“文化筑梦星悦星读”志愿者活动，针对残障读者举办“心视觉”影院口述无障碍电影活动。推出名师讲坛系列讲座、长图公益课堂等线上讲座及培训等，举办第十七届“文津图书奖”获奖图书展。在读书节闭幕期间，举行2022长春市民读书节评选表彰活动，表彰在读书节和阅读推广工作中作出突出贡献或取得显著成绩的活动组织单位、个人及团队，评选阅读推广典型。

（王　冠　韩　凯　王靖然）

长春博物馆

【概况】　2022年，长春博物馆开馆216天，接待观众2.4万余人次。其中，长春博物馆接待1.88万人次，南大营旧址陈列馆接待5246人次；接待青少年观众5054人次。举办社教活动121场，参加活动2万余人次，其中未成年人1.18万人次。接待机关、企事业单位、学校等团体近百个。推进宣传策划、新媒体运用、推广引导工作，国家及省市25家媒体对博物馆活动进行

2月15日，南大营旧址陈列馆元宵节猜灯谜活动　（市文广旅局　供图）

1月24日，南大营旧址陈列馆举办博物馆里过大年系列活动

（市文广旅局　供图）

报道，包括国家级媒体3家、省级媒体2家、网络媒体20家，报道31次，发布公众号文章44篇、抖音视频58条，浏览量5万余次。文创产品“玉龙音乐水晶球”入选“长春礼物”。

【线上主题活动】　在中华民族传统节日及国际博物馆日、文化和自然遗产日开展“博物馆里过大年——火红中国年”、博物馆的力量——遇“荐”博物馆线上直播、“文化和自然遗产日”科普、我们的节日——“中秋月团圆，桃李情长存”中秋节答题活动等线上科普课程和活动20次，利用新媒体平台优势，制作《中华人民共和国文物保护法实施条例》科普、端午节习俗、红色家风等主题微课5个。

【展览交流】　6月11日，长春博物馆“丝路遐想——戈沙丝绸之路艺术作品展”在西安博物院举办，展出戈沙丝绸之路艺术作品118件，包括版画58幅、刻版16件、油画11幅、水墨画7幅、素描2幅，戈沙绘画工具和获奖证书24件，展期3个月。年内，长春博物馆与西安博物馆签订交流展合作协议，与珠海博物馆达成展览交流意向，拟定战略合作协议和交流展合作协议。

【教育普及】　2022年，长春博物馆联合师大附中新城学校、塘子胡同社区、吉顺社区、佳园社区开展青铜器与考古学知识科普“走出去”活动5次。开展小小讲解员招募活动，增强互动性和观众参与感，拓宽公共文化的服务范围。

【数字化服务】　2022年，长春博物馆建立数字多维交互展示和信息交互服务系统，通过拼接互动屏系统、大数据可视化系统展示智能观众流量分析技术、2.5D地图展示技术、文物信息动态展示窗口、实时更新显示互动评论等文博交互展示功能；增添服务功能，整合智慧服务终端和新媒体服务终端，与票务服务管理系统、“长春博物馆微官网”小程序系统等有机对接、信息共享、科学管理、有效分析，为博物馆运营与发展提供信息化数据支持。

长春市群众艺术馆

【概况】　2022年，长春市群众艺术馆完成公益培训近30万人次，开展公益活动141场，举办主题展览8项，扶持34支优秀群众艺术团；有27个“非遗”项目进入市级“非遗”项目名录，使长春市“非遗”项目突破百项；推荐27人入选长春市第三批市级非物质文化遗产代表性项目代表性传承人；拍摄上传声乐、器乐、舞蹈、朗诵、瑜伽、“非遗”等8个门类的线上公益教学课程，累计时长约700分钟，播放量18399次；《长春百年书画名家系列教程》——跟冯永庆学花鸟画在后期制作中；编辑的《吉林画报》（2022年第12期）——长春市群众艺术馆专刊以及长春百年系列丛书——《长春评剧唱腔百年集萃（上下册）》公开出版发行。2022年9月，长春市群众艺术馆“央地合作”案例在第四届全国文化馆理论体系构建学会研讨会征文活动中获评优秀案例；长春市群众艺术馆驻馆老山参合唱团入围第十三届中国艺术节暨第十九届群星奖决赛；1篇调研报告在2021年度长春市优秀调研成果评选中获三等奖。

【节庆活动】　“两节”慰问演出　由长春市群众艺术馆举办的“我为群众办实事”——长春市群众艺术馆文艺小分队进基层慰问演出活动于岁末年初分别走进长春市至爱护理院、绿园区西新镇政府、北湖街道福悦社区等单位，为孤寡老人和社区居民举办慰问演出4场。

冰雪秧歌秀活动　1月29日，长春市群众艺术馆承办的2022“迎冬奥·庆新春”长春市冰雪秧歌秀活动在长春世界雕塑园落幕。各县（市）区、开发区选拔推荐13支队伍近700名演员参与展演，表演形式包括威风锣鼓、寸跷队、袖头秧歌、秧歌版花棍舞、朝鲜族民俗农乐舞、传统秧歌、东北秧歌、迎奥运新派秧歌等。

【公益培训】　2022年，长春市群众艺术馆采取长期班和短期班相结合，线上、线下相结合，学习和实践相结合，专业教师授课和大师课相结合等方式，结合百姓需求，以文化志愿者为依托，以契约式、订单式、沉浸式服务为手段，推进培训工作规范化、标准化、个性化和常态化。

市民公益培训　全年培训近30万人次。面向市民开设6大门类26个专业，培训内容设置加入弘扬优秀传统文化相关课程，除常规性开设的声乐、器乐、舞蹈等课程外，新增设京剧、快板、剪纸等专业，同时还开展名师讲堂活动，邀请相关专家开设心理、居家、养生等实用性较强的“百姓课堂”系列讲座活动，发布线上课程近20期。引进11个优秀艺术团队常年开展活动，还为各艺术团定期开展公益性辅导与培训，组织艺

10月，长春市群众艺术馆举办市民公益培训太极提高班 （付强中 供图）

术团参与各类演出、赛事活动。

基层骨干培训 7月15日，由长春市群众艺术馆举办的2022年基层骨干公益培训在农安县黄龙艺术剧院启动。为期3天的舞蹈培训分为两个部分，以百姓健康舞为主，将“欢庆耍鼓”纳入其中，130多位基层骨干参加现场培训。还开展3期线上百姓健康舞培训，培训学员2万余人。

【文艺演出】 中央广播电视总台元宵晚会长春分会场录制 1月24日至25日，2022央视元宵晚会分会场在长春冰雪新天地录制。晚会以“守正创新、出新出彩”为整体创作要求，打造“全民迎冬奥·一起向未来”冰雪主题，展现东北地域元宵佳节年俗。长春市群众艺术馆组织近百人龙狮共舞、虎年呈祥的民俗秧歌和舞龙舞狮团队，完成录制任务。

第十七届中国长春电影节系列群众文化活动 8月12日至28日，由长春市群众艺术馆承办的电影节系列群众文化活动举办演出22场，活动以“喜迎二十大 光影三十年”为主线，邀请多支群众文艺团队，围绕电影节主题开展电影节群众文化活动。

长春市第三十五届“春芽”少儿文艺作品线上展演 展演活动以“拥抱新时代 快乐向未来”为主题，首次由线下改为线上进行，参演人员500余人，表演1060余人次。展演节目分为原创节目和选拔节目两部分，包括歌舞、器乐、合唱、诗朗诵和结合疫情原创节目《抗击疫情 共“童”行动》等。

2022年长春市第三十二届“童心向未来”青少年艺术系列大赛 3月启动，9月结束。分初赛、复赛、决赛3个赛事环节，进行复赛、决赛38场。参赛类别包括舞蹈、声乐、器乐、曲艺等，采取线上报名线上评比形式举行，收到参赛作品1883部，参赛3011人，504部作品、2232人进入决赛，277部作品分获一、二、三等奖，222部作品获优秀奖。

“喜迎二十大 歌颂家乡美”2022年长春市第十一届群众诗歌、散文、微小说征文大赛 征集活动自2022年5月中旬启动，收到参赛作品518件，评委会评选出组织奖单位10个，组织奖个人12个，获奖作品91篇（首）。其中，一等奖13名，二等奖26名，三等奖52名。

【展览活动】 2022年，长春市群众艺术馆举办8项展览，包括“喜迎二十大”暨庆祝建馆65周年长春市群众艺术馆馆藏作品展、“奋进步伐铿锵激越 回眸已是花开千树”——长春市群众艺术馆2021年工作成果回顾展、“时在中春”王建国油画作品展等。6月26日，“时在中春”王建国油画作品展在长春市后现代美术馆开幕。该展览由中共长春市委宣传部、长春市文化广播电视和旅游局、长春市美术家协会主办，长春市群众艺术馆、吉林艺术学院油画研究院、吉林省油画学会、后现代美术馆承办，吉林艺术学院进行学术支持。王建国作为中国写意油画学派代表，多年来从事油画风景研究，用画笔记录长春市城市发展和变迁。

【品牌项目】 学员优秀作品展公益拍、家风墨宝进万家是长春市群众艺术馆多年来重点打造的品牌服务项目。2022年，长春市群众艺术馆在一楼大厅为市民们搭建多处拍照景点，

6月26日，长春市群众艺术馆举办“时在中春”王建国油画作品展

（长春市群众艺术馆 供图）

1月21日，长春市群众艺术馆举办2022千家万福公益拍系列活动

（长春市群众艺术馆　供图）

并提供部分道具与服装，聘请专业摄影师为预约家庭拍摄全家福。观众还可以参观年俗图片展、学员优秀作品展并领取书法家现场书写的“家风墨宝”作品。应群众要求，活动从小年举办到初六，又延长到正月十五。接待市民朋友3000余人次、送出家风墨宝310余幅、“全家福”照片294幅。

（宋晓莉）

长春市朝鲜族群众艺术馆

【公益培训】 2022年，长春市朝鲜族群众艺术馆开展各类公益培训。1月10日至14日，长春市朝鲜族群众艺术馆携手长春市市少儿图书馆共同开展寒假特别活动。作为“文脉传承 携手同行”服务联动融合系列活动之一，两馆发挥公共文化服务机构优势相互融合，在寒假期间开展关东剪纸、数字化体验等活动，以寓教于乐形式培养和树立青少年社会主义核心价值观。

少儿寒暑假培训　1月7日至21日，举办2022年长春市朝鲜族群众艺术馆少儿寒假培训，开设硬笔书法、声乐、街舞、亲子瑜伽、拉丁舞、少儿主持、美术、吉他等8门课程，因疫情防控需要每班设定20人名额，培训240课时，3500人次。8月1日至15日举办“喜迎二十大 奋进新征程”2022年长春市朝鲜族群众艺术馆暑期少儿，培训，涵盖声乐、视唱练耳、少儿街舞、表演与主持、硬笔书法等10门课程，培训9810人次。

市民公益培训　2022年，开展“线上+线下”市民公益艺术培训。培训课程有朝鲜族舞蹈、少数民族舞蹈、拉丁舞、朝鲜族歌曲、汉族歌曲、书法（硬笔书法、软笔书法）、合唱、瑜伽、美术、伽倻琴、萨克斯、长鼓鼓点、朗诵、朝鲜语班等20余门课程。因疫情影响，全年培训4.74万人次。

【民族特色活动】 “冬奥贺新春 冰雪民族情”长春市朝鲜族迎新春文艺演出　1月20日，来自长春市朝鲜族群众艺术馆、吉林市朝鲜族群众艺术馆、延边歌舞团的80余名演员录制完成。演出15个节目，包括迎冬奥特别舞蹈演出，还融合声乐、朝鲜族舞蹈、蒙古族舞蹈、模特表演、民乐演奏等多种表演形式。结合疫情防控形势，活动以线下录制、线上展播形式进行。

六一儿童节活动　儿童节期间，根据疫情防控要求，有序组织少年儿童到馆进行数字化空间体验，携手市绿园区朝鲜族小学、市宽城区朝鲜族小学、市九台区朝鲜族学校开展长春市朝鲜族小学文艺作品线上展播。

少儿歌曲比赛　8月15日，长春市朝鲜族群众艺术馆举办“传唱童谣 纯净童年”2022年长春市朝鲜族少儿歌曲比赛，以寓教于乐的活动践行少年儿童社会主义核心价值观。

电影歌曲歌唱比赛　8月24日，以“新时代·新摇篮·新力量·新坐标”为主题，举办第十七届中国长春电影节系列群众文化活动——经典电影主题歌曲大家唱比赛，全市众多歌唱爱好者参与。

红色电影展播　8月25日，长春市朝鲜族群众艺术馆党支部与党建共建单位吉顺社区携手举办“喜迎二十大 奋

8月15日，长春市朝鲜族群众艺术馆举办“传唱童谣 纯净童年”2022年长春市朝鲜族少儿歌曲比赛。图为颁奖现场

（市朝鲜族群众艺术馆　供图）

8月，长春市朝鲜族群众艺术馆创编的舞蹈作品《盛世刀芳》入围第十九届全国“群星奖”舞蹈类决赛
（市朝鲜族群众艺术馆　供图）

进新征程”红色电影展播活动，组织党员干部、社区退休老党员、军人家属及社区群众观看红色电影《狙击手》。

迎接“二十大”活动　9月26日至29日，组织全市朝鲜族社会团体进行“喜迎二十大 奋进新征程”——“颂党恩 感党情 庆国庆”长春市朝鲜族大合唱比赛视频录制，在国庆节期间展播。比赛吸引全市长春市朝鲜族老年协会、妇女协会、社科协会等9支队伍参赛。长春市朝鲜族群众艺术馆还与东北师范大学舞蹈系携手创作“庆祝中国共产党成立100周年”长春市朝鲜族专场文艺演出。

老人祝寿活动　11月22日，长春市朝鲜族群众艺术馆举办第七届长春市朝鲜族长寿老人祝寿庆典活动，邀请到38位80周岁朝鲜族长寿老人参加活动。活动由长春市朝鲜族群众艺术馆主办，长春市朝鲜族老年协会承办。

【文化惠民活动】　长春市朝鲜族群众艺术馆以“文化送基层 惠民暖人心”为主题开展文化活动，在节假日期间分别到吉顺社区、至爱老年医疗护理院、新智特殊儿童训练学校开展下基层演出系列活动。除培训及各项活动工作任务外，发挥阵地优势为机关组织、社区团体、市宽城区朝小、朝鲜族各协会等机关事业单位及团体提供场地承办各类演出及培训10余场，发挥少数民族文化传承基地作用。全年利用公众号平台共发布文化慕课、节庆线上活动、线上公益培训、馆内活动动态、系列讲座等相关信息120余条，市民点击参与量3.9万人次。

11月22日，长春市朝鲜族群众艺术馆举办长春市朝鲜族第七届80岁长寿老人祝寿庆典
（市朝鲜族群众艺术馆　供图）

【舞蹈作品《盛世刀芳》入围全国“群星奖”决赛】　2022年8月，长春市朝鲜族群众艺术馆创编的《盛世刀芳》代表吉林省唯一舞蹈作品入围第十九届全国“群星奖”决赛。8月，长春市朝鲜族群众艺术馆选派5名舞蹈演职人员支援吉林省文化馆广场舞队，赴银川参加第十九届全国“群星奖”广场舞比赛。　（李　近）

文学艺术

【概况】　2022年，长春市实施文艺作品提质工程，完成剧本创作9部、开展驻场演出21场，引进第五届中国油画展长春巡展，启动“四季长春”全国油画名家绘长春写生活动。长春演艺集团创排的杂技作品《红》《糖果骑缘》入选第十一届全国杂技展演参演作品、评剧《兴国风云》入选第十二届评剧艺术节参演作品。全年开

5月18日，长春市演艺集团杂技团在四川省宜宾市酒都剧场内首演大型杂技剧《兵工厂》。图为演出剧照　（市文广旅局　供图）

展送演出下基层活动233场，多渠道展示和推广优秀文艺作品，加强长影周末音乐会、“戏剧星期六”、爵士音乐节等项目品牌化建设。

【文艺创作】　2022年，长春市艺术研究所组织创作完成大型话剧剧本《守护》《刺杀花木兰》，儿童剧《我们是朋友》，小型话剧、小品剧本《共享奶奶》《何家欢乐》《重圆》。3月，新冠疫情防控期间创作小品剧本《看不见的邻居》、诗歌《我的城》《我的发》《不是我不怕》等抗疫题材的文艺作品。受长春市委组织部邀请创作工作汇报情景剧本《安全红，幸福家》。4月18日，创作的网络电影《心若有梦任飞扬》在B站、西瓜视频等平台上映。长春市演艺集团话剧院创作完成儿童剧剧本《拇指姑娘》《忧伤的塑料袋》、话剧《卡拉岛上的太阳》，复排儿童剧《木偶奇遇记》、大型话剧《长夜春晓》。

【精品演出】　2022年，长春市打造长影周末音乐会、新年音乐会、爵士音乐节等品牌项目，开展驻场演出21场，包括长影周末音乐会8场、爵士音乐节7场。2月6日至5月24日，长春市演艺集团杂技团演出分队14人到四川省宜宾市参加原创杂技剧《兵工厂》排练，于5月18日在四川省宜宾市酒都剧场首演；7月3日，在长春雕塑公园举办2022长春消夏艺术节杂技专场演出；7月10日至19日，到新疆阿勒泰演出魔术5场；8月13日、17日，参加精彩夜吉林消夏演出季演出杂技专场2场；9月22日，在通化县中国农民丰收节演出杂技《狮子舞》；12月16日，在第三届中俄青少年运动会开幕式演出《蹬伞》《花盘》《高车踢碗》等杂技节目。3月2日，长春市演艺集团评剧院演出新编大型历史评剧《兴国风云》。

【惠民演出】　2022年，市文广旅局克服新冠疫情防控对演出造成困难，举行“送演出下基层”文化惠民活动，组织全市院团到九台区西营城烧锅村、董家村、德惠市夏家店等地，演出233场。其中，杂技专场30场，评剧专场30场，儿童剧《忧伤的塑料袋》演出30场，超额完成“幸福长春行动计划”200场年度任务目标，让基层百姓在家门口享受文化大餐；参加省文旅厅举办的“精彩夜吉林”演出1场。

【文艺活动】　3月，长春市艺术研究所举办“戏剧星期六”十周年系列活动，启动“我想对你说”——“戏剧星期六”十周年主题征集活动，收到来自全国各地的寄语、短文等30余篇。7月1日至8月12日，利用“长春市艺术研究所”微信公众号线上平台启动“喜迎二十大 戏剧云消夏”——“戏剧星期六”云剧场展播活动，展播《三湾，那一夜》《香山之夜》《重渡沟》《从湘江到遵义》《雪国历险记》《陀螺山历险记》《青蛙王国之女王的祝福》等多部剧目。11月20日，由中共长春市委宣传部、长春市文化广播电视和旅游局、北京当代中国写意油画研究院主办，吉林省油画学会和吉林省民间工艺美术馆承办的首届“四季长春”全国油画名家绘长春作品展在吉林省民间工艺美术

11月17日，市文广旅局在北京博苑长春童睿开展“送演出下基层”文化惠民活动　（市文广旅局　供图）

11月20日，首届“四季长春”全国油画名家绘长春作品展开幕式在吉林省民间工艺美术馆举办。图为开幕式现场（市文广旅局 供图）

馆启动，长春市人民政府副秘书长王希田在启动仪式上致辞，北京当代中国写意油画研究院院长王辉代表众位艺术家向长春市赠送代表作《莲花山秋色》。活动邀请50余位全国油画名家，在中国美术家协会主席、中央美术学院院长范迪安的带领下深入长春各地，用画笔描绘新时代长春经济社会发展成就，记录人民群众幸福生活，展出油画作品100余幅。12月，在长春市图书馆举办“乘着戏剧的翅膀——戏剧星期六创办十周年”主题图片展，包括前言、源起、探索、成果和结语5个部分，收录精美图片192张，展出“戏剧星期六”自2012年创办以后演出剧目和活动照片。

【文艺理论研究】 2022年，长春市艺术研究所组建课题组，开展《文化和旅游融合背景下长春市小剧场戏剧建设研究》调研活动，包括长春市小剧场基础设施建设、创作队伍建设现状与分析、创作内容分类等内容，完成调研报告1.9万字。出版《剧苑春华——2021年“长春好故事”优秀剧本选》，由长春出版社出版发行。组织撰写理论文章10余篇，参加国家级、省级论坛及比赛，其中《论杂技艺术的雕塑感和流动美》获东北杂技论坛优秀论文，并在论坛上作主旨演讲。

（王 冠 韩 凯 王靖然）

历史文化保护

【概况】 2022年，长春市争取上级文保专项资金4360万余元，推进伪满皇宫、一汽、南湖宾馆、省人民医院等文物保护建筑修缮工程，完成14项国保和7项省保单位保护计划申报工作。推进文物课题研究工作，编制《长春市文博事业课题研究成果集》，《农安县五台山遗址发掘报告》获2022年度国家社会科学基金项目立项。推进农安围子里遗址发掘工作，为构建西流松花江流域青铜——早期铁器时代考古学文化编年序列提供全新研究材料和考古学材料。加强文物资源普查管理，开展抗美援朝文物资源、红色标语类革命文物、文保单位利用情况、碑刻石刻文物资源摸底等专项调查活动，推荐申报省级传统村落10个，公布第五批市级非物质文化遗产项目名录108个。创新优化普及推广方式，举办2022年“文化和自然遗产日”系列活动，全市医药、美术、技艺、民俗等23个项目亮相吉林非遗节。完成文旅部2021年度国家级非物质文化遗产代表性传承人传承活动评估、2022年度国家级代表性项目保护单位检查、2021年度国家非物质文化遗产保护资金使用情况检查等工作，组织开展国家级第六批代表性传承人申报工作。

【文物保护】 2022年，长春市有不可移动文物1785处。其中，全国重点文物保护单位16处，包括古遗址类7处，古建筑1处，近现代重要史迹及代表性建筑8处；省级文物保护单位70处，包括古遗址46处，古墓葬1处，石刻1处，古建筑2处，近现代重要史迹及代表性建筑20处；市级文物保护单位160处；县级文物保护单位183处，尚未核定公布的不可移动文物1356处。市文广旅局组织开展 2023年度文物保护项目的申报工作，14项全国重点文物保护单位保护工程项目、7项省级文物保护单位保护工程项目列入 2023年度全省文物保护项目计划。完成一汽集团车身厂外立面修缮、锻造厂保护修缮项目申报国保专项资金工作，完成拨付一汽集团资金，包括车身厂外立面修缮项目资金1231.22万元，锻造厂保护修缮项目资金3132.7万元。推进伪满皇宫博物院、吉林省人民医院沙俄火车站俱乐部本体、吉林大学理化楼、南湖宾馆等修缮项目。开展长春市文物安全隐患整治和文物安全管理能力提升三年行动以及全市文物系统安全生产大检查及安全演练活动。

表74 2022年长春地区全国重点文物保护单位一览表

序号	名称	年代	批次	公布时间
1	秦家屯城址	辽金	六	2006.5.25
2	五家子遗址	东周	七	2013.3.5
3	揽头窝堡遗址	金	七	2013.3.5

续表74

<table>
<tr><th>序号</th><th colspan="3">名称</th><th>年代</th><th>批次</th><th>公布时间</th></tr>
<tr><td>4</td><td colspan="3">唐代老边岗土墙（合并到第五批已有的项目）</td><td>唐</td><td>七</td><td>2013.3.5</td></tr>
<tr><td>5</td><td colspan="3">大青山遗址</td><td>东周</td><td>七</td><td>2013.3.5</td></tr>
<tr><td>6</td><td colspan="3">五家子城址</td><td>辽金</td><td>七</td><td>2013.3.5</td></tr>
<tr><td>7</td><td colspan="3">农安五台山遗址</td><td>新石器</td><td>八</td><td>2019.10.7</td></tr>
<tr><td>8</td><td colspan="3">农安辽塔</td><td>辽</td><td>七</td><td>2013.3.5</td></tr>
<tr><td>9</td><td colspan="3">吉长道尹公署旧址</td><td>1909</td><td>七</td><td>2013.3.5</td></tr>
<tr><td rowspan="11">10</td><td rowspan="11">伪满皇宫及日伪军政机构旧址</td><td>（1）</td><td>伪满洲国皇宫旧址</td><td>1932</td><td>七</td><td>2013.3.5</td></tr>
<tr><td>（2）</td><td>侵华日军关东军司令部旧址</td><td>1933</td><td>七</td><td>2013.3.5</td></tr>
<tr><td>（3）</td><td>侵华日军关东宪兵队司令部旧址</td><td>1932</td><td>七</td><td>2013.3.5</td></tr>
<tr><td>（4）</td><td>伪满洲国国务院旧址</td><td>1935</td><td>七</td><td>2013.3.5</td></tr>
<tr><td>（5）</td><td>伪满洲国军事部旧址</td><td>1935</td><td>七</td><td>2013.3.5</td></tr>
<tr><td>（6）</td><td>伪满洲国司法部旧址</td><td>1935</td><td>七</td><td>2013.3.5</td></tr>
<tr><td>（7）</td><td>伪满洲国民生部旧址</td><td>1935</td><td>七</td><td>2013.3.5</td></tr>
<tr><td>（8）</td><td>伪满洲国综合法衙旧址</td><td>1932</td><td>七</td><td>2013.3.5</td></tr>
<tr><td>（9）</td><td>伪满洲国经济部旧址</td><td>1935</td><td>七</td><td>2013.3.5</td></tr>
<tr><td>（10）</td><td>伪满洲国交通部旧址</td><td>1935</td><td>七</td><td>2013.3.5</td></tr>
<tr><td>（11）</td><td>伪满洲国外交部旧址</td><td>1932</td><td>七</td><td>2013.3.5</td></tr>
<tr><td>11</td><td colspan="3">伪满洲国中央银行旧址</td><td>1938</td><td>七</td><td>2013.3.5</td></tr>
<tr><td>12</td><td colspan="3">长春电影制片厂早期建筑</td><td>1939</td><td>七</td><td>2013.3.5</td></tr>
<tr><td>13</td><td colspan="3">长春第一汽车制造厂早期建筑</td><td>1956</td><td>七</td><td>2013.3.5</td></tr>
<tr><td>14</td><td colspan="3">侵华日军第100部队遗址</td><td>1935—1936</td><td>八</td><td>2019.10.7</td></tr>
<tr><td>15</td><td colspan="3">伪满建国忠灵庙旧址</td><td>1938</td><td>八</td><td>2019.10.7</td></tr>
<tr><td>16</td><td colspan="3">中东铁路建筑群（合并到第六批已有的项目）</td><td>1903</td><td>八</td><td>2019.10.7</td></tr>
</table>

表75　2022年长春地区省级文物保护单位一览表

序号	名称	年代	批次	公布时间
1	“榆树人”遗址	旧石器	一	1961.4.13
2	大坡古城	辽金	二	1981.4.20
3	田家坨子遗址	青铜	二	1981.4.20
4	双城子古城	辽金	五	1999.2.26
5	大青咀遗址	新石器	六	2007.5.31
6	元宝沟遗址	新石器	六	2007.5.31
7	农安古城址	辽金	六	2007.5.31
8	丹城子古城址	辽金	六	2007.5.31
9	墩台遗址	辽金	六	2007.5.31
10	松江山城	辽金	六	2007.5.31
11	和气古城址	辽金	六	2007.5.31

续表75

序号	名称	年代	批次	公布时间
12	顺山古城址	辽金	六	2007.5.31
13	山泉城址	辽金	六	2007.5.31
14	狼烟台遗址	青铜	六	2007.5.31
15	庆阳遗址	新石器、青铜、辽金	六	2007.5.31
16	双城子古城	辽金	六	2007.5.31
17	侯家沟遗址	新石器	七	2014.8.28
18	后口子遗址	青铜	七	2014.8.28
19	小河子遗址	青铜	七	2014.8.28
20	上河湾山城群	汉、辽金	七	2014.8.28
21	东岗子遗址	辽金	七	2014.8.28
22	花园古城	辽金	七	2014.8.28
23	梨树园子古城	辽金	七	2014.8.28
24	南城子古城	辽金	七	2014.8.28
25	卧虎古城	辽金	七	2014.8.28
26	大岭遗址	辽金	七	2014.8.28
27	朱家乔子遗址	辽金	七	2014.8.28
28	小城子城址	辽金	七	2014.8.28
29	鲍家城址	辽金	七	2014.8.28
30	曹家屯遗址	辽金	七	2014.8.28
31	库金堆城址	辽金	七	2014.8.28
32	朝阳围子	清末	七	2014.8.28
33	柳条新边遗址	清	七	2014.8.28
34	黑山头遗址	新石器、青铜	六	2007.5.31
35	二旦界遗址	新石器、青铜	六	2007.5.31
36	黄花城址	辽	六	2007.5.31
37	冷家屯遗址	新石器、青铜、辽金	七	2014.8.28
38	双域堡城址	新石器、青铜、辽金	六	2007.5.31
39	毛城子古城址	辽金	六	2007.5.31
40	前城子古城址	辽金	六	2007.5.31
41	十屋古城址	辽金	六	2007.5.31
42	猴石遗址	青铜	七	2014.8.28
43	甘家沟遗址	青铜	七	2014.8.28
44	胜利城址	辽金	七	2014.8.28
45	兴城城址	辽金	七	2014.8.28
46	大院遗址	青铜	七	2014.8.28
47	红旗村墓群	金	六	2007.5.31
48	贡江碑	清	五	1999.2.26
49	长春市清真寺	清	四	1987.10.24

续表75

序号	名称	年代	批次	公布时间
50	长春文庙	清	四	1987.10.24
51	蜂蜜清真寺	1898	七	2014.8.28
52	苏军烈士纪念塔	1949	一	1961.4.13
53	伪满首都警察厅旧址	民国	六	2007.5.31
54	天兴福第一制粉厂旧址	1917	七	2014.8.28
55	福顺厚面粉厂旧址	1921	七	2014.8.28
56	伪满洲国国民勤劳部旧址	1932	七	2014.8.28
57	伪满国务总理大臣张景惠官邸	1936	七	2014.8.28
58	东本愿寺旧址	1936	七	2014.8.28
59	溥仪地下避难所旧址	1938	七	2014.8.28
60	长春解放纪念碑	1988	七	2014.8.28
61	长春地质宫	1938	七	2014.8.28
62	神武殿旧址	1939	七	2014.8.28
63	吉林柴油机厂老家属区	1952	七	2014.8.28
64	吉林大学理化楼	1955	七	2014.8.28
65	长春市体育馆	1957	七	2014.8.28
66	吉林省图书馆旧址	1958	七	2014.8.28
67	南湖宾馆建筑群	1958	七	2014.8.28
68	中国科学院长春应用化学研究所主楼	1958	七	2014.8.28
69	吉林农业大学主楼	1960	七	2014.8.28
70	中东铁路支线附属建筑群	1903	七	2014.8.28

（市文广旅局）

【考古研究】 2022年，长春市博物馆继续推进农安县围子里遗址考古发掘资料整理工作，包括对出土器物整理、修复、描述、绘图等。2月，2022年度围子里遗址考古发掘项目获国家文物局批准立项。至12月，2022年度勘探发掘工作结束，发掘面积547.5平方米，清理房址、墓葬、灰坑等各类遗迹24处，发掘出土陶器、石器、骨器、蚌器、金属器等遗物101件，收集陶器残片近10万片。经初步研判，遗物年代时间跨度从夏商时期的青铜时代到战汉时期的早期铁器时代，分别对应嫩江流域古城文化、白金宝文化、汉书二期文化，以及西流松花江流域的田家坨子类型。围子里遗址位于农安县小城子乡小城子村东北的松花江南岸台地上，距河道6千米，地处西流松花江流域。整个遗址面积约10万平方米，于2018年被发现，自2019年以来由吉林省文物考古研究所联合长春博物馆进行系统考古勘探、发掘。至2022年年末，已发掘面积1667.5平方米，发现各类青铜时代遗迹近百处，出土各类遗物500余件。2022年

9月12日，农安县围子里遗址考古发掘现场　　（市文广旅局　供图）

11月26日，农安县围子里遗址出土文物——筒腹鬲　（市文广旅局　供图）

发掘出土的遗物以陶器居多，可辨器形有罐、壶、鼎、鬲、豆、杯、碗、钵等。其中，一组筒腹鬲具有较大考古研究价值。此外，数件由鱼鳃骨制成的卜骨在东北地区属首次发现。在2022年考古工作中，考古人员还对围子里遗址在2020年和2022年揭露的环壕走向及分布情况进行勘探，已探明长度约280米。作为古代具有防御功能的界壕，环壕内各层堆积中出土包括石制的箭矢等多寡不等的青铜时代遗物。自围子里遗址勘探发掘以来，出土的青铜时代考古材料填补西流松花江流域青铜时代考古学研究空白，也是西流松花江流域首次发现嫩江流域青铜时代文化编年序列中的小拉哈文化、古城文化、白金宝文化和汉书二期文化。

【非物质文化遗产保护】 2022年，长春市政府常务会议通过并正式向社会公布《长春市第五批市级非物质文化遗产代表性项目名录》，包括7大类27个项目，长春市非物质文化遗产代表性项目108项。其中，国家级4项，省级49项，市级55项。长春市启动第三批非物质文化遗产代表性传承人申报评定工作，经过申报人提出申请、项目保护单位推荐、各县（市）区、开发区文化行政管理部门初审、长春市“非遗”中心复审、召开专家评审会等程序，推荐27人入选长春市第三批市级非物质文化遗产代表性项目代表性传承人。市文广旅局选派传统医药、传统美术、传统技艺、民俗等23个项目亮相吉林“非遗”节，5天销售额46.24万元。长春非物质文化遗产项目参加北京冬奥会，走进上海进博会，登上央视“非遗”节目《艺览吾“遗”》。7月，长春市23个项目参加第四届吉林非物质文化遗产节，占参加活动总项目的44%。9月，中央广播电视总台《艺览吾“遗”》栏目组在吉林省范围内拍摄，并于11月13日晚9点在CCTV3综艺频道播出，长春市“关东泥人张、老怀德满族剪纸、韩式草编、白氏面塑、绳编”5个省级非物质文化遗产代表性项目在节目中展示。国庆期间，长春市群众艺术馆策划推出“庆十一 秀非遗”国庆系列活动，邀请长春市老怀德满族剪纸、董氏草编、关氏满族剪纸、关东泥人张、白氏面塑、贾氏编织和绳编7个优秀的省级“非遗”项目参展。（王　冠　韩　凯　王靖然）

表76　2022年长春市省级以上非物质文化遗产代表性项目一览表

序号	项目类别	项目名称	项目等级
1	传统戏剧	黄龙戏	国家级
2	曲艺	东北大鼓	国家级
3	传统医药	中医传统制剂方法（平氏浸膏制作技艺）	国家级
4	传统医药	中医诊疗法（应氏奇穴疗法）	国家级
5	曲艺	榆树二人转	省 级
6	传统技艺	德惠大曲传统酿造技艺	省 级
7	传统技艺	榆树钱酒传统酿造技艺	省 级
8	传统技艺	杨麻子大饼制作技艺	省 级
9	传统技艺	鼎丰真糕点制作技艺	省 级
10	传统技艺	积德泉烧锅传统酿造技艺	省 级
11	传统技艺	传统手工布鞋制作技艺	省 级
12	传统技艺	满族服饰制作技艺	省 级
13	传统技艺	瓜王沟甜瓜栽培技艺	省 级

续表76

序号	项目类别	项目名称	项目等级
14	传统技艺	赵氏鹿茸炮制技艺	省级
15	传统技艺	徐家窑古建筑材料烧雕技艺	省级
16	传统技艺	乌拉神鼓制作技艺	省级
17	民俗	九台满族石氏家族祭祖习俗	省级
18	民俗	满族杨氏家族祭祖习俗	省级
19	民俗	满族关氏家族祭祖习俗	省级
20	民俗	满族赵氏家族祭祖习俗	省级
21	民俗	满语文	省级
22	民间文学	九台满族石氏家族萨满传说	省级
23	传统美术	关氏满族剪纸	省级
24	传统美术	贾氏编织	省级
25	传统美术	钟氏泥塑	省级
26	传统美术	冯氏绢人	省级
27	传统美术	董氏草编	省级
28	传统美术	郭氏木艺画	省级
29	传统美术	葫芦彩雕	省级
30	传统美术	彭氏微刻	省级
31	传统音乐	赵家古筝艺术	省级
32	传统医药	长春孟氏整骨	省级
33	传统医药	魏氏外科祖传秘方	省级
34	传统美术	韩氏草编	省级
35	传统美术	榆树李氏草编	省级
36	传统技艺	福义德道口烧鸡制作技艺	省级
37	民俗	东发合商贸习俗	省级
38	传统舞蹈	花棒秧歌	省级
39	传统音乐	古琴艺术	省级
40	传统音乐	高粱秆儿哨	省级
41	传统美术	老怀德满族剪纸	省级
42	传统美术	关东泥人张	省级
43	传统技艺	手擀面制作技艺	省级
44	传统美术	白氏面塑	省级
45	传统美术	满族拨云绣	省级
46	传统美术	绳编	省级
47	传统美术	长春玉雕	省级
48	传统美术	纸葫芦扎制	省级
49	传统体育、游艺与杂技	八极拳	省级
50	传统技艺	老韩头豆腐串制作技艺	省级
51	传统技艺	九台蜂蜜营蜂蜜制作技艺	省级
52	传统戏剧	评剧	省级
53	传统音乐	浦东派琵琶艺术	省级

（市文广旅局）

哲学社会科学

社科工作

【社科立项】 2022年，通过公开招标立项，收到在长春高校、科研院所20余家单位申报书130余分。经项目评审委员会审核后，确定36项课题。其中，专项课题2项，重点课题4项，一般课题17项，自助课题13项。立项数量比2021年增长33.3%，其中“基于人文资源的后冬奥时代吉林省冰雪小镇建设与发展策略研究”被吉林省建委采纳。

【社科评奖】 组织第十届社科优秀成果奖评审工作，从在长春高校、科研院所中聘请数十名专家学者、学科带头人，多名长江学者，组建评审组。收到各类成果1500余项，评出获奖成果249项；承担吉林省第十四届社科优秀成果奖初评工作，收到省社科联拨划全省各地社科联以及在长春高校科研院所的成果约146项，并受吉林市社科联和白城市社科联委托，对报到吉林、白城两市社科联成果一并进行初评。

表77　2022年长春市第十届社科优秀成果一览表

序号	姓　名	工作单位	成果名称	报刊名称
			一、论文	
一等奖（28项）				
1	李海平	吉林大学法学院	基本权利的国家保护：从客观价值到主观权利	法学研究
2	邬志辉	东北师范大学中国农村教育发展研究院	农村学校校长在地化教育领导力的逻辑旨归	教育研究
3	柳海民	东北师范大学教育学部	高质量：中国基础教育发展路向的时代转换	教育研究
4	吕立杰	东北师范大学教育学部	大概念课程设计的内涵与实施	教育研究
5	丁志国	吉林大学商学与管理学院	违约边界与效率缺口：企业债务违约风险识别	中国工业经济
6	廖红伟	吉林大学中国国有经济研究中心	构建国资监管体制和混合所有制改革协同推进大格局	理论学刊
7	孙立冰	吉林财经大学《当代经济研究》编辑部	论中国经济学现代化的马克思主义发展道路——质疑洪永淼西方经济学中国化观点	马克思主义研究
8	聂洪光	长春理工大学经济管理学院	*Split incentive effects on the adoption of technical and behavioral energy-saving measures in the household sector in Western Europe*	*Energy Policy*
9	韩东育	东北师范大学历史文化学院	丸山真男的学术研究与对日本军国主义的反思	中国社会科学
10	禹　平	吉林大学文学院	越南史学家语言规范思想及其实质	吉林大学社会科学学报
11	吴宏政	吉林大学马克思主义学院	21世纪马克思主义世界历史观的叙事主题	中国社会科学
12	任志锋	东北师范大学思想政治教育研究中心	新时代意识形态理论创新的方法论特征	马克思主义研究
13	张兴海	长春中医药大学马克思主义学院	新时期高等院校优秀传统文化教育的实践逻辑	东北师大学报
14	张东航	吉林艺术学院	21世纪工业题材电视剧中的工人形象建构	文艺争鸣
15	戚　萌	吉林建筑大学科研处	“非虚构”视角中的小人物形象创作	华夏文化论坛
16	刘鸣筝	吉林大学文学院	我国农村居民的媒介选择与使用	吉林大学社会科学学报
17	徐正考	吉林大学文学院	汉镜铭文类化字研究	复旦学报（社会科学版）
18	贺　来	吉林大学哲学社会学院	当代中国哲学形态如何可能——关于构建当代中国哲学形态的前提性反思	武汉大学学报（哲学社会科学版）
19	白　刚	吉林大学哲学社会学院	“抽象力”：《资本论》的“认识论”	哲学研究
20	张等文	东北师范大学政法学院	乡村振兴进程中协商民主嵌入乡村治理的内在机理与路径选择	政治学研究
21	刘雪莲	吉林大学行政学院	全球化进程的矛盾性与中国的作为	吉林大学社会科学学报
22	邓　君	吉林大学商学与管理学院	清代职官知识组织与关联分析——以《长春县志·长春职官考释表》为例	图书情报工作
23	马鸿佳	吉林大学商学与管理学院	创业领域即兴行为研究：前因、结果及边界条件	管理世界
24	吴春薇	长春中医药大学马克思主义学院	现代教育文化软实力的探索与构建	社会科学战线
25	隋秀梅	长春职业技术学院人才培养质量推进办公室	“双高”背景下高职院校“双师型”教师教学创新团队建设研究	中国职业技术教育
26	徐长义	长春净月高新技术产业开发区第一实验学校	用心创设家校合作新气象 推动薄弱校改造升级	中小学管理

续表77

序号	姓　名	工作单位	成果名称	报刊名称
27	杜静媛	长春汽车经济技术开发区教师进修学校	“五育”并举进教材：价值意蕴、基本遵循及现实进路	现代教育管理
28	孟沙沙	长春开放大学	“互联网+精准扶贫”视角下农村社会养老保障困境与发展	农业经济
二等奖（44项）				
1	马新彦	吉林大学法学院	遗产限定继承论	中国法学
2	梅松丽	吉林大学公共卫生学院	*The Effect of COVID-19 on Youth Mental Health*	*Psychiatric Quarterly*
3	缴润凯	东北师范大学附属幼儿园	“国培”十年园长培训的举措、成就与反思	中国教育学刊
4	杨卫安	东北师范大学中国农村教育发展研究院	“十四五”我国学前教育发展目标规划研究	教育研究
5	李　广	东北师范大学教师教育研究院	新中国教师教育政策变迁历程、演进逻辑及发展趋势	华南师范大学学报（社会科学版）
6	史本叶	吉林大学经济学院	流动性管理视角下我国货币政策有效性研究	世界经济
7	丁一兵	吉林大学经济学院	中国人力资本的全球流动与企业“走出去”微观绩效	中国工业经济
8	马卫东	吉林大学文学院	《左传》叙事成就与中国古典史学的诞生	社会科学战线
9	刘秀玲	吉林省社会科学院	新型政党制度所蕴含的中国智慧	理论探讨
10	韩丽颖	东北师范大学思想政治教育研究中心	美国学校道德教育的发展进路	教育研究
11	孔朝蓬	吉林大学文学院	数字时代流媒体影视文化生态的悖论与弥合	现代传播（中国传媒大学学报）
12	王艳丽	吉林省社会科学院	“意图”之辨与学术范式的建构	探索与争鸣
13	彭　程	吉林大学文学院	网络治理视域下大众直播文化传播的媒介治理	社会科学战线
14	袁立国	吉林大学哲学社会学院	历史唯物主义的理论形态及其中国语境——基于问题与立场、路径与方法、治理与政治的视角	山东社会科学
15	竭长光	东北师范大学马克思主义学部	论“自然辩证法”中的“对立的相互作用”思想	哲学研究
16	林奇富	吉林大学行政学院	娱乐与政治：受众娱乐偏好对网民政治参与的影响——基于网民社会意识调查2017的分析	政治学研究
17	浩飞龙	东北师范大学地理科学学院	基于多交通模式的长春市公园绿地空间可达性研究（长春市）	地理科学
18	王晰巍	吉林大学商学与管理学院	基于区块链的网络谣言甄别模型及仿真研究	情报学报
19	张海涛	吉林大学商学与管理学院	重大突发事件演变机制：认知框架与理论方法	情报学报
20	秦玉友	东北师范大学教育学部	乡村振兴视域下农村教育现代化自信危机与重建	教育研究
21	高晓文	东北师范大学教育学部	“隐性课程”在中国的理论旅行：回顾与反思	中国教育科学
22	赵　放	吉林大学经济学院	人工智能时代我国劳动关系变革的趋势、问题与应对策略	求是学刊
23	魏　旭	吉林财经大学《当代经济研究》编辑部	数字资本主义下的价值生产、度量与分配——对“价值规律失效论”的批判	马克思主义研究
24	丁飞洋	长春大学学校办公室	地理学视角下的乡村民宿空间分异及驱动因素	社会科学战线
25	张峻峰	吉林警察学院 马克思主义学院	推进新时代高校文化育人的逻辑进路	中国高等教育
26	王　妍	长春师范大学传媒学院	对话的共同体：社会、艺术与人文叙事——2019年国产影片创作的结构和实践	当代电影
27	屠志芬	吉林艺术学院	商周万舞考	北京舞蹈学院学报
28	刘佳音	东北师范大学国际汉学院	新时代讲好中国故事的底气和锐气	人民论坛
29	阴　艳	东北师范大学传媒科学学院（新闻学院）	区域视角与情感框架：中国影视文化在韩国传播的框架分析	现代传播
30	王文彬	吉林大学哲学社会学院	自雇群体跨体制社会资本的收入效应与作用机制	社会学研究

续表77

序号	姓　名	工作单位	成果名称	报刊名称
31	范　尧	东北师范大学体育学院	新发展理念下运动休闲特色小镇发展的实践路径	体育文化导刊
32	李　倩	吉林大学马克思主义学院	中流砥柱：中国共产党与东北十四年抗战	光明日报（理论版）
33	常　益	东北师范大学体育学院	高校公共体育课程思政的价值意蕴、目标指向及实践路径	北京体育大学学报
34	王海燕	吉林外国语大学国际商学院	农村电商平台交易信息不对称困境及规避对策研究	情报科学
35	郭苏琳	吉林建筑大学建筑与规划学院	区块链技术在网络舆情风险管理体系的应用研究	图书情报工作
36	赵铁瑛	长春教育学院	中小学教师科研存在的问题与对策研究——基于长春市十五个县市区的调查分析	吉林工程技术师范学院学报
37	张洪波	长春市第八中学	基于STEM教育理念的项目式学习模式构建	教育理论与实践
38	卞丽娜	长春市第五十三中学	人工智能情境下公共图书馆的教育服务价值：嵌入逻辑、多维变革和响应调适	中国教育信息化
39	刘思源	长春东师中信实验学校幼儿园	幼儿深度学习的基本特质与逻辑架构	学前教育研究
40	姜振雷	长春市第八中学	“依托教材、精选史料、适切设问”的课堂实践	中学历史教学参考
41	王珊珊	长春职业技术学院机电学院	基于模块化教学的专业群人才培养模式改革研究与实践	中国职业技术教育
42	张人戈	中共长春市委党校资政研究部	经济高质量发展视阈下都市圈建设探析	长白学刊
43	杨雪梅	长春教育学院	中小学教师师德建设的长期性及实践路径	现代教育科学
44	李聪冲	长春职业技术学院思想政治理论教研部	百万扩招背景下高职院校思想政治教学的现实困境与破题方略	中国职业技术教育
三等奖（97项）				
1	艾　琳	吉林大学法学院	平台用工职业伤害保障探究——以网约配送员为例	社会科学战线
2	曲铁华	东北师范大学教育学部	我国学前教育制度变迁：轨迹、逻辑与趋势	教育科学
3	李　涛	东北师范大学中国农村教育发展研究院	农村校舍闲置难题破解：思路与策略	教育研究
4	赵　杨	吉林大学东北亚学院	新型城镇化建设下不同类型就业人口流动的影响因素研究	经济纵横
5	王桂霞	吉林农业大学经济管理学院	农户有机肥替代化肥技术采纳行为决定：市场驱动还是政府激励？——基于农户分化视角	农村经济
6	于　洋	长春人文学院商学院	粤港澳大湾区对外开放影响力的时空演变特征	税务与经济
7	陈　鹏	吉林大学文学院	北朝顿丘李氏郡望形成考	中国史研究
8	孙　贺	吉林大学马克思主义学院	全面建成小康社会的历史演进规律——以经济发展与民生改善交互作用为分析视角	马克思主义研究
9	张岩磊	东北师范大学马克思主义学部	习近平关于学习的重要论述对高校思想政治工作的指导意义	马克思主义研究
10	严　俊	吉林大学文学院	科学理性：主流媒体对突发公共卫生事件中不确定性议题的报道研究	现代传播
11	蒲新微	吉林大学哲学社会学院	社会福利的时代图景变迁与中国未来走向	社会科学辑刊
12	吴海琳	吉林大学哲学社会学院	探寻我国智慧社区的发展路径	中国社会科学报
13	徐德斌	长春中医药大学马克思主义学院	激发文化扶贫的内生动力	长白学刊
14	刘　洋	吉林财经大学管理科学与信息工程学院	网络直播购物特征对消费者购买行为影响研究	软科学
15	邹云龙	东北师范大学图书馆	以复杂思维看待信息素养教育	大学图书馆学报
16	娄晓黎	东北师范大学地理科学学院	地理研学旅行中目标与路线设计的问题及改进	地理教学
17	徐　岱	吉林大学法学院	中国刑法因果关系理论的本土化形塑	吉林大学社会科学学报
18	吕楠楠	吉林财经大学法学院	新《行政处罚法》背景下税务行政处罚的理念嬗变与制度调适	税务研究

续表77

序号	姓　名	工作单位	成果名称	报刊名称
19	张凌竹	长春理工大学法学院	我国公益创投的本土化定位及法律实现	法学
20	韩宝庆	吉林警察学院侦查系	资格刑预防再犯功能的审视——基于从业禁止入刑立法考量为视角的开展	东北师大学报（哲学社会科学版）
21	张雷生	吉林大学高等教育研究所	疫情防控期间如何有效保障高校在线教学质量	大学教育科学
22	杨清溪	东北师范大学教育学部	义务教育学校课后服务落地难的堵点及其疏通对策	教育发展研究
23	范志光	吉林外国语大学学生发展与教育研究院	歧视知觉对残疾大学生自杀意念的影响：有调节的中介模型	中国临床心理学杂志（CSSCI）
24	李　元	长春工业大学研究生院	研究生导师做好立德树人工作的有效对策	中国高等教育
25	魏凤云	长春师范大学教育学院	麦克拉伦革命性的批判教育学思想及评价	社会科学战线
26	李跃雪	长春师范大学教育学院	中小学教师工作负担异化的生成逻辑与治理思路	教师教育研究
27	平和光	吉林工程技术师范学院职业技术教育研究院	关于教育内外部关系规律的争鸣：研究回顾与展望	大学教育科学
28	左　伟	吉林工程技术师范学院马克思主义学院	新时代高校青年教师理想信念教育的工作模式创新	思想理论教育导刊
29	金春雨	吉林大学数量经济研究中心	中国不同类型经济政策不确定性的宏观经济效应对比研究	当代经济科学
30	王　达	吉林大学经济学院	美国对华意识形态遏制升级的实质	马克思主义研究
31	姚毓春	吉林大学经济学院	新中国成立以来的城乡关系：历程、逻辑与展望	吉林大学社会科学学报
32	于　震	吉林大学经济学院	银行家情绪、影子银行与经济周期波动	经济学（季刊）
33	王雪秋	长春光华学院商学院	突发金融舆情事件信息传播规律与对策研究	情报科学
34	伍　斌	东北师范大学历史文化学院	例外论与19世纪美国对外来移民的排斥	中国历史研究院集刊
35	宋继刚	长春师范大学历史文化学院	神圣空间理论下的蒙元汗权建构	社会科学战线
36	方　勇	吉林外国语大学国际传媒学院	睡虎地秦简《日书·生子篇》札记四则	江汉考古
37	董树彬	吉林大学马克思主义学院	全过程人民民主的特色与优势	马克思主义研究
38	于天宇	吉林大学马克思主义学院	资本主义“自由竞争”的三重矛盾关系——从“发条人”隐喻谈起	哲学研究
39	刘志会	长春师范大学马克思主义学院	新时代大学生创造观培育探析	社会科学战线
40	杜雪娇	长春中医药大学马克思主义学院	分众化视阈下的高校马克思主义理论教育	社会科学家
41	张　冰	长春中医药大学马克思主义学院	中国共产党对抗日战争的世界阵线问题的认识	东北师大学报（哲学社会科学版）
42	任美娜	长春中医药大学马克思主义学院	新时代高校青年马克思主义者培养困境与突破路径	理论导刊
43	岳　辉	吉林大学文学院	互动语境中构式“又+Neg+Xp”的辅据言威功能	吉林大学社会科学学报
44	金胜昔	东北师范大学	*Translating Metaphtonymy: Exploring Trainee Translators' Translation Approaches and Underlying Factors*	*Frontiers in Psychology*
45	姜翼飞	吉林艺术学院	自媒体影评的传播学解析	传媒
46	康丽丽	吉林艺术学院	《哪吒之魔童降世》服装的神话色彩表达	电影文学
47	王玉英	长春大学网络安全学院	基于区块链技术的网络文化信息安全传播机制与路径研究	情报科学
48	董冰华	长春理工大学文学院	张燮承《翻切简可篇》述要	吉林大学社会科学学报
49	吉　喆	长春师范大学传媒学院	融合媒介环境下重大突发事件舆情应对与引导——以“新冠肺炎”为例	文艺争鸣
50	高红梅	长春师范大学文学院	古希伯来文学对亚瑟王传奇的改写	社会科学战线
51	姚晓娟	长春师范大学文学院	朝鲜时代《燕行录》与清代满族女子的域外镜像	湖北民族大学学报
52	梁　鹤	吉林艺术学院舞蹈学院	原创民族歌剧《贺绿汀》的艺术特征与当代价值	戏剧文学

续表77

序号	姓 名	工作单位	成果名称	报刊名称
53	胡光霞	吉林大学体育学院	生产劳动形态历史变迁与体育活动意义阐释	社会科学战线
54	王慧媛	吉林大学哲学社会学院	意义关联的注意定向效应：基于空间位置的抑制和捕获	心理学报
55	王 一	吉林大学哲学社会学院	新业态背景下“企业—社会共享型”社会保险模式探索	社会科学战线
56	张竞月	吉林大学哲学社会学院	*The association between childhood conditions and heart disease among middle-aged and older population in China: a life course perspective*	BMC Geriatrics
57	刘 迟	东北师范大学马克思主义学部	以历史唯物主义为基础的马克思主义社会学——从“丁费之辩”谈起	社会学评论
58	马 妮	吉林省社会科学院	后现代主义：寻找希望的形而上学	武汉大学学报（哲学社会科学版）
59	刘 畅	吉林大学行政学院	国家治理中问责与容错的内在张力与合理均衡	政治学研究
60	彭 斌	吉林大学行政学院	当代中国政党领导体制的形成与发展	政治学研究
61	金晓彤	吉林大学商学与管理学院	自我威胁情境消费者地位消费行为研究——基于内隐人格的调节作用	南开管理评论
62	潘楚林	吉林大学生物与农业工程学院	*The double effects of female executives' participation on corporate sustainable competitive advantage through unethical environmental behavior and proactive environmental strategy*	*Business Strategy and the Environment*
63	王广义	吉林大学马克思主义学院	习近平关于体育健康重要论述的生成机理、理论要旨及价值意蕴	体育科学
64	李雪灵	吉林大学商学与管理学院	创业拼凑还是效果逻辑?理论适用条件与未来展望	外国经济与管理
65	关皓明	东北师范大学地理科学学院	基于“产业—企业—空间”的沈阳市经济韧性特征	地理学报
66	李国荣	吉林财经大学统计学院	不变价格能源投入产出表的编制与应用	统计与信息论坛
67	葛 晶	长春工业大学公共管理学院	*Research on the maturity of big data management capability of intelligent manufacturing enterprise*	Systems Research and Behavioral Science
68	齐文浩	吉林农业大学经济管理学院	依托绿色供应链管理实现企业可持续发展	光明日报（理论版）
69	范艳君	长春师范大学图书馆	数字环境下美国图书馆用户隐私保护清单的三级规定和解读	图书馆学研究
70	刘建平	吉林工程技术师范学院图书馆	“智能+”时代高校智慧图书馆用户服务体系创新研究	情报科学
71	崔 玲	长春净月高新技术产业开发区华岳学校	“停课不停学期间”线上微课教学设计有效性策略研究	长春教育学院学报
72	邹凤英	长春市南关区教师进修学校	关于预防未成年学生 “自我伤害”学校教育的思考与探索	现代教育科学
73	卢 靓	长春市第一〇三中学校	“双减”背景下音乐鉴赏融入小学课后服务策略研究	吉林教育
74	孔 源	长春市第十七中学	“翻转课堂”模式在高中英语词汇教学中的应用策略和改进方法	吉林省教育学院学报
75	邹思嘉	长春市第五中学	基于体验式学习理念构建核心素养导向的物理教学设计——以“液体表面张力”为例	中学物理教学参考
76	王占秋	长春市养正高级中学	现代化学校中教师生态场域的构建	教学与管理
77	刘 鸽	长春市乐山镇中心校小学校	信息技术与小学音乐欣赏课程融合策略	吉林省教育学院学报
78	王 锋	农安县教师进修学校	借助学生经验 促进多元学习表征的联结与转换——小学2—4年级学生解决“两位数乘法计算”的调查研究与思考	辽宁教育
79	王晓媚	农安县德彪小学	从情境中探究，在兴趣中发展——浅谈小学生科学素养的培养	中小学教育
80	王立华	农安县烧锅镇中心小学	浅议幼儿区域活动的材料投放	吉林教育
81	曲胜利	农安师范附属小学	浅论小学阅读深度学习对语文核心素养的构建	吉林省教育学院学报
82	韩冬梅	长春教育学院	专业发展视域下教师个人教育哲学之建构	吉林省教育学院学报

续表77

序号	姓　名	工作单位	成果名称	报刊名称
83	段君丽	长春教育学院	对高中生数学学业质量评价的调查分析报告	长春教育学院学报
84	陈　萱	长春教育学院	多模态视角下初中英语词汇教学初探	长春教育学院学报
85	张　嵩	长春教育学院	长春市普惠性民办幼儿园存在的问题与对策研究	长春教育学院学报
86	郭喜山	长春市第八中学	谈对现代信息技术与高中数学教学整合之体会	长春教育学院学报
87	姜　东	长春市绿园区教师进修学校	略谈柳宗元和刘禹锡的诗歌艺术风格比较	中学语文教学参考
88	张　于	长春市实验中学	高中语文课程渗透思政教育活动设计	吉林省教育学院学报
89	王东明	榆树市实验高级中学校	跳读的思维张力——《包身工》自主阅读技巧	中学语文教学参考
90	张广博	长春市一三七中学	“灵动语文”让语文更灵动	吉林省教育学院报
91	张　鑫	长春职业技术学院机电学院	“双高”建设背景下高职院校专业群建设的探索与实践——以长春职业技术学院机电学院智能制造中心为例	职业技术教育
92	杨淇斯	长春职业技术学院科研处	高职院校教师科研能力现状分析与应对策略	科教导刊
93	王文丽	伪满皇宫博物院文物保护部	略谈《熙洽电文稿》的史料作用	地域文化研究
94	王　川	伪满皇宫博物院文物保护部	伪满洲国勋赏制度述略	关东学刊
95	贺春健	长春教育学院	动画电影《僵尸新娘》哥特风格评析	长春教育学院学报
96	杨　屹	长春市图书馆	新时期公共图书馆文化创新创意服务研究	河南图书馆学刊
97	赵　璐	长春市轨道交通有限公司	自然灾害预警与防控体系建设问题研究	中共长春市委党校学报
二、著作				
一等奖（9项）				
1	刘晓林	吉林大学法学院	唐律立法语言、立法技术及法典体例研究	商务印书馆
2	徐海娇	东北师范大学政法学院	危机与重构：劳动教育价值研究	中国社会科学出版社
3	杜　莉	吉林大学经济学院	中国碳金融交易内在运行和管理机制研究	中国社会科学出版社
4	祝国平	吉林财经大学科研处	人民币国际化背景下的外汇储备管理研究	社会科学文献出版社
5	薛　刚	长春师范大学历史文化学院	清代文官考核研究	中国社会科学出版社
6	张　波	吉林大学马克思主义学院	中国共产党的文化使命研究	人民出版社
7	赵禹冰	东北师范大学文学院	新时期美学译文中的“现代性”（1978—1992）	商务印书馆
8	韩秋红	东北师范大学马克思主义学部	西方哲学中国话史论	人民出版社
9	李珮瑶	吉林大学马克思主义学院	单位组织边界形塑与单位共同体变迁	中国社会科学出版社
二等奖（17项）				
1	张伟伟	长春理工大学经济管理学院	绿色金融对中国经济增长的影响机理	社会科学文献出版社
2	朱红林	吉林大学古籍研究所	《岳麓书院藏秦简（肆）》疏证	上海古籍出版社
3	郗厚军	东北师范大学马克思主义学部	新时代高校青年教师思想政治工作研究	社会科学文献出版社
4	张文东	东北师范大学传媒科学学院（新闻学院）	“传奇”传统与二十世纪中国小说	三联书店
5	王桂妹	吉林大学文学院	新文化与旧传统：五四文化守成派十论	社会科学文献出版社
6	刘竞飞	长春师范大学文学院	文学史的文本透视	中国社会科学出版社
7	吴　昊	长春大学行政学院	大数据时代中国政府信息共享机制研究	中国社会科学出版社
8	唱晓阳	长春大学管理学院	规模变动视角下吉林省生猪养殖户生产决策研究	吉林出版集团股份有限公司
9	刘明菊	吉林财经大学亚泰工商管理学院	长白山北景区旅游环境承载力研究	中国社会科学出版社
10	李　宁	长春师范大学教育学院	乡村教师生活待遇政策执行研究	中国社会科学出版社

续表77

序号	姓　名	工作单位	成果名称	报刊名称
11	吕康银	东北师范大学经济与管理学院	收入差距代际传递机制及其变动趋势研究	科学出版社
12	徐　晶	长春大学经济学院	新型农村合作金融规范发展研究——以吉林省为例	中国社会科学出版社
13	刘　姝	吉林大学马克思主义学院	利用与协调：美国对法国政策研究（1945—1969）	人民出版社
14	匡秋爽	东北师范大学音乐学院	从民间传说到艺术经典——艺术视野中的“梁祝”母题研究	东北师范大学出版社
15	李明彦	东北师范大学文学院	20世纪中国小说互文类型研究	人民出版社
16	宋学智	吉林外国语大学西方语学院	傅雷与翻译文学经典研究	浙江大学出版社
17	朱兴涛	东北师范大学马克思主义学部	新型农民合作社的成长机理及促进政策研究	人民出版社
三等奖（35项）				
1	金锦花	长春理工大学法学院	票据上意思表示新论	中国社会科学出版社
2	张宝予	东北师范大学思想政治教育研究中心	美国高校通识课程中的价值观教育研究	商务印书馆
3	张洪兴	东北师范大学文学院	百年国学导论	人民出版社
4	杨淑静	东北师范大学马克思主义学部	马克思“合理形态”的辩证法	人民出版社
5	滕奎秀	吉林农业大学经济管理学院	吉林省农业科技创新与成果转化研究	社会科学文献出版社
6	潘红艳	吉林大学法学院	中国保险法视维之保险合同法精解	中国人民大学出版社
7	张彦彦	吉林大学哲学社会学院	偏见	人民大学出版社
8	姜　强	东北师范大学信息科学与技术学院	基于大数据的在线学习精准预警与干预研究	科学出版社
9	左恩玲	长春师范大学教育学院	社会退缩幼儿的教育干预研究	中国社会科学出版社
10	孙　悦	吉林大学东北亚学院	碳排放权交易价格机制：欧盟对中国的启示	社会科学文献出版社
11	梁毕明	吉林财经大学会计学院	政府补助、产品市场竞争对上市公司投资效率的影响研究	中国社会科学出版社
12	陈俊达	吉林大学文学院	辽朝节镇体制研究	上海三联书店
13	王彦龙	东北师范大学马克思主义学部	中国共产党社会保障思想与实践研究（1945—1949）——以东北解放区为例	中国社会科学出版社
14	刘海洋	长春师范大学历史文化学院	长白山地区人地关系辑录·农业卷（全两册）	科学出版社
15	谭忠艳	吉林省社会科学院	中国抗日根据地社会保障研究	北京大学出版社
16	李　也	吉林建筑大学书法学院	清代碑志书法研究	吉林大学出版社
17	韩喜平	吉林大学马克思主义学院	马克思主义基础理论研究	北京师范大学出版社
18	李潇君	东北师范大学思想政治教育研究中心	美国社会科课程中的价值观教育研究	商务印书馆
19	刘春明	吉林大学文学院	文化融合视域中的《六度集》	吉林大学出版社
20	刘艳茹	吉林大学文学院	语义学	吉林大学出版社
21	吴文汐	东北师范大学传媒科学学院（新闻学院）	构筑信任 寻求共识：争议性科技议题的科学传播	人民出版社
22	张会平	东北师范大学外国语学院	英语初学者口笔语发展特征研究	外语教学与研究出版社
23	董　赤	吉林艺术学院	吉林省设计名家人物研究	辽宁美术出版社
24	何　爽	吉林省社会科学院	抗战时期东北戏剧研究	吉林大学出版社
25	高　超	吉林大学哲学社会学院	现代唯物主义：不再是哲学而只是世界观	中国社会科学出版社
26	温　馨	长春工业大学公共管理学院	农民工市民化研究——基于农民工内部分化的视角	中国社会科学出版社
27	邸焕双	长春理工大学法学院	“老有所为”的社会工作支持研究	中国社会科学出版社

续表77

序号	姓　名	工作单位	成果名称	报刊名称
28	曲淑华	吉林警察学院公共安全研究所	个人极端暴力犯罪防控对策研究	吉林人民出版社
29	段易含	东北师范大学政法学院	普惠型政策执行中的部分目标群体规避行为研究	吉林大学出版社
30	常　悦	吉林建筑大学建筑与规划学院	长吉图地区遗产廊道的构建及应用策略研究	吉林大学出版社
31	王志强	伪满皇宫博物院	伪满时期史料类编·社会卷·协和会档案	线装书局
32	黄佳宇	中共长春市委党校法学教研部	法哲学思维的基本范畴	吉林出版社
33	翁连海	长春职业技术学院食品与生物学院	产教融合的转型与升级	吉林大学出版社
34	郑凯旋	中共长春市委党校党建党史教研部	中国特色社会主义道路的基本特征研究	中央党校出版社
35	赵有生	长春教育学院	长春市中小学幼儿园教师、校（园）长培训需求调研报告	东北师范大学出版社
三、咨询成果				
一等奖（5项）				
1	齐　平	吉林大学经济学院	关于培育链主型企业提升产业链现代化水平的对策建议	—
2	史守林	吉林省社会科学院	提炼杨靖宇精神 推动吉林杨靖宇干部学院建设	—
3	敬　然	长春财经学院	长吉接合片区国家城乡融合发展试验区深化农村宅基地改革试点的建议	—
4	徐卓顺	吉林省社会科学院	加快长春市地下空间开发利用 构建立体经济发展格局	—
5	李　鹏	中共长春市委党校政治学教研部	借鉴各地社区防控经验，加强我省社区疫情防控工作	—
二等奖（5项）				
1	周佰成	吉林大学经济学院	“双碳”目标下吉林省绿色金融发展对策研究	—
2	长春市城科会课题组		长春市城市快速路若干问题研究	—
3	柳博洋	吉林建筑大学科研处	整合优质教师资源发展线上教育的对策建议	—
4	安明友	吉林财经大学税务学院	关于进一步加强我省营商环境建设的几点建议	—
5	赵光远	吉林省社会科学院	以“三个回归”提升吉林医药产业竞争力的建议	—
三等奖（8项）				
1	张丽娜	吉林省社会科学院	2020—2021年吉林省经济形势分析与预测	—
2	董　健	吉林省社会科学院	关注对东北亚区域研究动态与趋势及开始应对研究的建议	—
3	侯建明	吉林大学东北亚研究中心	吉林省人口均衡发展问题调研报告	—
4	付　强	长春理工大学空间光电技术研究所	吉林省电子信息产业发展的主要问题及解决途径	—
5	王　昆	长春光华学院管理学院	关于推进我省新冠病毒疫苗接种工作的建议	—
6	李金荣	长春科技学院文化旅游产业研究中心	关于组建吉林省航空公司加快服务和融入新发展格局的建议	—
7	刘乃安	吉林财经大学经济学院	以若干年承包地经营权为抵押 重建在城稳定就业农户养老保险缴纳机制	—
8	宋兰旗	长春大学经济学院	吉林省推动绿色金融发展问题研究	—
四、音像制品及电子出版物				
一等奖（空缺）				
二等奖（1项）				
1	吴　迪	长春市熊辉文化传媒有限责任公司	复兴路上：脚踏沃土 眼望苍穹	长春广播电视台

注：同一类别中的同一等级成果，排名不分先后；多作者成果，只发布第一作者。

（市社科联）

【智库建设】　推进在吉林大学哲学社会学院、长春师范大学历史文化学院、东北师范大学环境学院建立长春社会治理、长春城市史、长春城市发展研究基地；继续参与长春市共青团的长春青少年发展规划项目，初步研究在东北师范大学教育学部、长春师范大学教育学院、长春中医药大学筹建研究中心；成立长春中青年发展研究专家库，录入吉林大学、东北师大等多所在长春高校相关领域专家学者近百人；推荐1人参加长春市政协文史委组织的文史领域重点工作论证工作，并受聘成为第十四届长春市政协特聘专家。

【社团管理】　2022年，修订《长春市社会科学界联合会社团管理办法》等制度文件，加强对各类社科组织的联系、服务与指导，有序推进社团年检、换届、总结表彰、清理整顿等工作。授予长春市城市科学研究会等6家社团“标兵社团”称号，授予长春市保密学会等13家社团“先进社团”称号；清理整顿农村财政研究会等6家“三无”（无专职工作人员、无专门场所、无保障经费）社团；指导长春市城市科学研究会、长春市职业生涯规划研究会、长春溥仪研究会等社团完成换届；推荐长春市法学会、长春市城市科学研究会、长春市孔子研究会、长春市溥仪研究会参评吉林省社科联系统先进社团；推荐长春市教育学会杨雪梅、长春市珠算协会孟立影、长春心语志愿者协会于海波等人参评吉林省社科联系统优秀学会工作者。

【社团服务】　2022年，长春市社科联成立联合调研组，调研40家所属社团，形成《长春市社科类社团参与社会治理路径研究》调研报告，展现长春社科类社团发展状况及趋势，剖析各类问题14个，提出针对性对策和思路27项，该项工作走在全国前列，为指导服务社科类社团高质量发展提供有益借鉴。召开“整合社团资源 繁荣社科事业 服务经济发展”座谈会，邀请10家社团秘书长分享在专家学者、课题研究、平台建设、场地资源等方面经验，促进所属社团加深交流合作。

【社团活动】　长春市城市科学研究会承接《长春市全民健身场地设施供给及对策研究》《长春市公交可达性分析及提升对策研究》和《长春市城市绿化问题与对策研究》三项市政府重点课题研究任务；长春市生涯规划研究会举办“全国普通高校高考志愿填报公益咨询会”，向吉林省考生赠送《中国好大学：高考志愿填报指导》近万册，惠及考生10万余人。

【刊物编辑】　《长春社会科学》期刊涵盖政治、经济、管理、人文等多个领域，年内出版4期，刊发稿件80余篇，近百万字，其中政治引领文章26篇，“六城联动”“十大工程”“四个服务”类文章54篇；《要报》着眼长春市发展重点、难点、热点，组织专家学者以推动解决现实问题作为主攻方向，为长春高质量发展献计献策，2022年出版12期。

【科普活动】　在社区科普基地组织召开“党的十九届六中全会精神”专题宣讲4场；面向居民群众印发《法治宣传》折页3000份；为飞跃社区援建改造文明礼仪宣传板6块；与长春市委宣传部联合开展党的二十大精神宣传活动。利用“长春社科联”微信公众号、《长春社会科学》“党建园地”专版，刊发党史知识、学习党的二十大精神、疫情防控等内容12条。在长春市吉林街道万科社区、沿河社区、临河街道昆山社区新建3个科普基地。截至年末，长春市社科联有科普基地20个，覆盖高校、社区、博物院、图书馆等多种场所。

【社团组织公益服务】　2022年3月长春发生疫情以后，长春市社科员工帮助协会开展10场线上心理健康公益讲座，收听收看6万余人次；在吉林街道等地开展“心理咨询热线”，每天12小时为群众提供心理咨询服务，服务近千人次；录制《战“疫”下的自我管理与心理建设》公开课6节，缓解一线工作人员精神压力。长春市法学会、长春市员工帮助协会开展为期5天“疫情下民营企业法律风险防范系列讲座”活动，解读企业关注的法律问题。在长春市社科联支持帮助下，长春心语志愿者协会联络吉林省内外多家基金会和爱心企业，为疫情筹集总价78万元抗疫物资，转赠给长春、延边、吉林、松原在内的26家公益机构。长春溥仪研究会、长春市孔子研究会、长春市城市科学研究会、长春市古陶瓷研究会等多家社团参与社区防疫，累计服务万余人次。　（刘　薇）

党史工作

【概况】　2022年，在全市范围内征集《长春优秀党史人物》《中共长春党史人物传》基础资料，为研究新时代长春地方党史留存重要资料。组织《新中国汽车工业的开拓者和奠基人——饶斌》《开创新中国光学事业的“追光者”——王大珩》等7篇文稿在《当代长春》刊发。完成《长春大事记》（2020年卷、2021年卷）初稿，计45万字；为《吉林执政实录》提供长春地区稿件，计5万余字。推进“幸福小区”建设，整理完成“五五一四”厂历史资料，征集图片资料40张，文字资料1.2万字。开展“赵尚志与长春”系列纪念活动，制作电视专题片——《白山松水慰英灵——“赵尚志与长春”》，在长春广播电视台“红帆领航”“春城党建”微信公众号等媒体播出。发表纪念性文章——《周保中在长春的奋斗岁月》，在人民网、搜狐网等网络平台刊发。

【党史征编】　开展“沿总书记前进足迹 讲新时代奋斗故事”主题创新实践，搜集资料157篇，图片182张。收集《红色记忆：中共满洲省委档案文献图集》《辽宁党史资料（第一辑：中共满洲省委专题史料汇编）》《中共满洲省委八十周年研究文集（回忆录部分）》《东北抗联大事记》等电子版文献资料。收集《中国共产党东北地方党组织的活动概述》《吉林大地上的东北抗日联军》《东北抗日联军史》等书籍，完善《长春抗联人物传》初稿。推进红色人物口述史研究，制定第一批口述史征集人员名单，与市老干部服务管理中心合作口述史征研，完成8期录制任务。

【党史资政】 2022年，完成《深挖红色资源 赓续红色血脉——关于我市红色资源传承弘扬和保护利用的报告》。围绕中国共产党人精神谱系，重点开展对“一汽精神”课题研究，完成《关于新时代长春一汽精神的几点思考》《关于提炼新时代一汽精神的几点建议》课题报告。

【党史宣教】 2022年，升级改版“中国共产党长春历史网”和“长春党史”微信公众号，推动全市党史系统资料室存储查询系统开发建设，提升党史资料信息化水平。建立由吉林大学等省内200余名党史专家学者组成的专家库，打造“党史第一课（堂）”项目，推动党史宣传教育工作常态化、体系化、全域化。结合长春市“幸福小区”创建活动，推动党史宣传教育工作向小区延伸，党史宣传进小区708个，开展党史宣传教育活动2197场。新打造省级党史教育基地3个，推动市域内28处党史教育基地建设，年均接待观众20余万人次，加强40家党史教育示范单位建设。排查全市党史场所展陈内容，印发《长春市中共党史教育基地动态管理暂行办法》，实行动态管理和退出机制。挖掘红色资源，与市政协文史委合作对接红色资源保护利用、文史专员及党史教育基地群等工作，推进红色资源保护利用。以中国共产党在长春的第一个地下通讯站旧址为依托，整合凯旋街道红色资源，将凯旋街道作为红色教育基层联系点和资政调研实践基地。 （郭雪玲）

地方志工作

【概况】 2022年，长春市地方志编纂委员会坚持志鉴编纂与开发利用、宣传弘扬同推进，留存史实与服务社会、资政辅治相结合，编纂完成《长春年鉴（2022）》，做好长春市续志资料征集工作，指导县（市）区、开发区资料长编年报和乡镇、村志编修，完成《长春市情手册（2022）》编纂工作，出版《知家乡 爱长春 三字经》，加强方志理论研究，发挥方志馆文化惠民作用。年内，长春市入选“中国精品年鉴区域试点单位”。

【年鉴编纂】 组织完成《长春年鉴（2022）》编纂工作，正文设44个类目、281个分目、1880个条目，全书使用图表91个、图片268幅。为突出城市特色和时代特点，根据长春市年度发展实际，在保持原有框架相对稳定的基础上增设“汽车产业”“会展业”“区域发展”“现代物流业”“长春新区”“民营经济”“乡村振兴”类目，将原“信息产业”更名为“数字经济”，原“经贸合作”类目更名为“开放合作”。经过申报、评审，《长春年鉴（2022）》入选首批吉林省精品年鉴。在全省年鉴质量评审中，长春地区11部年鉴获全省年鉴质量评审三等以上等次。其中，一等年鉴3部，二等年鉴5部，三等年鉴3部，获奖年鉴数量在全省名列前茅。年内，指导长春市11个县（市）区编纂2022卷年鉴，全部按照时间进度要求完成编纂任务。2022年10月，中国地方志指导小组下发《关于公布首批中国精品年鉴区域试点单位的通知》，长春市入选首批“中国精品年鉴区域试点单位”，成为全国9家入选单位之一，是东北三省一区唯一入选单位。

【资料长编征集】 推进长春市三轮续志资料征集工作，按照吉林省方志委《关于实施地方志资料年报制度的意见》，对市直各部门进行情况摸底，落实地方志资料年报制度，全年征集2021年年报61家、2001—2016年资料长编59家。

【县（市）区指导】 长春市被省方志委确定为名镇名村志试点地区，《九台区马鞍山村志》被省方志委列为试点名村志，年内完成细化指导，部分篇章成稿。二道区编修《宏盛村志》，基本形成初稿。市方志委到绿园区开展绿园区首轮志书《绿园区志1995—2020》培训，120多个单位撰稿人参加培训。

【部门（行业）志编纂】 完成《长春市社保志》（70余万字）审核验收，对稿件结构、框架、体例、资料、行文规范等提出具体修改建议，反馈给市社保局，该志完成印刷出版。

【方志理论研究】 召开长春市年鉴工作推进会暨“精品年鉴品读”活动主题征文成果交流会议，长春市和11个县（市）区代表作交流发言。参加吉林省“精品年鉴品读”主题征文活动，获奖6篇，占全省23%。其中，一等奖1篇，二等奖2篇，三等奖3篇，分别占获奖总数17%、25%和25%，形成富有理论性、指导性研究成果。

【地情服务】 发挥地情网服务作用，更新长春市地情网动态信息400余条，成为方志惠民和宣传地方志工作重要窗口。全年接待查阅资料、咨询服务40余人次。

【方志馆建设】 长春市方志馆全年征集图书资料697种1497册。其中，志书407种499册，年鉴121种818册，地情资料169种180册。馆藏书籍4600余种4.7万余册，形成志书系列、年鉴系列、长春地情资料系列、红色文化系列、外地地情资料系列等五大系列。市方志馆平均每日接待游客参观和查阅资料50余人次，成为展示城市历史文化、搜集地情资料、发掘历史资源的中心和爱国主义教育基地。

【《知家乡 爱长春 三字经》出版】 《知家乡 爱长春 三字经》是吉林省青少年“知家乡 爱家乡”系列方志读物之一，编纂历经3年，数易其稿。该书正文97阙1164字，释文3万余字，配有97幅插图，全书一韵到底、文图并茂。2022年9月，由吉林人民出版社出版，首次印刷4900册，为全市青少年提供爱国、爱家乡教育读本。

【《长春市情手册（2022）》编纂出版】 2022年，市方志委组织力量编纂《长春市情手册（2022）》，按照编纂大纲征集、收集、整理相关资料20余万字，6月中旬召开审稿会，年内完成出版。市情手册7万余字，从市情概况、历史沿革、经济发展、基础设施、科教文化、生态建设、社会民生和大事记8个部分展示长春市自然、历史、经济、社会、文化等方面基本情况，助推“六城联动”，服务长春现代化都市圈建设。 （崔玉恺）

档案工作

【档案征集编研】　全市疫情防控档案归集专项工作　2022年7月至8月，长春市档案馆落实市委主要领导工作指示，集中开展2022年全市疫情防控档案归集专项工作，收集疫情防控档案8777件，目录21848条，照片7616组（张），音视频文件232个，实物138件。

档案资政参考　2022年4月末，结合长春市疫情得到有效控制、全市上下急需逐步恢复生产生活秩序的实际情况，市档案馆开发馆藏档案资源，第一时间为市委、市政府编报一期《由2003年“非典”看2022年“新冠”》的资政参考，提出减免相关税费、刺激消费需求等对策建议；8月，市档案馆再次开发刚接收进馆的疫情档案资源，为市委、市人大、市政府、市政协编辑4期《档案资政参考》。

【民生档案服务】　2022年，市档案馆通过办理整体移出手续、由法院进行数字化加工、市档案馆提供加工车间并配合进行安全管理的方式破解困扰查询利用工作多年的法院档案纸质数量多、查询量大的历史难题。全年接待查阅民生档案1920人次，占全年查询接待量的73%。在疫情最严重时期，开通服务热线，采取电话预约、分时段来馆、开辟特殊取件窗口等便捷措施，解决人民群众迫切查档需求。通过与青岛市档案馆远程共享，为长春市民李某查询到女儿的出生医学证明并顺利办理入学手续。全年接待查档2622人次，利用档案5289卷（件），提供远程共享查询252例，收到利用者赠送锦旗2面。

【档案业务指导】　以档案馆业务建设评价标准为基础，督促各档案馆完善问题清单，加强档案馆基础工作。对各地区疫情防控、乡村振兴两类档案的收集整理归档和数据库建设工作进行重点指导，同时指导各县（市）区全面推进农业农村建档工作。按照《中华人民共和国档案法》《机关档案管理规定》，加强对各机关档案工作组织管理、制度管理、安全管理方面指导工作，规范各机关文件材料归档工作，对90个立档单位年度归档目录集中审核，保证各单位文件材料应归尽归、整理规范。持续推进《关于在深化国有企业改革中加强档案工作的意见》和《国有企业资产与产权变动档案处置办法》贯彻落实工作，对国有资产与产权变动企业开展档案处置工作。对长春市拖拉机厂、首钢柴油机厂、银龙集团三家破产企业进行破产后档案处置业务指导。指导全市安可替代工程档案、医疗鉴定专业档案的规范整理、归档工作。推进全市档案数字化工作，全市综合档案馆完成年内累计传统档案数字化率60%目标。朝阳区档案馆档案信息化管理平台建设工作纳入全省档案信息资源共享试点项目。按照“双随机、一公开”工作要求，随机抽取被检查单位，对被检单位档案室在档案安全管理、提供利用、归档整理等方面进行行政检查和业务指导工作。

【档案法治宣传】　以“6·9”国际档案日为契机，围绕“喜迎二十大·档案颂辉煌”宣传主题，做好《中华人民共和国档案法》宣传工作，在全社会营造知悉档案法、遵守档案法、运用档案法良好氛围。市档案局为市档案馆拍摄《战役有我 档案人在行动》微视频，在“长春市档案馆”微信公众号发布后，引发社会公众对档案工作的关注。6月17日，“国家档案局”微信公众号进行报道。

【档案安全管理】　长春市档案局组织全市市直机关各部门档案室和县（市）区、开发区各级档案部门，对照档案安全工作检查标准自检自查，整改查摆出的问题。2022年，长春市档案馆针对馆内外包公司较多、外来人员复杂以及疫情防控等实际情况，重点强化档案安全规范化管理。制定物业保安日常考核细则、法院档案数字化加工安全管理规定、酒精及酒精制品管理等多项安全管理制度，开展安全隐患排查，加强馆舍消防安全管理和设施设备管理，防止常态化疫情防控下各类安全事故发生。加强档案库房管理，按照库区巡查要求，完成日常、节假日对库房设备、用水、用电、采暖安全检查并记录。完成馆藏档案数据全量备份工作，备份数据总量4TB；开展《中华人民共和国网络安全法》实施五周年系列宣传活动，在吉林省第十二次党代会召开前进行网络安全大检查，及时处理排查网络安全风险。

（肖梦溪　汤　明）

新闻出版

综　述

【概况】　截至年末，长春市有新闻媒体2家，分别是长春日报社和长春广播电视台，出版发行4种报纸，分别是《长春日报》《长春晚报》《影视图书周报》《长春商报》。《长春日报》开设各类新闻媒体平台账号28个，从传统单一纸质媒体发展为融报、网、端、微、屏等多种传播形态于一体的全媒体矩阵。长春广播电视台业务包括广播、电视、新媒体三大板块，其中广播频率6个、电视频道5个，广播电视业务覆盖长春及周边地区上千万人口。各频率、频道平台账号总“粉丝”数300万，全台新媒体“粉丝”数260万。全市有出版机构1家，出版图书665种。有出版物零售单位661户，营业网点694个，从业人员2283人。出版物销售总额20亿元，比2021年增长5%；出版物利润总额1.2亿元，比2021年增长18%。印刷企业352户，印刷企业销售收入24.7亿元，从业人员3916人。

【新闻出版监管】　2022年，长春市加大对图书、报纸、期刊出版内容监管，检查审查生产传播单位出版物、印刷品、文艺作品以及各种讲座、报告会和研讨会，对全市期刊、报纸刊载于网上文章进行专项清查整顿，指导和督促涉事单位自查自纠，严格查实责任。监督指导长春日报社、长春广播电视台开展新闻记者证年度核验工作，344名新闻记者证持有人通过资格审查。指导和督促主办单位对照《内部资料性出版物管理办法》查缺补漏，及时整改。

【印刷发行行业管理】　组织、监督长春市印刷和发行企业年度核验工作，指导企业在国家年检平台上汇总相关数据、上报工作情况，完成990户印刷和发行企业年度报告工作。9月21日至10月31日，落实省新闻出版局《关于开展印刷发行市场专项检查的通知》要求，协调成立省、市、区新闻出版部门三级联合调研组，对38户印刷企业、22家发行单位进行调研。

【版权保护】 围绕“全面开启版权强国建设新征程”主题，运用新媒体平台，发布版权保护宣传片《教你认识版权》，点击量10余万次。“长春版权”公众号全年发布版权宣传文章77篇。强化版权执法，打击各种侵权盗版行为，持续开展打击侵权盗版集中检查、冬奥会版权保护集中行动、青少年版权保护专项整治、“剑网2022”系列专项行动，维护著作权人合法权益，优化版权保护环境。长春市版权执法工作受到国家版权局表彰。

【全民阅读推进】 制定《长春市全民阅读“七进”活动方案》，聚焦文化创意城战略，扩大活动规模，创新活动方式，指导各地各部门深入开展活动。免费为困难群体提供民生读本、期刊，为贫困学生、困难群众提供惠民购书卡，使用经费34万元，发放惠民购书卡3400张。对30个读书角图书进行更新，每个读书角购买图书3000元。统筹全市2061个农家书屋出版物配备工作，投入补充更新资金400万元，为每个农家书屋平均补充图书80种、20万册，订购报刊4000份。利用农家书屋平台开展读书活动，参与中宣部“我爱阅读100天”读书打卡活动，开展学习宣传贯彻党的二十大精神主题活动。 （柴立栋）

长春日报社

【概况】 长春日报社是中共长春市委直属公益二类事业单位。出版《长春日报》《长春晚报》《影视图书周报》《长春商报》4张报纸。截至2022年12月，长春日报社开设各类新媒体平台账号28个。其中，网站（“长春新闻网”）1个、客户端（“长春+”App）1个、微信账号（“掌上长春”“长春政事儿”等）4个、微博账号3个、视频账号8个、PGC（专业生产内容）平台账号11个。

2022年，《长春日报》编辑出版近2000个版面，处理稿件、图片（含插图与漫画等）万余篇（幅）。长春日报新媒体日均发稿量在300篇至500篇，日阅读量在300万人次至2000万人次。

长春日报社在2022年度全市各级党政机关绩效考评中被评定为优秀，刘立志等4人获“吉林好人·抗疫好人”称号；肖虹被授予“长春市五一劳动奖章”。

【党的二十大重大主题宣传】 发挥主流媒体主阵地作用，把迎接、宣传、贯彻党的二十大作为全年工作主线，以“奋进新征程 建功新时代”总栏目为统领，整合报、网、端、微、屏等融媒资源，统筹组织、精心策划，做好重大主题宣传。准确把握时度效要求，盛会前侧重成就报道，持续预热升温，特别策划推出《非凡十年·精彩长春（幸福长春、数说长春、文明长春）》等12块专版，围绕新时代十年以来长春市经济社会各项事业取得历史性成就、发生历史性变革，策划选题，宣传展示新时代长春在中华民族伟大复兴中的生动实践；会中侧重会议报道，聚焦议程、解读报告、跟踪反响；会后侧重动态报道，宣传阐释掀起学习贯彻党的二十大精神热潮，为迎接和宣传贯彻党的二十大营造舆论氛围。

【突发事件宣传报道】 助力全市“战疫”，策划推出“抗疫·长春谱”等融媒作品，131件作品被央视网、人民网、新华网等中直央媒转发，318篇报道阅读量超10万次，全网点击量超12亿次。在宣布社会面清零当天，1万余字长篇通迅及时推出，全景展示长春市艰苦卓绝的抗疫历程，文末还配以《记住2022年这个春天》记者手记。新华网、人民网、人民日报客户端等央级各大新媒体平台转载。分别对救治、保供、医疗垃圾清运、患者转运、流调、春耕、复工复产等专班工作，采写20个中型综述。

【中心工作宣传报道】 聚焦全市重点工作，策划主题宣传，推出“六城联动 赋能长春”“六城联动 赋美长春”“推进‘四个服务’走深走实”“新征程 新长春”“乡村振兴”等系列专版专栏，从市委、市政府部署、部门行动、成果展示等角度，宣传长春作为省会城市的责任担当，报道全市干部群众加快振兴发展的具体举措、奋发有为的精神状态和高质量发展的举措、工作成效，形成点面结合、灵活多样、全面推进的宣传效果。

【《人世间》取景地宣传报道】 电视剧《人世间》火爆荧屏，剧中在长春的取景地受到人们关注。《长春日报》《长春晚报》推出系列报道，刊发《探秘火爆荧屏的“光字片”》《〈人世间〉在长影取景》《〈人世间〉里的火车站、办公室原来在吉大》《松苑宾馆老建筑“出镜”〈人世间〉》《南湖宾馆里的“省委大院”美出新高度》等11篇稿件，展示长春城市风采。

【《新闻早餐》有声新闻栏目】 长春日报社新媒体推出有声新闻栏目——《新闻早餐》，每天5点30分发布，是全市最早发布新闻的栏目，一网收进新闻大事，读者可以选择听、阅不同方式，受到社会各界好评，点击量大幅攀升。

【合作活动】 2022年，长春日报社新媒体承办市委宣传部的“喜迎党的二十大”微视频故事大赛、“向群众汇报”优秀案例征集评选活动、第五届“发现长春之美”主题摄影大赛。承接长春市人民政府新闻发布会直播项目以及长春市典型人物（集体）数据库建设项目，与市委、市政府各部门深入合作。在商业客户领域方面，继续与北亚航空合作，承担2022长春航展宣传项目。开拓新商业客户，与市房地局合作宣传报道房交会、与中铁长春东北亚博览房地产开发有限公司、保利地产、长春市法律援助中心长春市国安公证处、长春市律师协会、欧亚卖场、欧亚汇集等单位均开展合作。 （戴 言 孙 丹）

长春出版传媒集团

【概况】 2022年，长春出版传媒集团有限责任公司（简称长春出版传媒集团）出版图书665种。其中，新书289种，再版重印376种。实现图书发行码洋2.37亿元。《辩证法理论研究丛书》《东北抗联英烈年谱资料长编（第一辑）》《侵华日军第一〇〇部队细菌战史料整理与研究》《大明一统名胜志》《乌丙安文集》五个项目入选国家“十四五”时期重点图书出版规划项目；《中华文化元素丛书（第二辑）》入选2022年度国家出版基金资助项目；《字源绘——汉字本来的样子》入选2022年度吉林省文化产业发展扶持项目；《天河九曲》《常春藤儿童文学馆：长白山下是我家》《这就是中国 长白山》《这就是中国 松花江》等44种图书入选“2022年吉林省民生读本”。长春出版传媒集团获“2022年长春市五一劳动奖状”。

【重点图书出版】 2022年，社会科学图书出版重点项目有《中华文化元素（第二辑）》《秦汉史论稿》《魏晋南北朝史论稿》《边外溯旅——吉林地方历史文化随笔》《伪满皇宫勤民楼等12处文物建筑保护修缮工程纪实》等，是注重增加历史文化、学术文化研究类选题的成果。服务长春市文化建设，出版《长春市人民代表大会志（2003—2016）》《长春社科联（院）规划项目成果选编》《剧苑春华——2021“长春好故事”优秀剧本选》《长春大事记 2020》《长春大事记 2021》《长春优秀党史人物选编》等图书如期出版。

【教材出版经营】 2022年，长春出版传媒集团出版《随堂同步练习语文》《语文读本》《心理健康教育》等图书406种。其中，新版图书47种，修订及重印图书359种。确保全品种学生用书符合GB40070—2021《儿童青少年学习用品近视防控卫生要求》。长春出版传媒集团与新劳动教育研究所合作，共同研发吉版《劳动》教材，打造更加符合吉林省情，具有吉林省特色的课程教材。完成《长春市综合学习评价与检测》《高中必修课程复习与检测》等重点图书品种持续更新；对《小学健康教育》作全新改版，用科学规范、符合新时代要求的生命健康理念呵护学生健康成长。

【数字出版】 2022年，长春出版传媒集团完成国家文化大数据体系建设生产线应用培训，制定应用规划及标准。“数字化生产线及示范产品建设项目”申报国家文化产业发展项目库，在审核状态。与长春市基础教育研究中心及科大讯飞共同合作的英语口语教程项目正式出版发行，代理的科大讯飞“E听说”线上产品销售。完成ERP系统DEMO开发及底层数据库建设。

【文化建设服务项目】 2022年，长春出版传媒集团与长春师范大学历史文化学院共同策划、出版“松江丛书”。该丛书集中展现当代长春学人对历史文化的探索和思考，以及反映东北边疆史地等内容的著述。截至年末，出版《魏晋南北朝史论稿》《秦汉史论稿》《魏晋南北朝将军制与都督制论稿》《北朝封爵制度论稿》《经史求识录》《中国古代的“天下”“中国”观》等6部。策划、出版《伪满皇宫勤民楼等12处文物建筑保护修缮工程纪实》，记述伪满皇宫勤民楼等12处文物建筑修缮过程和修缮工程记录。策划《东北抗联英烈年谱长编》，丛书以历史文献为依据，汲取东北抗联史研究最新成果，记叙和反映东北抗联英烈生平和思想。第一辑前5部报送国家新闻出版署审读，后5部在编辑中。

【主题出版项目】 编辑《中华文化元素丛书（第二辑）》（5册100余万字），由阐发体现中华元素的若干文化事象的系列作品《剪纸》《酒》《对联》《围棋》《节气》等组成，是一部图文并茂、学术品位较高的文化史丛书。

【古籍规划项目】 2022年，长春出版传媒集团出版的《大明一统名胜志》入选《2021—2035年国家古籍工作规划重点出版项目（第一批）》。

【期刊管理】 2022年，长春出版传媒集团完成《小学科学》《华章》《高考》各期编辑、校对、印刷及发行工作；完成《意林》杂志变更流程；完成各刊物社会效益考核及期刊年检工作。

（许国哲）

广播电视

【概况】 2022年，长春广播电视台开展业务包括广播、电视、新媒体三大板块，其中广播业务包括6个广播频率，电视业务包括5个电视频道，频道频率均为24小时播出，广播电视业务覆盖长春及周边地区上千万人口。旗下拥有玉米网、“看见长春”手机客户端、台属官微等新媒体平台，新媒体账号168个。其中，台属账号4个，频率、频道及栏目账号70个。

在重大主题宣传报道上，紧扣党的二十大精神宣传主线，把对党的二十大精神宣传作为首要政治任务。融媒体新闻中心、新闻综合广播、交通之声开设10个专题专栏，每月推出有关党的二十大精神新闻报道近300篇，为党的二十大营造良好舆论氛围。在长春战疫进入决战决胜关键时刻，创造性推出“长春战疫进行时”8小时特大直播，五个频道并机直播及台属新媒体各端口同步直播总时长近4000小时，开创省会台广播电视超长直播生产先河，催生“移动优先、全媒体一体化发布”融合传播新模式。截至年末，新闻综合广播在中央广播电视总台新闻栏目播出稿件43篇，电视融媒体新闻中心播出稿件11篇，与吉林省广播电视台进行新闻交流316条。

在第三十一届吉林新闻奖评选中，《长春新闻》栏目组制作的《一汽：怀产业报国志 走工业强国路》获消息类一等奖，《报告总书记》获新闻系列报道类一等奖。

在精品文艺节目工程打造和文艺制作方面，长春广播电视台坚持“思想精深、艺术精湛、制作精良”标准，制作播出“筑梦幸福年 启航向未来”2022年长春市春节联欢特别节目、第十七届中国长春电影节开幕式等各类大型文艺晚会、纪录片和宣传片。

在精品栏目优化方面，打磨原创节目，推出新节目，其中法治节目《百姓与法》被最高人民法院评选为“全国法院优秀法制文化建设项目”，并在全省广播电视节目评选中获媒体融合类一等奖。

表78　2022年长春市广播频率及自办节目一览表

频道名称	栏目名称	栏目类型	时长（分钟）
FM88.9 新闻综合广播 （自办：5个）	听见长春	新闻	60
	大城小事	新闻资讯	60
	889不老歌	音乐资讯	60
	妹有正事儿	新闻脱口秀	60
	倾听长春	新闻	60
FM96.8 长春交通之声 （自办：19个）	968早上好	资讯	30
	968新闻早高峰	新闻	90
	一路欢歌	音乐	30
	非常娱乐	娱乐	60
	消费新主张	服务	60
	苏大嘴美食汇	美食	60
	968车时代	汽车服务	60
	司机开会	交通服务	60
	娱乐有主题	娱乐	120
	968晚高峰	新闻	90
	968车友会	汽车服务	60
	大城小爱	情感传递	60
	音乐星空下	音乐故事	90
	许多年以后	文化	60
	城市生活家	娱乐	60
	佳片有约	电影分享	60
	朝花夕拾	音乐	60
	我的抒情年代	心灵分享	30
	我的音乐在路上	音乐	60
FM99.6 都市音乐广播 （自办：6个）	私家医生	公益科普	60
	红叶欢乐谷	娱乐	60
	资讯早班车	民生新闻	60
	经济访谈时间	人物访谈	30
	幸福有伴	情感热线	60
	健康直通车	公益科普	60
FM88.0 经济广播 （自办：8个）	早安880	资讯	60
	音乐万万岁	音乐	180
	摩天推理社	娱乐	60
	城市加油站	生活资讯	180
	城市high起来	脱口秀	150
	城市畅游	生活服务	120
	Ufm私房歌	音乐	120
	88车圈	汽车资讯	60

续表78

频道名称	栏目名称	栏目类型	时长（分钟）
FM106.3 城市生活广播 （自办：17个）	天亮说晚安	音乐	390
	心想事橙	脱口秀	120
	城市转起来	婚恋服务	90
	环球旅行家	旅游	90
	综艺大篷车	娱乐	60
	青春环游记	脱口秀	90
	Hello 探车	汽车服务	30
	安居乐业	旅居服务	60
	城市正在听	脱口秀	60
	生活一卡通	脱口秀	90
	快乐指南	曲艺	60
	小小少年·美丽童年	少儿	30
	音乐晚点名	音乐	120
	城市早安秀	脱口秀	180
	网抑云歌单	音乐	60
	小雅读书会	文学	60
	生活风向标	脱口秀	180
FM90.0 乡村戏曲广播 （自办：8个）	鎏金岁月	音乐	60
	大喇叭开始广播了	脱口秀	120
	振兴路上	政务	60
	乡村振兴之路	政务	60
	多彩生活家	服务	60
	楼市风云榜	服务	60
	下班快乐	脱口秀	60
	超级课堂	教育	60

（市文广旅局）

表79 2022年长春市电视频道及自办节目一览表

频道名称	栏目名称	栏目类型	时长（分钟）
综合频道 （自办：5个）	百姓与法	法律专题	40
	我是长春人	人物访谈	40
	长春新闻	时政新闻	25
	城市速递	民生新闻	58
	发现长春	纪录片	25
文旅体育频道 （自办：2个）	再回首	综艺文化	5
	中国梦歌曲展播	音乐文化	5
市民频道 （自办：6个）	长春真好玩	生活服务	30
	诚意星光少儿剧场	少儿	30
	长春味道	美食	30

续表79

频道名称	栏目名称	栏目类型	时长（分钟）
市民频道（自办：6个）	欢喜厨房	美食	60
	幸福食光	美食	30
	少年诗说	少儿	20
经济频道（自办：2个）	乡村振兴进行时	农业新闻	25
	乡村振兴会客厅	人物访谈	20
汽车频道（自办：3个）	车行天下	汽车资讯	15
	汽车生活秀	汽车资讯	30
	良车日记	汽车资讯	28

（市文广旅局）

【广电机构改革】 2022年3月，长春广播电视台启动新一轮机构改革，根据媒体融合发展新趋势以及事业发展需要，对台属31个内设机构进行重新设置，确定全新的31个部门名称和职能。其中，撤销互联网节目制作部、娱乐频道工作部、影视产品开发部、对外交流部、网络媒体管理部5个部门，新设立融媒体制作中心、融媒体采编中心、网络运维管理部、视听产品开发中心、文旅体育频道5个部门，调整融媒体新闻中心和技术管理办公室2个部门的部分职能，让部门运行更加科学合理。加大改革创新力度，调整频道频率定位，优化频道频率资源。7月6日，经国家广电总局批准，长春广播电视台第二套电视节目定位从“娱乐频道”调整为“文旅体育频道”；7月7日，经国家广电总局批准，FM106.3频率呼号由原来少儿与老年生活广播改为城市生活广播。1月1日起，长春广播电视台综合频道对晚间新闻节目播出时间进行调整，《城市速递》晚间版直播由原17:00调整为17:30播出，19:00转播中央台新闻联播，19:30播出《长春新闻》。

【党的二十大精神宣传报道】 2022年，长春广播电视台综合频道、融媒体新闻中心、新闻综合广播、交通之声等主力频率频道、主打新闻栏目节目、主要新闻采编播团队联合，做好迎接、庆祝、落实党的二十大宣传报道工作。相继开设“在习近平新时代中国特色社会主义思想指引下”“奋进新征程 建功新时代”“非凡十年”“领航中国”“喜迎二十大”“二十大代表风采”“二十大时光”“学习贯彻党的二十大精神”等专栏，广播电视新闻及新媒体集群自采、转载、刊播相关稿件近3000余篇。大会召开当天，广播电视新闻派出30余组记者，到全市各大机关、企事业单位、街道乡村，报道全市人民收听收看大会报告情况。大会召开后，新闻采编播团队制订长期宣传报道规划，做好中央及省市组织的二十大精神宣讲报道。

【长春疫情防控宣传】 3月16日至4月17日，长春广播电视台创造性推出“长春战疫进行时”8小时特大直播，并以特大直播为统领，构筑起频率频道联动、网上网下一体、内宣外宣协同的立体传播格局。特大直播持续1个月，5个频道并机直播及台属新媒体各端口同步直播总时长近4000小时，开创省会台广播电视超长直播生产先河，创造城市台直播内容生产新纪录。特大直播发布权威信息、直击现场报道、普及公益宣传、与广播电视早、中、晚、夜各档新闻节目相呼应。3月16日至4月17日，长春广播电视台32个宣传平台发布长春战疫新闻稿件2.31万余条。其中，原创稿件7500余篇，阅读量1.63万余人次；20个部门制作战疫公益广告、抗疫歌曲、MV公益宣传417条，在广播电视平台及新媒体各端口滚动播发，每天播发3500条次以上，与特大直播和新闻宣传内容互融互通；在央视新闻客户端发稿90篇，在央广中国之声、经济之声发稿23篇，在“学习强国”学习平台发稿44篇，传播党的战疫声音、讲好长春战疫故事、弘扬抗疫精神。

【经济社会发展主题宣传】 2022年，长春广播电视台聚焦市委、市政府加快推动长春高质量发展的战略谋划，开展振兴发展主题新闻宣传，主打新闻栏目中开设近50个专题专栏，播出稿件2500余篇。《沿着总书记的足迹》《推动“四个服务”走深走实》《关注“三农” 推进乡村振兴》《推进“六城联动” 实现率先突破》《安全生产在行动》《长春环境保护进行时》《创文明城 做文明人》等专栏作品在受众中产生良好反响。在2022年中广联城市台委员会策划推出的大型系列报道“牢记嘱托 奋进十年”中，长春广播电视台制作的电视新闻作品《长春：双轮驱动制造业强国梦》被交流到全国数十家电视台播出，并在美国、新西兰、加拿大、意大利等国外中文电视台相继播出，提升长春中国汽车之城、轨道交通制造之都知名度。

【政务广电服务平台】 2022年，长春广播电视台持续打造“全城第一政务服务平台”，电视新闻依托《长春新闻》《城市速递》主打新闻栏目，与市政协机关，相关党政部门、开发区联袂打造《政协论坛》《垃圾分类进行时》《长春政法报道》《坐标·文化周刊》《魅力汽开区》《长春新区 创新高地》《党员风采》特色栏目板块，形成完整的政务节目生产播出链条；广播新闻依托《听见长春》《倾听长春》重点栏目，与市人大政协机关、党政部门共同推出《人民之声》《政协论坛》《廉洁长春》《城市管理热线》《乡村振兴——长春进行时》《律师来了》《889新说法》《文旅佳期》等政务节目。播出平台上形成早、午、晚三个新闻政务节目播出带，强化政务特色，完善服务功能。综合频道、融媒体新闻中心、新闻综合广播、交通之声等主力频率频道、主打新闻栏目的采编播团队还完成市政协十四届一次会议和市第十六届人民代表大会第一次会议、中国共产党吉林省第十二次代表大会、第19届中国（长春）国际汽车博览会、第十七届长春电影节、第二十一届中国长春国际农业·食品博览（交易）会以及长春净月潭瓦萨国际滑雪节等重要会议和大型活动报道任务。

【精品文艺节目工程】 2022年，长春广播电视台承办多项大型文艺活动，制作播出一批精品文艺节目，其中“筑梦幸福年 启航向未来”2022年长春市春节联欢特别节目成为长春百姓新春文化大餐。承办第十七届中国长春电影节开幕式，第一次全流程完成开幕式红毯和晚会两部分内容策划执行。承办2022长春市首届人才节（企业家节）颁奖典礼，受到市委、市政府领导肯定，颁奖典礼在央级、省市级几十家媒体进行报道，传播长春市重视人才美誉度。完成2022年长春好人发布第一第二季发布、长春市妇联三八妇女节晚会、长春市2022年消夏节、中央歌舞团这有山快闪、长影之夜等活动直播及生产制作。

【宣传片纪录片制作】 2022年，长春广播电视台文艺制作方面重点项目全部完成并通过验收，以纪录片宣传片展示吉林省及长春市形象。由吉林省委宣传部立项、长春广播电视台承制的吉林省重点文艺创作项目《日本遗孤和他们的后代》，历经三年完成6集总长度8小时完整版和3集2个小时国内版后期制作，通过省委宣传部二审，日文版（30分钟）9月26日在日本播出。宣传片纪录片创作方面，完成市里重点项目“60秒看长春”城市形象系列宣传片制作播出，播放量上亿次。制作完成6集电视纪录片《东北方言》。完成长春消夏节系列宣传片、长春市畜牧局招商引资宣传片、长春市人防教育系列宣传片等生产任务。

【栏目培育优化】 2022年，长春广播电视台打造《长春新闻》《城市速递》《听见长春》《倾听长春》《百姓与法》《创业梦想》《我是长春人》《车行天下》《支队长热线》《交警直播室》《城市管理热线》《乡村振兴——长春进行时》《文旅佳期》等既有品牌栏目，持续扩大传播力、影响力。自办栏目《百姓与法》被最高人民法院评选为全国法院优秀法制文化建设项目，在全省广播电视节目评选中获媒体融合类一等奖；培育新生代节目，《公积金政策解读直通车》《廉洁长春》《红色领航》《人民之声》《城市生活家》等新节目贴近受众生活，表现出良好成长性。6月18日开播的《廉洁长春》栏目每期15分钟，播出7期，市纪委监委对栏目给予高度评价。

【数字平台建设】 2022年，长春广播电视台启动“看见长春”移动客户端建设，重启官网建设。“看见长春”App功能涵盖本埠新闻聚合报道、政务信息权威发布、广播电视直播渠道建设、城市直播常态开通等多项功能。历时9个月完成融媒体指挥中心工程建设，设立数据大屏展示区、指挥调度区、办公区、直播区，融合传播“硬实力”实现跃升。3月，撤销互联网节目中心、互联网监管中心，设立融媒体采编中心、融媒体制作中心，健全媒体融合组织架构，建设“资源通融、内容兼容、宣传互融”的新型媒体架构，在原有融媒体新闻中心的基础上，使采访、编辑、制作、发布各环节配合衔接顺畅。

【公益广告播出】 2022年，长春广播电视台利用媒体资源优势，为社会提供公共服务，各频率频道播出的公益广告包括“疫情防控”“长春市文明十条”“使用公勺公筷”“网络安全”“国家安全日宣传”“厉行节约”“水资源保护”“时代楷模”“食安长春”“普通话推广”等多类型的公益广告题材及内容。全台电视公益广告播出22.7万条次，时长16.8万分钟。广播公益广告播出8.85万条次，播出时长596.3小时。公益广告作品《振兴双阳》获首届全国广电融媒营销创新大赛铜奖，公益宣传片《微·大白》在各大网端、抖音、视频号、微博浏览量突破百万次。

【传输覆盖体系建设】 2022年，长春广播电视台新购置12讯道高清转播车1台并投入使用。协调吉视传媒有限公司，完成全台5个频道在有线网络的高标清同播工作。更换铁北发射台中波发射机，配合上级台开展地面数字频率迁移工程。通过技术改造和设备更新，实现“不间断、高质量；既经济、又安全”广播电视传输覆盖体系建设目标。

【应急广播体系建设】 2022年，长春广播电视台完善应急广播体系建设，制定应急广播预案，落实2个频率和1台转播车以及临时作业地点，明确部门和人员，并进行相关业务演练和技术人员培训。

【广电行业监管】 2022年，长春广播电视台配合市场监督管理局、文广旅局等上级单位，按照《中华人民共和国广告法》规定审核广告内容，执行广告刊播流程，开展广告自查整改工作，处理回复投诉件20余次，确保广告安全播出。对全台官方新媒体账号和职工个人以单位名称注册的新媒体账号，进行重新登记备案和清理整顿，制定《长春广播电视台个人新媒体账号使用管理办法》，加强规范管理，确保监管全覆盖无死角。加强播音员主持人、发声出镜记者管理，修订《长春广播电视台播音员主持人发声出镜记者管理办法》，规范播音员主持人、发声出镜记者行为，维护并提升社会形象；修订《长春广播电视台节目编播审核管理办法》，做好节目监听监看工作，督促节目生产部门严格落实三审制度，坚持重播重审，确保节目正确政治方向和导向。配合吉林省广播电视局、市文广旅局安全生产大检查，确保广播电视平台安全运行，先后整改安全隐患20余项。全年元旦、春节、冬奥会、冬残奥会、全国“两会”、长春疫情防控保卫战期间、国庆节，特别是党的二十大召开等重要保障期，完成安全优质播出任务，全年实现安全播出“零”事故。　（王中庆）

影视产业

【概况】 2022年，长春市有影院77

家，座席68859个，影院从业人员约600人，全年票房收入1.9亿元。全年电影院放映电影约56万场，观影512万人次。数字电影公益放映25152场，覆盖长春所有行政村。

【影视创作】 2022年，长影集团有限责任公司（简称长影集团）坚持“六影”（作品立影、产业助影、人才兴影、技术强影、开放办影、党建管影）工作理念，推出《人世间》《狙击手》《这个杀手不太冷静》等一批有品位、有市场、有热度的口碑之作。电影《狙击手》获中宣部“五个一工程”奖，第17届中国长春电影节最佳摄影奖，第35届中国电影金鸡奖最佳摄影奖、最佳录音奖。电影《这个杀手不太冷静》票房26.27亿元，创造长影联合出品票房纪录，获第17届中国长春电影节最佳女演员奖、第35届中国电影金鸡奖最佳导演处女作提名奖。电视剧《人世间》获中宣部“五个一工程”奖，获第31届中国电视金鹰奖优秀电视剧和最佳导演、最佳男主角、最佳女主角四项大奖。电视剧《冰雪之名》入选国家广电总局“我们的新时代”作品展播。联合出品的电影《你是我的春天》获第17届中国长春电影节评委会大奖。电影《东北合伙人》入选第五届中国农民电影节“2022乡村振兴主题电影推荐活动”片单。长影译制片厂译配完成《神奇动物学校》《大白鲨之夺命鲨口》《龙马！新生网球王子》《小黄人大眼萌：神偷奶爸前传》《神秘海域》《印度女孩》《神奇动物：邓布利多之谜》等一系列院线影片。长影集团推进《731》《汉藏铸魂》《雷霆令》后期制作，《绝望主夫》和纪录片《光影如歌》《冰雪遥相依》等如期开机，《虎视眈眈》完成勘景。

【影视人才培养】 吉林艺术学院影视人才培养 吉林艺术学院是东北地区最早开办戏剧影视高等教育的综合艺术院校，其戏剧影视学科是吉林省重点学科，戏剧与影视学获批一级学科硕士点，省优势特色高水平学科。吉林艺术学院影视学科的相关专业中，广播电视编导、表演、戏剧影视导演、动画四个专业在国家“双万计划”建设中入选“国家一流专业建设点”，播音与主持艺术入选“省级一流专业建设点”。该学院创建“教育部中俄高校艺术交流基地”“中国电视艺术家协会纪录片研究中心”“教育部中华优秀传统文化传承基地”“中国电视艺术家协会动态影像视觉艺术创研基地”4个国家级教学研创平台。以艺术管理、数字媒体艺术、戏剧影视学科为主体开展专业群建设，成为省内高等院校中规模最大、专业最全、师资力量雄厚、综合实力较强的影视教学、科研和社会服务基地。影视专业相关基础设施完备，设备总投入超过亿元。依托国家级、省级、校级平台制作短片、长片、纪录片、系列片等，有吉林省融合媒介音视频技术实验室、吉林省数字媒体与动画技术实验室2个吉林省高校重点实验室，以及5G试听实验室、电影制片虚拟仿真实验室、虚拟演播室等20余个校级实验室，同时还建立云映电影工作室、金点影像工作室、元域视频工作室等十几个工作室。2022年，该院师生创作微电影《一江水》《光》《老时代》《一起去海边跳舞》获国内外各大奖项；纪录片《困惑与想象》获第十一届印度加尔各答国际短片电影节最佳纪录片奖；电影短片《老黑河》获第九届亚洲微电影艺术节金海棠奖最佳作品奖；作品《远方·初梦·微光》获第十一届学院奖剧情单元教师组三等奖；动画电影《老鹰抓小鸡》获第35届中国电影金鸡奖最佳美术片提名奖。该院影视专业教师指导学生参加各大比赛，作品《边城冰雪节——松江朝鲜民俗村冰雪旅游开发》在全省和全国各大赛事中多次获奖；《吉遗犹新——吉林省民间手工艺术“非遗”传承新范式》获国家级优秀结项；《艺传诗韵——开拓“互联网+诗词”传播传承新形式》获得国家级立项；《偶木工坊》《格子铺动画创意工坊》获得第八届“互联网+”大学生创新创业大赛省级银奖；《弘扬吉林地域历史文化系列漫画创作》获国家级大创项目；绘本《梅姨》获得第十八届中国国际动漫节“金猴奖”潜力奖；学生作品在2022年中国电子视像行业协会、全国高等院校计算机基础教育研究会、第16届中国好创意暨全国数字艺术设计大赛中获一等奖2项、二等奖1项、三等奖9项。获批教研、科研项目10余项，发表论文30余篇，包括吉林省社科联项目人文纪录片《东北西北行》系列之《寻找北方渔猎部落》、海外古籍孤本《御制百家姓（满汉合集）》系统性保护与活化利用研究等。

吉林动画学院电影学院影视人才培养 该学院成立于2004年，其前身为影视戏剧学院。该学院下设4部8系1院：电影艺术部、电视与新媒体艺术部、基础教学部、项目教学部和电影艺术研究院。设有表演、戏剧影视文学、戏剧影视导演、戏剧影视美术设计、广播电视编导、播音与主持艺术、网络与新媒体、影视摄影与制作、摄影、录音艺术等10个专业。2022年，网络与新媒体专业、表演专业正式获批吉林省一流专业建设点，播音主持专业获批校级一流建设点。表演系副教授吴瑶参与《“作品育人”——“学—思—创—评”艺术人才培养的吉林动画学院20年创新与实践》项目获省级二等奖。电影艺术创作部、电视艺术创作部开设导演工作室、御影工作室、影视美术设计工作室、舞台剧工作室、摄影工作室、剧本工作室等28间；开设影视美术设计实训、电影剧本创作实践、联合作业实践等38门集中实践课程；电视艺术创作部、电影艺术创作部开展舞台剧《枣树》、微电影《事竟成》、微电影《礼拜天乐队》、校园青春微短剧、短视频《“物”忘红色记忆》等项目64项。2022年，新立项38项目。其中，国家级5项，省级14项，校级19项。“力行杯”获奖项目9项，戏声漫语——应用型动画工作室获2022年“挑战杯”吉林省大学生创业计划竞赛终审决赛阶段普通高校组特等奖、吉林省“挑战杯”三等奖；2022年“建行杯”吉林省互联网+大学生创新创业高教杯主赛道盘古宇宙——神经网络三维元宇宙创建者项目获省赛金奖。2022年，电影学院持续在研的教育部人文社科青年基金项目1项、吉林省社科基金项目2项、吉林省教育厅社科项目9项、校级社科项目10项。启动完成东北抗联文化数字化保护与传承研究团队、表演作品创作与研究团队两个科研团队建设；启动完成影视艺术理论与实践工作室、纪录片及短视频创作研究工作室和有声语言与影视配音艺术研究工作室3个独立工作室建设。

10月，电影学院与吉林省传媒学会、吉林省戏剧家协会、意大利远回电影节共同举办“第四届吉林国际大学生短视频大赛作品展”，与国际合作发展中心共同承办“2022亚洲大学生短视频影像作品交流展”活动，举办2022亚洲大学生短视频影像作品交流展“向未来——光影音主题研讨会”，举办长春电影文化的历史与传承主题研讨会活动。年内，刘大航团队指导的3个有声语言创作作品获“第三届全国大学生配音艺术节”影视组一等奖、动漫组二等奖、纪录片组三等奖展演，获奖数量在全国参赛高校中名列第三。在第五届全国数字创意教学技能大赛中，王世峰获影视艺术组一等奖。吉林动画学电影学院秉承“人文素养良好、专业基础扎实、创新思维活跃、国际视野宽阔，就业方向广泛”育人理念，培养近6000名毕业生。2022年，毕业生就业率90.61%。

【影视产业经营】　坚持产业助影，加强经营单位目标设定和考核，长影频道、长影时代传媒、长影乐团、长影期刊公司完成经营目标任务。疫情期间，长影世纪城公司、海南公司采取闭园和经济性裁员减少损失。开展洗印厂展陈项目建设，抓住修建地铁5号线之机协调长影旧址博物馆延展馆（地下部分）和长影艺术家名人故居项目，推进14年抗战外景拍摄基地项目。

【数字文化升级行动】　长影集团首次推出电影数字藏品，由长影旧址博物馆文化传播有限公司监制，以长影影片《平原游击队》《祖国的花朵》等经典作品为原型，完成二次设计及创作工作，将在鲸探、中数等国内头部数字藏品发行平台择机上线。设计取材于经典桥段及片中道具，在老电影资料基础上，利用技术手段进行二次创作表达，以虚实结合方式满足年轻消费者需求。

【开放办影战略实施】　9月27日，长影集团与中国农业电影电视中心签订战略合作协议，助力乡村振兴，建设中国农业题材影视创作、发行、传播及阵地。2022年，依托长影IP加强与华为技术公司和世界超高清产业联盟战略合作。加强与中国新闻出版传媒集团等单位合作，开发影视资源。加强与港中旅集团、保利文化、中泉影视战略合作，与泉州市政府协调对接，推进泉州长影梦工厂项目。加强与盘古智库等咨询合作，建立集团外脑。成立长影（上海）影视传媒公司，布局一线城市，拓展发展空间。

【第十七届中国长春电影节】　8月23日至28日，由中央广播电视总台、吉林省人民政府主办，长春市人民政府承办的第十七届中国长春电影节在长春举办。该届电影节以“喜迎二十大光影三十年”为时代背景，以“新时代·新摇篮·新力量·新坐标”为主题，设开闭幕式、电影评奖、电影展映、电影论坛、致敬“摇篮”、群众文化六大单元，举办系列群众文化活动4大类156项234场。“金鹿奖”设立10个奖项。王珞丹担任该届电影节形象大使，电影制片人明振江担任中国长春电影节评委会主席，导演王瑞、编剧刘毅、演员刘佩琦、摄影师杨述、作曲家阿鲲、美术师全荣哲担任电影节评委会委员。长影、中影、上影、峨影、潇影、电影频道、博纳影业、华谊兄弟、英皇、猫眼影业、光线传媒等电影出品方、发行方参加电影节相关活动。第十七届中国长春电影节闭幕式暨颁奖典礼于9月3日晚在CCTV-3综艺频道播出。

8月23日，第十七届中国长春电影节开幕式在长春市五环体育馆举办

（市文广旅局　供图）

延伸阅读>>

第17届长春电影节金鹿奖获奖名单

最佳影片奖：《长津湖之水门桥》

评委会大奖：《你是我的春天》

最佳编剧奖：周楚岑 修梦迪 文牧野 韩晓邯 钟伟《奇迹·笨小孩》

最佳导演奖：薛晓路《穿过寒冬拥抱你》

最佳男演员奖：朱一龙《穿过寒冬拥抱你》

最佳女演员奖：马丽《这个杀手不太冷静》

最佳摄影奖：赵小丁《狙击手》

最佳音乐奖：花伦乐队《如果有一天我将会离开你》

最佳剪辑奖：杨枫《铁道英雄》

最佳处女作奖：李亘《如果有一天我将会离开你》

【“2022长影之夜”活动】　8月24日，“2022长影之夜”活动在长春广电剧场举行，活动紧扣“新时代 新摇篮 新力量 新坐标”办节主题，围绕“有历史 正青春 见未来”主线，通过声乐演唱、管弦乐、民族器乐、讲述、朗诵等形式开展。整场演出分为青春之光、青春之华、青春之长影、青春万岁4个篇章，展现新时代长影传承红色基因、赓续红色血脉绽放的青春、活力和激情。文艺界代表和关心长春事业电影发展的社会各界400余人参加活动。

8月24日，“2022长影之夜”活动在长春广电剧场举行　（长影集团　供图）

【“论剧求本”电影主题论坛】 8月24日，第十七届中国长春电影节主要活动之一“论剧求本”电影主题论坛在长春举行。省委常委、宣传部部长阿东出席论坛开幕式并讲话。长影集团党委书记、董事长庄严现场讲话。上午论坛以“律动的生活美学——户外电影如何引领国民生活新方式”为主题，以户外电影为切入口，分享户外电影带来的生活美学新风尚。论坛由东北师范大学传媒科学学院（新闻学院）副院长史册主持，电影《七十七天》执行制片人达哇桑周、电影《无尽攀登》制片人柯庆峰、电影《珠峰队长》主演苏拉王平、电影《珠峰队长》导演吴曦、电影《无尽攀登》主演夏伯渝、电影《七十七天》导演赵汉唐等嘉宾出席论坛活动。下午论坛以“疫情之下电影创作重启的路径选择”为主题，由吉林大学哲学社会学院教授李龙主持，电影《即日启程》编剧查慕春，长春本土编剧、获“五个一工程”奖青年编剧范亚男，《香山叶正红》编剧柳桦，中央戏剧学院教授、著名影视策划人路海波等嘉宾，围绕相关话题探讨交流。省内各大高校师生代表，编剧、作家代表近百人参加论坛活动。

【全国电影频道联盟第二届年会暨高峰论坛】 8月25日，长影集团在南湖宾馆举办主题为“数字时代：创新·赋能·发展——电影频道在电影产业生态链中的多种可能性”的全国电影频道联盟第二届年会暨高峰论坛活动，探讨数字时代电影频道产业拓展及电影频道在电影产业生态链中多种可能性。现场还举办2022年度全国电影频道联盟重点培育的合作项目《我是小演员》微电影系列项目及《光影乡村》微电影大赛启动仪式。

【“签约编剧”及“特约导演”授牌仪式】 7月21日，长影集团“签约编剧”及“特约导演”授牌仪式在长影电影院举行，长影集团与18位国内知名编剧、导演签约合作。同日，长影集团“论剧求本”论坛推出第23期特别版，由编剧刘毅为长影集团主创部门及青年创作人员作电影创作报告。

【“光明影院”公益项目】 8月26日，第17届中国长春电影节“光明影院”公益项目单元在长影电影院举办。活动由中共吉林省委宣传部和中国传媒大学共同主办，中共长春市委宣传部、吉林省残疾人联合会、长春市残疾人联合会、长影集团有限责任公司共同协办。吉林省委常委、宣传部部长阿东，中国传媒大学副校长张树庭共同启动“光明影院”公益项目单元。现场放映由长影集团与中国传媒大学“光明影院”项目制作的长影电影《青春作伴好还乡》无障碍版本。活动中，中国长春电影节组委会为无障碍电影《青春作伴好还乡》颁发第17届中国长春电影节“最佳公益展映影片”荣誉证书。

（王忠庆　马　犇　丁　粒　顾苑佳）

文化市场管理

【概况】 2022年，长春市有各类文化经营场所1404家。其中，互联网上网服务营业场所571家，娱乐场所（歌厅、舞厅、电子游艺厅）288家，演出场所经营单位68家，演出经纪机构114家，

表80　2022年长春市文化社会组织一览表

序号	统一社会信用代码	社会组织名称	成立时间
1	512201005091077329	长春市文学社团协会	1991年11月4日
2	51220100509106991G	长春市文化娱乐行业协会	1995年3月21日
3	512201005091072734	长春市旅游协会	1998年
4	51220100MJ3734535X	长春市朗诵协会	2016年8月1日
5	51220100MJ3734682F	长春市群众文化志愿者协会	2017年2月28日
6	5120100MJ416606644	长春市汽车文化产业协会	2017年11月14日
7	51220100MJY564173E	长春市文化艺术交流协会	2020年6月24日
8	51220100MJY5179676	长春市马头琴协会	2020年8月20日
9	51220100MJY687288C	长春市地书协会	2020年9月26日
10	51220100MJY999986U	长春市青少年文化艺术发展协会	2021年1月28日
11	51220100MJY96824XQ	长春市乡村文旅协会	2021年6月25日
12	51220100MJY9591168	长春市文创协会	2021年7月16日

（市文广旅局）

11月24日，在第三届全国文化市场综合执法岗位练兵技能竞赛吉林赛区闭幕式上，长春市文化市场综合行政执法支队获第三届全国文化市场综合执法岗位练兵技能竞赛活动（吉林赛区）团体和个人奖　　　（市文广旅局　供图）

文艺表演团体33家，艺术品经营机构253家，经营性互联网文化单位77家。年内，长春市文化市场综合行政执法支队获全国“扫黄打非”先进集体及省级、市级“扫黄打非”先进集体称号；获第三届全国文化市场综合执法岗位练兵技能竞赛（吉林赛区）团体总分第一名，队员包揽个人前三名，代表吉林省参加全国复赛；8名专案组成员获评国家版权局查处重大侵权盗版案件有功个人。

【文化市场行政执法】　市文广旅局全年受理文化和旅游部、省委宣传部、省文旅厅、市扫黄办等部门督办案件11件，线索移交31个，按照执法程序处理完结并回复相关部门，其中事实清楚、立案办理7起，案件处理结果按照要求予以公开公示。完成“双随机、一公开”1126条事项清单法律依据更换、监管层级调整、确认规范要点等工作，加强“我要执法”App新版系统培训和应用。2022年，长春市文化市场综合行政执法支队办理行政处罚案件13件，没收出版物1366册，没收非法所得23.8万元，罚款197.9万元，给予1家旅游公司停业整顿2个月的行政处罚；移交刑事案件2起，移交养老诈骗案件线索5件，查办长春市橙天影院案、德惠市二人转营业性演出含有危害社会公德情形2起典型案件。

【文化市场督导检查】　市文广旅局以文化部门为主，多次从公安、工商、新闻出版部门抽调骨干力量，组成联合整治小组，有领导、有组织、有计划、有目标地对全市文化市场进行拉网式检查，打击文化市场的不法经营行为，维护文化市场秩序。文化、公安、工商、电信等部门根据分工参与全市文化市场日常管理工作，从各自职能出发，对市场准入、日常监督、年度审核等环节严格把关，共同管理文化市场。在元旦、春节等重点节庆期间，开展文化市场安全生产督导检查。与中国联通长春市分公司和中国电信长春市分公司沟通，延长政府规定期限关停的文化企业网络租用期，免费对外宣传推广经营存在困难的民营演出场所。向社会公布服务热线和监督投诉电话号码，在全市文化经营场所摆放带有举报电话的监督举报牌，所有电子游戏厅门口悬挂“非国家法定节假日未成年人禁止入内”告示牌，所有网吧和歌舞厅全部悬挂“未成年人禁止入内”告示牌。全年接到举报近千件，均依法处置。

【净化艺术品市场环境专项整治行动】　市文广旅局开展全市净化艺术品市场环境专项整治行动，出动执法人员304人次，检查艺术品经营单位14家次，加强普法教育，处理经营手续不全、没有文化备案、艺术品界定不清、作品信息不规范等情况商户，规范艺术品市场经营秩序，严防艺术品流通及内容违规，加强属地各城区文旅部门艺术品市场规范管理。

【文旅市场普法宣传】　市文广旅局推进“边执法边普法”工作，出动执法人员652人次，检查文旅场所310家。其中，互联网上网服务营业场所98家、KTV53家、酒吧14家、电玩城12家、电影院33家、书店33家，发放宣传海报1040张。在全市开展“文旅行业诚信宣传周”活动，1000余家文旅企业参与诚信宣传。

【平安文化娱乐场所创建】　7月25日至29日，市文广旅局开展平安文化娱乐场所创建工作，考评验收图书馆、博物馆、网吧、游戏厅、歌舞厅、营业性演出场所等各类文化娱乐场所。经过考评，图书馆10家，达标10家，达标率100%；博物馆9家，达标8家，达标率89%；文化娱乐场所603家，达标354家，达标率59%。完成长春市平安文化娱乐场所创建工作阶段性目标。

（王　冠　韩　凯　王靖然）

卫生健康

WEISHENG JIANKANG

综　述

【医疗卫生资源】 2022年，长春市有医疗机构7862个（医院256个、基层医疗卫生机构7527个、专业公共卫生机构60个、其他卫生机构19个），床位6.17万张，人员109496人。全市三级医院36家（综合医院14家、中医院4家、专科医院18家），其中三级甲等医院15家（综合医院6家、中医院3家、专科医院6家）。每千人口床位数7.4张、执业医师数3.73人、注册护士数4.31人，在15个副省级城市中，分别位居第7、第8、第9。每万人口公共卫生人数5.26人、全科医生数1.61人，在15个副省级城市中，分别排第9名、第14名。

【健康长春行动】 2022年，长春市率先在全国提出“谁诊疗谁科普”理念，开展“健康中国行动知行大赛”等8项国家级、省市健康科普专业能力竞赛，获首届“健康中国行动知行大赛”全国第六名和最佳组织奖。启动新一轮“护蕾计划”，面向全市667所中小学校学生开展开学健康第一课和“控烟一课”。面向86家银龄健康教育实践基地，制作健康视频课程104期，提升老年人群健康知识普及率。以纪念爱国卫生运动70周年为契机，持续开展“文明健康、绿色环保”生活方式宣传、城乡人居环境整治、开展病媒生物防制集中消杀等活动。在全国爱卫会召开的会议上，长春市作开展“文明健康、绿色环保”生活方式活动经验介绍。组织全市1.6万余家企事业单位开展消毒清洁爱卫专项行动。推进无烟党政机关建设，评选出无烟示范单位74家。

7月12日，长春市代表吉林省参加首届“健康中国行动知行大赛”获全国第六名和最佳组织奖。图为颁奖现场　　（市卫健委　供图）

【卫生事业规划】 2022年，印发《长春市卫生健康“十四五”规划》和《长春市“十四五”医疗卫生服务体系规划》，加强规划实施组织领导，强化各级政府主体责任，推动将主要健康指标纳入各级政府考核指标，增强规划执行刚性约束。做好规划任务分解，加强规划实施监测评价，强化上下级规划衔接，建立对各地医疗卫生服务体系规划的论证机制，指导各地科学编制实施规划。

【医疗卫生服务】 2022年，长春市持续推进先诊疗后付费、大病专项救治、三级医院对口帮扶等工作，巩固拓展脱贫攻坚成果、实现同乡村振兴有效衔接。成立长春市平安医院建设工作小组，由分管副市长担任小组组长，政法委、公安、司法、民政、卫健等13部门为成员单位，建立联席会议制度，统筹推进全市平安医院建设工作。开展二级、三级公立医院绩效考核，加强血液采集保障临床用血需求，加强质控中心工作落实，完成培训或指导市级质控中心8家。

【公共卫生体系建设】 推进疾控体系改革，组建卫生应急队伍，建立医防协同机制，落实各级医疗机构疾病防控职责。全市设置疾病预防控制中心12家，规划建设项目13项。截至年末，完成投入使用建设项目3项，进行中建设项目10项。

【卫生健康科技项目】 推进省卫生健康委科技能力提升项目立项及结题工作，组织各相关单位结题验收23项，获批省卫健委科技能力提升项目23项，申报省卫生健康科技能力提升项目科技成果登记14项。

【重点专科建设】 推进长春市"十四五"医学重点专科建设工作，印发《关于申报长春市"十四五"医学重点专科建设项目的通知》，在全市开展长春市"十四五"医学重点专科建设项目评审工作。组织驻长春二级以上医疗机构（含民营医疗机构）36个单位的239个专科进行申报，经过评审，确定122个医学重点专科、28个特色专科。

（徐道君）

医药卫生体制改革

【分级诊疗制度完善】 推进市级儿科、妇产科、精神科、传染病四大专科技术联盟工作，探索建设紧密型县域医共体，开展综合监督检查专项整治，"1+1+N"家庭医生签约服务走深走实，国家基本药物制度落地见效，社会满意度不断提高。争取公立医院改革与高质量发展示范项目和北京安贞医院吉林医院、浙大妇产医院吉林医院2个国家区域医疗中心项目，省内居民享受国内最优质医疗服务，带动市级医疗机构快速发展。

【公立医院综合改革】 抓好三明医改经验在长春市学习运用，制定学习借鉴三明工作方案和施工图，部署20项具体改革任务，细化13个方面、32项具体监测指标，建立季度调度工作机制。持续推进现代医院管理制度试点工作，在原有5家国家级试点医院基础上，2022年新增省级试点医院8家，各试点医院均建立由医院主要领导牵头负责的领导小组，制定符合医院实际的试点工作方案。继续巩固"三医联动"（医保体制改革、卫生体制改革与药品流通体制改革联动）改革，2022年新增和修订医疗服务项目88项，首批7家医疗机构开始DRG（疾病诊断相关分组）实际付费，国家集中采购7批次292种药品、2类高值医用耗材和省际联盟集采3批次46种药品、6类高值耗材在长春市落地使用。

【基本药物制度落实】 做好药品使用监测数据采集，全市269家公立医疗机构YPID编码比对完成率100%。开展基本药物合理使用网络培训，全年培训临床医师、药师991人。落实短缺药品监测预警，直报并处理短缺药品37种。

【医联体工作】 城市医疗集团和专科联盟全年累计派驻医务人员35人次，诊疗777人次，教学查房23人次，疑难病例讨论14次，会诊10次，组织业务培训11次，累计培训1352人次，参与危重症抢救次数6次。

（徐道君）

疾病预防控制

【传染病防控】 加强流感/禽流感、不明原因肺炎、霍乱、手足口病、感染性腹泻病、肾综合征出血热等各类重点传染病监测工作，全市确定国家级流感监测哨点医院3家，分别为市儿童医院、市中心医院和吉大一院。市传染病报告信息管理系统网络直报覆盖率100%，451家开展传染病诊疗的医疗卫生机构全部具备直报条件，正常运行率99.33%。每季度采集长春市中心血站库存血清，进行乙肝、丙肝、艾滋病病毒（HIV）和梅毒4种疾病监测。

【结核病防治】 从重点人群防控、重点人群筛查入手落实各项防控措施，各项重点工作任务和目标基本完成，纳入治疗率超80%。开展涂片、培养、耐药分子技术筛查，落实率100%。

【艾滋病防治】 建立艾滋病转诊转治、监督服药、随访服务等制度，确定长春市传染病医院等6家定点医院、1家监管医院、1家病监大队，为患者提供专业化、个性化随访管理和免费抗病毒治疗。长春市疾控系统和公安部门合作，对长春市卖淫嫖娼、吸毒贩毒人员开展HIV（艾滋病病毒）抗体筛查工作。市区定点医院有2家医院（长春兴泰医院、长春万佳医院），外县有4家（农安县中医院、德惠市民心医院、公主岭市中心医院、榆树蓝兴医院有限公司），正常开展检测工作。加强重点人群干预，制作男男性行为人群规模估计和热力图，在聚集场所内重要位置布置宣传点96个，发放安全检测包581份。

【慢性非传染病疾病防治】 推进心血管、脑卒中等项目工作，完成2022年度脑卒中筛查任务，筛查高危人群1.2万人。推动完成心血管病高危人群早期筛查与综合干预项目，完成2021年度工作任务。持续做好肿瘤随访登记工作，督促辖区内具有诊断能力的医疗机构规范报告肿瘤登记信息。推进城市癌症早筛项目，2022年度完成初筛7000人。德惠市慢阻肺项目完成线上初步筛查，筛查5559人，筛查出高危人员788人。

【精神卫生管理】 按照《严重精神障碍管理治疗工作规范》，加强患者登记报告，加大筛查力度。全市报告患病率4.43‰，在册患者管理率96.50%，规范管理率92.89%，面访率93.57%，在册患者服药率95.21%，规律服药率87.19%。组织召开全市严重精神障碍会议，做好严重精神障碍患者治疗工作。定期与公安部门进行严重精神障碍患者数据交换，确保不失管、不漏管。委托长春市第六医院协助市公安部门开展严重精神障碍患者判定、心理疏导等方面培训，取得良好效果。

【地方病防治】 2022年，长春市组织各县区开展视频会议1次、线下会议1次，下发布病和地方病相关监测任务及工作方案。布病监测工作完成率100%，累计发病率1.13/10万，比2021年下降18.4%，近5年均处于低水平。克山病、大骨节病、碘缺乏、氟中毒持续保持控制和消除状态。

（徐道君）

基层医疗卫生

【居民电子健康档案】 推进居民健康档案向个人开放，试点地区朝阳区、双阳区根据省级档案开放相关文件要求，利用多种途径以重点人群为切入点，推进健康档案向个人开放，绿园区取消纸质档案。2022年，长春市新建档案38.7万份，电子健康档案建档率83.49%，开放档案657.7万份，开放率68.1%。

【县域医共体建设】 出台《长春市全面推进紧密型县域医疗卫生服务共同体建设指导意见》，成立医共体领导小组，明确工作职责，强化部门协调，完善政策保障，推动医共体建设。指导试点地区农安县和双阳区建立医共体统筹协调与分工协作机制，推动两地医共体建设稳步前进，地县域就诊率年分别提高2个百分点和9个百分点。

【家庭医生签约服务】 通过上门、电话等多种方式开展慢病随访、健康宣教等健康管理服务。全市常住服务人口签约服务覆盖率50%，重点人群签约服务覆盖率80.3%。利用吉林教育广播《营商零距离》节目，向全市人民在线直播推介家庭医生签约服务，现场接听市民热线电话，提高家庭医生签约服务知晓率。2022年，利用智能外呼系统提高家庭医生签约服务效率，全市106家基层医疗卫生机构使用智医助理辅助诊断系统和外呼电话机器人累计外呼服务582.9万人次。

【国家基本公共卫生服务】 长春市卫生健康委员会（简称市卫健委）与市财政局联合印发《关于长春市2021年度国家基本公共卫生服务项目考核情况的通报》，根据考核结果印发通报，督促各县（市）区针对考核问题列表精准整改。印发《长春市2022年度基本公共卫生服务项目实施方案》，明确重点工作任务指标、补助资金分配标准。

【基层医疗卫生服务】 持续优化社区卫生服务机构布局，打造“15分钟医疗卫生服务圈”。2022年，长春新区、经开区和绿园区根据辖区新型城镇化建设、人口分布、地理条件、服务半径等因素，以“查缺补漏”方式，通过改址新建、引入社会力量等形式，新增10家社区卫生服务中心，为开展精细化基本公共卫生服务和家庭医生签约服务奠定基础。印发《2022年长春市基层卫生健康工作要点》《关于进一步加强全市基层卫生服务体系建设的通知》，建立77位市级及县区级卫健部门领导班子成员对接91家基层医疗卫生机构联系点制度，推动医疗卫生工作重心下移、资源下沉。申报推荐标准机构6家，申报社区医院4家，其他已达标机构按照新标准开展“回头看”，利用三年时间对照新标准逐步达标。（徐道君）

9月21日，榆树市卫健局组织华昌、城郊等多个社区卫生服务中心医务人员深入居民小区开展家庭医生签约服务义诊活动（市卫健委 供图）

妇幼保健

【概况】 2022年，克服新冠疫情影响，如期完成全市增补叶酸、预防艾滋病、梅毒和乙肝母婴阻断、妇女“两癌”（乳腺癌和宫颈癌）检查、0～6岁儿童眼保健及视力检查等任务。全市孕产妇死亡率、婴儿死亡率继续低于国家、省级指标。全市婚检率比2021年上升6个百分点。

【生育服务管理】 实施免费婚前医学检查、孕前优生健康检查和增补叶酸预防神经管缺陷项目。持续开展免费产前筛查工作，加强对基层社区卫生服务中心、乡镇卫生院、助产机构及筛查机构的培训督导。1月至6月，在遗传代谢病筛查中，筛查新生儿21387例，筛查率99.81%，确诊高苯丙氨酸血症4人，先天性甲状腺功能减低症9人。筛查新生儿听力21263例，筛查率为99.23%，听力损失确诊人数52人。全市孕产妇艾滋病、梅毒和乙肝检测率均为100%，乙肝表面抗原阳性产妇所分娩活产数为561人，注射乙肝免疫球蛋白儿童数所占比例100%。

【母婴安全管理】 实施《母婴安全行动提升计划（2021—2025年）》和《健康儿童行动提升计划（2021—2025年）》，落实母婴安全五项制度。转发省里1月至8月孕产妇死亡评审情况通报，警示各地区各单位汲取教训，抓好孕产妇安全管理工作，有效遏制孕产妇死亡。全市孕产妇死亡率、婴儿死亡率和五岁以下儿童死亡率等核心指标均低于省指标要求。

【母婴室建设】 多元共建母婴设施，建立“行业主导、部门协作、社会参与、齐抓共建”机制，高标准完成34个母婴室建设任务。实现现行标准下母婴设施全覆盖，为全市妇女和儿童提供更加温馨、舒适的私密环境。

【“绿色通道”签约医院】 协调市儿童医院承接0～6岁儿童视力异常转诊工作，为眼部及视力异常的0～6岁儿童开通转诊绿色通道，专家出诊，免收挂号费，将0～6岁儿童眼保健和视力检查转诊工作“落地落实”，得到基层妇幼机构、社区医疗卫生机构以及患儿家长好评。

【贫困妇女“两癌”筛查】 重点做好“两癌”（乳腺癌、宫颈癌）检查业务指导工作、开展业务培训、确定妇女“两癌”检查及转诊、确诊机构、检查质量监督控制及管理相关信息等工作。截至年末，检查5976人，完成率100%。

【生育服务工作专项整治】 落实生育服务两项奖扶清查、奖扶对象资格确认工作，连续5年对照社保、医保、残联的残疾等级和殡葬名单，对全市两项奖扶对象进行比对清查，清查出不符合政策、死亡未及时退出、享受城镇低保等情况235人，确保政策公允性。2022年，经村、乡、县、市四级申报、审核、审批并录入国家奖扶平台确认的奖扶对象17.82万人。加强关怀关爱，发放慰问金、慰问品，折合人民币468.79万元。

【儿童保健管理】 做好0～6岁儿童健康管理，外派专家参与全市17个地区的基本公共卫生服务（0～6岁儿童健康管理）工作督导考核。了解长春市5岁以下儿童死亡情况，找出影响儿童死亡主要因素，制定干预措施，降低儿童死亡率，及时完成5岁以下儿童死亡评审工作。落实复产复工复学要求，加强对托育托幼机构卫生保健工作监督检查，提高托育托幼机构卫生保健工作质量和服务水平。对新开设托育托幼机构进行《卫生评价》市级复核，全年指导60余次，验收合格50家（含托育机构2家）。

【出生医学证明管理】 2022年，市卫健委与民政、公安等部门共同推进无户籍未成年人户口登记工作。通过线上抽查形式，对6个县区保健管理机构和辖区12家助产机构进行质控督导，反馈全市出生医学证明工作存在的问题并给予相应指导。做好出生新生儿出生医学证明签发工作。全年签发出生医学证明2.18万份，废证率0.1%，审核处理疑难问题50余件，满意率100%。（徐道君）

7月8日，双阳区政府妇儿工委办、区卫健局、区妇联联合召开2022年双阳区低保、特困供养家庭适龄妇女“两癌”检查启动暨培训会 （市卫健委 供图）

职业卫生

【职业健康宣传培训】 2022年，全市开展线上线下主题演讲40余场（次）、健康咨询活动141次、警示教育活动 64次，印发宣传材料万余份，30余家专业医疗和技术机构参与宣传活动，宣传受众8.3万人次，通过“长春职业健康”微信公众号面向全市用人单位、劳动者开展职业健康宣传，发送新闻37条，阅读量5000余次。组织开展职业健康进企业、进学校、进乡村、进社区、进机构，发放职业健康宣传手册200余份，开展职业健康知识讲座5次。

【职业卫生监督执法】 2022年，印发《关于做好2022年职业卫生随机监督检查的通知》，开展相关执法工作，完成337家用人单位“双随机、一公开”监督检查任务，执法监督信息平台录入235家，责令整改83家，警告12家。

【重点职业病危害因素监测】 2022年，全市备案合格25家职业健康体检机构，开展职业健康检查65465人次，比2021年有所下降。完成职业性尘肺病患者随访调查1054人。2022年，由双阳区、净月区、长春新区、汽开区承担尘肺病主动监测任务，完成1400名接尘劳动者和200名接苯劳动者主动监测任务。

【职业性放射性疾病监测】 2022年，长春市对286家放射诊疗机构、50家非医疗用人单位进行医用辐射防护监测调查，对8家放射诊疗机构开展医用辐射防护监测，对10家含核医学项目的医疗机构开展放射性疾病调查。

【工作场所职业病危害因素监测】 2022年，全市有工作场所职业病危害因素监测企业335家。其中，309家通过政府购买服务的方式由第三方技术服务机构承担，26家由市职业危害检测检验中心进行危害因素检测。排查全部335家用人单位，107家符合监测要求企业完成监测任务。市职业危害检测检验中心开展全市监测技术人员培训1次，培训监测技术人员80名，组织中心技术人员开展26户用人单位工作场所职业病危害监测工作，完成全部335家工作场所职业病危害监测质量控制。

【放射性危害因素监测】 2022年，在职业性放射性疾病监测项目中，对8家监测医院展开重点监测，收集基本情况和放射工作人员职业健康管理情况，对10家含核医学项目的医疗机构开展放射性疾病调查，对36名过量受照人员展开随访，调查全市放射诊疗机构职业健康管理情况，统计省职防院、美吉体检中心、长春市二院和安泰体检中心四家职业健康机构基本情况和体检情况，收集省职防院职业性放射性疾病诊断机构基本情况，收集全市开展双剂量计监测工作人员监测数据。在非医疗机构放射工作单位监测中，对50家非医疗用人单位进行医用辐射防护监测调查，现场监测11家用人单位，监测对象种类涵盖核仪表、工业探伤、行包检测仪、加速器和γ辐照装置。

【重点行业职业病专项治理】 2022年度确定的专项治理范围以存在粉尘、化学毒物、噪声、放射性职业病危害且单位总人数10人以上用人单位为主，包括岗位浓（强）度超标的，未申报、未开展定期检测的，存在放射性因素的非医疗机构，其他原因应纳入治理的单位。专项治理分3年完成，2022年完成专项治理对象确认，系统内国家推送20012家，完成审核3364家，待审核确认16646家，其中农安县、朝阳区、德惠市、九台区、宽城区进度较快。

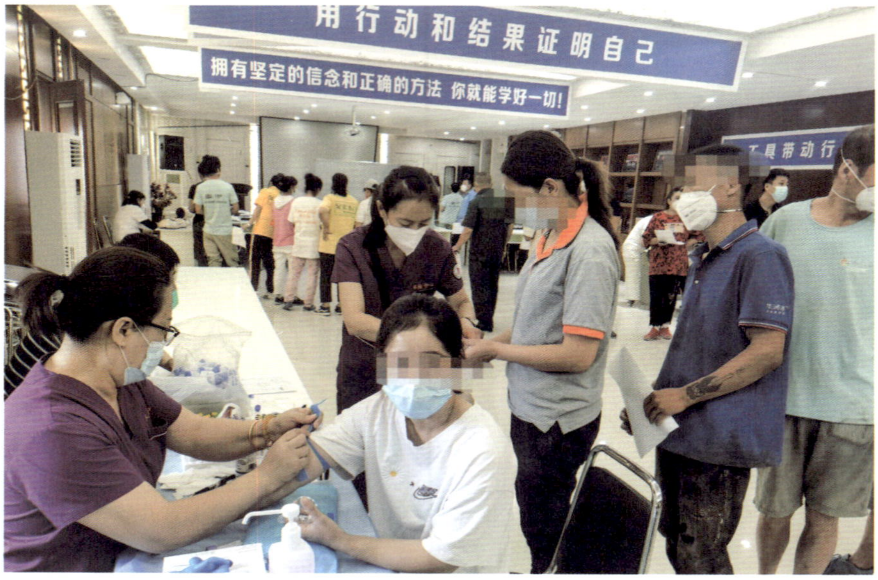

8月10日起，长春市第二医院体检中心开展各种接尘作业工人进行尘肺病主动监测工作（市卫健委 供图）

【职业健康技术支撑体系建设】 2022年，印发加强全市职业病防治技术支撑体系建设的指导意见，全市基本形成事业单位和社会力量互补的市—县—乡镇三级职业病监测评估、职业病诊断和治疗技术支撑体系。（徐道君）

老年健康

【老年人基本健康服务】 2022年，长春市推进实施老年人健康管理项目，组织业务培训和督导考核，全年完成65岁及以上老年人城乡社区规范健康管理服务52.72万人。组织实施老年健康与医养结合服务管理试点项目，37家基层医疗卫生机构开展医养结合与失能老人评估及康复护理指导工作，培训基层医养结合人才近500人。

【老年人心理关爱】 2022年，长春市组建老年人心理关爱专项行动多部门协调小组，印发《长春市老年人心理关爱专项行动实施方案（2022—2025年）》。在18个国家老年人心理关爱项目试点和36个开展“关注记忆 关爱老人”养老机构基础上，新增经开区北海社区和榆树市永利村为国家级项目点，开展“关爱不缺位 温暖夕阳心”主题心理关爱活动，实现试点社区老年人心理健康状况筛查覆盖率98%，重点人群干预率和随访率100%。在未开展老年人心理关爱项目的7个县（市）区、军休中心和相关养老机构遴选项目点。以市第六医院为项目执行单位，开展能力建设培训、心理健康评估和宣传、心理健康干预和转诊推荐，建立标准化“银龄心理关爱驿站”，开发老年心理关爱适宜技术服务包，组建老年心理学科社会组织及志愿者（社会工作者）服务队伍，改善老年人心理健康状况，构建老年人心理关爱服务网络。组织市、区二级心理关爱行动试点相关人员参加国家卫生健康委老龄健康司举办的老年心理关爱行动线上培训班，完成规定学习内容，通过培训考核。

1月24日，长春市职业危害检测检验中心联合吉林省职业病防治院、长春新区卫健局开展职业健康保护行动——公益助企“职业健康培训”（市卫健委 供图）

【“老年健康宣传周”活动】 印发《关于组织开展2022年老年健康宣传周活动的通知》，在7月25日至31日期间，以“改善老年营养 促进老年健康”为主题，在全市开展2022年老年健康宣传周活动。组织全市同上一堂老年营养健康线上直播课活动。录制《牙龈萎缩惹的祸》《吃出健康》等健康视频课，在吉视传媒、长春全民学习网等渠道播放，受益人数超过500万人。在“长春e健康”微信公众号设立“长春市老年健康宣传周”专栏，发布9篇科普文章，宣传老年健康政策和老年病防治知识。通过媒体宣传、张贴海报、展板展示、点亮电子屏、播放视频等形式，向老年人宣传老年健康政策和老年营养健康科普知识，制作、发放宣传资料11万份，张贴海报425份。各级医疗卫生服务机构、银龄健康基地和老年友好社区联合开展老年营养宣教活动31次，提高社会各界对老年人营养健康关注度。

【安宁疗护试点】 2022年，引领全市有条件的医疗机构开展安宁疗护服务，扩大安宁疗护服务供给。推动将居家和机构安宁疗护服务费用逐步纳入医疗保障服务范畴，提高安宁疗护服务供给能力和发展服务可持续性。截至年末，长春市设置临终关怀科的医疗机构和安宁疗护中心51家，建有安宁疗护床位692张，医护人员500人，其中开通舒缓照顾医保定点机构26家。

（徐道君）

健康促进

【概况】 2022年，长春市开展爱国卫生运动，推进健康促进行动，开展城乡环境综合整治，创建文明健康绿色环保生活方式，巩固卫生城镇创建成果，推动全社会无烟环境建设，组织市直相关部门开展年健康城市评价工作，做好病媒生物预防控制，指导各县（市）区、开发区完成城乡饮用水水质监测，利用各类媒体开展营养健康知识科普，总受益人数超过300万人。

【城乡环境卫生综合整治】 2022年，全市组织1.6万余家企事业单位开展卫生大扫除，清理积存垃圾杂物80吨，消除卫生死角1.64万余处。清理居民小区637个，清扫巷道900余条，清除清运各类垃圾9400余吨。清洗清刷街路1408条，清理2800余条绿化带白色垃圾，清洁擦拭果皮箱2.16万个、城市宣传牌6750处，清洁公共厕所7080座、生活垃圾转运站1440座。

【健康促进行动】 开展居民健康素养监测项目，对南关区、二道区、经开区、公主岭市监测点开展统一培训、统一部署、统一质控，不定期调度，累计入户1920家，完成调查问卷2884份。开展“千村健康教育示范+”项目，制定三年工作计划，公共卫生服务覆盖村202家，推荐绿园区合心镇永跃村卫生室为年内长春市首个获得百份健康宣传品资助的创建示范村。绿园区、农安县通过国家级健康促进县（区）技术评估，农安县入选2021年度国家级健康促进县区典型案例，工作经验进行全国推广。推进宽城区、公主岭市健康促进县（区）建设，细化指标，强化指导，优化制度，解决困难，推进“健康入万策”（将健康融入所有政策）。开展健康促进医院，试行将医护健康科普工作与绩效挂钩，通过调度会、方案论证、工作自评、督导检查4种方式建立医院长效健康科普机制。市妇产医院、市中医院、市人民医院完成基础性指标并实现特色指标创建，对行业起到示范和引领作用。围绕机关、社区、学校、医院、企业、公共交通工具等7类主要、重点健康促进场所，开展线上健康巡讲，海报巡展67次。

【卫生城市创建成果巩固】 2022年，结合新修订的《国家卫生城市标准》，印发《长春市巩固提升国家卫生城市创建成果工作方案》，发放《国家卫生城市标准》手册1200本。组织市直相关部门对照新标准开展达标自评，定期对爱国卫生及巩固国家卫生城市工作进行暗访检查并下发检查通报。

【无烟环境建设】 2022年，长春市印发《关于开展第35个世界无烟日活动方案》，部署开展世界无烟日宣传活动。拍摄《戒烟——长春医者先行活动》宣传视频，利用微信公众号等新媒体进行展播，发布“拒绝烟草 守护美丽健康长春”原创控烟宣传海报7幅，推送“烟草威胁环境”世界无烟日主题海报，营造全社会参与控烟戒烟宣传氛围。推进无烟党政机关建设，评选无烟示范单位74家，收集示范单位经验交流材料在爱卫微信公众平台作专题报道，推动全社会无烟环境建设。

【健康城市评价】 2022年，长春市组织市直相关部门开展2021年健康城市评价工作，按照全国健康城市评价指标体系填报全国健康城市评价数据报表。探索开展健康影响评价评估，印发《长春市健康影响评价制度建设试点实施方案（试行）》，完成2个公共政策和1个重大工程项目试点评价评估。

【病媒生物预防控制】 2022年，印发《关于开展病媒生物密度控制水平定期监测的通知》，以街道为单位开展病媒生物密度控制水平监测，完成街道“四害”（苍蝇、蚊子、老鼠、蟑螂）密度监测工作。其中，蚊、蝇监测4次，鼠、蟑监测2次。开展病媒防制进社区宣传和2022年秋季统一灭鼠行动。落实鼠疫防治项目，在农安县、公主岭市各设2个流动监测点，完善市、县、乡三级鼠疫监测网络。

【饮用水卫生监测】 印发《长春市城乡饮用水水质监测工作方案（2022年版）》，市疾控中心开展2022年全市饮用水水质监测技术培训。全年指导各县（市）区、开发区完成城乡饮用水水质监测942件。市本级及各县区每季度公示辖区饮用水水质监测信息。开展水质放射性指标检测，在城乡地区各选择5个监测点开展水质放射性指标监测，检测水样15件，同时收集监测地区供水类型、监测点基本信息。将长春市城区5个市政供水水厂和2家自建设施供水单位设为监测点。按照《生活饮用水卫生标准》（GB 5749—2022）开展93项指标监测，检测水样14份。

【公共场所健康危害因素监测】 印发《长春市公共场所健康危害因素监测实施方案（2022年版）》，完成全市50家宾馆（酒店）、商场（超市）、洗浴、游泳馆、美容院、健身房、理发店、候车室等8类公共场所基本情况调查。根据方案要求，每家场所随机抽取10名工龄1年以上从业人员开展健康状况调查，全市完成健康状况调查问卷460人

8月29日，长春新区超越街道组织社区开展消灭“四害”保健康宣传活动
（市卫健委　供图）

份。现场检测公共场所部分环境指标，采集相应环境样品，开展室内环境健康危害因素实验室检测，完成现场监测数据789条。

【空气污染对人群健康影响监测】完成2022年度长春市9个国控环境空气质量监测站点3285条逐日环境空气质量监测资料收集，审核数据32850个；完成2022年度长春市365条逐日气象资料收集，审核数据5110个；完成2022年度长春市逐月及全年风玫瑰图收集，审核图片13张；完成2022年度长春市2个监测点全年$PM_{2.5}$采样、质量浓度测定和成分分析，采集滤膜样品459件，采样天数162天，审核数据7938个；完成2022年度长春市全年93172条急救中心接诊个案资料收集，审核数据745376个；完成2022年度长春市8家综合医院、1家儿童医院、2家社区卫生服务中心全年逐日门诊资料收集，审核数据68255个；完成2022年度长春市4家综合医院全年43161条住院病案首页个案资料收集，审核数据10万余个；完成2022年度长春市2个监测点小学生健康调查，落实质量控制，获得并审核A卷449份、B卷1266份、C卷421份。所有监测数据均按时上报国家疾控中心，为国家制定相关政策提供科学依据。

【学校卫生监测】2022年，长春市首次实现学生近视、龋齿、脊弯异常、超重肥胖等学生常见病及学校教学环境卫生监测16个县区全覆盖。完成2022年度学生常见病和健康影响因素监测工作任务，监测各类学校包括幼儿园、小学、初中、高中、职高和大学157所，监测学生40881人，监测教室588间，完成中小学校卫生工作开展情况、学生健康状况及影响因素、视力不良和脊弯异常专项调查等各类调查问卷9.6万余份。

【营养健康推进】全年录制《金牌医生》《慧养生会健康》110期。结合“三月”“五周”“七日”等重点卫生日（周、月），围绕传染病、慢性病、心理疾病、呼吸系统疾病等重点病种，通过微博、LED显示屏、电视终端等发布原创科普音、视频，倡导健康生活方式和做自己健康第一责任人理念。印发《中国居民膳食指南（2022）》科普手册、《儿童青少年膳食营养海报》8000套，利用融媒体进行科普知识直播、点播，总受益人数超300万人。

【健康生活方式引领】2022年，开展“健康长春人”短视频大赛结果评选，征集到快板、情景剧、歌曲等短视频作品357个，评选出获奖作品21个。利用爱卫微信平台开展宣传，结合纪念爱国卫生运动70周年和抗击新冠疫情，策划推出《爱卫70年》《爱卫在行动》《防疫有我 爱卫同行》等专栏，发文217篇、总阅读量78.34万余次。围绕爱卫70周年开展爱卫“答”人知识大赛，策划10期爱卫“答”人网络答题活动。利用微信平台组织开展“文明健康 绿色环保”长春健康“答”人线上有奖问答活动，20592人参加比赛。开展第四届“长春爱卫小卫士”少儿绘画大赛，征集少儿绘画作品万余幅，经前期筛选有6500余幅作品进入中期评选，1045幅作品进入总决赛，最终评选出“爱卫小卫士”90名。（徐道君）

卫生监督

【概况】2022年，长春市有卫生监督机构15个，市级卫生监督机构1个，县（区）级14个。年内，调整长春市医疗卫生行业综合监管领导小组成员，制定《长春市打击医疗乱象专项治理行动方案》，检查各级各类医疗机构5650余家，出动监督人员1.13万人次，出动执法车辆5600车次，下达卫生监督意见书3000余份。查处违法违规案件77起，处罚医疗机构60个，处罚个人11人。开展联合抽检活动，随机抽取5家住宿场所与19家医疗机构，涉及公安、市监、税务等11个部门70个检查事项，组织50余名检查人员于11月30日前完成全年跨部门双随机工作。配合其他部门开展全市跨部门双随机工作，全年配合完成26项任务。

【卫生监督日常管理】2022年，长春市承接国家双随机任务1269件，完成1095件，关闭174件，监督完成率94.17%，任务完成率86.29%，任务完结率100%。全市各级卫生监督机构出动卫生监督员3.37万人次，出动车辆1.23万车次，监督检查各类场所6.87万家次，督导整改相关问题2.69万件，下达卫生监督意见书2.18万份。

【医疗废物监督管理】2022年，长春市建立医疗机构依法执业自查工作制度，定期组织开展全面自查、专项自查和日常自查，及时整改自查中发现违法执业行为。将医疗废物监管纳入医疗

8月19日，"纪念爱国卫生运动70周年"2022年第四届"长春爱卫小卫士"少儿绘画大赛总决赛在长春医学高等专科学校图书馆举行　（市卫健委　供图）

机构卫生监督随机抽查项目，市卫健委市场监管局对19家随机抽中的市本级监管医疗机构的医疗废物分类、收集、贮存、登记和交接等管理进行督导检查，没有发现违法违规行为。对定点医疗机构、全市便民志愿服务站点和重点场所医疗废物处置等疫情防控落实情况开展巡回式卫生监督检查。9月至10月，长春市派出卫生监督督导组60个，检查各类单位、场所33314个，发现问题11644个。针对发现的问题监督人员现场下达卫生监督意见书，要求其立即整改，并责成属地卫生监督人员适时开展回头看监督检查。

【食品安全监管】　印发《2022年长春市食品安全风险监测实施方案》，结合疫情防控形势，开展业务指导1次。全年采集和检测食品中化学污染物及有害因素常规监测样品130件，获得监测数据3000条，样品相应监测项目均无超标结果。采集和检测食品中微生物及其致病因子监测样品150件，获得监测数据558条。根据食品安全风险会商机制要求，将存在风险隐患的检测结果及时函告市市场监督管理局1次。落实食源性疾病监测任务，长春市有264家医疗机构承担常规监测任务，其中包括4家特定病原体主动监测医疗机构。各监测医院通过"食源性疾病病例监测报告系统"上报2846例食源性疾病病例，其中主动监测病例888例；采集样本1090份，送检11份致病菌复核样品。通过"食品安全标准网"备案平台，全市初审食品企业标准网络备案约2333次。

【病原微生物实验室生物安全管理】　2022年，长春市加大实验室监管力度，采取全面覆盖与重点检查相结合方式，每个季度组织一次病原微生物实验室督导检查。第一季度组织433家备案单位1094个病原微生物实验室开展病原微生物实验室自查工作，现场查看68家单位145个实验室。第二季度组织448家备案单位1117个病原微生物实验室开展自查，现场检查153家单位286个实验室。第三季度组织448家备案单位1119个病原微生物实验室开展自查，现场检查272个实验室。第四季度组织461家备案单位1157个病原微生物实验室开展自查，现场检查实现全覆盖。

【高致病性病原微生物菌（毒）种或样本运输证办理】　2022年，长春市加强医院病人及重点人群检测样本包装、运送、接收过程生物安全管理，做好准运证办理材料工作并及时上报省审批办，完成准运证审核工作，办理准运证441件，其中新型冠状病毒准运证349件，包括吉大一院新型冠状病毒科研用运输准运证。

【专项整治活动】　2022年，长春市开展医养结合机构医疗诈骗违法行为专项整治，检查医养结合机构51家，出动卫生监督人员78人次，出动检查车辆31台次，下达卫生监督意见书48份，未发现医疗诈骗等违法违规行为。开展婚宴场所疫情防控落实卫生监督专项检查，出动车辆85车次，人员243人次，摸排检查大中型婚宴场所152家，下发卫生监督意见书64份。开展打击非法医疗美容专项整治行动，监督检查医疗美容机构186家、综合医疗机构34家，出动监督人员486人次，车辆220车次，下达卫生监督意见书186份，责令整改58家，立案8起，暂停执业活动2起，吊销执业许可1起；监督检查生活美容场所1363家、其他场所36家，出动监督人员3582人次，车辆1641车次，下达卫生监督意见书700余份，责令整改58家，停业整顿1起，立案4起。　（徐道君）

卫生应急

【突发事件处置】　修订《长春市2022年中高考卫生安全应急预案》，制定《长春市高温中暑处置应急预案》。针对交通事故、火灾、中毒及坠楼等突发事件，投入15台急救车，83名工作人员参与救援工作，执行任务19台次，转运20人，均在第一时间得到有效处置。全年落实市政府领导签批文件23件，市政府在值班报告中通报表彰首报突发事件32起，指挥调度"120"急救中心处理突发事件260余起，抢救伤者265人次，所有突发事件均在规定时间内得到合理处置，报告及时率100%。

【卫生应急队伍建设】　2022年，长春市建立突发事件卫生应急处置组织机构，成立相应应急反应专业处理机制，下发《关于修订长春市卫健委突发公共卫生事件应急处置组织机构的通知》，更新医疗、疾控、监督卫生应急专家库，重新完善长春市传染病应急处置机动队、长春市食物中毒事件应急处置机动队、长春市水污染事件应急处置机动队、长春市职业中毒、放射事故应急处置机动队、长春市医疗救护应急机动队，重点加强自然灾害、交通事故等群体性事件的紧急医学救援，定期开展风险评估分析工作。

【卫生应急培训演练】 长春市每季度定期开展疫情防控演练。以新冠疫情为背景，以防范重大传染病为主线，有计划开展培训和演练，根据任务不同，演练前反复修订培训演练方案、脚本制定等工作，演练过程中严格遵守疫情防控及各项安全管理规定。配合市应急局等部门开展3次应急演练。

【卫生应急物资储备】 制订《长春市医疗卫生机构应急物资储备方案及计划》，指导各地、各单位加强应急物资储备体系建设，满足30天应对突发疫情需要，形成覆盖各类突发公共卫生事件的应急物资保障和储备体系。（徐道君）

中医药事业

【概况】 2022年，全市二级以上公立中医医院12家。其中，三级中医医院4家，包括长春中医药大学附属第一医院、第三医院、吉林省中医药科学院第一临床医院、长春市中医院；二级公立中医医院8家，实现县域全覆盖。民营中医（中西医结合）医院46家、中医门诊部175家、中医诊所1122家。全市中医类别执业助理医师5411人，中医医院床位数8684张，其中公立中医医院床位数6235张。长春市中医院一院三址，总建筑面积7.4万平方米，总占地面积4.6万平方米，医院开放床位数1250张。

【管理制度改革】 2022年，出台《长春市建立现代医院管理制度实施方案》，成立政府分管领导任主任的市属公立医院管理委员会，统筹履行政府办医职能。完善医院管理制度，市中医院实行党委领导下的院长负责制，落实医院经营管理自主权。二级以上公立中医医院章程制定完成率100%。市中医院作为全国现代医院管理制度和吉林省薪酬制度改革“双试点”单位，完成和谐建院、管理治院、文化树院、特色立院、人才强院、科技兴院六个方面建设目标。

【中医药健康管理】 2022年，按照国家基本公共卫生服务中医药服务项目要求，基层卫生服务机构开展65岁及以上老年人中医药体质辨识与调摄、0～36月龄儿童中医药健康管理服务工作。老年人和儿童中医药健康管理率分别为62.98%和82.63%。

【基层中医药服务】 2022年，以市中医院为龙头，成立86家医疗机构组成的中医医联体。建设远程会诊、教育培训、影像诊断、检验检测、病人转运“五个中心”，帮助下级医疗机构实现“六个一”和“六共享”，即“引进一项新技术、推广一项中医特色疗法、建设一个重点专科、培养一支人才队伍、解决一个管理难点问题、提升一个业务管理能力”和“临床共享、专家共享、科研共享、教学共享、信息共享、管理共享”。完成“助推基层、协同发展、资源下沉、合作共赢”既定目标。市中医院与公主岭市中医院探索建立集团化管理模式，在有资产归属不变、独立法人地位不变、医院公益性质不变、独立自主行使管理职能不变前提下，市中医院输出品牌、管理、文化、技术、服务，帮助打造医院品牌、提升管理水平、提高医疗技术、塑造医院文化、加强优质服务、加快人才培养，取得显著效果。2022年，公主岭市中医院总诊疗人次比2021年增长75%，业务收入比2021年增长61%，其中中药饮片收入增长44%。

【中医医院建设】 2022年，市中医院争取到1.25亿元重点中医院建设项目，对医院进行升级改造。3家二级公立中医医院完成异地新建。其中，九台区中医院投入经费2.57亿元，占地面积5.63万平方米，建筑面积3.64万平方米，编制床位450张；农安县中医院投入经费1.2亿元，占地面积3.2万平方米，建筑面积1.99万平方米，编制床位264张；公主岭市中医院占地面积1.85万平方米，建筑面积3.45万平方米，开放床位365张，固定资产总值3.2亿元。其他各县（市）区建设自主产权、现代化的中医综合医院，实现从解决自我供给到飞速发展转变。

【中医药人才培养】 2022年，市中医院赵继福被评为全国名中医，传承与发扬赵继福全国名老中医专家学术经验被列入市委、市政府“四个服务”重要内容。举办赵继福名老中医专家学术经验传承培训班，全年4批学员73人毕业。做好传统医学跟师学习备案工作，完成132人备案和171人出师资格初审工作，其中70人通过出师考试。

【中医药健康文化知识普及】 制定《长春市2022年中医药健康文化传播

1月16日，公主岭市中医院举行揭牌仪式，庆祝新院区启用暨加入长春市中医院医疗集团（市卫健委 供图）

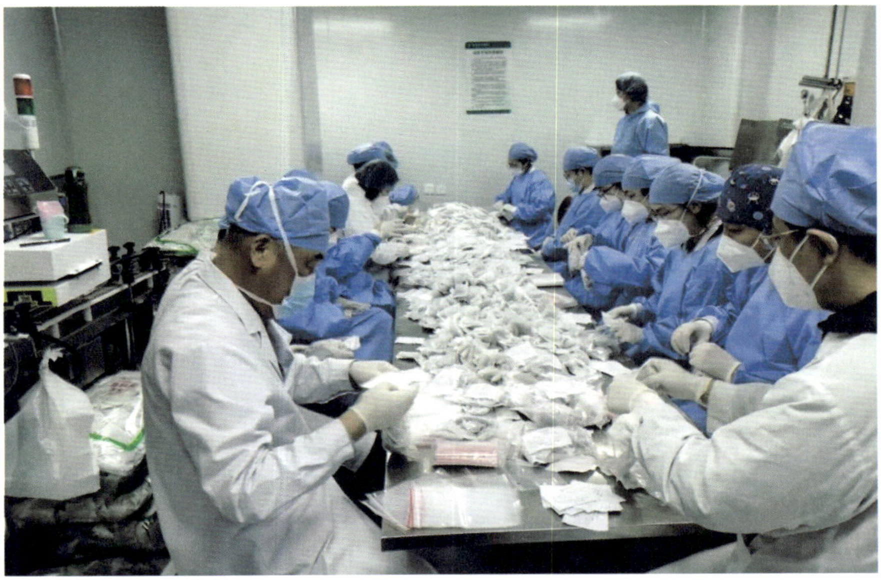

3月1日起，长春市中医院平阳部的中医制剂车间加急生产扶正固表口服液、加味双黄连口服液、扶正代茶饮等中药制剂　（市卫健委　供图）

行动实施方案》，实施中医药文化弘扬工程和健康中国中医药专项行动。建设中医药健康文化知识角5个。在4所中小学开展中医药健康文化进校园活动。利用新媒体工具，开发微信表情包，建设虚拟中医体验馆，在学校设置数字化体检设备，制作发布短视频，传播中医药知识。

【中医药科研】　2022年，组织申报中医药科研课题16个，中（朝）医标准化课题立项2个。完成2021年科研课题结题18个。组织专家对申报和结题课题提前进行指导，修改完善，保证课题质量。（徐道君）

医政药政管理

【公共卫生人才培养】　开展2022年吉林大学、哈尔滨医科大学、中国医科大学3所高校专项招聘工作，为高层次应届毕业生提供绿色通道，完成27名应届毕业生录用工作；完成2022年所属15家事业单位面向社会公开招聘282名工作人员用编批复、岗位设置及公告发布后资格初审、体检等工作。制定《长春市2022年基层卫生人才能力提升培训项目乡村医生培训实施方案》，全市完成140名乡村医生、68名社区卫生服务中心骨干人员、22名骨干全科医生培训任务。开展“乡村医生”“全科医生”“透析医生”“重症救治”等专项培训，培训数千人次，提升服务能力。

【医师资格考试】　6月13日至26日，全市有临床、中医、口腔、公卫类别及乡村全科执业助理医师7476名考生参加实践技能考试。8月19日至21日，全市有临床、中医、口腔、公卫类别及乡村全科执业助理医师6432名考生参加计算机化考试。11月，完成医师资格考试工作。

【医学继续教育】　2022年，继续医学教育15429人。设定2022年长春市继续教育全员培训课题（公需课）8项、工勤人员公需课8项。申报2023年国家级继续医学教育项目1项。申报2022年省级继续医学教育项目，获批11项。申报2022年中医类国家级项目4项，获批2项。申报2022年中医类省级继续教育项目，获批11项。结合疫情防控形势，2022年继续医学教育学时减少到65学时，各医疗机构可不举办线下活动。全年开展市级继续教育项目申报9项。其中，医疗8项，护理1项。

【平安医院建设】　2022年，组织申报中医药科研课题16个，中（朝）医标准化课题立项2个。完成2021年科研课题结题18个。成立分管副市长担任组长的长春市平安医院建设工作小组，建立联席会议制度，统筹推进全市平安医院建设工作。加强市、县两级综治中心矛盾纠纷调处化解平台与公安、卫健、司法等部门以及医疗机构协作配合，建立信息共享、预警机制，畅通医疗纠纷多元化解渠道。通过市医调委平台化解4例，引导进入司法途径8例。推进二级以上医院安防体系建设工作，全市5家1000张及以上床位大型公立医院安防系

7月20日，人力资源和社会保障部、国家卫生健康委、国家中医药管理局以电视电话会议形式举行国医大师、全国名中医表彰大会，长春市中医院教授赵继福获评第二届“全国名中医”　（市卫健委　供图）

统完成达标建设。

【医疗卫生系统纠风】 2022年，长春市开展医疗卫生系统行业作风整顿，通过开展教育与自查，采取层层签订责任书、定期不定期进行抽查询问等方法动员部署。聘请社会各界行风监督员进行监督，采取短信举报、网络举报、热线投诉等多种形式，在机构内患者集中部位张贴海报，利用微博、微信公众号、预约诊疗服务App等媒介向群众公开发布医院投诉举报渠道，方便患者掌握维权举报途径，鼓励社会各界提供问题线索。开展集中宣传与整治，集中整治范围实现辖区内医院（含中医院和妇幼保健院）全覆盖，其他类型医疗机构（社区卫生服务中心、乡镇卫生院、门诊部、诊所）覆盖50%以上。建立举报信息通报制度、大额医疗费用倒查机制和联防联控机制。对使用臭氧治疗仪用于免疫三氧血回输治疗的18家医疗机构专门召开情况通报会。开展评估与总结，形成整治专项行动情况总结和评估报告，省、市两级卫生健康委会同相关部门开展对部分地区和重点环节、重点领域检查和评估，对工作落实不力的及时纠偏，督促整改并严肃问责。对整治效果好、群众反映好的地区加大宣传力度，树立正面典型，弘扬职业精神，调动医务人员工作积极性和主动性。

【重要活动医疗保障】 2022年，完成长春市第二十四届长春冰雪节系列活动现场保障、净月瓦萨国际滑雪节、冰雪嘉年华、长春市人大会议、政协会议、中高考考试、汽博会、农博会等大型会议活动医疗保障大项工作46项，出动车辆136台次，出动医护人员3000余人次，确保各项活动安全顺利进行。

【医保基金监管】 建立部门联席会议制度，开展打击欺诈骗保专项整治行动，印发第一批医保违法违规问题清单118条，在全市范围内开展首次医保基金监管源头治理暨对表国家、省飞检清单自查自纠行动。2022年，检查定点机构4601家，处理1781家。其中，行政处罚7家，解除医保协议11家，暂停医保协议77家，查处涉及违法违规金额7017.43万元。受理办结举报线索19件。

【城镇职工医保市级统筹】 9月1日起，长春市将原双阳、九台、公主岭、榆树、德惠、农安以及市本级7个职工医保统筹区整合为1个市级统筹区，通过制度政策统一、基金统收统支和经办服务一体，实现城镇职工基本医疗保险和大额医疗救助基金的市级统筹，是全省唯一实现城镇职工医保市级统筹的地区。

【药品耗材集中带量采购】 全年完成3个批次国家集采药品、1个省联盟集采药品续约工作，新落地执行2个国家集采产品（第六批药品和人工关节）、4个省联盟集采产品，年度为患者减负约5.22亿元。截至年末，有国家组织集采7批次294种药品，2类高值医用耗材；省际联盟集采3批次46种药品，6类高值耗材在长春落地。

药品集采　5月30日，国家组织第六批16种中选产品（胰岛素专项）落地；8月1日，省际联盟八省二区第三批17种中选产品落地；11月20日，国家组织第七批60种中选产品落地。

耗材集采　2月10日，省际联盟冠脉药物球囊、起搏器落地；5月30日，国家组织人工关节类落地；8月1日国家组织集采骨科创伤类耗材落地。

【医药价格管理】 2022年，长春市新增市属公立医疗机构年度新增医疗服务项目价格36项，修订市属公立医疗机构医疗服务项目52项。

【长春市医保实现市级统筹】 2022年9月1日起，长春市将原双阳、九台、公主岭、榆树、德惠、农安以及市本级7个职工医保统筹区整合为1个市级统筹区，通过制度政策统一、基金统收统支和经办服务一体，实现城镇职工基本医疗保险和大额医疗救助基金的市级统筹，成为全省唯一实现城镇职工医保市级统筹的地区。

（徐道君　温斯琪）

延伸阅读>>

《长春市卫生健康“十四五”规划》发展目标

到2025年，健康长春建设取得突破性进展，基本建立起与全市经济和社会发展水平相适应、与居民健康需求相匹配的整合型医疗卫生服务体系，基本医疗卫生制度逐步健全，重大疫情和突发公共卫生事件防控应对能力显著提升，中医药独特优势和作用进一步发挥，健康科技创新能力明显增强，人人就近享有公平可及、系统连贯、优质高效的基本医疗卫生服务，人民身心健康素质明显提高，人均预期寿命在2020年基础上继续提高1岁左右，人均健康预期寿命同比提高，为推进高质量全面振兴全方位振兴奠定坚实的健康基础。

至2035年，优质高效的卫生健康制度体系全面建立，公共卫生安全保障能力达到国内先进水平，人民身心健康素质达到新水平，健康文明生活方式全面普及，人均预期寿命达到80岁左右，人均健康预期寿命逐步提高，基本实现卫生健康事业现代化。

（节选自《长春市卫生健康“十四五”规划》）

体　育

TIYU

体育设施

【概况】　2022年，长春市辖区内市属公共体育场馆主要有长春体育中心五环体育馆、长春体育中心体育场、长春市体育馆、长春市滑冰馆、长春市全民健身活动中心。按照国家体育总局《体育场馆运营管理办法》要求，通过与相关部门联合申报“省级彩票公益金支持体育事业项目资金”途径，对场馆进行改扩建、维修改造，并逐步向市民开放，长春市全民健身活动中心、长春体育中心、长春市体育馆等大型公共体育场馆免费或低收费向社会开放。为满足市民健身场所需求，在城乡等处改建、扩建、增建体育公园、健身中心、健身广场、健身步道、健身路径等全民健身设施。城区街道、乡镇和社区体育设施配置率100%，100%乡镇、60%行政村安装健身器材。构建城区“十分钟健身圈”，满足人民群众日益增长的体育健身需求，体育发展成果惠及城乡居民，完成国家规定70%体彩公益金用于全民健身的要求。

【长春体育中心五环体育馆】　长春市主要标志性体育建筑之一，也是全民健身的重要基地，还是长春市冰球队主训练场。自2015年实行免费、低收费以来，将二环廊划分出2块室内轮滑场地和手杖操、健身操、扇舞、柔力球、广播操、新疆舞、太极拳、袋球等适合中老年项目活动的场地，为青少年运动和中老年健身活动提供支持和服务。日平均接待全民健身人数约300余人次，年度接待总人数18万人次。落实国家全民健身纲要，五环体育中心实行全民健身、公益开放以来，每年开放不少于330天，每周开放时间不少于40小时，节假日每天开放不少于8小时，开放面积在场馆面积80%以上。

2022年，场馆具体开放情况均及时公示于场地现场、体育中心网站及“奥运动”健身服务平台。1月至3月，五环馆主场地主要以陆地项目为主，开放的主要项目有篮球、羽毛球、轮滑及体能、各项健身操等10余项。6月开始，开放冰上项目（短道速滑、冰球、花样滑冰），全年接待约11万人次。全年接待健身群众约21万人次。为各专业体育团体、群团、学校提供训练、比赛场地，与15所中小学校签订合作协议，建立体教结合关系，为各学校及专业体育团体服务，发挥教育基地作用。

【长春体育场】　位于原长春动植物园东侧，毗邻自由大路旁的东北师范大学和文化科技区，由吉林省建筑设计院设计，是一座符合国际标准的现代化体育设施。它是国家的夏训基地，也是长春市竞技体育和市民健身活动的重要场所，还是中超长春亚泰足球队主场，是长春市竞技体育、群众体育、运动休闲、健身娱乐、文化商贸为一体的综合性文化交流中心。按照国家大型公共体育场馆免费、低收费向社会开放的要求，将80米室内田径馆和田径内场地、足球内外场地、二环廊乒乓球活动室等内外场地全部向社会公众免费、低收费开放，开放面积80%，接待人次年均约45万人次。

2022年，所有对外开放场馆实行“奥运动”线上平台场地预约制度。12号门乒乓球活动室全年接待1.7万人次；体育场田径场地全年接待健身群众及专业队训练约2.7万人次；外场足球场承办业余青少年足球联赛及培训，参与人数约1.5万人次；体育场外环以及各种民众体育项目和俱乐部等全年大约接待7万人次。体育场所有对外开放场所，全年接待健身爱好者及体育训练人数约15万人次。

【长春市体育馆】　位于人民大街2999号，是长春市主要的体育设施之一，也是市民体育休闲和体育比赛的重要场所，还是吉林东北虎篮球队的主场。馆内除可举办篮球、排球、羽毛、乒乓等球类项目比赛外，还可进行体操、技巧、武术、举重、跆拳道、拳击等项目比赛。长春市体育馆设施全部用于提供体育及相关服务，全年330天免费对外开放，每周开放50小时以上、日均开放8小时以上；篮球场、网球场、羽毛球馆免费对社会开放，免费为适龄青少年提供篮球、武术、跆拳道、散打、乒乓球培训。

2022年，长春市体育馆全年240天对外开放，每周开放60小时以上、日均开放8小时以上。日常开放健身项目有室内羽毛球馆、篮球场、乒乓球馆、跆拳道馆、武术馆、户外篮球场、网球场等健身活动。户外健身场地全年免费开放。全年接待活动19场，其中体育赛事13场，分别为2021—2022中国男子篮球职业联赛、2022年吉林省青少年柔道锦标赛、吉林省青少年跆拳道锦标赛、吉林省青少年武术套路锦标赛、吉林省青少年拳击锦标赛、2022年长春市篮球超级联赛等。还举办冬令营公益培训、长春市中小学生篮球锦标赛、长春市网球运动协会会员积分赛第一站等公益活动。

【长春市滑冰馆】 位于长春体育中心区域的北侧，南临长春体育中心五环体育馆、西临吉林省速滑馆、东部和北部紧邻长春市全民健身活动中心（临近体北路），是长春体育中心五环体育馆的配套冰上项目训练馆。长春市滑冰馆以接待吉林省、长春市各层次短道速滑、花样滑冰运动队训练为主，兼顾为其他省市短道速滑队伍提供阶段性训练服务。常年接待长春市短道速滑项目的优秀运动队、中专队、业余重点班和花样滑冰项目业余重点班；阶段性接待吉林省体育局冰上运动管理中心、吉林省体校、延边州、原解放军、九台区、朝阳区、吉林小学、慧谷学校、百凝盾俱乐部、同心俱乐部等各级训练单位的短道速滑、花样滑冰项目的冰上训练工作。

2022年，平均每天接待上冰场次9场至12场。其中，接待长春市短道速滑优秀运动队、中专队、业余重点班和花样滑冰业余队每天约150人次，朝阳区体校短道速滑队每天13人次，吉林小学短道速滑队每天20人次，同鑫滑冰俱乐部每天20人次。滑冰馆全年日均接待训练人数200余人次，平均全年每天接待训练队伍13个小时，最长时间15个小时。

【长春市全民健身活动中心】 位于长春体育中心北侧，由香港华艺建筑设计公司和吉林建筑大学设计院承担工程设计，总占地面积2.79万平方米，总建筑面积1.99万平方米。共4层，可容纳2000余人同时健身；室外停车位200余个，建筑周围绿化率35%。主要服务项目包括游泳、乒乓球、健身、羽毛球、网球5个健身项目。一层设有长春市全民健身大数据中心，二层为乒乓球馆，分A区、B区、青少年区、培训区4个区域，有乒乓球案39台；三层健身馆有健身器械116台，辅助健身器材52件；四层为网球、羽毛球馆。乒乓球馆全年公益性对外开放。游泳、乒乓球、网球、羽毛球等体育项目在寒暑假期间为全市中小学生提供公益性技能培训。还为各大专院校提供体育教育实习实践基地、常年为长春市专业运动队提供体能恢复场地。常年公益性为吉林省“十姐妹艺术团”“俏夕阳舞蹈队”等6个团体提供活动场地。

2022年，游泳馆接待30万人次；乒乓球馆接待6.25万人；羽毛球馆接待2万人次；健身馆接待会员2.1万人次，为长春市冬季运动专业运动队提供场地服务1100人次。全年参加、主办、承办、协办各类活动24项次，3129人次参加。

【全民健身设施】 2022年，长春市巩固“十分钟体育健身圈”建设，为县（市）区、乡镇（街道）、行政村（社区）配建100套健身路径器材、40套二代健身路径器材、6个多功能运动场、5个笼式足球场、3个健身步道、2个轮滑场、2个体育公园及1个健身广场，建设吉林省委体育公园和文化广场体育示范圈篮球广场，建设篮球场地12个、排球场地3个。挖掘冰雪资源，在南溪湿地公园等地浇筑10块冰场，为群众参与冰雪活动创造场地条件，提供冰雪体育场地保障。实施“百万学子上冰雪”行动，冰雪项目器材采购为冰雪体育传统学校配备冰雪运动设备器材。

（侯　旭）

表81　2022年长春市全民健身设施建设情况一览表

序号	项目名称	项目地址	建成时间
1	长春市朝阳区杏花村公园健身步道	长春市朝阳区杏花村公园	2022年11月
2	长春市朝阳区友谊公园健身步道	长春市朝阳区友谊公园	2022年10月
3	长春市朝阳区牡丹园健身步道	长春市朝阳区牡丹园	2022年10月
4	长春市朝阳区省委多功能运动场	长春市朝阳区省委	2022年10月
5	长春市朝阳区富裕河公园多功能运动场	长春市朝阳区富裕河公园	2022年10月
6	长春市朝阳区富裕河公园笼式足球场	长春市朝阳区富裕河公园	2022年10月
7	长春市九台区交警大队多功能运动场	长春市九台区交警大队	2022年10月
8	长春市九台区交警大队笼式足球场	长春市九台区交警大队	2022年10月
9	长春市宽城区双利社区多功能运动场	长春市宽城区双利社区	2022年10月
10	长春市朝阳区富裕河公园健身公园棋牌桌	长春市朝阳区富裕河公园	2022年10月
11	长春市朝阳区富裕河公园健身公园淘气堡	长春市朝阳区富裕河公园	2022年10月
12	长春市二道区月亮岛健身公园淘气堡	长春市二道区月亮岛	2022年10月
13	长春市朝阳区三佳湖公园健身公园棋牌桌	长春市朝阳区三佳湖公园	2022年10月
14	长春市朝阳区南湖东街东湖社区淘气堡	长春市朝阳区南湖东街东湖社区	2022年10月

续表81

序号	项目名称	项目地址	建成时间
15	长春市农安县农安实验小学笼式足球场	农安实验小学	2022年10月
16	长春市宽城区庆丰园二代路径	宽城区庆丰园	2022年10月
17	长春市宽城区庆丰园步道	宽城区庆丰园	2022年10月
18	长春市宽城区庆丰园门球场地	宽城区庆丰园	2022年10月
19	长春市宽城区庆丰园乒乓球场地	宽城区庆丰园	2022年10月
20	长春市双阳区雕塑公园二代路径	双阳区雕塑公园	2022年10月
21	长春市双阳区博山社区西侧健身路径	双阳区博山社区	2022年10月
22	长春市双阳区张家村四社小广场	双阳区张家村四社	2022年10月
23	长春市宽城区庆丰园儿童乐堡	宽城区庆丰园	2022年10月
24	长春市宽城区庆丰园轮滑场地	宽城区庆丰园	2022年10月
25	长春市宽城区富丰家园小区二代路径	宽城区富丰家园小区	2022年10月
26	长春市净月区奥特莱斯二代路径	净月区奥特莱斯	2022年10月
27	长春市净月区廉政基地管理中心二代路径	净月区廉政基地管理中心	2022年10月
28	长春市经开金色家园二代路径	宽城区经开金色家园	2022年10月
29	长春市经开东方新家园二代路径	宽城区东方新家园	2022年10月
30	长春市朝阳区科技花园二代路径	朝阳区科技花园	2022年10月
31	长春市朝阳区湖滨社区大禹二代路径	朝阳区湖滨社区	2022年10月
32	长春市双阳区奢岭村二代路径	双阳区奢岭村	2022年10月
33	长春市南关区平泉小学二代路径	长春市南关区平泉小学	2022年10月
34	长春市南关区南四环国信嘉邑二代路径	国信嘉邑	2022年10月
35	长春市南关区源汇西街366号二代路径	南关区源汇西街366号	2022年10月
36	长春市莲花山俏天池笼式足球场	莲花山俏天池	2022年10月
37	长春市莲花山俏天池多功能运动场	莲花山俏天池	2022年10月
38	长春市莲花山俏天池体育公园	长春市莲花山俏天池	2022年10月
39	长春市朝阳区文化广场篮球场	朝阳区文化广场	2022年10月
40	长春市朝阳区文化广场排球场	长春市朝阳区文化广场	2022年10月
41	长春市高新北区网球场（2个）	高新北区网球场	2022年10月
42	长春市宽城区政府兴业街道文体街二代路径	宽城区政府兴业街道文体街	2022年10月
43	长春市高新北区网球场二代路径	高新北区网球场	2022年10月
44	长春市九台区交通队二代路径	九台区交通队	2022年10月
45	长春市公安局二代路径	长春市公安局	2022年10月
46	长春市九台区二道沟村大队二代路径	九台区二道沟村大队	2022年10月
47	长春市九台区边台文化生态公园二代路径	九台区边台文化生态公园	2022年10月
48	长春市九台区南山公园二代路径	九台区南山公园	2022年10月
49	长春市九台区文体中心二代路径	九台区文体中心	2022年10月
50	高新北区3个笼式足球场	高新北区	2022年10月
51	长春市工人体育馆轮滑场	长春市工人体育馆	2022年10月
52	长春市双阳区国信南山二代路径	国信南山	2022年10月

续表81

序号	项目名称	项目地址	建成时间
53	榆树市文化广场二代路径（2套）	榆树市文化广场	2022年10月
54	合隆陈家店二代路径	合隆陈家店	2022年10月
55	农安绅士社区二代路径	农安绅士社区	2022年10月
56	农安宝塔社区二代路径	农安宝塔社区	2022年10月
57	农安公共体育场二代路径	农安公共体育场	2022年10月
58	农安文广旅局二代路径	农安文广旅局	2022年10月
59	长春市朝阳区三家新村二代路径	长春市朝阳区三家新村	2022年10月
60	长春市南关区福林花园二代路径	长春市朝阳区福林花园	2022年10月
61	德惠市天台镇二代路径	德惠市天台镇	2022年10月
62	和惠小区二代路径	和惠小区	2022年10月
63	长春市朝阳区南湖新村东街多功能运动场	南湖新村东街	2022年10月
64	长春市南关区花园社区多功能运动场	南关区花园社区	2022年10月
65	长春市朝阳区万达广场多功能运动场	朝阳区万达广场	2022年10月

（市体育局）

冰雪体育

【概况】 长春市行政区域内有达到国际、国内比赛标准的冰雪体育场馆10家（冰上场馆6家、滑雪场4家），每年浇筑冰场110余个，为竞技体育人才培养、群众冰雪活动开展以及实现3亿人参与冰雪运动提供场地保障。2022年，长春市举（承）办中国长春净月潭瓦萨国际滑雪节越野滑雪赛、长春冰雪短道汽车拉力赛、吉林省第十九届运动会雪上项目比赛、2021—2022长春市短道汽车拉力赛农安剑鹏马城站比赛、“奔跑吧·少年”2021—2022年度长春市“体彩杯”青少年滑雪比赛、2022—2023年度“奔跑吧·少年”长春市“体彩杯”青少年旱雪比赛、“奔跑吧·少年”2022—2023年度长春市“体彩杯”青少年短道速滑比赛等冰雪体育赛事。组织冰雪群众体育系列活动，打造以大众滑雪、大众速滑、冰球等群众喜闻乐见的冬季项目活动为支撑的活动体系。

【2022中国长春净月潭瓦萨国际滑雪节】 1月4日，2022中国长春净月潭瓦萨国际滑雪节在长春净月潭国家森林公园开幕。该届滑雪节以“激情瓦萨 魅力净月”为主题，推出4项专业越野滑雪赛事和40多项冰雪主题系列活动，涵盖冰雪赛事、冰雪体验、冰雪文化、冰雪旅游、冰雪消费等内容。开幕式当日，净月潭瓦萨国际滑雪节越野滑雪长距离50千米比赛、净月潭瓦萨国际滑雪节越野滑雪短距离25千米比赛、净月潭瓦萨国际滑雪节大众越野滑雪迷你2.5千米比赛、第三届中国大学生越野滑雪长距离赛（世界罗佩特中国站）等4项专业赛事同时鸣枪开赛，29支队伍440名运动员报名参赛。从2003年“瓦萨”赛事引入中国落户长春净月潭，中国长春净月潭瓦萨国际滑雪节历经20年成长，成为中国历史最久、规模最大、具有国际影响力的冬季体育赛事活动之一，并由最初单一的赛事演绎发展成为集体育健身、旅游休闲、文化交流和经贸合作于一体的大型国际性节庆活动，加快推动吉林省寒地冰雪经济高质量发展。该赛事入选首批国家体育旅游精品赛事和中国十佳冰雪季冰雪旅游节事活动，被评为长春市对外开放40周年十大成就之一。同时，净月潭瓦萨滑雪节从2005年起开启大学生越野滑雪教育普及与推广项目，

1月4日，2022中国长春净月潭瓦萨国际滑雪节在长春净月潭国家森林公园开幕

（市体育局 供图）

至2022年有70余万学生参加普及培训。

【吉林省第十九届运动会雪上项目比赛】 1月4日至5日，吉林省第十九届运动会雪上项目比赛（自由式滑雪空中技巧）在长春莲花山世茂滑雪场举行。该赛事由吉林省体育局主办，长春市体育局、吉林省体育局雪上运动管理中心联合承办，长春市冬季运动管理中心、长春世茂新纪元滑雪场管理有限公司共同协办。比赛按年龄段分为甲、乙、丙3个组别，设9个小项，各组别分设男子自选动作、女子自选动作、混合团体等小项。长春市、九台区和朝阳区3支代表队29名运动员参加比赛。

【2021—2022长春冰雪短道汽车拉力赛暨冰雪汽车嘉年华】 1月22日至23日，2021—2022长春冰雪短道汽车拉力赛暨冰雪汽车嘉年华在长春市南湖公园举行。该赛事由长春市人民政府主办，长春市体育局、长春市林业和园林局承办。拉力赛赛道为人工建设的多车同发冰雪赛道，设立战术圈。比赛分公开四驱组、公开两驱组、统一品牌组、UTV组4个组别，赛事分为预赛和决赛，100多台专业赛车同场竞技，众多国内知名车手参赛。冰雪汽车嘉年华设置青少年冰雪卡丁车体验区、大众漂移体验区、汽车文化展示区、冰雪露营区，面向市民免费开放。王翔获公开四驱组冠军，刘彦华和卫元强分获亚军、季军；徐刚获公开两驱组冠军，边忠刚、朱大亮分获亚军、季军；统一品牌组前三名分别为娄焯一、王翔、王东江；UTV组前三名分别为边志刚、刘欢、李亚涛。此外，DN睿行者吉林赛车网车队获车队杯冠军，李海获得巾帼杯。

【2022—2023年度长春市“体彩杯”青少年旱雪比赛】 8月12日，2022—2023年度“奔跑吧·少年”长春市“体彩杯”青少年旱雪比赛在长春水文化生态园开赛。比赛由长春市体育局主办，长春市冬季运动管理中心承办、长春市体育彩票管理中心和吉林省极限冰雪体育运动发展有限公司共同协办、长春水文化生态园提供支持。比赛参赛组别分设体校组和社会组，包括体校组的自单板滑雪大跳台、自由式滑雪规定动作和自选动作，社会组单板滑雪回转个人赛、双板滑雪回转个人赛，共4大项、20小项。长春市业余冰雪运动学校、长春高新吉大尚德学校、长春极限冰雪运动俱乐部等单位的76名运动员报名参赛。杨雨欣获自由式滑雪自选动作女子U18组冠军，苏璟泓获自由式滑雪自选动作男子U18组冠军，池佳悦获女子单板回转U14组冠军，李青橙获女子单板回转U10组冠军；刘恺钦获男子单板回转U10组冠军；李东瀚获男子单板回转U14组冠军；陈思妤获女子双板回转U10组冠军；池佳悦获女子双板回转U14组冠军；董林枫获男子双板回转U10/U14合并组别冠军。（侯　旭）

8月12日，2022—2023年度“奔跑吧·少年”长春市“体彩杯”青少年旱雪比赛在长春水文化生态园举办。图为比赛现场　（市体育局　供图）

全民健身

【全民健身政策体系建设】 10月20日，长春市体育局与市教育局联合印发《长春市深化体教融合、促进青少年健康发展的实施意见》，发挥体育、教育部门双方资源优势，构建相互融合的学生健康体系、体育训练体系、体育竞赛体系、体育人才培养体系，推动长春市体育、教育事业向更高水平发展。印发《长春市全民健身实施计划（2021年—2025年）》《长春市全民健身器材设施管理办法》《长春市体育类社会团体管理暂行办法》《长春市体育类民办非企业单位登记审查与管理暂行办法》等文件，为长春市群众体育工作提供政策支撑。

【全民健身活动】 2022年，举办长春市线上线下全民健身系列活动启动仪式、“云舞春城”长春市社区广场舞大赛、“云舞春城”社会体育指导员技能交流展示大会、“云跑春城”第三届荧光夜跑节、“云跑春城”第八届万米排位赛、2022“云跑春城”长春莲花山大众徒步赛、“云跑春城”“双11”全国持杖行走联动日、“云动春城”大众篮球季系列活动、“云动春城”大众足球季系列活动、“云动春城”大众网球季系列活动、长春市网球比赛、“云动春城”大众乒乓球季系列活动、“云动春城”大众羽毛球季系列活动、“云动春城”大众游泳季系列活动、“云动春城”大众轮滑季系列活动、“云动春城”中国象棋团体赛（长春站）、长春市象棋排位赛、“云动春城”社会体育指导员培训、全民健身志愿服务活动、“云动春城”长春市线上线下跳绳挑战赛、“云动春城”大众射击季系列活动、“云跑春城”长春莲花山大众自行车公路赛。承办8月8日吉林省“全民健身日”活动暨“健康吉林·爽动盛夏”全民健身系列活动。

【冰雪全民健身赛事】 举办北京2022年冬奥会火炬展示活动（长春站）暨吉

林省（长春市）大众冰雪季启动仪式、2022长春市首届全民冰钓大赛、长春市大众冰壶赛、长春市2021—2022大众冰雪季速度滑冰赛、长春市大众趣味滑雪比赛和长春市大众单板滑雪挑战赛。

【全民健身智慧化服务】 2022年，长春市发展大数据+全民健身工作。建设互联网+全民健身公益体验项目、大众健身服务平台运营维护项目、大众健身服务平台报名服务项目、大众健身服务平台赛事报名服务项目、大众健身服务平台资讯发布、全民健身大数据平台运维服务、开发全民线上健身课程、全年全民健身活动线上直播、“智慧体育”管理平台通信服务项目及“社体通”“智慧体测”App运营维护项目。

【国民体质监测】 2022年，长春市深化国民体质监测、体医融合工作。按照不低于全市人口2‰—3‰比例，开展市民体质监测服务，编写《2022年长春市民体质状况报告》，组建体医融合服务网络。在市内10个区每个区各选2个街道卫生服务中心作为试点，各配备1套国民体质监测仪器及分析评价软件。组织试点单位工作人员业务培训，各站点建立数据网络。10月31日，长春市体育科学研究所专家深入朝阳区清和街道铁路社区免费为群众提供国民体质监测服务，帮助受测者了解自己的身体素质、健康水平和疾病倾向，通过非医疗性干预措施（运动和营养）保持和提高人们体质水平和抗疾病能力，科学指导人们开展体育活动，增强国民体质。

【青少年体育公益培训】 2022年，长春市常态化开展青少年体育活动，举办2022年长春市青少年冬令营体育公益培训、青少年夏令营公益体育培训活动、青少年体育日常公益培训、“快乐篮球”公益培训活动。举办长春市中小学生航空航天模型赛、长春市青少年夏季阳光体育大会——长春市青少年棒垒球联赛、长春市青少年冬季阳光体育大会——长春市中小学生冬季趣味运动会等青少年体育比赛。开展国家、省、市优秀青少年体育俱乐部、体育传统项目学校考评。利用青少年学生课后、课外以及寒暑假期间时间段，开展青少年体育日常公益培训和训练营活动，提供场地设施，配备专业教练员，开设田径、足球、篮球、乒乓球、击剑、滑冰、冰球、帆船等25个项目，为青少年学生开展体育培训。长春市体育运动学校田径场、室外篮球场、网球场在保障训练工作基础上，坚持每天定时免费开放，并承办长春市青少年冬令营体育公益培训，开展足球、网球、乒乓球、跆拳道、击剑、摔跤、柔道7个项目培训5期500课时，培训近万人次。

【2022年中国足球协会女足青少年“菁英启航”训练营】 8月3日，2022年中国足球协会女足青少年“菁英启航”训练营（长春站）开营仪式在长春市体育运动学校运动场举行。该项活动由中国足协主办，长春市足球协会承办，旨在为加强女足青训体系建设，提升基层女足青少年运动员整体水平，发现和培养菁英女足青少年运动员，加大对女足青训教练培养力度。训练营为期10天，有80名2009—2011年龄段球员参加训练。

【全国老年人体育健身展示活动在长春举办】 6月30日至8月8日，全民健身线上运动会——全国老年人体育健身展示活动在长春市体育中心五环体育馆举办。活动得到各地各级老年人体协和有关单位支持，收到1.6万个视频，4.78万人参加活动。长春市老年体育协会组织9支参赛队报送17个参赛视频均获优异成绩。市老体协健身球操参赛队在294支参赛队报送的104个自编健身套路视频排名第五，获优胜奖；广场舞在126条参赛视频中获得优胜奖；健身秧歌和健身腰鼓在332支参赛队中获自编套路优胜奖；手杖操、带球获优胜奖；气排球参赛6名队员获康乐银奖。

【2022年长春市全民健身操舞大赛】 12月29日，“中国体育彩票杯”2022年长春市全民健身操舞大赛在长春市工人文化宫开幕。活动由长春市总工会、长春市体育局、长春市体育总会主办，长春市健身操舞协会、长春市职工文化体育协会、长春市工人文化宫、长春市职工体育活动中心承办。长春市30支代表队、600名健身操舞爱好者参赛，网络直播在线观看近40万人次。

【2022年“雕牌杯”起舞大赛长春站比赛】 7月23日，以“全民健康▪蓄力亚运”为主题的2022年“雕牌杯”起舞大赛长春站比赛在欧亚长新购物中心举行，来自全市25支代表队的近500名健身操舞爱好者参加比赛。

【长春市第三届夜跑节】 8月20日，长春市第三届夜跑节在长春体育中心田径场开赛。活动由中国田径协会和长春市体育局主办，长春市体育总会、长春市体育中心协办，长春市长跑协会执行。比赛为期2天，分设3000米和4×400米接力赛，900多名选手报名参赛。比赛分为老、中、青3个组别，长春马拉松俱乐部二队、南关市政长跑俱乐部、精英俱乐部三队分别获得3个组别第一名。

【2022年长春市青少年轮滑公益赛】 11月19日至20日，“云动春城”大众轮滑季2022年长春市青少年轮滑公益赛在长春体育中心五环体育馆举行，由长春市体育局主办、长春体育中心承办。比赛为期2天，是2022年长春市全民健身线上线下系列活动之一，赛事宗旨在于推广和引导长春市轮滑运动有序发展，提高青少年对轮滑运动的认识以及运动水平的突破。比赛组别按运动员出生年龄分组，设为U4、U6、U8、U10四个组别，100米、200米、300米3个项目。8个单位的150余名运动员报名参赛，产生22枚金牌。

【2022年长春市全民健身广场舞培训活动】 8月8日，“健康吉林·爽动盛夏”2022年长春市全民健身系列活动暨全民健身志愿服务（广场舞培训）——走进南关区活动在长春市全民健身活动中心举行。活动由长春市体育局、长春市体育总会主办，长春市社会体育指导员协会、长春市健身操舞协会、南关区体育总会承办。培训班聘请中国广场舞推广大使、国家级广场舞裁判员、指导师孙威授课指导，南关区72名一线社会体育指导员骨干参加培训。

【参与2021年世界跳绳锦标赛】 受

全球疫情影响，2021年世界跳绳锦标赛通过网络视频大赛形式举行。该大赛是两大国际组织合并后，由IJRU（国际跳绳联合会）主办的首届世界跳绳锦标赛，设国际公开赛、世界锦标赛、世界青年锦标赛。该赛事是世界水平最高、影响力最大的跳绳国际赛事。在项目设置上，有速度赛、花样赛、个人赛、团体赛16个项目。经过选拔，中国跳绳国家队派出127名运动员角逐除五人交互绳花样、交互绳花样之外14个项目。长春劲酷运动俱乐部4人（于大伟、蔺晓琳、侯维东、吕艳飞）代表长春市跳绳运动协会参赛获9枚金牌、2枚银牌、2枚铜牌，位列中国国家跳绳代表团奖牌榜第三位，其中于大伟、蔺晓琳夫妇成为中国跳绳史上第一个也是唯一获得世界跳绳冠军的夫妇。（侯　旭）

竞技体育

【概况】 2022年，受疫情影响，体育赛事大幅缩减，除参加北京冬奥会外，长春市及长春市输送的运动员参加年度国际、国内比赛8项次，获世界系列赛冠军1个，全国冠军5个。长春市运动员齐广璞获得2022年北京冬奥会上自由式滑雪空中技巧男子个人项目冠军，实现吉林省、长春市冬奥会滑雪项目金牌“零的突破”，使长春市成为全国唯一拥有夏季奥运会冠军和冬季奥运会滑冰、滑雪项目双奥冠军的城市。齐广璞被中共中央、国务院授予“北京冬奥会、冬残奥会突出贡献个人”称号。长春市培养输送的12名运动员、2名教练员参加10个分项14个小项比赛，是冬奥会史上长春市选手参赛项目最多的一届，获1枚金牌、1枚银牌、3个第5名。吉林省政府对长春市4名运动员、1名教练员、2名工作人员和1个单位给予表彰：授予齐广璞“优秀运动员”称号，授予李晓杰 、徐振洲“优秀体育工作者”称号，给予孙龙、李奇时、柳鑫宇、李野记功表彰，授予长春市冬季运动管理中心（长春市业余冰雪运动学校）“体育先进集体”称号。

2022年，受疫情影响，长春国际马拉松等一些国际、国内高水平体育赛事延期举办或取消。在做好新冠疫情防控工作前提下，承（举）办2021—2022赛季中国男子篮球职业联赛常规赛第二阶段赛会制比赛、2022中国长春净月潭瓦萨国际滑雪节、长春汽车系列赛、6项全国赛事、13项省级比赛、4项市青少年锦标赛及长春市接力赛。

表82　2022年长春市参加世界体育大赛成绩一览表

姓名	性别	比赛名称	具体项目	名次
齐广璞	男	第24届冬季奥林匹克运动会	自由式滑雪空中技巧男子个人	1
齐广璞	男	第24届冬季奥林匹克运动会	自由式滑雪空中技巧混合团体	2
齐广璞	男	世界杯总排名	自由式滑雪空中技巧男子个人	5
孙龙	男	2021—2022赛季国际滑联世界杯总排名	短道速滑男女混合2000米接力	1
孙龙	男	2021—2022赛季国际滑联世界杯总排名	短道速滑男子5000米接力	4
孙龙	男	2021—2022赛季国际滑联世界杯总排名	短道速滑男子1500米	5
孙龙	男	2022年北京冬季奥运会	短道速滑男子5000米接力	5

（市体育局）

表83　2022年长春市参加全国体育大赛成绩一览表

姓名	性别	比赛名称	具体小项	成绩	名次
许琳悦	女	2022年全国U系列举重冠军赛	U16组 +81公斤	抓举95kg	1
许琳悦	女	2022年全国U系列举重冠军赛	U16组 +81公斤	挺举116kg	1
许琳悦	女	2022年全国U系列举重冠军赛	U16组 +81公斤	总成绩211kg	1
庄毅炜	男	2022年全国U17国际式摔跤锦标赛（男子自由式摔跤）	U17组 110公斤	—	2
高宇	男	2022年全国U系列举重冠军赛	U16组 73公斤	抓举90 kg	3
高宇	男	2022年全国U系列举重冠军赛	U16组 73公斤	挺举100 kg	3
高宇	男	2022年全国U系列举重冠军赛	U16组 73公斤	总成绩190 kg	3
孙龙	男	中国杯短道速滑精英联赛（天津站）	成年男子四圈追逐	—	1
孙龙	男	中国杯短道速滑精英联赛（天津站）	成年男子九圈追逐	—	3
孙龙	男	中国杯短道速滑精英联赛（天津站）	成年甲组男子1500米	—	1
孙龙	男	中国杯短道速滑精英联赛（天津站）	成年甲组男子500米	—	1
孙龙	男	中国杯短道速滑精英联赛（天津站）	成年甲组男子1000米	—	2
孙龙	男	中国杯短道速滑精英联赛（天津站）	成年甲组男子5000米	—	1
长春大众卓越女足		2022年中国足球协会全国女子足球锦标赛决赛			1

（市体育局）

【全国足球发展重点城市创建】 1月25日，国家体育总局办公厅正式公布长春市成为“十四五”期间首批9个全国足球发展重点城市之一。长春市成立足球发展重点城市工作领导小组，加强足球项目建设。

【体育人才培养】 10月20日，长春市体育局与市教育局联合印发制定《长春市深化体教融合 促进青少年健康发展的实施意见》，发挥体育、教育部门双方资源优势，构建相互融合的学生健康体系、体育训练体系、体育竞赛体系、体育人才培养体系，推动长春市体育、教育事业向更高水平发展。

完善青少年体育赛事体系，各级教育、体育部门完善和规范青少年体育竞赛制度，实行分级办赛、分类管理、丰富运动员项目及赛事设置，畅通青少年有序参赛渠道，推动学校竞赛体系和青少年竞赛体系有机融合；整合学校体育赛事、各级各类青少年系列体育赛事，建立分学段、跨区域三级青少年体育赛事体系；定期开展体育传统项目特色学校系列体育赛事，利用课余、周末、假期时间组织比赛，鼓励青少年参加，扩大青少年参与度。

长春市体育中学、德惠市业余体校等7家单位被吉林省体育局评为体育后备人才基地；长春业余冰雪运动学校短道速滑、朝阳区业余体校短道速滑等17个项目被吉林省体育局评为重点项目班，基地、重点项目班数量列全省首位；长春五环体育馆、长春市滑冰馆、长春北湖奥体中心、长春富奥体育中心、长春世贸莲花山滑雪场（空中技巧场地）5家单位被吉林省体育局授予“冬季奥运项目训练基地”称号，为备训备赛做好保障服务。

【参加国际赛事】 2022年，长春市及长春市输送的运动员参加国际赛事3次。在2022年第24届冬季奥运会，齐广璞获自由式滑雪空中技巧男子个人第1名、混合团体第2名；参加2022年自由式滑雪空中技巧世界杯比赛，齐广璞获男子个人总排名第五；参加2021—2022赛季国际滑联世界杯比赛，孙龙获短道速滑男女混合2000米接力第1名、短道速滑男子5000米接力第4名、短道速滑男子1500米接力第5名。

【参加国家级赛事】 年内，长春市及长春市输送的运动员参加国家级赛事5项次，获得全国冠军5个。在3月25日进行的2022年中国足球协会全国女子足球锦标赛决赛中，长春大众卓越女足蝉联冠军。

【参加吉林省第十九届运动会】 长春市选派运动员518人次参加吉林省第十九届运动会青少年组跳台滑雪、北欧两项、高山滑雪、越野滑雪、冬季两项、自由式滑雪、单板滑雪、冰球、短道速滑、冰壶、花样滑冰、曲棍球等18分项184小项比赛，获金牌106枚，占所设金牌总数45.9%。长春市优势项目自由式滑雪（空中技巧、雪上技巧）、单板滑雪大跳台包揽所设项目全部金牌；首次组队参加跳台滑雪、北欧两项、高山滑雪项目比赛，获4枚金牌，取得历史性突破。

长春市朝阳区、宽城区、绿园区、长春新区、净月区、九台区、德惠市、农安县等代表队分别参加高山滑雪、自由式滑雪、越野滑雪、单板滑雪、冰球、短道速滑、花样滑冰、曲棍球等项目比赛。其中，宽城区获11枚金牌、11枚银牌、5枚铜牌，九台区获9枚金牌、7枚银牌、3枚铜牌；朝阳区获3枚金牌、4枚银牌、11枚铜牌，农安县获2枚金牌、3枚银牌、2枚铜牌，德惠市获1枚金牌、1枚银牌、3枚铜牌；长春新区初次登上省运会赛场，在高山滑雪项目上获2枚银牌、2枚铜牌；净月区由学校组成的冰球队首次参赛，获第3名。

【2021—2022赛季中国男子篮球职业联赛常规赛第二阶段赛会制比赛】 2021年12月25日至2022年1月28日，2021—2022赛季中国男子篮球职业联赛常规赛第二阶段赛会制比赛在长春市举办，创下长春市承办国内赛会制比赛时间最长、规模最大、水平最高、参赛队伍和现场观看人数最多的历史。代表国内男子职业篮球最高水平的20支队伍、近600名运动员全部抵长参赛，15轮次150场比赛每天对公众开放1—2场比赛，35天累计开放46场比赛，有近10万人次到现场观看比赛，直接或间接拉动消费超3亿元，中央电视台直播、录播、新媒体直播等间接拉动其他消费。中央及全国各地驻长媒体、省市主流媒体宣传报道联赛相关情况，CCTV-5、CCTV-5+对联赛进行41场现场直播和109场录播，咪咕视频直播全部150场比赛以及1场赛前和300场赛后新闻发布会。信息链接过百万次、微博话题阅读过千万次，视频网络直播观看人数8亿人次。

【2021—2022长春市短道汽车拉力赛农安剑鹏马城站】 2022年1月15日至

3月25日，长春大众卓越女足在2022年中国足球协会全国女子足球锦标赛决赛中夺冠。图为队员夺冠后合影 （市体育局 供图）

2月26日，“奔跑吧·少年”2021—2022年度长春市“体彩杯”青少年滑雪比赛在长春世茂莲花山滑雪场内举行。图为开幕式现场　　（市体育局　供图）

16日，2021—2022长春市短道汽车拉力赛农安剑鹏马城站开赛。赛事由长春市人民政府主办，长春市体育局、农安县人民政府承办。赛事为期2天，采用单道双车同发比赛形式，设置越野专业组、越野新秀组、房车专业组、房车新秀组、UTV组、统一品牌组，全国107位车手参赛。比赛目的是助力2022年北京冬奥会、三亿人上冰雪战略，推进体育、文化、旅游深度融合。

【2022长春汽车短道拉力系列赛·龙栖湖站】 7月16日至17日，“乐享盛夏 品味生活”2022长春汽车短道拉力系列赛·龙栖湖站在长春高新区龙溪湖体育休闲公园标驰赛车驰乐之野营地举办。该赛事由长春市人民政府主办，长春市体育局、长春新区管理委员会承办，长春市贸促会、长春市体育彩票管理中心、长春百瑞国际会展集团有限公司协办，吉林省汽车摩托车运动协会指导，赛事执行单位为标驰赛车运动发展（吉林）有限公司。赛事为期2天，参赛者有全国冠军、赛车发烧友，还有初次参加比赛的青少年车手。分设越野大排量组、越野小排量组、UTV组、越野摩托车组、青少年全地形组，比赛为汽车短道越野场地赛，赛道全长1.1千米，采用单道多车同发比赛形式，按车手完成时间与加罚时间之和排序评定成绩，以综合成绩作为最终比赛成绩。DN多耐减震器车队邹运获越野大排量组第一名，洛克黑森润滑油车队耿显风获越野小排量组第一名，菲尔斯特赛车队李亚涛获UTV组第一名，沈阳大平越野赛车队孙大平获越野摩托车组第一名，通辽善水汇车队陶威廉获青少年全地形组第一名。

【2021—2022年度长春市“体彩杯”青少年滑雪比赛】 2月26日至27日，“奔跑吧·少年”2021—2022年度长春市“体彩杯”青少年滑雪比赛在长春世茂莲花山滑雪场举行。比赛由长春市体育局主办，长春市冬季运动管理中心承办，吉林省极限冰雪体育运动发展有限公司协办，长春市体育彩票管理中心和长春世茂莲花山滑雪场提供支持。比赛历时2天，设单板滑雪大回转、双板滑雪大回转、单板滑雪坡面障碍技巧和双板滑雪坡面障碍技巧四大项，根据年龄分为U18、U14、U12三组，产生24枚金牌。

【2022年吉林省青少年田径锦标赛】 8月1日至3日，2022年吉林省青少年田径锦标赛在长春体育中心体育场举行。比赛由吉林省体育局主办，吉林省体育局田径自行车运动管理中心和长春市体育局承办，长春体育中心协办。按参赛运动员性别及年龄设置6个组别，102项竞赛项目，来自省内50个代表队1360名运动员参加比赛。

【2022年“长春经开杯”全国象棋少年锦标赛】 8月8日至14日，2022年“长春经开杯”全国象棋少年锦标赛在长春市开幕。比赛由国家体育总局棋牌运动管理中心、中国象棋协会、吉林省体育局主办，长春市体育局、长春经济技术开发区管理委员会共同承办。来自26个省份近500名运动员参赛。全国象棋少年锦标赛是中国赛事规格最高、智力运动项目最优、参赛规模最大、技能水平最高的少年象棋

8月24日，中国田径协会2022年体育传统项目学校田径联赛（北部区）比赛在长春体育中心举办。图为跨栏比赛现场　　（市体育局　供图）

赛事，旨在促动更多的青少年热爱和参与象棋运动。该锦标赛是吉林省继全国5A级赛事——“象棋全国冠军南北对抗赛”永久落户长春后首次获得全国象棋少年锦标赛赛事承办权。

【2022年中国田径协会体育传统项目学校田径联赛比赛】 8月24日至26日，2022年中国田径协会体育传统项目学校田径联赛（北部区）在长春体育中心举办，比赛由中国田径协会主办、市体育局和市教育局承办、长春体育中心和市体育运动学校协办。全国体育传统项目学校田径联赛是一项规格高、影响力大的国家级赛事。比赛为期3天，设置短跑、长跑、铅球、铁饼、接力、标枪、跳高、跳远等多个项目。来自北京市、天津市、河北省、内蒙古自治区、辽宁省、黑龙江省和吉林省约800运动员参赛。

【2022年长春市田径锦标赛暨青少年田径教学训练比赛】 8月27日至28日，2022年长春市田径锦标赛暨青少年田径教学训练（大纲考核）比赛在长春体育中心体育场举行。比赛由长春体育中心、长春市体育科学研究所承办，按《运动员科学选材导论》进行综合评定。全市体育运动学校、各县（市）区体校为单位组织报名参赛，来自各县（市）区12支代表队的859名运动员参加男、女各甲、乙、丙、丁4个组别96个项目比赛，产生金牌、银牌、铜牌各120枚。男子、女子团体总分第一名均为朝阳区体校。

【2022年长春市青少年网球锦标赛】 8月27日，2022年长春市青少年网球锦标赛在长春市体育运动学校开赛。比赛由长春市体育局主办，长春市体育运动学校、长春市体育中学、长春市阳光青少年体育俱乐部承办。比赛为期2天，设男子单打、女子单打、男子双打、女子双打等项目，分为U18组、U15组、U12组、U10组、U8组5个组别。每个组别的比赛竞赛赛制不同，根据各个年龄段孩子特点设计各种赛制，有短盘、长盘及无占先的比赛，比赛形式丰富，参赛选手踊跃。长春市123名青少年网球爱好者参赛。

【2022—2023年度长春市“体彩杯”青少年短道速滑比赛第一站】 11月17日至19日，“奔跑吧·少年”2022—2023年度长春市“体彩杯”青少年短道速滑比赛第一站在长春体育中心五环馆举行。比赛由长春市体育局主办，长春体育中心承办，长春市滑冰协会、长春市冬季运动管理中心、长春市业余冰雪运动学校协办。赛事宗旨是吸引全市广大少年儿童参与冰雪体育活动，发掘冰雪运动后备人才，助推长春冰雪体育可持续发展。比赛组别按运动员出生年龄分设：甲组500米、1000米、1500米、2000米混合接力；乙组500米、1000米、1500米、2000米混合接力；丙组2圈、4圈、7圈等小项。长春市冰雪运动学校、宽城区田径业余体校、九台区体校、长春市百凝盾冰雪俱乐部、朝阳区体校、吉林小学、长春市宽城区体育职业学校、长春市名将世家轮滑滑冰俱乐部、长春市希望学校9个单位报名，参赛运动员180余名，比赛产生6个项目20枚金牌。

【第三届中俄冬季青少年运动会在长春举办】 12月14日至20日，第三届中俄冬季青少年运动会在吉林省长春市举办，中国代表团由148人组成，参加全部8个大项，45个小项的比赛。该届赛会是一次基于青少年赛事的文化交流活动，设有速度滑冰、短道速滑、花样滑冰、冰壶、越野滑雪、高山滑雪、单板滑雪和自由式滑雪空中技巧等8个项目45个小项比赛。根据项目设置，冰上项目的短道速滑和花样滑冰比赛在长春体育中心五环体育馆进行；速度滑冰和冰壶比赛在吉林省速滑馆进行。雪上项目的越野滑雪比赛将在长春净月潭国家森林公园滑雪场进行，高山滑雪、单板滑雪和自由式滑雪空中技巧比赛在长春莲花山滑雪场进行。该届中俄冬季青少年运动会以“欢乐冰雪·畅享长春”为口号，以“友谊、合作、交流、进步”为赛会宗旨，共同提高中俄青少年冬季项目竞技体育水平，促进双方体育文化交流互动。（侯　旭）

体育产业

【体育消费券惠民活动】 1月8日至3月4日，开展“喜迎冬奥会、欢乐冰雪季”体育消费券惠民活动，体育消费券分为体育装备券和冰雪健身券两种。投入资金1000万元，核销990万元，核销率99.04%，推动体育、餐饮、交通、娱乐等直接、间接消费超9800万元。

【居民体育消费调查】 开展2021年长春市居民体育消费调查。经调查，2021年长春市体育消费总规模约169亿元，比2021年增长9.7%；人均体育消费1859.8元，比2021年增长8.8%，占居民人均消费支出5.4%。冰雪运动体育消费规模约为23.5亿元。其中，冰雪体育用品消费规模约为15.8亿元，冰雪运动社团、俱乐部会费规模约为4亿元，冰雪运动场地及器材租赁规模约为2.6亿元，冰雪运动培训和教务服务规模约为1.1亿元。

【体育领域设备采购更新贷款贴息申报】 根据体育总局工作要求，重点围绕体育场馆、户外、赛事、用品制造、训练基地等方面设备购置更新需求，征集符合要求的设备购置项目。经梳理汇总，全市申报2022年体育领域设备更新改造使用财政贴息贷款项目单位5家，经发改部门审核通过2家，分别是吉林庙香山冰雪体育旅游集团有限公司、长春百凝盾体育用品器材有限公司，项目总投资2.04亿元，贷款需求1.63亿元，2个项目被录入国家重大项目库。在征求公众、政府20个相关部门、法律专家意见基础上，8月中旬提交合法性审查，10月22日经市政府第85次常务会议审议通过。

【体育彩票销售】 2022年，长春市销售体育彩票13.08亿元，比2021年下降4%，占全省38.1%，全年基本与2021年持平。（侯　旭）

社会生活

SHEHUISHENGHUO

人口家庭

【人口】 人口自然变动 2022年，全市出生人口38959人，出生率4.58‰，比2021年下降0.47‰。市区出生人口24284人，出生率5.42‰，下降0.64‰。平均每天出生人口107人。全年死亡人口47465人，死亡率5.58‰，增长0.21‰。市区死亡人口31019人，死亡率6.92‰，与2021年持平。平均每天死亡人口130人。全市自然增长-8506人，增长率-1.00‰，增长-0.26‰，市区自然增长-6735人，增长率-1.50‰，增长-0.64‰。

表84 2022年长春市人口自然变动情况统计表

单位：人、‰

县（市）区别	出生人口		死亡人口		自然增长人口	
	人数	出生率	人数	死亡率	人数	增长率
全市	38959	4.58	47465	5.58	-8506	-1.00
市辖区	24284	5.42	31019	6.92	-6735	-1.50
南关区	5767	7.18	5733	7.14	34	0.04
宽城区	4133	6.07	4714	6.92	-581	-0.85
朝阳区	4375	5.67	5157	6.68	-782	-1.01
二道区	2956	5.18	3998	7.00	-1042	-1.82
绿园区	3378	5.26	5157	8.03	-1779	-2.77
双阳区	1427	4.00	2519	7.06	-1092	-3.06
九台区	2248	3.43	3741	5.72	-1493	-2.28
农安县	4194	4.02	3952	3.79	242	0.23
榆树市	3772	3.16	4136	3.47	-364	-0.31
德惠市	3156	4.01	4344	5.52	-1188	-1.51
公主岭市	3553	3.52	4014	3.97	-461	-0.46

（市公安局）

人口机械变动 2022年，全市迁入人口42534人，迁入率4.99‰；迁出人口40484人，迁出率4.75‰；机械增长人口2050人，增长率0.24‰。双阳区、九台区，农安县、榆树市、德惠市、公主岭市均出现迁出人口高于迁入人口，呈现负增长情况。

表85 2022年长春市人口机械变动情况统计表

单位：人

县（市）区别	迁入人口		迁出人口		机械增长人口	
	人数	迁入率（‰）	人数	迁出率（‰）	人数	增长率（‰）
全市	42534	4.99	40484	4.75	2050	0.24

续表85

县（市）区别	迁入人口		迁出人口		机械增长人口	
	人数	迁入率（‰）	人数	迁出率（‰）	人数	增长率（‰）
市辖区	38409	8.58	24232	5.41	14177	3.17
南关区	11522	14.46	5327	6.69	6195	7.78
宽城区	8621	12.71	2922	4.31	5699	8.41
朝阳区	7744	10.04	5763	7.47	1981	2.57
二道区	4090	7.15	2906	5.08	1184	2.07
绿园区	5338	8.29	3373	5.24	1965	3.05
双阳区	419	1.17	742	2.07	-323	-0.90
九台区	675	1.03	3199	4.87	-2524	-3.84
农安县	981	0.94	4303	4.12	-3322	-3.18
榆树市	952	0.80	5670	4.75	-4718	-3.95
德惠市	753	0.95	3166	4.01	-2413	-3.06
公主岭市	1439	1.42	3113	3.08	-1674	-1.66

（市公安局）

人口结构　2022年，长春市在性别比例上，以女性人口为100，性别比例99.9，比2021年下降0.2%。在乡村人口与城镇人口构成上，全市有城镇人口3998537人，占总人口47%，比2021年增加0.1%；有乡村人口4511701人，占总人口53.0%，下降0.1%。县（市）城镇人口比重最高的为公主岭市，占比为23.6%，与2021年持平；榆树市略低，占比为16.9%，下降0.1%。（张　帏）

表86　2022年长春市人口结构情况统计表

单位：人

县（市）区别	总人口数	性别		性别比例	城镇人口与乡村人口		
		男性人口	女性人口	（女性人口为100）	城镇人口	乡村人口	城镇人口比重（%）
全市	8510238	4254049	4256189	99.9	3998537	4511701	47.0
市辖区	4484651	2207563	2277088	96.9	3240588	1244063	72.3
南关区	809718	392133	417585	93.9	752114	57604	92.9
宽城区	684310	337397	346913	97.3	468600	215710	68.5
朝阳区	772176	374866	397310	94.4	726823	45353	94.1
二道区	569742	278992	290750	96.0	421557	148185	74.0
绿园区	640633	313547	327086	95.9	602288	38345	94.0
双阳区	355602	178885	176717	101.2	91323	264279	25.7
九台区	652470	331743	320727	103.4	177883	474587	27.3
农安县	1041541	532732	508809	104.7	180048	861493	17.3
榆树市	1189533	608143	581390	104.6	200460	989073	16.9
德惠市	785860	398312	387548	102.8	139633	646227	17.8
公主岭市	1008653	507299	501354	101.2	237808	770845	23.6

（市公安局）

【婚姻】　2022年，长春市深化婚姻登记改革，在全省率先开展婚姻登记“市内通办”，办理结婚登记3.7万对，跨区域办理结婚登记数量占结婚登记总量21%。探索婚俗改革，推动朝阳区、双阳区创建省级婚俗改革实验区。

【家庭】　2022年，长春市有户籍家庭323.75万户。其中，市辖区（南关区、宽城区、朝阳区、二道区、绿园区、双阳区、九台区）有户籍家庭182.11万户，县（市）（农安县、榆树市、德惠市、公主岭市）有户籍家庭141.64万户。市辖区居民家庭平均每户常住人口2.46人，县（市）居民家庭平均每户常住人口2.84人。城镇居民家庭人均住房建筑面积32.47平方米，农村居民家庭人均住房建筑面积30.55平方米。（王　蕾）

【出生人口信息采集录入】　2022年，全市出生38959人，出生率为4.58‰，比2021年下降0.47‰。市区出生24284人，出生率为5.42‰，比2021年下降0.64‰。全市平均每天出生107人。（张　帏）

【生育服务证办理】　2022年，坚持首问负责制和承诺制，符合条件，立即办理；跨省核查，在规定时限内办结；要件不全，及时回复信息。2022年，全市办理各类生育服务证3.51万个，其中“网上通办”各类生育服务证8393个。

【二孩三孩生育登记】　2022年，登录吉林省网上办事服务大厅或“吉事办”小程序网上办事大厅，办理所需各类生育服务证。2022年，全市办理二孩生育服务证8608个，三孩生育服务证503个。

【计划生育奖励扶助】　2022年，经村、乡、县、市四级申报、审核、审批、并录入国家奖扶平台确认的全市农村部分计划生育家庭奖扶对象17.82万人、计划生育伤残家庭9607人、死亡家庭1.28万人、计划生育手术并发症64人，2022年为符合条件对象发放3.24亿元。（徐道君）

【收养工作】　2022年，各县（市）区民政部门办理国内公民收养登记11例。其中，普通收养1例、三代以内旁系同辈血亲收养7例、继子女收养3例。

【殡葬管理】　编制《长春市殡葬设施专项规划（2021—2035年）》。实施殡葬惠民政策，免除1.8万名城区户籍5类居民6项基本殡葬消费1722万元。开展文明祭祀，开通“云祭祀”便民服务。第二殡葬服务中心项目由润德集团承接建设。指导各区落实《长春市基本殡葬惠民补贴办法》政策，免除居民6项基本殡葬消费，及时进行补贴资金结算。各城区（含双阳区、九台区）、开发区免除2.27万人，2344万元基本殡葬消费。各殡葬服务单位完善官方网站和微信公众平台功能，设置治丧预约、远程缴费、代客祭扫和网络“云”祭祀服务等功能。9月，经国家市场监督管理总局评审，长春市殡葬服务中心获评国家级标准化试点单位。（徐　达）

劳动就业

【概况】　推出“安心就业十大行动计划”，出台《长春市人社领域应对新冠肺炎疫情影响助力企业复工复产稳定就业若干政策措施》《长春市进一步促进就业的实施意见》等政策文件，实施“想就业找人社 缺人才找人社 服务直通车”专项工程，全年开发就业岗位16.37万个，实现城镇新增就业10.22万人，农村劳动力转移就业102.12万人，高校毕业生来（留）长10.38万人，连续6年蝉联吉林省就业创业目标责任制考评工作第1。

【高校毕业生就业】　长春市实施“百万大学生留长工程”，出台大学生留在长春“20条”政策，发挥“党政校企”联合体作用，推出产业链平台集聚等系列服务计划。实施“长聚人才——毕业季专项行动”，开展“学子创业 链接长春”活动。利用“96885”、长春人才网、抖音号、微信公众号等平台，开展政策及公共服务“云宣讲”、就业岗位“云推送”。举行长春市首批20家大学生实训基地授牌仪式。开展2022年离校未就业高校毕业生服务攻坚行动，实名登记1.57万人，服务率、联系率100%，实现就业1.04万人。发展大学生实训中心18家，实现长春地区全覆盖，长春市大学生实训中心总入驻306人。

【农村劳动力转移就业】　长春市实施“促进农村劳动力就业专项行动”，开展“就业创业四季春”、民营企业招聘月、“百日千万”网络招聘、金秋招聘月等系列活动，提供适合农民工就业岗位3.5万个。搭建创业平台，创建省级返乡创业基地5个，市级基地9个，县级基地37个，帮助农民工自主创业。实现农村劳动力转移就业102.12万人，劳务经济收入277.02亿元。

【城镇就业困难群体帮扶】　长春市实施“重点群体就业保障专项行动”，开发临时公益性岗位1269个、社区公益性岗位495个、“三无”公益专岗1109个，兜底保障就业困难人员和受疫情影响短期内无法外出人员实现就业。开展“就业援助月”“暖心行动”等专项活动，走访就业困难家庭4082户，帮助2.1万名城镇失业人员再

8月19日，市委人才工作领导小组在长春人力资源产业园正式启动“长春市首批大学生实训基地建设”项目。图为长春市首批大学生实训基地授牌仪式

（唐继越　供图）

就业，帮助1.51万名就业困难人员实现就业。

【脱贫人员就业】 长春市对脱贫劳动力实施动态管理，分类施策，重点帮扶未就业、未参加培训但有就业意愿人员，动态监测就业情况；对暂时没有就业和培训意愿人员强化职业指导。创建就业帮扶基地3家、就业帮扶车间35家、就业帮扶“星火站”32家，安置脱贫劳动力325人。脱贫劳动力实现转移就业1.06万人。

【创业促就业】 长春市实施“创富助业”专项行动。评审通过市级创业孵化示范基地（大学生创业园）项目1个，市级创业活动项目4个，给予补助资金420万元。推荐九台大学生创业园获100万元省级专项资金支持。开展“马兰花”创业培训“扩容提质”专项行动，组织创业（网创）讲师培训班7期，开展创业培训师资“提升班”、创业培训讲师微课赛，组建创业导师人才库396人，全年免费创业培训课程指导1.34万人。组织创业训练营、创业大讲堂、创业沙龙等一系列创业服务活动，与高新大学生创业园、摆渡创新创业工场等园区合作，搭建大学生创业实践平台，提供创业指导一对一服务。

【职业技能培训】 长春市推进职业技能培训“十四五”规划，完成职业技能培训25.92万人次，企业职工占60.03%，就业群体占21.87%。建设长春市职业技能公共实训基地20家，实现职业技能培训“六城”产业链全覆盖。建设全市职业技能培训载体，完成长春市技师学院一期工程，占地面积27万平方米，建筑面积15万平方米。建成长春市技师学院一期公共实训基地，占地面积4.5万平方米，建筑面积4.7万平方米，建成新能源汽车产业实训区、高端装备产业实训区、光电信息产业实训区、生物医药产业实训区、现代服务产业实训区，实训设备总投资1.2亿元。

7月18日至8月22日，长春市开展“创富助业”专项行动之“马兰花”创业培训讲师微课赛。图为微课赛现场 （程红兵 供图）

【公共就业服务】 长春市实施“服务能力提升专项行动”，打造长春市就业统计预警系统，掌握各类企业开复工、人员在岗、问题需求等情况。完成2022年公共就业服务能力提升示范项目申报，通过财政部、人社部评审，入选国家示范项目。推进就业信息服务标准化试点工作，完善市、县（市）区、乡镇（街道）、村（社区）四级公共就业服务平台体系，完成人社部验收。

【劳动权益保障】 长春市开展和谐劳动关系“四进四服务”主题活动、“百日要约”专项行动、“和谐同行”千户企业培育。长春一东离合器股份有限公司、国网吉林省电力有限公司长春供电公司获评“全国和谐劳动关系创建示范企业”，长春绿园区经济开发区获评“全国和谐劳动关系创建示范工业园区”。长春市150人被评为省级首批金、银、铜牌劳动关系协调员，2家调解组织被推荐参评省级、国家级金牌调解组织。开展根治欠薪陈欠清零攻坚战、动态清零阵地战、安薪长春持久战“三大战役攻坚”专项行动，处理国家欠薪平台线索案件1.5万件，追回2.9万名劳动者工资9.7亿元。

【首家“三方六家”劳动争议多元调处中心】 11月，长春市中级人民法院与市人社局、市司法局、市总工会、市企联、市工商联会签《关于建立我市劳动争议“三方六家”多元预防调处机制的通知》，建立吉林省首家劳动争议“三方六家”调处中心，填补长春市缺少劳动争议仲裁前专业化调解组织空白。“三方”包括中间方（市人社局、市法院、市司法局），资方（市工商联、市企联），劳动者方（市总工会）。

（程红兵）

收入消费

【城镇居民收入】 2022年，长春市城镇居民人均可支配收入4.32万元，比2021年下降0.1%。

表87 2022年长春市城镇居民收入统计表

收入项目	人均收入（元）	增幅（%）
人均可支配收入	43240	-0.1
其中，工资性收入	27933	-2.5

续表87

收入项目	人均收入（元）	增幅（%）
经营净收入	1915	-20.3
财产性收入	3272	8.4
转移性收入	10120	10.0

（市调查队）

表88　2022年长春市城镇居民消费支出统计表

消费项目	人均消费（元）	增幅（%）
人均生活消费支出	27845	-13.9
其中，食品烟酒支出	7517	-7.2
衣着支出	1673	-20.7
居住支出	7581	-3.3
生活用品服务支出	1485	-14.0
交通通信支出	3278	-16.4
文教娱乐支出	2794	-28.4
医疗保健支出	2810	-20.2
其他用品支出	708	-41.9

（市调查队）

【城镇居民消费】　2022年，长春市城镇居民人均生活消费支出2.78万元，比2021年下降13.9%。

【农村居民可支配收入】　2022年，长春市农村常住居民人均可支配收入1.89万元，比2021年增长2.4%。

【农村居民生活消费支出】　2022年，长春市农村居民生活消费支出1.34万元，比2021年增长1.2%。

表89　2022年长春市农村常住居民可支配收入统计表

收入项目	人均收入（元）	增幅（%）
可支配收入	18919	-0.1
其中，工资性收入	4301	-2.5
经营净收入	10161	-20.3
财产性收入	667	8.4
转移性收入	3790	10.0

（市调查队）

表90　2022年长春市每百户耐用消费品拥有情况统计表

指标名称	单位	数值
家用汽车	辆	51.9
摩托车	辆	1.8
电冰箱（柜）	台	98.7
洗衣机	台	98.8
热水器	台	92.4
空调	台	40.4
彩色电视机	台	98.8
照相机	台	14.7
计算机	台	62.7
中高档乐器	架	4.6
固定电话	部	6.0
移动电话	部	233.3

（市统计局）

【居民消费价格总指数】 2022年，以2021年同期指数为100统计，全市居民消费价格上涨1.9%。

【八大类商品价格指数】 食品烟酒类上涨3.3%，衣着类下降0.2%，居住类上涨0.1%，生活用品及服务类上涨1.9%，交通和通信类上涨4.8%，教育文化和娱乐类上涨1.1%，医疗保健类上涨0.8%，其他用品和服务类上涨1.2%。 （王 蕾）

表91 2022年长春市居民消费价格分类指数统计表（以上年同期为100）

消价指数（CPI）	食品烟酒	衣着类	居住类	生活用品服务	交通通信	文教娱乐	医疗保健	其他用品服务
101.9	103.3	99.8	100.1	101.9	104.8	101.1	100.8	101.2

表92 2022年长春市商品零售价格分类指数统计表（一）（以上年同期为100）

零售总指数	食品类	饮料烟酒	服装鞋帽	纺织品类	家电音像	文化办公	日用品类	体育娱乐
103.1	103.6	100.3	99.9	99.8	100.4	100.2	102.8	100.0

表93 2022年长春市商品零售价格分类指数统计表（二）（以上年同期为100）

交通通信	家具类别	化妆用品	金银饰品	中西药医保	书报杂志电子出版物	燃料类别	建筑五金电料
99.1	102.4	101.1	103.6	100.8	102.6	116.7	102.6

（市调查队）

社会保险

【养老保险】 2022年，长春市开展靶向精准扩面，利用数据互联互通重点关注灵活就业人员、新业态人员、农民工、中小企业等群体，参保登记人数逆势增长。截至年末，全市养老保险参保人数618.5万人。其中，城镇企业职工274.5万人，机关事业单位人员30.6万人，城乡居民313.4万人。养老保险基金征缴248.66亿元。其中，企业职工保险195亿元，机关保险49.7亿元，城乡居民保险3.96亿元。全市享受养老待遇人数194.9万人，全年发放养老金386.3亿元，比2021年增长44.7亿元。其中，发放79.8万城镇企业退休人员285.4亿元，发放10.3万机关事业养老保险退休人员84.6亿元，发放104.8万城乡居民16.3亿元。第十八次上调全市企业退休人员养老金，惠及79.8万企业退休人员，调整后每月养老金人均2850元；上调10.3万机关事业单位人员养老金，月平均养老金增加167.8元；上调103.1万城乡居民养老金，市本级月基础养老金168元。实施阶段性缓缴社保费政策，缓缴2.1万户参保单位企业职工养老保险费9.7亿元。 （赵 磊）

【医疗保险】 全市医疗保险参保人数834.72万人。其中，参保职工202.17万人、参保居民632.55万人。比2021年参保总人数增加23.29万人。其中，参保职工增加4.87万人，参保居民增加18.42万人。全市医保基金当期收入140.3亿元，支出132.7亿元，当期统筹基金结余7.6亿元，累计结余141亿元。其中，职工医保基金当期收入87.4亿元，支出76.1亿元，当期结余11.3亿元，累计结余131.4亿元；城乡居民医保基金当期收入52.9亿元，支出56.6亿元，当期超支3.7亿元，累计结余9.6亿元。2022年，全市有1149.88万人次就医，住院89.95万人次，基金支出71.85亿元，比2021年下降18.1%。连续16年提高城乡居民医保财政补助标准，将2022年城乡居民医保政府补助提高30元，每人每年610元。

5月起，减半征收城镇职工基本医疗（不含生育保险）单位缴费部分3个月，减征参保单位5.06万家8.3亿元，对中小微企业、以单位方式参保个体工商户及相关社会组织，实行7月至9月阶段性缓缴单位应缴纳职工医保费政策，缓缴参保单位4.2万家。9月1日起，长春市将原双阳区、九台区、公主岭市、榆树市、德惠市、农安县以及市本级7个职工医保统筹区整合为1个市级统筹区，通过制度政策统一、基金统收统支和经办服务一体，实现城镇职工基本医疗保险和大额医疗救助基金市级统筹，在全省唯一实现城镇职工医保市级统筹。 （温斯琪）

【工伤保险】 2022年，长春市工伤保险参保176.5万人，征缴2.79亿元。发放工伤待遇0.9万人2.68亿元，上调工伤保险待遇2586人次。实施阶段性降低费率和缓缴政策，减负参保单位工伤保险费7.27万户2.69亿元，缓缴参保单位工伤保险费378户1123.7万元。从基础管理、目录管理、收费管理、医疗服务管理、结算管理、信息管理等6个方面明确工伤定点医疗机构作为协议方的责任和义务，定期通报履约服务情况，建立工伤医疗专家库。

【失业保险】 2022年，长春市失业保险参保126.1万人，征缴7.77亿元，发放3.3万失业人员失业金3.2亿元。上调失业金标准，市本级每月增加179元，涨幅11.8%；调整后市本级失业金月标准1692元。发放助企纾困资金11.96亿元。其中，发放企业稳岗返还资金3.46万户3.74亿元，发放企业一次性留工补助4.71万户4.71亿元，发放一次性扩岗补助1317户企业1103万元，发放职业技能补贴4万人次7563万元，发放失业补助金2.62亿元，发放价格临时补贴203万元。实施阶段性降低费率和缓缴政策，减负参保单位失业保险费5.59万户6.79亿元，缓缴参保单位失业保险费3024户3381.75万元。 （赵 磊）

【生育保险】 2022年，全市有4.69万

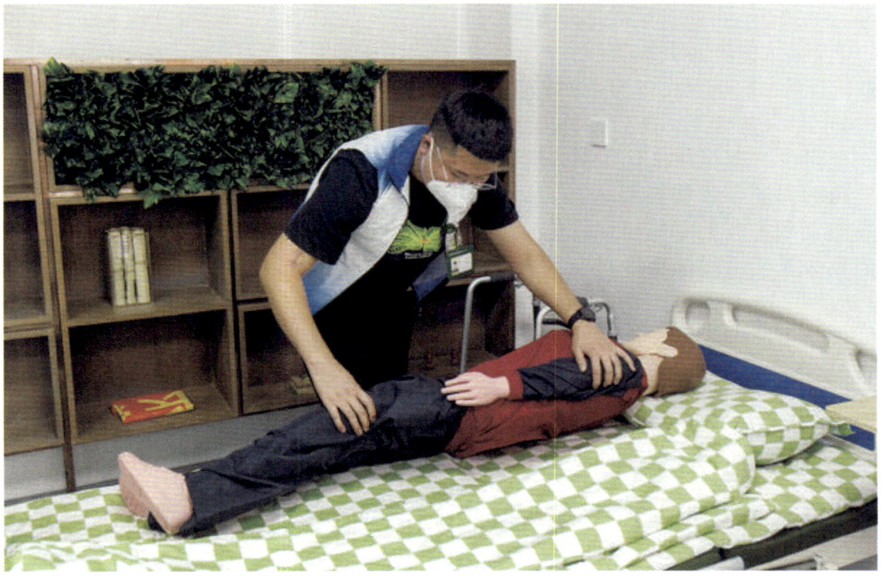

长春市打造“互联网+照护”服务模式，自主研发“长春市居家照护服务系统”。图为护理员练习照护服务　（摄于10月10日　张　扬　供图）

人次享受生育保险待遇，基金支出1.2亿元，相较于2021年下降8.3%。

【照护保险】　在南关区、二道区试点开展居家照护服务，将参保城镇职工、城乡居民、灵活就业人员全部纳入保障范围；涵盖家庭自行护理较难开展生活照料项目10项，需求度较高医疗护理项目8项。其中，生活照料每小时40元、每人每周可享受上门服务2次，医疗护理每小时50元、每人每周可享受上门服务1次，城镇职工报销比例80%，城乡居民报销比例70%。即参保城镇职工个人每月需支付168元、城乡居民个人支付252元，享受每月12次、20小时居家照护服务。创新探索双重保障一单结算，实现特困老年人居家照护“零自付”。即对低保对象、低收入家庭中失能老人个人自付部分给予80%补贴、个人承担20%，获国家长期护理保险评估组认可。2022年，开展居家照护服务7680人次。省长韩俊两次肯定批示长春医疗照护保险工作，并要求在全省推广。（温斯琪）

【经办业务】　截至年末，网上公共服务平台注册单位7.4万户，个人145.3万人，微信小程序用户119.8万人，网上办、掌上办业务218.3万笔。前台业务全链条“综合窗口”受理，经办服务延伸到各城区，高频个人业务下沉社区经办，实现驻区办、社区办、“一窗受理、全城通办”。选择2个城区作为试点，将机关保、工伤保险纳入综合窗口运行范畴。全市受理各类医保经办业务102万笔，总来访量32万人次，比2021年分别降幅52.3%和47.5%。形成窗口咨询、电话咨询和24小时智能语音咨询相结合服务模式。咨询服务大厅全年接待临柜咨询48万人次，智能语音系统全年提供服务23.9万人次，“9612333”咨询服务热线接待咨询34万人次。　（赵　磊　温斯琪）

【社保管理】　制定与全国统筹模式相适应岗位权限管理办法，完善业务经办风险防控。长春市企业职工养老保险信息系统实现与全国统筹系统对接。完善税务部门社会保险费征收职责划转运行机制，安排人员加入业务协同专班，研究推进统一社会保险费征收模式工作，做好数据对接规划设计。开展社会保险基金管理提升年行动、社会保险基金安全警示教育活动。推进信息比对为主、远程认证和社会化服务相结合认证模式，启动城乡居保享待人员手机端小程序认证。以市社保局网站、微信公众号、抖音、今日头条、西瓜视频、吉视传媒为基础，发布通知公告、政策法规、热点问题等信息。全年各新媒体平台自主宣传信息近400条，制作并发布短视频31个，开展抖音直播5场，直播观看7万人次，与官方主流媒体互动宣传推送80余次，配合省市电视台采访30次。印制2万份宣传海报和宣传单，张贴至街道、社区和居民区。　（赵　磊）

社会救助

【特困人员救助】　2022年，长春市提高城区特困人员基本生活标准和照护标准，提高20世纪60年代精退职工基本生活补助标准和丧葬补助标准。元旦春节期间，向4.5万低保重点保障户和特困人员按每户（人）500元标准发放节日补贴2248万元。新冠疫情期间，对困难群众实施主动发现救助，按“特事特办、先行纳入”原则纳入保障范围。实施急难救助，提前顶格拨付乡级临时救助备用金。开展移动端救助申请受理，开通社区管控24小时服务热线。出台《2022年度农村社会救助工作方案》，与乡村振兴部门开展信息比对，指导基层将符合条件人员纳入保障范围。提高特困供养标准，特困人员基本生活标准提高到每人每月945—1660元，最高增

表94　2021—2022年长春市照护保险基本情况统计表

年度	基金收入合计（亿元）	基金支出合计（亿元）	享受待遇人次合计（万人次）
2021年	5.20	0.86	7.3
2022年	7.47	2.03	8.1
增幅	43.65%	136%	11%

（市医保局）

幅16.9%，自理、半失能、失能人员照料护理标准分别提高到188元、470元和752元。

【基本民生保障】 出台《关于改革完善社会救助制度的工作方案》，实施"资金+物质+服务"救助模式。保障城乡低保对象16.1万人，年投入资金9.5亿元，保障城乡特困人员2.7万人，年投入资金2.7亿元。提高特困供养标准，特困人员基本生活标准由每人每月860—1420元提高到每人每月945—1660元，最高增幅26%。

【专项社会救助】 启动社会救助标准与物价上涨挂钩联动机制，给困难群众发放价格临时补贴1500余万元。疫情期间，将2043名困难群众纳入低保或特困供养范围，发放疫情一次性生活补助1100万元和价值900万元暖心"蔬菜包"。推进救助资金问题专项整治与困难群众摸底排查专项行动，排查困难群众24.1万人，2315名低收入人员纳入动态监测和常态化帮扶范围。

【流浪乞讨人员救助】 对流浪乞讨人员进行劝导救助、转介处置，救助流浪乞讨人员1582人次，向外地滞留临时遇困人员发放食品、棉大衣、卫生包近2000份。（徐　达）

【教育救助】 2022年，市民政局、市教育局、市总工会、市残联、市慈善会开展2022年"幸福长春·圆梦助学"活动。发放城区60名中专至研究生学历孤儿每人助学金1万元。

对长春市原建档立卡脱贫家庭学生按照学前、义务教育、高中、大学、中职分别给予每位学生1500元、2000元、4000元、5000元、7200元助学补助。对就读于长春市属包含民办在内的中职学校的长春市原建档立卡脱贫家庭学生免除学习相关费用。主城区、开发区低保、原建档立卡脱贫家庭及孤儿参加高考学生每人提供助学金1万元，九台区、双阳区每人6000元；参加中考学生每人3000元，九台区、双阳区每人1000元。

在"工会帮扶工作管理系统"中建档的深度困难职工家庭，子女就读高中及以上大中专院校，提供12个月当地最低生活保障标准总和助学金；相对困难职工家庭，提供8个月当地最低生活保障标准总和助学金。考入全日制普通高等学校、中等职业学校、高中及具有全日制普通高等学校、中等职业学校、高中正式学籍的在校残疾学生、家庭经济困难的残疾人子女，每人每年按照本科及本科以上6000元、专科3000元、中专2000元、高中1000元标准，给予学费资助。参加全国成人高考和高等教育自学考试等国家承认的大专以上学历的残疾人，修完全部课程，取得学校颁发的毕业证书，当年给予一次性学费资助，资助标准2000元。

（《长春年鉴》编辑部）

【医疗救助】 2022年，长春市确定市人民医院、市传染病院、市第六医院为流浪乞讨人员医疗救助定点医院，承担全市城市流浪乞讨病人医疗救治工作。经认定，2022年各定点医院救治流浪乞讨人员613人，总救治费用237.88万元。全年对困难群众实施资助参保、门诊和住院医疗救助38万人次，支出资金1.4亿元，人均救助金额700元，与2021年基本持平。12月26日，印发《关于印发长春市重特大疾病医疗保险和救助制度实施办法的通知》。率先探索医疗救助市级统筹，实现全域重特大疾病医疗保险和救助制度政策统一。（徐道君　温斯琪）

【慈善救助】 2022年，长春市有48家社区在市慈善总会设立"社区慈善基金"。其中，朝阳区15家、南关区12家、宽城区7家、绿园区区4家、二道区5家、净月高新区3家、高新区1家、公主岭市1家。募集资金近200万元，开展惠民项目42个，使用善款39.01万元，惠及群众近万人次。（徐　达）

【红十字会救助】 编印《红十字会募捐救助工作手册（2022版）》，宣传普及红十字工作相关法律法规，指导各地依法依规开展工作；编印"人道救助项目"宣传页，指导基层红十字会做好人道救助项目宣传、审核、上报工作。36名患儿获中国红十字基金会小天使基金救助148万元。1576名困难家庭肿瘤患者得到省红十字会肿瘤救助项目救助。以"长红·凉夏助学行动""长红·暖冬助困行动"2大品牌筹资项目带动"长红"救助项目募集124.69万元。开展"红十字博爱送万家"活动，争取上级支持与本级筹措，慰问款物10万余元，受益人覆盖朝阳区、南关区等5个县区、190余户困难群众，包括低保户、孤寡老人、遗体捐献登记者、贫困献血者等贫困家庭。其中，"长红·暖冬助困行动"救助项目发放6.05万元，惠及九台区波泥河镇、双阳区平湖街道、南关区北安社区等121户低保空巢等困难家庭。9月，拨付10.5万元至朝阳区、南关区、宽城区、双阳区和榆树市等地，专项用于救助贫困学生，惠及长春市希望学校、朝阳实验小学校、双阳区第一实验小学、宽城区柳影实验学校、榆树市第二实验中学等88家中小学校350名贫困学生。（熊思幸）

【困境儿童救助】 2022年，全市642名孤儿、638名事实无人抚养儿童全部做到应保尽保。推动保障标准提标工作，集中供养和社会散居孤儿保障标准由原来每人每月1500元、1100元提高至1635元、1235元。办理孤儿、事实无人抚养儿童身份认定申请"跨省通办"1例。（徐　达）

表95　2021—2022年长春市医疗救助基本情况统计表

年度（含四县市）	资金支出合计（亿元）	救助人次合计（万人次）	资助参保资金支出（万元）	资助参保人数（万人）	直接医疗救助资金支出（包括住院和门诊救助，万元）	直接医疗救助人次（万人次）	人均医疗救助金额（元）
2021年	1.61	48	3430	23	12670	25	700
2022年	1.40	38	4680	20	9320	18	700

（市医保局）

住房保障

【概况】 2022年，长春市出台《关于发展保障性租赁住房的实施意见》，制定发展保障性租赁住房总体目标。“十四五”期间，计划新增保障性租赁住房不低于3万套（间），主要解决新市民和青年人住房问题。

【公租房建设】 2022年，长春市新建公租房500套，由润德集团在经开区兴隆保税区建设。5月，润德集团公租房项目开工建设。

【保障性租赁住房建设】 2022年，长春市筹集保障性租赁住房1万套（间）。其中，中央财政支持住房租赁市场发展试点建设的租赁住房、闲置公租房纳入管理9045套（间），企事业单位利用存量土地、存量房屋和产业园区用地新建、改建1000套（间）。

【人才安居保障】 2022年，长春市实施人才安居工程，发放安家补助、实行购房补贴。全市有人才公寓5000套，入住4000余人，创建人才社区，建设9个主题区块、2万套100万平方米公寓。

【公有住房管理】 采取一事一议、专题研究、专人指导等措施，跟踪督办各类历史遗留房改难题，完成省机关事务管理局拨用房产、北安小区等公有住房房改工作，配合做好市政重点项目征收范围内房屋面积确认、共有产权界定等工作。规范简化公有住房售后资金使用程序。出售公有住房7697户、44.2万平方米，办理职工补贴资金258万元。

【住房补贴发放】 截至年末，长春市发放6667户低保、低收入及环卫工人住房困难家庭租赁补贴约3097万元。

（程　游）

【住房公积金管理】 2022年，长春市归集公积金191.19亿元，比2021年增加10.53%，增长率高于全省6.26个百分点；发放贷款72.48亿元，贷款发放额占全省总额53.43%；职工提取公积金129.47亿元，增长6%。实现增值收益10.27亿元，增长98.65%，达到历史最高水平。新建商品房公积金贷款与购房提取146.56亿元，相当于全市房地产销售总额37.85%，占比历年最高。

全年缓缴379家单位，涉及职工8.31万人，总缓缴金额4.34亿元；降低609家单位缴存比例，涉及职工2.96万人，累计减少归集额4256.82万元；受理缓缴公积金企业职工公积金贷款申请273笔，涉及资金1.38亿元，缓缴职工购房总面积2.85万平方米。全年办理贷款结清后未满2年职工贷款1339笔，金额4.12亿元；发放异地贷款591笔，金额3.42亿元；降低2774户居民首付比贷款，金额16.17亿元；办理1391户居民第二次贷款利率执行同期首次利率业务，涉及资金8.56亿元；延期2728名职工还贷，涉及本金468.52万元，利息175.34万元；职工办理延期提取149笔，金额1378.7万元；职工补充提取公积金2508笔，金额1亿元，补充提取金额1127.2万元；提高1.54万名租房职工公积金提取额度，提取金额2.6亿元。

9月16日起，受理“商转公”业务，按照“先还后贷”“顺位抵押”2种操作方式，在城区范围内设置7个业务受理网点，周六加班受理“商转公”业务。全年受理审批“商转公”业务2578笔，涉及金额10.63亿元，审批放款1225笔，放款金额5.16亿元；审批未放款1351笔，涉及资金5.46亿元。10月31日，原电力分中心住房公积金业务正式移交至长春市住房公积金管理中心（简称市公积金中心）进行属地化管理。移交后，电力职工享受长春市公积金各项贷款政策，直接在市公积金中心签约楼盘贷款购房，增加贷款品种、门类、额度、可选择楼盘项目和商业银行，为全省公积金行业实现属地化管理做出示范。

（马　循）

社会福利

【儿童福利】 依托“12345”开通未成年人保护热线功能，疫情期间向5343户困境儿童家庭发放一次性生活补助106.8万元，推动各部门维护125万未成年人合法权益。全市保障孤儿和事实无人抚养儿童1288人，集中供养保障标准每人每月1635元。

【残疾人福利】 向73.2万人次发放残疾人生活补贴和重度残疾人护理补贴5871万元。康复辅助器具租赁服务试点运营，满足特殊困难群体辅具租赁需求。

【老年人福利】 实施亿元以上养老项目12个，投资34.24亿元。国信健康综合体、莲花山康养小镇等重大项目纳入“四新设施”项目库。印发《关于加快推进养老服务高质量发展的实施意见》（简称《实施意见》）。制定养老支持政策清单、基本养老服务清单和养老

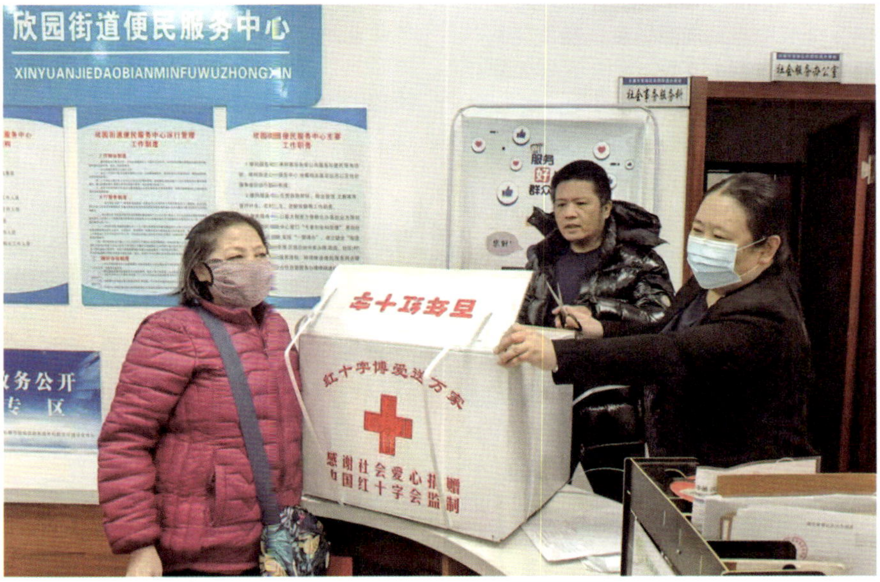

1月26日，长春市红十字会到宽城区欣园街道开展“博爱送万家”活动，发放慰问物资

（熊思幸　供图）

长春国色天莲康养度假小镇是吉林省莲花山生态旅游度假区重点康养项目，是长春首个国际化、家庭式、全服务康养度假社区

（长春莲花山国色天莲康养度假小镇　供图）

服务任务清单，完善拥有7大应用场景养老管理与服务平台，构建以《实施意见》为引领，3个清单和1个平台为支撑养老服务“1+4”发展框架，开展家庭养老床位照护服务项目。争取中央资金2562万元，在经济困难失能老年人家庭实施适老化改造和信息化改造，制定服务套餐3个，提供专业照护服务37项。根据老年人身体状况和服务需求，制订动态照护计划，设置最低服务时长。遴选服务机构50家，开展服务4100余人次。

【福彩销售】　全年彩票销售额9.26亿元，筹集公益金2.72亿元。其中即开型彩票销售额在全国排名第23，在东北三省位居第一；有3人获全国“优秀市场管理员”称号。9月，长春市福彩中心被中福彩中心评为2022年全国快乐8游戏销售技能擂台赛“百强地市机构”。

（徐　达）

社区建设

【概况】　长春市辖城区7个、开发区6个、县（市）4个，有城市社区587个、农村社区2096个。10月，《长春市创新在“三长”联动工作模式推进基层社会治理能力提升》案例被评选为“全国社会治理创新案例”。

【社区组织建设】　印发《关于构建平战结合社区防控体系 提升基层治理能力的若干意见》，构建“立足平时、应对战时、植根基层、快速转换”平战结合社区防控体系。出台《关于构建平战结合社区防控体系 提升基层治理能力的若干意见》和落实意见10项具体措施。

【社区网格化管理】　开展“幸福社区”评选，公开命名“幸福社区”65个；按照300—500户标准和“边界清晰、全域覆盖、规模适度、功能完整”原则优化网格349个。在全省率先建立网格治理机制。调整升级“三长”队伍，在全市社区开展“幸福社区”和“百佳‘三长’”评选活动。朝阳区红旗街道德昌社区等65个社区被市社区建设工作领导小组办公室命名为幸福社区，张鑫等150名网格长、楼栋长、单元长被表彰为“百佳‘三长’”。

【社区治理服务】　在全省率先完成《长春市街道办事处条例》《长春市社区治理促进条例》立法相关工作，填补长春市城乡基层治理方面法律空白。拆分超过1万户超大规模社区，新成立社区24个。

【基层自治】　2022年，长春市指导县（市）区、开发区建立健全村（居）民委员会下属委员会，发挥人民调解、治安保卫、公共卫生、妇女儿童工作等专门委员会职能。出台《关于深化村（居）务公开工作的实施意见》，指导县（市）区深化村（居）务公开工作。借鉴城市社区居民议事协商经验，指导朝阳区乐山镇辛屯村、净月开发区玉潭镇建国村、二道区英俊镇四合村、公主岭市刘房子街道石丰村4个国家级村级议事协商创新实验试点开展议事协商实践探索。

【社会工作发展】　2022年，全市规划建设社工站213个，累计建立社工站119个，建设九台区、净月高新区社工站。下拨福彩公益金162万元支持城区54个社工站购买服务，公开招聘“社工岗”1077人。全市“社工岗”持证上岗1876人，全市持有社工资格证5734人。推动建设市、县、乡、村（社区）四级社会工作服务体系，提供困难帮扶、养老托幼、心理疏导、矛盾调解、法律咨询、文体娱乐、志愿服务等公益服务。

（徐　达）

社会组织管理

【概况】　截至年末，全市有社会组织9373家（登记4194家、备案5179家），登记社会组织中市本级1021家（社会团体（简称社团）341家、民办非企业单位（组织）（简称民非）680家、县（市）区3173家。全市登记社团1287家，民非2907家。

表96　2022年长春市市级社会组织评估等级一览表

等级	组织名称
AAAAA	长春市建筑业协会
	长春市南安商会
	长春南湖实验中学
	长春市五环体育舞蹈中等职业学校
	长春恒康中医医院
AAAA	长春市建筑安全协会
	长春心语志愿者协会
	长春市饭店餐饮烹饪协会

续表96

等级	组织名称
AAAA	长春市江苏商会
	长春市建筑装饰装修协会
	长春市爱心家园志愿者协会
	长春市庄河商会
	长春市和谐居家养老服务中心
	长春市妇女儿童活动中心业余培训学校
	长春市益启社会组织发展中心
	长春市机电工程技术学校
AAA	长春市伊通商会
	长春市服装服饰商会
	长春市基层法律服务工作者协会
	长春市晨星志愿者协会
	长春市佛教协会
	长春市巾帼职业培训学校
	长春市德润居家养老服务中心
	长春市红领社会工作服务中心
	长春市睿哲思社会工作服务中心
	长春市顺美居家养老服务中心
A	长春市新生活居家养老服务中心

（市民政局）

【社会组织培育】 2022年办理社会组织登记203件。其中，民非成立登记4件，变更登记125件，注销登记31件；社团成立登记9件，变更登记30件，注销登记4件。办理社会组织延期登记13件。核准48家社会组织名称，换发129家社会登记证书。出具委托审计通知书93件。

【社会组织党建】 2022年，长春市审查社会组织负责人和发起人资格背景，推进社会组织"党建入章"。市本级社会组织党组织组建率22.5%，党的工作覆盖率100%。2022年度参评社会组织中建立党支部（独立、联合、派驻）占80%。

【行业商会管理】 2022年，长春市开展行业协会商会收费清理整治专项活动"回头看"行动，各行业协会商会先自查经行业主管单位同意后，向市民政局提交总结报告。收到行业协会商会自查表120份，其中收取会费行业协会商会76家，30余家社团降低或缓交会费。鼓励行业协会商会按照能免则免、能减则减原则，主动减免经营困难会员企业尤其是中小微企业收费。2022年，有7家行业协会商会减免会费，减免金额120万元。（徐　达）

老龄事务

【概况】 截至年末，长春市60周岁及以上老年人口209.41万人，占总人口24.67%；65周岁及以上老年人口149.96万人，占总人口17.67%；80岁及以上老年人口27.47万人，占总人口3.24%，占老年人口13.12%。

【全国示范性老年友好型社区创建】 2022年，长春市下发《关于开展2022年全国示范性老年友好型社区创建工作的通知》，制定《创建材料建议清单》。对照全国示范性城乡老年友好型社区标准，在居住环境、出行设施、社区服务、社会参与度、孝亲敬老氛围、科技助老、管理保障7个方面开展创建工作。定期开展独居、空巢、留守、失能（含失智）、重残、计划生育特殊家庭老年人家庭用水、用电和用气等设施安全检查，改造维修老化或损坏设施，排除安全隐患。加强社区道路设施、休憩设施、信息化设施、服务设施等设施和场所无障碍建设。利用社区卫生服务中心（站）、乡镇卫生院等定期为老年人提供生活方式和健康状况评估、体格检查、辅助检查和健康指导等健康管理服务，提供患病老年人基本医疗、康复护理、长期照护、安宁疗护等服务。开展老年人思想道德、科学普及、休闲娱乐、健康知识、艺术审美、智能生活、法律法规、家庭理财、代际沟通、生命尊严等方面教育。依托智慧网络平台和相关智能设备，提供老年人居家照护、医疗诊断、健康管理等远程服务及辅助技术服务。10月19日，长春市11个社区入选2022年全国示范性老年友好型社区。

【老年人优待政策】 出行优待　年满65周岁及以上老年人，免费乘坐城市公共交通工具（公共汽车、轻轨、地铁等）；年满60—64周岁老年人乘坐市内公共交通工具，享受半价或减免优惠。公交车站、机场，老年人享受优先购票、检票等优待。

旅游优待　年满65周岁老年人，免收公园、景区、文化建筑物等门票；年满60—64周岁老年人，享受门票半价优惠。

医疗优待　基层医疗卫生机构为辖区内老年人，每年至少提供1次健康体检；老年人就医享受优先服务。

高龄津贴　2022年，长春市享受高龄津贴25580人，发放7820.25万元。80—89周岁城乡低保（特困）老年人每人每月发放200元；90—99周岁老年人

表97　2022年长春市入选全国示范性老年友好型社区一览表

序号	社区（村）名称	属　地
1	黑鱼村	双阳区平湖街道
2	凤凰社区	净月高新技术产业开发区彩织街道
3	天宝社区	朝阳区红旗街道
4	青浦社区	绿园区铁西街道
5	孟家村	公主岭市范家屯镇
6	农场社区	公主岭市河北街道
7	自由大路社区	朝阳区桂林街道
8	东风社区	南关区鸿城街道
9	长山花园社区	宽城区团山街道
10	永利村	榆树市恩育乡
11	丰泰社区	二道区荣光街道

（市民政局）

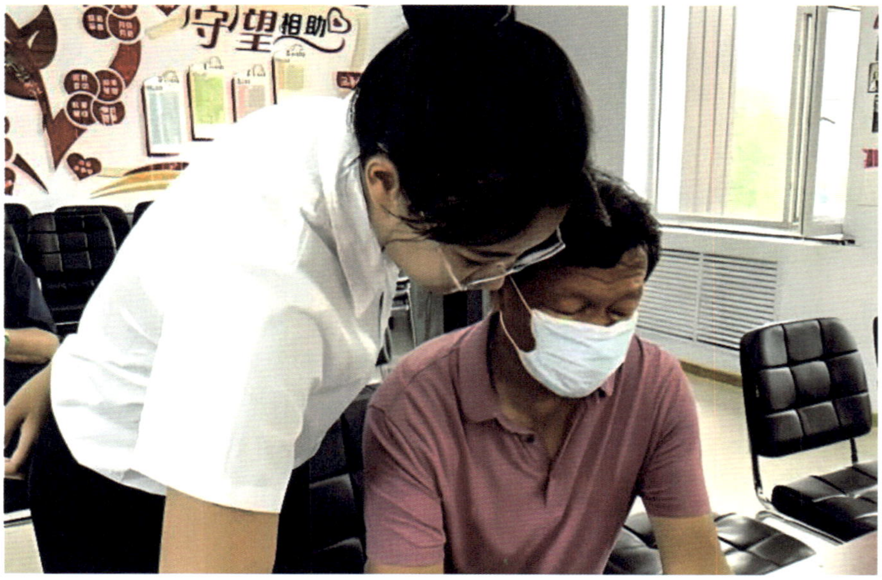

7月，长春市朝阳区民政局通过公益创投，委托社会组织在红旗街道天宝社区开展长者智能手机培训。图为工作人员手把手教授老年人使用智能手机下载应用软件、注册个人信息，讲解小程序应用技巧，并为老年人示范如何通过官方微信公众号进行线上挂号、线上预约医生　　（天宝社区　供图）

每人每月发放400元；100周岁以上老年人每人每月发放600元。

殡葬优待　本市户籍且享受低保老人，去世免收殡葬服务费。

【敬老月活动】　10月1日至31日，在全市开展“反诈防骗，敬老助老”主题反诈防骗和敬老助老活动。“敬老月”期间，在2路、62路、239路3条“银龄健康教育实践基地”公交线路，开展“敬老月”系列主题宣传活动。发布《防范医疗领域养老诈骗》“防诈”线上课程，通过以案说法等形式讲述医疗领域养老诈骗危害，介绍防止老年人受骗有效措施。开展走访慰问老年人活动，下拨慰问活动经费10万元。其中，省级慰问老年人活动专项补助经费5万元，市级老年事业费配套经费5万元。按照每位老人800元慰问金标准，重点走访慰问独居、空巢、留守、失能、重残、高龄贫困、计划生育特殊家庭等老年人。

【老年人健步走活动】　11月5日，2022年全国老年人健步走（吉林分场）活动在长春体育运动中心举行，500余名老年徒步爱好者参加。市老年体协成员表演手杖操、彩绸舞等节目。徒步活动以长春体育中心南门为起点，分为3千米体验组、3千米持杖组。

【医养结合服务】　2022年，长春市有各类医养结合机构61家。其中，“医办养”10家，“养办医”51家；公办机构4家（含3家社会福利院），公建民营机构2家，民办机构54家。医养结合床位2.02万张，其中医疗床位2857张；工作人员4673人，其中医疗卫生服务人员1728人。在院老人7738人。其中，完全失能3036人、部分失能/中轻度障碍老人1933人、自理老人2769人，入住率38.3%。开展老年健康与医养结合服务管理项目试点工作，对17个县（市）区35家项目点下拨项目补助资金。通过对项目点65岁及以上老年人提供医养结合服务以及为65岁及以上失能老年人开展健康评估与健康服务，探索建立老年人失能预防干预工作模式。

【敬老爱老助老宣传教育】　7月25日至31日，在全市开展“改善老年营养，促进老年健康”老年健康宣传周活动。开展全市同上一堂老年营养健康线上直播课活动。录制《牙龈萎缩惹的祸》《吃出健康》等健康视频课，在吉视传媒、长春全民学习网等渠道播放，受益人数超过500万。在“长春e健康”微信公众号设立“长春市老年健康宣传周”专栏，发布9篇科普文章宣传老年健康政策和老年病防治知识。全市各级医疗卫生机构通过媒体宣传、张贴海报、展板展示、点亮电子屏、播放视频等形式，向老年人宣传老年健康政策和老年营养健康科普知识，制作、发放宣传资料11万份，张贴海报425份。各级医疗卫生服务机构、银龄健康基地和老年友好社区联合开展老年营养宣教活动31次。

（徐道君　徐　达）

民族宗教事务

【概况】　2022年，长春市召开市委民族工作会议、全市宗教工作会议，出台规范性文件3个。完善27个市民族事务委员会委员单位协同机制，强化宗教工作“三级［县（市、区）、乡（镇、街道）、村（社区）］网络、两级［乡（镇、街道）、村（社区）］责任制”作用。全市有11个民族村被评为省级“千村示范”。年内，获批全国民族团结进步示范区1个、国家级各族群众互嵌式发展计划试点示范项目1个，省级示范区示范单位5个，命名市级示范区示范单位50个。会同市政务服务和数字化建设管理局，开发建设民族宗教智能化服务管理平台。　　（金　迪）

延伸阅读>>

入选第十批全国民族团结进步示范区示范单位名单

长春市南关区

入选第七批全省民族团结进步示范区示范单位名单

1.长春市朝阳区
2.长春市宽城区
3.长春市九台区
4.长春市南关区回族小学
5.长春市二道区东盛街道亚泰社区

第一批全市民族团结进步示范区示范单位名单

长春市体育运动学校

朝阳区

朝阳区清和街道办事处
朝阳区清和街道普庆社区
朝阳区乐山镇辛屯村
朝阳区明德路小学
欧亚卖场
省军区第四离职干部休养所

朝阳区松辉路基督教堂

朝阳·金融荟

南关区

南关区明珠街道办事处

南关区鸿城街道东风社区

南关区回族小学

宽城区

宽城区群英街道办事处

宽城区欣园街道五星村

宽城区朝鲜族小学

武警吉林总队长春支队执勤八队

吉林省正成创业有限公司

二道区

二道区荣光街道办事处

二道区东盛街道亚泰社区

二道区清真寺

绿园区

绿园区正阳街道办事处

绿园区卫生健康局

绿园区正阳街道丰和社区

长春皓月清真肉业股份有限公司

绿园区朝鲜族小学

绿园区艺凡艺术教育培训学校

双阳区

双阳区双营乡双营社区

双阳区双营子乡尹家村

双阳区回族中学

长春世鹿鹿业集团有限公司

双阳区云山基督教会

神鹿峰旅游度假区

九台区

莽卡满族乡人民政府九台区教育局

九台区福星社区九台区莽卡满族中心学校

长春伊利冷冻食品有限公司

九台区消防救援大队

九台区团结基督教会

九台区新的社会阶层联合会

公主岭市

公主岭市仙山村

公主岭市龙山学校

公主岭市广善龙山景区旅游服务有限公司

榆树市

榆树市延和乡人民政府

长春新区

长春新区高新技术产业开发区双德街道富康社区

经开区

城东基督教堂

汽开区

长春汽车经济技术开发区富民街道富民社区

长春汽车经济技术开发区东风幼儿园

净月区

净月高新技术产业开发区彩织街道中海社区

长春农业博览园

【民族工作会议】 1月12日，市委民族工作会议召开。省委常委、市委书记张志军强调，贯彻习近平总书记关于加强和改进民族工作的重要思想，全面落实中央、省委民族工作会议部署，以铸牢中华民族共同体意识为主线，推动新时代长春民族工作高质量发展。市长王子联主持会议。市人大常委会主任王志厚、市政协主席綦远方出席。市委常委，市人大常委会、市政府、市政协分管或联系民族工作负责人，市法院、市检察院负责人，市直相关部门、部分高校及县（市）区、开发区负责人等参加会议。（周玉琦）

【民族团结进步创建】 9月23日，长春市举办“铸牢中华民族共同体意识 喜迎二十大胜利召开”全市民族团结进步宣传月线上启动会。年内，南关区获评第十批全国民族团结进步示范区；朝阳区、宽城区、九台区获评第七批全省民族团结进步示范区，南关区回族小学、二道区东盛街道亚泰小学获评全省第七批民族团结进步示范单位；朝阳区清和街道办事处、长春市体育运动学校等50个单位入选全市第一批民族团结进步示范区示范单位。南关区长通街道清真寺社区被国家民委评为2022年各族群众互嵌式发展计划试点示范项目。

【民族企业发展】 截至年末，全市完成村企对接269对，有28户民营企业与民族乡村完成对接，覆盖5个民族乡。全市有民族特需商品定点生产企业3户，吉林省长春皓月清真肉业股份有限公司、吉林省长春清真肉业集团有限公司、长春老韩头清真食品有限公司，全年发放贷款贴息9767万元。

【民族文化活动】 9月15日，九台区龙嘉街道红光村举办“桑榆未晚霞满天”文艺演出活动，庆祝朝鲜族老年节。9月20日，净月高新区博硕街道茗月社区联合吉林省歌舞团、方正物业共同举办“喜迎二十大奋进新征程 铸牢中华民族共同体意识”文艺汇演。9月21日，二道区荣光街道长拖社区开展“喜迎二十大 民族团结一家亲”宣传活动，发放民族团结资料，解答各类民族政策问题。9月25日，汽开区朝鲜族老年协会举办各族群众喜迎二十大胜利召开联欢会。朝阳区桂林街道办事处以“感党恩、跟党走，铸牢中华民族共同体意识”为主题，采取微信、QQ等新媒体形式宣传民族政策，在辖区内发放宣传单200余份；开展义诊活动，给社区各族居民免费检查身体。中韩示范区开展“民族团结教育进校园”活动，推进民族政策知识进学校、进课堂。树德小学开展“开一次民族团结教育主题班会，讲一个民族团结故事、唱一首民族团结歌曲、创作一幅民族团结的书画、写一篇民族团结作文、参观一次爱国主义教育基地”“六个一”民族团结教育活动。（金 迪）

【宗教工作会议】 8月10日，全市宗教工作会议召开。省委常委、市委书记张志军在会上强调，贯彻习近平总书记关于宗教工作的重要论述，完整、准确、全面贯彻新时代党的宗教工作理论和方针政策，坚持中国宗教中国化方向，坚持独立自主自办原则，引导宗教与社会主义社会相适应，推动全市宗教工作高质量发展。市政协主席李龙熙出席会议。赵明主持会议。孙继光、孙弘、周贺、姜保忠、李洪亮、邵波、吴相道、曹武、左毅、任贵利、李军，市直有关部门及各县（市）区、开发区主要负责人，在长高校党委有关负责人等参加会议。（周玉琦）

【宗教事务管理】 2022年，长春市市级宗教工作部门与县（市）区、开发区宗教工作部门签订“安全维稳责任书”。发挥宗教工作“三级网络、两级责任制”作用，通过乡镇（街道）助理员、村屯（社区）协管员，对场所一对一包保。9月，举办线上专题培训班，全市性宗教团体负责人、各教教职人员以及各县（市）区、开发区宗教工作干部，300人参加培训。

【宗教团体建设】 印发《长春市基督教活动场所规章制度和预案模板》，指导各教团体立足实际借鉴推广。全市宗教团体围绕习近平总书记关于宗教工作重要论述、全国宗教工作会议精神进行集中学习5次。

【平安宗教活动场所建设】 开展消防安全示范场所、普法示范场所、“四进”示范场所、财务管理示范场所等系列示范创建活动。

【红石榴法律援助工作站】 11月9日，长春市成立红石榴法律援助工作站（简称工作站），为驻吉新疆籍务工经商群众提供法律服务。工作站由新疆驻吉工作组、长春市民族事务委员会、长春市法律援助中心联合在吉林吉大律师事务所设立，4家单位共同签署《法律服务协议》，明确开展相关法律援助工作的职责、内容、规范和保障机制等，开通24小时法律援助服务热线，提供免费法律咨询服务。

【首期铸牢中华民族共同体意识线上培训班】 7月11日，中央民族干部学院首期线上培训班——长春市铸牢中华民族共同体意识专题研讨班开班，由中央民族干部学院、长春市委统战部、长春市民委联合举办，为期5天。长春市各县（市）区、开发区分管民族工作领导、民族工作干部、民族乡领导、市少数民族代表人士、市级民族社团代表、市委统战部、市民委部分机关干部80人参加培训。（全 迪）

精神文明建设

【概况】 2022年，开展模拟测评和实地创建专项检查。制定《长春市深化全国文明城市创建工作目标责任分解表》，将3770个创建点位细化到具体人。印发《长春市开展“奉献社会 引领文明”主题文明实践活动方案》，组织512家文明单位与新时代文明实践中心（所、站）结对共建。完成中央文明办测评组对长春市全国文明城市创建情况测评。12个村镇获评全国文明村镇，130个村镇被评为全省文明村镇，全市县级以上文明乡镇占比75.2%，文明村占比63.8%，2项指标均超出全国文明城市创建规定指标。公主岭市、榆树市被评为全省“文明村屯 干净人家”优秀县（市）区。

7月12日，“喜迎二十大 永远跟党走”——“童心向党 立德树人”主题教育实践活动吉林省暨长春市新时代好少年事迹宣讲进校园活动启动仪式在朝阳区明德小学校举办（柴立栋 供图）

【公民思想道德建设】 2022年，长春市开展社会主义核心价值观教育，实施新时代公民道德建设工程。抓好各级道德模范评选、推荐工作，10人获第九届长春市道德模范称号，6人获第十届吉林省道德模范称号。春节前夕，走访慰问生活困难道德模范。

【未成年人思想道德建设】 2022年，长春市开展“新时代好少年”评选和学习宣传活动。全年评选出长春市“新时代好少年”172名，“新时代好少年标兵”10名，推选出“新时代吉林好少年标兵”3名，“新时代吉林好少年”110名。举办“喜迎二十大 永远跟党走——童心向党 立德树人”主题教育实践活动和新时代好少年事迹宣讲进校园活动。推进九台区乡村“复兴少年宫”试点建设，开展实践活动，试点工作得到省委宣传部肯定。开展寻找长春市“最美家庭”活动，在全市范围内推选出110户长春市“最美家庭”。

【“长春好人”评选】 2022年，长春市开展身边好人评选、推荐工作，张航等6人获“中国好人”称号，李天赐等198人获“吉林好人·战疫先锋”称号，评选“长春好人标兵”40名、“长春好人”80名。

【文明实践志愿服务】 2022年，长春市总结推广新时代文明实践中心试点建设经验，指导全市16个新时代文明实践中心、212个所、2620个站全部建成“五有”（有场所，有队伍，有活动，有项目，有机制）标准，达到省级“A”类标准，实现全覆盖。开展“听党话 感党恩 跟党走”“奉献社会 引领文明”“我是志愿者——百年历史成就”“百名宣讲员百场宣讲”等主题实践活动。“德治教化”专项工作“3+3”创新工作法在全市交流推广。建设县级志愿服务促进中心和志愿服务站点，设置志愿服务点（岗）1068个。修改《长春市支持和发展志愿服务组织实施意见》，完善长春市志愿服务工作领导协调小组职责分工，制定《长春市志愿服务激励实施办法》。（柴立栋）

应急管理

YINGJIGUANLI

综 述

【应急基础设施建设】 2022年，长春市新建地震观测台站15个、宏观观测网点95个，79处避难场所实现可视化管理。依托公园、绿地、学校、场（展）馆等公共场所，改造建立应急避难场所110处，可转移容纳194.99万人。投入资金1.12亿元，完成危房改造、城镇拆除重建工程1246个，完成地震易发区房屋设施抗震加固工程信息采集765项。改造完成7处应急避难场所，长春市建成区应急避难场所人均面积1.5平方米。加固饮马河靠山段子堤2780米、老雁坑围堤段3400米、饮马河、伊通河、沐石河子堤8000米。伊通河城区段南三环桥至四化拦河闸段堤防总长32千米，设有拦河闸（坝）4座（小板桥橡胶坝、自由拦河闸、兴华拦河闸、四化拦河闸）、防洪闸3座（鲶鱼沟防洪闸、东安沟防洪闸、永安沟防洪闸）、排涝站9座（经开一号排涝站、经开二号排涝站、经纬排涝站、东荣排涝站、吴家排涝站、团山排涝站、三道排涝站、东天排涝站、自由排涝站）。2022年，长春市打造团山街供水站。组建永春和西湖大路2个地铁消防站，成立无人机站。创举街、新民广场、昆山路等小型消防站投入执勤，吉林大路、岭东路、新湖镇等消防站开工建设。

地铁永春街特勤消防站布置有执勤楼、消防车库、训练馆、训练塔、地下设备用房、室外训练跑道等功能用房及设施 （摄于1月8日 董晨鹏 供图）

【应急预案编制】 长春市修订《冰冻灾害应急预案》《生产安全事故应急预案》等20个市级应急预案；编制《长春市新凯河洪水防御和调度方案》《八一水库汛期调度运用方案》；修订《长春市防汛防台风应急预案》，市县两级编制修订防汛防台风、抗旱、城市防洪等各类防汛抗旱应急预案701个；修订《长春市地震应急预案》，改造完成7处应急避难场所；编修《长春市气象灾害应急预案》，制定《强降水天气"叫应"服务标准和工作流程》。

（秦延荣 刘 星 梁衍波）

【应急物资储备】 2022年汛期前，长春市本级储备编织袋、救生衣、冲锋舟、救生艇等各类防汛物资，价值783万元。市防办与新星宇、中庆、亚泰等大型企业签订大型抢险物料储备协议，委托九台区代储大石块1万立方米。全市储备物资总价值4713万元。

【应急指挥】 长春市制定《关于进一步加强突发事件信息报送的通知》，实现国家、省、市、县（区）四级信息报送"一张网"。督促县（市）区、开发区进行事故和执法情况录入。2022年，全市发生生产安全事故123起、死亡144人，比2021年分别下降26.3%、27.3%。其中，工矿商贸事故11起、死亡30人，比2021年分别下降63.3%、38.8%；道路运输事故112起、死亡114人，比2021年分别下降18.2%、23.5%。

【应急队伍建设】 长春市有长春警备

区、武警等抢险队伍19支5600人。委托长发集团建立100人应急抢险救援队伍，作为市本级防汛应急抢险机动队伍。（秦延荣）

【应急值守】 市伊通河管理委员会执行24小时值班和领导带班制度，落实值班人员36人，抽调防汛业务骨干力量采取闭环工作模式，关注雨、水、工情，实施监测预警和水库调度。发出调令84份，发布各类风险提示、预警信息87份，明传电报18份。提前设置警示标志、24小时巡防值守、在媒体进行宣传提示、及时清理淤泥等，应对新立城水库每秒180米放流，全年无安全事故发生。汛期，市应急管理局24小时防汛值守，发出风险提示12次。全市累计出动39330人次，车辆6612台次巡堤查险。派出7个专家组，指导农安县、德惠市等地区完成堤防抢险67处。（国 徽 秦延荣）

【依法监管问责】 市应急管理局撰写《长春市县两级安全监管执法体系和能力建设情况分析评估报告》《长春地区应急管理综合行政执法改革工作开展情况报告》。以执法和事故调查为主业，贯彻落实安全生产15条措施。起草《违规干预安全生产监管执法及其他应急管理行政行为监督暂行规定》。2022年，市应急管理局开展执法检查50余次，处罚立案30件，罚款98.85万元（含加处罚款11万元）。指导县区上报合格典型执法案例118件，市县两级上报合格典型执法案例122件；督办事故（事件）22起。

【安全宣传教育】 开通长春应急管理抖音号、快手号、微信公众号、微信视频号，整合户外大型LED电子屏、电视开机画面、小区道闸门、电梯广告等资源，构建立体化资讯传播矩阵，委托长春日报掌上融媒体代为运营。截至年末，微信公众号发布图文694条，浏览量约22万人次；短视频平台发布视频1041个，浏览量200万人次。与第三方专业传媒服务机构合作，针对全市各行业领域突出风险，发布安全常识宣传短视频56个，被人民网、新华网、新浪网等主流媒体播发。梳理消防非重点单位消防、燃气、电气线路重点检查事项，发放《安全生产检查指导手册》3万余册。组织第五届中国职业安全健康高峰论坛暨第四届东北亚（吉林）安全应急产业博览会，全国安全生产和应急管理领域有关领导、专家学者、企业负责人参会。展会总体展出规模5万平方米，参展企业300户，安全生产和应急产业先进装备与科技产品集中亮相，现场成交及意向成交金额11.3亿元。中央电视台等主流媒体对论坛展会全程报道。推进安全宣传进企业、进农村、进社区、进学校、进家庭。以“遵守安全生产法 当好第一责任人”为主题，主办2022年吉林省暨长春市“6·16”安全宣传咨询日活动，展示各种实用装备及各类演练。（秦延荣）

11月2日，第四届东北亚（吉林）安全与应急产业博览会在长春开幕。图为应急工具展区（秦延荣 供图）

自然灾害

【暴雨】 2022年，长春市出现10站次暴雨。6月5日和6月28日，九台区出现暴雨，降水量分别为70.1毫米和52.1毫米；7月7日，九台区和双阳区出现大暴雨，降水量分别为139.7毫米和109.9毫米，榆树市和长春市区出现暴雨，降水量分别为86.2毫米和57.3毫米；7月13日，双阳区和公主岭市出现暴雨，降水量分别为50.1毫米和59.2毫米；8月7日，农安县和九台区出现暴雨，降水量分别为68.8毫米和50.4毫米。

【台风】 2022年，全市出现有影响台风1次。受减弱热带低压“暹芭”残余环流北上与西风带高空槽相结合影响，7月6日，长春市出现降雨天气。7月6日20时—7日20时，全市平均降雨量71.6毫米，全市加密气象站（256站）中，大暴雨有63站，暴雨有87站，大雨有47站，中雨有40站，小雨有14站。受暴雨、台风影响，多地出现洪涝灾害。

【冰雹】 2022年，冰雹2站次。德惠市和九台区各1次。

【大风】 2022年，长春市出现大风127站次，比常年略多。其中，榆树市14次、长春市区和九台区各15次、德惠市16次、农安县20次、双阳区22次、公主岭市25次。年极大风速最大值为25.2米/秒（10级），于4月23日出现在长春市区。

【大雾】 2022年，长春市出现大雾天气27站次。其中，长春市区1次、榆树市和德惠市各2次、双阳区5次、农安县6次、九台区11次。

【高温】 2022年，长春市出现高温（日最高气温≥32.0摄氏度）27站日。年内全市平均高温日数为3.8天，双阳区最多为7天，其次德惠市5天，九台区和公主岭市4天，农安县3天，长春市区和榆树市2天。全市出现大范围（≥4站）高温天气3天，集中出现在7月27日至8月2日，其中8月1日至2日长春市连续出现大范围高温天气，有7个县市（10站日）出现高温天气。高温极值出现在8月2日双阳区，为33.5摄氏度。

【低温】 2022年长春市低温日数明显偏少。全市没有出现低温（日最低气温≤-30.0摄氏度）天气，极端低温极值为-28.3摄氏度，12月27日出现在榆树市。

【寒潮】 2022年长春市寒潮天气过程频繁，降温幅度大。全市出现寒潮48站次。其中有6次区域性寒潮，分别为2月12日、10月22日、11月12日、11月26日、12月13日和12月22日。（梁衍波）

【林业有害生物】 2022年，长春市林业有害生物发生总面积3515.4公顷，比2020年增长94.85%。按发生程度统计，轻度发生面积3355公顷，中度发生面积160.4公顷，无重度发生。按发生类别统计，虫害发生面积2823.9公顷，占总发生面积的80.32%；病害发生面积620.1公顷，占17.64%；鼠害发生面71.4公顷，占2.04%。（高吉鑫）

防灾减灾

【概况】 长春市编制《冰冻灾害应急预案》《长春市气象灾害应急预案》，修订《长春市防汛防台风应急预案》《长春市地震应急预案》，完成应急演练6848场，配合国家防总和省防指开展城市防汛演练。建成370兆应急指挥窄带无线通信网，实现主城区在断路断网断电等极端情况下保底语音通信。新建地震观测台站15个、宏观观测网点95个，可视化管理避难场所79处。（秦延荣）

【农业防灾减灾】 2022年入夏，发生强降雨，造成局地洪涝、部分农田出现渍涝，全市各县（市）区和各相关部门组织落实农田排涝工作。全市投入人力18万人次、资金5000余万元、排涝设施设备9212台（套），开挖、修缮排水沟渠117.8万米，排除农田积水4.2万公顷，采取一系列减灾增产措施，中耕706.67公顷、喷施叶面肥及调节剂2.1万公顷、毁种补种120公顷。（朱孔亮）

【水旱灾害防御】 市水务局牵头开展全市农村防汛工作，守住“四不”（人员不伤亡、水库不垮坝、重要堤防不决口、重要基础设施不受冲击）底线。整合水利系统技术力量和资源，组建防汛工作专班；组织全市169座水库、33处险工段落实行政、技术、巡查“三个责任人”657人，充实市、县两级防汛值班队伍；建立洪涝灾害联合预警机制；编制《长春市新凯河洪水防御和调度方案》《八一水库汛期调度运用方案》，指导各县（市）区修订水库大坝防汛抢险应急预案和汛期调度运用方案。汛期召开会商会议8次，下发内部明电16期，发布预警和提示函87个，启动水旱灾害防御Ⅳ级应急响应2次、Ⅲ级应急响应1次，发出调令82份，现场督导泄洪工作。组建60人防汛专家组，采取“一县一组一领队”形式提供技术支撑，汛期派出7个专家组14批次39人奔赴一线，启动应急响应、巡堤查险、疏散群众、应急抢险等。完善水旱灾害防御机制，全覆盖电话访查全市146座小型水库“三个责任人”落实情况；编制防洪预案、制定工作手册、修订防洪工程图，完善各类基础资料；排查整改防洪隐患，督促和指导各地建立隐患台账并制定整改措施和计划；维护信息系统，做好信息技术保障。（刘　星　国　徽）

【防汛机制】 长春市召开市委常委会专题会议，部署防汛抗旱工作。明确防汛行政首长负责制，落实市、县乡、三级防汛抗旱行政责任人227人，确定主要江河、水库、山洪地质灾害和防洪城市防汛责任人1750人。落实巡堤查险人员1.51万人。汛期前，组织各县（市）区、开发区排查防汛风险隐患，排查出水库、堤防工程及城区易涝点等防汛风险隐患38处，全部落实应急度汛措施和责任人。全市依托公园、绿地、学校、场（展）馆等公共场所，改造建立应急避难场所110处，可转移容纳194.99万人。下发《长春市防汛防台风应急预案》，市、县两级编制修订防汛防台风、抗旱、城市防洪等各类防汛抗旱应急预案701个。2022年，全市开展防汛演练269次，参演人员3.48万人次。加固饮马河靠山段子堤2780米、老雁坑围堤段3400米、饮马河、伊通河、沐石河子堤8000米。应对7月7日强降雨引发内涝，全市转移避险群众2445户6810人。其中，分散性安置2157户3847人，集中安置288户1219人。（秦延荣）

7月7日，长春市防汛抗旱指挥部在水旱灾害防御中心召开防汛会商会议

（刘　星　供图）

【内涝防御】 伊通河设施维护中心制定年度防洪度汛工作方案、防汛防台风应急预案等，建立联动机制；汛期前，对拦河闸（坝）、排涝站、涵闸等设施设备进行全面检查、保养、维修、维护，完善防汛应急队伍，做好防汛物资保障，多场景进行防汛演练。汛期，落实汛期值班值宿制度，加强巡查检查，及时向市城防办通报蓄水情况，遇强降雨时联署办公，按照市城区防办调度指令控制水位及开启排涝站、防洪闸闸门。2022年汛期，按照调令配合完成河道蓄放水44次，启动闸门310次，实现安全度汛。适时调节蓄水水位，保证城市河道正常生态、景观水位需求。

（国　徽）

【防震减灾】 长春市地震局联合市应急局、市建委印发《长春市防震减灾“十四五”规划》。协助吉林省地震局建设完成省属科学台阵和烈度速报台15个。构建群测群防网络，实行动态清单式管理。有序应对松原市宁江区4.3级地震，第一时间测定震情参数、核实灾情信息，及时向市委、市政府和省直有关部门上报。长春市地震局联合吉林市地震局建立联合会商机制，加强伊舒断裂沿线区域震情趋势跟踪。2022年，全市投入资金1.12亿元，完成危房改造、城镇拆除重建工程1246个，完成地震易发区房屋设施抗震加固工程信息采集765项。长春市地震局修订《长春市地震应急预案》，改造完成7处应急避难场所，全市79处综合应急避难场所实现可视化管理，长春市建成区应急避难场所人均面积1.5平方米。（秦延荣）

【气象灾害防御】 编修《长春市气象灾害应急预案》。健全以气象灾害预警为先导应急联动机制。制定《强降水天气“叫应”服务标准和工作流程》，实现强降水天气和高级别预警“叫应”直达各级负责人，开展面向党委政府主要领导重大天气过程直通式报告。完成全市气象灾害综合风险普查报告编制。

提前准确预报冬季暴雪、春秋季大风和夏季台风“暹芭”“梅花”及8轮强降水天气过程。开展灾害性天气滚动式预警、递进式服务。全年报送决策气象服务信息2463期，获政府领导批示20余次，启动暴雨、暴雪等重大气象灾害应急响应6次，参加市政府天气应急会商12次，开展重大天气过程“叫应”服务90余次。2022年，全市未出现因气象灾害造成人员伤亡及重大财产损失。

开展春耕春播、农田管理、秋粮收储、设施农业气象服务，全年发布大田适宜播种期等各类农业气象服务信息237期，草地贪夜蛾气象服务专刊14期，开展直通式气象服务123次，实施增雨作业78次，增加降水4.25亿立方米，防雹作业168次，防雹保护区内未发生明显冰雹灾害。在6个县区为21户大米加工企业开展水稻气候品质认证工作。完成榆树市乡村振兴气象服务专项，推进榆树市农业气象分中心和农安县黑土地保护实验室建设。

开展空气质量预报、重污染天气预警、森林火险气象等级预报，发布环境气象信息5期，防火气象服务专报145期，森林火险气象预警信号23次，实施人工增雨作业3次，降低森林火险等级和湿地生态修复。开展重大活动气象保障，为农博会、消夏节、冰雪节、航空展等重大活动提供服务信息44期。发布春运、节假日、中高考等专题服务信息32期，发布疫情防控气象服务专刊64期。制作发布6个旅游景点的景点天气预报，发布旅游适宜指数。在双阳区神鹿峰景区建设观测站进行实况监测。

（梁衍波）

【地质灾害防治】 2022年，长春市全年未发生地质灾害险情。编制《长春市地质灾害防治“十四五”规划》，地质灾害隐患点总数减少7%，易发区面积减少87%；落实领导带班24小时值班制度，开展灾情“零报告”，确保汛期防治反应迅速，实现精确管理。督促各地深入一线巡查排查，完善县、乡、村三级群测群防体系，健全群测群防员队伍，落实隐患点包保责任制。开展“人防+技防”，组织20余次技术专家开展技术调查测绘、建模和现场研判，提出防治建议，全年向属地政府提出处置建议44条。依托防灾减灾宣传周、安全生产月，开展地灾防治科普宣传活动，全市防治工作做法被《自然资源报》、中国吉林网和市委办公厅综合信息专刊报道。（李　勇）

【防灾减灾科普宣传】 长春市应急管理局结合“安全生产月”“5·12”全国防灾减灾日、“7·28”唐山大地震纪念日、“10·13”国际减灾日等重要时间节点，推进安全宣传进企业、进农村、进社区、进学校、进家庭。开通长春应急管理抖音号、快手号、微信公众号、微信视频号，整合户外大型LED电子屏、电视开机画面、小区道闸门、电梯广告等资源，构建立体化资讯传播矩阵。（秦延荣）

安全生产监督管理

【概况】 2022年，长春市推动安全生产专项整治三年行动，推进安全生产大检查、安全生产“百日攻坚”行动等专项整治活动，防范化解重大安全风险。实现生产安全事故起数、遇难人数、较大事故数“三下降”。

【安全生产责任制】 2022年，市委常委会召开10次例会，专题研究安全生产责任划分、年度重点工作、安排部署安全生产大检查等工作。出台《长春市政府领导干部2022年度安全生产重点任务清单》《关于进一步压实党政领导干部安全生产责任的通知》等制度文件。印发《长春市贯彻落实国务院安委〈关于进一步强化安全生产责任落实 坚决防范遏制重特大事故若干措施〉的总体方案》。成立长春市安全生产大检查专项领导小组，市委书记、市长任双组长、各位副市长为副组长。印发《市政府领导带队赴各县（市）区、开发区开展安全生产专项检查工作方案》，由市政府领导带队成立9个检查组，到各县（市）区、开发区开展安全生产专项检查。出台《长春市安全生产工作任务分工》《长春市人民政府办公厅关于明确新业态监管部门和餐饮等行业生产经营单位安装可燃气体报警装置监管执法部门的通知》《长春市人民政府办公厅关于进一步压实消防安全监督管理责任的通知》《长春市人民政府关于明确消防监督执法职责分工的通知》。推进安委办实体化运行，

7月15日，市安委会召开2022年第三次全体（扩大）会议部署全市安全生产“百日攻坚”专项整治行动（秦延荣　供图）

召开全市安委会全体（扩大）会议和安全防范工作部署会、调度会、讲评会27个。下发、转发各类文件40余份，下发各类警示通报、提示函、督办函和加强安全管理工作通知35份，督促各地各有关部门汲取域内外事故教训。

【安全生产准入管理】　完成行政审批事项和备案事项50件。其中，危险化学品经营许可证13件，非煤矿矿山安全生产许可证20件，烟花爆竹经营（批发）许可证9件，第二类非药品类易制毒化学品经营备案证明8件。所有办件均在承诺办事期限内办结，办结率100%。（秦延荣）

【安全生产事故】　2022年，长春市发生各类生产安全事故436起、死亡144人，比2021年减少258起、少死亡60人，分别下降37.2%、29.4%。其中，重大事故1起、死亡17人，较大事故1起、死亡3人。年内，建筑业发生事故5起、死亡7人，减少10起、少死亡10人，分别下降66.7%、58.8%。交通运输和仓储业发生事故427起、死亡116人，减少237起、少死亡39人，分别下降35.7%、25.2%。住宿和餐饮业发生事故2起、死亡18人，减少5起、少死亡19人，分别下降45.5%、73.1%。批发和零售业发生事故1起、死亡1人，与2021年持平。热力生产和供应业发生事故1起、死亡2人，事故起数与2021年持平，多死亡1人。（王红刚）

【安全生产专项整治】　组建“5+1”工作专班，将安全生产作为全市重点工作专班推进。推进安全生产专项整治三年行动，压茬开展安全生产大检查、“百日攻坚”等行动，866处国省干线公路隐患全部整改到位，1243处管道燃气占压问题全部解决，餐饮场所可燃气体报警器实现应装尽装。汲取“9·28”事故教训，围绕消防等12个重点领域，开展大排查大整治大演练行动。全市排查生产经营单位20.3万户次，整改隐患14万项，依法整改使用醇基燃料餐饮场所2539家。煤矿、非煤矿山、危化品、烟花爆竹、特种设备、金属冶炼、民爆等重点领域实现“零事故”，建筑施工、道路交通等重点领域事故明显下降。

【工贸企业监管】　重点检查企业24户，一般检查企业16户。完成全市重点监管企业30%检查任务81户。查出安全隐患126项，挂牌督办5户存在重大事故隐患企业，责令停产停业整顿；行政处

表98　2022年长春市各行业事故统计表

行　业	事故起数（起）	比2021年增减额（起）	死亡人数（人）	比2021年增减额（人）
合　计	436	-258	144	-60
农、林、牧、渔业	0	-2	0	-5
采矿业	0	-1	0	-1
制造业	0	-5	0	-5
电力、热力、燃气及水生产和供应业	1	0	2	1
建筑业	5	-10	7	-10
批发和零售业	1	0	1	0
交通运输、仓储和邮政业	427	-237	116	-39
住宿和餐饮业	2	-5	18	-19
信息传输、软件和信息技术服务业	0	0	0	0
金融业	0	0	0	0
房地产业	0	0	0	0

续表98

行　业	事故起数（起）	比2021年增减额（起）	死亡人数（人）	比2021年增减额（人）
租赁和商务服务业	0	-2	0	-16
科学研究和技术服务业	0	0	0	0
水利、环境和公共设施管理业	0	-1	0	-1
居民服务、修理和其他服务业	0	-2	0	-2
教育	0	0	0	0
卫生和社会工作	0	0	0	0
文化、体育和娱乐业	0	0	0	0
公共管理、社会保障和社会组织	0	0	0	0
国际组织	0	0	0	0

（市应急管理局）

罚企业7户，处罚金额32.5万元。制定《长春市工贸行业领域安全生产大检查工作实施方案》《长春市工贸行业安全生产专项整治“百日清零行动”工作方案》《长春市工贸行业百日攻坚专项行动方案》。全市4户铝加工（深井铸造）企业和117户粉尘涉爆企业全部实现“铝7条”（固定式熔炼炉铝水出口未设置机械锁紧装置；倾动式熔炼炉控制系统未与铸造系统联锁，未实现自动控流。固定式熔炼炉高温铝水出口和流槽接口位置未配置液位传感器和报警装置，液位传感器未与流槽上的快速切断阀和紧急排放阀实现联锁。存放铝锭的地面潮湿，熔炼炉、保温炉及铸造等作业场所存在非生产性积水或存放易燃易爆物品。深井铸造结晶器的冷却水系统未配置进出水温度、进水压力、进水流量监测和报警装置；监测和报警装置未与流槽上的快速切断阀和紧急排放阀实现联锁，未与倾动式熔炼炉控制系统联锁。铝水铸造流程未规范设置紧急排放或应急储存设施。钢丝卷扬系统引锭盘托架钢丝绳未定期检查和更换，卷扬系统未设置应急电源；液压铸造系统未设置手动泄压系统。铸造车间现场未严格控制人数，未控制非生产人员进入）和“粉6条”（不同种类的可燃性粉尘、可燃性粉尘与可燃气体等易加剧爆炸危险的介质共用一套除尘系统，不同防火分区的除尘系统互联互通。干式除尘系统未规范采用泄爆、惰化、抑爆、抗爆等控爆措施。除尘系统采用重力沉降方式除尘，或者采用干式巷道式构筑物作为除尘风道。铝镁等金属粉尘除尘系统未采用负压除尘方式。其他可燃性粉尘除尘系统采用正压吹送粉尘时，未规范采取火花探测消除等防范点燃源措施。粉碎、研磨、造粒、砂光等易产生机械火花的工艺，未规范采取杂物去除或火花探测消除等防范点燃源措施。未按规范制定粉尘清理制度，作业现场和相关设备设施积尘未及时规范清扫。铝镁等金属粉尘的收集、贮存等处置环节未落实防水防潮、通风、氢气监测等必要的防爆措施）隐患清零。对全市17个县（市）区、开发区工贸行业领域21项重点检查事项和违法违规行为进行交叉互检。印发《关于进一步加强长春市企业安全生产标准化建设工作的通知》，制定长春市企业安全生产标准化评审流程图和长春市企业安全生产标准化评审工作流程，召开长春市企业安全生产标准化研讨推进工作会议。2022年工贸企业安全生产标准化达标创建53户，下发奖励41万元，超额完成任务。

【矿山监管】　长春市有煤矿10处，有8处煤矿开工生产建设，其他2处长期停产停建。非煤矿山33处。其中，地下开采膨润土矿山1处，露天采石场32处。实施专家驻矿、干部驻矿行动，实现24小时监管“在线”。开展冲击地压、煤与二氧化碳突出、自然发火等重大灾害治理，完成隐蔽致灾因素排查治理。龙家堡煤矿实现智能化开采。推进非煤矿山标准化建设，完成二级标准化创建2处、三级标准化创建4处。

通过利用国家风险预警平台、视频监控和实地监督检查方式加强矿山执法检查。2022年，检查矿山312矿次，发现隐患616条，全部整改完毕；约谈属地和煤矿企业3次、停止设备使用2次、停止采煤作业生产5次，行政处罚26矿次，罚款81.5万元。针对龙家堡煤矿513外段工作面外错411停采线开采问题，召开风险研判会议，编制防冲安全措施，实现“零冲击”目标。加强极端天气等重点时段安全检查，及时发布预警信息，提醒矿山作业人员及时撤离，2022年，下达停产撤人指令3次，停止井下作业23矿次，撤出井下人员1155人。出资2500万元购买应急供电保障车（3台（套）），满足极端天气井下作业人员撤出需求。长春市应急管理局组织市供电公司和龙家堡煤矿开展断电突发事件实战演练。

【危险化学品监管】　召开烟花爆竹安全监管局际联席会议，与市公安局等部门建立协调联动机制。运用预警平台，监督检查企业重要时段负责人在岗及安全生产情况，结合仪器仪表、栈台、安全基础内业在内等专项检查危化品企业户1668户次，发现问题隐患1499项，完成整改1069项，其余限期整改。开展危险化学品安全“百日整治”工作，在省党代会、“两会”、“十一”等重点时段全部执行企业负责人24小时驻企，开展重大危险源企业专项督导检查，检查企业189户，发现问题隐患527项，整改完成455项，依法实施行政处罚27万元。2022年，处罚企业9户，处罚金额38.65万元，关停存在重大隐患且不能保证安全企业3户，局部关停装置设施存在严重问题隐患企业3户，查封违规存放危化品库房1处。

【举报投诉办理】 全市“12350”安全生产举报投诉接收各类事项393件，办结率100%。受理“12345”市长公开电话交办件、省市领导交办信访件、群众来信286件，全部按时办结。

（秦延荣）

消防救援

【概况】 2022年，长春市探索“中心站+小型站+微型站”执勤模式，形成防灭一体化工作格局。依托特勤站和中心站，实体化打造“高低大化”（高层建筑、地下空间、大型商业综合体、石油化工企业）火灾扑救、水域、地震、山岳等10类专业救援队伍，重点打造供水、水域、地铁、无人机4个专业救援队伍。

【消防救援规划】 2022年，长春市将消防安全工作纳入政府“一把手”工程，在重要时间节点成立安全生产工作专班消防工作组。出台《长春市消防安全责任制实施办法》，下发《关于进一步压实消防安全监督管理责任的通知》，全市调整消防安全重点单位5983家。建立消防工作联席会议制度，定期会商研判消防安全风险。出台《“十四五”灭火救援装备建设规划》，全年投入车辆装备建设资金1.63亿元，采购各类消防车辆68台，灭火救援器材3.7万件套。

【消防隐患排查】 省委常委、市委书记张志军，市长王子联先后18次检查消防工作、关心队伍建设，各级政府检查、部署消防工作960余次，直接督办整改火灾隐患1700余处。全年检查社会单位1.7万家，发现火灾隐患1.1万处，督促整改1万处，完成冬（残）奥会、党的二十大、“汽博会”等重大活动消防安保任务。

【消防站点建设】 长春市打造团山街供水站，在全市形成“1+4+X”供水模式；抽调水域救援专业人员和装备，在南四环路成立水域救援专业队；组建永春和西湖大路2个地铁消防站；成立无人机站，配齐配强公网、专网、卫星通信、现场图像传输等应急通信装备，配备系留无人机、侦查无人机、轻型载重抛投无人机7架，培训民航AOPA（中国航空器拥有者及驾驶员协会）认证视距驾驶员20人、机长3人、垂起固定翼驾驶员1人。创举街、新民广场、昆山路等小型消防站投入执勤。推进消防综合训练基地和战勤保障基地建设，吉林大路、岭东路、新湖镇等消防站开工建设。

【消防督查整改】 将消防安全工作纳入各县（市）区和行业部门考核内容，定期开展专项督导和明察暗访。在16个县（市）区213个乡镇（街道）成立消防救援委员会并实体化运行，常态化开展街面消防巡查、消防知识宣讲等，将火灾防控延伸至社会治理最末端。开展消防安全“百日攻坚”专项行动，在公主岭市召开全省深化基层消防治理工作现场会。采取“日常检查+专项检查”方式，在全市开展打通“生命通道”、建筑水系统、群租房、电动自行车、餐饮用液体燃料等专项整治。市消防救援支队、市公安局联合印发《消防行政处罚委托实施细则》《关于明确火灾隐患举报投诉查处权限的通知》，明确消防监督执法、举报投诉核查等职责分工和处罚权限。

【灭火救援演练】 长春市修订《执勤岗位练兵奖惩规定》，举办2022年度整建制实战化比武竞赛暨第六届消防运动会，参加全省第三届“火焰蓝杯”消防运动会暨实战技术交流竞赛，在9大类29项科目中夺得第一名11个、第二名13个和第三名4个，团体总成绩第一名。市消防救援支队全年参与应急救援任务7477次，抢救疏散被困群众1180人，抢救保护财产1.9亿元，处置“1·24”德惠冰下打捞、“7·11”净月门市房爆炸、“11·7”增援白山打捞等急难险重任务。市消防救援支队参与处置涉疫勤务3769起，消杀面积3700万平方米，搬运物资1802.8吨。将拉动检查、器材测试、业务培训、真烟真火、实装实训、防消联勤等全要素融入演练内容，开展所有队站“过筛子式”拉动检查。

【消防宣传教育】 打造消防安全宣传教育“五进”进社区试点，召开现场会在全省推广，承办全省中小学生秋季消防“开学第一课”线上直播活动，在线观看人数126.7万人次。在长春市水系公园内打造市级消防主题公园，建成会展中心、农博园消防宣传体验中心2个，大队级消防主题公园5个，2个消防宣传主题街路。依托全市420个社区开展“三提示”（提示公众聚集场所火灾危险性。提示公众聚集场所安全逃生路线、安全出口的具体位置，遇到火灾等

7月，长春市消防主题公园对外开放，地处亚泰大街长春水文化生态园，位于古树广场和全龄活动乐园两者之间

（周东魁　供图）

6月16日，2022年吉林省暨长春市“6·16”安全宣传咨询日活动在吉林省图书馆举行。（郭文英　张　帅　供图）

紧急情况如何正确逃生自救。提示公众所在场所内灭火器、简易防护面罩、手电筒等灭火、逃生设施、器材放置部位和使用方法）、“三清三关”（清厨房、清阳台、清楼道、关燃气、关电源、关门窗）消防宣传。全年培训单位“关键人”（各级党政领导干部、行业系统管理员、村（居）民委员会负责人、网格员、消防安全管理人、物业管理人、消防控制室值班人员、微型消防站队员等关键岗位人员）2万余人次，党政机关领导、行业部门负责人5500人次，乡镇街道等基层工作人员1.2万余人次，重点培训全市消防安全重点单位微型站站长。长山花园社区获全国第六届“119消防奖”。（董晨鹏）

森林防火

【概况】　2022年，长春市各级应急管理部门、林业主管部门成立联合检查组，摸清森林火灾隐患问题底数，分类分级建立台账，实现风险隐患闭环管理。建立健全各级森林草原防火工作组织领导体系，明确森林、草原、林木、林地经营单位和个人森林草原防火责任。针对重点防火时段，加大火源管控力度，从根本上杜绝森林火灾事故发生。利用各种宣传媒介，普及森林防火和安全生产相关知识。长春市连续42年无重大森林火灾发生，全市林园系统无安全生产责任事故发生。（秦延荣　张晓东）

【森防体系建设】　长春市在“清明”、党的“二十大”召开前等重点时段，组织林业、气象等相关部门强化防灭火工作部署并加强检查指导。长春市森林防火指挥部（简称市森防指）对重点防火单位下发提示函17份，督导落实网格化管理，把任务和责任落实到人，做到部门分工明确、责任明确、任务明确，建立“纵向到底，横向到边”责任体系。

【森林火源管控】　全市各级应急管理部门、林业主管部门成立联合检查组，对各有林地县（市）区、开发区进行全覆盖督导检查，对驻林区单位、林木经营者、个体经营场馆、林区加油站、林中村屯取暖用电设备设施等进行地毯式排查，摸清隐患问题底数，分类分级建立台账，实行登记、整改、销号全过程管理。2022年，全市出动县级以上检查组921次，参与检查1700余人次，检查重点乡镇167次，林场（管护站）26个，村屯798次，发现隐患问题135个，全部整改完毕。春、秋两防高火险期，市森防指加强净月高新区、双阳区、九台区、莲花山以及榆树市光明林场等重点林区管理，制定禁火方案，开展“战役式”禁火活动。强化重点时段工作部署，采取“县包乡、乡包村、村包户、户包地、人包点”逐级包保措施，动态监管入山入林人员，根据进入林区游客数量和农事用火集中区域，重点设防，最大限度减小火源管控死角和盲区。长春市依托重点防火乡镇建立应急森林消防队44支，有1100余人；投入防火资金2000余万元，购买扑火装备、指挥车辆。

【森林防火宣传】　长春市开展森林防火“宣传周”和“宣传月”活动，在人流密集位置利用城市LED大屏投放森林防火宣传广告，制作动画通过微信公众号进行防火常识宣传，利用吉视传媒机顶盒开机画面宣传警示语和“12119”报警电话，通过吉视传媒反馈，全市日均启动播放近44万次，宣传覆盖人数近千万人次。增加重点旅游景区和重点部位宣传旗阵、宣传牌、宣传标语布设密度，增加防火宣传车巡讲宣传频次。净月高新区、双阳区、莲花山度假区、九台区等重点林区景区，普及森林防火法规制度和基本常识，将省政府森林防火命令“四个一律”（对森林防火期内在森林防火区野外烧纸和吸烟者，一律依法给予警告、罚款或者拘留等行政处罚；公职人员一律依规依纪依法给予党纪政务处分直至开除公职；对在场不予制止或制止不力的领导干部一律依规依纪依法给予党纪政务处分；对引起火灾构成犯罪的，一律依法追究刑事责任）做成宣传展板，放置景区入口处。全市开展宣传活动286次，宣传人数1340人次，张贴《吉林省人民政府防火命令》2.7万份、发放宣传单6.19万张、制作宣传牌820块，布设旗阵478处，悬挂防火旗1.73万面，出动流动宣传车1140台次。（秦延荣）

区县概览

QUXIANGAILAN

朝阳区

【概况】 朝阳区位于长春市区中南部，是长春市科技、文化、经济、教育、商贸中心区。辖9个街道，53个社区，永春、乐山2个镇，24个行政村和长春朝阳经济开发区。面积237平方千米，辖区户籍人口约60万人。

2022年，朝阳区地区生产总值782.9亿元，比2021年下降1.6%，高于全市2.9个百分点，总量在5城区排名第一、增速排名第二。其中，第一产业增加值1.3亿元，增长0.1%；第二产业增加值230.8亿元，增长1%；第三产业增加值550.8亿元，下降2.5%。地方级财政收入9.4亿元。限额以上贸易业社会消费品零售总额210.4亿元，下降6.7%，高于全市0.7个百分点；纳入核算的重点服务业营业收入64.9亿元，增长6.3%，高于全市3.3个百分点；资质以上建筑业产值101.2亿元；固定资产投资120.7亿元，下降3%，高于全市8.8个百分点。引进内资180亿元，利用外资1423.4万美元。

【经济发展】 为12085个市场主体减税退税约40.5亿元，发放水电和房租补贴4万余户次、1900余万元。全年市场主体净增2.1万户，总量超过14万户。实施“四转”（“个转企”“企转规”“规转股”“股转上”）培育工程，新增个转企264户、“四上”企业（规模以上工业企业、资质等级建筑业企业、限额以上批零住餐企业、国家重点服务业企业等四类规模以上企业）30户以上。华涛汽车塑料饰件等4个项目入选吉林省工业高质量发展试点示范项目库，享受省级政策资金支持。富晟安创等2户企业获省级绿色制造体系企业称号。新增市级企业技术中心4个；新认定专精特新（专业化、精细化、特色化、新颖化）中小企业省级20户、市级34户。

【市场复苏】 引进巴黎世家、米其林卢布松餐厅等一批知名品牌，新增东北首店、创新概念店45户。全省“点亮夜经济”主题活动在朝阳区启幕，打造4个特色街区和6个“烟火夜市”。承接市级购房、汽车和家电消费券，区本级投入300万元，创新策划“乐购朝阳·幸运抽奖”主题活动，全年开展各类促销活动500余场。

【商贸扩容】 欧亚购物中心、东北黄金集散中心一期等项目投入运营。美的东北总部、南山集团区域总部、中铁二十一局产业园等一批总部企业落位，全区纳税1亿元以上楼宇5个。桂林商圈被评为吉林省特色街区，成为首批命名的2个特色街区之一。桂林胡同美食街被评为省级示范步行街。“这有山”被

表99　2022年朝阳区国民经济和社会发展主要指标完成情况统计表

指标名称	单位	实际完成	比2021年增减（%）
地区生产总值	亿元	782.9	-1.6
第一产业增加值	亿元	1.3	0.1
第二产业增加值	亿元	230.8	1.0
第三产业增加值	亿元	550.8	-2.5
全口径财政收入	亿元	45.3	-31.8
一般公共预算收入	亿元	8.7	-36.8
固定资产投资	亿元	120.7	-3.0
社会消费品零售总额	亿元	533.2	-13.5

（朝阳区政府办）

8月23日，由雅虎科技（长春）有限公司承建的红旗轿车座椅骨架总成项目施工现场
（林　刚　供图）

评为首批国家级夜间文旅消费集聚区。外国企业服务有限公司、欧亚卖场等11户企业被评为“吉林省优秀服务业企业”。重庆街道光明社区等5个社区被商务部确定为国家级城市“一刻钟便民生活圈”试点。

【项目建设】　雅虎汽车座椅骨架总成项目开工；华翔产能提升项目建设投产。56个重点项目全部开复工，固定资产投资120.7亿元。谋划专项债项目2个，申请资金1.6亿元。开展“大招商”活动，洽谈项目95个，签约项目32个，落位项目45个，引进内资180亿元。

【科技创新】　成立“智汇朝阳”科创联盟，转移转化科技成果65项，交易额6000余万元。联合金融机构创新推出“科创贷”“技术贷”产品，为37户中小微科技企业贷款9800万元。新增国家高新技术企业88户、省级新型研发机构2户。发明专利增加9086件，增长3倍以上，城区排名第一。万众创业工场被评为国家级众创空间，中改双创科技园获评国家小型微型企业创业创新示范基地，中业光电获全市“自创杯”创新创业大赛第三名。永春镇食用菌科技小院获批国家级支持建设项目。罡恒电子与吉大联合获全国博士后揭榜领题大赛铜奖。首创科技新型创新主体生态舱，壮大发展信息产业。

【城市建设】　全年城镇老旧小区改造项目投资约5.7亿元，占全年旧改工程总量的92%。涉及42个小区、972栋楼宇的旧改工程完工，66处二次供水社会泵站开始改造。化解快速路下桥口征收难题，推进23个重点征收项目。开展交通综合治理，小修道路152条，清除42个路段不合理停车泊位5166个，启用共享停车场2处。建筑垃圾资源化处置场建成使用，回收建筑垃圾7.8万吨。实施城乡环境整治行动，整治存在安全隐患、违规设置、陈旧破损、缺字断亮的户外广告牌匾668处；查处露天烧烤、油烟扰民、店外经营、场外交易、临街聚集招揽生意等行为2926件；整治查处占道修车、占道洗车、占道装饰等各类违法违规行为181件；清除堵塞消防通道的各类堆放物及占用停车泊位设置的地桩、地锁、隔离墩等阻止器具803处。对全区主次干路、背街小巷、居民小区内非法广告进行集中清刷、本色覆盖，清刷非法广告97111处。开展户外牌匾、渣土运输等7大专项整治，取缔8家户外马路市场。

【乡村振兴】　发挥龙头企业引领作用，秀辉米业年产量突破1.6万吨，德泰饲料进入吉林省千万头肉牛养殖项目供应体系。投入314万元，引入水田打浆设备，实现秸秆全量还田。开展“三资”清查，清收集体资源60.7公顷。实施乡村建设行动，投资5000余万元，完成乐山镇区综合改造和农村人居环境整治工程，改建农村户厕1746座，绿化美化村庄沿线16.9千米，打造省级乡村振兴示范镇1个、“九有六无”（有特色产业、有村集体收入项目、有顺畅排水、有垃圾处理设施、有清洁环境、有整洁院落、有干净居室、有绿化美化亮化，无卫生乱象、无路面破损、无不安全住房、无私搭乱建、无不良习俗、无规模性致贫返贫现象）示范村2个。开展“三变”（资源变资产、资金变股金、农民变股东）改革试点工作，被评为全国农村集体产权制度改革工作先进集体。辛屯村入选全国村级议事协商创新实验试点单位。

【生态环境整治】　开展大气污染防治，推进燃煤锅炉淘汰改造进度；投入500万元，全域实现秸秆打包离田。实施水污染防治，推进“一厂一策”提质增效工程，完成94个小区及企事业单位雨污分流改造，新建、翻建排水管网57千米，国考断面水质达标率100%。推进自然资源保护，划定城镇开发边界77.49平方千米、永久基本农田7995公顷、生态保护红线99.57公顷；完成长乐公路一级保护区段污染防治设施建设；投资1500余万元，消除农村黑臭水体；清理河道20.9平方千米，绿化造林20公顷。

【民生福祉】　完成民生实事53项。开发城镇就业岗位1.4万个，新增城镇就业1.2万人。为城乡低保家庭、特困人员、残疾人等特殊群体发放救助金1.1亿元。建立15支社区慈善基金，开展慈善项目13个，惠及群众6000余人次。运营社区养老服务中心8个，新建社区敬老餐厅2处，覆盖老人3万余人，天宝社区、自由大路社区被评为“2022年全国示范性老年友好型社区”。举办首届朝阳区“拥军惠民”购物节。红旗街道被退役军人事务部评为“建强百家红色退役军人服务站”。德昌社区等8个社区被评为长春市幸福社区。新建健身路径12处、笼式多功能运动场2处。

【朝阳教育】　推进区域基础教育领域理论与策略研究，立项课题305项，6篇结题报告入选《长春市教育科研

"十三五"优秀研究报告》。承办《吉林省第五届区域主导课题局长论坛暨区域五育并举育人体系构建与实施》现场会。新认定普惠性民办幼儿园5所，增加普惠性学位970个，全区普惠性幼儿园覆盖率88.9%，高出国家标准8.9个百分点。推进校际合作，新增1个大学区，形成"七四四"发展格局（七大学区、四大教育集团、四个城乡教育联盟），实现所有义务教育学校全覆盖。"双减"工作在全省教研会议上分享经验，中小学课后服务实现全覆盖。特殊教育融合发展，借助吉大一院医疗资源及高校师资力量，进一步完善特殊教育体系，区内2名校长在全国"ADHD医教结合经验说明会"分享朝阳特教经验。开展校外培训机构专项整治，全区校外教育培训机构由415家压减至268家；219家义务教育阶段校外教育培训机构纳入全国校外教育培训监管与服务综合平台。

【医疗健康】 推行基本药物制度，基层单位基药配备比例及销售额比例均不低于55%。开展优质服务等级评审工作，组织实施"优质服务基层行"和提升达标活动。区属11家社区卫生服务中心、2家乡镇卫生院完成"优质服务基层行"标准评价，截至2022年末，朝阳区有4家社区卫生服务中心达到社区医院标准（南湖第一社区卫生服务中心、前进社区卫生服务中心、红旗社区卫生服务中心、红旗第一社区卫生服务中心）。推进朝阳区家庭医生签约服务工作，选派4名专家在微信小程序"吉林省家庭医生网上问诊平台"上针对高血压、糖尿病等慢性病开展线上解答，并进行健康指导，全年回复辖区居民问诊96条，12小时内回复率100%。利用"电子档案自助查询机"和"吉林家医"微信小程序，居民可使用自己的电子健康档案进行查询，全区电子健康档案开放率77.67%，重点人群电子健康档案开放率91.33%。新建2家数字化预防接种门诊，4家社区卫生服务中心达到社区医院标准，获评全国基层中医药工作先进单位。食品安全工作连续4年全市排名第一。

【其他社会事业】 落实"三到位一处理"原则（按照诉求合理的解决问题到位、诉求无理的思想教育到位、生活困难的帮扶救助到位、行为违法的依法处理），化解国家交办2批99件信访案件，重复信访率比2021年下降14.6%。开展安全生产、自建房、保交楼等领域专项行动，排查安全隐患3万余处，全年未发生较大安全生产事故。全区刑事立案比2021年下降67.2%。（袁 源）

南关区

【概况】 南关区是长春市的中心城区，位于长春市中南部，是长春市的南大门。辖区西起人民大街与朝阳区相接，北至新发路、上海路、光复路与宽城区相连，东临伊通河与二道区隔河相

表100 2022年南关区国民经济和社会发展主要指标完成情况统计表

指标名称	单位	实际完成	比2021年增减（%）
地区生产总值	亿元	485.9	-1.9
第一产业增加值	亿元	0.0	0.0
第二产业增加值	亿元	45.5	-8.0
第三产业增加值	亿元	440.5	-1.2
全口径财政收入	亿元	42.97	-24.8
区本级一般公共预算收入	亿元	8.57	-30.6
固定资产投资额	亿元	86.8	-35.0
社会消费品零售总额	亿元	127.3	-18.2
新增外商投资企业	个	3.0	-50.0
新增实际使用外资	万美元	396.2	-73.9
个体私营企业	个	121133.0	11.2
民营经济增加值	亿元	290.8	7.9
普通中学数	个	13.0	0.0
普通小学数	个	25.0	0.0
各类医院	个	17.0	6.3
绿化覆盖率	%	41.2	0.0
人口出生率	‰	6.2	-0.5
政策生育率	%	100.0	0.0

（南关区政府办）

望，南至新立城镇、永春乡边界与长春净月国家高新技术产业开发区、长春高新技术产业开发区为邻。南关区下辖12个街道及幸福乡，7个行政村，59个社区，和1个省级开发区（长春市南部都市经济开发区）。户籍总人口488840人，面积80.95平方千米，其中南部都市经济开发区面积32.95平方千米。

【经济发展】 2022年，南关区生产总值486亿元（第二产业增加值45.5亿元，第三产业增加值440.5亿元）；全口径财政收入42.97亿元，区本级一般公共预算收入8.57亿元；社会消费品零售总额127.3亿元；新增外商投资企业3户，新增实际使用外资396.2万美元；个体私营企业121133户，比2021年增加11.23%；民营经济增加值290.8亿元，增加7.9%。

【项目建设】 南关区创新组建楼宇工作专班，开展包保走访。人民大街下穿隧道等征收任务全部清零，交付施工净地68万平方米。疫情防控期间，解决华润中心工人闭环管理等问题100余个。实行项目推进，50个重点项目全部开复工，华为吉林总部破土启动，华润万象城实现封顶，全区商务楼宇62座。发行债券项目10个，到位资金6.44亿元。

【安全生产】 开展安全生产大检查和“百日攻坚”行动，起底风险隐患2.8万项，整改户外广告牌匾760块、违规使用醇基燃料企业222户，巡查在建工地69个，全年无重特大安全生产事故发生。治理“小公寓”542户，整治自建房安全隐患474处。

【南部新城建设】 开发区新建和续建项目35个，华为吉林区域总部、长春南部新城“银河一英里”地下空间东段等13个新建项目，中国中铁吉林区域总部基地、远大购物广场等22个续建项目全面实现开复工，年内固定资产投资59.21亿元；道革新能源换电站总部、市直律师事务所、“八珍王”食品总部等3个项目在开发区注册落位；全年招商洽谈项目20余个，招商引资46.4亿元；实地走访近20个重点项目，帮助冠城国际、国涛商务楼、邮城广场等项

7月6日，南关区图书馆举办开馆仪式 （南关区 供图）

目，协调解决道路、地下管线等问题；完成国泰中心、华为吉林区域总部等18个项目规划服务工作。

【助企行动】 南关区承接上级助企纾困政策，出台42条区级惠企举措，减免缓退各类税费超10亿元、兑付房租水电补贴2305万元，惠及市场主体5.8万余户。组织政银企对接活动50余次，实现融资3.5亿元；支持专精特新企业发展，全年新增科技型中小企业84户；深化“万人助万企”，规模以上服务业营收增速连续5个月保持20%以上，全年完成100亿元，总量和增速均位居全市第一梯队，带动经济止跌回暖，地区生产总值始终高于全市平均水平。

【服务业发展】 南关区有规模以上服务业企业125户，其中重点行业服务业企业96户。召开项目对接会、服务业对接会、文旅行业对接会等7场次；开展线上线下政银企对接活动50余次，融资2.5亿元；帮助长春建业集团、鼎丰真等25户企业申报省级、市级专精特新企业；为306户企业兑现连锁经营、高管人才、稳增长等奖励政策4522.14万元。

【优化营商环境】 南关区在全省率先打造“24小时自助服务区”，为企业和群众提供223项“不间断”政务服务。兑现奖补资金4522万元，市场主体接近12万户。制定《南关区2022年营商环境建设攻坚方案》，搭建南关区营商合作平台，通过开展银企对接、严禁非法集资宣传等活动，加大营商环境案件办理力度，建立营商环境投诉建议平台，处理营商环境案件38件，全年发出营商环境案件转办通知单11份、警示通知单3份。

【科技创新】 南关区制定《南关区建设科技创新城工作实施方案》《南关区科技创新城专班工作方案》。依托南关科创中心，征集企业技术需求45条、高校和科研院所科技成果20个，组织5户高新技术企业参加驻长高校院所科技成果发布会，组织科技企业与意向高校院所“点对点”对接活动10次。组织企业参加中科系统各类培训活动4次，推进企业与中科院所属院所进行合作，共同申报省级、市级合作项目3个。加强与中科院长春分院、吉林大学、东北师范大学等高校院所沟通联系，促进南关区企业与高校院所开展“校（院）企合作”，全年转化科技成果35个。培育国家高新技术企业64户。

【金融发展】 2022年，南关区金融业增加值176.1亿元，占GDP 36.2%。平安银行长春分行、太平洋财产保险吉林省分公司、阳光保险吉林分公司等总部类金融机构入驻东北亚国际金融中心、长春国际金融中心等高端商务楼宇。全区

金融、类金融企业1100余户，总部类银行13户，保险12户，证券公司14户。开展银企对接活动50余次，实现融资3.5亿元。

【城市建设与管理】 亚泰大街南延全线贯通，高速新南口全面通车。修建东莱北街等2处行人过街天桥，8个批次交通综合治理任务全部完成。全面落实林、田长制。光明公园等3所公园加速建设。新植补植街路67条。投入2.9亿元对57个老旧小区进行改造，惠及居民2万余户。开展城乡环境秩序百日攻坚，升级改造早市5个，15个垃圾分类试点小区生活垃圾减量80%，装修垃圾不落地实现区域全覆盖。整治“城市乱象”5213处，拆除违建2.3万平方米。长春市城市管理执法中队标准化建设现场会在南关区召开。

【生态环境治理】 南关区内秸秆全部离田，实现5年内“零火点”目标；启动保洁模块化管理，实行保洁区域量化管理，采取人工定点保洁和小型环卫车辆巡回保洁的模式，减少生活垃圾滞留时间。苫盖裸露地面20处，新植街路2条、新植绿地4块、补植街路10条，栽植乔灌木89株，花卉282平方米，草坪11.9万平方米，新增绿化面积4524平方米，治理全区94.39万平方米绿地豚草；协调市维管中心，组织区河长制成员单位开展河长制联合执法行动、现场工作会9次，建立入河排污口管理台账，辖区内117个入河排污口完成标志牌设立工作，并定期对重点排口排水进行监测，确保市管断面水质达标；根据第二轮中央生态环境保护督察组的反馈意见，印发《南关区贯彻落实第二轮中央生态环境保护督察反馈意见整改方案》，整改第二轮中央环保督察反馈的16项问题。

【乡村振兴】 南关区委农村工作领导小组办公室下发规范性文件9个。组织452人次参加学习培训，发放77本《吉林省乡村振兴干部工作手册》。4月29日、10月12日分别开展2次全区防贫动态监测排查和筛查工作，通过农户主动申报和部门筛查，515户1466人重点人群当中无符合标准条件的监测对象，发放《吉林省农户防返贫致贫监测对象申报流程》宣传单500张。按照“两不愁三保障”要求开展两轮排查，未发现有适龄儿童因贫未入校和已就读学生失、辍学现象，村民全部纳入城乡居民基本医疗，无住房安全隐患问题，统一饮用纳入城市建设管理的自来水，饮水安全得到保障。全区涉农街（乡）有低保户45户76人，特困户12户12人。全年民政部门支出农村低保金65.8万元，惠民补贴3.4万元，农村特困救助金17.86万元，端午、中秋节日补贴1.1万元，特困群体一次性补助金2.2万元，农村临时救助金3.54万元。加强农村集体“三资”管理（农村集体资金、资产、资源管理），推进农村产权流转平台交易。黑咀子村集体资产卫星综合市场通过产权流转交易平台实现5年整体出租，年平均租金394.2万元。

【民生实事】 2022年，南关区筹集资金1.83亿元，完成57项民生实事。为自由花园等6个小区加装电梯。组织“金秋招聘会”等就业活动53场，新增就业1.2万人。拓展“三级救助”模式，为4453名特殊群体发放救助资金7004万元，南关区救助中心被评为“全国社会救助工作先进单位”。搭建省级“文养结合”养老载体14个，东风社区被评为“全国示范性老年友好型社区“。新兴学校竣工交付，新增优质学位1590个。建成4所区属公办园，公办学前学位达4170个。3所“公参民”学校完成划转工作。查处隐形变异违规培训50件。南关区卫生服务中心主体完工，改善升级5家中医综合服务区。举办第八届残疾人代表大会。

（齐守国　刘　旭　王姝壹）

宽城区

【概况】 宽城区位于长春市区北部，区域东部与二道区、九台区搭界，西部、北部与农安县相连，东北部与长春新区和德惠市接壤，南部与朝阳区、南关区为邻，西北部与绿园区相望。辖10个街道、1个镇、65个社区、20个行政村和长春宽城经济开发区。面积166.95平方千米，户籍人口38.3万人。2022年，宽城区地区生产总值285.5亿元，按可比价格计算，比2021年下降53.6%；全口径财政收入4亿元，下降53.6%；全社会固资产投资上报完成101.3亿元，下降6.6%。

【经济发展】 2022年，宽城区地区生产总值285.5亿元，按可比价格计算，比2021年下降11.5%；全社会固定资产投资完成101.3亿元，下降6.5%；重点服务业（2022年1月至11月，错月指标）完成15.4亿元，下降26%。宽城区市场主体户数16.03万户，增长12.32%；宽城区民营经济营业收入1049.66亿元，下降1.8%；宽城区有规模以上工业企业57户，实现产值64.7亿元，下降25.5%；全区开工工业项目17个。其中新建项目8个，续建项目6个，技改项目3个，竣工项目5个；全区农作物产量0.68亿公斤，总产值2.36亿元；为中小微企业和商户发放补贴2799万元，惠及市场主体6.1万户，全区市场主体逆势增长2.27万户；全年宽城区限额以上零售额实现48.9亿元，下降18.3%。为中小微企业和商户发放补贴2799万元，惠及市场主体6.1万户。

【项目建设】 2022年，开复工项目35个，天和科技、汽车拆解等8个项目实现主体封闭；天茂医药、裕隆汽车等项目有实质进展；长春轨道车辆整体搬迁、金越轨道交通、打通网连接点配套工程等项目基本竣工；报废汽车拆解等3个项目获得银行中长期贷款1.37亿元；云辉环保获国家污染治理和节能减碳专项中央预算资金600万元；成功申报专项债项目4个，一般债项目2个，到位资金4亿元；培育2022年度省级专精特新企业8户，市级专精特新企业12户，获评长春市农业产业化领军型龙头企业2户。上海路北地块项目取得重大进展，投资35.7亿元的东北首家第四代万达广场项目全面开工；历时多年的中车车辆整体搬迁项目即将竣工；老机车厂历史街区改造项目克服重重困难，再次取得关键性进展，北京大街西历史文化街区即将开街；熙旺中心等52个重点项目全部开复工，非地产项目投资增长46.9%。

表101　2022年宽城区国民经济和社会发展主要指标完成情况统计表

指标名称	单位	实际完成	比2021年增减（%）
实现地区生产总值	亿元	285.5	-11.5
第一产业增加值	亿元	1.4	-3.0
第二产业增加值	亿元	87.2	-17.3
工业增加值	亿元	37.6	-24.0
第三产业增加值	亿元	196.9	-8.9
三产比重	%	0.5：30.5：69.0	—
规模以上工业企业户数	户	59.0	7.3
规模以上工业总产值	亿元	64.7	-25.5
固定资产投资额	亿元	101.3	-6.5
社会消费品零售总额	亿元	139.0	-18.6
一般公共预算收入	亿元	18.9	-41.9
地方级财政收入	亿元	4.0	-53.6

（宽城区政府办）

【科技创新】 宽城区科技局分2批对区内16户企业38笔贷款进行贴息申报；走访企业30余次，助企解决科技研发、知识产权申报等方面的难点问题；6月22日，副区长杜德横带领区科技局相关人员到吉林工程师范学院进行校企合作方面座谈，对下一步校企合作达成共识。9月15日，由火炬中心指导，吉林省科学技术厅主办，长春市科学技术局、吉林省创新创业科技服务促进会、吉林省云聚会创业服务有限公司共同承办的“科技驱动创新 稳就业促发展峰会”在长春市宽城区海鲜码头会议厅举行。

【城市建设】 2022年，市建委投资续建富城路、九台路拓宽、北十条等道路11条。除人民大街、亚泰大街、凯旋路等14条市管道路以外的286条市政道路，每年市财政拨付专项资金1000万元，由区里负责实施。10月末完成全年道路维护任务。养护街路136条，养护绿地110块，面积123.4万平方米。对亚泰大街等8条街路和绿地进行补植，对九台路等4条街路7块绿地种植20.27万株应季花卉、145.46万株五色草。为街路绿化以及公园提升，面积9.65万平方米，分别为中心公园等10个园区绿化提升，面积7.76万平方米，北人民大街与永盛路交会处绿地绿化消裸提升，面积1.74万平方米，万兴路以及繁盛路绿化提升0.15万平方米。加快推进四号地块、滨河路西地块（一匡街以南H地块）、中车低效用地再开发项目等13个棚改地块的开发进度，建筑面积约162.8万平方米，总投资额108.4亿元。完成利国街C地块一期、中车R2-8地块2个项目的土地出让工作，总出让面积6.26万平方米，出让金6.69亿元。400户省计划任务全部完成。其中，宽城区五号地95号，宽城区四号地305户。2021年改造的老旧小区16个，涉及居民7726户，总投资2.78亿元，2022年末全部竣工验收合格。宽城区有供热企业13户，城区供热面积3306万平方米，涉及居民313945户，供热管网长度1641.34千米。宽城区国土绿化工程概算2000万元，面积26.57公顷，长度7千米，南起火车南站，北至四环路以北，绿化范围围绕宽城区长白、长哈、京哈、长吉线等铁路沿线，全长20千米，绿化地块15处。打造一处社区公园枫华园，面积0.9公顷。全区排查城镇房

9月13日，吉林长春社区干部学院承办民政部“第五届全国社区工作大讲堂”

（宽城区　供图）

屋12111栋，经鉴定D级140栋，人员全部迁出；农村经营性自建房排查291户，非经营性自建房21364户，12月31日前完成所有存在隐患房屋的整治任务，彻底销号清零；全年接待房屋拆改案件52件，11件涉及到改变承重结构，下达整改通知书，整改完成9处。

【乡村振兴】 宽城区无新增监测户，所有脱贫户返贫致贫风险为“零”。制定印发《宽城区2022年防止返贫动态监测和帮扶集中排查工作方案》等文件，确保巩固拓展脱贫攻坚成果同推进乡村振兴有效衔接工作政策落实到位。全区农作物种植面积3686.09公顷。其中，粮食作物种植面积3009.1公顷，玉米播种面积2880公顷，水稻播种面积116.4公顷，大豆播种面积12.7公顷；经济作物播种面积676.99公顷。农作物产量0.6799亿公斤（总产值2.325亿元）。其中，粮食作物总产量0.23亿公斤（总产值0.485亿元），玉米产量0.22亿公斤（总产值0.46亿元），水稻产量0.09亿公斤（总产值0.03亿元）；经济作物产量0.4514亿公斤（总产值1.84亿元）。全区规模备案养殖场12家，饲料企业8户，牛屠宰企业1户。全区畜禽养殖量288485头（只、匹、羽）。其中，猪养殖量4173头、大牲畜养殖量1646头、羊养殖量1869只、禽类养殖量280797羽。完成2022年农业支持保护补贴工作，宽城区发放农业支持保护补贴面积0.38万公顷，向农民发放补贴金额920.78万元。完成2022年玉米、大豆等农作物的生产者补贴发放，其中玉米生产者补贴面积0.25万公顷，补贴金额356.29万元；大豆生产者补贴面积0.02万公顷， 补贴金额9.91万元；水稻生产者补贴面积113.3公顷，补贴金额16.63万元；中央对实际种粮农民一次性补贴面积0.26万公顷（3批合计）资金92.93万元。配合市土肥站取土样100个，测土配方施肥技术覆盖率95%；全区农业产业化龙头企业发展到15户。其中，国家级2户，省级10户，市级3户；组织8户龙头企业参加农博会。把现代畜牧业和农产品加工业作为产业转型主攻方向，实现固定资产投资1.6亿元和农业农村领域项目“零”突破。开展村庄清洁行动“春、夏、秋、冬”战役，开展整治月行动，出动车辆1534台次、人员3862人次，清理村屯道路590千米、村内沟渠320千米，整治公共场所76处、清运各类垃圾2500余吨。开展对已建农村户用卫生厕所的排查整改工作，排查出厕屋、厕具、储粪池等问题195个，全部完成整改。都市农业核心区已具规模，观光休闲农业企业发展到5户，接待观光采摘10万余人次，年接待中小学生农业科普教育500余人次。为保证农村饮水水质安全，兰家镇对12处供水站水箱、消毒设备进行清洗，对2处供水站水处理设备滤料进行更换。宽城区达到农村供水智能化管理，实现图像、温度、流量在线数据监测，区政协委员对宽城区在此项民生工程上的投入和努力表示满意。

【社会民生】 区委、区政府集中精力财力，投资4.5亿元推进10大领域78项民生实事。紧盯高校毕业生、退役军人等群体，举办招聘活动72场，开发就业岗位1.2万个，城镇新增就业10271人，城镇零就业家庭援助率100%。做好困难群体生活救助，发放一次性疫情生活补助96.84万元。发放各类救助资金1.5亿元，新建残疾人社区康复站1座，发展特教学校4所，困难群众生活得到充分保障。着眼满足教育需求，2所学校投入使用，3所正在建设。宽城区有4个续建项目。开展各类健身活动60场次。组队参加2022年第十九届省运会，获奖牌27枚。其中，金牌11枚、银牌12枚、铜牌7枚。在2022年长春市“体彩杯”青少年短道速滑第一站比赛暨中俄冬季青少年运动会中，宽城区田竞体校代表队获奖牌13枚。其中，金牌3枚、银牌8枚、铜牌2枚。安装一代健身器材29套、二代智能健身器材6套，惠及全区8个街镇、27个社区（小区）。区卫健局系统有3人被省卫健委评为“吉林好人·战疫先锋”、1人为医德标兵、1人为最美乡村医生，1人被市授予五一巾帼标兵岗称号，1人被授予五一巾帼标兵个人称号；“5·12”国际护士节，被省市评为省级优秀护理团队1个，优秀管理者2人，优秀护士10人，市级优秀护理团队1个，优秀管理者1人，优秀护士12人。保障农民工合法权益。宽城区建立覆盖区、街（镇）、社区（村）三级退役军人服务中心（站）88个。乡镇（街道）退役军人服务站和服务对象在300人以上的村（社区）退役军人服务站全部达到示范型标准。其中，被评为全省百家红色退役军人服务站2个，分别是站前街道、欣园街道五星村退役军人服务站。打造全国示范型退役军人服务中心（站）41个。在国际档案日期间组织系列宣传活动，编纂出版《长春市宽城年鉴（2022）》；与东广街道黄河路南社区、团山街道小南街社区、首山社区、长房物业对接，组织开展国际档案日宣传活动，发放档案宣传袋100个，宣传图册100册。

【招商引资】 成立4个招商引资工作组开展全员招商、精准招商，策划包装、推介19个招商项目，引进青岛四方、德国克诺尔、山东郎进等31户轨道客车装备制造企业。跟踪洽谈中粮油脂、风帆蓄电池、中车大连机车研究所、中车时代电器、专用车改造等重点项目。引进项目57个，引进内资52.97亿元，引进外资3000万美元。

（王　坚　赵海英）

二道区

【概况】 二道区位于长春市区东部，东与吉林市永吉县万昌镇相连，南与长春经济开发区、净月开发区接壤，西靠伊通河东岸，北与宽城区、长春新区、长春经济开发区北区、九台区东湖镇相临。全区面积452平方千米，其中二道区直接管辖区域102平方千米，辖省级开发区——长春二道经济开发区，7个街、1个镇，53个城市社区、8个行政村，户籍人口32.38万人。

【经济发展】 2022年，地区生产总值226亿元；规模以上重点服务业营业收入57亿元；限额以上社会消费品零售总额93.9亿元；地方级财政收入4.1亿元。引进内资146.2亿元、利用外资395.2万美元。

【项目建设】 2022年，签约重大项目12个、企业91户。其中，世界500强、中国500强分（子）公司9户，央企、国企分（子）公司18户，独角兽企业1户。实施项目建设“百日攻坚”，开复

表102 2022年二道区国民经济和社会发展主要指标完成情况统计表

指标名称	单位	实际完成	比2021年增减（%）
地区生产总值	亿元	226.0	-0.9
第一产业增加值	亿元	0.2	31.9
第二产业增加值	亿元	48.8	-7.5
第三产业增加值	亿元	177.1	1.0
地方级财政收入	亿元	4.2	-49.5
固定资产投资额	亿元	100.4	9.3
限额以上社会消费品零售总额	亿元	93.9	16.0
实际引进内资额	亿元	146.2	44.1
实际使用外资额	万元（美元）	395.2	-73.9
城镇居民人均可支配收入	元	43240.0	-0.1
农村居民人均可支配收入	元	18919.0	2.4
科学技术支出	万元	35.0	—
教育事业支出	万元	57666.4	-8.41
医疗卫生支出	万元	48080.0	36.23
绿化覆盖率	%	41.4	0.2

（二道区政府办）

工重点项目58个，开复工率105%，产业类投资比2021年增长74.3%，专项债资金发行11.73亿元。5个产业园区总投资23亿元，先进制造、新材料产业园建成使用，锦城汽车等一批项目入园。长春国家农业公园（一期）总投资15亿元，打造国家AAAA级旅游景区。27个基础设施、社会事业项目总投资93.7亿元，英俊污水处理厂扩容提标等一系列工程投入使用。中拓数字化工厂主体竣工，可年产400万件汽车轻量化零部件。新金享冷弯型钢项目年产4万吨轨道车体。长拖1958文创园落成开放。开展首届百店千品消费节，成品油销售额增长28%。启动主题夜市4家。

10月12日，建设中的二道区智能家居产业园　　（马　凌　供图）

【科技创新】　成立科技创新城工作专班，起草《二道区推进科技创新城建设实施方案》。用线上辅导、重点走访、一对一服务措施，组织辖区企业申报。组织企业参与科技型中小企业评价工作，组织5批次申报，33户企业通过科技型中小企业评价。按照《吉林省科技发展计划2022年度项目指南》，经审核推荐“新能源汽车动力电池储藏维修间项目”等3个项目申报省级科技项目。按照《长春市科技发展计划2022年度项目申报指南》要求，组织认定吉林省亚飞科技有限公司等25户高新技术企业完成市级高企后补助申请工作。完成市专家工作站（农业领域）认定推荐，推荐吉林省杉芝源生态农业有限公司建设的长春市杉芝源食用菌产业专家工作站申报第二批长春市专家工作站（农业领域）认定。《加油站智慧加油车牌支付》《普通摄像头AI驱动数字人直播系统》《一种新型OSB无醛添加抗菌家具板》3个项目参加首届中国长春“自创杯”创新创业大赛。长春市大亚木业有限公司《一种新型OSB无醛添加抗菌家具板》项目获大赛成长组决赛优秀奖。完成科技企业孵化器长春青年创业工场——正茂园区2022年省级科技企业孵化器考核。完成全区科技型企业摸底梳理工作，重点掌握企业服务领域、知识产权、人才、研发投入等基本信息。组织参加省科技创新政策专题培训，完成《科技成果在吉林落地转化项目表》《科技企业通过实施技术攻关实现高质量发展项目表》《“双千工程”重点项目介绍表》填报。

【城市建设】 推进76项重点工程征收，整理土地160万平方米。四合路等16条街路竣工通车，莲水线10千伏电力工程开工，新增道路里程25千米，配套市政管线22.4万米。建成智慧城区运营中心。疏解交通堵点63处，解决特思服装厂“拦路屋”问题，交通拥堵指数下降13%。改造老旧小区25个，创建城市管理示范试点7个、无尘街路25条。完成街路彩化10条、国土绿化28.4万平方米。落实河（湖）长制、林长制、田长制，河流断面水质全部达标，建设用地安全利用率100%。

【乡村振兴】 注重乡村风貌建设，增强村庄生态、休闲、教育、文化等多种功能，从“干净整洁”逐步升级为“美丽宜居”。推进“四好”（建好、管好、护好、运营好）农村路建设，新修道路550米，自然屯通硬化路率100%，建立区、镇、村三级路长制管理体系。强化安全饮水运行管护，落实“用水户+管护单位+监管部门”三级监督监测机制，农饮工程水量、用水方便程度和供水保证率等方面得到保障，确保农民群众吃上“放心水”。推进“千村示范”创建活动，按照省“九有六无”（九有：有特色产业、有村集体收入项目、有顺畅排水、有垃圾处理设施、有清洁环境、有整洁院落、有干净居室、有绿化美化亮化、有长效机制；六无：无卫生乱象、无路面破损、无不安全住房、无私搭乱建、无不良习俗、无规模性致贫返贫现象）“五个全覆盖”（村庄规划全覆盖、十户一组全覆盖、美丽庭院干净人家全覆盖、爱心超市全覆盖、文化小广场农家书屋全覆盖）标准打造四合村为示范村，建设“道德爱心积分超市”，建立“十户一组”网络化制度。开展村庄清洁行动，清理越冬垃圾、沟塘、畜禽粪污和农业生产废弃物，加大村庄公共环境整治力度，规范柴草堆放、农机具停放等，出动大小型机械13500台次，保洁人员6万人次、车辆3850台次，清理各类垃圾8028.68吨，清理农户庭院425个。开展农村户用厕所问题整改。完善“户投放、屯收集、村转运、站集中、镇统运”的农村环卫管理机制，提升乡村环境精细化管理水平。利用网络，采取微信、小视频等方式开展线上培训4次，培训农民200余人次。

【社会民生】 全年支出民生资金12亿元，75项民生实事全部落实。城镇新增就业8000余人。残疾人就业联网认证实现“跨省通办”。开放运行退役军人创业孵化基地。巩固拓展脱贫攻坚成果同乡村振兴有效衔接，建成帮扶项目22个，人均增收7600元。发放各类救助金、失业救济金超1亿元。争取中央保障性安居工程补助3739万元，惠及2750户棚户区居民。丰泰社区被评为全国示范性老年友好型社区。建设东新中学等5所学校，新建学校标准化达标率100%，学前普惠资源占比80%，“双减”“云”督导、空中课堂等优秀案例全国推广。建成新疾控中心、远达社区卫生服务中心。女子青年气排球获十九届省运会冠军。在全省率先打造“5分钟政务服务圈”，建成社区（村）便民服务站52个，实现审批事项全程网办、社区可办、自助快办，政务公开和实体大厅考评全省第一。

【校园交通综合治理】 二道区落实市、区关于城区范围内“一校一策”交通综合治理工作要求，区域所有学校全面参与，构建校园交通综合治理工作全新管理模式，确保二道区校园周边道路安全畅通。“一到位”，责任明确到位，健全组织机构。“二到位”，宣传教育到位。向师生和家长下发绿色出行倡议书4.2万余份，引导小学入学半径 500 米以内、初中入学半径 1000 米以内步行上下学，入学半径在 1000 米以上提倡乘坐公共交通工具出行。“三到位”，细化措施到位。细化错时段、错学段上放学时间，优化家长接送点位，制作并张贴指定点位接送示意图。“四到位”，警家校护学到位，每日上放学保安员持械上岗，与学校管理人员、家长志愿者共同协助交警部门做好校门前交通秩序维护。“五到位”，重点整治到位，上放学等重点时段“交警助学岗”上岗执勤，推行“警家校”护学机制。对学生上放学出行方式进行摸底排查，在校园门前设立公示板，将违章的学生家长车辆信息予以公示，做好提示。

【东盛街道社会矛盾纠纷调处化解中心成立】 东盛街道社会矛盾纠纷调处化解中心是东北三省唯一一家“枫桥式”街道社会矛盾纠纷调处化解中心。位于长春市二道区民丰大街与安乐路交会处，面积840平方米。一楼调解大厅设有导服、等候和受理3个功能区。有公安调解、人民调解、法律咨询、劳动人事、行政调解和综合服务6个服务窗口。统筹整合、警员、律师、法官等人员为群众提供法治宣传、法律咨询、法律援助、劳务纠纷等服务，化解各类矛盾。二楼深度调解站吸纳两代表一委员进驻中心，听取群众诉求；聘用“五老”成立“老邻居调解员”队伍，将矛盾纠纷化解在最基层。二道法院巡回法庭入驻中心，巡回法庭是二道区人民法院乃至长春市中级人民法院第一个入驻街道矛调中心的法庭，为以“审结”形式推动矛盾纠纷化解创造条件。三楼综合研判平台设有功能室3个。推行“三网融合”，建设公安安全视频系统，综治视联网视频会议系统、指挥调度系统“一体化”管理平台，构建调处化解智慧化监督指挥平台。用于召开社会治理相关会议、开展安全评估等工作，有助于各级及时、有效沟通情况和信息，实现上下联动，多级联动。

【数字化建设】 以数字政府建设为牵引，以长春市城市智能体为依托，推进二道区数字化建设。按照“数字二道”建设工作安排，完成二道区智慧城区运营管理中心建设，开发一网统管基础应用平台，2月16日，长春

“城市智能体”基础服务能力及应用场景赋能平台二道分中心投入使用。实现营商、矛盾纠纷调处、教育、信用、养老等8个应用系统完整对接，实现事件管理、态势感知、指挥调度、专项分析等五项重点功能。新建电子政务外网41条，保障各部门办公系统修改、变更、新增等需求。

【信用体系建设】 加强信用监管，推进政府机构失信问题专项治理，出台行业信用分级分类监管制度12个，吉林街道沿河社区被授予“长春市信用试点示范社区”荣誉称号。开展二道区企业行政处罚失信问题信用修复专项工作，通过线上申报、网络审核、文件快递等方式，为43家辖区内企业完成信用修复。开展“信易贷”专题线上培训，实现“信易贷”平台宣传三个全覆盖（部门、市场主体、工作人员），新增“信易贷”注册量301家，比2021年增长370%。推出“信易+税务”“信易+燃气”“信易+双拥服务”等行管领域信用场景应用15个。提升数据质量，归集近年来行政强制、行政确认、行政裁决、行政奖励、行政监督检查5类行政管理信息9000条，推进信用宣传“五进四个一”（五进即进社区、进企业、进网络、进窗口、进机关；四个一即1次承诺、1个视频、1期讲座、1个专栏）主题活动，发布信用宣传主题11个、信用宣传信息302篇，新增承诺书模板12个，市场主体及个人主动签订信用承诺书45万余份。（马　凌）

绿园区

【概况】 绿园区位于长春市区西部，东连朝阳区、宽城区，南接长春汽车经济技术开发区，西邻公主岭市，北依农安县。下辖7个街道办事处，67个城市社区；城西、合心、西新3个镇，24个行政村；长春绿园经济开发区（加挂长春轨道交通装备产业开发区牌子）、长春绿园西新工业集中区、长春皓月产业园区、长春西部新城开发区4个开发区。全区总面积216平方千米，常住人口71.5万人。

【经济发展】 地区生产总值276.6亿元，比2021年下降9.6%。其中，第一产业增加值3.1亿元，下降2.2%；第二产业增加值135.6亿元，下降13.5%；第三产业增加值137.9亿元，下降5.5%；三产产业比重为1.1∶49.0∶49.9。规模以上工业总产值458.7亿元，下降13.6%；全口径财政收入23.4亿元，下降49.2%；本级财政收入4.2亿元，下降61.3%；利用内资92.67亿元，增长7.46%；实际直接利用外资320.2万美元，下降67.98%；社会消费品零售总额86.4亿元，下降17.2%；城镇居民人均可支配收入43240元，下降0.1%；农

表103　2022年绿园区国民经济和社会发展主要指标完成情况统计表

指标名称	单位	实际完成	比2021年增减（%）
地区生产总值	亿元	276.6	-9.6
第三产业增加值	亿元	137.9	-5.5
农业总产值	亿元	6.7	-2.2
规模以上工业总产值	亿元	458.7	-13.6
固定资产投资	亿元	89.6	9.1
全口径财政收入	亿元	23.4	-49.2
本级财政收入	亿元	4.2	-61.3
社会消费品零售总额	亿元	86.4	-17.2
利用内资额	亿元	92.67	7.46
实际直接利用外资额	万美元	320.2	-67.98
城镇居民人均可支配收入	元	43240.0	-0.1
农村居民人均可支配收入	元	18919.0	2.4
区属学校数	所	35.0	0.0
区属医院数	所	30.0	0.0
教育经费	亿元	7.4	-23.8
卫生事业费	亿元	2.8	12.6
绿化覆盖率	%	28.8	-4.6
人口出生率	‰	2.65	-1.0
人口死亡率	‰	0.85	-0.97

（绿园区政府办）

1月27日，在长春公园举办“迎冬奥”秧歌大赛（绿园区 供图）

村居民人均可支配收入18919元，增长2.4%。为长春海吉星农产品物流有限公司、东北亚粮油批发市场333家经营业户经济扶助1580万元，发放中小企业和个体工商户奖补资金、房租和水电费补贴5058万元，助企融资3亿元，项目贴息贷款3.7亿元，借款4.6亿元保障4977套“保交楼”建设，减免缓退税费6亿元，争取中央预算内资金和债券资金7.2亿元。在营市场主体净增1.72万户，增量指标完成比94.11%，位列长春市第一。“个转企”271家，位列吉林省第三。“四上”企业发展到559户，比2021年增长5.4%。50个重点项目在全市率先复工复产，固定资产投资增速连续10个月在长春市各城区中处于领先地位。2022年，规模以上工业企业113户，企业数量在长春市各城区位列第一。吉林省长春皓月清真肉业股份有限公司工业总产值突破120亿元，比2021年增长26.2%。吉林省中研高分子材料股份有限公司、研奥电气股份有限公司等创新型企业战略性新兴产业占比51%。长春中车轨道车辆科技开发有限公司营业收入净增23倍。组织消费促销活动26场，在2022年第19届中国（长春）国际汽车博览会期间，投放汽车消费券400万元，撬动消费2亿元。年均销售额6000万元的吉林省长春皓月清真肉业股份有限公司皓月大路旗舰店“入库入统”，社会消费品零售总额完成86.4亿元。

【项目建设】 划定“三区三线”，城镇开发边界114.46平方千米，优化减少24.89平方千米永久基本农田保护任务，新增建设用地43.34平方千米，位列长春市城区第一。引进1亿元以上产业项目38个，到位内资92.67亿元。完成绿园经济开发区、皓月产业园区机构改革和体制创新，肉牛产业发展获得省市重大政策支持，皓月产业园区编制完成6.8平方千米控制性详细规划，产业用地面积增加70万平方米。绿园经济开发区在72个省级开发区综合考评中位列第七，获“全国和谐劳动关系创建示范园区”称号。举办商会委托招商、网络云端招商、外省考察招商等大型招商活动12次，中青旅控股股份有限公司到绿园区洽谈项目建设、中国通用医药集团投资绿园区签约落位，启动实施总投资40亿元的国家能源集团光伏发电项目，40家“两车”配套企业入驻绿园区，长春敏实汽车零部件有限公司、吉林省凯达管业有限公司、长春吉文汽车零部件股份有限公司获奥迪PPE项目市场份额，长春实发汽车科技股份有限公司签订比亚迪EK项目合作协议。在长春市城区中首批组建区属国有投资运营公司，资产规模6.6亿元。原净月飞地汽车文化园整体划归，建成区面积新增38.3万平方米。

【科技创新】 2022年，新增专精特新企业38户、国家高新技术企业20户、市级企业技术中心3家。中车长春轨道客车股份有限公司“京张智能动车组”获得2022年世界工业设计大会暨中国优秀工业设计金奖，国内首条双流制市域轨道车辆江跳线开通运营。长春市高新技术企业营业收入100强企业，绿园区入围6户；长春市高新技术企业上缴税费100强企业，绿园区入围7户；长春市高新技术企业净利润100强企业，绿园区入围5户。科技成果转化6项，技术交易登记额度20亿元。全区高新技术企业有国际领先技术2项、国际先进技术3项、国内领先技术5项、国内先进技术19项。产品国内市场占有率30%以上的企业有6户、产品地区市场占有率30%以上的企业有14户。全区有3名青年科技人才进入“国家科技管理信息系统公共服务平台”登记备案。制定科技创新城工作方案，编写科技创新城5年发展规划。落实《长春市科技发展计划项目申报指南》，完成年度上级科技发展计划项目申报25项。为辖区企业争取省市科技资金389.4万元。落实《吉林省人民政府办公厅关于应对新冠疫情冲击进一步帮助市场主体纾困解难若干政策措施的通知》要求，组织辖区15户科技企业申报长春市财政局等8个部门联合实施的贷款贴息，为企业呈报贷款额度2.3亿元。召开3场企业与驻长春市高校和科研院所科技成果发布会；举办“服务大企业内创业、培育孵化创新创业新主体”双创周活动，邀请中车长春轨道客车股份有限公司研发项目经理王伟、吉林大学管理学院副院长李北伟讲解轨道交通产业技术研发方向，分享长客公司的供应链管理和“数字化赋能，双创新发展”的主题报告。

【城市建设】 2022年，启动31个项目征收，打通十八家子等项目关键节点，完成长太高速等6个项目501户征收任务，交付净地150万平方米，挂牌出让11.4万平方米，划拨供地106万平方米。建设道路16.9千米、各类管线管网20.7千米，改造积水点4处，打通站前一路等5条“断头路”，清掏疏通排水管线47千米。西部新城开发区内的7条高压线迁改工程启动施工，西安桥翻建工程建成通车，长白路消防救援站开工建设。建成保障性租赁住房1037套，改造7个老旧小区27.7万平方米，启动4个小区二次供水设施改造，6000余户居民居住条件得到改善。协调推进长春市第十一高中地下通道、北四环路青年路段过街天桥建设，清除36条街路700处不合理停车泊位，开放共享停车场2处，交通拥堵指数比2021年下降8.85%，平均车速提升12.6%。整治违法建筑1.2万平方米、摘除隐患牌匾366处，“拆围透绿”1100余米，补植绿化3.2万平方米。在15个小区推行生活垃圾分类处理，8月至9月获全市城市管理考核评比第一名。

【乡村振兴】 2022年，绿园区粮食产量6000万公斤。实施秸秆变肉暨300万头肉牛工程，全区肉牛5.3万头。截至年末，发展农民专业合作社165家，培育农业产业化龙头企业13户，省级农业产业联合体2个，市级现代农业产业园和特色农业示范基地2个，获有机农产品、绿色农产品质量认证25个。改造乡村公路30.5千米，建设污水收集管网7000米，完成小谷排干清淤护岸工程、高标准农田电力道路配套、裴家村省级水冲厕所试点建设。3个镇的自来水覆盖率、水质合格率、供水保障率100%。农村生活垃圾无害化处理形成完整的收储运体系。启动大小西河堡屯乡村振兴示范建设，裴家村进入省级“千村示范村”。推进45千米乡村精品旅游环线，绿园区被评为“长春市农村人居环境整治先进集体”。启动实施村集体“三资”清查，清收资源性资产256公顷。农村集体产权流转类挂牌交易18宗、206万元。集体经济年收入10万元以下村全面“清零”，年收50万元以上村占比54%。

【社会民生】 幸福绿园行动计划承诺的56项民生实事全部完成。全年城镇新增就业8100人，零就业家庭保持动态为零。保障城乡低保对象3503户，发放低保金5700余万元。供养特困人员256人，临时救助5152人次。发放养老服务补贴、高龄老人补贴1200余万元。探索社区养老服务新模式，打造全市首家助老智慧餐厅。升级残疾人就业创业孵化基地。建设“15分钟健身活动圈”。全区7所学校新建项目启动，皓月实验学校等3所学校开工，8所小区配套幼儿园产权移交，新增学前教育学位1320个，招聘教师118人，承办省级现场会2场，“双减”等8项工作经验在省市交流。长春市妇产医院西部院区开工奠基，区公共卫生服务中心启动建设，绿园区青年社区医院投入使用。重点人群家庭医生签约率79%，招聘疾控专业人员34人，2处PCR（基因扩增）实验室建成并投入使用。绿园区协办空军航空开放活动暨长春航空展，近50万人次现场观看。完成3.26万套房屋产权初始登记备案，完成950栋城镇自建房、3.66万栋农村自建房隐患排查，“小白楼”等46栋D级危房整改完毕。化解四季青市场征收、隆都翡翠湾小区B地块入住、新立村大棚回迁等30件信访案件，党的二十大期间实现“三个不发生”目标，到市、到省、进京访量分别下降44.7%、14.3%和76.6%。全年无重大安全事故发生。推进“三调一补一站”，（“三调”即调整部分镇政府和街道办事处行政区划、调整社区数量和部分社区范围、调整网格数量和网格划分；“一补”即补充“社工岗”、社区“两委”等基层工作力量；“一站”即在每个镇政府和街道办事处设立社会工作服务站）招聘社工岗充实基层力量。优化“极简审批”程序，企业开办时间压缩至1天。工程建设项目“分段限时联合验收”“线上线下”办结率和满意率100%。

【生态环境治理】 编制生态强区规划，开展生态修复建设、生态产业集聚发展等“十大行动计划”，实施河（湖）长制、林长制，启动同心湖公园建设，复兴公园和15个口袋公园建成开放，绿化率28.84%；绿化造林164.87公顷，森林覆盖率4.5%。建成“旗E春城”3期换电站4处。长春大周新能源开发有限公司环保柴油项目进入中期试验扩产阶段，中车长春轨道客车股份有限公司燃气锅炉替代、新能源汽车产业等4个项目进入市级双碳示范城项目库。实施35个小区雨污分流改造和海绵城市建设工程。加强“黑土地”保护，划定永久基本农田4020公顷，水土流失治理程度100%。完成25万立方米建筑垃圾资源化处置，畜禽粪污综合利用率97.8%。完成全域秸秆打包离田，改造淘汰20蒸吨及以上燃煤锅炉12台，严控19户燃煤供热企业达标排放，全年空气质量优良天数比例91.7%。市级“查测溯”问题动态整改，第二轮中央环保督察反馈问题21项整改完毕，33批215件信访案件全部办结。完成农安县烧锅镇建筑垃圾处理厂案件整改销号。

（景年国）

双阳区

【概况】 长春市双阳区位于长春市东南部。东濒饮马河与永吉县相望，东南、南与磐石市毗邻，西南、西与伊通县接壤，西北与长春市净月开发区为邻，北、东北与长春市二道区相连，辖区面积1677.04平方千米。其中，耕地109668.83公顷，占总面积65.39%；园地85.88公顷，占总面积0.05%；林地28405.59公顷，占总面积16.94%；草地1104.68公顷，占总面积0.66%；城镇村及工矿用地16092.22公顷，占总面积9.59%；交通运输用地5073.61公顷，占总面积3.03%；水域及水利设施用地6876.03公顷，占总面积4.1%；其他用地397.15公顷，占总面积0.24%。双阳区南北狭长，最长直线距离60千米，东西最宽直线距离39千米。其中，陆地面积1672.91平方千米，占99%；水域4.51平方千米，占1%。人口密度每平方千米202人。全区下辖4个街道、3个镇、1个乡，17个城市社区，134个行政村，总人口33.57万人。双阳已发现矿产资源30余种。非金属矿产资源主要有石灰石、石英石、膨润土、磷矿石、硅灰石、大理石、花岗岩、矿泉水等。金属矿产资源有金矿石、铁矿石、铅矿石、锑矿石等。能源资源有煤、原油和天然气等。煤资源储量12968.09万吨，水泥用灰岩946 72.15万吨。

【经济发展】 2022年，地区生产总值156.8亿元，比2021年下降6.6%。固定资产投资68.7亿元，下降4.2%。本级财政收入4.5亿元，城乡常住居民人均可支配收入分别增长2%和3%。制定出台6方面25条助企纾困政策，兑现惠企政策资金6.4亿元。新增规模以上工业企业3户、国家高新技术企业5户、省级科技型中小企业24户，金冠电气被评为国家级专精特新“小巨人”企业。战略性新兴产业产值24亿元、规模以上工业总产值76.3亿元。完成全域旅游发展规

表104　2022年双阳区国民经济和社会发展主要指标完成情况统计表

指标名称	单位	实际完成	比2021年增减（%）
地区生产总值	亿元	156.8	-6.6
第一产业	亿元	24.4	2.7
第二产业	亿元	26.4	-14.1
第三产业	亿元	106.0	-6.6
全口径财政收入	亿元	10.5	-32.7
区本级财政收入	亿元	4.5	-23.8
粮食总产量	万吨	65.4	0.0
工业	亿元	17.0	-12.9
建筑业	亿元	9.3	-16.0
批发和零售业	亿元	13.2	-4.8
住宿和餐饮业	亿元	0.96	-35.9
房地产业	亿元	13.3	-14.6
城镇常住居民人均可支配收入	元	32004.0	2
农村常住居民人均可支配收入	元	18547.0	3
各项存款余额	亿元	244.4	3.0
各项贷款余额	亿元	135.7	10.6
住户存款	亿元	210.7	12.7
教育经费总额	万元	71323.0	-21.5
医疗卫生经费	万元	33887.0	31.5
社会保障和就业	万元	47610.0	1.0
农林水事务	万元	68238.0	6.2
节能环保	万元	7330.0	-68.3
人口自然增长率	‰	-2.2	—

（双阳区政府办）

划编制，省A级以上乡村旅游经营单位20家。举办双阳消夏节、梅花鹿节、冰雪季等节庆活动，全年旅游收入10.5亿元。奢岭欧亚商超主体封闭，国信康养综合体艺术学院、体育学院投入使用。发放消费券近300万元，带动交易额超2000万元。限额以上社会消费品零售总额3.1亿元、比2021年增长1.2%。新建高标准农田7333.33公顷，粮食产量突破9亿公斤。绿色食品供应基地规划编制完成，华泰鹿产品加工、果蔬现代农业产业园等19个项目进入长春现代农业城“项目库”。林果、棚膜、绿色水稻面积分别为2401.2公顷、1467.4公顷和16008公顷，牧原生猪养殖二期建成投产，全区有牧业小区90个，市级以上农业龙头企业49家。齐家镇李家村入选全国“一村一品”示范村镇，鹿乡镇被评为省级乡村振兴示范镇、优秀特色产业小镇，创建全国经济作物（蔬菜）绿色高质高效行动示范县。鹿港集团正式运营，全区梅花鹿32万只，鹿业全产业链产值突破70亿元。

【项目建设】 发挥项目中心和“两湖新区”、全域旅游、梅花鹿产业、绿色食品供应基地重点工作专班作用，协调解决土地、资金等方面问题50余个，征供地431公顷，落实贷款13.9亿元，实施奢岭净水厂等开发区基础设施项目11个。海悦药业一期、禹航汽车配件等项目主体封闭，吉通六期、鑫利密封扩建等项目完成设备安装，金冠数字化、卓谊中试车间等项目试生产。全年开复工5000万元以上项目78个，超1亿元项目59个。围绕梅花鹿、全域旅游、医药健康等产业链上下游，谋划包装各类项目122个。吉鹿平台承接优质资产50亿元，城市基础设施PPP项目通过财政部审核，“两湖新区”项目在全省首个进入生态环境部EOD项目库，总计划融资26亿元。申报发行债券项目26个，到位资金17.4亿元。设立“双阳大厦”，开启“办公在长春、总部在双阳”招商引资新模式。实施领导带头招商、产业招商、以商招商，组织开展招商活动94次，洽谈项目38个，中电建风力发电、山东水发风光一体电、吉祥游戏总部经济等9个项目签约、落位，到位内资30亿元。

【科技创新】 双阳区成立科技创新城建设工作专班，与长春市开展对接，完成科技创新城“五张清单”（“项目库”“平台群”“资金池”“政策包”“人才谷”）的制定和上报工作。科技创新城项目库重点实施建设项目3项，总投资3.25亿元，包括吉林省金冠电气股份有限公司承担的“环保型固体绝缘供电设备技术改造和产业化项目”、长春鑫利密封制品有限公司承担的“汽车发动机零部件生产加工扩建项目”、吉林省白山本草药业有限公司承担的“白山本草中医药研发检测及产业化服务创新建设项目”。科技创新城重点“平台群”平台建设3项，包括长春大学旅游学院（众创空间）客创中心建设、吉林省鹿茸生物学重点实验室建设、双阳区寒地草莓现代农业星创天地建设，旅游学院客创中心、寒地草莓现代农业星创天地项目均取得省级备案。科技创新城重点“人才谷”项目2项，包括长春市特色产业科学家工作站、长春市梅花鹿产业科学家工作站建设。双阳区实施科技创新平台建设工程。依托奢爱农业、东鳌鹿业，推进长春市特色农业产业科学家工作站、长春市梅花鹿产业科学家工作站建设。完成长春金荷药业有限公司、吉林省参仕鹿业科技股份有限公司长春市专家工作站（农业领域）认定申报推荐工作。发挥“1+3+X”基层治理模式作用，巩固承包地确权成果，有效落实应用到农业保险、土地仲裁、种粮补贴等惠农政策。组建乡镇农业社会化服务联盟7个，实施集中连片100公顷以上农业托管服务片区7个。组建区乡农村产权交易市场，挂牌交易额1100余万元，增值率超过60%。开展农民合作社质量提升行动，区级以上示范合作社、家庭农场分别发展到200家以上，市级以上农业产业化龙头企业、农业产业化联合体分别发展到49户和12个。

【城市建设】 投资12.7亿元，实施重点城建项目22个。开工建设黄山路、滨河路延伸段、杏树河西桥改扩建等工程，完成嵩山路、泰山路、西双阳大街“U形界面”改造，石溪河景观带二期交付使用。如意湖核心区进场施工，龙头门河道取直开工建设，北山路拓宽加速实施。建设回迁房29.2万平方米，迁入居民963户。开展市容环境综合整治，拆除违建7.4万平方米，处理超载超限等交通违法行为近4万起。建成再生资源回收利用产业园。智慧城市综合管理服务平台投入运行，城市管理实现“一网统管”，长双快速路、经济圈环线一期、国道珲阿公路建成通车。改造嵩山路、泰山路、学院大街、东华大街和鹿城大街5条街路和鼎鹿广场，栽植花卉24119.25平方米，播种草坪3269平方米，移植乔木241株，移植灌木405丛，伐除乔木329株，伐除灌木750丛，伐除绿篱4619平方米，伐除树根346棵，汀步71.3平方米，打磨围栏及喷漆945平方米，拆除、安装线条灯370米，拆除、安装射树灯100套。完成辖区内绿化区域49条街路、25块绿地、4个公园、5个景点、1个景观带、1个圃地的越冬垃圾清理、修剪、除草、除杂、浇灌、病虫害防治、树木涂白、公共设施维修维护工作。完成对城区主次干道、大型公共场所、游园景点等地的彩化任务。完成中部城市引水工程双阳段用水管线与双阳区净水厂管线对接工程，改造1676 户老旧用户室内燃气设施，改造老旧燃气管网7千米，改造供热管网3.96千米，涉及13个小区2000余户居民。

【乡村振兴】 创建“千村示范”村17个，新建改建农村公路122千米，土柳路被评为吉林省“十大最美农村路”，双阳区被评为全国“四好农村路”示范县。播种粮食作物面积96715公顷。其中，玉米77372公顷、水稻17342公顷、大豆1334公顷、薯类及杂粮杂豆等667公顷，粮食产量9亿公斤。建设高标准农田7337公顷，推广保护性耕作面积33350公顷，实施“深翻+增施有机肥”作业3335公顷，秸秆离田作业87377公顷，土地托管服务7337公顷，农作物良种覆盖率100%、主要农作物“耕种收”综合机械化水平93.6%。高标准农田示范区申报、全国经济作物（蔬菜）绿色高质高效行动示范县创建通过省级评审。成立鹿港集团，搭建鹿产品交易中心和电商平台，休闲农业与乡村旅游产值40亿元。牧原二期、薪大肉牛等项目落地达产，净鲜农业、耕读时代农业等龙头企业落位双阳，农产品加工业产值90亿元。加快全国“互联网+”农产品出村进城工程试点建设，瑞禾农业、欣铭农业获批全省智慧农业示范基地项目。推进农村人居环境整治提升行动和千村示范创建，统筹各级各类资金5104万元，实施建设项目28个，新建村屯硬化路25千米、排水沟45千米、绿化美化1.2万平方米、安装路灯850盏，改造农村厕所6250户，评选干净人家1200户，

6月26日，长春双阳消夏节双阳旅游联盟签约仪式　（张　野　供图）

创建道德银行、爱心超市16个，文化大院农家书屋17个，建立网格化管理“十户一组”520个。清理示范村垃圾4.19万吨，拆除私搭乱建1587处，整治卫生乱象897处。新开发临时性扶贫特岗232个，落实脱贫小额贷款14户57万元，实施衔接资金项目40个。巩固三保障和饮水安全成效，纳入农村危房改造计划65户，新建农村集中供水工程10处，农村自来水普及率96.3%。依托神鹿峰旅游度假区、鹿乡特色小镇等乡村休闲旅游场所，举办“长春双阳消夏节”“第八届中国双阳梅花鹿节”。推出“森林度假游”“滋补养生游”“温泉家庭游”“亲子研学游”“骑乘探险游”5条乡村休闲旅游线路。

【社会民生】 幸福双阳行动计划63项民生实事全部落实。出台临时聘用人员管理办法，城镇新增就业3111人、转移农村劳动力6.1万人次。启动实施失能人员照护保险，办理退役军人优待证7903张，发放城乡低保、特困供养、临时救助等各类补助资金1.2亿元，全省残疾人维权现场会在双阳区召开，平湖街道黑鱼村被评为全国示范性老年友好型社区。投资3.4亿元实施教育重点工程4项，职教中心完成部分楼体封闭，153中学综合楼、南溪实验学校进行内部装修。启动实施第二轮“教育教学质量五年跃升”工程，“一三三一”线上教研模式在全省推广。区医院异地新建项目完成设计，传染病救治能力提升工程竣工，建立电子健康档案32万余份。公交换乘中心投入使用。举办喜迎二十大等文化活动40余场次，承办首届U13中国青少年男子足球联赛。开展安全生产隐患大排查、大整治，重点强化工矿商贸、建筑交通、城镇燃气、食品药品等领域监管，全年未发生较大以上安全生产事故。开展夏季治安打击整治“百日行动”，化解各类信访矛盾。开展“基层建设年”和“四个服务”活动，区长公开电话办结率100%。优化营商环境，下放行政权力459项，乡镇（街道）实现“一窗受理、集成服务”，建立社区便民服务站5个，800余项审批事项实现“零跑动”，新增市场主体9285户。

【生态环境整治】 投资2.88亿元，实施水污染防治工程7项，饮马河重点段治理一期、双阳河黑顶子段治理等工程投入使用，“清四乱”等专项行动有效开展，砖瓦窑桥国考断面年均水质达到Ⅲ类标准。全面推行田长制、林长制，实施保护性耕作39153公顷，整改违法乱占耕地46.5公顷。矿产资源规划编制完成，绿化国土面积3268公顷。常态化开展秸秆禁烧、餐饮油烟、道路扬尘等领域专项整治，更换新能源出租车125辆，全年空气质量优良天数332天，优良率91%，创有监测记录以来历史同期最高水平。

【示范创建】 农业方面，齐家镇李家村被评为全国“一村一品”示范村镇，全国经济作物（蔬菜）绿色高质高效行动示范县创建通过省级评审，瑞禾农业、欣铭农业申报全省智慧农业示范基地，鹿乡镇被评为省级乡村振兴示范镇。工业方面，金冠电气被认定为国家级专精特新“小巨人”企业。社会治理方面，奢岭街道被评为全国依法治理创建活动先进单位，平湖街道黑鱼村被评为全国示范性老年友好型社区，双阳区全面深化“1+3+X”基层治理模式在《中国改革报》上发表。 （张 野）

九台区

【概况】 九台区位于吉林省中部，属长白山与松辽平原过渡地带。九台火车站西距长春火车站50千米，东至吉林火车站75千米。东及东北与舒兰市和榆树市为界；南及东南同永吉县接壤；西与长春区为邻；西南同双阳区毗连；北及西北均界德惠市。面积3371.51平方千米。辖15个街道，2个镇，2个民族乡，共19个乡（镇、街道），310个行政村。长图铁路贯穿6个乡（镇、街道），长吉高速公路穿过境内4个乡（镇、街道），长吉北线公路穿过境内5个乡（镇、街道），九开、九德公路纵贯九台城区及2个乡（镇、街道）。

【经济发展】 2022年，九台区地区生产总值243.5亿元，比2021年下降6.9%；服务业增加值122.2亿元，占全市生产总值比50.2%；全口径财政收入19.3亿元，比2021年下降27%，地方级财政收入13.7亿元，下降23.1%；全社会固定资产投资106亿元，增长2.3%；规模以上工业总产值141.1亿元，下降17.8%；招商引资内资完成160亿元，增长2%；社会消费品零售总额完成56.4亿元，下降13.7%。全区总用电量13.08亿千瓦时，下降16.6%，其中工业用电量6.12亿千瓦时，下降33.4%。

【项目建设】 九台区谋划“一区四园”（长春九台经济开发区；中古生物医药产业园、现代装备制造产业园、东北亚精优食品产业园和循环经济产业园）产业承载平台，将九台经济开发区与工业集中区合并，确定生物医药、现代装备制造、精优食品加工、新型建筑材料、现代商贸物流5大主导产业。通过产业延链、补链、强链，吸引楚天华通、中科欣雨等重大产业项目落位九台区。全年5000万元以上新建、续建项目100个，计划总投资362亿元。其中，新建项目 44个，续建项目56个。100个新续建项目全部开复工，完成固定资产投资 106亿元，比2021年增长2.2%。

【科技创新】 2022年，科技型中小企业入库55户，认定为国家级高新技术企业24户。九台区与长春市农科院合作，聘请林波等9名专家组成科技特派员队伍到全区20个贫困村开展科技帮扶工作。7月1日，长春市农业科学院专家组到城子街街道大贝村长春市绿城生态酱菜有限公司，为企业提供农产品供销信息资源，帮助企业解决农业生产关键技术问题。7月26日，长春市农业科学院专家组到波泥河街道庙岭村、茂林村开展农业技术专题培训，讲解果树规范化栽培技术，传授定株修枝及果树的病虫害综合防治技术。开展科技宣传活动。6月20日，九台区科技科领导到长春市北方特种电线电缆制造有限公司、吉林省徐氏生物医药有限公司开展科技宣传进企业活动。6月21日，科技科领导到吉林省华奥汽车部件有限公司和吉林省全民健食品有限公司进行走访，宣传科技政策。8月12日，科技科联合区科协、区图书馆组成科技志愿宣传服务队到九台街道福临社区、公园社区开展科技宣传活动，邀请区疾控中心专家为居民举办健康知识讲座，讲解如何科学预

表105　2022年九台区国民经济和社会发展主要指标完成情况统计表

指标名称	单位	实际完成	比2021年增减（%）
地区生产总值	亿元	243.5	-6.9
第一产业增加值	亿元	55.4	-2.1
第二产业增加值	亿元	65.9	-13.3
工业增加值	亿元	57.5	-13.1
第三产业增加值	亿元	122.2	-5.5
规模以上工业企业户数	户	127.0	29.6
规模以上工业总产值	亿元	141.1	-17.8
社会消费品零售总额	亿元	56.4	-13.7
其中，限额以上零售额	亿元	3.8	10.3
规模以上服务业营业收入	亿元	17.5	-31.2
规模以上服务业核算行业营业收入	亿元	6.2	-54.5
全口径财政收入	亿元	19.3	-27.0
地方级财政收入	亿元	13.7	-23.1
其中，税收收入	亿元	8.5	-27.2
一般预算财政支出	亿元	60.3	-14.5
金融机构存款余额	亿元	446.5	12.7
其中，居民储蓄存款	亿元	389.8	14.4
金融机构贷款余额	亿元	204.3	11.7
电力消费量	亿千瓦小时	13.1	-16.6
其中，工业用电量	亿千瓦小时	6.1	-33.4
城镇居民人均可支配收入	元	29562.0	-1.0
农村居民人均可支配收入	元	18691.0	2.2

（九台区政府办）

防新型冠状病毒、如何科学做好自我防护及居家消毒措施等。活动中摆放宣传展板20块，发放各类宣传材料2000余份，赠送科普书籍700余册。8月29日，联合区科协、惠民医院在沐石河街道开展“赶科技大集乡村行”活动，以设立科普咨询台、发放宣传手册、悬挂条幅、展板展示等方式向社区居民宣传科技惠民政策、农业科技、环境保护、节能减排等相关知识，发放各类科技知识手册1000份，赠送科普书籍400余册。开展科普活动。9月16日，由区科协组织的“2022年全国科普日暨九台区第二十届科普周”启动式在上河湾镇玉丰村启动，组织科技宣传人员参与科普周活动，发放科技宣传册500册，接受群众咨询100余次。9月20日，在胡家乡开展肉牛养殖政策宣讲和肉牛疫病防控知识培训活动，邀请长春市农科院兽医研究所专家针对千万头肉牛工程政策及肉牛养殖技术开展集中培训和现场指导。

【城市建设】 系统编制区域协同发展规划、村庄规划，完成国土空间规划“三区三线”（“三区”即生态、农业、城镇三类空间；“三线”即根据生态空间、农业空间、城镇空间划定的生态保护红线、永久基本农田和城镇开发边界三条控制线）划定，明确“一脉、两带、三区、四水”（“一脉”即集特色小镇、生态康养、人文景观等功能为主的“小长白山百里生态休闲旅游带”；“两带”即融入都市圈一体化发展的“环长产业发展带”和实现新型城镇化的“长九城镇发展带”；“三区”即“长春现代化都市圈产业核心承接区”“长春市特色生态城区”“城乡融合发展试验先行区”；“四水”即沿饮马河、松花江、雾开河、沐石河水系形成的，集引水调蓄、滨水休闲、服务等功能于一体的生态廊道）总体空间格局，确定“一核、六园、双基地”（“一核”即以卡伦湖街道、东湖街道为主要载体，打造临空指向性经济，文化交流、商业服务等功能兼容的长春市门户枢纽型核心；“六园”即以九台经济开发区为载体，建设以“科技化集聚、全链条打造”为引领的精优食品产业园、高端装备制造产业园、生命健康产业园、新型建材产业园、通航产业园与循环经济产业园；“双基地”即规模与设施农业基地、休闲旅游与特色农业产业基地）产业布局。建设长春经济圈环线高速公路九台段、地铁9号线东湖段项目。文体大街、南苑大街、九溪东路等5条道路建成通车。新洲周边、商贸街、嘉鹏街、九小学西侧道路、乐园路中段道路、碧水步行街西侧道路、十二中南门、原教育印刷厂东侧道路、省军区综合训练队配套道路等项目建设完成。小南河生态综合整治项目，总投资15.6亿元，拦河闸、生态浮岛等治水工程竣工，水质从劣Ⅴ类达到Ⅲ类水标准。改造同心小区、利民小区等4个老旧小区。投资5.2亿元的东泰家园一、二期项目竣工。投资800万元，改造新洲二期、新立街等排水防涝管线2798米。投资3960万元抢修水毁道路、桥涵239处。维修破损路面13301平方米，城区道路灌缝14万米，维修路边石2757米、界石425米，维修人行步道方砖3210平方米。清理边台湿地公园停车场200平方米，边台湿地公园新铺沥青路面220平方米，边台湿地公园、边台远瞻公园建成开放。营城河道更换水泥管20米，天成庄园开出车口200平方米，香墅湾三期开口施工380平方米。维修和更换LED路灯630盏，维修高压钠灯750盏。维修更换交通护栏365处2370米，城区内新安装交通护栏1320米。维修交通防撞柱25处，维修交通防撞桶52处，维修交通信号灯故障39处，维修“电子警察”36处，维修交通标识标牌26处。清除城区内道路标线2320平方米。天成三期、东泰家园等6个新建小区安装给水管道11128米，九溪新区等小区安装市政配套配水管网4500米。检查维修污水处理设备120余次，处理污水量1055.43万吨，处理污泥13382.67吨，脱水污泥含水率在60%以下。各项指标均符合《城镇污水处理厂污染物排放标准》（GB18918—2002）国家一级A标准的规定。搭建城市管道燃气智慧化系统平台，并投入使用，落实检测点位28处，实时监控燃气安全管道运行。“阀、管、灶”改造用户5万户。7户供热企业完成一次网维检修798米，完成二次网维检修5200米，地沟外移23栋楼，新建生物质锅炉2台，锅炉维检修8台，更换阀门1563套，换热器检修115套，电器设备维检修120套，同心热力九台分公司实现热电联产。强化城市扫保质量，193个弃管小区纳入清扫范围，城区主干道机械化清扫率100%。

7月16日，九台区大樱桃基地　　　　（于　永　供图）

开展11项市容环境专项整治，依法征拆沿河街三期、实验高中南门西侧、东城合院等房屋，查处占道经营、私搭乱建等各类违法行为1300起。

【乡村振兴】 开展住房安全隐患动态排查整治，排查房屋12万余户；义务教育巩固率100%，义务教育阶段“两免一补”等项目全部落实；脱贫户全部参加城乡居民基本医疗保险；家庭医生签约服务全覆盖；农村自来水覆盖率100%。加快龙头企业建设，吉林省田野泉酿造有限公司被评为2022年长春市农业产业化领军型龙头企业。吉林九翔农业发展有限公司、长春市南街村宏源食品有限公司被晋升为吉林省级农业龙头企业。长春市隆吉菖畜牧业有限责任公司被晋升为长春市级农业龙头企业。培育农业产业化联合体，打造“英俊食品”“广源农业”晋级省级农业产业联合体；“九翔农业”“宏晟米业”被评为市级农业产业联合体。实施水稻集群项目建设，依富米业、宜品米业、九翔农业、九鼎米业、金穗米业、吉隆米业、良泽米业和机乡米业等8户稻米企业成为省水稻集群项目建设主体。总投入资金8000余万元，对水稻烘干系统重点实施升级改造和低温仓储建设工程，提升九台区水稻生产加工能力。推进农产品产地冷藏保鲜设施建设，争取到国家专项资金1688万元，开展农产品产地冷藏设施建设，有42个合作社和家庭农场，完成各类基础设施建设122个。其中，通风库98间、机械冷库24间。新增马铃薯储藏能力45000吨，果蔬储藏能力3500吨。推行田长制，农业总产值比2021年增长3.8%。落实农机购置补贴资金5000万元，农机补贴系统录入核验机具2314台，农业机械化水平95.2%。投资1500万元建成“北菜南运”2公顷以上规模化园区13个，园艺特色产业产值比2021年增长75%，九台区被评为第六批省级现代农业产业园创建单位。生猪发展到95万头、肉牛16.3万头。“两品”（绿色食品、有机农产品）认证产品48个，建设国家绿色食品标准化生产基地。开展农村人居环境整治，打造干净人家6000户，整改问题户厕11509座，九台区被评为长春市农村人居环境整治先进集体。推进“四好农村路”建设，连续6年获评省级示范县，首次入围评选国家级示范县。开展“千村示范”创建活动，建成沐石河、龙嘉、东湖、上河湾示范镇4个，西地、平安堡等示范村30个。红光村、前岗村分别获评国家级、省级乡村旅游重点村，土们岭街道获评省级乡村旅游重点镇，马鞍山村获评省级红色旅游示范村。依托资源特色，培育土们岭马鞍山徒步露营、上河湾林果采摘、卡伦有机蔬菜、城子街观光农业、波泥河苗木花卉等一批特色乡村旅游产品，开发石头口门——马鞍山生态休闲一日游、鸡冠山徒步赏花一日游、八台岭健体登山一日游、上河湾金红苹果采摘一日游、碧水庄园休闲垂钓一日游等10余条精品旅游线路。加快土地流转，投资4623万元实施耕地提质改造（旱改水）项目420公顷。开展新增粮食产能验收备案入库，提质改造耕地面积13917公顷，新增粮食产能指标2000万公斤。新型经营主体5522家，九台区被评为全省农业生产托管整县推进试点单位。巩固脱贫攻坚成果，安置贫困劳动力144人，全年农村劳动力转移输出16.3万人次，农村居民人均可支配收入比2021年增长5%。

【社会民生】 2022年，九台区开发城镇就业岗位5200个，新增城镇就业3836人，劳务输出转移16.3万人次。举办线上“春风行动”专场招聘会10场，线下5场。发放低保金、残疾人补贴等救助补助金1.48亿元，回迁安置862人。改造4个老旧小区，涉及楼房75栋，5329户。推进保障性安居工程东泰家园项目。一、二期项目解决回迁房1132套，廉租房1268套；三、四、五期项目解决回迁房1912套。完善公共住房租赁保障制度，出台《长春市九台区公共租赁住房保障暂行办法》，将住房保障扩大到低收入、中等偏下及稳定外来就业家庭。加强脱贫户等重点人群住房安全动态保障，改造D级农村危房25户。城乡医疗保险实现应保尽保。实施大病医疗救助。开展农村妇女“两癌”筛查工作，筛查2684人。投资3656万元的绿色生态公墓一期项目竣工投用。加强退役士兵优抚安置保障，发放优抚金3600万元。坚持品质养老，开工建设投资1.58亿元的养老服务中心项目和投资1.16亿元的失能护理院项目，利民社区等3个社区嵌入式养老服务项目和新洲社区等3个社区长者食堂项目建成使用，兴华社区和公园社区被评为市级“幸福社区”。启动实施龙嘉中心校运动场改造等9个项目，吉林省教育考试命题制卷中心项目建设完成，兑现教育系统退休教师职业年金2930万元，落实“双减”政策，减轻校内作业和校外培训负担。开展爱国卫生运动，制定印发《长春市九台区深入开展爱国卫生运动的实施方案》的通知、《长春市九台区深入开展爱国卫生运动助力常态化疫情防控工作实施方案》等文件，全区各成员单位发放海报500余份、宣传单2000余份、悬挂条幅200余条，加大宣传力度，巩固文明城创建成果。中医院异地新建项目建设完成，区医院急诊急救平战结合项目和区医院、中医院PCR实验室投入使用，中医综合服务区建设实现乡、镇、街全覆盖。开展“四长”（网格长、小区长、楼栋长、单元长）联动，健全城乡社区三级网格化治理体系。开展信访积案化解百日攻坚专项行动，发挥信访联席会议制度作用，化解信访积案182件。开展扫黑除恶专项斗争，组织破获电信诈骗案件116起。开展自建房安全专项整治。排查经营性自建房6074栋，非经营性自建房144127栋，非自建房10337栋。初判隐患房屋395栋，封控管理1栋，列入棚改项目7栋，依法拆除14栋。深化“燃煤锅炉、扬尘污染、秸秆禁烧”综合整治，空气质量优良率90%以上。落实河长制，14个出入境断面水质达标率100%，劣Ⅴ类水体全部消除。对水厂、水源井等保养维护182次，保障水质安全，供水总量806万吨。打击瓶装液化气非法充装，燃气客户终端“阀管灶”改造5万户。

【依法行政推进】 启动法治政府示范创建，入选省级法治政府建设示范创建地区。自觉接受人大工作监督、法律监督和政协民主监督，办理人大代表建议24件、议案1件，政协提案26件。政务服务推进“一网通办”，1229项政务服务事项纳入一体化平台管理，全程网办率92%。定期举办银企对接活动，帮助企业融资2亿元，降低企业融资成本。深化工程建设项目审批制度改革，审批时间由200余个工作日缩减到13个工作日。

【城乡融合发展】 重新修订《农村宅基地审批管理暂行办法》。完成集体经营性建设用地入市14宗、11公顷，成交总价款1556万元。推动九富城发集团参与城市建设和开发，参股成立非煤矿山合资企业5户，总投资6.8亿元的久兴矿业、九融矿业开采生产。

【宜居城市建设】 九台区全域秸秆禁烧实现零火点，空气质量优良率90%，达到国家二级标准。落实河长制，14个出入境断面水质达标率100%，劣Ⅴ类水体全部消除。防控土壤环境污染源头，强化9家土壤污染重点监管单位规范化管理，保障土壤环境安全。实施对接“双碳”示范城专项行动。启动实施中航新能源生物质热电联产、华能九台电厂污泥焚烧、废弃矿山生态修复治理和北方冬季菜篮子“双碳”排放示范基地等4个项目。对全区65蒸吨及以上燃煤锅炉实行超低排放改造。推进城区环境绿化美化工作，完成道路绿化美化8条，栽植各类花卉62万株，形成“三季有花、四季有景、五彩斑斓”的城市街道绿色景观。全面实施林长制，全区乡村三级林长体系初步建立，5180公顷大规模国土绿化任务全部完成。开展“两山”基地创建，创建3家绿色矿山，完成17家废弃矿山生态修复。

【全民健身系列活动】 12月24日，第九届全国大众冰雪季启动仪式吉林省分会场“健康吉林·乐动冰雪”吉林省暨长春市全民健身系列活动启动仪式在长春市九台区庙香山温泉滑雪度假区开幕，九台区人民政府区长王涛和长春市体育局局长李晓杰分别讲话。国家体育总局冬季运动管理中心副主任李扬为长春九台庙香山温泉滑雪度假区颁发“吉林省青少年户外体育活动营地”牌。吉林省体育局局长牟大鹏宣布活动开幕。会上，举办雪地足球、雪地飞盘、雪地空竹、雪地风筝、冰雪锣鼓、抽冰猴、堆雪人、雪合战等冰雪活动，全国各地600余名冰雪爱好者参加活动。（于　永）

公主岭市

【概况】 公主岭市面积4140.6平方千米。辖18个镇，龙山（满族）和永发2个乡。全市有404个村，3413个自然屯。有少数民族32个。汉族人口833746人，占总人口96.7%；少数民族人口28567人，占总人口3.3%。粮食作物播种面积30.67万公顷。流域面积1140平方千米，其中市境内流域面积859.5平方千米。森林面积36710公顷，已探明煤炭储量2828万吨，膨润土储量2018万吨，天然气储量50亿立方米。

表106　2022年公主岭市国民经济和社会发展主要指标完成情况统计表

指标名称	单位	实际完成	比2021年增减（%）
国内生产总值	亿元	351.3	-0.2
第一产业增加值	亿元	106.5	14.1
第二产业增加值	亿元	70.1	-13.9
第三产业增加值	亿元	174.8	-1.8
全口径财政收入	亿元	24.5	-8.8
地方级财政收入	亿元	17.7	-10.0
固定资产投资	亿元	102.2	25.1
社会消费品零售总额	亿元	66.5	-13.4
农村常住人口人均可支配收入	元	18842.0	2.7
城市常住人口人均可支配收入	元	31916.0	-0.8
人口出生率	‰	3.52	—
人口自然增长率	‰	-0.45	—

（公主岭市政府办）

2022年，全市地区生产总值351.3亿元，按可比价计算，比2021年下降0.2%。其中，第一产业增加值106.45亿元，增长14.1%；第二产业增加值70.05亿元，下降13.9%；第三产业增加值174.8亿元，下降1.8%。一、二、三产业增加值占地区生产总值比重为30.3：19.9：49.8，对经济增长贡献率分别为25.3%、27.7%和47.0%，拉动率分别为3.8%、-3.1%和0.9%。人均地区生产总值3.48万元，增长0.8%。

【经济发展】　开复工5000万元以上项目78个，建成投产红旗中心库等26个项目。签约吉林交通职业学院等38个项目；落位天威汽车内饰件等33个项目；落户投产天海电线束、精诚工科项目。筑牢“六业并举”（食品业、装备制造业、现代物流业、现代种子业、文旅业和医药业）产业架构，推进沈阳来金等16个奥迪PPE配套项目；推进坤圣园等4个农产品加工项目；落位隆平高科公司等3户种业研发企业；实施文体综合服务中心等6个重点文旅项目；建成投产圣马、骏达整车物流，大岭物流园获批吉林省现代服务业集聚区，范家屯汽配智造小镇被评为吉林省第四批特色产业小镇。为3.6万户市场主体补贴1492万元，办理留抵退税5.76亿元，新增“四上”企业（规模以上工业企业、资质等级建筑业企业、限额以上批零住餐企业、重点服务业企业）30户，信用体系排名全国县级城市17位。

【项目建设】　重点包装36个专项债项目。推进红旗新能源汽车部件、宁波华翔汽车注塑件等35个工业项目；推进鸿翔种业二期等现代种业项目，依托中粮生化能源（公主岭）有限公司等龙头企业，争取变性淀粉等高附加值项目；推进伟峰时代商业中心等12个服务业项目，加速中通东北智能电商产业园、申通智慧物流产业园续建工程；推进硅谷大街扩建等18个基础设施项目，吉林交通职业学院等10个社会事业项目，加快文体综合服务中心、铁北历史文化街区二期、吉商文化园建设。发挥吉林长春国家农业高新技术产业示范区、开发区招商主体作用，推动商协会等行业组织以商招商，锚定世界500强、央企等重点领域，深化与浙江衢州、杭州萧山、天津蓟州对口合作，全年签约项目60个，落位项目50个，投资总额400亿元。

【科技创新】　引进中科院地理所、中国农科院、吉林省农科院等科研机构入驻科技创新中心，合作共建中国农科院特产所农业高新技术研究院、吉林大学智能农机产业研究院等，承接中科院长春光机所、中国农科院特产所、吉林农业大学、王立军院士团队等相关科研成果落地转化，推进科技部玉米全产业链科技示范工程。落实新时代人才强市战略，吸纳高层次人才800人。

【城市建设】　修编《公主岭市国土空间总体规划》。城区横跨铁路、畅通南北639立交桥破土动工，高速停车场投入使用。新建、改造供水管网63.7千米，改造自备井40处。改造72万平方米老旧小区，1559户棚改居民迁新居，2284户未登记房屋完成确权。打造“德行天下”城市品牌，公主陵遗址、吉商文化园、马占山纪念馆、老怀德历史纪念馆建设进展顺利，双青湖景区改扩建工程完成，大龙山文化园对外开放，铁北历史文化街区成为市民打卡地。

【乡村振兴】　巩固拓展脱贫攻坚成果与乡村振兴有效衔接，发放教育补贴450万元，大病救治全部“先诊疗后付费”“一站式”结算；全年投资2.82亿元，农村安全饮水工程实现全覆盖；投资7959万元，实施18个扶贫项目；脱贫人口人均收入高出指导线7149元，达1.38万元。新建高标准农田1273.33公顷，粮食总产28亿公斤。肉牛存出栏量36万头。新建棚室56.67公顷。农嫂食品有限公司获评“全国巾幅现代农业科技示范基地”，吉林省恒通生态农业科技开发有限公司被纳入省级“菜篮子”基地试点。新打造“千村示范”村39个。实施卡伦、大岭涝区治理，秦家屯灌区节水改造、东辽河流域农村水系综合整治，完成范家屯镇等4乡镇电网升级。改造老旧路152千米，硬化通屯路75千米，绿化美化道路370千米，获评“四好农村路”全国示范县。

【社会民生】 完成43项民生实事。新增城镇就业6000人，失业人员再就业1488人，农村劳动力转移就业17.6万人。企业职工养老保险参保16.78万人。其中，在职8.12万人；离退休8.66万人。企业职工养老保险费收入7.9亿元，发放保险费22.11亿元。办理新增退休人员5914人、新参保登记6669人，办理业务8.12万笔。城乡居民养老保险覆盖人数43.9万人。其中，参保缴费28.55万人；退休享受待遇15.39万人。收缴城乡居民养老保险费0.67亿元，发放保险费2.06亿元。办理退休新增8179人，因死亡等原因终止享待人员6167人。机关事业养老保险参保3.06 万人。其中，参保缴费1.83万人，退休享受待遇1.23万人。重核退休人员（中人）待遇1593人，补发中人工资4200万元。完成机关事业单位退休人员基本养老金调整10669人。收缴机关事业养老保险费2.65亿元，职业年金4769万元，发放养老金6.61亿元。失业保险参保4.66万人，收缴保险费2609万元，失业保险待遇支出2397万元。其中，失业保险金支出350万元；稳岗补贴766万元；技能提升补贴76万元；失业补助金329万元；一次性留工补助876万元。城镇职工参加医疗保险6.97万人。城乡居民参加基本医疗保险68.9万人。城乡低保标准分别确定为650元/月、415元/月，均为省内城乡低保最低指导标准第一档。城乡低保对象13561户、24175人，发放资金1.46亿元。其中，城市低保对象3240户、4612人，发放低保资金4772.5万元；农村低保对象10321户、19563人，发放低保资金9859.36万元。胜利小学新址投入使用，义务教育公办在校生比例提高6%；落实“双减”（减少孩子的作业负担、校外培训的负担）政策，取缔学科类校外培训机构；采取统一购买校车服务方式，改善学生交通安全状况。吉林大学第三医院与市中心医院签约，常态化派驻知名专家坐诊，开展17个重点科室共建合作；市中医院新院区投入使用，市中心医院新建工程主体完成90%。新建改造农村文化广场15个，全民健身器材公共场所全覆盖。范家屯镇孟家社区、河北街道农场社区被授予全国示范型老年友好社区。公主岭市连续7届被评为省级“双拥模范城”，成功创建全国科普示范县、健康促进县、国家知识产权强县试点。

【吉林长春国家农业高新技术产业示范区建设】 4月19日，国务院正式批复成立吉林长春国家农业高新技术产业示范区，5月31日，举办揭牌仪式。与中国农科院等15家科研单位合作，设立3家院士工作中心；举办国际玉米产业高峰论坛，5位院士做主旨演讲，9位专家做专题报告；完成黑土粮仓科技会战等30个科研项目年度课题。科创中心主体封顶，农高东路等3条主干路网具备通车条件。总投资89.4亿元的5个产业项目全面开工，食品产业园17栋厂房建设进展顺利，先正达中国春玉米创新中心主体完工，鸿翔种业加工厂建成投产。

【国家现代农业产业园】 配合中国农机院咨询服务中心完成《公主岭市国家现代农业产业园实施方案》编制工作，聘请中国农机院中机十院国际工程有限公司编制公主岭市国家现代农业产业园国际种业研发中心项目修建性详细规划。开展国家现代农业产业园项目建设。其中，鸿翔种业加工厂项目建设用地8.8万平方米，建设包括1条预加工线、1条果穗烘干线、1钢板仓及1套种子精选加工线，建鲜穗仓库1座，辅料库1座，原料库1座，成品库2座；先正达春玉米研发中心项目流转园区土地48.65公顷，总投资3000万元，用于建设区域试验站，其中设施用地2000平方米，建设种子库、农机库房、晒场等。国际种业研发中心项目占地面积7万平方米，总投资4.7亿元。其中，专项债资金3.4亿元；涉及中央专项资金2000万元。国际种业研发中心主要承担产业园政务和种业产业孵化等功能，包括研发中心、农业技术推广培训中心、企业孵化中心、金融服务中心。

【玉米产业技术体系示范】 公主岭市是国家玉米产业技术体系研究中心遴选的重点打造科技引领县域经济发展示范样板，设立国家玉米产业技术体系公主岭市成果转化推广中心，成立以首席科学家为组长的“一县一业”工作专班，通过集聚体系育种、栽培、植保、机械、加工、产业经济等多学科优势力量，协同开展技术创新与成果转化服务。创新集成一批新品种、新技术、新模式，通过聚集科技创新要素和经营主体，为公主岭市玉米质量效益和竞争力提升提供科技支撑。9月25日，由国家玉米产业技术体系研发中心主办，吉林省农业科学院承办，“国家玉米产业技术体系2022年服务吉林公主岭县域经济发展田间观摩交流活动”以线下+线上方式在长春市举办，体系岗位专家路明、李玉义、王永军、刘景圣等分别作题为“强化良种科技创新，稳固生产高质发展”“我国耕地质量与培肥改良途径”“玉米群体调控与高产高效技术”和“玉米产后关键技术研发与推动公主岭一县一业产业发展”报告。

【国际玉米产业高峰论坛在公主岭市举办】 7月30日，由吉林农业大学、吉林长春国家农业高新技术产业示范区、吉林省食品学会共同举办，主题是“玉米精深加工产业高质量发展”。打造“吉林长春国家农业高新技术产业示范区国际玉米产业高峰论坛”品牌，作为永久性论坛。论坛发布投资说明和人才政策，举办院士专家工作中心、国家农业智能装备工程技术研究中心专家工作站、公主岭市鸿翔种业荣廷昭院士服务中心揭牌仪式，标志着强化高端人才服务推动吉林长春国家农业高新技术产业示范区发展的科技主导作用，发挥科研优势，增强自主创新能力，推动科研成果转化、学科团队建设、人才培养向纵深发展。吉林长春国家农业高新技术产业示范区与吉林农业大学、先正达集团股份有限公司、袁隆平农业高科技股份

7月30日，吉林长春农高区国际玉米产业高峰论坛——玉米深加工产业高质量发展论坛（马俊超　供图）

有限公司、吉林省阿满食品有限公司、大连棒棰岛骏良国际贸易有限公司和辽宁东亚种业有限公司签订合作协议。此次合作协议签约对科技创新、种业产业发展和食品产业发展提供科技支撑和智力支持。

【双青湖旅游度假风景区】　位于刘房子街道双桥村，由吉林省双青湖旅游度假服务有限公司投资1.5亿元兴建，占地70万平方米，打造集休闲观光、旅游度假、冰雪体验等为一体的景区。景区有游船花海、诗画荷塘、消夏避暑、冰雪体验、儿童游乐等体验项目。建成凉亭1座、水上文化观光廊桥（1000米）、赏荷步道、环湖观光道，荷花观赏园、水上四合院餐厅、欢乐休闲岛、游客服务中心、停车场、国家AAA级旅游水冲厕所3座、双青湖民宿、湖上客栈3座，可满足日接待1000人餐饮、50人住宿需求。2022年，新建游乐园、孔雀园、花海，改扩建游客服务中心。

（张建光）

榆树市

【概况】　榆树市位于吉林省中北部，地处松辽平原腹地，在世界黄金玉米带上，是长春、吉林、哈尔滨市构成的三角区中心。面积4712.49平方千米。全市耕地面积390970公顷。域内有松花江、卡岔河、拉林河3大水系，无崇山峻岭。辖9个乡、15个镇、4个街道，388个村、12个城市社区。

表107　2022年榆树市国民经济和社会发展主要指标完成情况统计表

指标名称	单位	实际完成	比2021年增减（%）
国内生产总值	亿元	267.8	–6.4
第一产业增加值	亿元	120.1	–4.9
第二产业增加值	亿元	30.2	–17.5
第三产业增加值	亿元	117.4	–4.8
规模以上工业总产值	亿元	80.2	–10.6
农业总产值	亿元	228.5	–4.9
全口径财政收入	亿元	11.6	–9.6
地方级财政收入	亿元	9.4	7.6
固定资产投资额	亿元	54.5	16.8
社会消费品零售额	亿元	54.6	–14.3
城镇居民人均可支配收入	元	29083.0	–0.5
农村居民人均可支配收入	元	18969.0	2.8
普通中学数	所	51.0	—
普通小学数	所	48.0	—
人口出生率	%	1.8	13.2
计划生育率	%	100.0	1.0
城乡居民储蓄存款金额	亿元	433.8	17.0

（榆树市政府办）

全市户数422438户，人口1189533人，其中农业人口989073人。有满族、朝鲜族、回族、蒙古族、黎族、苗族、土家族、彝族、壮族、达斡尔族、锡伯族、布依族、瑶族、侗族、傈僳族、佤族、藏族、傣族、鄂温克族、哈尼族、羌族、哈萨克族、仡佬族、白族、景颇族、拉祜族、怒族、维吾尔族28个少数民族。少数民族人口21016人，占总人口1.76%。

【经济发展】 2022年，地区生产总值实现267.8亿元，比2021年下降6.4%；固定资产投资完成54.5亿元，增长16.8%；规模以上工业总产值实现80.2亿元，下降10.6%；全口径财政收入11.6亿元，下降9.6%；地方级财政收入9.4亿元，增长7.6%。

2022年，粮食作物播种面积37.8万公顷。其中，玉米29.3万公顷，水稻6.4万公顷。高标准农田建设项目面积合计1.76万公顷，总投资3.7亿元，在28个乡（镇）街、388个行政村范围内，遴选农技人员382人，建立试验示范基地6个，主推农业技术9项，确定农业科技示范主体177家，推行“专家+农技人员+科技示范户+辐射带动户”的技术服务模式。全市有8个重点工业项目（投资均在1亿元以上、10亿元以下）列入长春市重点服务项目目录。其中，新建项目1个，续建项目7个。全市限额以上商贸企业社零额实现4.4亿元，比2021年增长9.8%，完成4户限额以上商贸企业入统工作。5月8日至6月8日，开展服务企业月活动。建立服务专班，开展“万人助万企”纾困解难服务活动、融资对接服务活动和扩大消费服务活动。长春榆树五棵树经济开发区完成地区生产总值135亿元；完成工业总产值81.5亿元；完成固定资产投资6.6亿元；一般预算全口径财政收入完成7007万元。开发区开发项目（新建及续建）10个。依托产业基础和资源禀赋，聚焦“粮头食尾”“农头工尾”，推动形成谋划一批、签约一批、开工一批、投产一批项目建设格局。

【科技创新】 按照吉林省科技厅2月9日发布《关于开展吉林省2022年高新技术企业认定工作的通知》要求，组织榆树市达远能源科技开发有限公司等4户企业申报2022年吉林省高新技术企业。帮助榆树市达远能源科技开发有限公司申报吉林省2023年科技发展计划创新人才专项；推荐榆树市坤泰农产品有限公司等2户企业申报长春市第二批专家工作站（农业领域）项目；为吉林省凯禹生物质开发有限公司争取吉林省研发投入后补助资金3.5万元。组织相关企业完成长春市13项企业技术需求；推荐10名科技特派员参加吉林省2022年科技特派员选派；组织12名科技特派员进驻已脱贫35个村开展科技服务；完成18名科技致富带头人线上培训工作。长春五棵树经济开发区中医药产业园区标准厂房建设项目、大地环保科技（榆树）有限公司22万吨生物有机肥项目和榆树市新型墙体材料制造有限公司建设项目列入长春市科技创新城重点“项目库”。

8月10日，中国北方西红柿之乡八号镇北沟村蔬菜种植基地

（徐书秀　供图）

【项目建设】 榆树市完成固定资产投资54.5293亿元，比2021年增长16.8%。全市签约、落位产业项目完成26个，其中落位项目16个，落位率62%，10亿元以上签约、落位项目11个。协议引资额实现313.8亿元；项目涉及新农业、新能源、新材料等六新产业领域。聚焦玉米化工等5个产业链，制作玉米和大豆产业规划以及招商地图。结合实际制定《榆树市“六城联动”招商引资专班工作方案》，5个小组和专班办公室开展“请进来”活动70次，“走出去”活动34次。

【城市建设】 完善基础设施建设，32个旧改小区完成总工程量60%。供水700万吨，完成六号路新建供水管网和5处供水管线改造，新建消防栓井100个，更新市区超期水表8365块，一实验和二实验门前过街天桥如期竣工，站前广场投入使用。开展住房安全保障，完成全市218户危房改造任务、抗震改造62户。推动农村宜居农房建设试点，对有意向改造农户进行入户走访。排查各类自建房，对存在安全隐患的房屋全部封存。新建固废处理中心完成初步选址，处理生活垃圾3万吨，处理渗滤液3.3万吨。剩余建制镇政府所在地污水集中处理设施及污水配套管网项目具备试运行条件，处理生活污水1220万吨。

【乡村振兴】 共创建示范村87个，其中2022年创建41个示范村。开展线上线下培训9次，受训人员10675人次。完善“四库两基地”，榆树市八号镇北沟村被确定为全省第一批乡村振兴实践教育基地。施行省新调整的6700元指导线，建立以干部入户排查为主、信息监测预警为辅的快速发现、快速响应机制和周排查、月覆盖及重点人群上报机制。加大小额信贷推进力度，延续“一自三合”模式，小额信贷新增348笔1086.5万元。加强农村文化小广场建设，累计建成文化广场493个，配备健身器材6000余件，健身路径1897套。

【社会民生】 加强民生保障，实施建设幸福榆树行动计划68项，全市城乡居民养老保险参保64.5万人，失业保险参保2.9万人，工伤保险参保4.5万人，临时救助困难群众3294人次，提高特困人员救助供养标准，保障困难群体基本生活。阶段性完成优待证集中申领发放工作，完成烈士陵园整修扩建工程，省级"双拥"模范城创建水平持续提升。加快实施义务教育"薄弱环节改善与能力提升"工程，第六小学异地新建投入使用，完善8所学校附属设施，通过"强师计划""特岗计划"招聘教师206人。完成25个幸福小区体育健身器材配套工作。榆树市历年结转上划医保基金2.96亿元，上划医保基金2.08亿元。新增定点零售药店28家，新增特药定点医疗机构3家。对全市住院情况进行动态监测，乡村振兴重点监测人口15606人，全市建档立卡已脱贫14573人，边缘易致贫人口986人，突发严重困难人口96人，脱贫不稳定人口787人。提升基层治理能力，招考的55名社区工作者、75名公益性岗位全部上岗。开展"八五"普法活动，府院联动机制办理案件23件，基层调解组织成功调解各类矛盾纠纷1585起。全年开发城镇就业岗位4140个，实现城镇新增就业3500人，实现失业人员再就业585人，实现就业困难人员再就业596人。

【乡村振兴现场会】 9月20日，长春市实施乡村振兴战略现场推进会在榆树市召开。设定参观点4处，提升建设线路村6个、景观点11个、广场1个，榆树市作为参观考察活动分会场之一，向与会领导集中展示并汇报榆树市加快农业现代化、推进乡村振兴战略以来发生的新变化。到榆树市乡村振兴实训基地、农业科技示范园、弓棚镇镇区、八号镇北沟村蔬菜物流中心等地进行参观考察，了解榆树市实施乡村振兴战略工作开展情况及未来规划，农业科技示范园试验农作物培育种植情况、粮食作物新品种推广应用情况及良种促进农业增产增收情况，弓棚镇小城镇建设发展情况、省级乡村振兴示范镇创建和基层社会治理情况，八号镇北沟村发展历史、产业特色及蔬菜交易市场发展规划和建设情况。

【丙交酯项目】 9月23日，中粮榆树年产3万吨丙交酯项目开工。项目使用世界最先进技术、最高端机电设备，项目达产后能打通聚乳酸全产业链，根据市场需要向餐具、纺织、医疗等多领域发展，助力"双碳"行动，告别"白色污染"，打赢"蓝天、碧水、净土"保卫战，项目的开工建设标志着榆树市生物化工园区正式承接项目，玉米生物基新材料基地建设全面开启。中粮生物科技首席技术官李义、中粮生物科技战略与政策研究部总经理刘勇等中粮集团高管出席奠基仪式。 （周思嘉）

农安县

【概况】 农安县位于吉林省中部，东接德惠市，西邻公主岭市和松原市长岭县，南与长春市宽城区接壤，北与松原市前郭尔罗斯蒙古族自治县为邻，东北与扶余市隔松花江相望。面积5400平方千米，辖22个乡镇、4个街道、377个村。全县户籍总人口1107673人。

【经济发展】 2022年，地区生产总值306.3亿元，比2021年下降2.1%。规模以上工业总产值165.7亿元，比2021年增长7.5%。固定资产投资85.3亿元，增长5.6%。地方级财政收入10.6亿元，下降39.6%。

【项目建设】 开展"云招商"20余次，签约吉粤装备产业园、华宸"双碳"产业园等62个项目。91个5000万元以上项目全部开（复）工，16个项目竣工，家居产业园23个项目建成投产。农畜产品标准化厂房等6个项目下达专项债9亿元。

【民生保障】 提高救助保障标准，城市分散特困供养标准提高到每人每月715元、城市集中特困供养标准提高到每人每月1110元、农村分散特困供养标准提高到每人每月540元、农村集中特困供养标准提高到每人每月830元。全县城乡低保30519人，城乡特困人员3514人，精简退职工91人，临时救助2281人，发放救助资金1.3 亿元。下拨乡镇（街道）临时救助备用金300万。为城乡低保、特困人员、孤儿、事实无人抚养儿童发放价格临时补贴90.96万元。为4991户城市低保家庭发放爱心超市救助卡、361户农村重点救助对象发爱心礼包，使用资金103.97万元。招聘社工岗137人。城乡居民医保参保84.5万人。发放退休人员养老金11.2亿元。

【乡村振兴】 2022年，全县农作物播种面积41.54万公顷，建设高标准农田0.97万公顷，保护性耕作22.93万公顷，农机总动力220万千瓦，主要粮食作物综合机械化水平97%。粮食产量280.9万吨。其中，玉米产量 266.3万吨，大豆产量 1.6 万吨，稻谷 10.1万吨，其他 2.9万吨。秸秆综合利用量345万吨。推进黑土粮仓科技会战，实施黑土地保护项目0.74万公顷、盐碱地治理项目0.16万公顷。启动5个综合整治水田项目，新建1个规模以上设施园区，推广稻田养蟹436.7公顷。清收农村集体土地7529公顷、收缴资金6405万元。市级以上农业产业化重点企业43户。"凡豆"豆制品、"华正"冷鲜肉等5个品牌被评为长春名优农产品品牌，开发区被评为"吉林省农产品加工示范园区"。完成63个乡村振兴示范村村庄规划编制。

【肉牛产业】 2022年，以近500个规模养殖场和2.45万户中小养殖户为发展面，发展肉牛50.9万头。其中，存栏30.2万头，出栏20.7万头。围绕"百万头"肉牛目标，实施"13321"肉牛全产业链发展战略：即1个优质种源核心基地；养殖、屠宰、加工3个园区；科创、大数据和交易3个中心；秸秆饲料化和粪污资源化两化利用，打造1个知名农安肉牛品牌。"11N11"肉牛养殖发展布局：高位打造1个航母级肉牛产业园区、突出发展1个肉牛特色产业小镇、重点规划N个肉牛养殖示范区、稳步建设100个千头肉牛养殖大村、全面统筹1000个百头肉牛大户。

【关爱未成年人】 创建全国未成年人保护示范县。设计具有农安特色的未成

表108　2022年农安县国民经济和社会发展主要指标完成情况统计表

指标名称	单位	实际完成	比2021年增减（%）
地区生产总值	亿元	306.3	-2.1
第一产业增加值	亿元	142.0	1.8
第二产业增加值	亿元	40.3	-10.5
第三产业增加值	亿元	124.0	-3.8
农业总产值	亿元	265.6	0.96
规模以上工业总产值	亿元	165.7	7.5
全口径财政收入	亿元	18.0	-28.9
地方级财政收入	亿元	10.6	-39.6
固定资产投资额	亿元	85.3	5.6
社会消费品零售总额	亿元	30.6	-13.0
实际引进内资	亿元	38.6	—
实际使用外资	亿美元	0.15	16.9
城镇居民人均可支配收入	元	32140.0	0.3
农村居民人均可支配收入	元	18654.0	3.2
科学技术支出	万元	295.0	-51.9
教育事业支出	万元	135.5	7.6
医疗卫生支出	万元	46.0	-20.1
绿化覆盖率	%	39.0	0.2

（农安县政府办）

年人保护LOGO，统一制定乡镇街道未成年人保护工作站、儿童之家标识及相关制度。投入24.98万元，升级改造县未成年人保护中心和乡镇未成年人保护工作站。做好全县孤儿、事实无人抚养儿童保障工作，将社会散居孤儿生活费提高至每人每月1235元，发放资金230万元。开展无户籍儿童清零行动，落户17人，开展未成年人关爱保护服务，使用资金29.48万元。

2月13日，农安县黄龙戏传承保护中心的演员在长春冰雪大世界完成央视元宵晚会长春分会场外景拍摄任务　（丁伟超　供图）

【黄龙戏传承发展】　黄龙戏是农安县地方传统戏剧，是国家级非物质文化遗产之一，戏剧雏形出现在19世纪末，1959年正式定名为黄龙戏。黄龙戏以“此地影”（当地民间艺人对本地皮影戏的俗称）音乐为基础，融合东北民间小调、戏曲曲牌、皮影专调、萨满腔、神调等多种音乐，形成独立剧种。2022年，县文旅局完成参加全省艺术节比赛的4部黄龙戏《诈金花》《采蘑菇》《百宝箱》《白玉碗》的排练；完成向文旅部申报参加全国地方戏精粹展演的大型古装黄龙戏《魂系黄龙府》片段的排演、大型现代黄龙戏《春暖花开》的排练工作；开展濒危剧种公益性演出；开展“戏曲进校园”“非遗”剧种传承工作，每周利用2节课时间为县实验小学学生授课；依托微信视频号、抖音、快手等网络平台展播黄龙戏选段，全年播放黄龙戏剧目视频106个。2月13日，农安县黄龙戏传承保护中心演员在长春冰雪大世界完成央视元宵晚会长春分会场外景拍摄任务，在央视综合频道元宵晚会播出，这是黄龙戏第一次参与央视晚会的节目录制，向全国展示吉林黑土地文化特色之一的黄龙戏。《人民日报》刊发《农安县黄龙戏亮相央视元宵晚会》文章。

【“标志农安”十大文化符号评选活动】 9月25日，由中共农安县委宣传部主办，农安县精神文明建设促进中心承办的“标志农安”十大文化符号视图作品征集评选活动正式启动，评选出20个文化符号入围大众投票环节。10月2日，大众投票启动，综合多轮评选结果，最终辽塔、中国共产党农安县第一个党小组建立旧址、黄龙戏、中华第一玉石龙、黄龙府古城、鲍家大集、波罗湖国家级自然保护区、太平池水库、巴吉垒诗乡和农安一中入选“标志农安”十大文化符号。

【抗击农田渍涝灾害】 7月，受连续强降雨天气影响，农安县遭遇罕见渍涝现象，农田内涝面积5800公顷，成灾面积2300公顷，绝收面积780公顷。县农业农村局科学应对渍涝，及时组织农田排水，实施玉米促早熟项目，降低灾害损失，综合采取修复启动电排站排水、挖排水沟、机械抽水、清淤清障等措施进行排涝。县农业农村局聘用有关专家，组成3个维修小分队，协同各乡镇政府，针对全县46个电排站、109台机组进行检查维修，确保电排站正常运转，及时排除涝区积水。对于周边没有排水出口的渍涝农田，发动群众开展自救，配备应急水泵，抢排农田积水。全县出动人力12.94万人次，出动机械1.26万台次，铺设地下排水管9654节，配备水泵4663台，清理沟渠3307条、472.54万米。县农业农村局采取多种措施减灾保产，清除农作物植株泥沙及杂物；调配机械铲蹚松土，避免土壤板结；采取航化作业、中耕追肥等形式进行补肥，促进植株恢复生长；加强病虫害防控；对短期内不能及时排水的地块，结合实际做好青黄储准备，作为牛羊优质饲料；受灾地块清理后，引导农户适当改种鲜食玉米、荞麦、蔬菜等短季作物；主动对接协调保险公司，对受灾地块及时查勘，对绝收地块落实理赔款，减少农民经济损失。

（韩　晶）

德惠市

【概况】 德惠市位于长春市东北部，面积3322.24平方千米，辖16个乡镇、4个街道，户籍总人口858823人。2022年，地区生产总值263.3亿元，按不变价格计算比2021年下降2.5%。其中，第一产业增加值91.6亿元，占地区生产总值的34.8%；第二产业增加值38.7亿元，占比14.7%；第三产业增加值133.1亿元，占比50.5%。工业总产值105.9亿元，固定资产投资58.6亿元；一般预算地方级财政收入8.2亿元，比2021年下降33.3%；社会消费品零售总额53.9亿元，下降12.8%；城镇居民人均可支配收入30536元，下降1.0%；农村居民人均可支配收入19195元，增长3.4%。

【经济发展】 德惠市制定稳经济措施33条，成立稳增长工作组10个，建立“一企一策”帮扶机制，达利、德大、德翔、佳龙、才府等33户规模以上龙头企业克服疫情冲击，保持稳定生产；123户重点企业复工复产。规模以上工业总产值107.8亿元。落实助企纾困政策，减免退税2.2亿元，在长春地区率先兑现中小微企业房租、水电费补贴1373万元。优化营商环境，新增市场主体8450户，完成“个转企”187户。投放消费券300万元。开展招商引资，与北京、浙江等地开展经贸交流合作，举办“第18届中国火锅产业大会”，宣传推介德惠市；开展秋季招商项目集中签

表109　2022年德惠市国民经济和社会发展主要指标完成情况统计表

指标名称	单位	总量	比2021年增减（%）
地区生产总值	亿元	263.3	–2.5
第一产业增加值	亿元	91.6	3.3
第二产业增加值	亿元	38.7	–9.8
第三产业增加值	亿元	133.1	–4.3
三次产业比重	%	34.8∶14.7∶50.5	—
规模以上工业总产值	亿元	105.9	–16.1
固定资产投资额	亿元	58.6	19.6
社会消费品零售总额	亿元	53.9	–12.8
一般预算全口径财政收入	亿元	11.0	–37.3
地方级财政收入	亿元	8.2	–33.3
城乡居民人均可支配收入	元	30536.0	–1.0
农村人均可支配收入	元	19195.0	3.4

（德惠市政府办）

约活动，签约国保60万吨废旧轮胎循环再利用等产业项目19个，投资260余亿元。全年到位内资13.4亿元，比2021年增长30%。

2022年，服务业增加值133.1亿元，占全市生产总值比重50.5%。其中，批发零售业12.1亿元，交通运输仓储和邮政业25.7亿元，住宿餐饮业2.7亿元，金融业12.3亿元，房地产业15.5亿元，农林牧渔服务业2.9亿元，其他服务业61.6亿元。金融服务业各项存款余额476.05亿元，比2021年增长9.3%，各项贷款余额172.73亿元，增长17.7%。

【农业农村】 2022年，德惠市被评为吉林省粮食生产十佳县，粮食总产量23亿公斤，粮食作物播种面积22.56万公顷，新建高标准农田0.8万公顷，实施黑土地保护0.88万公顷，推广保护性耕作9.67万公顷，综合农机化水平95%。重启布海镇“篾市”瓜菜交易市场，“布海瓜菜”商标入选长春农产品区域公用品牌；园艺特产业总产值27.5亿元；稻渔综合种养规模2000公顷。实施“秸秆变肉”工程，投放肉牛贷款2.1亿元，新建、扩建千头肉牛养殖基地7个，肉牛数量17.6万头，比2021年增长40.8%。实施肉鸡产业规模化养殖和标准化生产，扩建禾丰肉鸡生产线，推进德翔1亿只肉鸡屠宰项目建设，全年肉鸡出栏8000万只，比2021年增长8%。建成投产佳龙牧业20万头商品猪育肥场和吉地嘉禾8万吨饲料加工厂，生猪数量170万头，比2021年增长5.6%。农产品加工业产值358亿元。截至年末，有效实用“三品一标”认证农产品87个，中国驰名商标5个，吉林省著名商标16个。开展防汛减灾工作，应对极端天气多发、河流超警戒水位运行严峻形势。年内，组织巡堤查险人员1.9万人次，修复险工段62处，清淤排涝面积2999公顷。

【项目建设】 优化项目建设质量和产业结构，推动40个项目春季集中开工，保障11个项目冬季不停工，实施5000万元以上项目62个，总投资176亿元。其中，开工建设汉华汽车重卡车桥、吉牛牧业产业园等新建项目，投产运行鑫通报废机动车回收拆解、长春市城市LNG应急调峰储配站等续建项目。争取中央和省预算内资金及债券资金13.8亿元，推进肉鸡三产融合示范园等债券项目。全年固定资产投资54.4亿元，比2021年增长11.1%。推进“一区三园”项目建设。投产运行哈电生物质热电联产、鸿岩建筑材料二期等项目，签约湖北鄂中新型肥料生产项目；循环经济产业园方面，投产长春市城市生活垃圾焚烧发电项目、建设完成二期扩建项目主体工程，试运行铠源生活垃圾炉渣处理项目，建成园区配套污水处理厂主体工程；编制完成装备制造产业园控制性详细规划；扩容升级大健康产业园。

【科技创新】 组织申报吉林省科技计划支撑项目9个，认定国家高新技术企业2户，培育优秀科技型中小企业2户。开发科研助理岗位，吸纳高校毕业生3名。落实长春市“六城联动”发展战略，推动“科技创新城”建设，实施“长春市专家工作（农业领域）项目”。围绕产业链部署创新链，建设“玉米深加工产业专家工作站”，推动玉米深加工高科技、高附加值产品换代。以创建国家级肉鸡现代农业产业园为导向，建设“肉鸡产业专家工作站”。

【城乡建设】 编制国土空间总体规划，划定“三区三线”（根据城镇空间、农业空间、生态空间三种类型的空间，分别对应划定的城镇开发边界、永久基本农田保护红线、生态保护红线三条控制线）。规划绿色创新发展示范区，实施重点项目集中征收攻坚行动，征收房屋620户、土地108万平方米。出让工业用地59万平方米。惠新路公铁立交桥竣工通车，形成中轴贯通、外环闭合的开放式城市路网格局。新建、改造农村公路623.8千米，实现通硬化路自然屯1611个，通屯率98%。投资2.02亿元，建设市第二净水厂工程。利用生物质发电余热，改造城区集中供热面积245万平方米。改造老旧小区3个、受益居民3377户。建成棚户区安置房548套，城区房地产开发面积39.2万平方米，销售商品房面积24万平方米。建立城乡自建房动态清理整治机制，整治隐患房屋463栋，将城区D级危房纳入棚户区改造范围予以整治，在全省会议上作经验交流并获国家督导组好评。新建、改造乡镇街路、雨污管网18千米，改造农村危房90户。提升城区亮化、绿化、美化水平，新建及维修路灯1048盏，新增绿地面积2.41公顷，打造人民街等精品街路7条。建成迎新农贸交易中心一期项目、农业农机综合服务中心项目。开通运行市行政服务及公共安全云平台系统。

【乡村振兴】 推进“五个振兴”（产业振兴、人才振兴、文化振兴、生态振兴、组织振兴）。启动农村集体资产资源清查清收工作，土地清收1.58万公顷。健全防返贫动态监测和帮扶机制，投资5600万元，实施脱贫产业和基础设施项目28个。推进“千村示范”（把1000个左右的中心村建成全面小康示范村）创建活动，打造示范村26个，沿102国道建成示范带60千米；改造农厕1.25万户，评选干净人家4000户；造林绿化1606.67公顷，绿化村屯96个；建成新时代文明实践所（站）337个。米沙子镇、万宝镇被评为省级乡村振兴示范镇。承办长春市乡村振兴现场会，建成运行乡村振兴五维融合示范园，推进全国农业社会化服务创新试点县建设。

【社会民生】 落实幸福德惠行动计划，城镇新增就业3720人，失业人员再就业1013人，农村劳动力转移就业19万人次。按时足额发放基本养老保险、失业保险、城乡低保及残疾人“两项补贴”（困难残疾人生活补贴和重度残疾人护理补贴）。健全社会保障体系，基本医疗保险参保率95%。完善养老服务体系，维修改造失能养老服务中心。推进“双拥”（地方拥军优属，军队拥政爱民）创建工作，发放各类优抚资金8500万元、优待证1.7万册。社会事业方面，投资9000万元，完成62所中小学校教学设施提标改造。完成市传染病医院异地新建项目、市人民医院发热门诊和感染性疾病科医疗综合楼项目主体工程，建成市中医院公共卫生防控救治能力提升项目并投入使用，推进市人民医院与吉大一院医联体建设。建设完成市博物馆并免费对外开放。推动体育事业发展，年内德惠市运动员在省级比赛中获金牌46枚、银牌45枚、铜牌37枚。

【生态环境保护】 推进秸秆禁烧工作，秋季秸秆离田率95%。管控扬尘污染，空气质量优良天数占比85%。开展清河执法行动，加强水体污染防治，推进松花江流域侵蚀沟综合治理等5个绿水长廊项目，域内6个国考断面水质全部优于国家考核标准。治理农业面源污染，完成农药减量绿色防控1.4万公顷，集中整治畜禽散养密集村28个，粪污资源化利用率95%。

【平安德惠建设】 推进安全生产“全年攻坚”“大排查、大整治、大演练”行动，形成4个畜牧企业安全生产检查模板集，整改安全隐患1.5万个；整治涉醇基燃料企事业单位134家，餐饮场所安装燃气报警器实现全覆盖，完成“阀管灶”改造4.4万户；道路交通事故起数比2021年下降34.68%，一般以上生产安全事故实现“零发生”。开展扫黑除恶斗争，破获电信诈骗案件191起，命案破案率100%。建立完善“平战结合”基层治理体系，创建“幸福小区”16个。

9月27日，德惠市惠新桥及惠新路竣工通车 （王大义 供图）

【惠新桥及惠新路竣工通车】 惠新桥及惠新路是德惠市重大城市基础设施建设项目。该项目2019年11月开始施工建设，2021年10月14日完成转体，2022年9月27日惠新桥及惠新路正式竣工通车。惠新桥项目总投资2.6亿元，全长1140米，是跨越京哈铁路最大的转体连续梁。该项目设计范围包括桥梁工程、道路工程、排水工程、照明工程等附属工程。涉及铁路主桥部分长220米、宽23米，双向4车道。

【第18届中国火锅产业大会】 11月13日，由中国烹饪协会与中共德惠市委、德惠市人民政府主办的第18届中国火锅产业大会暨德惠市招商引资推介会开幕，来自全国各地的火锅品牌、供应链企业等代表300余人参加会议。会议聚焦“拥抱变化，主动进化，一城一惠，产业振兴”主题，举行产品展示会、火锅产业行业发展分析报告会、投资项目推介会和圆桌论坛等多场活动。会上，中国烹饪协会与德惠市人民政府举行共建中国火锅产品创新（德惠）基地揭牌仪式，签订长期战略合作协议，并发布《2021—2022年度中国火锅大数据分析产业发展报告》《2021中国火锅百强企业分析报告》等火锅行业报告，搭建政企互助、产业升级、乡村振兴沟通渠道与合作平台。

12月9日，德惠市博物馆正式开馆。图为馆内历史陈列展展区一角 （王忠桥 供图）

【德惠市博物馆开馆】 12月9日，德惠市第一座综合性博物馆——德惠市博物馆开馆，免费对外开放。博物馆馆舍是中东铁路附属建筑，始建于1903年，是全国重点文物保护单位，俄式建筑平面呈“工”字形，建筑面积2945平方米。馆内展出内容包括3方面，即“德惠古韵千年华章历史陈列展”“百年印痕大白楼见证中东铁路岁月陈列展”“现代建设成就展”，展厅面积1500平方米，存有各时期藏品1162件，集博物展览、文物保护、征集收藏、学术研究、社会教育功能为一体。

（池轶凡 徐铂征）

人物　荣誉

RENWU RONGYU

先进个人

2022年度全国三八红旗手获得者

赵　月　长春市南关区民康街道九圣祠社区党委书记、妇联主席

2022年全国五一劳动奖章获得者

刘　宝　东北师范大学生命科学学院、中国民主同盟吉林省委员会教师兼职副主委，二级教授

王　檀　长春中医药大学附属医院肺病·肿瘤血液中心主任，主任医师

刘启芳　长春净月高新技术产业开发区精诚社工服务中心理事长

沈洪斌　长春天然气集团有限公司党委书记、董事长，正高级经济师

季　宁　长春市公安局汽车经济技术开发区分局副局长

胡俊祥　中车长春轨道客车股份有限公司高速动车组制造中心装配车间车上工区九工位铁路车辆电工，正高级工程师、高级技师

王　京　长春公共交通（集团）有限责任公司南通汽车公司13路车队240号包车组驾驶员，高级工

王　智　中国第一汽车集团有限公司研发总院试制所机加中心数控班班长，正高级工程师、高级技师

全国“人民满意的公务员”

林　静　吉林省长春市二道区东站街道党工委委员、武装部部长

2022年全国教书育人楷模

孙正聿　吉林大学教授

全国优秀共青团员

张子豪　中国邮政集团有限公司长春市分公司劳资管理专员

高铭泽　长春人文学院商学院2018级金融学专业学生

全国优秀共青团干部

赵海燕　长春师范大学团委书记

孙宝蝉　东北师大附中明珠校区少先队大队辅导员

2022年全国气象工作先进个人

李　倩　长春市气象台高级工程师

全国海关系统先进工作者

赵　娜　长春海关机关党委（政工办）政工宣传科二级主任科员

全国绿化先进工作者

李俊学　农安县林业和草原局局长

全国特级优秀人民警察

孙　浩　长春市公安局特警支队三大队大队长

全国社会救助工作先进个人

马小强　长春市民政局社会救助处处长

2022年度全国优秀少先队员

曹煜恒　长春市南湖实验中学少先队员
邵钰然　长春市南关区东安小学少先队员
常俊硕　吉林省孤儿职业学校少先队员

2022年度全国优秀少先队辅导员

孙冰雁　长春市朝阳区解放大路小学少先队大队辅导员
王剑平　长春南湖实验中海小学少先队中队辅导员
靳兴旭　东北师范大学第二附属小学少先队大队辅导员

在北京冬奥会上作出突出贡献的先进个人

“优秀运动员”称号

武大靖　吉林省体育局冰上运动管理中心短道速滑运动员
齐广璞　长春市冬季运动管理中心（长春市业余冰雪运动学校）自由式滑雪空中技巧运动员

“优秀教练员”称号

朱雪松　吉林省体育局冰上运动管理中心短道速滑主教练

“优秀体育工作者”称号

高继峰　吉林省体育局训练竞赛处处长
贾玉波　吉林省体育局雪上运动管理中心主任
李晓杰　长春市体育局党组书记、局长
徐振洲　长春市体育总会秘书长
马伊山　吉林省体育局冬季竞技运动保障中心主任
苑雅玉　吉林省体育局冰上运动管理中心六级职员

吉林省五一劳动奖章获得者

付　胜　中国第一汽车股份有限公司动力总成工厂设备维修班班长
曲　双　中车长春轨道客车股份有限公司城铁客车业务部副总经理
董吉洪　中国科学院长春光学精密机械与物理研究所空间三部主任
卢革宇　吉林大学电子科学与工程学院院长、国家重点实验室主任
魏　民　东北师范大学教务处处长
郑宝吉　吉林省吉通机械制造有限责任公司数据编程人员
金玄吉　长春市农业科学院水稻所所长
庞冬冬　吉林生物能源（榆树）有限公司工段长
张　航　吉林省德邦货运代理有限公司仓管员
丁　宝　中鼎（吉林）智能制造工程有限公司机加车间焊接班组电焊工
孟祥艳　吉林省永利激光科技有限公司管壳检验员
王晓龙　长春和成职业培训学校后勤设备维修管理员
孙　鹏　中国铁路沈阳局集团公司长春站售票车间主任
许　玲　长春市南关区第三幼儿园党支部书记、园长
梁　君　长春市二道区英俊中学校长
马佰超　长春市朝阳区乐山镇卫生院院长
刘　征　长春吉田快速成型科技有限公司总经理
刘柏松　长春市殡葬服务中心党委书记、主任
刘　君　国家税务总局长春市南关区税务局党委书记、局长
李　佳　长春市公安局朝阳区分局桂林路派出所所长
秦彦国　吉林大学第二医院院长
张　阳　吉林省勘查地球物理研究院勘察分院项目技术负责人
刘颖鑫　吉林省煤炭地质调查总院院长
邓立权　吉林省职业病防治院院长
麻卫东　吉林省吉林祥云信息技术有限公司董事长
刘杰生　省委办公厅保卫处处长
吉宏宇　中国第一汽车股份有限公司研发总院资源保障部总成装备技术班组班组长
刘富强　中国第一汽车股份有限公司研发总院资源保障部装备开发模块班组班组长
刘国辉　长春市公安局刑事警察支队六大队七中队中队长
钱吉庆　吉林安装集团股份有限公司工人
孙瑞钟　中国移动通信集团吉林有限公司通信网络安全管理员

吉林省“巾帼建功”先进个人

刘冰冰　吉林大学超硬材料国家重点实验室主任
庄秀丽　中国科学院长春应用化学研究所研究员
刘昱函　吉林省万佳健康服务集团有限公司高级经济师
张春革　长春万达广场商业物业服务有限公司助理工程师
赵艳微　长春市宽城区群英街道西道口社区党委书记
徐丽辉　吉林省恒通生态农业科技开发有限公司高级农林师
刘冠男　中车长春轨道客车股份有限公司客车制造中心技术室高级工程师
徐春红　长春市朝阳区乐山镇乐山村农民
孙　萌　广东广和（长春）律师事务所律师
王　莹　吉林省白山本草药业有限公司高级农经师

第四届吉林工匠

胡俊祥　中车长春轨道客车股份有限公司铁路车辆电工
刘　洋　长春科技学院教师
王　智　中国第一汽车股份有限公司研发总院数控班班长
何　岩　中车长春轨道客车股份有限公司试制班班长
金　涛　一汽大众汽车有限公司维修工长
杨　旭　长春市商贸旅游技术学校烹任教研室主任
李德军　大唐长春第二热电有限责任公司检修班班长
杨继豹　长春燃气股份有限公司内线安装班班长
刘　利　吉林省工商技师学院竞赛指导教师
宋晓庆　吉林省新怀德酒业有限公司技术总工程师
邹洪岩　吉林省长春皓月清真肉业股份有限公司分割班班长

2022年吉林省粮食生产突出贡献工作者

于德源　长春市农业农村局
杨屹巍　公主岭市农业农村局
郎晓峰　榆树市农业农村局
姜进生　德惠市农业农村局
任　皓　农安县农业技术推广中心

吉林省农产品加工业发展贡献奖先进个人

丁艳丽　榆树市农业农村局乡村产业发展科工作人员
王占博　吉林华正农牧业开发股份有限公司总经理
王珍珍　吉林省杞参食品有限公司副董事长
王　莹　吉林省白山本草药业有限公司总经理
叶韵歆　长春市宽城区农业农村局农业发展科科长
刘立国　长春莲花山生态旅游度假区农业农村局局长
李天赐　长春经济技术开发区社会发展局农业农村科九级职员
李云岗　长春市畜牧业管理局畜产品加工业发展处处长
李向永　农安县农业农村局乡村产业发展科科长
杨云贵　长春市绿园区农业技术推广总站站长
杨海波　长春市农业农村局四级调研员
张文忠　公主岭市农业农村局乡村产业发展科科长
张丽华　吉林省金穗米业集团有限公司董事长
张羚铃　长春市粮食和物资储备局市场流通处一级科员
邵建廷　长春市农业农村局一级主任科员
季雨彤　长春新区农业委员会八级职员
孟祥仿　德惠市山河米业有限公司总经理
赵明柱　吉林省松江佰顺米业有限公司董事长
战兴福　吉林省老昌食品有限公司董事长
姜　辉　长春市九台区农业技术推广中心农作物秸秆综合利用办公室主任
袁　松　长春市工业和信息化局新兴产业推进处处长
徐丽辉　吉林省恒通生态农业科技开发有限公司董事长
高起明　吉林德翔牧业有限公司董事长
梁海波　吉林康大食品有限公司总经理
隋　和　长春双阳经济开发区管理委员会经济发展局局长
魏玉玲　长春中之杰食品有限公司质量经理

第四届吉林省名中医

王彦红　长春市中医院
丛德毓　长春中医药大学附属医院
刘　春　长春中医药大学附属医院
刘玉书　长春中医药大学附属医院
刘爱东　长春中医药大学附属第三临床医院
闫凤杰　长春中医药大学附属医院
李跃飞　长春中医药大学附属医院
杨丽华　长春中医药大学附属医院
张文风　长春中医药大学
陈　颖　长春中医药大学附属医院
赵德喜　长春中医药大学附属医院
胡少红　长春市中医院
韩　梅　长春中医药大学附属医院
楚云杰　长春中医药大学附属医院
窦逾常　吉林大学中日联谊医院
黎明全　长春中医药大学附属第三临床医院

吉林省特级优秀人民警察

谢恩辉　长春市公安局刑警支队副支队长

2022年度吉林省“农工巧匠”

唐立国　长春市二道区关淳农民专业合作社
郭艳芳　长春市九台区微雨众惠种植业专业技术协会
于立清　长春市九台区上河湾镇双顶村村民委员会
韩景凤　长春市九台区沐石河街道段家村村民委员会
历宝宝　长春市九台区龙嘉镇宝兴养殖业农民专业合作社
闫金凤　长春市九台区龙嘉巧姐草编农民专业合作社
佟君艳　长春市九台区胡家回族乡锣鼓村村民委员会
满春娟　长春市九台区胡家回族乡葛家村民委员会
王挺起　长春市九台区城子街街道大沟村村民委员会
张廷晶　长春市九台区城子街街道大贝村村民委员会
姚雪莹　长春市榆树市新立镇雪莹家庭农场
闫国庆　长春市榆树市五棵树镇正义村村民委员会
孙凌杰　长春市榆树市孙老乐农业种植专业合作社

周艳文　长春市榆树市农民草雕编织协会
孙　民　长春市榆树市民兴农牧专业合作社联合社
赵　辉　长春市榆树市大坡镇西山村村民委员会
胡增光　长春市榆树市大坡镇两家村村民委员会
徐禹庆　长春市榆树市保寿镇民悦农机种植专业合作社
王连贺　长春市榆树市八号镇七号村村民委员会
马　健　长春市德惠市马铃薯产业协会
王海坤　长春市农安县杨树林乡花生产销协会
赵金梁　长春市农安县鑫浪花生专业种植合作社
曲秀杰　长春市农安县杰扶草编专业合作社
郭　浩　长春市农安县吉林省裕丰农作物种植专业合作社
徐国臣　长春市农安县吉林省乾溢农业发展专业合作社联合社
王治华　长春市农安县黄鱼圈乡单家店村民委员会
刘金艳　长春市农安县黄鱼圈乡单家店村民委员会
李长洪　长春市农安县黄鱼圈乡八里营子村村民委员会
尹长海　长春市农安县东海农业科技服务协会

2022年长春市五一劳动奖章获得者

丁　楠　华能吉林发电有限公司长春热电厂锅炉检修技术员
于洪波　长春市宽城区凯旋街道办事处工勤人员
于　通　长春燃气股份有限公司安全员
于　彬　长春中泰电力建设有限公司南关配电分公司项目维护员
于　霞　吉林烟草工业有限责任公司长春卷烟厂企业管理部主任
马广利　长春市九台区青少年活动中心科员
王　双　长春市二道区八里堡街道英俊社区居民委员会社区党总支书记兼居委会主任
王　龙　康迪泰克流体技术（长春）有限公司装配车间工人
王　平　长春市九台区东湖街道综合服务中心科员
王秀英　公主岭南崴子街道卫生所医生
王岩林　吉林弘凯专用车制造有限公司工人
王佳治　长春市公安局站前治安管理分局刑警大队副大队长
王宝光　农安县合隆镇合平社区居民委员会社区书记
王俊辉　公主岭市市场管理局党组书记、局长
王　亮　长春市公安局宽城分局长新街派出所所长
王　娜　长春市宽城区柳影街道办事处城市建设管理办公室主任
王　勇　大唐长春热力有限责任公司一分公司主任
王桂华　长春市绿园区同心街道一汽家园社区书记兼主任
王晓阳　长春高新技术产业开发区三佳社区居民委员会党委书记兼主任
王海涛　华润吉林医药有限公司医疗器械事业部副主任
王　娟　公主岭市鑫伟商贸有限公司销售员
王珺楠　吉林大学第二医院心内科副主任
王　野　九三集团长春大豆科技股份有限公司机修班班长
王清涛　长春公园园长
王喜旺　长春五棵树现代农业产业开发有限公司经理
王　晶　长春市人民检察院机关党委专职副书记
王　微　长春市二道区吉林街道沿河社区居民委员会社区党总支书记兼居委会主任
王　颖　长春市教育局基础教育处处长
王磊华　长春市宽城区群英街道鞍山路社区党委书记
孔庆仁　国能吉林龙华热电股份有限公司长春热电一厂锅炉分厂主任
孔繁和　中机思美迪（长春）科技有限公司总经理
白鑫宇　长春市公安局朝阳区分局重庆路派出所所长
石　淼　长春市南关区新春街道松竹梅社区党委书记兼居委会主任
平丽春　榆树市疾病预防控制中心主任
田光磊　德惠市人民医院心血管内科主任、胸痛中心医疗总监
田福贵　长春泰盟机械制造股份有限公司工人
付　瑶　长春市南关区曙光街道师大东电社区民政副主任兼网格长
丛高华　德惠市建设街道新城社区党总支书记
冯　江　吉林农业大学校长
曲春汝　长春一东离合器股份有限公司调整工
吕　刚　榆树市城郊街道健康社区党总支书记兼居委会主任
朱孝福　长春合川汽车装备有限公司工人
刘　冰　长春市交通运输综合行政执法支队一大队科长
刘　丹　长春净月高新技术产业开发区卫生健康局妇幼保健科科长
刘　阳　长春市殡葬服务中心火化班班长
刘志洁　长春市朝阳区清和街道普庆社区党委书记
刘　杨　长春市九台区九台街道民乐社区书记
刘　洋　中共长春市纪律检查委员会一级主任科员
刘艳波　长春净月高新技术产业开发区彩织街道办事处园丁社区居民委员会党委书记
刘真宝　长春公共交通（集团）有限责任公司西昌汽车公司五车队驾驶员
关文英　长春市城乡建设委员会总工程师
关庆荣　长春市公安局南关区分局幸福街派出所所长
孙世博　长春市中心医院感染管理科副主任
孙国文　吉林省中杭安防科技有限公司技术部安装施工班班长

孙建国　长春市净月区汽车文化园管理局局长
杜月婉　长春市双阳区云山街道华泰社区党委副书记
杜庆龙　吉林电力股份有限公司长春热电分公司电气二班班长
杜　洋　长春市朝阳区湖西街道宽平社区党委书记
李义斌　中国移动通信集团吉林有限公司农安分公司政企客户部主任
李云庆　榆树市培英街道曙光社区党总支书记兼居委会主任
李世凤　长春市二道区东站街道蓝山社区居民委员会党总支书记兼居委会主任
李庆龙　长春市卫生健康委员会法规与体改处处长
李红梅　长春市绿园区卫生监督所职员
李运涛　长春长铃汽油机有限公司焊接班班长
李杨兴　长春市人民政府国有资产监督管理委员会二级主任科员
李林鹤　中共长春市绿园区纪律检查委员会三级主任科员
李思爰　长春汽车经济技术开发区锦程街道奔驰社区党委书记
李　健　长春市人民医院医务科科长兼中医科主任
李景惠　长春天然气集团有限公司党委副书记、纪委书记、工会主席
李新江　公主岭市岭东街道中粮社区非公党建办科员
李德标　中国一汽集团有限公司产品策划及项目管理部整车项目管理主任
李　馨　长春净月投资控股（集团）有限公司前期部技术员
杨小宁　长春市宽城区欣园街道五星村民委员会副主任
杨启光　长春市中医院副院长
杨修龙　中国第一汽车股份有限公司蔚山工厂维修段长
杨　笑　中共长春市委政法委员会政策研究室副主任
杨海旭　吉林省国颂电力有限公司董事长
肖　虹　长春日报社市委特派记者
吴　刚　长春三鼎变压器有限公司生产副总经理
吴　畏　长春市绿园区教育局教育督学
沈　宇　大唐长春第二热电有限责任公司发电部集控运行四班班长
张世成　长春市公安局刑事警察支队八大队信息研判中队教导员
张占微　吉林德大有限公司屠宰厂分割车间工人
张延秋　长春富维安道拓汽车饰件系统有限公司班长
张兴业　吉林省和成科技有限责任公司设备维护员
张作国　吉林省送变电工程有限公司国际分公司孟加拉达卡项目部经理
张卓然　长春圣心积善医院有限公司院长
张国秀　长春市二道区东盛街道万通社区居民委员会社区党总支书记兼居委会主任
张明哲　长春中车轨道车辆有限公司检修班班长
张　凯　国网长春供电公司带电作业中心应急电源班班长
张树学　国网吉林省电力有限公司德惠市供电公司经理
张钧尧　长春经济技术开发区东方广场街道六合社区党支部书记
张晓威　长春市儿童医院检验科主任
张晓惠　长春市宇环运输有限公司董事长
张铁军　榆树市公安局交警大队二级警长
张朝伟　吉林同鑫热力集团东光供热公司供热班班长
张福蕾　长春空港翔悦投资有限公司成本造价部经理
陈明皓　长春市公安局宽城区分局办公室主任
陈星宏　长春新区北湖科技开发区北湖街道蓝珀湖社区党委书记兼主任
陈洪涛　中共长春市公安局机关纪律检查委员会书记
邵占广　中庆建设有限责任公司董事长
欧　炜　长春高新技术产业开发区慧谷学校校长
季冬梅　长春易视顿眼科医院药师
金龙海　长春市九台区韩特味餐馆工人
金荣玉　大唐长春第三热电厂灰硫点检长
周宛茹　长春欧亚卖场有限责任公司企业管理部主任
郑金伟　鼎庆经贸有限责任公司工人
郑　波　长春高新技术产业开发区超越社区居民委员会党委书记兼主任
房希亮　长春市公安局网络安全保卫支队政委
赵东凯　长春中医药大学附属第三临床医院肺病科主任
赵成吉　长春市绿园区东风街道办事处党办主任
赵雨谦　吉林省田野泉酿造有限公司工人
赵建勇　吉林省长春皓月清真肉业股份有限公司副总裁
赵清双　榆树市榆乡豆制品有限公司干豆腐车间主任
赵骞骞　中国邮政集团有限公司长春市分公司揽投组组长
赵　毅　长春市公安局绿园区分局网络安全保卫大队大队长
赵　鑫　长春三友汽车部件制造有限公司生产部焊接班班长
贲红雨　长春华涛汽车塑料饰件有限公司工艺调试工
胡天伟　长春合心机械制造有限公司董事长
段玉才　中共长春市委组织部干部一处处长
段鸿越　长春市南关区民康街道园东路社区党委书记
姜远才　东北师范大学附属中学党委副书记
娄秀冬　长春蓝天高新技术密封材料有限责任公司技术部经理
钱　军　长春市朝阳区重庆街道办事处人大工委主任
徐万宝　中车长春轨道客车股份有限公司客车制造中心经理
徐彦庆　榆树市客运集团有限责任公司一车队驾驶员

高文禄　长春润德投资集团有限公司党委书记、董事长
高　岩　长春旭阳富维安道拓汽车座椅骨架有限责任公司技术员
高　翔　农安县人民医院呼吸内科主任
郭士甫　长春市新金享冷弯型钢有限公司工人
曹　杰　吉林大学第一医院神经内科副主任
曹鹏飞　长春光华科技发展有限公司设备维修部工人
盛守青　长春禹衡光学有限公司党委书记、总经理
崔建勇　吉林奥来德光电材料股份有限公司设备安装维护员
鹿　麓　长春市委统战部非公有制经济工作处处长
梁　雨　长春市公安局交警支队秩序处民警
梁颖超　吉林中粮生化有限公司研发工程师
寇晓慧　长春市双阳区云山街道东桥社区党委副书记
隋书侠　吉林省农嫂食品有限公司董事长
蒋　超　长春市双阳区医院感染科主任
韩冬冬　长春中之杰食品有限公司工人
韩丽萍　长春市宽城区团山街道长山花园社区党委书记
韩　露　吉林省肝胆病医院感染管理控制科科长
戢守琴　长春市九台区中医院院长
鲁振宇　长春市政建设（集团）有限公司项目经理
静　波　长春市财政局长春市政府委派财务总监中心主任
蔡　坤　一汽大众汽车有限公司动力总成事业部长春发动机车间高级技师维修工
蔡云鹏　公主岭市岭富投资控股（集团）有限公司工程管理部土建工程师
魏恩娜　长春市九台区人民医院护士

（王英华）

2022年度获二等功以上退役军人

转业军官

王　辉　二等功，中共长春市委办公厅
吴培强　二等功，长春市规划和自然资源局
杨春生　二等功，中共长春市委办公厅

由政府安排工作退役士兵

郑　利　二等功，吉林大学
宋世伦　二等功，中国铁路沈阳局集团有限公司长春房产段（修理车间）
张 兵　二等功，长春市宽城区园林管理中心

军队退休干部

朱延军　二等功，长春市军队离退休干部绿园休养所
龚令义　二等功，长春市军队离退休干部绿园休养所
姜尔健　二等功，长春市军队离退休干部柳影路休养所
闫敬军　二等功，长春市军队离退休干部同光路休养所
张　驰　二等功，长春市军队离退休干部同光路休养所
马国智　二等功，长春市军队离退休干部西安桥外休养所
陈铁柱　二等功，长春市军队离退休干部南岭休养所
李海清　二等功，长春市军队离退休干部南岭休养所
李修华　二等功，长春市军队离退休干部南岭休养所
李永乐　二等功，长春市军队离退休干部南岭休养所
罗立波　二等功，长春市军队离退休干部南岭休养所
庞绍权　二等功，长春市军队离退休干部南岭休养所
邵仲炜，一等战功，长春市军队离退休干部南岭休养所
孙立群，二等战功，长春市军队离退休干部南岭休养所
王柏山，一等战功，长春市军队离退休干部南岭休养所
王乃刚　二等功，长春市军队离退休干部南岭休养所
吴宏忠　二等功，长春市军队离退休干部南岭休养所
西学明　二等功，长春市军队离退休干部南岭休养所
徐炳烛　二等功，长春市军队离退休干部南岭休养所
许喜庆　二等功，长春市军队离退休干部南岭休养所
张金平　二等功，长春市军队离退休干部南岭休养所
陈仲博，一等战功，长春市军队离退休干部花园路休养所
胡礼泉　二等功，长春市军队离退休干部花园路休养所
王忠敏　二等功，长春市军队离退休干部花园路休养所
武法慧　一等战功，长春市军队离退休干部花园路休养所

逐月领取退役金人员

李永强　二等功，长春市退役军人服务中心
杨洪图　二等功，长春市退役军人服务中心
薛万成　二等功，长春市退役军人服务中心

（长春市退役军人事务局　张馨月）

先进集体

全国“工人先锋号”获得单位

一汽大众汽车有限公司长春生产整车制造一部焊装一车间AudiQ5L区域侧围外板班组
公主岭市中心医院感染性疾病科
吉林省长春皓月清真肉业股份有限公司熟食车间酱卤班

吉林省“五一劳动奖状”获得单位

长春一东汽车零部件制造有限责任公司
长春市房屋交易大经路服务中心
吉林省长春皓月清真肉业股份有限公司
小白智能科技（长春）股份有限公司
长春市奥普光电技术股份有限公司

吉林省“工人先锋号”获得单位

中国第一汽车股份有限公司研发总院试制所机加中心数控

班组

长春欧亚集团商业连锁经营有限公司生鲜事业部

长春市二道区环境卫生管理中心荣光中队福安班

中国邮政集团有限公司吉林省农安县分公司农安县邮政局投递部

吉林省北药医药股份有限公司储运部

长春市“五一劳动奖状”获得单位

一汽东机工减振器有限公司

吉林省吉林祥云信息技术有限公司

长春一汽富维汽车零部件股份有限公司冲压件分公司

长春城投建设投资（集团）有限公司

吉林亚泰物业管理有限公司

中铁北方吉林投资建设有限公司

长春中医药大学附属医院

长春市疾病预防控制中心

长春出版传媒集团有限责任公司

吉林省杞参食品有限公司

长春欧亚超市连锁经营有限公司

吉林省品牌产品农业发展有限公司

长春市绿化管理中心

吉林省第一地质调查所

长春市农业机械研究院

长春市朝阳区明德小学校

长春市南关区城市管理行政执法局

长春博瑞科技股份有限公司

长春市二道区教育局

长春市绿园区机关事务管理服务中心

长春鑫利密封制品有限公司

长春市九台区九台街道办事处

公主岭市教育局

榆树市人民医院

中国工商银行股份有限公司农安支行

吉林达利食品有限公司

长春百克生物科技股份公司

科世达（长春）汽车电器有限公司

长春市公安局净月高新技术产业开发区分局

长春市绿园区锦程街道办事处

长春富维安道拓汽车饰件系统有限公司

长春市建筑业协会

吉林省星拓传媒有限公司

长春教育学院

国网吉林省电力有限公司长春供电公司变电运维中心

长春市园林规划研究院

长春市气象局

长春市“工人先锋号”获得集体

东北工业集团吉林东光奥威汽车制动系统有限公司装配分厂助力器二班

中国第一汽车集团有限公司供应采购部智能电器采购部

长春市常春汽车内饰件有限公司注塑车间

长春市轨道交通集团有限公司车辆中心西湖检修分部运行D班

中铁长春东北亚博览房地产开发有限公司长春博览城项目工程部

吉林省中润钢结构科技有限公司轻钢工段

中国石化销售股份有限公司吉林长春石油分公司南四环加油加气站

吉林大学中日联谊医院北湖院区

长春广播电视台融媒体新闻中心

吉林省有色金属地质勘查局六〇四队砂金沟项目组

国网长春供电公司二道区供电中心营业班

长春一汽富维高新汽车饰件有限公司注塑车间

长春市奔跑兔商贸有限公司红旗街配送站

长春市南关区明珠街道佳园社区

长春市宽城区教育局德艺体卫科

长春市二道区人民医院PCR实验室

长春市绿园区消防救援大队双丰东路消防救援站

国网长春市双阳区供电公司电力调度控制分中心

长春市九台区营城街道办事处兴华社区

公主岭市人民政府政务服务中心综合窗口

榆树市心声活商贸有限公司保供专班

华能吉林发电有限公司农安生物质发电厂运行部三值

德惠市人民医院药剂科

长光卫星技术股份有限公司光学技术研究室光学加工组

福耀集团长春有限公司钢化厂炉外连线车间

长春净月高新技术产业开发区净月街道办事处华业社区居民委员会

长春农业博览园种植部

长春一汽四环汽车管路有限公司综合部

长春莲花山生态旅游度假区应急管理局应急救援大队

中韩（长春）国际合作示范区长荣城市建设投资（集团）有限公司工程部

附　　录

FULU

组织机构及负责人名录

中共长春市委员会

书　　记　张志军

副 书 记　王子联　赵　明

常　　委　孙　弘　孙继飞　马延峰　陈宇龙　周　贺　宋葛龙　曹　力　黄宪昱　姜保忠　李洪亮　邵　波

秘 书 长　姜保忠

副秘书长　鲍文明　孙立彬（9月任）　于迅来（6月免）　王　涛（2月免）　刘绍峰（2月任）

办公厅

主　　任　于迅来（5月免）　孙立彬（9月任）

副 主 任　王文洲　徐　宁　刘　刚（4月任）　张少恒（6月任）

纪检监察组组长　祝　伟

中共办公厅督查委员

组织部

部　　长　邵　波

副 部 长　姜保忠（2月免）　孟宪新（5月免）　丁　佳（7月任）　宫立武（8月免）　时万忠　苏　荆（3月任）　秦锡春（5月任）　赵国俊（6月任）　张洪雷

非工副书记　赵国俊（6月免）

驻市委组织部纪检组组长　张所俊

党员教育中心

主　　任　刘　刚（8月免）

宣传部

市委常委、宣传部长　赵　明（3月任）　黄宪昱（3月免）

常务副部长　姜元生（8月免）

副 部 长　宋学兵（8月免）　刘　颖（8月任）　徐　健（7月任）　刘　玢（6月免）　吴　军（6月任）

市纪委驻宣传部纪检组长　杨树峰

统战部

部　　长　孙　弘

常务副部长　薛文革（2月免）　刘　宏（12月免）

副 部 长　任宏雷（兼）　王　飞（兼，9月任）　石作选　蒋鹏飞

纪检组长　王建梅

政法委员会

书　　记　周　贺

常务副书记　姜晓东（2月免）　薛风雷（5月任）

副 书 记　姚　健　于溟辉

政治部主任　张亚亮

纪检监察组组长　孟令伟

市委、市政府政策研究室

主　　任　王小明

副 主 任　张　智　李　立　王智卿

市委网信办（市互联网信息办）

主　　任　刘　颖（8月免）　宋学兵（8月任）

副 主 任　陈　刚（11月免）　吴　镐　姜铁忠（11月任）

张海泉（11月任）

长春市网络安全应急指挥保障中心

主　　任　刘险峰

机构编制委员会办公室

主　　任　孟凡友

副 主 任　杨敬东　孙　杨　孙忠东

中共长春市直属机关工作委员会

书　　记　姜保忠

常务副书记　张佐斌（3月免）　高丽丽（3月任）

副 书 记　宋大勇　李立权（4月任）

纪检监察工委书记　倪　琨

市委、市政府信访局

局　　长　王　涛

副 局 长　张羽扬　赵万刚　李国文

市委老干部局

局　　长　宫立武（8月免）　时万忠（8月任）

副 局 长　高中会　王伟东

长春市直属机关老干部管理服务中心（长春市企业离休干部管理服务中心）

主　　任　孙盛锋

长春老年大学

教 务 长　李亚波

市委保密委员会办公室（长春市国家保密局）

专职副主任　刘　徽（4月免）　徐　宁（4月任）

主　　任　李新功

市委党校（行政学院）

常务副校（院）长　丁　佳（3月免）　姜元生（3月任）

副校（院）长　李佰军（11月免）　吕　莉　姜振刚

郝　峰　张宝忠（11月任）

市党史研究室

主　　任　薛春生

副 主 任　刘星恒

市档案馆

馆　　长　安利全

副 馆 长　刁艳梅　刘卓然　郑学华

长春日报社

社　　长　高清燕

总 编 辑　李灿明

副 社 长　王大宏　马　录（6月任）　朱大明（8月任）

副总编辑　钱德元　李　波

长春出版集团

董 事 长　郑晓辉（12月任）

总 经 理　庄宝仁（12月任）

总 编 辑　李春芳（12月任）

长春社科联

主　　席　尚洪波

副 主 席　李恩泽　段宝民

长春市人民代表大会常务委员会

主　　任　王志厚

副 主 任　甘　琳　徐连东　张知众　赵　辉　吴相道

秘 书 长　武　凌（12月免）　刘　宏（12月任）

副秘书长　刘　君（8月免）　王晓东　谭景坤（12月免）

栾晓虹（12月任）

办公厅

主　　任　周国俊

副 主 任　孙　宏　杨荣超

机关党组

书　　记　武　凌（12月免）　刘　宏（12月任）

机关党委

书　　记　武　凌（12月免）

副 书 记　陶玉坤

研究室

主　　任　关志刚

副 主 任　孙成军

法制委员会（法制工作委员会）

主任委员　乔大勇

副主任委员　王　戬（12月免）

法工委主任　乔大勇

副 主 任　逄　艳（12月任）

财政经济委员会（预算工作委员会）

主任委员　栾晓虹（12月免）　李松峰（12月任）

副主任委员　吴　刚

预工委主任　栾晓虹

副 主 任　陈丹琦（12月免）　王　戬（12月任）

监察和司法委员会

主任委员　张吉氚

副主任委员　兰德旭

农村与农业委员会

主任委员　刘　畅

副主任委员　吴金年

城乡建设环境保护委员会

主任委员　肖辉山

副主任委员　胡　伟

教育科学文化卫生委员会

主任委员　高　岩

副主任委员　张冬梅

民族侨务外事委员会

主任委员　曲玉业（12月免）　陈丹琦（12月任）

副主任委员　孙振海（7月免）　吴彤宇（12月任）

人事代表选举委员会

主任委员　鞠国彬

副主任委员　张疆东

社会建设委员会

主任委员　王晓东（12月免）　曲玉业（12月任）

副主任委员　贾冬梅

长春市人民政府

市　　长　王子联
副 市 长　王海英　周　贺　吕　锋　宋葛龙　李炜姝
　　　　　汪学军　赵　显　曹　武
秘 书 长　赵心锐
副秘书长　谢志敏（5月免）　陈桂林（7月免）
　　　　　孟宪新（5月任）　刘任远　王希田　郑广慧
　　　　　刘　铭（2月免）　林继东　李雪峰（3月任）
　　　　　王　华（7月任）　李　燃（4月免）
　　　　　马　达（4月任）

办公厅
　主　　任　王首先
　副 主 任　秦雪峰　卢春野　赵　伟（6月任）
　　　　　　吕建军（8月任）
　纪检监察组组长　刘大革（5月免）　康　健（5月任）

地方志编纂委员会
　党组书记　战国立
　副 主 任　战国立　魏跃军　李　锐

发展和改革委员会
　主　　任　薛春龙（2月任）
副 主 任　李国恒　冯国刚　鲁晓光　付　军　曲官东
　　　　　张　琦（6月任）
　纪检组长　谢　识

教育局
　局　　长　黄宪昱（1月免）　崔国涛（1月任）
　副 局 长　董　妍（2月免）　李国庆（7月任）
　　　　　　李大伟　吕德辉　李亚军
　纪检组长　荣文龙
　市政府教育督导室专职督学　胡培程（7月免）
　　　　　　　　　　　　　　张德文（7月任）

科学技术局（外国专家局）
　局　　长　梁国超（2月免）　于柏生（2月任）
　副 局 长　刘　影　孙海为（6月任）
　外国专家局局长　张永超

工业和信息化局（中小企业发展局）
　局　　长　赵明瑞
　副 局 长　杨连仲（5月免）　勾兴涛　任广翔　姜　宇
　　　　　　盛梦泽（6月任）　冯克敏（6月任）
　长春市手工业合作联社主任　马　利
　长春市手工业合作联社副主任　谢华吏

民族事务委员会（宗教事务局）
　主任（局长）　王　飞
　副主任（副局长）　吴　忠　李　梅

公安局
　局　　长　吕　锋
　副 局 长　张兴桥　梁文成　杜占武　李　燃（4月任）
　　　　　　马　达（4月免）　张力游
　政治部主任　王俊飞（4月免）　刘景泽（5月任）
　纪检监察组组长　王开远

民政局
　党组书记　刘际阳
　局　　长　周玉国
　副 局 长　冉　明　李　勇（6月任）

司法局
　局　　长　王承伟
　副 局 长　鲍龙乡　孙志彤　王云飞　张　超（4月任）
　政治部警务部主任　孟繁君
　长春仲裁服务中心主任　张　兵

财政局
　局　　长　张嵛翔
　副 局 长　刘显军（4月免）　姜兴春　丁雅新
　　　　　　王绍英　梁　冰（6月任）
　纪检监察组组长　王连东

人力资源和社会保障局
　局　　长　孟宪新（5月免）　秦锡春（5月任）
　副 局 长　张咏刚　李晓彤（9月免）　宋　堃
　　　　　　臧海军（11月任）
　人才中心主任　李　博

规划和自然资源局
　局　　长　林　巍
　副 局 长　王丽光（8月免）　焦　琳　卢　威　栾立欣
　自然资源督察　刘雁斌
　规划编研中心主任　刘延松
　土地储备中心主任　田　冰
　驻规自局纪检组组长　李春艳（6月任）

生态环境局
　局　　长　李　健（1月免）　王　伟（3月任）
　副 局 长　赵占春　王占龙　孟令顺（3月免）
　　　　　　张金权（3月任）
　生态环境保护综合行政执法支队支队长　张金权（3月免）

城乡建设委员会
　主　　任　李长城
　副 主 任　王　华（7月免）　高业铭　马　俊　王化峰
　市政设施维护管理中心主任　李　凯
　市政府投资建设项目管理中心主任　王宇哲
　房屋征收经办中心主任　宋　岩（4月任）
　驻建委纪检组组长　郭晓光

住房保障和房屋管理局
　局　　长　林　松
　副 局 长　赵洪利　崔　巍　杨　勋

城市管理局（城市管理行政执法局）
　局　　长　王世忠
　副 局 长　任建军　周建波　张鑫彧
　火车站地区管理局局长　龙庆宽

交通局
　局　　长　周洪亮
　副 局 长　陈亦鸣（5月免）　杜大海　常　悦　马　辉

交通运输综合行政执法支队支队长　王　刚（4月任）

水务局

局　　长　王喜成

副 局 长　董　军　于洪波　孙　海（3月任）

伊通河管理委员会主任　杨文俊

石头口门水库管理中心主任　袁　满

新立城水库管理中心主任　李永庆

农业农村局

局　　长　李林峰（2月任）

副 局 长　史凌冬　朱君宝（6月免）　孔令波　孔　翔

农业综合行政执法支队支队长　刘振库（5月免）

姜春东（6月任）

驻农业农村局纪检组组长　王铁华（6月免）

张　强（6月任）

畜牧业管理局

局　　长　李铁刚

副 局 长　王殿奇（8月免）　徐志刚　邹继业（8月任）

商务局（口岸办公室）

局　　长　常忠诚（2月任）

副 局 长　侯　伟　李　军　蔡德军

口岸办主任　李　军

市人民政府合作交流办

主　　任　孙　宁（2月免）　刘　铭（2月任）

副 主 任　姜　波　王　涛　金海玉（6月任）

文化广播电视和旅游局（文物局）

局　　长　曲　笑

副 局 长　袁继业（7月免）　张占铎　郑国君　韩铭飞

文物局局长　郑国君

文化市场执法支队支队长　宋泱阳

卫生健康委员会（中医药管理局）

主　　任　高玉堂（3月免）　秦海涛（5月免）

王维学（5月任）

副 主 任　李晓彤（9月任）　张　晶　吴　静（3月任）

姜洪波（5月免）　范金明（9月任）

纪检监察组组长　高　飞（6月免）　王铁华（6月任）

退役军人事务局

局　　长　王　伟（2月免）　姜晓东（2月任）

副 局 长　王本彪　曲春蕾　陈亚斌　顾明哲（11月任）

应急管理局（煤矿安全生产监督管理局）

局　　长　孙立彬（9月免）　王喜东（9月任）

副 局 长　郭义波　由明言（9月免）　王春光（3月任）

姚炳道

政 治 部　张东雪（7月任）

纪检监察组组长　刘剑峰

地震局

局　　长　陈　锋

副 局 长　孙迎伟

审计局

局　　长　李晓玲

副 局 长　李贵军（3月免）　孙忠林　于明军

常志德（4月任）

总审计师　苏　丹（8月任）

外事办公室（港澳事务办公室）

主　　任　薛春志

副 主 任　段华旭　欧　硕

市场监督管理局（知识产权局）

局　　长　张意海

副 局 长　于　艇　郭云峰　鲁　宁　张　勇（4月任）

纪检监察组组长　鞠洐东

国有资产监督管理委员会

主　　任　马国成（2月免）　赵首沣（4月任）

副 主 任　欧阳丽宇　辛淑兰　党晓群（6月免）

姜峥睿（12月任）

体育局

局　　长　李晓杰

副 局 长　温良杰　贺　勇

医疗保障局

局　　长　周继峰

副 局 长　刘　佳　徐庆丰

党组书记　周继峰

社会保险事业管理局

局　　长　林鹏飞

副 局 长　刘振龙　王大立　刘福友　肖伟民　吴长春

党组副书记　刘振龙

机关事务管理局

局　　长　许晓东（3月免）　王文洲（3月任）

副 局 长　杨皎洁　李　辉

粮食和物资储备局

局　　长　卢天恒

副 局 长　王丽娜　王大志

人防办公室

主　　任　黄德军

副 主 任　李铁生（6月免）　杨润涛　曹　威（6月任）

金融工作办

主　　任　刘向国

副 主 任　李　刚　王东亮　刘刚强

政务服务和数字化建设管理局（营商环境建设局）

局　　长　王维学（5月免）　邹　娜（5月任）

副 局 长　杜　勇　梁占武（11月免）

陈　刚（11月任）　丁慧东　刘晓茹

公共资源交易中心（政府采购中心）主任　王守民（4月任）

信息中心（信息港、信用信息中心）主任　王　也（4月任）

乡村振兴局

主　　任　王万成（8月免）　徐伟民（8月任）

副 主 任　杨　萍　李文成

林业和园林局

局　　长　刘　宏（2月免）　孙　宁（2月任）

副 局 长　张艳秋　黄宇松　孟庆华

市人民政府驻北京办事处
主　　任　孙彦鹏
副 主 任　温俊杰　祁彦辉（2 月任）

供销合作社联合社
主　　任　刘金岩
监事会主任　张巧珑（2 月任）
副 主 任　孙中亮（5 月免）　李士勇（5 月任）

中国国际贸易促进委员会长春市委员会
会　　长　徐怀武
副 会 长　温淞文（3 月免）　吴　疆　吴　镝（3 月任）　刘奕麟

长春广播电视台
党组书记　张万兴（6 月任）
台　　长　张万兴（6 月免）　刘　玢（6 月任）
副 台 长　李灿明（11 月免）　谢　群　梁　慧　何　伟（6 月任）

统计局
局　　长　王希田
副 局 长　谭　英　李雪峰　宋福来
纪检组长　李文发

税务局
局　　长　吕　徽
副 局 长　李晓黎　张生伟　郭柏仁　翟志坚　蒋　倩
纪检组组长　秦　萍
总会计师　李贵才
总审计师　韩　旭

邮政管理局
局　　长　辛大伟

气象局
局　　长　叶　青
副 局 长　杨志东　白　晶
纪检组长　武　良

国家安全局
局　　长　曲庆江

长春新区管委会
党工委书记　陈宇龙（1 月任）　李忠斌（1 月免）
管委会主任　华景斌（2 月任）
党工委副书记　华景斌（1 月任）　李广明（4 月任）、唐继东（4 月免）
管委会副主任　石　威（6 月任）　唐继东（8 月任）　王丽光（8 月任）　薛风雷（6 月免）　宋　刚（6 月免）
纪检监察工委书记　孙晓峰

高新技术产业开发区管理委员会
主　　任　薛春龙
副 主 任　薛风雷　石　威　韩明月　谭　丹　宋　刚
党工委书记　薛春龙
党工委委员　薛风雷　石　威　韩明月　谭　丹　宋　刚

中韩（长春）国际合作示范区管理委员会
主　　任　李维彬
副 主 任　赵　旭　李　蕊　张忠诚　褚双龙
党工委书记　李维彬
党工委副书记　李子臣
纪工委书记　麻守军

经济技术开发区管理委员会
党工委书记　谢志敏
党工委副书记　李卫国（8 月任）　宋开春
管委会主任　李卫国（10 月任）
管委会副主任　王大鹏　王　彪　陈艳鹏
纪工委书记　高　飞（6 月任）
党工委委员　王大鹏　王　彪　高　飞（6 月任）　陈艳鹏

长春兴隆综合保税区管委会
党工委书记　于海军（6 月任）
党工委副书记　刘　峰（7 月任）
管委会主任　刘　峰（7 月任）

汽车产业开发区管理委员会
主　　任　朱光明
副 主 任　陈寅贵　郑柏迎　赵德双　石文祥
党工委书记　王海英
党工委副书记　朱光明　张世杰
纪工委书记　温小斌

净月高新技术产业开发区管理委员会
主　　任　曲国辉
副 主 任　张金超　鞠　峻　吕　东　李晓辉
党工委书记　王长久
党工委副书记　曲国辉　孙洪健
纪工委书记　侯俊杰

莲花山生态旅游度假区管理委员会
主　　任　张海治
副 主 任　赵海英　刘国涛
纪工委书记　庞敬波（9 月免）　娄全海（9 月任）

中国人民政治协商会议长春市委员会

主　　席　綦远方
副 主 席　孙丰月　张红星　侯治富　孙英利　张宝琦　郝肖峰
秘 书 长　黄　强（12 月免）　李维彬（12 月任）
副秘书长　张海飞　王庆军（12 月任）

办公厅
主　　任　马　达
副 主 任　黄举超　徐　靓（7 月任）

机关党委
书　　记
副 书 记　丁丽君

研究室

主　　任　杨松望

提案委员会

主　　任　许　红

副 主 任（按姓氏笔画排序）

王凌皓　边　铁　严宝锋　李卫国　李洪军
吴恺夫　宋学兵　陈敏雄　周俊峰

经济委员会

主　　任　吕冬雷

副 主 任（按姓氏笔画排序）

代桂霞　刘　柏　孙洪波　杜　娟　李国栋
丁丽君（12月免）　朴　英（12月任）

人口资源环境委员会

主　　任　许文才

副 主 任（按姓氏笔画排序）

方　飞　白　莉　李　娜　张朝君
仵彦智（驻会）

教科卫体委员会

主　　任　刘明隽

副 主 任（按姓氏笔画排序）

朱　东　刘林林　李忠军　汪鹏辉　张瑞林
金海峰　郭敬萍　吴　昊

社会和法制委员会

主　　任　杨盛林　石　伟

副 主 任（按姓氏笔画排序）

马　海（驻会）　朱　琪　刘任远　孙　捷
孙学致　周玉国　姜宏亮　梁向东

民族和宗教委员会

主　　任　刘玉铧　张　颖

副 主 任（按姓氏笔画排序）

王洪亮　许　红　谷万一　韩　涛

港澳台侨和外事委员会

主　　任　王国春

副 主 任（按姓氏笔画排序）

郝冬梅　邓婉玲　佘清云　张亚萍　张越杰
胡　明

文化文史和学习委员会

主　　任　丁　宁

副 主 任（按姓氏笔画排序）

李公君　张少军　张庭赫　郑晓辉　赵继敏
冯长远

农业和农村委员会

主　　任　常　新（8月免）　王万成（8月任）

副 主 任（按姓氏笔画排序）

徐德军　毛彦军　张利彪　张海悦

委员工作委

主　　任　张茂金（7月任）

副 主 任　王明锐（12月免）

中国共产党长春市纪律检查委员会
长春市监察委员会

书　记（主任）　孙继光

副书记（副主任）　王冬梅　张志鹏　李忆农　卢　健

常　　委　李　彬　刘　伟　王自力　李　序　孙　爽
张　超

市监委委员　李忆农　李　彬　卢　健　李　序　余　鹏
王自力　张玉民　孙　爽

秘 书 长　刘　伟

办公厅（老干部处）主任　代冬飞

组织部部长　郑作义

宣传部部长

研究室主任　李　旭（12月任）

法规室主任　卢长林（11月免）　高旭萌（11月任）

党风政风监督室主任　邹宝力（7月任）

案件监督管理室主任

第一监督检查室主任

第二监督检查室主任　秦　雪

第三监督检查室主任　单淑娟

第四监督检查室主任　康　健（5月免）

第五监督检查室主任　吕大力（4月任）

第六监督检查室主任　李　勇

第七监督检查室主任　付立明（9月任）

第八审查调查室主任　刘春生

第九审查调查室主任　陆维权

第十审查调查室主任　彭　华（5月任）

第十一审查调查室主任　杨树河

第十二审查调查室主任　李春艳（6月免）

第十三审查调查室主任　梁志刚（12月任）

第十四审查调查室主任

案件审理室主任　单淑娟

纪检监察干部监督室主任　刘洪涛（12月任）

机关党委书记　刘　伟

驻市委办公厅纪检监察组组长　祝　伟

驻市委组织部纪检监察组组长　张所俊

驻市委宣传部纪检监察组组长　杨树峰

驻市委统战部纪检监察组组长　王建梅（9月免）
李冬梅（9月任）

驻市委政法委纪检监察组组长　孟令伟

驻市政府办公厅纪检监察组组长　刘大革

驻市发展和改革委员会纪检监察组组长　谢　识

驻市教育局纪检监察组组长　荣文龙

驻市财政局纪检监察组组长　王连东

驻市规划和自然资源局纪检监察组组长　李春艳（6月任）

驻市城乡建设委员会纪检监察组组长　郭晓光

驻市农业农村局纪检监察组组长　王铁华（6月免）
张　强（6月任）

驻市卫生健康委员会纪检监察组组长　高　飞（6月免）

驻市应急管理局纪检监察组组长　刘剑峰
驻市市场监督管理局纪检监察组组长　鞠衍东
驻市公安局纪检监察组组长　王开远
驻市中级人民法院纪检监察组组长　蔡志扬
驻市人民检察院纪检监察组组长　王子祺
市直机关纪检监察工委书记　倪　琨
长春新区纪检监察工委书记　孙晓峰
中韩（长春）国际合作示范区纪检监察工委书记　麻守军
经济技术开发区纪检监察工委书记　张巧珑
净月高新技术产业开发区纪检监察工委书记　侯俊杰
汽车经济技术开发区纪检监察工委书记　温小斌
莲花山生态旅游度假区纪检监察工委书记　庞敬波
市委巡察工作办公室
　主　　任　李　序（9月任）　徐伟民（8月免）
　副 主 任　张　强（6月免）　高继先　邢慧英（7月任）
市委第一巡察组
　组　　长　王大军
　副 组 长　杨方志
市委第二巡察组
　组　　长　吕　晴
　副 组 长　李冬梅（9月免）　李迎秋（9月任）
市委第三巡察组
　组　　长　朱　峻
　副 组 长　房连风
市委第四巡察组
　组　　长　苏　荆（3月免）　李　彬（5月任）
　副 组 长　任振环

民主党派

中国国民党革命委员会长春市委员
　主任委员　杜　剑
　专职副主任委员　王庆军
　副主任委员　林洁琼　李　锐　王怀忠　朱冬冬
　　宫　磊
中国民主同盟长春市委员会
　主任委员　孙丰月
　副主任委员　穆金辉（驻会）　李德山　欧阳继红
　　图力古尔　冯银江　孙晓春
　秘 书 长　李娟娟
中国民主建国会长春市委员会
　主任委员　曹　武（兼）
　副主任委员　肖辉山（专职）　孙忠林（兼）
　　任喜荣（兼）　李占海（兼）
　　高业铭（兼）
　秘 书 长　陈文涛
中国民主促进长春市委员会
　主任委员　禹　平（驻会）
　副主任委员　景喜猷　王启万　林　冲　花秋玲
　　张晶莹
　秘 书 长　黄金和
中国农工民主党长春市委员会
　主任委员　刘林林
　副主任委员　张金权　李光哲　孙文献　陈　宁
　　魏　锋
　秘 书 长　赵丽娟
九三学社长春市委员会
　主任委员　冷向阳
　副主任委员　李　铭（驻会）　刘冰冰　田元生
　　葛鹏飞　孙　宏　白　娥
　秘 书 长　顾红艳
市工商业联合会
　主　　席　徐鹏哲（兼）
　副 主 席　任宏雷　赵　伟　于万坤　苏　喆
　党组书记　任宏雷

群众团体

市总工会
　党组书记　唐铁生
　党组成员　朱　琪　李忠武　苑德艳　高　健
　主　　席　甘　琳
　常务副主席　朱　琪
　副 主 席　李忠武　高　健
　经审会主任　苑德艳
　副主席（兼职）　孙晓伟　李凯军　谢元立　陆志东
中国共产主义青年团长春市委员会
　书　　记　张　有
　副 书 记　徐志成　李　桐
市妇女联合会
　主　　席　丛中梅
　副 主 席　李　立　王立春　柳　影（12月任）
　党组书记
市科学技术协会
　主　　席　刘绍峰（2月免）　周衍广（3月任）
　副 主 席　蔡卓研（7月免）　王立伍　王玉春（11月任）
市文学艺术界联合会
　主　　席　孙德伟
　副 主 席　何世华　罗仙子（6月任）
　党组书记　孙德伟
市残疾人联合会
　理 事 长　高丽丽（4月免）　王俊飞（4月任）
　副理事长　张英君　李艳琴
　党组书记
市红十字会
　副 会 长　张胜利
市社会科学界联合会
　主　　席　尚洪波

副 主 席　李恩泽　段宝民
党组书记　尚洪波
吉林长春社区干部学院
院　　长　邵　利
副 院 长　周勉征　刘占辉　常　茳
市归国华侨联合会
主　　席　张越杰（兼）
副 主 席　臧建平（专职驻会）
于洪升（兼）　陈　密（兼）
马晓燕（兼）　朱丽伟（兼）
冷雪洁（兼）　王　滨（兼）
王　昆（兼）　程　彧（兼）
秘 书 长　刘嘉云
市台湾同胞联谊会
会　　长　孔令智
副 会 长　李松清（驻会）　徐正考　路景权　胡　明
吴晓东　李思维　郭敬萍　陈明强　张　伟
张玉军　刘晓娟　修　远　宋建丽（6月任）
秘 书 长　徐　昕

法　治

中级人民法院
院　　长　程凤义
副 院 长　肖德馗（11月免）　李相范　尹彦久
郭桂玲　侯海霞　李立娟（12月任）
王博杰（12月任）
党组书记　程凤义
党组副书记　肖德馗（11月免）　李相范（12月任）
纪检监察组组长　蔡志扬
政治部主任　张　策
执行局局长　李立娟（12月免）　孙青山（12月任）
审判委员专职委员　徐相国　刘春梅　沙明昕
王博杰（12月免）　马　庆（12月任）
人民检察院
检 察 长　李　军
常务副检察长　刘志民
副检察长　李　军　高树林　张颖彧（11月免）
郭立庆　邢立明（12月免）　孙　涛（7月任）
刘巾挥（12月任）
党组书记　李　军
党组副书记　陈长清
纪检监察组组长　王子祺
政治部主任　刘景泽（5月免）　范春月（5月任）
检察委员会专职委员　王　睿　许　梅
孙　涛（7月免）
李　彤（9月任）
兰　舰（12月任）

双重领导局级单位

烟草局
局长、经理　车大光
副 经 理　陈　红　曲景民
副 局 长　徐钟声
党组书记　车大光
纪检组长　梁长红
国家电网长春供电公司
总 经 理　李国辉
副总经理　沈延武　王书春　刘洪涛　王珏昕　杨　君
党委书记　沈延武
党委副书记　李国辉
纪检委书记　王艳春
工会主席　王艳春
总会计师　王德春
中国邮政集团公司长春分公司
总 经 理　刘满堂
副总经理　李宏伟　李远飞　李警德
党委书记　刘满堂
中国联合网络通信有限公司长春市分公司
总 经 理　崔秀臣
副总经理　孙永德　郭　超　金哲岩　魏　克　董建新
赵　军
党委书记　崔秀臣
中国移动通信集团吉林有限公司长春分公司
总 经 理　战佩良
副总经理　王春亭　姚天秋　王秀成　王　晨
党委书记　战佩良

区县（市）

【朝阳区】
中共朝阳区委
书　　记　左　毅
副 书 记　许　军　焦　瑜
区委常委　李国辉　王　健　曲宝泽　刘　通　张蒙疆
焦晓辉　杨　楠　刘菁蕾
区人大常委会
主　　任　庞国忠
副 主 任　韩希光　范云波　徐景宝　宋国干
区人民政府
区　　长　许　军
副 区 长　李国辉　岩　峰　刘　通　国英波　孙　娜
张　君　畅晓宁
区政协
主　　席　郦晓君
副 主 席　张文彬　于鸿哲　武红伟

区纪律检查委员会
　　书　　记　王　健
区监察委员会
　　书　　记　王　健

区人民法院
　　院　　长　庄　军
区人民检察院
　　检 察 长　吕　芃
【南关区】
中共南关区委
　　书　　记　杨大勇
　　副 书 记　鲁　月　陈德智
　　常　　委　王天行　魏　东　王晓雨　王　萍　董志宇
　　　　　　　嵇佳斌　孙绍健　杨小尤
区人大常委会
　　主　　任　许　迪
　　副 主 任　武良义　由跃文　王红华　陈　宁
区人民政府
　　区　　长　鲁　月
　　副 区 长　董志宇　魏　东　李永胜　王士国　王　侃
　　　　　　　刘晓龙　赵　爽
区政协
　　主　　席　陈云峰
　　副 主 席　孙　义　刘润滨　夏继勇
区纪律检查委员会
　　书　　记　王天行
区监察委员会
　　书　　记　王天行
区人民法院
　　院　　长　孙青山
区人民检察院
　　检 察 长　杨玉武
长春南部都市经济开发区管理委员会
　　主　　任
　　副 主 任　朱国春　娄全海
　　党工委书记
【宽城区】
中共宽城区委
　　书　　记　宋　驰
　　副 书 记　蒋旭彤　任晓强
　　常　　委　郭中凡　孙晓冬　崔东亮　李　里
　　　　　　　崔　博　李铜强　夏　冰　袁　颖
区人大常委会
　　主　　任　殷淑琴
　　副 主 任　田　武　黄淑梅　朱德美　孙长奇
区人民政府
　　区　　长　蒋旭彤
　　副 区 长　郭中凡　孙晓冬　杜德横　赵力群　齐瑞臣
　　　　　　　高　晶　房　德
区政协
　　主　　席　徐忠有
　　副 主 席　战晓光　方　明　白　彬

区纪律检查委员会
　　书　　记　崔　博
区监察委员会
　　主　　任　崔　博
区人民法院
　　院　　长　王建红
区人民检察院
　　检 察 长　周显光
长春宽城经济开发区管理委员会
　　主　　任　赵庆利
　　副 主 任　杜　志　尹方明　玄立民
　　党工委书记　赵庆利
【二道区】
中共二道区委
　　书　　记　陈铁志
　　副 书 记　刘　江　高雪峰
　　常　　委　王醒时　魏东岩　朱　艳　郭志刚　杨旭辉
　　　　　　　王宏来　陈传伟　李功军
区人大常委会
　　主　　任　孙慧颖
　　副 主 任　李永利　陈国彦　蔡　鸿　英丽群
区人民政府
　　区　　长　刘　江
　　副 区 长　魏东岩　王喜东　王宏来　林凤生　韩伯强
　　　　　　　宫达文　李　勋
区政协
　　主　　席　刘　嫱
　　副 主 席　王怀忠　付志刚
区纪律检查委员会
　　书　　记　杨旭辉
区监察委员会
　　主　　任　杨旭辉
区人民法院
　　院　　长　苏洪涛
区人民检察院
　　检 察 长　王永江
长春国际物流经济开发区管理委员会
　　主　　任　耿立春
　　党工委书记　耿立春
【绿园区】
中共绿园区委
　　书　　记　宋长者
　　副 书 记　方述华　杜　影
　　常　　委　孙冠夫　杨万来　杨金玉　陈　录　梁晓方

焦明元　李　刚　林　岩

区人大常委会

主　　任　崔洪泉

副 主 任　杨宝昌　王景耀　孙志远　张欣华

区人民政府

区　　长　方述华

副 区 长　梁晓方　杨万来　于保全　佟胜富　张海波
　　　　　杨一秀　王贺军

区政协

主　　席　陈志勇

副 主 席　刘永久　郭　丽（不驻会）　吕长春

区纪律检查委员会

书　　记　孙冠夫

区监察委员会

主　　任　孙冠夫

区人民法院

院　　长　绳继萍

区人民检察院

检 察 长　许永光

【双阳区】

中共双阳区委

书　　记　曲春雨

副 书 记　张　明　滕广涛

常　　委　祁桂东　贾秀丽　尹中峰　王学刚　徐　健
　　　　　张鸿翼　张敬光　徐　雷

区人大常委会

主　　任　张立新

副 主 任　索若达　谭大东　董双营

区人民政府

区　　长　张　明

副 区 长　尹中峰　贾秀丽　李兴涛　刘　锐　邵魁波
　　　　　邵向阳　王　晶

区政协

主　　席　史延文

副 主 席　史春林　满星宇　冯佳力（不驻会）

区纪律检查委员会

书　　记　祁桂东

区监察委员会

主　　任　祁桂东

区人民法院

院　　长　石　泉

区人民检察院

检 察 长　崔勇刚

【九台区】

中共九台区委

书　　记　闫　旭

副 书 记　李　欣　靳　明

常　　委　杨丽敏　唐　明　张运广　佟庆辉　王晓东
　　　　　刘园园　姜峥睿　孙文斌

区人大常委会

主　　任　王树民

副 主 任　杨宝玉　尹庆敏　李殿志　胡艳苹（不驻会）

区人民政府

区　　长　李　欣

副 区 长　张运广　朱富钢　杨丽敏　薛井龙　祖东航
　　　　　徐　强　王文元

区政协

主　　席　于海山

副 主 席　逯占元　王宝石　张松梅

区纪律检查委员会

书　　记　佟庆辉

区监察委员会

主　　任　佟庆辉

区人民法院

院　　长　张纹阁

区人民检察院

检 察 长　谷　舞

长春九台经济开发区管理委员会

主　　任　祖东航（兼）

党工委书记　祖东航（兼）

【公主岭市】

中共公主岭市委

书　　记　李洪亮

副 书 记　赵师骐　王　威

常　　委　刘百军　李云香　冯　翘　李冠辉　王恩城
　　　　　赵军伟　郝思维　赵晓通（9月任）

市人大常委会

主　　任　王　刚

副 主 任　于云海　吴　涛　金玉庆　梅树波

市人民政府

市　　长　赵师骐

副 市 长　刘百军　冯　翘　王殿泉　王翠翠　董　华
　　　　　姜立国　秦力民

市政协

主　　席　陈占营

副 主 席　王玉萍　骆国玮

市纪律检查委员会

书　　记　王恩城

市监察委员会

主　　任　王恩城

市人民法院

院　　长　薛成君

市人民检察院

检 察 长　张国良

公主岭国家农业科技园区管理委员会

主　　任　姜铁忠

副 主 任　王海成　刘树元　张国文

党工委书记　姜铁忠

吉林公主岭经济开发区管理委员会

主　　任　魏洪奇

副 主 任　谢秀云　李　强　赵成峰

党工委书记　孙胜军

党工委副书记

大岭汽车物流产业园区筹备处

主　　任

副 主 任　崔建军

党工委书记

【榆树市】

中共榆树市委

书　　记　林小明

副 书 记　吴　威　吴喜庆

常　　委　闫　伟　杨冬侃　徐志刚　赵　俭　于开广
王德权　孙宏宽　李中萍

市人大常委会

主　　任　高洪洲

副 主 任　徐　阁　王百陆　庄桂良　王树申

市人民政府

市　　长　吴　威

副 市 长　徐志刚　闫　伟　马光辉　于志坚　张龙彪
王海艳　孙跃福

市政协委员会

主　　席　金　海

副 主 席　王是非　张　媛　马　驰

市纪律检查委员会

书　　记　于开广

市监察委员会

主　　任　于开广

市人民法院

院　　长　房国华

市人民检察院

检 察 长　毕科明

【农安县】

中共农安县委

书　　记　李树国

副 书 记　周　鹤　闫松巍

常　　委　高旭萌（11 月免）　单大维　李作新
任利峰　李小曼　江　涛　张子明　徐大鹏

县人大常委会

主　　任　刘生贵

副 主 任　张淑梅　李忠勇　田胜秀　彪　兵

县人民政府

县　　长　周　鹤

副 县 长　任利峰　胡海升　李作新　周德库　蔡佳锋
耿海龙　陈　娅

县政协

主　　席　冷德杰

副 主 席　贾树飞　蔡景海　张昌峰

县纪律检查委员会

书　　记　高旭萌（11 月免）

县监察委员会

主　　任　高旭萌（11 月免）

县人民法院

院　　长　戴　舰

县人民检察院

检 察 长　蔡　珩

长春农安经济开发区管理委员会

主　　任　关　锋

党工委书记　关　锋

【德惠市】

中共德惠市委

书　　记　赵文波

副 书 记　刘　宏　吕建军（8 月免）

常　　委　王　中　牟兆彬　王兴刚　肖永革　冯保利
郭丽冰　王泰峰　王显春

市人大常委会

主　　任　丁日伟

副 主 任　张国东　张振波　李贵军　佟立皓

市人民政府

市　　长　刘　宏

副 市 长　王泰峰　牟兆彬　李晓波　顾　民　宋向波
王嘉升　赵　莉

市政协

主　　席　尚祖军

副 主 席　张孝权　李　剑　闫　冀（不驻会）

市纪律检查委员会

书　　记　肖永革

市监察委员会

主　　任　肖永革

市人民法院

院　　长　韩　松

市人民检察院

检 察 长　史大琦

（市委组织部）

工作报告

政府工作报告

——2023年1月9日在长春市第十六届人民代表大会第二次会议上

市长　王子联

各位代表：

现在，我代表市政府，向大会报告工作，请予审议，并请市政协委员提出意见。

一、2022年工作回顾

2022年是长春振兴发展进程中极具考验、极为难忘、极不平凡的一年。面对复杂严峻形势和多重超预期挑战，新一届政府在省委、省政府和市委坚强领导下，坚持以习近平新时代中国特色社会主义思想为指导，全面贯彻党的二十大精神，坚决落实疫情要防住、经济要稳住、发展要安全要求，经受住了经济社会暂停、重启、复苏的重大考验。

一年来，我们主要做了以下工作：

（一）全力以赴抗击疫情

坚决贯彻党中央部署，坚持人民至上、生命至上，因时因势优化调整防控策略。市区两级扁平化指挥，建立应急“扑火队”，提升资源保障能力。狠抓防疫物资和药品供应，提升医疗救治和服务水平，确保群众生命安全和身体健康。

（二）加快推动经济恢复

以超常规力度出台235项稳增长举措，为120万户（次）市场主体减免缓退税费347亿元、补贴超过40亿元。经济增速在一季度断崖式下降情况下，上半年实现止跌，三季度加速回升，四季度缓中有进，全年完成地区生产总值6800亿元左右，固定资产投资1830亿元，地方级财政收入459.7亿元。

稳住工业基本盘。一汽在长口径完成产值3900亿元。长春市汽车产业集群晋升国家先进制造业集群。金赛、皓月跻身百亿级行列，捷翼汽车零部件成为东北估值最高独角兽企业，禹衡光学、光华微电子获评国家制造业单项冠军示范企业。生物医药、光电信息产业产值分别增长5%和7%。全年规模以上工业实现产值7940亿元。

推动农业丰产增收。实施“黑土粮仓”科技会战，新建高标准农田119万亩，落实保护性耕作1090万亩，克服洪涝灾害，粮食产量124.25亿公斤。长春国家农高区揭牌成立。肉牛发展到145万头。新建棚室8085亩，长春市获评国家菜篮子市长负责制优秀城市。全年实现农业总产值988亿元。

激发消费市场活力。举办春秋两季房交会，实施进城农民和人才购房补贴政策，拉动商品房销售109万平方米。长春汽博会在国内五大车展中唯一正常举办。“旗E春城”推广红旗新能源车1.2万辆。引进首店100家，开展500场促销活动，发放4亿元消费券，拉动销售额186亿元。长春市获“2022年冰雪旅游十佳城市”。预计全年规模以上服务业营业收入增长3%，社会消费品零售总额2000亿元。

（三）积极培育发展动能

扎实推进项目建设。实施5000万元以上项目1309个，奥迪PPE、比亚迪动力电池、卓谊疫苗等325个超10亿元项目开工建设，富赛汽车电子等389个超亿元项目竣工投产。争取专项债券资金357亿元，支出进度达85%。19个项目获国家政策性开发性金融工具支持。新引进华为区域总部等重大项目300个，引资额增长10%。

加强创新体系建设。长春国家自创区获批。生物制品所建成东北唯一一家以企业为主体的P3实验室，“吉林一号”卫星发射增至83颗。科技成果本地转化306项、增长215%。组建300亿元长兴基金，撬动社会资本100亿元。新认定高新技术企业980户，专精特新企业1037户。举办首届人才节，留长大学生10.3万人。长春市在全球科研城市排名跃升到第35位。

深化重点领域改革。国企改革三年行动全面收官，城乡融合发展试验区建设入选中国改革典型案例。政务服务平均审批时限压缩至7.9天，“最多跑一次”占比达98.8%。城市综合信用指数连续两个月位居全国第五。为企业融资285.7亿元。市场主体突破145万户、增长11.7%。

积极扩大开放合作。长春对外开放合作示范区挂牌，陆港型国家物流枢纽获批。长满欧班列稳定运行，龙嘉机场航班和旅客恢复率居东北四市首位。汽开区获批国家进口贸易促进创新示范区，兴隆综保区进出口额增长266%，全市出口额增长29.1%。

（四）全面提升城乡品质

强力推进交通治堵。完成88个主要堵点、175处微工程改造，打通20条断头路、卡脖路，建成9座立体过街设施，优化调整公交线路55条，新增路况引导屏265处，道路通行效率提高18%。西安桥改造、抚长高速人民大街出口改移完工，长双快速路、都市圈环线一期竣工。

强化城市要素供给。扎实推进百亿级电网提升工程，新建66千伏变电站8座。新改建地下管线311千米，完成燃气改造40万户，新增供热能力300蒸吨、清洁供暖面积2928万平方米，建成6000万立方米LNG应急调峰储配站。城市防洪排涝能力明显提升。

打好污染防治攻坚战。加快中央和省环保督察反馈问题整改，空气质量优良天数达336天，新建扩建3座污水处理厂，新凯河公主岭断面历史首次消劣，16个国考断面全部达标。建设绿水长廊108千米。长春市被确定为国家“无废城市”建设试点。

改善城乡人居环境。整改市容问题1.1万个，拆除违建15.7万平方米。建设口袋公园100处。城市智能体25个应用场景投入运行。新建修缮农村公路2100千米，完成国土绿化53万亩，农村改厕5.2万户，创建“千村示范”精品村202个。

（五）持续增进民生福祉

着力保障基本民生。城镇新增就业10.5万人，农村劳动力转移就业100万人，城乡居民收入增长快于经济增速。连续第18年上调企业职工基本养老金。新增家庭养老床位2500张。城镇职工医保实现市级统筹，医疗照护险覆盖全市。城乡特困人员基本生活标准分别提高16.9%和26%。发放残疾人补贴73.2万人次。改造老旧小区284个、棚户区5749户，筹集保障性住房1.15万套，确权未登记房屋469.6万平方米。

健全完善公共服务。新增幼儿园46所，毛入园率95%。新建义务教育学校6所。市传染病医院、疾控中心、急救中心投入使用。开展3300场群众文化活动，建设改造140套体育健身路径。成功举办第三届中俄冬季青少年运动会。长春市成为全国首批足球发展重点城市。

全力维护安全稳定。安全生产事故起数、死亡人数分别下降25.1%和26.3%。长春市获评国家食品安全示范城市。37个“保交楼”项目交付入住。圆满完成党的二十大维稳安保任务，盗抢骗等案件下降66%，电信诈骗财产损失下降71%，命案和有影响案件全部告破。深入开展双拥创建活动。国家安全、民族宗教、地方志、红十字、公积金、供销、地震、人防、机关事务等工作取得新进展。

（六）切实加强政府建设

自觉接受市人大、市政协监督，认真听取各民主党派、工商联、无党派人士、人民团体意见。办理市人大议案4件、代表建议302件，市政协建议案2件、委员提案438件。持续转变工作作风，通过市长公开电话、舆情摘报、信访专报等渠道，直接解决一批群众反映的突出问题。深化“八五”普法，加强审计监督，严格依法行政。认真贯彻中央八项规定及其实施细则精神，压减公用经费10%、一般性支出20%。

回首充满艰辛的2022年，906万长春人民全力战疫情、稳经济、保安全，每一场战役都不简单，每一个人都了不起。这一年，最令人感动的是，面对来势汹汹的疫情，省内外兄弟城市鼎力支援，医护人员、公安民警、社区工作者、志愿者逆行出征，广大市民积极配合、无私奉献，汇聚起抗击疫情的磅礴力量。最令人难忘的是，面对交织叠加的各类风险，广大干部群众全面排查隐患，推动矛盾化解，狠抓问题整改，为经济社会发展营造了安全稳定环境。最令人欣慰的是，面对一度跌入谷底的经济形势，政企携手共担风雨，同心同向共克时艰，尽最大努力争取到最好结果。

各位代表！过去一年长春发展取得的成绩，是习近平新时代中国特色社会主义思想科学指引的结果，是省委、省政府和市委正确领导的结果，是市人大、市政协监督支持的结果，是全市广大干部群众团结奋斗的结果。在此，我代表市政府，向全市人民、人大代表、政协委员，向各民主党派、工商联、人民团体，向驻长中省直单位、人民解放军、武警官兵和消防指战员，向所有关心、支持长春发展的各界人士和国际友人，致以崇高的敬意和衷心的感谢！

二、2023年经济社会发展总体要求和主要目标

2023年是全面贯彻党的二十大精神的开局之年。我们要把学习宣传贯彻党的二十大精神作为首要政治任务，政治上坚决拥护、思想上对标对表、行动上紧紧跟随，坚定不移用党的二十大精神统一意志、统揽全局、统领工作。我们要在把握大势中坚定信心。党的二十大报告明确指出，要推动东北全面振兴取得新突破；省委十二届二次全会，进一步强化了长春在“一主六双”高质量发展战略中的核心地位；市十四次党代会以来，现代化都市圈建设和“三强市、三中心”“六城联动”等一系列战略战役战术组合拳逐步落地见效，特别是中央经济工作会议又释放一系列政策利好，这些都为长春加快振兴发展积蓄了强劲势能。我们要在理性客观中直面挑战。从国际看，百年变局加速演进，外部环境动荡不安。从国内看，经济恢复基础尚不牢固，需求收缩、供给冲击、预期转弱三重压力仍然较大。从自身看，经济总量不大、产业结构不优、转型升级不快、创新驱动不强等老问题仍待破解，受疫情影响，投资减弱、房地产低迷、消费乏力、市场主体困难、就业压力加剧等新矛盾日益凸显，经济社会发展面临的压力和困难空前巨大。我们要在凝心聚力中奋勇争先。深刻认识危与机的辩证关系，抢抓机遇、主动作为，切实把艰苦卓绝抗疫斗争中激发出来的顽强斗志和强大力量转化为推动工作的实际行动，全市上下一块干、一道拼、一起接续奋斗，坚决在东北全面振兴中打先锋、站排头，坚决扛起省会城市“一主”担当，坚决打赢振兴发展攻坚硬仗。

2023年政府工作的总体要求是：高举中国特色社会主义伟大旗帜，坚持以习近平新时代中国特色社会主义思想为指导，全面贯彻落实党的二十大精神，忠实践行习近平总书记视察吉林重要讲话重要指示精神，坚持稳中求进工作总基调，完整、准确、全面贯彻新发展理念，积极服务和融入新发展格局，全面落实省委“一主六双”高质量发展战略，按照市委十四届四次全会部署，以长春现代化都市圈建设为引领，深入推进“六城联动”“十大工程”“四个服务”，更好统筹疫情防控和经济社会发展，更好统筹发展和安全，全面深化改革开放，大力提振市场信心，把实施扩大内需战略同深化供给侧结构性改革有机结合起来，推动经济运行整体好转，实现质的有效提升和量的合理增长，努力在中国式现代化进程中开创长春振兴发展率先突破新局面。

全市经济社会发展主要预期目标是：地区生产总值增长6.5%左右，粮食产量达到125亿公斤阶段性水平，规模以上工

业产值增长7%以上，固定资产投资增长5%左右，社会消费品零售总额增长8%以上，地方级财政收入增长20%左右，城乡居民收入与经济增长基本同步，CPI涨幅3%左右，城镇调查失业率6%左右。

三、2023年工作安排

2023年经济社会发展任务重、挑战多、要求高，我们必须变压力为动力，咬定目标、突出重点、精准施策。

（一）建设现代化产业体系，夯实高质量发展根基。坚持把发展经济的着力点放在实体经济上，聚焦“1+6”产业体系，不断提升产业链完整性、供应链稳定性。

推动主导优势产业集群发展。以国家汽车先进制造业集群获批为契机，全力支持一汽扩能增产，力争在长口径生产整车260万辆，红旗品牌汽车突破50万辆。大力发展新能源汽车，奥迪PPE一期主体完工，比亚迪动力电池一期、一汽中车电驱项目建成投产，加快建设新能源汽车国检中心，奥迪PPE在长核心供应商超过150个，新能源汽车本地配套率达70%左右。帮助长客开拓市场，高铁运维基地竣工，促进关键配套企业回归，装备制造业产值增长10%。

推动战略性新兴产业做精做强。实施工业级CMOS、光电信息产业园、长智光谷等项目，加快“吉林一号”卫星组网，光电信息产业产值突破650亿元。建设金赛、瑞宙、百克3大生产基地，安沃高新基因、吴太医药二期竣工，生物制品所承接生产奥密克戎疫苗，生物医药产业产值超过330亿元。围绕打造双碳示范城，加快氢能产业研究院、国电投氢能产业园和加氢站建设，支持一汽生产公交、环卫等氢燃料电池车。大力发展数字经济，实施一批5G网络、工业互联网、人工智能等“四新设施”，算力中心建成投用，数字化改造企业400户，打造智慧车间500个，引进抖音、360集团等头部企业，数字经济核心产业增加值占GDP比重7.8%。

推动现代服务业提档增效。聚焦十大重点产业链，推动检验检测、认证评估等机构建设，更好涵育产业生态。引进一批国内优势平台企业，支持本地大型企业建设自营平台、中小平台企业加快成长。着力壮大现代物流、软件信息、研发设计等行业，推进长春智慧法务区建设，生产性服务业占比超过50%，万达长春国际影都等服务业集聚区45个，营业收入超过200亿元。推进文化创意城建设，立足消夏、冰雪两大品牌，全方位打造东部生态文旅带、中部伊通河“水文化”高端消费区、西部商旅消费新亮点，旅游收入增长20%以上。

推动重点支柱产业健康发展。出台建筑业扶持政策，引导本地大型企业与央企联合投标，鼓励本地企业对外承包工程，支持外埠企业本地化经营，建筑业产值增长4%以上。大力发展房地产业，纾解优质房企困难，满足合理融资需求。争取国家专项贷款加快商品房去库存试点，通过政府团购商品房，用于棚户区改造回迁、保障性住房和租赁住房。强化金融业服务实体经济作用，健全政策性融资担保、再担保体系，常态化开展银企对接活动，建立市场主体放款“白名单”。积极申建国家绿色金融改革创新试验区，新增上市企业3家。

（二）落实扩大内需战略，增强经济发展后劲。发挥消费基础作用和投资关键作用，强化政策支持引导，挖掘释放有效需求，大力提振消费者和投资者信心。

着力刺激消费需求。培育长春国际汽车城全业态，新建汽车交易中心，完善后市场服务体系，放大汽博会带动效应，扩大二手车出口，深入开展“旗E春城”行动，提高新能源汽车渗透率。出台新的房地产促进政策，继续实施进城农民、人才购房补贴以及“商转公”等政策，建设房地产交易中心，持续举办房交会，商品房销售面积突破550万平方米。加快建设新兴消费城，大力发展首店经济、冰雪经济、夜经济，打造特色街区30条，办好电影节、航空展、农博会等100场展会，社会消费品零售总额2160亿元。

全力扩大有效投资。全年实施5000万元以上项目1200个，产业项目超过50%，固定资产投资突破1900亿元。深入谋划推进15个投资超百亿元项目，着力打造东北亚博览中心、华润综合服务中心，加快建设旭阳中法智能产业园、肉牛融合示范等产业基地。瞄准国家产业导向和政策取向，做好向上争取工作。围绕产业链、供应链开展精准招商，引进重大项目不少于300个，引资额增长15%以上。抓好企业技改扩能，技改投资增长7%。

大力支持民营经济发展。健全民营企业政策直达机制，鼓励指导民营企业参与城市重大工程、基础设施建设项目。引导商业银行对资金周转困难企业贷款给予续贷、展期。积极化解拖欠中小企业账款问题。推动大型平台降低中小商户收费，帮助中小微企业提升网络营销能力。加强企业供需对接，政府采购面向中小企业预留份额。全社会广伸援手，助力民营企业和个体工商户渡过难关、恢复元气、焕发活力。

（三）突出创新核心地位，不断塑造发展优势。依托国家自创区，加快建设科技创新城，推动创新链、产业链、人才链、资金链、政策链“五链融合”。

建设高能级创新平台。支持大企大所大校申建国家重点实验室、大科学装置、技术创新中心。新认定高新技术企业700户，专精特新企业1500户，全社会R&D投入增长10%以上。加快建设环吉大“双创”生态圈、北湖科创广场，完善“众创空间–孵化器–科技园区”全链条孵化体系。

构筑高效率转化体系。以市场需求和企业问题为导向，加强产学研合作，推行“揭榜挂帅”，围绕汽车核心零部件、高速动车组、新材料等领域，突破一批关键技术。强化科技成果高效精准对接，建成科技大市场，创新成果转化利益分享机制，发挥长兴基金作用，撬动社会资本跟投，科技成果转化500项以上，本地转化率突破65%。

打造高品质人才生态。实施人才服务提升工程，打造人才创新港，升级人才大市场，筹建人才集团，建设青年人才城。抓好人才新政升级版落地，在引培留用上全面发力，推动生活保障、收入分配、职称评定、知识产权收益等政策快享见效。留长大学生10万人以上。

（四）全面深化改革开放，激发经济社会活力。坚持以改革解难题、以开放拓空间，更好融入“双循环”发展格局。

优化营商环境。深化放管服改革，政务服务“即来即办”事项超过40%，工程建设杜绝“隐形预审”，惠企利民政策扩大“免申即享”范围。新增市场主体20万户。实施数字政府建设三年行动计划，推动政策一网通查、服务一网通办。

纵深推进改革。强化国资国企改革，优化资本布局，拓展经营业态。加快开发区改革，明晰主业、强化招商、完善体制。抓好国家要素市场化配置综合改革试点。加快国家城乡融合发展试验区建设。推动城建市级管理权限下放。

扩大对外开放。全面提升中韩示范区、临空经济示范区等开放引领功能。推进陆港型国家物流枢纽建设。利用海外仓扩大优势产品出口，服务产业配套。兴隆综保区进出口额突破85亿元，跨境电商成交额超过5亿元。办好中德汽车大会等活动，扩大与日韩、欧美经贸交流。务实推进津长、长杭及与省内市州合作。进出口总额增长3%左右。

（五）加强城市建设管理，提升城市品质内涵。坚持规划引领、建管并重，切实增强城市交通、基础设施和生态环境综合承载力。

强化都市圈互联互通。积极推进长吉、长平一体化，完成长春市国土空间总体规划，加快主城区与周边县（市）区同城化，推进交通路网延伸覆盖。提速建设长榆、长太、长延高速，都市圈一小时环线二期完成70%工程量。谋划都市圈半小时环线公路。珲阿公路石头口门绕越线竣工。龙嘉机场三期开工。长辽通高铁启动前期。

提升城市畅通能力。深入开展交通治堵，实施红旗街等5大商圈综合整治，推进人民大街南延、南湖大路东延、北三环拓宽改造，打通15条断头路、卡脖路，建设5座立体停车场，新建改造公交专用道137千米，新辟优化公交线路40条。加快建设轨道交通三期，超前谋划四期，实施世纪大街快速路等工程，完善城市“双快”交通体系。

优化城市运行功能。新改建地下管线200千米以上。第六净水厂调试通水。完成燃气“阀管灶”改造50万户。新建充电桩3000个，建设改造换电站30座。清洁供暖面积达到1.1亿平方米。大中修道路17条，实施自由大路精品化提升。启动大型农贸市场迁建改造项目。建设城市运行服务平台，城市智能体应用场景40个。

加强生态环境保护。深入推进中央和省环保督察反馈问题整改。实施424个小区雨污分流改造，力争空气质量优良天数超过330天。加快实施水系连通工程，争创国家海绵城市建设示范市。开展第二轮50万亩国土绿化行动，新建改造口袋公园50个。深化“无废城市”试点，新北电厂二期开工，循环经济产业开发区一期建成。

（六）扎实推进乡村振兴，加快实现农业农村现代化。构建农业“三大体系”，夯实“三农”基础，着力打造现代农业城。

扛稳粮食安全重任。开展10万亩高标准农田示范区工程化试点建设，落实保护性耕作1103万亩，综合农机化率超过95%，粮食作物播种面积达到2500万亩。基本消除地趴粮。大力改造农村沟渠。长春国家农高区基础设施、科研合作、种业振兴、产业项目实现更大突破。新建棚室7500亩以上，提高城市肉蛋菜自给保障能力。

壮大现代农业产业。培育“十大产业链”，新引进亿元以上农业项目30个，打造名优农产品品牌30个，支持皓月、九三等企业做大做强，农产品加工业产值实现700亿元。全力推进300万头肉牛工程，肉牛达到165万头。着力发展休闲农业、农村电商、乡村旅游。

改善农村生活条件。新建修缮农村公路3100千米，农村改厕1.38万个，打造“美丽乡村”示范带6条、示范镇20个。每个县建设1处农业社会化综合服务中心。巩固拓展脱贫攻坚成果。推进新能源乡村振兴工程。

（七）切实保障改善民生，增强群众幸福感获得感。实施幸福长春行动计划，更好满足人民对美好生活的新期待。

全力稳定和扩大就业。落实落细就业优先政策，开展春节期间外省留工人员补助关爱行动。突出抓好高校毕业生、农民工、退役军人等重点群体就业，加强职业技能培训，鼓励创业带就业。城镇新增就业10万人，农村劳动力转移就业85万人，零就业家庭保持动态为零。

切实提高全民健康水平。认真落实新阶段疫情防控举措，强化医疗设备、物资、空间、人力资源准备，务实保障群众就医用药需求，重点抓好老年人和患基础疾病群体防控，加强疫苗接种，保健康、防重症。深入开展爱国卫生运动。积极推进国家区域医疗中心建设。县域医疗共同体实现全覆盖。

促进教育公平与质量提升。新建一批标准化公办幼儿园。新增义务教育学校4所、公办优质学位6000个。落实“双减”政策。实施“强师计划”。中职院校办学条件达标率80%。推动市属高校专升本。

加强社会保障和服务。落实新业态从业者参保政策，扩大社保覆盖面，提高城乡困难群众救助标准，落实社会保障标准与物价上涨挂钩联动机制。完善15分钟养老服务圈。改造老旧小区160个、棚户区5000户以上，筹集保障性住房1万套。

加快推动文体事业发展。实施伪满皇宫等文物保护建筑修缮工程。增加公共文化服务供给，打造长影周末音乐会等一批精品活动。加快建设香湾体育公园。办好第一届市运会、长春马拉松赛。

（八）统筹发展与安全，维护社会和谐稳定。坚决扛起“促一方发展、保一方平安”的政治责任，提高安全保障能力，推动安全形势持续向好。

守住安全生产底线。聚焦供电、燃气、交通、消防、电焊、违建等领域，强化源头治理，提升本质安全水平。加强网格化管理，夯实“四方”主体责任。从严抓好食药品、特种设备质量监管。增强自然灾害防御救援能力。

防范化解重大风险。用好国家专项借款，确保38个“保交楼”项目按期交付。优化预售资金监管，防范新增“烂尾楼”。依法加强地方金融组织监管，坚决遏制非法金融活动。有效化解政府债务，加强国企及平台公司债务风险防控，盘活各类存量资产。

抓好社会治理创新。加快社会治理信息化平台建设，充分发挥市长公开电话、“互联网+督查”等作用，提升矛盾纠纷化解质效。常态化开展扫黑除恶斗争，完善社会治安防控体系。强化公共法律服务和法律援助。创建全国民族团结进步示范市。争创全国双拥模范城“十连冠”。

（九）加强政府自身建设，打造人民满意政府。始终把加强党的全面领导贯穿政府工作各领域全过程，不断推进政府治理能力现代化。

强化政治建设。深入学习宣传贯彻党的二十大精神，深刻领悟“两个确立”的决定性意义，增强“四个意识”、坚定“四个自信”、做到“两个维护”，坚定不移在思想上政治上行动上同以习近平同志为核心的党中央保持高度一致。

强化法治建设。坚持民主集中制，确保科学决策，提高政府效率和公信力。加强依法行政，深化政务公开，建设法治政府。依法接受市人大及其常委会监督，自觉接受市政协民主监督，主动接受社会和舆论监督。加强审计监督、统计监督。

强化作风建设。持续推进四个服务，突出问题导向，坚持一线工作法，各级干部要深入基层察实情、解难题，动真碰硬敢抓真管，坚决杜绝敷衍应付、推诿扯皮。健全激励和保护机制，让广大干部愿作为、敢作为、善作为。

强化廉政建设。落实全面从严治党要求，持之以恒贯彻中央八项规定及其实施细则精神，力戒形式主义、官僚主义。坚持政府过紧日子，大力压减非急需非刚性支出。深入推进反腐败斗争，永葆为民务实清廉本色。

各位代表！路虽远，行则将至；事虽难，做则必成。让我们更加紧密地团结在以习近平同志为核心的党中央周围，在省委、省政府和市委坚强领导下，踔厉奋发，真抓实干，全力以赴完成全年经济社会发展目标任务，加快推动长春振兴发展率先突破，为全面建设社会主义现代化国家、全面推进中华民族伟大复兴而不懈奋斗！

（市政府办）

地方性法规

长春市人才发展促进条例

（2022年6月29日长春市第十六届人民代表大会常务委员会第二次会议通过
2022年7月28日吉林省第十三届人民代表大会常务委员会第三十五次会议批准）

第一章　总　则

第一条　为了实施人才强市战略，充分发挥人才效能，激发人才创新创业活力，优化人才发展环境，促进人才事业发展，根据有关法律法规，结合本市实际，制定本条例。

第二条　本市行政区域内人才引进、培养、留住、用好、服务、保障等相关工作，适用本条例。

本条例所称人才，是指具有一定的专业知识或者专门技能，进行创造性劳动并对社会作出贡献，能力和素质较高的劳动者。

第三条　人才发展应当坚持中国共产党对人才工作的领导，为促进人才发展提供坚强的政治和组织保障。

促进人才发展应当坚持党管人才、服务发展大局、突出市场导向、体现分类施策、扩大人才开放的原则，构建科学规范、开放包容、运行高效、智慧共享的人才发展治理体系。

第四条　市、县（市）区人民政府应当将人才工作纳入国民经济和社会发展规划，推进人才发展体制机制改革，制定实施人才发展规划，建立健全目标责任制，将人才发展工作纳入综合绩效考核体系，并将人才工作所需经费作为本级财政支出重点领域予以优先保障。

第五条　本市设立人才工作领导机构，履行下列职能：

（一）统筹协调人才发展工作中的重大问题；

（二）组织制定并指导落实中长期人才发展规划、重大人才发展政策；

（三）部署年度人才发展工作；

（四）组织实施重大人才工程，协调推进重点人才工作；

（五）督促检查人才发展重点工作；

（六）决定有关人才发展工作的其他重要事项。

第六条　市、县（市）区人才工作综合主管部门负责本行政区域人才工作和人才队伍建设的牵头抓总、协调、督促检查、服务保障等工作，统筹推进各类人才队伍建设。

市、县（市）区人力资源和社会保障部门负责人才政策组织落实、人力资源市场培育、人才服务体系构建等工作；其他有关部门按照各自职责做好有关人才工作。

开发区管理机构根据授权，负责本辖区内人才工作。

第七条　工会、共产主义青年团、妇女联合会、科学技术协会、文学艺术界联合会、社会科学界联合会、工商业联合会等人民团体，行业协会、商会等社会组织，应当发挥自身优势，联系和服务各类人才，促进人才发展工作。

第八条　用人单位应当建立健全人才管理制度，落实人才政策，为人才创造性劳动提供保障。

第九条　鼓励长春国家自主创新示范区、吉林长春国家农业高新技术产业示范区和各开发区开展人才发展工作改革先行先试，创造可复制推广的经验。

第二章　引进人才

第十条　人才引进应当充分发挥市场在人才资源配置中的决定性作用，根据国家和省、市重点领域、重大项目、重大平台需要，推动人才跨领域、跨部门、跨区域一体化配置，采取符合本市实际的引才措施，破除户籍、地域、学历、人事关系等制约，吸引各类人才向本市流动。

第十一条　市、县（市）区人民政府应当加强人力资源市场建设，定期组织人才交流活动，简化引进手续，落实优惠政策，为海内外人才到本市工作创造条件。

市、县（市）区人民政府应当对国家级科研院所、世界一流大学和一流学科建设大学、企业引进的重点院校全日制本科生、硕士、博士研究生，给予安家补助。对首次在本市自主创业、灵活就业、中小微企业就业的大专及以上学历毕业生，给予生活补贴。

第十二条　市、县（市）区人民政府应当设立产业紧缺人才编制池，提供产业紧缺人才事业编制，专门用于为本市科技含量高、设备工艺先进、管理体系完善、市场竞争力强的企业发展招聘紧缺人才。

第十三条　市、县（市）区人民政府应当实施高层次人才引进计划，引进、集聚海内外战略科学家、科技领军人才、企业家人才、高技能人才和高水平创新团队。

对引进具有前沿科学技术的创新创业团队，可以在引进程序和支持政策等方面一事一议，给予支持。

第十四条　创新柔性人才引进机制，支持企业、高等学校和科研院所设立人才工作站、离岸创新基地等柔性引才平台，对其在场地、设备、研发、薪酬奖励等方面的投入，按照一定比例给予资金补助。

支持用人单位在域外建立研发中心、开放实验室、技术转移中心，对其中聘用的高层次人才，视同全职在本市工作，可以以用人单位为主体申报省级人才、科技项目，享受相关人才政策。

第十五条　鼓励、支持域外人才以兼职、项目合作、技术咨询等形式来本市创新创业。

域外人才或者团队被本市有关单位聘请短期从事科研、技术服务、项目合作的，聘用期间可以享受本市相关人才政策待遇。

第十六条　国家机关、事业单位、国有企业应当拓宽选人用人渠道，可以根据需要，按照有关规定引进非公有制经济组织和其他社会组织中的人才。

鼓励、支持国家机关、事业单位、国有企业中的人才向非公有制经济组织和其他社会组织流动。

提高在艰苦岗位和基层一线人才保障水平，引导人才向艰苦岗位和基层一线流动。

第十七条　高等学校、科研院所科研人员离岗在本市创业或者在职创业、兼职从业可以享受本市相关创业政策、成果转化政策、人才支持政策。

市属科研人员经所在单位同意在本市离岗创业，在规定期限内返回原单位的，可以保留人事关系，在原单位享受保留职称、社会保险待遇。

科研人员创业期间的科研业绩贡献可以作为在原单位参评职称依据。

第十八条　高等学校、科研院所的科技人员经所在单位同意，可以在科技型企业兼职并按照规定获得报酬。高等学校、科研院所可以聘请具有创新实践经验的企业家、科研和技术技能人才担任兼职教师或者兼职研究员。

第三章　培养人才

第十九条　培养人才应当突出经济社会发展需求导向，坚持德才兼备，遵循人才成长规律，注重人才创新意识和创新能力培养，实现系统培养、整体开发，立足岗位成才，推进终身教育。

第二十条　市、县（市）区人民政府应当围绕省市重大战略和重大工程，统筹做好汽车制造、轨道交通、航空航天、光电信息、现代种业、生物医药、中医中药、新材料、数字经济、新能源、文化创意、黑土地保护等重点产业、重要领域和战略性人才培养。

第二十一条　市、县（市）区人民政府应当大力发展基础教育，优化配置教育资源，建立健全教育体系，提高人才培养质量。

中小学校和学前教育机构应当改进和创新教学手段和教学方法，注重激发学生的兴趣和创新意识，鼓励青少年开展科技创新活动，培养学生独立思考能力、创新能力和实践能力。

高等学校应当突出特色、分类发展，推进世界一流大学和一流学科建设，加强基础学科人才培养，构建高水平人才培养体系，培养具有创新精神和实践能力的高层次专业人才。

第二十二条　鼓励、支持高等学校围绕本市发展战略，推动新工科、新医科、新农科、新文科建设，加快培养高水平创新型人才、复合型人才和应用型人才。

第二十三条　鼓励、支持高等学校、科研院所、企事业单位建设国家实验室、国家重点实验室、国家级技术创新中心、国家级工程研究中心（实验室）、国家级企业技术中心、国家级创新创业示范基地，设立院士工作站、博士后科研流动站、研究生工作站、创新实践基地等平台，推动集聚创新资源，突破关键技术，培养高层次专业人才。

人力资源和社会保障部门应当加强博士后科研流动站、科研工作站、创新实践基地的组织建设，并按照规定给予补贴。

第二十四条　用人单位应当发挥人才培养主体作用，建立梯次人才培养制度，科学制定与实施职工教育培训计划，建立培训福利机制，促进人才持续成长。

用人单位可以依照有关规定提取职工教育培训经费，专项用于职工的各类培训和继续教育学习。

对在职业培训补贴目录范围内的参加培训人员和培训机构，以及用人单位和社会组织开办的、面向社会开放的培训平台，可以按照有关规定给予补贴。

第二十五条　市人民政府应当制定并实施高层次人才培养计划，推动高层次人才的培养、集聚。支持高层次人才参加海内外培训和学术交流等活动，加强各行业领军人才、核心技术研发人才培养和创新团队建设，提升人才自主创新能力。

第二十六条 市人民政府应当制定并实施卓越工程师培养计划，采取校企合作形式，建设汽车、光电、新材料研发等特色工程师学院，打造具有突出技术创新能力、善于解决复杂工程问题的工程师队伍。

第二十七条 市人民政府应当加强技能人才培养，加快高技能人才培训基地和技能大师工作室建设，组织选派优秀高技能人才赴国（境）外研修学习，支持企事业单位设立技能人才培养平台、评选首席技师，加强技能人才队伍建设。支持企事业单位、行业协会等社会组织开展技术技能类竞赛、交流等活动，促进技能人才培养。

职业教育应当大力推行校企合作、工学结合和顶岗实习办学模式，坚持以立德树人为根本，以服务发展为宗旨，以促进就业为导向，培养学生的工匠精神、职业道德、职业技能和创业能力。

支持国内外优质教育资源在本市合作建设特色高水平高职学校和专业。

第二十八条 市人民政府应当建立健全有利于企业家健康成长和创新经营的体制机制，加强在企业战略管理、市场开拓、创新经营模式、资本市场与投融资等方面的培训，推行职业经理人制度，壮大职业经营管理人员和优秀企业家队伍。

市人民政府应当对有突出贡献的企业家，到国内外著名培训机构、国际知名企业、世界一流高校等，参加短期培训、高峰论坛、合作交流，给予培训补贴。对重点企业高级管理人才和核心技术人才，每年开展集中培训，并给予培训补贴。

第二十九条 市、县（市）区人民政府应当推动乡村人才振兴，实施乡土专家培育工程，建设乡村振兴人才学院，统筹加强特色文化人才、农业科技人才、农村专业人才、返乡创业人才和新型职业农民等各类人才队伍建设，实施现代农业人才支撑计划，培养扎根农村、服务基层、具有引领和带动作用的农村实用人才。

第三十条 加强对青年人才的培养支持，在各类研究资助计划中设立青年专项，重大科技项目申报应当提高科研团队中的青年人才比例，促进青年人才成长。

第三十一条 市、县（市）区人民政府应当加强对社会工作人才培养支持，打造专业人才队伍，培养一批懂基层治理、服务群众、应急处置的社会工作人才。

第三十二条 市人民政府应当建立和完善继续教育体系，根据经济社会发展和科技进步的需要，编制继续教育中长期规划，完善政策，逐年加大投入，促进继续教育事业的发展。

鼓励、支持高等学校、科研院所、行业协会、培训机构等以多种形式满足本市专业技术人才能力提升需求。

第四章　留住人才

第三十三条 市、县（市）区人民政府应当建立以创新价值、能力、贡献为导向的人才评价体系，基础前沿研究突出原创导向，社会公益性研究突出需求导向，应用技术开发和成果转化评价突出市场导向，克服唯论文、唯职称、唯学历、唯奖项等倾向。

建立科学化、社会化、市场化的人才评价机制，发挥政府部门、用人单位、专业组织、行业协会等多元评价主体作用，健全组织评价、专家评价、市场评价、社会评价等相结合的有利于人才潜心研究和创新的评价体系。

第三十四条 市、县（市）区人民政府应当采取人才津贴、科研补助、贷款贴息、人才奖励等多种方式，对重点人才工程给予支持。

鼓励金融机构开发金融产品，为人才创新创业提供知识产权质押、股权质押等金融服务。

第三十五条 高等学校、科研院所获得的职务科技成果，除事关国家安全、国家利益和重大社会公共利益外，研发团队经所在高等学校、科研院所同意，可以取得科技成果使用权、处置权和收益权。高等学校、科研院所对上述科技成果转化活动应当给予支持。

高等学校、科研院所的职务科技成果转化、转让后，由单位对科技成果完成人、科技成果转化重要贡献人员按照规定给予奖励。

第三十六条 市人民政府应当完善知识、技术、技能等生产要素按贡献参与分配的产权激励制度。企业可以通过股权、期权、分红等方式，对科技成果的研发团队、成果完成人或者科技成果转化重要贡献人员给予激励。

第三十七条 企事业单位可以对高层次人才、高技能人才实行协议工资制、项目工资制和年薪制等多种分配形式，提高科研人员薪酬。

第三十八条 市、县（市）区人民政府应当加强众创空间、项目孵化器、加速器、公共实验室、创业园、引智成果示范推广基地等载体建设，为人才创新创业提供平台。

第三十九条 鼓励企业设立首席研究员、首席科学家、首席工程师、首席技师等岗位，并根据其实际贡献给予相应待遇。

第四十条 加强人才政治引领，应当从各类人才中推荐人大代表、政协委员候选人，扩大人才的参政议政渠道。

第四十一条 市、县（市）区人民政府应当实行高层次人才服务制度，开辟高层次人才服务绿色通道，为高层次人才出入境、落户、子女教育、配偶就业、医疗保健、体育健身、文化旅游、交通出行等方面提供便捷服务。

第四十二条 市、县（市）区人民政府、有关部门和用人单位应当履行对各类人才依法作出的政策承诺或者依法订立的各类合同。因国家利益、社会公共利益需要改变政策承诺、合同约定的，应当依照法定权限和程序进行，并对人才受到的损失依法给予补偿。

第四十三条 市、县（市）区人民政府应当按照国家、省有关规定，建立人才表彰奖励制度，对为本市经济社会发展作出重大贡献的人才，颁发人才奖。

对在本市人才培养、引进过程中作出贡献的单位及个人按照国家、省有关规定给予表彰和奖励。

第五章　用好人才

第四十四条 人才使用坚持人尽其才、才尽其用、用当其时的原则，以人才评价为基础，科学合理使用人才。

第四十五条　建立以信任为基础的人才使用机制，充分发挥人才自身专长和特点，鼓励创新、宽容失败，让人才价值得到充分尊重和实现。

第四十六条　国家机关、企事业单位以及其他社会组织应当建立健全公开、公平、竞争、择优的人才选拔任用制度，保证人才适岗适位，发挥作用。

第四十七条　市、县（市）区人民政府应当建立领导干部联系专家制度。

第四十八条　建立重大产业项目、重大科研课题、重大技术难题和关键核心技术攻关的竞争性人才使用机制，解决制约重点行业领域发展的核心技术难题，激发人才自主创新和攻坚克难的积极性。对取得重大技术突破、获得重要专利成果，有效填补国家和省产业技术空白，成功转化后能推动产业发展，产生较大经济效益的人才和团队，应当给予相应资金支持。

第四十九条　专业技术人员进行技术推广、应用的实绩可以作为评聘专业技术职务的重要依据。

工作在生产第一线的专业技术人员在同等条件下可以优先晋升专业技术职务。

在国家机关、事业单位工作的专业技术人员到基层一线工作的，可以不改变户籍、单位隶属关系，享受当地专业技术人员的优惠待遇，在同等条件下可以优先晋升专业技术职务。

鼓励高等学校毕业生到农村、基层一线从业、创业或者志愿服务，当地政府应当保障其享受相关的优惠待遇。

第五十条　本市建立产学研合作新模式，支持科研人员成立技术咨询公司或者科研团队到企业从事重大科技攻关、产业核心技术攻关，解决企业技术需求。

第五十一条　鼓励农业技术推广人员在完成本职工作基础上，按照相关规定程序，采取技术入股、技术承包、技术咨询等形式为新型农业经营主体提供增值服务，并按照约定获取报酬。

第六章　人才环境

第五十二条　市、县（市）区人民政府应当营造尊重人才、求贤若渴的社会环境，公正平等、竞争择优的制度环境，待遇适当、保障有力的生活环境，为人才钻研业务创造良好条件，在全社会营造鼓励大胆创新、勇于创新、包容创新的良好氛围。

第五十三条　市、县（市）区人民政府应当加强人才综合服务体系建设，设立人才服务机构，建立人才服务权力清单和责任清单，健全人才服务保障体制机制，提高人才服务水平，优化人才发展环境。

市、县（市）区人民政府应当加强人才工作信息化建设，利用互联网、大数据、云计算、人工智能等信息技术手段，提升人才服务智能化水平。

第五十四条　市、县（市）区人民政府应当开通人才服务专线，宣传人才发展法律法规和政策，对人才提出的需求建立按责转办、限时办结、逐一反馈、回访督导办理机制。

第五十五条　市人民政府应当组织对全市人才政策进行综合评估，可以委托第三方机构开展评估工作，根据评估结果及时调整优化人才政策。

第五十六条　市、县（市）区人民政府应当设立人才发展专项资金，用于人才培养、引进、激励、服务以及支持人才创新创业。

鼓励、支持企业和社会组织设立人才发展基金，为人才发展提供资金支持和保障。

第五十七条　本市建立大科学家创新创业专业化服务体系。对认定的重点科技创新团队，提供经费、融资、人才等方面相关服务保障，推动创新成果本地应用和转化。

第五十八条　市、县（市）区人民政府应当通过新建、购买、租赁人才公寓以及发放住房补贴等形式，解决人才居住需求。

鼓励人才聚集的企事业单位和产业园区建设人才公寓。

鼓励用人单位为引进的高层次人才和急需紧缺人才购买或者租赁商品住房。

第五十九条　市、县（市）区人民政府应当加强法治化营商环境建设，保障企业合法权益。加强知识产权运营服务体系建设，建立知识产权交易评估评价、质押融资风险补偿扶持等机制，促进知识产权转移转化。

实行严格的知识产权保护制度，建立健全侵权预防、预警和应对机制，落实惩罚性赔偿制度，营造激励人才创新创业的公平竞争环境。

第六十条　市、县（市）区人民政府应当建立支持创新创业容错免责机制，激发人才创造活力。

财政资金支持的人才发展项目，未取得预期成效，用人单位、人才工程入选人才或者团队已经尽到诚信和勤勉义务的，经主管部门组织专家评审后，可以终止该项目，免予追究实施主体相关责任。

第六十一条　市、县（市）区人民政府应当建立人才失信惩戒机制，对有严重失信行为记录的责任主体，可以在一定期限和范围内禁止其获得政府奖励和人才项目。

第七章　法律责任

第六十二条　违反本条例规定的行为，法律法规已有规定的，从其规定。

第六十三条　用人单位不履行劳动合同、聘用合同或者引进协议，或者未按约定履行义务，损害人才权益的，应当承担相应的法律责任。

第六十四条　用人单位或者个人弄虚作假，骗取政府人才政策优惠或者扶持资金的，由有关部门取消其获得的相关荣誉、奖励，追回其所获得的资金，并依法给予行政处罚；构成犯罪的，依法追究刑事责任。

第六十五　条违反本条例规定，有关部门及其工作人员，在人才发展工作中，滥用职权、玩忽职守、徇私舞弊的，对直接负责的主管人员和其他直接责任人员依法给予处分。

第八章　附　则

第六十六　条本条例自2022年9月27日起施行。

（市人大）

长春市街道办事处工作条例

（2022年10月27日长春市第十六届人民代表大会常务委员会第四次会议通过
2022年11月30日吉林省第十三届人民代表大会常务委员会第三十七次会议批准）

第一章　总　则

第一条　为了加强街道办事处建设，规范和保障街道办事处依法履行职责，推进基层治理体系和治理能力现代化，提升社会治理效能，根据有关法律、法规，结合本市实际，制定本条例。

第二条　本市行政区域内街道办事处工作，适用本条例。

第三条　街道办事处是县（市）区人民政府的派出机关，在辖区内开展公共服务、公共管理、公共安全等工作，依法履行综合管理、统筹协调、应急处置和行政执法等职责，反映居民的意见和要求。

第四条　街道办事处应当坚持党的领导，坚持以人为本、依法行政、优质服务、公开便民、精细管理、改革创新的原则，加强基层政权治理能力建设，提升基层治理社会化、法治化、智能化、专业化水平。

第五条　市、县（市）区人民政府应当围绕群众诉求、重点工作、联合执法、应急处置等反映集中、难以解决的事项，建立街道办事处与职能部门协调联动的工作机制，向基层放权赋能，为街道办事处开展工作提供支持。

第六条　街道办事处应当不断提升社会治理效能，畅通和规范群众诉求表达、利益协调、权益保障通道，努力建设人人有责、人人尽责、人人享有的社会治理共同体。

第二章　机构职责

第七条　街道办事处实行主任负责制，街道办事处主任、副主任由县（市）区人民政府任命。

第八条　街道办事处应当履行下列职责：

（一）落实卫生健康、医疗保障、文化教育、科学普及、体育事业、住房保障、社会救助、养老助残、就业创业、退役军人服务、国有企业退休人员社会化管理、民族宗教、公共法律服务等领域的法律、法规和国家政策，为居民提供优质高效的公共服务；

（二）负责辖区公共管理，承担辖区内城镇管理、人口管理、社会管理等综合性工作，依法实施行政处罚，对上级职能部门派驻机构进行指挥调度和考核监督；

（三）负责辖区平安建设、综合治理、应急管理、安全生产管理、防汛抗旱、森林消防、防减救灾等有关工作。反映社情民意，预防、排查、化解矛盾纠纷，做好信访相关工作，维护社会和谐稳定；

（四）组织动员辖区居民、单位和各类社会组织参与基层公共服务和社会治理，统筹辖区资源，推动形成社区共治合力；

（五）完善社区服务功能，指导、支持和帮助社区居民委员会的工作，支持和促进居民依法自治，负责辖区内物业管理活动的组织、指导和监督工作，提升社区治理水平；

（六）做好国防教育、兵役等工作；

（七）法律、法规规定的和派出它的人民政府交办的其他职责。

第九条　县（市）区人民政府应当制定并向社会公布街道办事处职责职权清单，街道办事处可以结合辖区实际细化清单中的工作事项。有关职能部门应当按照各自职责，加强对街道办事处工作的业务指导。

未经党委和政府部署，有关职能部门不得将清单以外的工作事项交由街道办事处承担。

第十条　街道办事处应当按照精简、效能、便民原则，根据国家、省、市有关规定设立必要的工作机构。

第十一条　街道办事处应当健全内部工作机制，明确议事、决策、执行等工作程序，建立健全岗位职责、业务培训和考核奖惩等工作制度。

街道办事处应当会同有关部门及其派出（驻）机构、企事业单位等建立工作协调机制，研究解决辖区有关重大问题和重要工作事项。

第三章　公共服务

第十二条　县（市）区人民政府应当制定并向社会公布基本公共服务规划、服务标准和采购目录，为街道办事处开展公共服务提供依据。

第十三条　街道办事处应当整合服务资源，设立综合性便民服务机构，发布公共服务事项办理指南，集中办理面向辖区居民和单位的公共服务事项，推广在线服务，优化办理流程，提升服务质量和效能。

第十四条　街道办事处应当落实国家和省、市有关就业促进的政策和措施，开展以就业援助为重点的公共就业服务。

第十五条　街道办事处应当了解和反映辖区基本民生需求，组织落实有关保障政策，配合县（市）区人民政府有关部门、人民团体等做好低收入家庭和困境儿童、老年人、残疾人等特殊困难群体的权益保障工作。

第十六条　街道办事处应当配合县（市）区人民政府有关部门健全辖区教育和卫生服务体系，完善学前教育、基础教育公共服务，健全社区医疗卫生服务网点。

第十七条　街道办事处应当依法履行或者配合有关部门履行公共文化服务保障职能，建立完善辖区公共文化服务体系，拓展公共文化体育设施、场所，组织开展群众性文化体育活动。

第十八条　街道办事处应当配合做好公共法律服务工作，积极开展公共法律服务宣传，为辖区居民和单位共享公共法律服务营造环境。

第十九条　街道办事处应当根据辖区居民需求，协助有关部门或者引导市场主体和社会组织建设惠民商铺、家政服务、社会志愿服务等设施、网点和平台，开展便民利民服务活动。

第二十条　街道办事处应当培育生活服务类、公益慈善类、文体活动类等社区社会组织。

鼓励社区社会组织积极参与社区服务，加强与居民互动，培育社区文化，促进社区和谐。

第二十一条　街道办事处应当鼓励、支持居民和辖区单位开展志愿服务活动，指导各类志愿服务组织，发挥志愿服务组织在基层治理中的作用。

第二十二条　街道办事处应当构建亲清新型政商关系，建立完善辖区优化营商环境的配套服务措施，针对市场主体需求，提供精准优质服务。

第四章　公共管理

第二十三条　县（市）区人民政府、街道办事处应当推进城市管理精细化、标准化、规范化建设，提升公共管理水平。

街道办事处应当制定并实施辖区综合整治方案，加强对市容秩序、环境卫生、市政设施、园林绿化、违法建设等的日常巡查，组织开展应急管理和抢险救灾等工作。

第二十四条　街道办事处应当配合有关部门在辖区开展社会治安、市场监管、卫生健康、安全生产、市政建设、市容环境、园林绿化、生态环境、公共交通、人民防空、文化市场、森林防火、抢险救灾、耕地保护、物业、水务、燃气、供热、应急、消防等服务管理工作。

第二十五条　街道办事处应当实施网格化管理，合理划分基本网格单元，整合辖区网格资源，健全完善辖区网格化指挥管理机制，加强网格长队伍建设，及时掌握辖区网格内日常性服务管理的基础数据信息，提升网格化管理水平。

第二十六条　街道办事处应当建立健全“三长”联动机制，在网格内配备网格长、楼栋长、单元长，推动落实“三长”收集民情信息、宣传政策法规、调解邻里纠纷、开展便民服务、实施有效监督等职责，建立完善定期协商、信息反馈、挂牌公示等制度。

第二十七条　街道办事处应当制定和管理本级突发公共事件应急预案，提高突发公共事件处置保障能力，经常性地组织排查本辖区危险源、风险隐患，落实监测预警、应急演练、防控处置责任，加强应急物资储备，做好突发公共事件的应对。

街道办事处应当按照国家、省、市的有关规定，及时、客观、真实报告突发公共事件有关信息，并根据事态发展及时续报，不得迟报、谎报、瞒报、漏报。

市、县（市）区人民政府应当指导街道办事处做好应急准备工作，强化应急状态下对街道办事处人、财、物的支持。

第二十八条　街道办事处应当健全突发公共卫生事件防控体系，落实街道办事处工作人员、网格长、基层医务工作者、人民警察、志愿者等社区防控任务，完善与属地单位定期沟通会商制度，确保街道、部门、单位、个人等各方责任落到实处。

第二十九条　市、县（市）区人民政府应当加大典型选树培育力度，总结推广社区工作者、下沉干部、网格长、楼栋长、单元长、社会组织、志愿者等先进典型和基层防范化解公共安全风险的经验做法，发挥示范引领、辐射带动作用，整体提升基层治理创新能力水平。加大正面宣传力度，利用报刊、广播、电视、网络等媒体进行宣传报道，营造全社会关心、支持、参与基层治理的氛围。

第三十条　街道办事处应当依照法律、法规和省有关规定集中行使行政处罚权，实施有关的行政强制措施。

街道办事处在日常检查中发现违法行为应当进行劝阻和制止；属于街道办事处职责范围的，应当及时查处；属于上级人民政府有关部门职责范围的，应当及时书面告知并提出查处建议。

第三十一条　县（市）区人民政府应当推进行政执法、服务资源力量向街道延伸下沉。

县（市）区人民政府有关部门实行派驻体制的，派驻机构应当接受街道办事处的统筹协调、指挥调度和考核监督。

第三十二条　街道办事处在履行城市管理有关职责时，应当充分吸纳辖区居民、企事业单位和其他社会组织的合理意见，注重保护生态环境、文化遗产和地方特色景观。

第五章　社会治理

第三十三条　街道办事处应当促进精神文明建设，弘扬社会主义核心价值观，弘扬中华传统美德，发挥家庭、家教、家风在基层社会治理中的作用，提高群众道德水准和文明素养。

第三十四条　街道办事处应当健全基层民主协商机制，对涉及群众切身利益的事项开展议事协商，完善座谈会、听证会等协商方式，注重发挥人大代表、政协委员作用。探索建立社会公众列席街道办事处有关会议制度。

第三十五条　街道办事处应当指导、支持和帮助社区居民委员会开展居民自我管理、自我教育、自我服务等群众性自治活动。

第三十六条　街道办事处应当推进辖区平安建设，动员、组织群防群治力量，共同维护社会治安和社会秩序，保障辖区公共安全。

第三十七条　街道办事处应当做好社会矛盾纠纷调处化解工作，就地解决涉及居民切身利益的矛盾纠纷。

街道办事处应当指导社区居民委员会预防、排查、化解发生在社区的矛盾纠纷，组织协调有关部门及其派出机构做好矛盾纠纷调处化解工作，对复杂疑难问题，应当及时报请县（市）区人民政府。

第三十八条 街道办事处应当对受理的各类诉求，按照规定及时办理。对不属于自身职责范围的诉求，按照下列规定办理：

（一）属于有关部门和单位职责范围的事项，及时移送办理；

（二）需要多部门和单位协同解决的事项，及时统筹协调办理；

（三）责任主体不明确或者经协调无法解决的事项，及时报告所在地县（市）区人民政府并按照要求办理。

涉及的有关部门和单位应当快速响应，安排工作人员办理或者协同办理。

街道办事处应当将处理情况及时反馈。

第三十九条 街道办事处应当加强与工会、共青团、妇联等组织和辖区企事业单位的沟通协调，组织、引导其有序参与辖区有关服务管理活动和社会治理。

第六章 保障措施

第四十条 市、县（市）区人民政府及其有关部门对涉及街道的重大决策、重大规划和重大事项，应当听取街道办事处的意见和建议，保障其参与权和建议权。

第四十一条 县（市）区人民政府应当提供与街道办事处工作相适应的办公用房和设施设备，保障街道办事处工作经费。

第四十二条 市、县（市）区人民政府应当加强街道办事处信息化建设，将街道办事处纳入信息化建设规划，整合公共服务、公共管理、公共安全、社会治理等方面的数据资源，并实现互联互通、交换共享，为街道办事处综合服务管理、社会治理和指挥调度、统筹协调工作提供支持。

第四十三条 县（市）区人民政府应当将社区工作者队伍建设纳入本级人才发展规划，建立社区工作者岗位等级序列以及与岗位等级、绩效考核相衔接的薪酬制度。

县（市）区人民政府、街道办事处应当加强对社区工作者的业务培训、日常管理和考核奖惩。

社区工作者应当面向社会公开招聘。同等条件下，可以优先聘用取得社会工作职业资格证书或者有社区工作经历的人员。

第四十四条 县（市）区人民政府应当建立健全街道办事处工作考核激励制度，组织对街道办事处进行考核，考核应当邀请辖区社区居民委员会、居民代表和辖区单位进行评价。

街道办事处应当按照县（市）区人民政府要求，对有关部门、派出（驻）机构在辖区的工作情况进行评价，评价时应当邀请辖区社区居民委员会、居民代表和辖区单位参与。

第四十五条 县（市）区人民政府应当对街道办事处依法履行职责情况进行监督检查，将检查结果纳入目标责任制考核指标体系。

第四十六条 街道办事处可以组织辖区居民、企事业单位和其他社会组织对水、电、气、热、通讯、物业等服务企业的服务情况进行评价，并将评价结果向涉及的服务企业、有关部门反馈。

服务企业存在问题的，应当及时整改。有关部门应当督促或者协调服务企业整改。

第七章 法律责任

第四十七条 市、县（市）区人民政府有关部门违反本条例规定，擅自将职责职权清单以外的工作事项交由街道办事处承担的，由本级人民政府予以纠正、通报批评；情节较重的，由有关机关对直接负责的主管人员和其他直接责任人员，依法给予处分。

第四十八条 县（市）区人民政府派驻机构及其工作人员不接受街道办事处的统筹协调、指挥调度的，街道办事处有权向其派出部门提出处理建议，由其派出部门依法处理；由有关机关对直接负责的主管人员和其他直接责任人员，依法给予处分。

第四十九条 市、县（市）区人民政府、街道办事处及其工作人员在街道办事处工作中滥用职权、玩忽职守、徇私舞弊的，依法给予处分；构成犯罪的，依法追究刑事责任。

第八章 附 则

第五十条 本条例自2023年1月1日起施行。

（市人大）

长春市城乡社区治理促进条例

（2022年10月27日长春市第十六届人民代表大会常务委员会第四次会议通过
2022年11月30日吉林省第十三届人民代表大会常务委员会第三十七次会议批准）

第一章 总 则

第一条 为了提升城乡社区治理能力和水平，推进基层治理体系和治理能力现代化，形成共建共治共享的基层社会治理格局，根据有关法律、法规，结合本市实际，制定本条例。

第二条 本市行政区域内的城乡社区治理活动适用本条例。

第三条　本条例所称的社区治理，是指在党的领导下，以政府为主导，以社区居民委员会、村民委员会为基础，社会力量协同，群众广泛参与，自治、法治、德治相结合，共建共治共享的社会治理活动。

第四条　社区治理应当坚持以下原则：

（一）坚持党的领导，固本强基；

（二）坚持以人为本，服务居民；

（三）坚持改革创新，依法治理；

（四）坚持城乡统筹，协调发展；

（五）坚持因地制宜，突出特色。

第五条　市、县（市）区人民政府应当加强对社区治理工作的领导，将社区治理纳入国民经济和社会发展规划，建立社区治理议事协调机制，研究解决社区治理中的重大问题。

街道办事处、乡（镇）人民政府指导、支持和帮助社区居民委员会、村民委员会开展社区治理工作。

第六条　市、县（市）区城乡社区治理部门负责本行政区域内社区治理的统筹协调、综合指导和检查考核等工作。

其他有关部门按照各自职责，做好社区治理有关工作。

工会、共青团、妇联等组织在各自职责范围内协同做好社区治理工作。

第七条　社区居民委员会、村民委员会应当以服务居（村）民为宗旨，发挥基层群众性自治组织作用，在基层党组织的领导下，履行法定职责，协助县（市）区人民政府或者街道办事处、乡（镇）人民政府开展工作。

第八条　鼓励公民、法人和其他组织依法参与社区治理工作。

第九条　充分发挥新闻媒体和网络新媒体作用，广泛宣传社区治理创新做法和突出成效，营造全社会关心、支持和参与社区治理的氛围。

第十条　市、县（市）区人民政府及其有关部门应当对在社区治理中做出贡献的单位和个人，按照国家和省有关规定给予表彰、奖励。

第二章　社区建设

第十一条　市、县（市）区人民政府编制国土空间总体规划、详细规划以及有关专项规划、城乡社区服务体系建设规划时，应当统筹养老、托幼、医疗、文体、购物等生活设施的配置，打造功能设施完备、资源配置有效、居（村）民生活便捷的生活服务圈，满足居（村）民生活需求。

第十二条　县（市）区人民政府应当根据公共资源配置、人口数量、治理能力等情况划定社区。城市社区的规模一般应当与社区居民委员会服务区域相当。

社区居民委员会、村民委员会的设立、撤销和调整，应当依照法律、法规的规定进行。

第十三条　社区居民委员会、村民委员会设立或者调整后，应当及时依法选举产生社区居民委员会、村民委员会成员。发挥社区居民委员会、村民委员会下设的人民调解、治安保卫、公共卫生等委员会作用，村民委员会应当设立妇女和儿童工作等委员会，社区居民委员会可以根据需要增设环境和物业管理等委员会。

第十四条　社区居民委员会的办公用房，由所在地人民政府统筹解决。

市、县（市）区人民政府应当将社区综合服务设施建设纳入当地国民经济和社会发展规划、国土空间规划等，按照每百户居民拥有综合服务设施面积不低于三十平方米的标准，以新建、改造、购买、租赁、项目配套和整合共享等方式，建设社区综合服务设施。新建城市社区综合服务设施面积应当不少于一千平方米。农村社区综合服务设施面积应当不少于二百平方米。

鼓励驻社区单位为社区提供活动服务设施。鼓励社会资本依法投资建设社区便民服务设施。

第十五条　社区综合服务设施应当设置服务大厅和多种功能室，合理划分政务服务、党群活动、协商议事、文化体育等功能区域；统筹整合有关部门在社区设立的各类服务活动场所，实行设施共用、资源共享。

第十六条　市、县（市）区人民政府应当加强社区信息化建设，统筹推进智慧社区基础设施、系统平台和应用终端建设；应当整合社区信息资源，建立智慧社区综合信息服务平台。

第三章　社区服务

第十七条　社区服务应当坚持政府主导、社会参与、市场运作，可以采取政府和社会资本合作、公建民营、民办公助、政府购买服务、居民志愿服务、社会捐赠捐助等多种方式。

第十八条　市、县（市）区人民政府应当促进政府有关部门、街道办事处、乡（镇）人民政府工作与社区工作的有效衔接，推进社区就业服务、社会保障服务、救助服务、公共卫生服务、文化教育体育服务、公益法律服务、流动人口管理服务、治安服务以及环境绿化美化服务等基本公共服务体系建设。

第十九条　市、县（市）区人民政府应当加强社区养老、托幼、助残等服务供给，鼓励发展适应儿童、老年人、妇女、残疾人和优抚对象等需要的托幼、养老、助残、照护、教育培训等各类社区服务。

第二十条　市、县（市）区人民政府应当统筹城市生活服务网点建设改造，完善网点布局，引导社会力量发展社区托幼、养老、护理、家政、休闲、健身、文化、培训、再生资源回收等服务业态。鼓励在农村建立综合性服务网点，提高村民生活便利化水平。

第二十一条　市、县（市）区人民政府应当健全社区志愿服务体系，为社区志愿服务提供指导和帮助。

第二十二条　社区居民委员会、村民委员会可以依托社区综合服务设施建立志愿服务站（点），搭建志愿者、服务对象和服务项目对接平台，以困难群体和特殊人群为重点广泛开展志愿服务。

第二十三条　建立志愿服务积分兑换制度，鼓励公民、法人和其他组织参与各类社区志愿服务，推进社区志愿服务制度化、常态化。

第二十四条　市、县（市）区人民政府应当制定培育发展社区社会组织的政策措施，鼓励居（村）民组建社区服务类、文化体育类等社区社会组织。支持社区社会组织在社区开展纠纷调解、健康养老、教育培训、公益慈善、防灾减灾、文体娱乐、邻里互助、居民融入及农村生产生活服务等活动。

具备条件的社区居民委员会、村民委员会应当依托社区综合服务设施，为社区社会组织、社工机构无偿提供服务场所，支持其依法开展社区服务活动。

第四章　社区治理

第二十五条　社区居民委员会、村民委员会应当在基层党组织的领导下，组织居（村）民依法制定或者修改居民公约、村规民约、村民自治章程，并报街道办事处或者乡（镇）人民政府备案。

充分发挥居民公约、村规民约、村民自治章程在社区治理中的积极作用，鼓励和引导居（村）民依法通过民主协商的方式，广泛凝聚共识，共同处理社区公共事务、解决矛盾纠纷，实现居（村）民自我管理、自我教育、自我服务、自我监督。

第二十六条　市、县（市）区人民政府应当加强法治宣传教育，提高居民法律意识，引导和支持居民理性表达诉求、依法开展活动和维护权益，促进社区法治建设。

第二十七条　社区居民委员会、村民委员会应当通过设立宣传栏、电子屏等社区公共文化设施，宣传社会主义核心价值观，弘扬中华优秀传统文化、革命文化和社会主义先进文化，宣传好人好事，提升公共文化服务水平。

第二十八条　市、县（市）区人民政府应当完善社会力量参与社区治理激励政策，建立社区与社会工作者、社区社会组织、社区志愿者、社会慈善资源联动机制，积极构建社区治理多元参与格局。

第二十九条　市、县（市）区人民政府及其有关部门应当指导社区居民委员会、村民委员会建立完善群防群治、联防联控机制，增强基层组织动员能力。

发生突发事件，社区居民委员会、村民委员会应当按照当地人民政府的决定、命令，进行宣传动员，组织居（村）民开展自救、互救活动，协助维护社会秩序。

第三十条　市、县（市）区人民政府应当加强对物业管理工作的领导，街道办事处、乡（镇）人民政府负责辖区内物业管理活动的组织、指导和监督工作。社区居民委员会、村民委员会在街道办事处、乡（镇）人民政府指导下开展物业管理有关工作。

第三十一条　街道办事处、乡（镇）人民政府应当指导支持社区建立应急事件处置机制，定期开展安全风险识别、应急处理和善后工作演练等活动，并提供必要的物资保障。

第五章　“三长”联动

第三十二条　社区应当加强网格化管理，提升精准化精细化服务居（村）民能力。

第三十三条　城市社区实行网格长、楼栋长、单元长“三长”联动机制。

一般以住宅小区、若干楼院为单元划分网格，并在每个网格设置网格长。

网格内每个楼栋、单元确定一名楼栋长、单元长。

第三十四条　城市社区网格长一般由社区党组织成员、社区居民委员会成员兼任，或者由其他社区工作者担任。楼栋长、单元长由该楼栋、单元的居民担任。鼓励党员干部担任所在楼栋、单元的楼栋长、单元长，积极发挥党员干部示范表率作用。

第三十五条　城市社区网格长承担下列工作：

（一）依法采集基础信息，准确掌握辖区内人口结构、居民需求、矛盾纠纷、安全隐患、舆情动态等情况；

（二）及时收集环境卫生、物业服务、文娱生活等意见，做好居民与社区之间的信息沟通、情况通报；

（三）向居民群众宣传党的路线方针政策，引导群众自觉学法、守法、用法；

（四）引导建立楼栋、小区文明公约，强化居民自治自律意识；

（五）主动、及时调解邻里纠纷；

（六）了解辖区居民需求，配合社区做好与居民利益有关的公共卫生、计划生育、优抚救济、调查统计等工作；

（七）带头参加社区组织开展的精神文明、志愿者队伍、社区服务等活动，积极组织辖区居民参加社区组织的各项服务活动；

（八）协助所在社区查找工作中存在的问题，提出合理意见建议；

（九）对业主委员会、物业服务企业履职情况进行跟踪监督，及时发现问题矛盾，上报社区和相关职能部门；

（十）社区安排的其他工作。

楼栋长、单元长协助网格长开展工作。

第三十六条　城市社区应当建立定期协商、信息反馈、挂牌公示等制度，由网格长定期与楼栋长、单元长共同商议网格事务，畅通居民反馈信息渠道，网格长、楼栋长、单元长有关信息应当挂牌公示。

第三十七条　市、县（市）区人民政府应当强化对“三长”工作的激励和保障，根据“三长”履职情况，可以按照国家和省有关规定给予适当的物质和精神奖励。

第三十八条　农村社区实行“网格长+村民代表”制度，原则上一个村民小组划分为一个网格。

农村社区网格长一般由村党组织成员、村民委员会成员或者村民小组长担任，联系若干村民代表，每名村民代表联系若干户村民。

第三十九条　本章关于城市社区网格长和楼栋长、单元长职责、工作机制、激励措施的规定，适用于农村社区网格长和村民代表。

第六章　保障措施

第四十条　县（市）区人民政府应当统筹安排使用各级各部门投入社区治理的资金，保障社区治理工作所需经费，提高资金使用效率，加强对社区治理经费使用的管理和监督，对专项资金依法审计。

鼓励通过慈善捐赠或者慈善组织设立社区基金等方式，有序引导社会资金支持社区治理。

第四十一条　市、县（市）区人民政府应当按照社区规模、人口密度、服务半径、居民结构、辖区单位数量等因素，合理确定社区工作者数量。

市、县（市）区人民政府应当将城市社区工作者队伍建设纳入本级人才发展规划，加强城市社区工作者职业体系建设，设立“社工岗”，健全落实城市社区专职工作者岗位等级、薪酬制度和“五险一金”等待遇，逐步完善薪酬动态调整及职业成长机制，畅通优秀城市社区工作者晋升通道。建立健全城市社区工作者管理、培训、培养、考核评价、晋升辞退等制度，建设高素质城市社区工作者队伍。

第四十二条　县（市）区人民政府在公开招聘街道办事处、乡（镇）人民政府事业单位从事社区有关工作的人员时，按照国家、省、市有关规定，可以面向本辖区优秀“社工岗”人员开展专项招聘。

依托社区干部学院、干部培训平台等开发社区服务精品课程，提升教育培训系统性、针对性。鼓励社区工作人员参加社会工作培训和资格考试，对获得社会工作职业资格证书的给予职业津贴。

第四十三条　市、县（市）区人民政府应当建立健全社区工作事项准入制度，建立并公布社区工作事项清单以及协助政府工作事项清单等，并建立动态调整机制，严格落实不应由社区出具证明事项清单。

列入协助政府工作事项清单的，市、县（市）区人民政府有关部门应当提供与事项任务匹配的工作经费、条件和信息支持，并负责业务指导。

未经党委和政府部署，市、县（市）区人民政府有关部门不得将职责范围内的事项转交给社区居民委员会、村民委员会承担或者直接给社区居民委员会、村民委员会安排工作任务。

第四十四条　县（市）区人民政府应当建立年度街道办事处、乡（镇）人民政府以及社区居民委员会、村民委员会履职履约双向评价机制。

街道办事处、乡（镇）人民政府应当定期组织居（村）民开展社区服务满意度调查评估，建立社区服务评价激励制度。

社区居民委员会、村民委员会可以组织居（村）民对供水、供电、供气、供热、环境卫生、园林绿化等公共服务单位的服务情况进行评议，并反馈评议意见。

第四十五条　社区综合服务设施的供暖、水电、燃气等费用按照当地居（村）民使用价格标准收取。

第七章　法律责任

第四十六条　违反本条例第四十三条第三款规定，市、县（市）区人民政府有关部门将职责范围内的事项转交给社区居民委员会、村民委员会承担或者直接给社区居民委员会、村民委员会安排工作任务的，由本级人民政府予以纠正、通报批评；情节较重的，由有关机关对直接负责的主管人员和其他直接责任人员，依法给予处分。

第四十七条　社区居民委员会、村民委员会未按照本条例规定履行职责的，由居民会议或者村民会议予以纠正；必要时，由街道办事处或者乡（镇）人民政府责令改正。

第四十八条　市、县（市）区人民政府、街道办事处、乡（镇）人民政府及其工作人员在社区治理工作中滥用职权、玩忽职守、徇私舞弊的，依法给予处分；构成犯罪的，依法追究刑事责任。

第八章　附　则

第四十九条　本条例自2023年1月1日起施行。

（市人大）

长春市旅游促进条例

（2022年10月27日长春市第十六届人民代表大会常务委员会第四次会议通过
2023年4月4日吉林省第十四届人民代表大会常务委员会第二次会议批准）

第一章　总　则

第一条　为了保护和合理利用旅游资源，促进旅游业高质量发展，满足人民群众多样化多层次的旅游需求，打造文化旅游名城，根据有关法律、法规，结合本市实际，制定本条例。

第二条　本市行政区域内有关旅游业发展的规划引导、政策扶持、产业促进、服务和管理等活动，适用本条例。

第三条　本市旅游业发展应当贯彻新发展理念，坚持以社会主义核心价值观为引领，坚持创新发展、融合发展、生态优先、安全保障，实现旅游的社会效益、经济效益和生态效益相统一。

第四条　本市应当充分发挥生态、气候、人文、历史、工业、艺术、民俗等旅游资源优势，突出中心区位和国家历史文化名城特色，结合国际汽车城、现代农业城、“双碳”示范城、科技创新城、新型消费城和文化创意城建设，发展全域旅游，促进文旅融合、产业融合、产城融合，培育壮大产业规模，打响长春特色旅游品牌，提升城市吸引力。

第五条　市、县（市）区人民政府应当加强对旅游业的组织领导，将旅游业发展纳入国民经济和社会发展规划及年度计划。建立促进旅游业发展综合协调机制，统筹解决旅游业发展的重大问题。

开发区管理机构根据授权，负责本辖区内的旅游业发展工作。

乡镇人民政府、街道办事处应当配合有关部门做好本辖区内旅游业发展相关工作。

居（村）民委员会应当协助有关部门做好旅游业发展相关工作。

第六条 旅游主管部门负责本行政区域内旅游业的统筹协调、综合指导、公共服务和监督管理等工作。

其他有关部门应当按照各自职责，做好旅游业发展的相关工作。

第七条 旅游行业组织应当制定行业经营自律规范和相关服务规范，引导企业诚信经营，依法开展活动。

第二章 规划引导

第八条 旅游主管部门应当根据全省旅游发展规划和本行政区国民经济和社会发展规划，组织编制旅游发展规划和冰雪旅游、避暑旅游、乡村旅游、工业旅游、文化旅游等特色旅游发展和重大旅游项目专项规划，在征求上一级旅游主管部门意见后，报本级人民政府批准后，向社会公布。

跨县（市）区行政区域且适宜进行整体利用的旅游资源，由市人民政府组织编制或者由相关区域人民政府协商编制统一的旅游发展规划。

第九条 旅游发展规划应当与国土空间规划、生态环境保护规划以及其他自然资源和文物等人文资源的保护和利用规划相衔接。

第十条 市、县（市）区人民政府或者有关部门在编制和调整与旅游业发展相关的规划时，应当征求旅游主管部门意见，在土地利用、基础设施、公共服务设施等方面，合理预留旅游业发展空间。

第十一条 市、县（市）区人民政府应当组织对本行政区域旅游发展规划、旅游专项规划的执行情况进行评估，评估结果及时向社会公布。根据评估情况和公众意见，旅游发展规划、旅游专项规划需要调整的，应当按照原审批程序报批。

第十二条 旅游主管部门应当建立旅游资源管理和动态更新机制，对本行政区域内的旅游资源进行普查、分类和评价，适时补充、更新相关信息，并向社会公开。

旅游主管部门应当会同有关部门，组织挖掘具有区域特色的红色文化、历史文化、工业文化、地域文化、民俗文化等资源的旅游开发价值，推进文物建筑等旅游资源的盘活利用，推动以文塑旅、以旅彰文。

第三章 政策扶持

第十三条 市、县（市）区人民政府应当根据当地旅游业发展情况，在年度财政预算中安排旅游产业发展引导资金，支持旅游业发展。旅游产业发展引导资金主要用于旅游发展规划编制及研究、旅游项目开发及旅游基础设施和旅游公共服务设施补助、旅游宣传促销、旅游节事活动、旅游管理与服务、旅游招徕奖补等。

第十四条 市、县（市）区人民政府应当按照旅游发展规划，在年度土地供应计划中统筹安排旅游业发展用地，保障旅游重大、重点项目用地需求。

通过优先安排基础设施配套建设项目等措施，鼓励利用荒山、荒坡、废弃矿山等进行旅游综合开发建设。

第十五条 市、县（市）区人民政府应当对涉及景区的道路交通、公共安全、环境卫生、供水供电、自然环境和文化遗产保护等旅游基础设施和公共服务设施的建设资金给予支持。

第十六条 市、县（市）区人民政府应当引导金融机构开发符合旅游业特点的信贷产品和模式，对符合旅游产业政策的中小微企业和乡村旅游项目加大信贷支持力度，鼓励和支持保险机构创新旅游保险产品和服务。

第十七条 市、县（市）区人民政府应当引导社会资本加大旅游业投资，鼓励各类市场主体通过资源整合、改制重组、收购兼并、线上线下融合等方式投资旅游业，促进旅游投资主体多元化。培育和引进旅游骨干企业和大型旅游集团，带动旅游规模化、品牌化发展。

第十八条 市、县（市）区人民政府应当制定并组织实施有利于旅游业持续健康发展的产业政策，促进旅游与农业、工业、商业、体育、科技、文化、教育和卫生等领域的融合，培育旅游新业态，实现旅游业与相关产业融合发展。

第十九条 市、县（市）区人民政府统筹组织本行政区域内旅游形象推广工作，加强对城市旅游形象和旅游产品的宣传推广。

旅游主管部门应当会同有关部门、旅游企业，构建多方参与的联合推广机制，组织制定宣传计划，建立旅游宣传网络，开展旅游推介工作，形成旅游推广合力。

第二十条 市、县（市）区人民政府及其有关部门应当建立健全旅游标准体系，完善旅游服务标准化推进机制，鼓励和支持有关社会团体参与制定、修订涉旅标准，并组织开展宣传贯彻和监督检查。

鼓励和支持旅游经营者参与各级旅游标准化试点项目，开展各类旅游标准化试点。

第二十一条 市、县（市）区人民政府应当建立政府、行业、企业、学校协作的人才培养模式，加快旅游管理、企业运营以及冰雪旅游、避暑旅游、乡村旅游、工业旅游、文化旅游等专业人才的培养，推进旅游智库和人才引进绿色通道建设，加大旅游高端、紧缺人才的引进和服务保障。

鼓励和支持高等学校、科研院所开展旅游学科建设和科学研究，推进产学研合作，发展现代旅游职业教育，建设旅游人才培养、创业基地，开展旅游创新创业培训。

第二十二条 建立区域旅游合作机制，加强区域性宣传推广、产品开发、资源共享、客源互送、市场监管等合作，推进区域旅游一体化，提升区域旅游竞争力。

第四章 产业促进

第二十三条 市、县（市）区人民政府应当依托冰雪、温泉、黑土地、森林、湖泊、湿地等资源和优质的医疗卫生资源、教育科研资源，开发具有本地特色的综合型生态、冰雪、避暑、工业、康养、研学等旅游产品。

第二十四条　市、县（市）区人民政府应当完善冰雪旅游基础设施、公共服务设施和相关休闲配套设施建设，推动冰雪旅游健康有序发展。

第二十五条　市、县（市）区人民政府应当促进数字经济与冰雪经济的深度融合，推动中国冰雪经济大数据平台建设，打造基础完善的国家级冰雪旅游数据研究中心城市。

第二十六条　市、县（市）区人民政府应当支持综合性冰雪旅游景区、度假区建设。支持基础设施和公共服务完善、冰雪旅游产品丰富的景区、度假区，培育和建设国家级冰雪主题景区和度假区。

景区、度假区应当积极开发冰雪旅游新产品，发展四季旅游业态。

第二十七条　市、县（市）区人民政府应当加大冰雪体育公共服务供给，支持冰雪体育综合体建设，推出适合各类群体需求的大众化冰雪休闲娱乐产品品牌、专业冰雪赛事产品，引进专业冰雪竞技赛事。

推动冰雪运动进校园。支持中小学将冰雪运动、冰雪文化纳入体育课教学内容。

第二十八条　市、县（市）区人民政府应当推动建设乡村冰雪旅游示范区，开发雪乡、雪村、雪庄、雪镇等项目，举办民间民俗冰雪娱乐活动。

第二十九条　市、县（市）区人民政府应当加强革命遗址、纪念设施和爱国主义教育基地等红色旅游资源保护，开发红色旅游精品项目和路线，推动爱国主义教育和红色基因传承。

第三十条　市、县（市）区人民政府及其有关部门应当结合本地实际，开发文化创意、影视动漫、演艺娱乐、电子竞技等旅游项目；支持文化演出场所、博物馆体系建设和展示服务，推进文物保护、非物质文化遗产和本地优秀传统文化传承与旅游融合发展。

第三十一条　市、县（市）区人民政府应当利用历史文化街区、工商业遗址、老字号店铺、历史风貌建筑等具有地方特色和历史文化内涵的场所，开发文化旅游项目和产品。

第三十二条　市、县（市）区人民政府应当通过政策扶持、宣传推广、协调指导等措施，促进乡村旅游项目建设，鼓励和支持开发形式多样、特色鲜明的乡村旅游产品，推动乡村旅游规范化、特色化、品质化发展。

鼓励农村集体经济组织依法使用建设用地自办或者以土地使用权入股、联营等方式开办旅游企业。

鼓励和支持村民利用自有房屋、院落和承包地等开展住宿、餐饮、休闲娱乐、生产体验等乡村旅游经营活动。

第三十三条　市、县（市）区人民政府应当鼓励开发生产工艺流程展示、工业文化体验等工业旅游产品，满足旅游者对工业产品生产源头的体验需求。

支持利用工业遗存以及符合条件的老旧厂房，建设集展示、体验、休闲、娱乐等功能于一体的工业旅游景区（点）。

第三十四条　市、县（市）区人民政府应当充分发挥城市公园、绿地、绿道、特色街区等公共空间的休闲功能，拓展休闲旅游空间。鼓励和支持旅游度假区建设，制定旅游度假区相关扶持政策，优化度假区业态，提升度假区品质，推动国家级和省级旅游度假区创建。推动休闲度假旅游与观光旅游共同发展。

第三十五条　鼓励和支持依托大型会议、博览交易、文艺演出、体育赛事、科技交流、文化节庆等活动，开发特色会展旅游产品，促进会展旅游产业发展。

将长春消夏艺术节、长春冰雪节发展成为具有国际影响力的文旅节庆品牌活动。

第三十六条　市、县（市）区人民政府应当结合区位布局、夜间景观、标志建筑、商业设施、特色餐饮、演艺娱乐、文博场馆等综合要素，加强规划引领和产业扶持力度，开发夜间旅游产品。

第三十七条　市、县（市）区人民政府应当鼓励景区根据自身特点，梳理、挖掘景区文化内涵，提升景区文化品位。

第三十八条　鼓励和支持旅游商品创意研发，将具有本地特色的工艺品、纪念衍生品、文化科技创意产品等打造成知名旅游商品品牌；在交通枢纽地、游客集散地、旅游目的地建设旅游购物特色街区和“长春礼物”品牌门店。

第三十九条　市、县（市）区人民政府应当支持旅游住宿业发展。鼓励旅游经营者开办特色民宿、主题酒店、汽车旅馆、露营基地、房车基地等住宿设施。

第五章　服务和管理

第四十条　市、县（市）区人民政府应当按照旅游发展规划，统筹完善旅游公共服务体系，为旅游者提供信息咨询、安全保障、便捷交通等服务；推进无障碍设施、母婴设施等旅游设施建设和改造，提升老年人、残疾人和母婴等群体的旅游舒适度。

第四十一条　旅游主管部门应当推进旅游公共服务数字化，建立旅游信息共享与服务机制，无偿向旅游者提供旅游景区景点、线路、交通、气象、客流量预警、食宿、购物、医疗急救等旅游服务信息。

鼓励旅游经营者开发利用互联网平台，发展旅游电子商务，提供信息查询、预定、支付和评价等在线服务，提升便利化服务水平。

支持和引导旅游经营者整合线上线下资源，开发沉浸式互动体验、虚拟展示、智慧导览、云旅游等数字化体验产品。

第四十二条　旅游主管部门应当会同有关部门在交通枢纽、商业中心、主要景区等区域建设旅游集散中心和游客服务中心，形成多层级旅游集散与服务网络。

第四十三条　市、县（市）区人民政府应当完善连接市区、景区、旅游集聚区、交通集散枢纽的快速交通网络，组织开通连接旅游度假区、主要景区和乡村旅游重点村的公交路线或者旅游专线。

通往主要旅游景区道路旅游标志应当纳入道路交通标志设置范围，统一规划，统一设置。

第四十四条　市、县（市）区人民政府应当结合当地实际，开发旅游风景道等特色交通旅游产品，规划建设自驾游精品线路，配套建设旅居车停车位、自驾游基地、房车露营地，提供加水、供电等服务。

第四十五条 市、县（市）区人民政府应当加强文明旅游宣传教育，引导旅游者安全、文明、环保旅游，鼓励旅游经营者开发和经营低碳、绿色、环保旅游产品。

旅游者、旅游经营者和旅游从业人员应当遵守文明旅游公约，共同维护旅游秩序，保护旅游资源和生态环境。

第四十六条 旅游主管部门可以通过政府购买服务等方式，鼓励、引导社会资本和社会力量参与旅游公共服务。

支持旅行社参与政府采购和服务外包，接受国家机关、企事业单位和社会团体的委托，为有关公务活动提供交通、住宿、餐饮、会议、展览等服务。

第四十七条 未取得旅行社业务经营许可的单位和个人，不得利用行业组织、学会、车友会、俱乐部、网络社交工具等形式，以及产品销售、教育培训等活动，从事旅行社经营业务。

以赠送形式向消费者提供包价旅游服务的，应当向依法设立的旅行社采购。

第四十八条 旅游经营者从事旅游经营活动，应当遵守下列规定：

（一）按照核定的经营范围开展活动；

（二）公开告知服务项目和收费标准，合理收费；

（三）提供真实的旅游服务信息，不得进行虚假宣传，欺骗和误导消费者；

（四）严格按照约定的服务项目和服务标准提供旅游服务，不得擅自改变服务项目，降低服务标准；

（五）尊重旅游者自主选择商品和服务的权利，不得强制、纠缠、诱骗或者胁迫旅游者购买旅游商品和接受旅游服务；

（六）不得擅自在景区内经营，妨碍旅游者观光、游览；

（七）尊重旅游者的民族风俗习惯和宗教信仰；

（八）自觉维护国家安全和民族利益，不得有损害国家利益和民族尊严的言行。

第四十九条 市、县（市）区人民政府负责本行政区域内的旅游安全工作，应当将旅游应急管理纳入政府应急管理体系，制定应急预案，建立旅游突发事件应对机制和旅游安全联动机制。建立假日旅游预警制度，及时向社会发布旅游安全警示信息。

市、县（市）区人民政府及其有关部门应当将旅游安全作为突发事件监测和评估的重要内容。

第五十条 旅游经营者应当承担旅游安全的主体责任，建立安全管理制度，关注安全风险预警和提示，引导旅游者购买旅游保险产品，妥善处置旅游突发事件。

经营高空、高速、水上等高风险旅游项目，应当按照国家有关规定依法取得经营许可，配备专业救援人员和设施，提供符合国家强制性安全标准的产品和服务。

第五十一条 市、县（市）区人民政府应当加强旅游统计工作，完善旅游统计指标体系和调查方法，加强数据基础分析和应用研究。

统计调查对象应当按照有关规定，真实、准确、完整、及时报送统计数据和信息。

第六章　法律责任

第五十二条 违反本条例第四十七条第一款规定，未取得旅行社业务经营许可的单位和个人，从事旅行社经营业务的，由旅游主管部门责令改正，没收违法所得，并处一万元以上十万元以下罚款；违法所得十万元以上的，并处违法所得一倍以上五倍以下罚款；对有关责任人员，处二千元以上二万元以下罚款。

第五十三条 违反本条例第四十八条第三项规定的，旅游经营者在旅游经营活动中，进行虚假宣传，欺骗和误导消费者的，由旅游主管部门或者有关部门责令改正，没收违法所得，并处一万元以上五万元以下罚款；违法所得五万元以上的，并处违法所得一倍以上五倍以下罚款；情节严重的，责令停业整顿或者吊销旅行社业务经营许可证；对直接负责的主管人员和其他直接责任人员，处五千元以上二万元以下罚款。

第五十四条 旅游经营者违反有关安全生产管理和消防安全管理的法律、法规或者国家标准、行业标准的，由有关主管部门依照有关法律、法规的规定处罚。

第五十五条 旅游及其他相关主管部门工作人员违反本条例，在履行监督管理职责中玩忽职守、滥用职权、徇私舞弊的，依法给予处分；构成犯罪的，依法追究刑事责任。

第七章　附　则

第五十六条 本条例自2023年5月1日起施行。

（市人大）

统计资料

长春市2022年国民经济和社会发展统计公报

2022年是极不平凡的一年，是党的二十大召开之年，也是面对新冠疫情冲击和经济下行双重压力的一年，全市上下坚持以习近平新时代中国特色社会主义思想为指导，全面贯彻党的二十大精神，在省委、省政府的坚强领导下，坚决落实疫情要防住、经济要稳住、发展要安全的要求，踔厉奋发、赓续前行，经受住了社会经济暂停、重启、复苏的重大考验，推动全市振兴发展取得崭新突破。

一、综　合

经初步核算，全年全市实现地区生产总值6744.56亿元，按可比价格计算，比上年下降4.5%。其中，第一产业增加值551.32亿元，增长2.1%；第二产业增加值2694.97亿元，下降9.3%；第三产业增加值3498.27亿元，下降1.8%。第一产业增加值占地区生产总值比重为8.1%，第二产业增加值比重为40.0%，第三产业增加值比重为51.9%。全市人均地区生产总值74310元。

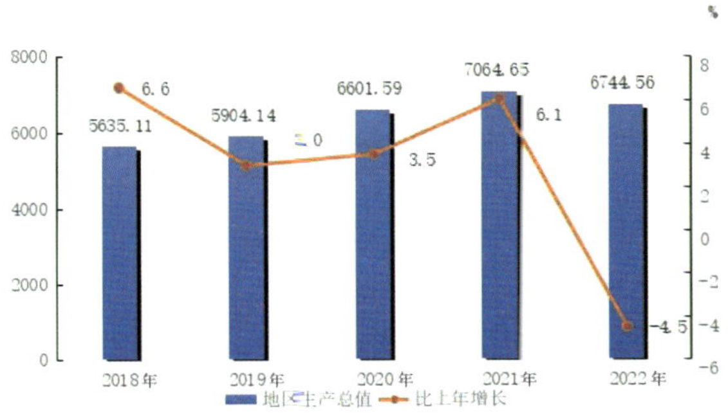

图1　2018—2022年地区生产总值及增长速度

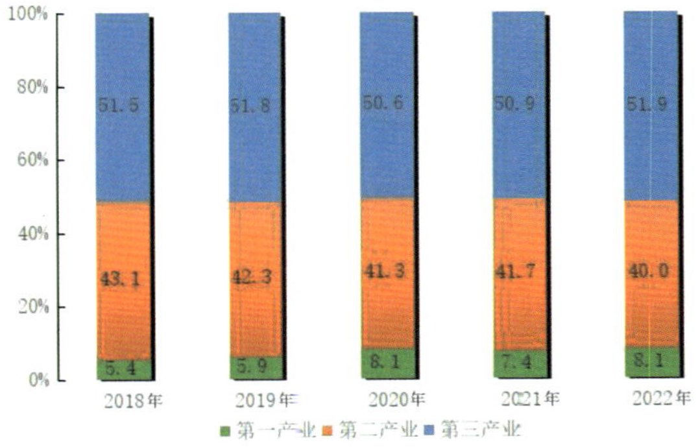

图2　2018—2022年三次产业增加值占地区生产总值比重

全年全市地方财政收入459.69亿元，比上年下降25.5%。其中，税收收入376.84亿元，下降27.5%；非税收入82.85亿元，下降14.6%。地方财政支出976.67亿元，增长1.1%。

全年全市居民消费价格总水平比上年增长1.9%，涨幅比上年扩大1.4个百分点。从各类商品及服务价格变动情况看，食品烟酒价格增长3.3%，衣着价格下降0.2%，居住价格增长0.1%，生活用品及服务价格增长1.9%，交通和通信价格增长4.8%，教育文化和娱乐价格增长1.1%，医疗保健价格增长0.8%，其他用品和服务价格增长1.2%。

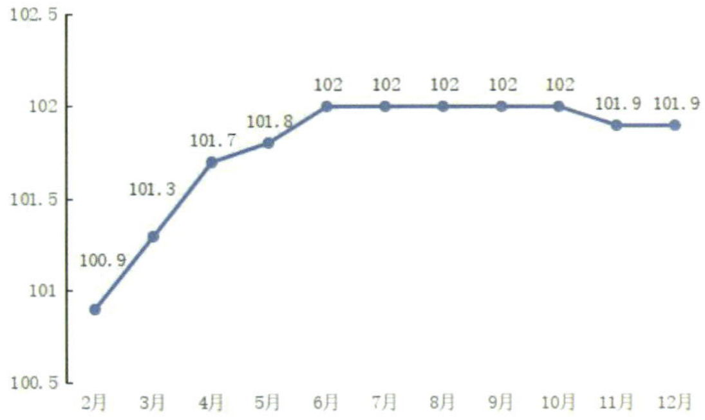

图3　2022年居民消费价格月度涨跌幅度

二、农　业

全年全市实现农林牧渔业增加值567.91亿元，比上年增长2.1%。

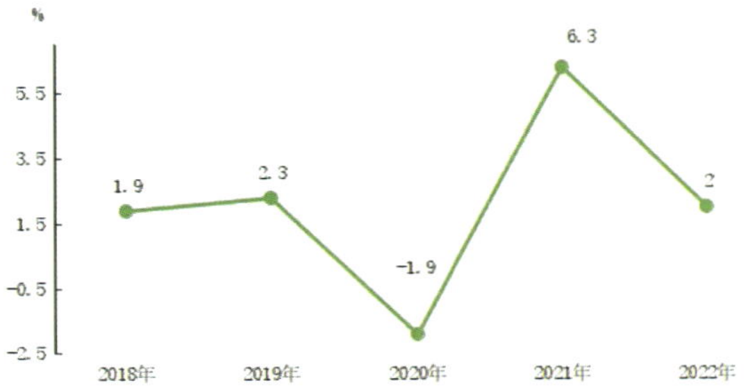

图4　2018—2022年农林牧渔业总产值增长速度

全年全市粮食总产量1242.39万吨，比上年增长0.5%。其中，玉米产量1079.8万吨，增长1.1%；水稻产量144.6万吨，下降2.8%。猪牛羊禽肉类总产量115.5万吨，其中猪肉产量56.3万吨，增长7.6%；牛肉产量11.2万吨，增长8%；羊肉产量0.9万吨，增长7.4%；禽肉产量47.2万吨，增长6.3%。禽蛋产量28.8万吨，下降20.6%。生牛奶产量6.9万吨，下降2.6%。年末生猪存栏424万头，增长3.0%；生猪出栏678.7万头，增长6%。全年水产品产量4.23万吨，增长3.9%。

全年全市粮食种植面积157.8万公顷，比上年增加0.9万公顷。其中，稻谷种植面积17.22万公顷，下降0.02万公顷；玉米种植面积136.0万公顷，增加1.4万公顷；豆类种植面积3.1万公顷，下降0.9万公顷。油料种植面积1.01万公顷，下降0.28万公顷。

全年全市农业机械总动力为1201.9万千瓦，比上年增长5.4%。新增绿色食品标识产品30个，绿色有机环境监测面积达到674.4万亩。获省农村人居环境整治村级补助资金9392.5万元，改造农户卫生厕所51746户。新建续建农产品加工业项目61个，省级以上和市级龙头企业数量分别发展到178户和179户。

三、工业 建筑业

全年全市工业增加值2250.51亿元，比上年下降10.1%。

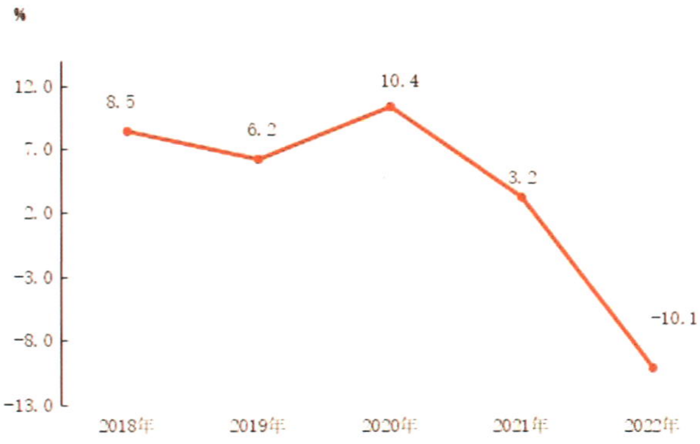

图5　2018—2022年规模以上工业增加值增长速度

全年全市规模以上工业中，农副食品加工业增加值比上年下降12.1%，纺织业下降11.8%，化学原料和化学制品制造业增长2.2%，非金属矿物制品业下降28.1%，黑色金属冶炼和压延加工业下降11.0%，通用设备制造业下降5.7%，专用设备制造业增长11.7%，汽车制造业下降12.9%，电气机械和器材制造业下降10.7%，计算机、通信和其他电子设备制造业增长16.0%，电力、热力生产和供应业增长9.8%。

全年全市规模以上工业企业利润790.79亿元，比上年下降7%。从经济类型看，国有控股企业利润672.9亿元，下降3.8%；股份制企业86.3亿元，下降47.2%，外商及港澳台商投资企业484亿元，下降1.8%；私营企业22亿元，下降38.5%。分门类看，采矿业利润2.2亿元，增长1000%；制造业824.5亿元，下降6%；电力、热力、燃气及水生产和供应业亏损35.9亿元，亏损扩大35.5%。

全年全市规模以上工业企业每百元营业收入中的成本83.52元，比上年下降0.3%；营业收入利润率9.0%，下降0.1%。规模以上工业企业资产负债率48.5%，下降0.9%。

表1　2022年主要工业产品产量及其增长速度

产品名称	单位	产量	比上年增长（%）
饲料	万吨	268.87	-20.4
精制食用植物油	万吨	23.29	-26.6
饮料酒	万千升	1.18	-10.5
白酒（折65度，商品量）	万千升	0.03	-19.9
啤酒	万千升	1.15	-10.3
软饮料	万吨	106.37	7.5
服装	万件	408.95	-0.8
人造板	万立方米	9.49	50.1
纸制品	万吨	7.49	-12.4
单色印刷品	令	88112.00	-18.0
多色印刷品	万对开色令	232.48	-16.7
化学药品原药	吨	3817.35	-4.8
中成药	吨	9548.01	-18.5
橡胶轮胎外胎	万条	332.97	30.5

续表1

产品名称	单位	产量	比上年增长（%）
塑料制品	万吨	15.97	-8.1
水泥	万吨	476.61	-15.4
钢材	万吨	53.73	-66.6
发动机	万千瓦	4425.05	-47.3
汽车	万辆	215.50	-11.3
基本型乘用车（轿车）	万辆	117.78	-8.4
多功能乘用车（MPV）	万辆	1.07	-100.0
运动型多用途乘用车（SUV）	万辆	74.20	-11.4
客车	辆	116.00	-28.4
载货汽车	万辆	5.62	-72.4
改装汽车	辆	1001.00	911.1
动车组	辆	168.00	-52.0
铁路客车	辆	156.00	-46.2
城市轨道车辆	辆	2034.00	-17.7
变压器	万千伏安	1046.46	2.2

全年全市实现建筑业增加值470.37亿元，比上年下降5.3%。

四、固定资产投资

全年全市固定资产投资（不含农户）比上年下降11.8%。其中，第一产业投资增长53.3%；第二产业投资增长0.4%；第三产业投资下降15%。从投资主体看，国有经济投资增长5.5%；非国有经济投资下降26.8%，民间投资下降32.1%。全市工业投资增长0.2%。

图6　2018—2022年固定资产投资总额（不含农户）增长速度

表2　2022年分行业固定资产投资（不含农户）增长速度

行业	比上年增长（%）	行业	比上年增长（%）
总计	-11.8	金融业	-100
农、林、牧、渔业	63.6	房地产业	-36.2
采矿业	661.0	租赁和商务服务业	-46.6
制造业	-12.4	科学研究和技术服务业	-15.4

续表2

行业	比上年增长（%）	行业	比上年增长（%）
电力、热力、燃气及水生产和供应业	82.7	水利、环境和公共设施管理业	-5.6
建筑业	5281	居民服务、修理和其他服务业	266.2
批发和零售业	54.6	教育	5.5
交通运输、仓储和邮政业	92.7	卫生和社会工作	34.3
住宿和餐饮业	-83.7	文化、体育、娱乐业	-49.8
信息传输、软件和信息技术服务业	1698.6	公共管理、社会保障和社会组织	109.2

全年全市房地产开发投资比上年下降37.1%。其中住宅投资下降31%。办公楼投资下降55.5%，商业营业用房投资下降55.5%。全市商品房施工面积7201.86万平方米，下降15.2%。商品房竣工面积423.61万平方米，下降11.6%。商品房销售面积540.77万平方米，下降47.4%。商品房销售额462.62亿元，下降46.6%。

全年全市二手房交易4.05万套，交易面积366.76万平方米，比上年下降32.3%。其中，住宅交易3.87万套，交易面积326.91万平方米，下降33.8%。

五、国内贸易

全年全市社会消费品零售总额1907.84亿元，比上年下降14.0%。按消费类型统计，商品零售额1665.13亿元，下降13.2%；餐饮收入额242.71亿元，下降19.3%。按经营地统计，城镇消费品零售额1724.13亿元，下降14.1%；乡村消费品零售额183.71亿元，下降13.3%。

全年全市限额以上单位商品零售额中，粮油、食品类零售额比上年下降8.8%，饮料类下降2.7%，烟酒类增长12.2%，服装、鞋帽、针纺织品类下降29.3%，化妆品类下降32.8%，金银珠宝类下降6.5%，日用品类下降11.8%，家用电器和音像器材类下降9.1%，中西药品类增长8.6%，文化办公用品类增长5.7%，家具类下降17.4%，通讯器材类下降11.1%，建筑及装潢材料类下降52.8%，石油及制品类增长13.2%，汽车类下降12.8%。

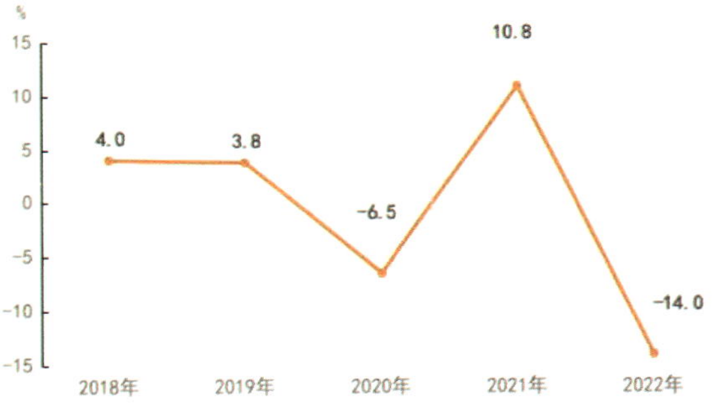

图7　2018—2022年社会消费品零售总额增长速度

全年全市批发和零售业增加值401.31亿元，比上年下降7.6%；交通运输、仓储和邮政业增加值309.88亿元，下降11.5%；住宿和餐饮业增加值92.29亿元，下降19.8%；金融业增加值571.43亿元，增长5.0%；房地产业增加值343.11亿元，下降12.0%；其他服务业增加值1737.76亿元，增长2.8%。

六、对外经济　旅游　会展

全年全市实现货物进出口总额1107.58亿元，比上年下降6.2%。其中，出口208.46亿元，增长25.6%；进口899.13亿元，下降11.4%。全年实际利用外资额3.13亿美元，下降33.7%。

全年全市接待国内外游客5633.13万人次，比上年下降44.36%。其中，接待国内游客5626.33万人次，下降44.3%；接待入境游客6.8万人次，下降56.5%。在入境游客中，接待外国游客4.86万人次，下降63.0%；港澳台同胞1.94万人次，下降22.9%。

全年全市旅游总收入781.4亿元人民币，比上年下降61.8%。其中，国内旅游收入779.7亿元人民币，下降61.8%；旅游外汇收入0.25亿美元，下降53.4%。年末全市有旅行社232家，其中分社47家。星级以上饭店12家，其中五星级宾馆2家。拥有国家A级旅游景区38家，其中5A级旅游景区4家。

七、交通邮电业

全年全市规模以上服务业企业营业收入比上年下降0.2%。

全年全市公路货物运输总量17557.95万吨，比上年下降14.6%；货物运输周转量490.14亿吨千米，下降19.0%。全年旅客运输量1764.96万人，下降38.8%。旅客运输周转量12.15亿人千米，下降43.2%。

全年全市民航货邮发运量2.49万吨，下降29.8%。货邮吞吐量6.05万吨，下降36.0%。民航完成旅客发送量363.06万人，下降35.8%。旅客吞吐量721.31万人，下降36.6%。

全年全市电信业务总量97.93亿元，比上年增长15.1%。邮政寄递服务业务量5.02亿件，下降5.2%；邮政函件业务381.58万件，下降32.9%；包裹业务量5.84万件，下降30.3%。快递业务量32223.86万件，下降5.9%；快递业务收入44.75亿元，下降7.6%。移动电话用户1170.03万户，互联网络宽带接入用户641.57万户，增长0.4%。

八、金融　证券　保险

年末全市金融机构本外币各项存款余额16851.34亿元，比年初增加1384.09亿元，其中人民币各项存款余额16767.78亿元，增加1379.29亿元。金融机构本外币各项贷款余额17122.05亿元，比年初增加1214.4亿元，其中人民币各项贷款余额17101.49亿元，增加1206.79亿元。

全年全市原保险保费收入306.04亿元，比上年下降2.6%。其中，寿险收入143.19亿元，健康险收入65.73亿元，意外伤害险收入6.12亿元，财产险收入91.00亿元。全年支付各类赔款及给付104.60亿元，下降16.2%。其中，寿险赔款及给付21.59亿元，健康险赔款及给付21.40亿元，意外伤害险赔款1.58亿元，财产险赔款60.03亿元。

表3 2022年金融机构本外币存贷款余额及其增长速度

指　标	余额（亿元）	比上年末增减（%）
本外币各项存款余额	16851.34	8.9
人民币各项存款余额	16767.78	9.0
本外币各项贷款余额	17122.05	7.6
人民币各项贷款余额	17101.49	7.6

九、城建

全年全市道路新建和扩建长度167.03千米，道路总长度6117.24千米，总面积10402.35万平方米。

全年全市公共水厂综合生产能力为123万立方米/日，城区使用自来水人数达427万人。城区天然气年供气总量8.83亿立方米；长春市城区液化石油气年供气总量2.89万吨；长春市城区燃气用户达到227.54万户，城区集中供热面积达到33059万平方米。

年末全市公园绿地面积6821.72公顷，建成区绿化覆盖面积达到24095.39公顷，建成区绿化覆盖率达到43.7%。

十、教　育

（一）学前教育

学年末全市共有幼儿园1110所，比上年增加46所。教职工2.66万人，其中，专任教师1.32万人。在园幼儿14.34万人，比上年增加0.1万人。普惠性幼儿园在园幼儿5.5万人，比上年增加0.5万人。全市承担学前教育（幼儿园、附设幼儿班）专任教师1.37万人。

（二）特殊教育

学年末全市各种形式的特殊教育毕业生696人，招生544人，在校生3787人。其中特殊教育学校11所，毕业生194人，招生172人，在校生1337人，教职工537人，其中专任教师434人。

（三）义务教育

学年末全市共有义务教育阶段学校739所，比上年减少460所；毕业生15.26万人；招生14.57万人；在校生67.51万人，比上年减少0.6万人。

1．小学阶段。学年末全市共有普通小学413所，比上年下降460所。另有不计校数小学教学点935个，比上年增加460个，教职工3.28万人，其中专任教师2.74万人。全市小学毕业生7.77万人，招生6.81万人，在校生44.53万人，比上年减少0.9万人。全市承担小学教学任务（含普通小学、小学教学点、九年一贯制学校小学段、十二年一贯制学校小学段、附设小学班）的专任教师3.63万人。

2．初中阶段。学年末全市共有初中（初级中学、九年一贯制学校和职业初中）学校326所。教职工3.42万人，其中专任教师2.83万人。全市初中阶段毕业生7.49万人，招生7.76万人，在校生22.98万人，比上年减少0.3万人。全市承担初中教学任务（含初级中学、九年一贯制学校初中段、十二年一贯制学校初中段、完全中学初中段、附设初中班）的专任教师2.23万人。

（四）高中阶段教育

1．普通高中。学年末全市共有普通高中（高级中学、十二年一贯制学校、完全中学）学校87所，比上年增加1所。教职工1.83万人，其中专任教师1.5万人。全市普通高中毕业生5.12万人，招生5.38万人，在校学生16.33万人，比上年增加0.3万人。全市承担普通高中教学任务（含高级中学、十二年一贯制学校高中段、完全中学高中段、附设普通高中班）的专任教师1.18万人。

2．中等职业教育。学年末全市共有中等职业学校（不含技工学校，以下同）90所，比上年减少3所，教职工0.51万人，其中专任教师0.37万人。全市中等职业教育毕业生1.58万人，招生1.72万，在校学生5万人。全市承担中等职业教育教学任务（含中等职业学校、附设中职班）的专任教师0.38万人。

十一、科技 质量技术监督

全年全市专利授权量22039件，比上年增长1.8%。其中，发明专利授权量5626件，增长11.4%。全年认定登记技术合同1902份，技术合同成交额44.28亿元。全市认定高新技术企业985户。

年末全市共有法定产品质量检验机构6家，依法设置的计量检定机构9家。全年实施市级产品质量监督抽查725批次，强制检定计量器具32万台/件。

十二、文化 卫生 体育

年末全市共有文化（文物）事业机构295家，其中，艺术表演团体9家，艺术表演场馆5家，公共图书馆13家，艺术馆、文化馆13家，文化站205家，文化艺术科研、科技机构1家，文物保护研究机构1家，文物保护管理机构5家，其他文化事业10家，博物馆26家，文化市场管理机构7家。公共图书馆总藏量766万册，其中，少儿图书馆藏量129万册。

年末全市拥有各类文化经营场所1180家，其中，互联网上网服务营业场所571家，文化娱乐场所288家，演出场所68家，艺术品经营店253家。市区（含开发区）文化经营场所998家，其中，互联网上网服务营业场所442家，文化娱乐场所249家，演出场所54家，古玩（美术品）经营店253家。

年末全市共有广播电视台7座，节目23套，中波发射台和转播台3座，转播台9座，广播电视人口覆盖率为100%。

年末全市共有卫生医疗机构7862个，比上年下降0.8%。其中医院、卫生院403所，增长1.3%。拥有医疗床位6.73万张，增长1.7%。卫生技术人员为8.53万人，增长0.7%。市辖区建成社区卫生服务中心101家。

全年全市销售体育彩票14.3亿元，占全省销售的比例为38%。

十三、环境保护 安全生产

初步核算，全年全市能源消费总量1815.08万吨标准煤，比上年下降7.3%。全社会用电量292.32亿千瓦时，下降2.8%。全市万元地区生产总值能耗下降2.8%。万元规模以上工业增加值综合能源消耗增长0.8%。

全年全市区域环境噪声昼间等效声级平均值53.7dB（A），昼间道路交通噪声平均等效声级为69.5dB（A）。

全年城区空气环境质量优良级天数336天，占总天数的

92.1%，其中，一级优天数180天，占优良天数53.6%；二级良天数156天，占优良天数46.4%；空气主要污染物细颗粒物PM2.5年平均浓度每立方米28微克，比上年减少3微克；二氧化硫年平均浓度每立方米8微克；二氧化氮年平均浓度每立方米26微克，比上年减少5微克。全市环境空气综合指数3.32，下降0.24。

根据生产安全事故统计信息直报系统报送情况统计，年末全年发生各类生产安全事故436起、死亡144人；全市亿元GDP死亡率0.0213，工矿商贸企业就业人员10万人死亡率0.4918；煤矿百万吨死亡率0。

十四、人口 人民生活 社会保障

年末全市总人口为906.54万人，比上年减少2.18万人。其中，城镇常住人口608.68万人，占总人口比重（常住人口城镇化率）为67.1%，增长0.3个百分点。

年末全市出生人口4.17万人，出生率为4.59‰，死亡人口7.69 万人，死亡率8.47‰，自然增长率-3.88‰。人口性别比为101.1（以女性为100）。

全年全市城镇常住居民人均可支配收入达到43240元，比上年下降0.1%。农村常住居民人均可支配收入18919元，增长2.4%。

表4　2022年长春市常住人口及比重

指标	年末数（万人）	比重（%）
全市总人口	906.54	—
其中，城镇	608.68	67.14
乡村	297.86	32.86
其中，男性	455.75	50.3
女性	450.79	49.7
其中，0—15岁（含不满16周岁）	108.02	11.9
16—59岁（含不满60周岁）	602.63	66.5
60周岁及以上	195.89	21.6

年末全市0—14岁（含不满15岁）人口为99.91万人，占全市年末总人口比重为11%；15—59岁（含不满60岁）人口为610.74万人，占全市年末总人口比重为67.4%。

年末全市城镇企业职工基本养老保险参保人数达到274.49万人，比上年增长3.2%。其中，在职职工192.70万人，增长3.6%；城镇失业保险参保人数达到126.10万人，增长0.5%；全年征缴城镇企业职工养老保险基金195.05亿元；征缴失业保险基金7.77亿元。全年共为81.79万离退休人员发放养老金276.95亿元，增长4.1%，为2.74万名人员发放失业金3.17亿元。

年末全市基本医疗保险参保人数达到834.72万人，参保率达到95%以上，其中职工医疗保险202.17万人，城乡居民医疗保险632.55万人，生育保险参保144.17万人。

全年全市开发就业岗位16.37万个，城镇新增就业10.22万人，失业人员再就业2.10万人，就业困难人员实现就业1.51万人，农村劳动力转移102.12万人次，全市累计援助零就业家庭人员就业324人，年末实有公益性岗位人员13230人。

年末全市城市居民56154人享受最低生活保障；农村居民100375人享受最低生活保障。累计全年发放城乡低保资金9.75亿元。

年末全市共有各类养老服务机构542家，总床位数4.8万张。其中：国家办养老机构80家，社会力量投资兴办的养老机构462家。农村社会福利服务中心72所。

全年全市销售社会福利彩票9.26亿元。募集善款10677.93万元，总支出慈善募捐款11448.24万元，受助群众超5万人次。

注释

1. 本公报各项统计数据为初步统计数，部分数据因四舍五入的原因，存在分项和合计不等的情况。

2. 本公报长春市地区生产总值、各产业增加值绝对数按现价计算，增长速度按不变价格计算。

3. 两年平均增速是指以2020年同期数为基数，采用几何平均的方法计算的增速。

4. 按照我国地区生产总值统一核算和数据发布制度规定，地区生产总值核算包括初步核算和最终核实两个步骤。经最终核实，2021年，长春市地区生产总值现价总量为7064.65亿元，按不变价格计算，比上年增长6.1%。

5. 资料来源：本公报中财政数据来自市财政局；价格指数、城乡居民收入、粮食种植面积、粮食产量等数据来自国家统计局长春调查队；农业机械总动力、农产品加工企业产值等数据来自市农业农村局；二手房交易数据来自市住房保障和房屋管理局；货物进出口总额等数据来自长春海关；实际利用外资和会展业数据来自市商务局；铁路客运量数据来自中国铁路沈阳局集团有限公司；公路货物周转量、旅客周转量数据来自市地方道路运输管理局；民航运输数据来自吉林省民航机场集团公司；邮政业务总量等数据来自吉林省邮政管理局、中国邮政集团公司长春市分公司；移动电话期末户数、互联网接入用户数据来自中国电信股份有限公司吉林分公司、中国移动通信集团吉林有限公司长春分公司、中国联合网络通信集团有限公司长春分公司；货币金融类数据来自中国人民银行长春中心支行；上市公司数据来自证监会吉林监管局；保险业数据来自保监会吉林监管局；道路新建和扩建、道路面积和长度、水厂日综合生产能力、使用自来水人数、天然气、供热面积等数据来自市城乡建设委员会；公园绿地面积、绿化覆盖率等数据来自市林业和园林局；科技成果、技术合同等数据来自市科学技术局；专利申请量、质量检验机构等数据来自市市场监督管理局；教育数据来自市教育局；文化事业机构、艺术表演团体、博物馆、公共图书馆、文化馆、经营场所、广播电台和旅游数据来自市文化广播电视和旅游局；卫生数据来自市卫生健康委员会；体育数据来自市体育局；环境保护数据来自市生态环境局；安全生产数据来自市应急管理局；企业职工养老保险参保人等数据来自市社会保险局；医疗保险数据来自市医疗保障局；开发就业岗位、城镇新增就业人数等数据来自市就业服务局；城乡低保、养老服务机构等数据来自市民政局；其他数据均来自市统计局。

（市统计局）

统计表格

2022年全国15个副省级城市主要经济指标及位次统计表（一）

地区	地区生产总值				第一产业增加值			
	绝对额（亿元）	位次	增减（%）	位次	绝对额（亿元）	位次	增减（%）	位次
长 春	6744.56	14	-4.5	15	551.32	4	2.1	11
沈 阳	7695.80	13	3.5	6	335.19	10	2.1	11
大 连	8430.90	11	4.0	3	563.00	3	3.2	5
哈尔滨	5490.10	15	2.5	11	672.10	1	2.6	9
南 京	16907.85	6	2.1	12	315.56	13	3.4	4
杭 州	18753.00	5	1.5	13	346.00	9	1.8	13
宁 波	15704.30	7	3.5	6	382.00	8	4.1	1
厦 门	7802.66	12	4.4	1	29.27	14	1.4	14
济 南	12027.50	9	3.1	9	420.50	7	3.1	8
青 岛	14920.75	8	3.9	5	478.05	5	2.2	10
武 汉	18866.43	4	4.0	3	475.79	6	3.2	5
广 州	28839.00	2	1.0	14	318.31	12	3.2	5
深 圳	32387.68	1	3.3	8	25.64	15	0.8	15
成 都	20817.50	3	2.8	10	588.42	2	3.8	2
西 安	11486.51	10	4.4	1	323.58	11	3.7	3

2022年全国15个副省级城市主要经济指标及位次统计表（二）

地区	第二产业增加值				第三产业增加值			
	绝对额（亿元）	位次	增减（%）	位次	绝对额（亿元）	位次	增减（%）	位次
长 春	2694.97	14	-9.3	15	3498.27	15	-1.8	15
沈 阳	2885.47	13	3.7	7	4475.13	12	3.5	5
大 连	3712.50	11	4.5	5	4155.40	13	3.7	4
哈尔滨	1285.00	15	0.6	13	3533.00	14	3.2	6
南 京	6069.64	6	1.7	11	10522.65	6	2.2	10
杭 州	5620.00	7	0.4	14	12787.00	4	2.0	11
宁 波	7413.50	3	3.2	8	7908.80	8	3.8	3
厦 门	3233.56	12	3.8	6	4539.83	11	4.7	1
济 南	4180.20	9	3.2	8	7426.70	9	3.0	7

续表

地区	第二产业增加值				第三产业增加值			
	绝对额（亿元）	位次	增减（%）	位次	绝对额（亿元）	位次	增减（%）	位次
青 岛	5197.34	8	2.8	10	9245.36	7	4.5	2
武 汉	6716.65	4	7.3	2	11673.99	5	2.3	9
广 州	7909.29	2	1.1	12	20611.40	1	1.0	14
深 圳	12405.88	1	4.8	4	19956.16	2	2.4	8
成 都	6404.12	5	5.5	3	13824.96	3	1.5	12
西 安	4071.56	10	10.7	1	7091.37	10	1.3	13

2022年全国15个副省级城市主要经济指标及位次统计表（三）

地区	规模以上工业增加值		固定资产投资		社会消费品零售总额			
	增减（%）	位次	增减（%）	位次	绝对额（亿元）	位次	增减（%）	位次
长 春	-10.1	15	-11.8	15	1907.84	14	-14.0	15
沈 阳	3.1	9	6.1	7	3864.50	11	-3.0	10
大 连	5.1	3	6.5	6	1846.90	15	-3.3	11
哈尔滨	1.0	12	-7.6	14	2195.90	13	-7.7	14
南 京	2.4	10	3.5	12	7832.41	4	-0.8	7
杭 州	0.3	14	6.0	8	7294.00	5	5.8	1
宁 波	3.8	7	10.4	3	4896.70	8	5.3	2
厦 门	4.3	6	9.9	4	2665.36	12	3.1	3
济 南	1.6	11	3.8	11	4878.10	9	-4.8	12
青 岛	3.8	7	4.5	10	5891.80	7	-1.4	8
武 汉	5.0	4	10.8	1	6936.20	6	2.1	5
广 州	0.8	13	-2.1	13	10298.15	1	1.7	6
深 圳	4.8	5	8.4	5	9708.28	2	2.2	4
成 都	5.6	2	5.0	9	9096.50	3	-1.7	9
西 安	13.9	1	10.5	2	4642.11	10	-5.2	13

2022年全国15个副省级城市主要经济指标及位次统计表（四）

地区	进出口总额				直接实际到位外资				地方财政收入			
	绝对额（亿元）	位次	增减（%）	位次	绝对额（亿美元）	位次	增减（%）	位次	绝对额（亿元）	位次	增减（%）	位次
长 春	1107.58	13	-6.2	14	3.13	8	-33.7	8	459.69	13	-25.5	13
沈 阳	1406.56	12	-0.7	13	39.02	4	516.7	1	713.67	11	-7.7	11
大 连	4792.10	8	12.8	2	11.10	7	86.4	2	669.70	12	-9.2	12
哈尔滨	387.00	14	12.5	3	—	—	—	—	262.20	14	-28.3	14
南 京	6292.13	7	0.3	12	41.31	3	10.9	5	—	—	—	
杭 州	7565.00	6	2.7	8	—	—	—	—	2451.00	3	2.7	4

续表

地区	进出口总额				直接实际到位外资				地方财政收入			
	绝对额（亿元）	位次	增减（%）	位次	绝对额（亿美元）	位次	增减（%）	位次	绝对额（亿元）	位次	增减（%）	位次
宁 波	—	—	—	—	36.40	5	25.9	3	1680.23	6	-2.5	9
厦 门	9225.59	3	4.0	6	—	—	—	—	883.77	9	0.3	5
济 南	2208.90	11	13.9	1	25.10	6	22.4	4	1001.10	8	-0.6	6
青 岛	9117.20	4	7.4	4	46.90	2	-3.2	7	1273.20	7	5.5	2
武 汉	3532.20	10	5.3	5	—	—	—	—	2690.23	2	4.4	3
广 州	10948.40	2	1.1	10	—	—	—	—	1854.73	4	-1.5	7
深 圳	36737.52	1	3.7	7	83.50	1	10.1	6	4012.27	1	-5.8	10
成 都	8346.40	5	1.6	9	—	—	—	—	1722.40	5	-1.5	7
西 安	4474.10	9	0.8	11	—	—	—	—	834.09	10	9.7	1

2022年全国15个副省级城市主要经济指标及位次统计表（五）

地区	地方财政支出				金融机构存款余额				金融机构贷款余额			
	绝对额（亿元）	位次	增减（%）	位次	绝对额（亿元）	位次	比年初增减（%）	位次	绝对额（亿元）	位次	比年初增减（%）	位次
长 春	976.67	13	1.1	9	16851.34	12	8.9	11	17122.05	12	7.6	12
沈 阳	1048.90	11	1.6	8	20854.99	10	7.6	12	20777.30	10	8.0	10
大 连	991.10	12	1.1	9	18911.40	11	10.7	7	14235.10	14	5.1	13
哈尔滨	1065.50	10	7.4	4	16474.00	13	12.4	3	14396.50	13	4.0	14
南 京	—	—	—	—	49531.31	5	10.8	6	48760.23	5	12.6	4
杭 州	2542.00	3	6.2	6	69592.00	3	14.0	2	62306.00	3	10.7	8
宁 波	2187.81	5	12.5	1	31302.66	7	15.0	1	32986.07	7	13.6	2
厦 门	1088.66	9	2.7	7	16167.02	14	9.5	10	17319.33	11	13.1	3
济 南	1225.60	8	-5.2	13	25941.00	8	10.7	7	26112.30	9	12.0	6
青 岛	1696.17	6	-0.6	12	24992.75	9	11.7	4	26782.54	8	11.2	7
武 汉	—	—	—	—	35754.03	6	5.9	14	44383.81	6	8.7	9
广 州	3014.22	2	-0.2	11	80495.07	2	7.4	13	68918.60	2	12.3	5
深 圳	4997.24	1	9.3	2	123400.52	1	9.6	9	83422.99	1	8.0	10
成 都	2435.00	4	8.8	3	53189.00	4	10.9	5	53053.00	4	14.3	1
西 安	1573.13	7	6.7	5	—	—	—	—	—	—	—	—

注：金融机构存款、贷款余额为本外币口径。

2022年全国15个副省级城市主要经济指标及位次统计表（六）

地区	居民消费价格指数				城镇居民人均可支配收入				农村居民人均可支配收入			
	绝对额（元）	位次	增减（%）	位次	绝对额（元）	位次	增减（%）	位次	绝对额（元）	位次	增减（%）	位次
长 春	101.90	10	1.9	10	43240.00	15	-0.1	15	18919.00	13	2.4	14
沈 阳	101.70	13	1.7	13	51702.00	12	2.2	14	22352.00	11	3.2	13

续表

地区	居民消费价格指数				城镇居民人均可支配收入				农村居民人均可支配收入			
	绝对额（元）	位次	增减（%）	位次	绝对额（元）	位次	增减（%）	位次	绝对额（元）	位次	增减（%）	位次
大 连	102.20	6	2.2	6	51904.00	11	2.7	12	24759.00	9	4.2	11
哈尔滨	101.90	10	1.9	11	43981.00	14	2.9	11	22260.00	12	3.5	12
南 京	102.20	6	2.2	8	76643.00	4	4.1	4	34664.00	4	6.0	4
杭 州	102.40	1	2.4	1	77043.00	1	3.1	10	45183.00	2	5.8	7
宁 波	102.30	3	2.3	3	76690.00	3	3.8	6	45487.00	1	5.9	6
厦 门	101.80	12	1.8	12	70467.00	6	4.9	2	32323.00	5	8.1	1
济 南	101.40	15	1.4	15	59459.00	8	3.5	7	23844.00	10	5.6	8
青 岛	102.00	9	2.0	9	62584.00	7	3.9	5	27701.00	8	6.0	4
武 汉	102.30	3	2.3	3	58449.00	9	5.7	1	29304.00	7	7.7	2
广 州	102.40	1	2.4	1	76849.00	2	3.3	8	36292.00	3	5.1	10
深 圳	102.30	3	2.3	3	72718.00	5	2.6	13	—	—	—	—
成 都	101.60	14	1.6	14	54897.00	10	4.3	3	30931.00	6	6.2	3
西 安	102.20	6	2.2	6	48418.00	13	3.2	9	18285.00	14	5.2	9

（市统计局）

2022年长春市城区街路命名（更名）一览表

序号	街路名称	起点	终点	长度（米）	宽度（米）	批复时间	所在区、开发区
1	励行南路	源汇大街	人民大街	406	34	2022年12月16日	南关区
2	悦然街	谊民路	丙一百零五路	150	20	2022年12月16日	南关区
3	崇信街	金宇大路	金宇南路	300	20	2022年12月16日	南关区
4	仁信街	华惠路	金宇南路	500	24	2022年12月16日	南关区
5	依美路	荷塘街	亚泰大街	140	20	2022年12月16日	南关区
6	南雨荷街	华惠路	丙四十五路	135	20	2022年12月16日	南关区
7	康宇路	芳草街	南湖中街	1591	24	2022年12月16日	南关区
8	北雨荷街	华庆南路	华庆路	135	20	2022年12月16日	南关区
9	金盛路	源汇西街	人民大街	287	20	2022年12月16日	南关区
10	励行路	源汇大街	人民大街	555	24	2022年12月16日	南关区
11	弘宇路	华信街	丙六十一路	750	20	2022年12月16日	南关区
12	华庆南路	丙七十六路	新明街	843	20	2022年12月16日	南关区
13	南雨竹街	华惠路	丙四十五路	135	20	2022年12月16日	南关区
14	盛锦路	新明街	丙七十七路	300	20	2022年12月16日	南关区
15	通化路二胡同	永吉街	吉顺街东胡同	200	10	2022年12月16日	南关区
16	永春北胡同	汪清街	永春路	130	5	2022年12月16日	南关区
17	崇礼胡同	大经路	清明街东二胡同	240	13	2022年12月16日	南关区

续表

序号	街路名称	起点	终点	长度（米）	宽度（米）	批复时间	所在区、开发区
18	新安胡同	崇礼胡同	北安路北三胡同	155	6	2022年12月16日	南关区
19	川心院西胡同	川心院胡同	健康胡同	164	6	2022年12月16日	南关区
20	三道街北胡同	大经路	川心院胡同	169	5	2022年12月16日	南关区
21	康顺胡同	西二道区街	壹克拉公馆东墙	448	5	2022年12月16日	南关区
22	临河西街	天青路向西延长线	福祉大路	1100	14	2022年12月16日	南关区
23	天裕路	临河街	临河西街	477	7	2022年12月16日	南关区
24	天赫路	临河街	临河西街	535	7	2022年12月16日	南关区
25	尚德东街	长德大街	德胜大路	2450	24	2022年12月16日	中韩示范区
26	金丰西街	金汇大路	锦绣西路	940	12	2022年12月16日	中韩示范区
27	金汇南路	雾海西街	乙二街	1300	12	2022年12月16日	中韩示范区
28	金丰东街	金汇大路	丙十路	710	12	2022年12月16日	中韩示范区
29	德誉路	聚德大街	尚德大街	900	12	2022年12月16日	中韩示范区
30	腾达北路	聚德大街	尚德大街	1060	12	2022年12月16日	中韩示范区
31	彩缤西街	聚德大街	丙二十四路	3070	12	2022年12月16日	中韩示范区
32	聚德西街	德贤路	华园路	1050	12	2022年12月16日	中韩示范区
33	德仁路	德隆街	德远街	1540	12	2022年12月16日	中韩示范区
34	德信路	长德大街	德远街	790	12	2022年12月16日	中韩示范区
35	育德街	华园路	中学南规划路	348	12	2022年12月16日	中韩示范区
36	华园南路	西侧规划街	彩滨街	210	9	2022年12月16日	中韩示范区
37	团锦路	东起丙三十三路	西至亚泰大街	1100	12	—	宽城区
38	团兴街	东起小南街	西至亚泰大街	300	16	—	宽城区
39	望湖路	安业街	中铁逸湖西侧院墙	331	5	2022年12月16日	汽开区
40	安业街	富民大路	望湖路	469	5	2022年12月16日	汽开区
41	银桥街	东环城路	河口公园	3700	40	2022年12月16日	二道区
42	江宁街	威海路	长春日报	215	11	2022年12月16日	经开区
43	芳泽路	丙七十六路	新明街	842	20	2022年12月28日	南关区
44	文锦街	锦湖大路	盛宇路	300	20	2022年12月28日	南关区
45	湖宇路	前进大街	芳草街	811	20	2022年12月28日	南关区
46	芳韵街	锦湖大路	金宇大路	1055	20	2022年12月28日	南关区
47	至诚胡同	大经路	永吉东二胡同	170	5	2022年12月28日	南关区
48	和兴胡同	解放大路南胡同	解放大路	90	5	2022年12月28日	南关区
49	春泽胡同	西三马路	西四马路	249	5	2022年12月28日	南关区
50	水厂胡同	鸿城街道东风社区回迁楼	东岭南街	350	6	2022年12月28日	南关区
51	政通路	市政府西门	华新街	305	24	2022年12月28日	南关区

续表

序号	街路名称	起点	终点	长度（米）	宽度（米）	批复时间	所在区、开发区
52	安兴路	东起丁六路	西至长农公路	1371	24	2022年12月28日	宽城区
53	北宁路	东起乙七路	西至北凯旋路	890	9	2022年12月28日	宽城区
54	繁兴路	东起甲二路	西至丙六路	1994	9	2022年12月28日	宽城区
55	富华路	东起北凯旋路	西至德兴街	490	12	2022年12月28日	宽城区
56	润民街	南起兴昌路	北至丙六十三路	310	14	2022年12月28日	宽城区
57	金润大街	南起北四环路	北至丙六十三路	406	32	2022年12月28日	宽城区
58	众合街	南起兴昌路	北至乙九路	921	9	2022年12月28日	宽城区
59	城西堡街	南起兴昌路	北至丙六十三路	1200	12	2022年12月28日	宽城区
60	德康街	南起尚新大路	北至富盈路	800	9	2022年12月28日	宽城区
61	兰兴街	南起绕城高速	北至合隆边界	2000	9	2022年12月28日	宽城区
62	益众路	东起丁六路	西至北凯旋路	400	9	2022年12月28日	宽城区
63	镜芳路	东起甲二路	西至北凯旋路	975	12	2022年12月28日	宽城区
64	润正路	东起北凯旋路	西至长农公路	860	14/20	2022年12月28日	宽城区
65	润雨路	东起北凯旋路	西至长农公路	860	20	2022年12月28日	宽城区
66	康星路	建业大街	丙三十七路	851	9	2022年12月28日	宽城区
67	嘉新街	富业大路	装备大路	300	9	2022年12月28日	宽城区
68	文园路	区界	兴铁街	1337	9	2022年12月28日	宽城区
69	宏图街	区界	区界	340	16	2022年12月28日	宽城区
70	旺业街	建业大街	装备大路	650	9	2022年12月28日	宽城区
71	文星街	丙三十七路	装备大路	1610	9	2022年12月28日	宽城区
72	嘉业街	富业大路	装备大路	283	9	2022年12月28日	宽城区
73	宏业路	今麦街	建业大街	1300	9	2022年12月28日	宽城区
74	文秀路	区界	兴铁街	683	9	2022年12月28日	宽城区
75	旺福街	建业大街	丙三十七路	711	9	2022年12月28日	宽城区
76	万康街	建业大街	丙三十七路	300	9	2022年12月28日	宽城区
77	红旗西五胡同	工农大路	红旗西四胡同	450	6	2022年12月28日	朝阳区
78	通运胡同	开运街	南湖大路	260	10	2022年12月28日	朝阳区
79	新埠街	东新路	焦化公司北	2300	8	2022年12月28日	二道区
80	橄榄路	洋浦大街	长青小学门前	755	15	2022年12月28日	二道区
81	润河街	自由大路辅路	公平西路	800	7	2022年12月28日	二道区
82	锦阳北胡同	绿园区小学南校	万福街	100	5	2022年12月28日	绿园区
83	辽港西街	南沙大街	断头路	1313	12	2022年12月28日	经开区
84	辽港东街	吉港路	丙七路	1625	12	2022年12月28日	经开区
85	桐城街	丙七路	南沙大街	300	12	2022年12月28日	经开区

续表

序号	街路名称	起点	终点	长度（米）	宽度（米）	批复时间	所在区、开发区
86	苏港东街	机场大路	南沙大街	3064	12	2022年12月28日	经开区
87	宣城路	丙三街	山水大道	1097	12	2022年12月28日	经开区
88	吉港北路	苏港街	山水大道	1541	12	2022年12月28日	经开区
89	吉港南路	丙二街	山水大道	2018	12	2022年12月28日	经开区
90	沪港北路	机场路	山水大道	2018	12	2022年12月28日	经开区
91	沪港南路	丙二街	山水大道	1959	12	2022年12月28日	经开区
92	南沙北路	辽港街	山水大道	2495	12	2022年12月28日	经开区
93	丽水街	机场路	南宁大路	1100	16	2022年12月28日	经开区
94	平湖路	中山大街	苏港街	923	16	2022年12月28日	经开区
95	沈阳北路	宜兴街	宿迁街	789	9	2022年12月28日	经开区
96	沈阳南路	102国道	吴中街	1158	9	2022年12月28日	经开区
97	沭阳路	102国道	宜兴街	538	9	2022年12月28日	经开区
98	嘉善西街	北区丙十路	宿迁街	507	7	2022年12月28日	经开区
99	武清路	洋浦大街	锦州街	828	16	2022年12月28日	经开区
100	莲仁路	东林溪大街	东吉林大路	1170	24	2022年12月28日	莲花山度假区
101	莲忠路	林溪大街	雾开河大街	1740	22	2022年12月28日	莲花山度假区
102	莲礼路	林溪大街	雾开河大街	1770	28	2022年12月28日	莲花山度假区
103	莲智路	林溪大街	莲花山大路	490	20	2022年12月28日	莲花山度假区
104	莲信路	林溪大街	雾开河大街	1720	22	2022年12月28日	莲花山度假区
105	云溪街	雾九路	雾十二路	1020	20	2022年12月28日	莲花山度假区
106	浣溪街	东吉林大路	莲花山大路	2050	28	2022年12月28日	莲花山度假区
107	鸣溪街	东吉林大路	雾九路	960	32	2022年12月28日	莲花山度假区
108	悦溪街	雾九路	雾八路	490	20	2022年12月28日	莲花山度假区
109	爱莲路	泉眼大街	巷道	120	24	2022年12月28日	莲花山度假区
110	丹枫街	莲花山福利院门前	泉眼大街	290	20	2022年12月28日	莲花山度假区
111	林海路	劝农大街	茂二街	1870	28	2022年12月28日	莲花山度假区
112	荷韵路	劝农大街	茂二街	2820	24	2022年12月28日	莲花山度假区
113	盛莲街	劝农大街	康四路	1450	32	2022年12月28日	莲花山度假区
114	春棠街	世一路	世三路	1110	20	2022年12月28日	莲花山度假区
115	四家街	长吉南线	雪场大门	6690	16	2022年12月28日	莲花山度假区

（市民政局）

索　引

说　明

1. 本索引采用主题抽取法，按主题词汉语拼音顺序排列，首字相同按第二字音序排列，依此类推。

2. 索引主题词后的阿拉伯数字表示内容所在的页码，数字后的英文字母（a、b、c）表示正文中的栏别（从左至右）；通栏主题词的数字后设有英文字母。

3. 索引中以阿拉伯数字开头的主题词按数字顺序排在最前面；正文中多次出现的同一主题内容，在索引中按页码顺序依次列出。

4. 为便于检索，索引主题词中的双引号、书名号均删去。

0～9

A

B

C

D

E

F

G

H

J

K

L

M

N

P

Q

S

T

W

Z